国学经典文库

中国二十大名著

图文珍藏版

说唐全传

说不尽的英雄事 讲不完的兴衰史

第十七册

[清]如莲居士○著 马博○主编

中國名簡

綫裝書局

图书在版编目（CIP）数据

说唐全传 / （清）如莲居士著. -- 北京：线装书局，
2016.1

（中国二十大名著 / 马博主编）

ISBN 978-7-5120-2004-7

Ⅰ.①说… Ⅱ.①如… Ⅲ.①章回小说－中国－清代
Ⅳ.①I242.4

中国版本图书馆CIP数据核字(2015)第255672号

说唐全传

原　　著：〔清〕如莲居士

主　　编：马　博

责任编辑：高晓彬

装帧设计：博雅圣轩藏书馆
Boyashengxuan Cangshuguan

出版发行：线装書局

　　　　　地　址：北京市西城区鼓楼西大街41号（100009）

　　　　　电　话：010-64045283（发行部）　64045583（总编室）

　　　　　网　址：www.xzhbc.com

经　　销：新华书店

印　　制：北京彩虹伟业印刷有限公司

开　　本：710mm×1040mm　1/16

印　　张：28

字　　数：340千字

版　　次：2016年1月第1版第1次印刷

印　　数：0001－3000套

定　　价：4980.00元（全二十册）

导读

　　《说唐全传》著者不详，以瓦岗寨群雄的风云际会为中心，铺叙自秦□托孤、隋文帝平陈统一南北起，到唐李渊削平群雄、太宗登极称帝止的一段故事。它以相当篇幅揭露了隋炀帝荒淫无道，大兴徭役，宇文氏恃宠骄横，残暴凶狠，给人民带来的深重苦难。而统治阶级内部的倾轧矛盾，又加剧了隋王朝的分崩离析之势，致使全国各地爆发了"十八路反王，六十四路烟尘"的反隋起义。这一类著作多本正史纪传，益以唐宋杂说，形成一种系统。而《说唐演义全传》虽与《隋唐演义》《隋史遗文》《大唐秦王词话》《隋唐两朝志传》等小说梗概略同，却独能广泛吸取民间传说而加以敷演，不拘泥于史实，具有鲜明的民间文学色彩，书中的多数内容无史可考，李元霸、宇文成都、杨林、伍云召、伍建章等人物也是杜撰的。

目 录

说 唐 前 传

国学经典文库

中国二十大名著

目录

图文珍藏版

国学经典文库

中国二十大名著

目录

图文珍藏版

3

说 唐 后 传

说 唐 三 传

国学经典文库

中国二十大名著

目录

图文珍藏版

7

国学经典文库

中国二十大名著

目录

图文珍藏版

国学经典文库

中国二十大名著

目录

图文珍藏版

说唐前传

第一回　战济南秦彝托孤　破陈国李渊杀美

诗曰：

> 繁华消长似浮云，不朽还须建大勋；
> 壮略欲扶天日坠，雄心岂入驽骀群；
> 时危俊杰姑埋迹，运起英雄早致君；
> 怪是史书收不尽，故将彩笔补奇文。

上古历史，传说有三皇五帝，历夏、商、周、秦、汉、两晋，又分为南北两朝。南朝刘裕代晋，称宋；萧道成代宋，号齐；萧衍代齐，称梁；陈霸先代梁，号陈。那北朝拓跋称魏，后又分东西两魏：高洋代东魏，号北齐；宇文泰代西魏，称周。

其时周主国富兵强，起兵吞并北齐。封护卫大将军杨忠为元帅，其弟杨林为行军都总管，发大兵六十万，侵伐北齐。这杨林生得面如傅粉，两道黄眉，身长九尺，腰大十围。善使两根囚龙棒，每根重一百五十斤，有万夫不当之勇，在大隋称第八条好汉。逢州取州，逢府夺府，兵到济南，离城扎寨。当时镇守济南的是武卫大将军秦彝，父名秦旭，在齐授亲军护卫。夫人宁氏，妹名胜珠，远嫁勋爵燕公罗艺为妻。宁夫人只生一子，名唤太平郎，是隋唐第十六条好汉。其时年方五岁。

齐主差秦彝领兵镇守济南，父旭在晋阳护驾。因周兵大至，齐主出奔檀州，只留秦旭和高延宗把守。与周兵相持月余，延宗被擒，杨林奋勇打破城池，秦旭孤军力战而死。周兵得了晋阳，起兵复犯济南，探子飞报入城，秦彝闻报，放声大哭，欲报父仇，点兵出战。

有齐主差丞相高阿古协助守城，他惧杨林威武，急止道："将军勿忙，晋阳已破，孤城难守，为今之计，速速开城投降！"秦彝道："主公恐我兵单力弱，故令丞相协助，奈何偷生无志？"阿古道："将军好不见机，周兵势大，守此孤城，亦徒劳耳！"秦彝道："我父子誓死国家，各尽臣节。"遂传令紧守城门，自己回私衙，见夫人道："我父在晋阳，被难尽节，今周兵已至城下，高丞相决意投降。我想我家世受国恩，岂可偷生？若战败，我当以死报国，见先人于地下。儿子太平郎，我今托孤于汝，切勿轻生。可将家传金装锏留下，以为日后存念，秦氏一脉，赖你保全，我死瞑目！"

正在悲泣之际，忽听外面金鼓震天，军声鼎沸，原来高阿古已开城门投降了。秦彝连忙出厅上马，手提浑铁枪，正欲交战，只见周兵如潮水涌来。部下虽有数百兵，怎挡得杨林这员骁将，将他大杀一阵，秦彝部下十不存一。杀得血透重袍，箭攒遍体，尚执短刀，连杀数人。被杨林抢入，把他刺死，杨林遂得了秦彝盔甲。

此时城中鼎沸，宁夫人收拾细软，同秦安走出私衙。使婢家奴，俱各乱窜，单剩太平郎母子二人，东跑西走，无处安身。走到一条僻静小巷，已是黄昏时候，家家闭户，听得一家有小儿啼哭，遂连忙叩问。却走出个妇人，抱着三岁孩儿，把门一开，见夫人不是下人，连忙接进，关了门，问道："这样兵荒马乱，娘子是哪里来的？"夫人把被难实情，哭诉一遍。妇人道："原来是夫人，失敬了！我家丈夫程有德，不幸早丧，妾身莫氏，只有此子一郎，别无他人。夫人何不在此权住，候乱定再去？"宁夫人称谢，就在程家住下。

不几日，杨忠收拾册籍，安民退兵。宁夫人将所带金珠变换，就在离城不远的斑鸠镇上觅了所房子，与莫氏一同居住。却喜两姓孩子，都是一对顽皮，甚是相合。太平郎长成十五岁，生得河目海口，燕项虎头。宁夫人将他送入馆中攻书，先生为他取名秦琼，字叔宝。程一郎名咬金，字知节。后因济南年荒，咬金母子别了夫人，自往历城去了。这是后话。

且说杨忠获胜班师，周主大喜，封杨忠为隋公，自此江北已成一统。这杨忠所生一子，名杨坚，生得目如朗星，手有奇文，俨成"王"字。杨忠夫妇，知他是个异人，后杨忠死了，遂袭了隋公之职。周主见杨坚相貌瑰奇，十分忌他，杨坚知道，遂将一女夤缘做了太子宠妃。然周主忌他之心，亦未尝忘。不幸周主宴驾，太子庸懦，他倚着杨林之力，将太子废了，竟夺了江山，改称国号大隋。正是：

　　莽因后父移刘祚，操纳娇儿覆汉家；
　　自古奸雄同一辙，莫将邦国易如花。

杨坚即了帝位，称为隋文帝，立长子杨勇为太子，次子杨广为晋王，封杨林为靠山王，独孤氏为皇后，勤理国政。文有李德邻、高颖、苏威等，武有杨素、李国贤、贺若弼、韩擒虎等，一班君臣，并胆同心，渐有吞并南陈之意。

且说陈后主是个聪明之人，因宠了两个美人张丽华、孔贵妃，每日锦帐风流，管弦沸耳。又有两个宠臣孔范、江总，他二人百般迎顺，每日引主上不是杯中快乐，定是被底欢娱，何曾把江山为念？隋主闻之，即与杨素等商议，起兵吞陈。忽次子杨广奏道："陈后主荒淫无度，自取灭亡，儿臣请领一旅之师，前往平陈，混一天下。"你道晋王如何要亲身统兵伐陈？盖因哥哥杨勇慈儒，日后不愿向他北面称臣，已有夺嫡之念，故要统兵伐陈，可以立功。又且总握兵权，还好结交英雄，以作羽翼。

那隋主未决，忽报罗艺兵犯冀州，隋主着杨林领兵平定冀州。又差晋王为都元帅，杨素为副元帅，高颖、李渊为长史司马，韩擒虎、贺若弼为先锋，领兵二十万，前往伐陈。晋王等领命，一路进发，金鼓喧天，干戈耀日，所到之处，望风而降。

陈国边将，雪片告急，俱被江总、孔范二人不奏。不想隋兵已到广陵，直犯采石。守将徐子建，见隋兵强盛，不敢交战，弃了采石，逃至石头城。又值后主醉倒，自早候至晚，始得相见，细奏隋兵形势强盛。后主道："卿且退，明日会议出兵。"过了数日，方议得二将出兵拒战，一个贲武将军萧摩诃，一个英武将军任忠。

二人领兵到钟山，与贺若弼会战，两下排成队伍，萧摩诃出马当先，贺若弼挺枪迎敌，两人战不十余合，贺若弼大喊一声，把萧摩诃挑于马下，陈兵大败。任忠逃回见后主，后主并不责他，说道："王气在此，隋兵其奈我何哉！"反与任忠黄金二柜，叫作重赏之下，必有勇夫的意思。这任忠只得再整兵马出城，到石子岗，却撞着韩擒虎的人马前来，任忠一见，不敢交兵，倒戈投降，反引隋兵入城，以作初见首功。

这时城中百姓，乱窜逃生，可笑后主还呆呆坐在殿上，等诸将报捷；及至隋兵进城，连忙跳下御殿便走。仆射袁宪上前扯住道："陛下衣冠御殿，料他不敢加害。"后主不从，走入后宫，谓张、孔二妃道："北兵已来，我们一处去躲，不可失落！"左手挽了孔贵妃，右手挽了张丽华，慌忙走到景阳井边。忽听一派军声呐喊，后主道："去不得了，同死在一处吧！"一齐跳下井去。喜是冬尽春初，井中水只打在膝下，不能淹死。

隋兵抢入宫中，获了太子与正宫，单不见后主，隋兵擒一宫女，吓逼她说。宫人道："适见跑至井边，想是投井死了。"众人听说，都到井边探望，见井中黑洞洞，大呼不应，军士遂把大石打下。后主见飞石下来，急喊道："不要打，快把绳子放下，扯起我来便了。"众军急取绳子放下井去，一霎时众军把绳子拖起，怪其太重。及拖起来，却是三个人束在一堆，故此沉重。众人簇拥去见韩、贺二人，后主见二人作了一揖，贺若弼笑道："不必恐惧，不失作一归命侯耳！"着他领了宫眷，暂住德教殿，外面添军把守。

这时晋王领兵在后，闻得后生作俘，建康已破，先着李渊、高颖进城安民。不数日，晋王遣高颍之子记室高德弘，来取美人张丽华，营前听用。高颍道："晋王为元帅，伐暴救民，岂可以女色为事？"不肯发遣。李渊道："张丽华、孔贵妃，狐媚迷君，窃权乱政，陈国灭亡，本于二人。岂可留下祸根，再秽隋主？不如杀了，以正晋王邪念。"高颍点头道："是。"德弘道："晋王兵权在手，若抗不与，恐触其怒。"李渊不听，叫军士带出张丽华、孔贵妃双双斩了。这一来弄的高德弘有兴而来，没兴而去。回至行宫，参见晋王，竟把斩张丽华、孔贵妃之事，独推在李渊身上，对晋王说了。晋王大惊道："你父亲怎不做主？"高德弘道："臣与父亲三番五次阻挡他，只是不依，反说我们父子备美人局，愚媚大王。"晋王闻言大怒道："这厮可恶，他是个酒色之徒，定是看上这两个美人，怪我去取他，故此捻酸吃醋，把两个美人杀了。我必杀此贼子，方遂吾愿！"遂立意要害李渊不题。

且说李渊乃成纪人，后来起兵太原，称号唐主。他系李虎之孙，李炳之子。李虎为西魏陇西公，李炳为北周唐公。李渊夫人窦氏，乃周主之甥女。曾在龙门镇破贼，发七十二箭，杀七十二人，其威名远近皆知。当下灭陈，杀了张、孔二妃，与晋王结下深仇。那晋王兵到，勉强做个好人，把孔范等尽行斩首，以息建康民怨。收了图籍，封好府库，将宫内之物，给赏三军，班师回朝，献俘太庙。隋主大喜，封晋王为太尉，封杨素为越国公，其子杨元感封为开府仪同三司，贺若弼封宋公。韩擒虎纵放士卒，淫污陈宫，不与爵禄，封上柱国。高随为齐公，李渊为唐公。随征将士，俱有重赏。

自是晋王威权日盛，名望日增，奇谋秘策之士，多入幕府。重用一个宇文述，叫做小陈平，晋王曾荐他为州刺史，因欲谋议密事，故留在府。又有左庶子张衡，一同谋议。这宇文述有一子，名叫化及，后篡位灭隋于扬州，称许王。当时晋王与一班心腹，谋夺东宫之事。宇文述道："大王要谋此事，还少三件大事。"

晋王忙问道："是哪三件大事？"未知宇文述说出什么事来，且听下回分解。

第二回　谋东宫晋王纳贿　反燕山罗艺兴兵

宇文述道："大王，那第一件，皇后虽不深喜东宫，然还在两便；必须大王做个苦肉计，动皇后之怜，激皇后之怒，以坚其心；第二件，须要一位亲信大臣，言语足以取信于上，平日间进些谗言，临期一力撺掇。这便是内外夹攻，万无一失；第三件，废斥东宫，是件大事，若没罪恶，怎好废斥？须是买他一个亲信，要他首发。无事认有事，小事认大事，有了此证见，他自分辩不得。大王行了这三件事，即不怕他不废。"晋王道："我自准备，只要足下为我谋之，他日功成，富贵共享。"自此晋王不惜资财，从朝中宰相起，下至僚属，皆有厚赠，宫中宦官世侍，皆赏重锡，只有唐公说人臣不敢私交，不受晋王礼物。

时有大理寺卿杨约，乃越公杨素之弟，与宇文述是厚交好友。一日，宇文述往拜杨约，将奇珍异宝，许多礼物送上。杨约把礼物看了，问道："仁兄这礼物从何处得来？小弟从未尝见这等异宝。"宇文述道："弟乃武夫，如何有这些宝贝？此是晋王有求于兄，故托弟送上。"杨约道："晋王之物，弟如何敢领？"宇文述道："仁兄且收入，还有一场大富贵送令兄，肯容纳否？"杨约道："请教！"宇文述道："仁兄知东宫不欲令兄久矣！他日得登大位，自有所用的臣，岂肯使令兄专权乎？况权高招潜，今之低首于贤昆玉之下者，安知他日不危及贤昆玉乎？今幸东宫失德，主上有废立之心，若贤昆玉在主上面前肯进言语，废东宫而立晋王，则晋王当铭于肺腑，才算得永远悠久的富贵。仁兄以为何如？"杨约道："兄言固是，得永远悠久的富贵。仁兄以为何如？"杨约道："兄言固是，容弟与家兄图之。"言讫，宇文述辞去。

到次日，杨约来见杨素，假作愁容，杨素忙问为了何故，杨约道："前日东宫护卫苏孝慈道：'兄长过傲太子，太子道，必杀老贼。'我愁兄长者，恐遭危耳！"杨素道："他怎奈何我？"杨约道："太子乃将来人主，若有不测，身命所系，岂可不作深虑？"杨素道："据你意思，还是谢位避祸？还是改心顺他？"杨约道："谢位失势，顺他不能释怨。只有废他，更立一人，不惟免祸，还有大功。"杨素抚掌道："不料你有此奇谋，出我意外。"杨约道：

"这事宜速不宜迟,若太子一旦用事,祸无日矣!"杨素点头会意。

于是杨素在隋主面前,说晋王好,东宫歹,一齐搬出。隋主十分听信,皇后亦为晋王所惑,她认晋王为孝顺,时时进些谗言,使太子如坐针毡。宇文述又打听东宫有个幸臣,唤作姬威,与段达相厚。宇文述将金宝托段达去嘱姬威,要伺太子动静。自此积毁成山,按下不表。

且说靠山王杨林,统兵五万,直抵冀州。那领兵前来攻打冀州的大将罗艺,字廉庵,父名允刚。北齐因他功高,远封在燕山,世袭燕公。罗允刚中年早亡,罗艺年少,就袭了燕公之职。他为人刚勇,能使一杆滚银枪。夫人秦氏,乃亲军护卫秦旭之女,结发二十年,尚未生子,甚是忧闷。当时罗艺夫妇,闻秦旭父子被杨林所困,尽忠死节,夫人一哭几绝。后闻杨坚篡位,灭了周主,罗艺得了此报,正欲复仇,遂起兵十万,进犯河北冀州等处。忽报隋主着杨林领兵五万前来,罗艺遂领兵前来迎敌。

那杨林的先锋是四太保张开,七太保纪曾,二人正行,忽报罗艺兵马挡住去路。张开闻报,飞马向前,见阵前一员大将,面如满月,髯须甚美。张开知是罗艺,便举蛇矛,分心就刺,罗艺插枪来迎,战不数合,罗艺逼开蛇矛,扯起银花铜打来,正中后心,张开吐血伏鞍而走。纪曾大怒,举斧劈来,罗艺回马便走,纪曾在后追赶,罗艺看得亲切,将坐骑一磕,那马忽失前蹄,纪曾舞斧砍下,罗艺举枪一晃,向纪曾咽喉一枪,挑于马下。这是罗家"回马杀手独门枪"。罗艺挥兵杀来,有数里之遥。杨林大军已到,闻得铜打张开,枪挑纪曾,登时大怒。催兵前进,到了九龙山,扎下营寨。次日摆齐队伍,亲出营前对阵。

罗艺见杨林白面黄眉,髯须三绺,勒马横枪,立于旗门之下,遂叫道:"杨林,你如何贪心不足,灭北齐,废周主?今必欲灭你邦家,吾之愿也。"杨林道:"罗将军,你之所论,但知其一,不知其二。古云:'天下非一人之天下,唯有德者居之。'而今天时在隋,故一战而定北,再战而平陈,四海咸平,边疆敬服。将军虽有旧仇,亦只好待时而动,料不能再兴齐室,何不归我大隋,老夫自当保奏将军,永镇燕山,世守此职。不知将军意下如何?"罗艺闻言,想了一想,就说道:"你要俺顺隋,必依俺三件事,俺就顺隋;如若不依,俺誓死不降。"杨林道:"将军,是那三件事?"罗艺道:"第一件:是俺部下兵马,须听俺调度,永镇燕山;第二件:俺名虽降隋,却不上朝见驾,听调不听宣;第三件:凡有诛戮,得以生杀自专。"杨林笑道:"将军,此三件乃易事耳,都在老夫身上。"遂令三军退回十里。罗艺见杨林退兵,亦令三军退十里。杨林道:"将军不放心,老夫同将军到燕山府,动表奏闻圣上,候旨下,然后回去。"

罗艺大喜,同杨林并辔而行,及到燕山府,请杨林入城,大排筵宴,款待杨林。杨林忙修表章,令差官至长安奏上,隋主闻奏,即差窦建德赍诏到燕山府来。罗艺闻之,出城迎接天使,窦建德入城,开读诏书:

奉天承运皇帝诏曰:今据靠山王所奏,燕公罗艺,廉明刚勇,堪为冀北屏藩。今加封为靖边侯,统本部强兵,永守冀北,听调不听宣,生杀自专,世袭所职,无负朕意。钦哉!谢恩!

罗艺接过圣旨,大排筵宴,厚待天使,又赠杨林、窦建德金银彩缎,次日排酒长亭,与杨林饯别,亲送十里而回。

那杨林、窦建德二人回朝,尚在路中,忽报登州海寇作乱,上岸抢劫居民。杨林闻报,对窦建德道:"汝且先回复旨,老夫亲往登州,剿灭海寇。"遂领兵望登州而来。那海寇闻知杨林兵到,不敢交战,个个散去,杨林只扑个空。但见那里人烟稀少,城池倒坏,杨林十分叹息。就上表奏闻,自愿镇守登州。叫军士召集民工,整治府库,修筑城垣,不一年,把登州修得十分齐整,不在话下。

再说李渊当日不受晋王礼物,晋王不喜道:"我已内外都谋成,不怕你怎的!若我如愿,必杀此老贼,方消我恨。"那杨素得了晋王厚礼,百般谤毁太子,又知文帝惧内,最听妇人谗言,每每乘内宴时,在皇后面前,称扬晋王贤孝,挑拨独孤皇后。妇人见识浅薄,认以为真,常在文帝面前,冷言冷语,弄得文帝十分猜疑,常常遣人打听太子消息。

到开皇三年十月,有东宫幸臣姬威出首太子,说:"东宫叫师姥卜吉凶,道圣上忌在十八年,此期速矣!又于厩中养马千匹,欲谋悖逆之事。"文帝闻言,料事已真,不觉大怒。即召太子,太子跪在殿下,宣读诏书,废太子为庶人,立晋王为太子,宇文述为护卫。东宫旧臣唐今臣、邹文胜等，皆被杨素诳奏斩首。朝廷侧目，无敢言者。大夫袁旻，与文林郎杨孝政同奏道："父子乃天性至亲，今陛下反听谗言，有伤天性。况太子这事，又无实据，今依臣奏，将杨素、姬威以诬罪太子之事反坐，伏乞陛下速斩杨素等，朝野肃清，臣等幸甚。"文帝闻奏大怒，将杨、袁二臣，并皆拿下，再无敢言者。

只有李渊上疏道："太子所谋事情，俱无实据，又无对证。今既废黜，不可加罪，还宜悯恤。"文帝览疏，虽不全听，却给太子五品俸禄，终养于内苑。晋王见李渊这疏，一时大怒，即召宇文述、张衡计议道："这李渊明明是为斩张丽华之故，恐我怀恨，怕我为君，故上这疏。必须杀此老贼，你我方得安稳！"张衡道："杀李渊有何难哉！"欲知后事如何，且听下回分解。

第三回　造流言李渊避祸　当马快叔宝听差

晋王忙问道："欲杀李渊，如何不难？"张衡道："主上素性猜忌，常梦洪水淹没都城，心中不悦。前日郕公李浑之子，名唤洪儿，圣上疑他名应围谶，叫他自尽。如今可散布流言，说渊洪以水，却是一体，未有不动疑者！主上听信谣言，恐李渊难免杀身之祸。"晋王大喜。自此张衡暗布流言，道："李子结实并天下，杨主虚花没根基。"又道："日月照龙舟，淮南逆水流，扫尽杨花落，天子季无头。"初时乡村乱说，后来街市传喧，巡城官禁约不住，渐渐传入禁中。

晋王故意奏道："里巷妖言，大是不祥，乞行禁止！"文帝听了，甚是不悦，但心中疑在李浑身上，不以李渊为意。登时发下圣旨，把李浑合家五十二口，拿赴市曹斩首。又有晋王心腹方士安伽佗奏道："李氏当为天子，皇上可尽杀姓李之人。"丞相高颍奏道："主上若专务杀戮，反致人心动摇，大为不可。如主上有疑，可将一应姓李的不用便了。"此时蒲山公李密，与杨素相交最厚，杨素要保全李密，遂赞美高颍之言，暗叫李密退避（按李密后兵反金墉，称魏公）。其时在朝姓李者，皆解兵权归田里，李渊也趁这势乞回太原，圣旨准行，令他为太原留守，刻日起程。

晋王闻李渊解任，谓张衡道："计策虽好，只是不能杀他。"宇文述道："殿下若不肯饶他，臣有一计，把他全家不留一个。"晋王大喜道："计将安出？"宇文述道："只需点东宫骠骑，命臣子化及，悄悄出城，到临潼山埋伏，扮作强人，把他父子一齐杀绝，岂不干净！"晋王拍掌道："如此甚妙！但他是个武官，必须一个勇士方好。"宇文述道："臣子足矣！若殿下亲行，何愁这事不成？"晋王欢喜，依计而行。

且说唐公见圣旨允奏，心中大喜，收拾起程。着宗弟李道宗，长子建成，带领了四十名家将，押着夫人小姐车辇。虽夫人身怀六甲，将及分娩，也顾不得。遂一齐上路，望太原进发，不表。

且说秦叔宝久居山东历城县，学得一身好武艺，有万夫不当之勇，专打不平，好出死力，不顾口舌，宁夫人屡次戒他。幸家中还有积蓄，叔宝性情豪爽，济困扶危，结交好汉，因此人称为"小孟尝"。他祖上传留下来一件兵器，是两条一百三十斤镀金熟铜锏。娶妻张氏，贤德无比。最和他相好的是济南捕快都头，姓樊名虎，号建威，也有三五百斤气力。与叔宝结交往来，如一个人相似。又一个豪杰，姓王名勇，字伯当，此人胸襟洒落，器宇轩昂，且武艺绝伦，时时与叔宝议论，辄自叹服。还有两人，就是历城东门头开鞭杖行的贾闰甫，伙计柳周臣，他两个不但全身武艺，还有一桩好处，就是过往豪杰，无不交结，叔宝每每与他们往来。

当时青济一带，连年荒旱，又兼盗贼四起，本府刺史刘芳，出了告示，招募有勇谋的充当本府捕快。这一日，叔宝正在贾闰甫家闲话，只见樊虎忽走来对叔宝道："今日州里发下告示，新招有勇谋的充当捕快，小弟在本官面前，赞哥哥做人慷慨，智勇双全。本官欢喜，就着小弟奉屈哥哥，不知哥哥意下如何？"叔宝道："我想身不役官为贵。况我累代将门，若得志斩将率旗，开疆拓土，也得耀祖荣宗。若不然，守儿亩田园，供养老母，村酒野蔬，亦可与知己谈心。奈何充当捕快，听人使唤了，拿得贼是他的功，起得赃是他的钱。至于尽心竭力，拿着贼盗，他暗地得钱卖放了，反坐个诬良的罪名。若一味掇臀捧屁,狐假虎威,诈害良民,这便是畜生所为。你想这捕快,劝我当他作甚?"言讫,遂怫然回去。

樊虎见叔宝去了,自想:"在官府面前,夸了口,不料他不肯。我今再往他家去说,且看他如何?"遂走到秦家来。只见宁夫人在堂前,樊虎作了揖,把前事一一告诉,又把叔宝推辞的话,述了一遍。宁夫人道:"做官也非容易,祖上有甚荫袭,也想将就靠他。"樊虎道:"一刀一枪的事业,谁不愿为?奈时机未至,只得将就从权,哥哥偏偏不肯!"忽叔宝从里面走出来道:"母亲不要听他。"宁夫人道:"你虽志大,但樊哥哥的话,我想也是。且由此出身,也未可知。况你祖也是东宫卫士出身,从来人不可料,不宜固执。"叔宝是个孝顺的,只得诺诺连声道:"是!"樊虎见允了,道:"如此,明日我来约会哥哥同去。"

次日两人同见刺史,刺史问道:"你是秦琼吗?"叔宝道:"小人就是秦琼。"刺史又道:"我闻你是个豪杰,今就与你做个都头,你须小心任事。"叔宝叩谢了出来。樊虎道:"哥哥当差,须要好脚力。"叔宝道:"如此,我们就到贾闰甫行中去看看。"二人径到行内,贾闰甫拱手道:"恭喜,恭喜!还不曾奉贺。"叔宝道:"何喜何贺?不过奉母命耳!但今新充差役,恐早晚有差,要寻个脚力,故特专到你这边来。"闰甫道:"昨日新到了四百匹马,就凭秦兄选择便了。"言讫,就引二人到后面来看,果然到了四百匹好马。贾闰甫、樊虎两个道这一匹好,那一匹强。叔宝只不中意,蹀来蹀去。忽听后边槽头马嘶,叔宝举目观看,却是一匹羸瘦黄骠马,身子虽高八尺,却是毛长筋露。叔宝问道:"此马如何这般瘦?"闰甫道:"这马是关西客贩来,到此三月,上料喂养,只是落膘不起,谁肯要它?那客人不肯耽搁,小弟这里称了三十两马价与他,两月前起身去了。此马又养了两月,仍是这样羸瘦。"叔宝就到槽边细看,那马一见叔宝,把领鬃毛一搧,双眼圆睁,卓荦之状,如见故主一般。叔宝知是一匹好马,就对闰甫道:"此马待弟牧养了吧?"樊虎笑道:"哥哥如何要这匹瘦马?"叔宝微笑不言。贾闰甫道:"既然叔宝兄爱此坐骑,即当相赠。"遂备酒与叔宝相贺,尽醉而散。

叔宝带这匹黄骠马回家,不上半月,养得十分肥润,人人皆夸奖叔宝好眼力。叔宝奉公缉盗,远近谁不羡慕,都愿和他结交,因此山东一省,皆知叔宝是个豪杰。

一日刘刺史发下一起盗犯,律该充军,要发往平阳驿、潞州府收管。恐山西地面有失,当堂就点了叔宝、樊虎二人押解,樊虎解往平阳驿进发,秦琼解往潞州投递。叔宝忙回家中,收拾行李,拜别母亲妻子,同樊虎将一起人犯,解到长安司挂号,然后向山西进发。

这是正值暮秋天气,西风飒飒,一日行到长安道上,离长安五十里,有一山名临潼山,十分险峻,上有伍相国神祠。叔宝对樊虎道:"我闻伍子胥,昔日身力明辅,挟制诸侯,临潼会上,举鼎千斤,名震海宇。今山上有祠,我欲上去瞻仰一番,你可代我押着人犯,到临潼关外等我。"樊虎应诺,就把人犯带过岗子,自到关口去了。

不知叔宝在临潼山上又作何事?且听下回分解。

第四回　临潼山秦琼救驾　承福寺唐公生儿

那叔宝见樊虎去了,就行到临潼山上,见殿宇萧条,人烟冷落。下马进庙,拜了神圣,站起来,见神像威仪,十分钦仰。闲玩之际,不觉困倦,就在神像前打睡片时,不表。

且说李渊辞朝起程,来到临潼山植树岗地方,日方正午,李道宗和李建成行到林中,忽听林中响喊一声,奔出无数强人来,都用黑煤涂面,长枪阔斧,拦住去路,高声叫道:"快留下买路钱来!"建成吃了一惊,回马跑往原路。还是李道宗胆大,喝道:"你这般该死的男女,岂不知咱家是陇西李府,敢来阻截道路!"说罢,拔出腰刀便砍,那些家丁都拔短刀相助。

那建成骤马跑回,对唐公道:"不好了!前面尽是强人,围住叔父要钱买路。"唐公道:"怎么辇毂之下,就有盗贼?"一面叫家将取过方天画戟,又令建成护着家眷,却要上前。不料后面又有强人杀来,唐公不敢上前,先自保护家眷要紧,那贼人一齐逼近,唐公大吼一声,摆开画戟,同家将左冲右突,众贼虽有着伤,死不肯退。那晋王与宇文父子,闪在林中,见唐公威武,兵丁不敢近身,晋王就用青纱蒙面,手提大刀,冲杀过来。宇文父子随后夹攻,把李渊团团围住,十分危急,这话慢说。

且说叔宝在伍员庙中正要睡去,忽听庙外有人马喊杀之声,好生惊异。他自己平时乘坐的黄骠马在一厢嘶鸣不已,似有奔驰之势。叔宝上马,奔至半山,山下烟尘四起,喊杀连天。叔宝勒马一望,只见无数强人,围住了一起官兵,在那边厮杀。叔宝一见,把马一纵,借那山势冲下来,厉声高叫道:"响马不要逞强,妄害官员!"只这一声,恰似迅雷一般,众强人吃了一惊,回头一看,只见是一个人,哪里放在心上?及到叔宝来至垓心,方有三五个来抵敌,叔宝手起铜洛,一连打死十数人。

那唐公正在危急,听得一声喝响,有数人落马,见一员壮士,撞围而入,头戴范阳毡笠,身穿皂色箭衣,外罩淡黄马褂,脚登虎皮靴,坐着黄骠马,手提金装铜,左冲右突,如弄风猛虎,醉酒狂狼。战不多时,叔宝顺手一铜,照晋王顶上打来,晋王眼快,把身一闪,那铜梢打他的肩上,晋王负痛,大叫一声,败下阵去。宇文化及见晋王着伤,忙勒回马,保晋王逃走。众人见晋王受伤,也俱无心恋战,被叔宝一路打来,四处逃散。

叔宝拿住一人问道:"你等何处毛贼,敢在此地行劫?"那人慌了道:"爷爷饶命!只因东宫太子与唐公不睦,故扮作强人,欲行杀害。方才老爷打伤的,就是东宫太子。求爷爷饶命。"叔宝听了,吓出一身冷汗,便喝道:"这厮胡言!饶你狗命,去吧!"那人抱头鼠窜而去。叔宝自思太子与唐公不睦,我在是非丛里,管他怎的,若再迟延,必然有祸。遂放开坐骑,向前跑去。

那唐公脱离虎口,见壮士一马跑去,忙对道宗道:"你快保护家小,待我赶去谢他!"遂急急赶去,大叫道:"壮士,请住,受我李渊一礼!"叔宝只是跑。李渊赶了十余里,叔宝见唐公不舍,只得回头道:"李爷休追,小人姓秦名琼。"把手摇上两摇,将马一夹,如飞去了。唐公再欲追赶,奈马是战乏的,不能前进。只听得风送鸾铃响处,他说一个琼字,又见他把手一摇,错认为"五",就把它牢牢记在心上。

正要回马,忽见尘头起处,一马飞来。唐公道:"不好!这厮们又来了!"急忙扯满雕弓,飕的照面一箭射去,早见那人双脚腾空,翻身落马。又见尘头起处,来的乃是自家家将。唐公对道宗道:"幸亏了壮士,救我一家性命,此恩不可忘了!"言讫,又见几个大汉,与种庄稼的农夫,赶到马前啼哭道:"不知小人家主,何事触犯老爷,被老爷射死?"唐公道:"我并未射死你家主。"众人道:"适喉下拔出箭来,现有老爷名号。"唐公想道:"呀!是了!方才与一班强盗厮杀方散,恰遇你主人飞马而来,我道是响马余党,误伤你家主人。你主人姓甚名谁?我与你白银百两,买棺收殓回籍,待我前面去,多做功德,超度他便了。"家人道:"俺主人乃潞州单道便是,二贤庄人,今往长安贩缎回来,被你射死,谁要你的银子?俺还有二主人单二员外,名通,号雄信,他自会向你讨命的。"唐公道:"死者不能复生,教我也无可奈何。"众人不理,自去买棺收殓,打点回乡,不表。

唐公行至车辇下,问说:"夫人受惊了!贼今退去,好赶路矣!"遂一齐起行。夫人因受惊恐,忽然腹痛,要行安顿,又没个驿递。旁边有座大寺,名曰承福寺,只得差人到寺中说,要暂借安歇。本寺住持法名五空,忙呼集众僧,迎接进殿。唐公领家眷在附近后房暂住,叫家将巡哨,以防不虞。自己带剑观书。到三更时候,忽有侍儿来报:"夫人分娩世子了!"李渊大喜。这诞生的世子就是后来劝父举兵,开基立业,神文圣武大唐太宗皇帝。到天明时,参拜如来,众僧叩贺。唐公道:"寄居分娩,污秽如来道场,罪归下官,何喜可贺?怎奈夫人已经分娩,不胜路途辛苦,欲要再借上刹,宽住几时,如何?"五空道:"贵人降世,古刹生光,何敢不留!"唐公称谢。

一日,唐公在寺中闲玩,见屏上有联一对,上写道:"宝塔凌云,一日江山,无边清净;金灯代月,十方世界,何等悠闲!"侧边写"汾阳柴绍题。"唐公见词义深奥,笔法雄劲,便问五空道:"这柴绍是甚人?"五空道:"这是汾阳县柴爷公子,向在寺内读书,偶题此联。"唐公道:"如今可在此间吗?"五空道:"就在寺左书斋里。"唐公道:"你可领我去看。"五空就引唐公向柴绍书房而来。只见一路苍松掩映,翠竹参天。到了门首,五空向前叩门。见一书童启扉,问是何人。五空道:"是太原唐公,特来相访。"柴绍听得,即忙迎接,请入书斋。柴绍下拜道:"久违年伯,不知驾临,有失远迎!"唐公扶起叙坐,彼此闲谈。唐公看柴绍双眉入鬓。凤眼朝天，语言洪亮，气宇轩昂，心内欢喜。唐公询知未有妻室，便对柴绍道："老夫有一小女，年已及笄，尚未受聘。意欲托住持为媒，以配贤契，不知贤契意下如何？"柴绍道："小屋寒微，蒙年伯不弃，敢不如命？"唐公大喜，回至方丈，对夫人说知，即令五空为媒，择日行聘。在寺半月有余，窦夫人身体已健，着五空通知柴绍，收拾起行。柴绍将一应事体，托了家人，自随唐公往太原就亲去了。按下不表。

且说叔宝单骑跑到关口，方才住鞭，见樊虎在店，就把这事说了一遍。到次日早饭后，匆匆分了行李，各带犯人分路去了。

这叔宝不止一日，到了潞州，住在王小二店中。就把犯人带到衙门，投过了文，少时发出来，着禁子把人犯收监，回批候蔡太爷往太原贺唐公回来才发，叔宝只得到店中耐心等候。不想叔宝量大，一日三餐，要吃斗米。王小二些小本钱，连人带马，只二十余天，都被吃完了。小二就向叔宝说道："秦爷，小人有句话对爷说，犹恐见怪，不敢启口。"叔宝道："俺与你宾主之间，有话便说，怎么见怪？"小二道："只因小店连月没有生意，本钱短少，菜蔬不敷。我的意思，要问秦爷预支几两银子，不知可使得吗？"叔宝道："这是正理，我就取出与你。"就走入房去，在箱里摸一摸，吃了一惊。你道叔宝如何吃惊？却有个缘故：因在关口与樊虎分行李时，急促了些，有一宗银子，是州里发出做盘费的，库吏因樊虎与叔宝交厚，故一总兑与樊虎。这宗银子，都在樊虎身边。及至匆匆分别，行李文书，件件分开，只有银子不曾分得。心内踌躇，想起母亲要买潞绸做寿衣，十两银子，且喜还在箱内，就取出来与小二道："这十两银子，交与你写了收账。"小二收了。

又过数日，蔡刺史到了码头，衙役出郭迎接，刺史因一路辛苦，乘暖轿进城。叔宝因盘缠短少，心内焦躁，暗想他一进衙门，事体忙乱，难得禀见了，不如在此路上禀明为是，只得当街跑下喊道："小的是山东济南府的解差，伺候大爷回批。"蔡刺史在轿内，半眠半醒，那里有答应？从役喝道："太爷难道没有衙门？却在这里领回批？还不起去！"言讫，轿夫一发走得快了。叔宝起来，又想我在此一日，多一日盘费，他若几日不坐堂，怎了了得！就赶上前要再禀，不想性急力大，用手在轿杠上一把，将轿子拖了一侧，四个轿夫，两个扶轿的，都一闪撑支不住。幸喜太爷正睡在轿里，若是坐着，岂不跌将出来？刺史大怒道："这等无礼，叫皂隶扯下去打！"叔宝自知礼屈，被皂隶按翻了，重打二十。

叔宝被责，回到店中，挨过一夜，到天明，负痛来府中领文。那蔡知府甚是贤能，次日升堂，把诸事判断极明。叔宝候公事完了，方才跪下禀道："小的是济南府刘爷差人，伺候老爷批文回去。"叔宝今日怎么说出刘爷，因刺史与刘爷是个同年好友，是要望他周全的意思。果然那蔡刺史回嗔作喜道："你就是济南刘爷的差人吗？昨日鲁莽得紧，故此责你几板。"遂唤经承取批过来签押，叫库吏取银三两，付与叔宝道："本府与你老爷是同年，念你千里路程，这些赏你为路费。"叔宝叩头谢了，接着批文银两，出府回店。

小二看见叔宝领批文回来，满脸堆笑道："秦爷批文既然领来，如今可把账算算何如？"叔宝道："拿帐来。"小二道："秦爷是八月十六到的，如今是九月十八，共三十二天，前后两日不算，共三十日。每日日却是六钱算的，该十八两银，前收过银十两，尚欠八两。"叔宝道："这三两是太爷赏的，也与你吧！"小二道："再收三两，还欠五两，乞秦爷付足。"叔宝道："小二哥且莫忙，我还未去，因我有个朋友，到泽州投文，盘缠银两，都在他身边，等他来会我，才有银子还你。"小二听了这话，即时变脸，暗想："他若把马骑走了，叫我哪里去讨银子？莫若把他的批文留住，倒是稳当。"就向叔宝笑道："秦爷势既不起身回去，这批文是要紧的，可拿到里面，交拙荆收藏，你也好放心盘桓。"

叔宝不知是计，就将批文递与王小二收了。自此日日去到官塘大路，盼望樊虎到来。望了许久，不见樊虎的影子。又被王小二冷言冷语，受了腌臜之气。所叫茶饭，不是宿的，就是冷的。

一日晚上回来，见房已点灯了，向前一看，见里面猜三喝五，掷色饮酒。王小二跑出来道："秦爷不是我有心得罪。因今日来了一伙客人，是贩珠宝古董的，见秦爷房好要住，你房门又不锁，被他们竟把铺盖搬出来，说三五日就去的。我也怕失落行李，故搬到后面一间上房内，秦爷权宿数夜，待他们去了，依旧移进。"叔宝此时人贫志短，便说道："小二哥,屋随主便,怎么说出这等活来!"

小二就掌灯引叔宝转弯抹角,到后面一间破屋里,地上铺着一堆草,那铺盖丢在草上,四面风来,灯儿也没处挂。叔宝见了,闷闷不乐。小二带上门,就走了出去,叔宝把金锏用指一弹,作歌道:

旅舍荒凉风又雨,英雄守困无知己;

平生弹锏有谁知? 尽在一声长叹里!

正吟之间,忽闻脚步到门口,将门搭钮后扣了。叔宝道:"你这小人,我秦琼来清去白,焉肯做此无耻之事? 况有批文鞍马在你家,难道走了不成?"外边道:"秦爷切勿高声,妾乃王小二之妻柳氏。"叔宝道:"你素有贤名,今夜来此何干?"柳氏道:"我那拙夫,是个小人,出言无状,望秦爷海涵些儿。我丈夫睡了,存得晚饭在此,还有数百文钱,送秦爷买些点心吃,晚间早些回寓。"叔宝闻言,不觉落下几点泪来,道:"贤人,你就好似淮阴的漂母,恨我他日不能如三齐王报答千金耳! 若得侥幸,自当厚报!"柳氏道:"我不敢比漂母,岂敢望报?"说罢,把门钮开,将饭篮放在地上,径自去了。叔宝将饭搬进,见青布条穿着三百文钱,盘中又有一碗肉羹。叔宝只得吃了,睡到天色未明,又走到大路,盼望樊虎。未知后来如何,且听下回分解。

第五回 秦叔宝穷途卖骏马 单雄信交臂失知音

叔宝望樊虎不来,又过几日,把三百文钱都用尽了,受了小二无数冷言冷语,忽然想道:"我有两条金装锏,今日穷甚,可拿到典铺里,押当些银子,还他饭钱,也得还乡,待异日把钱来赎回未迟。"主意定了,就与小二说了,小二欢喜。叔宝就走到三义坊当铺里来,将锏放在柜上。当铺的人见了道:"兵器不当,只好作废铜称!"叔宝见管当的装腔,没奈何,说道:"就作废铜称吧!"当铺人拿大杆来称,两条锏,重一百二十八斤,又要除些折耗,四分一斤,算该五两银子,多要一分也不当。叔宝暗想道:"四五两银子,如何能济得事?"依旧拿回店来。

王小二见了道:"你说要当兵器还我,怎么又拿了回来?"叔宝托辞应道:"铺中说,兵器不当。"小二道:"既如此,你再寻什么值钱的当吧。"叔宝道:"小二哥,你好呆,我公门中道路,除了这随身兵器,难道有金珠宝物带在身边不成?"小二道:"既如此,你一日三餐,我如何顾得你? 你的马若饿死了,也不干我事。"叔宝道:"我的马可有人要么?"小二道:"我们潞州城里,都是用脚力的,马若出门,就有银子。"叔宝道:"这里马市在哪里?"小二道:"就在西门大街上,五更开市,天明就散。"叔宝道:"明早去吧。"

叔宝到槽头看马,但见马蹄穿腿瘦,肚细毛长,见了叔宝,摇头流泪,如向主人说不出话的一般。叔宝眼中流泪,叫声:"马呵……"要说话,口中噎塞,也说不出,只得长叹一声,把马洗刷一番,割些草与它吃。这一夜,叔宝如坐针毡,睡到五更时分,把马牵出门,走到西市。那马市已开,但见王孙公子,往来不绝,见着叔宝牵了一匹瘦马,都笑他:"这穷汉,牵着劣马,来此何干?"叔宝闻言,对着马道:"你在山东时,何等威风! 如何今日就如此垂头落颈?"又把自己身上一看道:"我今衣衫褴褛,也是这般模样。只为少了几个店账,弄得如此,何况于你?"遂长叹一声,见市上没有人睬他,就把马牵回。

他因空心出门,一时打着睡眼。顺脚走过马市时,城门大开,乡下人挑柴进城来卖,那柴上还有些青叶,马是饿极的,见了青叶,一口扑去,将卖柴的老儿冲了一跤,喊叫起来。叔宝如梦中惊觉,急会扶起老儿。那老儿看着马问道:"此马敢是要卖的,这市上人哪里看得上眼! 这马骠虽瘦了,缠口实是硬挣,还算是好马。"叔宝闻言欢喜道:"老丈,你既识得此马,要到哪里去卖?"那老儿道:"'卖金须向识金家。'要卖此马,有一去处,包管成交。"叔宝大喜道:"老丈,你同我去卖得时,送你一两茶金。"老儿听说欢喜道:"这西门十五里外,有个二贤庄,庄上主人姓单号雄信,排行第二,人称他为二员外,常买好马送朋友。"叔宝闻言,如醉方醒,暗暗自悔,失了检点。在家时闻得人说,潞州单雄信,是个招纳好汉的英雄,今我怎么到此许久,不去拜他,如今衣衫褴褛,若去拜他,也觉无颜。又想道:"我今只认作卖马的便了!"就叫老丈引进。

那老儿把柴寄在豆腐店,引叔宝出城,行了十余里路,见一所大庄院,古木阴森,大厦连云。这庄上主人,姓单名通,号雄信,在隋朝是第十八条好汉。生得面如蓝靛,发似朱砂,性同烈火,声若巨雷。使一根金钉枣阳槊,有万夫不当之勇,专好交结豪杰,处处闻名,收买亡命,做的是没本营生,各处劫来货物,尽要坐分一半。凡是绿林中人,他只一支箭传去,无不听命,所以十分富厚。

一日他闲坐厅上,只见苏老走到面前,唱了个喏,雄信回了半礼。苏老道:"老汉今日进城,撞着一个汉子,牵匹马卖。我看那马虽瘦,却是千里龙驹,特领他来,请员外出去看看。"雄信遂走出来。叔宝隔溪一望,见雄信身长一丈,面若灵官,青脸红须,衣服齐整,觉得自身不像个样,便躲在树后。雄信走过桥来,将马一看,高有八尺,遍体黄毛,如纯金细卷,并无半点杂色。双手用力向马背一按,雄信膂力最大,这马却分毫不动。看完了马,方与叔宝见礼道:"这马可是足下要卖的吗?"叔宝道:"是。"雄信道:"要多少价钱?"

叔宝道:"人贫物贱,不敢言价,只赐五十两足矣!"雄信道:"这马讨五十两不多,只是膘跌太重,不中细料喂养,这马就是废物了。今见你说得还好,咱与你三十两吧。"言讫,就转身过桥去了。

叔宝无奈,只得跟进桥来,口里说道:"凭员外赐多少罢了。"雄信到庄,立在厅前,叔宝站于月台旁边,雄信叫手下人把马牵到槽头,上了细料,因问叔宝道:"足下是哪里人?"叔宝道:"在下是济南府人氏。"雄信听得济南府三字,就请叔宝进来坐下,因问道:"济南府咱有个慕名的朋友,叫作秦叔宝,在济南府当差,兄可认得否?"叔宝随口应道:"就是在下——"即住了口。雄信失惊道:"得罪!"遂走下来。叔宝道:"就是在下同衙门朋友。"雄信方立住道:"既如此!先瞒了!访问老兄高姓?"叔宝道:"姓王。"雄信道:"小弟要寄封信与秦兄,不知可否?"叔宝道:"有尊札尽可带得。"雄信入内,封了三两程仪,潞绸两疋,并马价,出厅前作揖道:"小弟本欲寄一封书,托兄奉与叔宝兄,因是不曾会面,恐称呼不便,只好烦兄道个单通仰慕之意罢了。这是马价三十两,另具程仪三两,潞绸两疋,乞兄收下。"叔宝辞不敢收,雄信致意送上,叔定只得收了。雄信留饭,叔宝恐露自己名声,急辞出门。苏老儿跟叔宝到路上,叔宝将程仪拈了一锭,送与苏老,那苏老欢喜称谢去了。

叔宝自望西门而来,正是午牌时分,此时腹中饥饿,走入酒店来,见三间大厅,摆着精致桌椅,两边厢房,也有座头。叔定就走到厢房,拣了座头坐下,把银子放在怀内,潞绸放在一边,酒保摆上酒肴,叔宝吃了几杯。只见店外来有两个豪杰,后面跟些家人进来。叔宝一看,却认得一个是王伯当,连忙把头别转了。

你道这王伯当是何等人,他乃金山人氏,曾做武状元。若论他武艺,一枝画戟,神出鬼没;论他箭法,百发百中。只因他见奸臣当道,故此弃官,游行天下,交结英雄。这一个是长州人,姓谢名映登,善用银枪,因往山西探亲,遇见王伯当,同到店中饮酒。叔宝回转头,早被伯当看见,便问道:"那位好似秦大哥,为何在此?"就走入厢房,叔宝只得起身道:"伯当兄,正是小弟。"伯当一见叔宝这般光景,连忙把自己身上绣花战袄脱下,披在叔宝身上道:"秦大哥,你为何到此,弄得这样?"当下叔宝与二人见过了礼,方把前事细说一遍,又道:"今早牵马到二贤庄,卖与单雄信,三十两银子,他问起贱名,弟不与他说。"伯当道:"雄信既问起兄长,兄何不道姓名与他?他若知是兄长,休说不收兄马,定然还有厚赠,如今兄同小弟再去便了。"叔宝笑道:"我若再去,方才便道姓名与他了。如今卖马有了盘费,回到下处,收拾行李,就要起身回乡了。"

伯当道:"兄不肯去,弟也不敢相强,兄长下处,却在何处!"叔宝道:"在府前王小二店内。"伯当道:"那王小二是潞州城里著名的势利小人,对兄可曾有不到之处?"叔宝因感柳氏之贤,不便在两个朋友面前说王小二的过错,便道:"二位兄长,那王小二虽属炎凉,他夫妇二人,在我面上还算周到。"伯当听了点头,便叫酒保摆上酒馔畅饮,于是三人作别,伯当、映登二人往二贤庄去了。

叔宝回到下处,小二见没有了马,知是卖了,便道:"秦爷,这遭好了!"叔宝听了不言语,把饭银算还与小二,取了批文,谢别柳氏,收拾行李,把双铜背上肩头。又恐雄信追来,故此连夜出城,往山东而去。

那王伯当、谢映登到二贤庄,雄信出迎,伯当道:"单二哥,你今日做了不妙的事了!"雄信忙问何事,伯当道:"你今日可曾买一匹马吗?"雄信道:"买马不是假的,二位如何得知?"伯当道:"方才卖马的对我说道,说你贪小利,失了名望的人了!"雄信道:"他不过是个好手,有何名望?"伯当道:"他名望比别个不同些儿,你可知道他的名姓否?"雄信道:"我问他,他说是济南府人姓王,我便问起秦叔宝,他说是他的同班,我就央他进里坐。"伯当闻言哈哈大笑道:"可惜你当面错过,他正是'小孟尝秦叔宝'。"雄信吃惊道:"呵呀,他为何不肯通名,如今在哪里?"伯当道:"就在府前王小二店内。"

雄信就要赶去,伯当道:"天色已晚,赶进城来不及了,明早去吧。"雄信性急,与二人吃了一夜酒,天色微明,就上马赶到小二店前下马,问小二道:"有名望的山东秦爷,可在庄吗?"小二道:"秦爷昨晚起身去了。"

雄信闻言,就要追赶,忽见家将跑来叫道:"二员外,不好了,大员外在楂树岗被唐公射死,如今棺木到庄了。"雄信闻言大哭道:"伯当兄,弟今不得去赶叔宝兄弟,请兄多多致意,代为请罪!"说罢飞马回去了。伯当、映登辞别回去,欲知后事如何,且所下回分解。

第六回　樊建威冒雪访良朋
单雄信挥金全义友

再说叔宝恐雄信赶来,走了一夜,自觉头昏,硬着身子又走十余里。不料脚软,不能前进,见路旁有一东岳庙,叔宝奔入庙来,要去拜台上坐坐。忽然头昏,仰面一跤,豁喇一声,倒在地上,肩上双锏,竟把七八块砖都打碎了。惊得道人慌忙来扶,哪里扶得他动?只得报知观主。这观主姓魏名征,维扬人氏,曾做过吉安知州,因见奸臣当道,挂冠修行,从师徐洪客在此东岳庙住。半月前,徐洪客云游别处去了。

当下魏征闻报,连忙出来,见叔宝倒在地上,面红眼闭,口不能言,就与叔宝诊脉,便道:"你这汉子,只因失饥伤饱,风寒入骨,故有此症。"叫道人煎金银花汤一服药,与叔宝吃了,渐渐能言。魏征问道:"你是何处人氏?叫什么名字?"叔宝将姓名并前事说了一遍。魏征道:"兄长,既如此,且在敝观将养,等好了再回乡不迟。"便吩咐道人,在画廊下打铺,扶叔宝去睡了。魏征日日按脉用药与叔宝吃。

过了几天,这一日,道人摆正经堂,只等员外来,就要开经。你道这法事是何人做的?原来就是单雄信,因哥哥死了,在此看经。霎时雄信到了,在大殿参拜圣像,只见家丁把道人打骂,雄信喝问何故,家丁道:"可恶这个道人,昨日吩咐他打扫洁净,他却把一个病人,睡在廊下,故此打他。"雄信大怒,叫魏征来问。魏征道:"员外有所不知,这个人是山东豪杰,七日前得病在此,贫道怎好赶他?"雄信道:"他是山东人,叫么名姓?"魏征道:"他姓秦,名琼,号叔宝。"雄信闻言大喜,跑到廊下。此时叔宝见雄信来,恨不得有个地洞爬下去。雄信赶到跟前,扯住叔宝的手,叫声:"叔宝哥哥,你端的想杀了单通也!"叔宝回避不得,起来道:"秦琼有何德能,蒙员外如此见爱?"雄信捧住叔宝的脸,看他形状,不觉泪下道:"哥哥,你前日见弟,不肯实说,后伯当说知,次早赶至下处,不料兄长连夜长行,正欲追赶,忽遭先兄之变,不得赶来。谁知兄落难在此,皆单通之罪了!"叔宝道:"岂敢,弟因贫困至此,于心有愧,所以瞒了仁兄。"雄信叫家丁扶秦爷洗澡,换了新衣,吩咐魏征自做道场。又叫一乘轿子,抬了叔宝。雄信上马,竟回到二贤庄。

叔宝欲要叙礼,雄信扯住道:"哥哥贵体不和,何必拘此故套?"即请医生调治,不消半月,这病就治好了。雄信备酒接风,叔宝把前事细说一遍,雄信把亲兄被唐公射死告知,叔宝十分叹息,按下不表。

却说樊虎到泽州,得了回文,料叔宝亦已回家,故直回济南府,完了公干。闻叔宝尚未回来,就到了秦家,安慰老太太一番。又过了一月,不见叔宝回来,老太太十分疑惑,叫秦安去请樊虎来。老太太说道:"小儿一去,将近三月,不见回来,我恐怕他病在潞州。今老身写一封书,欲烦大爷去潞州走一遭,不知你意下如何?"樊虎道:"老伯母吩咐,小侄敢不从命,明日就去。"接上书信,秦母取出银子十两做路费,樊虎坚辞不受,说:"叔宝兄还有银在侄处,何用伯母费心?"遂离秦家,入衙告假一月,次日起程,向山行近潞州，忽然彤云密布，朔风紧急，落下一天雪来。樊虎见路旁有座东岳庙，忙下马进庙避雪。魏征一见问道："客官何来？有何公干？"樊虎道："我是山东来的，姓樊名虎，因有个朋友来到潞州，许久不回，特来寻他。今遇这样大雪，难以行走，到宝观借坐一坐。"魏征又问道："客官所寻的朋友，姓甚名谁？"樊虎道："姓秦，名琼，号叔宝。"魏征笑道："足下，那个人，远不过千里，近只在眼前。"樊虎闻言，忙问今在何处，魏征道："前月有个人病倒在庙，叫作秦叔宝，近来在西门外二贤庄单雄信处。"

樊虎听了，就要起身。魏征道："这般大雪，如何去得？"樊虎道："无妨，我就冒雪去吧。"就辞魏征上马，向二贤庄来。到了庄门，对庄客道："今有山东秦爷的朋友来访。"庄客报入，雄信、叔宝闻言，遂走出来。叔宝见是樊虎，就说："建威兄，你因何到这时才来？我这里若没有单二哥，已死多时了。"樊虎道："弟前日在泽州，料兄已回，及弟回济南，将近三月，不见兄长回来，令堂纪念，差弟来寻，方才遇魏征指示至此。"

叔宝就把前事说了一遍，樊虎取出书信与叔宝看了，叔宝即欲回家，雄信道："哥哥，你去不得，今贵恙未安，冒雪而回，恐途中病又复作，难以保全。万有不测，使老夫人无靠，反为不美。依弟主意，先烦建威兄回济南，安慰令堂。且过了残年，到二月中，天时和暖。送兄回去，一则全兄母子之礼，二则尽弟朋友之道。"樊虎道："此言有理，秦兄不可不听。"叔宝允诺，雄信吩咐摆酒，与樊虎接风。

过了数日，天色已晴，叔宝写了回信，雄信备酒与樊虎钱行，取出银五十两，潞绸五疋，寄予秦母。另银十两，潞绸五疋，送与樊虎。樊虎收了，辞别雄信、叔宝，竟回济南去了。你道雄信为何不放叔宝回去？只因他欲厚赠叔宝，恐叔宝不受，只得暗暗把他黄骠马养得雄壮，照马的身躯，叫匠人打一副镏金鞍辔并踏镫。又把三百六十两银子，打做数块银板，放在一条缎被内。一时未备，故留叔宝在此。

那叔宝在二贤庄，过了残年，又过灯节，辞别雄信。雄信摆酒钱行，饮罢，雄信叫人把叔宝的黄骠马牵出来，鞍镫俱全，铺盖捎在马上，双铜挂在两旁。叔宝见了道："何劳兄长厚赐鞍镫？"雄信道："岂敢，不过尽小弟一点心耳！"又取出潞绸十疋，白银五十两，送与叔宝为路费。叔宝推辞不得，只得收下，雄信送出庄门，叔宝辞谢上马去了。未知叔宝此去如何，且听下回分解。

第七回　打擂台英雄聚会
　　　解幽州姑侄相逢

却说秦叔宝离了二贤庄，行不上几十里，天色已晚，见有一村人家，地名皂角林，内有客店。叔宝下马进店，主人随即把马牵去槽上加料，走堂地把他行李铺盖，搬入客房。叔宝到客房坐下，走堂的摆上酒肴与叔宝吃，就走出来，悄悄对主人吴广说道："这个人有些古怪，马上的鞍镫，好似银的。行车又沉重，又有两根铜，甚是厉害，前日前村失盗，这些捕人缉访无踪，此人莫非是个响马强盗？"吴广叫声轻口，不可泄漏，待我去张他，看他怎生的，再作道理。

当下吴广来至房门边，在门缝里一张，只见叔宝吃完了酒饭，打开铺盖要睡，觉得被内沉重，把手一提，噗的一声，脱出许多砖块来，灯光照得雪亮；叔宝吃了一惊，取来一看，却是银的，便放在桌上。想雄信何故不与我明言，暗放在内。吴广一见，连忙叫声："小二，不要声张，果是响马无疑，待我去叫捕人来。"言讫，就走出门。恰遇着二三个捕人，要来店上吃酒。吴广遂把这事对众人说了，众人就要下手。吴广道："你们不可造次，我看这人十分了得，且又两根铜甚重，若拿他不住，被他走了，反为不美。你们可埋伏在外，把索子伏在地下，我先去引他出来，绊倒了他，有何不可？"众人点头道："是！"各埋伏。吴广拿起斧头，把叔宝房门打开，叫声："做得好事！"抢将进来。叔宝正对着银子思想，忽见有人抢进来，只道是响马来劫银子，立起身来。吴广早到面前，叔宝把手一推，吴广立脚不住，噗的一声，撞在墙上，把脑浆都跌出来。外边众人呐一声喊，叔宝就拿双铜抢出房门，两边索子拽起，把叔宝绊倒在地。众人把兵器往下就打。叔宝把头抱住，众人便拿住了，用绳将叔宝绑了，吊在房内。见吴广已死在地下，他妻子央人写了状子，次日天明，众捕人取了双锏及行李、银子、黄骠马，牵着叔宝，带了吴广妻子，投入潞州府。

那潞州知府蔡建德，听得拿到一个响马强盗，即刻升堂，众捕人上堂跪禀，说在皂角林拿得一名响马。吴广妻子亦上堂哭告道："响马行凶，打死丈夫。"蔡公问了众人口词，喝令把响马带进来，众人答应一声，就把叔宝带到丹墀。蔡公看见，吃了一惊，问道："我认得你是济南差人，何故做了响马？"秦琼跪下道："小人正是济南差人，不是响马。"蔡建德喝道："好大胆的奴才，去岁十月内得了回文，就该回去，怎么过了四个月，还不曾回？明明是个响马无疑。"秦琼道："小人去年十月，得了回文，行不多路，因得了病，在朋友家将养到今，方才回去。"这些银子是朋友赠小人的，乞老爷明察。"蔡建德道："你那朋友住在哪里？"秦琼就要说出，忽想恐连累雄信，不是耍的，遂托言道："小人的朋友是做客的，如今去了。"蔡建德听了，把案一拍，骂道："好大胆的奴才，焉有做客的留你住这多时？又有许多银子赠你？我看你形状雄健，不像有病方好的人，明明是个响马了。又行凶打死吴广，你还敢将言搪塞！"叔宝无言可答。蔡建德令收吴广尸首，就把这一干人，发下参军厅审问明白，定罪施行。参军孟洪，问了口词，叔宝不肯认作响马，打了四十板收监，另日再审。

不料这桩事沸沸腾腾，传说山东差人，做了响马，今在皂角林拿了，收在监内。这话渐渐传到二贤庄，雄信一闻此事，吃了一惊，连忙进城打听，叔宝被祸是实，叫家人备了酒饭，来到监门口，对禁子道："我有个朋友，前日在皂角林，被人诬作响马，下在牢内，故此特来与他相见。"禁子见是雄信，就开了牢门，引雄信去到一处，只见叔宝被木枷锁在那里。雄信一见，抱头大哭道："叔宝兄，弟害兄受般苦楚，小弟虽死难辞矣！"忙令禁子开了木枷。叔宝道："单二哥，这是小弟命该如此，岂关兄长之故？但弟今有一言相告，不知吾兄肯见怜否？"雄信道："兄有何见教，弟敢不承命？"叔宝道："弟今番料不能再生了！就是死在异乡，也不足恨，但是可怜家母在山东，无人奉养，弟若死后，二哥可寄信与家母，时时照顾。俺秦琼在九泉之下，感恩不尽矣！"雄信道："哥哥不必忧心，弟自去上下衙门周全，拨轻了罪，那时便有生机了。"言罢，吩咐家人摆上酒饭，同叔宝吃了，取出银子与那禁子，叫他照顾秦爷，禁子应诺。

雄信别了叔宝，出得牢门，就去挽一个虞候，在参军厅蔡知府上下说情。参军厅就审叔宝，实非响马，不会误伤跌死吴广，例应充军。知府将审语详至山西大行台处，大行台批准，如详结案，把秦琼发配河北幽州，燕山罗元帅标下为军。

那蔡建德按着文书，吩咐牢中取出秦琼，当堂上了行枷，点了两名解差。这二人也是好汉：一个姓金名甲，字国俊；一个姓童名丫鬟，字佩之，与雄信是好朋友，故雄信买他二人押解。当下二人领文书，带了叔宝。出得府门，早有雄信迎着，同到酒店饮酒。雄信道："这燕山也是好去处，弟有几个朋友在彼：一个叫张公瑾，他是帅府旗牌，又有两个兄弟，叫尉迟南、尉迟北，现为帅府中军。弟今有书信在此。那张公瑾他住在顺义村，兄弟可先到他家下了书，然后可去投文。"叔宝谢道："弟蒙二哥，不惜千金，拚身相救，此恩此德，何时可报？"雄信道："叔宝兄说哪里话？为朋友者生死相救，岂有惜无用之财，而不救朋友之难也！况此事是弟累兄，弟虽肝脑涂地，何以赎罪？此行放心，令堂老伯母处，弟自差人安慰，不必挂念。"叔宝十分感谢。

吃完了酒，雄信取出白银五十两，送与叔宝；又二十两送与金甲、童环。三人执意不受，雄信哪里肯听，只得收了，与张公瑾的书信，一同收拾，别了雄信，竟投河北而去。

三人在路，晓行夜宿，不日将近燕山，天色已晚，三人宿在客店。叔宝问店主人道："这里有个顺义村吗？"店主人道："东去五里便是。"叔宝道："你可晓得村中有个张公瑾吗？"店主人道："他是帅府旗牌官，近来元帅又选一个右领军，叫作史大奈。帅府规矩，送领职的演过了武艺，还恐没有本事，就在顺义村土地庙前造了一座擂台，限一百日，没有人打倒他，才有官做。倘有好汉打倒他，就把这领军官与那好汉做。如今这史大奈在顺义村将有百日了，若明日没有人来打，这领军官是他的了。那张公瑾、白显道，日日在那里经营，你们若要寻他，明日只到庙前去寻便了。"叔宝闻言欢喜。

次日吃完了早饭，算还饭钱，三人就向顺义村土地庙来。到了庙前，看见一座擂台，高有一丈，阔有二丈，周围挂着红彩，四下里有人做买卖，十分热闹。左右村坊人等，都来观看。这史大奈还未曾来。叔宝三人看了一回，忽见三个人骑着马，来到庙前，个个下马，随后有人抬了酒席。史大奈上前参拜神道，转身出来，脱了团花战袍，把头上扎巾按一按，身上穿一件皂缎紧身，跳上擂台。这边张公瑾、白显道，自在殿上吃酒。那史大奈在台上，打了几回拳棒。

此时叔宝三人，虽在人丛里观看，只见史大奈在台上叫道："台下众人，小可奉令在此，今日却是百日满期。若有人敢来台上，与我交手，降服得我，这领军职分，便让与他。"连问数声，无人答应。童环对叔宝、金甲道："你看他目中无人，待我去打这狗头下来！"遂大叫道："我来与你较对！"竟向石阶上来，史大奈见有人来交手，就立一个门户等候。童环上得台来，便使个高探马势，抢将进来。被史大奈把手虚闪一闪，持左脚飞起来，一腿打去，童环正要接他的腿，不想史大奈力大，弹开一腿，把童环撞下擂台去了。金甲大怒，奔上台来，使个大火烧天势，抢将过来。史大奈把身一侧，回身佯走，金甲上前，大叫一声"不要走！"便拦腰抱住，要吊史大奈下去，却被史大奈用个关公大脱袍，把手反转，在金甲腿上一挤，金甲一阵酸麻，后一松，被大奈两手开个空，回身一膀子，喝声"下去！"扑通一声，把金甲打下台来，旁观的人齐声喝彩。叔宝看了大怒，也就跳上擂台，直奔史大奈，两个打起来。史大奈用尽平生气力，把全身本事，都拿出来招架。下面看的人，齐齐呐喊。他两个打得难解难分，却有张公瑾跟来的家将，看见势头不好，急忙走入庙内叫道："二位爷，不好了！谁想史爷的官星不现，今日遇着敌手，甚是厉害。小的看史爷有些不济事了！"

二人闻说，吃了一惊，跑出来。张公瑾抬头一看，见叔宝人才出众，暗暗喝彩，便问众人道："列位可知道台上好汉，是哪里来的？"有晓得的便指金、童二人道，是他们同来的。张公瑾上前，把手一供道："敢问二位仁兄，台上的好汉是何人？"金甲道："他是山东大名府驰名的秦叔宝。"张公瑾闻言大喜，望台上叫道："叔宝兄，请住手，岂闻君子成人之美？"叔宝心中明白："我不过见他打了金甲、童环，一时气愤，与他交手，何苦坏他名职？"遂虚闪一闪，跳下台来，史大奈也下了台。叔宝道："不知哪一位呼我的名？"张公瑾道："就是小弟张公瑾呼兄。"叔宝闻言，上前见礼道："小的正要来拜访张兄。"公瑾请叔宝三人来至庙中，个个见礼，现成酒席，大家坐下。叔宝取出雄信的书信，递与公瑾。公瑾拆开观看，内说叔宝根由，要他照顾之意。公瑾看罢，对叔宝道："兄诸事放心，都在小弟身上。"当下略饮数杯，公瑾吩咐家将备三匹良马，与叔宝三人骑了，六人上马，回到村中，大摆筵席，款待叔宝。

及至酒罢，公瑾就同众人上马，进城来至中军府，尉迟南、尉迟北、韩实忠、李公旦一齐迎入，见了叔宝三人，叩问来历。公瑾道："就是你们日常所说的山东秦叔宝。"四人闻言，忙请叔宝见礼，就问为何忽然到此。公瑾把单雄信的书信，与四人看了，尉迟兄弟只把双眉紧锁，长叹一声道："元帅性子，十分执拗，凡有解到罪人，先打一百杀威棍，十人解进，九死一生。如今雄信兄不知道理，将叔宝兄托在你我身上，这事怎么处？"众人听说，个个面面相看，无计可施。李公旦道："列位不必愁烦，小弟有个计在此：我想元帅生平最怕是牢瘟病，若罪人犯牢瘟病，就不打。恰好叔宝兄尊容面黄如金，何不装作牢瘟病。"公瑾道："此计甚善！"大家欢喜。尉迟南设席款待，欢呼畅饮，直至更深方散。

次日天明，同到帅府前伺候。少刻辕门内鼓打三通，放了三个大炮，吆吆喝喝，帅府开门。张公瑾自同旗牌班白显道归班。左领军韩实忠、李公旦，中军官尉迟南、尉迟北，随右统制班一齐上堂参见。随后又有辕门官、听事官、传宣诸将同五营、四哨、偏副、牙将，上堂打躬。唯有史大奈不曾投职，在辕门外伺候。金甲、童环将一扇板门抬着叔宝，等候投文。

那罗元帅坐在堂上,两旁明灰亮甲,密布刀枪,十分严整。众官参见后,有张公瑾上前跪禀道:"小将奉令,在顺义村监守擂台,一百日完满,史大奈并无敌手,特来缴令!"站过一边,罗公就叫史大奈进来!史大奈走到丹墀下,跪下磕头,罗公令他授右领军之职。史大奈磕头称谢,归班站立。然后听事官唱:"投文进来。"金甲、童环火速上前,捧着文书,走到仪门内,远远跪下。旗牌官接了文书,当堂拆开,遂将上来。罗公看罢,叫他把秦琼带上来。金甲跪下禀道:"犯人秦琼,在路不服水土,犯了牢瘟病,不能前进。如今抬在辕门,侯大老爷发落。"

罗公从来怕的是牢瘟病,今见禀说,又恐他装假,遂叫抬进来亲验。金甲、童环就把叔宝抬进。罗公远远望去,见他的面色焦黄,乌珠定着,认真是牢瘟病。就把头点一点,将犯人发落去调养刑房,发回文书。两旁一声答应,金甲、童环叩谢出来。罗公退堂放炮,吹打封门。那张公瑾与众人,都到外面来见叔宝,恭喜相邀,同到尉迟南家中,摆酒庆贺,不在话下。彼时罗公退堂,见公子罗成来接,这罗成年方十四岁,生得眉清目秀,齿白唇红,面如团粉,智勇双全,隋朝排他第七条好汉。罗公就问道:"你母亲在哪里?"罗成道:"母亲不知为什么早上起来,愁容满面,只在房内啼哭。"罗公见说,吃了一惊,忙到房里,只见夫人眼泪汪汪,坐在一边。罗公就问:"夫人为何啼哭?"秦夫人道:"每日思念先兄,为国捐躯,尽忠战死,撇下寡妇孤儿,不知逃往何方,存亡未卜。不想昨夜梦见先兄,对我说:'侄儿有难,在你标下,须念骨肉之情,好生看顾。'妾身醒来,想起伤心,故此啼哭。"罗公道:"令侄是叫何名字?"夫人道:"但晓得他乳名叫太平郎。"罗公心中一想,对夫人道:"方才早堂,山西潞州解来一名军犯,名唤秦琼,与夫人同姓。令兄托梦,莫非应在此人身上?"

夫人着惊道:"不好了!若是我侄儿,这一百杀威棍,如何当得起!"罗公道:"那杀威棍却不曾打,因他犯了牢瘟病,所以下官从轻发落了。"夫人道:"如此还好,但不知这姓秦的军犯,是哪里人氏?"罗公道:"下官倒不曾问得。"夫人流涕道:"老爷,妾身怎得能够亲见那人,盘问家下根由。倘是我侄儿,也不枉了我先兄一番托梦。"罗公道:"这也不难,如今后堂挂下帘子,差人去唤这军犯,到后堂复审。那时下官细细将他盘问,夫人在帘内听见,是与不是,就知明白了。"夫人闻言欢喜,命丫鬟挂下帘儿,夫人出来坐下。罗公取令箭一枝,与家将罗春,吩咐带山西潞州解来的军犯秦琼,后堂复审。罗春接了令箭,来到大堂,交与旗牌官曹彦宾,传说元帅令箭,即将秦琼带到后堂复审。曾彦宾接过令箭,忙到尉迟南家里来。

此时众人正在吃酒,忽见曹彦宾拿令箭人来,说:"本官令箭在此,要带秦大哥后堂复审。"众人闻说,不知何故,只面面相觑,全无主意。叔宝十分着急,曹彦宾道:"后堂复审,绝无甚厉害,秦大哥放心前去。"叔宝无奈,只得随彦宾来到帅府,彦宾将叔宝交罗春带进,罗春领进后堂,上前缴令。叔宝远远偷看,见罗公不似平堂威仪,坐在虎皮交椅上,两边桌几个青衣家丁,堂上挂着珠帘。只听罗公叫秦琼上来,家将引叔宝到阶前跪下。罗公道:"秦琼,你是哪里人氏?祖上什么出身?因何犯罪到此?"叔宝暗想,他问我家世,必有缘故,便说道:"犯人济南人氏,祖父秦旭,乃北齐亲军。父名秦彝,乃齐王驾前武卫将军,可怜为国捐躯,战死沙场。止留犯人,年方五岁,母子相依,避难山东。后来犯人蒙本府抬举,点为捕盗都头,去岁押解军犯,到了潞州,在皂角林误伤人命,发配到大老爷这里为军。"

罗公又问:"你母亲姓什么,你可有乳名否?"叔宝道:"犯人母亲宁氏,我的乳名叫太平郎。"罗公又问:"你有姑娘吗?"叔宝道:"有一姑娘,犯人三岁时,就嫁与姓罗的官长,后来杳无音信。"罗公大笑道:"远不远千里,近只近在目前。夫人,你侄儿在此,快来相认!"秦夫人听得分明,推开帘子,急出后堂,抱住叔宝,放声大哭,口叫:"太平郎,我的儿!你嫡亲的姑娘在此!"

叔宝此时,不知就里,吓得通身发抖:"呵呀!夫人不要错认,我是军犯。"罗公站起身来,叫声:"贤侄,你莫惊慌!老夫罗艺,是你的姑夫,这就是你姑娘,一些不错。"叔宝此时,如醉方醒,大着胆上前拜认姑爹、姑母,也掉下几点泪来,然后又与表弟罗成见过了礼,罗公吩咐家人,服侍秦大爷沐浴更衣,备酒接风。张公瑾众人闻知,十分大喜,俱送礼来贺喜。未知叔宝此后如何,且听下回分解。

第八回　叔宝神箭射双雕　伍魁妒贤成大隙

　　叔宝换了新衣，来到后堂，重新见礼，秦夫人喜笑颜开。罗公看叔宝人才出众，相貌魁梧，暗暗喝彩，便叫："贤侄，老夫想你令尊，为国忘身，归天太早，贤侄那时尚幼，可惜这两根金装锏，不知落于何人之手？谅你秦家锏法，不复传于后世了。"叔宝道："不敢瞒姑爹，当初父亲赴难时节，就将金装锏托付母亲，潜身避难，以存秦氏一脉。后来侄儿长成，赖有老仆秦安，教这家传锏法。侄儿不才，略知一二。"罗公喜道："贤侄，如今这锏可曾带来？"叔宝道："侄儿在皂胶林被祸，潞州知府认侄儿为响马，这锏当作凶器，还有马匹箱子铺盖，认作盗赃，入了官了。"罗公道："这不要紧，你将各项物件，并银子多少，开一细账，待我修书，差官去见蔡知府，不怕他不差人送来。"叔宝道："若得姑爹如此用心，侄儿不胜感激！今有解侄儿的两个解差，尚未回去，明日就着他带书，去见本府，岂非两便？"罗公道："说得有理！"

　　他们饮至更深方散。罗公即吩咐家人，收拾书房，请秦大爷安睡。叔宝来到书房，在灯下修书一封，致谢单雄信，又开一纸细账，方才去睡。到次日起来，进内堂请姑爹姑母安。罗公就写信一封，命叔宝出堂，着解差回潞州，见本府投下。

　　叔宝奉命出帅府，竟到尉迟南家来。恰好金甲、童环正欲起向，一见叔宝来，与张公瑾众人上前恭喜。叔宝道："金、童二兄，欲回贵府，弟有书信一封，烦带二贤庄交雄信兄。另有细账一纸，家姑夫手书一缄，烦兄送与太爷。"言讫，在袖中取出十两银子，说道："碎银几两，送与二兄路中买茶。"金甲、童环推辞不得，连书信收了，就起身作别，众豪杰相送，叔宝送到城外，珍重而别。回到中军，谢过众友，然后进帅府，到后堂来禀姑爹，罗公点头，吩咐摆酒，至亲四人，相对开怀。席间罗公讲些兵法，叔宝应答如流，夫妻二人甚是欢喜。

　　当下酒散，叔宝回书房安睡，罗公对夫人道："我看令侄人才出众，兵法甚熟，意欲提拔他做一官半职。但下官从来赏罚严明，况令侄乃是配军，到此无尺寸之功，若骤加官职，恐众将不服。我意欲下教场演武，使令侄显一显本事，那时将他补在标下，以服众心。不识夫人尊意如何？"夫人道："相公主意不差。"

　　那日罗公对叔宝说明就里，秦琼道："可惜侄儿锏在潞州，不曾取到。"罗成道："这不打紧，我的锏借与表兄用一用吧！"叔宝说："也好。"罗公就传令五营兵将，整顿队伍，明日下教场操演。次早，罗公冠带出堂，放炮开门，众将行礼。罗公上轿，下教场，随后叔宝、罗成与众将跟随，一路往教场来，十分威武。及到了教场，放起三个大炮，罗公到演武厅下轿，朝南坐定，众将下见。五营兵丁。各按队伍，分列两行。罗公下令，三军演武，一声号炮，众军踊跃，战马咆哮，依队行动，排成阵势。将台上令字旗一展，两声号炮，鼓角齐鸣，人马奔驰，杀气漫天。又换了阵势，呐喊摇旗，互相攻击，有鬼神不测之妙。及三声号炮，一棒鸣金，收了阵势，三军各归队伍。众将进前射箭，射中的磨旗播鼓，不中的吊胆惊心。

　　少停，射箭已完，罗公又传下令来，唤山西解来的军犯秦琼。叔宝闻唤，连忙答应上前，跪下磕头。罗公道："今日本帅操兵，非为别事，欲选一名都领军，不论马步兵丁，囚军配犯，只要弓马娴熟，武艺高强，即授此职。你有什么本事，不妨演来？"叔宝禀道："小的会使双锏。"罗公吩咐，赏他坐骑，军政官闻令，就给予战马。叔定提锏上马，加一鞭，那马嘶叫一声，发开四蹄，跑将下来。叔宝把双锏一摆，兜回坐马，勒住丝缰，在教场中间，往来驰骋，把两枝银锏，使将开来。起初还见他一上一下，或左或右，护顶蟠头，前遮后躲，舞到后来，但听呼呼风响，万道寒光，冷气飕飕。这两根锏宛如银龙摆尾，玉蟒翻身，裹住英雄体，只见银光不见人。罗公暗暗喝彩，罗成不住称赞，军将看得眼花缭乱。

　　霎时使完收了锏，叔宝下马，上前缴令。罗公叫一声："好！"便问两边众将道："秦琼锏法精明，本帅意欲点他为都领军，你们可服吗？"当下尉迟南等，巴不得叔宝有了前程，大家齐应道："我等俱服。"言还未毕，忽闪出一员战将，大叫道："我偏不服。"叔宝抬头一看,此人身高八尺,紫草脸,竹根须,戴一顶金盔,穿一副金甲,宫绿战袍衬里,姓伍名魁,乃是隋文帝钦点先锋、当朝宰相伍建章族侄。罗公见他不服,大怒喝道:"好大胆匹夫!今日操兵演武,量材擢用,众将俱服,你这厮擅敢喧哗,乱我军法。"伍魁道:"元帅差矣!秦琼是一个配军,并无半箭之功,元帅突然补他为都领军,若是小将等久战沙场,屡战有功,还该封侯了!元帅赞他使的铜,天上少,地下无。据小将看起来,也只平常,内中还有不到之处。"罗公闻说,哑口无言,唤过秦琼大叫道:"你怎敢将这些学不全的铜法搪塞本帅?"叔宝暗想:"这秦家铜天下无双,为何被此人看低了,难道此人用铜法,比我家又高吗?"以心问心,未肯就信。只得认个晦气,跪禀道:"小的该死,望元帅爷开恩恕罪!"

罗公心内明白,怎奈伍魁作对,难以回复,只得又问道:"你还有什么本领?"叔宝道:"小的能射天边飞鸟。"罗公大喜,命军政官,约付弓箭。叔宝站起来,伍魁大叫道:"秦琼,你好大胆,擅敢戏弄元帅,妄夸大口,少刻没有飞鸟射下来,我看你可活得成!"叔宝道:"巧言无益,做出便见,我射不下飞鸟,自甘认罪,何用伍将军如此费心,为我担忧?"伍魁闻言,气得面皮紫胀,大怒道:"你这该死的配军,敢顶撞俺老爷!也罢,你若有本事射下飞鸟,俺把这个钦赐的先锋印输与你;如射不下来,你便怎的?"叔宝道:"若射不下来,我就把首级输与你。"罗公道:"军中无戏言,吩咐立了军令状。"

叔宝此时,拈弓搭箭,仰天遥望飞鸟。忽听呀呀之声,有两只饿老鹰,在前村抓了人家一只鸡,一只雌的抓着鸡在下,一只雄的扑着翅在上,带夺带飞,追将下来。叔宝看了,扯开弓,发出箭,飕的一声响,把两只鹰和那小鸡一箭贯了胸脯,扑地跌将下来。大小三军,齐齐呐喊,众将拍掌称奇。军政官取了一箭双鹰,同叔宝上前缴令。罗公看了,赞道:"好神箭也!"心中欢喜。那叔宝的箭法,乃是王伯当所传,原有百步穿杨之功。若据小说上说,罗成暗助一箭,非也,并无此事,抑且岂有此理。

当下罗公唤过伍魁说道:"秦琼已经射下飞鸟,你还有什么讲的?快取先锋印与他!"伍魁道:"元帅说哪里话?俺这先锋印,乃朝廷钦赐,岂可让与军犯秦琼!"未知罗公怎么处置,且听下回分解。

第九回　夺先锋教场比武　思乡里叔宝题诗

当下罗公闻伍魁之言,大怒喝道:"你这匹夫,擅敢违吾军令?"喝叫刀斧手,快绑去砍了。伍魁大叫道:"元帅假公济私,要杀俺伍魁,俺就死也不服。秦琼果有本事,敢与俺伍魁一比武艺,胜得俺这口大刀,就愿把先锋印让他。"罗公怒气少息,喝道:"本帅本该将你按照军法处斩,今看朝廷金面,头颅权寄在汝颈上。"又唤秦琼过来道:"本帅命你同伍魁比武,许胜不许败!"着军政官给予盔甲,叔宝遵令,全装披挂,跨马抢铜。

只见伍魁催开战马,举钢刀大叫道:"秦琼快来受死!"叔宝道:"伍魁休得无礼!"言罢放马过来。伍魁此时眼空四海,那里把秦琼放在心上?双手舞刀,劈面砍来。叔宝双铜架住,战了十合,两铜打去,伍魁把刀来迎,那铜打在刀口上,火星乱迸,震得伍魁两膀酸麻,面皮失色。耳边但闻呼呼风响,两条铜如骤雨一般,弄得伍魁这口刀,只有招架之功,并无还刀之力。虚晃一刀,思量要走,早被叔宝左手的铜,在前胸一打,护心镜震得粉碎,仰面朝天,哄咙一交,跌下鞍桥。他此时靴尖不能退出葵花镫,那匹马溜缰,拖了伍魁一个辔头,可怜伍魁不为争名夺利,只因妒忌秦琼,反害了自己性命。当时罗元帅吓得面如土色,众官将目瞪口呆,叔宝惊惶无措,不敢上前缴令。军政官来禀元帅:"伍魁与秦琼比武,秦琼打伍魁前胸,击碎护心镜,战马惊跳,把伍魁颠下鞍桥。马走如飞,众将不能相救,伍先锋被马拖碎头颅,脑浆迸流,死于非命,请元帅定夺。"罗公听了,吩咐将伍魁尸骸,用棺盛殓。

言讫,那右军队里闪出一将,姓伍名亮,乃伍魁之弟,厉声叫道:"反了!反了!配军犯罪,擅伤大将,元帅不把秦琼处斩,是何道理?"罗公大怒喝道:"好大胆匹夫,擅敢喧哗胡闹!伍魁身死,与秦琼无涉。况且军中比武,有伤无论,你这厮适才叫反,乱我军心,该何当罪!"即命军政官,除了伍亮名字,把他赶出。两边军士答应一声,走过来,不由伍亮做主,赶出演武场,弄得伍亮进退无门,大怒道:"可恨罗艺偏护秦琼,纵他行凶,杀我兄长,此仇不可不报!我今反出幽州,投沙陀国,说动可汗兴兵,杀到瓦桥关。我若不踏平燕山,生擒罗艺、秦琼,碎尸万段,也不显俺的厉害。"主意已定,就反出幽州,星夜投沙陀国去了。

那罗公传令散操,回到帅府,三军各归队伍,叔宝、罗成随进后堂,夫人上前接住,见老爷面带忧容,就向根由。罗公细言一遍,夫人大惊。忽有中军传报送来说:"伍亮不缴巡城令箭,赚出幽州,不知去向。"罗公闻报大喜,叫声:"夫人,天使伍亮反了燕山,令侄恭喜无事,下官也脱了干系。"就差探子四路打探伍亮踪迹。过了数日,探子回来说:"伍亮当日赚出城门,诈称公干,星夜走瓦桥关,将巡城令箭,叫开关门,竟投沙陀国,拜在大元帅奴儿星扇帐下,说动可汗,将欲起兵来犯燕山。"罗公闻言,立刻做成表章,差官往长安申奏朝廷,不在话下。

再说金甲、童环回到潞州,此时蔡公正坐堂上,二人进见,缴上回文。又将罗公书帖,并叔宝细账呈上。蔡公当堂开看,方知就里,即唤库吏取寄库赃簿来查看。蔡公对罗公来的细账,见银两不敷其数,想当日皂角林有些失落。黄骠马一匹,镏金鞍镫一副,已经卖卖,册上注明马价银三十两,其余物件,俱符细账。蔡公将朱笔逐一点明,备就文书,即命金甲、童环送去,将秦琼银两物件,并马价当堂交付,限三日内起程。金甲、童环不敢违命,领了物件,回家安宿一宵。次日,将秦琼书信,托人转送到二贤庄,与单雄信。送起身前往幽州,候罗公路堂,将文书投进。罗公当堂拆看,照文收明物件,即发回批。金甲、童环叩谢回去,不表。

再说叔宝在罗公衙内,日日与罗成闲耍。一日同在花园内演武,罗成道:"表兄,小弟的罗家枪,别家不晓得,表兄的秦家铜,也算天下无二。不若小弟教哥哥枪法,哥哥教小弟铜法如何?"叔宝道:"兄弟说得有理,只是大家不可私瞒一路,必须盟个咒方好。"罗成道:"哥哥所言有理,做兄弟的教你枪法,若还瞒了一路,不逢好死,万箭攒身而亡。"叔宝道:"兄弟,我为兄的教你铜法,若私瞒了一路,不得善终,吐血而亡。"兄弟在花园盟誓,只道戏言并无凭证,谁知后来俱应前言。他二人赌过了咒,秦琼把铜法一路路传与罗成,看看传到杀手铜,心中一想:"不要吧,表弟勇猛,我若传了他杀手铜,天下只有他,没有我了。"呼的一声,就住了手。罗成学了一回,也把枪法一路路传与秦琼,看着传到回马枪,也是心中一想:"表兄英雄,若传了他,只显得他的英名,不显得我的手段了!"也是一声响,把枪收住,叔宝也学了一回。自此二人在花园内,学枪学铜,不在话下。

一日罗公来到书房,不见二人在内,遂走进叔宝房内,忽见粉壁上写着一行大家。近前一看,见壁上写道:

一日离家一日深,犹如孤岛宿寒林;

纵然此地风光好,还有思乡一片心。

罗公看了,认得是叔宝笔迹,怫然不悦,遂回后堂。夫人道:"老爷到书房去,观看二子学业,此时为什么匆匆回来,面有怒色?"罗公叹道:"他儿不足养,养杀是他儿。"夫人惊问何故,罗公道:"夫人,自从令侄到来,老夫待他如同己子。我本意待边庭有变,着他出马立功,那时我表奉朝廷,封他一官半职,衣锦还乡。谁想令侄不以我为恩,而反以我为怨。适才进他房中,见壁上写着四句胡言,后两句一发可笑,说道:'纵然此地风光好,还有思乡一片心。'这等看起来,反是我留他不是了!"夫人闻言,不觉下泪道:"先兄去世太早,家嫂寡居异乡,只有此子,出外多年,举目无亲。老爷就使小侄有一品官职,他也思念老母为重,必不愿留在此。依妾愚见,不如叫他归家省母,免得两头悬望。"说罢,泪下如雨。

罗公道:"不要伤感,待老夫打发令侄回去便了!"吩咐家人备酒送行,就令书童,请叔宝赴席。叔宝闻说是送行酒席,十分欢喜,同罗成进到后堂。夫人道:"侄儿,你姑夫见你怀抱不开,知道你念母远离,故备酒替你饯行。"叔宝闻言,哭拜于地。罗公扶起说道:"贤侄,不是老夫屈留你在此,只为要待你成功立业,求得一官半职,衣锦回乡,才如我愿。今你姑母说你令堂年高,无人侍奉,所以今日打发你回去。前日潞州蔡知府已将银两等物送来,一向不曾对你说得,今日回去,逐一点收明白。我还修书一封,你可送到山东大行台节度使唐璧处投递。他是老夫年侄,故荐你在他标下,做个旗牌官,日后也可图些进步。"叔宝接领,叩谢姑爹姑母,又与表弟对拜四拜,方入席饮酒。

　　酒至数巡,告辞起身,出了帅府,去辞别了尉迟昆玉并众朋友,遂匆匆上马,竟奔河北,来到了潞州府前下马。到了饭店,王小二见了,忙跑入内,对老婆柳氏说道:"前年秦客人被我冷落,今做了官,骑马到门前来了。他恼我得紧,必然拿我送官,打一顿板子,出他的气,我今要躲避他,你可说我如此如此,就可打发他去。"说罢,溜开去了。柳氏乃是个贤妻,只得依了丈夫之言。霎时叔宝走入店来,柳氏迎着道:"秦爷,你来了吗?"叔宝道:"我来了,要见你丈夫。"柳氏闻言,哭拜于地道:"我拙夫向日得罪秦爷,原来是作死。自秦爷遭事,参军厅捉拿窝家,拙夫用了几两银子,心中不悦,就亡过了。"叔宝道:"贤人请起,昔日是我囊中空乏,以致你丈夫白眼相看。世态炎凉,古今皆然,我也不怪他。只是我受你大恩,今日来此,正欲答报。"未知叔宝怎样报答,且听下回分解。

第十回　省老母叔宝回乡
送礼物唐璧贺寿

　　叔宝道:"贤人,你丈夫既然亡过,遗存寡妇孤儿,我恨不能学韩信,用千金来报答漂母。今日权以百金为酬,聊报大德!"即便取银相送,柳氏感谢不尽,叔宝就出门上马,向二贤庄去了。

　　那单雄信闻人传报,叔宝重回潞州,心中大喜道:"谅他必来望我。"吩咐备酒,倚门等候。再说叔宝因马力不济,步行迟缓,直到月上东山,才到庄上。雄信听得林中马嘶,高声道:"可是叔宝兄来了吗?"叔宝道:"正是秦琼,特来叩谢!"雄信大笑道:"真乃月明千里故人来!"二人携手登堂,喜动颜色,顶礼相拜。家人摆上酒席,二人坐下,开怀痛饮,各有醉意。雄信将杯放下道:"恕小弟今日不能延纳,有逐客之意,林酌之后,就要兄行。"叔宝道:"这是何故?"雄信道:"自兄去燕山二载,令堂老伯母,有十三封书信到此。前十二封书信,是令堂写的,小弟薄具甘旨,回书安慰。只个月内第十三封书,不是令堂写的,是令正写的。书中说令堂有恙,不能修书,故小弟要兄速速回去,与令堂相见一面,以全母子之情。"

　　叔宝闻言,五内皆裂,泪如雨下道:"单二哥,若这等,弟时刻难容。只是燕山来,马被骑坏了,路程遥远,心焦马迟,怎生是好?"雄信道:"兄不说,我倒忘了,自兄去后,潞州府将兄的黄骠马发卖,小弟就用银三十两,纳在库内,买回寒舍,今仍旧送还兄长。"叫手下把秦爷的黄骠马牵出来,手下应诺,一时,牵了出来。那马见了故主,嘶喊乱跳,有如人言之状。雄信又把向日的鞍辔,挂在马上,然后将行李背上。叔宝拜辞,连夜起身,出庄上马,纵辔加鞭,如逐电追风,十分迅速。

　　及行到济南,叔宝飞奔入城,走到自己后门,跳下马来,一手牵马,一手敲门,叫声:"娘子,我母亲病势如何? 我回来了。"张氏所见丈夫回来,忙来开门,说道:"婆婆还未曾好。"叔宝牵马进来,张氏关了门,叔宝拴上马,与娘子相见。张氏道:"婆婆方才吃药睡着,虚弱得紧,你缓些进去。"叔宝蹑足,轻轻走进母亲卧房,伏在床边,见老母面向里,鼻息只有一线,膀臂身躯,犹如枯柴一般。叔宝就跪在床前,低声叫道:"母亲醒了吧!"那母亲游魂缓返,身体沉重,翻不过来,面朝床里,恍如梦中,叫声:"媳妇!"张氏道:"媳妇在此!"秦母道:"我方才略睡一睡,只听得你丈夫在床前絮絮叨叨叫我,想是已为泉下之人,千里游魂,来家见母了。"张氏道:"婆婆,你儿子回来了,跪在这里。"叔宝道:"太平郎回来了。"

　　秦母原无重病,因思想儿子,想得这般模样。忽听得儿子回来,病就好了一半,即忙爬起来,坐在床沿上,扯住叔宝的手,大哭起来。但又哭不出眼泪,张着大口,只是喊。叔宝叩拜老母,老母道:"你不要拜我,可拜你妻子。你三年在外,若不是你媳妇能尽妇道,我久已死了,也不得与你相见。"叔宝遵母命,回身叩拜张氏,张氏跪下,对拜四拜。秦母问道:"你在外作何勾当,至今方回?"叔宝将潞州府颠沛,远配燕山,得遇姑父姑母,前后事情,细说一遍,秦母道:"姑父作何官职? 姑母可曾生子否?"叔宝道:"姑父作幽州大元帅,镇守燕山。姑母已生表弟罗成,今年十四岁了。"秦母大喜。又说受单雄信大恩,如何得报?

到了次日,有樊虎等众友来访,叔宝迎接,相叙阔别之情。叔宝就取罗公那封荐书,自己开个脚册手本,戎装打扮,带两根金装锏,往唐璧帅府投书。这唐璧是江都人,因平陈有功,官拜黄县公开府仪同三司,山东大行台兼济州节度使。是日放炮开门,升堂坐下。叔宝将文书投进,唐璧看了罗公荐书,又看了秦琼手本,叫秦琼上来。叔宝答应一声,就上月台跪下。唐璧抬头一看,见秦琼身高八尺,两根金装锏拿于手中,身材凛凛,相貌堂堂,有万夫莫敌之威风。唐璧大喜,对秦琼道:"我衙门中大小将官,都是论功行赏,今权补你一个实授旗牌官,日后有功,再行升赏。"秦琼叩谢。唐璧令中军给付秦琼旗牌官服色,点鼓闭门。秦琼回家,就有营下二十多军士,各拿手本,到宅门叩见秦爷。

叔宝虽为旗牌官,唐璧却待为上宾,另眼相看。过了四个月,正值隆冬天气,唐璧叫秦琼至后堂说道:"你在标下,为官四月,不曾重用。来年正月十五日,长安越国公杨爷六旬寿诞,今欲差官送礼,前去贺寿。因天下荒乱,盗贼生发,恐路中有失。我知你有兼人之勇,能当此任,你肯去吗?"叔宝道:"养兵千日,用在一朝,小人焉有不去之理?"唐璧大喜,叫家人抬出卷箱来,另取一领大红毡包,一张礼物单。唐璧开卷箱,照单检点,付秦琼六色,计开:

圈金一品服五色,计十套;玲珑白玉带一圈;
夜明珠二十颗;马蹄金两千两;寿图一轴;寿表一道。

话说越公杨素,乃突厥可汗一种,又非皇亲,如何用寿表贺他?这里有个缘故:因他在隋朝大有战功,御赐姓杨,出将入相,宠冠百僚,又因废太子,立了晋王,内外官员,皆以王侯事之,故差官送礼,俱用寿表。唐璧赏秦琼马牌令箭,又令中军选两名壮丁健步,服侍秦琼。

秦琼回家,拜辞老母,秦母见叔宝又要出门,眼中流泪道:"我儿,我残年暮景,喜的是相逢,怕的是别离。你回家不久,又要出门,使我老身倚门而望。"叔宝道:"儿今出门,非昔日之长远,明年二月,准拜膝下。"说罢,别了老母妻子,令健步背包上马而去。欲知后事如何,且听下回分解。

第十一回　英雄混战少华山　叔宝权栖承福寺

叔宝与健步上马长行,离了山东、河南一带地方,过了潼关,来到华阴县少华山。只见这山八面嵯峨,四围险峻。叔宝便吩咐两个健步道:"你们后来,待我先前去。"那两人晓得山路险恶,内中恐有强人,就让叔宝先行。

他们来到前山,只听得树林内一声呐喊,闪出三四百喽啰,拥着一个英雄,貌若灵官,髯须倒卷,二目铜铃,横刀跨马,拦住去路,大叫道:"要性命的,留下买路钱来!"吓得两名健步尿屁直流,叫声:"秦爷,果然有强人来了,如何是好?"叔宝道:"无妨,你们站远些。"遂纵马前进,把双锏一挥,照他顶梁门当的一锏,那人就把全背刀招架。两人斗了七八回合,叔宝把双锏使得开来,躐躐的有如风车一般,那人只有招架之功,没有还刀之力,渐渐抵敌不住。那些喽啰见了,连忙报上山来。

山上还有两个豪杰:一个是叔宝的通家王伯当,因别了谢映登,打从此山经过,也要他买路钱,二人杀将起来,战他不过,知他是个豪杰,留他入寨。那拦叔宝的叫作齐国远,山上陪王伯当吃酒的,叫作李如珪。二人正饮之间,忽见喽啰来报说:"齐爷下山观看,遇见一个衙门将官,就向他讨长例钱,不料那人不服,就杀了起来了。不上七八回合,齐爷刀法散乱,敌不过他,请二位爷早早出救。"

二人闻言,各拿兵器,跳上战马,一齐出了宛子城,来到半山。王伯当看见下面交锋,好像秦宝,恐怕伤了齐国远,就在半山大叫道:"秦大哥,齐兄弟,不要动手!"此山有二十余里高,就下来一半,还有十余里,虽高声大叫,无奈此时两人交战,一心招架,那里听得叫唤?不一时,两匹马走到前面,王伯当叫道:"果然是叔宝兄,齐兄弟,快住手了,大家都是相好朋友。"叔宝见是伯当,遂住了手。

当下伯当请叔宝进到山寨，叔宝到了山寨。健步两人已经吓坏，叔宝道："你两人不要惊怕，这不是外人，乃是相好朋友。"二人方才放心。王伯当道："是你的从者吗？"秦叔宝道："是两个健步。"李如珪吩咐手下，抬秦爷的行李到山，大家一同上少华山，进宛子城，入聚义厅，摆酒与叔宝接风。王伯当道："自从仁寿元年十月初一日，在潞州分手，次日，同单二哥到王小二店中来奉拜，兄长已行。单二哥又有胞兄之变，不得追兄，我与谢映登个个分散。后来闻兄遭了一场官司，因路程遥远，不能相顾，今日幸得相逢，愿闻兄行藏。"叔宝就把前后事情，说了一遍，并指出今奉唐节度差遣赍送礼物，赶正月十五日，到长安杨越公府中贺寿。因问伯当缘何在此。伯当道："小弟因过此山，蒙齐李两弟相捐，故得在此。今日遇见兄长进长安公干，小弟欲陪兄长同往，乘势看灯如何？"叔宝道："同往甚妙！"齐国远、李如珪二人齐道："王兄同往，小弟亦愿随鞭镫。"

叔宝闻言，不敢应承，暗想："王伯当偶在绿林走动，却是个斯文人，进长安还可，这两个乃是鲁莽之夫，进长安倘有泄漏，惹出事来，连累于我，如何处置？"一时沉吟不语。李如珪笑道："秦兄不语，是疑我们在此打家劫舍，养成野性，进长安看灯，恐怕不遵约束，惹出事来，有害兄长，不肯领我二人同去。但我们自幼学习武艺，岂就要落草为寇不成？只因奸臣当道，我们没奈何，只好啸聚山林，待时而动。岂真要把绿林勾当，作为终身之事？我们识势晓理，同往长安，自不致有累兄长，愿兄长勿疑。"叔宝听了这一篇话，只得说道："二位贤弟，既然晓得情理，同去何妨。"齐国远吩咐喽啰，收拾行囊战马，多带银两，选二十名壮健喽啰同去，其余喽啰不许擅自下山，小心看守山寨。叔宝也吩咐两名健步，不可泄漏。到了二更，众人离了少华山，取路奔向陕西。

一日，天色将晚，离长安只有六十里之地，远远望见一座旧寺，新修得十分齐整。叔宝暗想："这齐李二人到京，只住三四日便好，若住的日子多，少不得有祸。今日才十二月十五日，还有一月，不如在前边新修的这个寺内，问长老借间僧房，权住几日，到灯节边进城。乘这三五日时光，也好拘管他们。"思算已定，又不好明言，只得设计对齐李二人道："二位贤弟，我想长安城内，人多屋少，又兼行商过客，往来甚多，哪里有宽阔下处，足够你我二十余人居住？况城内许多拘束，甚不爽快。我的意思，要在前边新修寺里，借间僧房权住。你看这荒郊旷野，又无拘束，任我们走马射箭，舞剑抢枪，岂不快活？住过今年，到灯节进，我便进城送礼，列位就去看灯。"王伯当因二人有些碍眼，也极力撺掇。

说话之间，早到山门首下马。拿手下看了行李马匹，四人一齐入寺。进了二山门，过韦驮殿内，又有一座佛殿，望将上去，四面还不曾修好。月台下搭了高架，匠人修整檐口，木架边设公座一张，公座上撑一把黄罗伞，伞下公座上坐了一位紫衣少年，旁站六人，青衣小帽，垂手侍立。月台下竖两面虎头牌，用朱笔标点，前面还有刑具排列。这官儿不知何人。叔宝看了，对三人道："贤弟，不要上去，那黄罗伞下，坐一少年，必是现任官长。我们四人上去，还是与他见礼好，不与他见礼好？刚则取祸，弱则取辱，不如避他为是。"伯当道："有理！我们与他荣辱无关，只往后边去，与长老借住便了。"

兄弟四人，一齐走过小甬道，至大雄殿前，见许多泥水匠，在那里刮瓦磨砖。叔宝向匠人道："我问你一声，这寺是何人修理？"匠人道："是并州太原府唐国公修的。"叔宝道："我闻他告病还乡，如今又闻他留守太原，为何在此间干此功德？"匠人道："唐国公昔年奉旨还乡，途间在此寺权住，窦夫人分娩了第二位世子在这里。唐国公怕污秽了佛像，发心布施万金，重新修建这大殿。上坐的紫衣少年，就是他的郡马，姓柴名绍，字嗣昌。"

叔宝听了，四人遂进东角门，见东边新建起虎头门楼，悬朱红大匾，大书"报德祠"

三个金字。四人走进里边,乃是小小三间殿宇,居中一座神龛,龛内站着一尊神像。头戴青色范阳毡笠,身穿皂布海青箭衣,外套黄色罩甲,足穿黄鹿皮靴。面前一个牌位,上写六个金字,乃是"恩公琼五生位"。旁边又有几个细字:"是信官李渊沐手奉祀"。叔宝一见,暗暗点头。你道为何?只因那年叔宝在临潼山,打败了一班响马,救了李渊,唐公要问叔宝姓名,叔宝恐有是非,放马奔走。唐公赶了十余里,叔宝只通名"秦琼"二字,摇手叫他不要赶。唐公只听得"琼"字,见他伸手,乃借认"五"字。故误书在此。

齐国远看了,连这六个字也不认得,问道:"伯当兄,这神像可是韦驮吗?"伯当笑道:"不是韦驮,乃是生像,此人还在。"各人都惊异起来,看看这像,实与秦叔宝无异。那个神龛左右,和塑两个从人,一个牵一匹黄骠马,一个捧两根金装锏。伯当走近叔宝低声问道:"往年兄出潞州,是这样打扮吗?"叔宝道:"这就是我的形象。"伯当就问其故,叔宝遂将救唐公事情说了一遍。

不想柴绍见四人进来,气宇轩昂,即着人随着他们作何勾当。叔宝所言之事,却被家丁听见,连忙报告柴绍。柴绍闻言,遂走进生祠来,着地打拱道:"哪位是妻父的活命恩人?"四人答礼,伯当指叔宝道:"此兄就是老千岁的故人。姓秦名琼。当初千岁仓促之间,错记琼五。如若不信,双铜马匹,现在山门外。"嗣昌道:"四位杰士,料无相欺之理,请至方丈中献茶。"各人通了姓名,柴绍即差人到太原,报知唐公,就把四人留在寺内安住,每日供给,十分丰盛。

看看年尽,到了正月十四日,叔宝要进长安公干,柴绍亦要同往看灯。遂带了四个家丁,共三十一人,离了寺中,到长安门外,歇宿在陶家店内。众人吃了些酒,却去睡了。叔宝不等天明,就问店主人道:"你这里有识路的尊使借一位,乘天未明,指引我进明德门,往杨越公府中送礼,自当厚谢!"店主叫陶容、陶化引路,叔宝将两串钱赏了二人。即取礼物,分作四个纸包,与两名健步拿着,带了陶容、陶化,瞒了众人进明德门去。欲知后事如何,且看下回分解。

第十二回　李药师预言祸变　柴郡马大耍行头

话说杨越公知天下进礼贺寿的官员,在城外的甚多,是夜二更,就发兵符,大开城门,放各处进礼官员入城。都到巡视京营衙门报单,京营官总录递到越公府中。你道那京营官是何人?却是宇文化及长子,名唤宇文成都,他使一根流金铛,万夫难敌,乃隋朝第二条好汉。

是日五鼓,文武官员,与越公上寿。彼时越公头戴七宝冠,身穿暗龙袍,后列珠翠,群妾如锦屏一般,围绕左右。左首执班的女官,乃江南陈后主之妹乐昌公主。曾配驸马徐德言,因国破家亡,夫妻分别时,将镜一面,分为两半,各怀一半,为他日相见之用。越公见她不是全身,问她红铅落于何人?此妇哭拜于地,取出半面宝镜,诉告前情。越公即令军士,将半面宝镜货于市中,乃遇徐德言,收于门下为幕宾,夫妻再合,破镜重圆。右首领班女官,就是红拂张美人,她不惟颜色过人,还有侠气深心。又一个异人,是京兆三原坊人氏,姓李名靖,号药师,是林澹然徒弟,善能呼风唤雨,驾雾腾云,知过去未来,为越公认中主簿。

此日一品、二品、三品官员,登堂拜寿,越公优礼相待,献茶一杯。四品、五品以下官员就不上堂,只在丹墀下总拜。其他藩镇差遣、送礼官将,则分由众人查收礼物。山东各官礼物,晓谕向李靖处交割,秦琼便押着礼物,到主簿厅上来。李靖见叔宝一貌堂堂,仪表不凡,就与行礼。看他手本,方知是旗牌官秦琼,表章礼物全收,留入后堂,取酒款待,就问道:"老兄眉下气色不正,送礼来时,同伴还有几人?"叔宝不敢实言,说道:"小可奉本官差遣,只有两名健步,并无他人。"李靖微笑道:"老兄这话只可对别人说,小弟面前却说不得。现带来了四个朋友,跟随二十余人。"叔宝闻言,犹如天打一个响雷,一惊不小,忙立起来,深深一揖道:"诚如先生所言,幸勿泄漏。"李靖道:"关我甚事?但兄今年正值印堂管事,黑气凌人,有惊恐之灾,不得不言。今夜切不可与同来朋友现灯玩月,恐招祸患,难以脱身,天明即回山东方妙。"叔宝道:"奉本官之命,送礼到此,不得杨老爷回文,如何回复本官?"李靖道:"回书不难,弟可以任得。"李靖怎么应承叔宝说有回书?原来杨公的一应书札,都假手于李靖,所以这回书出在他手。不多时,将回书回文写完了,付与叔宝,这时天色已明。临行叮嘱道:"切不可入城看灯。"叔宝作别回身,李靖又叫转来道:"兄长,我看你心中不快,难免此祸。我今与你一个包儿,放在身边;若临危之时,打开包儿,往上一撒,连叫三声'京兆三原李靖',那时就好脱身了。"叔宝接包藏好,作谢而去。且说叔宝得了回书,由陶容引路,他心中暗想:"我去岁在少华山,就说起看灯。众朋友所以同来,就是柴绍也说同来看灯。我如今公事完了,怎么好说遇着高人,说我面上部位不好,我就要先回去?这不是大丈夫气概。宁可有祸,不可失了朋友之约。"回到下处,见众朋友换了衣服,正欲起身入城。众人见叔宝回来,一齐说道:"兄长,怎么不带我们同去公干?"叔宝道:"弟起早先进城,完了公干,如今正好同众位入城玩耍。不知列位可曾用过酒饭吗?"众人道:"已用过了,兄长可曾用过吗?"叔宝道:"也用过了。"柴绍算还店账,手下把马匹都牵在外边,众豪杰就要上马。伯当道:"我们如今进城,到处玩耍,或酒肆,或茶坊,大家取乐。若带了这二十余人,驮着包裹,甚是不雅,我的意思将马寄放安顿,众人步行进城,随意玩耍,你道如何?"叔宝此时记起了李靖言语,心想:"这话不可全信,也不可不信,如今入城,倘有不测之事,跨上马就好走脱,若依伯当步行,倘有紧要处,没有马,如何走得脱?"就对伯当道:"安顿手下人,甚为有理,但马匹定要随身。"两人只管争这骑马不骑马的话。

李如珪道:"二兄不必相争,小弟愚见:也不依秦大哥骑马,也不依伯当兄不骑马。若依小弟之言,马只骑到城门旁边就罢,城门外寻着一个下处,将行李放在店内,把马牵在护城河边饮水吃草,众人轮流吃饭看管。柴郡马两员家将,与他带了毡包拜匣,多拿银两,带入城去,以供杖头之费。其余手下人,到黄昏时候,将马紧辔鞍雕,在城门口等候。"众朋友听说,都道:"讲得有理!"他们骑到城门口下马。叔宝吩咐两名健步道:"把回书回文,随着带好。到黄昏时分将我的马加一条肚带,小心牢记!"遂同众友各带随身兵器,带领两员家将,一齐入城。

只见六街三市,勋将宰臣,黎民百姓,奉天子之命,与民同乐,家家户户,结彩悬灯。五个豪杰,一路玩玩耍耍,说说笑笑,都到司马门首来。这是宇文述的衙门,只见墙后十分宽敞,那些圆情的把持,两个一伙,吊挂着一副行头,雁翅排于左右,不下二百多人。又有一二十处抛球场,每一处用两根柱,扎一座牌楼,楼上一个圈儿,有斗来大,号为彩门,不论膏梁子弟,军民人等,皆愿登场,踢过彩门。这原是宇文述的公子宇文惠及所设。那宇文述有四子:长曰化及,官拜御史;次曰士及,尚南阳公主,官拜驸马都尉;三曰智及,将作少监。惠及是最小儿子。他倚着门前,如逞风流,手下有一班帮闲痞附,故搭合圆情把持,在衙门前做个球场。自正月初一,摆到元宵,公子自搭一座彩牌,坐在月台上,名曰观球台。有人踢过彩门,公子在月台上就送他彩缎一疋,银花一对,银牌一面。也有踢过彩门,赢了彩缎银花的,也有踢不过彩门,被人作笑的。

五个好汉,看了些时,那李如珪出自富贵,还晓得圆情。这齐国远自幼落草,只晓得风高放火,月黑杀人,哪里晓得圆情的事?叔宝虽是一身武艺,圆情最有勋节。伯当是弃隋名公,搏艺皆精。只是众人皆说,柴郡马青年俊逸,推他上去。柴绍少年,乐于玩耍,欣然应诺。就有两个圆情的捧行头来,说:"哪位相公请行头?"柴绍道:"二位把持,那公子旁边两位美女,可会圆情?"二人答道:"是公子在平康巷聘来的,惯会圆情,绰号金凤舞、彩霞飞。"柴绍道:"我欲相攀,不知可否?"圆情道:"只要相公破格些相赠。"柴绍道:"我不惜缠头之赠,烦二位通禀一声。"

圆情听了,就走上月台来,禀公子说:"有一位富豪相公,要同二位美人同耍行头。"公子闻言,即吩咐两个美人下去,后边随着四个丫鬟,捧两个五彩行头,下月台来,与柴绍相见。施礼毕,各依方位站下,却起个五彩行头。公子离了座位,立在牌楼下观看。那各处抛球的把持,尽来看美女圆情。柴绍拿出平生搏艺的手段来,用肩挤拃,踢过彩门里,就如穿梭一般,连连踢过去。月台上家将,把彩缎银花连连抛下来,两个跟随的只管收拾起来。齐国远喜得手舞足蹈,叫郡马不要住脚。两个美女卖弄精神。你看:

> 这个飘扬翠袖,轻笼玉笋纤纤;那个摇曳湘裙,半露金莲窄窄。这个丢头过论有高低,那个张泛送来真又揸。踢个明珠上佛头,实蹴埋尖拐。倒膝弄

轻佻,错认多摇摆;踢到眉心处,千人齐喝彩。汗流粉面湿罗衫,兴尽情疏方叫悔。

及踢罢行头,叔宝取银二十两,彩缎四端,赠两位美女;金扇二把,白银五两,谢两个监论。此时公子打发圆情的美女,各归院落,自家也要在街市出游了。那叔宝一班朋友,出了戏场,到一个酒楼上吃酒。听得各处笙歌交杂,饮酒者络绎不绝,众豪杰开怀痛饮,直吃到月上花梢,算还酒钱,方才下楼出店看灯。未知众豪杰看灯如何,且看下回分解。

第十三回　长安士女观灯行乐　宇文公子强暴宣淫

叔宝众人出了酒店,行至街上,见灯烛辉煌,如同白昼。及看到司马衙门前,见一个灯楼,却是彩缎装成,居中挂一盏麒麟灯,楼上挂着四个金字的匾额,写着:"万兽来朝。"牌楼上有一副对联道:

　　周祚呈祥,贤圣降凡邦有道。

　　隋朝献瑞,仁君治世寿无疆。

麒麟灯下,有各样兽灯围绕,见各项兽类,无不齐备。两边有两位圣贤,骑着两盏兽灯,也有着对联一副,悬于左右。上写道:

　　梓潼帝君,乘白骡下临凡世。

　　玉清老子,踏青牛西出阳关。

众人看罢,过了兵部衙门,行到杨越公府东首来。这些附近百姓人家门首,各搭一个小小灯栅,设天子牌位,点灯焚香供花,以示与民同乐的意思。街中走马撮戏,做鬼接神,闹嚷嚷填满街道。不多时,已到杨越公门首。灯楼与兵部衙门一样,楼虽一样,灯却不同,挂的是一盏凤凰灯,牌匾上面写四个金字,写的是:"天朝仪凤"。牌楼柱上左右一副金字对联道:

　　凤翅展丹山,天下咸欣兆瑞。

　　龙须扬北海,人间尽得沾恩。

凤凰灯下,各色鸟灯齐备,悬挂四周。另有两个古人,骑着两盏鸟灯,甚是齐整。也有一副对联,悬于牌楼柱左右,上写道:

　　西方王母坐青鸾,瑶池赴宴。

　　南极寿星骑白鹤,海屋添筹。

众人看过,已是初更时分。那齐国远自幼落草,不曾到过帝都。今日又是良辰佳节,灯明月灿,锣鼓喧天,笙歌盈耳,欢喜得紧,也没有一句话,好对朋友讲。只是在人丛里,挨来挤去,摇头摆脑,乱叫乱跳,按捺不住。

众人遂进皇城,到五凤楼前,人烟挤塞得紧。那五凤楼外,却设一座御灯楼,有两个太监,坐在交椅上,带五百军士,各穿锦袄,每人拿一根齐眉朱红棍把守。这座灯楼,不是纸绢颜料扎缚的,都是海外异香,宫中宝玩砌就。这一座灯楼上面是一牌匾,都是珠宝穿就。当时众游人都在灯栅内,穿来插去,寻香嗅味,何尝真心看灯?以致剪绺的杂在人丛,掳了首饰,割了衣服。那些风骚妇女,在家坐不安,又喜欢出来布施,趁此机会,结识标致后生,算为一乐。

不想有一个孀居王老娘,不识祸福,领了一个十八岁的女儿,小名琬儿,出来看灯。那琬儿又生得十分美貌,才出门时,就有一班少年跟随在后,挨上闪下。一到大街,蜂攒蚁聚,身不由己。琬儿母女,个个惊慌。不料宇文公子有多少门下游棍,在外寻查,见了琬儿姿色,就飞报公子,公子急忙追上,看见琬儿容貌,魂消魄落,便去挨肩擦背调戏他,琬儿吓得不敢作声,走避无路。王老娘不认得宇文惠及,就发作起来,惠及趁势假怒道:"这妇人无礼,敢顶撞我?拿他回去!"说得一声,家人就把母女掳去。

王老娘与琬儿大惊,叫喊救人,街上的人哪个不认得是宇文公子,谁敢惹他?掳到府门,将王老娘羁在门房内,只有琬儿被这些人撮过几个弯,转过了几座厅房,方到书房里。那宇文公子即时赶到,把嘴一咳,众家人都走出去,只剩几个丫鬟。公子将琬儿抱住,便去亲嘴,这琬儿是未经见识的女子,不知什么意思,把脸侧开,将手推去。公子还要伸过手去,琬儿惊得乱跳,急得挣扎一番,啼哭叫道:"母亲快来救我!"公子笑嘻嘻,又抱住说道:"不消哭,少不得有你好处?"就叫丫鬟,把婉儿抱到床上,由他奸淫一次。事后吩咐丫鬟看守,遂往外去。

公子走到府门,那王老娘看见,一发喊叫要讨女儿。公子道:"你女儿你我已收用,你早早回去,休得在此讨死!"王老娘大哭道:"我单生此女,已许人家了,快快还我。若不还我,我就死在这里!"公子道:"既是这等说,我府门首死不得许多!"叫手下人攒她开去。众人推的推,打的打,把王老娘打出巷口,关了栅门,凭她叫喊啼哭。那公子又带了一二百名狠仆,街上闲撞,还想再撞出个有色的女子,抢来作乐。此时已三鼓了。

再说叔宝一班豪杰,遍处玩耍,忽见一簇人在喧嚷,众豪杰进前观看,见一个老妇人,匍匐在地,放声大哭。伯当问旁边看的人道:"这妇人为何在街坊啼哭?"众人道:"这老妇人因今夜带女儿到街上看灯,撞见宇文公子,被公子抢了去。"叔宝道:"哪个宇文公子?"众人道:"是兵部尚书的公子。"叔宝道:"可就是射圃圆情的?"众人道:"正是。"叔宝又问哪妇人道:"你姓什么?住在哪里?"老妇人道:"老身姓王,住在宇文老爷府后。"叔宝道:"你且回去,那个宇文公在射圃踢球,我们赢他彩缎银花,有数十件在此。待我寻着公子,赎你女儿还你。"老妇闻言,叩头四拜,哭回家去。

叔宝问众人道:"抢他女儿,可是这么?"众人道:"稀罕抢她一个?那公子见有姿色妇人,不论缙绅庶民,都要抢去,百般淫污。他们的父母丈夫,会说话的,次日进去,婉转哀求,或者还他。不会说话的,冲撞了他,即时打死,丢在夹墙,谁敢与他索命?"叔宝听了,竟忘李靖之言,恨恨不平,就动了打的念头。又问道:"那公子如今在哪里?"众人道:"那公子不是好说话的,惹着他有命无毛,你问他怎的,我看列位雄赳赳,气昂昂,只怕惹祸。"叔宝道:"我们是外乡人氏,不知底里,问他怎么样行头,若中途遇着,我们也好回避。"未知众人说出什么话来,且看下回分解。

第十四回　参社火公子丧身　行弑逆杨广篡位

众人见叔宝问宇文公子怎么样行头,就说道:"那公子的行头太多哩!他养着许多亡命之徒,每人拿一根齐眉棍,一二百个在前开路,后边都是会武艺的家将,真刀真枪,摆着社火。公子骑着马,马前都是青衣大幅管家。长安城内,这些勋卫府内家将,扮得什么社火,遇见公子,当场舞演。舞得好,赏赐花红,舞得不好,用棍打开。列位若遇着,避他为是。"叔宝道:"多承指教了!"

众豪杰听了此语,个个摩拳擦掌,扎缚停当,只在长安西门外御街道上找寻。等到三更中,忽见宇文公子来了,果然短棍有一二百,如狼牙相似,自己穿着艳服,坐在马上,背后拥着家丁。众豪杰观看明白,就躲在路旁,正要寻出事来,恰恰前面探子来报说:"夏国公窦爷府中家将,有社火来参。"公子问道:"什么故事?"他回说:"是'虎牢关三战吕布'。"

公子看他舞来。众社火舞了些时,及舞罢,公子道:"好!"赏了众人去。叔宝高叫道:"还有社火来参!"说罢,五个豪杰窜进来喊道:"我们是'五马破曹'。"叔宝拿两条金铜,王伯当两口宝剑,齐国远两柄金锤,李如珪一条竹节钢鞭,柴嗣昌两口宝剑,那鞭铜相撞,发出叮当哗啄之声,只管舞过来。旁观之人,重重叠叠,塞满街衢。

齐国远想道:"此时打死他不难,只是不好脱身,除非是灯棚上放起火来。这百姓救火要紧,就没人阻拦我们了!"便往屋上一窜,公子只道这人要从上边舞将下来,却不防他放火。叔宝见火起,料止不得这件事,将身一纵,纵于马前,举铜照公子头上打去。那公子跌下马来,登时殒命。众家人叫道:"不好了!把公子打死了!"各举刀枪棍棒,齐奔叔宝打来。叔宝抢动双铜,哪个是他敌手?打得落花流水。齐国远就灯棚上跳下来,抢劫金锤,逢人便打,众豪杰一齐动手,不论军民,尽皆打伤。打得东倒西歪,裂开一条血路,齐奔西明德门来。

那巡视京营官宇文成都,闻知此事,吃了一惊,遂发令闭城、亲身赶来。叔宝当先挥铜打去，宇文成都把二百斤的流金镗，往下一拦，铜打着镗上，把叔宝右手的虎口都震开了，叫声："好家伙！"回身便走。王伯当、柴嗣昌、齐国远、李如珪四个好汉，一齐举兵器上来，被宇文成都把镗往下一扫，只听得叮叮当当，兵器乱响，四个人身子摇动，几乎跌倒。叔宝赶快取出李靖的包儿，打开一看，原来是五粒赤豆，便望空一抛，就叫："京兆三原李靖"。连叫三声，只见呼的一声风响，变了叔宝五人模样，竟往东首败下去了，把叔宝五人的真身隐过。那宇文成都纵马望东赶来。叔宝五人乘机向明德门外逃走。那些进城着灯的喽啰们见百姓狂奔叫喊，知道城中出了乱事，就连忙走出城来，向看马的喽啰说道："列位，想是爷们五个在城内闯了祸，打死什么人。你们几个牵马到大路上伺候，几个有膂力的同我们去按住城门，不要被守门的官将城门关了。"众人都道："说得有理。"十数个大汉到城门首，几个故意要进城，互相扭扯，便打起来，把门的军士都被推倒了。那巡视营官的军令下来，要关城门，如何关得？这时众豪杰恰好逃到了城门边，见城门未关，便有生路，齐招呼出门，众喽啰看见主人齐到了，便一哄而散，抢出城门。见自己马在路旁，各飞身上马，一齐奔向临潼关来。

众人至承福寺前，嗣昌要留叔宝在寺，候唐公的回书，叔宝道："怕有人知道不便。"还嘱咐他把报德祠毁去。说罢，就举手作别，马走如飞。将近少华山，叔宝对伯当道："来年九月二十三日，是家母六十寿诞，贤弟可来光顾。"伯当、国远与如珪都道："弟辈自然都来拜祝。"叔宝也不入山，个个分手，自回家去。

却说长安城内，杀得尸积满街，血流遍地，百姓房屋，烧毁不计其数。宇文述闻报爱子被响马打死，五内皆裂，说道："我儿与响马何仇，被他们打死？"家将禀道："因小爷酒后与王氏女子做戏玩耍，其母哭诉于响马，响马就行凶，将小爷打死。"宇文述大怒，就叫家将把琬儿拖出仪门，敲棍打死，并差家将前去，把王老娘一家尽行杀死。又令紧随小爷的家将，把响马的年貌衣饰，一一报来。家将道："那响马共有五人，打死公子的，身长一丈，年纪二十多岁。穿青色衣服，舞着双铜。"宇文述就叫几个善写丹青的。把响马的年貌衣服，画了图形，四面张挂缉获，不题。

再说太子杨广，既谋夺了哥哥杨勇东宫，又逼去了李渊，他生平最怕独孤娘娘。不料开皇元年娘娘也崩了，斯时无所畏忌，奢华好色之心，渐渐发起。那文帝因独孤娘娘身死，没人拘束，宠幸了两个绝色，一个是宣华陈夫人，一个是容华蔡夫人，朝政渐渐不理。

仁寿四年，文帝年纪高大，当不起两把斧头，四月间已成病了。因令杨素营建仁寿宫，就在仁寿宫养病。到了七月，病势渐渐不起，尚书仆射杨素、礼部尚书柳述、黄门侍郎元岩，三人值宿阁中，太子入宿太宝殿上。宫内是陈、蔡二夫人服侍，太子因侍疾，两个都不回避。蔡夫人容貌十分美丽，陈夫人比之更胜，况他是陈高宗之女，生长锦绣丛中，说不尽的齐整。太子见了，魂消魄落，要闯入宫去调戏他，因他侍疾时多，不得凑巧。

一日，太子入宫问疾，远远见一丽人出宫，又无个宫女跟随。太子举目一看，却是陈夫人，为要更衣，故此独自出来。太子喜得心花大放，暗想："机会在此时矣！"吩咐从人不要随来，自己急急赶上。陈夫人看见，吃了一惊道："太子到此何为？"太子道："夫人，我终日在御榻前，与夫人相对，神情飞越。今幸得便，望乞夫人赐我片刻之欢。"陈夫人道："太子，我已托体圣上，名分所在，岂可如此？"太子道："夫人，情之所钟，何名分之有？"就把陈夫人紧紧抱住，求一接唇，陈夫人竭力推拒。

正在不可解之际，只听得一声传呼道："圣旨宣陈夫人。"此时太子知道留她不住，道："不敢相强，且留后会。"夫人喜得脱身，神色惊慌，要稍俟喘息宁静入宫，又恐文帝索取药饵，如何敢迟？只得走到御榻前面。文帝怪其神色有异，因问何故。此时陈夫人欲要把这件事说知，恐文帝着恼，病加沉重，但一时没有遮饰，只说得一声："太子无礼！"帝闻此言，不觉大怒，把手在榻上敲了几下道："畜生，何足以付大事？独孤误我！"即宣柳述、元岩进宫。太子心中不安，走在宫门打听，听得文帝怒骂，又听得宣柳述、元岩，不宣杨素，知有难为他的意思，急奔来寻张衡等一班计议。张衡等见太子来得慌张，只道文帝驾崩，及至问时，方知为陈夫人之事。张衡道："事既如此，只有一件急计，不得不行了！"太子忙问何计？张衡附耳道："如此，如此。"

急见杨素慌慌张张走来道："殿下不知因甚事忤了旨，圣上宣柳述、元岩撰诏，去召太子杨勇。他二人已在撰诏,只待用宝印赍往济宁。他若来时,我们都是他仇家,怎生是好?"太子附耳道:"张衡已定一计,说如此如此。"杨素听了道:"如今也不得不如此了!"就催张衡去做。又假一道圣旨,着宇文化及带校尉到撰诏处,将柳述、元岩拿住,说他乘上弥留,不能将顺,妄思拥戴,将他下了大理寺狱。再传旨说:"宿卫兵立劳苦,暂时放散。"就令郭衍带领东宫兵士,守定各处宫门,不许内外人等出入,泄漏宫中事务。又矫诏去济宁召太子杨勇,只说文帝有事,宣他到来,斩草除根。众人遂分头去做事。

此时文帝半睡问道:"柳述、元岩,写诏曾完否?"陈夫人道:"还未见呈进。"文帝道:"完时即便用宝,着柳述飞递去。"言讫,只见外边报太子差张衡侍疾,带了二十余太监,闯入宫中,先吩咐当值内侍道:"太子有旨,你们连日辛苦,着我带这些内监更替。"又对御榻前这些宫人道:"太子有旨,将带来这些内监承应,尔等也去歇息。"这些宫女因承值久了,巴不得偷闲,听得吩咐,一齐都出去了。唯有陈夫人、蔡夫人仍立在御榻前,张衡走到榻前,也不叩头,见文帝昏昏沉沉,就对二位夫人道:"二位夫人也暂回避。"这两个夫人乃是女流,没甚主意,只得离了御榻,在阁子后坐了。但又放心不下,即着宫人在门外打听。

过了一个时辰,那张衡洋洋地走出来道:"启上二夫人,圣上已归天了!适才还是这等守着,不报太子知道?"又吩咐各宫嫔妃,不得哭泣,待奏过太子来,举哀发丧。正是:

鼎湖龙去寂无闻,谁向湘江泣断云?
变起萧墙人莫识,空将旧恨说隋文。

这些宫妃嫔女,虽然疑惑,却不敢说是张衡谋死。那张衡忙走来见太子与杨素,说道:"恭喜大事毕了!"太子听了改愁为喜,就令传旨,着杨素之弟杨约,提督京师十门,郭衍为右铃卫大将军,管领行宫宿卫,及护从车驾人马,宇文成都升无敌大将军,管辖京师各省提督军务。秘不发丧。不数日,有济宁大将军杨通,保废太子杨勇,到长安城外安营。杨广假文帝旨,召杨勇夫妻父子三人进城,其余不准入内。及至杨勇赚进城中,父子二人同被缢死。因见萧妃有国色,杨广乃纳为妃子。杨勇一闻此事,大怒不息,领部下十万雄兵,返回济宁,自称吓天霸王。按下不表。

当下文帝驾崩时,并无遗诏,太子与杨素计议,叫谁人作诏,然后发丧?杨素保举伍建章为人耿直,众臣信服,如召他来,令他作诏,颁行天下,庶不被众臣谤议。太子见说,即差内监前去宣召。

那伍建章一生忠直,不交奸党,这日在府,闻皇帝已死,东宫亦亡,大哭道:"杨广听信奸臣,谋害父兄,好不可恨!"忽见家人来报说:"太子差内监,宣老爷即刻就行。"建章出见内监道:"公公请回,我打点就来。"内监告别,回复太子。伍建章拜辞家庙与夫人,乃麻巾衰绖,进见太子,痛哭不止。太子谕之曰:"此我家事耳,先生不必苦楚!取御笔来,先生代孤写诏,当裂土分封。"建章将笔大书:"文皇死得不明,太子无故屈死!"写毕,掷笔于地。太子一看,大怒道:"老匹夫,孤不杀你,你却来伤孤。"命左右推出斩首。建章高声骂道:"你弑父缢兄,人伦大变,天道不容。今日又要杀我,我生不能啖汝之肉,死必勾汝之魂。"左右不由分说,把伍建章斩首宫门外。就与杨素等商议发表,假为遗诏,命太子杨广即皇帝位,颁行天下。当时太子取一个黄金小盒,内藏同心彩结,差内侍送与陈夫人,至晚就在陈夫人宫中宿了。

七月丁未,文帝晏驾,至甲寅,诸者皆备。次日,杨素先辅太子,在梓宫侧举哀发丧,群臣皆衰绖,依着班次送殡。然后太子换吉服,拜告天地祖宗,换冕冠,即大位,群臣都换朝服入贺,大赦天下,改元大业元年,称为炀帝。在朝文武,各晋爵赏。就差宇文化及,带了铁骑,围住府,将阖门老幼,尽行斩首。可怜伍建章一门三百余口,个个不留,只逃走了马夫。那马夫名唤伍保,一闻此信,逃出后槽,离了长安,星夜往南阳,报与伍云召老爷去了。

炀帝又追封东宫为房陵王,以掩其谋害之迹。斯时宇文述与杨素,惧怕伍云召在南阳,思欲斩草除根,忙上一本道:"伍建章之子云召,官封侯爵,镇守南阳,勇冠三军,力敌万人。若不早除,必为大患,望陛下遣兵讨之,庶无后忧。"炀帝准奏,即拜韩擒虎为征南大元帅,麻叔谋为先锋,化及之子成都,在后接应,点起雄兵六十万,即日兴师。

韩擒虎等领命出朝，望南阳发进。未知此去胜负如何，且看下回分解。

第十五回　雄阔海打虎显英雄　伍云召报仇集众将

再说伍建章之子云召，身长八尺，面如紫玉，目若朗星，声如铜钟，力能举鼎，万夫莫敌，拥雄兵十万，镇守南阳，是隋朝第五条好汉。夫人贾氏，生一位公子，才方周岁。一日，伍云召往金顶太行山打围，来至山边，叫军士安营，摆下围场，各驾鹰犬，追兔逐鹿。此山周围有数百余里，山中有一大王，姓雄名阔海，本山人氏，身高一丈，腰大数围，铁面虬须，虎头环眼，声若巨雷。使两柄板斧，重一百六十斤，两臂有万斤气力。在本山落草，聚集喽啰数千，打家劫舍，往为商客，不敢单身行走，是隋朝第四条好汉。这日因山中钱粮缺少，他即令众头目各带喽啰下山，到各处打劫往来客商。众头目得令，带着喽啰下山去了。

那雄阔海就换便报，走出寨门，望山下而来。行到半山，见林中跳出两只猛虎，扑将过来。阔海上前双手擎住，那两只虎动也不敢动，将右脚连踢几脚，举手将虎望山下一丢，那虎撞下山岗而死。又把一只虎，一连几拳打死。这名为"双拳伏两虎"那伍云召在山上打围，望见前村有一好汉，不消片时，将两虎打死。便吩咐家将，上前相请。家将领命上前，大叫："壮士慢行，我老爷相请。"阔海就问："你老爷是何人？"家将道："我老爷是南阳侯伍老爷。"阔海心中暗想："伍老爷乃当世之英雄，无由进见，今来相请，是大幸了！"就随家将来到营前，入营进见云召，朝上一揖。

云召看此人，相貌堂堂，威风凛凛，即出位迎接道："壮士少礼，请问壮士姓甚名谁？哪里人氏？作何生理？"阔海道："在下姓雄名阔海，本山人氏，做些无本经纪。"云召道："怎么叫作无本经纪？"阔海道："只不过在山中聚集喽啰，白要人财帛，故叫作无本经纪。"伍云召笑道："本帅见你双拳打虎，定是一个豪杰。本帅回府，意欲为你进表招安，同为一殿之臣，你意下如何？"阔海道："多谢元帅！"云召道："本帅今日欲与你结拜为兄弟。"阔海道："在下一个鲁夫，怎敢与元帅结拜？"云召道："说哪里话来！"即吩咐家将摆着香案，云召年长一岁，拜为哥哥，阔海拜为兄弟。立誓后日要患难相扶，若有私心，天地不容。拜毕，云召道："贤弟，你回山中守候，待哥哥回到南阳，修本进朝，招安便了。"阔道谢道："多谢哥哥！"二人告别，阔海自回山寨。

云召令众将摆齐队伍，回转南阳，到了城外，众将出城迎接。云召同众将入城，至衙门大堂中坐下，那旗牌官四营八哨，游击把总，千户百户，齐齐上堂。行礼毕，云召吩咐众将，各回汛地，四营八哨，各回营寨。众将士得令，一齐退出，放炮三声，封门退堂。夫人接着，就问："相公出去打围如何？"

云召就把与雄阔海结拜之事，细说一遍。夫人大喜，即吩咐摆宴，与老爷接风。夫妻二人，对坐同饮，按下不题。

再说那马夫伍保，逃出长安，在路闻得又差韩擒虎起大兵，前来讨伐，心中着急，便不分星夜，赶到南阳。来至辕门，把鼓乱敲，旗牌官上前喝问何事，伍保道："咱是都中太师爷府中差来，要见老爷，烦你通报。"旗牌官闻言，即到里面，对中军说了。中军将走到内堂禀道："都中太师爷差官在外面，要见老爷。"云召大喜，吩咐唤那差官进来，中军将此话传出，旗牌官就请差官进内。伍保闻言，走到后堂，望见云召，坐在椅中，两旁数十名家将站立。伍保走进一步，大叫一声："老爷，不好了！"禁不住眼中流泪。伍云召心下大惊，急问道："太师爷，太夫人，在都中何如？可有书信？拿来我看。"伍保道："那里有书信？"云召道："为何没有书信？你快快说与我知道。"伍保道："太子杨广与奸臣谋死圣上，要太师爷草诏，太师爷不肯，就把太师爷杀了。又围住府门，将家中三百余口，尽行斩首。小人在后槽越墙而逃，报与老爷知道。"云召听了，大叫一声，晕倒在地。夫人与家将上前叫唤，云召半响方醒。家将扶起云召，放声大哭，夫人流泪劝解。云召道："我家世代忠良，我们赤心为国，南征北伐，平定中原。今日昏君弑父篡位，反把我父亲杀了，又将我一门尽行斩首，此恨如何得消？"伍保道："老爷，那昏君把太师爷杀了之后，又听奸臣之言，差韩擒虎为元帅，麻叔谋为先锋，宇文成都为后应，领兵前来讨伐，老爷作速打点。"夫人道："公公婆婆既被昏君所害，伍氏只存相公一人，并无哥弟，相公还须打点主意，决不可束手无策，坐以待毙。"

云召道："夫人所言有理，待下官与众将商议，然后举行。"遂打鼓升堂，三声炮响，把门大开，众将齐人参见，分立两旁。云召道："众将在此，本帅有句话儿，要与众商议。"众将道："老爷吩咐，末将怎敢不遵？"云召道："我老太师在朝，官居仆射。又兼南征北讨，平定中原，不想太子杨广，弑父篡位，与奸臣算计，要老太师草诏，颁行天下。老太师忠心不昧，直言极谏，杨广反把老太师杀了，并家眷三百余口，尽行斩首，言之真可痛心！今差韩擒虎、麻叔谋、宇文成都，领兵前来拿我，我欲弃了南阳，身投别处，不知诸将意下如何？"忽见总兵队里，闪出一员大将，复姓司马名超，身长八尺，青面红须，使一柄大刀，有万夫不当之勇，大叫道："主帅之言差矣！杨广弑父篡位，人人可得而诛。老太师尽忠被戮，理当不共戴天，奈何欲弃南阳，逃遁他方，而不念君父之仇乎？今末将愿随主帅，杀入长安，去了杨广，别立新主。一则为君，二则为亲，岂不是忠孝两全？"云召道："将军赤心如此，不知众将如何？"只见统制班内闪出一员上将，姓焦名芳，身长六尺，白面长须，使一杆长枪，上马临阵，无人抵敌，大声叫道："主帅不必费心，末将等愿同主帅报仇。"又见四营八哨，齐声愿随报仇。云召道："既然如此，明日下教场操演。"众将得令，齐声答应退出，放炮三声，掩门退堂。

夫人把他迎接进去，就问众将之意若何？云召就把众将之言，说了一遍，又道："本帅明日即下教场，点齐众将，分兵各处把守，调齐各处粮草。待擒了韩擒虎，然后杀上长安，与父报仇，岂不快哉！"夫人道："相公主意不差！"

决日天明，众将各个收拾兵器盔甲鞍马，带领官下军马，往教场伺候。云召用了早膳，来到大堂，点齐三百名家将，出了辕门，来到教场将台边上。三声炮响，云召下马，坐在虎皮交椅上，众将进前参见礼毕，站立两旁。去召传令着总兵官司马超领兵二万，前去把守麒麟关各处营寨，须要小心抵敌，不可有违。司马超得令，领了人马，往麒麟关去了。云召又着统制官焦芳，领令箭一枝，往各处催趱粮草，不可有误。焦芳得令，领了令箭，前往各处去了。云召吩咐，大小将官，须要盔甲鲜明，各归营寨，操演该管军士，候命不日听点。众将得令，各归营寨，操演军士。伍保牵过马匹，三声炮响，云召上马，带了家将，回转帅府。毕竟不知后事如何，且看下回分解。

第十六回　麒麟关莽将捐躯
　　　　　　南阳城英雄却敌

再说齐国公韩擒虎，奉旨征讨南阳，令麻叔谋领前队先行，自领中军在后，缓缓而行。看官，你道韩擒虎为何在道延迟？只因他与伍建章有八拜八交，意欲使伍云召知觉，逃往别处，故此打发麻叔谋领前队。那叔谋在路上，纵容军士，掳掠百姓，奸人妻女，罪不可当。及兵至麒麟关。麻叔谋出马观看，只见总兵司马超，关门紧闭，关上扯起两面白旗。那旗上大书"忠孝王与父报仇"七个大字。叔谋看了，十分大怒，令军士叩关下寨，自己到军中见韩擒虎禀道："小将领兵到麒麟关，那总兵司马超扶助反贼，把关门紧闭，扯起旗号，上写着'忠孝王与父报仇'。"韩擒虎道："这厮反叛朝廷，殊为无礼。"吩咐三军、拔营前去。

众军得令，直至关下，韩擒虎道："哪一位将军前去讨战？"有副先锋雷明，进前应道："末将愿取此关！"遂翻身上马，手执方天画戟，直至关下大叫道："关上军士，快报与守将知道，有本领得出来会战！"军士飞报入府说，有一位隋将讨战。司马超闻言，提刀上马，领兵出关。雷明看见大叫道："青面贼，你是何人？"司马超大喝道："吾乃伍元帅帐下总兵司马超便是。"雷明听说大喝道："我乃天朝大将，岂识你反臣贼子？"拿戟便刺，司马超举刀相迎，不上几个回合，雷明看司马超这把大刀，神出鬼没，自己招架不住，慌忙要走。被司马超撒开画戟，举刀把雷明砍做两段。败兵逃去，飞报入营，说："雷将军被贼将杀了！"擒虎大怒道："未曾破关，先折一员大将。"即叫道："众将官，哪一位与去擒这贼来？"闪过正先锋麻叔谋道："小将愿往擒此反贼。"遂提枪上马，来到关下，大叫道："反贼，你是朝廷命官，乃助这逆贼，有违天命，自取灭亡。如今趁早投降，饶你性命!"司马超大怒喝道:"放屁!"上前把刀劈面砍来,麻叔谋将枪架住,两马相交,枪刀并举,大战四十四合,不分胜败。麻叔谋暗想:"战他不胜,必须回马一枪,方可胜他。"就把枪虚晃一晃,分开大刀,拖枪回马而走。司马超在后追赶,麻叔谋见他渐渐走近,即取枪在手,回马一枪。枪还未起,司马超把刀在马后砍来,叔谋将身一闪,跌下马来。众将抢上前去,救了叔谋,天色已晚,各自收兵。

叔谋回营,来见元帅道:"小将出去,与那贼交战四十回合,看他本事高强,意欲用回马枪挑他,不料马失前蹄,自己跌下马来,败走回营,来见元帅,望乞总罪。"韩擒虎道:"胜败兵家常事,何足为虑?但北关不破,此贼难擒,待本帅明日自去擒他便了!"

及至次日,韩擒虎全装披挂,直抵关前讨战,探子报入军中,司马超闻报道:"这老匹夫,合当要死,待我出去斩了他。"便吩咐三军,齐出会战。那司马超顶盔贯甲,当先出见,欠身施礼道:"老元帅,小将甲胄在身,不能全礼,马上打躬了。"看官,那司马超昔日也在他麾下,做过指挥,知他本事。他十二岁打过老虎,十三岁出兵,曾破番兵数十万。南往北讨,至今年近七旬,须发苍白,不知会过多少英雄,并无敌手。后归隋朝,封为齐国公。当时他见司马超马上欠身,口称老元帅,忙答礼道:"将军少礼,本帅有句直言,不知肯容纳否?"司马超道:"元帅有何金言,末将自当洗耳。"韩擒虎道:"本帅奉旨南征,大兵六十万,战将一千员,后队天保将军宇文成都,不日就到。将军退回关中,与云召商议,早早打点。不然,打破南阳,玉石俱焚,悔之晚矣!"韩擒虎心中,不过要云召逃走,不好明言,故此暗暗点醒。但司马超是个莽夫,那里听得出这话?又且昨日胜了二将,今又欺其年老,即大喝道:"不必多言,看兵器吧!"当头一刀劈来。擒虎大怒道:"这狗头,如此无礼!"忙把刀架住。那司马超虽勇,不是韩擒虎对手,当时战了七八回合,被韩擒虎架开司马超的刀,照头一刀砍下。可怜他为主忠心,不能成功,竟死于擒虎之手!众军见主将已死,四散逃走,擒虎乘势抢关,关内无主,开关投降。擒虎兵马入关,点明户口,盘算钱粮,养息三日,就起兵直抵南阳,离城十里,安营下寨,下表。

再说那探子飞马报进南阳,见了云召,把司马超交战始末,说了一遍。"今韩元帅乘势起兵,直抵南阳来了,大老爷须速速打点迎敌。"云召听说微笑道:"自古说'兵来将挡,水来土掩'。他人马虽多,何有惧哉!"遂传令众将,整顿盔甲,操演兵马,预备交战。又见外面报道:"趱粮将军焦芳缴令。"云召唤他进来,焦芳步进辕门,上堂参见,云召叫声:"免礼。"焦芳道:"末将奉主帅将令,往新野等县,催运粮米十万斛,今在城外渭河里。"云召道:"将军路上辛苦,且回营安歇,再候本帅令吧!"焦芳拜谢主帅,出了辕门回营,不表。再说韩擒虎升讨账,众将参见毕,就问道:"哪一位将军前去擒拿反贼?"闪过汜水关总兵何伦道:"元帅,待小将去擒来!"韩擒虎道:"那反臣武艺高强,你须要小心前去!"何伦道:"元帅放心,末将此去,拿伍云召不来,誓不回营!"即提斧上马,领兵近城讨战。城上军士报至府中,云召闻报,即提枪上马,领兵出城迎敌,大叫道:"来将何名?"何伦向前喝道:"反贼,你不识得我汜水关总兵何伦吗?你速速下马受缚,免污我宣花斧。"云召大喝道:"啐!你乃无名小卒,敢来说这大言?速速叫韩擒虎出来会战,不然,先把你这匹夫,碎尸万段。"何伦大怒,举起宣花斧,劈面砍来。云召把枪一架,叮当一响,何伦双手酸麻,虎口震开,复一枪,结果了性命。众将上前围住云召,云召一杆枪,神出鬼没,一连几枪,又挑死了隋朝十余员将官,众皆败走。云召又趁势把三军乱砍,杀得血流成河,尸积如山,云召得胜入城。

那隋朝败兵报进营中,把战败事情,说了一遍。擒虎闻报大惊,连忙出营,计点军士,折了十余员大将,兵卒一万,马三千匹,盔甲不计其数。韩擒虎大怒道:"待本帅明日亲自临阵,擒此匹夫,与何将军报仇。"到了次日,韩擒虎点起三军,正欲出战,忽闪出先锋麻叔谋上前道:"元帅,今日待小将前去,擒拿反贼,解上朝廷,何劳元帅亲战!"擒虎道:"既如此,将军须要小心!"叔谋应声:"得令。"回到营中,点齐众将,令帐下四员猛将,领三千人马,在离此五里路名叫长平冈的地方埋伏。又命四员心腹勇将,领三千人马,离城三里埋伏。麻叔谋又对护从猛将四员道:"你四位将军,乃是我亲信之将。要晓得那反贼英雄盖世,勇冠三军,今日元帅要亲自临阵,俺为先锋,焉敢退避?故此讨下差来,与那反贼交战,四位将军,俱要紧随着我,我若胜了反贼,你们可速速帮助擒他。若我杀败了,你们速速上前挡住,尽力死战。若拿得反贼,功劳是一样的。"四人应声道:"得令!"

麻叔谋点了四万人马，与四将齐出营门，来到城下，大叫："城上军士，你可速报与反贼知道。你说：'今日我先锋亲来，快早早出来受缚，免我先锋动手。'"军士报入帅府道："隋将麻叔谋在城外讨战。"云召道："杀不尽的狗头，今日也来讨死！"遂执了长枪，挂了宝剑，带了军士，上马出城，来到战场。麻叔谋提枪上前，四员猛将随列于后，云召出马骂道："杀不尽的狗头！敢兴无名之师，犯我南阳，速速下马受死，免累三军遭难。"遂把枪劈面刺来，叔谋举枪便迎，两马相交，双枪并举。战了三四回，叔谋气力不加，大叫众将上前抵敌，虚刺一枪，大败而走。云召后面追来，四将上前挡住，云召独战四将，不上二三合，二将中枪落马而死。另外那二将见势头不好，正待要走，被云召拔出青虹剑，俱斩落马下。

隋兵败走，云召追至长平冈，只听一声炮响，闪出埋伏四将，领了三千人马，拦住去路。后面那四员大将，听得炮声呐喊，连忙领兵从后面杀来。云召急引兵回时，韩擒虎又差二员大将，一员是陈州总兵吴烈，一员是曹州参将王明，各带兵马五千，四面围住。云召东冲西突，隋兵愈加众多，云召手执长枪，杀上前面，四将来迎，云召大喊一声，竟冲四将。那四将抵敌不住，被云召刺死三将，一将往前逃走，又被云召一箭射死，前军四散逃生。云召从后追来，两胁伏兵齐起，吴烈、王明各执大刀，一齐杀来。云召在中央独战二将，全无惧怯，不上五个回合，吴烈中枪落马。王明要走，也被云召一枪，结果了性命。军士乱逃，被云召把青虹剑乱砍，如砍瓜切菜一般，不消半个时辰，四将皆丧在沙场。可怜麻叔谋帐下十二员将官，俱伤于伍云召之手。只逃走了麻叔谋。

那麻叔谋亏了四将挡住，杂入小军中逃脱，盔袍尽落，衣甲全无，急急然如丧家之狗，茫茫然如漏网之鱼，逃到营中，来见擒虎，大叫："元帅，不好了！"擒虎抬头一看，见叔谋盔甲全无，衣衫不整，垂着头，拐着脚，好似落汤鸡一般，忙问道："先锋为什么这般光景？"叔谋将交战败走的事情，说了一遍，韩擒虎大怒道："我差二员大将，前来接应，你怎么不与那反贼死战，私下逃回？前日被司马超败，本帅念你初次，今又丧师误国，军法难逃，左右与我绑去砍了。"叔谋大叫："饶命！"左右不由分说，把叔谋绑出营门。未知性命如何，且看下回分解。

<h2 style="text-align:center">第十七回　韩擒虎调兵二路
伍云召被困危城</h2>

当时左右把叔谋押出营门，叔谋大哭道："众将快来救我，必当犬马相报！"当有军中参谋包生上前禀道："未破南阳，先斩大将，于军不利。不如暂恕先锋，待破了南阳，与反贼一并解上朝廷，候旨定夺。"擒虎道："此言有理。"即叫左右将叔谋免斩，发军政司重打四十，令他后营管马。左右答应一声，就解往军政司去发落了。忽见败兵来报说："麻叔谋手下十二员大将，并总兵吴爷，参将王爷，俱被反贼杀了。"擒虎闻言大怒道："这反贼猖狂如此，待本帅自去擒他。"便去执刀上马，带了三军，齐出营来，不表。

再说伍云召杀死隋将二十余员，士卒不计其数，当下杀出长平冈，只见探子报道："韩元帅大兵到了！"伍云召遂列阵以待。只见韩擒虎当先出马，云召马上欠身道："老伯，小侄甲胄在身，不能全礼，马上打拱了，望老伯恕罪！"擒虎答礼道："贤侄少礼。老夫有一言相告，不知贤侄可容纳否？"云召道："老伯有何见教，小侄自当恭听。"擒虎道："贤侄，你世食隋禄，官居极品，乃不思报效，叛逆称王，自立旗号，称为忠孝王。你知忠孝二字之义否？自古道：'君要臣死，不死非忠；父要子亡，不亡非孝。'你称与父报仇，你的仇在哪里？今老夫奉命征讨，你又抗拒天兵，杀害朝廷大将，罪孽重大。何况你南阳一郡之地，如何敌得天下之兵？不如归降，待老夫回奏朝廷，赦你之罪，封你为王，你意下如何？"云召道："我父亲赤心为国，并无过犯，老伯尽知。不料杨广弑父篡位，纳娘为后，古今罕有。我父亲忠心不昧，直言极谏，那杨广反把我父亲杀了！又把我一门三百余口，尽行斩首，又烦老伯前来拿我。小侄本该引颈受刑，奈君父之仇，不共戴天。老伯请速回兵，待小侄不日杀进长安，除昏君，杀奸逆，复立东宫，以定天下。复立东宫谓之忠，除昏君，报父仇谓之孝，岂不是忠孝两全？老伯请自详察。"

擒虎大怒道："反贼，我好意劝你去邪归正，你却有许多支吾。"遂举起大刀，照头砍去，云召将枪架住道："老伯，念小侄有大仇在身，还求老伯怜恤！"擒虎不听，又一刀砍下，云召又把枪架住道："老伯，我因你与我父亲有八拜之交，故此让你两刀，你可就此回去，不然小侄要得罪了。"擒虎又是一刀砍下，云召逼开大刀，把枪一刺，两下大战十余合，擒虎看看抵敌不住，回马就走，云召拍马赶来。擒虎不走自己营门，竟往侧首山下而走。云召看看赶上。

擒虎看四面无人，住马大叫道："贤侄休赶，老夫有言相告。"云召住马道："你且讲来。"擒虎道："贤侄少年英雄，无人可敌，是未逢敌手耳！后队救应使宇文成都，好不厉害，贤侄虽勇，恐非所敌。今老夫劝贤侄弃此南阳，投往河北，暂且守候，想目下真主已出，隋朝气数亦不久矣！然后自当报仇，贤侄意下如何？"云召道："老伯此言虽是，但我大仇在身，刻不容缓。宇文成都到了，有何惧哉！老伯请速回去。"擒虎转马就走，叫道："贤侄，你仍旧追赶，以别嫌疑。"云召依言追出山口，那隋朝众将，看见大叫道："反臣不可伤我元帅！"一齐进前挡住，保护擒虎回营。云召也不追赶，收兵而去。

擒虎入营，吩咐众将，退回麒麟关扎住。一面修表进朝求救，一面差官催救应使宇文成都，速来讨战。又发令箭两枝，一枝去调临潼关总兵尚师徒，一枝去调红泥关总兵新文礼，前来助战。差官得令，各自分头前去。

且说伍云召战胜入城，到了私衙，夫人接住，就问交战如何。云召把杀败擒虎之事，细说一遍，夫人大喜，即吩咐摆酒贺庆，此话不表。

再说宇文成都趱粮已齐，来到麒麟关，闻元帅尚在关上，遂入关进营参见。擒虎道："将军少礼。"成都道："元帅起兵已及三月，因何还在这里？"擒虎就把两次交战，折去许多将士，细说一遍。成都大怒道："那反贼如此猖獗，待小将明日出城，擒那反贼，与诸将报仇。"言讫，辞别出营，令军士将粮草上了仓厫。吩咐随征将士，明日同进南阳，擒拿反贼，众将得令。

那宇文成都身高一丈，腰大十围，虎目龙眉，使一柄流金铛，重二百斤，乃隋朝第二条好汉。一日，跟随文帝到甘露寺行香，文帝见殿内寺前有一鼎，是秦始皇铸的，高有一丈，大有二抱，上写着重五千零四十八斤，遂谓成都道："朕闻卿力能举鼎，可将此鼎举与朕看。"成都领旨，走下殿来，将袍脱下，两手把鼎脚拿住。将身一低，托将起来，离地有三尺高，就走了几步，复归原所放下。两旁文武看见，无不喝彩。成都走入殿上，神气不变，喘息全无。文帝大喜，即封为无敌大将军。这是说成都力大，也不必表。

再说成都次日，领兵下南阳，离城十五里安营。那探子飞报入城，把这事说与伍老爷知道。云召闻报，暗想宇文成都猛勇难当，必须预备保守城池。就令伍保带领三百名家将，到南山所伐树木，备做成上擂木，伍保得令前去。云召又令焦芳带领三千人马，往吊桥守住，倘后隋兵追来，即将弓箭齐射，不得有违。焦芳得令，自领人马，前去准备。

云召遂带人马出城，来到阵前，只见宇文成都大叫道："反贼，速来受缚，免我动手！"云召大骂道："奸贼，你通谋篡逆，死有余辜，尚敢阵前大言！"就把枪劈面刺去。成都大怒，把流金铛一挡，叮当一响，云召的马倒退两步。成都又是一铛，云召拿枪架住，两个战了十余合。云召料难敌他，回马便走。成都纵马追赶，看看相近，云召回马挺枪，又战了二十余合，云召气力不加，虚刺一枪，回马又走，成都纵马又赶。

恰好伍保在南山砍树，见前面有二将大战，一将败下来。伍保一看，大惊道："这是我家老爷败回，如今我手无寸铁，如何是好！"只见山边一枝大枣树，用力一拔，拔起来，去了枝叶，拿在手中，赶下山来，大喝一怕道："勿伤我主！"忙把枣树照成都马前劈头一打，成都把流金铛一挡，那马也退三四步。看官，那成都算是一条好汉，为何也倒退了三四

step？只因这枝枣树大又大，长又长，伍保气力又大，成都的兵器短，所以倒退了。

云召一看见是伍保，那伍保将树又打去，成都把流金镗往上一迎，将树截做两段。云召在前面山岗，忙拔箭张弓，照成都射去。成都不妨暗箭，叫声："呵呀，不好了！"一箭正中在手，回马走了。伍保赶去，云召叫声："不要赶！"伍保回步，同三百家将上山，抬上树木，回进南阳吊桥边，焦芳接着，叫声："主将得胜了！"云召道："若无伍保，几乎性命不留。"言讫，同众将回至辕门，吩咐众将紧闭四门，安摆擂木炮石，紧守城池。众将得令，前去准备不题。

再说韩擒虎坐在营中，探子来报说："宇文老爷大败回来，请元帅发兵相救。"擒虎正要发兵，只见兵士报临潼关总兵尚师徒，和红泥关总兵新文礼，各带雄兵，在外候令。擒虎吩咐进来。二将进营参见。擒虎道："二位将军，可带领本部人马，前去助宇文将军，同擒反贼。"二将应声："得令。"各带人马来到宇文成都营中。军士报进，成都出营迎接，二将下马同进营中，三人相见行礼毕，各叙寒温，成都命军士摆酒接风。

次日，军士报元帅到了，三人出接元帅进营，下马坐定，三人上前见礼。擒虎道："将军少礼，我想反贼昨日出战，见我兵将强勇，紧闭城门，不出相敌，如何是好？"成都道："元帅放心，待小将打破城池，捉拿反贼便了！"擒虎大喜，便同三位将军，离营来至城下，把城地周围，细细看了一遍。就令尚师徒领本部人马，围住南城，新文礼领本部人马，围住北城，宇文成都领众将人马，围住西城，个个不得纵放反贼。三将应声得令，各上马分头前去。韩擒虎自领三军，围住东城。那伍云召坐在衙中，忽见军士报道："韩擒虎调临潼关总兵尚师徒，红泥关总兵新文礼，与宇文成都，将东西南北四城围住，好不厉害。"云召闻报，只得亲督将士巡守四城，安摆大炮擂木弓箭，成都督兵攻城，城上炮石矢箭，如雨而下，折损了许多人马。只得吩咐暂退三里，侯元帅军令定夺。未知攻城如何，且看下回分解。

第十八回 焦芳借兵沱罗寨 天锡救兄南阳城

再说南阳军士见隋兵退去，忙入帅府报知。云召闻报，便上城一看，果然退去有三里远近。只是放心不下，早晚上城，巡视数回。见隋营人马，如蝼蚁之密，一到夜来，灯火照耀，有如白日，只得吩咐众将，尽心把守。云召下城谓众将道："隋兵如此之多，众将如此之勇，如何是好！"统制官焦芳上前道："主帅勿忧，明日待小将同主帅杀入隋营，斩其主帅，隋营兵将自然退去，主帅意下如何？"云召道："将军有所不知，隋营将帅，皆不足虑，唯有宇文成都勇猛无敌，倘杀出去，枉送性命。我有个族弟，名唤伍天锡，身高一丈，腰大十围，红脸黄须，使一柄混金挡，重有二百多斤，有万夫不当之勇。他在河北沱罗寨落草，手下喽啰数万，若有人前去请他，领兵到此相助，方能敌得宇文成都之勇。"焦芳道："既主帅令弟将军有如此之勇，待末将往河北沱罗寨，请他领兵前来相助便了。"焦芳即时提枪上马出营，前往河北去了。行了一里，只见埋伏军士向前大叫道："哦，反贼，你往哪里走？"焦芳不应，军士一齐围将拢来，焦芳大喝道："来，来，来，你们来一个，我杀一个！"军士各执兵器前来。焦芳大怒，左手提枪，右手执刀，枪到处人人皆死，刀着处个个皆亡。焦芳杀出重围，往前飞走，那败兵将这事报进营中，新文礼闻报，提刀上马，赶出营来，那焦芳已去远了。只得回营，唤过队长喝道："你怎么不来早报于我？拿去砍了，以警将来。"此言不表。

再说焦芳杀出重围，渴饮饥餐，在路不分昼夜，来到河北。却不知沱罗寨在哪里，一路地广人稀，无从访问。看看天色已晚，不免趱向前去。走不上三里多路，只见金乌西落，玉兔东升，前面一座高山，好不峻险。树木森茂，山林嵯峨，猿啼虎啸，洞水潺潺。焦芳不管好歹，只顾策马前行。忽听得地铃一响，早被绊马索一绊，将焦芳连人带马，跌将下来。两边走出喽啰几个，把焦芳拿住绑了。

喽啰牵了马，拾了枪，将焦芳押过三四个山头，见小岗下，一个大大的围场，方圆数里。过了围场，又见两山相对，中间一座关栅，两旁刀剑密密，枪戟重重。喽啰来到关前，叫道："开关！"那关上喽啰认是自家的人，遂开了侧首小关，喽啰带了焦芳，望内而走,过了三重栅门,来到聚义厅上。里面摆着虎皮交椅一张,案桌上点了两支画烛,喽啰把焦芳绑在将军柱上。只见里面报出来道:"大王出来了!"喽啰立在两旁,大王出来,坐在交椅上问道:"你们今日出击劫客商,有多少财物?"喽啰上前禀道:"大王,今日小人下山,没有客商经过,只拿得一个牛子,与大王醒酒。"大王道:"与我取来!"喽啰取一盆水,放在焦芳面前,手拿着刀,把焦芳胸前解开,取水向心中一喷。原来那心里热血裹住的,必须用冷水喷开热血,好取心肝来吃。焦芳见明亮一把刀,魂飞天外,大叫道:"我焦芳横死于此,亦无足惜,可恨误了南阳伍老爷大事!"大王听得问道:"那一个说南阳伍老爷?"喽啰道:"这牛子口中说的。"大王大惊,忙叫道:"与我把这牛子唤过来。"喽啰把焦芳解了绑,带将上来,那焦芳已吓得半死。大王问道:"你这牛子,怎么说起南阳伍老爷?"焦芳道:"他是小将的主帅,官受南阳侯,名唤伍云召。被隋将宇文成都围住南阳,攻打城池,危在旦夕。差小将到河北沱罗寨那边,求取救兵,不料遇着大王。乞大王放回小将,救伍老弟城池。"

大王便立起身来问道:"你叫什么名字?"焦芳道:"小将是伍老爷帐下统制官,叫作焦芳。"大王道:"请起,看坐。"左右忙把交椅过来,焦芳坐定,抬头一看,只见那大王身长一丈,红脸黄须,因吃人心多了,连眼睛也是红的。大王道:"焦将军,你说伍大王叫什么名字?"焦芳道:"是主帅的兄弟,名唤伍天锡。"大王道:"俺就是伍天锡,这里就是沱罗寨了,将军受惊了。"便吩咐左右摆酒压惊,又问道:"我云召哥哥,不知为的何事,被宇文成都围住南阳?"焦芳就把杨广弑父,老太师受害,前后事细说了一遍。天锡闻言大怒道:"这昏君害我一家,我必把这昏君碎尸万段,才得出气。既是奸臣之子宇文成都这狗头厉害,待俺去擒来,作醒酒汤。"当下两人谈论饮酒,直饮到天明,伍天锡遂留焦芳守寨,点了数千喽啰,救取南阳。众头目相送启程,伍天锡对众头目道:"俺此去救了南阳,不日就要回来。你们与我把守山寨,各路须要小心,不得有违。"头目应声:"得令。"那伍天锡离了沱罗寨,晓行夜住,一日来到太行山,安营造饭,按下不表。

单说那金顶山中雄阔海,坐在聚义厅,暗想:"伍云召哥哥说回转南阳,申奏朝廷,不日就有招安到了。为何一去数月,并无音信?如今山寨人众粮少,只得再劫客商,以备山寨之用。"即令头目到各路打听来往客商,有财帛的尽行取来。头目得令,带领喽啰分头下山,各路打听,不表。

再说当时有一班客商,都是贩珠宝金银的,共有二十余人,在路商议道:"此地盗贼甚多,倘被他瞧见,性命难保。不如把这货物藏在身边,各人身上换了破碎衣服,有人看见,只道我们是求乞的,便不来想了。"众客人都道:"有理。"各人换了衣服,藏了珠宝,在路缓缓而行。

及行近太行山,被众喽啰望见,皆认为乞丐,不以为意。内中一个头目打听有大商下来,因说道:"这班人必定是贩珠宝的大商,故意扮作乞丐,以瞒我们,我们不可错过。"众喽啰听说,就鸣锣一声,跳出数百人,手执短刀,大叫道:"来的留下买路钱来,放你过去。"众客道:"小人们是关中难民,要往南阳去求乞的,望大王方便。"只见跳出一个头目,厉声大叫道:"我们知道,你这班人是贩珠宝的大商扮下来的。快快留下金宝,饶你性命。不然,照我斧头吧!"言讫,举起斧头劈来,众客大喊,往前乱跑,喽啰在后追赶。

众客看见前面一所大营,即抢进营中跪下道:"小人是求乞的难民。后面有大王追来捉拿,乞老爷救命,公侯万代!"那伍天锡正要拔营前去,见外面走进许多乞丐,哀求救命,天锡认以为真,便叫往后营出去。众客叩谢,一齐往后营逃走,不表。

那追来的喽啰,见众客逃入营中,就上前问道:"你们是哪里人马,在此扎营?"喽啰答道:"你这班瞎眼狗头,岂不认得沱罗寨伍大王的营寨吗?"喽啰道:"你不要开口就骂,兄弟们也是有名目的,乃是太行山雄大王的头目。方才追下一班客商,入你营中,求伍大王发放还我,好回山缴令。"沱罗寨的喽啰笑道:"原来是我同道中的朋友,即如此,待我进去禀大王,还你便了。"言讫,进营禀道:"启大王,今有太行山雄大王头目,追赶一班客商,乞大王发放他去。"伍天锡道:"没有什么客商呀!想是指的这班破衣乞丐,但我已放他们往后营去了。你可去回复他,说没有客商进营。"喽啰答应:"就把这话出来回复。"那头目道:"好奇怪,我方才明明见这班客商,望你营中进去,说什么没有?想是你家大王,要独吞此宝货了!"喽啰大怒道:"你这不知方向的狗头,有什么客商！什么宝货！你等不要在此妄想了。”

那头目敢怒而不敢言，只得跑回太行山，将这事报与雄阔海知道。阔海大怒，遂带喽啰亲身赶来。未知此事如何，且看下回分解。

第十九回　太行山伍天锡鏖兵
关王庙伍云召寄子

却说伍天锡见雄阔海的头目去了，遂拔营前行，行未一里，忽见后面有人赶来，飞马大喊道：“伍大王人马慢行，雄大王赶来，要讨客商宝物，望乞发还！”喽啰听了，遂将这话报与伍天锡知道。天锡闻言，令喽啰摆开兵马，以待阔海。阔海望见，便叫喽啰扎住人马，列兵相待，遂纵马出阵。伍天锡问道：“雄大王久不相会了，今日台驾前来，有何话说？”雄阔海道：“俺因头目打听山南有一班大客商下来，是咱家的衣食，故今喽啰上前拦阻，要劫他宝物。不想这班客商，逃进大王营中，不见出来。头目取讨不还，故此咱自来，要大王送还这班客商。”伍天锡道：“俺从没有见什么客商进营，若果然有这班商客，自然送还大王。大王若不信，请大王进来一搜，就明白了。”雄阔海道：“岂敢！咱与大王是同道中人，这一班客商的宝贝货物，大王拿出来对分罢了。”伍天锡道：“哪里有什么宝货，俺也不管。俺有正事在身，不与你讲，各自走吧！”阔海大怒道：“我们衣食被你夺去，若不拿出来对分，你也去不得！”天锡大怒道：“放屁！你敢拦阻我们的去路吗？”阔海道：“不分，我与你战三百合。”说罢，双斧抢起，劈面砍来，天锡将混金铛挡住，哐琅一声，只见两人战了五十余合，并无高下。天色已晚，各自收兵，安营造饭。次日，又战了二百余合，不分胜负。两下鸣金，各回营寨。自此两人直杀了半月，不肯住手，此话不表。

再说南阳伍云召，一日同众将上城观看，见城外隋兵十分凶勇，云梯火炮弓箭，纷纷打上城来，喊声不绝，炮响连天，把城池围得铁桶相似。云召看了，无计可施，想此城池，料难保守，只得退下城来，回至私衙。夫人问道：“相公，大事如何况？”云召道：“嗳！夫人，不好了！隋兵四门围住，下官前日差焦芳往沱罗寨，请兄弟伍天锡来助，不料一去二月，并无音信。如今城中少粮，又无救兵，如何是好？”夫人道：“为今之计，相公主意若何？”云召低头一想，长叹道：“夫人！我有三件事放心不下。”夫人道：“是哪三件事不能放心？”云召道：“第一件，父仇未报；第二件，夫人年轻，行路不便；第三件，孩儿年幼，无人抚养。这三件，实难放心。”夫人道：“要报父母之仇，那里顾得许多？”

正谈论间，忽听炮响连天，喊声震地，军士报进道：“老爷，不好了！那宇文成都已打破西城了！”云召面皮失色，吩咐军士再去打听，就叫：“夫人呵！事急矣！快些上马。待下官保你杀出重围，逃往别处，再图报仇。夫人意下如何？”夫人道：“言之有理。你抱了孩儿，待妾往里面收拾，同相公去便了。”就将孩儿递与云召，往内去收拾，谁知一去竟不出来。云召走进一看，并不见夫人影子，连叫数声，又不答应，忽听得井中咚咚响，云召向井一看，说声：“不好了！一定夫人投井死了！”只见井中水面上有一双小脚一蹬，一连几个小泡，不见了。云召扳井大哭道：“夫人呀，你因家亡，投井身死，深为可怜。”哭叫了几声，将井边一堵花墙推倒，掩了那井，忙走出来，把战袍解开，将孩儿放在怀中，便把袍带收紧，又到井边跪下道：“夫人，你阴魂保佑孩儿，下官去了！”拜了几拜，就走出堂来。

只见众将大叫：“主帅，怎么处？”云召吩咐伍保，汝往西城挡住宇文成都。伍保得令，手拿二百四十斤一对铁锤，竟走西城。只见数万人马，拥入城来，伍保把铁锤乱打，那伍保只有膂力，不会武艺，见人也是一锤，见马也是一锤。一路把锤打去，只见人亡马倒，无人可敌。忙报宇文成都，飞马进前，正遇伍保。伍保拿了大铁锤劈面打来，宇文成都把流金铛一迎，这铁锤倒打转来，把伍保的头打碎了，身子望后跌倒，成都令军士将伍保斩首号令。

那伍云召杀出南门，被临潼关总兵尚师徒拦住，云召无心恋战，提枪撞阵而走。尚师徒拍马追赶道：“反臣那里走？”照背后一枪刺来，云召回马，也是一枪刺去。大战八九合，尚师徒那里战得过，竟败下来。云召不追，竟回马往前而走，那尚师徒又赶上来。

这伍云召的马,是追风千里马,尚师徒如何就追得上?原来尚师徒的马,是龙驹马,名曰呼雷豹,其走如飞,更快于千里马。若有人交战不过,那马头上有一宗黄毛,用手将毛一提,那马大叫一声,别马听了,就惊得尿屁直流,坐上将军就颠下来,性命不保。就是尚师徒那支枪,名曰提炉枪,也好不厉害,若撞着身上,见血就不活了。

云召见尚师徒追来,走避不脱,只得复又回马再战十余合。尚师徒到底战不过,只得将马头上宗毛一拔,那呼雷豹嘶叫一声,口中吐出一阵黑烟。只见云召坐的追风马,也是一叫,倒退了十余步,便屁股一蹲,尿屁直流,几乎把云召跌下马来。云召心慌,将手中枪往地上一拄,连打几个旺壮,那马就立定了。尚师徒见他不曾跌下,又把马头上的毛一拔,那马又嘶叫起来,口中又吐出一口黑烟,往云召的马一喷。那追风马惊跳起来,把头一登,前蹄一仰,后蹄一蹲,把云召从马上翻跌下来。

尚师徒把枪刺来,只见前面一个人,头戴毡帽,身穿青衫,面如黑漆,眼似铜铃,一部胡须,手执青龙偃月刀,照尚师徒劈面砍来。尚师徒大惊,说道:"不好了!周仓来了!"回马就走。那黑面大汉要赶去,云召大唤道:"好汉,不要赶了。"那人听得,回身转来,放下大刀,望云召便拜。云召答礼,便问姓名。那人道:"恩公听禀,小人姓朱名灿,住居南庄。我哥哥犯事在狱,多蒙老爷释放,此恩未报。小人方才在山打柴,见老爷与尚师徒交战,小人正要相助,因手无寸铁,只得到关王庙中,借周将军手中执的这把大刀来用用。"云召喜道:"关王庙在哪里?"朱灿道:"在前面。"云召道:"快同我前去。"朱灿道:"当得。"就引云召来到庙中。云召向关王下拜,祝道:"先朝忠义圣神,保佑弟子无灾无难。伍云召前往河北,借兵复仇,回来重修庙宇,再塑金身。"

祝罢,对朱灿道:"恩人,我有一言相告,未知肯容纳否?"朱灿道:"有何见谕,无不允从。"云召便把袍带解开,胸前取出公子,放在地下,说道:"恩人,我有大仇在身,此去前往河北,存亡未卜。伍氏只有这点骨血,今交托恩人抚养,以存伍氏一脉,恩德无穷。倘有不测,各从天命。"便跪下道:"恩人,念此子无母之儿,寄托照管。"朱灿也跪下道:"恩公请起,承蒙见托公子,小人理当抚养。"就把公子抱过,问道:"公子叫什么名字?后来好相认?"云召道:"今日登山,在庙内寄子,名字就叫伍登吧。"

二人庙中分别,朱灿将刀仍放在周将军手内,将公子抱出庙门,说道:"老爷前途保重,小人要去了,后会有期。"云召道:"恩人请便。"言讫,流泪而去。未知云召此去如何,且听下回分解。

第二十回 韩擒虎收兵复旨 程咬金逢赦回家

云召别了朱灿,提枪上马,匆匆行去。行到太行山。忽听得金鼓之声,喊杀连天,暗想道:"此地怎么有兵马在此厮杀?"遂走上山顶,向下一看,叫声:"不好了!这两个都是我兄弟,为何在此厮杀?"即纵马跑下山来。

那两人正在杀得高兴,只见山上走下一个骑马的人来。伍天锡认得是云召,便叫道:"哥哥,快来帮我!"雄阔海也认得是云召,也叫道:"哥哥,快快帮我。"云召道:"二位兄弟不要战了,都是一家人,快下马来,我要问个明白。"二人听了下马。天锡问道:"哥哥为何认得他?"云召道:"他是我结拜的兄弟。"就把前日金顶山打猎,遇见打虎因由,说了一遍,故此与他结义。雄阔海也问道:"哥哥为何认得他?"云召道:"他是我堂弟伍天锡。"二人听了,一齐大笑,各道:"得罪!"

阔海遂请天锡、云召到山寨去坐坐。二人应允,各自上马,带领两寨喽啰,到太行山中聚义厅下马坐定。阔海吩咐摆酒接风,就问云召道:"前日哥哥说回转南阳上表,奏过朝廷,不日就有招安。为何一去,将及半年,尚未见来?"云召道:"一言难尽。"就把父亲受害,满门斩首,以及城陷妻子离散,细细地说了一遍,不觉泪如雨下。阔海大怒道:"哥哥请免悲泪,待我起兵前去,与兄收复南阳,以报此仇。"天锡大怒道:"前日哥哥差焦芳来取救兵,兄随即前来,被这个黑贼阻住厮杀,误我大事。致我哥哥城破,嫂嫂身亡,我好恨也!"阔海道:"你休埋怨我,前日相会,你就该对我说明,我也不与你交战这许多日期了。自然同你领兵去救哥哥,擒拿宇文成都,岂不快哉!如今埋怨也迟了。"云召道:"二位兄弟不必争论。也是我命该如此,说也枉然了。"

这时只见喽啰来报道:"筵席完备。"阔海就请二位上席,喽啰送酒,三人轮杯把盏。云召愁容满面,食不下咽。阔海道:"哥哥不必心焦,待弟与天锡哥哥,明日帮助大哥,杀到南阳,斩了宇文成都,复取城池。"天锡道:"雄大哥说得有理,明日就起程便了。"云召摇手道:"二位兄弟,只知其一,不知其二。昔日我镇守南阳,有雄兵十万,战将百员,尚不能保守。今城池已失,兵将全无,二弟虽勇,若要恢复南阳,岂不难哉!明日我往河北,投奔寿州王李子通处。他久镇河北,兵精粮足,自立旗号,不服隋朝所管。又与我姑表至戚,我去借兵复仇。二位兄弟,可守本寨,招兵买马,积草屯粮。待愚兄借得兵来,与二位兄弟同去报仇便了。"阔海苦劝再三,云召只是不听。阔海道:"既是哥哥要往河北去,不知几时方可起兵?"云召道:"这也论不定日期,大约一二年间耳?"阔海道:"兄弟在此等候便了。"云召道:"多谢贤弟!"

到了次日,云召辞别起身,天锡随行,阔海送出关外。两人分手,行到沱罗寨,焦芳接着。天锡请云召先到山中歇马,设筵款待,极其丰盛。次日,云召将行,吩咐焦芳且在山中操演人马,待一二年后一同起兵报仇。说罢,与天锡分别,取路而去。却说李子通坐镇寿州,掌管河北等处,有雄兵百万,战将千员,各处关寨,遣将把守;因此隋文帝封他为寿州王,称为千岁。一日早朝,文武两班朝参毕,只见朝门外报进来说:"外面有一员大将,匹马单枪,口称南阳侯伍云召特来求见。"李千岁闻报大喜道:"原来我表弟到此,快宣他进来。"手下领旨,出来宣进。云召走到殿上,口称:"千岁,末将南阳侯伍云召参见。"李千岁叫左右扶起,问道:"表弟,你镇守南阳,为何到此?"云召把父亲被害,宇文成都打破南阳的事情,说了一遍。言讫,放声大哭。李千岁道:"你一门遭此大变,深为可叹,待孤家与你复仇便了。"云召叩谢。军师高大材奏道:"大王正缺元帅,伍老爷今来相投,可当此任。"李千岁大喜,即封云召为大元帅,掌管河北各路兵将,云召拜谢。自此伍云召在河北为帅,此话不表。

再说宇文成都打破西城,杀入帅府,闻说反臣逃出南城走了。不多时,军士听闻元帅逃走,军中无主,遂开城投降。韩擒虎、新文礼,俱进帅府,独尚师徒不见。擒虎问道:"反臣如今何在?"成都道:"末将攻城之时,他已开了南城逃走,末将想南城有尚师徒把守,必被遭擒。"须臾尚师徒来帅府参见元帅,擒虎问道:"反臣拿住了吗?"尚师徒道:"不曾拿得。"就把追赶的事情,并周仓将军显圣,说了一遍。擒虎道:"原来云召大数未绝,故有神明相佑。"遂差人盘查仓库,点明户口,养马五日,放炮回军。成都禀道:"元帅,那麻叔谋虽然失机有罪,但他非反臣对手,乞元帅开莫大之恩,释他无罪!"韩擒虎听了,就令麻叔谋仍领先锋之职。叔谋得放,即来叩谢。擒虎吩咐尚师徒,回临潼关把守,新文礼回红泥关把守。二将得令,各带本部人马回去。

韩擒虎委官把守南阳,不许残害百姓,遂班师回朝。军马浩荡,旌旗遮道,正是:"鞭敲金蹬响,齐唱凯歌声。"行到长安城外,擒虎令三军扎位教场内,自同宇文成都、麻叔谋三人进城,来到朝门,时炀帝尚未退朝,黄门官启奏。韩擒虎得胜班师回朝,门外候旨。炀帝命宣进来,韩擒虎等进殿俯伏,山呼万岁,将平南阳表章上达。炀帝展开一看。龙颜大悦,封韩擒虎为平南王,宇文成都为平南侯,麻叔谋为都总管。其余将士,各皆封赏,设太平宴,赐文武群臣。又出赦书,颁行天下。除犯十恶大罪,谋反叛逆不赦外,其余流徙笞杖等,不论已结证,未结证,已发觉,未发觉,俱皆赦免。

赦书一出,放出一个大虫来。他乃是一个惯好闯祸的卖盐浪汉。那人身长力大,因卖私盐打死巡捕官,问官怜他是个好汉,审做误伤,监在牢内。得此赦书一到,他却赦了出来。此人住居山东济南府历城县一个乡村,名唤斑鸠镇,姓程名知节,又名咬金。身长八尺,虎体龙腰,面如青泥,发似朱砂,勇力过人。父亲叫作程有德,早卒。母亲程太太,与人做些生活,苦守着。他七岁上与秦叔宝同学读书,到来却一字不识。后来长大,各自分散。因有几无赖。和他去卖私盐,他动不动与人厮打,个个怕他,都唤他做"程老虎"。不料一日撞着一起盐捕,相打起来,咬金性发,把一个巡盐捕快打死。官府差人捉拿凶身,他恐连累别人,自己挺身到官,认了凶身,问成大罪。问官怜他是个直性汉子,缓决在狱,已经三年。时逢炀帝大赦天下,他也在赦内。一日监门大开,犯人纷纷出去,独程咬金呆呆坐着,动也不动。禁子道:"程大爷,朝廷大赦,罪人都已去尽了,你却赖在此怎的?"咬金听见"赖在此"三字,就起了风波,大怒起来,赶上前撩开五指打去。众牢头晓得他厉害,俱来解劝。咬金道:"入娘贼的,你要找出去,须要请我吃酒,吃得醉饱,方肯干休!"那几个老成的牢头,知拗他不得,就沽些酒来,买了些牛肉,请他吃,算作是赔罪的。那咬金正在枯竭,拿这酒肉,直吃了个风卷残云,立起身来道:"酒已吃完,咱要去了! 但咱的衣服都破,屡屡子露出来,怎好外边去见人? 你们可有衣服,拿来借咱穿穿?"禁子道:"这是难题目了,我们只有随身衣,日日当差,那里有得空?"咬金红着眼,只是要打。禁子无奈,说道:"只有孝衣一件,是白布道袍,一顶孝帽,是麻布头巾,是闲着的。程爷若不嫌弃,我们就拿出来。"咬金道:"咱如今也不管他,你可拿出来。"

禁子就拿孝衣孝帽递与咬金,咬金接着,就穿戴起来,跑出监门。因纪念着母亲,急急向西门而去。未知回家见母如何,且看下回分解。

第二十一回 俊达有心结好汉
咬金学斧闹中宵

程咬金回到家中,程母认是咬金,母子抱头大哭一场。然后程母说道:"儿呵! 自从你打死捕人,问成死罪,下在狱中三年,我做娘的十分苦楚。欲要来看看你,那牢头禁子如狼似虎,没有银钱给他,哪肯放我进监? 因此做娘的日不能安,夜不能睡,逐日与人做些针蛮,方得度命。如今不知我儿因何得放回家?"咬金道:"母亲的苦楚,孩儿也尽知道。如今换了皇帝,大赦天下,不管大小罪犯,一齐赦了,故此孩儿遇赦回来。"

程母闻言大喜,咬金道:"母亲,我饿得很了,有饭拿来我吃。"程母道:"说也可怜,自从你入牢之后,做娘的指头上做来,每日只吃三顿粥,口内省下来,余有五升米,在床下小缸内,你自去取出来煮饭吃吧!"咬金听说,就把米取出来洗好了,放在釜里煮饭,等得熟了,吃一个不住,待吃了个光,还只得半饱。程母道:"看你,如此吃法,若不挣些银钱,如何过的日子?"咬金道:"母亲,这也不难,快些拿银子出来,待我再去贩卖私盐,就有饭吃了。"程母道:"我哪里有银就是铜钱也没有,你不要想差了。"咬金道:"既没有银子,当头是有的,快拿出来,待孩儿去当米做本钱。"程母道:"我有一条旧布裙子,你拿去当几十个铜钱吧。不要贩私盐,买些竹子回来,待我做几个柴扒,拿去卖卖,也将就度日。"咬金道:"母亲说得是。"

当下程母取出裙子,咬金接了,出门竟奔斑鸠镇上来。那市上的人,见了都吃惊道:"不好了! 这个大虫又出来了!"有受过他气的,连忙闭门不出。咬金来到当铺,大叫道:"当银子的来了,走开! 走开!"把那些赎当的人一齐推倒,都跃在两边。他便将这条布裙,望柜上一抛,把手一搭,腾地跳上柜台坐了,大喝道:"快当与我!"当内大小朝奉,齐吃了一惊。内中一个认得他是程老虎,连忙说道:"呵呀! 我道是谁,原来是程大爷。恭喜! 贺喜! 遇赦出来了! 小可尚未来做贺,不知程大爷要当多少?"咬金道:"要当一两银子。"

朝奉连忙打开一看,却是一条布裙,又是旧的。若是新的,所值有限,哪里当得一两银子? 心中想道:"不当与他,打起来非同小可;若当与他,今日也来,明日也来,那如何使得? 倒不如做个人情吧!"主意已定,就称了一两银子,双手捧过来,说道:"程大爷,恭喜出来,小可不曾奉贺。今有白银一两,送与程大爷作贺礼,裙子断不敢收。"咬金笑道:"你这人倒也知趣。"说道,接了银子,拿了布裙,跳下柜来,也不作谢,竟出当门,到竹行内来。

那竹行的主人名唤王小二,向日与咬金赌银钱,为咬金所打,正立在门首观看,远远望见咬金走来,连忙背转身朝里面看,假意说道:"你们这班人,吃了饭不要做生活,把这些竹子放齐了。"话还未完,咬金一见,奔至后边,登的一脚,将王小二踢倒。王小二连忙爬起来说话:"是那个? 为甚的踢我一交?"咬金又打了一掌,骂道:"入娘贼,你不识得我程大爷吗? 快送几十枝竹子与我,我便饶你。"王小二道:"我怎么不认得你? 实是方才不曾见,你休冤屈了人,白白踢我一交,打我一掌。要竹子自去拿便了,拿得动,竟拿两排去。"咬金笑道:"你这入娘贼,欺我程大爷拿不动吗? 竟叫我拿两排去,我就拿两排与你看!"当下咬金将银子含在口内,布裙拴在腰间,走至河边,把一排竹子一提，将索子背在肩上。又提了一排，双手扯住，飞跑去了。惊得王小二目瞪口呆，眼巴巴看他把三十枝毛竹拖去了，又不敢上前扯住他，只得忍耐。再说程咬金拽了这两排毛竹，奔至自家门首放下，口中取出银子来，搦在手内。程母看见，又惊又喜说："我儿，这许多竹子，又有银子，是那里来的。"咬金道："孩儿拿了裙子，到当铺去当。那朝奉是认得的，道我遇赦放出，送我一两银子作贺，不收当头。这竹子是一个朋友送与我做本钱的。"程母闻言大喜道："你今再去买一把小竹刀来，待我连夜做些柴扒起来，明日清早，好与你拿到市上去卖。"咬金即将这一两银去买一把刀，一担柴，几斗米，称了些肉，沽了些酒，回到家中，烧煮起来，吃个醉饱，程母削起竹来，叫咬金去睡，咬金道："母亲辛苦，孩儿怎么睡得？"便陪他母亲直到四更，做成了十个柴扒，方才去睡，未到天明，程母起来，煮好了饭，叫咬金起来吃了。咬金问道："母亲，这个柴扒，要卖多少价钱一个？"程母道："每个扒，要讨五分，三分就好卖了。"咬金答应，背着柴扒，一直往市镇上来。

到了市中，两边开店的人见了他，都收店关门。咬金放下扒儿，等人来买。不想镇上这些人，都知道他厉害，谁敢来买？就要买的，看见他也躲避开去。咬金直等到下午，不见人来买，心中一想："要等一个体面人来，扯住他买，不怕他不买。"主意已定，又等了一回，再不见个人影，肚中饥饿，思道："且去酒店内，吃他一顿，再作计较。背了柴扒，要往酒店里去，众店看见，个个紧闭。直到市消尽头，却有一所村酒店。原来那店中老儿老婆两个，是别处新移来居住的，这情形他们哪里知道？一见咬金走进店来，便问道："官人要吃酒么"咬金道："是。"放下柴扒，向一处座头坐了。那婆子连忙暖起酒来，老儿切了一盘牛肉，并碗筋，拿到咬金面前。婆子送酒过来，咬金放开大嘴，只顾吃，不一时，把一壶酒，一盘肉，吃得罄尽。抹抹嘴，取了柴扒，往外便走。老儿道："官人吃了酒，酒钱呢？"咬金道："今日不曾带来，明日还你吧！"老儿赶出来，一声喊，一把扯住，将他旧布衫扯破。咬金大怒，抛下柴扒，回身打下一掌，把老儿打得一个发昏，跌入店里去。那老婆大声叫屈，惹得咬金性发，蹬地一脚，把锅灶踢翻，双手一锹，把架上碗盏物体，一齐打碎。老儿老婆见不是路，奔上楼去，将扶梯扯了上去，大叫："地方救命！"此时外边的人，见是程咬金撒泼，谁敢上前来劝？咬金把店中桌凳，打个罄尽，喝一声："入娘贼，你不下来，我把这间牢房打坍，不怕你不下来！"蹬地一脚，踢在中央柱上，把房子震得乱动。老儿老婆在楼上吓慌，大叫："爷爷救命！"

正打之间，忽见一个大汉，分开旁观众人，赶入门内，叫一声："好汉息怒，有话好好地说，不必动手。咬金回身一看，见这个人身长九尺，面如满月，目若寒星，颏下微有髭须，头戴线紫巾，身穿绿战袍，像是个好汉，便说道："若非老兄解劝，我就打死了这入娘贼，方肯干休。"那人叫老儿老婆放好扶梯下来，陪咬金的罪，又叫家丁取十两银子与了他，就对咬金道："请仁兄到敝庄上，可另有话说。"言讫，就挽咬金的手要走。咬金说："我还有十个柴扒要拿了去。"那人道："赏了这老儿吧。"咬金道："便宜了他！"

他二人挽手出了店门，行到庄上，只见四下里人家稀少，团团都是峻岭高山，树木丛茂。入得庄门，到了堂上，那人吩咐家丁，请好汉用香汤沐浴，换了衣巾，进堂来见礼，又吩咐摆酒。不多时，咬金换了衣冠，整整齐齐，来至中堂见礼，分宾主坐定。

那人问道："不知长兄尊姓大名？家居何处？府上还有何人？"咬金道："小可姓程名咬金，字知节，斑鸠镇人。自幼丧父，只有老母在堂。请问仁兄高姓大名？"那人道："小弟姓尤，名通，字俊达，祖居此地，向来出外，以卖珠宝为业，近因年荒世乱，盗贼频多，难以行动。今见兄如此英雄，意欲合兄做个伙计，去卖珠宝，不知兄意下如何？"咬金闻言，起身就走。尤俊达忙扯住道："兄长为何不言就走？"咬金道："你真是个痴子，我是卖柴扒的，那里有本钱，与你合伙，去卖珠宝？"俊达笑道："小弟不是要你出本钱，只要你出身力。"咬金道："怎么出身力？"俊达道："小弟一人出本钱，只要兄同出去，一路上恐有歹人行劫，不过要兄护持，不致失误。卖了珠宝回来，除本分利，这个就是合伙了。"咬金道："原来如此，这也使得。只是我母亲独自在家，如何是好？"俊达道："这个不难，兄今日回去与令堂说明，明日请来敝庄同住如何？"咬金听说大喜道："如此甚妙，这合伙便合得成了。"

说话之间，酒席完备，二人开怀畅饮，直吃到月上。咬金辞别要行。俊达叮咛不可失信，叫两个家丁，取了几件衣服首饰，抬一桌酒，送咬金回去。俊达送出庄门，咬金作别,同两个家丁来到家里。程母看见咬金满身华丽,慌忙便问,咬金告知其故,程母大喜。家丁搬上酒肴,送上衣服首饰,径自去了。母子二人,吃了酒肴,安睡一夜。

次日天明,尤俊达着家丁轿马到门相请,程母把门锁好上轿,咬金上马,一齐奔到武南庄来。俊达出门相接,咬金下马,挽手入庄。俊达妻子出来,迎接程母,进入内堂,见礼一番,内外饮酒,酒至数杯,俊达道:"如今同兄出去做生意,不久就要起身。只是一路盗贼甚多,要学些武艺才好,未知兄会使何等兵器?"咬金道:"小弟不会使别的兵器,往常劈柴的时候,就把斧头来舞舞弄弄,所以会使斧头。"俊达闻言,就叫家丁取出一柄八卦宣花斧,重六十四斤,拿到面前。咬金接斧在手,就要舞弄,俊达道:"待我教兄斧法。"就叫家丁过酒肴,把斧拿在手中,一路路的从头使起,教导咬金,不料咬金心性不通,学了第一路,忘记第二路;学了第二路,又忘记了第一路。当日教到更深,一路也不会使,俊达无法,叫声:"住着,吃了夜饭睡吧,明日再教。"二人同吃酒饭,吃罢,俊达唤家丁同咬金在侧厅耳房中歇了,自己入内去睡。

且说咬金方才合眼,只见一阵风过去,来了一个老人,对他说:"快起来,我教你斧法。你这一柄斧头,后来保真主,定天下,取将封侯,还你一生富贵。"咬金看那老人,举斧在手,一路路使开,把六十四路斧法教会了,说一声:"我去也。"说罢,那老人忽然不见。咬金大叫一声:"有趣。"醒将转来,却是南柯一梦,叫声:"且住,待我赶快演一番,不要忘记了。只是没有马骑,使来不甚威武!"想了半晌,忽说道:"马有了,何不将厅上一条板凳,当作马骑,坐了跑起来,自然一样的。"

遂开了门,走至厅上。取一条索子,一头缚在板凳上,一头缚在自己颈上,骑了板凳,双手抢斧,满厅乱跑,使将起来。只是这厅上用地板铺满的,他骑了板凳,使了斧头,震动一片响声。尤俊达在内惊醒,不知外边什么响,连忙起来,走至厅后门缝里一觑,只见月光照人,如同白昼,见咬金在那里舞斧头,甚是奇妙,比日间教不会的时节,大不相同。心中大喜,遂走出来,大叫道:"妙呵!"这一声竟冲破了,他只学得三十六路,后边的数路就忘记了。俊达道:"有这斧法,为何日间假推不会?"咬金听说,就装体面,说起捣鬼的大话来了,呵呵大笑道:"我方才日间是骗你,难道我这样一个人,这几路斧头不会使的吗?"俊达道:"原来如此!我兄既然明白,连这下面几路斧头索性一发使完了,与我看如何?"咬金道:"你若要看这几路斧使来,可牵出马来,待我试他一试看。"俊达叫家丁到后槽牵出一匹铁脚枣骝马来。

咬金抬头一看,见是一匹宝驹,自头至尾,有一丈长,背高八尺,四足如墨,满身毛片兼花。那匹马却也作怪,见了咬金,如遇故主一般,摆尾摇头,大声嘶吼。咬金大喜道:"且把他牵过一边,拿酒来吃,等至天明,骑马演几路斧头便了。"家丁摆下酒肴,二人吃了。天色微明,咬金起身,牵马出庄,翻身上马,加上两鞭,那马一声嘶吼,四足蹬开,往前就跑,如登云雾一般。顷刻之间,跑上数十余里。试毕回庄。欲知后事如何,且看下回分解。

第二十二回　众马快荐举叔宝　小孟尝私入登州

咬金回到庄上,尤俊达道:"事已停妥,明日就要动身,今日与你结为兄弟,后日无忧无虑。"咬金道:"说得有理!就供香案,二人结为生死之交。咬金小两岁,拜俊达为兄。俊达请程母出来,拜为伯母。咬金请俊达妻子出来,拜为嫂嫂。大设酒席,直吃到晚,各自睡了。

次日起来,吃过早茶,咬金道:"好动身了。"俊达道:"尚早哩!且等到晚上动身。"咬金问其何故,俊达道:"如今盗贼甚多,我卖的又是珠宝,日里出门,岂不招人耳目?故此到晚方可出门。"咬金道:"原来如此。"

到晚,二人吃了酒饭,俊达令家丁把六乘车子,上下盖好,叫声:"兄弟,快些披挂好,上马走路。"咬金笑道:"我又不去打仗上阵,为何要披挂?"俊达道:"兄弟不在行了,黑夜行路,最防盗贼,自然要披挂了去。"咬金听了,同俊达一齐披挂上马,押着车子,从后门而去。

走了半个更次，来到一个去处。地名长叶林。望见号灯有数百盏，又有百余人，各执兵器，齐跪在地下，大声道："大小喽啰迎接大王。"咬金大叫道"不好了！响马来了！"俊达连忙说道："不瞒兄弟说，这班不是响马，都是我手下的人，愚兄向来在这里行劫。近来许久不做，如今特请兄弟来做伙计，若能取得一宗大财物，我和你一世受用。"咬金听说，把舌头一伸道："原来你是做强盗，骗我说做生意。这强盗可是做得的吗？"俊达道："兄弟，不妨，你是头一遭。就做出事来，也是初犯，罪可免的。"咬金道："原来做强盗，头一次不妨碍的吗？"俊达道："不妨碍的。"咬金："也罢，我就做一遭便了。"

俊达听了大喜，带了喽啰，一齐上山。那山上原有厅堂舍宇，二人入厅坐下，众喽啰参见毕，分列两边。俊达叫道："兄弟，你要讨账，要观风？"咬金想道："讨帐，一定是杀人劫财；观风，一定是坐着观看。"遂应道："我去观风吧。"俊达道："既如此，要带多少人去行劫？"咬金道："我是观风，为何叫我去行劫？"俊达笑道："原来兄弟对此道行中的哑谜都不晓的。大凡强盗见礼，谓之'剪拂'。见了些客商，谓之'风来'，来得少谓之'小风'，来得多谓之'大风'。若杀之不过。谓之'风紧'，好来接应。'讨账'，是守山寨，问劫得多少。这行中哑谜，兄弟不可不知。"咬金道："原来如此。我今去观风，不要多人，只着一人引路便了。"俊达大喜，便着一个喽啰，引路下山。

咬金遂带喽啰，来到东路口，等了半夜，没有一个客商经过，十分焦躁。看看天色微晚，喽啰道："这时没有，是没有的了。程大王上山去吧！"咬金道："做事是要顺溜，难道第一次空手回山不成，东边没有，待我到西边去看。"小喽啰只得引到西边，只见远远的旗幡招飐，剑戟光明，旗上大书："靠山王响杠"。一支人马，溜溜而来。原来这镇守登州净海大元帅靠山王，乃炀帝叔祖，文帝嫡亲叔父，名唤杨林，字虎臣。因炀帝初登大宝，就差继子大太保罗芳，二太保薛亮，解一十六万饷银，龙衣数百件，路经长叶林，望长安进贡。

咬金一见，叫声："啊呀，大风来了！"喽啰连忙说道："程大王，这是登州老大王的饷银，动不得的。"咬金喝道："放屁，什么老大王，我不管他！"遂拍动自己乘坐的铁脚枣骝驹，手持大斧，大叫："过路的，留下买路钱来！"小校一见，忙入军中报道："前面有响马断路。"罗芳闻报，叫声："奇怪！"难道有这样大胆的强人，白日敢出来断王杠！待我去拿来。"说罢便上前大喝一声："何方盗贼，岂不闻登州靠山王的厉害。敢在这里断路！"咬金并不回言，把斧砍来，罗芳举枪，往上一架，铛的一声响，把枪折为两段，叫声："哎呀！"回马而走。薛亮拍马来迎，咬金顺手一斧，正中刀口，当的一声，震得双手血流，回马而走。

众兵校见主将败走，呐喊一声，弃了银桶，四下逃走。咬金放马来赶，二人叫声："强盗，银子你拿去罢了，苦苦赶我怎的？"咬金喝道："你这两个狗头，休认我是无名强盗，我们实是有名强盗。我叫作程咬金，伙计尤俊达，今日权寄下你两个狗头，迟日可再送来些。"咬金说罢，回马转来。

罗芳、薛亮惊慌之际，错记了姓名，只记着陈达、尤金，连夜奔回登州去了。咬金回马一看，只见满地俱是银桶，跳下马来，把斧砍开，滚出许多元宝，咬金大喜。忽见尤俊达远远跑来，见了元宝，就叫众喽啰，将桶劈开，把元宝装在那六乘车子内，上下盖好，回至山上。过了一日，到晚一更时分，放火烧寨，收拾回庄，从后门而入。花园中挖了一个地穴，将一十六万银子尽行埋了。到次日，请了二十四员和尚，挂榜开经，四十九日梁王忏。劫杠这日，是六月二十二日，他榜文开了二十一日起忏，将咬金藏在内房，不敢放他出来，此话慢讲。

且说登州靠山王杨林，这一日升帐理事，外面忽报："大太保，二太保回来了。"杨林吃了一惊道："为何回来这般快？"就叫他们进来。二人来至帐前，跪下禀道："父王，不好了！王杠银子，被响马尽劫去了！"杨林听了大怒道："响马劫王杠，要你们押杠何用？与我绑去砍了！"左右一声答应，将二人拿下。二人哀叫："父王呵，这响马厉害无比，他还通名姓哩！"杨林喝道："强盗叫甚名字？"二人道："那强盗一个叫陈达，一个叫尤金。"杨林道："失去王杠，在何处地方？"二人道："在山东历城县地方，地名长叶林。"杨林道："既有这地方名姓，这响马就好拿了。"吩咐将二人松了绑，死罪饶了，活罪难免，叫左右捆打四十棍，遂发下令旗令箭，差官赍往山东，限一百日内，要拿长叶林劫王杠的响马陈达、尤金。百日之内，如拿不着，府县官员，俱发岭南充军，一应行台节制武职,尽行革职。

这令一出,吓得济南文武官员,心碎胆裂。济南知府钱天期,行文到历城县,县官徐有德,即刻升堂,唤马快樊虎,步快连明,当堂吩咐道:"不知何处响马,于六月二十二日在长叶林劫去登州老大王饷银一十六万。临行又通了两个姓名。如今老大王行文下来,限百日之内,要这陈达、尤金两名响马。若百日之内没有,府县俱发岭南充军,武官俱要革职。自古道:'上不紧则慢。'本县今限你一个月,要拿到这两名响马。每逢三六九听比,若拿得来,重重有赏;如拿不来,休怪本县!"二人领牌出衙,各带公人去寻踪觅迹,并无影响。到了比期,二人重责三十板,徐有德喝道:"如若下卯比没有响马,每人打四十板。"二人出来,会齐众人商量道:"这两个响马,一定是过路的强盗,打劫去往外州县受用。叫我们哪里去拿?况且强盗再没有肯通个姓名的,这两个名姓,一定是假的。"众人道:"如此说来,难道就此死了不成?"樊虎道:"我有一计在此,到下卯比的时节,打完了不要起来,只求本官把下卯比一齐打了吧。本官一定问是何故,我们一齐保举秦叔宝大哥下来。若得他下来,这两个响马,就容易拿了。"连明道:"秦大哥,现为节度旗牌,如何肯下来?"樊虎道:"不难,只消如此如此,他自然下来了。"众人大喜,各自散去。

不几日,又到比期,徐有德升堂,问众捕人道:"响马可拿到了吗?"众人道:"并无影响。"有德道:"如此说,拿下去打。"左右一声呐喊,扯将下去,每人打四十大板。及打完,众人都不起来,一齐说道:"求老爷将下次比板,一总打了吧,就打死了小的们,这两个响马也没处拿的。"徐有德道:"据你们如此说来,这响马一定拿不得了。"樊虎道:"老爷有所不知,这两个强人,一定是别处来的。打劫了,自往外府去了,如何拿得他来?若能拿得他,必要秦琼。他尽知天下响马的出没去处,得他下来,方有拿处。"徐有德道:"他是节度大老爷的旗牌,如何肯下来追缉响马?"樊虎道:"此事要老爷去见大老爷,只需如此如此,大老爷一定放他下来。"徐有德听了道:"说得有理,待本县自去。"即刻上马,竟投节度使衙门来。

此时唐璧正坐堂理事,忽见中军官拿了徐有德的禀摺,上前禀道:"启老爷,今有历城县知县在辕门外要见。"唐璧看了禀摺,叫:"请进来。"徐有德走至檐前,跪下拜见,唐璧叫免礼赐座。徐有德道:"大老爷在上,卑职焉敢坐?"唐璧道:"坐了好讲话。"徐有德道:"故此,卑职告坐了。"唐璧道:"贵县到来,有何事故?"徐有德道:"卑职因响马劫了王杠,缉获无踪,闻贵旗牌秦琼大名,他当初曾在县中当过马快,不论什么响马,手到擒来。故此卑职前来,求大老爷将秦琼旗牌发下来,拿了响马,再送上来。"唐璧闻言喝道:"嘻!狗官,难道本藩的旗牌,是与你当马快的吗?"徐有德忙跪下道:"既然大老爷不肯,何必发怒?"卑职不过到了百日限满之后,往岭南去走一遭,只怕大老爷也未必稳便。还求大老爷三思。难道为一旗牌,而弃前程不成?"

唐璧听说,想了一想,暗说:"也是,前程要紧,秦琼小事。"因说道:"也罢!本藩且叫秦琼下去,待拿了响马,依旧回来便了。"有德道:"多谢大老爷。但卑职还要禀上大老爷,自古道:'上不紧则下慢,'既蒙发下秦旗牌,若逢比限不比,决然怠慢,这响马如何拿得着?要求大老爷做主。"唐璧道:"既发下来,听从比限便了。"就叫秦琼同徐知县下去,好生着意,获贼之后,定行升赏。秦琼见本官吩咐,不敢推辞,只得同徐有德来到县中。

徐有德下马坐堂,叫过秦琼,吩咐道:"你向来是节度使旗牌,本县岂敢得罪你?如今既请下来,权当马快,必须尽心获贼。如三六九比期,没有响马,那时休怪本官无情!"叔宝道:"这两名响马,必须出境缉获,数日之间,如何得有?还要老爷宽恕。"有德道:"也罢,限你半个月,要这两名响马,不可迟缓。"叔宝领了牌票,出得县门,早有樊虎、连明接着。叔宝道:"好朋友!自己没处拿贼,却保我下来!"樊虎道:"小弟们向日知仁兄的本事,晓得这些强人出没,一时不得已,故此请兄长下来,救救小弟们的性命!"叔宝道:"你们依先四下去察访,待我自往外方去寻便了。"遂别了众友回家,见了母亲,并不提起这事,只说奉公出差。别了母亲妻子,带了双铜,翻身上马,出得城来,暗想:"长叶林乃尤俊达地方,但他许久不做,绝不是他。一定是少华山的王伯当、齐国远、李如珪前来劫去,通了两个鬼名,待我前去问他们便了。"遂纵马竟向少华山来。

到了山边,小喽啰看见,报上山来。三人忙下来迎接,同到山寨,施礼坐下。王伯当道:"近日小弟正欲到单二哥那边去,知会打点,前来与令堂老伯母上寿。不料兄长到此,有何见教?"叔宝道:"不要说起。不知哪一个于六月二十二日,在长叶林劫了靠山王饷银一十六万,又通了两个鬼名。叫陈达、尤金。杨林着历城县要这两名强人,我只恐是你们,到那里去劫了,假意通这两个鬼名,故此来问一声。"王伯当道:"兄长说哪里话?我们从来不曾打劫王杠,就是要打劫,登州解来饷银,少不得他要经此山行过,就在此地打劫,却不省力,为何到那里去打劫?"李如珪道:"我晓得了!那长叶林是尤俊达的地方,一定是他合了一个新伙计打劫了去。那伙计就如上阵一样,通了姓名,那押杠的差官慌忙中听差了。"齐国远道:"是呵,你说得不差。叔宝兄你只去问尤俊达便了。"叔宝听了,即便动身,三人苦留不住,只得齐送下山。

叔宝纵马加鞭,竟往武南庄来,到了庄前,忽听得里边钟鼓之声。抬头一看,见榜文上写着:"演四十九日梁王忏,于六月二十一日为始。"想他既二十一日在家起经,如何二十二日有工夫去打劫?如今不要进去问他吧。想了一想,竟奔登州而来。及到登州,天色微明,一直入奔城去。未知此事如何,且看下回分解。

第二十三回　杨林强嗣秦叔宝
　　　　　雄信暗传绿林箭

却说杨林自从失去饷银,虽向历城县要人,自己却也差下许多公人,四下打听。这日早上,众公人方要出城,只见秦叔宝气昂昂,跑马入城。众公人疑心道:"这人却来得古怪,又有两根金装铜,莫非就是劫王杠的响马,也未可知。"大家一齐跟了走来。

叔宝到了一个酒店下马,叫道:"店小二,你这里可有僻静所在吃酒吗?"店小二道:"楼上极僻静的。"叔宝道:"既如此,把我的马牵到里边去,莫与人看见,酒肴只顾搬上楼来。"店小二便来牵马到里边去了。

叔宝取铜上楼。小二牵马进去出来,众公差把手招他出来,悄悄说道:"这个人来得古怪,恐是劫王杠的响马,你可上去套他口风,切不可泄漏。"店小二点头会意,搬酒肴上楼摆下,叫:"官人吃酒。"叔宝问道:"那长叶林失了王杠,这里可拿得紧吗?"小二道:"拿得十分紧急。"叔宝闻言,脸色一变,呆了半晌,叫道:"小二,你快去拿饭来我吃,吃了要赶路。"小二应了,走下楼来,暗暗将这问答形状,述与众公人知道。众公人道:"必是响马无疑,我们几个,如何拿得他住?你可慢将饭去,我去报与老大王知道,着将官拿他便了。"遂即飞报杨林,杨林即差百十名将官,如飞赶至酒店门首,团团围住,齐声呐喊,大叫:"楼上的响马,快快下来受缚,免我动手。"叔宝正中心怀,跑下楼来,把双铜一摆,喝道:"今日是我自投罗网,不必你们动手,待我自去见老大王便了。"众将道:"我们不过奉命来拿你,你若肯去,我们与你做什么冤家?快去!快去!"

大家围住叔宝,竟投王府而来,到了辕门,众将报人。杨林喝令:"抓进来!"左右答应,飞奔出来,拿住叔宝要绑。叔宝喝道:"谁要你们动手,我自进去!"遂放下双铜,走入辕门,上丹墀来。杨林远远望见,赞道:"好一个响马!"叔宝来至殿阶,双膝跪下,叫道:"老大王在上,山东济南府历城县马快秦琼,叩见大王。"杨林闻言,把众将一喝道:"你这班该死的狗官,怎的把一个快手当作响马,拿来见孤?"众将慌忙跪下道:"小将拿他的时节,他自认是响马,所以拿来。"当有罗芳在侧跪禀道:"呵,父王,果然不是劫饷银的强盗。那劫饷银强盗是青面獠牙,形容十分可怕,不比这人相貌雄伟。"

杨林便叫:"秦琼,你为何自认作响马?"叔宝道:"小人欲见大王,无由得见,故作此耳。"杨林点头,仔细将叔宝一看:面如淡金,五绺长须,飘于脑后,跪在地下,还有八尺来高，果然雄伟，便问道："秦琼，你多少年纪，父母可在否？"叔宝道："小人父亲秦理，自幼早丧，只有老母在堂，妻子张氏，至亲三口。小人今年二十五岁。"看官，你道叔宝为何不说出真面目来？只因昔日杨林在济南府枪挑了秦彝，若说出来，恐怕命不保，故此将假话回对。

杨林道："你会什么兵器？"叔宝道："小人会使双锏。"杨林道："取锏来，使与孤看。"众将抬叔宝的双锏进来放下，叔宝道："大王在上，小人焉敢无礼？"杨林道："孤不罪你。"叔宝道："既蒙大王吩咐，小人不敢推辞，但盔甲乃为将之威，求大王赐一副盔甲，待小人好演武。"杨林闻言，遂叫左右："取我的披挂过来。"左右答应，连忙取与叔宝。杨林道："这件盔甲，原不是我的，向日我出兵征战，在济南府杀了一名贼将，叫作秦彝，就得他这件盔甲，并一枝虎头金枪，孤爱他这盔甲，乃赤金打成，故此留下，今日就赏你吧。"

叔宝闻言，心中悽惨，只得谢了一声。立起身来，把盔甲穿戴起来，换了一个人物。就提起双锏，在手摆动。初时人锏分明，到了后来，只见金光万道，呼呼的风响逼人寒，闪闪的金光眩双目。这回锏使起来，把个杨林欢喜得手舞足蹈，不一时把五十六路锏法使完了跪下禀道："大王锏法使完了。"杨林大喜道："你还会使什么兵器？"叔宝道："小人还会使枪。"杨林道："甚妙。"即叫左右抬过虎头金枪，左右答应，把八十二斤虎头金枪扛过来。

叔宝双手接过。将柄上一看，上写："武卫将军秦彝置。"知是父亲之物，不敢明言，只好暗暗流泪。遂将身子一摇，使将起来。杨林一见问道："这是罗家枪，你如何晓得？"叔宝道："前小人在潞州受了官司，发配燕山，见罗元帅在教场演枪，小人因此偷学他的枪法，故此会使。"杨林道："原来如此，快使起来。"叔宝就将十八门，三十六路，六十四招，尽行使出。

杨林见了大喜，将枪也赐了叔宝，说道："孤年过六旬，苦无子息，虽有十二太保，过继为义子，本事皆不若你。如今孤欲过继你为十三太保，不知你意下如何？"叔宝暗想："他是我杀父仇人，不共戴天，怎可拜他为父？"就推却道："小人一介庸夫，焉敢承当太保之列，绝难从命！"杨林闻言，二目圆睁，喝道："胡说，孤继你为子，有何耻辱于你？如若不从，左右看刀！"叔宝连忙说道："小人焉敢不从，只因老母在堂，放心不下。若大王依得小人一件，即便允从，如若不从，甘愿一刀。"杨林道："是哪一件？"叔宝道："待小人回转济南，见了母亲，收拾家中，乞限一月，同了老母前来便了。"杨林道："这是王儿的孝道，孤家岂有不依？"叔宝无奈，只得拜了八拜，叫声："父王，臣儿还有一句话，要求父王依允。"杨林道："有何话说！"叔宝就道："失饷银一事，要求父王宽限，令府县慢慢访拿。"杨林道："孤只待限满，将这些狗官，个个重处。既是王儿说了，看王儿面上，再发令箭下去，吩咐府县慢慢拿缉便了。"

叔宝拜辞杨林，杨林令众将送出城外。叔宝回到济南，坐在家中，俨然是一个爵主爷爷。光阴迅速，过了一月，杨林不见叔宝到来，心中焦躁。依旧发下令箭，拿这两个响马。薛亮吩咐差官到历城县，着县官依旧叫秦琼拿贼。徐有德这次翻了脸，到三六九没有响马，从重比责，叔宝却受了若干板子，这也不在话下。

且说少华山王伯当，对齐国远、李如珪道："叔宝母亲九月二十三日，是六旬寿诞，日期将近，咱要往潞州知会单二哥，前去拜寿。你二人稍停几天动身，山东相会便了。"二人应允，王伯当就起身下山，竟投山西潞州府二贤庄上。不一日，到了庄上，单雄信闻知，迎接入庄，礼毕坐下。

雄信道："多时不会，我兄弟甚风吹得到此？"伯当道："九月二十三日，乃叔宝兄令堂寿辰，小弟特来知会吾兄，前去祝寿。"雄信道："原来如此，如今事不宜迟，即速通知各处兄弟，同去恭祝。"说罢，即取绿林中号箭，差数十家丁，分头知会众人，限于九月二十三日，在济南府东门会齐，如有一个不到，必行重罚。一面打点各样贺礼，择日同王伯当往山东进发。那时各处好汉，得了单雄信的号箭，个个动身，不表。

单讲幽州燕山罗元帅夫人秦氏，一日对罗公说道："妾身有句话，不知相公肯允否？"罗公道："何事？"夫人道："九月二十三日，乃家嫂六旬寿诞。我已备下寿礼，欲令孩儿前去与舅母拜寿，不知相公意下如何？"罗公道："这是正理，明日就叫孩儿动身。"夫人大喜。

这信一传出来,早有外边张公瑾、史大奈、白显道、尉迟南、尉迟北、南延平、北延道七人皆要去拜寿,都来求公子点拨同行。罗成依允,就在父亲面前点了他七人随往。到次日,罗成拜别父母,收拾寿礼,带着七人投济南而来。未知罗成在路如何,且看下回分解。

第二十四回　秦叔宝劈板烧批
贾柳店拜盟刺血

今不暇说罗成在路。且说山西太原柴绍,说知唐公,要往济南与叔宝母亲上寿。唐公道:"去年你在承福寺遇见恩公,及至我差人去接他时,他已回济南去了。大恩未报,心中不安。如今他母亲大寿,你正当前去。"即备黄金一千两,白银一万两,差官同柴绍往济南来。

再说少华山齐国远、李如珪两人计议道:"我们要去济南上寿,将甚寿物为贺?"李如珪道:"去年闹花灯时节,我抢一盏珠灯在此,可为贺礼。"二人遂收拾珠灯,带了两个喽啰,下山而来,将近山东地界,刻见罗成等八人来了。

齐国远不认得罗成,说道:"好呵! 这班人行李沉重,财物必多,何不打劫来去做寿礼?"遂拍马抢刀大叫道:"来地留下买路钱!"罗成见了,就令信张公瑾等退后。自家一马当先,大喝道:"响马你要怎的?"齐国远道:"要你的财物。"罗成道:"你休妄想,看我这杆枪。"齐国远大怒,把斧砍来。罗成把枪一举,铛的一响,拦开斧头,拿起银花铜就刺,正齐国远头颈上。国远大叫一声,回马便走,李如珪见了,举起两根狼牙棒,拍马来迎。被罗成一枪逼开狼牙棒,也照样的一铜,正中左臂。如珪负痛,回马便走,两个喽啰抛掉珠灯,也走了。罗成叫史大奈取了珠灯,笑道:"这个毛贼,正是偷鸡不着,反折一把米。"按下不表。

且说齐、李二人败下来,一个被打了头颈,一个挂落了手,正想:"财物劫不来,反失了珠灯,如今却将何物去上寿?"忽见西边转出一队人来,却是单雄信、王伯当,后边跟了些家将。齐国远道:"好了! 救星到了!"二人遂迎上前去,细言其事,雄信大怒,叫众人一齐赶来。罗成听见人喊马嘶,晓得是败去的响马,纠合同伙追来,遂住马候着。看看将近,国远道:"就是这个小贼种。"雄信一马当先,大喝道:"还我珠灯来便罢,如不肯还,看俺的家伙!"罗成大怒,正欲出马相杀,后面张公瑾认得是雄信,连忙上前叫道:"公子不可动手,单二哥也不必发怒。"二人听得,便住了手。公瑾告罗成知道:"这人就是秦大哥所说的大恩人单雄信便是。"罗成听说,便与雄信下马相见毕,大家各叙过了礼。取金枪药与齐国远、李如珪搽好,疼痛即止。都说往济南拜寿,合作一处同行,不表。且说尤俊达得了雄信的令箭,见寿期已近,吩咐家将,打点贺礼,即日起身。程咬金问道:"你去到谁家拜寿? 我也去走一遭。"俊达道:"去拜一个朋友的母亲,你与他篡来不熟,如何去得?"咬金道:"且说这人姓甚名谁?"俊达道:"这人乃山东第一条好汉,姓秦名琼,字叔宝。你何曾与他熟识?"咬金闻言大笑道:"这人是我从小相知,如何不熟,乌还是他的恩人呢,他父亲叫秦彝,官拜武卫将军,镇守济南,被杨林杀了。他那时年方三岁,乳名太平郎,母子二人,与我母子同居数载,不时照顾他。后来各自分散,虽多年不会,难道不是熟识?"俊达道:"原来有这段缘故,去便同你去,只是你我心上之事,酒后切不可露。"咬金应声:"晓得。"二人收拾礼物,领了四个家将,望济南而来。

那咬金久不骑马,在路上好不躁皮,把马加鞭,上前跑去。转出山头,望见单雄信一队人马。咬金大叫:"妙呀! 大风来了!"遂抢起宣花斧,大叫:"来地留下买路钱去!"雄信笑道:"我是强盗头儿,好笑那厮目不识丁,反要我买路钱! 待我赏他一槊。"遂一马上前,把金顶枣阳槊就打。咬金把斧一架,架过了槊,当当的连砍两斧,雄信急架忙迎,那里招架得住? 叫声:"好家伙!"回马忙走。罗成看见,一马冲来,摇枪便刺。咬金躲避枪,把斧砍来,罗成拦开斧,闪的一枪,正中咬金左臂。咬金回马要走,不提防腿上又中了一枪,大叫:"风紧! 风紧!"只见后边尤俊达到了,见咬金受伤,遂抢起朴刀,拍马赶来。单雄信认得,连忙叫住罗成,不要追赶。俊达唤转咬金,个个相见,取出金枪药,与咬金敷了伤痕,登时止痛。大家合作一处,取路而行。

　　将近济南，见城外一所客店，十分宽敞，板上写着贾柳店，雄信对众人道："我们今日且在这里居住，等齐了众友，明早入城便了。"众人皆说："有理。"遂一齐入店。店主贾闰甫、柳周臣，接进众人，上楼去坐。几个家丁，派在路上，要等上寿的朋友，招呼进店。当下吩咐安排七八桌酒，先拿两桌上来吃。不一时，来了潞州金甲、童环、梁师徒、丁天庆，家丁招呼，入店上楼，个个见礼，又添上了一桌酒。不多时，又来了柴绍、屈突通、屈突盖、盛彦师、黄天虎、李成龙、韩成豹、张显扬、何金爵。谢映登、濮固忠、费天喜一班豪杰，陆续俱到，各上楼吃酒。忽听外面渔鼓响，走入魏征，徐勣，二人上楼来，个个见礼，坐下饮酒。这时楼下又来了兄弟两人，叫作鲁明月、鲁明星，他二人乃是海贼，所以家丁不认得。二人走入店中，看见楼上有客，就在楼下坐了。走堂的摆上酒肴，二人对饮。

　　且表接上呼三喝四，吃得热闹，咬金暗想："我当初贫穷，衣食不足，今日大鱼大肉，这般富贵，又且结交众英雄，十分荣耀。想到此处；欢喜之极，不觉把脚在楼上当的一蹬。恰好底下是鲁家兄弟的坐处，把那灰尘落在酒中，好似下了一阵花椒末。"鲁明星大怒，骂道："楼上入娘贼的，你蹬什么？"咬金在上面听见，心头火发，跑下楼来，骂一声："入娘贼，焉敢骂我？"就一拳望鲁明星打来，早被明星举手接住。咬金摆不脱，就举右手一拳打来，鲁明月又上前接住。兄弟两个，两手扯住咬金两只手，这两只空手，尽力在咬金背上如擂鼓一般打下。楼上听得，一齐下楼来。雄信认得二人，连忙叫住，挽手上楼，彼此赔赔罪，依前饮酒。

　　且表贾闰甫见这班人不三不四，心内疑惑，悄悄对柳周臣道："这班人来得古怪，更兼相貌凶奇，莫非有劫王杠的陈达、尤金在内？你可在此看店，待我入城叫叔宝兄来，看看风色，却不可泄漏。"柳周臣点头会意，贾闰甫飞奔往县前来，看见叔宝，就说道："今日小弟店中，来了一班人，十分古怪。恐有陈达、尤金在内，故此急来，通知兄长。"叔宝就叫樊虎、连明同闰甫走到店中。叔宝当先入内，走上楼梯一看，照面坐的却是单雄信，连忙缩下头来。早被雄信看见，遂立起身来叫："叔宝兄！"叔宝躲避不及，只得与连明、樊虎上楼，逐一相见行礼，叙了阔别之情。

　　叔宝走到咬金面前，却不认得，竟作一揖，又无言语，就向别人行礼。尤俊达扯住咬金低低说道："你说与他自小好相知，如何何不与你叙话？倒像个从不识面的！"咬金闻言大怒，扯住叔宝道："你这势利小人，为何不睬我？"叔宝笑道："小可实不认得仁兄。"咬金大喝道："太平郎，你这等无恩无义，可记得当初住在斑鸠镇上，我母子怎样照顾你？你今日一时发迹，就忘记了我程咬金吗？"叔宝闻言叫声："呵呀！原来你就是程一郎哥！我一时忘怀，多多有罪！"说罢跪将下去。咬金大笑道："尤大哥，如何？我不哄你！"连忙扶起叔宝道："折杀！折杀！"又重新行礼，各叙别后事情。

　　言讫，叔宝叫贾、柳二人，一齐上来喝酒。酒至数巡，叔宝起身劝酒，劝到雄信面前，回转身来，在桌子脚上撞了痛处，叫声："呵呀！"把腰一曲，几乎跌倒。雄信扶起叔宝，忙问为何痛得如此厉害？樊虎把那王杠被劫，缉访无踪，被县官比板，细细说了一遍。所以方才撞了痛处，几乎晕倒。雄信与众人听了，一齐骂道："可恨这个狗男女，劫了王杠，却害得叔宝兄受苦。此时尤俊达心内突突地跳，忙在咬金腿上扭，咬金大叫道："不要扭，我是要说的。"便道："列位不要骂，那劫王杠的就是尤俊达、程咬金，不是尤金、陈达！"

　　叔宝闻言大惊，忙将咬金的口掩住道："恩兄何出此言？倘给别人听见，不大稳便。"咬金道："不妨，我是初犯，就到官也无甚大事。"李如珪道："如何？我说一定是尤俊达合了新伙计打劫的。如今怎么处？"咬金道："怎么难处？快找索子绑我去见官就是了！"叔宝道："恩兄呀！弟虽鲁莽，那情理二字，亦略知一二。怎肯背义忘恩，拿兄去见官？如兄不信，弟有凭据在此，请他做个见证。"言讫，就在怀中取出捕批牌票，将佩刀一劈，破为两半，就在灯火上，连批文一齐烧了。众人看见，齐说道："好朋友，这个才是好汉！"

　　徐茂公道："今日众英雄齐集，是很难得的。今叔宝兄如此仗义，何不就在此处摆设香案，大家歃血为盟，以后必须生死相救，患难相扶，不知众位意下如何？"众人齐说道："是！"就于楼上摆设香案，个个写了年纪，茂公写了盟单，众人跪下。茂公将盟单念道：

维大业二年,九月二十二日,有徐勣、魏征、秦琼、单通、张公瑾、史大奈、尉迟南、尉迟北、鲁明星、鲁明月、南延平、北延道、白显道、樊虎、连明、金甲、童环、屈突通、屈突盖、齐国运、李如珪、贾闰甫、柳周臣、王勇、尤通、程咬金、梁师徒、丁天庆、盛彦师、黄天虎、李成龙、韩成豹、张显杨、何金爵、谢映登、濮固忠、费天喜、柴绍、罗成三十九人,歃血为盟。不愿同日生,只愿同日死。吉凶相共,患难相扶,如有异心,天神共鉴。

祝罢,众人举刀,在臂上刺出血来,滴入酒中,大家各吃一杯血酒。叔宝道:"天色已晚,我同表弟入城回家,明朝在舍等候众兄弟便了。"众人齐道:"有理。"即时别了众友,同罗成进城到家。罗成拜见舅母,秦母见罗成一表人物,十分欢喜,各叙寒温。就叫张氏与罗成见过了礼,吩咐摆酒,请罗成吃酒。未知后来如何,且看下回分解。

第二十五回　庆寿辰罗单相争
劫王杠咬金被捉

次日清晨,秦叔宝先到后边一个土地庙中,吩咐庙祝在殿上打扫,等候众人殿上吃酒。你想这班人,可在自家厅上久坐得的吗?万一有衙门中人来撞见,如何使得?所以预先端整,一等拜完了寿,就在土地庙中吃酒。早饭毕,众人到了厅上,摆满寿礼,无非是珠宝彩缎金银之类。大家先与叔宝见礼,然后请老伯母出来拜寿。叔宝道:"不消,待小弟说知便了。"大家定要请见,叔宝只得请老母出房。秦母走到屏风后一张,见众人生得异相,不觉心惊,不肯出来。叔宝低声指道:"那青面的是单二员外,蓝脸的是程一郎,这一个是秀才柴绍,乃唐公的郡马。其余众人,都是好朋友,出去不妨。"

正在说话,外边程咬金性急,就走入内,看见秦母,就叫:"老伯母,小侄程咬金拜寿。"遂跪下去。秦母用手扶起,便问叔宝:"这就是程一郎吗?"叔宝道:"正是。"秦母就问:"令堂近日可好吗?"咬金道:"家母近来无病,饭也要吃,肉也要吃,叫侄儿致意伯母。"说罢,就请秦母出来。秦母不肯,咬金竟将秦母抱出厅来,对众人道:"我是拜过寿的了,你们大家一总拜吧。"众人齐说:"有理!"一齐跪下,秦母要回礼,被咬金一把按定,哪里动得?只得道:"老身折福了。"叔宝在旁回礼,拜罢起身,叔宝又跪下,拜谢众友。秦母又致谢单雄信往日之情,雄信回称:"不敢!"秦母又向众人谢道:"今日老身贱辰,何德何能,敢劳列位前来,惠赐厚礼。叫老身何以克当?"众人齐说:"老伯母华诞,小侄等理当奉拜,些许薄礼,何足挂齿?"彼此礼毕,秦母入内去了。

叔宝请众人到土地庙来,进得山门,却是一块平坦空地。走入正殿,酒席早已摆设端整,一齐坐下吃酒。不多时,只见秦安来说道:"有节度使衙门中众旗牌爷来家拜寿,请大爷暂时回去。"叔宝忙起身说道:"家中有客,不得奉陪,烦咬金代我做主,小弟去去就来。"众人道:"请便。"叔宝竟自回去。

饮酒中间,咬金暗想,在席众友,唯有单雄信与罗成厉害。待我哄他二人,打一阵看看,有何不可。想罢,立起身来劝酒,对到单雄信面前,低声道:"我通个信与你。罗成要打断你的肋子骨哩!"雄信吃惊道:"他为什么缘故?"咬金道:"他骂你坐地分赃的强盗头,倚着财主的势,不把他靖边侯公子放在眼内,把你肋子骨打断,这句话,是我亲耳听见的,好意来通知你,你须小心防备。"雄信听罢大怒。咬金复向众人劝过,劝到罗成面前,轻轻叫道:"罗兄弟,你可知道吗?雄信要搂出你的乌珠哩!"罗成道:"他为什么缘故?"咬金道:"他道你仗着公子的势,不把他放在眼内。要寻着事端,把你的乌珠搂出来,你须小心!"罗成听了,微微而笑。咬金依旧坐下,照前饮酒。两个心中越想越恼,各怀了打的念头。

小时换席,众人下阶散步,罗成在空地走了一转,回身入殿。雄信立在殿门,两下肩头一撞,罗成力大,把雄信哄的一声,仰后一交,直跌入殿内。众人吃了一惊,不知就里。雄信大怒,爬起来骂道:"小贼种,焉敢跌我!"罗成道:"青脸贼,我就打你,怕你怎的?"奔近前来,雄信飞起一脚踢去,早被罗成接住,提起一丢,有如小孩子一般,扑通响撩在空地上去了。众人上前劝解,哪里劝得住?雄信被罗成抓住,按倒在地,挥拳便打。恰好叔宝走到,喝开罗成,扶起雄信。雄信道:"好打!好打!我怕你这小畜生难脱我手！"罗成道："我不怕你这个坐地分赃的强盗！"叔宝喝道："胡说，还要放屁！"罗成见表兄骂他，回身就走，竟到家中，拜别舅母，撇了张公瑾等七人，上马回河北去了。

秦母不知何故，忙着秦安来通知叔宝，叔宝大惊道："如此一发成仇了！哪一位兄弟去追他转来？"咬金道："我去。"带了斧头上马追去。叔宝问为何相打，雄信就把咬金所言，说了一遍，尤俊达道："这程咬金惯会说谎，你如何听他？"茂公道："既如此，咬金追去，罗成决不转来。"叔宝道："何以不转来？"茂公道："他方才在内做鬼，若把罗成追转来，岂非对出是非来？要叫他追，是催他走了。"俊达道："待我去追。"遂取双胜托天叉，飞身上马赶去。

单表这程咬金追到黄土岗，看见王杠银子来了。原来杨林又起了十六万王杠，恐路中有失，亲自解来，这咬金哪里知道杨林不是儿戏的？一见王杠便大叫道："妙呵，大风来了！"遂摇斧高叫道："来的留下买路钱！"这边罗芳看见认得，飞报老大王说："前日长叶林劫王杠的响马又来了！"杨林闻言大怒，提起两根囚龙棒，飞马出来，喝问："响马，你是陈达、尤金吗？"咬金笑道："我是程咬金，伙计尤俊达，不是陈达、尤金。你快把王杠送过来，免我动手！"杨林道："你可晓得登州靠山王杨林吗？"咬金道："我不晓得什么靠山王、靠水王，照我的斧吧！"遂举宣花斧照杨林头上砍了过来。杨林大怒，把囚龙棒拦开宣花斧，伸过手来，一把扯住咬金的围腰带，叫声："过来吧！"遂提过马抛在地上，叫左右绑了。随后尤俊达赶到，见咬金被擒，飞马动叉，直奔上前。被杨林拦开，也擒过来，抛下绑了。

当下杨林就叫安营，发一枝令箭，着济南府中大小官员，并众马快手，前来听令。个个闻知，同文武官员忙出城来。单雄信等三十余人，也出城住在贾柳店内，打听消息，那文武官员一齐到了黄土岗营外候令。杨林唤历城县徐有德进营，有德闻唤入营，恭拜杨林。杨林问道："你县里有一个马快秦琼吗？"徐有德道："有一个秦琼，现在营外候令。"杨林叫左右叫秦琼过来。未知后事如何，且看下回分解。

第二十六回　劫囚牢好汉反山东
出潼关秦琼赚令箭

左右一声答应，传令出营，秦琼慌忙进见跪下。杨林问道："秦琼，你请你母亲去，因何直至如今，不前来见我？"叔宝道："小人因家母偶然得病，所以违了千岁之令。"那程咬金绑在旁边，却待要叫，叔宝把头只管摇，咬金便不作声。当下杨林道："孤人承继你为子，你今随孤到京，回来之日，接你母亲去登州便了。"叔宝不敢违命，只得拜谢，并要回家，取披甲兵器。那杨林道："不必自去，可写下书信与你母亲，我差官去取来便了。"叔宝无奈，退出帐外，索了纸笔，于无人之处，写了两封信，交与差官说："一封送到西门外，有个贾柳店中投下；一封到我家中取东西，不可错了。"那差官接了，飞马而去。

杨林问两个强人，是何处响马？咬金道："我们是太行山好汉，还有十万个在那里。"杨林叫左右押去斩了！叔宝上前叫声："父王，这两个人不可杀他，可交济南府下在牢中。待父王长安回来，那时追究，前赃明白，诛灭余党，然后斩他未迟。"杨林道："说得有理！"吩咐左右将二名响马，交与济南府监候。少时，差官取到叔宝的盔甲兵器，杨林令叔宝引兵先行，遂拔营往长安去了。

且表留在贾柳店的三十五位好汉接了叔宝书信，拆开一看，方知前事。叫众人设计，救出二人。茂公道："要这二人出狱，必大反山东方能济事。"众人道："若能救出两个朋友出狱，我们大家就反何妨。"茂公道："我有一个计策在此，众兄弟必须听我号令方好。"众人道："谨遵大哥号令。如有违逆者，军法从事！"茂公道："如此齐心，事必济矣！只是柴郡马在此不便，可收拾回去。"柴绍即忙带了家将，回太原去了。

茂公道："单二哥打扮贩马客人，将众人的马匹，赶入城去，到秦家等候。"茂公问贾、柳二人，取了十来个箱子，放了短兵器并盔甲，贴上爵主的封皮。着几个兄弟，抬入城去，秦家相会。再取毛竹数根，将肚内打通，藏了长兵器，拖进城中，也在秦家相会。众兄弟陆续进城，当下众好汉依了茂公吩咐，个个进城，齐到秦家。茂公叫秦安请老太太出来说话，秦母不知何故，忙走出来。茂公把事情说了一遍，暗暗道："今晚就要动手，特来请老伯母同秦大嫂往小孤山。如今可快快收拾起身。"秦母闻言，连声叫苦，却不敢不依从，暗暗把秦琼骂个不住。茂公吩咐贾、柳二人，带了樊虎、连明的家眷，扮作家人，随老太太秦大嫂出去，只说庙中进香，到自己店中。二人领命，即带樊虎、连明的家眷，随秦母与秦大嫂出城，到店中收拾完备，带了家小，往小孤山去了。

茂公因樊虎衙门相熟，叫他入牢，暗暗约定程咬金、尤俊达，今夜只听号炮一响，可就动手，自有人来接应。茂公再叫："单二哥，你可在城外黄土岗等候。明日若有追兵，你独自一马挡住。"雄信答应，上马而去。又叫鲁明星、鲁明月扮作乞丐，如此如此。又叫屈突通、屈突盖、尉迟南、尉迟北、南延平、北延道，各带引火之物，如此如此。又叫张公瑾、史大奈、樊虎、连明去劫牢。齐国远、李如珪、金甲、童环拦住府门。王伯当、谢映登拦住节度使衙门。梁师徒、丁天庆拦住县门，俱不可放那官员出来。又叫盛彦师、黄天虎斩开西门，以便走路。众兄弟俱各听号炮为号，不可有误。其余众兄弟，往来接应，齐出西门，往小孤山会齐。大家应声"得令"，分路而去。茂公同魏征坐在厅上，只听号炮一响，即便动身。

当下鲁明星、鲁明月扮作乞丐，篮内藏着火炮，在街上游走。到了人静更深，二人走到城东，见前面有一座宝塔。二人手脚伶俐，走上塔顶，取出火炮，把火石打出火来，点着药线，往空中一抛。那炮虽小，却十分响亮，四下里一齐动手。屈突通、屈突盖城南放火，尉迟南、尉迟北城北放火，南延平、北延道城东放火。城中百姓，逃出火来，又遇众好汉厮杀，号哭之声，震动山岳。那张公瑾、史大奈、樊虎、连明乘乱打入狱中，尤俊达听见号炮响，遂与程咬金挣断铁索，大声喊叫："众囚徒要性命者，随我们一齐反出去吧！"众囚徒一齐答应，打出牢来。

恰好众好汉前来救应，俊达、咬金取了披挂马匹兵器，打入库中，劫了钱粮。此时各衙门闻报，因被众好汉拒住，那里取出来？单雄信在黄土岗等候，先见徐勣、魏征过去；又见众好汉并咬金、俊达，载着钱粮，随着许多囚徒，一齐过去，并无遗失。此时天色微明，看见节度使唐璧、知府益洪公，领兵追至。雄信一马拦住厮杀，哪里挡得住许多官兵？

正在十分危急，忽见王伯当赶来，冲入重围，招呼雄信，两马杀出，知府孟洪公逞勇追来，被王伯当一箭射死。随后又有几个将官赶来，也是一箭一个，断送了性命。余者不敢上前，一齐退入城去。雄信、伯当见无追兵，即来小孤山缴令，茂公令各人回去，取了家眷，遂扯起招兵旗号。

那唐璧退回城中，有人报叔宝举家潜逃，响马却在他家安歇。唐璧大惊，连忙往秦琼家内一看，见正桌上有一张大红盟帖，是众好汉结盟的。茂公因要叔宝回来，故放在此出首，只涂抹了柴绍、罗成二人。当下唐璧一看，见第三名就是秦琼，遂连夜修下表章，连盟帖封了，差官星夜送往长安。

此时杨林已到长安面过君王，把秦琼封为十三太保。一日，杨林接了唐璧的文书，拆开一看，上说："九月二十四日，有响马劫牢，大反山东。杀了知府孟洪公，劫了钱粮，杀了百姓一万余人，烧毁民房二万余间。那响马都是十三太保的朋友，现有盟帖一张，众响马名字在上。"杨林看了大吃一惊，又疑秦琼未必有此事，就发一枝令箭，差了一个旗牌名叫尚义的，去召秦琼来问。那尚义前日有罪当死，遇叔宝极力保救，今日领了令箭，知此消息，连忙来见叔宝，低声说道："小人向蒙恩公保救，今日恩公大难临身，小人岂敢不以实告？"就把唐璧的文书所言之事，说了一遍，并道："今大王狐疑，差小人来召，此去绝无好意，我劝恩公不如走了吧！"叔宝呆了半晌，方才说道："走出长安不打紧，只恐不能走出潼关。"尚义道："小人总无妻子，愿随恩公逃走，有令箭在此，赚出潼关便了。"叔宝大悦。二人飞身上马，出了长安，竟奔潼关而来。

这杨林坐在殿上，直等到下午，不见叔宝回来。又差官去催，少停报说："有人看见二人，飞马出东门去了！"杨林闻言，遂取了囚龙棒，上马赶来。若说叔宝的黄骠马，行走甚快，杨林是赶不上的。但尚义所骑的是一匹川马，行走不快，叔宝只得等他，以此行慢。日将下山，后边杨林赶到，大叫道："王儿住马。"叔宝对尚义道："你速去赚开潼关，待我去挡他一挡。"遂带回了马。杨林赶近叫道："王儿，你要往哪里去？如今快同孤家回转长安。"叔宝道："杨林，你要我转回去，今生休想了！"杨林怒道："畜生，怎么叫起我名字来？既不肯转去，照我的家伙吧！"就把囚龙棒打来，叔宝把枪一架，当的又

是一棒。叔宝用尽平生的气力，哪里招架得住？回头就走，看见尚义的马，还在前面，杨林又在后赶来，此时月色又不甚明亮。

叔宝暗想："他只管追来，待我回复他吧！"又带转马来，放下枪，取双铜在手，叫声："杨林，你知道我是什么人？"杨林道："畜生，你不过是一个马快罢了！"叔宝道："我不是别人，我乃先朝武卫将军秦彝之子。我父被你枪挑而亡，我与你不共戴天之仇。拜你为父，正欲杀你，以报父仇，不料不能遂意，且饶你再活几时！"杨林听了大怒，举囚龙棒乱打，叔宝忙举双铜招架。被杨林一连七八棒，叔宝拦挡不住，回马便走。杨林拍马赶来，后面十二家太保又带了兵丁追来。此时已有二更时分，叔宝一马跑到灞陵桥上。看见这桥十分高大，连忙上桥占住上风，下面一条大溪，又无船只。那杨林起到桥边，叔宝在桥上看得分明，一箭射下，把杨林头上龙紫巾射脱，连头发出削去一把。

杨林吃了一惊，不敢上去。后面十二家太保赶到，叫道："父王，为何不过桥去？"杨林道："秦强盗在上边，占了上风，上去不得！"罗芳、薛亮道："不难，待我兄弟上去战住他，父王在后接应。"说罢，一齐要上桥，被叔宝连发二箭，个个射中，跌下马来。杨林道："上去不得，且待天明上去，谅他也飞不出潼关。遂相持到五更时分，叔宝心生一计，把马头上九个金铃取下来，挂在桥头栏杆紫藤上。微风略动，那金铃朗朗的响，叔宝轻轻退下桥来，加上两鞭，飞马直奔潼关。"

却说尚义到了潼关，此时天色尚未大明，走到帅府，把鼓乱敲。魏文通大开府门，出来迎接，尚义递给令箭道："老大王得报，反了山东。连夜差十三太保同我先行，后军就到，你且速速开关。"魏文通取出令箭一看，果然是金鈚令箭，遂发钥匙去开关。叔宝一时赶到，两人一齐出关。叔宝对文通道："后面老大王就到，你可速去迎接。"文通道："是。"遂退入关。叔宝与尚义行了些时，两人分别，叔宝往山东去，尚义往曹州去，按下不表。

再说杨林等到了天明，方知秦琼走了，连忙赶向潼关来。只见魏文通率领众将迎接。杨林道："秦琼这个强盗哪里去了？"文通道："十三太保出潼关去了。"杨林大怒道："你好大胆，擅自放走强盗！"喝声手下拿去绑了。文通大叫道："方才他有千岁爷的令箭来叫关，故此小将开关。"罗芳道："就是父王与那尚义的令箭，他假传令旨，已赚出关。父王就差魏文通去捉他便了！"杨林听了，就令文通速速追去。

这魏文通乃隋朝第九条好汉，因他面貌似关爷，有"赛关爷"之称。当下他奉令赶出潼关，赶了五十里，看见叔宝大喝道："好强盗，赚我出关，快下马受缚！"叔宝回马，与他交战，抵敌不住，回马便走。文通急急追来，直战九阵，皆不能敌。未知后事如何，且看下回分解。

第二十七回　秦叔宝走马取金隄　程咬金单身探地穴

叔宝见杀文通不过，回马又走，文通大叫道"秦强盗，你上天，我也跟你上天，你入地，我也跟你入地。看你走哪里去！"直赶到下午时分，下面有一条大河，半干不干。那边有一石桥，名曰："石龙桥"。叔宝看见，到桥边还有五六箭之路，自知这马本事好，不如跳过去吧。把马加上两鞭，那马一声吼叫，将前蹄一纵，后蹄一起。谁知这马一日一夜，走乏的了，到得河心，身体疲软，跌下河中。却是没水的，把四足陷住了。文通追到河边，把刀望后砍来，不料对岸有一个人把箭射来，正中文通左手。那人又叫道："我要射你右手。"又是一箭射来,果中右手,说道:"你还不走,我要射你心口。"文通大惊,忙回马走了,那射魏文通的,就是王伯当,当下救了叔宝。叔宝便叫:"贤弟,为何在此!"伯当道:"徐大哥因许久不见你,叫我专程前来探望,却不料在此地会面。"叔宝大喜,二人同行。

一日,行近金隄关,望见兵马在关前厮杀。你道那厮杀的是谁?原是徐茂公在小孤山招兵万余,又见众好汉取家眷齐到,就令三军抢取金隄关,以为基业。不料守将华公义,十分勇猛,连战数阵,不能取胜。当日咬金与公义一战,被公义打下一鞭,正中左臂,回马便走。公义纵马赶来。叔宝看见咬金败阵,忙举枪向前敌住,公义看见叔宝,头戴一顶双龙闹珠的金盔,想是贼人立了王。急忙把大戟刺来,叔宝用拦住。两人战了三十余合,不分胜负。叔宝见公义戟法高强,不能取胜,只得虚闪一枪,回马便走。公义赶来,叔宝把枪右手横拿,将左手扯出铜来,执在胸前。华公义马头相撞马尾,举戟望叔宝后心便刺,叔宝左手把枪反在背后往上一架,扭回身一铜打去,把公义的头都打得不见了,跌下马来。这人名为"杀手铜"。叔宝回马乘势抢关,众将随后应接,取了金隄关。只因叔宝从长安逃回初到,人不卸甲,马不卸鞍,因此名为"走马取金隄"。叔宝随到后营,安慰母亲妻子,说道:"金隄关已破,孩儿养兵三日,邀同众兄弟一同攻取瓦岗寨。"当下众好汉一齐入关,养马三日,留贾闰甫、柳周臣分兵一千镇守金隄关,其余一齐竟奔瓦岗寨而来。到了瓦岗寨,放炮安营。徐茂公问道:"那一个兄弟前去取瓦岗寨?"程咬金道:"小弟愿往。"遂提斧上马出营,直到关下,大叫道:"关上的军士,快报守将得知,说我程爷爷讨战。"探子报入帅府,守将马三保闻报,即问众将道:"哪一位将军前去迎敌?"有胞弟马宗应道:"小弟愿往。"遂披挂上马,手执大刀出城。见了咬金,状貌非常,便喝道:"丑鬼何人?"咬金大怒喝道:"我乃是卖私盐,劫王杠、反山东的程咬金便是,你这厮却是何人?"马宗道:"俺乃大隋朝正印元帅马三保胞弟马宗是也。"咬金道:"不管你是什么马,吃我一斧!"遂举斧劈面砍来。马宗把刀往上一架,不想刀杆被咬金砍断,马宗措手不及,被咬金一斧,砍落马下。咬金便又抵关讨战。

此时徐茂公一干众将,领兵齐出营门观看。那败兵报入帅府,马三保闻报大惊,忙问:"哪位将军再去迎敌?"闪出第三个胞弟马有周道:"兄弟愿与二兄报仇,杀此贼人。"遂披挂出城,一马冲来。咬金催马向前,当头就是一斧,有周兵器未举,一斧就斩下马来。败兵又飞报入帅府,马三保闻报,长叹一声道:"总是当今无道,因此天下荒乱,盗贼四发。也罢,众将收拾家小,待本帅自去开兵。若不能胜,穿城走了吧!"收拾齐备,马三保提刀上马。冲出城来,大喝道:"哪个是反山东的程咬金?"程咬金道:"爷爷便是。想你也是要来尝尝爷爷的大斧头滋味吗?"遂把斧当头劈下,马三保叫声:"好家伙!"回马便走。背后程咬金、徐茂公众好汉一齐赶上,马三保带了众将并老小,穿城而走,投奔山东去了。

徐茂公鸣金收军,与众好汉入城,安民查库,在帅府中摆了筵席。正吃酒之间,急听得豁喇喇一声,震天地响,大家齐吃一惊。左右来报:"启众位爷们,教军场中演武厅后,震开一个大地穴了。"徐茂公与众好汉一齐上马,来至教场中演武厅后一看,只见黑洞洞,不知多少浅深。程咬金道:"这个底下,一定是个地狱。"徐茂公叫取数丈的索子来,索头上缚了一只黑犬,一只公鸡,放下去顺手一松,便到底了。咬金道:"这是什么意思?"茂公道:"贤弟有所不知,若放下去,鸡犬没有了,这是个妖穴;若鸡犬俱在,这是个神穴。"咬金道:"原来如此。"少时拽起来,鸡犬虽在,却是冻坏了的。

咬金道:"原来是个寒水地狱。我们走开吧,不要跌下去冻死了。"徐茂公道:"是神穴。必须那一位兄弟下去探一探,便知分晓了。"咬金道:"大哥舍得自己,莫说他人,就是你下去便了。"徐茂公道:"我有个道理:写下三十七个纸阄,三十六个'不去',一个'去'字;那个拈着了'去'字的,就下去。"众人道:"有理。"茂公遂写了,个个折好,叫众人拈。众人个个拈完,打开来看,大家都是"不去"二字,那一个"去"字,恰好是程咬金拈着。茂公道:"这没说的,却是你自拈的。"咬金道:"我又不识字,你们作弄我,说我是'去'字。"茂公道:"'不去'是两个字,'去'字是一个字,难道你也不识?"众人拿出来看,都是两个字。

看自己手中,却是一个字,便扯住尤俊达道:"我的哥哥,都是你害我。我在那里卖柴扒,你却招我做伙计劫王杠、反山东。如今要下这寒冰地狱,料想不能活了,只是我与你相好一番，我的母亲望你朝夕照管。"俊达道："兄弟，说哪里话？你下去，包你不妨。"咬金道："什么妨不妨？不过做个寒冰小鬼罢了。"

茂公吩咐取一个大筐子，缚住索头。一丈挂一个大铃，叫咬金坐在筐内。咬金不得已，带了大斧，坐在筐子内。众人放下索子去。那铃儿朗朗地响，放下有六七十丈大索子，就到了底。索子一松，上面住了手。咬金爬出筐子，提斧在手，却黑洞洞不见有些亮光，只管摸去，转过了两个弯，忽见前面有一对亮光，咬金道："哎呀！这一定是妖怪的两只眼睛了。"赶上前，一斧劈去。豁浪一声砍开，原来两扇石门里面，又是一天世界。遂走进石门，见上边也有天，下边一条大河，中间一条石桥。走过了桥，却是三间大殿，静悄悄并没一人。咬金走上厅中间，见桌上摆着一顶冲天翅的金琰璞头、一件杏黄龙袍、一条碧玉带、一双无忧履。咬金见了，以为稀奇，就把头上紫巾除去，将冲天翅的金璞头戴在头上，把杏黄龙袍穿了，将碧玉带紧了，脱去皮靴，蹬上了无忧履。又见桌边有一个宝匣，开来一看，见一块玄圭，一张字纸，咬金却不识得。就把匣塞在怀里，就下厅来。走至桥上，见寒气侵人，只得跑出石门，那石门一声响，即时关上。

咬金七爬八跌，奔过来摸着筐子，坐在里面，把索子乱摇。那铃儿响动，上面连忙拽起，出得了地穴。咬金方走出筐，一声响，地穴就闭了。咬金道："造化了，略迟些地就活埋了。"众人见他这般穿戴，大家稀奇起来。咬金细言前事，取出宝匣与茂公看。茂公把那字纸一看，只见上写道：

程咬金举义集兵，为三年混世魔王，扰乱天下。

咬金大喜道："这个自然我做皇帝。"茂公道："虽然你为主，恐众将不服。今可将旗杆帅字旗放下来，我们大家个个拜过去，若那一个拜得旗起的，即推他为主。"众人齐说："有理。"遂一个个拜完，哪里能拜得起？咬金道："待我来拜。"遂上前拜下去。呼一声响，那面旗拽将起来。咬金大喜道："到底我做皇帝！"

徐茂公吩咐把府改作皇殿，择吉日请程咬金升殿。众人朝贺毕，徐茂公请主公改年号，立国号。咬金道："我在此做皇帝，不过混混而已！如今可称长久元年，混世魔王便了。"茂公道："请主公封官赏爵。"咬金道："徐茂公为左丞相，护国军师；魏征为右丞相，秦叔宝为大元帅，其余一概都是将军。"众人听了，个个谢恩。咬金吩咐大摆御宴，与各位皇兄御弟吃酒。

正吃之间，忽见探子来报道："启大王爷，今有山东节度使唐璧，领兵十万，在瓦岗东门外下营了。"又见探子来报道："启大王，今有临潼关总兵尚师徒，领兵十万，在瓦岗南门外安营了。"又见探子报道："启大王，今有红泥关总兵新文礼，领兵五万，在瓦岗北门外下寨了。"一时三路兵马，齐来报到。咬金道："呵呀，罢了！罢了！你们再去打听。"探子齐应道："得令。"忽又来报说："靠山王杨林领十万人马，离瓦岗只有一百里了。"咬金听说大惊道："这……这……这……杨林那厮来了吗？如今要驾崩了！这个皇帝当真做不成了，大家散伙吧！"徐茂公道："主公不必心焦，自古道：'兵来将挡，水来土掩。'趁杨林未到，臣等保主公出南门面会尚师徒，待臣用一席之话，说退尚师徒。若师徒一退，这新文礼不战而自去矣。唐璧这支人马，不足为忧，待杨林来，臣等再设计退之。"咬金道："既如此，备孤家的御马来！"咬金遂上了铁脚枣紧驹，提着宣花斧，大小将官，一齐上马。拥着龙凤旗旛，飞虎掌扇，三声号炮，大开南门，一拥而出。未知如何说退尚师徒，且看下回分解。

第二十八回　茂公智退两路兵　杨林怒摆长蛇阵

却说尚师徒闻瓦岗寨出兵，遂跨上马，带了十万大兵出营。这尚师徒乃隋朝第十条好汉，向年因征南阳，走了伍云召，所以今日不奉圣旨，合了新文礼来攻瓦岗寨，要图头功。

这尚师徒坐下的马，却是个名驹。那马身上毛片，犹如老虎一般，一根尾巴似狮子一般。马头上有一个肉瘤，瘤上有几根白毛，一扯白毛，这马一声吼叫，口中吐出一口黑烟。凡马一见，便尿屁滚流，就跌倒了，真算是一匹宝马。

当下程咬金一马上前,大叫道:"尚师徒,我与你风马无关,你为何兴兵到此?"尚师徒喝道:"好强盗,你反山东,取了瓦岗,我在邻近要郡,岂可不兴兵来擒你?"咬金大叫道:"将军只知其一,不知其二。当今皇帝无道,欺娘弑父,酖兄图嫂,嫉贤害忠,荒淫无道,因此英雄四起,占据州府。将军何不弃暗投明、归降瓦岗,孤家自当赏爵封官,不知将军意下如何?"尚师徒闻言大怒,举枪就刺。叔宝飞马来迎。徐茂公恐怕他扯那马的白毛,急令众将一齐上去,这番二十多员好汉,各使器械,团团围住。尚师徒使枪招架众人的兵器,哪里有工夫扯那马的白毛,暗想:"我从来不曾见有如此战法。"茂公叫众将下马住手,众好汉一齐跳下马来,举兵器围住尚师徒。徐茂公叫声:"尚将军,不是我们没体面,围住交战,只怕你的坐骑叫起来,就要吃你亏了。这且不要管他,但将军此来差矣!却又自己冒了大大的罪名,难道不知吗?"尚师徒道:"本帅举兵征讨反贼,有何罪名?"茂公道:"请问将军此来,还是奉圣旨的,还是奉靠山王将令的?"尚师徒道:"本帅闻你等猖獗瓦岗,理宜征剿,奉什么旨?奉什么令?"茂公道:"将军独不记向年奉平南王韩擒虎将令,往征伍云召,令你把守南城,却被伍云召逃走,幸而韩擒虎未曾对你责怪,如今靠山王杨林,不比韩擒虎心慈。若将军胜了瓦岗还好,倘或不胜,二罪俱发。况又私离汛地,岂不罪上加罪。且目下盗贼众多,倘有人闻将军出兵在外,领众暗袭临潼,临潼一失,将军不唯有私离汛地之罪,还有失机之罪矣!我等从山东反出来,那唐璧乃职分当为,是应该来的,即新文礼私自起兵,亦有些不便。"尚师徒闻言,大惊失色道:"本帅失于算计,多承指教,自当即刻退兵。"徐茂公吩咐众将不必围住:"保公主回瓦岗,让尚将军回营。"这尚师徒忙回营内,知会新文礼,二人连夜拔寨,各自领兵回关去了。

再说杨林兵至瓦岗西门,安了营寨,唐璧闻知,入营参见,杨林大喝道:"好狗官,你为山东节度使,孤家把两个响马,交付与你。却被贼众劫牢,反出山东。孤家闻得只有三十六个强盗,你今却掌数十万兵马,如何拿他不住?又不及早追灭,却被贼人成了基业,还敢来见我?"言罢即吩咐左右:"与我把狗官绑出营门斩首。"左右一声答应,便将唐璧捆绑。唐璧大叫道:"老大王,你却斩不得臣!"杨林喝道:"狗官,怎么孤家斩你不得?"唐璧道:"臣放走了响马,还是三十六个,所以拿他不住。请问大王,秦琼只是一个,为何也拿他不住?况臣只有一座城池,三十六个反了出来,那长安却是京城,外有潼关之险,一个秦琼,也被他走了;大王不自三思,而反责臣,臣死去也不瞑目!"杨林听了道:"你这狗官倒会强辩,如今孤家且饶了你,就着你身上去拿秦琼。若拿不到秦琼,你这狗官休想得活,去吧!"

当下唐璧回到东门自己营内,没奈何,领众将抵关讨战,要叔宝答话。探子飞报入殿,程咬金对秦琼道:"秦王兄,唐璧讨战,你可出马对阵。"叔宝领旨,披挂上马,出了东门,只见唐璧亲在营外。叔宝横枪出马,马上欠身道:"故主在上,末将甲胄在身,不能全礼,望乞恕罪!"那唐璧道:"秦琼,本帅从前待你不薄,今日杨林着我拿你,你若想我平昔待你之恩,便自己绑了,同我去吧!"叔宝道:"末将就肯与故主拿去,只怕众朋友不肯,故主亦有些不便。若末将不与故主拿去,杨林又不肯干休。况今皇上无道,弑父欺娘,酖兄图嫂,残害忠良,天下大乱,因此四方反者,不计其数。当此之秋,正英雄得势之时,成王定霸之日也。故主倒不如改天年,立国号,进则可为天子,退亦不失为藩王。何苦反受人之辱?"唐璧闻言,如梦初觉,叫声:"叔宝,本帅虽有此心,只恐杨林不容。"叔宝道:"不妨,他若有犯故主,我瓦岗自当相救。"唐璧道:"本帅今日听你言,退兵自立,他日若有患难,你等必须相助。"叔宝道:"这个自然,必不有负故主之恩。"唐璧遂回营下令,叫将官将大隋旗号改了,自称为济南王,兴兵拔寨,返回山东去了。

那杨林坐在营内,忽见探子来报说:"唐璧与秦琼合谋,返回山东了。"杨林闻言大怒,即被挂上马,率领十二太保、大小众将,领兵出来捉拿唐璧。叔宝在城上看见杨林率兵下去,料必追赶唐璧,忙与众将领兵出城,齐声呐喊,大叫快拿杨林,一齐杀来。哨马飞报杨林道:"启大王,城中贼将杀出来了!"杨林道:"这强盗怎敢杀出?"吩咐:"不必追赶唐璧,把后队作前队,前队作后队,先去杀强盗。"那叔宝等见杨林回来,即忙退入城去了。杨林见了,又回军来追赶唐璧,叔宝等又杀出来。及杨林转来,叔宝等又退入城。杨林大怒,必要灭除这班强盗。遂同十二个太保,摆下一阵,名曰"一字长蛇阵",把瓦岗四面围了。

秦叔宝一班人，在城上见杨林调兵，布下一个阵势，众将俱皆不识，便问军师："此是何阵？"茂公道："此乃'一字长蛇阵'。击首则尾应，击尾则首应，攻其腰则首尾相应。须得一员大将能敌杨林者，从头杀入，四面调将，冲入阵中，其破必矣！"叔宝道："不知何人能敌得杨林？"茂公道："如要敌得杨林，除令表弟罗成不能也！必须奏知主公，差一位兄弟前去，请他到来方妥。"叔宝道："徐大哥此言差矣！俺姑爹镇守燕山，法令严明，岂容我等猖獗？他若得知，还要见罪，焉肯使表弟前来助我？"茂公道："我自有妙算，只消差一个的当兄弟，前往燕山，悄悄相请令表弟同来，包你令姑丈一些也不知道。"叔宝道："徐大哥妙算虽好，小弟细想，到底使不得。纵然我姑爹瞒得过了，那杨林虽未会过罗成，枪法是瞒不得的。倘一时泄漏，干系不浅。"茂公笑道："贤弟，我若泄漏，那盟帖上也不抹去罗成的名字了。我自有安排，包你一些不妨。"

当下众人下城来朝中来，咬金看见，忙问："众位王兄，方才出兵，胜败若何？"茂公道："杨林那厮被臣等攻击，激怒了他。他摆下一阵，名为'一字长蛇阵'。"咬金道："这阵，不知王兄怎样破法？"茂公道："欲破此阵，必须燕山罗成到来，方可破得。"咬金听了大喜道："妙！妙！妙！徐三兄，你可速速替孤家写起诏书来，差官前去，连他父亲也召来。他是靖边侯，孤家就封他为靖边侯，快快写诏书来！"

茂公一班人，看咬金这般局促，心中倒也好笑。却欺他不识字，胡乱应声"领旨"。茂公写了书，咬金道："念与孤听。"茂公便依他口气，假做诏书，召他父子，念了一遍。咬金道："要差那一位去？"茂公道："此事必须王伯当前去方妥。"当下封好了书，茂公叫过了伯当，附耳言道："过隋营如此如此，见罗成这般这般。"伯当领命，将书藏好，手提方天画戟，上马出城，竟奔隋营而去。

那隋兵一见，飞报入账说："启大王爷，有贼人单枪匹马，来冲营了！"杨林闻报，就令第七太保杨道源来出战。道源领命，提枪上马出营，一看见王伯当，忙喝道："来将何名？"伯当横戟在手，忙叫道："将军请了，我却不来交锋，要去请个人来。"道源喝问道："你去请什么人？"伯当道："将军有所不知。我们起初原不肯反，只因秦叔宝有个堂兄弟，名叫秦叔银，他叫我们反的。我们说：'反是要反，只怕杨林兴兵来，十分厉害，如何反得？'他说：'不妨你们竟反，若杨林来，待我把这老狗囊挖出眼睛，用两根灯草，塞在他那眼眶之内，做眼灯照。'我们一时听了他，所以反了。不料老大王果然到来，我今要去山东请他，特与将军说声，可去说与大王知道。若怕我去请他来，挖大王眼睛做灯儿呢，你不放我去。若不怕呢，你放我去。"

杨道源一闻此言，这把无名火直透顶梁门，高有三千丈，说声："呵呀！罢了！罢了！你去请他来！"伯当道："将军不要着恼，还该与大王说了，大家计较一下。将军若放我去，倘老大王怕他，岂不要见罪将军？"杨道源气得三尸暴跳，七窍生烟，大喝道："不必多讲，你去便了！"吩咐三军道："让他一条大路，放他去吧。"自己回进营来。未知后事如何，且看下回分解。

第二十九回　假行香罗成全义　破阵图杨林丧师

杨道源回到营中，杨林见他颜色不平，两个眼乌珠，滴溜溜不胜怒气的形状，便问道："王儿为何如此？"道源道："嗳，父王不要说起，真活活气死！"杨林道："为何呢？"道源就把伯当的言语，一一述了一遍，并道："如今臣儿放他出营，叫他请来。"杨林闻言，气得眼珠突出，银须倒竖，叫道："好儿子，放得好，这厮焉敢无礼，辱没孤家！待他来，看他是怎么样！"

不表杨林营中生气，再说王伯当出了隋营，竟往燕山而来。不一日，到了燕山，入城寻个下处歇了，问店主人道："罗元帅公子，可在府中吗？"店主人道："罗公子不在府中。"伯当道："他到哪里去了？"店主人道："因边外突厥，兴兵犯边关，罗元帅令公子带领兵马，出征去了。"伯当道："可晓得几时回来？"店主人道："早间闻公人说，罗公子破番兵，明日就回来了。"伯当大喜，就在店中宿了。

到了次日，早饭后伯当出城，到一个僻静处等候。到了下午，忽见有几个敲鼓锣的过去，少时，又见一队队的兵过去。将次过完，却见罗成有四五个家将跟随在后面，按辔而来。伯当呼哨一声，罗成早看见是伯当，即吩咐家将先行，自己跳下马来，与伯当施礼。罗成道："你们反了山东，今日因何到此？"伯当道："我们反了山东，秦大哥反出潼关，取了金隄，得了瓦岗。令舅母亦在瓦岗；众人奉程咬金为主。今被杨林摆了一字长蛇阵，围困瓦岗。弟奉徐茂公之令，来请罗贤弟，故而到此。"怀中取书，付与罗成。罗成拆开一看道："兄且在下处坐着，待我回去与母亲商量，设个计较。若能脱身，弟自差人来知会兄。"遂别伯当，上马入城，回至帅府缴了令，罗公自去赏军。

罗成入后堂来见母亲，行礼毕，罗成道："母亲，好笑得紧，秦叔宝表兄，立程咬金在瓦岗寨为王。舅母也在那边。今被杨林围困，写书来请孩儿去救他。母亲，你道好笑不好笑？"老夫人道："书在哪里？"罗成便从怀中取出，老夫人接过一看，不觉坠下泪来，叫声："我儿，你母亲面上，只有这点骨血。杨林杀你母舅，仇还未报，今又要害你表兄，一有差错，秦氏一脉休矣！儿呵，必须设个法儿，去救他才好。"罗成道："只怕爹爹得知，不大稳便。儿有一计，少停爹爹进来，母亲可如此如此，爹爹一定允的，孩儿便好前去。"夫人依允，把这封书烧毁了。

少时，只听云板一响，夫人便大哭起来。罗公进来见了，十分惊骇，忙问道："夫人却是为何？"夫人道："我当初怀孕的时节，曾许武当山香愿，日远事忙，至今未曾了得。昨日晚间，梦见神圣震怒，要伤我儿，故此啼哭。"罗公道："夫人既有此兆，作速差人前去，还此香愿便了。"夫人道："这香愿原是为孩儿许的，须待孩儿自去方妙。"罗公依允，令罗安打点香烛祭品，明日动身前去。罗成悄悄吩咐罗安，去通知王伯当，叫他去城外僻静处相等，罗安领命自去知会。

次日天明，罗成收拾盔甲器械，暗暗叫罗安拿去，寄在中军厅。然后别了父母，带罗安、罗春一同起身，到中军厅，取了盔甲器械，吩咐罗安、罗春在朋友处借住，等他回来，进帅府复命，不可泄漏。自己一马奔出城来。伯当在前相等，二人拍马，连夜兼行。不一日，来到瓦岗，果见许多人马，团团围住。罗成叫声："伯当兄，我今杀入阵去，你可乘势入城去知会。"伯当依允，罗成遂纵马冲入阵内，大道："隋兵让开路，俺秦叔银来了。"隋兵听了，齐说："不好了，要挖老大王眼珠的来了。"大家把箭射来，罗成把枪一搀，那射来的箭，都叮叮当当落在地下。被罗成哄一声响，冲进营盘，直冲得一路兵东倒西歪，死者不计其数。杨林闻报，同众将一齐上马，先是杨道源一马杀来，被罗成抢枪拦开刀，喝声过来。将手勒住甲绦，提过马来，扯了双脚，哈喇一声响，撕为两半片，抛在地下。那徐茂公在城上看见尘土冲天，知是罗成已到，忙令众将大开城门，分头杀出，齐攻大寨。

且说罗成在阵内，撕开杨道源，枪挑卢芳，铜打薛亮，十二太保被他杀了八个。杨林大怒，举囚龙棒劈面来迎，罗成使开枪，如银龙出水，猛虎离山。杨林道："这是罗家枪法。"罗成道："我哥哥秦叔宝学得罗家枪，难道我堂弟秦叔银，学不得罗家枪吗？"遂提枪直刺，杨林举棍相迎，大战十余合。杨林只战得平手，却被瓦岗众好汉杀来，杨林心中一慌，被罗成耍的一枪，正中左腿，杨林几乎坠马，大叫一声，回马便走。罗成纵马赶来，隋兵降者二万余人，弃下粮草马匹军器，不计其数。追赶二十余里，鸣金收兵。罗成会见叔宝，诉说前事，雄信也撞见，彼此赔罪。罗成对叔宝道："哥哥，弟今不敢入城见舅母，恐有泄漏。如今就要回去，可为我致意舅母。"叔宝道："这个自然，我也不敢相留。"罗成遂别叔宝，连夜回燕山去了。

当下叔宝等收兵入城，咬金问道："罗成御弟呢？为何不来朝见？"叔宝道："他瞒了父亲，私自走来，恐有泄漏，已回燕山去了。"咬金道："前日孤家去召他的诏书，难道他不奉诏吗？"王伯当道："臣路上遇见他的，因此不曾说起。"咬金道："这也罢了！这次败了杨林，岂不是孤家之福星？王王兄，你可为孤家去金州取景阳钟。秦王兄，你可为孤家去雷州取龙凤鼓。"二人领旨，分头而去。

且说杨林败去二十余里，收了残兵，再欲来打瓦岗，忽有圣旨到来，说："海外离石湖刘留王，起兵来犯登州，令杨林回登州镇守，不可擅离。"杨林无奈，只得上本，保举潼关总兵魏文通，攻打瓦岗寨，自回登州镇守。那刘留王闻得杨林已回，亦收兵回去，若杨林一离登州，他又引兵复来，因此杨林不敢远离，按下不表。

却说炀帝得了杨林本章，下旨魏文通领本部人马，攻打瓦岗，又差大将杨讷镇守潼关。魏文通点齐十万雄兵，杀奔瓦岗而来，离西门五十里下寨。徐茂公得报，不与交兵，暗暗差齐国远、李如珪、金甲、童环、梁师徒、丁天庆，带一千人马出东门，转总路口等候。

且说秦叔宝雷州取鼓回来，远远见有人马正在扎营，吩咐从人，将龙凤鼓藏在树林，自己一马冲来，大喝道："何处人马？闪开让路！"魏文通方才下寨，见有人冲营，遂提刀上马出来。叔宝一见，有些胆寒道："原来是你！"文通见是叔宝，大喝道："好强盗，前日被你走了，今日相逢，吃我一刀。"两人遂交战十余合，叔宝力怯，回马就走。文通催马赶来，却逢王伯当金州取钟回来，看见魏文通追赶叔宝，伯当忙取弓箭，开弓射去，正中魏文通咽喉，翻身落马，叔宝取了首级。那十万兵见主将被杀，慌忙退去，被齐国远等拦住去路，大叫："投降，免我诛戮。"十万大兵，尽弃刀降顺。众将收兵，齐回瓦岗。叔宝、伯当，一齐缴旨。咬金见射死魏文通，又得了十万兵马，十分快活，吩咐大摆御宴，吃酒贺功，不表。

再说炀帝闻报魏文通身死，十万兵尽降瓦岗，十分大惊，便问宇文化及如何是好。此时杨素出镇黎阳，因此兵权尽归化及。当下化及就保举兵部尚书、征戎大元帅、长平王邱瑞，大有将才，可当此任，必破瓦岗。炀帝依奏，召过邱瑞，封为兵马大元帅，领十五万雄兵，攻打瓦岗。炀帝又问："谁敢为前部先锋？"化及次子宇文成龙道："臣愿挂先锋印。"炀帝大喜，即封为正印先锋。化及欲待留住，奈圣旨已下，无可奈何，退朝回府，埋怨成龙道："你没有本事，如何挂先锋印？此去若一失，性命难保。"即备一副厚礼，来见邱瑞说道："愚男成龙，不自揣菲才，冒挂先锋之印。老夫因圣旨已下，难以违令，千岁若到瓦岗，乞相看一二，回兵之日，自当重报！"邱瑞道："这事自当从命！"

化及大喜，即叫家将把金银礼物送上。邱瑞正色道："丞相若送金银，是以利心动邱瑞耳！本藩不敢领命。"化及见他色变，连忙道："千岁既然不收，老夫不敢相强。"叫家将收回，辞别回府。邱瑞退入后堂，夫人与公子邱福迎接，邱瑞就把出征之事，说与夫人知道。夫人闻喜，暗暗悲伤，只得吩咐摆酒送行。次日五更，邱瑞点齐人马，三声炮响起行。未知此去如何，且听下回分解。

第三十回　降瓦岗邱瑞中计　取金堤元庆扬威

邱瑞领了军马，一路浩浩荡荡，来至瓦岗，放炮安营。探子飞报入朝说："兵部尚书邱瑞，领兵十万，在城外安营。"咬金忙问茂公，有何妙计。茂公道："臣有一计，包管十余万雄兵，不出两月，尽降主公。"话未尽，又有探子报道："启上大王，隋兵先锋宇文成龙在外讨战。"茂公叫单雄信出兵，许败不许胜，雄信得令上马而去。

咬金道："出兵要胜，如何反说要败？"茂公道："兵机不可预泄，到后自然明白。"那单雄信出城，与成龙战了十余合，若说这样将官，不消一二合，就可擒来。雄信因奉军师将令，虚闪一槊，回马败入城去。成龙纵马赶来，又抵关讨战，随后又令秦叔宝出来，又败。再遣齐国远、李如珪、金甲、童环前去，个个败回。一日连败十五员大将，打得胜鼓回营。邱瑞大喜，摆酒赏功，遂写书一封，差官上长安报捷。

次日宇文成龙又抵关讨战，瓦岗诸将坚守不出。成龙令军士大骂，城中只是不出。一连半个月，不见一点动静。成龙那一日到关大骂讨战，茂公令叔宝出战："只三合内，可把他生擒来。"叔宝得令，上马出城，与成龙战无三合，拦开刀，把成龙擒过马来，拿入城去。小军飞报入营说："先锋被他擒去了！"邱瑞闻报大惊，下令紧守营门，不可出战。

叔宝把成龙拿入城中，茂公吩咐斩了首级，石灰拌了。茂公早已造下一个夹底的竹箱，把头放在箱底下，前日有邱瑞的战书，叫魏征照笔迹写了一封，叫王伯当带了五十个人并竹箱与许多行头，包在袱内，吩咐如此如此，不可泄漏。伯当领命，与五十人到夜间，悄悄出城，从别路竟奔长安而来。

及到长安，伯当只叫一人取了竹箱，叫余人在兵部衙门左边相等，自与那拿竹箱的，竟往宇文丞相府来。到了府门，伯当上前道："众位哥们，相爷可在府中吗？"门上的道："相爷在朝未回,你是哪里来的?"伯当道："我是瓦岗营中邱老爷差来,有书一封,竹箱一个,送与相爷。既相爷不在府,书信与竹箱,都放在此。我往别处去了。相爷到后,再来讨回书。"说罢,就将书信与竹箱,递与门上人,自与随来的这个人,竟往兵部府门后边,一条僻静巷内去了,那五十人正在内边相等。

伯当打开包袱,取出行头,个个打扮起来,把囚车装好了,竟往邱瑞府中。一声:圣旨下。夫人与邱福出来接旨,便开读道："邱瑞无故伤杀大将,把家属拿下。"众人动手拿了,齐囚入囚笼,赶散众人,将拿来的布包,把囚的人都包了头。出了府门,把一张假封皮,贴在门上,飞奔出城,往瓦岗寨去了。

再说宇文化及回府,家将禀道："方才有邱老爷差官,把书一封,竹箱一个,送与老爷,停一会要来讨回书。"化及先打开竹箱一看,却是空的。细看底下,又有一个屉儿,抽出一看,见是一个人头,不觉吃了一惊。仔细看来,原来是自己儿子的头,忙把那封书拆开一看,却说:"你儿子恃功,不把我元帅放在眼内,屡次违我军令,今已把他斩首,特此告知。"化及看罢,大哭大骂:"邱瑞老贼,我子与你何仇,把他斩首?"即入朝把邱瑞的书,并儿子的头,与炀帝看。炀帝大怒,即着锦衣卫去拿邱瑞家属。锦衣卫领旨出朝,来到兵部衙门,见门上贴上封皮,细细问了居民,即复旨道:"据附近居民说,早上有校尉到府,把家属尽行拿去了。"炀帝闻言大惊道:"朕却不曾有什么旨意。"化及跌足道:"这是邱瑞降了瓦岗,暗暗差人盗取家眷去了!圣上如今事不宜迟,可差官前去,若邱瑞还未曾降,可赐他三般朝典,令其自尽。"炀帝即差官一员,校尉四名,飞奔瓦岗行事,此话不表。

且说王伯当赚取邱瑞家小,到了瓦岗,茂公吩咐收拾房屋,好好安顿。遂令叔宝出城讨战,叔宝得令,领军放炮出城。邱瑞闻报,就令大小官将,摆齐队伍出城。两军相对,叔宝横枪在手,欠身说道:"将军在上,小将秦琼,甲胄在身,不能全礼,马上打拱了。"邱瑞连忙回礼,叫声:"秦将军,老夫闻你是个英雄,为何做这反贼勾当,岂不可惜?不如下马投降,本藩也不计你从前之过,保你做个将官。你意下如何?"叔宝道:"将军但知其一,不知其二。当今皇上无道,杀害忠良,英雄并起,料来气数不久。我瓦岗寨混世魔王,有仁有义,赏罚分明,将军不如降顺瓦岗,亦不失为王侯之位。将军意下如何?"邱瑞大怒道:"好匹夫,焉敢来说本藩,看家伙吧。"遂把双鞭打来,叔宝把枪一架,大战四十余合,不分胜负。邱瑞暗想:"叔宝本事高强,不如用独门鞭打死他。"遂把双鞭并为一条,打将下来。叔宝将枪往上一架,就趁此把枪往后一拖。邱瑞的马拖近,叔宝双手扯住了邱瑞甲带,要提过马来。此时邱瑞见叔宝扯住甲带,心中慌了,却将鞭放下,一把扯住叔宝的头。叔宝把带一扯,说声:"过来!"邱瑞也把头盔一捧,说声:"过来!"两下一扯,一齐跌下马来。又是你一扯,我一扯,叔宝扯断了邱瑞甲带,邱端扯落了叔宝盔缨。大家不好看相,各自收兵。

邱瑞回营,换了战袍,忽报长安家人邱天宝到。邱瑞叫他进来,天宝入营,哭拜于地,邱瑞忙问其故。天宝细述前事,邱瑞大惊道:"宇文成龙是瓦岗拿去,哪有此事?"外边又报公子到来,邱瑞一发疑心。邱福来到营中,拜了父亲,那邱瑞忙问道:"你已被拿,缘何到此?"邱福道:"此乃瓦岗徐茂公之计,要爹爹归降,如今家属俱已赚在瓦岗城中,叫孩儿来奉请。"邱瑞闻言,急得七窍生烟,一些主意全无。又见传报说:"天使到。"邱瑞接了圣旨,差官开读道:"邱瑞欲顺瓦岗,故杀大将,速令自尽!"旨未读完,邱福大怒,一刀砍了天使。邱瑞大惊,邱福道:"爹爹,这样昏君,保他何益?今瓦岗混世魔王,十分仁德,不如归顺了吧!"邱瑞长叹一声,吩咐邱福先去通报,即便收拾十五万人马,归降瓦岗。咬金率领众将,迎接入城,设宴庆贺不表。

再说隋朝天使的校尉逃回长安,飞入内朝。炀帝大怒,问谁敢领兵再打瓦岗,宇文化及道:"若非上将,焉能取胜?今有山马关总兵裴仁基,他有三子:长元绍、次元福、三元庆。这元庆虽只十二岁,他用的两柄锤,却有五升斗大,重三百斤,从未遇过敌手。圣上可差官召他来。封他为元帅,他若提兵前去,必破瓦岗矣。"炀帝大喜,即差官星夜往山马关,宣召裴仁基。差官飞马到关,裴仁基父子接了旨,即时起行。来到长安午门外,问圣上何在,黄门官道:"圣上同国丈在紫微殿下棋。"裴仁基见说,率三子到紫微殿,果然炀帝与张大宾,对坐下棋。裴仁基与三子俯伏于地,说道:"臣山马关总兵裴仁基父子朝见,愿我皇万岁!"炀帝一心下棋哪里听得?仁基再宣一遍,又不曾听得。

足足等了一个时辰，不见动静。裴元庆大怒，立起身来，走上前，一把扯住张大宾举起来。炀帝吃了一惊，忙问道："这是何人？"裴仁基道："是臣三子裴元庆，因见国丈与圣上下棋，分了圣心，不理臣等，故放肆如此。"炀帝道："原来是卿，朕实不知，快放下来！"此时国丈肚子被住喊痛得紧，大叫："将军放手！"元庆又闻圣旨说："快放下他！"竟把他一抛，跌在地下，皮都抓下了一大块。炀帝看元庆年纪不大，又如此勇猛，心中大喜，便叫："裴爱卿，朕封卿为元帅，卿子为先锋，兴兵征讨瓦岗，得胜回来，另行升赏。"又道："朕欲封一位监察行军使，以观卿父子出兵。不知何人可去？"张大宾道："臣愿往。"炀帝大喜，就封大宾为行兵都指挥，天下都招讨。四人谢恩而出。

那大宾怀恨在心，思想要害他父子，遂点起十万雄兵，克日兴师，离了长安。张大宾下令：先取金隄关，然后攻打瓦岗，以此兵到金隄关下寨。张大宾吩咐裴元庆道："限你今日要取金隄关，若取不得关，休想回来见我！"元庆心中想道："呀，是了，我晓得张大宾记恨我提他之仇，今欲害我父子了！咳，张大宾，你若识时务便罢，若不识时务，我父子一齐降瓦岗，看你怎生奈何我？"吩咐带过马来，那匹马竟像老虎，不十分高大。元庆拿两柄铁锤，飞身上马，跑到关前讨战。

守关将官乃贾闰甫、柳周臣，得了报，即上马领兵，出关交战。二人一看裴元庆年纪甚小，手中拿斗大两柄铁锤，心中奇异，喝问道："来将何名？你手中的锤敢是木头的？"元庆道："我乃山马关总兵裴仁基三子裴元庆便是。我这两柄锤，只要上阵打人，你管我是木头的不是？"贾柳二人大笑，把刀一齐砍下。元庆把两柄锤轻轻往上一架，贾柳二人的刀，一齐都震断了，二人虎口也震开了，只得叫声："好厉害！"回马就走。元庆一马赶来，二人方过吊桥，元庆也到桥上。城上军士认了自家主将，不敢放箭，倒被元庆冲入城来。贾柳二人，只得奔向瓦岗去了。张大宾领兵入金隄关，遂向瓦岗而来。未知后事如何，且听下回分解。

第三十一回　裴元庆怒投瓦岗寨
程咬金喜纳裴翠云

不说张大宾领兵前来，且说瓦岗寨这日程咬金升殿，众将拜毕，忽报金隄关贾柳二位老爷，在外候旨，咬金叫宣进来。二人入殿俯伏，叫声："主公，不好了！"就把裴元庆勇猛难当，说了一遍。咬金道："这是你二人无用，待他来时，必要杀他大败而去。"这时闪过邱瑞，说道："主公有所不知，这裴仁基第三子元庆，论他年纪，不过十来岁，使两柄铁锤，重有三百斤，英雄无比。若是这位小将来了，大家须要小心。"咬金听了微笑，不以为然。

众人说话之间，外边隋兵已到，扎下营寨。张大宾吩咐裴元庆道："今日限你取瓦岗，若取不得瓦岗，休来见我！"裴元庆见说，微微一笑，遂上马抵关讨战。探子报入城中，咬金便问："那位王兄前去迎敌？"忽见史大奈出班应道："小将愿往！"遂提刀上马，冲出城来，见了裴元庆，不觉大笑道："你这个小孩子就是裴元庆吗？"元庆道："正是。"史大奈道："我看你乳臭未干，到此做什么？好好回去吧！"裴元庆道："我若怕你，也不算好汉！"史大奈遂把刀照顶门砍来，元庆将身一侧，举锤照刀柄上略架一架，刀便断为两截。史大奈一个虚惊，登时跌下马来。裴元庆喝道："这样没用的！也要算什么将官！我小将军不杀无名之将，饶你去吧！"史大奈爬起来，跳上马，奔入城中。咬金忙问道："小将可曾拿来吗？"史大奈摇摇头道："不要说起，吓杀吓杀！"就把前事述了一遍，众将见说，皆以为奇。

正说之间，又报小将在外讨战，单雄信大怒，上马出城，远远一望，哪里见什么将官？到了元庆面前，还不见他。元庆大喝道："青脸贼，那里去！"雄信往下一看，只见一个小孩坐的马竟像驴子一般，遂大笑道："你这小孩子要来送死吗？"元庆道："你这青脸贼，还不知道我小将军的厉害，特来杀你！"雄信大怒，把槊打下去。元庆把左手的锤举着，等他槊打到锤上，方将右手的锤举过来，把槊一夹。雄信用力乱扯？哪里扯得脱，元庆笑道："你在马上用的是虚力，何不下马来，在地下扯，我若在马上，身子动一动，就不算好汉。"雄信竟跳下马来，用尽平生之力乱扯，你在马上用的是虚力，何不下马来，在地下扯，竟像猢狲摇石柱，动也不动一动。雄信只涨那里扯得脱？元庆笑道："得一张青脸内泛出红来，竟如酱色一般。"元庆把鐧一放，说道："去吧吧！"把雄信仰后跌去，跌了一脸的血，忙爬起来，跳上马，飞跑入城来。

咬金见了这形状，又好笑，又好恼，便叫："秦王兄，你去战一阵看。"秦叔宝上马出城，一看裴元庆，暗想："小孩子为何如此厉害？不要管他，赏他一枪再说。"就把枪刺来。元庆将锤当的一架，把一杆虎头金枪，打是弯弯如蚯蚓一般。连叔宝的双手都震开了，虎口流出血来。叔宝回马便走，败入城中。咬金大怒道："何方小子，敢如此无礼！"下旨："孤家亲征。"带领三十六员大将，放炮出城。咬金一马上前，把斧砍下，元庆把锤一架，当的一声响亮，斧转了口，震得咬金满身麻了，双手流血，大叫："众位王兄，快来救驾！"众将遂放开马，齐齐呐喊，团团围住。裴元庆见了，哈哈大笑，把锤往四下轻轻摆动，众将哪里敢近他身？有几个略拢得一拢，撞着锤锋的，就跌倒了。众将只得远远呐喊。

那隋营裴仁基，在营前见三子元庆战了一日，恐他脱力，忙令鸣金收兵。张大宾听见，就召裴仁基入账喝道："你身为大将，怎么贪惜儿子，不与国家出力。他正欲取城，你为何私自鸣金收兵？目中全无本帅，绑去砍了！"左右答应一声，就把仁基绑缚，他两个儿子元绍、元福上前说道："就是鸣金收兵，也无处斩之罪。"张大宾喝道："你两个人也敢来抗拒本帅！"吩咐左右："绑去砍了。"左右一声答应，把裴仁基父子三人绑出营门。阵上裴元庆听得鸣金，把铁锤一摆，众将分开，就冲出去了。咬金收兵，上城观看。

且说元庆回到营前，见父亲哥哥都被缚着。元庆大喝一声道："你们这些该死的，焉敢听那张奸贼，将老将军和小将军如此！还不放了！"这些军校被喝，怎敢不遵？连忙放了。元庆叫声："爹爹，今皇上无道，奸臣专权，我们尽忠出力，也觉无益。不如降瓦岗吧！"父子四人身不由己，竟奔瓦岗而来。到了城下，见咬金在城上观看，裴元庆叫道："混世魔王在上，臣裴元庆父子四人，被奸臣谋害，特此前来归降。"咬金大喜道："三王兄，难得你善识时宜。但恐归降是计，乞三王兄转去，把张大宾拿了，招降隋家兵马，那时孤家亲自出城相迎。"裴元庆道："既如此，千岁少待，父亲哥哥等一等，待孩儿去拿命来。"说罢，即便回马，跑入隋营。

此时张大宾正在帐中发落放走裴家父子的军士，忽见裴元庆匹马跑来，张大宾要走，被裴元庆跳下马来，一把擒住，又喝道："大小三军，汝等可同我归降吧！"十万兵齐应道："愿随将军！"裴元庆一手提着张大宾，跳上了马，招呼大队人马，来至瓦岗城下，向城上叫道："张大宾已捉在此了，请开城受降！"程咬金看见是真，就领众将出城，迎接入内。到了殿上，裴仁基率三子朝见毕，咬金命武士绞死张大宾，封裴仁基为逍遥王，裴元庆为齐眉一字王，并命摆宴款待。裴仁基写书一封，寄与山马关焦洪。那焦洪是仁基的外甥，将书与他，要他与夫人并翠云小姐说知，收拾府中钱粮，与二十万人马，一齐到瓦岗来。咬金封焦洪为镇国将军，令贾柳二人依旧镇守金隄关。徐茂公与咬金为媒，娶翠云小姐为正宫。咬金大喜，即令择日迎娶成亲，自此瓦岗威声大震。

消息传入长安，炀帝大惊，即与宇文化及商议。化及道："如今发不得兵了，只好与他议和，可封程咬金为混世魔王，割瓦岗之东一带地方，与他讲和便了！"炀帝依奏，就差一官员，下诏到瓦岗封咬金。咬金竟不奉诏，亦不遣回使者，按下不表。且说洛阳城外，有一安乐村，村中一个英雄，姓王，名世充。他武艺高强，件件皆精，父母俱亡，只有一个妹子，名叫青英，年方十五岁，同住在家。这王世充射鸟为活。有一个族兄，叫作王明德，常常照顾他。明德母亲养了一个鹦鹉，会说好话。不想有一天被他挣断了金丝索，飞去了。四下寻觅，并无踪迹，其母气出病来。明德烦恼，即来求王世充，代他寻觅。若寻得到，愿谢一百两银子，今先交五十两银子。世充许诺，接了银子，明德回去。世充将银子交与妹子，就拿了粘竿鸟笼，入城寻觅，并未看见，只得回家。

歇了一夜，到次日就在乡村寻觅，寻至日中，见前面林子内，众小孩子团团围住。世充向前一看，正是白鹦鹉，在一株松树上与小孩子相骂。那鹦鹉看见世充便叫道："二员外，你来，我脚上的金丝索被树枝兜住了，飞不动，回去不得，二员外，你上树来，替我解一解。"世充听了，即放下粘竿鸟笼，溜上树去，将金索儿解了。鹦鹉得放，即跳在王世充头上。王世充爬下树来，就向头上取下鹦鹉，放在笼内，取了粘竿，提了竹笼，忙忙回来。

他从一个庄院经过，那庄内一个员外，姓水名要，在庄前乘凉，看见这鹦鹉会说话，又认得是王世充，就叫道："王兄弟，你笼内的鹦鹉，借我看看。"世充依言，取出来与他看。水要接过一看，问道："这鹦鹉肯卖吗？"世充道："这是我伯母最喜之物，是不肯卖的。"那鹦鹉也叫道："二员外，我要回去，不要卖我。"水要道："与你三百银子，卖与我吧。"世充道："就是与我三千两银子，总是不卖！"水要变脸道："你果然不卖？"世充道："果然不卖。"水要用两手扯了鹦鹉两脚，一撕撕做两块，丢在地下，回身去了。

王世充敢怒而不敢言，把撕开的鹦鹉抛在笼内，提了笼，走入城来，见了明德，明德见笼内鹦鹉撕开，忙问其故。世充把水要之事，说了一遍。不料有个丫头听见此言，忙报与老太太。那时老太太正在吃药，一闻此言，一口药一噎，老人家一口气转不过，就呜呼哀哉了。丫头飞报出来，明德大哭，抛了世充，哭入内房去了。世充见了这事，不觉大怒，就出门去了。未知后事如何，且听下回分解。

第三十二回　王世充避祸画琼花　麻叔谋开河扰百姓

世充忙走出来，回到家中，向妹子取些银子，拿了一口宝刀，并一只包袋，奔到做粉食店内，称了三四钱银子，买了几百个馒头，用包袋包好。时天色将晚，就拿出店。行至一更时分，才到水家庄边，忽有十多只犬，看见人影，都吠起来。世充忙向包袋内，取出馒头，一齐抛去。众犬吃着馒头，就不吠了。世充放胆，走到庄门，把门就敲。哪管门的老儿在床上问道："是哪个敲门？"世充道："是我。"老儿道："你敢是张小二讨账回来？待我来开。"遂披衣起来，把门一开，被世充兜胸一把，提翻在地。那老儿欲要喊叫，因见他手中执着明晃晃的钢刀，只得哀求道："好汉饶命！"世充道："你快快说，员外在哪里？领我去杀他，我便饶你。"老儿道："员外在东厅吃酒，待我引你去。"

老儿就把庄里门开了，走出去，转了两个弯，见前面有一个门关紧。老儿道："这里进去，就是东厅，待我敲门。"世充就把老儿杀了，爬上墙去，轻轻跳下。望见水要与妻妾在那里呼三喝四，世充赶入，就杀了七八个家人。水要看见要走，被世充赶上前，一刀砍死，又把他妻女尽行杀完。又到四下里房中找寻，有睡的，有未睡的，都杀个干干净净。就割死尸血衣，题四句于壁上道："王法无私人自招，世人何苦逞英豪！充开肺腑心明白，杀却狂徒是水要。"每句头上藏着一字道："王世充杀。"

世充题罢，把血衣服抹了刀，就走出门，奔回家来，已是五更时分。把门敲了，妹子走来开门，看见世充身上衣服都是鲜血，吃了一惊。世充脱了血衣，穿了干净衣服，叫："妹子随我来。"妹子问道："到男女老少哪里去？"世充道："你随我来就是了，问什么！"世充扶妹子出了门，走入城来，却好城门已开，来到明德家里，见了明德，细言前事。明德大惊道："兄弟，此时不走，等待何时，可将妹子交与我，你快快走吧！"即取银子一百两，付与世充。世充拜谢，飞奔出城而去。

却说府尹闻报，水家庄上杀死多人，即吩咐备下棺木，亲来收尸。见了壁上血诗四句，知是王世充杀，差人提拿，方知早已走了。有人出首说，明德是他哥子，必躲在他家。府尹就把明德一家老幼拷打，不招，监禁在狱，不题。

再说王世充逃至扬州，走入段家饭店，那店主把王世充一看，就问道："足下莫非姓王，大号叫世充吗？"世充道："为何知道小可贱名？"那主人忙请入内，纳头便拜道："主公在上，臣段达见驾！"世充道："足下敢是疯癫吗？"段达道："昨日有个神仙到臣家，叫作铁冠道人，能知道过去未来。他说明日巳牌时候，有个真命天子，姓王名世充，逃难到此，你可留住家中，到明年我来助他洛阳起兵。吩咐了，如飞而去。所以臣知道。"世充道："原来如此。若果有这一日，足下就是大元公矣。"段达谢恩，摆酒接风，收拾一间洁净房子，与世充安歇，日日讲论兵法。

扬州城里有一羊离观，是个著名的道观。一天晚上，道士们只见空中响亮，有火球滚下，落在观中。随即天井中开了一株异花，高有一丈，顶上一朵五色鲜花，如一只小船样大，上有十八片大叶，下有六十四片小叶，香闻数里，轰动远近。恰巧王世充这天日里游观，晚上投宿观中，亲眼看见这异花，好生奇怪。他夜间做梦，梦见有人向他道：

"这花出现,是天下大乱的预兆。你快把这花图画下来,赶往长安,自有奇遇。"王世充一觉醒来,心里异常高兴,就细细画好一幅异花的图像,请人裱好,随即赶赴长安。

那时炀帝在宫,梦见花园中现出一朵花来,高有一丈,顶上一朵五色鲜花,上有十八片大叶,下有六十四片小叶,异香无比。又见花顶上立着一个人,天庭开阔,地角方圆,面如傅粉,唇若涂朱,头戴冲天翘,身穿杏黄袍。又见一十八片大叶,化为一十八路反王;六十四片小叶,化为六十四处烟尘,一齐杀来。炀帝大惊,又见花上跳下两人来:一个黄脸长髯,手执双锏,一个黑脸虎髯,手执钢鞭,打死了一十八路反王,剿除了六十四处烟尘。炀帝大喜,忽然醒来,乃是一梦,遂对萧妃细言梦中之事。萧妃道:"陛下梦见异花,必有其种。可宣召名手画工,画出形象,张挂朝门。若有人识得此花在何处者,官封太守,不知圣意如何?"炀帝大喜,遂召画工细细将梦中花样,描画出来,命黄门官张挂午门。百官观看,并无一个识者。

那时王世充来到长安,闻得午门挂榜,世充上前一看,竟与自己的画无二,心中大喜,即向前揭了榜文,两边太监见了,连忙扯住,领入朝门。太监先进内殿,奏道:"有人认识此花,前来揭榜,现在外面候旨。"炀帝道:"宣进来。"太监领旨出来,带王世充到内殿。世充拜伏在地道:"小民王世充见驾,愿吾皇万岁万万岁!"炀帝道:"你知花何名?出在何处?"世充道:"此花名为琼花,在扬州羊离观内。八月十五夜,生出此花,小民已描了一幅在此,与那榜上的一般无二,请万岁龙目一观!"内侍将画取上,放在龙案上,炀帝打开一看,果然与梦中所见一样。龙颜大喜,即封世充为琼花太守,先领兵一千到扬州,吩咐羊离观改为琼花观,以备驾来观玩琼花。世充道:"小民有罪,不敢前往。"炀帝道:"卿有何罪?"世充把明德在监之事,细细说了一遍。炀帝听说,即行赦书到洛阳,放出明德。世充领旨出朝,领一千兵马,往扬州而来。路逢段达、铁冠道人,下马相见。段达道:"隋朝气数不久,我与军师到洛阳守候主公便了。"世充大喜,谢别二人,上马下扬州不表。

再说炀帝次日又得了扬州地方官报告异花的表章,即与宇文化及计议上扬州。化及奏道:"主公,长安到扬州是旱路,劳于行动。陛下可传旨意,令魏国公李密作督工官,将军麻叔谋作开河总管,令狐达副之。大发民夫八十万,自龙池起工。凡是长平关隘山岭,必由去路,浅处开深,仄处开阔,以便龙舟行走。并乘机限李渊三个月在太原府造一所晋阳宫,用金玉铺陈,以后圣驾、倘若不遵,只说他慢君,罪该斩首。他若造了,又说他私造王宫,也把他杀了,除此后患。"炀帝大喜,旨意一下,当时百姓,就是军丁户女,也要他们应工。稍有差池,禁不住督工官鞭挞,在路上不知死了多少。看看开到河南,李密闻知朱灿勇猛善谋,就来请他为总管。朱灿大喜,伍云召儿子,时年已六岁,即将他交由其兄朱然抚养,未然许诺。朱灿别了哥哥,同李密而去,此话不表。

再说那开河总管麻叔谋,一路开河,不管住房坟茔,一直开去。这麻叔谋又十分凶恶,好吃小儿肉,使人四下里偷来烹煮吃食。百官被他扰害,远近皆闻。当时附近小儿,都吃尽了,无处可偷。又生出一个计策来,把文书行到各州县去,凡一州一县,押唤掘河人去,并要解送三岁以下周岁以上的小儿一百个。这文行到相州,那相州刺史高谈圣看了文书,大怒道:"既拘人夫开河,又要一百小儿何用?"就把那差官夹起来。那差官受刑不起,招出缘由。高谈圣大怒,立刻把差官打死。麻叔谋闻报大怒,即刻点兵亲来,要杀高谈圣。惊动相州百姓,大叫道:"可惜这样清官,难道凭他奸贼拿去杀了不成?"众人沸沸扬扬,惊动了一个英雄。你道是谁?就是太行山雄阔海。这日同各喽啰到相州打听消息,闻了这事,即大怒道:"原来麻叔谋这般作恶,你们众人随俺来!"众百姓遂同雄阔海杀出城来。遇着麻叔谋，也不说话，阔海把斧砍来，叔谋把枪架住，不知怎的，叔谋觉得两手酸麻，回马就走。阔海赶到，一斧砍作两段；又用斧把隋兵乱砍，隋兵惊慌，齐声投降。阔海方才住手，领了兵民入城，进了府堂，不由高谈圣不从，定要立他为王。高谈圣身不由己，只得依从，下令府堂改为王府，自称为白御王，封雄阔海为大元帅。阔海差喽啰往太行山，装载粮草，并大小喽啰，到相州攻打。该管州县，俱望风而降。未知后事如何，且听下回分解。

第三十三回　造离宫袁李筹谋
保御驾英雄比武

再说麻叔谋败兵到李密处，李密大惊，一面上本启奏，一面差总管朱灿前去，监督开河。开近曹州地方，曹州城外三十里有一村，名曰宋义村。村中有一员外，家私巨万，佣工之人，不计其数。此人姓孟名海公，就是尚义的母舅，前年尚义潼关救了秦琼，就投奔此处。那孟海公家中有一个先生，名唤白顺，足智多谋，才能文武，能识阴阳。孟海公有三个妻房，十分厉害。第一个叫作马赛飞，善用二十四口柳叶飞刀，第二个叫作黑夫人，第三个叫作白夫人，都是有本领的。那孟海以心怀不轨，私置盔甲刀枪，蓄养不法之人。恰好他父母及祖宗的坟墓，是在开河的道路上。孟海公知道这事，就四出打点，想花掉一些银公子，等到开近坟边，却推说朝廷制定路线，任何人不能徇情更改。就把孟海公的祖宗坟墓，发掘一空，并盗去了棺中珍宝。孟海公一时大怒，点齐家丁，与三个妻子，外甥尚义，反入曹州，杀了守将，自称宋义王，封尚义为元帅，白顺为军师。那李密开成了河，自去复旨，自此天下反者甚多，且将最厉害者说明。

瓦岗程咬金称混世魔王
相州高谈圣称白御王
苏州沈法兴称上梁王
山后刘武周称定阳王
济宁王博称知世王
济南唐璧称济南王
湖广雷大鹏称楚王
江陵萧铣称大梁王
河北李子通称寿州王
鲁州徐元朗称净秦王
武林李执称净梁王
楚州高士达称楚越王
明州张称金称齐王
幽州铁木耳称北汉王
夏州高士远称夏明王
沙陀罗于突厥称英王
陈州吴可宣称勇南王
曹州孟涨公称宋义王

共有十八路反王。还有六十四处烟尘，为首的是杜伏威、张善相、薛举，其余按下不表。

且说唐公李渊，得旨限三个月，要造一所晋阳宫，如何造得及？心中不悦，便与四个儿子计议。此时唐公有四子，长建成、次世民、三元吉、四元霸。这李元霸年方十二岁，生得尖嘴缩腮，面如病鬼，骨瘦如柴，力大无穷。两柄铁锤，其重有八百斤，坐一骑万里云，天下无敌，在大隋称第一条好汉。当唐公说道："这旨意，一定是宇文化及的奸计。造不成只说违旨要杀；造成又说私造王殿，也要杀。我想起总是一个死，不如不造，大家落得一个快活吧。"李元霸道："爹爹不要心焦，那个狗皇帝若来，待我一铁锤就打死了。爹爹你做了皇帝就是了！"唐公大喝一声："咄，小畜生住口！"话未毕，忽家将来报道："府尹袁天罡、县尉李淳风要见。"唐公闻言，忙出外厅。袁天罡、李淳风早在厅上，施礼后分宾主坐定。袁天罡道："闻圣上有旨下来，要千岁三个月造一所晋阳宫，为何不造?"唐公长叹一声道:"我想造也是死,不造也是死,所以不造。"袁天罡道:"千岁差矣! 圣上要千岁造殿,却并未说出宫殿大小,何不赶紧招集民夫,造起一座宫来。只需多多铺陈金玉,不必计较宫殿房屋多寡。圣上见了,自然没有话说。"唐公听罢点首,下令即着袁天罡、李淳风二人为监造官,多集民夫,限三月以内造起一所精致的晋阳宫来。

再说炀帝留次子代王侑守长安,封无敌将军宇文成都为保驾将军,带了萧后和三宫六院,并宇文化及一班近臣,起驾往太原而来,唐公率文武官员迎入太原。炀帝进了新造的晋阳宫,见宫殿房屋不多,却造得十分齐整,心中欢喜。宇文化及在侧边道:"主公所怀之事,难道忘了?"炀帝点头下旨道:"李渊私造宫殿,图谋不轨,绑下斩了。"唐厘米辩道:"臣奉旨起造,焉敢有私?"炀帝喝道:"你既无私,焉有不及三个月,造得这样宫殿,一定是先造下的。"竟把唐公绑了出去。

此时世民在午门外,见父亲绑出来,忙去击鼓。太监拿他上朝来,炀帝一见,忙问:"你是何人?"世民道:"臣李渊次子世民见驾,愿我皇万岁万万岁。"炀帝道:"你到此何干?"世民道:"臣特来为父亲辩冤。"炀帝道:"你父私造王殿,有何可辩?"世民道:"臣父是奉旨造的,圣上若说没有这样快,新旧可辨的。万岁可下旨,起出铁钉来看。若是旧的,钉子一定俱锈;若是新的,自然不锈。"炀帝即下旨起出钉来一看,果是新的,遂赦李渊。

李渊进朝谢恩,炀帝问道:"卿有几个儿子?"唐公道:"臣有四子:长子建成,这个就是次子世民,三子元吉,四子元霸。"炀帝道:"卿可为朕召三子来。"唐公领旨召到三人,俯伏在地。炀帝道:"平身。"四子分立两旁。炀帝看三子皆不及世民,遂说道:"朕欲将卿次子世民,承继为子,不知卿意若何?"唐公调恩。世民拜了炀帝,炀帝即封世民为秦王。唐公道:"如今贼盗丛生,陛下驾幸扬州,不知何人保驾?"炀帝道:"有无敌将军宇文成都保驾。"李元霸在旁笑道:"哪一个是无敌将军? 请出来看看。"只见班中闪出宇文成都道:"在下便是。"元霸一看,又笑道:"这就叫无敌将军! 恐未必然!"成都怒道:"若有能敌的,你可寻一个来。"元霸道:"不必去寻,只我就是。"成都笑道:"你这样的孩子,只消我一个指,就断送你命了。"炀帝道:"既出大言,必有本事,二卿可便交交手看。"元霸道:"臣用一条臂膊挺直在此,若推得动,扳得下,就算他做无敌将军。"说毕,即挺直臂膊过来。成都大怒,赶上来一把扯住元霸的手,用力一扯,好似蜻蜓摇石柱一般,莫想动得分毫。元霸把手一扫,成都扑通翻筋斗,仰后一交。

成都爬起来道:"你这是练就的,不算好汉。我见午门外那个金狮子,约有三千斤重,若举得起,便算好汉。"元霸道:"你先去举。"成都忙走出午门,一手托着腰,一手抵住狮子脚,就举起来,一步一步走到殿上,又举出去,放在原处,复回身进来道:"你可去举来。"元霸也走出午门,左手提起左边狮子,右手提起右边狮子,一齐举起,走到殿上。炀帝与众臣看了,皆说真是天神。元霸在殿上,把两手举上举下十数遍,依旧举出午门,把两个狮子放好了,复走入来。成都道:"我不与你赌力,明日与你下教场比武艺,胜的方为好汉。"元霸道:"说得有理!"当下百官散朝,个个回府,化及与成都计议,暗差五百名有本事家将,吩咐:"明日得胜便罢,若不得胜,你们一齐上前,把他杀死。"家将们领命,不表。

且说炀帝次日带了文武官员,下教场,百官朝见毕,炀帝下旨,令李元霸与宇文成都比武。二人领旨,下演武厅,个个上马。宇文成都立在左边,李元霸立在右边。成都大喝道:"李元霸快来纳命。"遂举起流金镋,向前当的一镋,李元霸把锤往上一架,当的一声,把流金镋打一边。成都叫道:"这孩子好家伙!"举起流金镋,又是一镋,那元霸又把锤一架,将流金镋几乎打断,震得成都双手流血,回马便走。元霸一马赶来,伸手夹背心一把提过马。炀帝见成都被擒,怕伤了性命,忙传旨放了。宇文化及大叫道:"圣上有旨,李公子快快放手!"元霸暗想:"我当年在后花园中学习武艺,师父紫阳真人曾吩咐我,不可伤了使流金镋的性命。"又闻有旨,遂把他望空一抛。不知死活如何,且听下回分解。

第三十四回　众王盟会四明山 三杰围攻无敌将

当下李元霸将宇文成都望空一抛,就双手一接,叫声:"我的儿,饶你去吧!"往地下一抛,噗的一声,跌得个尿屁直流。那五百家将见主人被跌,齐举兵器上前,直奔李元霸。元霸笑道:"替死的来了!"把双锤四下一摆,打死了十余人,其余个个惊走。当时元霸得胜,把双锤插在腰间,走上演武厅,下马缴了令旨。炀帝大喜,封为西府赵王,镇守太原,遂摆驾回宫。住了几天,夏国公窦建德奏:"龙舟造完,前来复旨,请万岁驾幸江都。"炀帝下旨,把三宫六院,俱留在晋阳宫。令李渊、元霸,同守太原,秦王世民,同往江都,李渊谢恩。炀帝带了萧后与些宠妃,上头一座龙舟居住。第二座秦王世民,第三座宇文化及与保驾将军成都,第四座文武百官。龙舟四座,皆以锦彩为帆,又有千艘骑兵,紧傍两岸而行。炀帝坐的龙舟,挽牵俱用妇女,各穿五色彩衣。炀帝观岸上妇女,挽牵锦缆,这些五色彩衣,红红绿绿,心中大喜。此话不表。

再说曹州宋义王孟海公,闻知昏君来游江都,必从四明山经过,忙发下一十八道矫诏,差官各处传送,今举兵齐入四明山相会,捉拿昏君共举大事。

且说那河北寿州王李子通,得了孟海公诏书,忙传伍云召上殿道:"孤家正欲兴兵与元帅报仇,不料昏君游幸江都,今有宋义王孟海公矫诏到来,要孤家举兵,同集四明山相会,捉拿昏君,元帅就此发兵前去。"云召大喜道:"多谢主公。"

说罢,退出朝门,点起十万雄兵。又发书到沱罗寨伍天锡处,令他为先锋,在前相等,同往四明山去,不表。

且说瓦岗寨程咬金得了这矫诏,十分大喜。即下旨兴二十万雄兵,命秦叔宝为元帅,裴元庆为先锋,与徐茂公军师,并诸将起身。又命邱瑞保瓦岗寨。三军浩浩荡荡,往四明山进发。到了四明山,孟海公早兴十万大兵,在山下扎寨。报混世魔王到了,孟海公即迎接咬金入账。次后相州白御王高谈圣、山东济南王唐璧、济宁知世王王薄、苏州上梁王沈法兴、湖广楚王雷大鹏、山后定阳王刘武周、河北寿州王李子通、沙沱英王罗于突厥、幽州北汉王铁木耳、鲁州净秦王徐元朗、江陵大梁王萧铣、武林净梁王李执、明州齐王张称金、楚州楚越王高士达、陈州勇南王吴可宣、夏州夏明王高士远,各领雄兵十万齐到。杜伏威、张善相、李芙蓉、薛举,四个为领袖,带领六十四处烟尘,共兵二十三万,战将千员,陆续俱到。孟海公接入帐内见礼,分班坐定。孟海公道:"列位王兄在此,孤有一言相告。今昏君诛害忠良,弑父杀兄,欺娘奸嫂。又游幸江都,开河害民,种种罪恶,万姓怨苦。今诸位王兄,俱要同心协力,捉拿昏君,众王兄意下如何?"众反生道:"孟王兄之言有理。"班中闪出徐茂公道:"今日请先立盟主,调用各路大兵。"众王道:"徐先生之言有理。"遂共推程咬金为盟主。徐茂公道:"那宇文成都勇冠三军,力敌万人,必须立下先锋,然后可擒成都。"

忽李子通队里闪出元帅伍云召说道:"小将愿为前部先锋。"众王一看,见那员将士银盔银甲,面如紫玉,目若朗星,三绺长髯,堂堂仪表,立于帐下。寿州王李子通对众王道:"列位王兄,此乃南侯伍云召,隋朝右仆射伍建章之子。伊父被昏君斩首,又差宇文成都围困南阳。他杀伤了隋朝三十多员上将,内无粮草,外无救兵,他杀出重围,相投孤家。他心存报仇,封为先锋,无有不竭力的。"咬金大喜,与了先锋印,云召谢恩。

只见高谈圣队里,闪出一员大将,身长一丈,腰大数围,铁面钢须,手执双斧,大叫道:"俺情愿同哥哥去!"众王抬头一看,原来是雄阔海。高谈圣道:"你去须要小心!"阔海应声道:"是!"便同云召回至帐中,天锡看见阔海,忙问道:"兄弟因何到此?"阔海把相州之事,细说一遍。云召道:"俺今请得先锋印,我兄弟三人一同前去,何愁这宇文成都擒他不来?"天锡道:"是!"三人置酒畅饮,不表。

却说靠山王杨林在登州,闻得驾幸江都,吃了一惊。忙令四家太保守登州,自家星夜赶上龙舟,保驾而行。不一月,驾到四明山,探子来报:"启万岁爷,不好了!今有一十八家反王,六十四处烟尘,齐集会兵。现有三个先锋,在前阻路。"炀帝闻报,即令宇文成都前去退敌。成都领旨,提铛上马,杀上前去,大喝道:"无名草寇,怎敢抗拒圣驾!"众军飞报上山，伍云召闻报，遂手执长枪，与雄阔海、伍天锡一齐杀下山来，大叫道："奸贼，快快下马受死，免我老爷动手！"宇文成都看三人生得凶恶，认得一个是伍云召，大叫道："反贼伍云召，你又来寻死吗？"云召喝道："奸贼休得夸口！"把枪刺来。成都将铛一架，两人战了十余合，天锡也把混金铛杀来，三人又战十余合。阔海见二人战成都不下，就把双斧杀入，成都把铛迎住，又战二十余合，不分胜负。

四人自辰时战起，直战至午后，那杨林却想宇文化及有不臣之心，仗着儿子成都厉害，不如借反贼之手杀了他，以绝后患。就令军士只管击鼓，再不鸣金。宇文成都见三人终不肯退，又与他再战四十余合，三人虽勇，到底招架成都不住。雄阔海料战不过，大喊一声，回马先走。云召、天锡见阔海走了，便对成都道："我们今日不能取胜，放你回去，明日再战吧。"言讫，回马就走。

成都不舍，在后追来，追至半山，只见裴元庆手执双锤，杀下山来。成都上前把流金铛一挡，裴元庆把双锤一架，叮当一响，成都挡不住，回马便走。裴元庆飞马追来。这宇文化及心甚着慌，忙上金顶龙舟启奏道："臣儿从早晨直战至今，腹中饥饿，力不能胜望，主公开恩。"炀帝遂传旨，鸣金收军。杨林闻旨，长叹一声，只得传令鸣金，成都大败，回到龙舟。裴元庆见天色晚了，也回四明山去。

成都回到舟中，扑的跌了一跤，晕死去了。化及哭救醒来，扶入舱中将养，即来启奏道："臣儿战乏有病，无人退敌，怎生是好？"炀帝闻奏，就吩咐龙舟暂退五十里，问众臣道："这些反王兵马阻路，如何得退？"夏国公窦建德奏道："欲退反王，可速召太原赵王李元霸来，此兵自然退矣。"炀帝闻奏，忙下一道旨意，差一员将官，连夜飞奔太原而来。

不一日，到了太原，唐公得旨，即打发元霸起身，便叫："我儿你去，我有一件事吩咐你。"忽又住了口，一想道："我若说了，是不忠而为私了，你去吧！"元霸疑心，起身往佛堂来拜祖母独孤氏，老太太念佛方完，便问："孙儿何往？"元霸道："孙儿因圣旨来召，说有瓦岗寨程咬金立为盟主，会十八路反王，在四明山劫驾，故叫孙儿去破敌。"老太太道："你此去四明山，天下人马都凭你打，唯有瓦岗寨人马，一个也打不得。"元霸就问："这是何故？"老太太道："有一个元帅，叫作秦叔宝，却是你我大恩人。"就将临潼关相救之事，细说一遍，又道："若没有他，你也生不出来，前去不可撞他。"元霸道："原来有这缘故，怪道爹爹欲言不言，但不知那姓秦的是什么样？"老太太指画上道："就是这人！"那元霸一看，只见画上一人，淡黄脸，手执金装锏，三绺长须。桌上一个牌，牌上写着："恩公秦叔宝长生禄位。"看罢说道："孙儿就记住这秦恩公便了！"当下元霸别了老太太出来，拜别爹爹母亲，同柴绍带了四名家将，望四明山而来。

再说徐茂公探得李元霸前来保驾，忽叫声苦。众王惊问其故。茂公道："今有李元霸前来保驾，我这里众将无人敌他。昏君拿不成了，只好保全自家兵马为幸。赖有一点救星。"就暗叫伯当去半路，如此如此。那李元霸与柴绍并马而行。王伯当远远的大呼小叫，立在那里捣鬼。柴绍认得是伯当，忙叫："元霸贤弟，你且慢行，待我前去看看。"遂一马上前，叫声："伯当兄，我家四舅来了，你速速前去，通知众将，自己保全性命，每人头上插小黄旗一面便了。"伯当闻言，回马跑去。元霸来到面前，叫声："姊兄，那人做什么？"柴绍道："想是疯的，见我们来，他却跑了去。"二人依然行路，柴绍道："四舅，那瓦岗寨的元帅，叫作秦叔宝，却是我们大恩人，你去不可得罪他。"元霸道："我晓得了。祖母曾对我说过了。"柴绍道："他力量虽不如你，但他两根金装锏却会飞的。我知他好朋友最多，你却不可打他的朋友，你若打了他的朋友，他就飞起锏打你了。"元霸道："他的朋友是怎么的？"柴绍道："他的朋友是有记认的，有一面小黄旗插在头上。"元霸道："既如此，凡有插黄旗的，我不打他便了。"两下说定，及行到金顶龙舟，炀帝闻报李元霸到了，即宣上龙舟。柴绍与李元霸见了驾，炀帝传旨，明日发兵与反王交战。未知这番交战胜败如何，且听下回分解。

第三十五回　冰打琼花昏君扫兴
剑诛异鬼杨素丧身

再说徐茂公得了王伯当的回报，连夜下令十七家反王的人马，都退在后，四路八方，却布上了瓦岗的人马。众将官头上，每人分插一面小黄旗，独裴元庆不肯插。茂公再三相劝，裴元庆道："俺七岁行军，如今一十四岁，两柄锤之下，打了多少英雄，岂怕一个李元霸？待我拿他来便了！"遂带一支人马，往西山屯扎。茂公令诸将各插黄旗，依令分头而去。又暗嘱叔宝，此番大战，非你莫能当，不可退避，叔宝会意而去。

且说李元霸离了金顶龙舟，摆锤纵马，往四明山冲来。当头就是秦叔宝，手执虎头枪，腰挂金装铜，大喝道："来者莫非赵王李千岁吗？"李元霸道："正是。足下可是恩公秦叔宝吗？"叔宝道："然也。"元霸道："我认得了。"勒开马，往东而跑，叔宝随后追来。元霸到东边，看见张公瑾。史大奈拦住，头上有黄旗，知是恩公的朋友，回马转来。叔宝举枪就刺。元霸道："恩公不须动手。"说着就往西跑去。早有齐国远、李如珪拦住，头上又有黄旗。元霸勒马回身，又遇着叔宝，叔宝把枪又刺，元霸道："恩公不必动气。"把锤虚架一架，战了几回合，遂望南冲来，又见是插黄旗的拦住。回马又撞着叔宝，假意又战数合。望着四方里冲来跑去，皆是插黄旗的，心下暗想："为何恩公的朋友这样多？"及回马转来，又被叔宝阻住，只得又跑开去。

当下叔宝真认元霸战他不过，心中想道："待我刺死了他便了！"东拦西阻，直到下午时分，李元霸心中焦躁道："这秦恩公也甚不识时务了！我只管让他，他却只管来阻我去路。"催马往西而来，见叔宝又在面前，把枪劈面刺来。元霸见四下无人，叫声："恩公不要来吧！"把一柄锤往上一架，当的一响，把八十斤虎头枪，打脱了不知去向。叔宝大惊，下马叫道："恕小将之罪！"元霸也下马道："恩公休得吃惊，多蒙恩公救我一家性命，生死不忘，岂敢害了恩公？恩公快去取枪来。"叔宝走上前数步，方才望见那枪抛去有数十步远，忙去取来，拾在手中，犹如弯弓一般，拿来速与元霸。元霸接过，将手一勒，就直了，倒长了一寸。交与叔宝，叫："恩公上马，追我出去，速回瓦岗寨，不可再出。"叔宝应诺，上马又追出来，先回四明山去。

元霸冲到西边，当头裴元庆一马迎来，见头上没有黄旗，就把锤打来。裴元庆把锤一架，大叫道："好家伙！"元霸又连打二锤，元庆连架二下，叫道："果然好厉害！"回马便走。元霸大叫："好兄弟，天下没有人当得我半锤，你能连接我三锤，也算是个好汉，饶你去吧！"一马冲入营来，正撞着伍云召、雄阔海、伍天锡，三人围将拢来战元霸。元霸大怒，把手中锤一摆，撞着三般兵器，当的一响，三人虎口震开，大败而走。可怜十八家反王的兵马，遭此一劫。被元霸的双锤，打得尸横遍野，血流成河，众反三个舍命奔逃。

那倒运的杨林，他埋伏一支人马在后山，截住反王去路。不期遇了裴元庆一人一马，那裴元庆受了李元霸一肚闷气，没处发泄，这杨林不识时务，大叫："反贼休走！"上前拦住。元庆大怒，把锤打来，杨林双手把囚龙棒一架，豁喇一声，把一条囚龙棒打为两段，震开虎口，双手流血，大败而走。又被众反王的败兵冲下来，回不得龙舟，直败回登州去了。李元霸在后杀来，又亏叔宝拦住，此众反王才得脱逃，各回本邦去了。那李元霸在四明山匹马双锤，打死各反王大将五十员，军士不计其数。后来各反王闻了李元霸之名，无不丧胆。元霸回龙舟奏闻贼退，炀帝大喜，下旨开舟起行。及到扬州，文武百官迎接，炀帝命世民、元霸："先往城中，打扫琼花观，朕明日进城游览。"秦王领旨，命赵王进城，竟到琼花观来，秦王先到花边一看，只见一株树，中间一朵花，有笆斗大。果然异样奇香，五色鲜明，花底梗上，有十八瓣大叶，下边有六十四瓣小叶。世民与元霸看了一会，出观往新造的行宫安歇了。

不料到晚，狂风大作，飞沙走石，落下冰片来，足足有碗口大，把一株琼花打落干净，花叶无存。到了天明，竟成了一座冰山。次日炀帝闻得落了冰片，打坏琼花，只叫可恼。及起驾到琼花观一看，只存一株枯木，心下不乐，因问众臣道："卿等可知有游览之所，待朕一观否？"闪出个宇文化及奏道："臣闻金山比扬州更好。"炀帝大喜，遂登上龙舟，吩咐往金山游览。化及令家将速至瓜州，备办彩船千只，游于江中。劳民伤财，百姓嗟苦。

炀帝龙舟出了瓜州，来到江中，见彩船无数，心中大喜，来到金山，将舟停住，摆驾上山。那炀帝在金山行宫内，四下观看，见江山澄空，舟船如蚁，心中得意。

是夜在行宫歇息，炀帝睡去，只见父王文帝及太子杨勇、仆射伍建章，和无数冤鬼，前来讨命。忽见一只金犬赶上前来，众鬼方才避去。炀帝惊醒，却是一场大梦。次日炀帝将此梦问宇文化及，不知吉凶若何？化及奏道：“金犬者，娄金狗也。今魏国公李密，乃娄金狗转世。主公回转江都，除了此人便了。”

过了两日，炀帝傅旨，驾回江都。同萧后上了龙舟，进得瓜州。彩女在岸挽牵锦缆。此时李密随驾，乘了一匹骏马在岸上观看。只见萧后在龙舟内观览岸边风景，果然有天姿国色之容，闭月羞花之貌，不觉魂销魄散，只是不住眼的观看。那萧后偶然抬头看见，便大怒问宫妃道：“这岸上乘马的是谁？”宫妃道：“是魏国公李密。”萧后听了，暗记在心。待来到江都，炀帝命摆驾入城，进了行宫。当晚萧后便奏李密偷看之事，炀帝大怒道：“这厮无礼可恶！”

次日坐朝，命夏国公窦建德，将李密绑出法场斩首。建德领旨，就将李密绑出西郊，限午时处斩。此时正是辰末巳初，李密谓建德道：“小弟与兄，情同骨肉，今弟无辜受戮，何不一言保奏？”建德道：“圣旨已出，谁敢保奏？今事已如此，兄长不必忧虑，弟自有相救之策。”忽朱灿闻圣上要将李密处斩，心中大惊，跑到法场，就与建德商议，救出李密。又有琼花太守王世充，因段达在洛阳招兵数万，前日有书来相请，欲要反出，未得其便。今见李密无故受戮，心中不平，恰好炀帝差他为催刑官，手执小旗，走进法场。三人遂相议定，朱灿将刀割断绑索，放了李密。四人各执兵器，带了家将，反出江都。有行刑军忙通报与宇文化及，化及闻报大惊，即来奏闻。炀帝大怒，即令世民、柴绍、元霸追赶。三人领旨，离了江都，也不追赶，竟回太原去了。

这窦建德逃到四明州，遇见故人刘黑闼，与蔡建方、苏定方、梁廷方招集亡命，连夜取了明州，杀了张称金，尽降其众，自称夏明王。封任宗为军师，刘黑闼为元帅，苏定方、蔡建方、梁廷方、杜明方为大将军，按下不表。

再说王世充逃到洛阳，段达接着问道：“主公为何今日才来？”世充把救李密之事，说了一遍，段达大喜。次日，王世充自称为洛阳王，以法嗣为军师，段达为元帅，周甫、王林为大将，此话不表。

再说朱灿逃到楚州，适值高士达无道，被手下杀死，国中无主，要推一人为王，并无一个有力量有肝胆的人。这一天正遇见朱灿，睡在庙中，众人见他有火光照体，就立他为南阳王，按下不表。

且说李密逃至黎阳，来见越国公杨素。杨素原与密是至好，留他在府中住了几日。李密见杨素并不升坐大堂，问其何故。杨素道：“不要说起。前日我坐大堂，见有五个恶鬼，现形乱扯乱打，所以不坐。”李密道：“千岁今日可坐坐去，待李密看是何物作怪，待我除之。”杨素即同李密到大堂，杨素一坐上去，果见几个鬼，青面獠牙，将杨素乱扯乱打。李密大怒，拔出宝剑，照定鬼身砍去，鬼并不见，却把杨素砍死在地。这杨素今日大数该绝，故被李密杀了。当下杨素之子杨玄感，见父亲被杀，即将李密拿下，痛打一番，上了囚车，亲自押解朝廷，奏诉处斩。

再说瓦岗寨程咬金，这日临朝，对众人道：“我这皇帝做得辛苦，绝早要起来，夜深还不睡，何苦如此！如今不做皇帝了！”就把头上金冠除下，身上龙袍脱落，走下来叫道：“哪个愿做的上去，我让他吧！”众将道：“主公何故如此？”咬金又叫道：“我真不做了！”徐茂公暗想：“他原只得三年，运气今已满了。军中无主，如何是好？”便屈指一算，叫声列位将军，有个真主到了。未知真主是谁，且听下回分解。

第三十六回　众将攻打临阳关　伯当偷盗呼雷豹

众将问道：“真主在哪里？”茂公道：“真主误罹人命，被仇家捉住，押解送朝廷治罪，如今已到瓦岗东路了。”程咬金道：“有这等事，待我去救他来。”说罢，就提斧上马，竟从东门而去。茂公即同众将上马出城，往东起来。那杨玄感正押着囚车赶路而来，咬金望见明白，飞马跑去，玄感措手不及，被咬金一斧砍作两段。后面茂公同众将赶来，杀散从人，打开囚车，取过金冠龙袍，请李密上辇回城。李密道："小可李密，正犯大罪，今蒙列位相救，愿为小卒足矣，焉敢出此异望？"徐茂公道："天数已定，主公不必多虑。"李密大喜，上辇回到瓦岗寨，众将俱更朝服，请李密升殿。众文武参贺毕，降旨改天年，立国号，自立为西魏王，改瓦岗寨为金墉城。咬金把家眷移出府外，另居别第。李密遂封徐茂公为军师，魏征为丞相，秦琼为飞虎将军，邱瑞为猛虎将军，王伯当为雄虎将军，程咬金为螭虎将军，单雄信为烈虎将军。其余众将，封为七骠八猛十二骑将军，大开筵宴庆贺。

稍停两月，李密下旨取五关，杀上江都，捉拿昏君。加封叔宝为扫隋兵马大元帅，程咬金为先锋，徐茂公为行军军师，邱瑞、单雄信、裴元庆为运粮官。其余众将，悉令随征。裴仁基协同魏征守国保驾，兴兵二十万，杀奔临阳关而来。

离关不远，放炮安营。那临阳关是尚师徒新来镇守，当时程咬金为先锋，先来抵关讨战。尚师徒闻知，手执提炉枪，上了呼雷豹，出关对敌，见了咬金大喝道："你这呆犬，怎么皇帝不做，让与别人？今又领兵出战，分明是来送死！"咬金道："俺不喜欢做皇帝，与你何干？如今情愿做先锋，出阵交兵，好不快活。你若知事，快快下马投降，免我动手。"尚师徒道："你这呆子，说这无气力的屁话！"咬金笑道："胡说！你说我无气力，来试试我的家伙吧！"即举宣花斧砍来，尚师徒知他三斧厉害，第四斧就无用了。忙把枪架住他斧，就把这匹坐骑领上痒毛一扯，那马两耳一竖，呼的一声吼，口中吐出黑烟。那咬金的坐骑一跤跌倒，四脚朝天，尿屁直流，把咬金跌下马来。尚师徒喝一声："与我拿了。"当下众兵把程咬金绑入关中去了。

西魏败兵报进营来，说："先锋程咬金被尚师徒活捉去了！"叔宝闻报大惊。正要发兵，忽报运粮官邱爷到了。叔宝命左右请入帐中。相见毕，叔宝把咬金被捉的话，说了一遍。邱瑞道："元帅放心，尚师徒的武艺，是老夫传授他的。向来师生情重，待我去劝他前来归降。"

正谈论间，忽报尚师徒讨战，邱瑞道："元帅放心，他今讨战，老夫即去叫他来。"遂上马来到阵前。尚师徒一见，口称："老师在上，弟子甲胄在身，不能全礼，马上打拱了。"邱瑞道："贤契少礼，老夫有一言相告。"尚师徒道："不知老师有何言语？"邱瑞道："当今主上无道，弑父杀兄，奸嫂欺娘，杀害忠良，以致天下大乱。料来气数不久，贤契何不弃暗投明，同老夫为一殿之臣，岂不为妙？贤契请自熟思。"师徒闻言，高叫一声道："老师差矣！自古道：'食君之禄，必当分君之忧。'你这些言语，只可对那贪财慕禄之人说，我尚师徒忠心赤胆，岂肯效那鼠辈之行？今日各为其主，只恐举手不容情，劝老师早早回去为是。"邱瑞听了大怒，举起鞭来，照头就打。尚师徒把枪架住，叫："老师不要动怒，还是回去吧！"邱瑞哪里肯听，又是一鞭。尚师徒举枪来迎，战了八九合，尚师徒把呼雷豹领上痒毛一扯，吼叫一声，口中吐出黑烟，把邱瑞的坐骑跌翻在地。尚师徒道："报居以忠，容情便不忠了。"提起枪，就把邱瑞刺死。

败兵报知叔宝，叔宝大怒，上马出城，叫声："尚师徒，俺秦叔宝在此，特来会你。先有一言奉告。"尚师徒道："有何话说？"叔宝道："我知你乃顶天立地的男子，如上阵交锋，生擒活捉，枪挑剑刺，是个手段，死也甘心。你却倚了脚力本事，弄他叫一声，使人跌下马来，你就捉去，岂是好汉所为？"尚师徒道："你说得有理。我今不用坐骑之力，有本事擒你。"叔宝道："还有一说。我今与你比手段、两下不许暗算，各将人马退远，免生疑忌，才见高低。"尚师徒道："有理！"各把人马一边退到关下，一进退到营前，两下遂举枪齐起。步宝又叫："且住！你的马作怪，我终不放心。若你战我不过，又把坐骑弄起来，岂不仍受你的堀了？要见手段，我们还是下了马，用短兵器步战，就要擒你。"尚师徒微笑道："也罢，就与你步战。"两人齐跳下马，各把枪插在地上，各把马拴在枪杆上，一齐取出鞭铜，就步战起来。

叔宝一头战，只管一步一步往左边退走，尚师徒只管一步一步逼过去。徐茂公看见了，忙令王伯当如此如此。伯当便悄悄走过去，拔起提炉枪，跳上呼雷豹，就飞跑回营来。叔宝眼快，瞟着了王伯当，就又败到落马所在，叫声："尚师徒，我和你仍旧上马吧！"拔了虎头枪，跳上黄骠马。师徒一看道："我的马呢？"叔宝道："想是我一个敝友牵回营去了。"尚师徒道:"可笑你这些人,到底是强盗,怎么把我的马偷去?"叔宝道:"你可放出程咬金来还我,我便还你呼雷豹。"尚师徒道:"我就放程咬金还你,须要对阵交换。"叔宝道:"使得。"尚师徒就叫军士进关,还了程咬金盔甲斧马,送出关来。两边照应,这边放程咬金过来,那边放呼雷豹并枪过去。其时天色已晚,各人收军。

当晚秦叔宝吩咐王伯当,连夜到城东旷野,如此如此。王伯当得令,同几名军士,往城东一株大树底下,掘下一个大窟。伯当钻身伏在下面,令军士用席遮盖,上面放些浮土,众军士遂回营复令。次日,叔宝单骑抵关讨战,尚师徒闻知,跳上呼雷豹出关。交战五六合,叔宝半战半败,望东南而走。师徒紧紧追来,叔宝忽叫:"尚将军,今日不曾与你说过,却是不要动那脚力才好!"尚师徒道:"我昨日说过就是,不必多言。"叔宝道:"口说无凭。我到底疑着这匹马,还是下马战好。"尚师徒道:"我下了马,你好再偷。"叔宝道:"这里是旷野去处,离营七八里路,四下没个人影。哪个跑来偷你的?"尚师徒听了,四下一看,便说:"也罢,就下马战便了。"

二人下了马,都将缰绳拴在树上,交手紧战。叔宝又步步败将过去,尚师徒紧紧追逼,那王伯当在窟中轻轻顶起席,钻出窟来,将呼雷豹解了拴,即跳上身,加鞭回营去了。叔宝兜转身,叫声:"尚将军,我和你仍上马战吧。"遂跳上黄骠马。尚师徒一看叫声:"呵呀,我的马呢?"叔宝笑道:"又是我敝友牵去了。"说罢,大笑回营,气得尚师徒三尸直爆,七孔生烟,只得匆匆回关。

这里叔宝回营,见了呼雷豹,心中大喜。吩咐牵到后槽,急急上料,一面摆酒庆贺。是晚,程咬金想这马为何这等厉害,遂走到后槽看看,只见众马皆远远立着,不敢近他。咬金就把呼雷豹带住,一发将他痒毛一拉,他就嘶叫一声,众马即时跌倒,尿屁直流。咬金摇头道:"为什么生这几根毛,这般厉害?外面好月光,我自原他出支,放过辔头看。"遂将马牵出营来,跳上马背,往前走。一步,扯一扯,那马一声吼叫。程咬金把毛乱扯,那马就乱叫不住,咬金大怒,一发将他这宗痒毛,尽行拔起来。那马性发,颠跳起来,前蹄一起,后蹄一竖,掀翻程咬金在地,逐跑到临阳关来,守关军士认得是元帅坐骑,忙出关带关报知。尚师徒大喜,近身一看,却没有痒毛了,凭你扯他,只是不叫。尚师徒因这马虽然不叫,还是宝驹,便吩咐军士好好上料,按下不表。

单说程咬金当下被呼雷豹掀翻在地,及爬起来,不见了这马,就回营去睡了。次早叔宝升帐,军士报禀此事,叔宝大怒,喝令把咬金绑去砍了。咬金叫道:"秦大哥,你为何轻人重畜,为一匹马,就杀一员大将?而且你我是好朋友,亏你提得起!"叔宝听了,吩咐松了绑,说道:"你这匹夫,不知法度,暂寄下你这颗头,日后将功赎罪。"话未说完,忽见军校来报,尚师徒讨战,叔宝即便提枪上马出营。本知后事如何,且听下回分解。

第三十七回　叔宝戏战尚师徒　元庆丧身火雷阵

当下叔宝出营,尚师徒骂道:"你这伙贼,两次盗我宝驹,将他痒毛拔去,使他不叫。今日相逢,决不饶你!"说着就把枪刺来,叔宝将枪架住,这尚师徒使开这支枪,犹如银龙闪烁,叔宝抵挡不住,回马往北而走。尚师徒紧紧追来,叔宝战一阵,败一阵,直走至一个所在,是一条大涧,水势甚险。有一条石桥,年远坍颓,仰在涧中,已不能走过的了。望到上首,有一根木桥。又见尚师徒赶近,一时手忙,就这一个桥头,把马加上一鞭,要跳过涧去。不料这匹马,战了一日,走得乏了,前蹄一纵,腰肚一软,竟扑落涧中。那水底都是石桥,折在下面,利如快刀。其马跌在石上,连肚皮也破开了,死在水中。叔宝忙将枪向马前尽力一插,却好插在石缝里。就趁势着力,在枪杆上一扳一纵,刮喇一声响,人便将近了岸,那条枪竟折做两段。

叔宝爬到岸上,那尚师徒已从木桥过来,叔宝便取双铜迎敌。尚师徒见他没了枪马,稳杀他,把枪就刺。叔定将身一闪,在左边顺手一铜,却照马腿打来。尚师徒忙伸枪一架,拦开了铜,复手一枪,叔宝又跳在右边。原来叔宝是马快出身,窜纵之法,是他绝技。那尚师徒的枪法虽然高强,却一边在地下,一边在马上,不便施为。怎当得秦叔宝窜来跳去,或前或后,或左或右,东一铜,西一铜!那尚师徒恐怕伤了坐骑,暗想,这个战法，如何拿得他，必须与他步战，方可赢他。遂四下一看，见没有人，就取过双鞭，跳下马，把提炉枪往地上一插，缆定缰绳，抢鞭直取叔宝。叔宝舞锏相迎。两人又斗了一回，叔宝心生一计，将身侧近呼雷豹，连发几锏，大叫一声："兄弟们，走紧一步快来救我。"把双锏往身上一护，就地一滚过去。尚师徒倒缩开了两步，四下一看，不见一个人影。掇转头来，叔宝已跳在马上，连枪拿在手中，跑过木桥，大叫："尚将军，另日拜谢你的枪马吧！"言罢飞跑去了。尚师徒气得目瞪口呆，只得回关，修书去请红泥关总兵新文礼，前来助战。

那秦叔宝得了枪马回营，不胜欢喜。岂知那日叔宝劳倦过度，又在涧中受了一惊，又饥又湿，回来又多饮了酒食，饥寒伤饱。次日发寒发热，病倒营中。徐茂公吩咐诸将紧闭营门，将养叔宝不表。

再说红泥关总兵新文礼，身长丈二，使一条铁方楞，重二百斤，在隋朝算是第十一条好汉。那一日得了尚师徒的请书，便将本关军务，委官料理，自往临阳关而来。尚师徒迎入帅府，将前事备述了一遍，并说："因此特请将军到来，望乞扶持。"新文礼道："不妨，明日待我出马，杀退他便了。"尚师徒称谢，摆酒接风。

次日，新文礼持楞上马出关，抵营讨战。探子忙报入营，徐茂公吩咐紧闭营门，弗与交战。新文礼在营外恶言叫骂，天晚回关，次日又来讨战，令军士百般辱骂。不料运粮官裴元庆解粮到此，望见营外一员大将，领了许多军士，叫骂讨战。元庆大怒，叫手下押过粮草，拿了双锤进前喝道："何处贼将，敢在此无礼！"新文礼听了，回头一看，只见是个小孩子，便喝道："来将何名？"元庆道："俺乃西魏王驾前，天保将军裴元庆便是。你这厮却是何人？"新文礼道："我乃红泥关总兵新文礼便是。你这孩子，要来寻死！"遂把铁方楞照头顶打下，裴元庆把锤往上一击，当的一声响，把铁方楞打断一节。新文礼虎口出血，叫声："呵呀！"回马就走。

元庆紧紧追赶，城上军士，连忙放下吊桥。新文礼上得吊桥，裴元庆追上，照着马尾一锤，打中那马屁股，新文礼跌下水去。元庆却要抢关，城上矢发如雨，因押的粮草未曾交卸明白，便回马转去。城上军士出城，救起新文礼。尚师徒留在帅府，将养了七八天，方才无事。这边裴元庆回至营门，押入粮草，见了徐茂公，给了收粮回批。元庆备言杀退新文礼，诸将庆贺，元庆又去候了叔宝，不表。

再说新文礼将养好了，便与尚师徒商议，先除元庆，而后可破各贼。尚师徒道："下官有一计在此，不怕不除此人。"遂附耳低言，如此如此。新文礼听了喜道："妙计！妙计！"遂差人到城南庆坠山中，暗暗埋下地雷火炮，石壁上令军士预备筐篮伺候。次日，新文礼上马抵城，单要裴元庆出战，探子飞报进城。裴元庆闻报，就要出战，徐茂公止住道："将军今日不宜出马交战，决然不利。"元庆道："军师又来讲腐气的话了！我今日不杀新文礼，也不算成好汉！"竟上马出城去了。徐茂公只是叫苦。众将忙问其故，茂公道："不必多言，这是大数难逃，此去不能活矣！"众将个个惊疑。

当下元庆出营，见是新文礼，举锤便打。文礼挡了一锤，回身向南便走，元庆紧紧追去。新文礼且战且走，引入庆坠山，见两边皆是石壁，直追至窟中。外边军士就塞断了出路，石壁上放下筐篮，新文礼下马坐入筐篮，上边军士把他拽上去，遂点着干柴火箭撒下来，发动地雷，一时烈焰飞腾，可惜这少年勇将裴元庆，就这样烧死在窟中，其年十五岁。

新文礼就乘势领兵冲下山来，又到营前讨战。茂公得报，便说："不好了！裴将军命决休矣！众将可一齐迎敌。"众好汉一声呐喊，各执兵器，杀出营来。战鼓如雷，把新文礼裹在核心，用力大战。那秦叔宝病在床上，忽听得战鼓乱响，叫声秦安："天色已晚，那处交锋，战鼓甚急？"秦安道："只因天保将军被新文礼引到庆坠山中烧死了，新文礼又来冲营，为此众位老爷一齐出战，在那里厮杀。"叔宝闻言，说声："呵呀！"眼珠一挺，忽然昏去。秦安见了忙叫道："大爷，苏醒！大爷，苏醒！"叔宝渐渐醒转，开眼一看，大骂新文礼："这狗头，伤我一员大将，誓必亲杀此贼，快快取我披挂过来。"秦安道："大爷病重，取披挂何用？"叔宝怒道："谁要你管，快去取来！"秦安没奈何，只得取过披挂来。叔宝走下床来，两只脚还是涩流流地抖着。秦安道："大爷，这不是儿戏的，还是睡睡好，且待病好了，杀他未迟。"叔宝道："嗐！不要多话，速去备马，取我双锏来。"秦安又不敢违，只得牵出呼雷豹，又把双锏捧出来。叔宝两手抱了双锏，勉强上马，一只脚踏在镫上，另一只脚又不住地抖，哪里跨得上？便骂秦安道："狗才，还不来扶我一扶！"秦安走过去，攀着肩扶了上去。叔宝才出营门，但见四下灯球火把，如同白昼。众将周围驰骤，喊杀连天。那新文礼在中间，左冲右突，大步奔腾。叔宝一见大怒，两眼一睁，挺身举锏，大叫一声："众兄弟不要放走那厮，俺秦琼来也！"谁知这一声大叫，浑身毛孔都开，出了一身大汗，身子就松了大半，一马冲进阵内。众人看见，齐吃一惊。新文礼举起铁方槊，正要迎击，却因被金墉诸将围杀半天，弄得筋疲力尽。忽然头一眩晕，手法错乱，铁方槊还未压下，便被叔宝纵马一锏，打倒在地。众将一齐上前，把他剁为肉酱。

那尚师徒闻知新文礼被围，正领兵来救，亦被众将围住。徐茂公乘势连夜领兵抢关，叔宝见尚师徒与众将混战，便叫："尚将军，你关隘已失，何苦如此恋战？我劝你不如降了吧！"尚师徒回头一看，果见关上灯火通明，呐喊奔驰，遂长叹道："罢了，我不能为朝廷争气，死有何惜！"遂拔剑自刎而死。

叔宝遂得了尚师徒盔甲，领兵入关，并令人到庆坠山收取元庆骸骨安葬，一面发兵来取红泥关。

到了关下，将新文礼首级示关上军士，把他们归降。军士见主将被杀，一齐开关投降。叔宝入城安民，养兵三日，又起兵往东岭关进发。未知后事如何，且听下回分解。

第三十八回　打铜旗秦琼破阵　挑世雄罗成立功

这东岭关守将，乃杨义臣，官拜大元帅，有万夫不当之勇。他有五个儿子，名唤杨龙、杨虎、杨豹、杨熊、杨彪，都有本事。当下闻报叔宝来取东岭关，即聚众将计议道："叔宝为帅，十分勇猛，此人只可计擒，不可力敌。可在关外摆下一阵，周围用二十万雄兵把守，中间立一旗杆，用八枝大木头，合成一枝，长有十丈，上边放着一个大方斗。那斗有一丈余大，内坐二十四名神箭手。叫东方伯为守旗大将，此人有万夫不当之勇，黄面赤须，使一把大刀，站立在铜旗之下。此阵名铜旗阵，外又摆着八面金锁阵，内藏绊马索、铁蒺藜、陷马坑，只待叔宝闯来，必定被擒。除了此人，西魏易破矣！"杨义臣又写一封书，差官到幽州请罗艺前来，保守铜旗。差官奉命，往幽州而去。

却说燕山罗元帅，得了杨义臣的书，大惊道："原来西魏王造反，秦琼为帅，已夺数关，兵到东岭，来接我去，保守铜旗阵。"即对差官道："你且先回，本帅身为元戎，汛地难离，恐防进外扰乱。就差公子罗成前去，擒拿反贼便了。"差官谢了，竟回东岭关报知。那罗公吩咐罗成道："你去保守铜旗，不要认那反贼为亲。必要生擒见我，待为父的亲斩此贼，不可违令！"罗成道："爹爹放心，儿是隋家之将，他为金墉之帅，两下交兵，各为其主，岂肯为私而丧国家大事？"罗公大喜，叫声："我儿，若能如此，我心无忧矣！你可速速收拾，即便动身。"

罗成应诺，即回身走入内堂收拾，暗暗对母亲说知。夫人道："我儿，你爹爹的话，你却听他不得。须看你娘的面上，只有一个表兄，你前去切不可助那杨义臣，却要助你表兄破阵。"罗成道："孩儿晓得。但助了表兄，人人得知，回来见了爹爹，性命不保。"夫人道："孩儿，你此去，只消明保铜旗，暗助西魏，随机应变。若保了表兄，不要回来便了。"罗成领命，答道："孩儿知道了。"遂收拾盔甲马匹军器，出来拜别爹娘，不带人马，只同二十名家将，竟奔东岭关而来，心中想道："我且慢往东岭关，先去见过表兄，通知消息，然后到东岭，会杨义臣便了。"主意已定，竟往西魏营中而来。

隔了几日，西魏营军士报进幽州罗公子要见，茂公同秦琼出营，迎接入内，施礼毕，吩咐摆酒接风。席间罗成问道："曾与杨义臣交兵否？"茂公道："尚未曾交兵。因杨义臣排下一座铜旗阵，外面又有八门金锁阵，要你表兄独打铜旗，故而未敢进兵。今公子到此，必有所教。"罗成道："小弟自幼看过兵书，凭他什么阵图，无不晓得。但家父甚怪表兄，不与王家出力，反助西魏夺寨，命小弟前来保护铜旗，共助义臣，大破西魏。"叔宝道："表弟若如此，金墉兵士难保矣！"罗成道："表兄勿忧，小弟蒙母亲吩咐，明保铜旗，暗助西魏。表兄若打阵时，小弟在内照应，决不使表兄受亏。若打倒铜旗，义臣这厮，就不相干了。"茂公大喜，罗成告别，众将送出营外，带了家将，来到东岭关。杨义臣闻报,率领家将,迎入关中,摆酒接风,此话不表。

再说单雄信在席上,听得罗成言语,心中想道:"这贼种,看得西魏无人,全夸自己十分本事,使我心内不平。我想这铜旗阵,有什么厉害?我今晚且瞒过诸将,也不与叔宝得知,就悄悄杀奔前去,把这铜旗阵打倒,叫他笑笑。"遂提金顶枣阳槊,上马出营,竟往东岭。来到阵边,大叫一声,竟从休门杀入阵去。那隋兵叫道:"有人冲入阵了。"万弩齐发,箭如雨下。雄信见势不好,把槊乱打,将箭拨开,往东冲来,要逃性命。那东边哪里杀得出?又走到西边,见西边地下,都是些绊马索、铁蒺藜、陷马坑。雄信大叫如雷道:"不想吾单通死于此地矣!"

正在慌张,忽见一将奔来,大叫道:"员外不要心慌,随俺来。"雄信听了,只得随那将杀出,并无拦阻。雄信道:"恩公请通名姓,后当图报。"那将道:"小将姓黑名如龙,乃鬼闪关总兵。向年流落山西,蒙员外周济,赠我盘费,使我回家,得投杨义臣标下。今升总兵,皆员外之恩也。今员外从休门而入,决是不知阵法,我故从生门领你出来,请快快前往,不可耽搁。"雄信称谢去了。黑如龙回进营来,杨义臣早已得知,十分大怒,把黑如龙斩首示众,此话不表。

再说叔宝在营,齐集众将,不见单雄信,即道:"单二哥不见,军师快快查他。"茂公道:"元帅有所不知,今日罗成到来,口出大言,显见得西魏无有人物倒得铜旗。单二哥是个直性的人,他心中不服,必是私自去打阵了。"叔宝道:"快些点兵去救!"茂公屈指一算,道:"元帅不要着忙,单二哥已有人救出阵了。但他不到西魏,又要往别处去了,待我差人去接他回来。"说罢,遂吩咐王伯当,速速到太平庄饭店,请单二哥回来。伯当领命去了。

却说单雄信当时走出阵来,心中想道:"我今不到西魏去了,省得受人的气,不如往别处去吧!"遂走了二十多里路,天色大明,远远见一所庄子,就想到那里投了饭店,吃了早饭再走。及行到庄前,入店吃完饭,正要出门,忽见王伯当走入店中来。伯当道:"单二哥,你为何昨夜私自出来,走到这里?"雄信道:"兄弟不要说起。昨夜愚兄见罗成这小贼种,好不着恼。向年庆秦伯母生辰,受他一场吃亏,至今心中还不干休。谁想他昨晚到来,因秦大哥十分奉承,他又口出大言,说铜旗怎么样长短,许多噜噜苏苏。我向年大反山东,我一人在黄泥岗,杀退唐璧数万人马,哪里在我心上?因此瞒了元帅,私自开兵。倘杀破了铜旗阵,羞这小贼种一场,出出心中恶气,也是好的。不料杀入铜旗阵,果然厉害,只有进路,没有出路,险些送了性命,幸亏一个朋友叫黑如龙,救我出来,所以到此。"王伯当道:"元帅昨夜不见二哥,好不着急!军师算定你在这里,因此差弟来接你回去吧。"雄信听了,与伯当出店上马,回到营来,叔宝接着大喜。

次日,茂公对叔宝道:"元帅今日先去探一阵,明日好倒铜旗。"叔宝闻言,遂提枪跳上呼雷豹,来到阵前,大叫:"隋兵让开路,俺秦琼来破阵也!"那隋兵万弩齐发,箭如雨下,叔宝把枪一拨,向箭丛中冲入阵来,却从旗杆边杀进。那些将士齐声呐喊,将叔宝困在核心,叔宝左冲右突,不得出来。忽见坐骑呼雷豹,两耳一竖,鼻子一张,大叫一声,放出一道黑气。只见那阵中千万匹马,一齐扑倒,叔宝一马冲出阵来,回到本营,对众将道:"这铜旗有些难倒,阔有一丈,高有十丈,上有一个大方斗,斗内藏二十四名神箭手。休说倒得来,连近也近他不得。"徐茂公道:"元帅不必心焦,明日点将,四面杀入。元帅竟去倒旗,包他箭不能发,自有神人暗助,决倒铜旗。"叔宝闻言,疑信参半。

次日,徐茂公令王伯当、谢映登,领一千兵从东阵杀入,令齐国远、李如珪,领一千兵从南阵杀入;令尉迟南、尉迟北,领一千兵从西阵杀入,令史大奈、张公瑾,领兵一千从北阵杀入。其余各将,各按方向而入,秦叔宝从正中杀入。那罗成在将台上,见四面八方,杀入阵中,下令叫台上神箭手,不许放箭,看他们如何倒得铜旗。叔宝一马冲入阵来,有杨龙、杨虎拦住交战,被叔宝架开刀,一枪刺死杨龙。杨虎要走,亦被叔宝刺死,遂奔到铜旗下,取出金装铜,照铜旗尽力一打,双手一合,又打一铜。铜旗已有些摇动了,叔宝使着生平气力,接着又是一铜,哄通一声,震天地响,铜旗竟倒了,跌死了二十四名神箭手。这唤作"三铜打铜旗"。当下东方伯、杨豹、杨彪、杨熊一齐杀来,叔宝极力抵挡,哪里抵挡得住?罗成在将台上望见,即提枪上马冲来,众将只道他来助战,不想马到面前,一枪断送了东方伯的性命,又取铜打死杨豹、杨彪。众将大惊,齐叫:"罗成反了!"那杨义臣一闻罗成反了,长叹一声:"罢了!"遂拔剑自刎而亡。

当下金墉众将，一齐杀入。那杨熊飞马逃出东营，不想撞着王伯当，被他一箭射死。二十万隋兵，一齐归降。茂公鸣金收兵，大军遂进东岭。众将会了罗成，十分大喜。叔宝道："兄弟，你如今回不得燕山了！"罗成道："小弟未来之时，已与母亲说过，竟保魏王。不必回去了。"叔宝大喜，摆酒庆贺。

到了次日，忽见魏王有旨到来，说有涿州留守辈世雄，兴兵十万，来犯金墉，老将军裴仁基战死。叔宝大惊，下令退军，以救金墉。不日兵回金墉，果见许多兵马，围着城池。罗成道："小弟初来，并无尺寸之功，愿斩世雄，以为进身之路。"叔宝大喜。罗成提枪上马，大喝一声，杀入其营。那些涿州兵看见罗成杀入营来，一齐发弩，箭如雨点。罗成把枪一摆，箭头纷纷落地，哄的一声，冲入营中。枪到处纷纷落马，铜到处个个身亡。众军齐声呐喊，辈世雄闻知，提刀赶来，大喊："来将何名？"罗成道："我罗成便是。你这厮可是辈世雄吗？"世雄道："然也。"即把刀砍来。罗成拦开刀，把枪往世雄咽喉一刺，将世雄挑下马去。这边叔宝大兵杀入，把世雄十万大兵，杀个干净，鸣金收兵入城。叔宝、罗成上殿，细奏前事，魏王大悦，封罗成为猛虎大将军，罗成谢恩出殿，自去秦家拜见舅母。未知后事如何，且听下回分解。

第三十九回　创帝业李渊举兵　锄反王杨林划策

却说太原唐公李渊德高望重，手下兵多将勇，见炀帝游幸未归，天下大乱，就益发修理甲兵，渐有问鼎中原之志。

一日，唐公召建成、世民、元吉、元霸，并李靖、袁天罡、李淳风、长孙无忌、长孙顺德、殷开山、马三保及一班将士商量国事。世民道："今主上无道，百姓困穷，晋阳城外，变为战场。大人若守小节，下有寇盗，上有惊危，亡日无矣！不若乘此机会，成就帝业，实天授之时也。且太原兵多粮足，扫除暴乱，直如探囊取物耳！"唐公听了，沉吟半晌，乃叹曰："今日破家亡躯，亦由汝，化家为国，亦由汝矣。"遂点齐众将，分布各门，鸣金击鼓，升大殿，即王位。众将朝贺参拜毕，自称唐王，立建成为世子，封李靖为护国军师，袁天罡、李淳风为左右军师，其余众将，个个受封。令元霸为先锋，来取长安。一路关隘守将，那个是元霸的对手，到处无敌，势如破竹。不几日，得河西，取潼关，杀入长安。唐王下旨安民，诸将皆劝唐王即皇帝位，唐王道："不可。"乃立代王杨侑为皇帝，尊炀帝为太上皇。时杨侑年十岁，权柄尽归唐王，此话不表。再说燕山罗艺，自罗成去后，放心不下。忽报罗成里应外合，破了铜旗阵，降了金墉。罗公闻信，气得半死。正要兴兵去拿罗成，忽报明州夏明王窦建德，差刘黑闼为元帅，苏定方为先锋，领兵来犯燕山。罗公正在大怒，又闻此报，火上添油，即忙点兵出城。罗公一马上前，不问来由，举枪便刺。苏定方举戟相迎，不及三合，定方败走。罗公赶来，定方拈弓搭箭，回身射击，正中罗公左目，大叫一声，回马便走入城，定方领兵围住。罗公败回帅府，眼中取出毒箭，疼痛不止，死于后堂，老夫人大哭。当下他的义男罗春说道："夫人不必哭，且商议正事。老爷已死，军中无主，倘贼兵攻进城来，如何是好？如今可把老爷尸首火化，收拾骸骨，小人出去，令三军随后，到金墉公子那边投奔便了。"夫人听了，即令家将火化老爷尸首，包了骸骨。罗春吩咐三军随行，大家收拾端正。到了黄昏，罗春保夫人与众将，大开南门杀出来，向金墉而去。刘黑闼领兵进城，得了燕山不表。

再说罗春与众将，保夫人行到金墉，罗春先进城，将这事报知罗成。罗成大哭一声，晕倒在地。叔宝叫醒扶起，出城迎接夫人进城，秦母姑嫂相逢，放声大哭。罗成在府开丧，随来众将，分头调用，择日将罗公骸骨埋葬，不表。

且说登州靠山王杨林，闻李渊得了长安，天下大半俱属反王，心中忧闷。即来朝见炀帝，定下计策，要灭反王。发十八道圣旨，会齐天下反王，各路烟尘，不论他州外国之人，齐上扬州演武。反王中有武艺高强，抢得状元者，立地为反王头儿，必须年年进贡。这个计策，意思要众反王到来，使他先自相杀一阵，伤残一半。教场里先埋下西瓜火炮，俱用竹筒引着药线，待演武后，点着药线，放起大炮，又打死他大半。其余逃脱的，在扬州城上放下千斤闸，把他们再闸死一半。再有逃脱的，杨林自与一个继子，叫作殷岳，也有十分本事，同领一支兵，埋伏在龙鳞山，拦住剿杀。宇文成都领大兵，保炀帝在西苑。这旨一下，各处反王并烟尘，及他州外国，纷纷而来。

那靠山王杨林，闻知沱罗寨伍天锡英雄，随差人前去，聘他来镇守天昌关，挡那各路反王，俱要关前考武，考过武举，然后进关抢状元。伍天锡闻召大喜道："我正要到扬州，不想有这机会，这昏君少不得死在我手里。"忙点兵马到天昌关，等候各路反王。

那各路反王到了天昌关，正要进关，看见一将红面黄须，立于关前，高叫："众王听着，俺伍天锡奉靠山王令旨：如有将士，在我马前战三合者，中为武举，然后进关抢状元。如不能战三合者，休想进关！"众反王闻此言，俱扎营关外，商议这事。忽见李子通元帅伍云召上前说道："众王爷在上，那天昌关守将，是小将的兄弟。待小将明日去对他说，他自然放进关中。"众反王道："甚妙！"

次日，伍云召率众反王至关下，军士通报，伍天锡听了，便手执混金铛，开关出来，看见伍云召在前，众反王并众将在后，遂问："哥哥也来考武举吗？"云召道："然也。我闻扬州开科考状，兄弟怎么听信杨林，在此考武举？"天锡道："哥哥但知其一，不知其二。我岂不晓得？然我在此，却有益于众反王。哥哥进场，须要小心，场中不怀好意，作速同众王进关，见机而作。"众反王大喜，同伍云召并诸将进关，来到扬州，都扎营在城外安歇，不表。

再说李元霸征西番回来，朝过父王，问道："哥哥秦王哪里去了？"唐王道："他往扬州考武去了。"元霸道："既如此，我也要去考武。"唐王道："你去不可生事。"元霸道："晓得。"遂同家将四名，星夜赶到天昌关。忽见有几家反王来迎接，元霸道："你们为何还在这里？"众王道："千岁有所不知，众王先来，早已进去了。我们来迟了几日，还在这里。如今天昌关有一主考，要进武场，必要在他马前战三合。战得过，算中武举，战不过，性命难保。"元霸道："有这等事！待孤家先考过了，然后列位王兄来考。"言未毕，忽走出一员大将，姓梁名师泰，生得金脸红须，手执双锤，实再猛勇，乃是元霸面前开路将军，上前叫道："千岁爷且慢前往，待末将先与他比个高下，再处。"元霸道："既如此，你先去。"未知此去如何，且听下回分解。

第四十回

罗成力抢状元魁
阔海压死千金闸

当下梁师泰把马一拍，冲到关前，众反王同元霸也到关外。梁师泰叫声："关上军士，快报主试知道，今有众反王到此，要考武举进场。"只见关上放炮三声，关门大开。伍天锡一马跑出，看见梁师泰不是良善之相，不如先下手为妙。就把混金铛劈头盖下，师泰把双锤一架，震得两臂酸麻。天锡又是一铛，师泰又把双锤一架，面上失色。天锡见了，将混金铛又望顶上盖下，师泰躲闪不及，正中头盔，跌下马来，复一铛结果了性命，大叫道："哪一位敢再来考？"李元霸看见大怒，纵马进前道："孤家来了！"伍天锡见是李元霸，大惊失色道："千岁为何也来考试？末将让千岁进关。"元霸大喝道："红面贼，你把孤家开路将打死了，孤家来取你命也。"就把锤打来，伍天锡只得把混金铛一架，震得两手流血，回马就走。元霸一马赶来，伸手照背心一提，提过马来，往空中一抛，又接住脚，双手一撕，分为两开，众反王遂同元霸进关。不料外国兴兵来犯边庭，兵势甚锐，唐王差官来召元霸，回去迎敌。元霸闻召，即辞众王回去，此话不表。

再说众反王齐集，同到扬州，有封德仪出城招接，请到教场安歇。次日，众王与外邦烟尘，齐到演武场，分列两行，等候演武。不多时，三声炮响，监军官封德仪升堂，各邦众将上前打拱。只有白御王高谈圣的元帅雄阔海未到。那雄阔海因武林公公，闻知这个信息，也连夜赶来，不表。

再说封德仪与众将打拱过，各归本位，就吩咐取武状元盔甲袍带，摆在演武厅上，遂传令道："有人能夺此状元盔甲袍带者，称为国首，汝等有本事的，进前来取。"这令一下，早有山后定阳王刘武周先锋甄翟儿，把斧出马，大叫道："待我取状元，谁敢与俺比武？"早有洛阳东镇王王世充元帅段达，持戟出马，大叫一声："我来与你比武。"二人战了数合，被甄翟儿砍作两段。又有知世王王薄的大将彭虎，用竹节钢鞭来战，未及三合,亦被甄翟儿砍了。又有净秦王徐元朗的元帅暴天虎,出马交战,又被他砍了,遂大叫道:"谁人敢来夺俺的状元?"忽见金墉虎将王伯当,手执银枪,出马交战数合。伯当放下银枪,取出弓箭射去,正中甄翟儿咽喉,翻身坠落马下。王伯当大叫道:"谁敢来抢状元?"有突厥老英王的大将铁木金,使一条铁棒,大喝道:"我来也!"两下交锋,不及三四合,伯当抵敌不住,败回本阵。又有寿州王李子通的元帅伍云召,拿一条枪出马,大叫道:"待我来抢状元!"举枪刺来,铁木金将棒一架,云召把枪逼开棒,又是一枪,把铁木金刺落马下,却有高丽国的大将左雄,手执板斧,骑一匹异马,没有尾巴,名为"没尾狗",大叫道:"留下状元,我来也。"就与伍云召交战,左雄不能敌,回马便走。云召拍马赶来,左雄把没尾驹头上连打几下,那马前蹄一低,后蹄一立,屁股内一声响,撒出一丈多长的尾巴来,向后一扫,把云召的头打得粉碎,死于马下。叔宝大怒,催开呼雷豹来战左雄。战了数合,左雄回马就走,叔宝赶来,左雄又将没尾驹连拍几拍,又撒出尾巴来。叔宝叫声:"不好!"把身往后一侧,一尾打中呼雷豹的头,那呼雷豹十分疼痛,吼叫一声,口中吐出黑烟,那没尾驹扑地跌倒了,尿屁直流。叔宝一枪先刺倒没尾驹,后刺死左雄。有楚国雷大鹏的大将金德明拿起大刀来战叔宝。未及三合,见叔宝本事高强,难以取胜。一手举刀招架,一手暗扯铜锤,闪的一锤,正中叔宝左手,叔宝回马便走。罗成大怒,挺枪来战,耍的一声,刺中金德明咽喉,死于马下。

那罗成算是第七条好汉。第一条好汉李元霸,第二条好汉宇文成都,皆不在此。第三条好汉裴元庆已死了,第四条好汉雄阔海还未到。第五条好汉伍云召,第六条好汉伍天锡,亦皆死了。除了这六人,那个是罗成的对手?纵有众王将官来夺,被他把枪连挑四十二将下马,其余一个也不敢来,竟取了状元盔甲袍带。

忽听得演武厅后三声炮响,原来这小地一响,然后点着大炮的药线。岂知竹筒内药线湿了,再也不响,众反王都有些知觉,防有不测之变,便一齐上马,飞奔到城下,忽听得一声炮响,城上放下千斤闸来。那雄阔海刚刚来到城门口,只见上边放下闸来,忙下马来,一手托住,大叫道:"众王爷,里面有变吗?"众王爷道:"正是。"阔海道:"既然有变,趁我托住千斤闸在此,你们快走出城去。"那十八家王子,与各路烟尘,一齐争出城来,刚刚都走脱了。雄阔海因跑了一日一夜,肚子饥饿,身子已乏。跑到这里,就托了这半日千斤闸,上边又有许多人狠命地推下来。他头一晕,手一松,扑挞一声,压死在城下。

这里众王子往前取路而行,奔到龙鳞山,忽听得一声炮响,伏兵齐出。当先一将,正是杨林,手提囚龙棒打来。罗成挺枪相迎,两下交战,未及三合,罗成回马便走。杨林拍马赶来,看看赶到,罗成反身把枪一举,杨林把囚龙棒往下一按。不料枪不及架,往上一举,正中咽喉,杨林跌下马来,死于地下。叔宝道:"兄弟,好回马枪呵!"那时殷岳大怒,拍马把狼牙棒杀来,叔宝举提炉枪迎敌,大战三十余合,不分胜负。叔宝回马便走,殷岳随后赶来。叔宝左手执枪,右手举铜,见殷岳一棒打来,叔宝把枪折在后背一架,扭回身来,耍的一铜,把殷岳打下马来。复一枪,呜呼哀哉。罗成道:"哥哥好杀手铜呵!"二人大笑,把伏兵杀退,众反王各自回国不表。

且说炀帝见计不成,杨林又死,料必灭亡,便与萧后众美人道:"朕大事去矣!快共饮酒,趁早快活。"酒后,取镜自照道:"好头颈,谁来砍之?"萧后道:"陛下何出此不利之言!为今之计,奈何?"炀帝道:"中原已乱,无心北归,欲保江东,以听天命。"遂下旨整治丹阳宫不表。

且说宇文化及见天意丧隋,英雄四起,遂与诸将共谋篡位,令宇文成都连夜领兵入宫。有虎卫将军独孤盛,领兵前来拦住,被成都把流金镋结果掉,众人惧怕,一齐归服。

炀帝闻变,逃于东阁,被校尉令狐行达扶出。帝见成都道:"朕有何罪?"成都道:"你弑父酖兄,纳娘图嫂,又兼穷奢极欲,以致盗贼四起,何谓无罪?"遂进前欲杀炀帝。炀帝道:"天子死自有法,何得加以锋刃?"成都就把炀帝缢死,又将皇室宗亲,尽皆杀戮。是日化及登基,即皇帝位,国号大许,封成都为武安王,智及、士为左右丞相。欲知化及后来如何,且听下回分解。

第四十一回　甘泉关众王聚会　李元霸玉玺独收

却说唐王李渊，闻知宇文化及杀了炀帝，放声大哭，遥祭炀帝灵魂，开丧挂白。诸将皆劝李渊即皇帝位，李渊犹豫未决，适恭帝侑知天意在唐，遂禅位于李渊。李渊再拜受命，戴冕冠，披黄袍，开大殿，即皇帝位，是为高祖神尧皇帝。众臣朝贺毕，高祖下旨，国号大唐，改元武德。封世子建成为殷王，立为太子。次子世民为秦王，三子元吉为齐王，四子元霸为赵王，李靖为魏国公，马三保为开国公，殷开山为定国公，长孙无忌为楚国公。其余文武百官，各加封赏。废恭帝侑为谯国公。众臣一齐谢恩。李靖拜辞高祖，云游海外，此话不表。

再说西魏王李密，闻炀帝被宇文化及所弑，自立为许帝，心中大怒。即与军师徐茂公商议，发下十八道矫旨，差十八员官，遍约各家反王，兴兵征讨反贼。俱齐集在甘泉关相会，如不到者，以反贼论。这矫旨一传，各路反王，果然兴师到甘泉关。唯有大唐李渊这支兵不见来，他却在宇文化及背后杀来，故此不曾来会。看官要晓得，为什么自背后杀来？原来高祖当日得了李密的矫旨，聚集众官商议，可差何人往扬州会杀宇文化及，抢取传国玉玺来。李淳风出班奏道："陛下欲诛宇文化及，并获得传国玉玺，非赵王李元霸前去不可。"高祖准奏，即着李元霸领三千骁骑，出潼关而来，化及闻报，即差宇文成都到潼关去拒敌，成都领旨，提兵前往潼关迎敌，这且慢表。

再说甘泉关众王子会齐，大家计议道："必须举一人为十八邦都元帅，提调人马，方有约束。只是大将无数在此，举得那个好？"徐茂公道："有个方法在此，凭天吩咐，将甘泉关闭了，一人叫三声，谁叫得关开，就推他为十八邦都元帅。"众王子齐说道："有理！"当下闭上关门。先是十八邦的反王，一个个叫过去，然后众将大家各依次序叫去，哪里叫得开？轮到程咬金，他便夸口说道："我当初做混世魔王，三斧头取了瓦岗，何况这座关门，让我来叫他开。"遂向前大叫道："关门！关门！你依了老程开了吧！"说也奇怪，才叫得两声，只听得一阵狂风，呼的一声响，两扇关门就大开了。程咬金大笑道："何如？还要让我当。"当下众人信服，推他上台，拜了十八邦都元帅之职。十八邦大小将官，一齐下拜。当下程咬金分三军杀奔江都而来。

宇文化及在江都闻十八路反王，合兵一百八十万，由甘泉关杀奔前来，心中大惊。只得留兄弟文士及守扬州，自己带了肃后与宫娥，连夜逃奔，放淮而去。这里众王子一到城下，宇文士及就开城投降。咬金下令众将官无分昼夜，追赶宇文化及，违令者军法从事。众将只得星夜赶来。这且慢表。

且说宇文成都领兵十万，在潼关紫金山下。不料唐兵杀到，为首的大将就是李元霸，成都看见，吓得魂消魄丧，欲待退走，无奈人已照面了，只得叹口气道："罢，小畜生，今日与你拼命也！"硬着头皮，举流金镋打来。那元霸的师父紫阳真人叮嘱他，若遇见使流金镋的，不可伤他性命。所以向年比武，就不伤害。今日见他有相害之意，竟忘记了师父之言。就把锤将成都的镋打在半边，扑身上前，一把抓住成都的勒甲绦，提过马来，望空一抛，跌了下来。元霸赶上接住，将他两脚一撕，分为两片。兵上见主将死去，走个干干净净。

再说众王子兵马昼夜赶来，追着化及，已是黄昏时候。大杀一阵，杀那化及抛下家小，并金银宝贝，望紫金山而逃。萧后被窦建德所获，传国玉玺为李密所得。复又合兵追奔前去。那宇文化及正在逃奔，只见前面灯火照耀，当先一将拦阻，乃李元霸也。化及一见大惊，回身逃命，又撞见窦建德杀到。化及措手不及，被建德一刀，砍为两段。

谁知李元霸又抄出后山，见众王子进了紫金山，他就拒住山口，大叫道："山上何人得了传国玉玺，快快献出来！"众王齐吃一惊。程咬金大怒道："我们这里十八家大将甚多，何惧你一个黄毛小厮？"遂令众将一齐杀去。那些将官没奈何，一齐上前冲杀，高张灯火，喊杀连天。李元霸大吼一声，冲入阵中，锤到处纷纷落马，个个身亡。罗成挺枪来战，被元霸一锤打来，罗成当的一架，把枪打做两段，震开虎口，回马逃生。可怜一百八十万人马，遭此一劫，犹如打苍蝇一般。

李密无奈,只得献上玉玺,求放回国。元霸大叫道:"玉玺我便收了。你这些狗王若要归国,可写下降表跪献上来。便饶你等狗命,不然便都杀死。"众王无奈,只得写下降表,跪献上去。却有鲁州净秦王徐元朗,不肯跪献。元霸喝道:"为何不跪献上来?"徐元朗道:"你是王子,俺也是王子,为何要俺跪献? 此言甚属放肆!"元霸听了,冷笑一声,就把元朗抓过来,擘起两腿,撕为两片。众王子看了大惊,只得一齐跪下,献上降表。轮到窦建德,说道:"我是你嫡亲母舅,难道也跪不成?"元霸道:"不相干,你若在唐家做臣子,自然与你些名分。如今做了反王,若不跪献,将徐元朗为例。"建德无奈,只得忍气跪下,献上降表。元霸收完降表,竟奔潼关而去。

众王计点兵马一百八十万,只剩得六十二万。程咬金大骂道:"这小畜生,愿你前去身死,那时俺杀上长安,叫你老子认得俺的斧便了!"众王各回本国,那西魏王李密在路思想,萧后天姿国色,未知下落。军士报说,夏明王窦老爷获得。李密便对众将道:"孤看萧后乃世之活宝,今被窦建德所获,我欲将珍珠烈火旗前去易换,未知诸卿那一位可去?"程咬金道:"不才愿去。"李密道:"既是程王兄肯去,如若得来,其功不小。"咬金就接了珍珠烈火旗而去。未知后事如何,且听下回分解。

第四十二回 遭雷击元霸归天
因射鹿秦王落难

当下咬金上马,赶上夏明王,取出珍珠烈火旗送上,细寻前事。窦建德笑道:"此乃无用之妇,既是珍珠烈火旗来换,焉有不肯之理?"遂将萧后送与程咬金,一路保回。李密一见,心中大喜,就回金墉不表。

再说李元霸回到潼关,有驸马柴绍前来接应,二人遂同路而行。只见风云四起,细雨霏霏,少顷雷光闪烁,霹雳交加,大雨倾盆而降。那雷声只在元霸头上响,如打下来的光景。元霸大怒,把锤指天大叫道:"天,你为何这般可恶,照我的头上响?"就把锤往空中一撩,抬头一看,那四百斤重的锤坠落下来,噗的一声,正中在元霸脸上,翻身跌下马来。柴绍大惊,连忙来扶,又见一阵怪风,卷得飞沙走石,尘土冲天,霹雳声中,火光乱滚。柴绍与兵将避入人家檐下。

少顷,风停雨止,出来看,只见元霸的金冠落地,那双锤与马却在一旁,人已唤不醒了。柴绍放声大哭,只得殓了元霸遗体,连同他的遗物和玉玺降表,回转长安。入朝拜见高祖,哭倒于地。高祖忙问何故,柴绍具奏其事,献上玉玺,并十八邦降表。高祖一闻元霸身亡,大喊:"皇儿好苦!"晕倒在龙椅上,文武百官扶起救醒,又大哭一场,下旨遥祭重殓开丧。

这消息传到洛阳,王世充大喜道:"此子一死,吾仇可报矣!"就起兵十万,直杀至牢口关下寨。把关守将张方,忙写本章,差官入长安告急。高祖见本大惊,忙问众将谁敢去退敌? 闪出秦王奏道:"臣儿不才,愿领兵前去。"高祖大喜,发兵十万,秦王带领马三保、殷开山,一干战将,行至牢口关,守将张方接入帅府,摆酒接风。次日秦王领兵出关,与王世充对阵。秦王道:"你何故兴兵犯我疆界?"王世充道:"唐童,我前次在紫金山,被你兄弟李元霸冲杀一阵,打得俺十八家没了火种,还要跪献降表。我只道他永世不朽,原来如今就死了! 今日我兴师复仇,杀上长安,灭你唐家!"秦王背后殷开山大怒,飞马摇斧,冲将过来。王世充手下大将程洪,忙举刀敌住,大战二十余合,不分胜败。秦王使定唐刀,同马三保众将一齐杀出,王世充抵敌不住,大败而走。秦王领众追赶,直抵洛阳。王世充败入城中,闭门不出,秦王下令安营。

是晚明月皎洁,如同白日,秦王同殷马二将,出营观赏。行上山坡,忽见一只白鹿,慢慢走来。秦王取得弓箭射击,正中白鹿头上,那鹿如飞走去。秦王纵马追赶,赶了许多路,回头一看,不见了殷马二将。到了一座山上,又不见了白鹿。对面有一座大大的城池,秦王又不知是什么城池。原来这就是金墉城。是夜秦叔宝与程咬金巡城,只听得那边山上有马铃响,二人疑心,下城上马提了兵器出城,奔上山来。

秦王看见两马跑来,咬金一马先到,大喝道:"山上是何人,敢来私探俺金墉城?"秦王吃了一惊,忙应道:"我乃大唐皇帝次子李世民便是。请问王兄,却是何人?"程咬金闻言大怒道："唐童,你来得正好!"即举斧砍来。秦王把定唐刀一架,叫一声:"王兄,我与你无仇,为何如此?"咬金道:"你不晓得俺程咬金,在紫金山被你兄弟元霸,打得十八家王子没了火种。又抢了俺们的玉玺去,怎说无仇?今日相逢,难逃狗命。"当的又是一斧,秦王抵挡不住,回马败走。咬金紧紧赶来,前边走的,好似猛风吹败叶;后边赶的,犹如骤雨打梅花。赶得秦王上天无路,入地无门,只叫得苦。

叔宝也在后赶来,赶到天色微明,秦王转过山坡,又叫一声苦。原来是一条尽头路,侧边有所古庙,上有匾额,写道"老君堂"三字。秦王下马,悄悄牵马入庙,伏在案桌下。外边咬金、叔宝二人赶到,咬金看道:"此间四下无路,一定在庙内。"跳下马,一斧劈开庙门,果然秦王伏在桌下。咬金道:"如今没处走了!"便把斧砍来。叔宝将铜架住道:"他是重犯,如何擅自杀他?且拿他见主公发落才是。"咬金道:"有理。"遂将腰间皮带解下来,把秦王绑在逍遥马上,咬金上前牵着秦王的马,望金墉而来。

再说殷开山。马三保见主人射鹿,随后赶来,转过山坡,忽然不见。二人登高一望,见山下有三人前来,一个执斧,一个提枪,一个捆缚在马上。二人见了,好生疑惑,忙走下山仔细一看,原来绑缚在马上的,就是秦王。二人大惊,忙来抢夺。叔宝心中本要放走秦王,怎奈程咬金牵住秦王的马。忽见马三保、殷开山来夺,咬金大怒,举斧交战。早有探军报到金墉城,众将都来接应。殷马二人见人多了,料想寡不敌众,不敢上前抢夺,竟逃回本营,领兵回牢口关,差官飞报入长安去了。

这边叔宝、咬金将秦王拿入金墉见魏王李密,李密见秦王,拍案大怒道:"孤家举义兴兵,追杀宇文化及,乃汝弟元霸毫无情面,自恃凶狠,抢夺皇家玉玺。这也罢了,又要众王写降表,跪送投降。我只道你唐家永远有这小畜生,不料天理难容,短命死了。孤家正要兴兵报仇,你却自投罗网。"吩咐左右绑去砍了。忽见徐茂公出班奏道:"启主公,那世民虽然该斩,但他与主公曾有恩惠,将他暂禁,另寻别故,杀之未迟。"李密道:"孤家与他并无干涉,有何恩惠?"茂公道:"主公未知其详。昔日主公曾被炀帝加罪,虽亏朱灿救出,后来炀帝差世民、元霸追赶,其时若非世民卖情,暗纵逃脱,已被元霸擒杀矣!今日主公骤然杀之,必被诸邦豪杰讥笑。"李密听说,皱眉一想,俄而开言道:"既是军师这等讲,将他发在天牢,留限一年处斩,不必多议。"遂把世民入天牢监禁不表。

且说马三保报入长安,高祖得报大惊,放声大哭。满朝文武,个个下泪,唯有殷、齐二王,暗暗欢喜。忽见当驾官启奏道:"三原李靖现在午门候旨。"高祖闻言,反忧作喜,道:"此人到来,我儿有命矣!"令宣入朝。李靖山呼已毕,高祖问道:"卿向在何处?"李靖道:"臣向在海外访友,今闻秦王被拘在金墉,特来设计相救。恐圣躬忧坏,先来安慰,包管百日之内,秦王安然回国矣。"高祖大喜,忙问何策救取吾儿。李靖道:"臣今密下小策,待秦王回国之时,自然明白。"说罢,辞别高祖出朝,竟往曹州而来。

曹州宋义王孟海公,一日坐朝,黄门官启奏:"有一道人,自称三原李靖,要见大王。"孟海公叫宣进来。李靖入朝,参见孟海公,孟海公道:"先生此来,必有高议,乞请赐教。"李靖道:"贫道曾遇异人传授,善于呼风唤雨,算阴阳,先知吉凶。见大王乃是真正帝星,故特来请大王兴师,先取金墉,次取长安,以图一统基业。若天时一失,反为不美,乞大王裁之。"孟海公大喜道:"多承先生指教,不知该何日兴师?"李靖道:"天时已至,不宜迟缓。贫道当保大王,即日兴师,先下金隄,次取金墉,最为上策。"孟海公欣然降旨,亲统大兵十万,直奔金隄而来。

那金隄守将贾闰甫、柳周臣,引兵出关交战,被宋义王打得大败,入关坚守不出,便差人连夜金墉告急。孟海公将余隄围住,日夜攻打,李靖道:"大王要破此关,不出十

日。贫道暂别，与大王往太行山借一件宝贝来。待李密救兵一到，管叫他片甲不存。"孟海公大喜道："速去速来。"李靖应允，竟往海外访道去了。

那金墉李密，得了告急表章，亲自点兵五万，带领五虎大将，来救金墉。其余诸将同徐茂公等守国。兵到金墉关，贾闰甫、柳周臣接入。次日，李密领众将出关对敌，罗成一马冲到阵前，孟海公手下元帅尚义，提刀迎住。战未三合，被罗成拦开刀要的一枪，打中左肩，伏鞍而去。李密将号旗一展，五虎大将，一齐冲杀过来，如砍瓜切菜一般。杀得曹州人马，尸山血海。孟海公率领残兵，奔回曹州去了。

且说李密鸣金收兵，入了金墉关，心中得意，即降旨传修撰官写赦书一道："颁谕金墉众臣知悉。孤家亲救金墉，赖上天之佑，马到成功，合该赏军泽民，赦有一切罪犯。凡已结案未结案，除十恶大罪外，尽行赦除。预仰朝臣悉行释放，钦此遵依！修撰官写毕诏书，启读一遍，排在案上。"李密暗想："南牢李世民赦不得。"遂拿起笔，在书后面，批下二句云："满牢罪人皆赦免，不赦南牢李世民"。批毕，即差官赍诏到金墉。徐茂公、魏征等开读过了，即令职使释放一切罪人。茂公收了诏书，私对魏征道："李世民乃是真命天子，你我日后归唐，俱是殿下之臣。如今监禁南牢，应当及早救他才好，怎奈魏王赦书后面，又批这二句，如何是好？"未知魏征怎说，且听下回分解。

第四十三回　改赦书世民被释　抛彩球雄信成婚

当下魏征接过赦书一看，沉吟半晌，便说道："不难。可将第二句中'不'字上，竖出了头，下添一画，改作'本'字，'本赦南牢李世民'，便可以放他了。"茂公称善。二人随即改了赦书，令从人带了秦王的逍遥马、定唐刀，同到牢中见秦王。将改诏放走之事说知，秦王拜谢。徐、魏二人道："主公，臣等不久亦归辅主公。今事在匆促，请主公作速前去，恐秦王早晚回来，难以脱身矣！"秦王十分感激，提刀上马，拱手辞别而去。

再说魏王班师回来，问起秦王如何，徐茂公道："主公诏书后批语："有'满牢罪人皆赦免，本赦南牢李世民'，故臣已放他去了。"李密闻言，大怒道："取诏书我看。"徐魏二人连忙取上，李密细细看出改诏的弊端，拍案大喝道："都是你二人弄鬼，侮玩孤家。本当处斩，姑念有功在前，饶你们一死。你们去吧，孤今用你们不着。"喝令廷尉将二人赶出。茂公冷笑，写诗一首，贴在午门上，诗曰：

　　丧失贤良事可伤，昏君无智太荒唐；
　　强邻压境谁堪恃，不及当年楚霸王。

茂公将诗贴毕，与魏征出城而去。

这边午门外有值日官连忙报知李密，李密看了诗句大怒，即差秦叔宝、罗成赶走，拿他们回来，以正国法。叔宝、罗成出城，鬼混了一日，进朝回复说："臣等追寻二人，并无踪迹，不知去向。"李密大怒道："好奸党，明明私情卖放，还敢在孤家面前搪塞！"喝左右绑这二人，押出斩首。闪出程咬金大叫道："主公，这个使不得，你不想想，这皇帝是哪里来的？如今怎么无情，动不动就要杀起来。"李密大喝道："好匹夫，焉敢奚落孤家！"吩咐左右，一并把他推出斩首。吓得两班文武，一齐跪下道："乞主公息怒，看他三人从前之功，免其一死。"再三保奏，李密怒犹未息，说："既是众卿力保，将三人削去官职，永不复用。"三人勉强谢恩而出。程咬金一路大叫道："有这样可笑的人！我让他做皇帝，如今他倒作威作福起来！"叔宝道："事已如此，说也无益。"咬金道："秦大哥、罗贤弟，我们如今周游列国，到处为家，看有什么机会罢了。"罗成道："说得有理！"

此时秦母、程母俱已去世，只有罗成母亲在堂，三人各各收拾车辆，带了家眷，一同登程，沿路周游去了。当时金墉关七骠八猛十二骑，见魏王如此，渐渐分散。那洛阳王世充听了这消息，心中大喜，即密传将令，暗暗起兵来取金墉不表。

再说李密兵势大衰，手下只有王伯当、张公道、贾闰甫、柳周臣保护，心中也有些着急。时值荒年，粮饷均无着落，心中十分着急。一天黄昏时分，忽听炮响连声，军士来报说："王世充来袭金墉，攻打甚急。"李密大惊，连夜与众将计议，都是面面相觑，粮草又无，兵马又少，怎生迎敌？君臣商议，唯有弃了金墉，投奔别国，再作区处。李密道：

"如今投那国去好?"王伯当道:"若投别国,俱是小邦,未必相容;莫若投唐,庶可苟全。"李密道:"我与世民有隙。"伯当道:"不妨。向来李渊仁厚,世民宽宏,决不会难为主公的。"李密犹豫未决,忽报王世充人马攻破西城了,李密大惊,伯当道:"主公快上马。"张公瑾、贾闰甫、柳周臣都弃了家小,走马出城,望长安而奔。这里王世充入城安民,只斩了萧后,其余各家家小,俱皆赦免,不在话下。

再说李密一行五人,行到长安,在午门外,先自绑缚,送入本章。高祖看了,对世民道:"金墉李密,被王世充暗袭,破了城池,今来投顺,我欲杀之,以消你之恨。你意如何?"世民道:"乘人之危,杀之不仁,又失人望。望父王怜而赦之,复以恩结之,则天下归心矣!"高祖大悦,即宣进来。李密到金阶,俯伏在地,高祖离座,亲解其缚,赦其前罪,封为邢国公。又将淮阳王李仁的公主,配与李密为妻。封张公瑾、王伯当、贾闰甫、柳周臣为廷尉。伯当不受,愿为李密幕将,高祖许之。这话休表。

再说洛阳王世充得胜回国,想起妹子青英公主尚未招驸马,遂下旨在午门搭一彩楼,凭妹子掷球自择。公主遵兄之命,在彩楼上,抛球择婿,对天祝道:"姻缘听天由命。"就吩咐宫女,将球掷下,却落在一个青面红须大汉身上。你道那大汉是谁?却就是单雄信。只因他抛弃了李密,来到洛阳,在彩楼边经过,公主一球,正中顶梁。两边宫官太监,邀住雄信,延入午门。王世充见了,心中大悦,立与成亲。过了数日,叔宝、罗成、咬金三人,游到洛阳,闻得单雄信为驸马,同来投他,雄信接见大喜,意欲奏知王世充,封他们官爵。但恐他们与唐家有旧恩,异日反复无常,反为不美,不如且款留在此,再作理会。便奏过王世充,将金亭馆改作三贤馆,供养他三人在内,逍遥安乐,不表。

且说李密虽为驸马富贵,焉能比得前日为魏王时快意?欲要反唐,未得其便。适值山西有变,李密就在高祖面前,讨差出师,愿效微劳。高祖下旨,命他收服山西。李密得旨甚喜,退回府中,意欲公主同去,遂将心思,一一说知,并道:"此去成功,公主即为王后。"公主大怒骂道:"你这狼心狗肺之人,我家伯伯何等待你,你不思报恩,起此反心,真逆贼也!"李密骂道:"你这贱人,如此无礼!"遂拔出宝剑,将公主杀了,即招伯当相商。伯当见杀了公主,大吃一惊道:"不好了!还有什么商议?此时不走,等待何时?"李密慌忙与伯当上马,逃出东门而走。

这里邢国公府中家将,飞报入朝,高祖得报大惊,命秦王领兵追赶,碎尸万段。秦王领兵出东门一路赶去,李密回头一看,只见一队人马飞奔赶来。李密与王伯当纵马加鞭,行不上十里,到了艮宫山断密涧,见追兵已到,李密连声叫苦。王伯当把朝向前,大喝道:"唐兵休赶,俺王伯当在此。"秦王道:"王兄,李世民特来劝你。今日之事,情理皆亏,劝王兄不如降了唐家吧!"伯当道:"千岁,不必多言。俺王勇素重纲常,事虽无济,有死而已!"遂勒马挺戟刺来。这里众将一齐放箭,伯当恐伤了李密,把身向前挡住。用戟挑拨,叮叮当当,把箭杆都拨在地下。不料旁边一箭射中李密左腿,李密呵呀一声。伯当回头,才掇得一掇,就着了数箭,手戟一松,万弩射身而死。李密并同行数人,亦被射死。秦王下令,将王伯当尸首葬在艮宫山,把李密首级斩下,收兵回长安,入朝复旨。高祖命将李密首级,号令午门示众。

不多几日,徐茂公、魏征,行至午门外,见了李密首级,哭拜于地。有守门军人,将二人绑缚,入朝启奏。高祖闻知,叫推进来,军士将二人拿到金阶,秦王一见,忙奏道:"这就是徐勣、魏征,改诏私放臣者。"高祖闻奏,即令秦王下殿解缚。秦王领旨,下阶解缚,谢叙前情,就要二人归唐。二人道:"要臣归辅,必须葬祭了魏王尸首,以尽旧主之谊,然后归附。"秦王将此言奏请高祖,高祖准奏,命秦王前往主祭。秦王就将李密尸首,用天子礼葬于艮宫山。致祭毕,徐勣、魏征,就归唐朝。高祖封徐勣为军师,魏征为洗马,按察四方,招集金墉七骠八猛十二骑。那些金墉旧将,闻二人归唐,皆来归附。欲知后事,再听下回分解。

第四十四回

尉迟恭抢关劫寨
徐茂公访友寻朋

国学经典文库
中国二十大名著
说唐全传
图文珍藏版

却说山后朔州麻衣县,有一人姓尉迟、名恭,字敬德。生得身长一丈,腰大十围,面如锅底,一双虎眼,两道粗眉,腮边一排虎须。善使雌雄两条竹节鞭,有万夫不当之勇。娶妻梅氏。妻舅梅国龙、梅国虎,在麻衣县当马快。他住在城外打铁,务农为业。

梅国龙、梅国虎到尉迟恭家里看姐姐,尉迟恭道:"我闻定阳王刘武周,特差元帅宋金刚,在麻邑募选先锋。要想前去,只因你姐姐有孕在身,如今二位老舅到此,愚兄拜托前行,凡事全赖照顾。我留下雌鞭在此,倘或生下孩儿,取名宝林。日后夫妻父子重逢,可将雌雄二鞭为证。"当下拜别,彼此流泪。

尉迟恭带了盔甲枪鞭,往麻邑而来。到了麻邑,写了投军状,投入帅府。宋金刚唤他进来一看,好像烟熏太岁,火烧金刚。就命他演武,果然十分勇猛。即着他在午门候旨,自己先入朝中启奏,武周即降命宣他进来。尉迟恭闻宣入朝,到殿下的俯伏。武周看他豹头燕额,虎步熊躯。细问武艺行兵之事,尉迟恭对答如流,武周大喜。下旨封尉迟恭为先锋,宋金刚为元帅,来抢唐家世界。

且说雁门关守将王天化得报,忙写本章,差人上长安求救。高祖见了此本,便问:"哪位卿家可以领兵退敌?"闪出殷齐二王道:"臣儿愿往。"高祖遂命点兵十万,与二王前去退敌。这边尉迟恭前军到了雁门关,守将王天化出关迎敌,尉迟恭把枪冲杀过来。王天化举枪来迎,未及三合,被尉迟恭一枪刺死。抢进雁门关,宋金刚的大队也到,一齐进关。尉迟恭即领兵直奔偏台关杀来。关中守将金日虎,领兵出关迎敌。战不上五合,被尉迟恭一鞭打下马去,又占了偏台关。即刻拍马抢先,直奔白璧关。其时殷、齐二王到了,忽报半日工夫,失了两关,又报兵到城下。二王大惊,上城一看,见那尉迟恭犹如灶君一般。二王忙命画工,在城上描了他的形象,随后领兵出城。却被尉迟恭鞭打枪挑,连丧上将数十员,杀败二王,抢了白璧关。宋金刚人马也到,尉迟恭即起身追赶二王。一夜之间,连劫他八寨,赶得二王上天无路,入地无门。幸喜宋金刚有令,着尉迟恭先取太原,尉迟恭只得带马回白璧关去了。

再说高祖驾临早朝,忽报二王大败回来,高祖大怒,叫声:"宣进来!"二王到殿下,俯伏奏说:"来将凶狠,一日一夜,被他夺了三关,劫了八寨,杀死上将数十员。臣儿画他形象在此,请父王观看。"高祖命挂在殿旁,两班文武见了形象,齐吃一惊。高祖问道:"此人如此厉害,众卿可有良策,退得他否?"闪出徐茂公奏道:"此人必须秦王前去,方可收服。"高祖准奏,着秦王领兵前去。

秦王奉命同茂公出朝,问茂公道:"孤闻金墉五虎大将,王伯当尽义射死,单雄信在洛阳为驸马,俱不必提。还有秦叔宝、罗成、程咬金三人,不知下落,谅军师必知踪迹。孤家一再道及,军师从未实告。如今俺家被黑将杀败,难道军师终不肯与孤家图谋?"徐茂公道:"主公不必心焦,几个大将都在洛阳,待臣就去访寻,请他来保驾便了。"秦王大喜,就命茂公前去寻访,自己领兵先行。

且说徐茂公扮作游方道人,带了尉迟恭图影,向洛阳而来。不料洛阳铁冠道人对王世充道:"唐家被刘武周大将尉迟恭杀得大败,不敢出战,徐茂公必往暗来请秦叔宝、罗成、程咬金,前去保护唐家,早晚就到。"王世充闻言大怒道:"天下也没有这样便宜,平静时节,我却供养他,如今用人之际,就要来请,理上也难容得去!"铁冠道人道:"徐茂公此来,一定扮作游方道人,主公可下旨四门,凡有游方僧道,一概不许入城。"

这旨一下,徐茂公哪里知道?敲着渔鼓筒板,要入城去。守门军士喝道:"你这道人,是瞎眼吗?这里现奉圣旨,挂着榜文,不许游方僧道入城,你何不看看!"茂公见喝,抬头把榜一看,叫声:"列位,贫道初来,不知令旨,如今不进去便了。"遂回身走到一个面店门首,化些面吃,就把手中渔鼓筒板敲动,唱起道情来。众人围住听唱,见他唱得十分好听,听的人一发多了。忽望见程咬金骑马冲出城来,把众人吓得乱嚷乱跌。程咬金见了,哈哈大笑,故意把马连转几个寨罗圈,吓得众人个个跑走,一拥拥进城去。茂公乘此也混入城,把门军士也不由做主,哪里查点得许多?茂公一路访问叔宝住处,有人指引在三贤馆内。

茂公听了，即往三贤馆来。忽遇秦安在门首，秦安认得茂公，就引入府，来见叔宝。叔宝者见茂公大喜，行过礼，茂公问："罗成兄弟在哪里？"叔宝道："他有病睡在床上。"就引茂公进房，见了罗成，相叫一声，放下渔鼓筒板，坐在床上，与罗成把脉，说道："罗兄弟，你的病，是个烟缠病，过几日就好。"忽见程咬金回来，走进房中，见了茂公，心中大骇。想他做了唐朝军师，为何到这里来？又见他这般打扮，摸不着头路，便叫道："你为何做这般叫化生理？"扯过筒板，折为两段，拿起渔鼓，打得粉碎。扑通掉出一轴画来，拾起来打开一看道："呵呀，原来是灶君菩萨！"叔宝一看道："这不是灶君，是个将官的图形。"茂公说道："正是。"

咬金听了便大叫道："我晓得了。前日单二哥说：'刘武周有一员大将，叫作尉迟恭，身长面黑，起兵伐唐，日抢三关，夜夺八寨，杀得唐家不敢出战。'目下唐家用人之际，敢是秦王思想我们，故差你来请俺三人吗？"茂公道："然也。"咬金道："秦大哥快快收拾，我们就走。"叔宝道："兄弟，你为何说这等话？罗兄弟病尚未愈，我们如何抛了他去？"罗成道："表兄，你老大年纪，不趁此时干些功名，等待何时？你二人快快前去，勿以我为念。"叔宝流泪道："表弟呵，承你好心，倘或我二人一去，单雄信一定要难为你了，如何是好？"罗成道："你放心，快快前去，兄弟自有道理。"叔宝只得收拾二辆车子，载着张氏、裴氏，令秦安先送到长安去，又叫徐茂公远远相等，遂辞别罗成，吩咐守门军士，去报单雄信来城门口相别。未知雄信相别，说出什么话来，且听下回分解。

第四十五回　秦王夜探白璧关　叔宝救驾红泥涧

当下单雄信闻军士来报这事，即时上马跑至城门口，跳下马来，双手搦住秦叔宝手，叫声："秦大哥，你就要去，也须到小弟舍下相别一声，小弟也摆酒送行。如何到了这里，方才通知。如今要往哪里去？"叔宝道："小弟在此打搅不当，所以要往别处去，尚未有定着。"雄信道："秦大哥，何必如此相瞒，莫非要去投唐吗？"咬金道："然也。你竟是个神仙，我今好好把一个罗成交与你。若是病好了，还我一个人。若是不济事，也要还我一把骨头。"叔宝道："你这匹夫，一些道理都不晓！二哥，你也不必介怀。"雄信叫家将斟酒来，捧与叔宝，叔宝一饮而尽，一连三杯。雄信又来敬咬金，咬金道："谁要吃你的酒？"叔宝与雄信对拜四拜，二人上马而去。

雄信遂上城观看，望见树林内走出徐茂公，同二人而去。雄信见了大怒道："这牛鼻道人，你来勾引了二人前去。那罗成小畜生不病，一定也要去了！"就下城提槊，要来害死罗成。那罗成见二人去了，就叫罗春吩咐道："你立在房门口。若单雄信来，你可咳嗽为号。"罗春立在房门口，只见单雄信提槊走来，罗春高声咳嗽。雄信问道："你主人可在房内？"罗春道："病睡在床上。"雄信走到房门口，听罗成在床上叹气道："秦叔宝、程咬金，你这两个狗男女，忘恩负义的，没处去住，就在此间。如今我病到这个田地，一些也不管，竟自投唐去了！呀，皇天呀！我死了便罢，若有日健好的时节，我不把你唐家踏为平地，也誓不为人了。"雄信听了，即忙弃了槊道："我一时之愤，几乎断送好人！"忙走进来，叫声："罗兄弟，你不必心焦。你如果有此心，俺当保奏吾主，待兄弟病好之日，报仇便了。"罗成道："多谢兄台，如此好心，感恩不尽！"过了数日，罗成病好了，雄信保奏，封罗成为"一字并肩王"，按下不表。

再说茂公、叔宝、咬金三人正行之间，咬金大叫道："此去投唐，自有大大前程。"叔宝道："我去不必说，但你去有些不稳便。"咬金道："为什么呢？"叔宝笑道："兄弟，你难道忘怀了斧劈老君堂，月下赶秦王吗？"咬金闻言叫声："呵呀，如今我不去，另寻头路罢了！"茂公道："不妨，凡事有我在此，包你无事便了。"咬金道："你包我无事，这千斤担是你一肩挑的。"茂公道："这个自然。"三人行到白璧关寨边，茂公道："二位兄弟，且在此等一等，待我先去通报，再来相请。"咬金道："我的事，须要为我先说一声，不可忘记。"茂公应声："晓得。"走入账去。

秦王一见，就叫："王兄，三人可来吗？"茂公道："罗成有病不来，秦叔宝、程咬金在外候旨。"秦王大喜，就要宣进来。茂公道："且住，那程咬金进来，主公必要拍案大怒，问他斧劈老君堂之罪，把他竟杀便了。"秦王道："王兄此言差矣！那'桀犬吠尧'，各为其主。今日到来，就是孤的臣子，为何又问他罪？"茂公道："这人若不问他以罪，他必认唐家没有大将，才请他来退敌，他就要不遵法度了。主公须要杀他，他方得服服帖帖，那时臣自然竭力保他便了。"秦王依允，下旨宣："叔宝秦恩公入营。"叔宝闻宣，即入营拜伏于地，秦王用手扶起，谢他前日大恩，又下旨："宣程咬金犯人入营。"咬金闻宣入营，俯伏在地，叫道："千岁爷，臣因有罪，原不敢来，是徐茂公力保臣来了。"秦王见了，心中不忍，只得硬了头皮，叫声："绑去砍了！"茂公、叔宝忙道："主公权且赦他前罪，叫他后来立功赎罪便了。"秦王忙令松绑，当下大摆筵席接风。

次日叔宝提枪上马，直到白璧关，单讨尉迟恭交战。探马报入关来，此时尉迟恭往马邑催粮去了，宋金刚便问："那位将军出去会战？"有大将水生金愿往，提刀上马，冲出城来。战了三合，被叔宝一枪刺落马下。败兵飞报入关，大将魏刁儿大怒，举枪上马，又冲出城来。战了二合，又被叔宝刺死。宋金刚失了二将，打听来将是秦叔宝，便令军士闭关，不许出战。叔宝知尉迟恭不在关内，便收兵回营。秦王闻叔宝得胜，吩咐摆宴庆功。饮到黄昏，茂公、叔宝告辞，回自己帐内安歇。

程咬金对秦王道："主公你看，今夜月明如昼，臣闻白璧关十分好景，臣保主公去探看如何？"秦王依允，君臣二人，悄悄上马，离了营门。果然月色皎洁，万里无云，走至白璧关下，见得关门十分险峻。君臣二人，正在城下讲话，不料尉迟恭催了五千粮草，入关缴令，宋金刚把日间与叔宝交战事情，说了一遍，并道："你今夜可去巡关。"尉迟恭领了帅令，到关上来巡关。有军士指道："南首月光之下，有二人在那里指手画脚。"尉迟恭一看，见远远一个插野鸡翎的，说道："这一定是唐童。"忙下关来，提矛上马，悄悄开关，把马加鞭跑来，大叫："唐童休走！"咬金道："不好了！主公退后些！"把宣花斧迎上前来，见他如烟熏太岁，火烧金刚，比那画上得更加凶恶。

当下尉迟恭大喝道："你这厮却是何人？"咬金道："爷爷就是程咬金。你这黑炭发团，可就是尉迟恭吗？"尉迟恭道："然也。"咬金把斧砍来，尉迟恭把长矛架住，当的又是一斧，他又架住。一连挡过三斧，到第四斧也没劲了。尉迟恭叫声："匹夫，原来是虎头蛇尾！"即把蛇矛刺来，咬金把斧乱架，尉迟恭拦开斧，扯出钢鞭，耍的一鞭，正中左臂，跌下马来。秦王叫声："动不得！"尉迟恭即把长矛来刺秦王。秦王把定唐刀架住，尉迟恭又把蛇矛劈面刺来，秦王看看招架不住。想不到程咬金跌在地上，并未身死，他抬斧在手，跳上马，叫声："尉迟恭，勿伤我主。"尉迟恭回身来战咬金。咬金道："尉迟恭听着，我有话说。"尉迟恭遂道："程咬金，你有何话？快快说来。"咬金道："我君臣二人，都是没用的。你就打死，也不为好汉。我那边有个秦叔宝，胜你十倍，你若有本事对得他过，才算是好汉。你今不要伤我主公，待我去到营中，请了叔宝来，与你对敌。若是怕他，不肯放我去，竟将我君臣或是拿去，或是打死，明日他来问你，你却也活不成了。"

尉迟恭听了，气得三尸直爆，七窍生烟，叫声："快去叫他来，我有本事，在他面前拿你们，你快去叫他来。"咬金道："我不放心，万一我去了，你把我主公打死了。如何是好？"尉迟恭道："大丈夫一言既出，驷马难追。我有本事，等那秦叔宝来。一并拿你三人。去，你快去！不必多言！"咬金道："我只是不放心，你可赌个咒与我，我好放心前去。"尉迟恭道："你去之后，我若动手杀唐童，日后不得好死！"咬金道："如此我便放心前去。主公，你在此等一等，等臣去叫他来便了。"

当下咬金奔回营中，擂起鼓来。茂公起来，问有何事？咬金道："不好了，快叫秦大哥去救驾！"就把前事说了一遍。茂公听了大惊，忙问道："主公如今在哪里？"咬金道："主公，我交与尉迟恭了。"茂公喝道："你这该死的人，怎么把主公交与敌人，自家却走了！"叫一声："拿起锁了，跪在辕门，若救主公不得，把你万割千刀。"左右将咬金绑出。一边忙请秦叔宝起来，说出情由。叔宝遂顶盔贯甲，提枪上马赶去。这边尉迟恭果然一些不动，那秦王却倒去引他，劝他投降。尉迟恭听了大怒道："唐童，你说这话，我也顾不得了。"就提起蛇矛刺来，秦王回马便走，敬德纵马赶来，看看赶近，忽听后面大叱："尉迟恭勿伤吾主，俺秦叔宝来了！"尉迟恭回头一看，见叔宝果然人才出众。叔宝把尉迟恭一看，真正好像黑煞神，忙提枪迎面刺去。尉迟恭举矛相迎，二人武艺，不相上下。

二人正在交战，忽听得秦王叫声："秦王兄，下不得绝手，这人孤家要他投降的。"尉迟恭听了大怒，回马竟奔秦王，秦王回马便走，尉迟恭紧紧赶去，叔宝却也追来。此时天色微明，追到美良川，却是一条极狭极小的弯路。尉迟恭转过山弯，就想要打叔宝一个不防备，遂左手举鞭，右手提矛等着。叔宝追到这个弯边，心中一想："这黑贼若躲在那面，我若走去，他一鞭打来，怎样的招架？"便按下了枪，取出双锏，上下拿着。一过弯来，尉迟恭大喝一声，将鞭打下。叔宝把左手的锏架开鞭，右手的锏打去。尉迟恭把右手的矛一架，左手鞭又打来了。叔宝架开鞭，又打一锏。尉迟恭一矛架开锏，又是一鞭，叔宝架开鞭，却待要打，尉迟恭回马就跑了。这名为"三鞭换两锏"，尉迟恭打出三鞭，叔宝只换得两锏。

当下尉迟恭赶着秦王，到了一个所在，秦王只叫一声苦，原来是一条大涧，名为红泥涧，约有四丈阔，水势甚急。秦王把马加上几鞭，叫声："过去！"那马一声嘶吼，从空一跃，即跳过岸去。尉迟恭赶来，把马一夹，叫声："宝驹，你也过去。"那马扑通一响，也跳过去。叔宝见了，便心下着急，把马鞭在呼雷豹头上乱打。此马着急，吼叫一声，那尉迟恭幸也是宝驹，不致跌倒，叔宝的马也跳过去。三人一路赶到一山，未知后事如何，且听下回分解。

第四十六回　献军粮咬金落草
复三关叔宝扬威

当下尉迟恭赶秦王到一山，名为黑雅山，茂公早已算定，差下马三保、殷开山、刘洪基、段志贤、盛彦师、丁天庆、王君起、鲁明月八将，在此等候。见尉迟恭追来，一齐出战。尉迟恭挺起蛇矛，逼得那八将如走马灯一般。忽有宋金刚传令到来，叫尉迟恭即刻回关听差，不得有误。尉迟恭得令，只得去了。

叔宝遂保秦王回营，见咬金绑缚，跪在辕门首。咬金看见秦王，就叫道："主公，你见了军师，求主公认是自己要去探白璧关，令臣保驾，臣方有几分活命。不然，臣的性命一笔勾了。"秦王应允，遂入营来，茂公迎入帐中，说道："主公受惊了！"秦王道："这是孤家自取其祸，要程王兄保驾，去看白璧关，不意撞见尉迟恭。"茂公微笑道："主公不必瞒臣，臣已知道了。"吩咐把程咬金推进来。左右答应一声，即把程咬金推入。茂公喝道："你这匹夫，怎么劝主公夜探白璧关，几乎丧了性命？"咬金大叫道："屈天屈地，只是主公要我保驾，去探白璧关，故此我同去的。"秦王道："军师，果然是孤家要他同去的。"茂公道："既是主公认了，臣怎么好杀他？但此人这里用他不着，吩咐册上除名，速速赶出去！"咬金尚欲再言，茂公拍案大喝道："你这匹夫，还不快去，在这里怎么样？"咬金没光没采，只得向秦王道："主公呀，军师要赶我出去，还求主公劝解军师一声。"秦王道："凡事只可一，不可再，孤家说过一遭，难以再讲。"咬金看看茂公道："军师，你当真不用我吗？"茂公喝道："你这匹夫，还不快走，若稍迟延，吩咐左右看棍。"咬金道："罢罢罢，此处不留人，自有留人处！"叫声："主公，臣去了！"秦王见茂公认了真，不好多言。

咬金走出营外，跳上马，招齐家将说："军师不用我，我们去吧。"一路走了二十余里，到一个所在。地名言商道。只听得一声锣响，跳出五四六个强人来，挡住去路。为首的二人，一个叫毛三，一个叫勾四，大叫："留下买路钱，饶你性命！"咬金大笑道："原来是我子孙在这里！"勾四听了这话，就问道："你是什么人，说我们是你的子孙，难道你不怕死吗？"咬金道："你这狗头，人也认不得，爷爷就是瓦岗寨混世魔王程咬金便是！"哪一班强人听说，皆跪下道："果然是前辈宗亲！不知老爷因何在这里？"咬金道："我因与唐朝的军师不和，因此出来，去向尚未有定。"众人道："既是老爷去向未定，何不同小人们在这言商道中东岳庙居住？"咬金道："如此甚妙！"就同众人到庙中来，坐在公案上，众人一齐拜倒，山呼千岁。咬金就封毛三为丞相，勾四为阁老。令大小喽啰，凡有孤单客商，不许抢劫。越是大风，越是夺他。众人一齐答应。

且说秦王见茂公赶了咬金出营，便问道："军师今日因何这般认真？"茂公道："臣岂认真逐他，不过激他去与主公干立一件功劳，使他将功折罪，不过六七日内，他即来了也。"秦王道："原来如此，孤实不知，今可放心了。"

再说，过了几天，毛丞相来告咬金道："今喽啰来报说：介休县解了粮草十万，打从此处经过,我们去夺取来,不知可否?"咬金道:"妙甚!妙甚!"勾阁老道:"主公,臣有一计,包管容易成功。如今主公可穿出大路,挡住解粮将官,臣等往斜路上抢了就走,不怕不成功。"咬金道:"倘被他们追杀而来。又费力了。"毛丞相道:"主公放心,这言商道中,路径最杂。凡活路上都有圈地暗号,死路上没有圈地暗号,我们这班人认得明白,若外来的人,哪里晓得?凭他走来走去,没处旋转。纵有千军万马,亦是无用。"

咬金听了大喜,即提斧上马,抄出言商道,远远望见粮草来了,一马上前喝道:"你们留下买路钱来!"众兵见了,连忙退后,报知尉迟恭。尉迟恭挺枪上前,两人一看,个个认得。尉迟恭便问:"你这匹夫,在此做什么勾当?"咬金道:"奉军师将令,在此候你。你今把粮草送我,我便饶你的狗命。"尉迟恭大怒,挺矛刺来。咬金把斧架住,战了几合,那边毛三、勾四、一班喽啰,杀散众兵,推了粮草,拥入言商道中去了。咬金把斧一按,叫声:"承惠,改日相谢!"回马一溜,也进言商道中去了。

尉迟恭回头,见失了粮草,拍马追来,见咬金跑过两弯,忽然不见。尉迟恭大叫程咬金,又不见答应,催马追前一步,兜转去,是这个所在,兜转来,又是这个所在,心内无法,暗想:"没有粮草,如何缴令,我今再往介休去见张士贵,告诉此事,要他再发粮草一万,以应军需便了。"遂领众人往介休去,不表。

再说程咬金打听得尉迟恭去了,遂劝众人将这粮草投送秦王去,秦王自然重用。若在此,终非了局。毛三道:"主公议论虽是,倘然军师照前不用主公,那时岂不进退两难?"咬金道:"这有何难,若是不用,我们依旧再来。"众人听了,只得从命。咬金令五百余人推了粮草,竟往唐营。军士报知秦王,秦王大喜,吩咐摆酒伺候。咬金进营,先拜见秦王,后参见军师。秦王问咬金道:"这几日在哪里安身?"咬金道:"臣前日被军师赶出,来到言商道,降伏了一班喽啰,封了几个臣子,做了草头王。不料尉迟恭在介休县解来十万粮草,被臣尽数劫去,献与主公。军师若肯收用,依旧归保主公,若一定不收,臣带了粮草,自去图王立业,日后兵精粮足,抢州夺县,成了气候,那时主公不要怪我。"

茂公微笑道:"你要我收你,且吃了酒,再到一处去,成了一桩功劳,即便收你。"秦王遂赐座与众将饮宴。及饮罢,咬金就问:"军师发令,要到那里去干甚功劳?"茂公道:"你可带领原来的人,我再差马三保等八将,点兵一千帮你,仍到言商道去。那尉迟恭又解一万粮草草了,再劫了他的,便算你一大功劳。"咬金欣然领命,同八将与原来的一班喽啰,齐到言商道扎住。

再说尉迟恭又往介休县,来见张士贵,说出粮草被劫,如今要乞贵职,再发兵粮一万,以济军需。张士贵没奈何,又发粮草一万,交尉迟恭解去。尉迟恭领了粮草,起解而来,到了言商道。程咬金望见粮草到了,就哈哈大笑,横开宣花斧,出马拦在路口。尉迟恭趱行到此,一见咬金,便问道:"你这狗头,又在此做什么?"咬金道:"我家军师叫我来致谢,你如今一发把粮草送我,改日一总奉谢。"尉迟恭大怒道:"好狗匹夫,前日不曾提防,被你劫去,今日又来,看爷爷的枪,送你命吧!"遂把枪刺来,咬金又会跳纵法,如猴跳圈一般,蹿来蹿去。尉迟恭在这边,他便跳到那一边;尉迟恭赶到那边,他又闪在这里。

正在躲来躲去,那边马三保等一齐杀上,冲散军士,抢了粮草就走。程咬金战了些时,料粮草已到手了,就说道:"多谢你今日的粮草,另日一并总谢。"回马一溜,竟往言商道去了。尉迟恭大怒,拍马赶来,这一路兜转去,依然是这个所在,那一路抄出去,又是这个所在,心中又气又恼,没奈何,只得又往介休县去。这里程咬金与马三保一千人,推了粮草,竟往营中,来见秦王,细言其事。徐茂公道:"你们不必停留,再往言商道中去。那尉迟恭还有粮草来,如今可如此如此,就算你的功劳。"咬金等得令,又来言商道中等候,不表。

再说尉迟恭又到介休县,来见张士贵,细述复失粮草之事,张士贵大惊道:"呵呀,将军失事二次,非同小可,如今粮草实在没有了。"尉迟恭道:"实是小将不识路径之罪,如今万望贵县周全,随多随少,付我前去吧。"张士贵只得又凑齐五千粮草,交与尉迟恭。尉迟恭道:"贵县如今可把车辆内用铁环搭扭,搭做一连,使他抢劫不动。再差人到白璧关通知宋金刚,领兵接应。"申发了文书,然后起解而行。

再说徐茂公时刻算计,那日令秦叔宝带领一千人马,往白璧关西首埋伏,如此如此。叔宝得令,领兵去了。再说宋金刚得了尉迟恭文书,心中着急,连夜点齐一万人马,悄悄出关,往介休接应。正行之间,一声炮响,叔宝当先拦住,大喝:"宋金刚,往那里走?"宋金刚见是叔宝,吃了一惊,战未三合,被叔宝拦开刀,耍的一枪,刺落马下。枭了首级,杀散众军,竟奔白璧关来。那关中不曾提防,被叔宝杀入关中,接了秦王兵马进城。叔宝又往偏台关、雁门关来,一夜复了三关,按下不表。

且说尉迟恭解粮到了言商道上,程咬金拦住大叫道:"好军师,料得到,果然又来了。你今快快送过来,不然,大家得不成,就放火烧了吧。"尉迟恭大怒,拍马使矛刺过来,咬金遮拦招架,又跳来纵去。后面马三保一千人马过来,抛上干柴烈火,竟把车辆烧着。程咬金道:"如何,你不会做人情,如今大家得不成了,我也要告别了。"尉迟恭回头一看,好似火焰山一般,心中大怒,拍马追来,咬金又两三转弯,竟不见了。尉迟恭气得目瞪口呆,只得回介休县去。这里程咬金一千人马回来,见了秦王复命,秦王就令起兵到介休县下寨。不知又做了何事,且听下回分解。

第四十七回　乔公山奉命招降　尉迟恭无心背主

当下秦王安营事毕,便问茂公道:"孤再遣一人去劝尉迟恭,未知何人可使?"茂公道:"臣闻此处有一隐士,名唤乔公山,与尉迟恭十分情厚。若得此人前去便好,主公可差人以礼聘来,必有商处。"秦王遂令秦叔宝备礼往聘。不一日,叔宝聘娶乔公山来。秦王宣公山进账,公山见秦王生得龙眉凤目,实乃帝王之相,心中暗喜,口称:"山野农民乔公山参见。"秦王亲手扶起。吩咐看坐,问道:"孤家闻长者与尉迟恭交情甚厚,不知真否?"公山道:"臣昔日在麻农县务农,尉迟恭打铁营生,十分穷苦。臣见他生得豹头环眼,燕颔虎须,必是国家栋梁。因他时运未来,臣不时周济。近闻他在刘武周处为将,可惜误投其主。"秦王道:"孤家闻刘武周拜宋金刚元帅,封尉迟恭为先锋,日抢三关,夜劫八寨。今孤家复夺三关,宋金刚已死。那尉迟恭现围在介休城内,今欲烦长者往彼说降此人,不知可否?"乔公山道:"臣蒙主公委命,敢不愿效微劳?"秦王大喜,遂封乔公山为参军之职。

乔公山辞别,当即到介休城下,叫城上军士,相烦通报尉迟将军,说有故人乔公山相访。城上军士将此言报知尉迟恭,尉迟恭命军士开城,请入帅府相见。行礼叙坐,拜谢往日大恩。乔公山谦逊一回,尉迟恭道:"我亏了定阳王封我为先锋,日抢三关,夜劫八寨,杀得唐家亡魂丧胆。目今在此运粮,谁想到言商道上,被程咬金劫去了粮草三次。又闻得秦叔宝杀了俺元帅,恢复了三关。俺今独守介休,进退两难,不知老员外到此,有何贵干?"乔公山道:"老夫此来,专为将军而来。"尉迟恭道:"有何见教?"乔公山道:"老夫闻良禽择木而栖,贤臣择主而仕。将军有这一身本事,可惜误投其主。老夫承秦王相召,封我为参军之职。今我奉令旨,来劝将军归降,将军可念老夫昔日交情,降了唐家吧。"尉迟恭大叫道:"老乔,你此言差矣!我尝闻烈女不更二夫,忠臣不事二主。你这些不忠言语,不须提起。若不看昔日交情,就要一刀两断。"吩咐摆酒,道:"老乔,你快吃了酒去吧,休再多言!"乔公山无可奈何,只得坐下吃酒。

正饮之时,忽闻得城外炮响连天,喊声不绝。军士忙报进来说:"唐兵攻城,四围架起云梯,团团围住,攻打甚急,请令定夺。"尉迟恭拱拱手别了乔公山,提矛上城,往外一看,见城下程咬金、秦叔宝一班战将,在城下指手画脚道:"尉迟恭,你此时不降,更待何时?"尉迟恭大怒,把箭射下,正中程咬金坐骑。那马前脚一低,后脚一起,把程咬金一个跟头,跌在地上,忙爬起来上了马,也取了弓箭追到城下道:"黑面贼,降不降由你,为何射我一箭?难道我不会射你吗?"也把一箭射上城去。尉迟恭大怒,吩咐军士,一齐放箭射下去,秦叔宝也令军士一齐放箭射上去。那里徐茂公、秦王出营观看,只见一边射上去,一边射下来。秦王因见自家的兵特多,恐伤了尉迟恭,忙令军士不许放箭,只把介休团团围住。尉迟恭在城上,督守了半日,见唐兵不十分攻打,心下宽了三分。过了下午,下城回县,见乔公山还在堂上,尉迟恭道:"你怎么不去?"乔公山道:"老夫没有将军号令,不敢擅自回去。"尉迟恭道:"你今快些回去,上复你家主公,说我尉迟恭宁死不降。若要归降,除非我主公死了,我便归顺。"这话尉迟恭是说差的。他心里要说断绝的话:除非我与主公都死了,然后降你,意思是来生才肯归降你,不料说差了。那乔公山道:"将军既然如此说,日后不可失信。"尉迟恭也不开口。乔公山又道:"不可失信!"尉迟恭只说:"死了便罢。"乔公山作别出城,回营缴令道:"他说主人死了方肯归唐。"秦王道:"刘武周年尚未老,怎么能死?他明明把这句话难我。"茂公道:"主公放心。臣有一计,可在众军中觅一个像刘武周面貌的,封他子孙万户侯,赠千金,将他杀了,把他首级送去,只说是刘武周是我们杀了送来,他一见了,自然认是真的,决来归降!"

秦王就令将数十万兵一一选过,有一个生得面貌与刘武周无二。秦王见了大喜,问道:"你姓甚名谁?年纪多少,可有妻子?孤家今日要借你一件宝贝,即封你为万户侯。"那人听了不胜欢喜道:"小的名唤孟童,妻子死了。养了三个儿子,大的今年十岁,两个小的还小。小人的妻子死后,将三个儿子寄在外婆家里。小人今年四十二岁,若要小人有的东西,无有不肯借与千岁的。"秦王道:"孤家见你相貌与刘武周一样,故此要借你的首级,前去招那尉迟恭来降。孤家即封你为万户侯,赐以千金。"那人道:"呵呀,这事真正使不得!"咬金道:"只此一遭,下次不可。"那人大哭道:"小人死了,千岁爷方才的话,切不可失信。小的住在太原东门外,青布桥西首,有一个王阿奶,就是小人的丈母,三个儿子都在那里。"咬金道:"知道了,莫要累赘!"就把那人的头砍下,茂公取木桶盛了,付与乔公山,令他再往介休去。

乔公山奉令,到了城下,大叫:"城上的,快报进去!那刘武周已死,特送首级在此。"军士忙去与尉迟恭知道,尉迟恭令开城门放入。乔公山来至堂上,尉迟恭道:"老乔,俺主公首级在哪里?"乔公山道:"这木桶内就是。"尉迟恭把木桶盖一开,只见鲜血淋漓,一个刘武周的首级在内,即放声大哭,双手把首级提起来一看,便大哭道:"我想俺主公部下还有强兵十万,战将千员,焉能就取得他的首级?"便叫一声:"老乔,我问你,这首级果是谁的?你好生欺俺!"将首级照着乔公山劈面打来,乔公山慌忙闪过,便道:"将军,一言既出,驷马难追。将军有言在先,说主公死了,即便归唐,而今你主公首级在此,如何你悔却前言,岂是大丈夫的气概?我说你悔却前言,便为不信,抛掷主公首级,又为不忠。不忠不信,何以为人?我家主公非无良策擒你,今苦苦劝你,无非要你投降,故不加毒害,你只管越抚越醉,觉得太过了!"

尉迟恭闻言大怒道:"你这老头子学这些鬼话,只好骗三岁孩童,俺尉迟恭岂是为你所骗得信的!你去对你主公说,有本事的前来厮杀,不要用这些诡计!"乔公山道:"将军怎见得不是你主公的首级?"尉迟恭道:"老乔,俺主公鼻生三窍,脑后鸡冠,你岂不知鸡冠刘武周?俺的主公若果真死,俺不会失信于你。"乔公山道:"将军既不失信,管教取鸡冠刘武周首级来。"遂出城,将此言回复秦王。徐茂公道:"要真的也不难。武周手下有一人,姓刘名文静,官拜兵部尚书。他心向主公久矣。待臣修书一封与他,管叫将刘武周首级来献。"秦王大喜,茂公遂修书差乔公山领五百人,用尉迟恭旗号,如此如此,公山领命前去。未知后事如何,且听下回分解。

第四十八回　程咬金抱病战王龙　刘文静甘心弑旧主

当下徐茂公见乔公山领兵去了,又令秦叔宝带领一千人马,埋伏在白璧关之南,地名"多树村"。吩咐说:"或见刘武周兵马来时,不可拦阻,让他过去。他若复回,方可阻截,不许放他回兵,须要他首级回来缴令。"叔宝得令,领兵去了。茂公又令程咬金也带兵马一千,慢慢而行,可迎着刘武周之兵,只许胜,不许败,违令者斩。咬金道:"禀军师,小将昨夜受了风寒,肚里作痛,难以交战。须要带个帮手同去,才可放胆。"茂公道:"你自前去,少不得自有兵来接应,不必帮手就得。"咬金道:"小将实是有病,若能取胜,就不必言;倘然败了,请军师念昔日之情,莫要认真。"茂公道:"自有公论,不必多言,快些前去。"咬金皱着双眉,捧着肚子,走出营来,叫家将扶他上马,勉强提了斧头,领兵前去,从军师吩咐,慢慢而行,按下不表。

再说乔公山奉了将令,领五百人马,打着尉迟恭旗号,行近马邑地方,忽见定阳王刘武周带了人马,在前面扎下大营。你道刘武周为甚扎这大营?因他闻秦王复了三关,元帅已死,又闻介休被困,恐尉迟恭有失,故此起兵前来接应。为因出兵日子不利,扎营在此。乔公山来至营前,叫军士报进去,说有先锋尉迟恭差人到此求救。定阳王闻报,就令宣进来。乔公山走进营来,双膝下跪,口称:"山野农民,朝见千岁!"武周就问:"卿何方人氏?有何话说?"乔公山道:"臣乔公山乃朔州麻衣县人,务农为生,与尉迟将军同乡。自幼相交,因往介休访尉迟将军,正遇唐兵围城,十分危急。今特奉尉迟将军之令,前来求救,望我王早起救兵!"刘武周道:"贤卿请起,孤家恨唐童复了三关,杀了元帅,正要统兵前去救应,只为起兵性急,遇了黑道红沙,故此扎营在此。"乔公山道:"今日乃是黄道吉日,何不发兵?"武周大喜,吩咐大小三军,即日起兵。乔公山奏道:"臣乃农民,不谙武事,但闻厮杀之声,就惊得半死。望大王放臣回去,自耕自种,以终天年,臣之愿也。"武周道:"卿不愿为官,孤家也不好相强,赐你回乡去。"公山谢恩,竟往马邑而去。

刘武周兴兵起行,来至白璧关,过了许多树林,就是秦叔宝埋伏之处。他见武周兵马过去,方才出来,绝他归路。那刘武周又引兵前进,不多时,忽见程咬金兵马扎住,不能前进。武周遂下令扎寨,便问:"哪一位将军出去战一阵?"有大将王龙上前道:"臣愿往。"就提一柄月牙铲,上马直抵唐营讨战,此时程咬金有病在营,闻军士来报,营外有人讨战。心内好不惊慌,遂吩咐小军道:"我老爷肚痛得紧,挂了免战牌吧!"小军就把免战牌挂出。王龙一见大怒,一马来至营前,把免战牌打得粉碎,高声大叫道:"我闻得唐家大将甚多,今日正要会战,为何把免战牌挂出?今日我若不冲你的营,也不为上将!"把手中月牙铲摆一摆,一马冲来。这边军士把箭乱射,他进来不得,只在营前讨战。

军士将这事报知程咬金,咬金道:"呵呀,我肚中疼痛,如何是好?待我解一解手去战他吧。"忽旁边走出一个家将,叫道:"老爷,真正是'急惊风遇了个慢郎中'。战与不战。速速定夺。若再停一会,被他杀进营来,这叫作'滚汤泡老鼠,一窝都要死'。"咬金听说,心中无奈,手也不解,心中想道:"'丑媳妇少不得要见公姑。'况我程咬金也是一个好汉,不管死活,出去战他一战吧!"遂走至营门,家将扶他上马,咬金把斧一提,比平日重了许多。没奈何,把斧双手拿了,来至营前,抬头一看,见不是刘武周,心中放下几分。两将各通姓名,王龙道:"程咬金,俺一向闻你也有小小的声名,今日遇俺,只怕你难逃狗命了。"说罢,就是一月牙铲铲过来。咬金双手把宣花斧往上一架,叫声:"住着,俺程爷爷一时害了腹泻病,你略等一等,我前去解一个手,再来与你交战!"王龙大怒道:"你这狗头,戏弄我王爷么!"又是月牙铲铲过来。程咬金见他连铲二铲,心头火起,提起宣花斧,照着王龙一连三四斧,把王龙杀得盔歪甲散,倒拖兵器,回马便跑。

咬金见他去了,意欲下马出恭,在战场上不好意思。看西边一带大树,不免到那里解一解手吧。一马来至树林边,下了马,拿了斧头,走出一株松树背后。正撒得畅快,王龙回马一看,见咬金往西边树林内去了,他却回马轻轻走来。看见咬金的马挂在树上,转过树林一看,又见咬金在那里解手,心中大喜。想这狗头该死了,便轻轻走至树边。咬金见有人走来,只道是乡民在那里砍柴,遂叫一声:"砍柴的,有草纸送一张来与我。"王龙应道:"有,送你一铲!"突的一铲过来。咬金吃惊一看,见是王龙,叫声:"不好!"立起身来,一只手提着裤子,一只手提着斧头,只拣树多的所在就走,却去躲在一株大树背后。王龙欺他无马,放心追来。不妨咬金提斧等候,王龙才到树边,被咬金狠命一斧,砍着马头。王龙跌下马来。咬金又是一斧,结果了性命,把王龙首级砍下来,上马回营,将首级号令示众,自此咬金的腹泻痛也好了。

再说刘武周探子飞报进营说:"王将军被程咬金杀了!把首级号令营前了!"武周大怒,亲自出马,直抵营前讨战。这边军士连忙报进,咬金道:"说不得了!伸头一刀,缩头也是一刀,怕不得许多。"就提了斧头出营。来至阵前,只见刘武周金盔金甲,身坐嘶风马,手执大砍刀,赤面黄须,好似天神下降。咬金叫道:"定阳王请了!"武周骂道:"哦",卖柴扒的匹夫,谁与你打拱?"咬金笑道:"你这人不识抬举,我好意与你打拱,你缘何开口便骂?难道我不会骂人吗?你这变不完的畜生!"武周举刀劈面就砍,咬金把斧急架,大战十余合。咬金哪里是武周的对手?因奉军师将令在身,只许胜,不许败。故勉强支持几个回合。况又泻病方好,如何支持得来,那武周把大砍刀夹头夹脑砍下来,咬金无法抵挡,只得回马往白璧关南首败下来。

后面武周阵内,又转出四个大将:一个姓薛名花,一个姓柏名祥,一个姓符名大用,一个复姓太叔名原,随武周在后赶来。程咬金心惊胆战,向前乱跑。忽见前面树林中闪出一员大将,大叫:"秦叔宝在此!"咬金大喜,勒住马看叔宝交战。那武周一见叔宝,大骂道:"黄脸贼,你杀孤元帅宋金刚,今日相逢,决难饶命!"即把大砍刀砍来,叔宝举枪交战,武周后面四个大将,一齐杀上前来。咬金看见,也杀入阵。叔宝一枪刺中太叔原,咬金也一斧砍死柏祥,武周见损了二将,无心恋战,回马便走。叔宝、咬金随后追赶,直至武周营前,那营内闪出十数员将官,救驾进营去了。这边叔宝、咬金合兵一处,按下不表。

再说乔公山来到马邑,寻至兵部尚书衙门,就烦门上通报一声,说:"有紧急军情的,要见你家老爷。"门上人遂进内通报,这老爷就是刘文静,乃京兆人,与李靖同窗,胸藏韬略,文武全才。数日前接得李靖锦囊一封,说他误投其主,今应归唐,世子秦王,乃真主也,故而有意归唐,但未有便。那日闻报有紧急军情的来人求见,即吩咐叫他进来。门上人传话出来,乔公山来至里边,双膝跪下,将书呈上。文静拆书一看,原来是徐茂公的书,只见上面写道:

> 大唐皇帝驾前军师徐勣,致书定阳王驾前兵部尚书刘老先生台下:勣闻识时务者为俊杰。目今兵困介休,尉迟恭不日归唐,你主刘武周已入我牢笼之计,犹如网中之鱼耳。先生岂未识天时而恋恋在彼耶!今念先生与李药师系同窗好友,故特差参军一员,致达先生。请先生通权达变,速取刘武周首级,以作归唐计,不失公侯之位。书不尽言。徐勣顿首。

文静看了书,忙离座请乔公山起来见礼,问了姓名,留在内署,款待酒饭。次日领了三千人马,只说解粮为由,同公山带了夫人马氏,妻舅马伯良,往介休而来。到了武周营前,军上忙报入营,武周命宣进来。文静进营参拜道:"臣闻唐童害了元帅宋金刚,又兵困介休,特解粮草,带领兵马三千,亲来保驾,共破唐兵。"武周大喜,吩咐排宴共饮,至晚方散。

是夜刘文静手提宝剑,来到帐中,守兵见是自家人,不甚提防,被文静闪入帐中,举剑刺死,斩了首级,带出营去,招呼军士道:"有愿投唐者同去;如不愿投唐者,大家散去。"顿时兵将一半散去,一半随刘文静来唐营投顺。叔宝、咬金接着,见了武周首级,不胜之喜。合兵一处,同往介休,来见秦王。一齐俯伏在地,各献功劳。刘文静献上刘武周首级,秦王大喜道:"列位王兄请起,吩咐记上功劳簿,命排宴贺功!"

次日就差刘文静,往长安朝见高祖,又差乔公山进休城,将刘武周首级送去,招降尉迟恭,使他心死。乔公山领令走到城下,叫守城军士通报说:"乔公山来见将军。"军士连忙报进,尉迟恭开城门放入。军士奉令,即放公山进城,背着木桶,走至堂上,说道:"将军,老夫不敢失信,今取得真正鸡冠刘武周的首级在此。"就把桶放在桌上。尉迟恭把桶盖一掀,将首级仔细一看,果是刘武周的真头,不觉大哭道:"呵呀,主公呵,倒是臣害了你了!老乔,你这狗头,如何杀我主公?"遂拔出腰刀,不由分说,把公山砍做两段,吩咐大小三军,一齐戴孝,自己换了白盔白甲,点兵出城,要与主公报仇。

尉迟恭来到唐营,怒叫:"唐童出来会掩。"秦王闻报,领了三十六员上将,分为左右,来至阵前。秦王叫道:"尉迟王兄,今日可该归顺孤家了吧!"尉迟恭见了一班英雄俱在面前,遂心生一计道:"唐童,我主已死,本该归顺,但要依俺三件事。"秦王道:"王兄愿降,莫说三件,就是三十件也依你。"尉迟恭道:"第一件,要你同程咬金在我鞭下钻过去;第二件,要把俺主公的首级合尸一处,归葬入土;第三件,要你披麻戴孝,还要程咬金那厮拿哭丧棒。这三件,可依得吗?"众将听了,多有不平之色。秦王道:"都依!都依!"

尉迟恭道:"今日就要钻鞭。"将乌骓马一纵在正中,把手中竹节钻鞭举起,叫声:"唐童,快来钻鞭,才见你的真心用俺。"秦王便叫:"程王兄,同孤家去走一遭。"程咬金听见秦王之命,心中畏惧,没奈何,只得应承,又想:"这黑脸贼若是打了我,主公定然不依;若不打下来,就显得我是不怕死的好汉了。"即叫:"尉迟恭,俺来了!"竟往鞭下钻过来。尉迟恭正要举鞭打下,忽又想道:"且住,若打了这狗头,唐童一定不来了,且饶他过去吧!"咬金在鞭底下弯着腰逼近尉迟恭身边,忽将身一跃,托住尉迟恭双鞭,大喊:

"主公快走!"秦王一马上前,就如飞似的冲了过去。程咬金也舍了尉迟恭,随在秦王马后溜去。尉迟恭见打秦王不着,叹口气回马入城去了。

秦王令人入城,取出武周首级,又令军士取出武周尸骸,凑成一处,结起孝堂。秦王穿了孝服,咬金手拿哭丧棒,把武周首级尸骸,用硃红棺木盛殓。灵前供献全猪全羊,秦王先举行哀礼,咬金在地下叩头,众官一齐拜吊。尉迟恭在城上,望见秦王如此诚心,又想,今日主公死了,莫若乘此机会,投降也罢,遂令三军开了城门,插了降旗,一马出城,至唐营下马,俯伏在地,口称:"尉迟恭愿降!"秦王出营,亲手扶起,挽手同行,来至营内,与众官见礼,吩咐摆宴接风。欲知后事如何,且听下回分解。

第四十九回　刘文静惊心噩梦　程咬金戏战罗成

当下秦王见尉迟恭投降,就移兵进城,清查府库钱粮;把刘武周葬于介休城北,那张士贵也归顺唐家,遂起兵回长安不表。

再说刘文静奉秦王命,往长安朝见高祖,在路行了五日。是晚在客店安歇,睡到三更时分,忽听门外一阵阴风过处,闪出一个头戴金盔、身穿黄袍、满身流血的人,大叫:"刘文静奸贼,还孤家性命来! 你这奸贼,孤家不曾负你,你何故残害孤家? 我今在阴司告准,前来索命!"刘文静此时吓得半死,自知无理,只得跪下,口称:"大王饶命,臣自知罪了,乞大王放臣,见了唐王,若得一官半职,就将檀香雕成大王龙体,每日五更三点,先来朝见大王,然后去朝唐王。若有虚情,死于刀剑之下。"那阴魂欲要上前来擒文静,幸亏文静阳气尚盛,阴魂不能近身,手指骂道:"你这奸贼,少不得恶贯满盈,我在阴司等你。"又起一阵阴风,忽然不见。文静惊醒,却是南柯一梦,吓得一身冷汗。夜间不便对夫人说明,次日早饭后起行,往长安而来。不一日,到了长安,朝见高祖,进上得胜表章。高祖大喜,就封为兵部尚书。文静即日进府,用檀香刻成刘武周形象,每日五更三点,朝拜不表。

再说秦王一路回兵,对徐茂公道:"孤想金墉大将,尚有罗成、单雄信,不知此二人可得归降否?"徐茂公道:"主公,那罗成要他归降容易;那单雄信要他投降实难!"秦王忙问何故。茂公道:"单雄信与主公有仇。昔日圣上在榟树岗,射死他的兄长单雄忠,他誓死不投唐。那洛阳王世充招单雄信为驸马,封罗成为一字并肩王,此二人俱在洛阳。主公既想念二人,何不发兵竟取洛阳? 单雄信虽不能得,罗成决然可以招来。倘或打破洛阳,得其土地,亦是美事。"秦王大喜,吩咐三军取路往洛阳进发。

不一日,兵到洛阳,扎下营寨。秦王问众将道:"哪一位王兄出马,以建头功?"闪出尉迟恭道:"臣归主公,未有尺寸之功,待臣出马取这洛阳,献与主公。"秦王大喜。尉迟恭提枪上马,领了三千铁骑,直抵洛阳城下,高叫:"城上军士,报与王世充知道,快挑有本事的将官出来会俺。"军士忙报入朝,王世充即集众将商议退敌。单雄信道:"待臣出马,以观其势。"世充大喜道:"驸马愿出,定能成功!"雄信提槊上马,出了城门,直抵阵前。看见对阵将官,一张黑脸,两道浓眉,好似烟熏的太岁,浑如铁铸的金刚,十分难看,雄信便叫:"丑鬼通名。"尉迟恭一看,见他青面獠牙,红发赤须,就像玉帝殿内的温元帅,又似阎王面前的小鬼,就说道:"我是丑的,你的尊容也整齐得有限。"单雄信反觉羞颜,举枣阳槊劈面就打,尉迟恭将矛一架,叫道:"住着,俺尉迟恭的长矛,不挑无名之将,你快通个名来。"单雄信被他架得一架,知他厉害,也不通名,回马就走入城。

尉迟恭一团高兴,没处发泄,只在城外叫骂半日,方才回营。次日又来讨战,这单雄信当日来请罗成说:"有唐将讨战,甚是凶勇,望乞贤弟退得唐兵,不枉愚兄昔日拜盟交情。"罗成道:"单二哥,说哪里话? 自古道:'食君之禄,必当分君之忧。'今兵临城下,自然出去退敌。"雄信大喜。

罗成提枪上马,出了城门,来至阵前。只见尉迟恭威风凛凛。罗成问道:"这黑鬼,可是尉迟恭吗?"尉迟恭道:"然也。你也通个名来。"罗成道:"俺是燕山罗元帅的公子罗成便是。"尉迟恭道:"原来你就是罗成。你来得正好,俺专待拿你去请功。"就把长矛刺来,罗成把枪隔过,回手也是一枪。尉迟恭未曾招架,耍的又是一枪,连忙隔住。罗成一连三四枪，尉迟恭手忙脚乱，哪里来得及隔，叫声："不好！"回马就走。单雄信在城上看见，提兵杀出，那三千铁骑，杀得唐兵人乏马倦，打着得胜鼓回城去了。

尉迟恭杀得气喘吁吁的败回营中，见了秦王，叫声："厉害！"程咬金道："想是你得胜回来了！"尉迟恭道："程将军休得取笑，这罗成我是战他不过的，请程将军明日出去，自然得胜。"咬金道："不敢相欺，若是我去，不但得胜，还要降服他来投顺。"尉迟恭心想："他口出大言，待我明日去掠阵，看他光景，说他几句，以消今日讥诮之恨！"次日单雄信又请罗成出阵，那程咬金没处推托，只得出阵。尉迟恭奏道："主公，末将今日愿去军前掠阵。"咬金道："甚妙，你不跟来看看，也不见我的手段！"秦王道："王兄肯去掠阵，亦可助威。"二人随即出营。

尉迟恭在后看咬金交手，谁料程咬金心中早有成算，必须如此如此，方可安妥。他打马来到阵前，先丢一个眼色，又对罗成把张嘴来噜这么两噜，然后叫道："你为何昨日欺侮我的尉迟恭？"又把眼睛向罗成眨眨，那尉迟恭在背后哪里晓得他做鬼？罗成看见咬金做出许多嘴脸，不知何意。咬金一马上前，轻轻说道："罗兄弟，你今日长我些威风，这一遭儿，我感激你不尽了！"罗成笑了一笑，两边会意。咬金举斧就砍，罗成假意回手。战了二十余合，罗成虚闪一枪，回马就走。咬金大叫小呼，随后追赶，追至城外，见他进城去，方才转来。尉迟恭哪里晓得他们是相好的兄弟？见了他今日交锋，这般威风，心内不解，就问道："程兄，前日在言商道上，你的本领也只平常。为何今日大不相同了？"咬金道："难道是假的吗？你若不信，就与你试试。"尉迟恭道："这有什么要紧，何必如此？"咬金道："料你也不敢。"二人回营，见秦王说明战胜之事，秦王大喜。茂公心中明白，微笑道："今日果然有功。明日可再去，须要罗成归顺，如不能说得他来，军法从事！"咬金闻言，暗想："这是难题目来了！我是与黑炭团说耍儿的话，谁知今番军师弄假成真起来。"没奈何，只得领令，此言不表。

再说罗成进城回府，单雄信在城上坐看，见他两个眉来眼去，说了多少鬼话，又见罗成败了回去，心中疑惑，遂下城来见罗成道："兄弟，愚兄有一句不怕人怪的话，要与你讲。"罗成道："二哥有话，但说何妨。"雄信道："方才我在城上，见你同咬金交头接耳。他的本事，我岂不知，如何胜得你来？俺单某待你不薄，莫非你欲投唐，来灭我洛阳吗？"罗成道："二哥，只知其一，不知其二。昨日与尉迟恭交锋，只消三枪，杀得他大败。今日程咬金来，小弟正要拿他，不知他见了兄弟，鬼头鬼脑。小弟猜他不出，只道他有意归降洛阳，故此假败一阵。此言句句是真，怎敢欺瞒二哥？"

雄信道："原来如此。我还放心不下，你如果有真心，明日再去出战，须要生擒程咬金进来，才显得你是真心为了洛阳。"罗成道："是。"雄信别了回去，罗成心中想道："好没来由，被他絮絮叨叨这一番噜苏。俺生平性直，耳内何曾听得这些话？"遂闷闷坐在椅上，长吁短叹。被一个丫鬟看见，忙进去报与老夫人得知。老夫人道："既如此，你去请大老爷进来。"丫鬟领命，叫声："大老爷，老太太有请！"未知说出什么话来，且听下回分解。

第五十回　对虎峪咬金说罗成
　　　　御果园秦王遇雄信

当下罗成闻母亲呼唤，遂走到里边，深深作揖，就问："母亲唤孩儿进来，有何吩咐？"老夫人道："我闻你心上不快，特唤你来问，是为什么事？"罗成道："母亲，孩儿因秦王起兵，攻打洛阳，那秦王帐下，却有表兄秦叔宝，并程咬金一班朋友，都在那里为将。今日出战，恰遇程咬金。孩儿想起昔日在山东贾柳店拜盟情况，一时之间，不好动手。那程咬金又对孩儿做了些手势，孩儿一时不明白，只得假败回来。谁想单雄信疑心于我，将孩儿噜噜苏苏了一番，为此孩儿闷闷不悦。"老夫人闻喜说道："我儿呀，做娘的为了你表兄，连你父亲也要拗他的。再没有今番为了单雄信，倒要与表兄为难的道理。况且那边朋友多，这里只有一个单雄信。依我主意，不如归吧！"罗成道："孩儿闻秦王好贤爱士，有人君之度，投唐果是。只是单雄信面上，过意不去。"老夫人道："这有何难，只是将计就计，瞒他便了。日后遇见他避开去，不与他交战，就是你周旋朋友之情了。"罗成道："母亲所言有理！"

到了次日，程咬金又来到城下讨战，尉迟恭照前掠阵。单雄信闻知，即来对罗成说："罗兄弟，今日该把程咬金拿进城来，方算你与单通是个知心朋友。不可又被他杀败了。若再杀败回来，那时你罗家的名色都无了。说你一个程咬金也战不过，岂不被人取笑吗？"罗成听了，又气又恼，只得提枪上马，开了城门，来至阵前。

只见咬金又做出鬼脸，丢了眼色。那罗成又好气，又好笑。只听咬金说道："罗兄弟，昨日承你盛情让我，今日我有一句好话，对你讲。但此处不是讲话的所在，你略略让我三分，我与你战到没人处，细细对你说明。"罗成点头，二人就假意杀起来。战了七八合，咬金虚闪一斧，回马向北落荒而走。罗成随后赶去。尉迟恭道："程咬金这狗头，今番输了。想他追去，决然无命。俺奉命掠阵，岂可袖手旁观？主公知道，岂不有罪？不免前去帮他一帮。"就纵马往后追来。

再说罗成同程咬金到了一个所在，离洛阳二十里，地名"对虎峪"，并无人家。咬金道："罗兄弟，我看这里无人来往，正好说话。"罗成道："有什么话，快快说来。"咬金道："罗兄弟，你家舅母一向对我说：'我家并无至亲，只有罗成外甥，我欢喜他，但愿他时刻与我叔宝孩儿聚在一处。自从那年来拜我寿，不知为甚把一个青面獠牙的人打了一顿，他就使性走了，使我放心不下。'我想罗兄弟如今与那青面獠牙的人同住，岂不使你舅母之心不安？况且他做事未必妥当，兄弟何苦与他为伴？"罗成道："汝言是也！我昨日为你，受了他一肚子的臭气，实是难忍。"咬金道："既然如此，罗兄弟何不投唐？况且又不负令舅母之心，得与表兄叔宝时刻相亲，同为一殿之臣，有何不可？你今回去，与令堂太夫人商量，是在洛阳好，还是投唐的好。"罗成道："何用商量，自是投唐好。但我母亲妻子，在洛阳城内，待我设法送他出城，那时就来归唐，同保秦王便了。我去也！"程咬金道："我还有一句话对你说。今日我与你在此说了半日，还有尉迟恭在那里掠阵。就是单雄信想必也在城上观看，他不见了我两个，岂不生了疑心？我今与你杀出去，若遇见尉迟恭，需要给他一个辣手段看看，日后使他不敢在我朋友面前放肆。"罗成道："说得有理！"

两个重新杀转来，罗成拖枪败走。咬金在后追来。恰好遇着尉迟恭。尉迟恭哪里晓得底细？心中想道："他前日卖弄手段，今日待我报仇！"就大叫："罗成，你前日的威风哪里去了？今日不要走，吃我一枪。"遂把枪刺来。罗成正为单雄信在城上观看，正没有计较解他疑。一见尉迟恭，十分欢喜。又听了咬金一番言语，把枪一隔，就回一枪。尉迟恭连忙招架，罗成又连要了三四枪。尉迟恭把应不下，指望咬金来帮助，回头一看，不见咬金，手一松，腿上先着了一枪，叫声："呵唷，不好了！"回马就走。罗成紧紧追来，追到一株大树边，尉迟恭就往大树后要走。被罗成耍的一枪，又正中着。不妨树后闪出一员大将，用两根金装铜把枪架住，叫声："不要动手。"罗成一看，原来是叔宝表兄。秦叔宝进树后，把手一招，罗成点头会意，回马往洛阳去了。原来这大树离城不远，恐怕单雄信看见，故此罗成去了。那徐茂公事先料定，故预先差秦叔宝在此等候。

闲话休讲，那程咬金先来缴令道："今日大战罗成，被臣一番言语，他已依允，明日准来归顺。"秦王大喜，重赏咬金。随后叔宝同尉迟恭亦来缴令，这话不表。

再说罗成进城，雄信下城相见，叫道："罗兄弟，今日辛苦了！方才愚兄在城上看战，虽不能生擒程咬金，这尉迟恭被你杀得大败，躲入林内，兄弟正好拿他，为何又放走了？"罗成道："二哥，那树后因有埋伏，故此回兵。"雄信道："原来如此，倒是愚兄多疑了。"二人拱手，各回本府。罗成走入内堂，老夫人道："你今日开兵，遇见何人？"罗成道："孩儿遇见程咬金。"遂把他言语说了一遍。老夫人道："儿呵，那程咬金的言语有理，须当从之。"罗成大喜，连夜把家眷送出城外。

次日，罗成来见单雄信道："单二哥，家母思乡甚切，弟欲送家母前往燕山，然后再来扶助洛阳。故此特来告诉一声，即时就要起身。"雄信道："呵呀，罗兄弟，你好薄情！愚兄不曾亏负你，只今兵临城下，正是用人之际，怎么要回燕山？我晓得了，莫非要投唐吗？"罗成道："小弟果回燕山，并不去投唐。"雄信道："既不投唐，为何如此之速？"罗成道："家母之命，不敢有违。"雄信吩咐家将，备酒送行。罗成道："家母在城外等候，不敢久留。"只吃一杯酒，作别起身。雄信送至城外，罗成头也不回，径自去了。

雄信上城观望，见罗成到那株大树边，忽闪出秦叔宝、程咬金，同罗成家眷入唐营去了。雄信见了，心中大怒，大骂罗成："你这小贼种，早知你今日忘恩，悔不当初在三贤馆中，将你一槊打死，以免今日之患了。小贼种呵！日后若再相逢，我与你势不两立！"说完，愤恨回府不表。

再说秦叔宝、罗成、程咬金到了唐营，把家眷安顿好了，然后来见秦王。秦王出位迎接，罗成跪下叩见秦王，秦王双手扶起。又与徐茂公一班朋友，个个见了礼。吩咐摆宴接风。秦王在上面一桌，众好汉分列两边。饮了些时，尉迟恭暗想："罗成小小年纪，怎么在马上如此厉害？想必是在马上操练惯的。他的本事，料也有限，待我假做敬酒为由，抓他一把，擒将出来，与众人笑一笑，有何不可？"就满斟一杯，走上前来，叫道："罗公子，末将敬奉一杯！"双手将杯送来。

罗成道："多谢将军。"把手接杯，不曾提防，被尉迟恭伸过大手，抓定了勒甲，叫："过来吧！"往上一举，把罗成举在半空中。众将齐吃一惊，不知何故。罗成道："黑子，你放了吧！"尉迟恭道："不放，如今怕你怎么？"罗成道："真个不放？"尉迟恭道："真个不放。我看你在阵上八面威风，如今也被俺燥皮一燥皮。何不把前日的手段拿出来使一使？"罗成道："待我自放与你们看吧！"遂把两手齐向尉迟恭耳根上一拍，这拳势名为"钟鼓齐鸣"。原是罗家的杀手。尉迟恭着了一下，头一晕，把手一松，扑通一跤，跌倒在地。罗成将身一纵，跳下地来。众人扶起尉迟恭，大家笑了一回，依旧吃酒，至晚方散。以后尉迟恭再不敢小觑罗成了。

到了次日，是端阳佳节，秦王令众将各回营闲耍一天，明日开兵。众将领命，各自散去。有去吃酒的，也有去下象棋的。独程咬金、秦叔宝、罗成三人到外边游玩，单剩秦王同徐茂公闲坐在营。秦王道："孤家同军师出营，观看外面风景如何？"茂公道："领旨。"同秦王走出营来，一路观看，不觉行到一座花园。原来这座花园，名为"御果园"，离洛阳不远，乃王世充起造在此游玩的。只因唐兵在此扎营，故而无人看守。秦王同茂公走进园中，只见那园中奇花异卉，不计其数。中间起造一座假山，八面玲珑，十分精巧。茂公同秦王上了假山观看，望见一座城池，秦王问道："军师，这个城池，莫非就是洛阳城吗？"茂公道："然也。"

他君臣二人，正在假山上，指手画脚的看，不料单雄信恰在城上巡察，望见御果园假山上，立着二人。一个身穿道袍，一个头戴金冠，身穿大红蟒服，坐下银鬃马，料是秦王，心中大喜，即提槊上马出城，吩咐军上快报大将史仁、薛化前来接应，自己先跑到御果园假山下，大叫："唐童，俺来取你首级！"这一声喊，犹如晴空起个霹雳。秦王、茂公吃了一惊，回头一看，见是单雄信。茂公道："主公快走，难星来了！"忙下假山，雄信赶到，举枣阳槊就打。秦王忙往假山背后就跑。

茂公飞奔向前，一把扯住雄信的战袍，大叫道："单二哥，看小弟薄面，饶了我主公吧！"雄信道："茂公兄，你说哪里话来？他父杀俺亲兄，大仇未报，日夜在念。今日狭路相逢，怎教俺饶了他？绝难从命。"茂公死命把雄信的战袍扯住，叫声："单二哥，可念贾柳店结义之情，饶俺主公吧！"雄信听了，叫声："徐勣，俺今日若不念旧情，就把你砍为两段。也罢，今日与你割袍断义了吧。"遂拔出佩剑，将袍袖割断，纵马去追秦王。

徐茂公知不能挽回，只得飞马跑出园门，加鞭纵马，要寻救驾将官。忽见面前澄清涧边有一将，赤身在涧中洗马，却是尉迟恭。他见众人都去闲耍，独自一个，到此涧边，见涧水澄清，遂除下乌金盔，卸下乌金甲，把衣服脱得精光，只留得一条裤子，把马卸了鞍辔，正在涧中洗得高兴，只见军师飞马前来，大叫："敬德兄，主公有难，快快救驾！"尉迟恭闻言，吃了一惊，慌忙走上岸来，一时间心忙意乱，人不及穿甲，马不及披鞍，只得歪戴头盔，单鞭上马，同茂公跑到御果园。尉迟恭大叫道："勿伤我主公！"那雄信追赶秦王，秦王只往假山后团团走转，又向一株大梅树下躲了进去。雄信一槊打去，却被树枝抓住，雄信忙把槊抽拔出来，那秦王已飞逃出园门，雄信随后追来。

正在危急，忽见尉迟恭赶到，雄信倒吃一惊，大骂："黑脸贼！今日俺与你拼了命吧。"就把槊打来，尉迟恭举鞭相迎。秦王遇见茂公，先回营去了。这单雄信那里是尉迟恭的对手？战不上三合，雄信一槊打来，被尉迟恭一把接住，回手一鞭打来，单雄信把槊一放，空手逃走。尉迟恭一手举鞭，一手拿槊，飞马紧紧追去，这唤作"尉迟恭单鞭夺槊"。未知单雄信性命如何，且听下回分解。

第五十一回　王世充发书请救　窦建德折将丧师

当下尉迟恭追赶单雄信，直追至澄清涧边，那秦叔宝、罗成、程咬金同在涧边玩耍，忽然看见，吃了一惊。三人一齐上前拦住，咬金叫道："黑炭团住着，这青面将是我们的好朋友，不得有伤。"又见他手内拿着雄信的金顶枣阳槊，又叫："黑炭团，这是单二哥的兵器，为什么要你拿了？快些还他！"尉迟恭听了，就把槊往地下一插，不料那槊陷入地中数尺。咬金道："单二哥，你拔了槊回去吧！"那单雄信气愤愤过来拔槊，谁想用尽平生之力，这槊动也不动。咬金道："黑炭团，快快把槊拔起来还单二哥，好叫他回去。"尉迟恭道："这般无用，亏你做了将官！"遂上前轻轻一拔，就拔起来，向单雄信面前一丢。雄信接了槊，满面羞惭而去。叔宝问道："为何追赶雄信？"尉迟恭把救驾之事，说了一遍，三人听了，与尉迟恭一齐回营，来见秦王不表。

再说雄信失意回来，遇着史仁、薛化，二将接住，一齐入城回府，闷闷不悦。那王世充闻知消息，摆驾来到驸马府中探望，叫一声："驸马，你为了孤家如此劳心劳力！"雄信道："主公说哪里话来？臣受主公大恩，虽粉身碎骨，难以补报。"话未毕，忽报铁冠道人来到，大家见过了礼。王世充道："今唐兵临城，十分凶勇，不知军师有何妙计退得唐兵？"铁冠道人道："臣夜观天象，见罡星正明，一时恐未能胜。主公可多请外兵共助洛阳，何愁唐兵不破。"世充道："据军师所见，以请那些外兵为是？"铁冠道人道："可谓曹州宋义王孟海公，相州白御王高谈圣，明州夏明王窦建德，楚州南阳王朱灿，若得此四路兵来，何虑大事不成？"王世充大喜。雄信设席款待，至晚方散。按下不表。

再说秦王回营，大小将官皆来问安，不多时，秦叔宝、罗成、程咬金、尉迟恭等都到。秦王道："孤家今日若没有尉迟恭王兄前来，几乎性命难保。"吩咐先上了功劳簿，到回朝之日，再奏与父王知道。即下令摆酒，众将同饮。秦王在席上，只管称赞尉迟恭。这尉迟恭大悦，把酒吃得大醉，坐在交椅上，把身子不定的乱摇。秦王见他醉了，命咬金扶他回营。咬金上前扶起。不料尉迟恭把手搭在咬金的颈上，用脚一扫。咬金扑通一声，跌倒在地。咬金起来将要认真，被秦叔宝上前扯住。尉迟恭道："今晚我不回营，同主公睡了吧！"秦王道："使得。"打发家人回营，自己同尉迟恭就寝。有服侍秦王的人，先来与尉迟恭脱了衣服，扶他上床，因他酒醉就睡去了。然后秦王也上床来，恐惊醒了尉迟恭，就轻轻睡在他脚后边。谁想尉迟恭是个蠢夫，翻身转来，把一只毛腿搁在秦王身上。秦王因他酒醉，动也不敢动，只得睡下。

不料徐茂公因夜静出帐，仰观天象，只见紫微星正明，忽然有黑煞星相欺。徐茂公大惊，忙叫众将速速起来救驾。那些将官都在睡梦中惊醒，各执兵器，打从帐后杀来，大叫救驾。秦王闻叫大惊，忙叫醒尉迟恭说："王兄，不好了，有兵杀来，快些起来。"尉迟恭闻言，酒都惊醒了，连忙起来，拿了竹节鞭，打出帐来。只见火把照耀，光明如白日。仔细一看，都是自己人马，一时摸不着头路。

秦王提了宝剑，也出帐来，问："贼兵在于何处？"众将道："没有贼兵，是军师说主公有难，故此臣等前来救驾。"秦王道："孤家没有难，可散去吧。"众将回营。次日秦王问徐茂公夜来之事。茂公道："臣昨夜观天象，见紫微星正明，忽有黑煞星相欺。"秦王把尉迟恭将毛腿搁在身上的缘故，说了一遍。两边方明，按下不表。再说当下王世充发下四封请书并礼物，差官四员，往请曹州、明州、相州、楚州四家王子起兵，共助洛阳。

先说明州夏明王窦建德，是日驾坐早朝，见有洛阳王王世充差官下书。窦建德拆开一看，上写：

　　洛阳王王世充，拜书于夏明王窦王兄驾下：自从紫金山一别几载，群雄四起，各霸一方。前唐王遣李元霸击我众将，又辱我各邦，今又兴兵犯我小国，弟因将寡兵微，不能对敌。特此差官，谨具黄金万两，彩缎万匹，伏乞鉴纳，敢乞王兄速速起兵，救弟之厄，实为幸事。

　　　　　　　　　　　　　　　　　　　　小弟王世充顿首。

窦建德看罢来书，即大怒道："唐童这小畜生，前在紫金山，他兄弟李元霸恃强凌弱,孤家是他母舅,也要跪献降书。如今幸遇王世充之便,正好起兵问罪。"即打发差官去回复,就于次日领兵五万,带领大将苏定方、梁廷方、杜明方、蔡建方四员,往洛阳进发。留大元帅刘黑闼守国,此话不表。

再说曹州宋义王孟海公得王世充来书,带领三个妻子马赛飞与黑白二夫人,起兵五万,来助洛阳。还有相州白御王高谈圣,带了飞钹禅师盖世雄,楚州南阳王朱灿,带了史万宝,各起兵五万,来助洛阳。按下不表。

再说窦建德领兵到洛阳,王世充闻知,同单雄信等一齐出城迎接。世充道:"窦王兄不远千里而来,扶我小国,此恩此德,真乃天高地厚。"建德道:"王兄说哪里话来?济困扶危,乃世之常事。"二人并马入城,带来兵马扎在城外。单雄信也点兵马五万,出城扎营,世充摆宴接风。宴罢,建德出城,在营内安歇。

那边军士探知消息,忙报秦王说:"明州窦建德,领兵来助洛阳,现在城外扎营。"秦王道:"孤家母舅,难道要与外甥交兵吗?"茂公道:"他前日在紫金山,被赵王元霸,要他跪献降书,故而结下冤仇。"秦王道:"这也未必。"秦叔宝道:"明日待臣去探他一二,便知端的。"

次日,叔宝提枪上马,跑到阵前讨战。小军飞报进营,窦建德闻报,领了四将,齐出营来,横刀立马于阵前。叔宝上前,叫声:"大王请了。秦琼闻大王乃我主公之母舅,因何反助他人?"建德道:"秦琼,你可记得紫金山之事吗?你回去只叫世民出来,孤自有话对他讲。"叔宝道:"自家至亲,何必认真,认真乃禽兽也。"建德大怒道:"你敢骂孤家吗?"回顾四将道:"快与我拿来!"后面苏定方、梁廷方、杜明方、蔡建方四将齐出,叔宝大战四将,全无惧怯,窦建德也提刀来助阵。战了三十余合,叔宝大吼一声,把杜明方刺落马下。建德大怒,举刀就砍叔宝,叔宝拦开刀,取铜打来,正中建德肩膀,建德回马败走。蔡建方举锤望着叔宝打来,叔宝拦开锤,耍的一枪,正中咽喉,跌下马去。只有梁苏二人,保了建德回营。点算人马,损失不少。叔宝也回营,备言交战之事,秦王大悦。

那单雄信看见窦建德战败,心中大怒。到次日,带了史仁、薛化、符大用三将出营讨战,徐茂公叫罗成出去会战。罗成道:"我不好出去。"叔宝道:"我也不好出去。"程咬金道:"单雄信与他们二人有恩,他自然不好出去,只我程咬金可以去得。一则本事对他得过,二则我来得明,去得白,三则功劳大家得些。"秦王大喜道:"程王兄,那单雄信是孤家所爱的,不可伤他性命。"咬金道:"晓得!"说罢,提斧上马,来至阵前,大叫:"单二哥,你今可好吗?"雄信见是咬金,即应道:"托庇平安。你可叫那黄面贼出来,俺要与他拼命!"咬金道:"嗄,那秦叔宝是个没良心的,他惶恐得紧,不好见你。"雄信道:"你来何干?"咬金道:"我与你是好朋友,今日要与你厮杀,如何杀起?"雄信道:"好个老实人!就让你先动手吧。"咬金道:"不敢,还是二哥先动手。"雄信道:"俺怎么好先动手,伤了情分?"回顾三将道:"与俺拿来。"史仁、薛化、符大用三将齐出。咬金叫声得罪,扑秃一斧,把史仁砍为两段。二将死命来战,咬金又把薛化砍死,符大用见势头不好,回马就走,咬金赶去,又一斧砍死。雄信看见,叫声:"罢了!"回营而去。未知后事如何,且听下回分解。

第五十二回　尉迟恭双纳二女　马赛飞独擒咬金

当下雄信回营,王世充见三将被杀,闷闷不乐。忽军士来报,说曹州宋义王孟海公领兵来到,王世充即同窦建德、单雄信出营来接,挽手入营,见礼坐下。王世充道:"有劳王兄大驾!"孟海公道:"小弟来迟,望乞恕罪!请问王兄与唐童见过几阵了?"世充就将昨日今日连败二阵,细说一遍。孟海公道:"既如此,待小弟明日擒他便了。"世充忙摆酒接风。

次日,世充、建德、海公一齐升帐,世充便问:"哪一位将军前去讨战?"忽闪出一员女将道:"大王,妾身愿往。"原来是孟海公二夫人黑氏,世充大喜。黑夫人手提两口刀,上马出营,来到阵前讨战。军士飞报进营说:"有员女将讨战,请令定夺。"咬金听见是女将,就说道:"小将愿去擒来。"茂公道:"女将出战,须要小心在意。"咬金道:"不妨。"即提斧上马,来至阵前,果见一员女将,即大叫道:"你是来寻老公吗?"黑夫人大怒道"哗!油嘴的匹夫,照俺手中的宝刀。"说罢,双刀并起,直取咬金。咬金举斧相迎,大战三十余合,黑氏回马就走。咬金道:"正好与你玩耍,为何就走?"随后赶来。看看赶近,黑氏取出流星锤,回身一锤打来。咬金一闪,正中右臂。叫声:"不好!"回马走回营中。

黑氏又来讨战,军士又报入营,茂公道:"如今何人前去出阵?"尉迟恭道:"小将愿往。"遂提枪上马,跑至阵前,看见女将,一张俏脸,黑得有趣,一时不觉动火,便大叫道:"娘子,你是女流之辈,晓得什么行兵?不如归了唐家,与我结为夫妇,包你凤冠有分。"黑氏闻言大怒道:"我闻你唐家是堂堂之师,不料是一班油嘴匹夫。"就把双刀杀来。尉迟恭举枪相迎。两下交战,未及五合,黑氏就走。尉迟恭赶来,黑氏又取流星锤打来,尉迟恭眼快,把枪一扫,那锤索就缠在枪上。尉迟恭用力一扯,就把黑氏提过马来,回营缴令。

茂公问道:"胜败如何?"尉迟恭道:"那女将擒在营外。"说罢回营。咬金道:"要杀竟杀,不必停留,待末将去监斩。"茂公道:"监斩用你不着。如今有大大功劳,要你去做。"咬金道:"什么大大功劳?"茂公道:"就是尉迟恭擒来的女将,与尉迟恭有姻缘之分。如今只要你去劝她顺从,就算你大大功劳。"咬金道:"末将就去。"秦王道:"程王兄去做媒人,孤家做主婚,着尉迟王兄好即日成亲。"咬金奉令,走出营来,叫家将把黑夫人送到尉迟恭将军帐下去。家将一声答应,将黑夫人解了绑缚,随程咬金送到尉迟恭帐中来。尉迟恭道:"程将军,今日什么风,吹你到此来?"咬金道:"黑炭团,真正馒头落地狗造化。主公着我与你做媒,将黑夫人赏你做老婆,你好受用吗?"尉迟恭笑道:"承主公好意,将军盛情,但不知此女意下如何?烦程将军为我道达其情,若肯顺从,你的大恩,我没齿也不敢忘。"咬金笑道:"亏你如此老脸,说出这样话来,你自去办酒。"尉迟恭道:"晓得!"自入账后去了。

程咬金就叫手下把女将推进来,手下答应一声,便将黑夫人推到里面。咬金道:"你可晓得我这里规矩?大凡擒来的将官都是要杀的。今番也是你造化,我军师有好生之心,道那尉迟恭是个独头光棍,故要把你赏他。着我来做媒人,我主公做个主婚。你们黑对黑,是一对绝好夫妻。"话未说完,黑夫人大怒,照定咬金面上打了一个大巴掌。咬金不曾提防,大叫:"呵呀!好打!"骂道:"你这贼婆娘,为何把我媒人打起来?岂不失了做新娘的体面!"黑夫人骂道:"你这油嘴的匹夫,把老娘当什么人看待?奴家也是主子的爱姬,虽然不幸,被你擒了,要杀就杀,何出此无礼之言?"回转头来,看见账上有口宝刀,走上前面,就要去抢刀。程咬金同家将一齐拦住,依旧把黑夫人绑缚。

尉迟恭在帐后听得喧嚷,走出来说道:"程将军,她既不肯成亲,不必相强。"咬金道:"放你娘的狗臭屁!我这媒人是断断要做的,你快把酒来我吃,你推他往后面去做亲。就是一块生铁,落了炉,也要打她软来。况你是打铁出身,难道做不得这事?快推进去!"尉迟恭欢喜,叫手下摆酒出来,与程将军吃,遂将黑夫人推到后账来。黑氏道:"你推我到这所在做什么?"尉迟恭道:"我要与你成亲。"黑氏道:"既然如此,难道做亲是绑了做的吗?"尉迟恭道:"也说得是。"连忙把夫人放了。

那黑氏一放了绑,就叫:"尉迟恭,我老娘是有丈夫的。你不要差了念头,好好送我出营去。若说这件事,老娘断断不从。你若要动手,老娘也是不怕人的。"尉迟恭:"我尉迟将军就是山中老虎,也要捉他回来。何况你这小小女娘,怕你怎么?"就趁势赶上前来。黑氏也摆过势子抢过来,你推我扯,扯了一回,那黑氏被尉迟恭拿住,竟往床上一丢,趁势压在身上。黑氏将拳乱打,尉迟恭一手将黑氏双拳捏住,一手解她衣裙。黑氏将身乱扭,终是力小,哪里躲得过?到了此时,只得顺从。黑夫人道:"呵,将军,我们姊妹三个,奴家是孟海公第二位夫人,还有第三位夫人白氏,也有手段,与奴家最好的。明日将军一发捉来,一同服侍将军。还有大夫人,名唤马赛飞,有二十四把飞刀,十分厉害。将军与她交锋之时,不可上了她当。"尉迟恭大喜道:"娘子说得有理。但那程咬金你方才得罪了他,如今该去赔他一个罪,日后好与他相见。"黑氏道:"今日害羞,叫我如何去见他?"尉迟恭道:"不妨,他是极喜欢人奉承的。我们如今拿了酒走出去,大家吃杯儿就丢开手了。"

二人算计已定,就拿一壶酒走出,见咬金正在低头吃酒,叫声:"程将军。"那咬金抬起头来,见尉迟恭拿着一壶酒,黑氏把袖遮口而笑。咬金知她是来赔罪,有些害羞,因说道:"你在阵上时,我说你要来寻老公,你骂我油嘴匹夫。今我好意与你做媒人,又把我夹面乱打,如今来做什么?"尉迟恭笑道:"如今做过亲了。"咬金道:"不许你来开口,要她自来告诉我听。"尉迟恭便对黑氏道:"娘子,你支吾他两句吧!"黑氏无奈,只得掩口微笑,低声说道:"奴家方才得罪程将军,如今不敢违命,已做了亲,前来请罪,谢谢大媒!"说罢,就道了四个万福。咬金连忙回礼,叫声:"不敢,你方才不肯,为何一时没了主意?"黑氏听了,面色变红。咬金笑道:"不要害羞,大家来吃喜酒吧。"三人共饮,直到月转花梢,咬金方大醉辞去。

次日天明,秦王升帐,二人谢恩。徐茂公道:"今日还有一个女将前来,尉迟恭一发捉了,一总赏你。"话未完,忽见军士报来,外面又有一员女将讨战。秦王道:"尉迟王兄,快去擒来,一发赐你成亲。"尉迟恭大喜,提枪上马,来至阵前。看见女将生得千娇百媚,比黑氏更觉好些。原来那白氏,因黑氏被擒,不见首级号令,放心不下,就来打听消息,因叫道:"你这黑脸贼,好好送还我家姊姊黑夫人,万事全休,若道半个不字,教你性命难保。"尉迟恭道:"不要开口。你姊姊黑夫人,已嫁了我,你也嫁了我,来配合成双吧!"白氏大怒,把枪刺来。尉迟恭举枪相战,战不上十合,被尉迟恭拦开枪,活擒过马,回营缴令。秦王大喜,又赐予尉迟恭完婚。军士得令,送至尉迟恭营中,黑夫人迎进后账。白夫人初时不从,被黑夫人再三相劝,只得依允,遂与尉迟恭成亲。按下不表。再说孟海公闻此消息,不胜愤恨,大叫一声:"罢了!"

忽见大夫人马赛飞过来道:"大王不消发怒,待妾明日出阵,擒拿尉迟恭来,千刀万剐,与大王消恨便了。"孟海公道:"御妻,你须小心。"马赛飞道:"晓得了。"

到了次日,就提起绣鸾刀,肩上系一个啳红竹筒,筒内藏二十四把刀,一马当先,直抵唐营讨战。小军飞报,又有女将讨战。秦王道:"为什么他们女将这样多?"咬金道:"主公,如今这个赐臣吧。"茂公道:"你擒得来,就赐你。"咬金大喜,提斧上马,直至阵前,看见女将,比前日两个还胜百倍,心中大喜,大喊道:"娘子,你今年青春多少?我要与你做亲,你道快活吗?"马赛飞听了这话,便问道:"你莫非是尉迟恭吗?"咬金道:"正是,你要嫁他吗?"马赛飞大怒,把刀砍来,咬金举斧相迎。战了三合,马赛飞忙将肩上的竹筒拿下,揭开了盖,叫声:"来将看俺的宝贝!"咬金抬头一看,见一刀飞起,咤的一响,正中咬金肩上,翻下马来,被马赛飞擒住,用索绑缚,活捉回营。未知后事如何,且听下回分解。

第五十三回　小罗成力擒女将
马赛飞勘破迷途

当下王世充、孟海公见马赛飞得胜回营,不胜欢喜,就令军士把尉迟恭推进来。军士一声答应,就将程咬金推至帐前,咬金立而不跪。孟海公骂道:"尉迟恭,你自恃日抢三关,夜劫八寨,英雄无敌,谁想今日被孤家所擒?"咬金道:"你们瞎眼的大王,黑炭团弄你的爱姬,却来寻我卖柴扒的出气!"旁边走出单雄信说道:"王爷,这不是尉迟恭,他叫程咬金。"孟海公便对马赛飞道:"夫人,你人也不认明白,混乱就拿。"赛飞道:"既不是尉迟恭,可把这厮监禁后营,待我再去拿尉迟恭来,一并处斩。"众王道:"有理!"就把咬金监禁后营,马赛飞又提刀上马而去。

再说秦王闻咬金被擒,十分忧闷。茂公道:"主公勿忧,臣料他不出三日,自然回来。"言未了,外边又报,女将在营外讨战。茂公道:"此番交战,非罗成不可。"就叫罗成说道:"外边女将,他有飞刀二十四把,十分厉害。你去出战,只要不放他手空。他手不空,神刀便不能起,快与我拿来。"罗成得令,提枪上马,直到阵前。那马赛飞看见罗成少年美貌,心中暗想:"这样俊俏郎君,与他同宿一宵,胜如做皇后了。"因问道:"小将,你青春多少?可曾娶妻吗?"罗成道:"你问俺做什么?"马赛飞道:"我看你小小年纪,不知交兵厉害,恐伤你性命,岂不可惜,故此问你。你今与我结为姊弟,共助孟海公,我和你自有好处。"罗成大怒,骂道:"不顾脸面的淫妇,你虽生得美貌,奈我罗将军不是好色之徒!"就举枪刺来。马赛飞被他骂了这话,心中大怒,遂举刀交战。罗成抢上一步,借势一提，就把马赛飞擒过来。回营缴令。茂公吩咐，监禁在后营。

那洛阳军士，飞报入营说："马娘娘着罗成活擒去了！"孟海公听见，叫声："罢了！孤家献尽丑了！"又叫道："王兄，那马氏是小弟要紧的人，怎生救他回来？"王世充道："如今可将程咬金去换马娘娘回来，谅他必定许允。"孟海公就问："那位将军押程咬金到唐营去，换马娘娘回来？"单雄信应声愿往，遂领命来到后营，见咬金在囚车内。雄信道："程兄弟，我特来放你回去。"咬金道："你既有这般好心，为什么捉到之时，不放我出去？直到如今才放，其中必有缘故，你可对我说明。"雄信道："今因马赛飞被罗成擒去，如今要将你去换来。"咬金道："既然如此，二哥你可把酒肉请我，吃个畅快，我才肯去。"雄信道："容易。"就叫家将取酒肉进来，放咬金出囚车，咬金把酒肉吃个醉饱。雄信道："如今我同你去。"咬金道："二哥，我是直性汉子，若同我去，就没了我的体面。待我自己回去，包管还你马赛飞便了。如若不信，待我罚一咒与你听！我程咬金回去，若不放马赛飞回来，天打木头狗遭瘟！"雄信道："不必罚咒，我是信得过你的，去吧。"

咬金出了营门，一路思想，必须如此如此，方出我心头之气。回到营中，秦王大喜，就问，如何得回来。咬金道："臣被他拿去，他用好酒好肉请我，今日送臣回来，臣说：'承你一片好心，待我回去，放马赛飞还你？'他听了，千谢万谢。主公看臣面上，把这马赛飞还了他吧。若是主公下次要这个人，臣就去拿来。"秦王道："他有随身飞刀，甚是厉害，你日后如何拿他？"咬金道："不难，待臣杀只狗来，将狗血涂在他飞刀上，自然飞不起来。"秦王道："有理！"便吩咐将马氏推出。咬金对马氏说道："你这不中抬举的，我程爷要你做偏房，你却千推万阻，为何今日落在我手里？我不要你做小婆子。"吩咐小军推出去，把宝贝用狗血涂抹了。

那马赛飞又气又恼，来至本营，见孟海公大哭道："奴家被程咬金许多羞辱，又将宝贝弄坏了，好不可恨！"孟海公道："日后再擒诸厮，将他千刀万剐，与爱妻出气。但宝贝被他弄坏，怎生是好？"马赛飞道："不妨。待妻前往山中，七日七夜，重炼飞刀二十四把，再来复仇便了。如今辞别王爷前去，不出十日之期，自然回来。"孟海公道："御妻，你早去早回。"马赛飞道："晓得。"遂出营门。

一路前去，来至一山，名叫"杏花山"忽见一个道人，叫道："马赛飞，你但晓得练就飞刀害人，却不知自家的死活？那秦王是紫微星君下降，真命天子。这孟海公是奎星降世，以乱隋室，不久就灭。你若练就飞刀前去，性命决然难保。不若拜我为师，与众仙姑修仙学道，长生不老，你意下如何？"马赛飞听了，惊得毛骨悚然，只得跪下，叫声："师父，弟子情愿跟随师父出家。"遂同道人修仙学道去了。马赛飞命不该绝，遇道人前来点化他，也是仙缘有分，他从此就留山学道，一去不回。未知孟海公如何纪念，且听下回分解。

第五十四回　李药师计败五王　高唐草射破飞钹

却说孟海公自从马后一去十天，音信杳无，心中十分纪念。欲待转回曹州，马赛飞又不知下落；欲要进战，又不能取胜。只得闷坐帐中，长吁短叹。

一日，王世充问铁冠道人道："军师，孤家与众王兄同唐兵交战，连折数将，不能取胜，未知军师可有妙计，能退得唐兵，归还孟兄二位夫人否？"铁冠道人道："主公放心。臣有一个朋友，姓鳌名鱼，乃琉球国王四太子，今在日本国招为驸马。其人有万夫不当之勇，主公可命人多带珍宝，聘请得此人来，何愁唐兵不破？"王世充大喜，即备珍宝玩物，请军师前往。铁冠道人奉命前往日本而去。

忽有军士来报，相州白御王高谈圣，楚州南阳王朱灿，二路人马齐到营前。王世充闻报，同二王众将出营迎接。高谈圣、朱灿来至帐中，个个见礼，吩咐摆宴接风。次日，王世充同四位大王升帐，众将分列两旁。王世充道："小弟蒙诸位王兄不弃，来助弱国。怎奈唐童这厮兵强将勇，几次出战，损兵折将。不知列位王兄，有何妙计，退得唐兵？"白御王高谈圣道："王兄不必忧心，待弟生擒这唐童便了。"遂令盖世雄出营讨战。

盖世雄应声得令，遂带随身宝贝飞钹，出营而来。这盖世雄原是头陀打扮，不喜骑马,专喜步战,来至唐营,大叫:"唐营军士,快叫有本事的出来会俺法师。"小军飞报进来说:"有一和尚,口称法师,前来讨战。"茂公闻报大惊,双眉紧皱,叫声:"怎么了!"众将问道:"军师几场大战不惧,今日闻一和尚,为何就愁闷起来?"茂公道:"列位将军哪里知道,这和尚叫作盖世雄,他的本事高强,又兼有二十四片飞钹,甚是厉害,故此一闻和尚,便知道是随白御王高谈圣来的,洛阳公后将有一场大战,若还出阵必有损伤。"忽有秦叔宝上前道:"军师,那盖世雄不过是一个和尚,又非三头六臂,怕他怎的? 待末将出马会他一阵。"茂公道:"你须小心防地飞钹!"叔宝道:"得令!"提枪上马,来至阵前,不用通名,挺枪就刺。盖世雄忙举禅杖相迎,大战二十余合。盖世雄就丢飞钹,叔宝躲避不及,被飞钹打中脊背,负痛回营。

其后唐营出马的将官,被飞钹打伤的共有二十余员。秦王看见众将受伤,闷闷不乐,吩咐在后营调养。谁知那飞钹是用毒药炼成的,凡遇着伤者,七日内便要送命,其痛难当,饮食少进。到了次日,盖世雄又往讨战,茂公无计可施,只得挂出免战牌。盖世雄看了,回营就对五王说了,五王大喜。单雄信道:"我们今夜暗去幼寨,他必无备,必获全胜。"五王闻言,皆说:"有理。"传令三军,准备停当,即晚劫寨不表。

再说徐茂公同秦王正在议事,忽报外面三原李靖求见,茂公闻报,大喜道:"好了! 好了! 药师既来,吾无忧矣!"秦王与众将出营相迎,李靖到了里面,见礼毕。李靖道:"贫道在海外云游,闻得盖世雄在此用飞钹伤人,故此特来破他。"正在谈论,忽听后营悲若之声,便问何故,秦王道:"是被盖世雄飞钹打伤的将官。"李靖即取一包药,分救众将,众将吃下,立刻打伤之痛都好了,齐出来拜谢。茂公把军师剑印,送与李靖掌管,李靖欣然领受。升帐发令,众将分列两旁。李靖道:"贫道方才进营,见洛阳营内有一道杀气冲天,今晚必有人前来劫营,必须杀他片甲不回。"即令秦叔宝领一支兵,往御果园埋伏,又说:"待黄昏时分,王世充人马必到此处经过,你可挡住他的去路。"叔宝口称:"得令。"

李靖又令罗成领一支兵,往西北方埋伏;尉迟恭领一支兵,往东北方埋伏;白夫人领一支兵,往西南方埋伏;黑夫人领一支兵,往东南方埋伏;殷开山领一支兵,往正南方埋伏;马三保领一支兵,往正东方埋伏;史大奈领一支兵,往正西方埋伏;张公谨领一支兵,往正北方埋伏,便说:"你等众将,俱听中军号令,号炮一声,一齐杀来,违令者斩!"众将得令而去。李靖又令程咬金到十里之外,取高唐草来,明日准要。咬金口称:"得令。"退归本营,叫家将拿了绳索扁担,同他去割马草,家将奉命同去。

再讲王世充,到了三更时分,同各家王子大小将官,点起人马一万。不举灯火,马摘鸾铃,悄悄来到唐营,一齐动手,呐喊杀入。见是空营,各家王子大叫:"不好了! 中他计了!"忽营中一声炮响,四面八方,一齐杀来。把五王与众将及一万人马,团团围住截杀。那五家王子与众将大吃一惊,心慌意乱,东西乱窜。那盖世雄慌慌张张,况是黑夜交兵,又不敢放起飞钹。声声叫苦,正是上天无路,入地无门。此一番交战,杀得五家的兵马,尸积如山,血流成河。那五王只得拼命杀出阵来,看看败至御果园,回头一看,见自己人马,十分去了九分。幸得众王俱在,单单不见了苏定方、梁廷方二将。原来二将见势头不好,已经连夜逃走了。

那王世充只叫:"列位王兄,今番失败,大辱名声,我们休矣!"言未已,忽一声炮响,秦叔宝领军杀出,挡住去路。五王大惊,盖世雄忙举禅杖来战,怎当得叔宝那杆枪,神出鬼没,盖世雄哪里杀得他过? 欲想放起飞钹,又恐黑夜之中,误伤五王。那五王杀了

半夜，都杀得骨断筋酥，各自躲避。那盖世雄正在难解之时，忽见单雄信领兵杀出来，见是叔宝，大怒骂道："黄脸贼，俺来与你拼命！"遂举枣阳槊打来。叔宝道："单二哥，小弟不敢回手。"兜转马，跑回唐营。五王与众将，也只得回营，按下不表。

再说唐营众将，得胜报功已毕，只见程咬金亦来缴令，高唐草取到了。李靖叫取进来，咬金叫小军挑十余担青草进来，李靖道："不是此草。所要者，高唐草也。速去换来。"咬金道："小将在绝高的高墉路上割来的，怎么不是？"李靖道："胡说，快去换来。"咬金无奈，只得又到高山之上，割了十余捆草来。李靖骂道："好匹夫，不善干事，违我军令，本该斩首，姑念你有功在前，饶你一死。如今既不能取高唐草，可去取盖世雄的首级来。限你三日，如三日没有，定行斩首，快去快来。"咬金领令出营，暗想："这是难事了！那盖世雄岂是当耍的。倘或与他交战，被他飞钹打来，岂不死于非命？若要不去，又违了军令，就要斩首，如何是好？"想了一会说道："也罢，我且躲在外边。待这道人云游别处去了，那时回来未迟。"就躲在外边不表。

再说李靖又差尉迟恭去取高唐草，尉迟恭领令，往乡村寻觅。忽听见一家户内，有人唤道："高唐，你可将我身下的草，换些干燥的。"一人应道："晓得。"少停，见一人拿许多乱草出来，尉迟恭问道："你叫高唐吗？"那人应道："是。"尉迟恭道："手中是何物？"那人道："家中有产妇，此是他身下的草，有了血迹，要去抛在河内。"尉迟恭喜道："既是这草没用，把与我吧。"那人就将草与他，尉迟恭忙回缴令，李靖见了大喜，吩咐众将，把草分扎箭上，若见盖世雄放起飞钹，一齐放箭，众将得令。

李靖就唤叔宝出战，叔宝提枪上马，来至阵前讨战。盖世雄闻知，走出营来喝道："你这黄脸贼，昨夜挡俺归路，今日来讨死吗？"举起禅杖就打，叔宝把枪相迎，战了二十合，盖世雄就把飞钹放起来。李靖在营门看见，吩咐放箭。罗成把箭放去，正中飞钹，跌下地来，就粉碎无用了。盖世雄看见大怒，索性把二十三片飞钹，一齐放起。唐营众将，个个放箭，只听得半空中叮叮当当，把那些飞钹，一齐射落地来。盖世雄看见大惊，叫声："罢了，枉费了几载功劳，一旦坏在敌手。"就把禅杖打来。又战十余合，被叔宝将枪拦开禅杖，取出金装铜打来，却好打中背上。盖世雄即时口吐鲜血，心中昏乱，却不逃往本营，反往北方落荒而走。未知盖世雄性命如何，且听下回分解。

第五十五回

斩鳌鱼叔宝建功
踹唐营雄信拼命

当下秦叔宝见盖世雄逃走，因穷寇莫追，就回营缴令。那盖世雄一头走，一头想："俺是出家人，有如此法宝，被他破了，如今有何颜面再见各位王子？不若回转天斗山，再炼飞钹，有何不可？"遂走了一日一夜，想起宝贝被他伤坏，心中又气又恼。又被秦叔宝打了一铜，背上又痛，身子又十分狼狈。忽见前头有个土地庙，心中想道："也罢，待我进去瞌睡片时，再作区处。"遂奔进庙门。见一块拜板，倒也干净，就把禅杖做了枕头，睡将下去。因厮杀辛苦，又走了一日一夜，这番一放倒，就睡着了。

那里晓得这程咬金奉了李靖军师将令，三日之内，要取盖世雄的首级，心中想道："此乃掘地寻天，断断做不来的。况且他飞钹厉害，怎敢讨战？"又怕回营，只得逃躲在外。一连二日，又不曾带得干粮，腹中十分饥饿。只得到乡村人家去抢，方才抢得些酒肉吃了，走到这土地庙内，因在拜板上犹恐人来看见，故此钻入神厨底下睡觉。那神座上有黄布桌帏遮护，所以盖世雄进庙，不曾看见他。

也是这和尚命数当尽，那咬金一觉睡醒，忽听得雷响，心中想道："我方才进庙，见皎日晴天，哪里来的雷响？"遂起身钻出神厨，往外一看，犹是晓日晴天。再向四下一看，只见拜板上睡着一个和尚，鼻息如雷，仔细一瞧，认得是盖世雄，不觉大喜。忙走到神厨下，取出宣花斧，照大腿上一斧。可怜盖世雄在睡梦中着了这一斧，叫声："呵呀！"醒来一看，原来也认得是程咬金，却把两腿砍得挂下丁当了，遂叫："程咬金呵，你把我头上再砍一斧吧。如今叫我死又不死，活又不活，不如结果了我吧。"咬金道："你且忍耐些时，待我拿你见我军师，那时还你快活吧。"遂走出庙来寻索子。四围一看，只见那边有一个樵夫，拿着扁担索子走过。咬金忙赶上前，把他索子抢了就走。那人大怒，回头一看，见他青面獠牙，凶恶嘴脸，想不是好惹的，只得去了。咬金拿了索子，走进庙内，把盖世雄一把扯起，将索子捆了。把自己宣花斧做了一头，把他的禅杖做了扁担，放在肩上，挑了就走，走到唐营缴令。秦王大喜，就令咬金把盖世雄斩首，号令军前。

那洛阳军士探知这事，飞报入营。众王闻报，大惊失色道："这却如何是好？"正在惊慌，忽外边又报进来说："有日本国驸马，带领倭兵三千，现在营前了。"众王齐出迎接，入账见礼坐定。只见那驸马头戴金冠，耳挂玉环，鼻似鹰嘴，目如流星，身长一丈四尺，使一把长柄金瓜鎚，有万夫不当之勇。一口番语，再听他不出的。却带两个通事将官，一个叫王九龙，一个叫王九虎。二人乃嫡亲兄弟，原是山东人，因做了大盗，问成死罪在狱。多亏秦叔宝，与他上下使用，改重为轻，救了他二人性命。后来逃到日本国，做了通事。兄弟二人，时常说起秦叔宝大恩，未曾报答，今有此事，特谋此差到来。众王道："难得驸马远来！为甚我们军师不同来？"那鳌鱼一些不晓，只张两眼看着。旁边王九龙，便对鳌鱼叽里咕噜，说了一番。鳌鱼方才得知，也叽里咕噜对众王子说，众王子那里晓得？也是王九龙过来说道："军师又到别处访游，故驸马先来。"众王大喜，吩咐摆酒与鳌鱼接风。

不料王九龙私对王九虎道："我闻恩人秦叔宝，在唐营为将，秦王十分重用。今驸马骁勇厉害，恩人岂是对手？我们必须如此如此。"九虎点头道："是。"到次日，五王来请鳌鱼开兵。问他："不知可否？"那王九龙代五王回话，叽里咕噜说了两句，鳌鱼点头道："嗯哒哒嗯哒哒。"九龙又代鳌鱼传话说："待我就去！"众王闻之大喜，送鳌鱼出兵。

那鳌鱼太子要逞威风，提金瓜鎚，上白龙马，来至阵前，王九龙、王九虎两骑随侍。那鳌鱼道："唐营兵卒，快叫有本事的将官出来会战。"小军飞报进营说："外边有一倭将讨战。"李靖便问："何人前去会他？"当有程咬金闪出来，说道："小将愿往！"遂提斧上马，来到阵前，大声喝道："倭狗通过名来。"那鳌鱼全然不晓，把金瓜鎚打来，咬金举斧一架说道："呵唷，好厉害！把我的虎口都震开了！"回马就走，幸喜跑得快，不然性命难保。

咬金回到营中，只叫得好厉害，便将交战之事，诉说一番。外面又报倭将又来讨战，李靖又问众将，谁人敢去出战，秦叔宝应道："末将愿往！"遂提枪上马，来到阵前，果见一员倭将，他的两名通事，甚是面善。那鳌鱼太子问道："木古牙打。"叔宝不晓，便问通事，他说什么话？王九龙道："他问你叫什么名字？将军，我与你有些面善。"叔宝道："我乃山东秦琼。"王九龙道："呵，原来将军就是秦恩公。但此人力大无穷，必须挫他风头，方好挑他。"叔宝大喜，鳌鱼也问通事道："南都由？"他是吗。九龙道："他说琉球国王死了，快些回去。"

那鳌鱼太子，却是有孝心的，听见这话，把头一侧。叔宝当胸一枪，翻身落马。王九龙下马，斩了首级，兄弟二人，同叔宝回营。叔宝问道："虽与二位面善，不知曾在何处会过？"九龙道："恩公，我兄弟二人，在山东时，问成死罪，多亏恩公相救！如今在日本国做通事。小人叫王九龙，兄弟叫王九虎。"叔宝道："原来是二位，这也难得。"便一进营，参见秦王，也封了将官。

李靖又令叔宝，可将空头官诰，前往红桃山，看锦囊上行事，不得有违。叔宝领令上马而去。李靖又令程咬金，你去离红桃山二十里路，在凉亭内，见一个麻面无须的，身背包裹腰刀之人，先斩了首级，回来缴令。咬金亦领令而去。

再说洛阳军士，飞报进营说：琉球国通事官，帮了唐将把鳌鱼杀了，首级号令在营外。五王闻报，大惊失色。单雄信上前道："众位王爷放心，臣还有一处人马，在红桃山，兄弟三人，叫侯君达、薛万彻、薛万春，招此三人来助，也还不怕。待臣修书一封，叫单安前去便了。"五王大喜。单雄信即修书交付单安。单安领命而去，行至凉亭，看见程咬金，两人是相识。程咬金不忍就杀，对他说了，单安明知不对，便自刎了。咬金砍了首级，回营缴令。再说叔宝奉令，往红桃山，打开锦囊一看，却是要他招安三位英雄。这事且放下不表。

当下单雄信正在营中，忽报唐营已将单安首级取了，号令营中，雄信闻言大怒，想众将都已杀尽，独力难支，遂叫一声："罢了！"即来见世充道："臣入城去干一事，就来。"世充道："驸马速去速来。"雄信别了世充，入洛阳城，行至府中，公主接着，见礼坐下，吩咐摆酒。雄信与公主对酌，公主问道："驸马逐日交锋，今日想是唐兵退去了，故回来见妾?"雄信道:"公主,你还不知唐童的厉害!他帐下兵强将勇,把我们借来的将士,杀得干干净净,只留得五位王子。眼见大势已去,将来必至玉石俱焚。为此回来与公主吃杯离别酒,只怕明日就不能与公主相见了!"说罢,不觉流下泪来。公主道:"驸马呵,我哥哥出兵城外,他身边无人,你快去保护他。倘退得唐兵,万分之福;若有不测,妾愿死节,以报驸马,决不受辱偷生耳!"

雄信道:"说得好爽快,公主,你真有此心吗?"公主含泪道:"妾真有此心。"雄信大笑道:"妙呵,这才是我单通的妻子,如今说不得了。"便往身边拔佩剑一柄,付与公主道:"我将宝剑赠你,若城一破,单通就在阴司等你。"公主接剑道:"晓得。但驸马此去,意欲何为?"雄信道:"我受你哥哥大恩,未曾报答。我今此去,情愿独端唐营,死在战场,也得瞑目。死后做鬼,也必杀唐童,以雪仇恨!公主呵,我今此去,若有不测,不可忘了方才此言。我去也!"说完往外就跑。公主含泪扯住道:"驸马,妾身与你说话不上两个时辰,怎么就去?"雄信喊道:"公主不要扯俺。"把公主一拂,公主跌倒在地,雄信也不回头,径自去了。众宫女忙把公主扶起,公主放声大哭,众宫女相劝不表。

再说李靖在营对秦王道:"贫道今日交还兵符印信,要往北海去了。"茂公道:"五王未擒,雄信未拿,为何要去?"李靖道:"如今不难。叔宝在红桃山自会招安侯君达的人马。至于五王,我有锦囊留下亦易擒的。雄信一人何足惧哉!"秦王摆酒送行。

众将齐在。李靖把尉迟恭一看,知他到长安,有一番大难,取出一丸丹药,交付与尉迟恭道:"你归长安,十二月初一日,可用烧酒服之。"说罢起身去了,此话慢表。

再说单雄信别了公主,一马出城,叫声:"老天,今日我恩仇两报之日也!"遂跑至唐营,大喝一声,把槊一摆,端进营来,正是叫作"一人拼命,万夫莫当"。守营军士,见他来得凶勇,把人马分列两边。雄信道:"避我者生,挡我者死!"竟往东营杀来,把枣阳槊乱打,就像害疯癫病的一般。

小军飞报进来说:"启上千岁爷,不好了!单雄信端进营来!"徐茂公即差尉迟恭去拿。秦王道:"这是孤家心爱之人,待他出出气儿,自然归降,不可阻挡。"又报单雄信杀到北营去了,秦王命人劝他归顺。雄信听了,一发大怒,把枣阳槊乱打。又杀过南营、西营,将近中营。看官:你道单雄信有多大本领,这样大大的唐营,如何东南西北,团团杀得转来?有个缘故。只因他势穷力竭,明知独力难成,不能挽回天意,故此别了公主,来端唐营。这叫作"一人拼死,万夫莫敌"。及至杀了进来,遇见的都是他往昔结交的朋友,又是秦王一心爱他,不许众将伤他,所以被他团团杀转。

那雄信杀到中营,大叫道:"唐童,俺单雄信来取你首级也!"秦王闻言,倒也不在心上,徐茂公忙奏道:"主公虽然爱他,他却越扶越醉,万一杀将进来,难以招架。依臣愚见,还须拿住了他,看他降不降,再作理。"秦王依允。茂公往下一看,那些众将,都是贾柳店结拜的朋友,谅来不肯伤情,只有尉迟恭与他无干涉,遂叫:"尉迟恭,去擒这单雄信。"秦王道:"尉迟王兄,那单雄信是孤家心爱之人,切不可伤他性命。"尉迟恭道:"得令!"遂上马提枪出营,正遇着雄信,雄信一槊打来,尉迟恭把枪敌住。战不上十合,被尉迟恭把枪掀开槊,拿他过来,往地下一掷。众军将他绑缚了,推至秦王面前,尉迟恭上前缴令。雄信大骂道:"唐童,我生不能啖汝之肉,死也要吸汝之魂!"秦王满面赔笑,亲解其缚。雄信手松,只见秦王佩剑在身,就夺剑在手,照秦王砍来。两边将士急救,秦王避入后账。未知后事如何,且听下回分解。

第五十六回　秦琼建祠报雄信　罗成奋勇擒五王

当下茂公见雄信如此,急令用绊马索把他绊倒了,照前绑下。秦王出帐,亲自上前道:"单王兄,从前槐树岗之事,实系无心,你在御果园追我一番,亦可消却前仇。孤家今日情愿下你一个全礼,劝你降了吧。"秦王即跪下去。雄信道:"唐童,你若要俺降顺,除非西方日出。"秦王再三哀求,雄信只是不睬。茂公道:"若是不从,只得斩首。"秦王依允,把雄信绑出营门,就差尉迟恭监斩。茂公又奏道:"臣等与他结义一番,再容臣等活祭,以全朋友之情。"秦王准奏。

茂公便同程咬金等众人，设下香烛纸帛，茂公满斟一杯，送过来道："单二哥，桀犬吠尧，各为其主。可念当初朋友之情！满饮此杯，愿二哥早升仙界。"酒到面前，雄信把酒接来，往茂公面上一喷，骂道："你这牛鼻道人，俺好好一座江山，被你弄得七颠八倒，今日还要说朋友之情！什么交情！谁要你的酒吃？"张公瑾、史大奈、南延平等，个个把酒敬过来，雄信只是不肯饮。咬金道："你们走开，让我来奉敬一杯，他必定吃我的酒。"遂走上前叫道："单二哥，我想你真是个好汉，不降就死，倒也爽快，小弟十分敬服。今奉劝一杯，可看我平昔为人老实，肯吃就吃，不肯吃就罢，再不敢勉强。"说罢，将酒送到口边。雄信道："俺吃你的。"即把酒吃下。咬金道："单二哥，再吃一杯，愿你来生做一个有本事的好汉，来报今日之仇。"雄信道："妙呀，俺也有此心。"把酒又吃下。咬金道："单二哥，这第三杯酒，是要紧的。愿你来世将这些没情的朋友，一刀一个，慢慢地杀他。"雄信道："这话说得更有理。"又把酒吃干了。咬金对众人道："如何！独我老程，能劝二哥吃酒。"众人道："这些肉麻的话，我们说不出的。"尉迟恭见众人活祭毕，就拔出宝剑，把雄信砍为两段。

再说秦叔宝在红桃山，招安侯君达等，闻得擒了雄信，飞马来救，走到面前，头已落地。叔宝抱住雄信的头，大哭道："我那雄信兄呀，我秦琼受你大恩，不曾报得。今日不能救你，真乃忘恩负义，日后九泉之下，怎好见你？"跪在地下，哭个不住。众将劝了半日，方才住哭，即忙进营，向秦王哭诉道："臣受单雄信大恩，欲把他尸首安葬，以报昔日之恩。"秦王允奏。茂公道："明日可破洛阳，生擒五王。安定天下，在此一举，众将无许懈怠。"即令罗成带领一万人马，埋伏在金锁山，等待五王到来。生擒活捉，不许漏落一人，违令斩首。罗成道："得令！"茂公又令尉迟恭、程咬金冲他左营，黑白二夫人冲他右营，张公瑾、史大奈、南延平、北延道等，冲他中营。众将得令，连夜点兵不表。

再说洛阳军士，飞报进营道："王爷，不好了！昨日驸马独蹿唐营，被唐将擒住斩首了。"王世充闻言，大叫一声："天亡我也！"即时倒地，众王慌忙扶起。世充大哭道："呵呀，驸马，如今叫孤家怎生是好？"窦建德道："王兄且免悲伤，目今看来，洛阳难保，不若带领兵马，同孤家回转明州。孤处还有元帅刘黑闼，有万夫不当之勇，镇守在那里，还可再来报仇。如今急宜速走，若再迟延，我等休矣！"众王道："有理。"正在议论，忽闻唐营炮响，小军飞报进来道："千岁爷，不好了！唐兵杀来了！"众王大惊，一齐上马杀出来，只见营盘已乱。众王意欲寻路逃走，见四面都是唐兵，只得拼命杀出。忽遇张公瑾杀至，王世充挡住；史大奈杀来，窦建德对定；南延平杀来，高谈圣抵住；北延道杀来，孟海公敌住；金甲、童环杀来，朱灿敌住；樊虎、连明杀来，史万岁、史万定对敌。一场狠战，杀了些时，世充见势不好，叫声："众王兄，速往明州去吧！"五王一齐杀出，窦建德领头，齐往明州而去。被唐兵追赶三十余里，史万岁、史万定俱已阵亡，不表。

这里徐茂公率众将，破入洛阳，请秦王入城。秦王吩咐：单雄信家小，不可杀害，一面出榜安民，盘清府库。不想公主闻得秦王破了洛阳，即以宝剑自刎而死。叔宝将他夫妻合葬在南门外，又起造一所祠堂，名为"报恩祠"，以报他当初潞州之恩。秦王就封他为洛阳土地，至今香火不绝。

再讲五王带了残兵败去，回头见秦王不来，心中方安，一齐往明州而来。行到一山，名唤金锁山，忽闻一声炮响，闪出一支人马，当头一员小将，挡住去路，大叫："五王速速自绑，免我动手！"五王抬头一看，见是罗成，惊得魂不附体。窦建德道："列位王兄，罗成虽勇，难道我们大家束手被绑？不若一齐拼命，与他交战，倘得过了此山，就有性命了。"众王道："有理。"就一齐杀过来。遂把罗成围住在当中，拼命厮杀。罗成把枪一架，指东打西，未及四合，罗成一枪，刺中孟海公腿上，翻身落马。被手下拿去。窦建德大怒来救，不料马失前蹄，跌下马来，也被拿去。王世充、高谈圣、朱灿三人着慌，欲待要走，被罗成赶上，一枪刺中高谈圣右肩，也被拿去。朱灿见高谈圣被拿，心中一发慌张，被罗成照肩一枪，跌下马来，亦被擒住。王世充料不能胜，杀开血路，往前就跑。罗成急急追赶，王世充无处逃避，也被擒了。罗成令军士将五王解往洛阳城中，其余残兵，一半投顺了，一半逃回明州。刘黑闼闻知大怒，即自称为后汉王，封苏定方为元帅，兵镇明州，按下不表。

再说秦王破了洛阳，升坐殿中，专候罗成回来。早有小军飞报道："罗将军生擒五王，现在午门外候旨。"秦王叫："宣进来。"罗成来至里面，朝见秦王，把生擒五王之事，说了一遍。秦王大喜，吩咐摆宴庆功。次日茂公见秦王说道："那五家王子，乃系钦犯，可上了囚车，着人先解往长安，听皇上发落，以显主公之能，众将之功。"秦王道："是。"茂公就吩咐秦琼道："我有锦囊一封，速将五王解往长安，路上须要照锦囊行事，违令者斩。"叔宝得令，将五王上了囚车，解往长安而去。

茂公然后吩咐班师，大小将官三军，一齐起身。一路上欢欢喜喜，齐唱凯歌。程咬金大喜道："如今好了！回京朝见圣上，俺有许多功劳，自然蟒袍加体，玉带垂腰。不封王侯，就是国公，我真快活呀！"尉迟恭道："是不枉投唐一番，今日得胜班师，连我也快活了。"茂公道："你不要快活尽了，你两人只道自家功高，还不知自家的大罪。只怕那些功劳，也还抵不过那些罪过哩！"咬金道："我有何罪？"尉迟恭道："我哪有过失？"茂公笑道："程咬金月下赶秦王，斧劈老君堂；尉迟恭夜出白壁关，三跳红泥涧，那两般罪名，就要斩了。圣上谅不肯容情，主公也难讲分上。"咬金一闻此言，不觉失色道："不好了！你这两句话说得不错，尉迟兄，我与你走吧。"茂公道："他却还好，曾在御果园救驾，还可保全。你却是难！"咬金道："大哥呵，你是做军师的人，难道没有什么计较，救我的性命？"茂公道："我有一计：你见皇上发怒之时，必须如此如此，或者皇上饶你，也未可知。"咬金听了大喜，一路上说说笑笑，竟往长安，按下不表。

再说秦叔宝解着五王，取路先行，来到半路上，打开茂公锦囊一看。原来为窦建德是主公的母舅，若回到长安，定然宽恕，日后恐有更变。故此要在馆驿中，纵火烧死众王，以免后患。叔宝心下明白。是夜五王宿在驿中，叔宝暗令军士四围堆满干柴，候至黄昏时分，令军士四面放火，一霎时火光腾空，可怜五王数载英雄，今日绝于此地。烧了半夜，把五王性命结果了，叔宝便吩咐军士救灭了四下房屋。次日，秦王大兵已到，叔宝上前认罪，言驿中失火，烧死五王。秦王道："既死不能复生，只是孤家母舅在内，可认出葬之，以表甥舅之情。"谁想那五王烧做一样颜色，再也认不明白。秦王无奈，就一并葬之。次日，秦王进兵长安，将人马扎在教场上，众将安顿家眷，次日入朝。未知后事如何，且听下回分解。

第五十七回　众降将金殿封官
尉迟恭御园护主

当下秦王入朝高祖，山呼礼毕，因奏道："儿臣赖父王洪福，所到之处，无有不胜。今有归降众将，共三十六员，俱有莫大功劳，求父王一一加封官爵。"遂把册籍二本呈上，放在龙案。高祖看一本是"众将归降册"，一本是"功劳簿"。高祖观看归降册，第一个是山东秦琼，高祖大喜，传旨宣临潼山救驾人进来。茂公道："这功劳不小。"叔宝来到丹墀，山呼万岁。高祖道："平身。卿家未归唐之前，先有救驾之功，后面功劳，也不必看，封卿为护国公之职。"叔宝谢恩，穿了国公服式，站在一边。高祖又看到罗成功劳甚大，传旨宣上来。罗成来到殿前俯伏，山呼万岁。高祖见他青年秀逸，武艺高强，心中大喜，加封为越国公。披了服式，也站在一旁。高祖又看到徐勣，在金墉时节改诏救驾，有"本赦秦王李世民"这一句，其功不小，以下不必看了，宣进朝中，朝拜已毕，加封为镇国军师英国公之职。披了服式，站在一旁。

高祖看到程咬金名字，想道："程咬金乃是山东的响马，后来又助李密，曾月下赶秦王，斧劈老君堂，这个罪名，却也不小。"传旨绑进来。一声旨下，殿前校尉，如狼似虎，立刻赶出午门，把程咬金夹领毛一把，掀翻在地，将绳索绑了。咬金连声叫苦，被校尉推至金阶，大叫道："万岁呀！人来投主，鸟来投林。大家都有功劳，为何薄我？"高祖骂道："你这贼，可记得月下赶秦王，斧劈老君堂的大罪吗？"咬金哭叫道："万岁呀，岂不闻桀犬吠尧，名为其主？昔日做李密的臣子，但知有李密，不知有秦王。如今归顺万岁，就是唐家的臣子，自当要赤心报国。俺这狗性是极有真心，最好相与的。再无一言哄万岁爷。"高祖听他这话也说得有理，忙把功劳簿一看，见他也有许多功劳，即下旨道："看你功劳分上，赦你无罪。松了绑，封为总管之职。"咬金谢恩，换了服式，犹如死里逃生，快活不过，也立一旁。

高祖又看到尉迟恭名字，就想着日抢三关，夜劫八寨，追逼小秦王，三跳红泥涧，不觉大怒道："此贼来了，不许朝见，速速斩首。"众校尉领旨，将尉迟恭衣衫剥下，立刻绑了，只等行刑旨一下，就要开刀。秦王一见，连忙跪下奏道："父王，抢关劫寨，本该处斩。但此时各为其主，后来投臣儿，御果园独马单鞭，来救臣儿的功劳，也可准折得过。望父王开恩！"高祖闻奏，心中一想道："他既肯赤身露体，不避刀枪，前来救驾，也可饶他一死。"

高祖未曾传旨，只见太子殷王建成，齐王元吉，满面怒色，心怀妒忌，一齐上前奏道："父王，莫听世民之言。臣儿细想，尉迟恭之功，其中有假。"高祖便问："如何有假？"建成道："臣儿闻得单雄信名扬四海，有万夫不当之勇。尉迟恭单鞭独马，又不穿衣甲，如何战得他过？"元吉也奏道："父王，臣儿闻得御果园，离澄清涧有五里足路，徐勣虽然马快，往还就是十里路。那单雄信莫说是有名的大将，就是略有小本事的将官，十个世民，也被他结果了。所以知他这功劳是假的。如今世民这般卫护他，实系蓄心不善，故此收罗这些亡命之徒，日后定然扰乱江山，依臣儿之见，不若速斩尉迟恭之首为是。其余众将，速调他方，若留在长安，只恐是祸不小。"

高祖闻言，未曾开口，又见秦王奏道："父王，御果园尉迟恭救臣儿，乃是真的，莫听王兄御弟之言。父王若不信，且叫尉迟恭演这一功，与父王观看。"建成道："如要演，可在御果园中，也要照样离园五里，尉迟恭去洗马，也要徐勣去唤。往还若差了些儿，其功尽假。"高祖准奏，又问："单雄信何人去扮？"元吉道："儿臣手下有一王云，可以去扮。"高祖道："好！"把以下三十余人，尽封总管，明日御果园演功，就此退朝，众官回府。

再说殷、齐二王，回到府中，元吉叫声："王兄，你看世民今日回来，这些将官，个个如龙似虎。日后父王归天，这座江山，谅王兄无分。为今之计，欲图日后江山，不如今日先除世民。"建成道："计将安出？"元吉道："趁明日在御果园演功，只叫王云去杀了世民，这天下还怕何人得了去。"建成道："若杀了世民，父王必定追究，万一王云说出来，如何是好？"元吉道："待王云成事回来，我们就把王云杀了，这事死无对证了。"建成大喜，吩咐唤王云来。

那王云身长一丈，青脸黄须，却与单雄信相貌一般。武艺精强，善使大刀，只因打死了人，逃在殷王府中。一时闻唤，走到面前，就问何事。二王道："王云，孤家明日有事用你，你敢去吗？"王云道："千岁爷，俺王云要没有二位千岁爷相救，死多时了。虽粉身碎骨，也难报千岁的大恩。今日用俺之处，自当不避水火。"二王道："好一个王云！明日尉迟恭在御花园演功，先有秦王在园游玩，要你假扮单雄信，可把秦王杀了，我把贵妃赏你为妻。日后孤登九五，封你一个大大官职，须要用心前去。"王云听了这话，就应道："千岁爷要杀那尉迟恭，俺就去；若杀秦王，小人怎敢？"建成道："王云，你若杀了秦王，有事在孤身上，包管你无事。孤家日后做了皇帝，你就是大大的开国勋臣了。你可用心前去。"王云只得依允，不表。

再说尉迟恭朝散回来，闷闷不乐，黑白二夫人问其何故，尉迟恭道："二位夫人有所不知，只为明日十二月初一日，圣上有旨，要演昔日在洛阳御果园救驾的功劳。今当天气寒冷，怎生下水洗马？不要说救驾，就是冻也冻死了，如何是好？"黑氏听了，忽然想起，说道："相公不必心焦，前日李靖老爷临去时节，曾送你一丸丹药，叫你到十二月初一日，用烧酒服之，可避大难。如今果有大难，服之想来不妨。"敬德闻言大喜。

到了次日，先吃酒饭，然后吃药。那药才吃下咽喉，身上好似火烧，心中却像油煎，汗淋如雨，胜如六月炎天。就提鞭上马，来到御河。他就脱下盔甲，把马去了鞍，自己又脱了衫袄，往河中一跳。滚来滚去，好不燥皮，自己洗了一回，然后牵马在河中去洗。岸上立着许多人来看，起初都与尉迟恭担忧，后来看他在水中，好似戏水的一般，大家惊异，不表。

再说高祖这日驾到御果园，登万花楼，聚集文武百官，要看尉迟恭演功。高祖便问："今日演功，那假单雄信可曾端正了吗？"元吉道："端正多时了。"高祖就令秦王与徐茂公先到御果园游玩，二人领旨，下了万花楼，来到下面。茂公道："主公，今日演功，却要带了刀去，须要仔细提防。那王云不是善良之人，小心为是！"秦王道："晓得。"就提了定唐刀，同茂公上马，也往假山上去，指手画脚的观看。

再说那元吉就吩咐王云："不可忘却我的言语。"王云道："晓得。"上马提刀要行，被秦叔宝扯住道："那单雄信用的是枣阳槊，不是用砍刀，你可换了槊去。"元吉道："兵器总是一样的，王云你换了槊去吧。"王云不敢争执，就换了槊，来至假山，大叫："唐童，俺单雄信来也！"那秦王是防备着的，听见一下喊叫，就往山下一跑。王云随后赶来，茂公上前扯住假单雄信的战袍，假作慌忙之状，叫："单二哥不可动手。"王云变着脸道："我与你什么朋友？"说罢，即拔腰间所佩的宝剑，耍的一剑，把袍割断。茂公把手一放，竟拍马出园，飞奔往御河来。离河还有半里路，就叫："救驾！"那尉迟恭是有心等候的，远远一闻徐茂公的声音，就举鞭上马，竟跑往御果园来，大叫一声："勿伤我主！"这一声喊，犹如晴天上一个霹雳。

那王云追赶秦王，见秦王往假山后，团团走转，举槊便打。秦王大惊道："不过在此演功，只当玩耍做戏一般，却怎么认起真来？"王云喝道："谁与你玩耍做戏来，当真要来取你命了！"就把槊打来。秦王大怒骂道："好贼子！怎么当真起来！"遂把定唐刀一架，交战起来，秦王那里是王云的对手，只得又走，王云随后赶来。不料尉迟恭忽然就到。那高祖在万花楼上观看，见尉迟恭人不披甲，马不加鞍，果然单鞭独马，威风凛凛，声如霹雳，心中大喜。又见王云十分无礼，要伤秦王，心中发恼。看见尉迟恭到来，心中放宽。尉迟恭大叫："勿伤吾主！"王云看见尉迟恭赶来，遂弃了秦王，举槊向尉迟恭打来。尉迟恭把鞭往上一架，就乘势把王云一鞭打死。

三人齐来复旨，高祖看见那尉迟恭赤身跑到楼下，一些寒冷也不怕，心内十分惊异。只见建成奏道："尉迟恭无礼，打死王云，望父王正罪！"秦王亦奏道："今日虽只演功，王云却认真要害死儿臣，幸亏尉迟恭前来救驾，望父王开恩。"高祖心下明白，不说出来，遂封尉迟恭为总管，就此回宫。尉迟恭家将取衣服与尉迟恭穿好回衙。未知后事如何，且听下回分解。

第五十八回　挂玉带秦王惹祸
入天牢敬德施威

当下高祖回宫，君臣相安无事，如此过了一年。不道高祖内苑有二十六宫，内有二宫，一名庆云宫，乃张妃所居，一名彩霞宫，乃尹妃所居。这张、尹二妃，就是昔日炀帝之妃，只因炀帝往扬州不回，他们留住在晋阳宫，甚感寂寞。又闻内监裴寂说李渊是真主，就召李渊入宫，赐宴灌醉，将他抬上龙床，陷以臣奸君妻之罪，李渊无奈，只得纳为妃嫔。但张、尹二妃终是水性杨花，最近因高祖数月不入其宫，心怀怨望。

不久，这张妃、尹妃和建成、元吉发生了暧昧。二王本是好色之徒，不管名分攸关，他们常常在一起饮酒作乐，并做些无耻之事。

再说秦王因出兵日久，纪念王姊，这时姊丈柴绍业经病亡，不知王姊如何，遂往后宫相望。公主令侍儿治酒，饮至傍晚，秦王辞出，从彩霞宫走过，听得音乐之声，只道父王驾幸此宫，便问宫人道："万岁爷在内吗？"那宫人见是秦王，不敢相瞒，便说道："不是万岁爷，是太子与齐王也。"秦王闻言大惊，吩咐宫人，不要声张，轻轻往宫内一张，果见建成抱住尹妃，元吉抱住张妃，在那里饮酒作乐。秦王望见，惊得半死，叫声："罢了！"欲要冲破，不但扬出臭名出去，而且他性命决然难保，千思万想，想成一计道："呀，有了，不免将玉带挂在宫门，二人出来，定然认得。下次决然不敢，也好戒他们下次便了。"就向腰间解下玉带，挂在宫门，径自去了。

再说建成、元吉与张、尹二妃戏谑一番，见天色已晚，二王相辞起身。二妃送出宫门，抬头一看，见宫门挂下一条玉带，四人大惊。二王把玉带细细一看，认得是世民腰间所围，即失色道："这却如何是好？"二妃道："太子不必惊慌，事已至此，必须如此如此。"二王大喜去了。

次日高祖临朝，文武朝拜已毕，忽见内宫走出张、尹二妃，跪下哭奏道："昨日臣妾二人，同在彩霞宫闲谈。忽见秦王闯入宫来，遂将臣妾二人，十分调戏，现扯下玉带为证。"就把玉带呈上。高祖一见大怒，叫美人回宫，即宣秦王上殿。秦王来至殿前俯伏，高祖见他腰系金带，便问道："玉带何在？"秦王道："昨日往后宫，相望王姊，留在他处。"高祖道："好畜生，怎敢瞒我？"就命武士拿下，速速斩首。众武士预旨，一齐将秦王绑了，推出午门。秦叔宝忙出班奏道："万岁爷，秦王有罪，可念父子之情，赦其一死。且

国学经典文库　中国二十大名著　说唐全传　图文珍藏版

将他囚在天牢，等待日后有功，将功折罪便了。"高祖道："本该斩首，今看秦恩公之面，将这畜生，与我下入天牢永远不许出头。"武士领旨，将秦王押入天牢去了。

建成见了这事，心满意足，上前奏道："世民下入天牢，众将都是他心腹之人，定然谋反，父王不可不防。"元吉奏道："父王可将众将调去边方，不得留在朝内，倘有不测，那时悔之晚矣！"高祖怒气未平，因说道："不须远调，单留秦琼在朝，余者革去官职，任凭他们去吧。"叔宝就启奏，要告假回山东祭祖一番。高祖准奏，钦赐还乡，候祭祖毕，就来供职，叔宝谢恩，高祖退朝入宫。

那些众将，见旨意一下，个个收拾行李，各带家小回乡去了。罗成要与叔宝同往山东，程咬金道："罗兄弟所见极是，小弟亦要往山东，我们大家共往吧！"叔宝、罗成大喜，各带了家眷，竟往山东去了。那徐茂公依然扮了道人，却躲在兵部尚书刘文静府中住下。独有尉迟恭吩咐黑、白二夫人："前往山后朔州麻衣县安农庄去住，家中还有妻儿。你们一路慢慢而行，等我往天牢拜别秦王，然后一同回去。"白夫人道："将军速去速来，凡事须要小心，妾在前途相等。"尉迟恭道："晓得。"黑白二夫人带领车马，竟往山后而行。

那尉迟恭出了寓所，避入冷寺，等到下午，拿了些饭，扮作百姓，来到天牢门首。见一个禁子，尉迟恭把手一招，那禁子看见，便走过来问道："做什么？"尉迟恭道："我是殷王差来的，有事要见你家老爷。"禁子道："什么事？"尉迟恭道："有一宗大财喜在此，你若做得来，就不通知你家老爷也使得。那财喜我与你对分了。"那禁子道："有多少财喜？所作何事？"尉迟恭放下酒饭，取出一大包银子来，足有二百两。那禁子见了银子，十分动火，便说道："此处不是讲话的所在，这里来。"就引尉迟恭到一间小屋内，禁子笑问道："只不知足下意欲如何？"尉迟恭道："我乃殷王府中的亲随，早上王爷赏我一百两银子，要我药死秦王，这一百两银子，要送与狱官的。又恐狱官不肯，王爷说：'只要有人做得来，赏了他吧。若做出事来，我王爷一力承当，并不连累他的'。"那禁子听说大喜道："药在哪里？"尉迟恭道："药在饭内。"禁子道："如今你可认我为兄弟，我可认你为哥哥，方可行事。"尉迟恭会意，便叫："兄弟我来看你。"禁子道："哥哥，多谢你！"两下一头说话，一头往牢里走来。有几个伴当，见他二人如此称呼，都不来管他。到了一处，禁子开门，推尉迟恭进去，禁子就关门去了。尉迟恭进内，看见秦王坐在椅上，尉迟恭上前跪下，叫声："主公，臣尉迟恭特来看你。"秦王一见尉迟恭，即抱住尉迟恭大哭。尉迟恭道："臣不知主公此事，从何而起，众将又革除官职，各回家去。臣今亦要回山后，故此前来拜别主公，特备些酒饭在此，供献主公，以表臣一点丹心。"秦王道："多谢王兄，此事因玉带而起。"但也不便说明。

君臣正在讲话，忽听门外叫声："哥哥开门。"尉迟恭开了门，问道："做什么？"禁子道："哥哥，事体成了吗？"尉迟恭道："尚未成。"禁子道："还好。随我来。"尉迟恭道："我要在此伺候，不去！不去！"那禁子发怒道："今有齐王亲到此，倘齐王看见你，问起根由，岂不连累及我，快些出去。"尉迟恭道："好弟兄，看银子分上，待我躲在此间，谅他不致看见。"禁子道："既如此，必须躲在黑暗里才好。"尉迟恭道："我晓得。"禁子去了，尉迟恭就去躲在黑暗里。

却说齐王同狱官，带领二十余人，来到天牢。齐王叫声："王兄，做兄弟的特来看你。"秦王道："足见兄弟盛情。"元吉叫手下看酒过来，秦王知他来意不善，便说："兄弟，此酒莫非有毒吗？"齐王对秦王笑道："且满饮此杯，愿你直上西天。"秦王大惊，不肯接杯，元吉叫手下道："他若不饮，与我灌下。"众人齐声答应，正要动手，忽然黑暗里跳出一个人来，大声喝道："你们做得好事！"大步上前，一把扯住元吉，提起拳头就打。众手下欲待上前救应，见是尉迟恭，各自走散。元吉也把他一看，认得是尉迟恭，惊得魂飞魄散，叫道："将军放下手，饶了我吧！"尉迟恭道："你好好实对我说，今日到这里做什么？"元吉道："孤家念手足之情，特送酒饭来与王兄吃，并无他意。"尉迟恭见他不肯实说，把手一紧，元吉就叫喊起来，一下跌倒在地，痛得一个半死。

尉迟恭道："我问你，你酒内藏什么毒药？若还敢支吾，我就一拳打死。"元吉道："将军，看王兄面上，饶了我吧！"尉迟恭道："要我饶你，你可写一张服辩与我。"元吉道："孤是写不来的。"尉迟恭见他不写，就将两个指头，向元吉脸上一拨，元吉痛得紧，好似杀猪的一般，忙叫道："待孤写就是了。"尉迟恭向狱官取了纸笔，放了手，付与他道："快

快写来。"元吉看来,强他不过,只要性命,没奈何,提起笔来,写了一张服辩。尉迟恭叫他念与已听,元吉念道:

立服辩齐王元吉:因王兄世民,遭禁在牢,不念手足之情,反生谋害之心。假以敬酒为名,内藏毒药。不想天理昭彰,忽逢总管尉迟恭,识破奸谋。日后秦王倘有不测,俱系元吉担责,所供是实。

大唐六年四月十三日,立服辩元吉花押。

元吉念完,敬德接在手中道:"饶你去吧!"元吉听说,飞跑去了。尉迟恭道:"这服辩放在主公处,那奸王谅不敢再来相害,臣今要回山后去了。"就拜别秦王,走出牢门,来到外边。只见十数个大汉,忙走来说道:"尉迟老爷,方才的事,万岁爷知道了,说你私入天牢,殴打齐王。如今差官兵拿你,你快快同我们去吧。"尉迟恭问道:"你们是哪里来的?"众人道:"我等奉程咬金大老爷之命,前来救你。"尉迟恭听了,就同他走。此际已是黄昏时分,尉迟恭心慌意乱,随众人领到一家门首,直到大厅,转到书房。众人道:"老爷在此少坐,待我们进去吧,请家爷出来相会。"说罢,众人入去。又见一人拿酒肴出来,摆在桌上,说道:"老爷先饮一杯,家爷就出来了。"那尉迟恭辛苦了一日,一闻酒香,拿来就吃了几杯,头昏眼花,立脚不住,跌倒在地。内里走出二十余人,把尉迟恭用绳绑了。看官,你道这一家是什么人家?原来就是殷王府中。方才牢中之事,早有细作报知殷王,故设此计,不想尉迟恭误中其谋。当时众人禀知殷王,说:"尉迟恭拿下了。"殷王道:"将他洗剥干净,绑在柱上,用皮鞭先打他一顿。"众人领命,即把尉迟恭洗剥,绑上庭柱,将皮鞭乱打一顿。尉迟恭醉迷之人,那里晓得?受此一顿毒打,直到五更醒来,开眼一看,见身上衣服被剥,赤身绑着,遍身疼痛,不知何故。

少刻天明,建成、元吉出来,同坐在上面,两旁分列一班勇士。建成骂道:"尉迟恭你这狗头,俺父王恐你助秦王为非,故此打发你等回去。你怎么私入天牢,行凶无忌,该得何罪?"元吉骂道:"你这狗头,好好送还我的服辩,哪事全休。如今放在哪里?实对我说。不然,孤就要用刑了。"尉迟恭道:"要服辩也容易,到万岁爷殿上就还你便了,"元吉道:"你这狗头,不用刑,料也不怕。"叫左右将牛皮胶化油,用麻皮和钩,搭在他的身上,名为"披麻拷"。若扯一下,就连皮带肉去了一块。左右端正好了,将尉迟恭身上遍搭。元吉问道:"你招也不招?"尉迟恭不知厉害,说道:"招什么?"元吉叫左右扯下去,就把麻皮一扯,连皮带肉去了一大块。可怜尉迟恭疼痛难当。不知性命如何,且听下回分解。

第五十九回　尉迟恭脱祸归农　刘黑闼兴兵犯阙

当下尉迟恭大叫:"啊呀,好厉害呵!"元吉吩咐左右再扯,一连扯了十五六扯,连皮带肉去了十五六块。那尉迟恭喊叫不休,犹如杀猪的一般,只说:"呵唷,痛死我也!"元吉骂道:"你这贼,昨日威风,如今安在?我的服辩,那里去了?快快说来!"尉迟恭被他摆布得上天无路,入地无门,只说道:"呵唷,王爷饶命呀!那一张服辩,昨夜酒醉,想是失脱了,不知去向。叫我那里有服辩还你?"

元吉大怒,正要拷问,忽见外边来报说,兵部尚书刘文静,有机密事求见王爷。二王听见说有机密事,只得走出外厅相见。刘文静行礼毕,二王问道:"先生有何事见教?"刘文静道:"臣因尉迟恭的夫人黑氏、白氏,来到臣府,他们说:'昨日在前途相等,不见丈夫回去,无处寻访。却有一张纸,说是千岁爷的服辩,要去见驾,特来问臣'。臣一闻此言,弄出来,非同小可,特来告知千岁。"二王大惊道:"如今怎么样?"文静道:"此事不是当耍,依臣愚见,必须寻出尉迟恭来还他,便讨了服辩才好。不然,那黑、白二氏去见驾起来,万岁一知,千岁爷就不当稳便了,臣去了。"

说罢转身就走。二王忙扯住道:"此事欲烦先生与孤商量。"文静道:"此事如何商量?只要寻得尉迟恭还他,自然不怕他不还这张服辩。如今尉迟恭不知哪里去了,有什么商量?"建成道:"尉迟恭在孤府中,如今还他。但一纸服辩,要先生身上还我。"刘文静道:"实不相瞒,臣已骗他的一纸服辩在此。若有尉迟恭,方好送还,不然,臣反受黑、白二氏之累了。"建成就令放了尉迟恭出来,只见尉迟恭满身是血,只把头摇道:"呵唷,死也!死也!"竟往外边去了。文静就取出服辩,送还道:"方才若没有臣,二位千岁几乎弄出事来,如今还了此纸,可放心无事了。"说罢,起身而去。看官,那刘文静这纸服辩,从何得来?皆因徐茂公躲在他府上,算定阴阳,差人到天牢,问秦王取了此服辩。故设此计,救了尉迟恭出来,这些闲话不表。

且说尉迟恭得放,好似鳌鱼脱却金钩钓,慌忙奔出城来,一路寻赶家眷,却好黑、白二氏正在前途相等,夫妻遇见,说明此事。黑、白二夫人倒吓得魂飞魄散,道:"幸亏吉人天相,逢凶化吉。不然,几乎不能会面。"尉迟恭叹道:"俺自投唐以来,指望他封妻荫子,如今反受这样苦楚,倒不如守业终身,做个田舍郎便好。"夫妻三人在路晓行夜宿,非止一日。及回到山后麻衣县致农庄上,寻到家内,方知几遭兵乱,妻子不知去向,田产皆化乌有。尉迟恭叹息了一回,只得重整田园,耕种为活,与乡民饮酒快乐,不表。

再说建成、元吉将秦王这些将官,算计开去,又常常使人进牢,欲害秦王。谁想秦王有徐茂公不时调护,使刘文静刻刻提防,照管得紧,因此下手不得。二王大怒,欲害文静,无奈兵权在他手内,害他不得,只得丢手。

不想唐朝骨肉自相伤残的消息,传到明州刘黑闼那里。那刘黑闼是夏明王窦建德的元帅,因建德被害,国中无主,众将推刘黑闼为主,称后汉王,这日闻报大喜,叫一声:"唐童,孤只道你一班强盗,永远横行天下,不料也有走散的时节!这时若不与孤主公报仇,更待何时?"遂带了元帅苏定方,点兵十万,望陕西长安进发。行到鱼鳞关,离城十里安营,刘黑闼令元帅苏定方前去抢关。定方得令,提枪上马,领兵到城下,大叫:"城上军士,快叫守城将官,速速投降,万事全休。若道一个不字,立即屠城,那时悔之晚矣!"守城军士报进帅府,说:"明州刘黑闼领兵来,与窦建德报仇,有将在城下讨战,请令定夺。"

那守关将军,就是王九龙,他和兄弟王九虎,原系山东人氏,后在日本做通事。那日助秦叔宝灭了鳌鱼太子,降顺唐朝,高祖封他做了鱼鳞关总兵之职。当下王九龙闻报,便问:"众将,谁敢前去会战?"有兄弟王九虎应声道:"小弟愿往。"遂提枪上马,出了城门,来至阵前,就问来将何名?苏定方道:"俺乃明州后汉王驾前大元帅苏定方便是。你是何人?"王九虎道:"原来你就是苏定方,我看你前在洛阳,夜劫唐营,后来不见了。只道是砍死,原来是怕死逃走,今日又来送死吗?你要问俺的名字,俺乃鱼鳞关总兵大元帅麾下,正印先锋,二老爷王九虎是也。"苏定方道:"原来是你。俺闻你与秦琼谋杀鳌鱼太子,背义投唐。谅你本事,非我对手,好好献关,饶你狗命!"九虎大怒,举枪刺来,定方把枪相迎,大战二十余合,不分胜败。定方心生一计,回马就走,九虎随后追来。定方放下枪,取出弓箭射去,正中九虎前心,跌下马来。定方下马,斩了首级,得胜回营,将首级号令营门。那败兵飞报入城说:"不好了!二老爷阵亡,首级号令营门了!"王九龙大惊,吩咐闭城坚守,遂差官上本往长安,见高祖告急求救。未知高祖所遣何人,且听下回分解。

第六十回　紫金关二王设计　淤泥河罗成捐躯

再说高祖设朝,文武山呼万岁毕,黄门官奏道:"今有鱼鳞关总兵官,有告急本章,奏闻万岁。"把本章递上龙案,高祖看了大惊,便问:"众卿计将安出?"殷、齐二王,恐怕众臣保奏秦王,忙上前一齐奏道:"父王,自古道:'兵来将挡,水来土掩'。臣儿不才,愿统大兵前往,务必生擒刘黑闼。如若不胜,甘受其罪。"高祖大喜,就命建成、元吉即日兴师。二王领旨出朝,到教场点兵十万,向鱼鳞关进发。

行到关下,总兵王九龙前来迎接,进了帅府,九龙摆酒接风。次日,二王同王九龙领兵出城,来到阵前,建成叫道:"刘黑闼,尔等何故兴兵犯我边界?如今速速退去,万事皆休。倘若不听,悔之晚矣!"黑闼大怒,回顾苏定方道:"快与我擒来!"苏定方大吼一声,一马冲出,举枪就刺。王九龙一马上前,举枪来迎,未及十合,被苏定方一枪,刺落马下。建成大怒,拿金背刀来战定方,黑闼见了,使大刀来战建成。元吉摇动金枪,冲将过来,定方接住厮杀。大战十合,建成被黑闼一鞭,打中后心,满口喷红,伏鞍败走。元吉见建成着了一鞭,心中一惊,早被苏定方一枪,刺中了左腿,几乎落马。那建成一战大败,走入城来,闭门不及,被刘黑闼率兵一拥而进,只杀得尸山血海。二王失了鱼鳞关,败往紫金关去了。那刘黑闼得了鱼鳞关,出榜安民,养兵三日,杀奔紫金关来,离关五里安营,不表。

再说建成、元吉,领了败兵来到紫金关下。那把关守将,姓马名伯良,就是兵部尚书刘文静的妻舅,是个酒色之徒。闻知二王兵败回来,出城迎接。到了帅府见礼毕,摆酒接风。马伯良就请两粉头前来陪酒:那粉头一个名叫随地滚,一个名叫软如锦,俱生得十分美貌。建成道:"马将军,你原来是个妙人儿!只是你姊夫做人不好,往往与孤家作对。"马伯良道:"千岁,既不喜我姊夫,何不用计除之?"建成道:"我欲除之久矣,惜无机会耳!"马伯良道:"千岁放心,待臣捉他一个短处,与千岁出气便了。"二王大喜。

忽小军来报,刘黑闼兵马离城五里安营了,二王大惊失色。马伯良道:"不要理他,我们今日且吃酒吧!"两个粉头娇声软语,殷勤敬酒,二王大悦,其夜尽欢而睡。次日,马伯良对二王道:"千岁爷可速往长安,见万岁说,在未到之前,鱼鳞关已失,如今明州兵扎营紫金关外了。要奏臣马伯良大胜明州兵,只是兵微将寡,还要添兵救应。如此奏法,定然无事,还要千岁寻有本事的将官,前来帮助。我那姊夫的首级,都在小臣身上就是了。"二王满口应承,起身往长安去了。马伯良闭城坚守,按下不表。

再说秦叔宝同程咬金、罗成一家同住,不料叔宝因少年积受风霜,吃尽劳苦,得了吐血的病症。一日睡在床上,忽想起秦王受羁天牢,不觉流泪哭道:"我主公呵,今生只怕不能见你了!未知你近来如何?"罗成道:"表兄,你若纪念主公,待小弟扮作客商,前往长安,探望主公何如?"叔宝闻言大喜,忙爬起来说道:"多谢表弟代我一行!"便写书一封,交与罗成道:"你将这书,可往兵部尚书刘文静府中投下,自然得见主公。切不可给两个奸王看破。若被他看破,只恐别生事端,反为不美。"罗成道:"晓得,明日就行。"

到了次日,罗成拜别母亲,又别妻子表兄表嫂并程咬金,带了罗春,扮作客商,往陕西大路而来。及到长安,正要到刘文静府中去,忽然想起表兄一封书,丢在家中,忘记带来,如何去见他?我今日寻旅店住下,再作商议。就寻了一家歇店,主仆二人进店。不料殷齐二王在店门首经过,被他们看见,心中大喜,正好害他。

次日,高祖早朝,二王奏道:"臣儿奉旨领兵到鱼鳞关,不料其关已失,只是守住紫金关,被臣连败数阵。奈军中无有上将,不能擒拿贼首,望父王再发一员上将,随臣征剿。"高祖道:"如今要差哪一位去好?"建成道:"今有越国公罗成,现在饭店住下。父王可颁旨一道,赐他原官,挂先锋印,前去灭贼,刘黑闼必被擒矣。"高祖允奏,即发圣旨来召罗成。那罗成在旅店,次早起身,准备去见刘文静。忽有差官捧圣旨来到,召他做先锋,罗成没奈何,领旨谢恩,就有军士来接。罗成便命罗春往天牢去看秦王,自己上马,往教场演武厅上,参见二王,即挂了先锋印,放炮起身。及行到紫金关,马伯良前来迎接,同入帅府。

次日,二王升帐,众将礼毕。二王令罗成出阵,务要生擒刘黑闼、苏定方,违令者斩。罗成得令,提枪上马,来到阵前讨战。明州军士,飞报进营,说外边有将讨战。刘黑闼道:"那守将马伯良,连日任我叫骂,只是不出来。今回想是有救兵到了,不知是谁,待俺亲自去会他。"遂提马上马,出营一看,认得是罗成,叫一声:"罗将军,请了!孤与将军在扬州一别,闻得将军归了唐家,无罪被革。今日我兵杀到,无人抵敌,又来用你。眼见得唐家待人无情无义,日后太平,依然不用。我劝将军不如归了孤家,与你平分土地,有何不美?"罗成大怒,把枪刺来,黑闼举刀迎敌,大战十余合。苏定方看见黑闼渐渐招架不住,遂暗放一箭射来。这里罗成一枪,正中刘黑闼,忽闻得弓弦响,罗成将身一闪,刘黑闼就逃回营去了。这苏定方的箭,正中罗成腿上。罗成大怒,拔出腿上的箭,回射苏定方,正中左臂,几乎落马。罗成本欲端营,拿捉定方,因腿上疼痛,不便再杀上去,只得回营缴令。

二王问道:"罗成今日出兵,可拿下刘黑闼吗?"罗成道:"今日出兵,大败刘黑闼。正要擒他,忽被苏定方暗放冷箭,射在腿上,以此被他逃走。"二王大怒道:"你昔日在金锁山,独擒五王,这些本事,到哪里去了?今日要擒一个刘黑闼,为何不能?明明欺我不是你的主公了!这样国贼,违孤军令,吩咐绑去砍了!"武士一声答应,把罗成绑了,推出辕门。当下马伯良道："千岁爷，目今敌兵未退，不若放罗成转来，待他杀退明州兵，那时寻个事端，慢慢杀他未迟。"二王道："既如此，死罪饶了，活罪难免。"吩咐就在军前，捆打四十根。那罗成被武将推转来，打了四十棍，两腿竟打得皮开肉绽。正遇罗春赶到，忙扶主人至帐中睡下，就把看秦王之事，说了一番，又道："主人呵，你今日落在奸王手里，必遭其害。不若私自回家，也得清闲自在，若再住在此间，定然性命难保！"罗成喝道："胡说，自古道：'忠臣不怕死，怕死不忠臣'。我今奉圣上旨意，岂可不赤心尽力？若然私自回家，岂是忠臣所为？从今以后，不许你多言！"这话按下不表。

再说明州细作，打听罗成被责四十棍之事，前来通报刘黑闼。刘黑闼闻报大喜道："此天助我也！两个狗王，不会用人，如此一员虎将，无罪受责。眼见得关内无人，此关唾手可得也。"就令大小三军，直抵关下，布起云梯，架起火炮，尽力攻打。众将得令，大家奋勇当先，攻打十分厉害。关内小军，连忙报知二王，二王闻报，即同马伯良上城，亲自督兵紧守。看见明州兵马盔甲，滚滚层层，就像潮水一般，涌将上来。二王看了，大惊失色道："如今怎么好？"马伯良道："现有勇将罗成在此，千岁放心，如今可着他退兵。退得贼兵，将他杀了，退不得贼兵，也将他杀了。岂非一举两得？"二王道："有理！"遂发一支金令箭，着人去召罗成杀退敌兵。

罗成接令箭，跳起身来就走。罗春忙扯住道："主人呵，你棒疮未愈，如何杀得贼？"罗成道："我但知报国杀贼，哪里顾得身躯？就去也不妨。"罗春道："主人既要去，今日不曾吃饭，可用些酒饭去。"罗成自恃骁勇，不听罗春之言，提枪上马，竟奔紫金关来。罗春无奈，只得拿些面饼，藏在怀中，随罗成到了关上。二王道："将军，你速速出城杀贼。若生擒这两个贼首，包管封你为公侯，若误了军令，一定斩首，决不轻恕！"罗成得令，杀出城来，罗春相随而出，那些人马，看见罗成，都退下去。罗成手执长枪，杀入明州营内，如入无人之境。直杀得刘黑闼甲散盔歪，众将一齐上前救护。那罗成连挑上将一十八员，明州军抵敌不住，退下四十余里，方才歇息。刘黑闼见这番大败，就要回兵，苏定方忙止住道："主公不可退兵，胜败乃兵家常事。臣有一计，可杀罗成。此处有一地方，名唤淤泥河，必须如此如此，不怕罗成不死在我手里。罗成一死，这紫金关唾手可得也！"黑闼听了大喜，一一准备，依计而行。再讲罗成追赶明州兵，杀了半日，腹中饥饿，腿上棒疮又痛，只得回至城下叫关。二王在城上问道："刘黑闼与苏定方的首级可曾拿来？"罗成道："不曾。"二王道："既无二人首级回来，又违我的军令！回来怎么？"罗成道："千岁既要二人首级也不难，且开了城门，待俺吃饱了饭，再去出战，取他首级未迟。"二王大怒，吩咐左右放箭，军士一声答应，城上的箭，一齐射下。罗成看见，把马退去。忽见罗春走到马前，怀中取出面饼，与罗成充饥。罗成把饼吃了几个，忽见苏定方一马跑到，大叫："罗成，你有此功劳，殷齐二王待你如同冤仇。今日大获全胜，饭也没有得吃，我劝你不如归我主公吧？"罗成听了，又气又恼。催马上前，一枪刺来，定方把枪相迎，战了数合，定方回马就走。

罗成随后赶来，赶了廿余里，罗春跟到，大叫："家主爷，你岂不晓得穷寇莫追？方才明州兵败去，今苏定方又来交战，其中必然有诈，我劝家主爷不要追赶了。况二位奸王，一心要害你，不如早早回家去吧。"罗成听了，就住了马。定方见罗成不追，他又回马，大声骂道："罗成小贼种，你有能耐取得你爷老子的首级，方为好汉！"罗成大怒，又赶上去。那罗春步行，再也赶不上。苏定方在前，且走且骂，罗成随后紧紧追赶，足足又赶了二十里。到了淤泥河，忽见刘黑闼独自一个，坐在对岸，大笑道："罗成，你今番却该死了！"罗成一见大怒，弃了苏定方，即奔刘黑闼，一马抢来，哄通一声，陷入淤泥河内。那河内都是淤泥，并无滴水，只道行走得的，谁知陷住了马脚，不得起来。两边芦苇内，埋伏二千弓箭手，一声梆子响，箭如雨下。罗成叫道："中了苏定方计了！"乱箭齐着，顷刻丧命。欲知后事如何，且听下回分解。

第六十一回　罗成托梦示娇妻
　　　　　　秦王遇赦访将士

当下罗成被乱箭射死在淤泥河内，就像个柴把子一般，一点灵魂，竟往山东来见妻子。是夜罗夫人抱着三岁孩子罗通，睡在床上，时交三更，看见罗成满身鲜血，周围插箭，上前叫道："我的妻呀！我因探望秦王，被建成、元吉设计相害，逼我追赶刘黑闼，中了苏定方奸计，射死淤泥河内。妻呵，你好生看管孩儿，我去也！"罗夫人惊醒，却是南柯一梦。次日，夫人将此梦说与太太知道，太太大惊，连忙说与秦叔宝、程咬金知道，都个个惊疑此梦不祥。按下不表。

再说刘黑闼射死罗成，也不取首级，又统兵来攻紫金关。那罗春见人马去了，因来寻觅主人，寻到淤泥河内，见了主人尸首，放声大哭，便问乡民寻扇板门，放在河上面，然后将身倒，用手向下去一扎，就将罗成的尸首，扎了起来，遍体乱箭，即一一拔出。罗春身边却有银两，就买了一口棺木，盛殓主人，做了孝子，一路扶棺回来。行到山东，先往家中报信。一进门，看见老太太、夫人，叫道："不好了，老爷没了！"老太太道："怎么讲？"罗春道："老爷没了，棺木即刻就到。"老太太与夫人听了这话，一齐大哭，晕倒在地。罗春连忙叫道："太太、夫人苏醒。"叫了数声，婆媳二人，慢慢醒了过来。此时外面棺木已到，停在中堂，婆媳二人，哭得伤心惨目。此时程咬金闻知，走来大哭，罗春遂把二王相害的始末，细说一遍。咬金说："老伯母与弟媳，不必悲伤。自古道：'既死不能复生'。如今主公禁在天牢，我们又走散了，少不得几处反王杀来。这两个奸王，少不得死在眼前了。那时若再来寻我们，待我做程咬金的，唪也唪他十七八唪。你太平时节，将我们打发回家，自耕自种；反乱之际，又要来寻我们，今日不管你唐家事了！"话未完，忽见家将来报道："程爷，不好了！秦爷闻罗爷消息，大哭一声，就死了。"咬金听了，连忙走来看叔宝。只见他老小惊慌，幸亏咬金叫了数声，叔宝方才醒来，口叫："罗贤弟，都是我害了你也！"便哭个不住。就与罗成开丧，请僧做道场追荐，不表。

再说刘黑闼杀到了关下，奋勇攻打，军士飞报进关，二王大惊，忙问马伯良道："罗成被他射死，贼兵又来，如何是好？"马伯良道："事急矣！为今之计，千岁爷可再往长安求救，臣在此依旧守关，须要速去速来。如若迟延日期，失了紫金关，不干国事。"建成、无吉见此关难保，只得且回长安，遂离了紫金关，来到长安，朝见父王，言："罗成阵亡，明州兵凶勇，紫金关危在顷刻。望父王再遣能战将官，前去救应！"高祖大惊，便问群臣计将安出？只见兵部尚书刘文静出班奏道："陛下，我国人才空虚，难以交兵。为今之计，可赦出秦王，往山东寻访秦琼到来，方可退得。刘黑闼目下在紫金关，无人救护，臣虽不才，愿统雄兵救应！"高祖闻言大喜道："依卿所奏。"即下旨赦秦王之罪，速往山东，寻访秦恩公到来，将功折罪。

秦王从天牢出来，进朝奏道："臣儿不敢前去。"高祖便问何故。这秦王道："臣儿一人往山东，秦琼若肯来，实为万幸。万一不肯来，岂非徒然？"元吉道："秦琼不来，可叫尉迟恭来，亦可战退贼兵矣。"秦王道："贤弟差矣，你还要提尉迟恭怎的？他往日在御果园救驾，有了这样功劳，不能封妻荫子，反革他的官职，受你披麻拷之苦。今日他还肯来帮助吗？"

高祖道："昔日都是这两个畜生，起妒忌之心，将众人散去。如今秦琼、尉迟恭，不是不肯来，只怕两个畜生又要算计他。朕今降旨一道，着秦王将秦琼、尉迟恭与其余众将，招抚回来，官还原职。敕赐秦琼、尉迟恭铜鞭，可上打昏君，下打奸臣，不论皇亲国戚，先打后奏。这两个畜生，就不敢算计了！"秦王大喜，又奏道："今有徐勣在午门候旨。"高祖道："宣进来！"原来徐茂公算定这事可成，故使刘文静奏赦秦王，秦王上奏高祖，敕封二将，方好制伏两奸王。那时茂公室至金阶，朝见毕，高祖即着茂公同秦王往请秦琼、尉迟恭，并寻众将回来。秦王领旨，同茂公带了五百兵，向山东进发。及到山东，徐茂公令人马扎在幽僻之处，与秦王换了便服，步行而来。行到秦琼门首，咬金看见茂公，就问茂公一向躲在哪里，如今到此何干。茂公道："同主公特来访你。"咬金出见秦王，大喜，请到里面去坐。未知说出什么话来，且听下回分解。

第六十二回　　尉迟恭诈称疯魔
　　　　　　　　唐高祖敕赐鞭铜

却说程咬金请秦王同徐茂公到里面，见礼毕，坐下。秦王道："孤闻罗王兄阵亡，他灵枢却在何处?"咬金道:"在后堂。"秦王道:"烦程王兄端正祭礼,待孤家祭奠一番。"程咬金领旨,忙去整顿祭礼完备,即引秦王、茂公,来到后堂。秦王看见孝帏,不觉泪如雨下,上香行礼,哭一声:"罗王兄呵!孤家怎生舍得你?你有天大的功劳,不能享太平之福,为孤家死于战场之上。是孤家之罪也。今日孤家在此祭奠你,你英灵不爽,可来飨此微馨!"说罢大哭起来。

里面罗夫人知秦王在此祭奠,心酸痛切,哭声甚哀。老太太见媳妇悲哭,想着丈夫身亡,全靠这个儿子,今又为国捐躯,也是哭个不了。徐茂公看见,也掉下泪来。程咬金见他们哭得伤心,也就哭起来道:"呵呀!我那罗兄弟呵!唐家是没良心的,太平时不用我们,如今又不知哪里杀来,又同牛鼻道人在此'猫儿哭老鼠',假慈悲。想来骗我们前去与他争天下,夺地方。我想罗兄弟英雄无敌,白白误中殷齐二王诡计,死于万弩之下。呵唷!我那罗兄弟呀!"

那一片哭声甚响,早惊动了秦叔宝。他因患病在床,听得一片哭声,便问道:"今日为什么有此哭声?"家将道:"是秦王同徐茂公老爷,在此祭奠罗爷,故有此一片哭声。"叔宝一闻此言,双手将两眼一擦,说:"秦王来了吗?我正要去见他。"忙爬起来,那病不知不觉就好了三分,走到后堂,叫:"主公在哪里?"秦王道:"秦王兄,孤家在此访你。"叔宝一见秦王,即忙行礼,便问:"主公今日焉能到此?使臣得见主公,喜出望外。但此来必有所谕。"秦王道:"王兄,你还不知道,那明州刘黑闼,自称后汉王,声言要与夏明王窦建德报仇,拜苏定方为元帅,起兵杀来,把总兵官王九龙和他兄弟王九虎杀死,夺取鱼鳞关,现在兵临紫金关。父王命殷齐二王出战,杀得大败,回来请救,正遇罗王兄入京,探望孤家,被二王瞧见,保他去做先锋。因二王不能用贤,以致罗王兄被贼暗算。如今紫金关危在旦夕,父王因赦孤家出牢,立功折罪。孤今奉圣旨前来,请秦王兄前去破敌立功。"

叔宝闻言便叫:"主公呵,罗家兄弟为国亡身,可怜他母亲妻子,无人看管。臣因中表至亲,理当留家替他照管。主公要退明州之兵,可另寻别人去吧!"徐茂公道:"今日特奉圣旨前来相召,还要去召尉迟敬德。圣上有旨在先,仍恐殷齐二王相欺,敕赐你二人铜鞭,上打昏君,下打奸臣。不论皇亲国戚,皆先打后奏。劝你去吧!"程咬金接口道:"论理原是不该去,若封了铜鞭,令先打后奏,这两个奸王,如照旧作怪,我就先打死他。圣上若敕封了我的斧头,我就砍他十七八段。秦大哥就去吧!"叔宝不应。

又见里面走出一个小厮,约有三四岁,满身穿白,走到秦王面前,叫声:"皇帝老子,我家爹爹为你死了,要你偿命!"秦王便问:"此是何人?"程咬金说道:"就是罗成的儿子,叫作罗通。所纪虽小,甚有气力,真是将门之子,后来定是一员勇将。"秦王欢喜,伸手把罗通抱起,放在膝上,叫一声:"王儿,果是孤家害了你的父亲,孤家永不忘你父亲一片忠心!"便对叔宝、咬金道:"孤欲过继罗通为子,二卿意下如何?"叔宝道:"主公,这就是贵人抬眼看了!"卿唤罗通走下来,拜了主公,叔宝扶定罗通,向秦王拜了八拜,里面罗夫人摆出酒来,请秦王上坐,下面众位挨次坐着。秦王说起往长安之事,叔宝、咬金只得应承。

次日,叔宝与咬金拜别秦氏太太、罗夫人,及自己家小,同秦王出门。到僻静处,招抚兵丁,一齐望山后进发。不一日,已到朔州致农庄,将人马依先拣僻静处扎伏,四人换了便服,一路望敬德家中步行而来。早有一班同敬德日日吃酒的父老,看见四人威风凛凛,相貌堂堂,知是唐朝大贵人,慌忙前来报与尉迟恭,说道:"今有长安来的四位贵人,带有五百人马,扎在僻静处。那四位贵人换了便服,步行而来,一路问将军住处,不知何故?"尉迟恭听了,心中一想道:"此必是唐王有事,差四位公卿,领兵前来请我了。但我想唐家的官,岂是做得的。我前日几番把性命去换了功劳,还要受两个奸王如此欺侮,若非尚书刘文静相救,几乎被他披麻拷活活处死。如今回归田里,自耕自吃,倒也无忧无虑,何苦要去做官?他今来寻我,我自有道理。"

遂入里面,吩咐黑白二夫人道:"少停若有唐王差人到此寻我,你只说:我害了疯癫之症,连人也认不出的。你们不可忘记。"两位夫人应声:"晓得。"尉迟恭就走到厨房下,将灶锅上煤取来,搽了满面,将身上的衣服扯碎,好像十二月廿四跳灶王的花子一般。二位夫人见他形象,几乎笑倒。霎时秦王与茂公、叔宝、咬金访,来到尉迟恭门首,即走进里面坐下。咬金高声叫道:"黑炭团在家吗?"里面黑夫人问道:"是那个?"

咬金道："是与你做媒人的程咬金。"黑夫人听见程咬金三字，即同白夫人走出外厅一看，见秦王、叔宝、茂公都在此，叫声："呵呀！原来千岁爷也在此！"即见过了礼，又与叔宝、咬金、茂公一齐见礼。里面丫鬟送出茶来，吃罢，二位夫人问道："不知千岁爷驾到，有何贵干？"秦王就将一番言语，细说一遍。二位夫人道："千岁爷还不知道，我家丈夫数日前，不知怎么害了疯癫病，日日大呼小叫，连人也认不得了。如何可以出兵作战？岂不枉费了千岁爷一番龙驾？"秦王闻言，只是跌足叹息。

茂公冷笑问道："今在何处？"话未毕，忽听得里面大呼小叫起来，秦王等三人忙抬头一看，只见尉迟恭跑将出来，大叫道："不好了！不好了！原来是鬼怪妖魔都来拜我生日。"指着秦叔宝道："你是海龙王。"看定秦王道："你是刘武周。"对着茂公道："你是乔公山。"一把扯住咬金的手道："你是柳树精，偷了仙桃，结交四海龙王，合了虾兵蟹将，来抢我的宝贝，如今被我捉住在这里了。"把咬金一扯，自己反跌倒在地。滚来滚去，忽又爬起来，说道："我如今要变一个老虎，去吃人了。"一声叫，就翻一个觔斗进去了。秦王看了，心中很是难受，知他不能前去，只得吩咐众人，作别去吧。众人答应一声，遂作别起身。二位夫人相送出门，见四人去了，黑夫人对白夫人道："今日相公诈为疯癫，如此形状，连那未卜先知的军师，也都骗信了。"二位夫人大笑不表。

再说秦王君臣四人，依旧来到僻静之处，叫五百军士回长安去。秦王在路，嗟叹可惜。茂公笑道："主公，你还不知其细。如今可差程咬金前去，如此如此，包管尉迟恭就不疯癫了。"秦王大喜，暗令咬金领二百兵，前去行事。咬金领旨，将二百人扮作喽啰，自己扮作大王，复到致农庄，把庄门团团围住。口称："我乃虬石山都天大王，闻得庄上有孟海公的黑白二夫人，生得齐整。快快送出与我做压寨夫人，万事全休。若有半声不肯，把那尉迟恭的狗头，砍为两段！"

那庄中乡邻朋友，听了这话，个个惊慌，连忙来报尉迟恭。那尉迟恭正假装疯癫，打发秦王君臣去了，自为得计，与黑白二位夫人饮酒快乐，一闻邻友来报这事，顿时大怒骂道："何处毛贼，敢来放肆！"遂提鞭上马，跑出庄门。果见有一个大王，是个圆碌砂脸，原是颜色画的，手执长枪，再也认他不出。咬金见尉迟恭出来，大声喝道："你这黑鬼，快将夺来的两个老婆送来，与我都天大王做压寨夫人，我便饶你这黑贼一死。若道半个不字，定将你砍为两段！"

尉迟恭听了大怒，举起钢鞭打来，咬金把枪一架，回马就走。尉迟恭大喝道："你这毛贼，走到哪里去！"随后赶来，忽见树林内走出三个人来，却是秦王与叔宝、茂公，一齐大笑道："尉迟将军，你害得好疯病也！"咬金道："媒人也认不得，竟杀起来！"尉迟恭看见秦王，叫声："罢了，中了军师之计了！"连忙下马赔罪，请到家中，摆酒接风。秦王将从前之事，细叙始末，尉迟恭无奈，只得同两个夫人，别了邻里，随秦王起身，往长安进发。

在路不上数日，到了长安，朝见高祖。高祖大悦，立刻降旨道："今有刘黑闼兵犯紫金关，损兵折将，难以拒敌。朕思非卿二人，不能取胜，故特遣世民召卿前来，望卿等莫记从前之过。今朕赐卿铜鞭，不论皇亲国戚，如有不法者，先打后奏。"就令叔宝、敬德，取铜鞭上殿，高祖提起御笔写道：

> 御赐钢鞭付敬德，不论王亲与国戚，
> 若遇不法奸伪事，即行打死无停歇。

写毕，付与尉迟恭，尉迟恭叩头谢恩。高祖又提起御笔写道：

> 敕赐恩公铜二根，专打朝中奸佞臣，
> 不论王亲并国戚，任从此铜去施行。

写毕，将字付与叔宝，叔宝叩头谢恩。高祖道："二位爱卿，请即往教场点齐人马，督同众将，前去破敌立功，另有升赏。"叔宝、敬德奏道："臣启陛下，此行必须要秦王同去，以振军威。"高祖准奏，就命秦王同去，即日兴师，前往紫金关而去。那殷齐二王，看见父王御笔亲书，敕赐二人铜鞭，暗暗叫苦，恐尉迟恭日后报仇，又是恐惧，无可奈何，按下不表。

再讲刘文静领兵到紫金关，即着马伯良为先锋，连败数阵。文静大怒道："如此无用将官，怎生镇守此关？"便上本入朝，把马伯良削职回家去了。谁想马伯良哭诉妹姊刘夫人，刘夫人不知大义，便发起恼来，对马伯良说道："你姊夫这等无情！我父母双亡，只有你这个兄弟，怎么就下这等毒手，将你削职赶回。也罢，兄弟呵，你姊夫现塑刘武周身像在家内，只将此事去出首，看他的官做得成也做不成！"马伯良大喜，即将刘武周身上的衣服剥下来，取了衣服，次早入朝出首。高祖不察其事，一时大怒，忙点兵围住府门，先将刘夫人一刀杀了，又把一门老幼尽杀，一面差官吊回文静，即在路上将他处斩。

再说秦王到了紫金关，不见刘文静，问起情由，方知其事。秦王大惊，连夜写本，将刘武周作祟前事，细细叙明，差官往长安启奏。及到长安，差官入朝，将本章呈上，高祖展开一看，方知屈杀刘文静。龙颜大怒，即传旨将马伯良碎割凌迟，一门皆斩。正是"害人终害己，报应最公平"。此话不表。

再说秦王兵马来到关中，你道刘黑闼为何不来攻打？只因领兵十万前来，被罗成杀了将近一半，心中懦怯，也要学王世充故事，差官聘请四家王子，共破唐兵。你道是那四家王子？一个是南阳朱登，就是南阳侯伍云召之子，当初承继与朱灿扶育的，故称朱登；一个是苏州沈法兴；一个是山东唐璧；一个是河北寿州王李子通；俱约即日兴师到来。未知何日可到，且听下回分解。

第六十三回　报唐璧叔宝让刀　战朱登咬金逞斧

却说山东唐璧以楚德为元帅，统兵五万先到，小军飞报入营，刘黑闼接进营中，见过了礼，刘黑闼道："有劳王爷兴兵来助，若灭唐家，愿与王爷平分天下，共掌山河。"唐璧道："不敢，弟念昔日与窦千岁情谊，恨被唐家所灭，难得刘王爷与主报仇，兴兵到此，故而拔刀相助。"刘黑闼连声相谢，即摆酒接风。

次日，唐璧与刘黑闼、楚德、苏定方等出阵，独有唐璧来到关下讨战。小军飞报进营。秦王便问众将道："哪一位王兄出去会他？"叔宝道："小将愿往！"遂提枪上马，开了关门，来到阵前，认得是唐璧，即欠身施礼道："故主唐爷，小将甲胄在身，不能全礼，马上打拱了。"唐璧见是叔宝，叫一声："秦琼，孤家往日待你也不薄，你今日怎敢与孤家会战呢？"叔宝答道："唐爷差矣！我主唐王，与你素无仇隙，你今起兵到来，出于无名。我劝唐爷不如归顺唐家，也不失王侯之位。若执迷不悟，那时悔之晚矣！"唐璧听了，大喝道："胡说，自古道：'天下者，乃人人之天下，非一人之天下也'。孤家争取江山，管什么有仇无仇？你这个马快手，晓得什么？照爷爷的刀吧！"言罢举刀就砍。叔宝使枪架住道："唐爷不必发怒，还要三思。"唐璧又将刀砍来，叔宝又使枪架住，一连架过三刀。叔宝道："唐爷，小将曾在你标下一番，故此让你三刀。如今要还枪了。"唐璧又举刀砍来，叔宝把枪架住，往上一枭，那唐璧的刀几乎枭脱，叫声："好厉害！"自料不是对手，回马就走。

后面楚德看见主公输了，便拍马上前，大喝道："勿伤我主，俺楚爷来了。"摆动神钢叉，来战叔宝，战了八九合，被叔宝刺落马下，取了首级，回营缴令。秦王大喜，即摆酒贺功。小军飞报进来说："昔日众将俱在关外，求见千岁爷。"秦王听了，吩咐开关迎接。那一干众将，闻得秦王赦出天牢，又封了铜鞭，不惧奸王，故此个个都来。那时众将见开关迎接，一齐进关，朝见毕，秦王大喜，吩咐摆酒接风，俱留在关内听用。

再说刘黑闼见唐璧输了，又折元帅楚德，心中不快。忽见小军报进道："启王爷，今有南阳王朱登，上梁王沈法兴，寿州王李子通三处人马，一齐到了。"二王大喜，出来接进营中，见礼已毕。刘黑闼道："多承列位王爷，不辞跋涉而来，弟心甚觉不安。"三位王爷道："辱承相召，本欲早候，乃羁迟时日，有负见招之意，望乞恕罪。"刘黑闼道："不敢。"即将战败之事，一一说明，吩咐摆酒接风。

到了次日，众位王子升帐，刘黑闼道："请问今日那位王爷出阵？"南阳王朱登应道："小侄愿往。"四位王爷大喜。朱登提枪上马，杀气腾腾，威风凛凛，来到关下讨战。小军飞报进来："启千岁爷，外边有一员小将讨战。"秦王问道："那位王兄出去会他？"闪出程咬金道："小将愿往。"遂提斧上马，开了关门，一马冲出。

来到阵前，看见朱登面如满月，眼若流星，年纪不上十八九岁，叫声："好一个小将，快通名来，或者你是故交之子，我好留情饶恕，若是野贼种，我就一斧砍为两段。"朱登喝道："你这丑鬼，休得多言，孤乃南阳王朱登是也。"咬金道："呀，你叫朱登，乃是野贼种，不要走，照爷爷的斧吧。"当头就是一斧劈下，朱登把枪一架，咬金又一斧砍来。朱登大叫一声："呵呀，好一员勇将！"说未完，扑的又一斧，一连三斧，把朱登劈得汗流浃背，说声："好厉害！"却待要走，不料第四斧就没力了。朱登笑道："原来是个虎头蛇尾的丑鬼。"就把枪劈面来迎，连战几个回合，战得程咬金只有招架，并无回兵。朱登趁势拦开斧头，扯出鞭来一打，正中咬金左臂。咬金便大叫道："呵唷，小贼种，打得你爷老子好厉害！"回马便走，大败进关，来见秦王，连称厉害。

秦王又问，谁去迎敌？闪出齐国远道："小将愿往！"遂一马冲出，与朱登交战，不上十合，也大败进关。次后史大奈出战，也败了。此时四王正在掠阵，见朱登少年英雄，不胜欢喜。末后尉迟恭出战，与他交手，有百十余合，不分胜败。直杀得日色西沉，个个收兵。朱登回进营中，四王迎接，俱皆称贺，吩咐摆酒庆功。

这边尉迟恭回进关中说："朱登年纪虽小，本事高强，一时难胜。待明日俺出去，必要擒他，才见手段。"叔宝道："尉迟将军不可，我知他非别人，乃南阳侯伍云召之子。只因炀帝无道，伊祖与父，忠心不昧，祖遭荼毒，父被逼迫，继与朱灿抚养成人，故名朱登。待末将明日出去会他，说他归降主公便了。"秦王大喜。

次日，朱登又在关外讨战，叔宝提枪上马，来到阵前，看见朱登，就叫道："贤侄，你叔父秦叔宝在此，对你讲话。"朱登大怒道："放狗屁，你这匹夫，孤家何曾认得你？擅敢妄自尊大，称侄道叔！"提枪就刺。叔宝也怒道："不中抬举的小畜生！"也把枪相迎。正是棋逢敌手，将遇良才，两人大战三十余合。叔宝见朱登枪法并无破绽，又把枪挡住道："贤侄，你还有所不知，我对你说明始末，方知我叔父不差。当年你父伍云召在扬州，曾与我有八拜之交，结为异姓兄弟，情同手足。曾对我言及贤侄，寄托朱灿收养，他日长大相逢，当以正言指教。不意你令尊去世，贤侄如此英雄。目今唐朝堂堂天命，岂比那刘黑闼卑卑小寇？劝贤侄不如归顺唐朝，一则不失封侯，二则弃小就大，不使英雄耻笑，以成豪杰之名。贤侄以为何如？"朱登听了这番言语，心中省悟，只因四家王子在后掠阵，恐他识破，反为不美。只得变脸道："不必多言，照孤家的枪吧！"一枪刺来，又战数合，暗想："他方才所言，十分有理，我既有归顺之心，与他交战何益。"就虚刺一枪，回马就走。叔宝随后追来。四家王子见朱登败走，恐防有失，忙令众将放箭射去，叔宝只得退回关中，不表。

再说朱登回营，就道："列位王爷，那秦琼果然厉害，小侄不能及他，故被杀败而回。"四位王子道："胜败乃兵家之常，何必介意？明日再出兵去战吧！"未知次日交战如何，且听下回分解。

第六十四回　四王洒血紫金关　高祖庆功麒麟阁

次日刘黑闼招齐人马，向紫金关前搦战，早有苏定方一马冲出来，那秦王也在那里掠阵，看见苏定方一表人才，心中欢喜，叫一声："苏王兄，投顺了孤家吧。"定方大叫："唐童休走！"劈面一枪刺来，秦王大惊，忙把定唐刀要来招架，后面众将一拥而上，把苏定方团团围住。秦王道："苏王兄，你们大势已去，如投顺孤家，不失公侯之赏。"苏定方料想刘黑闼兵微将寡，不能成事，不如归顺唐朝，就放下手中枪，下马投降，跪拜马前，秦王大喜，下马扶起。那边唐璧见苏定方投顺唐朝，不觉大怒，拿金背刀杀过来。这里程咬金举起宣花斧，上前架住。朱登见四王不能成事，料想后来天下必为秦王所得，也要投唐，遂拍马上前。却逢秦叔宝拦住，叫声："贤侄，你可知天命有归，休要执迷不悟，快快投顺了唐家吧。"朱登道："谨从叔父之命。"叔宝就引朱登降了，秦王大悦。

当下寿州王李子通，见苏定方、朱登两人归唐，心中大怒，把托天叉杀过来，尉迟恭接住厮杀。上梁王沈法兴使宝剑杀来，张公瑾、史大奈接住厮杀。刘黑闼领众将杀来，徐茂公招呼殷开山、马三保、段志贤、刘洪基等，一齐战住。那一场狠战，非同小可。直杀得阴风惨惨，怪雾腾腾，这话不表。

再讲南阳王朱登叫一声:"秦叔父,待小侄去招呼本部人马,斩了刘黑闼,作进见之功。"叔宝大悦道:"贤侄之言极是。"那朱登遂一马杀去,招齐了自家人马,去归唐朝,复翻身杀入刘黑闼阵内,这一条枪,好不厉害,犹如白龙取水,空中飞舞一般。那苏定方看见朱登入阵逞能,他也高兴起来,即忙向前叫声:"主公,待臣也去助一臂之力,以破明州兵献功。"秦王大喜。定方遂一马冲入阵去,把一条枪东挑西刺,直杀到上梁王阵里。这边张公瑾与沈法兴交战,史大奈连忙相助。只杀得沈法兴大汗直淋,恰好苏定方一马冲到,向沈法兴后心一枪,翻身落马,定方便下马割取首级而去。那尉迟恭战住李子通,不上十余合,被尉迟恭的枪刺去,正中咽喉,翻身跌下马来,尉迟恭也便下马,割取首级而去。那程咬金与唐璧交战,唐璧虽做过山东节度使,怎当得这程咬金三斧头的厉害?第一斧砍来,就当不起。那程咬金不由分说,走上前去,把第二斧劈下来;扑通一声,劈个正着,便下马赶过来,割取唐璧首级而去。

那刘黑闼见此光景,大叫一声:"罢了,杀地杀了!降的降了!可怜数十万人马,只剩得五万有零,这番料难复仇。"遂领残兵回营而逃,不提防朱登从后追来,一枪刺去,正中刘黑闼后心,翻身跌下马来。朱登上前,取了首级。可怜明州二十五万兵马,一时杀得天昏地暗,尸积如山,血流成河。当下徐茂公鸣金收兵,众将纷纷回营,程咬金献上唐璧首级,尉迟恭献上李子通首级,朱登献上刘黑闼首级,苏定方献上沈法兴首级。其余众将,所献大将首级,不计其数。秦叔宝一一记明,上了功劳簿。秦王吩咐摆酒贺功,众皆大悦。

次日,秦王传旨,留尤俊达为鱼鳞关总兵官,副将金甲、童环佐之;又留刘洪基为紫金关总兵官,副将樊虎、连明佐之;两处分兵丁十万镇守。六将领旨,自行打点守关。秦王带领众将,随即班师,放炮三声,起兵就行,一路上好不得意。及到长安,专等次日入朝,此话不表。

这日,高祖驾坐早朝,百官朝拜毕,忽黄门官启奏:"秦王得胜,班师回朝,同众将午门候旨定夺。"高祖大喜,叫:"宣他进来。"秦王闻宣,来至金阶,朝拜毕,就把出兵事情,一一奏上,又将功劳簿呈上龙案。高祖道:"王儿平身。"将功劳簿细看一遍,龙心大悦。传旨宣徐茂公等三十七人见驾,众将闻宣,进朝朝见。山呼已毕,高祖龙颜大悦,说道:"朕有封诰一道。"着黄门官上殿宣读。黄门官领旨,上殿念道:"圣旨到。"众将跪听宣读,诏曰:

朕闻有功必赏,尔诸将勤劳王事,赤心报国,今幸班师,宜享太平。所有开国功勋,今当一一敕封。恩臣秦琼,临潼救驾,佐朕扫平宇内,特封护国并肩王、天下都督大元帅,赐双锏,专打奸佞。尉迟恭单鞭救主,封为鄂国公,赐鞭先打后奏。徐茂公封英国公;程咬金封鲁国公;魏征授兵部尚书;朱登复姓伍,封开国公;苏定方封锡国公;马三保、段志贤、殷开山、刘洪基、尤俊达五将,皆封为国公;其余众将,亦皆封总兵。故罗成赠越国公;故刘文静赠太子太傅。建麒麟阁,表扬诸将功勋。钦此。

黄门官读诏毕,众将山呼万岁,叩头谢恩,高祖起驾回宫,不表。

再说程咬金封了鲁国公,头载金幞头,双龙抢珠扎额,身穿大红蟒袍,腰系白玉带,脚踏粉底靴,摇摇摆摆,好不快活。当日朝廷就有旨意下来,命工部尚书,在府库中支出银一万两,起造麒麟阁,督同该管有司官员,即日兴工起造,钦限三月完工。那些有司官,唤齐各项匠人,不下数千名,纷纷起造。足足忙乱了三个月,完工复旨。早惊动了那长安的百姓,都称麒麟阁千古奇逢,难得看的。大家扶老携幼,男男女女,一齐来看,都沸沸扬扬地说道:"好齐整一个麒麟阁,你看四围一带,都是玛瑙石砌就的。四边亭柱,都是乌木紫檀。高有十丈,阁造三层。上铺琉璃碧瓦,四面雕龙画凤的纱窗,真个景致非凡。"这些百姓,人人道好,个个夸强,这且慢表。

再讲高祖闻麒麟阁完工,传旨摆齐銮驾,到来游玩。细细观看一遍,龙颜大悦。命秦王写一副对联,挂于阁上,写道:

双锏打成唐世界,单鞭撑住李乾坤。

次日,高祖吩咐光禄寺摆宴阁上,命殷王、秦王、齐王,齐赴麒麟阁庆贺诸位功臣。兄弟三人,来到阁上,众将上前个个见礼已毕。那些众将,只与秦王说说笑笑,唯有殷、齐二王,却无一人理他。咬金见了暗想:"这个狗头,一向大模大样,把我们众朋友百般欺侮,如今幸得高祖明白这个道理,把秦大哥的双铜与尉迟恭的单鞭,一齐御笔题诗在上,听他们专打朝中奸佞,不论皇亲国戚,先打后奏。故此这两个狗头,好像哑巴子一般,不敢撒野。待我老程去耍他一耍,也好与罗兄弟的阴魂,出出怨气,有何不可?"未知程咬金如何戏耍二王,且听下回分解。

第六十五回　升仙阁奸王逞豪富　太医院冷饮伏阴私

当下程咬金走到殷齐二王面前,开言道:"你们两个在这里做什么?我家主公收纳英雄,在此麒麟阁,庆贺我们众功臣功劳,赐宴饮酒,好不光彩。你这两个退时倒运的废物,一出兵就大败而回。看起来,真正是没用的人了!要你们在此做什么?"叔宝见了,忙走过来喝退咬金,羞得殷齐二王,含怒而去。

来到府中,建成与元吉商议道:"我们也造一个高阁起来,比麒麟阁更加齐整,也与我们两府的将士,日日饮酒作乐,以出今日被程咬金这狗头羞辱的恶气。贤弟,你道如何?"元吉道:"王兄说得有理!"

次日,二王就发出两府钱粮,在麒麟阁对面,起造一所高阁。不消数月完工,却也与麒麟阁一般高大。上悬一个金字匾额,名曰:"升仙阁"。那殷齐二王,也在那里饮酒作乐。倒造化了这班家将,日日赏赐,吃个醉饱。正因升仙阁造得穷工极巧,十分齐整,那些百姓,都去看升仙阁,这麒麟阁倒没有人来观看,就渐渐冷落了。众将都不以为意,只有程咬金是好胜的,他看见这光景,心中不服之极,忽然想道:"我有个道理在此。"遂买了几百担干面,叫人做起肉馒包子,若百姓来看麒麟阁,每人赏他包子两个。

这消息传出去,到了次日,众百姓都来看麒麟阁,领赏包子,去而复来,往复不绝,真正热闹。程咬金得意扬扬,好不快活,那升仙阁也没有人去看了。二王知这消息,便说道:"这两个包子何难,明日也做起肉馒包子,每人赏他四个包子。"这些百姓何乐而不为?复一齐来看升仙阁了。咬金闻知这事,一时兴发起来道:"他们四个,我们这里赏他八个便了。"这消息传出去,到明日,百姓都是贪多,又一齐来看麒麟阁了。这边二王道:"赏包子有甚稀罕,我明日分赏每人一钱银子。"百姓闻知这事,生意都不去做,扶老携幼,填满街道,都来看升仙阁,领赏一钱银子了。

咬金闻知,不觉大怒,暗想:"我因一时赌气,把家中银子都用尽了,哪里及得这两个狗头富?"心中气闷不过。这一日,正逢尉迟恭酒吃得大醉,咬金便问道:"老黑,那万岁爷封你的鞭做什么?"尉迟恭道:"万岁爷叫我专打朝中不法之臣,你岂不晓得?"咬金道:"如今二王私造升仙阁,给每人赏一钱银子,引得百姓不务生理。这等不法,你怎么不去打他?"尉迟恭道:"他两个有钱,自去做畅汉,关我甚事?"咬金道:"原来你是没用的!当初你被他骗去,受披麻拷打,吃了他的亏。如今趁此机会,何不公报私仇,打他一顿?"尉迟恭是个莽夫,听了这话,不觉大怒,遂拿钢鞭赶上升仙阁来。咬金暗想:"不好了,万一二王被他打死,追究起来,说我老程叫他打的,如何是好?不若我一路叫喊前去,使两个狗头害怕,预先去了。我就哄骗这老黑,拆倒了这升仙阁,岂不是好?"遂一路喊叫道:"殷齐二王私造升仙阁,耗费钱粮,尉迟恭打来了,你们大家走开些!

二王正在阁上饮酒,忽听下面喊叫,推开纱窗,望下一看,大惊道:"不好了!尉迟黑子来了!"忙奔下阁,逃出后门走了。那尉迟恭抢上阁来,不见了二王,正没处出气,忽见咬金走到,说道:"他两个奸王,虽然逃走,打不着,这升仙阁是私造的,在此引诱百姓。何不将他拆毁,也与万岁爷省些钱粮?"尉迟恭正在大怒,今闻这话,就叫数百名家将,立刻把这座升仙阁,不消一日工夫,拆得干干净净。又把家伙玩器之物,件件都打得粉碎,方才住手,转身回府。那二王逃归王府,差人打听回报,不多时,差人来报说,升仙阁被他拆了,家伙玩器,尽行打碎。二王闻言,气得手足冰冷,半晌无言。

建成道:"三御弟,我们气他不过,不如把此事奏闻父王,说他两个无事生非,欺君灭主的罪吧!"元吉道:"不可,这升仙阁原是我们心不甘服他们的麒麟阁,故此私自出银来造的。怎敢奏闻父王?这场亏我与王兄是要吃他的了。"建成听说,又叫:"御弟!你的见识虽是,但是秦王手下这些将官,我心里到底恼他不过。全赖御弟再想一个妙计，把这些将官，个个弄死，须要做得干干净净才好。"元吉听了，把眉一皱，顷刻计上心来，说道："有了。"建成忙问何计，元吉向建成耳边，低言如此如此，自然死得个个干净。建成听了大喜道："妙计！妙计！明日就行。"

次早二王入朝，朝见高祖，上殿奏道："臣儿建成、元吉，有事奏闻父王。"高祖道："你所奏何事？"二王道："臣儿想秦王麾下将士，边关立功，享安未久。值此盛暑，父王何不颁赐香菇饮汤，解散炎蒸，以表父王爱士之恩？"高祖道："皇儿之言甚善，依卿所奏。"即着太医院合就香菇饮汤，颁赐秦府众将。医官领旨，高祖散朝入宫。

二王退朝回府，就叫内侍去召太医院来。那太医院闻二王相召，忙来府中参见。二王道："孤家弟兄有一事相烦，不知先生肯依否？"那太医院英盖史道："千岁令旨，臣敢不遵？"二王道："先生，孤因天策府一班将官，个个倚着秦王势力，每事欺侮孤家。今日皇上要赐他香菇饮汤，着先生料理。孤家欲烦先生，于香菇饮汤中，暗藏巴豆大黄发泄等药，待他们吃了，个个泻死，故特请先生到来叮嘱。"英盖史闻言，连忙说道："二位千岁爷，别样事无有不遵，此系险毒之事，臣断断不敢奉命！"殷王道："先生不必推辞，你今日依孤行事，他日孤登九五之位，就封你为并肩王，岂不富贵极矣！"英盖史听了这话，心中动念，想："他是太子，他日皇帝自然是他的，我若依他，这并肩王稳稳做得成。"一时贪慕富贵，就忘了天道好生之德，便依允道："既承二位千岁美意，臣敢不领命？"二王见他允了，便大喜，相送出府。未知后事如何，且听下回分解。

第六十六回 天策府众将敲门
显德殿太宗御极

当下英盖史回归太医院，连忙合好了香菇饮汤，奉旨送去。那天策府众将，因天气炎蒸，大暑逼人，各脱衣冠乘凉。忽见家将飞报进来道："圣旨到了！"众将连忙穿戴衣冠，走出外边来，一齐俯伏接旨。那天使即开读诏曰：

朕处深宫，尚且不胜酷暑，想众卿在天策府，必然烦热。特命太医虔合香菇饮汤，一体颁赐，以明朕爱士之心。钦哉！

读罢诏书，众将谢恩，太医院入朝复旨。那程咬金忙走过来，说道："这是皇上赐的香菇饮汤，必定加料，分外透心凉的，我们大家来吃。"先是秦王吃一杯，然后众将各吃一杯，唯有尉迟恭与程咬金，多吃两杯。见滋味又香又甜，两人贪嘴，不觉又吃了十来杯。咬金道："妙呵，果然爽快，透心凉的！少停，我们再来吃吧。"众人个个分开去玩耍了。

看看到晚，众人肚中忽痛起来。咬金道："这也奇了！难道我吃了十来杯香菇饮汤，暑气还不解吗？我再去吃吧。"走过去又吃了几杯，谁想愈加痛甚，只叫："呵唷唷唷！不好！不好！要出恭了！"快走到坑上，泻个不住。自此为始，一日最少也有五六十遍。敬德泄泻也是如此。秦王众将，略略少些，却也泻得头昏眼花，手足疲软。这个消息传出去，殷齐二王闻知，暗暗欢喜。高祖在内宫，闻天策府将士，吃了御赐香菇饮汤，一齐泻倒，不觉大惊，就传旨叫太医院来医治。二王闻知，又嘱托英盖史，速速送他们上路。英盖史不敢推辞，口称："遵命！"走到天策府中来医治，更把大黄巴豆放在药内，煎将起来，众将吃了，一发泻得不堪。

正在这时，却好救星到了。原来李靖云游四海而归，恰好来长安来见秦王。行礼毕，秦王告知："诸将中毒泄泻，未能痊愈，军师何以治之？"李靖道："不妨。"随将几丸丹药，化在水中，叫众将士吃了。果然妙药，吃下去，就不泻了。当下徐茂公道："我们中了诡计，服下泻药，才会如此。太医院英盖史是和这事有关的，从他身上可以获得水落石出。"众将倒也罢了，只有程咬金、尉迟恭不肯干休，就要出气。无奈泻了几日，两脚疲软，行走不动。将息了数日，方才平复如故。两人私下商议，如此如此，遂同到大理寺府中来。

衙役通报本官，大理寺出来迎接，升堂见礼，分宾主坐下。咬金道："我们两个，今日要借这座公堂，审究一事。"大理寺道："遵教。"二人起身到堂中，向南坐下。咬金道："贵寺便便吧。"大理寺道："晓得。"说着里面去了。咬金唤过两名快役道："我要你拿太医院英盖史回话，你可快去拿来。"快手禀道："求老爷出签。"咬金道："怎么要签，你速拿来，不得有违。"快手应道："晓得。"他知程将军的性格，不敢回言，出了府门，一路思想道："这个人是强盗出身，知什么道理？那太医院是朝廷命官，怎么就好去拿？今我写一个帖子，只说请老爷吃酒，他一定肯来的，那时就不关我事了。"算计已定，来到太医院，把帖子投进去。只见一个家丁出来说："你们先去，我老爷就来。"两个快手回去，不表。

再说英盖史不知底细，只道大理寺请，即上马往大理寺来，到了门首，不见来接，心中暗想道："定是他又陪别客在内。"竟自进去。到了仪门下马，走到里边，看见程咬金、尉迟恭坐在堂上，心内大惊，只得上前打拱。咬金见英盖史来，便大声喝道："你这狗官，怎么不下跪？左右与我抓他上来。"两边衙役答应一声，就赶过来将他剥去冠带。英盖史大怒道："我是朝廷命官，怎敢如此放肆？"咬金喝道："你既是朝廷的命官，怎敢药死朝廷的将官？快把香菇饮汤之事招来，免受刑法。"英盖史听了，大惊失色，勉强说道："这是万岁爷的主意，与我无干。"尉迟恭见他面上失色，遂叫："程将军，不必与他斗口，夹他起来，不怕他不招。"咬金道："是。"就叫左右把这狗官夹起来，两边答应一声，把英盖史夹入夹棍内，尽力一夹。那英盖史号呼大哭，几乎痛死，心中想道："今日遇了这两个强盗，招也是死，不招也是死，不若招了，也免一时痛苦。"只得叫声："愿招。"咬金吩咐画供，那英盖史一一写在纸上，呈将上来。程咬金与尉迟恭，看不出是什么字，便叫："大理寺出来，念与我听。"那大理寺躲在屏门后观看，闻得叫唤，忙走出来，清清白白念与二人听了。二人大怒道："可恨这两个奸王，如此作恶，烦贵寺把英盖史监下，待我奏过朝廷，然后与他讲究。"大理寺道："领教。"就把英盖史收监，二人辞别回府。

次早，二人上朝，细细奏闻。高祖大怒，即着人去召殷、齐二王，并传英盖史。不多时，英盖史唤至殿前，叫道："此是殷、齐二王的主意，与臣无干。"二王亦到，见事发觉，只得朝见父王。高祖道："又是你们两个！"二王道："臣儿怎敢？这是英盖史安扳臣儿，希图漏网，待臣儿与他对质。"就走下来，英盖史见了二王，忙叫："千岁，害得臣好苦！"殷王忙拔出宝剑，把英盖史砍为两段。高祖见了大怒道："此事尚未明白，怎么就大胆把他斩了！"二王道："臣儿问他，他言语支吾，一时性起，把他斩了。"高祖见了这事，明知二人同谋，欲要问罪，却是不忍父子情，遂大气回宫，染成一病，不表。

再说元吉闻知高祖有病，即来与建成商议道："王兄，今乘父王有病，我们只说守护禁宫，假传父王圣旨，兴兵杀入天策府，把他众人个个结果何如？"建成大喜，准备进行不表。

再说秦王知父王气愤成疾，十分忧惧，众将屡劝秦王早即帝位，秦王不肯。一日，徐茂公来见秦王，说道："主公，臣观天象，那太白经天，现于秦分，应在主公身上。主公可速即大位。"秦王道："军师差矣！自古国家立长不立幼，今长兄建成，现为太子，九五之位，自然是他的。军师如何说出这话来？"

茂公见秦王不允，只得出来与众将商议道："我算阴阳，明日是主公登位吉期。我劝主公即位，主公说是国家立长不立幼，再三推让。如今二王谋害主公，我们不得不自行主张。"咬金道："我们去杀了这两个奸王，不怕主公不登宝位。"茂公摇手道："不可，此非善计。今晚你们众将，可如此如此，自然成事。"众将听了道："妙计！妙计！"

商议已定，到了三更时分，众将顶盔贯甲，一齐到天策府敲门。秦王明知有变，不肯开门。众将见门不开，就爬上门楼，将绳索拴缚好了，大家用力一扎，把一座门楼，就扎倒了。众将一齐拥进，秦王骇然。即忙出来，尚未开口，被咬金扶他上马，拥到玄武门，埋伏要路。

殷王闻知这事，急请齐王来，道知此事，元吉道："王兄不必着忙。如今可速领东宫侍卫兵马杀出。说是奉圣旨要诛乱臣贼子，秦王自然不敢抗敌。岂不一举成功？"建成大喜，即出令点齐侍卫兵马，元吉也带侍卫家将。建成赶到玄武门，不料尉迟恭奉军师将令，埋伏在此，看见建成领兵杀来，遂拍马上前，大叫："奸王往哪里走！"建成一见尉迟恭，心下着忙，便大胆喝道："尉迟恭不得无礼，孤奉圣旨在此巡察禁门。你统众到此，敢是要造反吗？左右与我拿下。"东宫侍卫还未上前，尉迟恭大喝道："放屁，有什么圣旨？都是你奸王的诡计。今番断不饶情，吃我一鞭。"建成见不是路，回马便走。尉迟恭就把箭射去，正中建成后心，跌下马来。咬金从旁抢出，就一斧砍为两段。

后面元吉带了人马赶来，早有秦叔宝出来，大吼一声，举起双锏，把元吉打死。那侍卫兵将大怒，个个放箭，两边对射。秦王看见大叫道："我们弟兄相残，与你们众将无干，速宜各退，无得自取杀戮。"那众将闻秦王传令，方才散去。时高祖病已小愈，忽见尉迟恭趋入奏道："殷、齐二王作乱，秦王率兵诛讨，今已伏诛，恐惊万岁，未敢奏行，遣臣谢罪。"高祖闻言，不觉泪下，乃问裴寂道："此事如何？"裴寂道："建成、元吉，无功于天下，嫉秦王功高望重，共为奸谋。今秦王亲讨而诛之，陛下可委秦王以国务，无复事矣。"高祖道："此朕之夙愿也。"遂传位于秦王。秦王固辞，高祖不许。秦王乃即皇帝位于显德殿，百官朝贺，改为贞观元年，是为太宗。尊高祖为太上皇，立长孙氏为皇后。文武百官，俱升三级，秦府将士，并皆重。犒赏士卒，大赦天下，四海宁静，万民沾恩。有诗为证：

天眷太宗登宝位，近臣传诏赐皇封；
唐家景运从兹盛，舜日尧天喜再逢。

说唐后传

第一回　秦元帅兴兵定北　唐贞观御驾亲征

诗曰：

> 欲笑周文歌燕镐，还轻汉武乐横汾。岂知玉殿生三秀，讵有铜龙出五云。
> 陌上尧尊倾北斗，楼前舜乐动南薰。共欢天意同人意，万岁千秋奉圣君。

话说真主登了龙位，改唐太宗贞观天子年号。真个风调雨顺，国泰民安，四方宁静，百姓沾恩，君民安享三年。忽一日，贞观天子临朝，文武百官朝见已毕，分班站立。有黄门官启奏道："臣黄门官有事奏闻陛下。""奏来。""今有北番使臣官要见陛下，现在午门外候旨。"朝廷说："既有外邦使臣，快宣上殿来见寡人。"黄门官领旨传宣。你看这个使臣，怎生模样？只见他头戴圆翅乌纱狐狸冠顶，身穿大红补子宫袍，腰围金带，圆面短腮，海下胡须，手捧本意，上殿俯伏金阶。说："前朝圣主在上，有外邦使臣周纲见驾。愿陛下圣寿无疆。"朝廷说："爱卿到朕驾前，可是进贡与寡人吗？"使臣回奏道："臣奉狼主赤壁宝唐王、罗窠汉七十二岛、流国山川红袍大力子大元帅祖车轮之旨令到来，有表本献与万岁龙目亲观。"朝廷传旨："什么表章，献上来。"周纲把表章双手呈献，旁边侍臣接上龙案，揭开抽封，龙目一看，只见数行字上面写着：

> 北番赤壁宝唐王，大将先锋谁敢当。立帝三年民尽怨，故我兴兵伐尔邦。
> 唐篡隋朝该一罪，杀父专权到处扬。欺兄灭弟唐童贼，自长威光压众邦。生擒敬德来养马，活捉秦琼挟将刀。若要我邦兵不至，只消岁岁过来朝。

那太宗不看也罢了，一见数行言辞，不觉龙颜大怒，说："阿唷唷！罢了，罢了。可恶那北番蝼蚁之邦，擅敢如此无礼，前来欺负寡人！"吩咐把使臣官绑出午门枭首，前来缴旨。"嘎"两旁一声答应，唬得周纲魂不附体，说："啊呀！南朝圣主饶命。狼主冒犯天颜，与使臣官何罪，望赦蝼蚁之命。"爬起金阶，喊声大叫。那两班文武百官，多不解其意。早有徐茂公出班说："臣启陛下，不知这赤壁宝康王表章上说些什么？万岁龙颜如此大怒？"太宗说："徐先生，你拿去观看就知明白。"茂公上前取过表章一看，说道："陛下，这赤壁宝康王命使臣官来投战书了，难道天邦反惧了他不成？况两国相争，不斩来使，今陛下若斩其臣，北番反道陛下惧怕番邦了，请万岁命他使臣官报个信去，说我国随后就来征服你们。"朝廷听了茂公之言，把龙首颠颠说："先生之言有理。也罢，把使臣官周纲下两耳，恕其一死。"传旨未了，早有两旁武将一声答应，割去两耳，弄做了一个冬瓜将军，喊声："阿唷。谢南朝圣主不斩之恩。"太宗喝道："你快快回去，对那个赤壁宝康王罗窠汉听讲，叫他脖子颈候长些，只在百日之内，天兵到来取他首级，剿灭鸟巢，传个信与他。"周纲说声："是！领南朝圣主旨意。"周纲退出午朝门外，把绢袱包满了耳伤之所，当日上马。见北番狼主之话，非一日之工夫，我且不表。

单说唐贞观天子开言说道："徐先生，北番康王如此无礼，寡人这里不发兵去征剿他们，他到反来讨战，寡人还是怎么样？"军师徐茂公道："陛下，从来只有中国去征服小邦，那里小邦反打战书到中国来？这叫作来者不善，善者不来，臣昨夜仰观天象，见北方杀气腾空，必有一番血战之事，不想今日果有使臣官打战书到来。百日之内，就要提兵前去平服北番，方除后患。若是迟延，他兵一到，就难抵了。"太宗道："依徐先生之言，如此迟延不得了。"便对叔宝道："秦王兄，寡人命你明日起，要在教场之内，把团营总兵大小三军武职们等，操演半个月，演好了然后就此发兵。"叔宝道："臣领陛下旨意，下教场操演便了。"那秦琼出了午朝门，回到自己府中，就要发令与合府总兵官，明日大小三军在教场中伺候操演,这话且慢表。

单讲徐茂公说:"陛下,这北番那些兵将,一个个多是能人,利害不过的,必须要御驾亲征才好。"太宗道:"徐先生要寡人亲领兵前去吗?"军师道:"正是要御驾亲征,才平定得来。"太宗道:"也罢了。父王在位,寡人领兵惯的。今日北番作乱,原是寡人领兵,今降朕旨意与户部尚书,催趱各路钱粮。"朝廷把龙袍一展,驾退回宫,珠帘高卷,群臣散班,一宵晚话不表。

单讲次日清晨,秦叔宝在教场操演三军,好不热闹。那朝廷在朝中,也是忙乱兜兜,降许多旨意,专等秦琼演熟三军,就要选黄道吉日,兴兵前去。不觉过了半月,叔宝上金銮复旨说:"陛下,三军已操演得来精熟的了。"太宗就向军师道:"徐先生,几时起兵?"茂公道:"臣已选在明日起兵。"朝廷叫声:"秦王兄,你回衙周备,明日发兵了。"叔宝领了旨意,退回衙署,自有一番忙碌。

这些各位公爷,多是当心办事,到了明日五更三点,驾发龙位,只有文官在两班了。这些武将,多在教场内,有护国公秦叔宝戎装上殿,当驾前挂了帅印。皇上御手亲赐三杯御酒与叔宝饮了。谢了恩,退出午门,跨上雕鞍,豁喇喇往教场来了。早有众公爷在那里候接。多是戎装披挂,跨剑悬鞭,也有铁箔头、乌金铠,狮子盔、黄金甲,獬豸盔、红铜铠,银箔头、青铜甲。这班公爷,个个上前说道:"元帅在上,末将们等在此候接。"元帅叔宝道:"诸位将军,何劳远迎,随本帅进教场内来。"众公爷齐声应道:"是。"一同随元帅进教场来。只见有团营总兵官、游击、千把总、参谋、百户、都司、守备这一班武职们,也都是顶盔贯甲,跪接元帅。秦琼吩咐站立两旁,又见合教场大小三军,齐齐跪下,送帅爷登了帐,点明队伍,一共二十万大队人马。点咬金带一万人马为头站先锋:"须要逢山开路,遇水成桥。此去北番人马甚是骁勇,一到边关停住扎营,待本帅大兵到了,然后开锋打仗。若然私自开兵,本帅一到,就要取你首级。"先锋一声答应:"是,得令。"那鲁国公程咬金,好不威风,头戴乌金开口獬豸盔,身穿乌油黑铁甲内衬皂罗袍,左悬弓,右插箭,手提开山大斧,须髯多是花白了。若讲到扫北这一班公爷们,多有五六旬之外,尽是鬓发苍苍年老的了。这叫作:

年老长擒年少将,英雄哪怕少年郎。

只看程咬金有六旬外年纪,上马还与天神相似,这般利害得狠。他领了精壮人马一万前去,逢山开路,遇水成桥,竟望河北幽州大路而行,我且慢表。

回言要讲到朝廷龙驾。命左丞相魏征料理国家大事,托殿下李治权掌朝纲。贞观天子同军师徐茂公,出了午朝门,跨上日月骗骝马,一竟到教军场来。有秦琼接到御驾,遂命宰杀牛羊,奠旗藨神祇。皇上御奠三杯,有元帅秦叔宝祭旗已毕,吩咐发炮起营。那一时哄咙咙三声炮起,拔寨起兵,前面有二十万人马摆开阵伍,秦元帅戎装打扮,保住了天子龙驾,底下有二十九家总兵官,多是弓上弦,刀在鞘,有文官送天子起程,回衙不表。单讲那些人马离了长安,正往河北进发,好不威灵震赫。这些地方百姓人家,多是家家下闩户户关门。正是:

太宗登位有三年,风调雨顺国平安。康王麾下车元帅,表中差使进中原。

辱骂贞观天子帝,今日兴兵御驾前。旗幡五色惊神鬼,剑戟毫光映日天。金盔银铠多威武,宝马龙驹锦绣鞍。南来将士如神助,马到成功定北番。

这个唐太宗人马,旌旗招扬,正望北路进发。后有解粮驸马小将军,名唤薛万彻,其人惯使双锤,骁勇无敌,所以护送粮草前往。贞观天子起了二十万足数精壮人马,前去定北平番,我且不表。

单说那北方外邦,第一关叫作白良关,却对中原雁门关。白良关远雁门关有二百里,多是荒山野地之处。雁门关外一百里,是中原地方;白良关外一百里,是北番地方。在此处各分疆界,若是大唐人马到来,必须要穿过雁门关而至白良关的。前日使臣官周纲,被太宗皇帝割去两耳,早已回番,见过狼主,故此北番狼主传令各关守将,日夜当心防备,又差探子远远的那里打听。那北番第一关上,有位镇守总兵老爷,你道什么人?他乃姓刘名方,字国贞,其人身长一丈,平顶圆头,犹如笆斗,膊阔一庭,腰大十围。生一张黑威威脸面,短腮阔口,兜风一双大耳,两眼铜铃,朱砂浓眉,两臂有千斤之力。他若出阵,善用一条丈八蛇矛,其人利害不过,若讲到北番之将,多是:

上山打虎敲牙齿,下水擒龙剥项鳞。

说不尽关关有好汉,寨寨有能人。此一番定北不打紧,只怕要征战得一个:

头落犹如瓜生地,血涌还同水泛红。

当下刘国贞正在私衙与偏正牙将们讲究兵法,忽有小番儿报进来了,说道:"启上平章爷,不好了,小将打听得南朝圣主太宗唐皇帝,御驾亲领二十万大队人马,有护国公大元帅秦琼,带了数十员战将,手下有合营总兵官,前来攻打白良关了。"刘国贞闻言,不觉骇然说:"唐朝天子亲领人马来了,可打听得明白?""小番在雁门关探听得明明白白的,故来通报。"国贞道:"既是明白的,可晓他人马离此有多少路了?""小番探得他此时头站先锋,差不多出雁门关了。"那国贞哈哈大笑道:"好好好,送死的来了。"这一班众将连忙问道:"大老爷为何闻说南朝起兵前来,反是这等大笑?"国贞说:"诸位将军,你们有所不知,俺们狼主千岁,欲取中原花花世界,锦绣江山,所以前日命周纲打战书与太宗唐王。若是唐童不起兵来,到也奈何他不得。如今那唐王御驾,亲领人马前来,也算我狼主洪福齐天,大唐的万里山河稳稳是我狼主的了,岂不快活。"众将道:"大老爷,何以见得稳取中原,如此容易?"国贞道:"列位将军,岂不晓那唐童全靠秦叔宝、尉迟恭利害。他只道北番没有能人,所以御驾亲自领兵前来征剿我们,他还不晓得北番狼主驾前,关关多是英雄豪杰,何惧叔宝、敬德乎?待唐兵到来,必然攻打白良关。待本镇去活捉唐朝臣子以献狼主,岂非本镇之功。"诸将大喜。叫声:"平章爷须要小心。小将们别过了。"不表这班花知鲁达们回衙,单讲刘国贞吩咐把都儿,关上多加些灰瓶石子,蹋弓弩箭,若唐兵一到,速来报本镇知道。把都儿一声答应,自去紧守关头,我且不表。

单讲那先锋程咬金领了一万人马,从河北一带地方出了雁门关,又是两日路程,有军士报说:"启上先锋爷,前面是白良关北番地方了。"咬金道:"既到番地,吩咐安营,扣关下寨,放炮定营。"众将一声得令,顷刻把营盘扎住。咬金吩咐小军打听,大兵一到,速来报我。军士答应自去。

如今要说到贞观天子,统领大队人马,过了雁门关,一路下来。早有程咬金远远相接说:"元帅,小将在此候接帅爷、龙驾。前面已是白良关了,不敢抗违帅令,等候三天,一同开兵。"元帅说:"本帅自令北番早走,马到成功。"吩咐大小三军扎下营盘,走进御营。天子说:"秦王克,行兵在路辛苦,明日开兵罢。"秦琼说:"此来定北,非一日一月之功,要看日时开兵吉利的成日。"天子道:"秦王兄之言甚善。"按下唐营君臣之事,再讲关内小番报进:"启上平章爷,唐兵已到关下了。"刘国贞说:"方才关外放炮之声,想必唐兵到来扎营,若有唐将讨战,前来报我。"小番得令,自往关上观望不表。

再说唐营元帅说:"诸位将军,今当出兵吉日,那一个出去讨战?"道言未了,早有程咬金闪出说:"元帅,小将愿往。"元帅说:"你是没用的,北番番将不是当耍的,甚是利害,第一场开兵,须要取他之胜,才晓得我们大唐将军的利害。若是你出马杀败了,反为不美。"程咬金最胆小的,一闻元帅之言,只得退立旁边去了。只见部中又闪出一将道:"元帅,待小将出去讨战罢。"元帅一看,原来是尉迟恭,便说:"将军出阵,须要小心。"尉迟恭一声:"得令。"上马提枪,挂剑悬鞭,顶盔贯甲,一声炮响,大开营门,鼓声啸动,豁喇喇一马冲出,直奔白良关下。那小番儿看见,好一个恶相的唐将,待我放箭。"吠!下面的蛮子,少催坐骑。看箭!"说时迟,射是快,阿哼哼,只见乱纷纷箭如雨点一般射下来。尉迟恭不慌不忙,把长枪乱使,如雪花飞舞相似,把乱箭尽行撇开。上面小番看呆了,箭也不射下来了。那尉迟大叫一声,说道:"吠!关上的,快报你主将得知,今天兵到了,太宗皇帝御驾亲征,叫他早早出关受死。"不表尉迟恭关下大叫,单讲小番飞报进衙说:"启上平章爷,有南朝蛮子在关外讨战。"刘国贞听报,立起身来:"待我去擒南蛮。"吩咐备马抬枪,脱下袍服,顶好盔,穿好甲,端住枪,跨上马,出了总府衙门,来到关上,望下一瞧,说:"阿哼!好一个蛮子。"但见他头戴闹龙铁箔头,面如锅底,浓眉豹眼,海下胡髯,身穿锁子乌金铠。左悬弓,右悬箭,坐在马上,好不威风。国贞就命把都儿发炮开关。只听一声炮响,关门大开,放下吊桥。刘国贞出得关门,后拥三百攒箭手,射住阵脚。尉迟恭抬头一看,只见一个番将,望吊桥冲来,好不可怕。但见他头上戴顶双分凤翅金盔,顶大红缨,面如纸钱灰,狮子口,大鼻子,朱砂眉,一双怪眼,短短一捧连鬓胡须。身上穿一领腥腥血染大红袍,外罩龙鳞红铜铠。左悬弓,右插箭,手执一条射苗枪,坐下一匹点子昏红马,直奔上前,把枪一起。尉迟恭也举乌缨枪架住,说道:

"吠！那守关将留下名来。"国贞道："你要问本镇之名吗？乃赤壁宝康王狼主御驾前，红袍大力子大元帅祖麾下，加为镇守白良关总兵大将军刘国贞。你可晓得本镇枪法利害之处吗？"敬德说："不晓得你这无名之辈！今天兵已到，你们一国的蝼蚁，多要杀个干干净净，何在你这个把番奴，霸住白良关，阻我们天兵去路。"正是：让我者生，若还挡我者死。要知两员勇将交战如何，且听下回分解。

第二回　白良关刘宝林认父
杀刘方梅夫人明节

诗曰：
　　　　威风独占尉迟恭，定北先夸第一功。
　　　　谁料宝林能胜父，当锋一战定英雄。
　　再说尉迟恭大叫："番奴快快献关，方免一死。若有半声不肯，那时死在枪尖之下，只怕悔之晚矣。"国贞听言大怒；喝道："你这狗蛮子有多大本事，如此无礼，擅自夸能！魔家这枪不挑无名之将，你也通下名来，魔家好挑你这狗蛮子。"尉迟恭大怒，喝声："番奴！你要问俺家之名吗？洗耳恭听：某乃唐太宗天子驾前，护国大元帅秦麾下，加为保驾大将军，鄂国公，复姓尉迟，名恭，字敬德，难道你不闻某家之名么！"刘国贞呼呼冷笑道："原来你就是尉迟蛮子，中原有你之名，魔家只道是三头六臂的，原来也只不过如此，可晓得魔家的枪法吗？唐童尚要活擒，何况你这蛮子。"尉迟恭亦呵呵冷笑道："休得多言，照某家的枪罢。"把枪一摆，月内穿梭，直望刘国贞面门挑进来了。国贞说声："不好！"把枪一架，却把脖子震了两震，在马上两三晃："啊唷！果然名不虚传，好厉害的尉迟蛮子。"尉迟恭大笑道："你才晓得俺家尉迟将军的利害骁勇吗？照枪罢！"又是一枪，劈前心挑进来了。嗒啷一声响，逼在旁首，马交肩过去，闪背回来，二人大战。好一似：

　　　　北海双蛟争战水，南山二虎斗深林。
　　战到十余合，国贞只好招架。他勉强又战了几合，看看敌不住尉迟恭了。那敬德看见刘国贞面上失色，心中大喜，扯起了竹节钢鞭，量在手中，才得交肩过来，喝声："照打罢！"一鞭打在国贞背心，刘方大喊一声，口吐鲜血，伏在马上，大败而走。尉迟恭说："你要往那里走，我来取你之命也！"催开坐骑，豁喇喇追上来。国贞败过吊桥，小番儿把吊桥扯起，放起乱箭射来。尉迟恭只得扣住马，喝声："关上的，快叫他早早献关就罢了，如若闭关不出，定当打破，我老爷且是回营。"带转马，回营来了。军士上前拢住了马，抬过了枪，就进中营说："元帅，末将打败了守将刘国贞，前来缴令。"秦元帅大喜，说："好一位尉迟将军，第一阵交战胜了北番，白良关一定破得成了。明日再到关前讨战。"不表。
　　再说刘国贞败进关内，到衙门下了马，有小番扶进书房坐定。说："啊唷唷，打坏了。"把盔甲卸下，靠在桌子上。里面走出一个小厮来，面如锅底，黑脸浓眉。豹眼阔口，大耳钢牙，海下无须，年纪只好十六七岁，身长九尺余长，足穿皮靴，打从刘国贞背后走过。叫声："爹爹。"那刘国贞抬起头来说："我儿，你来到为父面前做什么？"原来这个就是刘国贞的儿子刘宝林，他便回说："爹爹，闻得大唐人马来攻打白良关，爹爹今日开兵胜败若何？"国贞见问，说道："嗳，我儿！不要说起。中原尉迟蛮子骁勇，为父的与他战不数合，被他打了一鞭，吐血而回，心里好不疼痛。"宝林大惊，说道："爹爹被南朝蛮子伤了一鞭，待孩儿出马前去，与爹爹报一鞭之仇。"刘方说："我的儿，怎么说动也动不得，那个尉迟老蛮子伤了一鞭，利害非凡。为父的尚难取胜，何在于你？"宝林说："爹爹不妨，从来说将门之子，未及十岁就要与皇家出力，况且孩儿年纪算不得小，正在壮年，不去与父报恨，谁人肯与爹爹出力。"国贞说："我儿虽然如此，只是你年轻力小，骨肤还嫩，枪法未精，那尉迟狗蛮子年纪虽老，枪法精通，只怕你不是他的对手。"宝林道："不瞒爹爹说，孩儿日日在后花园中操演枪法、鞭法，件件皆精，哪怕尉迟蛮子，一定还他一鞭之报，今日就要出马。"说罢，就去顶盔贯甲，把一条铁钢鞭，骑一匹乌骓马，手执乌金枪，说："爹爹，孩儿前去开兵。"刘国贞道："我儿慢走，须要小心，待为父的到关上与你掠阵。带马来！"国贞跨上马，军士一同来到关上，说："我儿，不可莽撞，为父的鸣金就退。"宝林应声道："是。爹爹不妨。"放炮开关，一声炮响，大开关门，一马冲到唐营，喝声："快报与尉迟蛮子知道，今有小将军在此，要报方才一鞭之恨，叫他早早出来会我。"这一声大叫，有军士报与元帅得知。说："启上元帅，营门外有北番小番儿，坐名要尉迟千岁出去，要报方才一鞭之恨，开言辱骂。请元帅爷定夺。"元帅说："诸位将军，方才尉迟将军打败番将，如今又有小番儿讨战，谁可出去会他？"闪出程咬金道："元帅，如今第二阵不妨事的了，待小将去会他一会。"元帅尚未出令，旁边又闪出尉迟恭来，叫声："元帅，既是这小番儿坐名要某家去会战，原待某家出去会他。"元帅说："将军出去，须要小心。"尉迟说："不妨。"军士们带马抬枪。程咬金道："老黑，你把我头功夺去，第二阵应该让我立功，你又来夺去，少不得与你算账的。"尉迟恭叫道："老千岁，听得小番儿坐名要某家，故而出去会他。倘胜他，第二功算你的如何？"程咬金道："老黑，你拿稳的吗？只怕如今必败，休要逞能。待程老子与你掠阵，看你又胜得他吗？"尉迟恭跨上了马，手提枪，放炮一声，冲出营门。程咬金来到营门外，抬头一看说："呵唷，好一个小番儿！"只见他铁盔铁甲，锅底脸，悬鞭提枪，单少胡须，不然是小尉迟无二的了。便叫声："老黑，这个小番儿到像你的儿子。"尉迟恭道："吠！老千岁，休得乱讲，与某家啸鼓！"那番战鼓发动了，拍马豁喇喇冲到刘宝林面前，把枪一起，那边乌金枪喀嘟一声响，架定了，叫声："来的就是尉迟蛮子吗？"应道："然也！你这小番儿，既知我老将军大名，何苦出关送死？"刘宝林听说："啊呀！我想你这狗蛮子，怎么把我爹爹打了一鞭，所以我小将军出来要报一鞭之恨，不把你一枪挑个前心后透，誓不为人。"尉迟恭呵呵冷笑说："方才刘国贞被我打得抱鞍吐血，几乎丧命，何况你这小小番儿，想是你活得不耐烦了。"宝林说："狗蛮子不必多言，看家伙。"劈面一枪过来，尉迟恭喀嘟一声架住了枪，说："你留个名儿，好挑你下马。"宝林说："你要问我名字么，方才打坏老将军是俺小将军的父亲。我叫刘宝林，可知道小爷爷的本事利害？你可下马受死，免我动手。"尉迟恭大怒，拍马冲来，劈面一枪，宝林不慌不忙，把乌金枪喀嘟一声架过了，一连几枪，多被宝林架住在旁边。这一场大战，枪架叮当响，马过踢踏声。老小二英雄，战到五十回合，马交过三十照面，直杀个平交，还不肯住。

又战了几个回合，只见日色西沉，宝林大叫一声："阿唷！果然好厉害的老蛮子。"尉迟恭道："吠！小番儿，你有本事再放出来。"宝林也说："吠！那个怯你，有本事大家放下枪，鞭对鞭，分个高下。"尉迟恭冷笑道："你这小番儿也会使鞭？难道某家怕了你吗？"放下抢，宝林也放枪，两边军士各自接过了枪，二人腰进取出铁钢鞭，拿在手中。两条是一样的，叫一声："那个走的不足为奇，照小爷爷的鞭罢。"打将下来。尉迟恭急架相迎，这一鞭名曰"摹云盖顶实堪夸"，那一鞭叫作"黑虎偷丹真难挡。"两下鞭来鞭架，鞭去鞭迎，好杀哩。只见杀气腾腾不分南北，阵云霭霭，莫辨东西。狂风四起，天地生愁；飞沙遍野，日月埋光。二人又战了三十个回合，直杀到黄昏时候，不分胜败。关头上刘国贞看见天色已晚，不见输赢，就吩咐鸣金。宝林把枪架住说："老蛮子，本待要取你首级，奈何父亲鸣金，造化了你多活了一夜，明日取你性命罢。"尉迟恭也叫声："小番儿，你老子道你今夜死了，故而鸣金。也罢，明日取你命罢。"两骑马一个进关，一个进营。尉迟恭来见元帅，说："方才出战的小番儿，果然利害，与我只杀得平交，难以取胜。"叔宝说："方才本帅闻报，尉迟将军与小番儿战个敌手，不道北番原有这样能人。"敬德说："少不得某家明日要取他首级。"

不表唐营之事，再讲那刘宝林进关说："爹爹，尉迟蛮子果然利害，不能取胜，明日孩儿出马，定要伤他之命。"刘国贞说："儿，今日开兵辛苦了，为父的虽做总兵，到没有你这样本事，与老蛮子战到百十余合，亏你好长力。"宝林说："爹爹，英雄所以出于少年之名，如今爹爹年迈了，自然战不过这狗蛮子。"父子一路讲论，到衙门下了马，卸下盔甲，来到书房。国贞说："我儿，你开兵辛苦，母亲内房去吧，明日再与那狗蛮子相杀。"宝林应道："是。"来到内房，只见那些番女说："夫人且免愁烦，公子进来了。"宝林走近前来，只见老夫人坐在榻上，眼眶哭得通红，在那里下泪，便叫声："母亲，孩儿日日在房中见你忧愁不快，今日又在下泪，不知有甚事情，孩儿今日倒要问个明白。"夫人说："啊呀我那儿啊！做娘的要问你，今日出兵与唐将那一个交战，快快说与做娘的知道。"宝林说："母亲，孩儿出阵，那中原有一个尉迟老蛮子十分骁勇，爹爹出战，被他打得抱鞍

图文珍藏版

吐血而回，所以孩儿不忍，出马前去，要与爹爹报仇，谁想尉迟蛮子，孩儿与他战到百十余合，只杀得个平手，不得取胜，少不得明日孩儿要取他的命。"梅氏夫人听说，大惊道："我儿，那中原尉迟蛮子，可通名与你，叫什么名字？"宝林说："啊！母亲，他叫尉迟恭。"那夫人听了尉迟恭名字，不觉眼中珠泪索落落滚个不住。宝林一见，好似黑漆皮灯笼，冬瓜撞木钟。连忙急问，说是："母亲为着何事，可与孩儿说明，总有千难万难之事，有孩儿在此去做。"夫人带泪道："阿呀！儿阿。你虽有此言，只怕未必做得来。做娘的为了你，有二十年冤屈之事，谁人知道。到今朝孩儿长大成人，不思当场认父，报母之仇，反与仇人出力。"宝林连忙跪下叫声："母亲说话不明，犹如昏镜，此冤屈从头说起，孩儿心内不明，乞母亲快快说与孩儿知道。"夫人道："儿啊，做娘的今日与你说明，报仇不报仇由你，我做娘的如今就死黄泉也是瞑目的。"宝林说："母亲到底怎么样？"梅氏夫人说："我的儿，今日交兵的尉迟恭，你道是何人？""孩儿不知道。"夫人看见丫鬟们在此，说道："你们外边去看，老爷进来，报我知道。"丫鬟应声走出。夫人见无人在此，叫声："我儿，那书房中刘国贞，这奸贼你道是谁人？"宝林说："是我爹爹。母亲，中原尉迟恭，有甚瓜葛？"夫人喝道："吷，我想你这不孝子的畜生，怎么生身之父也不认得？"宝林道："阿呀，母亲此言差矣，我爹爹现在书房，何见得不认生身之父。""夫人道："我儿，今日对敌的尉迟恭，是你父亲。刘国贞这天杀的奸贼，与做娘是冤仇，你还不知吗？"宝林大惊道："母亲，孩儿不信如此，乞母亲细细说明此事。"夫人说："你不信这也怪你不得，方才这鞭，你快拿过来就知明白。"宝林拿过鞭来，叫声："母亲，鞭在此。"夫人叫声："我儿，这一条鞭名曰雄鞭。你可见那嫡父手中乃是一条雌鞭，还有四个字嵌在柄上，你也不当心去看他一看，自己名字可姓刘么。"宝林把鞭轮转一看，果然有四个字在上面，刻着尉迟宝林四个细字。"阿呀！母亲，看这鞭上姓名，实不姓刘，反与中原尉迟恭同姓，母亲又是这等讲，不知其中委屈之事到底是怎样的？——说与孩儿明白。"夫人说："我儿，今日做娘的对你说明白，看你良心。说起来，真正可恼可恨，做娘的当日同你嫡父在朔州麻衣县中，做了四五年的夫妻，打铁为活。从那一年隋属大唐，那唐王招兵，你父往太原投军，做娘再三阻挡，你父不听，我身怀六甲，有你在腹，要你父亲留个凭信，日后好父子相认。你父亲说：'我有雌雄鞭两条，有敬德两字在上，自为兵器，随身所带乃是雌鞭，这雄鞭上有宝林二字在上，你若生女，不必提起；倘得生男，就取名尉迟宝林，日后长大成人，叫他拿此鞭来认父。'不想你父亲一去投军，数载杳无音信回来，却被这奸贼刘国贞掳抢做娘的到番邦，欲行一逼。那时为娘要寻死路，因你尚在母怀，故犹恐绝了尉迟家后代，所以做娘的只得毁容立阻，含忍到今，专等你父前来定北平番，好得你父子团圆，所以为娘的含冤负屈，抚养你长大成人，好明母之节，以接尉迟宗嗣，做娘就死也安心的了。"宝林听罢，不觉大叫一声："母亲，如此说起来，今日与孩儿大战之人，乃我嫡父亲也。阿唷，尉迟宝林阿，你好不孝，当场父亲不认，反与仇人出力！罢、罢、罢，待孩儿先往书房斩了刘国贞这贼，明日再去认父便了。"就在壁上抽下一口宝剑，提在手中，正欲出房，夫人连忙阻住说道："我儿不可造次，动不得的。"宝林说："母亲，为什么？"夫人说："我儿，那刘国贞在书房中，心腹伴当甚多，你若仗剑前去，似画虎不成反类其犬，被他拿住，我与你母子的性命反难保了。如今做娘的有一个计较在此，你只做不知，明日出关交战，与你父亲当场说明，会合营中诸将，你诈败进关，砍断吊桥索子，引进唐兵诸将，杀到衙内，共擒贼子，碎尸万段。一来全孝，与母报仇；二来做娘受你父之托，不负你父子团圆；三来归北第一关是你父子得了头功，岂不为美。"宝林听了叫声："母亲此言虽是，但我孩儿那里忍耐得这一夜？"母子说话多端，也不能睡。

　　再讲那刘国贞在私衙与偏将等议论退敌南朝人马，就调养书房，直到天明。尉迟宝林叫声："母亲，孩儿就此出去，勾引父亲进关，同杀奸贼。"夫人说："我儿须要小心。"宝林应道："晓得。"连忙顶盔贯甲，悬鞭出房，来到书房。国贞看见，叫声："我儿，你昨日与大唐蛮子大战辛苦，养息一天，明日开兵罢。"那宝林不见那对方开口，到也走过了；因见他问了一声，不觉火冒大恼，恨不得把他一刀劈为两段，只得且耐定性子，随口应声："不妨碍。"出了书房，吩咐带马抬枪，小番答应，齐备，宝林上马，竟是去了。国贞看宝林自去，因自己打伤要调养，吩咐小番把都儿当心掠阵："倘小将军有些力怯，你就鸣金收军。"把都儿一应得令。

再表尉迟宝林来到关前，吩咐把都儿放炮开关。只听一声炮响，大开关门，放下吊桥，一阵当先，冲出营前，大叫："快报与尉迟老蛮子，叫他早早儿出来会俺。"军士报进店营："启上元帅爷，营外有小番将，口出大言，原要尉迟老千岁出去会他。"尉迟恭在旁听得，走上前来叫声："元帅，某家昨日对他说过，今日大家决一个高下。"叔宝说："务必小心。"尉迟恭领令而行，有分教：

北番顷刻归唐主，父子团圆又得功。

要知尉迟恭出战如何，且看下回分解。

第三回　秦琼兵进金灵川 宝林枪挑伍国龙

诗曰：

老少英雄武艺高，旗开马到见功劳。太宗唐祚兴隆日，父子勋名麟阁标。

再讲尉迟恭出来，跨上雕鞍，提枪悬鞭，冲出营门，两边战鼓震动，大喝道："呔！小番儿，你还不服某老将军手段吗？管叫你命在旦夕。"宝林心中一想，把乌金枪一起，喝声："老蛮子，不必多言，照枪罢。"兜回就刺，尉迟恭急架相迎，两人战到六七回合，宝林把金枪虚晃一晃，叫声："老蛮子果然枪法好厉害，小爷让你。"拨马往回落荒而走。尉迟恭心中大喜，大叫道："你往那里走，老爷来取你命了。"把马一催，豁喇喇追上来了。宝林假败下来，往山凹内一走，回头不见了白良关，把马呼一带转来。尉迟恭到了面前喝声："还不下马受死。"嚓的一枪，直到面门。宝林把乌金枪喀喇一声响，迎位叫声："爹爹，休得发枪，孩儿在这里。"连忙跳下雕鞍，跪拜于地。尉迟恭见他口叫爹爹，下马跪拜。到收住了枪，说："小番儿，你不必这等惧怕，只要献关投顺，就免你一死。"宝林说："爹爹，当真孩儿在此相认父亲。"尉迟恭说："岂有此理，你认错了。某家在中原为国家大臣，那里有什么儿子在于北番外邦。没有的，没有的。"宝林叫声："爹爹你可记得二十年前在朔州麻衣县打铁投军，与梅氏母亲分离，孩儿还在腹内，一去之后，并无音信，到今二十余年，才得长成相认父亲。难道爹爹就忘了吗？"尉迟恭一听此言，犹如梦中惊醒，不觉两泪交流说："是有的。那年离别之后，我妻身怀六甲，叫我留信物一件，以为日后相认，只是你无信物。未可深信，一定认错了。"宝林叫声："爹爹，怎么没有信物？"抽起一条水铁钢鞭，提与尉迟恭说道："爹爹，你还认得此鞭吗？"敬德把鞭接在手中仔细了看，柄上还刻着"尉迟宝林"四字，认得自己亲造两条雌雄二鞭。昔年留于妻子之处，叫他抚养孩儿长大成人，拿鞭前来认我，谁想到今方见此鞭。果然是我孩儿了。那时便滚鞍下马，说道："我儿，今日为父得见孩儿之面，真乃万幸也。为父与你母亲分别后，也受了许多苦楚，才蒙主上加封，差人到麻衣县相接你母亲，并无下落。那时为父思想了十多年，差人四处察访，音信绝无，岂知孩儿反在北番。因何到此，母亲何在？"宝林叫声："阿呀！爹爹。自从别离之后，母亲在家苦守，不想被番奴刘国贞这贼虏在北番，屡欲强逼，我母亲欲要全节而亡，因有孩儿在腹，犹恐绝了后嗣，所以毁容阻挠，坚心苦守，孩儿长大，叫我今朝相认父亲，总是孩儿不孝，望爹爹不必追究过去之事。"尉迟恭又惊又喜道："原来如此。为今之计，怎生见得夫人？"宝林说："爹爹，母亲曾对我讲过的，叫爹爹假败进营，会合诸将，上马提兵，待孩儿假败，砍断吊桥索子，冲杀进关去贼子，就好相见。得了白良关，一件大功。"尉迟恭道："此计甚妙，我儿快快上马。"父子提枪跨上雕鞍，冲出山凹。叫声："小番儿果然利害，某今走矣。休赶，休赶。"一马奔至营前，宝林收住丝缰，假作呼呼大笑道："我只道你久常不败，谁知也有今日大败！罢，快叫能事的出来会我。"此话不表。

再讲尉迟恭下马，上中军来见元帅说："真算我主洪福齐天，白良关已得。"叔宝说："将军未能取胜，白良关怎么得来？"敬德说："北番这位小半，乃是某家嫡子，所以今日假败，到落荒相认，父子团圆。我妻梅氏，现在关中，叫孩儿对某所讲，会合各位将军，坐马提兵，杀出营门。等我孩儿假败下去，砍落吊桥，抢进关中，共擒守将，岂不是白良关唾手而得矣。"众将闻言大喜。叔宝说："果有这等事，你子因何反在北番，从何说起？"敬德就把麻衣县夫妻分别之事，细细说了一遍。秦琼方才明白。即发令箭数枝，令诸将坐马端兵，抢关擒北番之将，须要小心，不得违令。众将应声："是。"早有马、段、殷、刘、程咬金五将，上马提兵，出营门观望。尉迟恭冲出营门，大叫一声："小番儿，某家来取你命也。"拍马上前，直取宝林。宝林急架相迎，父子假战了五六个冲锋，宝林便走。叫声："休赶，休赶！"把眼一丢，望关前败下来了。敬德叫声："那里走！"回头又叫声："诸位将军，快些抢关哩。"这六骑马随后赶来，底下大小三军们，旗幡招飐，剑戟刀枪如海浪滔天，烟尘抖乱，豁喇豁喇豁喇赶至吊桥边来。宝林过得吊桥，有小番高扯吊桥，忙发狼牙，却被宝林砍断索子，吊桥坠落，众小番大惊说："大爷反把吊桥索子砍断。"宝林喝声："呔！谁敢响，那个是你们公子。看枪！"乱挑了几个，小番喊叫说："公子反了！"一拥进关。诸将过了吊桥，宝林叫声："爹爹这里来。"六骑马杀进关中，鼓打如雷，马叫惊天，那关中合府官员，多闻报了。有偏正牙将们，顶盔贯甲，上马提刀，上来抵敌。尉迟恭父子二人，两条枪好了不得，来一个刺一个，来一双刺一双。程咬金手执大斧说："狗番奴！"骂一句，杀一个，骂两句，杀一双。殷、刘、马、段四将，提起大砍刀，杀人如切菜。好杀哩，直杀到总府衙门，刘国贞一闻此报，着了忙说："一定此事发了。带马抬枪，随本总来呵。"这一边家将们多是明盔亮甲，提着军器，上着马，一拥出来。到得总府衙门，"阿呀！不好了。"多是大唐旗号，前面尉迟宝林引路，直冲上来。刘国贞把枪一起，叫一声："畜生！反害自身。照枪。"嚓的一枪直刺过来。宝林把枪喀喇一响，架住在旁边，马打交锋过来，国贞正冲到尉迟前面来了。敬德把鞭拿在手中说："去吧！"当夹胸只一鞭，国贞叫得一声："啊呀！"血稍一喷，坐立不牢，跌下马来。军士拿来拴捉住了，余外家将，小番们晦气，一刀三个的，一枪四五个的，有识时务的，口叫："走阿，走阿！"多望金灵川逃去，杀得关内无人。

尉迟父子进了帅府，滚鞍下马，说："孩儿，快去请你母亲出来相见。"宝林奉父命来到房中，只见夫人索珠流泪，犹如线穿一般。宝林忙叫："母亲，如今不必悲泪，爹爹现在外面，快快出去。"夫人说："我儿，当日夫君曾叫我抚养孩儿成人，以接后代。到今朝父子团圆，虽节操能全，我只恨刘国贞谤污我名，今可擒住吗？"宝林说："母亲，已今绑在外面了。""既如此，我儿与我先拿进来，然后与你爹爹相见。"宝林说："是。"走出外面，拿进刘国贞。刘国贞叹声："罢了，养虎伤身。"梅氏夫人一见，大骂："贼子，你谤讪我节操声名，蛮称为妻，使北番军民误认我不义，耻笑有失贞节，怎知我含忿难明，皆因身怀此子，不负亲夫重托，所以外貌是和，中心怀恨，毁容阻挠，得幸此子长成，再不道亲夫临敌，父子团圆，我完节之愿毕矣。贼阿，你一十六年谤节之名，此恨难泄。"忙叫："我亲儿，快将这奸贼砍为肉酱。"宝林应声，提剑起来，乱斩百十余刀，一位白良关守将化为肉泥。夫人叫声："我儿，你往外面，唤父亲到里面来。"宝林奉命出得房门，梅氏夫人大叫一声："丈夫阿！今日来迟，但见其子，不见你妻了。你为中原大将，我污名难白，见你无颜，罢，罢，罢，全节自尽，以洗贞操。"忙将头撞上粉壁，可怜间脑浆迸裂，全节而亡，呜呼哀哉了。宝林那晓其意，来到外面说："爹爹，母亲要你里面去相见。"尉迟恭大喜，父子同进房中，一见夫人撞墙而死。宝林大哭一声："我母亲呵！"那尉迟吓呆了，遂悲泪道："我儿，既死不能复生，不必悲泪。"就将尸骸埋葬在房，父子流泪来到外面，对诸将说了，人人皆泪。程咬金说："好难得的。"众将上马出关，进中营。马、段、殷、刘缴了令，尉迟恭说："我儿过来，参见了元帅。"宝林上前说是："元帅在上，小将尉迟宝林参见。"元帅叫声："小将军请起。"宝林然后走下来，见过了诸位叔父、伯父们。敬德领进御营，俯伏尘埃，说道："陛下龙驾在上，臣尉迟宝林见驾。"世民大喜，说是："御侄平身。寡人有幸到来平北，得了一位少年英雄，谅北番是御侄熟路，穿关过去，得了功劳，朕当加封与你。"宝林谢了恩。元帅传令，大队人马来到白良关，点一点关中粮草，查盘国库，当夜赐宴与敬德贺喜。养马三日，放炮起兵，兵进金灵川，我且慢表。

单说金灵川守将名字伍国龙，身长一丈，头如笆斗，面如蓝靛，发似朱砂，海下黄胡，力大无穷，镇守金灵川。这一日升堂，有小番报进："启爷，白良关已失，现在败伤把都儿在外要见。"伍国龙闻白良关失了之言，便大惊说："快传进来。"把都儿走进跪下说："平章爷不好了，大唐兵将实为骁勇，白良关打破，不日兵到金灵川来了。"伍国龙那番吓得胆战心惊，说："本镇知道。快走木阳城报与狼主知道。吩咐关头上多加灰瓶石子，弓弩旗箭，小心保守。大唐兵马到来，报与本镇知道。"把都儿一声得令，此话不表。

再讲到南朝兵马，在路饥食渴饮，约有三日，那先锋程咬金早到金灵海川下，吩咐放炮安营,等后面人马一到,然后开兵。不一日大兵到了,程咬金接到关前营内。其夜君臣饮酒,商议破关之策。当晚不表。次日清晨,元帅升帐,聚集众将两旁听令。尉迟宝林披挂上前,叫声:"元帅,小将新到帅爷麾下,不曾立功,今日这座金灵川,待小将走马成功,取此关头以立微勋,有何不可?特来听令。"秦叔宝道:"好贤侄,此言实乃年少英雄,须要小心在意。"宝林应道:"是,得令。"顶盔贯甲,悬剑挂鞭,绰枪上马,带领军士冲出营门,来到关前,大叫一声:"咄!关上的,快报与伍国龙知道,今南朝圣驾亲征破番,要杀尽你们番狗奴,况白良关已破,早早出来受死。"这一声大叫,关上小番报进来了:"启爷,关外大唐人马已到,有将讨战。"伍国龙闻报,吩咐快取披挂过来,备马抬刀,顶盔贯甲,结束停当,带过马,跨上雕鞍,提刀出府,来到关前,吩咐开头。哄咙一声炮响,大开关门,放下吊桥,一字摆开,豁喇喇一马冲出。宝林抬头一看,见来将一员,甚是凶恶,你看他怎生打扮:

　　头戴红缨亮铁明盔,身披龙鳞软甲。面如蓝靛,朱砂红发;两眼如银铃,两耳兜风,一脸黄须。坐下一骑青鬃马,大刀一摆光闪灿,枪刀双起响叮当,喝声似霹雳交加。

　　宝林看罢大叫一声:"咄!来的番狗通下名来。"伍国龙说:"你要魔家的名吗?乃红袍大力子大元帅祖麾下,加为镇守金灵川大将军伍国龙便是。"宝林说:"原来你就叫伍国龙,也只平常。今日天兵已到,怎么不让路献关,擅敢反来阻我去路,分明活得不耐烦了。"国龙闻言大怒,也不问姓名,提起刀来喝声:"咄!照魔家的刀罢。"望宝林顶上劈将下来。宝林叫声:"好!"把枪噶嘟这一桌,国龙喊声:"不好。"在马上一晃,这把刀直望自己头上崩转来了,豁喇一马冲锋过去,兜得转来,宝林把手中枪紧一紧,喝声:"去吧!"一枪当心挑进来,伍国龙叫得一声:"阿呀!我命休矣。"躲闪不及,正刺在前心,不咚一响,挑下马去了。宝林复一枪刺死,吩咐诸将快抢关里。叫得一声抢关,一骑马先冲上吊桥上了。营前的尉迟恭在那里掠阵,见儿子枪挑了番将,也把枪一串说:"诸位老将军,快抢吊桥。"有程咬金、王君可二十九家总兵,上马提枪执刀,豁喇喇正抢过吊桥来了,那些小番把都儿望关中一走,闭关也来不及了,却被宝林一枪一个,好挑哩;众将把刀斩地把斧砍的,好杀哩。这些小番也有半死的,也有折臂的,也有破膛的,也有有时运的逃了去的。一霎时,逃得干干净净。杀进帅府,查盘钱粮,请关外大元帅同贞观天子、大小三军,陆续进关。把钱粮单开清在簿。宝林上前说:"元帅,小将缴令。"元帅说:"好贤侄,真乃将门之子,走马取关,其功不小。"太宗大悦,说:"御侄将门有将,尉迟王兄如此利害,御侄枪法更精,叫作英雄出在少年,王兄不如御侄了。"敬德听见朝廷称赞他儿子,不觉毛骨悚然,奏道:"陛下,究竟他枪不精,出得不精,没有十分筋骨发出来的。"太宗道:"阿,王兄,御侄没有筋骨也够了。"其夜营中夜饮贺功。

　　一宵过了,明日清晨,把关上赤壁宝康王旗号去落了,打起大唐旗号,只如今放炮抬营,三军如猛虎,众将似天神,一路上马,前往银关川进发,好不威风。探马预先在那里打听,闻得失了金灵川,飞报进关去了。行兵三日,来到关外,把人马扎住,后队大元帅人马已到,吩咐离关十里下寨。有尉迟宝林上前说:"且慢安营,待小将走马取关,先开一阵,倘挑了番将,就此冲进关门,走马成功,岂不为美?若不能取胜,安营未迟。"元帅说:"既然如此,贤侄须要小心,待本帅与你掠阵,靠陛下洪福,贤侄灭得守将,本帅领三军冲进关中,也是你之功。""得令!"把马一冲,来到关前大喝一声:"咄!关上的,快去报天兵到了,速速献关,若有半句推辞,将军就要攻关哩。"小将喊声惊动关上把都儿,报进:"启爷,大唐人马已到,有小蛮子坐马端枪讨战。"总爷大惊说:"中原人马几时到的,可曾安营吗?""启上平章爷,才到。不曾扎营,走马讨战。""阿唷!哪有此理。南朝兵将一发了不得,取了白良关,又取了金灵川,思想要取银灵川,可恼、可恼。"吩咐带马过来,结束停当,挂剑悬鞭,手执金棍,带领众把都儿,一声炮响,大开关门,一马当先,冲过吊桥。尉迟玉林一看,原来是一员恶将,十分凶险。你道怎生打扮:

头戴龙凤顶铁盔,身穿锁子黄金甲。手执惯使黄金棍,坐下千里银鬃马。

好一位番邦勇将,黑脸红须,直到阵前。宝林大喝一声:"呔!来的番狗住马,可通名来。"总爷把棍一起,噶啷架定说:"你要问魔家之名么,对你说,你可知道,我乃镇守银灵川总兵王天寿便是,可晓得本将军之利害吗?还不速退。"宝林听了,把枪一起刺来,王天寿把棍一架,回手一棍,喝声照棍。当头望顶梁上盖将下来,好不利害,犹如泰山一般。宝林把枪一架,噶啷一声响,拨开在旁,回手一枪,王天寿躲闪不及,喊一声不好了,一枪正中咽喉,不咚一声跌下马来,死于非命。小番见主将已死,晓得银灵川内杀得厉害,大喊一声,各自逃生,往野马川去了。元帅好不得意,把人马同宝林杀进关去了,一卒皆无。到总府扎住,尉迟宝林进账缴令。正是:

唐王有福天心顺,众将英雄取北番。

不知进攻野马川如何,且听下回分解。

第四回　铁板道士遁野马川　屠炉女夜弃黄龙岭

诗曰:

尽夸妖道法高强,野马川边战一场。

铁板欲伤年少将,哪知老将勇难当。

尉迟宝林走马取了二关,朝廷大悦。说:"御侄其功非小。"吩咐改换大唐旗号,查盘钱粮,养马三日。众将称赞尉迟宝林之能,尉迟恭好不得意。次日,发炮起行,望野马川进发。早有小番告急,本章如雪片一般飞报到木阳城。狼主大惊,急召齐花知平章胡猎等议事。众文武入朝,朝参已毕。传旨:"大唐兵已夺三关,诸卿有何良策,可退唐兵?"早有元帅祖车轮出班奏道:"狼主放心。待臣操演三军,起兵退敌,杀退大唐人马,易如反掌之间。"狼主道:"既如此,传旨作速操演人马退敌,以安朕心。"元帅领旨。

不讲狼主之事,再表大唐兵到了野马川,吩咐放炮安营,朝廷开言:"御侄,你走马破了二关,功劳不小,今日这一座野马川,为何御侄就不能走马出兵,没有胆子去破关吗?"宝林叫声:"陛下有所不知,臣虽年小称雄,因看得金银二川守将本事欠能,故臣可以走马取关,今野马川关将本事利害骁勇,况且又有仙传异法,十分难破,故此臣不敢夸能。"太宗说:"御侄,此关有甚妖人把守,善用异法害人吗?"宝林说:"陛下,那关将名唤铁板道人,他用一尺长半寸阔铁打成的,叫作铁板,方口一块,念动真言,发在空中,有一万丧一万,有一千丧一千,多要打为泥灰。"太宗说:"此人邪法利害,怎么样处?"徐茂公开言说:"陛下不必多虑,此乃妖道邪法,龙驾在此,正能压邪,哪怕妖法。明日开兵,自然取胜。"宝林说:"待臣明日讨战便了。"

再表次日,打鼓聚将,元帅升帐,请将两旁站立,小将军披甲上马,领令出营。敬德昨夜听得儿子所言关中妖道利害出奇,说道:"待末将出去掠阵。"元帅说:"我主有言,妖道甚是利害,待元帅同众将一齐出营,观看妖道怎样邪法,如此利害。"众将俱应。营前发动战鼓,宝林来到关前,上面箭如雨下。宝林:"休得放箭,快快叫守将出来会俺。"把都儿报入帅府说:"启上道爷,外面有唐将讨战。"那李道人呼呼大笑说:"大唐兵将分明来送死了,他自道走马取了三关,却不知我爷的异法利害,也敢前来走马,叫他认认爷的手段看。"吩咐备马,通身打扮,跨上雕鞍,拿一口孤定剑,身藏法宝,带了把都儿,来到关下,吩咐放炮开关,一马当先冲出。宝林抬头一看,好一个怪面道人,头如笆斗,眼似银铃,尖嘴大鼻,海下红胡,根根如铁线,身穿皂罗袍,手执孤定剑,来到阵前,把剑照宝林劈来。宝林把枪噶啷一声架住;又一剑砍来,又把枪架开了。宝林说:"妖道,看小爷的枪。"劈面刺来。李道人把双剑架起,交了三个回合,那里敌得过,口中念动真言,祭起法宝,往空中呼的一声,有数道霞光冲起,直望宝林头上打将下来了。宝林抬头一看,吓得魂不附体,"阿呀,不好了。"带转马头,正望营前逃走,李道人指点铁板随后追来。尉迟恭看见儿子被妖法追去,心内着忙,冒铁板下冲进来。李道人只顾伤宝林,不提防敬德冲进来,要收这铁板打敬德来不及了,被敬德冲到肋下,拦腰这一把,用力一提,李道人把身一挣,尉迟恭年纪老了,在马上一晃,两个都翻将地下来了。敬德手一松,扒起身来,不见了妖道,借土遁而走了。少不得征西里边还要出阵,这是后事,我且慢表。且说尉迟恭见妖道走了,即上马叫众将冲关,后面大小三军一齐冲进关中。小番看势头不好,弃了野马川,飞奔黄龙岭去了。查盘钱粮,改换旗号,养马三日,发炮起行。往黄龙岭进发,此话不表。

再讲黄龙岭守将,你道什么人,乃是一员女将,叫作屠炉公主,乃是狼主驾前有一位屠封丞相,就是她父亲,因见她能知三略法,会提兵调将,善识八卦阵,兵书、战册尽皆通透,力气又狼,武艺又精,才又高,貌又美,所以狼主将她继为公主,十分宠爱,加封在此镇守黄龙岭。这一日,正与诸将商议退敌之策,忽有侍女禀道:"启娘娘,野马川上有小番要见。"公主吩咐传他进来。番子跪伏在地说:"公主娘娘不好了,野马川已被大唐兵夺去了,明日就要来攻打黄龙岭了。"吓得屠炉公主面如土色说:"列位将军,他前日取了白良关,倒也不在心上,如今看起来,真算中原人马实为利害。杀得俺这里势如破竹,今日取了银灵川,明日失了野马川,多是走马成功的。如今五关已失四关,若黄龙岭一破,木阳城就难保了,与他开不得兵的。"诸将皆曰:"公主娘娘,那南朝兵多将广,不可开兵,使个计策杀他片甲不回,捉住唐王,才无后患。"公主心中一想:"有了,洒家有良策在此,管叫中原兵马有路无回,尽作为灰。"众将道:"娘娘有何妙计?"公主说:"此计不可泄漏,你们听我之令,关头上多要旌旗,密密把关门大开,吊桥放下,我们领了关中小番,竟往木阳城去见父王狼主,共擒唐将,同捉唐王,把黄龙岭兵马尽行调行,诱引唐兵进关前来中计。"那众番将听了公主娘娘之分,谁敢有违,连忙吩咐五营八哨把都儿们,摆齐阵伍,装载粮草,把关门大开,多立旌旗。公主娘娘带领众将,多往木阳城去见狼主不表。

再讲唐王人马,这一天到了黄龙岭,有探马上前禀道:"启元帅爷,前面是黄龙岭了。但见关头上旌旗飘荡,并无兵卒,大开关门,吊桥不扯起,不知什么诡计,故此禀上元帅。"秦琼呼呼冷笑说:"诸位将军,你们不要藐视此关之将无能,大开关门,兵卒全无,内中有计。今日御驾亲征,谅无大事,你们须要小心进关,看他使何诡计。"程咬金叫声:"元帅,非也。我们侄儿连夺四关,尽不用吹毛之力,黄龙岭守将难道岂不晓得?决然闻此威名,谅不敢与我们开兵,所以弃关逃走了。不要说侄儿年少英雄,就闻我老程之名,也胆战心惊的,那里有什么诈,分明怕我,逃遁了去。"秦琼说:"你通是呆话,不必多讲与我。"吩咐大小三军进关去。元帅一出令,三军多望关中而进。就着尉迟宝林四处查点明白,恐防暗算,或有奸细,一面发令安营,人马扎住。那太宗问道:"御侄,如今前面什么关了?"宝林说:"陛下,没有什么关了,就是木阳城,赤壁康王所住之地。"太宗大喜,说道:"诸位王兄,闻得番邦之将利害异常,原来如此平常的,焉及王兄们骁勇,一路打关攻寨,并无阻隔,如今兵打木阳城,有几天成功得来。"众臣道:"一来靠皇天,二来靠陛下洪福,三来诸将本事,必要攻破番城,活捉康王,得胜班师。"太宗大喜。吩咐营中大排筵宴,赏赐公卿。当夜不表。次日清晨,元帅传令发炮起行,往木阳城而进。

再讲木阳城内狼主千岁,身登龙位,有左丞相屠封,右元帅祖车轮,文武二臣,朝贺已毕,狼主说:"元帅,魔家此国只靠元帅之能,今日被唐兵杀得势如破竹,十去甚八,昨日又报野马川已失,元帅操演人马已熟,速速兴兵到黄龙岭,与王儿同退唐兵还好,不然黄龙岭一失,魔家就不好看相了。"元帅叫声:"狼主放心,这两天忙得紧,日夜操演三军,今日有铁、雷二将,在教场会火箭,待臣今日去看了操,然后明日到黄龙岭同退唐兵。"祖车轮辞朝,教场中去了。有番儿报进:"启上狼主千岁,公主娘娘带领本部番兵进城来了。"唐王听了此言,不觉一惊,开言叫声:"屠丞相,王儿如此胆大,轻身到此,黄龙岭有卵石之危,何人把守,岂不干系?屠封说:"狼主,那公主不知有甚事情,且召进来。"康王就命番臣番将迎接公主娘娘。文武番臣领旨出迎。公主闻召,同诸将走上银銮殿,公主俯伏说:"父王狼主,千岁,千千岁。"康王叫声:"我儿平身。"说:"王儿,今唐兵到黄龙岭，正思无计可退唐兵，汝不保汛地，反带兵到此，岂不关内乏人，倘被他取了黄龙岭，如之奈何？"公主叫声："父王有所不知，臣儿若要保守此关，谅不能够，况南朝蛮子好不利害，倘然失利与他，破了黄龙岭，臣儿之罪也。故此传令诸将，反把关门大开，回来见父王，有个绝妙之计，叫南朝人马一个也不能回朝。"康王说："王儿有何妙计，捉得唐王，其功非小。"公主说："此计名曰空城之计。木阳城北四十里之遥，有座贺兰山，做了屯扎之处，把木阳城军民人等，多调在贺兰山住了，做了一个空城，把四门大开，旌旗高扎，大唐人马进了城，我们把木阳城团团围住，不能出去，粮草一绝，岂不多要丧命。"公主正在设计，元帅祖车轮也进朝门。一闻此计，说："公主计甚好。但是大唐人马肯进城，一定是死。然唐营之中岂无智谋之士，只怕识得空城之计，不进城来，便怎么处？"公主说："元帅，城中或者不进，营盘扎在城边，只需元帅周备，如此，如此；恁般，恁般。怕他不进城去！"元帅叫声："好计。"狼主心中大悦，说事不宜迟，传魔家旨意，令城中军民人等，尽行搬出，到贺兰山去了。然后狼主部令了数万人，竟退到贺兰山扎营。元帅当下调兵埋伏，暗中探听不表。

单讲大唐人马，离了黄龙岭下来，三天到木阳城，探子报道："木阳城大开，不知何故。"秦元帅忙问徐茂公道："二哥，究竟那些番狗使的什么计？"茂公叫声："元帅，此乃空城之计，引我兵进了城，那时就要围住，绝我粮草。此计不可上他的当，就在此安营在外。"程咬金说："徐二哥，又在此说混话，什么空城计不空城计，这班番狗，惧怕我们，多逃遁去了。那里有什么计？及早进城，改换旗号，好班师。"茂公说："我岂不知，谁要你多言！"元帅传令大小三军，不必进城，就此安营。放炮一声，安下营盘。此时却是日已过午，君臣畅饮，直吃到三更，军士飞报进来报上："王爷、元帅，不好了，营后火发。正南上有二支人马，尽用火箭射将过来，三军营帐多烧着了。"元帅听得呆了。太宗汗流浃背，听一声叫："阿呀，不好了！"沸反滔天，自己营中多乱起来了。茂公说："中了他们的计了，诸位将军，快些上马保驾。"元帅上马提枪，冲出营门，尉迟恭父子两骑马也出营外，马、段、殷、刘，措手不及，端了兵器，保定天子，程咬金拿了开山大斧，一拥出营。抬头一看，吓杀人也。但只见正南上有兵，东西二处也有人马，灯球亮了，照耀如同白日，火球、火箭、火枪，打一个不住，四边有数万人马杀来。唐兵心慌，三军受伤者不计其数。天子叫声："先生，如之奈何？怎么处？"抖个不住。茂功无法，只得传令，把人马统进城中，暂避眼前之害。大小三军那里还去卷这些物件，只得多弃撇了，望城中逃命要紧。诸大臣保定龙驾，一拥进城，把四门紧闭，扯起吊桥。其夜乱纷纷，安住。再讲外面元帅祖车轮大悦，说道："唐兵落我的圈套了。"吩咐大小儿郎，就此把四门围住，不许放唐卒一人，违令者斩。一声答应，四支人马，将城围得水泄不通。放炮三声，齐齐扎下营盘。早已东方发白。贺兰山狼主御驾，同了屠封丞相，屠炉公主，领了二十万人马，又是团团一围，真正密不通风。

再讲城中唐王坐了银銮殿，元帅住了车轮的帅府，诸将安歇了文武官的衙门，数万人马扎住营盘。军士报道："启上万岁爷，那番兵把四门围住了。"茂公说："不好了，上了他当了。如今粮草不通，如之奈何？"尉迟恭说："军师大人，不免且到城上去看看。"元帅说："老将军之言有理。"天子说："待寡人也到城上去走一遭。"众公卿多上雕鞍，带随身家将。万岁身骑日月骓骦马，九曲黄罗伞盖顶，出了银銮殿，来到南城上一看，大惊说："阿育，吓死人也。好番营，十分厉害。"君臣见了，大家把舌头伸伸。元帅叫声："诸位将军，你看这一派番营，非但人马众多，而且营盘扎得坚固，不是儿戏的。我军又难以冲出去，他们粮草尽足，当不得被他困住半年六月怎么处？况我粮草空虚，岂不大家饿死。"天子龙颜纳闷，诸将无计可施，只得回衙。三天过了，大元帅祖车轮全身披挂，出营讨战。有军士报进："启上万岁爷，西城外有番将讨战。"天子吓得面如土色，叫声："秦王兄，番将如此利害，在外攻城，如何是好？"元帅说："陛下，不妨，待本帅上城看来。"叔宝上马来到西城上，望下一看，见有一将生得来十分凶恶，面如紫漆，两道扫帚眉，一双怪眼，狮子大鼻，海下一部连鬓胡须，头上戴一顶二龙嵌宝乌金盔，斗大一块红缨，身穿一件柳叶锁子黄金甲，背插四面大红尖角旗，左边悬弓，右边悬箭；坐下一匹黑点青鬃马，手执一柄开山大斧，后面扯起大红旗，上写着："红袍大力子大元帅祖"，好不威风。在城下大叫："呔！城上的蛮子听者，本帅不兴兵来征伐你们，也算这里狼主好生之德，怎么你反来侵犯我邦，夺我疆界，连伤我这里几员大将，此乃自取灭亡之祸，今入我邦,落我圈套,凭你们插翅腾空,也难飞去,快把无道唐童献将出来,饶你一群蝼蚁之命,若有半句推辞,本帅就要攻打城门哩。"这一声大叫,城上叔宝说:"诸位将军,这一员番将不是当耍的,你看好似铁宝塔一般,决然利害。"程咬金说:"好像我的徒弟,也用斧子的。"众将笑道,你这柄斧子没用的,他这把斧头吃也吃得你下,比你大得多的,你说什么鬼话。"元帅说:"如今他在城下猖獗,本帅起兵到此,从不曾亲战,不免今日待本帅开城与他交战。"众将道:"若元帅亲身出战,小将们掠阵。"叔宝按好头盔,吩咐发炮开城,与他交战。轰隆一声炮响,大开城门,带了众将,一马冲先,好不威风。祖车轮把斧一摆,喝声:"蛮子少催坐骑,可通名来。"叔宝说:"你要问俺的名么,大唐天子驾前,扫北大元帅秦。"祖车轮呵呵大笑道:"你大唐有名的将,本帅只道三头六臂,原来是一个狗蛮子,不要走,照爷爷家伙罢。"把斧一起,叔宝把枪一架,噶啷一响,说:"呔!慢着,本帅这条枪不挑无名之将,快留个名儿。"车轮说:"魔家乃赤壁宝康王驾下大元帅祖。"叔宝说:"不晓得你番狗,照本帅的枪罢。"望车轮劈面刺来,车轮说声:"好。"把开山大斧一迎,叔宝叫声:"好家伙!"带转马头,车轮把斧打下来,叔宝把枪一抬,在马上乱晃,把光牙一挫,手内提炉枪紧一紧,直望车轮面门刺来,车轮好模样,那里惧怕,把斧钩开,正是:

　　　　强中更有强中手,唐将虽雄难胜来。

　　不知二将交战如何,且看下回分解。

第五回　贞观被困木阳城　叔宝大战祖车轮

　　诗曰:
　　　　英主三年定太平,却因扫北又劳兵。
　　　　木阳困住唐天子,天赐黄粮救众军。

　　叔宝实不是祖车轮对手,杀到三十回合,把枪虚晃一晃,带上呼雷豹,望吊桥便走。车轮呵呵大笑道:"你方才许多夸口,原来本事平常。你要往那里走,本帅来也!"把马一拍,冲上前来。唐兵把吊桥扯起,城门紧闭。元帅进得城来,诸将说:"元帅不能胜他,如之奈何?"尉迟宝林说:"元帅,不免待小将出去拿他。"尉迟恭说:"我儿,元帅尚不能胜,何在于你,如今他在城下耀武扬威,怎么样处?"元帅道:"如此把免战牌挂出去。"那祖车轮看见了免战牌,叫声没用的。那番得胜回营,此话不表。

　　再讲城中元帅同众将,回到殿中,天子开言叫声:"秦王兄,今日出兵反失胜与番狗,寡人之不幸也。"诸臣无计可施,困在木阳城中,不觉三月,粮草渐渐销空。这一日当驾官奏说:"陛下,城中粮只有七天了。"天子叫声:"徐先生,怎么处?"茂公道:"叫臣也没法处治。那番狗设此空城之计,原要绝我们粮草,我军入其圈套,奈四门困住,音信不通,真没奈何。"咬金说:"若过了七天,我们大家活不成了。"天子龙心纳闷,又不能杀出,又没有救兵。不想七天能有几时?到了七天,粮草绝了,城中人马尽皆慌乱。程咬金说:"徐二哥有仙丹充饥不饿的,独一老程晦气,要饿杀。"元帅说:"如今多是命在旦夕,还要在此说呆话。"尉迟恭意欲同宝林端出营退敌,又怕祖车轮气力利害,龙驾在此,终非不美。君臣正在殿上议论,无计可施,只听半空中括喇括喇一片声震,好似天崩地裂,吓得君臣们胆战心惊。大家抬头一看,只见半空中有团黑气,滴溜溜落将下来。跃在尘埃,顷刻间黑气一散,跳出许多飞老鼠来,足有整千,望地下乱钻下去。众臣大家称奇。天子叫声:"徐先生,方才那飞鼠降在寡人面前,此兆如何?"茂公道:"陛下,好了! 大唐兵将未该绝命,故此天赐黄粮到了。"诸将说:"军师何以见得?"茂公笑曰:"前年四魏王李密,纳爱萧妃,屡行无道,后来勿有飞鼠盗粮,把李密粮米尽行搬去,却盗在木阳城内,相救陛下,特献黄粮。"天子大喜说:"先生,如今粮在哪里?"茂公道:"粮在殿前阶台之下,去泥三尺便见。"天子就命军士们数十人,掘地下去,方及三尺深,果见有许多黄粮,尽有包裹,拿起一包,尽是蚕豆一般大的米粒。程咬金说:"不差,不差,果是李密之粮。"元帅点清粮草,共有数万,运入仓廒,三军欢悦,君臣大喜。茂公说:"陛下,臣算这数万粮草,不过救了数月之难,也有尽日,我想城外那些番狗困住四门,粮草尽足,不肯收兵,终于莫绝。"太宗道:"先生,这便怎么处?"茂公说:"臣阴阳上算起来,必要陛下降旨,命一个能人杀出番营,前往长安救兵来才好。"天子呵呵大笑道:"先生又来了,就是寡人面前那些老王兄,领了城内尽数人马,也难杀出番营,那里有这样能人,匹马杀出长安讨救,如若有了这个能人,不消往长安讨救了。"茂公说:"陛下东首这个人,能杀出番营。"天子一看叫声:"先生,这个程王兄断断使不得,分明送了他性命。"茂公说:"陛下,不要看轻了程兄弟无用,他还狠哩。那些将军虽勇,到底难及他的能干,别人不知程兄弟利害,我算阴阳,应该是他讨救。"天子听言,叫声:"程王兄,徐先生说你善能杀出番营,到长安讨救,未知肯与寡人出力否?"程咬金听此言,吓得魂不附体,连忙说:"徐二哥借刀杀人,臣不去的,望陛下恕臣违旨之罪。"天子说:"谅来程王兄一人,那里杀得出番营,分明先生在此乱话。"茂公说:"非也,程兄弟三年前三路开兵,他一个走马平复了山东,又来帮我们剿浙江,还算胜似少年,料想只数万番兵,不在我程兄弟心上。"把眼对尉迟恭一丢,敬德说:"军师大人,你说的是。在此长程老千岁的威光,他实没有这个本事去冲蹿番营,也枉是称赞他体面。今朝廷困在木阳城,要你往长安去讨救,就是这样怕你,况为国捐躯,世之常事。食了王家俸禄,只当舍命报国,才算为英雄。今日军师大人不保某家出去讨救,若保某家,何消多言,自当舍命愿去走一遭也。"元帅说:"程兄弟,二哥阴阳有准,况又生死之交,决不害你性命,你放心前去,省得众将在此耻笑你无能。"程咬金说:"我与徐二哥昔日无仇,往日无冤,为什么苦苦逼我出去,送我性命?这黑炭团在此夸口,何不保他往长安取救。"茂公叫声:"程兄弟,我岂不知。若保尉迟将军前去,不仅要他讨救兵,分明断送他残生,那里能够杀得出番营。程兄弟,你是有福气的,所以要你出去,必能杀出番营,故此我保你前去,救了陛下,加封你为一字并肩王。"咬金说:"什么一字并肩王?"茂公说:"并肩王上朝不跪,与朝廷同行同坐,半朝銮驾,诛大臣,杀国戚,任凭你逍遥自在,称为一字并肩王。"咬金说:"若死在番营,便怎么处?"茂公说:"只算为国捐躯。若死了,封你天下都土地。"咬金心中想道:"拜什么弟兄,分明结义畜生,要送我性命,我程咬金省得活在世间,受他们暗算,不如阴间去做一个天下都土地,豆腐面筋也吃不了。也罢,臣愿去走一遭。"天子大喜说:"程王兄,你与寡人往长安去讨救。"咬金说:"臣愿去,但是军师之言,不可失信。今日天气尚早,结束起来,就此前去。"茂公说:"陛下速降旨意七道,带去各府开读。赠他帅印一颗,到教场考选元帅,速来救驾。"天子听了茂公之言,速封旨意,付与咬金。咬金领了天子旨意,开言:"徐二哥,你们上城来观看,若然我杀进番营中,如营中大乱,蹿出营去了。若营头不乱,必死在里头了,就封我天下都土地。"茂公说:"我知道。"就此拜别,说:"诸位老将军,今日一别,不能再会了。"众公卿说:"程千岁说哪里话来,靠陛下洪福,神明保护,程千岁此去,绝无大事。"

　　咬金上了铁脚枣骝驹,竟往南城而来。后面天子同了众公卿上马,多到城上观看。咬金说:"二哥城门开在此,看我杀进番营,然后把城门关紧。"茂公道:"放心前去,决不妨事。"吩咐放炮开城,放下吊桥,一马冲出城门,有些胆怯,回头一看,城门已闭,后路不通,心中大恼说:"罢了,罢了。这牛鼻子道人,我与你无仇,何苦要害我?怎么处嘎!"在吊桥边探头探脑,忽惊动番兵,说:"这是城内出来的蛮子,不要被他杀过来,我们放箭乱射过来。"咬金见箭来得凶勇,又没处藏身,心中着了忙,也罢,我命休矣!如今也顾不得了。举起大斧道:"休得放箭,可晓得程爷爷的斧吗?今日单身要蹿你们番营,前往长安讨救,快些闪开,让路者生,挡我者死。"这番程咬金拼了命,原利害的,不管斧口斧脑,乱砍乱打。这些番兵那里挡得住,只得往西城去报元帅了。咬金不来追赶,只顾杀进番营,只见血满流地,骨碌碌乱滚人头,好似西瓜一般。进了第二座番营,不好了,多是番将,把咬金围住,杀得天昏地暗,咬金那里杀得出?况且年纪又老,气喘吁吁,正在无门可退,后面只听得大喊一声,说:"不要放走蛮子,本帅来取他的命了。"咬金一看,见是祖车轮,知道他利害不过的。说道:"啊呀!不好了,吓死人也。"只见祖车轮手执大斧,飞赶过来了。咬金吓得面如土色,又无处逃避,祖车轮一斧砍过来,咬金那里挡得住,在马上一个翻筋斗,跌下尘埃。众将来捉,忽见地上起一阵大风,呼罗罗一响,这里程咬金就不见了。元帅大惊说:"蛮子那里去了?"众将说:"不知道阿,好奇怪啊,连这兵器马匹多不见了。方才明明跌下马来,难道这样逃得快?"祖车轮说:"诸将不必疑心,可见大唐多是能人,多有异法,想必土遁去了。此一番必往长安讨救，就差铁雷二将守住了白良关，不容他救兵到此，也无奈我何。"众将说："元帅之言有理。"不表。

咬金跌倒尘埃，吓得昏迷不醒，只听得有人叫道："程哥鲁国公，快起来，这里不是番营。"咬金开眼一看，只见荒山野草，树木森森，又见那边有座关，关前有个道人走来，手执拂尘，含着笑脸，来到面前。咬金连忙立起身来说："仙长是阎罗王差来拿我的么，还是请我去做天下都土地的吗？"道人道："非也，贫道是来救你的。"咬金说："你这道长怎么讲起乱话来，人死了还救得活吗？"道人说："你命不该死，贫道已救你，方得活命，快往长安讨救。"咬金说："鬼门关现在面前，还要到长安去什么？"道人说："此处是雁门关，乃阳间的路，不是什么鬼门头阴司之地。进了北关，就是大唐世界了。"咬金道："如此说起来，果然我还不曾死吗？"那番把手摸摸头颈："嗄！原来这个吃饭家伙还在这里。请问仙长何处洞府！叫甚法号？"道人道："程哥，我乃谢映登，你难道不认得了吗？"咬金听说大惊道："阿呀！原来是谢兄弟，谁知你一去不回，弟兄们各路寻访，绝无影踪，众弟兄眼泪不知哭落几缸，谁知今日相逢，你一向在何处，为甚不来同享荣华，我看你全然不老，须发不苍，比昔日反觉齐整些。我方才明明跌下马来，怎生相救出白良关？——说与我知道。"谢映登叫声："程哥，兄弟那年在江都考武时，叔父度去成仙。今有真主被番兵围困木阳城，特奉师父度你出关，故此唤你醒来。"咬金大喜，见斧头马匹多在面前，便说："谢兄弟，你果是仙家了吗？我老程同你去了仙吧。"映登："程哥又来了，我兄弟命中该受清福，所以成了仙，你该辅大唐享荣华，况且天子又被困在木阳城，差你往长安讨救，你若为了仙，龙驾谁人相救？"咬金说："不妨，徐二哥对我讲过的，若死在番营，封我为天下都土地，如今同你做了仙，只道我死了，照旧封我。"映登说："既要为仙，吃三年素，方度你去。"程咬金听说要"吃三年素方度为仙"这句话，便说："啊呀，这个使不得，素是难吃的。"映登说："好孽障，还亏你讲，后面番兵追来了。"咬金回头一看，映登化作清风就不见了。连忙立起身来，团团一看，前面是雁门关。心中大喜，如今一字并肩王稳稳地了。把盔甲放下，打好盔囊，连兵刃鞘在马上，换了纱貌，穿一领蟒袍金带，背旨意跨上马，过了雁门关，一路竟奔长安，我且慢表。

单讲木阳城诸将，见程咬金杀入番营，营头不乱，大家放心不下，说是："军师大人，方才程将军委实年高，无能去踹番营，原算屈他出城求救，今番营安静，程将军人影全无，这怕一定多凶少吉的了。"茂公说："不妨，程将军此去，自有仙人助救，早已出了雁门关，往长安去了。"天子说："有这样快吗？"茂公说："非是马行的，乃仙人度去，所以有这样速捷。"朝廷大喜说："但愿程王兄出了雁门关，救兵一定到了。"

不表君臣们回到银銮殿之事，再讲程咬金，他背了旨意，一路下来，救兵如救火，日夜趱行，逢山不看山景，遇水不看钓鱼，一路上风惨惨，雨凄凄，过了河北幽州、燕山一带地方，又行了十余天，这一日到了大国长安，日已正午时了。程咬金把马荡荡，行下来数里之遥，只看见前面来了一个头上翡翠扎巾，身穿大红战袄，脚下乌靴，面如紫色，两眼铜铃，浓眉大耳，海下无髯，光牙阔齿，身长八尺，年纪只好十六七岁，好似饮酒醉的一般，打斜步荡下来的。那人行不数步，翻身跌下尘埃，慢腾腾扒起身来说："是什么东西，绊你老子一跤。"睁眼看时，却见一块大石头，长有六尺，厚有三尺，足有千斤余外。他笑道："原来是你绊我一跤，我如今拿你到家中去压盐韭菜。"程咬金听见说："什么东西，这个人想必痴呆的，这一块石板就是老程也拿不起，这人要拿回家去做块压菜石，不知他有多少气力，待我瞧瞧他看。"咬金把马拢住，只见那人站定了脚，把双手往石底下一衬，用力一挣，拿了起来了。好英雄，面不改色，捧了石头，走下数步。抬头一看，喝声："呔！前面马上的是什么人，擅敢如此大胆，见了公子爷，不下马来叩个头？"程咬金心中暗想说："好大来头，什么人家儿子，擅敢在皇帝城外恶霸，连京内出入的官员多不认得的了？"说："呔！你是何等之人，敢口出大言，不思早早回避，反在此讨死招灾？今旨意当面，口出不逊，罪刑不赦，立该家门抄灭。"那人大怒说："好强盗，擅敢冒称天子公卿，反说公子爷恶霸，我父现在天子驾前为臣，可晓得小爷的利害？也罢，我将手中这块石头丢过来，你接得住，就是大唐臣子，若按不住，打死你这狗强盗也没有罪的。"说罢把石一呈，直望程咬金劈面门打下来，那晓底下这一骑马飞身直跳，把咬金跌在那一旁，石头坠地，连忙扒起身来说："住了，你家既是朝廷臣子，难道我兴唐鲁国公岂有不认得的哩？"那少年听见，吓得魂不附体，倒身跪下说："原来就是程伯父，望乞恕罪。"咬金说："你父是谁人,官居何爵?"少年说："伯父,我爹爹就叫定国公段志远,现保驾扫北去了。小侄名叫段林。"咬金说："原来是段将军的儿子,念你年幼无知,不来追你,你在何处吃了些酒,弄得昏昏沉沉,全不像官家公子,成何体面?"段林叫声："伯父,今日同了众弟兄在伯父家中小结义,所以饮醉,请问伯父,我爹爹与北番开兵,胜败如何?"咬金说："你爹爹说也可惨,自从前日与兵前去,第一阵开兵,就杀掉了。"段林听说,吓得冷汗直淋,说："我爹爹为国捐躯了?"段林听那爹爹阿,不觉两泪如珠。程咬金说："不要哭。不要哭,也还好亏得我伯父马快,冲上前去,架开兵刃,斩了番将,救了你爹爹性命。"段林方住了哭,说："好老呆子,原来是呆话。侄儿请问伯父,今日还是班师了吗?"咬金说："不是班师,只为陛下被番兵围困在木阳城,故而命我前来讨救,侄儿回去快快备马匹、兵刃、盔甲等,明日你们小英雄就要在教场内比武了。"段林大喜道："伯父要我们小兄弟前去扫北,这也容易。我们进城去。"

咬金同了段林进城分路,一个往自己府中。鲁国公当日就到午门,驾已退殿回宫了。有黄门官抬头看见道："阿呀!老千岁,圣上龙驾前去扫北平番,可是班师了吗?"咬金说："非也,快些与我传驾临殿,有陛下急旨到了。"正是这一番非同小可,惊动这一班:

出林猛虎小英雄,个个威风要立功。

不知咬金见驾如何,且看下回分解。

第六回 程咬金长安讨救
小英雄比夺帅印

诗曰:

咬金独马踹番营,随骑尘埃见救星。

奉旨长安来考武,北番救驾显威名。

黄门官听见有皇上急旨降来,不知什么事情,连忙传与殿头官鸣钟击鼓。内监报进宫中,有殿下李治,整好龙冠龙服,出宫升殿宣进。程咬金俯伏尘埃说："殿下千岁在上,臣鲁国公程咬金见驾。愿殿下千岁,千千岁。"李治叫声："老王伯平身。"吩咐内侍取龙椅过来,程咬金坐在旁首。殿下开言说："王伯,孤父王领兵前去破虏平番,未知胜败如何。今差王伯到来,未知降甚旨意?"程咬金说："殿下千岁,万岁龙驾亲领人马,前去北番,一路上杀得势如破竹,连打五关,如入无人之境,不想去得顺溜了,到落了他的圈套。他设个空城之计,徐二哥一时阴阳失错,进得木阳城,被他把数十万人马围在四门,水泄不通,日日攻打,番将骁勇无敌,元帅常常大败,免战牌高挑,不料他欲绝我城中粮草,困圣天子龙驾,所以老臣单骑杀出番营,到此讨救。现有朝廷旨意,请殿下亲观。"李治殿下出龙位,跪接父王旨意,展开在龙案上看了一遍。说："老王伯,原来我父王被困在木阳城内,命孤传这班小王兄在教场内考夺元帅,提调人马,前去救父王。此乃事不宜迟,自古救兵如救火,老王伯与孤就往各府,通知他们知道,明日五更三点,进教场考进二路扫北元帅。"咬金说："臣知道。"就此辞驾出了午朝门,往各府内说了一遍。

来到罗府中,罗安、罗丕、罗德、罗春四个年老家人,一见程咬金,连忙跪地说："千岁爷保驾前去定北,为甚又在家中。几时回来的?"咬金说："你们起来,我老爷才到,老夫人可在中堂?"家人们说："现在中堂。"咬金说："你们去通报,说我要见。"罗安答应,走到里边来说道："夫人,外面有程老千岁北番回来,要见夫人。"那位窦氏夫人听见,说："快些请进来。"罗安奉命出来,请进程咬金,走到中堂,见礼已毕,夫人叫声："伯伯老千岁,请坐。"咬金说："有坐。"坐在旁首,开言说："弟妇夫人在家可好?"夫人道："托赖伯伯,平安的。闻伯伯保驾扫北,胜败如何?"咬金说："靠陛下洪福,一路无阻。"夫人说："请问伯伯为何先自回来,到舍有何贵干?"咬金道："无事不来造府,今因龙驾被番兵围困在木阳城,奈众公爷俱皆年老,不能冲踹番营,所以命我回长安,要各府荫袭小爵主,在教场中考了二路定北大元帅,领兵前去杀退番兵,救驾出城。"窦氏夫人听了说,叫声："伯伯,如此说起来,要各府公子爷领兵前去,杀退番兵,救驾出城,破虏平番?"咬金说:"正为此事,我来说与弟妇夫人知道。"窦氏听见,不觉两眼下泪,开言说:"伯伯老千岁,为了将门之子与王家出力,显耀宗族,这是应该的,但我家从公公起,多受朝廷官爵,鞍马上辛苦,一点忠心报国,后伤于苏贼之手,我丈夫也死在他人之手,尽是为国捐躯,伯伯悉知。此二恨还尚未申雪,到今日皇上反把仇人封了公位,但见帝主忘臣之恩也。我罗氏门中,只靠得罗通这点骨肉,以接宗嗣,若今领兵前去北番,那些番狗好不骁勇,我孩儿年轻力小,倘有不测,伤在番人之手,不但祖父、父亲之仇不报,罗门之后谁人承接?"程咬金听说,不觉泪下。把头点点说:"真的,依弟妇之言,便怎么样?"夫人说:"可看先夫之面,只得要劳伯伯老千岁,在殿下驾前启奏一声,说他父亲为国亡身,单传一脉,况又年纪还轻,不能救驾,望陛下恕罗门之罪。"咬金说:"这在我容易,容易,待我去奏明便了。请问弟妇夫人,侄儿为甚不见,那里去了?"夫人叫声:"伯伯老千岁,不要说起,自从各位公爷保驾去扫北平番后,家中这班公子,多在教场中相闹,后来称了什么秦党、苏党,日日在那里要拳弄棍,原扯起了旗号,早上出去,一定要到晚间回来。"程咬金说:"什么叫作秦党、苏党?"夫人说:"那苏党就是苏贼二子,膝贤师三子,盛贤师一子,六人称为苏党;秦党就是秦家贤侄,与同伯伯的令郎,我家这个畜生,还有段家二弟兄五人,称为秦党。"咬金说:"走呀!有这等事,这个须要秦党强苏党弱才好。"夫人说:"伯伯老千岁,他们在家尚然如此作为,若是闻了此事,必然要倔强去的,须要隐瞒我孩儿才好。"咬金说:"弟妇之言不差,我去了,省得侄儿回来见了,反为不便。"夫人说:"伯伯慢去,万般须看先人之面,有劳伯伯在驾前启奏明白。"咬金流泪道:"这个我知道,弟妇请自宽心。可惜我兄弟死在苏贼之手,少不得慢慢我留心与侄儿同报此仇,我自去了。"夫人说:"伯伯慢去。"程咬金走出来说:"罗安,倘公子爷回来,不要说我在这里。"罗安应道:"是,小人知道,千岁爷慢行。"

咬金跨上雕鞍,才离得罗府,天色已晚。见那一条路上来了一骑马,前面有两个人,拿了一对大红旗,上写秦党二字,后有一位小英雄,坐在马上,头上边束发闹龙亮银冠,面如满月相同,身穿白绫跨马衣,脚蹬皂靴,踏在鞍桥,荡荡然行下来了。程咬金抬头看见说:"罗通贤侄来了,不免往小路去吧。"程咬金避过罗通,竟抄斜路回到自己府中。

有家人报与裴氏夫人知道,夫人连忙出接说:"老将军回来了吗?"咬金说:"正是,奉陛下旨意回来讨救。"夫妻见礼已毕,各相问安。裴氏夫人叫声:"老将军,陛下龙驾前去征剿北番,胜败如何?"咬金道:"夫人,不要说起,天子龙驾被北番兵围木阳城,不能离脱虎口,故而命我前来讨救。"夫人说:"原来如此。"吩咐摆宴,里面家人端上酒筵,夫妻坐下,饮过数巡。咬金开言叫声:"夫人,孩儿那里去了,为什么不来见我?"夫人说:"老将军,这畜生真正不好,日日同了那些小弟兄,在教场内什么秦党、苏党,一定要到天晚方回来的。"咬金说:"正是将门之子,要是这样的。"外边报道:"公子爷回来了。"程咬金抬头一看,外边程铁牛进来了。他生来形象与老子一样的,也是蓝靛脸,古怪骨,铜铃眼,扫帚眉,狮子鼻,兜风耳,阔口獠牙,头上皂绫抹额,身穿大红跨马衣,走到里边说道:"母亲拿夜膳来吃。"咬金说:"咞!畜生!爹爹在此。"程铁牛一看,说:"咦,老头儿,你还不死吗?"咬金喝道:"吠,小畜生,前日为父教你的斧头,这两天可在此习练吗?"铁牛说:"爹爹,自从你出去之后,孩儿日日在家习演,如今斧法精通的了。爹爹你若不信,孩儿与你杀一阵看。"咬金说:"畜生,不要学我为父,呆头呆脑,拿斧子来耍与父亲瞧瞧看。"铁牛道:"是。"提过斧子,就在父前使起来了。只看见他左插花,右插花,双龙入海;前后遮,上下护,斧劈太山;左蟠头,右蟠头,乱箭不进;拦腰斧,盖世斧,神鬼皆惊。好斧法!咬金大喜:"我的儿,这一斧二凤穿花,两手要高,那这一斧单凤朝阳,后手就要低了。蟠头要圆,斧法要泛,这几斧不差的。"程铁牛耍完斧,叫声:"爹爹,孩儿今日吃了亏。"咬金说:"为什么吃了亏?"铁牛说:"爹爹,你不知道,今日苏麟这狗头,摆个狮子拖球势,罗兄弟叫我去破他,我就做个霸王举鼎,双手撑将进去,不知被手一拂,跌了出来,破又破不成,反跌了两交。"程咬金说:"好!有你这样不争气的畜生,把为父的威风多丧尽了。这一个狮子拖球势,有甚难破,跌了两交,不要用霸王举鼎的,只消打一个黑虎偷星,就地滚进去,取他阴囊,管叫他性命顷刻身亡了。"铁牛道:"爹爹不要管他,待孩儿明日去杀他便了。"咬金说:"咞!胡言乱语道,今夜操精斧法,明日往教场比武,好夺二路扫北元帅印,领兵往北番救驾。"铁牛大悦道:"阿唷,快活！爹爹，明日往教场比武，这个元帅一定我要做的哟。"咬金道："这个不关为父之事，看你本事。且到明日往教场再作道理。"

不表程家父子之事，要讲那罗通公子到了自家门首，滚鞍下马，时入中堂，说道："母亲，孩儿在教场中，闻得我父王龙驾，被番兵围住木阳城，今差程老伯父回来讨救，要各府荫袭公子，在教场中夺了元帅，领兵前去救驾征番，所以回来说与母亲知道。父王有难，应该儿臣相救，明日孩儿必要去夺元帅做的。"夫人道："呔！胡说！做娘的尚且不知，难道倒是你知道？自从陛下扫北去后，日日有报，时时有信，说一路上杀得番兵势如破竹，如入无人之地，接连打破他五座关头，尽不用吹灰之力，何曾说起驾困木阳，差程伯父回来讨救，你那里闻来的？"罗通说："母亲，真的。这事秦怀玉哥哥对我说的：'方才程伯父在我家，要我明日考中了二路定北元帅，领兵往北番救驾。'所以孩儿得知。"夫人说："呀，原来如此。阿，我儿，他们多是年纪长大，况父又在木阳城，你还年轻少小，枪法不精，又无人照顾，怎生去得？陛下若要你去，程伯父应该到我家来说了。想是不要你去，所以不来。"罗通说："嗳，母亲又来了，孩儿年纪虽轻，枪法精通，就是这一班哥哥，那一个如得孩儿的本事来？若到木阳城，怕秦家伯父不来照管我吗。况路上自有程伯父提调，母亲放心，孩儿一定要去。"罗通说了这一番，往房中去了。窦氏夫人眼泪纷纷，叫丫鬟外面去唤罗安进来。丫鬟奉命往外，去不多时，罗安走进里边说道："夫人，唤小人进来有何吩咐。"窦氏夫人说："罗安，你是知道的，我罗家老将军、小将军父子二人，多是为国捐躯的。单生得一位公子，要接罗门之后，谁想朝廷有难。要各府荫袭小爵主前去救驾。我孩儿年纪还轻，怎了得这样的险地。所以今日已托程老千岁在驾前启奏，奈公子爷少年心性，执法去，所以唤你进来商议，怎生阻得他住才好。"罗安说："夫人，容易。明日他们五更就要在教场比武的，不如备起暗房之计来。"夫人道："罗安，什么叫暗房之计？"罗安道："夫人那，只消如此如此，恁般恁般，瞒过了。饭后他们定了元帅，公子爷就不去了。"夫人说："倒也使得。"吩咐丫鬟们，今夜三更时，静悄悄整备起来，丫鬟们奉命。

不表罗家备设暗房之计，要讲罗通公子，吃了夜膳，走到外面说："罗安，今夜看好马匹鞍辔等项，枪铜兵器，明日清晨，孤家起身，就要去。"罗安应道："是，小的知道。"这时候，各府内公子多在那里整备枪刀马匹了。其夜之事，不必细表。

到了五更天，多起身饱餐过了。午朝门鸣钟击鼓，殿下李治出宫上马，出了午门，有左丞相魏征，保殿下来至教场内。那边鲁国公程咬金也来了，同上将台，把龙亭公案摆好，三人坐下，把这元帅印并丈二红罗，两朵金花放好在桌上，只看见那一首各家公子爷多来了，也有大红扎巾，也有二龙抹额，也有五色将巾，也有闹龙金冠，也有大红战袄，也有白绫骑马衣；也有身骑紫花驹，白龙驹，乌雅驹，雪花马，胭脂马，银鬃马；也有大砍刀，板门刀，紫金枪，射苗枪，乌缨枪，银缨枪。好将门之子，这一班小英雄来到将台前，朝过了殿下千岁。李治开言叫声："诸位王兄，孤父王有难在北番，今差程老王伯前来挑选二路定北元帅，好领兵往北番救驾。如有能者，各献本事，当场就挂帅印。"说言未了，那一旁有个公子爷出马叫声："爹爹，我的斧子利害，无人所及，元帅该是我的。"忽听又有一家公子喝声："呔！程家哥哥，你休想把元帅留下来。"那位小英雄说罢，冲过来了。你道什么人？却是滕贤师长子滕龙。程咬金道："不必争论，下去比来，能者为帅。"把眼一丢，对自己儿子做个手势说："杀了他。"铁牛把头点点说："容易。""呔！滕兄弟，你本事平常，让我做了罢。"滕龙说："铁牛哥哥惯讲大话，放马过来，与你比试。"铁牛说："如今奉皇上旨意，在此挑选能人，若死在我斧子下不偿命的。"滕龙说："这个自然。"把手中两柄生铁锤在头上一举，往铁牛顶梁上盖将下来。铁牛也把手中宣花斧噶啷一声，架在旁首，冲锋过去，兜转马来，铁牛把斧一起，望滕龙瞎绰一爷，砍将过去，滕龙把双锤架开，二人大战六个回合。原算铁牛本事高强，滕龙锤法未精，被铁牛把斧逼住，只见上面摹云盖顶，下边枯树盘根，左边丹凤朝阳，二凤穿花，双龙入海，狮子拖球，乌龙取水，猛虎搜山，好斧法！喜得程咬金毛骨酥然，说道："魏大哥，这些斧法，多是我亲传的。"魏征微笑道："果然好，世上无双。"

不表台上之言，单讲滕龙被铁牛连劈几斧过来，有些招架不住，只得开言叫声："程哥住手，让你做了元帅罢。"铁牛说："怕你不让，下去。"滕龙速忙闪在旁首，铁牛上前说道："爹爹，拿帅印来，拿帅印来。"忽听英雄队里大叫一声："呔！程铁牛，休得逞能，元帅是我的。"程咬金望下一看,原来是苏定次子苏凤。便叫:"我儿,放些手段,杀这狗头。"铁牛点点头便说:"呔! 苏凤小狗头,你本事平常,让我做了元帅,照顾你做个执旗军士。"苏凤说:"呔! 铁牛不必多言,放马过来。"他把手中红缨枪串一串,直望铁牛劈面门挑将进来。程铁牛把斧架开,一个摹云盖顶,也望他顶梁上劈将下来。苏凤把枪急忙架还,二人战到八个回合,苏凤枪法精通,铁牛斧法慌乱,要败下来了。程咬金说:"完了,献丑了。好畜生,使些什么来!"魏征说:"这些斧法,也是你亲传的?"程咬金心中不悦。底下铁牛见苏凤枪法利害,只得把马退后,说:"小狗头,我不要做元帅了,让你罢。"苏凤大悦,便上前叫声:"程伯父,帅印拿来与我。"程咬金最怪苏家之后,不愿把帅印交他,正在疑难,只见那旁边又闪出一家公子爷,大叫一声:"苏凤休得夸能,留下元帅来我做。"苏凤回头一看,原来是段志远的长子段林。便说:"呔! 段兄弟,你年纪还轻,枪法未精,休想来夺元帅印。"段林说:"不管,与你比比手段看。"他把手中银缨枪抖一抖,直望苏凤穿前心挑进来。苏凤手中枪忙架相还,二人战到五个回合,段林枪法原高,逼住苏凤,杀得他马仰人翻,正有些招架不定。程咬金又说:"好啊! 强中更有强中手,他只为杀败我的儿子,逢了段林,就要败了。这个人原利害的,就是掇石头的朋友。"只见苏凤枪法混乱,看来敌不住段林,只得叫声:"段兄弟,罢了,让你夺了元帅罢。"段林说:"既然让我,退下去。"苏凤闪在旁首。正是:

英雄自古夸年少,演武场中独逞能。

毕竟这元帅印谁人夺,且看下回分解。

第七回　老夫人诉说祖父冤　小罗通统兵为元帅

诗曰:

兴唐老将向传名,世袭公侯启后昆。

比武教场谁不勇,龙争虎斗尽称能。

那番惊动了苏家长子苏麟,把大砍刀一起,冲过马来,喝声:"段兄弟,元帅应该我做,你还年轻,休夺为兄帅印。"段林说:"英雄出在少年,什么叫年轻,照我的枪罢。"嚓一枪兜着咽喉刺进来。苏麟说:"来得好!"把大砍刀嗄哴一声响,钩在旁首,举转刀来,望段林一刀砍过去。段林把枪架开,二人不及三合,被苏麟劈面门一刀斩过来,段林招架不及,只得把头偏得一偏,刀尖在肩膀上着了枪,喊声:"阿唷! 好小狗头,你敢伤我。"苏麟说:"兄弟罪得的,退下去。"段林只得闪在旁首。苏公子上前叫声:"老伯父,帅印拿来与小侄。"只听得又有英雄出来说:"呔! 帅印留下,等为兄的来取。"苏麟回头一看,原来是秦元帅之子秦怀玉。苏麟哈哈大笑说:"你枪法未高,说甚元帅。"秦怀玉道:"与你比试便了。"把手中紫金枪串一串,望苏麟照面门嗖的一枪挑进来。苏麟把刀架在旁首,马打交锋过去,丝缰兜转回来,苏麟回首一刀,望怀玉顶梁上砍下来,怀玉把紫金枪拦在一边,二人杀得九合,不分胜败。正是:

棋逢敌手无高下,将遇良材一样能。

正战个平交,这苏麟手中刀,上使雪花蟠顶,下砍龙虎相争,左边风云齐起,右边独角成龙。那一刀劈开云雾漫,这一刀堵下鬼神惊,跨马刀刀光闪电,连三刀刀耀飞云。好刀法! 怀玉那里惧你,把手中枪紧一紧梅花片片,串一串枪法齐生,慢一慢枪法蔽日,案一案天地皆惊。好枪法,二人不分高下,大战教场,我且不表。

还有那罗公子不到,他被罗安设个暗房之计,阻在房中,到底年纪还轻,不知细情,还在房中睡着。那个罗通公子在床榻上翻身转来,往外一看,原来乌黑赤暗如此,说:"这也奇了,为什么今夜觉得这等夜长? 睡了七八觉,还未天明,不免再睡一觉。"罗通安心熟睡,只听远远鼓炮之声,有哪些百姓在罗府门前经过说:"哥哥慢走,兄弟与你同去看比武。"罗通睡梦中听得仔细,连忙床上坐起身来,听一听看,只听隐隐战鼓发似雷声。急得罗通心慌意乱,说:"不好了,为何半夜就在那里比武,我还困懵懵在此睡觉,只怕此刻元帅必然定下了。"连忙穿了大红裈裤,披了白绫跨马衣,统了一双乌缎靴,走到门首,把闩落下,扳一扳房门,外面却被罗安锁在那里,动也不动。罗通着了忙,双手用力一扯，括喇一声响，把一扇房门连上下门槛多扳脱了。望旁首一撩跨出门来，说："阿唷！完了。日头正午时了。"那晓得他们设此暗房之计，多用这些被单毡裘，衣服布绢，把那些门缝窗棂，多闭塞满了。所以乌暗不透亮光的。这番气得罗通面上变色，说："好阿！你们这班狗头，少不得死在后面。"说了一句，望外面走了。牵过一骑小白龙驹，跨上雕鞍，把银缨梅花枪拿在手中，好看得紧，也不包巾扎额，秃了这个头，也不洗脸，出了两扇大门，催开坐下马，竟望教场中去了。罗安进内禀道："夫人，公子爷去了。"窦氏夫人说："罗门不幸，生了这样畜生，不从母训，身丧外邦，由他去吧。"

不表罗府之言，单讲罗通来到教场中，见秦怀玉胜了苏麟，正在那里要挂帅印。罗通大叫："秦家哥哥，留下元帅来与小弟作罢。"程咬金在台上一看，原来是罗通，说："这小畜生又知道了。"秦怀玉笑道："兄弟，为兄年长，应该为帅；你尚年轻，晓得什么来。"罗通道："哥哥，兄弟虽则年纪轻，枪法比你利害些，就是点三军，分队伍，掌兵权，用兵之法，兄弟皆通，自然让我为帅。"秦怀玉说："不必逞能，放马过来，当场与你比武，胜得为兄的枪就让你。"罗通攒竹梅花枪，紧一紧，直取怀玉，怀玉手中枪急架相迎，二人战了四合，秦怀玉枪法虽精，到底还逊罗家枪几分，只得开口叫声："兄弟让了你罢。"罗通大悦，说："诸位哥哥们，有不服者快来比武。若无人出马，小弟就要挂帅印了。"连叫数声，无人答应。罗通上前叫声："老伯父，小侄要挂帅印。"程咬金说："你看看自己身上，衣服不曾整齐，像什么样，须要结束装扮，好挂帅印。家将过来，取衣冠与公子爷装束。"那家将答应，忙与罗公子通身打扮好了，就在当场挂帅印。殿下李治亲递三杯御酒，说道："御弟，领兵前去，一路上旗开得胜，马到成功，救了父王龙驾回来，得胜班师，其功非小。"罗通谢恩。这一首程咬金说："殿下千岁，救兵如救火。速降旨意，命各府爵主明日教场点起人马，连日连夜走往番邦，救陛下龙驾要紧。"殿下道："老王伯，这个自然。"李治殿下就降旨意，这些各府公子爷回家，多要整备盔甲。魏征保住殿下，回到金銮殿不必表。

单表罗通威威武武，回到家中，下了雕鞍，进入中堂说道："母亲，孩儿夺了元帅，明日就掌兵权，要起大队人马前去破虏平番了。"夫人大怒说："呔！好不孝的畜生，做娘昨日怎么样对你说，你全然不听做娘的教训，非要前去夺什么元帅，称什么英雄。自古说强中更有强中手，北番那些番狗，多是能征惯战，你年轻力小，干得什么事！我且问你，你祖父、父亲，为甚而死的？"罗通说："阿呀！孩儿年幼，未知我祖父、父亲怎样死的。"夫人大哭，叫声："我儿，你祖父、父亲这样英雄，多死于非命，也是为国捐躯的。"罗通大哭说道："母亲，我祖父、父亲死在何人之手，遭甚惨亡？"夫人大哭道："阿呀，我儿！你若不领兵前去，做娘对你说明，后来好泄此恨；若要前去破关救驾，只恐画龙不成，反类其犬，为娘到也难对你说明。"罗通说："阿呀，母亲又来了。

为人子者理当与父报仇，母亲说与孩儿知道，此番领兵前去，先报父仇，后去救驾。"夫人说："儿阿，你既肯与父报仇，不消问我。"罗通道："母亲叫孩儿问那一个？"窦氏说："你明日兴兵往北番，须问鲁国公程老伯父，就知明白。报仇不报仇也由你。"罗通说："母亲，孩儿问了程伯父，不取仇人首级前来见母亲，也算孩儿真不孝了。"其夜罗通心中纳闷。到五更天，有各府公子爷，多是戎装披挂，结束齐整，齐到教场中听令。罗通头带闹龙束发亮银冠，双尾高挑，身披锁子银丝铠，背插四面显龙旗，上了小白龙驹，手提攒竹梅花枪，后边一面大纛旗，上书"二路定北大元帅罗"，好不威风。来到教场，诸将上前打拱已毕，点清了三十万大队人马，罗通命苏麟、苏凤二弟兄先解粮草而行；程铁牛领了三千人马为前部先锋，逢山开路，遇水叠桥；后面罗通祭旗过了，放炮三声，摆齐队伍，众小爵主保住了元帅罗通、程咬金老千岁，一同望北番大路而行。只见：

旌旗队队日华明，剑戟层层亮似银。

英雄尽似天神将，统领貔貅队伍分。

这三十万人马，望河北幽州大路而进，不觉天色已晚，元帅吩咐安下营寨，与程老伯父在中营饮酒。忽想起家内母亲之言，连忙问道："老伯父，小侄有一句话要问伯父。"咬金说："贤侄要问我什么事？"罗通道："老伯父，我侄儿年幼，当初不曾知道我父亲怎生样死的，到今朝考了二路定北元帅，要去救父王龙驾，母亲方泣泪对我讲说，祖父、父亲，多是为国身亡，死于非命。那时我问死于何人之手，待孩儿好去报仇。谁知我母亲不肯对我说明，叫我来问伯父就知明白。故此小侄今夜告知伯父，望伯父说明，我好与父报仇。"咬金听说，顷刻泪如雨下说："吓，原来如此，好难得侄儿有此孝心，思想与父报仇，这是难得的。说也惨然，可怜你祖父、父亲，多遭惨死。"罗通大气说："伯父！我父亲丧在那个仇人之手，快对小侄说明。"咬金噎住喉咙，纷纷下泪，说不出来了，叫声："侄儿休要悲啼，你既有此心，今夜且不要讲，且破了番兵，然后对你说明。"罗通道："伯父，为什么呢？"咬金说："侄儿，你今第一遭为帅出兵，万事尽要丢开，必须寻些快乐才好，若如此烦恼悲伤，恐出兵不利。"罗通道："是。待小侄进了北番关寨，对我说便了。"其夜一宵过了，明日清晨发炮抬营，过了河北一带地方，竟望雁门关去。非一天之事，我且不必表他。

单讲罗府中还有一位二公子，年方九岁，力大无穷，生来唇红面白，凤眉秀眼，还是一个小孩童。有两柄银锤，到使得来神出鬼没，人尽道他是裴元庆转世，却是罗安老家人亲生的。窦氏夫人见他英雄，过继为二公子，取名罗仁，待他胜似亲生一般。弟兄情投意合，极听母亲教训。若说他本事利害不过，各府的公子没有一个及得他来，要在外边闯祸，做个小无赖，百姓会齐了多到罗府中叫冤，所以夫人将二公子禁锁书房，不许出门闯祸。若说这位公子锁得他住？因母亲之法，不敢倔强，凭你大人的胡桃链，也有本事拿将来，裂断了。锁在书房一月有余，这一日来了两个丫鬟，一个执壶，一个拿了一盘点心，送来与公子吃。罗仁公子笑嘻嘻说道："丫环，我要问你，这两天哥哥不进来望望我，却是为何？"丫鬟说："公子，你难道不知道么，前日万岁爷平番，被困木阳城，程老千岁到来讨救，要各府公子教场比武，考取二路元帅，公子爷考了二路元帅，前去救驾，所以大公子爷领兵定北去了，不在家中，故此不进书房探望。"罗仁说："他几时去的？"丫鬟说："有三天了。"罗仁说："何不早报我得知，我最喜煞番狗的，拿了点心去。"立起身，把项中链裂断了，拿了两柄银锤往外就走。丫鬟慌忙叫道："公子爷那里去？去不得的，夫人要打的。"罗仁哪里肯听，出了门去了。两个丫鬟连忙进来说："夫人，不好了，二公子闻了大公子领兵定北，也要去杀番狗，拿了锤一径去了。"夫人听见大骂道："你两上贱婢，谁要你们多舌去讲，如今怎么样？外边快叫罗德、罗春、罗丕，去寻他转来。"丫鬟应道："是，晓得。"连忙到外边传话。几个家将随即出门，四下去寻，且慢表。

再讲那公子罗仁，长安中走惯的，到也认得，出了光泰门，就不认得路了。在那里东也观，西也望，来往的人多是认得罗府二公子的，开言问："二公子，你要往那里去？"罗仁说："我要去杀番狗，你们可是番狗吗？吃我一锤。"众人说："嗳、嗳，二公子，我们不是番狗。"罗仁道："既如此，番狗在哪里？"众人说："北番的番人路远哩，你小小年纪，怎生去得。"正讲之间，后面四个家将赶上来，叫声："二公子，夫人大怒，道你不听母训，私自出来，要打在那里，快些回去。"罗仁说："你们要死呢要活？"四个家将道："公子又来倔强了，夫人叫我来寻你的，死活便什么样？"罗仁说："要死你们领我回家去，要活你们同我到哥哥那里去。"四个家人到有些推脱，犹恐他认真打一锤来，只得说道："公子就要到哥那里去，也要同我回家，辞别了夫人，发些盘缠，行李也是要的。"罗仁说："既如此，你们去拿了来，代我向母亲面前说一声，我来这里等你们。"家将说："公子同去的是。"罗仁说："我若回家，母亲阻住，不容来的。"家将道："如此公子不要走开了。"罗仁说："不走开的，我在这里等。"四个家将连忙进城，来到府中说："禀上夫人，公子不肯回来，要往哥哥那边去，使我们回来说与夫人知道，要些盘缠同上北番。"夫人说道："这小畜生，也这样倔强。也罢，罗安你们带些盘缠。领了这小畜生随便那里走这么两三天，只说道寻不见哥哥，回去罢。带他回来便了。"罗安道："晓得。"拿了盘缠，来到城外，二公子见了说:"罗安你们来了么,可对母亲说吗?"罗安说:"夫人到肯发盘缠,叫我们小心服侍二公子前去。"罗仁大喜说:"好母亲,快些领我去寻哥哥。"家将说:"倘然寻不见大公子,要回家的。"罗仁年纪虽轻,倒也乖巧,说:"罗安,着你们身上寻还哥哥,若五六天不见,管叫你四人性命难保。"家将听说,心中想道:"看来到要同他寻着的了。"

不表罗仁在路之事,再讲先锋程铁牛,领了三千人马,出了雁门关,前面有座高山,名曰磨盘山。只听得山上一声锣响,程铁牛坐在马上:"前面高山上有锣声,必有草冠下来,尔等须要小心。"说声未了,山上数千喽啰,下山来了。冲出一个大王,年纪还轻,十分凶恶,漆脸乌眉,怪眼狮口,身穿红铜甲,熟铁盔,骑一匹斑豹马,手揄着两柄混铁解花斧,哗落落冲下山来,大叫一声:"打我前山过,十个头儿留九个,若还没有买路钱,叫你插翅难飞过。快快留下买路钱来,放你过去。"程铁牛一见暗笑,大胆的狗强盗,怎么天兵到来,也要买路钱的。把斧一起,冲上前来喝声:"狗强盗,你敢是吃狮子心、大虫胆的吗? 天兵到此,还不投服。"大王道:"什么天兵不天兵,我大王这里,就是大唐天子打从此山经过,也要买路钱的。快快留下,不然要取你命了。"铁牛大怒道:"我把你这该死的狗强盗,还不好好下马归服了,同公子爷前去扫北平番就罢。若有半句推辞,恼了小爵主,杀上山来,把你们巢穴要剿个干干净净。"俞游德大怒说:"照斧罢!"直望程铁牛面门上剁下来了。铁牛说声:"好!"把开山斧噶嘟架开,交锋过去,圈转马来,还转一斧。二人大战在磨盘山下,杀个平交。愈游德惯用脚踏弩,练得希熟的,却把一张弩弓放在马镫子上,若逢骁勇之将,战他不过,只要把脚板一钩,发出箭来,要中那里就是那里,再不歪偏的。程铁牛哪里知道,只顾上面兵器,不顾下面,战到二十回合,俞游德就发箭了,把脚板一钩,一箭骨上望程铁牛面门上射来,程铁牛叫声不好,把头一偏,正中横腮骨,直透耳朵根,去了一大片,血流满面,带转马头,望后好走哩。俞游德大笑道:"要打我山前过,必要买路钱,怕你飞了不成。大王爷守在此。"

不表俞游德阻住磨盘山,单讲程铁牛退走不上二三十里,大队人马来了,元帅罗通在马上大惊说:"老伯父,先锋该当开路,为何反退转来?"程咬说:"不知。这小畜生,想必有利害强盗挡路也未可知,待他到来,问个明白就知。"正是:

凭君骁勇多能将,难避强徒脚踏弓。

要知收服磨盘山草寇,且听下回分解。

第八回

罗仁私出长安城
铁牛大败磨盘山

诗曰:

小将如云下北番,威风大战白良关。

中军帐内来托梦,怒斩苏麟救驾还。

再讲程铁牛到了罗通马前说:"元帅,小弟奉命前到磨盘山,被一强盗阻住去路,小弟被他射伤一箭,几乎性命不保,败走回来,望元帅恕罪。"咬金说:"好畜生,个把强盗杀他不过,若与番将打仗,只好败的了。"罗通开言说:"程哥,强盗要买路钱,绝非无能之辈。待本帅前去收服他。"铁牛说:"他有脚底下射箭,须要防备。"罗通说:"我知道。"程咬金说:"不消贤侄去收服他,待我去。"罗通道:"为甚有劳伯父去收服来。"程咬金说:"贤侄,你难道不知我是强盗的祖宗,他一见自然就来归顺。"罗通大笑,吩咐催兵前进,望磨盘山杀来。俞游德带了三百喽啰,下山前来,喝声:"快将一万买路钱来,放你过去,没有须献元帅首级过来。"惊动唐营,罗通大怒,同程咬金出营观看。罗通端枪冲杀过来:"呔! 狗强盗,敢阻本帅大队人马的去路吗?"俞游德呼呼冷笑说:"我非挡你去路,只因山上欠粮,要借粮草一千或五百,以补过路之税。"罗通道:"狗强盗,好好下马归在本帅脚下,饶你一死。若不肯,刺死本帅枪尖之下,那时悔之晚矣。"俞游德道:"我大王看你年轻力小,一定要来送死,照我的斧罢。"当的一斧,砍将过来。罗通把枪在斧子上噶嘟一卷,俞游德在马上乱晃,一马冲锋过去,带转马来,罗通把枪紧一紧,喝声照枪罢,直望俞游德劈面门刺来。游德喝声不好,把手中斧往枪上抬得一抬,几乎跌下马来。被罗通嗖嗖嗖连挑数枪,俞游德那里招架得定,把斧抬住:"呔! 慢着。"罗通是防备他的,见他住了马,把枪收在手,两眼看定。哪晓得俞游德把脚一勾,喝声:"看箭!"一箭直望罗通面门射上来。罗通说声:"不好"把右手往面上捞接在手,就把左手一枪刺过来,正中马眼,那马嘘哩哩一叫,四足一跳,把俞游德翻下马来。唐营军士把挠勾搭去绑了。喽啰兵说:"不好了,二大王被他捉去了,我们快报上山大大王知道。"飞奔往磨盘山上去了。

罗通听说什么还有大大王,等他一发擒了,好去定北救驾。说犹未了,只见山中又有一位大王爷来了。生得来好可怕,只见他头上翡翠扎巾,青皮脸,朱砂眉,一双怪眼,口似血盆,獠牙四个露出,海下无须,也还少年,身穿青铜甲,左有弓,右有箭,手中端一根金钉槊,催开齐鬃马,豁喇喇冲过来了。营门前有程咬金看见,心中想道:"这个强盗单少了一脸红须,不然与那单雄信一般的了。这个面貌果然无二。"那罗通把枪一起,说:"好个大胆的狗盗,今日二路定北天兵到此,多要买路钱,领众挡路,分明活得不耐烦了。"那大王说声:"呔!我大王爷与你们借贷粮草,没有就罢了,你擅敢擒我兄弟俞游德,好好送了过来,饶你一死,若有半声倔强,管叫你性命顷刻身亡。"罗通呵呵大笑说:"你出口大言,还不晓得我罗爷的枪利害哩。"那大王听说喝道:"呔!你可是大唐罗成之子吗?"罗通说:"然也!你既晓本帅,何不早早下马归正。"大王说:"阿呀!小贼种,你们是我杀父仇人,我在磨盘山上守之已久,不想今日撞着,我父有灵,取你之心祭奠我父;如若不能,誓不为人立于世上。"罗通听到,吓得顿口无言,呆住了。暗想我罗通乃是一家公爷,并未出兵,又不曾害人性命,今因父王有难在番营,故此领兵前去救驾。还只得初次出兵,他为何说起我是他杀父仇人起来?那番问道:"呔!本帅爷与你有什么仇,你且说来。"大王道:"你难道不知我父叫单雄信,昔年与你父原是结义一番,后来我父保了东镇洛阳王为臣,去攻打汴梁城,丧在罗成之手。到今朝我思与父报仇,故此权在磨盘山上落草,虽则罗成已死,深恨难消,今日仇人之子在眼前,取你心祭父,总是一般。"罗通呵呵大笑说:"你原来就是单家哥哥,小弟不知,多多有罪。难得今日故旧相逢,万千之幸,若说伯父身丧,与我爹爹无罪,自古两国相争,各为一主,伯父与爹爹战斗,一时失手,也算伯父命该如此,此乃误伤,有什么冤仇。哥哥这等执法起来。"单天常听了暴跳如雷,怒骂:"杀父之仇,不共戴天,还有何说?不要走,照打罢!"就把金钉枣阳槊一起,呼直望罗通顶上打来。罗通把手中枪嗗嘟架定说:"哥哥休要认真,这样认真起来,报不得许多仇恨。若论金国敬、童培艺二位伯父,被你爹爹擒去,钉手足而亡,也是结义好友,难道不算账的吗?两命抵一命,也算兑得过的了,何用哥哥再来报仇?过去之事,撇在一旁,如今小弟相逢,喜出万幸,快快下马,同小弟进营拜见程伯父,同往北番救驾,何等不美。"单天常大怒说:"有仇不报,枉做英雄。照打罢!"把金钉槊又打过来。罗通把枪紧一紧,把他的枣阳槊逼在一旁,回手一枪,望天常兜面挑将进来。单天常叫声:"不好。"把手中槊往上嗗嘟一抬,这一抬,几乎跌下马来。罗通马打交锋过去,把天常夹腰只一把,说声:"过来罢!"轻轻不费气力,提过马来,搂到判官头上,带转马,望营前来下马,竟入中营。说:"哥哥,如今还是同小弟去定北,还是怎样?"天常心中想道:"我欲报父之仇而来,谁想反被他擒住,若不同他去,料然性命难保,不如从了他,说去平番或者早晚间下得手,杀了他与父报仇,有何不美。"算计已定,说:"也罢,我愿同前去定北。"罗通说:"哥哥,你若口是心非,立个誓来,小弟放心。"天常说:"元帅又来了,我乃年少英雄,一言既出,驷马难追,岂可在元帅面前谎言,若不信我便立誓。若有口是心非,此番前去破房平番,就死于敌人之手,尸骨不得回朝。"罗通说:"哥哥真心太过。"一同来见了程老伯父。咬金说:"贤侄,你父在日,与我好兄弟,不幸他为国尽忠,难得侄儿长大,这金钉枣阳槊使得精通,实乃将门之子,为伯父见了你,也觉欢心,尔等那众小弟兄过来,大家见了礼。"正面俞游德绑缚在此,见单天常归服唐朝,开言叫声:"单大哥,你从顺了他,小弟绑在此,怎么样呢?"天常说:"元帅,俞游德乃是我结义的好兄弟,望元帅放了他。"罗通说:"既是哥哥好友,就是小弟手足了。"过来放了绑,程咬金吩咐营中排宴,款待侄儿。其夜,小弟兄酒饭已毕,各自回营不表。

单讲明日清晨,罗通自思这两个人未必真心,若在旁边,早晚之间倘不防备,行刺起来,反为不美,不如差他两个为先锋,离了我身,就不妨碍了。算计已定,开言叫声:"哥哥,本帅令箭一枝,你二人领了三千人马,为前部先锋,先往白良关。待本帅到了,然后开兵。"

单天常接了令箭,同俞游德带了人马,竟往白良关。在路行三天,到了白良关,吩咐放炮安营,候大兵到了,然后打关。俞游德叫声:"哥哥,今日天色尚早,不免待小弟出马讨战一番。"天常说:"兄弟,北番房狗不是当耍的,既要出马,务必小心。"俞游德说:"不妨,兄弟有脚踏箭利害。"跨上马,手端双斧,冲到关前,大喝一声道:"关上的,报与主将知道,快快出来会我。"小番报进关中,守将铁雷银牙,身长一丈,头如笆斗,眼似铜铃,上马惯用一块踹牌,犹如中国民间用的擀绵条擀板一般,只不过生铁打就,一块铁牌有四尺长,三尺阔,五寸厚,没有柄的,用一根横撑把手,底面有两百只铁钉在上,若是枪刺过来,只要把踹牌一翻,枪多要拔出来的,回手打来,利害不过,有千斤多重,人那里当得起。铁雷银牙算得北番天字号第一个英雄,正与诸将议论,忽小番报道:"启上将军,今有唐兵到了,有将在外讨战。"铁雷银牙呼呼大笑说:"该死的来了。"便把盔甲按好,上马执牌,竟到关前,吩咐放炮开关。轰隆一响,冲出关外,好一位番将,俞游德喝声:"番狗,少催坐骑,快通名来。"铁雷银牙笑道:"你要问魔家之名吗?魔乃流国山川红袍大力子大元帅祖麾下,加封镇守白良关总兵大将军,复姓铁雷银牙。"俞游德说:"俺不晓得你无名之辈。今日大唐救兵已到,要把你北番人羊犬马,杀个干干净净,踹为平地,做个战场,好好下马献关,就罢了,若有半句推辞,顷刻劈于马下,悔之晚矣。"铁雷银牙闻言大怒,回说不必夸能,通下名来,本总兵好用手打你下马。俞游德说:"你也来问俺的大名吗?我乃大唐二路元帅罗标下,加为前部先锋俞游德便是。"铁雷银牙呼呼大笑道:"原来是个无名的小卒,想是活得不耐烦,来送死了。"俞游德大怒,把斧砍来,说:"照爷的斧罢。"直望银牙头上砍来,银牙叫声来得好,把手中这一扇踹牌望斧子上噶啷一挠,那两柄斧子多打在半空中去了,回转马来说声:"去罢"再一踹牌打下来,俞游德只喊得啊呀一声,那里躲闪得及,正被他打得在头上,呜呼哀哉,死于马下。单天常一见大哭:"我那兄弟阿,死得好惨。"催马摇槊冲上前来说:"不要走,取你首级,与弟报仇。"银牙道:"你快通名来,趁手中踹牌。"单天常道:"房狗,你要问我名么,我乃大唐二路元帅罗标下,前部先锋单天常,你把我兄弟打死,照我家伙罢。"把槊往头上打来,银牙把手中牌往枣阳槊上噶啷这一挠,单天常手松得一松,这一条枣阳槊往半空中去了。单天常吓得呆了,被他复一踹牌,夹着脊梁打下,轰隆响翻下马来,伏惟尚飨了。众兵见两先锋俱丧,多望后面退走,银牙呼呼大笑说:"原来多是没用的先锋,不够我两合,尽丧了性命。"说罢,带转马进关中,吩咐小番小心把守关门,此言不表。

单讲二路元帅罗通领大兵而来,有军士报进:"启上元帅爷,俞、单二先锋将军与白良关守将交战,不上二合,多被打死了。"罗通闻报吃惊道:"有这等事么,可怜单家哥一家年少英雄,一旦屈死于他人之手,也算他命该如此。"说话之间,大兵已到白良关,就吩咐放炮安营。只听哄咙一声,离关数箭,把三十万人马齐齐扎定营盘,按了四方旗号,此时天色已晚,请将在中营饮酒,一宵无话。

再表来日清晨,大元帅打起升帐鼓,营中请将多顶盔甲,进中营参见,站立两旁。罗通开言道:"诸位哥哥,本帅有令箭一枝,谁人出马前去讨战。"只听应声而出说:"小将程铁牛愿往。"元帅道:"既是程爷出马,须要小心。"铁牛道:"不妨。带马过来,抬斧。"手下答应齐备,程铁牛按好头盔,上马提斧,炮响出营,豁喇喇冲到关前来了。关头上有小番一见说:"唐营小将,火催坐骑。照箭!"那个箭软软的射将下来,程铁牛把马扣定,喝道:"呔!关上的,快报主将,今有大唐救兵到了,速速献关。"小番报进来了:"启上平章爷,关外有将在那里讨战。"铁雷银牙说:"想必又是送死的来了。带马过来,抬牌。"小番应声齐备,银牙立起身来,跨上雕鞍,手端踹牌,出了总府衙门,来到关上望下一看,只见唐将怎生打扮,但见他头戴开口獬豸乌金盗,身穿锁子乌金甲,坐下一匹点子梨花马,手端一柄开山斧,年纪还轻,只好二十余岁。那银牙就吩咐放炮开关,堕下吊桥,前有二十对大红幡,左右番兵一万,鼓啸如雷,豁喇喇一马冲出关来会战。那程铁牛坐在马上,见关中来了一将,甚是异相,喝声住马,心中一想道:"我兵器不知见了多少,不曾见这件牢东西,方方一块,就是十八般武艺里头,那有什么使踹牌的?真算番狗用的兵器了。"他就把斧一起,大喝一声:"呔!今日小爵主领兵到此平番,斧法精通,十分厉害,快快投降,免你一死,若不听好言,死在马下,悔之晚矣。"银牙大笑道:"不必多言,通下名来。"铁牛说:"你要问小将军之名么,我乃当今天子驾前鲁国公程老千岁公子，大爵主程铁牛，奉二路扫北大元帅将令，要你首级。也罢，照我的斧罢。"把马一拍，一斧就砍下来。银牙把手中牌噶啷一响相架，铁牛喊声不好，几乎跌下马来。这斧子往自己头上直绷转来，豁喇一马冲锋退去，兜转马来，银牙把踹牌一起，喝声："小蛮子，照打罢。"挡一牌打来，铁牛把手中斧往上面这一抬，只见火星直冒，两臂酥麻，虎口多震开，带转马拖了斧子，说："阿唷，好厉害，好厉害！"望营前败走了，银牙大叫说："有能事的出来，没用的休来送命。"

少表这里夸能，再讲程铁牛进营说："元帅，番狗踹牌利害，小将败了，望元帅恕罪。"罗通大怒说："好一个没用匹夫，快退下去。"铁牛唯唯而退。元帅又问："谁能出马？"秦怀玉道："小将愿往。"元帅道："秦哥去必能得胜，须要小心。"秦怀玉答应，吩咐带马抬枪，鼎盛贯甲，挂剑悬铜，上马豁喇喇冲出营门。银牙一见，通名已毕，说道："原来你是秦蛮子的尾巴。"怀玉道："番狗，你既知小爵主大名，何不早早献关投顺，亦免要我公子出马擒拿。"催一步马，喝声照枪罢，分心刺将进来。银牙把踹牌噶啷一声架开，怀玉把手中枪这一缩，只多退了十数步，又是一个回合冲锋过去，战到六七个回合，马有五个冲锋，秦怀玉那里是番将对手，把枪虚晃一晃，带转马，豁喇喇望营前走了。进入中营说："元帅，北番房狗果然利害，小将不能取胜，望元帅恕罪。"罗通说："哥哥，胜败乃兵家之常，但这一座关不能破，怎生到得木阳城救驾？既如此，待本帅亲自出马。"整好盔甲，跨上马，把定枪，一声炮响，鼓声如雷，带领人马冲出营来，一字摆开。众小爵主俱出营门掠阵。

那铁雷银牙见唐营冲出一员小英雄，匹马当先，冲将过来。银牙大喝一声："来将何名！"罗通说："要问本帅之名吗？我乃太宗天子御驾前越国公罗千岁的爵主，干殿下罗通是也。"银牙闻言，不觉吃了一惊，心中想道："这原来是当初罗艺之孙，谅必枪法利害有名的。当年炀帝在朝平北，罗艺之子罗成，同表兄秦琼来退我邦，杀得我元帅大败，骁勇不过的，待我问他一声看："哒！来的可是罗成之子吗？"罗通道："然也。本帅之名扬闻四海，你也闻孤之名，何不下马投顺，免孤动手。"银牙说："小蛮子，你在中原算你有名，来到我邦，撞着铁雷将军，只怕你性命不保，活不成了。"罗通大怒，说："番狗好无礼，不要走，照本帅的枪罢。"催开马兜面一枪，银牙反踹牌一挡，两下交锋，各显本事，一来一往，一冲一撞，你拿我麒麟阁上标名，我拿你逍遥楼上显威。两边战鼓似雷，好杀哩，正是：

英雄生就英雄性，虎斗龙争谁肯休。

毕竟不知胜败如何，且看下回分解。

第九回　白良关银牙逞威　铁踹牌大胜唐将

诗曰：

阴魂显圣保江山，教子申冤败北番。

祖父冤仇今日报，英雄小将破双关。

罗通小将与铁雷银牙战到个三十回合，不分胜败。杀得银牙汗流浃背，把踹牌噶啷一响抬住了枪，银牙开口说："好厉害的罗蛮子。"罗通说："你敢是怯战了吗？"银牙道："哒！小蛮子，那个怯战。今日铁将军不取你命，誓不进关。"罗通说："本帅不挑你下马，也誓不回营。"吩咐两边啸鼓，鼓发如雷，两骑马又战起来，正是：

八个马蹄分上下，四条脖子定输赢。

枪来牌架叮当响，牌去枪迎进火星。

二马相交，战到五十回合冲锋，未定输赢。罗通心中一想，待我回马枪挑了他，算计已定，把枪虚晃了一晃，带转马就走。银牙看见罗通不像真败，明知要发回马枪，便把坐骑护定，呼呼大笑道："罗通，你家回马枪善能伤人，不足为奇，不来追，怕你奈何了我，有本事与你决一输赢。"罗通听言，不觉大骇说："完了，他不上我当，便怎么处？"只得挺枪上前又战起来。两下杀到日落西沉，并无胜败，天色已晚，两下鸣金，各自收兵。银牙进关去了。罗通回进中营下马，抬过了枪，诸公爷接进说："元帅，今日开兵辛苦了。"罗通说:"这狗头果然利害,难以取胜,叫本帅也没本事奈何他来。"咬金说:"侄儿,今被这狗头挡住去路,白良关难破怎生到得木阳城?"罗通说:"伯父,如今也说不得,且待明日再与他交战,必要分个胜败。"当夜不表。明日,早有银牙讨战。罗通依旧出营与他交战,又杀到日落西山,并无强弱。一连战了三天,总是不分胜败,无计可施。

一到第四天,元帅升帐,诸将站立两旁。程咬金在后营有些疲倦起来,罗通只得把头靠在桌上,也要睡起来。程铁牛说:"诸位弟兄,元帅睡了,我们大家睡他娘一觉罢。"秦怀玉说:"兄弟又来了,元帅与番狗战了三天,所以睡了。等元帅醒来,倘有将令,也未可知。"少表众将两旁站立,再说罗通朦胧睡去,只见营外走进两个人来,甚是可怕。前面头上戴一顶闹龙斗宝紫金貂,冲天翅,穿一件锦绣团龙缎蟒,玉带围腰,脚蹬缎靴,面如紫漆,两道乌眉,一双豹眼,连鬓胡髯,左眼有一条血痕;后面有一人头戴金箔头,身穿大红蟒,面如满月,两道秀眉一双凤眼,五绺长须,满面皆有血点,袍上尽是血迹。那二人走到罗通面前,两泪纷纷说:"好个不孝畜生,你不思祖父、父亲天大冤仇未曾报雪,又不听母训,反倒这里称什么英雄,剿什么番邦,与国家出什么力?"罗通一见大惊,连忙问道:"二位老将军何来,为何说这样的话?"那二人说道:"吓!你难道不认得了,我乃是你祖父罗艺,这是你父亲罗成,可怜尽遭惨死,无人申冤,所以到你面前,要与祖父、父亲报仇雪恨。"罗通听言,似梦非梦,大哭说道:"吓!原来二位老将军,就是我罗通祖父、父亲亲自在此。望乞祖父对孙儿说明仇人在何处,姓甚名谁,待孙儿先查仇人杀了他,然后去救驾。"罗艺道:"我那罗通孙儿阿,难得你有此孝心,若要知道仇人是谁,去问鲁国公程伯父,就知明白。"罗通道:"是,待孙儿去问程伯父便了。"罗成走到桌前说:"我儿,你有忠心出力王家,奈白良关难破,为父的有件东西与你,就可挑那番狗了。"罗通连忙问道:"爹爹,是什么东西。"罗成说:"儿阿,你不须害怕,待为父的放在你衣袖内。"罗通说:"是,请爹爹上来。"罗成上前,将手向罗通袖中一放,把罗通一扯说:"我儿醒来,为父的去也。"同了罗艺两魂,转身望营外就走。罗通叫声:"爹爹,如今同祖父往哪去。"旁边程铁牛应道:"爹爹在这里。"把手往桌一拍,吓得罗通身汗直淋。抬起头来,不见什么祖父、父亲,但见两旁站立众将,心中胆寒,满腹狐疑。我想祖父、父亲之仇,叫我问程伯父:"阿!军士,快与我往后营相请程老千岁出来。"军士奉令,忙入后营,只见程咬金正坐在那里打瞌睡。便上前来高叫一声:"程老千岁,元帅爷相请出营。"把咬金惊醒,那番大怒道:"这个罗通小畜生,真正可恼,我老人家正在好睡,他又来请我出去做什么?"那番只得起身,走出中营说:"侄儿有什么话对我讲。"罗通说:"老伯父,且坐了。"咬金坐在旁首,罗通满面泪流说:"伯父,小侄方才睡去,梦见祖父、父亲到来,要我报仇雪恨,侄儿就问仇人是谁?祖父说孙儿要知仇人名姓,须问鲁国公程老伯父,便知明白。"咬金听说,不觉大惊道:"阿唷,原来是我叔父、兄弟阴魂不散,白昼到来托梦。"叫声:"侄儿,此仇少不得要报的,但是在此破关,不便对你说,待到得木阳城,然后说此仇恨。"罗通说:"阿呀,伯父阿,使不得的,祖父、父亲曾对我说,若是程伯父不肯对你说明此事,必要捉他到阴司去算账。"这一句话吓得程咬金胆战心惊说:"叔父、兄弟阿,你不要来捉我,待我对你孩儿罗通说便了。"罗通大喜道:"伯父如此,就对小侄讲明。"咬金道:"侄儿阿,此事不说犹可,若还说起,甚可怜阿。家将程呼在那里。"应道:"老千岁有何吩咐?"咬金道:"往我后营箱子内,取那包箭头来。"程呼答应,忙往后营,开箱取出送来。咬金接在手中,不觉大哭,悲啼叫一声:"侄儿那,你解开来看。"罗通双手捧过来,将包打开一看,原来是一包箭头。忙问道:"伯父,这一包箭头做什么的?"咬金道:"侄儿,你哪里知道,这一包箭头有一百零七个,你祖父中了这一条倒须勾而死,你父亲遭乱箭身亡。"罗通泣泪道:"我祖父、父亲尽被何人射死的?如今这仇人在也不

在，家在何方，姓甚名谁？我必要与祖父报仇雪恨"咬金说："侄儿，你道这仇人是谁那，就是随驾在木阳城中的银国公苏定方这砍头的贼子！"罗通道："他是我父皇的功臣，怎么反伤自家一殿之臣起来？"咬金道："侄儿，你有所不知，那年炀帝在朝，累行无道，各路作乱，自僭为王者多，天下何曾平静。那苏定方保了明州夏明窦建德，起兵到河北幽州，攻打城池，欲夺河北一带地方，乃是你祖父老将军管辖的汛地。他一点忠心与皇家出力，保守幽州，岂肯被番王所夺，所以你祖父出战，被苏定方发这一枝箭，名曰倒须钩，正射中在左眼，你祖父回衙拔箭归阴了。后来五王共同起兵，共伐唐邦。苏定方设计，把你父哄到淤泥河，四蹄陷住，身被乱箭而死，可怜你父背如筛底。为伯父的前往殡殓，打下箭来，一共有一百零七箭。我原想侄儿大来，好与父报仇，所以将这些箭头收捡在此，与你看的。难得叔父、兄弟阴灵有感，前来托梦，今日对你说明天大冤仇，乃银国公苏定方这狗贼。"罗通听言，暴跳如雷，说道："我把苏定方这贼子碎尸万段，方雪我恨。哎！父王、父王，你好忘臣子之功也。我罗氏三代尽忠报国，就是这一座江山，亏我父之功，怎么反把仇人荫子封妻。我罗通不取这贼子之心，誓不立于人世也。"正在大怒，忽有军士报进："启元帅爷，苏家二位公子爷解粮到了。"罗通说："住了。苏麟、苏凤如今在哪里？"军士禀称，现在营外。罗通说："阿唷，气死我也，捆绑过来。"苏麟、苏凤道："小将奉令解粮，毫无差错，为甚元帅要把小将们捆起来？"罗通不好说报仇之事，只因方才正在愤怒头上，所以要把他弟兄捆绑进营，如今仔细想来，无甚差误，却被他弟兄急问上来，不觉顿口无言。说："也罢，本帅有令箭一枝，命你往关前讨战，若胜得番将铁雷银牙，这就罢了；如若败回，休怪本帅。"苏麟、苏凤一声："得令。"接了令箭，退出营外。苏凤叫声："哥哥，元帅不知为甚大怒，不问根由，要斩我们，内中必有蹊跷。今又命哥哥到关前讨战，知道番将利害不利害，倘然不能取胜，性命就难保了。"苏麟泣泪道："兄弟，你难道看不出罗通做事吗？"苏凤说："哥哥，兄弟不知是何缘故。"苏麟道："呀，兄弟，我哥哥不是痴呆懵懂，此事尽已知道。方才一到营前，也不问解粮多少，就把我们绑进营门，罗通面上已发怒容，已有泪形，竟要为兄到关前讨战。若胜还可，倘然不胜，性命必不能保。想他一定要与父报仇了，怎奈兵权在他手内，为兄的命一字玄玄，也说不得了。"苏凤说："哥哥且请宽心，若不能取胜，是有做兄弟的在此，与罗通分辨，保救哥哥。"苏麟说："兄弟，只怕未必肯听。你在营前且掠阵，待为兄的到关前讨战。"苏凤说："是。哥哥须要小心。"那苏麟顶盔贯甲，跨马端枪，出营与银牙打仗，我且不表。

单讲罗通在营又叫道："老伯父阿，侄儿方才梦中。父亲又对我讲道：'你若要破此关，我有一件东西在此。'即放在小侄袖中，未知什么东西，梦中之事只怕不真。"咬金说："原来有此一事，决不谎言，看看袖中是什么东西。"罗通把手往袖中摸出一张纸来，你道有什么在上面，却画就一张小小弯弓，一支箭在上面。罗通见了，不解其意。便说："伯父，这一件东西，不知什么意思，叫小侄不解。"程咬金说："这又奇了，我罗老兄弟既阴魂可保江山，此物绝非无用，待我想来是何意思。"想了一会说："吓，是了。侄儿，你难道不知此件东西怎样用他的吗？"罗通说："伯父，侄儿不知怎生用法。"咬金说："侄儿，当初你父亲惯用怀揣月儿弩的。"罗通说："伯父，怎生叫怀揣月儿弩。"咬金说："侄儿，你不知道，当初你父在日，有这一点小弓小箭，藏在怀里，若遇勇将，不能取胜，拿将出来，百发百中，取人性命，如在手掌。那年伯父在于关前，看你与殷学交锋，连战百余合，不能取胜，用此物伤他命的。今日便儿难破白良关，你父也教你用此月儿弩，所以纸上画此图形。"罗通说："果有此事，但小侄不曾用，怎么处？"咬金说："不妨，你是乖巧的，容易习练，你父也曾教我，为伯父的虽不能精，有些会的待我教道你就是了。"罗通就吩咐家将，应声去造怀揣月儿弩。

再表这一首苏麟大败进宫说："元帅，关中番将蹿牌甚是利害，小将难以取胜，求元帅恕罪。"罗通大怒，喝声："苏贼，今日本帅第一遭领兵到此，一重关还没有破，你就大败回营，刀斧手过来，与我将苏麟绑出营门枭首。"刀斧手一声答应，把苏麟背膊牢拴推出营门去了。吓得苏凤魂不附体，连忙跪下说："元帅，胜败乃兵家之常事，求元帅恕罪。"罗通大怒道："胜则有赏，败则有罚，你敢触怒本帅，左右与我拿下，重责四十棍。"两旁军卒奉令，把苏凤拿到案前，只见刀斧手已取苏麟首级进营来缴令了。苏凤一见，大放悲声，哭出营外，回进自己营中，收拾行囊路费，自思此地不是安身之处。受了四十钢棍,可怜打得鲜血直流,含怒起身,等得三更时分,逃脱身躯,另保别主之事,我且丢开。再讲罗通叫声:"伯父,小侄斩了苏麟,方出胸中一忿之气,必须杀了苏定方,我祖父、父亲冤仇报雪。"咬金说:"这个自然。明日待伯父教道你怀揣月儿弓,破了白良关,杀到木阳城,好斩苏定方这个狗贼。"罗通道:"是,多承伯父指教。"其夜话文不表。

单表来日,早有军士报道:"启元帅爷,苏家小将军昨夜不知哪里去了。"罗通说:"一定逃走了,由他去吧。"是日,程咬金教罗通习学怀揣月儿弓,果然罗通乖巧,一学就会,练了三日,射去正中。咬金大喜说:"如今练来已熟,事不宜迟,明日就去攻关讨战,或者你父阴灵暗保,也未可知。"罗通应声道:"伯父之言有理。"

一到明日,装束齐整上马,把月儿弩藏于怀内,炮响一声,一马冲出营来。后面程咬金也在营前观看。那罗通来到关前,高声大叫:"呔!关上的,快报与那个虏狗说,本帅与他连战三天,不分胜负,今日叫他出来,定个输赢。"小番报进关中,铁雷银牙披甲停当,带了手下,放炮开关,一马当先,冲过来了。罗通一见喝声:"虏狗,你来送死么!"把枪一串,催上马来,一心要取番将首级,也不打话,二人大战。原杀个平交,战到了二十余合,罗通诈败佯输,带转马头而走。铁雷银牙扣定马说:"小蛮子,你不必弄鬼,魔家知道你回马三枪利害,不来追你,有本事再与你战三百合。"住马不追。罗通诈败下来,左手往怀中取出一张小弓,回头看见他不追下来,即把枪按在判官头上,带转马来,暗叫一声:"父亲阿!你阴灵有感,暗中保佑我孩儿一箭成功。"心中在此想,把手一捺,嗖的一箭发将出来,果然罗成阴灵暗助,不高不低,一箭射去,正中番将咽喉。银牙说声:"什么东西飞来。"要闪也不及了,哄咙一响,马上翻将下来,死于马下。罗通见番将已死,回转头来叫声:"程伯父、众将们,好抢关口。"口叫动手,把枪一摆,豁喇喇纵过吊桥来了,手起枪落,好挑的。那些小番走得快,逃了性命,走不快也有荡着面门,也有刺着咽喉,死者死,伤者伤,逃者逃,多弃关飞奔金麟川去了。元帅同诸将来到关中,查盘钱粮,点明粮草,养马一日,到了明晨,放炮一声,兵进金麟川,此话慢表。

再讲金麟川守将名叫铁雷金牙,身长一丈,有万夫不当之勇。正在堂上闲坐,忽见小番报进说:"平章爷,不好了,白良关又被唐兵打破,银牙将军阵亡了。"铁雷金牙闻言大惊说:"有这等事!阿呀,我那兄弟阿,可怜如此英雄,一旦丧于唐将之手。"大哭数声,泪如雨下。吩咐把都儿关上加起灰瓶石子,踏弓弩箭,若是唐朝救兵一到,速来通报,待魔家好与兄弟报仇。

不表关内之事,再讲到罗通大队人马来到金麟川,离开数里安营下寨,放炮停行。到了明日,元帅升帐,聚齐众将,站立两旁。便开言说道:"诸位哥哥在此,北房番将甚是利害,你们难以开兵,今日原待本帅亲自出马,或者挑得番将也未可知,你们多上马端兵,看我打仗。倘然取了金麟川,岂不为美。"众将称善,罗通按好盔甲,带过马,手执枪上马,一声炮响,一马冲出营来。小番看见,报进关中。铁雷金牙闻报,披挂停当,顶盔贯甲,上马提刀,放炮开关,放下吊桥,带了众番,一马冲出关来,正是:

饶君烈烈轰轰士,难敌唐朝大国兵。

毕竟不知金麟川如何破得,且看下回分解。

第十回　八宝铜人败罗通
罗仁双锤救兄长

诗曰:

愿得貔貅十万兵,能教房寇一时平。

功成不用封侯印,麟阁须留忠孝名。

罗通抬头一看,好一员番将,甚是可怕。只见他头戴青铜狮子盔,身穿锁了红铜甲,外罩大红袍,青眉紫脸,豹眼黄须,坐下一匹青毛吼,冲上前来,把刀一起,那罗通把枪噶啷架定:"呔!来的可通下名来。"金牙说:"你要问魔家之名吗?魔乃流国山川七十二岛红袍大力子大元帅祖麾下,加为百胜将军,铁雷金牙便是我也。晓得你是罗成之子罗通,你伤我兄弟银牙,欲要把你活擒过来,碎尸万段,以泄我弟之仇。"说声未了,把刀一起,叫声:"小蛮子,照魔家的刀罢。"豁绰一刀砍过来。那罗通不慌不忙,把枪一卷,直往头上绷转来,战到了二十余合,金牙只有招架之功,没有还兵之刀,嘴里边说:"阿唷!好厉害的小蛮子哩。"罗通见他刀法已乱,这一枪兜胸前刺进来。那铁雷金牙叫声不好,躲闪不及,正中前心,扑通一响,翻下马来。罗通同众将乘势抢关,那些小番儿见主将已死,多进关中,闭关也来不及了。罗通随后冲进,杀得番兵:

忙忙好似丧家犬,急急浑同漏网鱼。

口中尽叫快走,多望野马川逃去了。元帅吩咐养马一日,查盘府库,扯起大唐旗号,明日兵进野马川。

再讲野马川守将叫作铁雷八宝,其人身高一丈,头大如斗,两眼铜铃,口似血盆,连鬓红须,力拔泰山,要算番邦一员大将,惯使一个独脚铜人。列位,你们道什么叫作独脚铜人?有四尺长,原有头有手,单有一只脚,像十二三岁的小孩子一般,有千斤多重。将此作军器,你道利害不利害。铁雷八宝正与花知鲁达们,在私衙商议退兵之事,外面小番报进:"启上将军,关外有金麟川败残兵卒,要见将军。"八宝听言大惊说:"传进来!"一声吩咐传进,小番跪禀道:"将军爷,不好了。大唐救兵来得凶勇,二将军被唐将枪挑而死,金麟川已破,不日兵到野马川来了。"铁雷八宝听言,不觉下泪说:"有这等事。大兄被伤,此恨未消,今二兄又遭童子之手,可不痛杀我也。待唐兵来到关下,魔家不一顿铜人打尽蛮子,也誓不立于人世也。"遂吩咐小番,若唐兵一到,速来报我知道。把都儿一声答应,紧守关门不必表。

再讲唐兵到了野马川,离关一里安营下寨,吩咐放炮升帐。罗通坐在中军帐内,叫声:"程伯父,路上辛苦,安息一宵。"咬金说:"这个自然,出兵之法,凡兴兵破关,三军行路辛苦,要停兵一天,养养精神的。"当夜不表。

再讲次日天明,元帅升帐说:"今日那一个哥哥去攻关讨战?"闪出秦怀玉道:"小将愿去讨战。"罗通道:"哥哥须要小心。"怀玉得令,上马提枪,结束停当,放炮开营,带领三军,一马冲出,来到关前大喝一声:"咹!关上的,快报与虏狗知道,出来会我。"小番看见,连忙报进:"启上将军,今有唐将一员出马讨战。"八宝听言,既有唐将讨战,吩咐披挂,抬铜人过来。小番一声答应齐备,八宝结束上马,拿了独脚铜人,催开马,出了总府,来到关前。放炮开关,鼓声啸动,一马望吊桥上冲过来了。秦怀玉抬头一看,心中大骇说:"他手中拿的是什么东西?我想十八般武艺,件件皆知,何曾有这人用的是独脚铜人。"他又生得十分恶相,你看他怎生打扮:

面如红枣浪腮胡,两道青眉豹眼珠。身着连环金锁甲,头顶狐狸狮子盔。
左首悬弓新月样,右边顶内插狼牙。手执铜人多凶恶,坐骑出海小龙驹。

秦怀玉喝道:"来的虏狗,少催坐下之马,快留下名来,你有多大本事,敢来送死。"铁雷八宝听见便说:"你要问魔的名么,魔乃流国山川红袍大力子大元帅祖魔下,加为随驾大将军,铁雷八宝的便是。你小蛮子有甚本事,敢到魔家马前送死。"秦怀玉呼呼大笑说:"把你这番狗活捉过来,立时枭首。怎么口出大言,分明买腌鱼放生,不知死活,你又不是什么铜皮铁骨的利害,今日天朝救兵前来,还不知道我们众爵主爷骁勇哩。此去赤壁宝康王尚要活擒,何在为你这个把番狗,擅敢霸住野马川,阻我上邦爵主爷去路。"铁雷八哈哈大笑说:"你们众蛮子尚被我邦困住,何在你们这一班无知小子,还不晓得魔家手中铜人利害。此乃自投罗网,不足为惜。快通个名来,魔好打你为粉。"怀玉说:"小爵主乃是护国公秦老千岁荫袭小爵主,奉朝廷旨意,挑选二路平番招讨大元帅罗魔下,加为无敌小将军,秦怀玉便是。放马过来,照爵主的枪罢。"把空条黄金枪串一串,一炷香直望八宝面门上速刺将过来。那八宝说声:"来得好!"不慌不忙,把手中独脚铜人往枪上噶嘟这一击,秦怀玉喊声不好,几乎跌下雕鞍,枪多拿不牢起来了。马打冲锋过去,才圈得马转来,早被八宝量起手中铜人,喝一声:"小蛮人照打罢!"将这铜人望顶上打下来了,好似泰山一般。秦怀玉喊声:"不好,我命休也。"把枪横转了,抬上去。不觉噶嘟啷声响,枪似弯弓模样,马直退后十数步,几乎跌落雕鞍。看来战他不过,只得带转马头,望营前大败而走。铁雷八宝说:"你这小蛮子,来时许多夸口,原来本事也只平常,你往那里走,魔来也。"豁喇喇追上前来,秦怀玉早进营了。有军士射住阵脚,八宝只得把马扣定,喝道:"营下的,量你们营中多是无名小卒之辈,缺少能人,快快退了人马,让魔这里两座关头,放你们残生回去。"

不表铁雷八宝夸言,单讲秦怀玉下马进了中营,说道:"元帅,番狗骁勇,手中铜人十分沉重，小将被他打得一下挡不住，所以败了，望元帅恕罪。"罗通大骇说："北番番将算得异人了，用的兵器多不在十八般武艺里头，第一关守将的什么踹牌，如今又是什么铜人了，哥哥无罪，带马过来，待本帅亲自出马。"那手下军士备好龙驹，牵将过来。罗通立起身来，把头盔按一按，把金甲按一按，跨上龙驹，提了攒竹梅花枪，炮声一起，营门大开，前里二十四对大红旗，左右平分，鼓声嘁动，嚯喇喇冲出来了。元帅出马，众爵主多出营来哩。那程咬金说："我从幼出战沙场，兵器见了无数万。从不曾见有什么独脚铜人的兵器，今日我老人家到也要出营去看一看。"

不表爵主与程咬金出营观望，单讲罗通冲出营来，那铁雷八宝抬头一看说："又来送死的蛮子，少催坐骑，通下名来，是什么人？"罗通道："你要问本帅之名，乃越国公荫袭小爵主，外加二路扫北大元帅，干殿下罗通便是。"八宝听言，便说："你可就是当年平北罗艺老蛮子的小蛮子传下来的吗？"罗通应道："然也，既知本帅之名，何不早早下马受缚。"八宝呼呼冷笑道："我把你这小蛮子，碎尸万段，方雪我恨。我两位哥哥尽丧于你小蛮子之手，正要与兄报仇，这叫天网恢恢，疏而不漏，今日仇人在眼，分外眼红，我一铜人不打你个齑粉，也誓不共戴天。放马过来！"八宝催一步马向前，把独脚铜人往头上一举，喝声："照打罢。"望罗通顶梁上一铜人打下来。那罗通喊声："不好。"看来这铜人沉重，只得把枪也轮横了抬上去。噶嘟噶嘟一声响，马打退有十数步才圈转来。八宝又说："照打罢。"又是一铜人打下来，罗通又把枪挡得一挡，不觉坐下雕鞍头圆乱闯，一马冲锋过去，兜得转来，八宝又打一铜人下来。那时罗通抬得一抬梅花枪，打得弯弓一般，虎口多震得麻木了。心下暗想："这番狗果有本事，不如发回马枪挑了他罢。"算计已定，把枪虚晃一晃，说："番狗果然骁勇，本帅不是你对手，我今走也，少要来追。"说罢带转丝缰走了。铁雷八宝哈哈大笑说："魔家知道你，当年罗艺、罗成前来扫北，把回马枪伤去了我邦大将数员，魔也晓得你们罗家有回马三枪利害，但别将怕你回马三枪骁勇，独有魔家不惧你们的回马枪，我把铜人在此摇动，看你怎么样把回马枪伤我。"说罢把铜人在手中摇动，将喉咙前心两处护定，催开坐骑，随后转来了。那罗通听见此言，回头看看，只见他把铜人摇动，护住咽喉，一路追下来了，并无落空所在，好发回马枪。罗通不觉心内慌张，不知怎样的，把丝缰一偏，望营左边落荒而跑了。那铁雷八宝心中大喜说："魔道你败进营中，倒也奈何你不得，谁说你反落荒而走，分明：

　　一盏孤灯天上月，算来活也不多时。

　　凭你飞上焰摩天，终须还赶上。你往那里走！"嚯喇喇追上前来。营前众爵主见元帅被番将追落荒郊，不觉一齐惊得面如土色，尽说："完了，如今驾也救不成，一个元帅反送掉了。"程咬金说："这个畜生自然该死，败下来自该败进营内，怎么反走落荒郊，定多凶少吉的了。"此话慢表。

　　且说罗通被八宝追下来，有四十里路程，急得来汗流浃背，只见八宝使起铜人紧追紧走，慢追慢行，一步不放松。想道："这回马枪不能伤他，将如之何？"心下在此沉吟，丝缰略松得一松，马慢了一慢，却被八宝这匹马纵一步上，就在罗通背后，量起铜人，喝声："照打罢。""当！"这一击打下来，那个罗通喊声："我命休也。"把枪抬得一抬，在马上乱晃，二膝一夹，那马嚯喇喇好走哩。追得罗通好不着急。说："番狗奴休要来追，少待来追。"八宝呼呼冷笑说："你往那里走，快留下首级来，吓。"说罢，又紧追紧赶，相离营盘有八十里路了。罗通吓得昏迷不醒，伏在马鞍上败下来。偶抬头一看，只见那一边远远来了五个人，那四个头上多是紫色将巾，当中这个银冠束发，白绫战袄，生得唇红齿白，年纪不过八九岁，好是孩童一般，那四个人须发多白。你道是什么人，原来就是罗府中二公子罗仁。他道哥哥领兵扫北，所以也想前来杀番狗。随了罗德、罗春、罗安、罗福四名老家将来的。一路进了白良关，金银二川，罗仁不觉烦恼说："你们这四个老狗才，在此作弄我吗，离家乡也有几十天，难道哥哥的兵马还不见？"四人道："二爷又来了，进北番地界，有三座关头，大公子兵马不见，非怪我们之事。"正在此讲，只听喊声道："番狗奴休要来追。"嚯喇喇追下来了。那时五人抬头一看，只见一员番将，摇动手中铜人，追赶一员银冠束发的小将下来。四个家将大惊道："阿呀，不好了，这员败下来的小将，好似我家大公子一般，二爷你可见吗？"罗仁听说，睁眼细一看，说："是阿，是阿。一些也不差，果然是我家哥哥，为什么大败？不好了，这番狗奴如此猖獗，追我哥哥，我不去救，那一个去救。你们快拿锤来！"罗安道："二爷，使不得，番狗骁勇，你哥哥尚且大败,你去到得那里是那里。"罗仁道:"你不要管。"竟夺了两柄大锤,蹋,蹋,蹋,跑过去叫声:"哥哥,我兄弟罗仁在此救你。"那罗通听言,抬头一看,不觉惊骇叫声:"兄弟动不得,为兄尚然大败,你年纪尚小,不要藐视他人,快退下去。"罗仁不听罗通言语,竟追上去了。罗通好不着急,扣定了马,那四名家将赶上来说:"大爷,我们家人人叩见。"罗通说:"你这四个狗才,那番狗使这铜人,好不利害,我尚且败了,二公子有何本事,你们放他上去,倘被他们伤了,如之奈何。"四个家将说:"我们原阻挡,二爷不听,自要上去,不关我们之事。"

少表这里主仆之言,再讲罗仁提了两柄银锤,上前喝道:"咳!你这番狗,不必追我哥哥,我二爷在此,你把这颗首级割下来。"那八宝在马上看见了这个小孩子在马前讲话,想他身不上三尺,不觉哈哈大笑,把马扣定说:"孩子,魔要追赶这罗通小蛮子,你为什么拦住马前,倘被马脚踹死了,怎么样呢?快些闪开,待魔家走路。"罗仁喝道:"咳!你这个该死的番狗,那罗通是我哥哥,我就是二公子罗仁,你要往那里走。吓!快来祭你二爷这两柄锤罢。"八宝闻言怒道:"什么东西,魔家立番邦以来,这铜人下不知死了多多少少的英雄好汉,你这小孩子,也在此戏耍,快些闪开,再在马前混账,魔家撮起了捏死你犹如蝼蚁一般哩。"罗仁道:"咳!番狗。你不要夸口,好好取过头来,必要待你小爷一顿乱捶,把你打为肉酱么。"八宝大怒说:"你这小孩子,魔家好意放你一条生路,你必要死在我铜人底下,此乃该死畜类,佛也难度,照打罢。""铛"一铜人打下来。那罗仁说声:"来得好。"把手中银锤往铜人上噶嘟这一杂,架在旁首,冲锋过来。罗仁在地下够不着他身体,交锋过来,望八宝这一骑马头上挡这一银锤,打得这个马头粉碎跌倒来,把一个铁雷八宝翻在尘埃。罗仁上前把铜人夺下,复又一锤打去,把八宝头颅打得肉酱一般,一命归天去了。罗通与四名家将见了,不胜之喜。上前来说道:"兄弟,多多亏你,为兄险些丧于番狗之手,请问兄弟到这里做什么?"罗仁说:"兄弟也要去杀番狗,在哥哥帐下立些功劳,出仕朝廷,故而来的。"罗通说:"既如此,兄弟同我营中去。"不表六人回转营中,先讲营内诸将,等至更初,不见元帅回来,大家着忙。程咬金亦着了急,这一首:"启上老千岁,元帅回营了。"诸将听说元帅回营,大家出来迎接。说:"元帅恭喜,受惊了。阿呀!这二兄弟为何亦在此处?请到里边去。"大家同进营来。咬金叫声:"侄儿,你被番狗追下去,害得我做伯父的胆子惊碎了,如今怎样脱离回营?"罗通把兄弟相救情由,说了一遍。咬金大喜,称赞二侄儿之能。罗仁就拜见伯父,又与众位哥哥见过了礼。罗通吩咐道:"如今趁关上小番等候主将回关,必然不闭关门,不如连夜抢进关中安营罢。"众爵主听了令,多上马提了兵器先抢关头。后面大小三军,卷帐拔寨,多抢关了。罗通、罗仁两员小将,先把关门打开,冲到里面,把那些把都儿枪挑锤打,守关之将尚然伤了,那些小番济什么事?被众将赶进关内,刀斩斧劈,人头骨碌碌乱滚,如西瓜一般。这场厮杀,小番尽皆弃关而逃。元帅就吩咐安下营盘,一面查点粮草,一面关上改立旗号,众将各自回营。一宵过了,到明日清晨,传令:

早除野马铜人将,再灭黄龙女将来。

毕竟众小将不知如何救驾,且看下回分解。

第十一回　罗仁祸陷飞刀阵　公主喜订三生约

诗曰:

屠炉公主女英雄,国色天姿美俏容。
只因怒斩罗仁叔,虽结鸾交心不同。

罗通吩咐:发炮抬营,大小三军拔寨往黄龙岭进发。一路前行,有四五天程途,早到了黄龙岭。离关数箭之遥,传令三军扎住营盘,起炮三声,早已惊动了关上。把都儿一见唐营扎住营盘,慌忙进衙飞报主将,说:"启上公主娘娘,南朝救兵已至关下,扎营在那里了。"屠炉公主听见,说:"该死的来了!"吩咐带马。手下应声答应,带过马来,公主跨上雕鞍,手提两口绣鸾刀,离了总帅府衙门。后面跟了二十四名番婆,都是双雉尾高挑,望着关前来。一声炮响,关门大开,吊桥放下,鼓啸如雷,豁喇喇的冲到营前来了。有军士一见，连忙扣弓搭箭，说："哎！来的番婆，少催坐骑，照箭！"那个箭嗖嗖的射将过来。公主把马扣定，叫一声："营下的，快去报，有公主娘娘在此讨战，叫你们唐兵好好退了，暂且饶你班蝼蚁之命。若然不退，我娘娘就要来踹你营头了！"那些军士到中营报说："启元帅，营外有一番婆，口出大言，在外讨战。"罗仁心中大悦，走将过来说："哥哥，待兄弟出去擒了进来。"罗通说："兄弟既要出战，须当小心。"罗仁应道："不妨。"他一点小孩子，也不坐马，拿了两个银锤，走出营去了。罗通立起身来说："诸位哥哥、兄弟们，随本帅营去看看我弟开兵。"众爵主应道："是。"大家随了罗通出到营外，咬金也往营外看去。

罗仁又看那公主一看。啊唷！好绝色的番婆。你看他怎生打扮，但见：

　　头上青丝，挽就乌龙髻；狐狸倒插，雄鸡翎高挑。面如傅粉红杏，泛出桃花春色；两道秀眉碧绿，一双凤眼澄清。唇若丹朱，细细银牙藏小口。两耳金环分左右，十指尖如三春嫩笋；身穿锁子黄金甲，八幅护腿龙裙盖足下。下边小小金链，踹定在葵花踏镫上。果然倾城国色，好像月里嫦娥下降，又如出塞昭君一样。

罗仁见了，不觉大喜，说："番婆休要夸口，公子爷来会你了！"那公主一见，说："是小孩子！你吃饭不知饥饱，思量要与娘娘打仗吗？幸遇着我公主娘娘有好生之德。你命还活得成。若然逢了杀人不转眼的恶将，就死于刀枪之下，岂不可惜？也算一命微生，无辜而死，我娘娘何忍伤你！"罗仁听言，大喝道："哎！你乃一介女流，有何本事，擅敢夸能，还不晓得俺公子爷银锤利害吗？也罢，我看你千娇百媚，这般绝色，也算走遍天涯，千金难买。我哥哥还没有妻子，待我擒汝回营，送与哥哥结为夫妇罢！"公主听言，满面通红，大怒道："哎！我想你小孩子乱道胡言，想是活得不耐烦了！我娘娘拼得做一个罪过了，照刀罢！"插的儿一刀，望罗仁面上劈下来。罗仁叫声："来得好！"把银锤往刀上噶嘟一声响，架在一边，冲锋过去。罗仁把银锤击将过来，望马头上打将下去。公主看来不好，把双刀用力这一架，噶嘟、噶嘟一声响，不觉火星迸裂，直坐不稳雕鞍，花容上泛出红来，心中想："这孩子年纪虽小，力气倒大。罢！不如放起飞刀伤了他罢。"算计已定，把两口飞刀起在空中，念动真言，青光冲起，把指头点定，直取罗仁。惊得营前罗通魂不附体，叫声："兄弟！这是飞刀，快逃命！"这一首没一个不大惊小怪。哪知罗仁出母胎才得九岁，哪晓上战场有许多利害，第二次交锋，焉知飞刀不飞见。见刀在空中旋下来，心中倒喜。抬头看着了刀，说道："咦！这番婆会做戏法的。"口还不曾闭，一口刀斩下来了。罗仁喊声："不好！"把锤头打开。这一把又飞往顶上斩下来了。罗仁把头偏得一偏，一只左臂斩掉了；又是一刀飞下，一只右臂又斩掉了。那时罗仁跌倒尘埃，一顿飞刀，可怜一位小英雄斩为肉酱而亡了。

罗通见飞刀剁死兄弟，不觉大放悲声："阿呀，我那兄弟啊！你死得好惨！""轰隆"一声响，在马上翻身跌落尘埃，晕过去了。唬得诸将魂飞魄散，连忙上前扶起，大家泣泪道："元帅苏醒！"咬金泪如雨下说："侄儿！不必悲伤。"四个家将哭死半边。罗通洋洋醒转，急忙跨上雕鞍，说："我罗通今日不与兄弟报仇，不要在阳间为人了！"把两膝一催，豁喇喇冲上来了。公主抬着一看，只见营前来了一员小将，甚是齐整，但见他：

　　头上银冠双尾高挑，面如傅粉银盆，两道秀眉，一双凤眼，鼻直口方，好似潘安转世，犹如宋玉还魂。

公主心中一想："我生在番邦有二十年，从不曾见南朝有这等美貌才郎。俺家枉有这副花容，要配这样一个才郎万万不能了。"她有心爱慕罗通，说道："哎！来的唐将，少催坐骑，快留下名来！"罗通大喝道："你且休问本帅之名。你这贱婢把我兄弟乱刀斩死，我与你势不两立了！本帅挑你一个前心透后背，方出本帅之气。照枪罢！"嗖的一枪，劈面门挑进来。公主把刀噶嘟一声响，架往旁首，马打交锋过，英雄闪背回。公主把刀一起，望着罗通头上砍来，罗通把枪逼在一旁。二人战到十二个回合，公主本事平常，心下暗想："这蛮子相貌又美，枪法又精，不要当面错过，不如引他到荒郊僻地所在，与他面订良缘，也不枉我为了干公主。"算计已定，把刀虚晃一晃叫声："小蛮子！果然骁勇，我公主娘娘不是你的对手，我去了，休得来追！"说罢，带转丝缰，望野地上走了。罗通说："贱婢！本帅知你假败下去要发飞刀。我今与弟报仇，势不两立！我伤你也罢，你伤我也罢，不要走！本帅来也！"把枪一串，二膝一催，豁喇喇追上来了。

那公主败到一座山凹内，带转马头，把一口飞刀起在空中，指头点定喝道："小蛮子！看顶上飞刀，要取你之命了！"罗通抬头一见，吓得魂不附体，说："啊呀！罢了，我命休也！"倒把身躯伏在鞍桥上。那时公主开言叫声："小将军！休得着急，我不把指头点住飞刀，要取你之命。如今我站在此，飞刀不下来的，你休要害怕。我有一言告禀，未知小将军尊意若何？"罗通说："本帅与你冤深海底，势不两立，有何说话速速讲来，好与兄弟报仇！"公主道："请问小将军姓甚名谁，青春多少？"罗通道："嗄，你要问本帅吗？我乃二路平番大元帅干殿下罗通是也，你问他怎么？"公主道："嗄，原来就是当年罗艺后嗣。俺家今年二十余岁，我父名字屠炉，掌朝丞相，单生俺家，还未适应，意欲与小将军结成丝罗之好。况又你是干殿下，我是干公主，正算天赐良缘，未知允否？"罗通听言大怒，说："好一个不识羞的贱婢！你不把我兄弟斩死，本帅亦不稀罕你这番婆成亲。你如今伤了我兄弟，乃是我罗通切齿大仇人，那有仇敌反订良缘！兄弟在着黄泉，亦不瞑目。你休得胡思乱想，照枪罢！"耍的一枪，直望咽喉刺来，公主将刀架在一边，说："小将军！你休要烦恼，你的性命现在我娘娘手掌之中。我对你说，你若肯允，俺家情愿投降，献此关头。在你马头前假败，就领番兵退到木阳城，等你兵马一到，就里应外合，共保我邦兵马俺家君。你救出唐王与众位老将军，先立了功，岂不消了我误伤小叔之罪？然后小将军差一臣子求聘我邦，岂不两全其美？你若不允，我把指头拿开，飞刀就要取你性命了！"罗通道："呔！贱婢杀我弟之仇，不共戴天！你就斩死我罗通罢！"公主哪里舍得斩他。正是：

　　姻缘不是今生定，五百年前宿有因。
　　并头莲结鸳鸯谱，暗里红丝牵住情。

故此，公主不舍伤他，复又开言叫声："小将军！你乃年少英雄，为何这等智量？你今允了俺家姻事不打紧，陛下龙驾与众位臣子就可回朝了。你若执意要报仇，娘娘斩了你，死而无名，仇不能报，驾不能救，况又绝了罗门之后，算你是一个真正大罪人也！将军休得迷而不悟，请自裁度。"

那公主这一篇言语，把罗通猛然提醒，心下暗想："这贱婢虽是不知廉耻，亲口许姻，此番言语倒确确实实是真。我不如应承他，且去木阳城，杀退番兵，救了陛下龙驾，后与弟报仇未为晚也。"算计已定，假意说道："既承公主娘娘美意，本帅敢不从命！但怕你两口飞刀利害，你既与本帅订了姻缘，已降顺我唐朝了，须把这两口飞刀抛在涧水之中，罗通方信公主是真心降唐了。"公主说："既是小将军允了俺家亲事，要俺抛去飞刀有何难处。但将军不要口是心非方好，须发下一个千斤重誓，俺家才把飞刀抛下。"罗通暗想："我原是口是心非，如今他要我立誓，也罢！不如发一个钝咒罢。"叫声："公主！本帅若有口是心非，哄骗娘娘，后来死在七八十岁一个枪法上。"暗想："七八十岁老番狗有什么能干，难道我罗通杀他不过？这原是个钝咒。"公主听见他发了咒，心中不胜欢悦，说："将军一言为定，驷马难追！"便放下飞刀，抛在山凹涧水之中。公主说："小将军，俺家假败在你马头前，你随后追来，我便弃关而走，在木阳城等你兵马到来，共救唐王天子便了。"罗通说："本帅知道，公主请先走！"那公主带转马头而走，罗通随后追赶出了山凹，高声大喝："呔！番婆你往那里走！本帅要与弟报仇哩！"豁喇喇追到关前来了。公主假意大喊："阿唷，小蛮子果然利害，我不是你对手，休追赶罢！"冲到关前，下马往内衙说道："把都儿！我们退了兵罢，罗小蛮子骁勇异常，飞刀都被他破掉了，要守此关料不能够。我们不如把关门开了，退到木阳城，等唐兵到来，一发困住，倒是妙计。"众小番依令即把关门大开，吊桥放下，装载了粮草，带了诸将，竟望木阳城大路而走了。此话丢开。

且表那罗通见公主进入关中，遂即回营。众将接住了马，往中营坐下，有程咬金开言道："侄儿，你兄弟之仇不报，反被番婆逃入关中，何时得破？"罗通说："伯父！那父王龙驾如今救得成了。"咬金道："侄儿，黄龙岭还未能破，龙驾怎么就救得出？"那番，罗通就把方才屠炉公主这番始末根由的言语细细一讲。咬金不觉大喜道："侄儿！你心中果肯与他成亲吗？"罗通说："伯父又来了，他是我兄弟仇人，我要与兄弟报仇，怎么反与他成亲起来？这是无非哄他。"咬金说："侄儿，不是这样讲的。你兄弟身丧沙场，也是自己命该如此，何必归怨于他。公主既有如此美意，肯在木阳城接引我邦人马，共破番兵，救出陛下龙驾，是他一桩大大的功劳，也就算将功赎罪，可消得仇恨来了。侄儿不是这等讲，待等此番救驾之后，待我做伯父的与你为媒，成全这段良缘便了。"正在营门讲论，早有军士报进说："启上元帅，屠炉公主不知为甚把关门大开，领了小番们都退去了。"罗通知道其意，吩咐四名家将："有书一封，回家见太夫人说，不要悲伤，若日后救了陛下龙驾，自然取屠炉女首级，回家祭奠兄弟的。"四名家将领了元帅书信，竟是回家往长安大路而行，我且不表。

单讲罗通传令，大小三军拔寨起兵，穿过黄龙岭，一路径往木阳城进发。

再说赤壁宝康王同丞相屠封、元帅祖车轮在御营饮酒，康王说："元帅，报闻大唐救兵打破白良关、金银二川、野马川，铁雷三弟兄如此骁勇，俱皆战死沙场，如此奈何？"祖车轮道："狼主放心，铁雷弟兄虽勇，皆是无谋之辈，故有失地丧师之祸。如今黄龙岭公主娘娘多谋足智，况有飞刀利害，自然守得住的。"君臣正在议论之间，忽有探子报来："启上千岁！公主娘娘回军了。"康王听报，大吃一惊，说："元帅，唐兵何其凶勇，破关如此甚急，王儿不守黄龙岭，反领兵回来做什么？"祖车轮道："连及臣也不知是什么意思，且去迎接入营，问个明白便了。"康王曰："善！"车轮上马带了番兵出营，一路迎接来见公主说："公主娘娘在上，臣祖车轮在此迎接。"公主说："元帅平身，随俺家进营来。"车轮奉命，同进御营。俯伏说："父王在上，臣儿见驾，愿父王千岁，千千岁！"康王说："王儿平身，赐座！"旁边问道："王儿，那唐朝救兵实为利害，连破几座关头，杀伤数员上将。王儿为何不守黄龙岭，反自回营何干？"公主道："父正在上，那唐朝小将罗通邪法利害，臣儿飞刀都被他破了，所以难守此关，只得回来见父王。"康王听说，心中十分纳闷，只得与众议论，唐朝救兵到此，怎生破敌，这话不表。

且说大唐人马相近，到了木阳城，有探子报进说："启上元帅，前面就是木阳城了！"罗通抬头一看，果见番兵如山似海，围得密不通风，那众将军大家惊骇。罗通吩咐大小三军到这边平阳之地安营。军士一声答应，顷刻扎下营盘。罗通便叫："程老伯父！如今待侄儿独马单枪杀进番营，叫开木阳城，见了陛下，同军兵杀出城来，听见炮响，要伯父领众侄儿攻进番营。正是外破内攻，不怕番兵不退。"咬金说："侄儿言之有理，须要小心！"罗通道："这个不妨。"就把银铠扎束停当，跨上小白龙驹，提了梅花枪，出了营门，豁喇喇冲到番营。把都儿看见叫声："奇阿！那边来的这个小将是什么人，难道是唐朝救兵不成？为什么单人独马的。"那都儿答道："哥阿！不要管他，我们放箭。"纷纷的射将下来。罗通说："营下的！休放箭，今已救兵到了，快快退兵。如有半声不肯，本帅要踹营盘哩！"说罢，把枪串动，冒着弓矢，一马冲进。吓得番兵魂不附体，箭都来不及放了。被罗通手起枪落好挑，犹如弹子一般，有着咽喉的，有着前心的。番兵见不是路，只得让一条路待他走。这罗通进了第一座营盘，又杀进第二座营头。不好了！惊动了番邦正将、偏将，提斧拿刀在罗通马前马后，刺的、劈的、斩的，这个罗通那里在他心上！把枪前遮后拦，左钩右掠，落空的所在，一枪去掉了偏将几人；那一枪又伤了副将几员，把马一催，冲过了这一个营盘。在里边只见枪刀闪烁，那里见什么路头！罗通原是个小英雄，开了杀戒，透第七营盘方才到得护城河。只见木阳城上都是大唐旗号，喘息定了一口气，望着南城而来正要叫喊，只听：

一声炮响轰天地，冲出番邦骁勇人！

不知冲出番将是谁，但看下回分解。

第十二回　苏定方计害罗通
　　　　　屠炉女怜才相救

诗曰：

一将焉能战四门，却遭奸佞害忠臣。

若非唐主齐天福，那许英雄脱难星。

罗通听见炮声响处，倒吃一惊。抬头一看，只见一员番将冲到面前，赤铜刀劈面斩来。罗通就把梅花枪架定，喝声："你是什么人，擅敢拦阻本帅进城之路？"那番将也喝道："呔！唐将听者，魔乃大元帅麾下大将军，姓红名豹，奉元帅将令，命魔家围困南城。你可知魔的刀法利害吗？想你有基本事，敢搅乱我南城汛地？"罗通也不回言，大怒，挺枪直往红豹面门刺来。红豹说声："来得好！"把赤铜刀劈面相迎。两将交锋，战有六个回合，马有四个照面。红豹赤铜刀实为利害，望着罗通头顶上劈面门"绰绰绰"乱斩下来。那时。罗通也把手中攒竹梅花枪噶啷叮铛，叮铛噶啷钩开了枪，逼开了刀。这一番厮杀不打紧，足足战到四十回合，不分胜败。那时恼了罗通，把枪紧一紧，喝声："番狗奴，照枪罢！"嗖这一枪挑进来，红豹喊声："不好！"闪躲不及，正中咽喉，挑下马来。那番正偏将、副偏将见主将已死，大家逃散，往营中去躲避了。罗通喘定了气，来到南城边，大叫道："咊！城上那一位公爷巡城？快报与他知道，说本邦救兵到了。小爵主罗通要见父王，快快开城门放我进去！"

少表这里叫城。单讲城上自从被番兵围住，元帅秦琼传令在此，每一门要三千军士守在这里，日日差一位公爷在城上巡城。这一日刚好轮着银国公苏定方巡城。他听见城下有人大叫，连忙扒在城垛上望底下一看，只见罗通匹马单枪在下，明知救兵到了，心下暗想说："且住。我昨夜得其一梦，甚是蹊跷，梦见我大孩儿苏麟，满身鲜血走到面前说："爹爹，孩儿死得好惨！这段冤内成冤，何日得清也？"说罢我就惊醒。想将起来，此梦必有来因，莫不是罗家之事发了？他说冤内成冤，必然将我孩儿摆布死了，要我报仇的意思。待我问他着。"苏定方叫一声："贤侄，你救兵到了吗？"罗通抬头一看，心中想道："原来就是这狗男女！罢，罢！今日权柄在他手中，只得耐着性气。"正是：

英雄做作痴呆汉，豪杰权为懵懂人。

便答应道："救兵到了，烦苏老伯开城，待小侄进城朝见父王龙驾。"定方说："贤侄，你带多少兵马？几家爵主？扎营在何处？程老千岁可在营中吗？"罗通道："侄带领七十万人马，几家爵主，扎营在番营外面六、七里地面，程伯父现在营中。"苏定方说："我家苏麟、苏凤两个孩儿可来吗？"罗通听见此言，沉吟一回说："他二人在后面解粮，少不得来的。"苏定方见他说话支吾，心中觉着必定他要报祖父冤仇，把我孩儿不知怎么样处决了，故有此番噩梦。正是：

人生何苦结冤仇，冤冤相报几时休？

我若放他进城，此仇何时报雪？却不道连我性命不保。倒不如借刀杀人，把一个公报私仇，以雪我儿之恨罢！叫这畜生四门杀转。况番将祖车轮万人莫敌，手下骁勇之辈不计其数。叫他四门杀转，必遭其害，岂不快我之心？"定方恶计算定，岂知天意难回。

思量自有神明助，反使罗通名姓扬。

苏定方便叫声："贤侄，陛下龙驾正坐银銮殿，贴对南城。若把城门开了，被番兵冲进，有惊龙驾，岂不是你我之罪吗？"罗通说："既如此，便怎么样？"定方说："不如贤侄杀进东城罢。"罗通说："就是东门，你快往东城等我！"罗通说罢，把马一催，南城走转来。要晓得困困城池，多是番兵扎营盘的，只有几条要路，各有大将几员把守出入之所，以防唐将杀出。番营余外营帐，只有番狗，没有番将的。罗通走到东门，正欲叫门，忽听得城凹一声炮响，冲出两员大将来了。你看他打扮甚奇，都是凶恶之相。一个是：

头戴青铜狮子盔，头如笆斗面如灰；两只眼珠铜铃样，一双直蓝扫帚眉。

身穿柳叶青铜镜，大红袍上绣云堆；左插弓来右插箭，手提画戟跨乌骓。

又见那一个怎生打扮：

头上映龙绿扎额，面貌如同重枣色；两道浓黑眉毛异，一双大眼乌珠黑。

内衬二龙宫绿袍。外夺铜甲鱼鳞叶；手端一把青龙刀，坐下一匹青毛吼。

这两个番将冲将过来。罗通大喝道："咊！你们两只番狗，留下名来！"两员番将大怒道："你这小蛮子，要问魔家弟兄名吗？乃红袍大力子大元帅祖麾下护驾将军伍龙、伍虎便是。奉元帅将令，在此守东城汛地。你独马单枪前来送死吗？"罗通大怒道："就凭你两个番狗！怎么拦阻本帅，不容进城？你好好让开，饶你们一死。若然执意拦阻马前，死在本帅枪尖上犹如蚂蚁一般，何足于惜！"伍龙、伍虎哈哈大笑道："小蛮子，你想要进东城吗？只怕不能够了。好好退出，算你走为上着。不然，死在顷刻！"罗通闻说大怒，把枪一摆，喝声："照枪罢！"望伍龙面门刺来。伍龙把方天戟一架，马打交锋过去。伍虎把青铜刀一起，喝声："小蛮子！看刀！"豁绰直望顶梁上一刀砍下来。那罗通把枪噶啷架开。这罗通本事虽然利害，如今两个番将，刀戟两般兵器通住了枪，罗通只好招架尚且来不及,哪有空工夫发枪出去。算他原是年少英雄,智谋骁勇,百忙里一枪逼开了戟,喝声:"番狗!照枪罢!"一枪望伍龙面门挑进来。伍龙把戟钩开。这三人战在沙场,一来一往,一冲一撞。正是:

> 枪架戟,叮当响当叮;枪架刀,火星迸火星。那三人,好似天神来下降;那三匹马,犹如猛虎出山林。十二个蹄分上下,六条脖子定输赢。只听得:营前战鼓雷鸣响,众将旗幡起彩云。炮响连天,惊得书房中锦绣才人顿笔;呐喊声高,吓得闺阁内聪明绣女停针。

这三人杀到四十回合,罗通两臂酸麻,头晕混混,正有些来不得了。不觉发了怒,把光牙一挫,喝声:"照枪罢!"一枪直望伍龙心口刺来。伍龙喊声:"不好!"要把戟去钩他,谁知来不及了,正中前心,死于马下。伍虎见兄死了,心中一慌,不提防罗通趁势横转抢来,照伍龙脑后挡这一击,打得头颅粉碎,跌下马来,呜呼哀哉了。

两名番将虽然都丧,这罗通还喘息不住,杀得两目昏花。行至护城河边,把马带住,望城上一看,早见苏定方已在城上,便高声叫道:"苏老伯!快把城门开了,待小侄进城。"苏定方说:"侄儿,这里东门正对番帅正营。那元帅祖车轮勇猛非凡,内有大将数员,十分厉害,守定东门。如今开了东城,一定要冲杀进来,不要说千军万马,也难敌他!如今料想你我两人寡不敌众,怎生拦阻?"罗通道:"你不肯开城,难道飞了进来不成?"定方说:"贤侄,不是为伯父的作难。奈奉朝廷旨意在此巡城,时时刻刻用意当心,只怕冲进,所以东城开不得。你不如到北城进来吧!罗通暗想:"苏定方说话蹊跷,好不烦闷。"便说:"也罢。我罗通杀得人困马乏,若到北城,再推辞不得。"定方道:"这个自然。你到北城,我便放你进来。"罗通只得把马一催,往北城而来。一到北城,只听番营里一声炮响,冲出两员番将,生来丑恶异常,身长力大。罗通抬头一看,不觉大惊,说:"不好了!我连踹七座营盘,伤去三员骁将,如今怎能又放过这两员丑恶长大之将?分明中了苏定方之毒计!"只得喝声:"呔!来的两名番狗,快留下名来!"那两名番将也喝道:"呔!小蛮子!你要问魔家之名吗?魔乃流国山川红袍大力子祖元帅麾下先锋专魔犴妖魔呼是也。可恼你这小蛮子,有多大本事,不把我们两个先锋大将放在眼内?东城不是我们把守,由你猖獗,你进了东城就有命在。这北城是魔等防地,你也敢来搅乱吗?真正分明自寻死路了!"罗通听了大怒,说:"番狗!本帅连杀二门,伤去番三员,尽不费俺气力。你两个岂不可知死活,敢来拦住马前?快让本帅进城,饶你一死。若不避让回营,动了本帅之气,只怕命在顷刻!"专魔犴大怒,喝声:"小蛮子!休得夸能,照打罢!"把手中两铁锤一齐直望罗通顶上打将下来。罗通把枪一架,枭在旁首去了。妖魔呼也喝:"照斧罢!"把手中两柄月斧盖将下来。罗通把枪杆子架在一旁,一马冲锋过去。那两员番将好不利害,把锤、斧逼住,乱劈乱打,不在马前,就在马后。罗通战乏之人,只好招架,没有还枪发出去。

专魔犴手中两柄锤好不利害,使得来只见锤,不见人,望罗通头上紧紧打下来。妖魔呼两柄斧头起在手中,也是左蟠头,右盖顶,双插翅,杀得罗通吼吼喘气。把枪抢在手中,手里边左钩右掠,前遮后拦,迎开锤,逼开斧,这一条枪使动朵朵梅花。这两名番将那里惧你,只管逼住。恼了小英雄性气,把身一摇,力气并在两臂,把枪紧一紧,逼开番将锤斧,照定专魔犴咽喉,喝声:"去吧!"扑通一声挑下马下,跌落护城河内去了。妖魔呼一见,心内惊慌,把双斧砍将过来。罗通把枪架开,照着妖魔呼一竿子,妖魔呼喝声:"不好!"连忙招架,来不及了,打在头上,跌下马来一命呜呼了。

那罗通又伤二员番将,心中好不欢喜。喘息定了,望城上一看,只见苏定方早在上面,说:"苏伯父,念小侄人困马乏,再没本事去杀这一城了。快快开城放小侄进城。"苏定方心中一想:"我要送他性命,故而不放进城。岂知这小畜生本事十分骁勇,连杀三门,无人送他性命,这便怎么处呢?不如叫他再杀至西城。那西城有番帅祖车轮把守,他骁勇异常,正有万夫不当之勇,况这畜生杀得人困马乏,那里是他对手,岂非性命活不成了!"定方算计停当,叫声:"贤侄,为伯父的真正千差万差了!害你团团杀转来,该放你进城才是。乃奉元帅将令,北城门开不得的,我若开了北城,元帅就要归罪于我,这便怎么处?"罗通听言大怒,说:"你说话太荒唐了!你是兴唐大将,我也是辅唐英雄。乃龙驾被困在此,到来救驾,为何不肯放我进城,反有许多推三阻四?南城不容进,推到东城,又不容进,推到北城,如今又不放我进城,是何主意?还是道我有谋叛之心,还是你苏定方暗保番邦,为此国贼?"这句说话唬得定方目瞪口呆,叫声:"贤侄!非是我暗为国贼,因帅爷将令,故而如此。"罗通道:"我且问你,这北城为何开不得?"定方说:"连我也不解其意。"罗通道:"总然开不得,今日救兵到了,就开了也不妨。若秦老伯父归罪于我,罗通在此决不害你!"定方说:"是么。既是救兵,西城也进得的,必须要进北门的吗?"罗通道:"我知道了。我罗通若是生力,就走西门何妨?但我连战三门,力怯人困,再走西城,分明你要断送我性命也!"定方道:"贤侄的英雄那个不知,谅这些番奴、番狗岂是贤侄对手。我焉肯送你性命。"罗通心下暗想:"我三关已破,何在乎这一关。且杀至西门,看他怎么样,难道又使我再走南门不成?说也罢,我就走西城,不怕你推三阻四。"罗通把马催动,望西城而来。

那罗通周围杀转,这番到西门,差不多天气已晚黑来了。只听那边报顶葫芦帐内一声炮起,呐喊霞摇,豁喇豁喇冲出一员大将,店面跟了四十名刀斧番将,好不凶勇!冲上前来喝声:"呔!来的罗小蛮子!少催坐骑。这里西城是本帅防地,你敢前来送命吗?"罗通听言全无惧怯,也便喝:"呔!番狗!你有多大本事,敢在马前挡我本帅之路?自古道:'让路者生,挡路者死!'快说名来。"番将呼呼大笑道:"小蛮子,你要问魔家之名吗?你且洗耳恭听。本帅乃赤壁宝康王驾前封为流国山川红袍大力子大元帅祖车轮是也!可晓得我斧法精通。你这小蛮子前来侵犯西城吗?"罗通大怒,喝声:"我把你这狗番奴一枪挑死才出我气!怎么你把天朝帝君困在木阳城内,今日救兵已到,还不退营?阻住本帅去路,分明活得不耐烦了!"祖车轮道:"休要夸能。放马过来,照本帅斧子罢!"即把浑铁开山斧往自己头上一举,豁绰望罗通顶梁上这一斧砍将过来。罗通喊声:"不好!"把攒竹梅花枪往斧子上噶啷啷这一抬,倏忽跌倒,雕鞍马都退了十数步。要晓得罗通生力则与祖车轮差不多,如今罗通连战了三门,力乏的了,自然杀不过祖车轮。被他这一斧砍得来,面脸失色,豁喇一马冲锋过来。回得转马来,罗通把梅花枪一起说:"番狗奴!照本帅的枪罢!"插一枪望番将咽喉挑进来。祖车轮说声:"来得好!"把开山斧架在旁首,马交肩过去。英雄转背回来,祖车轮连剎几斧过来,罗通只好招架,并无闲空回枪。看看战到二十余合,罗通有些枪法乱了。祖车轮见罗通气喘不绝,思想要活捉回营,那时吩咐小番:"与我把罗通围住,不许放他逃走。待本帅生擒活捉他来,有个用处。"小番一声答应,把一字锏、二钢鞭、三尖刀、四楞锏、五花棒、六缨枪、七星剑、八仙戟、九龙刀、十楞锤望着罗通前后,马左马右,就把一字锏肩膀乱打,二钢鞭扫在马蹄,三尖刀面门直刺,四楞锏脚上叮当,五花棒顶梁就盖,六缨枪照定分心,七星剑劈着脑后,八仙戟捣在咽喉,九龙刀颈边豁绰,十楞锤下下惊人,好一场大杀!罗通喊声:"不好了!"把梅花枪抢在手中,前遮后拦,左钩右掠,上护其身,下护其马。钩开一字锏,架调二钢鞭,逼下三尖刀,按定四楞锏,拦开五花棒,掠去六缨枪,遮调七星剑,闪过八仙戟,抬付九龙刀,扫去十楞锤,原也利害!祖车轮这一柄斧子好不骁勇,逼定罗通厮杀,不冲回合的猛战。正是:杀在一堆,战在一起,围绕中间杀个翻江倒海一般。罗通心内着忙,眼面前都是枪刀耀目,并没有逃生去路。手中枪法慌乱,人又困乏,头晕昏昏,性命不保,只得喊声:"我命休矣!谁来救救?"祖车轮说:"小蛮子,你命现在本帅掌握之中,休要胡思乱想逃脱。蚁命围定在此,绝无人救你,快快下马投降,方免一死,不然本帅就要生擒了!"唬得罗通魂不附体。正是:

若非唐主洪福大,焉得罗通命保全?

毕竟不知怎生逃脱,且看下回分解。

第十三回　破番营康王奔逃　杀定方申雪父仇

诗曰:

数年冤恨到如今,仇上加仇洗不清。

罗通险失车轮手,亏得屠炉作救星。

那罗通看见马前马后都是枪刀,并没有去路,只叫:"我命休矣!"惊动城上苏定方,在垛内见了不胜欢喜:"如今这小畜生性命一定要送番兵手内的了。为此借刀,杀我孩儿仇恨已报！"

不表苏定方在城上得意。单讲番营盘内赤壁营，康王同了屠封丞相、屠炉公主等正坐龙位。此时正张挂银灯，忽听得外面杀声震地，金鼓连天，忙问道："营外为何呐喊？"小番禀道："启上狼主，只因外面有一南朝小蛮子，名唤罗通，十分厉害，连杀三门，无人抵敌。如今在西城被元帅围住，将要活擒蛮子了！"屠炉公主听见，心内吃惊，暗想："我把终身托他，叫小将军杀进番营，共救南朝天子，今如他在西城厮杀，一定人困马乏，况且祖车轮斧法精通，必然性命不保，倘有差迟，岂不怨恨于我？不如出营前救护夫君，也表我一片真心为他。"公主算计已定，开言叫声："父王！南朝这罗通骁勇异常，儿臣飞刀尚被他破掉，何在祖元帅！这叫来者不善，善者不来。然是这些番将围住，也难擒他。不如待儿臣前去助元帅一臂之力，捉了罗通。"康王大喜，说："王儿言之有理，快快前去"

那时公主上马，提了两口绣鸾刀，出了番营，并不带番婆、番女，径走西城。抬头一看，只见围绕一圈子，在里厮杀。声声只听得叫："我命休矣！谁来救救？"公主暗想："分明在那里叫。"连忙冲前一步，大叫："众将闪开！元帅，我来助战，共擒罗通！"众番将杀得气喘吼吼，听见公主娘娘来，大家闪在一旁让开。屠炉公主这一马冲过来相救罗通之事，我且慢表。

先讲木阳城内贞观天子李世民，坐在银銮殿上。两边众公爷站立，徐茂公立在左侧，皇爷开口叫声："徐先生，你的阴阳当初件件有准，到今朝程王兄讨救之事，却有差了。"茂公说："陛下何以见臣阴阳不准呢？"朝廷道："前日程王兄去讨救兵的时节，先生也曾算他今日辰刻救兵到木阳城了。如今寡人在此候了一天，不要说辰刻，如今已到戌刻，还不见至，想救兵今日一定不来的了，岂不是先生阴阳不准？城中粮草眼看尽了，再是五天救兵不到，绝了粮草，还有什么天赐王粮到来不成？"茂公道："陛下龙心请安。臣阴阳有准，算定今日辰刻救兵到，一些不差，救兵辰刻已到木阳城了。"皇爷说："先生，怎么既然辰刻到的，为什么至晚还不进来见寡人？"茂公叫声："圣上！有位小公子独马进番营，因城门紧闭，又被番兵困住在城外厮杀，故而辰刻至晚不见进来。"朝廷说："有这等事？"侧定耳朵听一听，说："阿唷！"只听得外边炮响连天，战鼓似雷，喊响齐声，闹刹不住。那朝廷听罢，龙颜大怒，说："秦王兄，今日轮差那位官员巡城，这等欺朕？救兵辰刻到的，至晚还不来奏，闭住城门不放御侄进来，是什么意思？"秦琼叫声："陛下！今日乃银国公苏定方巡城，不知他为什么缘故不来奏知。"尉迟恭不觉大怒，说："陛下！那苏定方不来奏知我王，分明欺君，暗为国贼，一定他反了！待臣前去擒来。"那时尉迟恭跨上雕鞍，出了午门，竟走北城去了。不必说他。

茂公开言叫："秦三弟，你快令众将连夜冲杀番营，好里应外合，一阵成功！"叔宝领了茂公之命，遂传令大小三军，披挂端兵，摆齐队伍，先锋、副总都是披挂起马。马、段、殷、刘、王五将，大家跨上马，刀的刀，枪的枪，各带能干家将数十，出了银銮殿。灯球亮了照耀如同白昼，秦元帅领三军往北城来，且慢表。

这里马三保、段志远、段开山、刘洪基各带三军杀出四门，我且不表。又要说外面番将围绕罗通，正在厮杀，见屠炉公主上来，大家闪在一边，让公主冲到祖车轮马前，喝声："咄！罗通，照刀罢！"绰这一刀望祖车轮顶梁上砍下来。车轮不曾提防，要躲闪也来不及了，说："啊呀公主！怎么斩错了！"口内叫斩错，头偏得一偏，贴中左肩一只脖子砍了下来，在马上翻身倒地。罗通见了，满心欢喜，纵一步，马上望车轮一枪刺个后背透前心。可怜一员大将，死于非命。那些众番兵见公主斩下元帅脖子，大家喧嚷："公主娘娘反了！"唬得屠炉女面如土色，到望那一首跑了过去。罗通如今胆大了。串动梅花枪，见一个挑一个，好挑哩！一边在此战。

再讲到城内，尉迟恭冲上城头，他是个莽大夫，叫一声："拿反贼！苏定方不要走！"豁喇喇一马冲过来了。这苏定方听言心内一跳，回转头看时，却原来是尉迟恭，心内倒觉着自己不是了，忙叫心腹家将快快下去开城逃命。定方提了大砍刀，下落城头。四员家将把城门大开，坠下吊桥一个，苏定方冲出城去。尉迟恭大怒，说："阿唷唷！可恼，可恼！天子有何亏负你，敢背反朝廷，私开北城。倘有番兵冲杀来，岂不有惊龙驾！你思想还要逃走性命吗？"随后赶出城来。

苏定方拼命纵过吊桥，却正遇罗通马到跟前，见了不觉大怒，说："苏定方，你往那里走!"这一声叫,吓得定方魂不附体,带转马望那一首跑去。正逢屠炉公主冲来,他听得罗通叫声:"反贼苏定方。"必定要捉他的意思。见苏定方冲过来,他就纵一步马,向前照着苏定方夹背领一把抓住,说:"在此间了!"提在手中,望着罗通那边一撩。罗通双手接一位,回头看见尉迟恭在吊桥上,叫声:"尉迟老伯父,待小侄丢苏贼过来,你接着!"把定方一丢。敬德说:"在这里了!"接过来捺住判官头上,带转缰绳进城去了。只见叔宝领兵冲出,便叫:"秦元帅,苏定方已被末将擒住在此,不劳元帅费力。"叔宝说:"本帅奉军师之命,连夜冲杀番营,一阵成功。尉迟将军快把苏定方拿往银銮殿见驾,速来助战。"尉迟恭应道:"是!某家知道。"尉迟恭忙到银銮殿说:"陛下,苏定方拿在此间了。"天子说:"将这反贼绑在龙柱,王兄前去助元帅冲营回来,然后处决。"尉迟恭一声:"领旨"绑了苏定方,就往北城冲出。

先讲秦琼,带领诸将冲过吊桥,见了罗通说:"侄儿!伯父在此,大胆冲踹番营,就要里应外合,一阵成功了!"罗通见伯父如此言,就放出英雄本事,一骑马冲到营前,手起枪落,好挑哩!

屠炉公主听说唐兵冲踹,假意喊声:"不好了!唐将骁勇,尔等还不逃命,等待何时?"口内说这句话,手中刀好似切菜一般,把自家番兵乱剁,人头碌碌乱滚,如西瓜相似的。有的说:"公主娘娘反了!"就是一刀。杀的这些番兵"反"字都不敢叫,由着屠炉公主见一个杀一个。冲进御营盘,假意说:"父王、父亲!不好了,南蛮利害,踹进番营、御营来,快些逃命!儿臣在此保驾断后。"康王听言,魂飞魄散。相同丞相跨上雕鞍,叫声:"王儿,保魔逃命!"弃了御营,不管好坏,竟自走了。只见外边烟尘抖乱,尽是灯球亮了。喊杀连天,震声不绝,营头大乱,夺路而走。后面公主虽是断后,却回头看看罗通在那一边厮杀,就把头点点说:"你随我来。"罗通公然安心,串串梅花枪,随定公主马后不住的乱打乱刺。秦琼领了诸将三军,跟住罗通追杀上来。他这条提炉枪好不了当!撞在马前就是一枪。也有刺入面门,也有刺入前心,也有伤在咽喉,死者不计其数。挑人如打战,呐喊似雷声。一个公主在前引路,喊声:"不好了!"一刀。说:"父王快走!"又是一刀。喊叫百来声"父王不好!",杀了百来个人了。这两口刀抢在手中好杀,也有砍破天灵盖的,也有头落尘埃的,也有连肩卸背的。杀得来:

天地皱云起,乌鸦不敢飞。狂风喧四野,杀气焰腾腾。弃下营和帐,卸甲走如飞。

东有平国公马三保、定国公段志远二位老将,领三千人马冲踹番营。马将军手内金背蔡阳刀、举起上面摩云盖项,下面枯树翻根,豁绰乱剁;段将军手中射苗枪,串动朝天一炷香,使下透心凉,见一个挑一个,见两个刺一双。惨惨愁云起,重重杀气生。

四城有开国公殷开山、列国公刘洪基二位老将,带三千人马冲杀过来。殷将军这条红缨枪好不利害!左插花,右插花,月内穿梭,嗖嗖的乱挑个不住;刘将军摆开象鼻刀,使动上面量天切草,护马分鬃,人头乱滚。血流成河,尸骸叠叠。

有长国公王君可,把手中青龙偃月刀不管好坏,撞在马刀上就是个死。那一首尉迟恭好不了当!举起乌缨枪,朵朵莲花相似;坐马儿郎着得一枪,伤人性命无数。番兵尸首堆得土山一般。大家只要逃得性命,夺路而走。四门营帐多杀散了,归到一条路上逃命。

这一首罗通随定公主厮杀。看来营头大散,遂发信炮一声,惊动程咬金老将军,叫声:"众位侄儿,发信炮了,快些冲营!"那些将士上马提刀,带领了大小三军。咬金举起手中斧领了众公子豁喇喇围上来了,把这些番兵裹在当中,好一场大杀!内边众老将杀出,外边众小将杀进去,杀得番邦人马无处奔投,可怜:

血流好似长流水，头落犹如野地瓜。

这一杀不打紧，杀得番兵神号鬼哭，追杀下去有八十里路。逃命无数，伤坏者也不少，草地上的尸骸断筋折骨者，分不出东西南北。正所谓：

一阵交兵力不加，人亡马死乱如麻；

败走番人归北去，从今再不犯中华。

这一首，秦元帅发令鸣金收兵。只听一声锣响，各将扣定了马，大小三军都归一处，齐集队伍，退转木阳城去了。

如今再讲到赤壁宝康王，虽有屠炉公主同屠封丞相保护，只是吓得来魂飞魄散。伏在马上半死的了。丞相见唐兵都退了，方敢把马扣住，说道："狼主苏醒，唐将人马退去了。"康王那时才言说："阿唷，吓死魔也！吓死魔也！"吩咐且扎营。这一首扎位营盘，公主进了御营。康王说："王儿！亏得你断后截住唐兵，魔家性命不送。若没有王儿，魔千个残生也遭唐将之手了！"公主心下暗想："好昏君！我心向唐王，杀得你们大败，还道我保着自家人马，真正是呆痴懵懂之君了！"遂回言道："父王！唐将实为骁勇，儿臣难以抵挡，所以有此损兵折将。望父王赦罪，待儿臣出去收军。"说罢，遂走出营外，敲动催军鼓。也有愿者转来，不愿者竟逃命走了。三通鼓完，番兵齐了，点一点二十五万番兵，只剩得五万，还是损手折脚的。就是大将，共伤一百零三员。康王叫声："王儿，魔开国以来，未曾有此大败！今杀得片甲不存，元帅又遭阵亡。孤掌北番不能争立称王，倒不如献了降书罢！"屠封："狼主降顺大邦，不待而言。但唐兵已退，不来追杀，也蒙他一点好生之意。我们且退下贺兰山，整备降书、降表，看他们来意若何。唐王起兵到贺兰山来，我们归顺。不来，我们也不要投降。"康王说："丞相之言有理。"吩咐埋锅造饭。屠炉公主只等唐邦媒人到来说亲。

再说道国公与众爵主领兵入城，皆住内教场。元帅同众大臣上银銮殿，有程咬金启奏说："老臣奉旨讨救，一路上因关津阻隔，所以来迟，望陛下恕罪。"朝廷说："王兄说哪里话来。朕蒙老王兄豪杰，独马杀出番营，往长安讨救，其功浩大，请王兄平身。"咬金谢恩起身。又有一近小爵主俯伏说："陛下在上，小臣秦怀玉、程铁牛、段林、滕龙、盛蛟见驾。不知万岁被困番城，所以救驾来迟，罪该万死！"朝廷说："公位御侄平身。寡人被困番城，自思没有回朝之日。亏得众御侄英雄，杀退番邦人马，其功非小，更有何罪？"众小爵主道："愿我王万岁，万万岁！"大家起身，站立一边，单有罗通泪如雨下，不肯起身。朝廷一见，大吃一惊，说："王儿，你有什么冤情，如此痛哭？快快奏与寡人知道。"罗通哭奏道："啊呀父王啊！要与儿臣申冤啊！"朝廷说："王儿既有冤情，须当一一奏闻。"罗通："儿臣当初未及三岁，父亲早丧。年幼在家，也不知其细。不道前日父王旨意，命程伯父到长安讨救。儿臣思想救父王龙驾，所以夺了二路扫北元帅之印，乐乐然领人马到白良关。其时正遇守关将利害，难以得破。闷坐营中忽朦胧睡去，见我祖父、父亲来跟前，身带箭伤，说："不孝畜生！你祖父、父亲为王家出力，死于非命。你不思与祖父、父亲报仇，反替不义之君出力！"朝廷说："王儿，有这等说，应该就问他那一个不义之君。"罗通道："臣儿也曾相问，他说：'为父与当今天子太宗出力，乃一旦隐于泥河，乱箭惨亡，身遭苏定方毒手。朝廷不与功臣雪恨，反把仇人封爷荫子。你若要与皇家出力，倘后身亡，那时罗门三代冤仇谁人得报？'说罢惊醒，儿臣才知苏定方是大仇人了。以后破关过来，单枪独马杀进番营，为何苏定方不肯开城，反使儿臣团团杀转？幸亏儿臣枪法利害，敌住斗战。不然被番将伤了，一条性命白白又送与定方毒手。这倒还可，为儿臣者该当尽忠于父王，以立勋名于麒麟阁。但伤了儿臣，父王龙驾困在番城，谁来保救！伏望父王龙心详察，苏定方怀仇欺君误国，该当何罪？"朝廷听言大怒，说："阿唷，阿唷！可恼，可恼！寡人有何亏负这逆贼，竟敢用暗算毒计，心向番王，把寡人的龙驾戏弄，真正是一个大奸大恶的国贼了！阿，王儿，你把苏定方怎样处治了，与祖父报仇。待朕设奠亲自将罪罗王兄便了。"罗通方才谢恩："愿父王万岁，万万岁！"立起身，来到龙柱上解下绑缚，扭将过来。这苏定方口称："罢了，罢了！我死去与罗门仇深海底矣！"朝廷说："王儿且慢动手，传旨与光禄寺备筵当殿御祭。"这一边银銮殿上摆了一桌酒肴。有罗通拜了四拜，扯起一口宝剑，叫声："祖父、父亲！今日陛下亲在赐祭，仇人也在此，孩儿与你报仇了！"就把剑望苏定方心内豁绰一刀，鲜血直冒，把手一捞，捞出一颗心肝。定方跌倒尘埃，一员大将归天去了。底下有挠钩手拉去尸骸，不必细表。

单讲罗通把这颗心肝放在桌上说:"祖父、父亲! 仇人心肝在此,活祭先灵。慢饮三杯,安乐前去,超生极乐!"朝廷说:"罗王兄阴魂渺茫,朕欲待拜你一拜,但君不拜臣,秦王兄与寡人代拜一拜。"秦琼走过来拜了一番。这一首众公爷也来相拜。

君臣义重今相见,父子情深旧所闻。

毕竟屠炉公主姻事如何,且看下回分解。

第十四回　贺兰山知节议亲　洞房中公主尽节

诗曰:

奉旨番营去议亲,康王心喜口应承。

屠封送女成花烛,结好唐君就退兵。

众公爷拜过,小英雄也拜了一番。那时朝廷传旨大摆筵席,钦赐众公爷、小爵主等。御酒已毕,朝廷开言叫声:"程王兄,前日你去时,寡人见你独马蹿进番营,营头不见动静,害得寡人吊胆提心,实不知其详。只道王兄死在营中,哪知却到了长安。你如今把出城到长安讨救事情细细讲一遍。"咬金道:"臣倒忘了。臣蒙徐老大人美荐,奉旨单骑讨救。我原不想活的,所以拼着命杀进番营。连臣也自不信,一进番营使动斧子比前精得多了。他们什么祖车轮不车轮,手中使动大斧砍一斧来原利害不过。再不道臣的斧子如有神仙相助一般力也大了,就被臣这柄斧子去架得一架,他就翻下地来。这些番兵哪敢拦阻我的去路! 被我摇动斧子,杀出番营,讨得救兵到此。要万岁爷封我一字并肩王。"徐茂公说:"陛下在上,这程咬金有欺君之罪,望我王正其国法。"咬金说:"你这牛鼻子道人,你屡屡算计我这条老性命。我有什么欺君之罪?"茂公冷笑道:"我且问你,你当初怎样杀出番营,怎样到长安讨救? 你直说了,算你大功。你是随口胡言,好像没有对证的。说什么祖车轮斧法不如你,被你架落尘埃。只怕你倒说转了,分明你被他架下尘埃有之。"咬金说:"你赖我并肩王倒也罢了,怎么反说臣讨救也是假的? 我若跌下番营,人已早早死了,救兵那里来的呢?"茂公道:"我问你,谢映登你可见不见?"咬金听说,心内吃惊,当真二哥是活神仙了。假意说:"二哥,你一发问得奇,那里见什么谢映登? 若说谢兄弟当初走江都考武,他解手就不见了。你为何如今倒装作不知起来?"茂公说:"你现在此谎君。这番营内好不利害! 你年已六旬,若没有谢兄弟相救,你焉能到得长安,活得性命? 如今反在陛下面前称赞自能,分明一派胡言。刀斧手! 与我把这谎奏欺君的狗头绑出午门,以正国法!"两旁刀斧手一声答应,吓得咬金魂飞魄散,慌忙说道:"望陛下恕罪! 果是谢映登相救,待臣直奏便了。"朝廷喝退刀斧手,说:"程王兄,且细细说与寡人知道。"咬金把谢映登为仙搭救情由细细的讲了一遍,众公爷大家称奇。茂公说:"何如? 陛下,程咬金谎奏我王,其罪非小。须念他一番辛苦,到长安讨了救兵前来,将功折罪,没有加封。"咬金说:"我原不想封王的。"大家一笑,各回衙署。不表。

且讲那咬金一到明日,打点要做媒人,将要上朝,见了罗通说道:"侄儿,为伯父的今日奏知陛下与你作伐,前往贺兰山去说亲。"罗通大惊道:"伯父,这贱婢伤我兄弟,还要雪仇。怎么伯父要去说亲,我罗通稀罕他成亲的吗?"程咬金说:"你既不要她,为何在阵上订了三生,立下千斤重誓,故此肯与你出力?"罗通说:"这我原是哄他的,因要救陛下龙驾,与他设订三生的。"咬金说:"嗳,侄儿,为人在世,这忠孝节义都是要的。你既要与兄弟报仇,不该与他面订良姻。屠炉公主有心向你,也有一番在贺兰山悬望。你若不去,必要全他手足之义,这男子汉信义全无,从来没有这个道理! 如今为伯父的作主,自然与你们完聚良姻。"说罢,竟上银銮殿俯伏尘埃,启奏道:"陛下龙驾在上,臣有一事冒奏天颜,罪该万死!"朝廷说:"王兄有何事所奏? 不来追你。"咬金道:"陛下,那赤壁宝康王有位屠炉公主,生来有沉鱼落雁之容,闭月羞花之貌。前日在黄龙岭与罗贤侄约下良缘,撇去飞刀,退到木阳城。就是贤侄杀四门,被元帅祖车轮困住,险些丧了性命。幸亏公主相救,领引我兵马冲蹿番营,心向我主,与陛下出力,也有一番大功劳。伏望我皇降旨,差使臣官前去说盟做媒。未知陛下龙心如何?"朝廷听说大悦,说道:"如此讲起来,寡人倒亏屠炉公主女暗保的了,何不早奏?就命程王兄前去说亲作伐罢!"咬金见太宗允奏,说:"领旨。"那罗通慌忙俯伏奏道:"父王在上,那屠炉女是儿臣大仇人。我兄弟罗仁才年九岁,与父王出力,伤了铁雷八宝以后,开兵死在贱婢飞刀下,可怜斩为肉泥而亡。儿臣还不与弟报仇,反与他成亲,兄弟阴魂焉能瞑目?望父王不要差程伯父去说亲。"朝廷说:"他既伤了你兄弟,为何又在阵上交锋与他订起良缘来呢?"罗通说:"儿臣怕他飞刀难破,所以与他假订丝罗,要他撤去飞刀,救得陛下龙驾,方与他成亲。故而他退至木阳城,引我人马大破番营。这是要救父王之困,哄骗言辞。儿臣岂是贪他的吗?"朝廷应声:"王儿,不是这说。既他伤了二御侄,你欲报此仇也是大义,就不该与他阵上联姻了。他既把终身托你,暗保我邦大获全胜,也有一番莫大的真功劳与寡人也。这信字是要的,若不去说亲,他在贺兰山悬望,岂不是王儿忘了恩情?就是伤了二御侄,也算为国家出力。两国相争,各为其主,乃是误伤。以后你被祖车轮元帅围住,屠炉公主若不相救,王儿焉能得脱此难,逃得性命?也算有恩于你。这恩与仇两下俱可抵销得来的了。如今不必再奏,寡人做主决不有误,程王兄速速前去说亲。"程咬金领旨。如今罗通不敢再奏,只得闷闷然立在一边。

　　这一回,程咬金把圆翅乌纱在头上按一按,大红蟒袍在身上边拎一拎,腰里把金镶玉带整一整好。出了银銮殿,跨上雕鞍带领四员家将,离了木阳城,一路行来,到了贺兰山上。有把都儿们一见,说:"哥哥兄弟那,那边行下来的是什么人,我们这里没有这个官员,想必大唐来端营剿灭我山寨吗?"那一个说:"嗳!兄弟你又来了。若是剿山寨有人马来的,如今只得五人,又无器械,那里像是端营的?我们且扣住了弓箭,问一声看。"那个又说:"得,哥哥讲得不差。"大家扳弓搭箭,喝声:"呔!来者何官?少催坐骑,看箭哩!"那个箭不住的射将过来。程咬金把马扣定,喝声:"呔!营下的!快报与康王狼主知道,今有大唐朝鲁国公程咬金,有国家大事要来求见你邦狼主,快些报进去!"

　　这一边,小番报进来了:"报启上狼主知道,有大唐朝来了鲁国公程咬金在山下。"康王听言,吓得魂不附体,说:"住了。他带领多少人马前来?"小番说:"人马一个也没有,只带四名家将,五人来的。"康王说:"可有兵器?身上还是戎装还是冠带?"小番道:"也无兵器,也不戎装,却是文官打扮的纱帽红袍。"康王道:"他对你讲什么?"小番道:"他说:'快报你们狼主千岁知道,今有大唐朝鲁国公,奉旨有国家大事要来求见你们狼主。"康王听见此言才得放心。便叫声:"丞相,他们得胜天邦,孤只等他兵马到来,就要投顺的。为何反不统兵,倒是文装独马而来,善言求见,不知有何事情?丞相不要轻忽了他,好好下山去接他上来。"屠封说:"臣领旨!"他就整顿朝衣,出了营盘,后随四名相府家人,滔滔的下山来了。

　　有小番喝道:"那一边天朝来的鲁国公爷!请上山来,相爷在此迎接。"程咬金听见,把马带上一步。有屠封丞相趋步上前说:"不知天邦千岁到来,有失远迎,多多有罪!"咬金一见,滚鞍下马,说道:"不敢,不敢!孤家有事相求,承蒙丞相远迎,何以敢当,请留台步。"二人携手上山。底下有两名家将带住了马,这两名跟随了程咬金上贺兰山来。进入御营,程知节一揖说:"狼主驾在上,有天朝鲁国公程咬金见狼主千岁。"这康王一见,连忙走下龙案,御手相搀,叫声:"王兄平身。"取龙椅过来。咬金说:"狼主龙驾在上,臣本该当殿跪奏才是。奈奉君命在身,又蒙狼主恩旨,理当侍立所奏,焉敢坐起来!"康王说:"蒙王兄到孤这座草莽山中来,必有一番细言,自然坐了好讲。"咬金说:"既如此,谢狼主台命!"他就与屠封丞相两下分宾主左右坐了。有当驾官烹茶上来。用过一杯,康王就问说:"王兄,魔家错听祖元帅之言,一旦冒犯天朝圣主,今为失机败将,悔之晚矣!今见了王兄,自觉惭愧无及。"程咬金叫声:"狼主又来了!只因番兵利害,困住四门,我主无法可退,故此使臣到长安讨救兵。那些小爵主们年幼无知,倚仗少年本事,伤了千岁人马几千,有罪之极!"康王说:"王兄说哪里话!魔家在营门正欲献表降顺,不知王兄奉旨所降何事?"咬金说:"狼主在上,臣奉旨而来非为别事。只因万岁有个干殿下,名唤罗通,才年一十四岁,才貌双全,文武俱备,还未联就姻亲。我王闻得千岁驾下有位干公主,貌若西施,武艺出众。意欲与狼主结成秦晋,订就良姻,以成两国相交之好。未知狼主龙心如何?"康王听言大喜,说道:"王兄,敢蒙天子恩旨,理当听从。但魔家是败国草莽,就有公主,只当山鸡、野雉一般。圣天子是上帮主,干殿下似凤凰模样,这叫山鸡怎入凤凰群?既蒙圣主抬举,待魔差屠丞相送公主到木阳城来,服侍殿下便了。"咬金大喜,说:"既承狼主慨允秦晋之好,快出一庚帖与臣去见陛下,选一吉日奉送礼金过来。"康王吩咐取过一个龙头庚帖,御笔亲书八个大字,付与咬金。咬金接在手中,辞别龙驾,出了御营。

屠封送至山下,咬金叫声:"丞相请留步,孤去了。"那时跨上雕鞍,带了四名家将,竟往木阳城来见驾。俯伏银銮殿阶下叫声:"万岁,臣奉旨前往贺兰山说亲,前来缴旨。"朝廷说:"平身。此去番王可允否?细奏朕知道。"咬金说:"陛下在上,臣去说亲,番王一口应承,并无一言推却,候陛下选一吉日就送来成亲。"朝廷大喜,说:"既如此,明日王兄行聘,着钦天监看一吉日与王儿成亲,择在八月中秋戌时结姻。"光阴迅速,到了八月十五,这里朝廷为主,准备花烛;那边康王命丞相屠封亲送公主到木阳城内。来到北关,元帅秦琼出来迎接,入午门,同上银銮。屠封上殿俯伏说:"南朝天子在上,臣屠封见驾,愿陛下圣寿无疆!"贞观天子叫声:"平身!"降旨光禄寺设宴,尉迟王兄陪屠丞相到白虎殿饮宴;命秦琼、程咬金到安乐宫与殿下结亲。罗通跪下叫声:"父王在上,屠炉女伤我兄弟,仇恨未消!怎么反与他成亲?此事断然使不得。望父王赦臣违逆之罪。"朝廷听言,把龙颜一变,说:"呔!寡人旨意已出,你敢违逆朕心吗?"罗通见父王发怒,只得勉强同了秦、程二伯父往安乐宫来。教坊司奏乐,赞礼官喝礼。午门外公主下辇,二十四名番女簇拥进入安乐宫。交拜天地,拜了大媒程咬金,拜过伯父叔宝,然后夫妻交拜一番。只不过照常一般,人人皆如此,不必细说。叔宝、咬金回到白虎殿,与屠封饮酒。

不表白虎殿四人饮酒,再讲罗通,吃过花烛,光禄寺收拾筵席。番女服侍公主过了,退出在外,单留二人在里面,好等他睡。罗通一心记着兄弟惨伤之恨,见公主在眼前,怒发冲冠,恨不得一刀两断。胸中火气忍不住,起来立起身大喝道:"贱婢啊,贱婢!你把我九岁兄弟乱刀砍死,冤仇如海!我罗通还要与弟报仇,取你心肝五脏祭奠兄弟!此乃大义。亏你不识时务,不知羞丑。贱婢思量要与我成亲,若非还我一个兄弟,也不要你这一个贱婢配合!"公主听言,心内大惊,火星直冒,羞丑也不顾,叫一声:"罗通啊,罗通!好忘恩负义也!前日在沙场上,你怎么讲的?曾立千斤重誓。故我撇下飞刀,引进黄龙岭,共退自家人马,皆为如此。到今日你就翻面无情了!"罗通说:"这怕你想错了念头。我立的乃是钝咒,那个与你认起真来!人非草木,我罗通岂可不知你领我兵杀退自家人马。只算将功赎罪,不与你报仇,饶你一死,说是我的好意。岂肯与你这不忠不孝的畜类番婆成亲?你父屠封现在白虎殿,快快出去随了他退归番国贺兰山,饶你一命!如若再在宫中,我罗通要就与弟报仇了!"公主道:"罗通!何为不忠不孝?讲个明白,死也瞑目。"罗通说:"贱婢!你身在番邦,食君之禄,不思报君之恩,反在沙场不顾羞耻,假败荒山,私自对亲,玷辱宗亲,就为不孝;大开门,诱引我邦人马冲蹿番营,暗为国贼岂非不忠?"公主一听此言,不觉怒从心起,眼内纷纷落泪,说:"早晓罗通是个无义之辈,我不心向于他邦。如今反成话柄,到来反驳我不忠不孝。罢了!"叫声:"罗通!你当真不纳我吗?"罗通说:"我邦绝色才子却也甚多,经不得你看中了一个,也为内应,这座江山送在你手里了。"公主听见暗想:"他这些言语,分明羞辱我了。那里受得起这般谗言恶语,难在阳间为人。嗳!罗通阿,罗通!我命丧在你手,阴世绝不清静,少不得有日与你索命!"把宝剑抽在手中,往颈上一个青锋过岭,头落尘埃!可惜一员情义女将,一命归天去了。罗通见公主已死,跑出房门,往那些殿亭游玩去了。

次日,几名番女进房来一看,只见鲜血满地,人为二段。吓得面如土色,大家慌忙出了房门来报屠封。屠封才得起身,与尉迟恭、秦、程三位用过定心汤,要同去朝参。只见几名番说女拥进殿前,叫声:"太师爷,不好了!公主娘娘被罗通杀死。还不走啊!"屠封丞相听见,魂飞魄散,大放悲声。也不别而行,出了白虎殿要逃性命了。敬德等三人听报,吓得顿口无言,好像掉在冷水内,说:"不好了!若果有此事,屠丞相放不得去的。"便叫声:"老丞相不必着忙,快快请转!"这屠封哪里肯听,匆匆然跑往外边去了。三位公爷心慌意乱,说:"这小畜生无法无天的了!"大家同上银銮殿。朝廷方将身登龙位,秦、程二位奏道:"陛下,不好了!"如此惶般,惊得朝廷:"反了!反了!有这等事?寡人御旨都不听了。快把这小畜生绑来见朕!如今屠封在哪里?"三位公爷说:

"陛下，他才出午门去了。"叫声："尉迟王兄，快与朕前去宣来。"尉迟恭退出午门，赶到北关，见了屠封叫声："丞相，圣上有旨请你转去，还有国事相商。"屠封听见此言，又不敢违逆，只得随了尉迟恭到银銮殿上，连忙俯伏，叫声："万岁啊！臣有罪。显见公主得罪天邦殿下，臣该万死！望陛下恕罪草莽之臣一命。"朝廷叫声："丞相平身，卿有何罪？寡人心内欲与你邦：

结成永远相和好，故求公主聘罗通。"

不知贞观天子如何发放屠封，且看下回分解。

第十五回　龙门县将星降世　唐天子梦扰青龙

诗曰：

罗通空结凤箫缘，有损红装一命悬。

虽然与弟将仇报，义得全时信少全。

贞观天子说："丞相，朕欲两国相和，与罗通结为秦晋之好。不想这畜生无知，伤了公主。朕的不是了！故而请你到殿，将原旧地方归还你邦，汝君臣不必怨恨。寡人即日班师，留一万人马在此保护，以算朕之赔罪。"屠封听言，不胜之喜，说："我王万万岁！"立起身来，退出午门，回转贺兰山，自然另有一番言语。君臣两下苦无战将强兵，所以不敢报仇，只得忍耐在心。

不表番国之事。如今讲到罗通正在逍遥殿，只见四名校尉上前剥去衣服，绑到银銮殿。朝廷大喝说："我把你这小畜生千刀万剐才好！寡人昨日怎样对你讲？屠炉女伤了你兄弟，也算两国相争误伤的。他有十大功劳向于寡人，也可将功折罪。不遵朕旨意，不喜公主，只消自回营帐，不该把他杀死！可怜一员有情女将，将他屈死，你怎生见朕？校尉们，与朕推出午门斩首！"校尉一声："领旨！"推出午门去了。此时众公爷见龙颜大怒，没有人敢出班保奏。不要说别人不敢救，就是一个嫡亲表伯父秦叔宝也不敢上前保奏。大家呆着，独有程咬金想起前日讨救之时罗家弟妇之言，不得不出班保奏一番。连忙闪出班来叫声："刀下留人！"说道："陛下龙驾在上，臣冒奏天颜，罪该万死！"朝廷说："程王兄，罗通违逆朕心，理该处斩，为甚王兄叫住了？"咬金说："陛下在上，罗通逆圣应该处斩。奈臣前日奉旨讨救曾受我弟妇所嘱。他说：'罗氏一门为国捐躯，止传一脉，倘有差迟，罗氏绝祀。万望伯父照管。'臣便满口应承，故此弟妇肯放来的。虽这小畜生不如法度，有违圣心。万望陛下念他父亲罗成功于社稷，看臣薄面，留他一脉。臣好回京去见罗家弟妇之面。"朝廷说："既然王兄保奏，赦他死罪。"咬金说："谢主万岁！"传旨赦转罗通。罗通连忙跪下说："谢父王不杀之恩。"朝廷怒犹未息，说："谁是你的父王！从今后永不容你上殿见朕！削去官职，到老不许娶妻。快快出去，不要在此触恼寡人！"罗通领旨退出午门，回进自己营中，与众弟兄讲话。各将埋怨不应该如此失信，太觉薄情了。如今公主已死，说也枉然，只有罢了。

不表小弟兄纷纷讲论。单说朝廷传旨殡葬屠炉公主尸首，驾退回营。群臣散班，秦、程二位退出午门，遇到罗通，叔宝说："不孝畜生！为人不能出仕于皇家，以显父母，替祖上争气，一家亲王都不要做，自拿来送掉了。如今削去职份，到老只好在家里头。"罗通说："老伯父，不要埋怨小侄了，倒是在家侍奉母亲的好。"咬金说："畜生！既是事亲好，何必前日在教场夺此帅印？为伯父好意费心，用尽许多心机说合来的，何苦把这样绝色佳人送了他性命！如今朝廷不容娶讨，只好暗里偷情。当官不得的，要娶妻房除非来世再配吧！"罗通说："伯父又来了，既然万岁不容婚配，理当守鳏到老，怎敢逆旨。伯父保驾班师缓缓而行，小侄先回京城。"咬金说："你路上须当小心。"罗通答应道："是！"就往各营辞别。当日上马，带了四名家将，先自回往长安，不必去表。

如今过三天，这一日贞观天子降旨班师，银銮殿上大排功臣宴。元帅传令三军摆齐队伍，天子上了骅骝马，众国公保驾，炮响三声，出得木阳城，赤壁康王同丞相与文武官，一路下来，见了朝廷，大家俯伏，口称："臣赤壁康王侯送天子。"贞观天子叫声："狼主平身。赐卿三年不必朝贡，保守汛地，寡人去也。"康王称谢道："愿陛下圣寿无疆！"

留下一万人马，保守关头，木阳城原改了康王旗号，狼主退归银銮殿，这话不表。

再说天子一路下来，不一日早到中原汛地。那些地方文武官员迎接，打得胜鼓。班师旗号已到大国长安，却好天色傍晚，当夜不表。次日天子升坐，诸卿朝恭已毕，徐茂公俯伏启奏道："臣启陛下，臣昨夜三更时候望观星象，只见正东上一派红光冲起，少停又是一道黑光，足有半高，不上四五千里路远，实为不祥！臣想起来才得北番平静，只怕正东外国又有事发了。"朝廷说："先生见此异事，寡人也得一梦兆，想来越发不祥了。"茂公说："嘎！陛下得一梦兆，不知怎样的缘由，讲与臣听，待臣详解。"天子叫声："先生，寡人所梦甚奇。朕骑在马上独自出营游玩，并无一人保驾，只见外边世界甚好，单不见自己营帐。不想后边来了一人，红盔铁甲，青面獠牙，雉尾双挑，手中执赤铜刀，催开一骑绿马，飞身赶来，要杀寡人。朕心甚慌，叫救不应，只得加鞭逃命。那晓山路崎岖，不好行走，追到一派大海，只见波浪滔天，没有旱路走处。朕心慌张，纵下海滩，四蹄陷伏泥沙，口叫：'救驾'。那晓后面又来了一人，头上粉白将巾，身上白绫战袄，坐下白马，手提方天戟，叫道：'陛下，不必惊慌，我来救驾了！追得过来，与这青面汉斗不上四五合，却被穿白的一戟刺死，扯了寡人起来。朕心欢悦，就问：'小王兄英雄，未知姓甚名谁？救得寡人，随朕回营，加封厚爵。'他就说：'臣家内有事，不敢就来随驾，改日还要保驾南征北讨。臣去也！'朕连忙扯住说：快留个姓名，家住何处，好改日差使臣来召到京师封官受爵。'他说：'名姓不便留，有四句诗在此，就知小臣名姓。'朕便问他什么诗句。他说道：

'家住遥遥一点红，飘飘四下影无踪。
三岁孩童千两价，保主跨海去征东。'

说完，只见海内透起一个青龙头来，张开龙口，这个穿白的连火带马望龙嘴内跳了下去，就不见了。寡人大称奇异，哈哈笑醒，却是一梦。未知凶吉如何，先生详一详看。"茂公说："阿！原来如此。据臣看来，这一道红光乃是杀气，必有一番血战之灾，只怕不出一年半载，这青面獠牙就要在正东上作乱，这个人一作乱了，当不得了！想我们这班乳幼大将，擒他不住，不比去扫北，就是三年平静了。东边乃是大海，海外国度多有吹毛画虎之人，撒豆成兵之将，故而有这杀气冲空，此乃报信于我。却幸有这应梦贤人。若得梦内穿白小将，寻来就擒得他青面獠牙，平得他作乱了。"朝廷说："先生！梦内人哪里知道这个人没有。这个人有影无形，何处寻他？"茂公说："陛下有梦，必有应验。臣详这四句诗，名姓乡坊都是有的。"朝廷说："如此先生详一详，看他姓甚名谁，住居那里？"茂公说："陛下，他说：'家住遥遥一点红'，那太阳沉西只算一点红了，必家住在山西。他纵下龙口去的，乃是龙门县。山西绛州府有一个龙门县，若去寻他，必定在山西绛州府龙门县住。'飘飘四下影无踪'，乃寒天降雪，四下里飘飘落下没有踪迹的，其人姓薛。'三岁孩童千两价'，那三岁一个孩子值了千两价钱，岂不是个人贵了？仁贵二字是他名字了。其人必叫薛仁贵，保陛下跨海征东。东首多是个海，若去征东，必要过海的。所以这应梦贤臣说：保了陛下跨海去平复东辽。必要得这薛仁贵征得东来。"朝廷叫声："先生，不知这绛州龙门县在那一方地面？"茂公说："万岁又来了。这有何难？薛仁贵毕竟是英雄将才之人，万岁只要命一个能人到山西绛州龙门县招兵买马，要收够将士十万，他们必来投军。若有薛仁贵三字，送到来京，加封他官爵。"朝廷说："先生之言有理！众位王兄御侄们，那个领朕旨意到绛州龙门县招兵？"

只见班内闪出一人，头戴圆翅乌纱，身穿血染大红吉服，腰围金带，黑煨煨一张糙脸，短颈缩腮，狗眼深鼻，两耳招风，几根狗嘴须，执笏当胸，俯伏尘埃说："陛下在上，臣三十六路都总管、七十二路大先锋张士贵，愿领我王旨意，到龙门县去招兵。"朝廷说："爱卿此去，倘有薛仁贵，速写本章送到京来，其功非小。"张士贵叫声："陛下在上，这薛仁贵三字看来有影无踪，不可深信。应梦贤臣不要倒是臣的狗婿何宗宪。"朝廷说："何以见得？"士贵说："万岁在上，这应梦贤臣与狗婿一般，他也最喜穿白，惯用方天戟，力大无穷，十八般武艺件件皆能。是他若去征东，也平伏得来。"朝廷说："如此，爱卿的门婿何在？"士贵道："陛下，臣之狗婿现在前营。"朝廷说："传朕旨意，宣进来。"士贵一声答应："领旨"同内侍即刻传旨。何宗宪进入御营，俯伏尘埃说："陛下龙驾在上，小臣何宗宪朝见，愿我王万岁！万万岁！"原来何宗宪面庞却与薛仁贵一样相似，所以朝廷把何宗宪一看，宛若应梦贤臣一般，对着茂公看看。茂公叫声："陛下，非也。他是何宗宪，万岁梦见这穿白衣的是薛仁贵，到绛州龙门县，自然还陛下一个穿白衣薛仁贵。"朝廷说："张爱卿，那应梦贤臣非像你的门婿，你且往龙门县去招兵。"张立贵不敢再说，口称："领旨。"同着何宗宪退出来，到自己帐内，吩咐公子带领家将们扯起营盘，一路正走山西。

列位呵，这张士贵你道何等人？就是当年鸡冠刘武周守介休的便是他了。与尉迟恭困在城内，日费千金，一同投唐。其人刁恶多端，奸猾不过，他有四个儿子，两个女儿。大儿名唤张志龙，次儿志虎，三儿志彪，四儿志豹，多是能征惯战，单是心内不忠，诡计多端。长女配与何宗宪，也有一身武艺；次送与李道宗为妃。却说张家父子同何宗宪六人上马，离了天子营盘，大公子张志龙在马上叫声："父亲，朝廷得此梦内贤臣，与我妹夫一般，不去山西招兵，无有薛仁贵，此段救驾功劳是我妹夫的；若招兵果有此人，我等功劳休矣。"士贵道："我儿，为父的领旨前去招兵，你道我为什么意思？皆因梦中之人与你妹丈相同，欲要图此功劳，所以领旨前去。没有姓薛的更好，若有这仁贵，只消将他埋灭死了，报不来京，只说没有此人。一定爱穿白袍者，必是你妹夫，皇上见没有薛仁贵，自然加张门厚爵，岂不为美？"那番四子一婿连称："父亲言之有理。"六人一路言谈，正走山西绛州龙门县，前去招兵，我且慢表。

单讲朝廷降下旨意，卷账行兵，到得陕西，有大殿下李治，闻报父王班师，带了丞相魏征众文武出光泰门，前来迎接。说："父王，儿臣在此迎接。""老臣魏征迎接我王。"朝廷叫："王儿平身，降朕旨意，把人马停扎教场内。"殿下领旨，一声传令，只听三声号炮，兵马齐齐扎定。天子同了诸将进城，众文武送万岁登了龙位，一个个朝参过了，当殿卸甲，换了蟒服。差元帅往教场祭过旗纛，犒赏了大小三军，分开队伍，各自回家。夫妻完聚，骨肉团圆。朝廷降旨：金銮殿上大摆功臣筵宴，饮完御宴，驾退回宫，群臣散班，各回衙署，自有许多家常闲话。如今刀枪归库，马放南山，安然无事。

过了七八天，这一日鲁国公程咬金朝罢回来，正坐私衙，忽报史府差人要见。咬金说："唤他进来。"史府家将唤进里边："千岁爷在上，小人史仁叩头。"咬金说："起来，你到这里有何事干？"那史仁说："千岁爷，我家老爷备酒在书房，特请千岁去赴席。"咬金道："如此你先去，说我就来。"史府家将起身便走。程咬金随后出了自己府门上马，带了家将慢慢地行来。到了史府，衙门报进三堂。史大奈闻知，忙来迎接。说："千岁哥哥，请到里边来。"咬金说："为兄并无好处到你，怎么又要兄弟费心？"史大奈说："哥哥又来了，小弟与兄劳苦多时，不曾饮酒谈心。蒙天有幸，恭喜班师，所以小弟特备水酒一杯与兄谈心。"咬金说："只是又要难为你。"

二人挽手进入三堂，见过礼，同到书房。饮过香茗，靠和合窗前摆酒一桌，二人坐下，传杯弄盏，饮过数杯，说："千岁哥哥，前日驾困木阳城，秦元帅大败，自思没有回朝之日，亏得哥哥你年纪虽老，英雄胆气未衰，故领救兵，奉旨杀出番营，幸有谢兄弟相度，恭喜班师。"咬金说："不入虎穴，焉得虎子。为兄最胆大的。"这时闲谈饮酒，忽听和合窗外一声喊叫："呔！程老头儿，你敢在寡人驾前吃御宴吗？"吓得程咬金魂不附体，抬头一看，只见对过有座楼，楼窗靠着一人，甚是可怕，乃是一张锅底黑色脸，这个面孔左半身推了出来，右半身凹了进去，连嘴多是歪的。凹面阔额，两道扫帚浓眉，一双铜铃豹眼，头发披散满面，穿一件大红衫，一只手臂膊露出在外，靠了窗盘，提了一扇楼窗，要打下来。那程咬金慌忙立起身来，说："兄弟，这是什么人，如此无礼，楼窗岂是打得下来的？"史大奈说："哥哥不必惊慌，这是疯癫的。"对窗上说："你不要胡乱！程老伯父在此饮酒，你敢打下来，还不退进去！"那番这个八不就的人就往里面去了。程咬金说："兄弟，到底这是什么人。"大奈说："唉！哥哥不要说起，只因家内不祥，是这样的了。"咬金说："兄弟，你方才叫他称我老伯父，可是令郎？"大奈说："不是，小弟没福，是小女。"程咬金说："又来取笑了。世间不齐整丑陋堂客也多，不曾见这样个人，地狱底头的恶鬼一般，怎说是你令爱起来？"大奈说："不哄你，当真是我的小女，所以说人家不祥，生出这样一个妖怪来了。更兼犯了疯癫之症，住在这座楼上，吵也被他吵死了。"咬金说："应该把他嫁了出门。"大奈说："哥哥又来取笑了，人家才貌的裙钗、绝色的佳人，尚有不中男家之意，我家这样一个妖魔鬼怪，那有人家要他。小弟只求他早死就是，白送出门也不想的。"咬金叫声："兄弟不必担忧，为兄与你令爱作伐，攀一门亲罢。"大奈说："又来了，小户人家怕没有门当户对，要这样一个怪物？"咬金说："为兄说的不是小户人家,乃是大富大贵人家的荫袭公子。"大奈说道:"若说大富大贵荫袭爵主,一发不少个千金小姐、美貌裙钗了。"咬金说:"兄弟,你不要管,在为兄身上还你一个有职分的女婿。"大奈说:"当真的吗?"咬金道:"自然,为兄地告别了,明日到来回音。"大奈说:"既如此,哥哥慢去。"史老爷送出。鲁国公那马来到午门,下马走到偏殿,俯伏说:"陛下在上,臣有事冒奏天颜,罪该万死。"朝廷说:"王兄所奏何事。"咬金说:"万岁在上,臣前在罗府中,我弟妇夫人十分悲泪,对臣讲说:'先夫在日,也曾立过功劳与国家出力,只因:

> 一旦为国捐躯死,唯有罗通一脉传。'"

不知程咬金怎生作伐,且看下回分解。

第十六回　胜班师罗通配丑妇
　　　　　不齐国差使贡金珠

诗曰:

> 平番安享转长安,路望东辽杀气悬。
> 贤臣详梦知名姓,到后方知在海边。

再讲咬金奏称罗夫人哭诉之言:"'罗成一旦为国捐躯,只传一脉,才年十七。只因朝廷被困北番,我儿要救父王,夺元帅印掌兵权,征北番救龙驾。逼死屠炉公主,触怒圣心,把孩儿削除官爵,退居为民,不容娶妻,岂不绝了罗门之后?先夫在九泉之下也不安心。望伯父念昔日之情,在圣驾前保奏一本,容我孩儿娶妻,以接后嗣,感恩不尽!'为此老臣前来冒奏。可恨罗把一个绝色公主尚然通死,臣想不如配一个丑陋女子却好。凑巧访得史大奈有位令爱,生来妖怪一般,更犯疯病,该是姻缘。未知陛下如何?"朝廷说:"既然程王兄保奏,寡人无有不准。"咬金大悦,说:"愿我王万岁、万万岁!"谢恩退出午门,又到罗府内细说一遍。窦氏夫人心中大悦,说:"烦伯伯与我孩儿作伐起来。"咬金道:"这个自然。"说罢,前往史府内说亲,不必再表。

要晓得这一家作伐有甚难处?他家巴不能够推出了这厌物。东西各府公爷爵主们都来恭喜。选一吉日,罗老夫人料理请客,忙忙碌碌,一面迎亲,一面设酒款待,鼓乐喧天。史家这位姑娘倒也稀奇,这一日就不痴了。喜嫔与她梳头,改换衣服。临上轿爹娘嘱咐几句,娶到家中结过亲,送入洞房,不必细讲。这位姑娘形状都变了,脸上泛了白,面貌却也正当齐整些。与罗通最和睦,孝顺婆婆十二朝,过门后权掌家事,万事贤能。史大奈满心欢喜,史夫人甚是宽怀,各府公爷无不称奇。也算罗门有幸,五百年结下姻缘,不必去说。

再讲贞观天子驾坐金銮,自从班师回家有两月有余。山西绛州龙门县张士贵招兵没有姓薛的,故打本章到来。黄门官呈上,朝廷一看,上写:"三十六路都总管,七十二路总先锋臣张环,奉我王旨意,在山西龙门县总兵衙门扯起招军旗号。天下九省四郡各路人民投军者不计其数,单单没有姓薛的,应梦贤臣一定是狗婿何宗宪,愿陛下详察。"朝廷叫声:"先生,张环本上说并没有姓薛的,便怎么样?"茂公说:"陛下不必担忧,龙门县一定有个薛仁贵,待张环招足了十万人马,自然有薛仁贵在里边的。"君臣正在讲论,忽有黄门官俯伏说:"陛下龙驾在上,今有不齐国使臣现在午门,有三桩宝物特来进贡。"皇爷龙颜大悦,说:"既然有宝物进贡,降朕旨意,快宣上来。"黄门官领旨传出:"宣进来。"有不齐国使臣上金銮殿俯伏朝见,说:"天朝圣主龙驾在上,小邦使臣官王彪见驾,愿圣主万寿无疆!"朝廷把龙目望下一瞧,只见使臣官头上戴一顶圆翅纱貂,狐狸倒照,身穿猩猩血染大红补子袍,腰围金带,脚踏乌靴。但看这个脸看不出的。不知为什么用这一块纱帕遮了面,就像钟馗送妹模样。天子看不出,就道:"问你可是不齐国使臣王彪吗?"应道:"臣正是。"天子说:"你邦狼主送三桩什么宝物与寡人?"王彪说:"万岁请看献表就知明白。"把表章展开,朝廷一看,上写:"臣不齐国云王朝首天朝圣主,愿天子万岁!因小国无甚异宝,唯有三桩鄙物:赤金嵌宝冠、白玉带一围、绛黄蟒服一领。略表臣心。"天子大悦,说:"爱卿,如今这三件宝物拿上来与寡人看。"王彪说:"阿呀,圣上啊!臣该万死!"天子大惊,说:"为什么?三桩宝物进贡入朝,乃是你的功劳,还有何罪?"王彪道:"万岁啊!不要说起。臣奉狼主旨意,把三桩宝物放在车子上,叫四名小番推了,打从东辽国经过。遇着高建王驾下大元帅盖苏文拦住去路,劫去三件宝物,把小番尽皆杀死。臣再三跪求,饶我一命。还讲万岁爷许多不逊,臣不敢奏。"天子大怒,说:"有这等事?你细细奏来。"王彪领旨,说:"万岁!这盖苏文说:'中原花花世界,要兴兵过海,去夺大唐天下,如在反掌!少不得一统山河全归于我,何况这三桩宝物?留在这里,你寄个信去。'小臣被他拿住,刺几行字在面上,故把纱遮面上。求万岁恕臣之罪。"天子说:"卿家无罪。你把纱帕拿去,走上来等朕看看。"那王彪鞠躬到龙案前,把纱帕去掉了。天子站起身一看,只见他面上刺着数行字道:

面刺海东不齐国,东辽大将盖苏文。把总催兵都元帅,先锋挂印独称横。几次兴兵离大海,三番举义到长安。今年若不来进贡,明年八月就兴兵。生擒敬德秦叔宝,活捉长安大队军。战书寄到南朝去,传与我儿李世民!

天子看了这十二句言语犹可,独怪那"传与我儿李世民"这一句,不觉龙颜大怒,大叫:"阿唷,阿唷!罢了,罢了!"这一声喊惊得使臣魂不附体,连忙趴定金阶:"万岁饶命阿!"朝廷说:"与你无罪!"吓得那文武战战兢兢。徐茂公上前问道:"陛下,他面上刻的什么,陛下龙颜大怒起来?"朝廷说:"徐先生,你下去观看一遍,就知明白。"茂公走过去看了一遍,说道:"陛下如何?梦内之事不可信。东辽此人作乱,非同小可,不比扫北之易。请陛下龙心宽安。待张士贵收了应梦贤臣,起兵过海征服他就是了。"天子就令内侍把金银赏赐王彪,叫声:"爱卿,你路上辛苦劳烦。降旨一路汛地官送归过海,若到东辽国去见这盖苏文,叫他脖子颈候长些,百日内就要取他的颅头便了!你是去吧。"使臣王彪叩谢:"愿我皇圣寿无疆!"不齐国使臣退出午门,回归过海。不必去表。

如今再讲贞观天子叫声:"徐先生,此去征东,必要应梦贤臣姓薛的方可平复的。"茂公道:"这个自然。东辽不比北番,利害过不,多有吹毛画虎之人,撒豆成兵之将。要薛仁贵方破得这班妖兵怪将。若是我邦这班老幼兄弟们,动也动不得。"朝廷道:"如此说起来,就有薛仁贵,必要个元帅领兵的。寡人看这秦王兄年高老迈,哪里掌得这个兵权?东辽好不枭勇,他去得的吗?必要个能干些的才为元帅去得。"这是天子好心肠,好意思,是这等说道:"秦王兄为了多年元帅,跋涉了一生一世。今日东征况有妖兵利害。把这颗帅印交了别人,脱了这劳碌,安享在家,何等不美?哪晓得都是不争气的。"秦叔宝假装不听见,低了头在下边。尉迟恭与程咬金从不曾为元帅过的,不知道这元帅有许多好处。在里面听得万岁说了这一句,大家装出英雄来了。尉迟恭挺胸叠肚。程咬金在那里使脚弄手来。朝廷说:"朕看来倒是尉迟王兄能干些,可以掌得兵权。"天子还不曾说完,敬德跪称:"臣去得。谢我主万岁!万万岁!"程咬金见尉迟恭谢恩,也要跪下来夺这个元帅。哪晓得秦琼连忙说:"住了!"上前叫声:"陛下,万岁道臣年迈无能,掌不得兵权,为什么尉迟老将军就掌得兵权?他与臣年纪仿佛,昔日在下梁城,臣与尉迟将军战到百十余合以后,三鞭换两锏,陛下亲见他大败而走。看起来臣与他只不过芦地相连,本事他也不叫什么十分高,何见今日就不及他?当初南征北讨,都是臣领兵的。今日臣就去不得了,岂不要被众文武耻笑,道老臣无能,怕去了。求陛下还要宽容。"程咬金说:"当真我们秦哥还狠!元帅积祖的是秦家的。我老程强似你万倍,尚不敢夺他。你这黑炭团到得那里是那里,思想要夺起帅印来?"朝廷说:"不必多言。啊,秦王兄,虽只如此,你到底年高了,尉迟王兄狠些。"叔宝叫声:"陛下,你单道老臣无能,自古道:

年老专擒年小将,英雄不怕少年郎!

臣年纪虽有七旬,壮年本事不但还在,更觉狠得多了;智量还高,征东纤细事情如在臣反掌之易。不是笑着尉迟老将军,你晓得横冲直撞,比你怯些胜了他,比你勇些就不能取胜了。那里晓得为元帅的法度?长蛇阵怎么摆?二龙阵怎么破?"敬德哈哈笑道:"秦老千岁,某家虽非人才出众,就是为帅之道也略晓一二。让了某家吧!"叔宝说:"老将军,要俺帅印,圣驾面前各把本事比一比看。"天子高兴地说:"倒好,胜者为帅。"传旨午门外抬进金狮子上来,放在阶前,铁打成的,高有三尺,外面金子裹的,足有千斤重。叔宝说:"尉迟将军,你本事若高,要举起金狮子在殿前绕三回,走九转。"敬德想道:"这个东西有千斤重。当初拿得起,走得动,如今来不得了。"叫声:"秦老千岁,还是你先拿我先拿?"叔宝说:"就是你先来!"敬德说:"也罢,待某来!"把皂罗袍袖一转,走将过来，右手柱腰，左手拿住狮子，脚挣一挣，动也动不得一动，怎样九转三回起来？想来要走动，料想来不得的，只好把脚力挣起来的。缓缓把脚松一松，跨得一步，满面挣得通红，勉强在殿上绕得一圈。脚要软倒来了，只得放下金狮子，说："某家来不得。金狮子重的很，只怕老千岁拿不起！"叔宝嘿嘿冷笑，叫声："陛下如何？眼见尉迟老将军无能，这不多重东西就不能够绕三回。秦琼年纪虽高，今日驾前绕三回九转与你们看看。"程咬金说："这个东西不多重，这几斤我也拿得起的。秦哥自然走三回绕九转，不足为奇的。"那秦琼听言，一发高兴。就把袍袖一将，也是这样拿法，动也不动，连自己也不信起来，说："什么东西？我少年本事那里去了？"犹恐出丑，只得用尽平生之力举了起来，要走三回，哪里走得动！眼前火星直冒，头晕凌凌，脚步松了一松，眼前乌黑的了。到第二步，血朝上来，忍不住张开口鲜血一喷，迎面一跤，跌倒在地，呜呼哀哉！

要晓得叔宝平日内名闻天下，都是空虚，装此英雄，血也忍得多，伤也伤得多。昔日正在壮年，忍得住。如今有年纪了，旧病复发，血都喷完了，晕倒金銮。吓得天子魂飞海外，亲自忙出龙位，说："秦王兄，你拿不起就罢了，何苦如此！快与朕唤醒来。"众公爷上前扶定。程咬金大哭起来，叫声："我那秦哥啊！"尉迟恭看叔宝眼珠都泛白了，说："某家与你作耍，何苦把性命拼起来？"咬金说："吥！出来！我把你这黑炭团狗攮的！"尉迟恭也说："呔！不要骂！"咬金道："都是你不好！晓得秦哥年迈，你偏要送他性命。好好与我叫醒了，只得担些干系；若有三长两短，你这黑炭团要碎剐下来的！"秦怀玉看见老子斗力喷血死的，跨将过来，望着尉迟恭夹胸前只一掌。他不妨的，一个鹞子翻身，跃在那边去了。敬德爬起身来说："与我什么相干？"程咬金说："不是你倒是我不成？侄儿再打！"秦怀玉又一拳打过去。敬德把左手接住他的拳头，复手一扯，怀玉反跌倒在地。爬起身来思量还要打，朝廷喝住了，说："王兄、御侄，不必动手，金銮殿谁敢吵闹？叫醒秦王兄要紧。"两人住手。尉迟恭叫声："老千岁苏醒！"朝廷说："秦王兄醒来！"大家连叫数声。秦琼悠悠醒转，说："阿唷！罢了，罢了！真乃废人也！"朝廷说："好了！"尉迟恭上前说："千岁，某家多多有罪了！"程咬金说："快些叩头赔罪！"叔宝叫声："老将军说哪里话来。果然本事高强，正该与国出力。俺秦琼无用的了！"眼中掉泪，叫声："陛下，臣来举狮子，还思量掌兵权，征东辽。如今再不道四肢无力，昏沉不醒，在阳间不多几天了。万岁若念老臣昔日微功，等待臣略好些，方同去征东。就去不能够了，还有言语叮嘱尉迟将军，托他帅印，随驾前去征东。陛下若然一旦抛撇了臣，径去征东，臣情愿死在金阶，再不回衙了。"朝廷说："这个自然，帅印还在王兄处，还是要王兄去平得来。没有王兄，寡人也不托胆。王兄请放心回去，保重为主。"叔宝说："既如此，恕臣不辞驾了。我儿扶父上殿。"怀玉应道："爹爹，孩儿知道。"那番秦怀玉与程咬金扶了秦琼。尉迟恭也来挽扶，出了午门，叫声："老千岁！恕不远送了。"叔宝说："老将军请转，改日会罢！"一路回家，卧于床上，借端起病，看来不久。

单说天子心内忧虑秦琼。茂公说："陛下，国库空虚，命大臣外省催粮。又要能干公爷到山东登州府督造战船一千五百号，一年内成功，好跨海征东。这两桩要紧事情迟延不得。"天子说："既如此，命鲁国公程咬金往各省催粮，传长国公王君可督造战船。"二位公爷领旨，退出午门。王君可往登州府，程咬金各路催粮，不表。

再讲山西绛州府龙门县该管地方，有座太平庄，庄上有个村名曰薛家村。村中有一富翁名叫薛恒，家私巨万。所生二子，大儿薛雄，次儿薛英。才交三十，薛恒身故。弟兄分了家私，各自营业。这二人各开典当，良田千顷，富称故国，人人相称。员外次子薛英，娶妻潘氏，三十五岁生下一子，名唤薛礼，双名仁贵。从小到大不开口的，爹娘不欢喜，道他是哑巴子。直到五十岁庆寿，仁贵十五岁了。一日睡在书房中，见一白虎揭开帐子扑身进来，吓得他魂飞天外，喊声："不好了！"才得开口。当日拜寿，就说爹娘福如东海，寿比南山。薛英夫妇十分欢喜，爱惜如珠。不晓得罗成死了，薛仁贵所以就开口的。不上几天，老夫妇双双病死了。只叫道：白虎当头坐，无灾必有祸。真曰："白虎开了口，无有不死。"仁贵把家私执掌，也不晓得开店，日夜习学武艺，开弓跑马，名闻天下，师家请了几位，在家习学六韬三略。又遭两场回禄，把巨万家私、田园屋宇弄得干干净净。马上十八般，地下十八件般般皆晓，件件皆能。箭射百步穿杨，日日会集朋友放马射箭。家私费尽，只剩得一间房子。吃又吃得，一天要吃一斗五升米，又不做生意，哪里来的吃？卖些家货什物，不够数月吃得干干净净。楼房变卖，无处栖身，只得住进一山脚下破窑里边，犹如叫花子一般。到十一月寒天，又无棉衣，夜无床帐，好不苦楚！饿了两三天，哪里饿得过，睡在地上，思量其时八、九月还好，秋天还不冷。如今寒天冻饿难过。绝早起身出了窑门，心中想道："往哪里去好呢？有了！我伯父家中十分富豪，两三年从不去搅扰他，今日不免走一遭。"心中暗想，一路早到。抬头看见墙门门首有许多庄客，尽是刁恶的，一见薛礼，假意喝道："饭是吃过了，点心还早。不便当别处去求讨罢！"正是：

> 龙逢浅水遭虾戏，虎落荒崖被犬欺。

毕竟不知薛礼如何回话，且听下回分解。

第十七回 举金狮叔宝伤力 见白虎仁贵倾家

诗曰：

> 仁贵穷来算得穷，时来方得遇英雄。
> 投军得把功劳显，跨海征东官爵荣。

再说薛仁贵一听刁奴之言，心中不觉大怒，便大喝道："你们这班狗头，眼珠都是瞎的？公子爷怎么将来比做叫花的？我是你主人的侄儿，报进去！"那些庄汉道："我家主人大富大贵，那里有你这样穷侄儿？我家员外的亲眷甚多，却也尽是穿绫着绢，从来没有贫人来往。你这个人不但穷，而且叫花一般，怎么好进去报？"仁贵听说，怒气冲天，说："我也不来与你算账，待我进去禀知伯父，少不得处治！"

薛礼甩开大步，走到里边。正遇着薛雄坐在厅上，仁贵上前叫声："伯父，侄儿拜见！"员外一见，火星直冒，说："住了！你是什么人，叫我伯父？"薛礼道："侄儿就是薛仁贵。"员外道："啧！畜生！还亏你有脸前来见我伯父。我想，你当初父母养你如同珍宝，有巨万家私托与你，指望与祖上争气。不幸生你这不肖子，与父母不争气，把家私费尽，还有面目见我！我只道你死在街坊，谁知反上我门到来做什么？"仁贵说："侄儿一则望望伯父；二则家内缺少饭米，要与伯父借米一、二斗，改日奉还。"薛雄说："你要米何用！"仁贵道："我要学成武艺，吃了跑马。快拿来与我。"薛雄怒道："你这畜生！把家私看得不值钱，巨万拿来都出脱了。今日肚中饥了，原想要米的，为何不要到弓、马上去寻来吃？"仁贵说："伯父，你不要把武艺看轻了。不要说前朝列国。即据本朝有个尉迟恭，打铁为生，只为本事高强，做了鄂国公。闻得这些大臣都是布衣起首。侄儿本事也不弱，朝里边的大臣如今命运不通，落难在此，少不得有一朝际遇，一家国公是稳稳到手的。"薛雄听了又气又恼，说道："青天白日，你不要在此做梦！你这个人做了国公，京都内外抬不得许多人。自己肚里不曾饱，却在此讲混话。这样不成器的畜生，还要在此恼我性子。薛门中没有你这个人，你不要认我伯父，我也决不来认你什么侄儿。庄汉们，与我赶出去！"薛礼心中大怒，说："罢了！罢了！我自己也昏了！穷来有二、三年了，从来不搅扰这里，何苦今日走来讨他羞辱？"不别而行。出了墙门大叹一声道："咳！怪不得那些闲人都不肯看顾，自家骨肉尚然如此。如今回转破窑也是无益，肚中又饥得很，吃又没有吃，难在阳间为人。"一头走，一头想，来到山脚下见一株大槐树，仁贵大哭说："这是我葬身之地了！也罢！"把一条索子系在树上吊起来了。仁贵命不该绝，来了一个救星名叫王茂生。他是小户贫农，挑担为生，偶然经过，抬头一看吊起一人，倒吓得面如土色。仔细一认，却也认得是薛大官人："不知为什么寻此短见？待我救他下来。"茂生把担歇下，摸过一块石头摆定了，将身立在上面，伸手往他心内摸摸，看还有一点热气，双手抱起，要等个人来解这个索结，谁想再没有人来。不多一会，那边来了一个卖婆仔，细一看，原来就是自家的妻子毛氏大娘。都算有福，同来相救。那茂生正在烦恼，见妻子走来，心中大喜，叫声："娘子，快走一步，救了一条性命也是阴德。"那大娘连忙走上前来，把笼子放下，跨上石头，双手把圈解脱。茂生抱下来，放在草地上。薛礼悠悠苏醒，把眼张开说："那个恩人在此救我？"王茂生同妻毛氏做生意回来，因见大官人吊在树上，夫妇二人放下来的。仁贵说："阿呀！如此说二人是我大恩人了。请受小子薛礼拜见！"茂生道："这个我夫妻当不起。请问大官人为什么要寻此短见起来?"仁贵说:"恩人不要说起,只恨自己命运不好,今日到伯父家中借贷,却遭如此凌贱。小子仔细思量,实无好处。原要死的,不如早绝。"茂生道:"原来如此。这也不得怨命,自古说:'碌砖也有翻身日,困龙也有上天时'。你伯父如此势利,决不富了一世。阿娘,你笼子内可有斗把米吗?将来赠了他。"毛氏道:"官人,米是有的,既要送他,何不请到家中坐坐。走路上成何体统?"茂生道:"娘子之言极是。阿,薛官人,且同我到舍小去坐坐,赠你斗米便了。"仁贵道:"难得恩人,犹如重生父母,再生爹娘!"茂生挑了担子,与薛礼先走。毛氏大娘背了笼子,在后慢慢地来。一到门首,把门开了,二人进到里边,见小小坐起,倒也精雅。毛氏大娘进入里面烹茶出来。茂生说:"请问大官人,我闻令尊亡后有巨万家私,怎么弄得一贫如洗?"仁贵道:"恩人不要讲起。只因自己志短,昔年合同了朋友学什么武艺、弓马刀枪,故而把万贯家财都出脱了。"茂生听言大喜,说:"这也是正经,不为志短。未知武艺可精吗?"仁贵道:"恩人阿!若说弓马武艺,件件皆精。但如今英雄无用武之地,救济不来。"茂生道:"大官人说哪里话来。自古道:'学成文武艺,货与帝皇家。'既有一身本事,后来必有好处!娘子快准备酒饭。"毛氏大娘在里面句句听得,叫声:"官人走进来,我有话讲。"茂生说:"大官人请坐,我进去就来。"茂生走到里面,便叫:"娘子有什么话说?"毛氏道:"官人阿,妾身看那薛大官人不像落魄的,面上官星显现,后来不做公侯,便为梁栋。我们要周济,必然要与他说过,后来要靠他过日子,如若不与他说过,倘他后来有了一官半职,忘记了我们,岂不枉费心机?"茂生说:"娘子之言甚为有理。"便走出来说道:"薛大官人,我欲与你结拜生死之交,未知意下如何?"仁贵听言大喜,假意说道:"这个再不敢的。小子感承恩人照管,无恩可报,焉敢大胆与恩人拜起弟兄来!"茂生说:"大官人,不是这论。我与你拜了弟兄,好好来来往往。倘我不在家中,我妻子就可叔嫂相称,何等不美?"仁贵道:"蒙恩人既这等见爱,小子从命便了。"茂生说:"待我去请了关夫子来。"走出门外,不多一会买了鱼肉进到里面。好一个毛氏大娘,忙忙碌碌端整了一会。茂生供起关张,摆了礼物,点起香烛,斟了一杯酒,拜跪在地,说:神明在上。弟子王茂生才年三十九岁,九月十六丑时生的。路遇薛仁贵,结为兄弟,到老同器,连枝一般。若有半路异心,不得好死!"仁贵也跪下说:"神明在上。弟子薛礼行年二十一岁,八月十五寅时建生。今与王茂生结为手足。若有异心,欺兄忘嫂,天雷打死,万弩穿身!二人立了千斤重誓,立起身来送过了神,如今就是弟兄相称。大娘端正四品肴馔,拿出来摆在桌上。茂生说:"兄弟,坐下来吃酒。"仁贵饮了数杯,如今大家用饭。茂生说:"娘子,你肚中饥了,自家人不妨,就同坐在此吃罢!"这位娘子倒也老实,才会得下来,仁贵吃了七、八碗了。要晓得他几天没有饭下口吃,况又吃得,如今一见饭没有数碗吃的,一篮饭有四、五升米在里头。茂生吃得一碗,见他添得凶了,倒看他吃。毛氏坐下来,这个饭一碗也不曾吃,差不多完在里头了。茂生大悦道:"好兄弟,吃得,必是国家良将!娘子,快些再去烧起来。"仁贵说:"不必了,足够了。"他是心中暗想:"我若再吃,吓也吓死了。我回家少不得赠我一斗米,回到窑中吃个饱。"算计已定,说:"哥哥嫂嫂请上,兄弟拜谢。"茂生道:"阿呀!兄弟又来了!自家人不必客气。还有一斗二升米在此,你拿去,过几天缺少什么东西只消走来便了。"仁贵道:"哥嫂大恩,何日得报?"茂生道:"说哪里话来,兄弟慢去。"

　　仁贵出门,一路回转破窑。当日就吃了一斗米,只剩得二升米,明日吃不来了。只得又到茂生家来,却遇见他夫妻两个正要出门,一见薛仁贵,满心欢喜说:"兄弟,为什么绝早到来?"薛礼说:"特来谢谢哥嫂。"茂生说:"兄弟又来了,自家兄弟谢什么。还有多少米在家?"仁贵说:"昨日吃了一斗,只有二升在家了。"王茂生心中一想,说:"完了!昨日在此吃了五升米去的,回家又吃了一斗。是这样一个吃法,叫我那里来得?今日早来,决定又要米了。"好位毛氏,见丈夫沉吟不语,便叫道:"官人,妾身还积下一斗粟米在此,拿来赠了叔叔拿去吧!"茂生说:"正是。"毛氏将米取出,茂生付与仁贵,接了谢去。茂生想:"如今引鬼入门了,便怎么处?"少表茂生夫妻之事。且说仁贵,他今靠着王茂生恩养,不管好歹,准准一日要吃一斗米,朝朝到王家来拿来要。要晓得这夫妻二人做小本生涯的,彼时原积得起银钱。如今这仁贵太吃得多了,两个人趁赚进来,总然养他不够,把一向积下银钱都用去了,又不好回绝他,只得差差补补寻来养他,连本钱都吃得干干净净,生意也做不起了。仁贵还不识时务,天天要米。王茂生心中纳闷,说:"娘子,不道薛仁贵这等吃得,连本钱都被他吃完了。今日那里有一斗米?我就饿了一日不妨。他若来怎样也好饿他?"毛氏大娘听说,便叫声:"官人,没有商量,此刻少不得叔叔又要来了。只得把衣服拿去当几钱银子来买米与他。"茂生说:"倒也有理。"那番,今日当,明日当,当不上七、八天,当头都吃尽了。弄得王茂生走投无路,日日在外打听。

不道这一日访得一头门路在此,他若肯去,饭也有得吃。大娘说:"官人,什么门路?"茂生说:"娘子,我闻得离此地三十里之遥,有座柳家庄。庄主柳员外家私巨万,另造一所厅房楼屋,费用一万两银子。包工的缺少几名小工,不如待他去相帮,也有得吃了。"毛氏说:"倒也使得。但不知叔叔肯去做小工否?"

夫妻正在言谈,却好仁贵走进来。茂生说:"兄弟,为兄有一句话对你讲。"仁贵道:"哥哥什么话说?"茂生说:"你日吃斗米,为兄的甚是养不起。你若肯去做生活就有饭吃了。"仁贵说:"哥哥,做什么生活?"茂生道:"兄弟,离此三十里柳家庄柳员外造一所大房子,缺少几名小作。你可肯去做?"仁贵说:"但我不曾学匠人,造屋做不来的。"茂生道:"嗳!兄弟,造屋自有匠头。只不过抬抬木头,搬些砖瓦石头等类。"仁贵道:"阿!这个容易的。可有饭吃的吗?"茂生道:"兄弟又来了,饭怎么没有,非但吃饭,还有工钱。"仁贵道:"要什么工钱?只要饭吃饱就好了。"茂生说:"既如此,同去!"两下出门,一路前往大王庄,走到柳家村,果见柳员外府上有数百人,在那里忙忙碌碌。茂生走上前,对木匠作头说道:"周师父!"作头听叫连忙走过来:"啊呀!原来是茂生。请了!有什么话?"茂生说:"我有个兄弟薛仁贵,欲要相帮老师做做小工,可用得着吗?"周匠头道:"好来得凑巧,我这里正缺小作,住在此便了。"茂生说:"兄弟,你住在此相帮,为兄去了,不常来望你的。"仁贵说:"哥哥请回!"王茂生回去不表。

再讲仁贵从早晨来到柳家庄,说得几句话,一并做活,还不端正,要吃早饭了。把这些长板铺了,二、三百人坐下,四个人一篮饭,四碗豆腐,一碗汤。你看这仁贵,坐在下面也罢,刚刚坐在作头旁首第二位上。原是饿虎一般的吃法,一碗只得两口,这些人才吃得半碗,他倒吃了十来碗。作头看见,心内着了忙,说:"怎么样,这个人难道没有喉咙的吗?"下面这些人大家停了饭碗,都仰着头看他吃。这薛礼吃饭没有碗数的,吃出了神,只顾添饭,完了一篮,又拿下面这一篮来吃。不多一会,足足吃了四篮饭,方停了碗,说够了。作头心下暗想:"这个人用不着的,待等王茂生来,回他去吧。"心里边是这样想。如今吃了饭,大家各自散开去做生活。仁贵新来,不晓得的,便说:"老师,我做什么生活?"作头说:"那一首河口去相帮他们扛起木料来。"仁贵答应,忙到河边。见有二、三十人在水中系了索子,背的背,扯的扯,乃是大显柱正梁的木料,许多人扯一根扯他不起。仁贵见了大笑,说:"你们这班没用之辈!根把木头值得许多人去扯他?大家拿了一根走就是了。"众人说:"你这个人有些疯癫的吗?相帮我们扯得起来,算你力气狠得极的了。若说思量一个人拿一根,真正痴话了。"仁贵说:"待我来拿与你们看看。"他说罢,便走下水来,双手把这头段拿起来,放在肩头上,又拿一根挟在左肋下,那右肋下也挟了一根,走上岸来,拖了就跑。众人把舌头乱伸,说:"好气力!我们许多人拿一根尚然弄不起。这个人一人拿三根,倒拿了就走。这些木料都让他一个拿罢!我们自去作别件罢。"那晓仁贵三根一拿,不上二、三个时辰,二百根木头都拿完了。作头暗想:"这也还好,抵得二、三十人吃饭,也抵四、五十人生活。如今相帮挑挑砖瓦,要挡抵四、五篮饭也情愿的。"

到明日,王茂生果然来望,便说:"兄弟,可过得服吗?"仁贵说:"倒也过得服的。"那个周大木走将过来,叫声:"王茂生!你这个兄弟做生活倒也做得。但是吃饭太觉吃得多,一日差不多要吃一斗米。我是包在此的,倘然吃折了怎么处?不要工钱只吃饭还合得着。"茂生说:"薛兄弟,周老师道你吃得多,没有工钱。你可肯吗?"仁贵说:"那个要什么工钱!只要有得吃就够了。"茂生说:"如此极好。兄弟我去了。"不表茂生回去。

且说薛仁贵如今倒也快活。这些人也觉偷力得多了,拿不起的东西都叫他抬拿。自此之后,光阴迅速。到了十二月冷天,仁贵受苦了,身上只穿是单衣,鞋袜都没有的。不想这一月天气太冷,河内成冰,等了六、七天还不开冻。将近岁底,大家要回去思量过年。周大木叫声:"员外!如此寒天大冻,况又岁毕,我们回去过新年,要开春来造的了。"柳员外说:"既然如此,寒天不做就是,开春罢!但这些木料在此,要留一个在此看守才好。不然被人偷去，要你赔的。"木匠说："这个自然。靠东首堂楼墙边搭一草厂，放些木料，留人看守。"员外说："倒也使得。"木作头走出来道："你们随便那一个肯在此看木料？"只有薛仁贵大喜道："老师！我情愿在此看木料。"作头心中想："这个人在此，叫我留几石米在这里方够他吃得来？"大木正在踌躇，只见柳员外刚踱将出来。作头便叫声："员外，我留薛礼在此看木料，不便留米。员外可肯与他吃吗？"员外说："个把人何妨？你自回去，待他这里吃罢了。"众匠人各自回家，不必去表。

单讲薛礼走进柳家厨房，只见十来个粗使丫鬟忙忙碌碌，家人妇女端正早饭。仁贵进来一个个拜揖过了。家人道："你可是周师父留你在这里看木料的薛礼吗？"仁贵道："老伯，正是。"

英雄未遂凌云志，权做低三下四人。

毕竟薛仁贵如何出息，且听下回分解。

第十八回　大王庄薛仁贵落魄　怜勇士柳金花赠衣

诗曰：

贫士无衣难挡寒，朔风冻雪有谁怜？

谁知巾帼闺中女，恻隐仁慈出自然。

再说薛仁贵道："我正是周师父留在此的。"家人道："既如此，就在这里吃饭吧！"仁贵答应，同了这班家人们就座灶前用饭。他依旧乱吃，差不多原有几篮饭吃了。他们富足之家，不知不觉地，只不过说他饭量好，吃得。众家人道："你这样吃得，必然力大，要相帮我们做做生活的。"仁贵说："这个容易。"自此，仁贵吃了柳员外家的饭，与他挑水、淘米、洗菜、烧火，都是他去做。夜间在草厂内看木料。

员外所生一子一女。大儿取名柳大洪，年方二十六岁，娶媳田氏。次女取名柳金芳，芳年二十正，有沉鱼落雁之容，闭月羞花之貌，齐整不过。描龙绣凤，般般俱晓；书画琴棋，件件皆能。那柳大洪在龙门县回来，一见薛礼在厂中发抖，心中暗想："我穿了许多棉衣，尚然还冷。这个人亏他穿一件单衣，还是破的，于心何忍？"便把自己身上羊皮袄子脱下来，往厂内一丢，叫声："薛礼！拿去穿了罢！"仁贵欢喜说："多谢大爷赏赐！"拿了皮袄披在身上，径是睡了。自此过来，到了正月初三，田氏大娘带了四名丫鬟上楼来。金花小姐接住说："嫂嫂请坐！"大娘道："不消了。姑娘啊，我想今日墙外没有人来往，公公又不在家中。不知新造墙门对着何处？我同姑娘出去看看。"小姐道："倒也使得。"姑嫂二人走到墙门，田氏大娘说："这造墙门原造得好，算这班师父有手段。"小姐道："便是那，嫂嫂，如今要造大堂楼了。"二人看了一会，小姐又叫声："嫂嫂，我们进去吧！"姑娘转身才走，忽见那一首厂内一道白光冲出，呼呼一声风响，跳出一只白虎走来，望着柳金花小姐面门扑来。田氏大娘吓得魂飞魄散，拖了姑娘望墙门前首一跑。回头一看，却不见什么白虎，原来好端端在此。田氏大娘心中稀罕，叫声："姑娘啊，这也奇了，方才明明见一只白虎扑在姑娘面前，如何就不见了？"小姐吓得满面通红说："嫂嫂！方才明明是只白虎，如何就不见了？如今想将起来，甚为怪异，不知是祸是福？"田氏大娘道："姑娘，在厂内跳出来的，难道看木头的薛礼不在里面吗？我们再走去看看。"姑嫂二人挽手来到厂内一看，只见薛礼睡在里边，并无动静。小姐心下暗想："这个人虽然像叫花一般，却面上官星显现，后来决不落魄，不是公侯，定是王爵。可怜他衣服不周，冻得来在里边发抖。"小姐在这里想，只听田氏嫂嫂叫声："姑娘，进去吧！"小姐答应，相同嫂嫂各自归房。

单讲小姐，心里边倒疑惑："我想这只白虎跳出来，若是真的，把我来抓去了。倒为什么一霎时跳出，一霎时就不见了？谅来不像真的。况在厂内跳出，又见看木料的人面上白光显现，莫非这个人有封相拜将之分？"倒觉心中闷闷不乐。不一日，风雪又大。想起："厂内之人难道不冷吗？今夜风又大，想他绝冻不起。待我去看看，取得一件衣服，也是一点恩德。"等到三更时，丫鬟尽皆睡去，小姐把灯拿在手中，往外边轻轻一步步捱去。开了大堂楼，走到书房阁；出小楼，跨到跨街楼，悠悠开出楼窗，望下一看。原来这草厂连着楼,窗披在里面的,所以见得。正好仁贵睡在下边,若是丢衣服,正贴在他身上。小姐看罢,回身便走,要去拿衣服。刚走到中堂楼,忽一阵大风将灯吹灭,黑暗伸手不见五指。慢慢地摸到自己房中,摸着一只箱子,开了盖,拿了一件衣服就走。原摸到此间楼上,望着窗下一丢,将窗关好了,摸进房径是睡了一宵。晚话不表。

到了明日,薛仁贵走起来,只见地上一件大红紧身,拾在手中说:"那里来的?这又奇了,莫非皇天所赐?待我拜谢天地,穿了它罢。"这薛仁贵将大红紧身穿在里面,羊皮袄子穿在外面,连柳金花小姐也不知道,竟过了日子。谁想这一夜天公降雪来,到明日足有三尺厚。有柳刚员外要出去拜年,骑了骡子出来,见场上雪堆满在此,开言叫声:"薛礼,你把这雪拿来扫除了。"仁贵应道:"是!"那番提了扫帚在此扫雪。员外径过护庄桥去了。这薛礼团团扫转,一场的雪却扫除了一半。身上热得紧,脱去了羊皮袄子,露出了半边的大红紧身在这里扫。哪晓得员外拜年回来,忽见了薛礼这件红衣,不觉暴跳如雷,怒气直冲。口虽不言,心内想一想:"阿呀!那年我在辽东贩货为商,见有二匹大红绫子,乃是鱼游外国来的宝物,穿在身上不用棉絮,暖热不过的。所以,我出脱三百两银子买来,做两件紧身。我媳妇一件,我女儿一件,除了这两件再也没有的了。这薛礼如此贫穷,从来没有大红衣服,今日这一件分明是我家之物。若是偷的,决不如此大胆穿在身上,见我也不回避。难道家中不正,败坏门坊?到底未知是媳妇不正呢?女儿不正?待我回到家中查取红衣,就知明白了。"这柳刚大怒,进入中堂坐下,唤过十数名家人,说:"与我端正绳索一条,钢刀一把,毒药一服,立刻拿来!"吓得众家人心中胆脱,说:"员外,要来何用?"员外大喝道:"嗤!我有用!要你们备,谁敢多说?快些去取来!"众家人应道:"是!"大家心中不明白,不知员外为什么事情,一面端正,一面报知院君。那院君一闻此言,心内大惊,同了孩儿柳大洪走出厅堂。只见员外大怒,院君连忙问道:"员外,今日为何发怒?"员外道:"嗳!你不要问我,少停就知明白了。丫鬟们,你往大娘、小姐房内取大红紧身出来我看!"四外丫鬟一齐答应一声,进房去说:"大娘取了红衣,走出厅堂,叫声:"公公!婆婆!媳妇红衣在此,未知公公要来何用?故此媳妇拿在此,请公公收下。"员外说:"既然如此,你拿了进去,不必出来出丑!"大娘奉命回进房中,不表。

再讲小姐正坐高楼,只见丫鬟上楼叫声:"小姐,员外不知为什么要讨两件红衣。大娘的拿出去与员外看过了,如今要小姐这件红衣,叫丫鬟来取。小姐快些拿出来,员外在厅上立等。"金花小姐听见此言,不觉心中一跳。连忙翻开板箱一看,不见红衣,说:"不好了!祸降临身!那一夜吹灭了灯火,不知那一只箱子,随手取了一件摺下去,想来一定是这件大红紧身。必然薛礼穿在身上,被我爹爹看见,所以查取红衣。为今之计,活不成了!"箱子内尽翻倒了,并没有红衣。只见楼梯又来两名丫鬟来催取,说:"员外大怒,在厅上说,若再迟延,要处死小姐!"那位姑娘吓得魂不附体,不敢走下楼去,只得把箱子又翻,那里见有?

再表外边,员外坐在厅上等了一会,不见红衣,暴跳如雷,说:"咳!罢了,罢了!家门不幸!"院君道:"为什么这样性急?女儿自然拿下来的。你难道疯癫了吗?"员外大怒,骂道:"老不贤!你哪里知道!有其母必生其女,败坏门坊。还有什么红衣?那红衣为了表记,赠予情人了!"院君大惊,说:"你说什么话?"连忙回身就走,来到高楼,叫声:"女儿!红衣可在?快拿与做娘的。你爹爹在外立等要看!"金花说:"阿呀,母亲啊!要救儿女性命!"眼中掉泪,跪倒在地。院君连忙扶起,说:"女儿!到底怎么样?"小姐道:"啊唷,母亲啊!前日初三,与嫂嫂一同出外观看新造墙门。看见厂内一人,身上单衣,冻倒在地,女儿起了恻隐之心。那晚夜来,意欲把扯一件衣服与穿,谁想吹灭了灯,暗中箱内摸这一件衣服,摺下楼去。女儿该死!错拿了这件大红紧身与他,想是爹爹看见,故来查取。母亲啊!女儿并无邪路,望母亲救了女儿性命!"葛氏院君听言大惊,说:"女儿!你既发善心,把他衣服,也该通知我才是。如今爹爹大发雷霆,叫作娘的也难以做主。且在楼上躲一躲!"母女正在慌张,又有丫鬟上楼,叫声:"小姐!员外大怒。若不下楼,性命难保了!"院君说:"女儿!不必去睬他!"不表楼上之事。

再讲员外连差数次不见回音,怒气直冲,忍不住起来了,说:"阿!好贱人!总不来理我,难道罢了不成?"立起身往内就走。柳大洪一把扯住,说:"爹爹不须性急,妹子同母亲自然下楼来的。"员外说:"嗤!畜生!你敢拦阻我吗?"豁脱了衣袖,望着扶梯上赶来,说:"阿唷唷!气死我也!小贱人在哪里?快些与我下楼去问你!"小姐吓得面如土色,躲在院君背后,索落落抖个不住,说:"母亲!爹爹来了。救救女儿性命!"院君道:"不妨。"叫声:"员外息怒。待妾身说明,不要惊坏了女儿。"员外道:"老不贤!有辩你倒替小贱人说!"院君道:"女儿那日同了媳妇出外看看新墙门,见了厂内薛礼身上单薄,抖个不住。女儿心慈,其夜把他一件衣服。不道被风吹灭灯火,暗中拿错了这件红衣,被他穿了。并无什么邪心,败坏门访的,员外休得多疑。"员外说:"替他分说得好!一件大红紧身,有什么拿差?分明有了私心,赠他表记。罢了!罢了!小小年纪,干这无天大事,留在此也替祖上不争气!你这老不贤,还要拦住,闪开些!"走上一步,把这葛氏院君右脖子只一扯一扳,哄咙一交。小姐要走来不及了,却被员外望着头上只击打将过来,莲花朵首饰尽行打掉了。一把头发扯住,拦腰一把,拿了就走。院君随后跟下楼来。员外把小姐拖到厅上,一脚踹定,照面巴掌就打。说:"小贱人!做得好事!你看中了薛礼,把红紧身做表记,私偷情人,败坏门坊。我不打死你这小贱人誓不姓柳!"拳头脚尖乱打。打得姑娘满身疼痛,面上乌青,叫声:"爹爹!可怜女儿冤屈的。饶了孩儿罢!"院君再三哀告说:"员外,女儿实无此事。若打坏了他,倘有差迟,后来懊悔!"员外说:"嗳!这样小贱人,容他不得,处死了倒也干净!小贱人!我也不来打你,那一把刀、一条绳、一服药,你倒好好自己认了那一件。若不肯认,我就打死你这贱人!"吓得众人面如土色。柳大洪叫声:"爹爹!不要执见。谅妹子不是这般人,可看孩儿之面,饶了妹子罢!"员外说:"畜生!你不必多讲。小贱人快些认来!"金花跪在地下说:"爹爹饶了女儿死,情愿受打!"田氏大娘跪下来叫声:"公公!可看媳妇之面,饶了姑娘性命罢!谅姑娘年轻胆小,决不干无天事的。况薛礼无家无室,在此看料,三不象鬼,七不象人。只不过道他寒冷,姑娘心慈,拿差了衣服是有的。难道看中了叫花子不成?公公还要三思。"院君道:"我和你半世夫妻,只生男女二人。况金花实无此事,要他屈死起来?可念妾身之面,饶他一死。"员外哪里肯听,打个不住,小姐痛倒在地。大家劝了不听,又见小姐哀哭倒地,忍不住眼泪落将下来。正在吵闹,忽有个小厮立在分首,观看一会,往外边一跑,走出墙门,来对了薛礼说道:"你这好活贼!这件大红衣是我家小姐之物,要你偷来穿在身上。如今员外查究红衣,害我家小姐打死在厅上了,你这条性命少不得也要处死的!"薛礼听见这句说话,看看自己的衣服,还是半把大红露出在外。仔细听一听,看柳家里面沸反盈天,哭声大震,便说:"不好了!此时不走,等待何时!"顷刻间面如土色,丢了这把扫帚,望这条雪地上大路边放开两腿好跑哩!不知这一跑跑到那里去了。

再讲员外正逼小姐寻死,忽门公进来说:"西村李员外有急事相商要见。"员外立起身来说:"老不贤,你把这贱人带在厨房,待我出去商量过了正事,再来处死他。若放走了,少不得拿一个来代死!"众人答应:"晓得。"此时内心略松一松。院君扶了金花哭进厨房。柳大洪同了大娘一同进厨房来。再表柳刚员外接进李员外到厅商议事情,不表。

再说金花苦诉哀求说:"母亲!爹爹如今不在眼前,要救女儿性命!"院君好不苦楚,众人无法可施。大洪开言叫声:"母亲,爹爹如今不在,眼前要救妹子。依儿愚见,不如把妹子放出后门逃生去吧!"金花道:"阿呀,哥哥呀!叫妹子脚小伶仃,逃到那里去?况且从幼不出闺门,街坊路道都不认得的,怎生好去逃命?"大洪说:"顾妈妈在此,你从小服侍我妹子长大,胜如母亲一般。你同我妹逃往别方,暂避眼前之难,等爹爹回心转意,自当报你大恩!"顾妈妈满口应承:"姑娘有难,自然我领去逃其性命。院君,快些收拾盘缠与我。"葛氏院君进内取出花银三百两,包包裹裹,行囊是没有的,拿来付与乳母顾妈妈。与小姐高楼去收拾那些得爱金银首饰,拿来打了一个小包袱,下楼说:"小姐逃命去吧!"金花拜娘亲哥嫂。小姐前头先走,乳母叫声:"院君,姑娘托在我身上,决不有误大事,不必挂怀。但是我姑娘弓鞋脚小,行走不快,员外差人追来如何是好?"院君踌躇道:"这便怎么样处呢?"大洪道:"顾妈妈,你是放心前去。我这里自有主意,决不会有人追你。"乳母说:"既如此,我去了。"

不表顾妈妈领了小姐逃走。再讲柳大洪大户人家,心里极有打算。他便心生一计,叫声:"母亲!孩儿有一计在此,使爹爹不查究便了。"院君道:"我儿,什么计?"大洪说:"丫鬟们端正一块大石头在此,待爹爹进来,将要到厨房门首,你们要把这石块丢下井去。母亲就哭起来，使爹爹相信无疑，不差人追赶。"院君说："我儿，此计甚妙！"吩咐丫鬟连忙端正。外边员外却好进来了，大叫："小贱人可曾认下那一件？快与我丧命！"里边柳大洪听见，说："爹爹来了！快丢下去！"这一首丫鬟连忙把石块望井内"哄咙"一声响丢下去，院君就扳住了井圈，把头钻在里面遮瞒了，说："啊呀！我那女儿阿！"田氏大娘假意眼泪纷纷，口口声声只叫："姑娘死得好惨！"这些丫鬟们倒也乖巧，沸反盈天，哀声哭叫小姐不住口。柳大洪喊声："母亲不要靠满井口，走开来。待孩儿把竹竿捞救他！"说罢就把竹竿拿在手，正要望井内捞。那员外在外听得井内这一响，大家哭声不绝，明知女儿投井身亡，到停住了脚步，如今听得儿子要把竹竿捞救，连忙抢步进来，大喝一声："畜生！这样贱人还要捞救他做什么，死了倒也干净！"院君道："老贱，你要还我亲生女儿的！"望着员外一头撞去。正是

只因要救红装女，假意生嗔白发亲。

毕竟员外如何调处，且听下回分解。

第十九回　富家女逃难托乳母　贫穷汉有幸配淑女

诗曰：

本来前世定良缘，今日相逢非偶然；

虽是破窑多苦楚，管须富贵在他年。

那员外一时躲闪不及，倒跌了一跤，趴起身来叫声："丫鬟们，与我把这座灶头拆下来填实了！"众丫鬟一声答应。这班丫鬟拆卸的拆卸，填井的填井，把这一个井顷刻间填满了。田氏大娘假意叫声："姑娘死得好苦。"揩泪回进自己房中去了。大洪叫声："爹爹何苦如此把妹子逼死，于心何忍？"说罢也往外边走了去。那院君说："老贼阿！你太刻毒了些，女儿既被逼死，也该撩起尸骸埋葬棺木也罢了，怎么尸首多不容见，将他填在泥土内了？这等毒恶，我与你今世夫妻做不成了！"这院君假意哭进内房。员外也觉无趣，回到书房闷闷不乐。

我且丢下柳家之事，再表那薛仁贵心惊胆战，恐怕有人追赶，在雪内奔走个不住。一口气跑得来气喘吁吁，离柳家庄有二十里，见前有个古庙，心下想道："不免走进去省省力气再走。"仁贵走进庙中，坐于拜单上面省力，我且慢表。

再讲这柳金花小姐被乳母拖住跑下来不打紧，可怜一位小姐跑得来面通红涨，三寸金莲在雪地上别得来好不疼痛，叫声："乳母，女儿实是走不动了，那里去坐一坐才好。"顾妈妈说："姑娘，前面有座古庙，不免到里边去坐一坐再走。"二人趱上前来。哪知仁贵也在里边坐了一回，正要出庙走，只见那边两个妇人远远而来，便心中暗想道："不好阿！莫非是柳家庄来拿我的吗？不免原躲在里面，等他过了再走。"列位，那仁贵未曾交运，最胆小的，他闪进古庙想："这两个妇人，倘或也进庙中来便怎么处？阿！有了，不免躲在佛柜里边，就进来也不见得。"仁贵连忙钻入柜中，到也来得宽松，睡在里边了。

且表那小姐同了乳母进入庙中，说："姑娘，就在拜单上坐一坐吧。"小姐将身坐下。顾妈妈抬眼团团一看，并无闲人，开言说道："姑娘，你是一片慈心，道这薛礼寒冷，赐他红衣，再不道你爹爹性子不好，见了红衣，怪不得他发怒，无私有弊了。我虽领你出门，逃过眼前之害，但如今那里去好？又无亲戚，又无眷属，看来到要死一块了。"小姐叫声："乳母，总然女儿不好，害你路途辛苦。我死不足惜，只可惜一个薛礼，他也算命薄，无家无室，冷寒不知受了多少，思量活命，到此看木料，我与他一件红衣，分明害了他了。我们逃了性命，这薛礼必然被爹爹打死了。"乳母道："这也不知其细。"二人正在此讲，惊动佛柜里面一个薛仁贵，听见这番说话，才明白了："阿！原来如此！这件红衣却是小姐道我身上寒冷送我的，我哪里知道其情，只道是天赐红衣，被员外看见，倒害这位小姐离别家乡，受此辛苦，街坊上出乖露丑，哎！薛礼阿！你受这小姐这样大恩不思去报，反害他逃生受苦，幸喜他来到庙中息足，不免待我出去谢谢他，就死也甘心的了。"想罢一番，即便将身钻出佛柜，来到小姐面前，双膝跪下叫声："恩小姐赐用红衣，

小子实是不知，只道天赐与我，故而将来穿在身上，谁想被员外见了，反害小姐受此屈打，又逃命出门，小子躲避在此，一听其言，心中万分不忍，因此出来谢一谢小姐大恩，凭小姐处治小子便了。"忽地里跪在地下说此这番言语，倒吓得小姐魂不附体，满面通红，躲又躲不及。乳母倒也乖巧，连忙一把扶起说："罪过罪过，一般年纪，何必如此。请问小官人向住何方，年庚多少？"仁贵说："妈妈，小子家在薛家庄，有名的薛英员外就是家父，不幸身故，家业凋零，田园屋宇尽皆耗散，目下住在破窑里面，穷苦不堪。故此在员外府上做些小工谋食，不想有此异变，我之罪也！"顾妈妈叫声："薛礼，我看你虽在窑中，胸中志略才高决不落薄。我家小姐才年二十，闺阁千金，见你身上寒冷，赐你红衣，反害了自家吃苦，如今虽然逃脱性命，只因少有亲眷，无处栖身。你若感小姐恩德，领我们到窑内权且住下，等你发达之时再报今日之恩，也说是你良心了。"薛礼叫声："妈妈，我受小姐大恩，无以图报。如若薛礼家中有高堂大屋，丰衣足食，何消妈妈说得，正当供养小姐。况且住在破窑并无内外，又无什物等件，叫花一般，只有沙罐一个，床帐仅无，稻草而睡。小姐乃千金贵体，那里住得服？不但受些苦楚，更兼晚来无处栖身，小姐青年贵体怎生安睡？外人见了，又是一番猜疑。不但报小姐恩德，反是得罪小姐了，使小子于心何忍？岂非罪更深矣！"乳母说："薛礼，你言语虽然不差，但如今无处栖身怎么处？"心中一想，轻轻对姑娘说道："若不住破窑，那里去好？"金花道："乳母阿，叫我也无主意，只得要薛礼同到窑，速寻安身之处再作道理。"乳母说："去便去了，但薛礼这番言语实是真的，不分内外眼对眼，就是姑娘你也难以安睡。我看薛礼这人，虽然穷苦，后来定有好处。姑娘，既事到其间，为乳母做个主张，把你终身许了他罢。"那柳小姐听见此言，心中一想："我前回赠他衣服，就有这个心肠。"今闻乳母之言，正合其意，便满心欢喜倒头不开口。乳母觉着了他心意，说道："薛大官，你道破窑中不分内外，夜来不好睡，我如今把小姐终身许你如何？"薛礼听言大惊，说："妈妈休讲此话！多蒙小姐赐我红衣，从没有半点邪心。老员外尚然如此，妈妈若说小姐今日终身许我，叫薛礼良心何在？日后有口难分真假，此事断然使不得的！"乳母道："薛礼官人，你言之差矣！姻缘乃五百年前之事，岂可今日强配的？小姐虽无邪心，却也并无异见。但天神作伐，有红衣为记，说什么有口难分真假？"仁贵说："妈妈阿！虽然如此，但小子时衰落难，这等穷苦，常常怨命。况小姐生于富家闺阁，好过来的，那里住得服破窑起来？岂非害了小姐受苦一生一世？我薛礼一发罪之甚也！况小姐天生花容月貌，怕没有大富大贵才子对亲？怎么配我落难之人起来，此事断然使不得！"乳母见他再三推辞，便大怒道："你这没良心的，我家小姐如此大恩，赠你红衣反害自身，幸亏母兄心好，故放逃生。今无栖身之地，要住在你破窑你却有许多推三阻四，分明不许我们到窑中去了！"薛礼说："妈妈，这个小子怎敢？我若有此心，永无好日！既然妈妈大怒见责，我就依允此事便了。"乳母说："薛大官，这句才说得是，你既应承，那包裹在此，你拿去领小姐到破窑中去。"仁贵答应，把包袱背在脖子上便说："这个雪地下不好走的，此去还有十里之遥，谅小姐决定不动，不如待我驮了去吧。"乳母说："到也好。"柳金花方才走了二十余里，两足十分疼痛的了不得，如今薛礼驮他走，心内好不欢喜，既许终身，也顾不得羞丑了。薛仁贵乃是一员大将，驮这小姐犹如灯草一般轻的，驮了竟望雪跑了去。乳母落在后面，走不上前起来，仁贵重又走转，一把挽了乳母的手而走。不上一会儿工夫，到了丁山脚下，走进破窑放下小姐，乳母便说道："你看这样一个形象，小姐在此如何住得？"金花叫声："乳母，看他这样穷苦，谅来如今饭米俱没有的。可将此包裹打开，拿一块零碎银子与他，到街坊去买些鱼肉柴米等类，且烧起来吃了再处。"乳母就把一块银子付与仁贵说："行灶要买一只回来的。"仁贵说："晓得。"接了银子满心欢喜，暗想："如今饿不死的了。"

按下薛仁贵忙忙碌碌外边买东西。今再讲王茂生，他少了薛仁贵吃饭，略觉宽松几日。这一日，那王茂生卖小菜回来，偶从了山脚下破窑前经过，偶抬头往内边一看，只见两个妇人在里边，心下一想："这窑内乃是薛兄所居之地，为何有这两个堂客在内？"正立定在窑前踌躇不决，忽见薛仁贵买了许多小菜鱼肉归来。王茂生说："兄弟，你在柳家庄几时回来的？为甚不到我家里来，先在这里忙碌碌？请问里面二位是何人？"薛礼说："哥哥，你且歇了担子，请到里面我有细话对你讲。"茂生连忙歇了担子，走进破窑。仁贵放了米肉什物，叫声："小姐，这位是我结义哥哥，叫王茂生，乃是我的大恩人，过来见了礼。"茂生目不识丁，只得作了两个揖。仁贵把赐红衣对茂生如此长短细细说了一遍，茂生不觉大喜说："既如此，讲起来是我弟妇了。兄弟，你的运已交，福星转助。今日是上好吉日，不免今晚成亲好。"仁贵说："哥哥，这个使不得！况破窑内一无所有，怎好成亲？"茂生说："一些也不难，抬条椅凳，被褥家伙等物待我拿来。喜嫔是你嫂嫂，掌礼就是我，可使得吗？"乳母道："到也使得。有银二两，烦拿你置办东西。"王茂生接了银子出窑说："兄弟，我先去打发嫂嫂先来。"仁贵说："既如此，甚妙。"他在窑内忙忙碌碌准备。单讲王茂生挑担一路快活，来到家内对毛氏妻子细细说了一回。大娘心中得意，说："既有此事，我先往窑中去，你快往街坊买了些要紧东西、急用什物，作速回来。"茂生说："这个我晓得的。"夫妻二人离了自家门首，毛氏竟到破窑中。仁贵拜见了嫂嫂，小姐乳母二人也相见了礼。毛氏大娘他是做卖婆的，喜嫔到也在行的，就与姑娘开面。料理诸事已毕，却好王茂生来了，买了一幅被褥铺盖、一套男衣、一个马桶，与他打好床铺，又回到家中搬了些条桌、椅凳、饭盏、箸子等类，说："兄弟，为兄无物贺敬，白银一两，你拿去设几味中意夜饭吃了花烛。"薛礼说："又要哥哥费心。"接了银子正去买办。茂生好不忙碌，挑水淘米，乳母烧起鱼肉来。差不多天色昏暗，仁贵换了衣服，毛氏扶着小姐，茂生服侍仁贵，参天拜地，夫妻交拜已毕，犹人家讨养新妇一般做了亲。茂生安排一张桌子，摆四味夜饭，叫声："兄弟坐下来，为兄奉敬一大杯。"薛礼说："不消哥哥费心，愚弟自会饮的。"茂生敬了一杯，叫声："娘子，我与你回去吧。兄弟，你自慢饮几杯，为兄的明日来望你。"仁贵说："哥哥，又来客气了，且在此，等愚弟吃完花烛，还要陪哥哥嫂嫂饮杯喜酒去。"茂生道："兄弟，这倒不消费心了。"茂生夫妻出了窑门，竟是回家，我且不表。

再说仁贵饮完花烛，乳母也吃了夜饭，如今大家睡觉。顾妈妈着地下打一稻草柴铺，分这条褥来当被盖子，仁贵落好处又不冻饿。这一夜夫妻说不尽许多恩爱，一宵晚景不必细说。

次日清晨，茂生夫妻早来问候，茶罢回去。如今薛仁贵交了运了，有了娘子，这三百两头放大胆子吃个饱足的，三个人每日差不多要吃二斗米。谁想光阴迅速，过了一月，银子渐渐少起来了。柳金花叫声："官人，你这等吃得，就是金山也要坐地吃山空了。如今随便做些事业，攒凑几分也好。"仁贵说："娘子，这倒烦难，手艺生意不曾学得，叫我做什么事业攒凑起来？想去真正没法。"自此仁贵天天思想，忽一日，想着了一个念头，寻些毛竹，在窑内将刀做起一件物事来。小姐叫声："官人，你做这些毛竹何用？"仁贵说："娘子，你不曾知道，如今丁山脚下雁鹅日日飞来，我学得这样武艺好弓箭，不如射他下来，也有得吃了，故而在此做弓箭，要去射雁。"小姐说："官人，又来了，既要射雁，拿银子去买些真弓箭射得下，这些竹的又无箭头，那里射得下？"仁贵说："娘子，要用真弓箭非为本事，我如今只射的是开口雁，若伤出血来非为手段，故用这毛竹的弓箭。雁鹅叫一声说要射一箭上去，贴中下瓣咽喉，岂不是这雁叫口开还不曾闭，这一箭又伤不伤痛，口就合不拢，跌下来便是开口雁了。"小姐说："官人，果有这等事？候射下雁便知明白了。"那仁贵做完，到丁山脚下候等。只见两只雁鹅飞过来，仁贵扳弓搭箭，听得雁鹅一声叫，嗖地一箭射将上去，正中在咽喉，雁鹅坠地果然口张开的。这如今只只多射开口雁，一日到有四五十只拿回家来，小姐见了满心欢喜，仁贵拿到街坊卖了二三百文，一日动用尽足够了。

自此天天射雁，又过了四五个月。忽一日在山脚下才见两只雁鹅飞过，正欲攀弓，只听见那一边大叫："呔！薛仁贵你射的开口雁不足为奇，我还要射活雁。"仁贵听见此言，连忙住了弓，回转头一看，只见那边来了一人，头上紫包巾，穿一件乌缎马衣，腰拴一条皮带，大红裈裤，脚踏乌靴，面如重枣，豹眼浓眉，狮子大鼻，招风大耳，身长一丈，威风凛凛，其人姓周名青，也是龙门县人，从幼与薛仁贵同师学武，结义弟兄，本事高强，武艺精通，才年十八，正是英雄，善用两条镔铁锏，有万夫不当之勇。只因离别数载，故而仁贵不认得了，因见周青说了大话，忙问道："这位哥，活雁怎生射法，你倒来射一只我看看。"周青说："薛大哥，小弟与你作耍，你难道不认得小弟了吗？"仁贵心中想一想说："有些面善，一时想不起了，请问哥尊姓，因何认得小弟。"周青说："薛大哥，小弟就是周青。"仁贵道："阿呀！原来是周兄弟。"连忙撇下弓，二人见礼已毕，说："兄弟，自从那一年别后，到今数载有余，所以为兄的正不认得贤弟。请问贤弟，一向在于何处，几时回来的？"周青说："哥哥有所不知，小弟在江南，傅家特请在家内为教师，三百两一年，倒也过了好几年。自思无有出头日子，今闻这里龙门县奉旨招兵，为此收拾行囊飞星赶来。哥哥有了这一身本领，为何不去投军，反在这里射雁？"仁贵说："兄弟，不要说起，自从你去之后，为兄苦得来不堪之极，哪里有盘缠到龙门县投军。兄弟耳朵长，远客江南，闻知回来，谋干功名，如今不知在何处作寓。"周青说："我住在继母汪妈妈家内。不想哥哥如此穷苦，我身虽在江南，却心中日在山西，何日不思？何日不想？今算天运循环，使我们弟兄相会。哥哥，射雁终无出息，不如同去投军干功立业，有了这一身武艺，怕没有前程到手？哥哥你道如何？"仁贵说："兄弟之言，虽是淮阴侯之谕，但为兄有妻子在家，一则没有盘费，二来妻子无靠，难以起身，故而不敢应承。兄弟一个去干功立业罢。"周青说："哥哥有了嫂嫂，这也可喜阿！哥哥，虽然如此，到底功名为大。自古说：'学成文武艺，货与帝王家。'我和你尚幼时同师所学：

岂有干功立事业，不共桃园结义人？

毕竟薛仁贵怎样前去投军，且听下回分解。

第二十回　射鸿雁薛礼逢故旧　赠盘缠周青同投军

诗曰：

英雄深喜遇英雄，射雁山前故旧逢；
同往龙门投帅府，无如时运未亨通

再讲周青又说："哥哥，如今去出仕，自然也要一同去。路上盘缠不劳哥哥费心，待我拿过银子来，哥哥权为安家之本就可以去了。"仁贵道："既承兄弟费心，为兄自当做伴同走一遭。"周青大喜道："哥哥，我带得白银三百两在此，哥哥拿到家中付与嫂嫂，辞别了就来到我继母家内来，吃了饭然后起程，我先去了。"仁贵接了银子大喜，回便走到破窑内来，叫声："娘子，我有个结义兄弟名唤周青，赠我三百两银子作为安家之本，要同我到龙门投军干功立业，今日就要动身，所以辞别娘子要分路了。"柳金花闻说此言，心中一悲一喜，叫声："官人，千功出仕为男儿之大节，未知官人要几年方可回来？"仁贵说："娘子，卑人此去若是投军不用，即日就回，若然用我，保驾征东跨海前去，多则三年，少则两载，也要回来的。"金花道："既有许多年数，妾身也没有什么丢不下。自从成亲半载，已经有孕在身，未知是男是女，望官人留个名字在此。"仁贵道："阿！原来如此阿！娘子阿，我去之后，生下女儿不必去表，若生男子，就把前面这座丁山为名，取他薛丁山便了。"金花便记在心，叫声："官人，妾身苦守破窑等你成名回来，好与我父母争口气。"仁贵说："娘子在家保重阿！乳母，我去之后，姑娘有什么忧愁，要你在旁解劝，使姑娘悄然解闷，我有好日回来，自然报你之恩。"顾妈妈说："不消大官人费心。"金花说："官人路上小心为主。"仁贵道："这个不消娘子吩咐，我去了。"这番夫妻分别，正是：

流泪眼观流泪眼，断肠人送断肠人。

仁贵离了破窑，竟到王茂生家。却正遇他夫妻在那里吃饭，茂生说："兄弟，来得正好，坐下来吃饭。"仁贵道："不消，我兄弟到来非为别事，一则相别哥嫂，二则有句话重托哥哥。"茂生听言连忙问道："兄弟，你要到那里去？说什么相别起来。"仁贵就把相遇周青，赠银三百同去投军干功立业之事，细细说了一遍。茂生夫妇大悦："原来如此！这也难得。兄弟，你去投军，要得几年回来？"仁贵说："兄弟此去，多则三年，家内妻子望哥哥照管,日后功名成就,自当图报。"茂生夫妇道:"这个不消可嘱,窑中弟妇自然我夫妻料理,你是放心前去。"仁贵拜别哥嫂径自去了。问到汪家墙门首,只见周青出来叫声:"哥哥,请到书房内来。"仁贵说:"晓得。"二人挽手进入书房。小厮掇进早饭,两人用过。周青叫声:"哥哥,小弟为教师虽有数载,只积得五百两银子,一箱衣服,也算各色完全的,待我拿出来。"周青掇过箱子,取匙开锁说:"哥哥,这里边衣服五色俱全多有的,但凭哥哥去拣一副,喜穿什么颜色就拿出更换。"仁贵一看,果然颜色完全,说:"兄弟,我倒喜这白颜色。"他就拿出来改换,头上白绫印花抹额,身穿显龙白绫战袄,脚踏乌靴,白绫裈裤。正所谓:佛要金装,人要衣装。

起初仁贵面脸多有怪气,如今是面泛亮光,犹如傅粉,鼻直口方,银牙大耳,双眼澄消,两道秀眉,身高足有一丈,真算年少英雄。周青说:"哥哥,你满身多穿了白,腰中倒拴了这条五色鸾带吧。"仁贵道:"倒也使得,就是这条五色带便了。"拿来拴在腰中。周青打好行囊,收拾盘缠,先进去拜别了继母,又回到书房,大家背了包裹,说:"哥哥,走吧,事不宜迟。"二人出了墙门,弟兄一路闲谈,正望龙门县来。正是:

逢山不看山中景,遇水不看水边村。

一路上风惨惨,雨凄凄,朝行夜宿,多少辛苦,渴饮饥餐,登山涉水,在路上行了七八天,早进龙门县城中。你看那城内的人烟,阿唷唷!好不热闹;你看六街三市,车马纷纷。周青说:"哥哥,我与你虽只本事高强,投军之事,到底不明不白,不如且投宿店,慢慢打听个明白如何,才好去投军。"仁贵说:"兄弟言之有理。"二人来到饭店前说:"店官请了。"那店家说:"不敢,二位爷请了。还是饱餐,还是宿歇的?"二人说:"我们是歇宿的。"店家道:"既如此,请到里边来。"二人走进店中,店官领进一间洁静房内,铺好铺盖,小二掇进晚膳来,摆在桌子上。仁贵说:"店家慢走,我要问你说话。"店家说:"二位爷,问我什么事?"仁贵说:"店家,我们弟兄二人前来投军,不知投军的道理,请教你可知道投军怎么样的?"店家叫声:"二位爷,这个容易,那招兵这位总管爷名叫张士贵,他奉旨到来招兵,天天有各路人民到来投军,只要写一张投军状投进去的。"仁贵道:"这投军状上怎生写法?"店家说:"这不过是具投军人某人那州那县人氏,面容长短一定要写的。"仁贵道:"如此,我们弟兄两个合一张状可以使得吗?"店家说:"这个使不得,有几个人一定要几张投军状的。"仁贵道:"既然如此,我们就写起来投进去。"店主道:"二位爷,天色晚了,这位大老爷只得早晨坐堂收这些投军状的,若一到饭后退堂就不收了。"仁贵说:"既如此,我们就写端正在此,明日投进去便了。"店家说:"还有一句要紧说话,明朝二位爷投进去,大老爷若用了,一定要发盔甲银的,每一个银十两,发与二位爷不要自用了,有这个规矩,要送与内外中军官买果子吃的,若是不送他就不用了。"仁贵说:"这也小事。"仁贵连夜灯下写了投军状。

一宵过了,到清晨弟兄起身梳洗打扮,藏了投军状说:"店家,行囊在里边,小心照管,我们去了来算账。"店家道:"是,只怕二位爷去得太早了。"仁贵说:"早些的好。"弟兄二人出了店门。行到半路,只听见轰隆一声炮响,大老爷升堂,阿唷唷,只看见东南西北这些各路投军人多来了,多拥在总府辕门。听听鼓乐喧天,吆吆喝喝好不威风,大纛招军旗号扯起东西辕门,大门有内外中军出来了说道:"哒!大老爷有令,尔等投军者速献投军状进去!"只听一声答应,阿!那些人碌乱纷纷把军状递与中军官,仁贵也把两张军状付与他,外中军说:"尔等候着。"应道:"是!"

不表辕门外投军人等候发放。单表中军官进入大堂,呈上许多军状,旗牌官接上展铺公案上边,这位张大老爷就拿面上这一张观看,原来却好周青的军状,下面第二张就是薛仁贵的了。那张环睁眼看时,上写具投军状人周青,系山西练州府龙门县人氏,才年一十八岁。张环心下一想:"十八岁就来投军,必是能干的。中军过来!"中军应道:"有!"张环吩咐道:"快传周青进见!"中军道:"是!"连忙走到辕门问说:"哒!尔等内中有什么周青吗?"仁贵说:"兄弟,叫你。"周青连忙上前说:"中军爷,小人就是。"中军道:"阿,你就叫周青,大老爷有令,快随我进来。"周青应道:"是。"随了中军进入大堂,连忙跪下说:"大老爷在上,小人周青叩见。"张士贵抬眼一看说:"果然像个年少英雄。"就问:"周青,你既来投军,可学兵马,能用几桩兵器?"周青说:"大老爷在上,小人幼习弓马,尽皆熟透,十八般武艺件件皆能。"张士贵说:"你两膊有多少勇力?"周青说:"小人右膊有四百多斤,左膊有五百斤。"张士贵说:"你善用什么器械?"周青说:"小人善用两条镔铁铜。"张环道:"既然如此,铁铜可带在此?"周青道:"这倒不曾带来。"张环道:"既不曾带来,中军,你往架上取这两条铁铜过来,与他当堂耍与本总观看。"中军应道:"是!"便往架上取了铁铜下来,递与周青。周青接来提在手中,立起身来就在大堂上使起来了。果然好铜,但见左蟠头、右蟠头如龙取水,左插花、右插花似虎奔山,这个铜使动了,大堂上多是风声。铜法使完放在旁边,上前跪下说:"大老爷在上,小人铜法使完了。"张士贵大悦道:"你铜法果然耍得好,本总要收能干旗牌十二名,如今有了八名在此,还少四名。今看你年少英雄,不免收你在里边做了旗牌官吧。"周青说:"多谢大老爷抬举。"立起身来,改换旗牌衣服就站在旁边了。张士贵看到第二张上,只见写着具役军状人薛仁贵,系山西绛州府龙门县人氏。吓得张环魂不在身,心下暗想:"陛下梦内不可不信,军师详梦真乃活神仙了!我在此招了七八个月,从没有姓薛的,正合我意,不想原有薛仁贵。陛下梦中说他穿白用戟,未知真假,不免传他进来看个明白。"中军应道:"有!"张环说:"速传龙门县薛仁贵进来。"那中军答应道:"是!"忙出辕门喝道:"呔!尔等内可有什么薛仁贵吗?"仁贵应道:"中军爷,小人就是。"中军道:"你就是薛仁贵吗?好个汉子!大老爷有令,小心随我进来。"仁贵答应,随了中军官进入大堂,连忙跪下说:"大老爷在上,薛仁贵叩见。"那张环望下一看,只见他白绫包巾白战袍,通身多是白的,心下暗想:"应梦贤臣,一些都不差的了。为今之计便怎么样呢?我若用了他,陛下一知,我张氏门中就没有功劳了,不如不用他罢!只说没有此人,倒也哄骗瞒了天子,这些大功劳自然是我贤婿的了。"张士贵算计已定,说道:"你就叫薛仁贵吗?"仁贵应道:"小人正是。"张环说:"你既来投军,可能弓马,武艺善会几桩?"仁贵道:"大老爷在上,小人善会走马射箭,百步穿杨。十八般武艺件件皆精。"张环说:"两膊有多少气力?"仁贵说:"小人右膊有五百八十斤,左膊有六百四十斤之力。"士贵听见说。狠狠他比周青气力又大。"你善用什么器械?"仁贵道:"小人善用画杆方天戟。"张环听言大喝道:"嘟!"两旁就一声吆喝,张环怒道:"我把你这大胆狗头,左右过来!"两下应道:"有!"张环吩咐道:"快把这狗头绑出辕门枭首!"两旁应道:"嗄!"刀斧手就把仁贵背膊牢拴绑起来了。吓得仁贵魂不附体,趴在大堂说:"阿呀!大老爷,小人不犯什么法,前来投军为何要斩起来?"连着周青惊得面如土色,跪下来叫声:"大老爷,这是我周青的从幼同师学武结义弟兄,前来投军,不知有甚触怒,求大老爷看旗牌之面,保救饶他一命。"张士贵说:"我且问你,本帅之名难道你不知?敢称薛仁贵,有犯本总之讳吗?"周青道:"恕他不知,冒犯讳字,求大老爷宽容饶他之命。"张环说:"也罢!看周青份上,饶他的狗命。与本总赶出辕门,这里不用。"仁贵道:"谢大老爷不斩之恩。"立起身来,往外就走出了辕门,心中大怒。正是:

　　　　欲图名上凌烟阁,来做投军反若灾。

　　愤愤不平正走,后面周青赶上前来,说:"哥哥慢走!大老爷不用,我与你同回家去吧。"仁贵说:"兄弟,又来了。为兄命里不该投军,故而有犯他讳不用,你已得大老爷爱,收为旗牌,正好干功立业,为什么反要回家起来!"周青说:"哥哥,这教千军易得,一将难求。我与你有了一身本事,况大老爷不用,就是愚弟在他眼前也难干功劳的了。况且与哥哥是有兴而来,怎撇你独自单身闷闷回家?不如一同回去的安心些。"仁贵道:"嗳!兄弟言之差矣。你蒙大老爷收为旗牌,正好出仕好显宗耀祖。为兄的情况有妻子在家,就是收用我去,到底也有些放心不下。今大老爷不用,为兄慨然回家射射雁,也过了日子了,你不必问我回去,住在此上策。"周青说:"既然如此,弟在此等候,你回去寻得机会再来投军。方才大老爷止不过道你犯了讳字,所以不用,如今只要军状上改了名不用贵字,怕他还不肯收?"仁贵道:"我晓得了。店内行囊为兄拿去。"周青道:"这自然,盘费尽有在里头,小弟在此等候哥哥。"说罢,两个分路。

　　仁贵到饭店算明饭钱,拿了行囊竟回去路,我且慢表。再讲周青回转辕门,自己领出十两盔甲银,送与内外中军官收了。总管张士贵那又收用了几名投军人,方退进内衙,四子一婿上前说道:"爹爹,今日投军人可有姓薛的吗?"张环说:"我儿不要说起,军师是活神仙,陛下的梦的确是真,果有应梦贤臣的人。今日投军状上原有薛仁贵名字,为父的传他进来一看,却与朝廷梦内之人一般面貌,原是白袍小将,善用方天戟的。其人力气又狠,武艺又高,我想有了此人,功劳焉得到我贤婿之手?故而故意说犯了为父的讳字,将他赶出辕门不用。我儿,你道如何?"四子大喜说:"爹爹主意甚妙,只要收足了十万兵马，就好复旨了。"

我且按下。再说薛仁贵一头走一头心下暗想说："我命算来这等不济了。我与周青一样同来投军，怎么刚刚用了他，道我犯讳他就不用起来？这也使我可笑。"一路行来，昏闷不过，气恼得紧，一心只顾回家，忘记了歇宿之处，抬头看看日色西沉了，两边多是树木山林，并没有村庄屋宇，只得往前又走，真正前不巴村后不巴店。仁贵说："阿呀，不好了！如今怎么处呢？"肚内又饥饿起来，天色又昏黑夜起来了，只得放开脚步往前再走。正行之间，远远望去，借宿一宵便了。算计已定，行上前来，走过护庄桥，只见一座八字大墙，门上面张灯挂红结彩，许多庄汉多是披红插花，又听里边鼓乐喧天，纷纷热闹，心中想道："一定那庄主人家是好日子的了。不要管他，待我上前去说一声看。"仁贵叫声："大叔，相烦通报一声，说我薛仁贵自食趱路程，失了宿店，无处安身，要在宝庄借宿一宵，未知肯否？"庄汉道："我们做不得主的，待我进去禀知庄主留不留，出来回你。"仁贵说："如此甚好。"那庄客进去禀知庄主，不多一回，出来回复道："客官，我们庄主请你进去。"仁贵满心欢喜，答应道："是。"连忙走将进来。只见员外当厅坐宁，仁贵上前拜见，叫声："员外，卑人贪趱程途，天色已晚，没有投宿之处，暂借宝庄安宿一宵，明日奉谢。"员外道："客人说哪里话来，老夫舍下空闲无事，在此安歇不妨，何必言谢。"仁贵道："请问员外尊姓大名？"老员外道："老夫姓樊，表字洪海。虽有家私百万，单少宗嗣，故此屡行善事。我想客官错失宿店，谅必腹中饥饿，叫家人速速准备酒饭出来，与客官用。"庄汉一声答应，进入厨房，不多一回拨将出来摆在桌上，有七八样下饭，一壶酒一篮饭摆好了。樊员外叫声："客官，老夫有事不得奉陪，你用个饱的。"仁贵称谢坐下。正是：

　　蛟龙渴极思吞海，虎豹饥来欲食狼。

毕竟薛仁贵在樊家庄上宿歇如何，且听下回分解。

第二十一回　樊家庄三寇被获
　　　　　　薛仁贵二次投军

诗曰：

　　张环谋计冒功劳，仁贵愁心迷路遥。
　　幸遇樊庄留借宿，三更奋勇贼倾巢。

再说薛仁贵坐于桌上，心中想道："我酒到不必用了，且吃饭吧。"盛过饭来，一碗两口，一碗两口，原是没碗数。这样吃法，樊洪海偶意抬眼，看见他吃饭没有碗数的饭，一篮饭顷刻吃完了，仁贵一头吃，一头观看，见员外在旁看他，不好意思："我吃得太多，故而员外看我。"又见员外两泪交流，在那里揩眼泪，惊得仁贵连忙把饭碗放下，说："不吃了，不吃了。"立起身来，就走出位。樊员外说："嗳，客官须用个饱，篮内没有了饭，叫家人再去拿来。"仁贵说："多谢员外，卑人吃饱了。"员外又说："嗳，客官，你虽借宿敝庄，饭是一定要吃饱的。老汉方才见你吃相，真是英雄大将。篮把饭，岂够你饱？你莫不是见我老汉两眼下泪，故而住了饭碗吗？客官吓，你是用饱。我老汉只因有些心事，所以在此心焦，你不要疑忌道我小见，再吃几篮，家中尽有。"仁贵说："员外面带忧容，却是为什么事情心焦？不妨说得明白，卑人就好再吃。"员外道："客官有所未知。老夫今年五十六岁，并无后代，单生一女，年方二十，名唤绣花，聪明无比。若说他女工针指，无般不晓；书画琴棋，件件皆精。因此我老汉夫妻爱惜犹如珍宝，以为半子有靠。谁想如今出于无奈，白白要把一个女儿送与别人去了。"仁贵说："员外，卑人看见庄前，张灯挂红结彩，乃是吉庆之期，说甚爱白白送与别人，此何意也？"员外说："嗳，客官，就为此事，小女永无见面的了。"仁贵说："嗳，员外，此言差矣！自古说男大须婚，女大须嫁，人家生了女儿，少不得要出嫁的，到对月回门是有见面的，有什么撇在东洋大海去的道理？"员外说："客官啊，人家养女自然出嫁，但是客官你才到敝庄借宿，哪里知道其细？这头亲事又非门当户对，又无媒人说合。"仁贵说："没有媒人怎生攀对？到要请问是怎么样。"员外道："客官阿，说也甚奇离。我樊家庄有三十里之遥，有座风火山，那山林十分广大，山顶上却被三个强盗占住，霸称为王，自立关塞旗号。手下喽啰无数，白昼杀人,黑夜放火,劫掠客商财物。此处一带地方,家家受累,户户遭殃,万恶无穷。我家小女不知几时被他露了眼,打书前来,强要我女儿为压寨夫人,若肯就罢,不肯,要把我们家私抄灭,鸡犬杀尽,房屋为灰。所以老汉勉强应承了他,准在今日半夜来娶,故我心焦在此悲泪。客官,你今夜在此借宿,待老汉打扫书房,好好睡在里边,半夜内若有响动,你不必出来,不然性命就难保了。"仁贵听见员外这番言语,不觉又气又恼,说:"有这等事! 难道禀不得地方官,起兵来剿灭他的吗?"员外摇手道:"客官你哪里知道。这三个强盗,多有万夫不当之勇,若让那地方官年年起兵来剿,反被这强徒杀得片甲不留。如今凭你皇亲国戚,打从风火山经过,截住了一定要买路钱,没人杀得他过。"仁贵说:"岂有此理! 真正无法无天的了。这强盗凭他铜头铁骨,难道罢不了成! 有我在此,员外不必忧愁,哪怕他三头六臂,等他来,我有本事活擒三寇,剿尽风火山余党,扫除地方之害。"员外说:"这个使不得! 客官你还不知风火山贼寇骁勇利害,就是龙门县总兵官与人马来,尚且大败而走。我看你虽是英雄,到得他那里,不要画虎不成,反类其犬,有害老汉性命,多不能保了。我没有这个胆子留你,请往别处去借宿吧,休得带累我们性命。"仁贵呼呼大笑说:"员外放心,卑人若为大将,千军万马,多要杀得他大败亏输,岂可怕这三个贼寇? 我有这个本事擒他,所以说得出这句话。方才员外不说,我也不知,今既说明,岂容这三个贼寇横行? 我薛仁贵:

枉为天下奇男子,不建人间未有功。

岂肯负心的吗! 总然,员外胆小不放心,不肯留我借宿,我也有本事在外守他到来,一个个擒住他便罢。"樊洪海听他说得有如此胆量,必定是个手段高强的了。便笑容可掬地说道:"客官,你果有这个本事,救得小女之命,老汉深感大恩。倘有差误,切莫抱怨于我。"仁贵说:"员外,这个自然,何消说得。"樊员外大喜,忙进内房,对院君说了一遍,母女听见,回悲作喜说:"员外,有这奇事? 真正天降救星了。你快去对他说,不要被这些强盗拥到里边去,不惊吓我女儿才好。"员外说:"我晓得的。"慌忙走出厅堂,叫声:"客官,我家小女胆子极小,不要被强盗进来,吓坏了便好。"仁贵说:"员外,不妨。只消庄客守住墙门,我一人霸定护庄桥,不容一卒过桥,活捉贼寇就是了。"员外说:"如此极妙的了。"这许多庄客闻了此言,多胆大起来了,十分快活,说道:"若是捉强盗,我们也常常捉个把的,自从有了风火山贼寇,不要说捉强盗发抖了,就是捉贼也要发抖的了,谁敢去捉? 今夜靠了客官的本事捉强盗,我也胆壮的了。弟兄们,我们大家端正家伙器械枪刀要紧!"这班庄客大家分头去整备。

薛仁贵说:"员外,府上可有什么好兵器吗?"员外尚未回言,庄客连忙说:"有,我这里有一条枪在这边,待我去拿来。"仁贵接在手中一看,乃是一条常用的枪,心中到也笑起来。说:"这条枪有什么? 干没用的!"庄汉说:"客官,你不要看轻了这条枪,那毛贼的性命不知伤了多少,是我防身的,怎么说没干的!"仁贵托在手中,略略卷得一卷,豁喇一声,响折为两段。员外说:"果然好气力!"又有一个庄客:"客官,我有一把大刀在家里,但柄上有铁包,捐一捐火星直冒,重得很,所以不动,留在家里,待我们去扛来。"仁贵说:"快快去拿来。"那庄汉去了一回,抬来放在厅上。仁贵一只手拿起来,往头上摸得一摸,齐这龙吞口镶边内裂断了跌下来,刀口卷转,说:"拿出来多是没用的!"庄汉把舌头伸伸,叫声:"员外,这样兵器还是没干,拿来折断了,如今没有再好似它的了。"员外说:"这便怎样处?"仁贵说:"兵器一定要的,若然没有,叫我怎样迎敌得他住?"又有一个庄汉说道:"员外,不如柴房内拿这条戟罢。"员外说:"柴房里有什么戟?"庄客道:"就为正梁柱子的。"员外说:"你这个人有点呆的,这条戟当初八个人还抬不起,叫这位客官哪里拿得起?"仁贵道:"怎么样一条戟? 待我去看看。"员外说:"你要看它也无益,拿它不动的。这条戟有名望的,曾闻战国时淮阴侯标下樊哙用的,有二百斤重,你怎生动得?"仁贵哈哈大笑说:"若果是樊哙留得古戟,方是我薛仁贵用的器械也! 快些领我去看来。"员外与庄汉领了仁贵同进柴房,说:"喏,客官,葩一条就是。"仁贵抬眼一看,只见此条戟戟尖插在地下泥里不见的,唯有戟杆子抬住正梁,有茶杯粗细,长有一丈四尺,通是铁锈的了。说:"员外,要擒三个贼寇,如非用这戟。"洪海说:"只怕动不得。"仁贵说:"就是再重些,我也拿得起的。庄客,你们掇正柱子过来,待我托起正梁,换它出来。"庄客便拿过一根柱子,仁贵左手把正梁托起,右手把方天戟摇动,摇松了拔将起来,放在地下。庄汉把柱子凑将上去,仁贵放下正梁,果然原端不动换出了。拿起方天戟来,使这么两个盘头,说:"员外,这条也不轻不重,却到正好。"这几个庄客说:"阿唷,要拿二百斤兵器的,自然这些刀枪多没用的了。"一齐走到厅堂上,仁贵把戟磨得铄亮,员外大排酒筵,在书房用过。

到黄昏时候,员外同着庄汉躲在后花园墙上探听。仁贵拿了戟,坐在厅上等。这头二十名庄客,多满身扎缚停当,也有三尺铁锏,也有拿挂刀的,也有用扁担的,守在门首等候。

到了半夜,只听得一声炮响,远远鼓乐喧天。大家说道:"风火山起马了,我们齐心为主。"只看见影影一派人马来了,前面号灯无数,亮子火把高烧,照耀如同白昼,多明盔亮甲,刀枪剑戟,马震如雷,数千喽啰,围护簇拥下来了。众庄客见了,大家发抖说:"快进去报与客人知道!"连忙走将进来,叫一声:"客人,强盗起兵来了,快出去!"仁贵立起身,往外就走。跨出墙门,庄汉说:"须要小心,那边人马无数,我们多是没用的,只靠得你一个本事,小心为主。"仁贵说:"不妨。"走出去立在护庄桥上,把戟托定,抬眼一看,说:"嘎唷!"只见喽啰簇拥,刀光射眼,挂弯弓如秋月,插铁箭似狼牙,马嘶叫,蛇钻不过;盔甲响,鸦乌不飞,果然好一副强盗势头。原觉利害。渐渐相近,仁贵大喝道:"呔!来的这班喽啰,可是风火山上绿林草寇吗?俺薛仁贵在此,还不下马,改邪归正过来,待要怎么样!"

要讲这强盗,大大王名唤李庆红,二大王姜兴霸,三大王姜兴本,却是同胞兄弟。这晚三大王守住山寨不下来,只有二大王姜兴霸保了大大王李庆红下山娶亲。这大大王李庆红怎生打扮?

头上戴一顶二龙朝翅黄金盔,身上穿一件二龙戏水绛黄袍,外罩锁子红铜甲,坐下胭脂黑点马。

这二大王姜兴霸怎生打扮?

头上戴一顶马金开口獬豸盔,身穿大红绣花锦云袍,外罩绦链青铜铠,坐下豹荔乌骓马。

他二人一路行来,忽听得这一声喊叫,二人不觉到吃一惊,抬头望一望,只见桥上立一个穿白用戟小将,不觉大怒,说:"送死的来了,我们冲上前去!"二位大王催一步马,各把枪刀一举,喝声:"哟!你这该死狗才,岂不闻我风火山大王利害吗?今日乃孤家吉期,擅敢拦阻护庄桥上送死么!"仁贵闻言亦大怒,喝道:"呔!我把你这两个狗头,该死的毛贼!我薛仁贵若不在此,由你白昼杀人,黑夜放火,无法无天。今日俺既在此,哪怕你铜头铁颈,擅敢强娶人家闺女,今日触犯我英雄性气,愤愤不平,你敢上桥来?有本事,来一个杀一个,还要到风火山剿戮你的巢穴,端你们的山寨,削为平地,一则救了樊绣花小姐,二则与地方上万民除害!"二位大王闻此言,心中火气直冒顶梁,大怒说:"唷,反了,反了!孤家霸在风火山十有余年,官兵尚不能征讨,你不知何处来的毛贼,一介无名小卒,擅夸大口,分明活得不耐烦了,快来祭我大王爷的刀头罢。"把马一催,手提笏板刀,一起叫声:"小贼,领我一大砍刀!"望着仁贵,劈顶梁上剁下来。仁贵见刀头砍下来,就把手里这一柄方天戟,往这把刀上噶啷的这一按,李庆红喊声:"不好!"手中震得一震,在马上七八晃,马冲过来,被仁贵右手拿戟,左手就把李大王夹背上这一把,庆红喊声:"不好!"要把身偏一偏,来不及了,被仁贵伸出拿云手,挽住勒甲绦,轻轻不费力提过马鞍桥,说一声:"过来罢!"好像小鸡一般,举起手中,回转头来说道:"庄汉们,快拿索子来将他绑了。"就往桥坡下这一丢,那些庄汉大家赶上来要绑,不想被李大王扒起身来,喝道:"那个敢动手!"到往墙门首跑过来。吓得那些庄汉连忙退后,手内兵器多拿不起了,叫道:"客官,不好,这个强盗反赶到墙门首来了。"仁贵回头说:"你们有器械在手,打他倒来,拿住了。"庄汉说:"强盗利害,我们拿不住。"那仁贵只得走落桥下。那边姜大王把马一催,说:"你敢拿我王兄,孤来取你之命也!"冲过护庄桥来。这仁贵先赶到李大王跟前说:"你还不好好受缚?"胸膛一掌,李庆红要招架,那里招架得往?一个仰面朝天,跌倒尘埃。仁贵就一脚踹定说:"如今这强盗立不起的,你们放大着胆子过来绑。"那些庄汉心里才要过来绑,见姜大王挺枪追来,又不敢走上前,只挣定墙门首发抖。谁想姜兴霸赶得到仁贵身旁,他已把李庆红踹住地下了。那番姜大王大怒,说:"你敢把我王兄踏倒,照枪罢。"飕的一枪,直望面门上挑进来,仁贵把方天戟望枪尖上噶啷的这一卷,钩牢了枪上这一块无情铁,用力一拔,姜大王说:"阿呀,不好!"在马上那里坐得牢?哄咙一个翻跟头,跌下马来。仁贵就一把提在手中,说:"庄汉们,快来绑了。"这些庄汉才敢走过来,把绳索绑了二人。那桥下这些喽啰,吓得魂不附体说:"我们逃命罢!"大家走散去报三大王了。

仁贵与庄汉推了两个强盗到墙门首里边,樊员外夫妻大悦,说:"恩人阿,如今怎么样一个处死他?"仁贵:"且慢,你们把这两个一齐捆在厅上,待我到风火山剿灭山寨,一法拿了那一个来,一同处治。"员外说:"须要小心。"仁贵:"不妨。"单身独一望风火山而来。我且慢表。

单讲那山寨中这位三人王姜兴本,他身高有九尺,平顶一双铜铃眼,两道黑浓眉,大鼻大耳,一蓬青发,坐在聚义厅上暗想:"二位王兄去到庄上娶亲,为什么还不见回来?"一边在此想,忽有喽啰飞报进来说:"报三大王,不好了!"姜兴本便问:"怎么样?"喽啰说:"大大王、二大王到樊家庄去娶亲,被一个穿白袍、用方天戟的小将活擒去了。"三大王大怒道:"嘎,有这等事!带马抬枪过来。"喽啰一声答应:"嘎!"就抬枪牵马过来。那三大王跨上雕鞍,手提丈八蛇矛,带领了喽啰,豁喇喇冲下山来。才走得二三里,只见这些喽啰说:"三大王,喏、喏,那边这个穿白的就是了。"三大王抬头一看,连忙纵马摇枪上前喝道:"哟!该死的毛贼!你敢擒孤家的二位三兄吗?好好前去送了上山,饶你之命,如有半句支吾,孤家枪法利害,要刺你个前心透后背哩。"仁贵一看,但见那姜兴本:

　　头上戴一顶黄金开口虎头盔,身穿一件大红绣龙蟒,外罩柳叶乌金甲,手
　　举一条射苗枪,坐下白毫黑点五花马。

他冲上前来,仁贵大喝:"呔!我把你这绿林草寇,今日俺与地方上万民除害,故来擒你,还自不思好好伏在马前受绑,反口出大言么!"姜兴本大怒道:"休要夸口,过来照我的枪罢"。飕这一枪,望着仁贵兜咽喉刺将过来。仁贵就把方天戟嗒唥响架在一边,也只得一个回合,擒了过来。正是:

　　饶君兄弟威名重,那及将军独逞雄。

要知风火山草寇怎么处治,且看下回分解。

第二十二回　樊绣花愿招豪侠婿　薛仁贵怒打出山虎

诗曰:
　　擒贼擒王古话传,后唐今见小英贤。
　　救民除暴威风布,平静樊庄老小安。

众喽啰看见三个强盗多捉了去,多吓得魂胆消烊,跪下地来说:"好汉饶我们蝼蚁性命,情愿拜好汉为寨王。"仁贵说:"我堂堂义士,岂做这等偷鸡盗狗之人,偶尔在此经过,无非一片仗义之心,与这地方除害。今三寇俱擒,我也不来伤你等性命,快些各自前去山头收拾粮草,改邪归正,各安生业,速把山寨放火烧毁,不许再占风火山作横。我若闻知,扫灭不留。"众喽啰答应道:"是。多谢好汉饶命,再不敢为非了。"

不表众喽啰回山毁寨散伙。再讲薛仁贵挟了姜兴本,回到庄上,进入厅堂,将绳索绑住。员外提棒就打,说:"狗强盗,你恶霸风火山,劫掠财帛,以为无人抵敌,不想也有今日。庄汉们,与我打死这三个害人之贼。"众庄汉正要动手,仁贵连忙说:"不必打死,我有话对他说。"庄汉方才不打。仁贵定将过来说:"你们这三个毛贼,擅敢霸住风火山横行天下,这些歹人!况兼本事一些也没有,如今被擒,有何话说?"三弟兄说:"啊呀好汉!乞求饶我等性命,今再不敢为盗,情愿改邪归正了。"仁贵道:"我看你们这班毛贼,若放了你们去,终久地方上有一大害。也罢,你若肯到龙门县去投军,与国家出力,我便饶你们性命。"三位大王说:"好汉若肯饶我们,即刻就去投军。"仁贵说:"如此,我也要去的,何不结拜为生死弟兄,一同前去?倘国家干戈扰攘,岂不一同领兵征服平静,立了功劳,大家受命皇恩,何等美?"三人说:"承蒙好汉恩宠,我等敢不从命?但我们强徒,怎敢相攀义侠英雄结拜。"仁贵说:"如今既改邪归正,多是英雄豪杰了,请起。"仁贵就把绑索解下,三人立起身来,员外说:"待老夫备起礼物,供起关圣神来,你们四位

好汉,就在厅上见礼过了,就些结拜便了。"这员外就吩咐家人整备佛马,当厅供起。大家跪下,立了千斤重誓,结拜生死之交。拜毕,送了神,就在厅上摆酒,四人坐下畅饮。

单表这员外走进内房,院君叫声:"员外,妾身看这薛仁贵相貌端正,此去投军,必有大将之分。女儿正在青春,不如把终身许了他罢。"员外大喜道:"院君之言正合我意,待我就去对他说。"员外走出厅堂说:"薛恩人,老汉小女年当二十,未曾对亲,老汉夫妇感蒙相救,欲将小女相配恩人,即日成亲,以订后日之靠,本知好汉意下如何况?"仁贵说:"这个使不得!敝人已有妻子在家,苦守我成名,难道反在此招亲,岂不是薛礼忘恩了。"员外说:"恩人不妨。人家三妻四妾尚有在家,恩人就娶两位也不为过。我家女儿愿做偏房侧室便了。"仁贵说:"员外又来了,况府上小姐正当青春年少,怕没有门当户对怎么?反与作偏房,岂不有屈了?望员外另选才郎,我不敢遵命。"员外说:"恩人,老汉一言既出,驷马难追。况且小女之心已愿,誓不别嫁好汉。若不应承,是嫌小女貌丑了。"李、姜二位大王叫声:"薛兄弟,既承员外如此说,又承小姐心愿情服,何不应允?"仁贵说:"既承不弃,就应尊教。但是得罪令爱,有罪之极。"员外说:"说哪里话来?待老夫择一吉日,就此成亲。"仁贵说:"做亲且慢,敝人功名要紧。待等前去投军效用,有了寸进,冠带到府接小姐成亲,今日未有功名,绝难从命。"员外说:"这也使得。但是要件东西,作为表记才好。"仁贵看看自己身上这一条五色鸾带,说:"也罢,敝人也没有什么东西,就将此带权为表记。"员外说:"如此甚好。"仁贵往腰中解下,递与员外。员外接在手中,竟入内房,就将此番言语说与院君潘氏知道。院君满心欢喜,将鸾带付与樊绣花收好。员外重复出厅,仁贵道:"岳父,小婿心在功名,时刻不暇,焉肯耽搁?就此拜别。"员外说:"贤婿,小女既属姻亲,务必留心在意,虽则腰金衣紫名重当时,断不可蹉跎宜室宜家之事。"仁贵:"既承岳父美意,小婿理当不负颙望,自然早归,以答深情。"说完,弟兄四人出了墙门,辞别员外,离了樊家庄。

在路耽搁了几天,已到了龙门县内,原歇在罗店中。其夜写了三纸投军状,仁贵的军状改为薛礼。一宵过了,明日清晨,多到辕门,着中军官接进军状,来至大堂。旗牌官铺在公案上,有张大老爷先看了三大王军状,说:"快传进来。"中军答应,连忙传进三人,跪在堂上。张环:"那一个是李庆红?"应道:"小人就是。"张环说:"你既来投军,可能弓马精熟?"庆红说:"小人箭能百步穿杨,十八般武艺件件皆精。"张环说:"你胳膊有多少气力?"庆红说:"小人左膊有四百斤,右膊有三百斤。"张环说:"你善用什么器械?"庆红说:"小人惯用一把大刀。"张环说:"既如此,你刀可带来?"庆红说:"带在外边。"张环说:"快取来要与本总看。"庆红答应,到外边拿了大刀,来到大堂上要起来了。这个刀法精通,风声摇响。使完了,跪伏在地。

张环又传进姜兴本、姜兴霸也是这一般问过了,也是各把枪刀之法使了一番,张环满怀欢喜说:"本总十二名旗牌,已得九个。看你三人刀法精通,枪法熟透,不免在标下凑成十二名便了。"三人大悦,说:"多谢总爷抬举。"三人改换旗牌版式,站立两旁。

那张大老爷看到第四张上写着:具投军状上薛礼,山西绛州龙门县人氏,便心中一想说:"又有什么龙门县姓薛的? 不要管他。"吩咐中军传他进来。那中军答应一声,连忙出辕门,传进薛礼到大堂跪下,张环抬头一看,嗄! 原来就是薛仁贵,他改了名字来的。这番不觉大怒,便兜头大喝道:"你这该死的狗头! 本总好意放你一条生路,你怎么还不知死活,今日还要前来送命吗? 左右过来,与我将这狗头绑出辕门开刀!"左右一声答应,吓得薛礼魂不在身,说:"啊呀大老爷,小人前来投生,不是投死的,前日犯了大老爷讳字,所以要把小人处斩,今日没有什么过犯了,大老爷为什么又要把小人处斩起来?"张环喝道:"你还说没有什么过犯吗? 本总奉了朝廷旨意龙门县招兵,凡事取吉祥。你看大堂上多是穿红着绿,偏偏你这狗头,满身尽是穿着白服,你戴孝投军,分明诅咒本总了,还不拿下去看刀!"这番李庆红、姜兴本、姜兴霸三人跪下,叫声:"大老爷在上,薛仁贵乃是旗牌结义弟兄,他生性好穿白服,同来投军。既然误犯了大老爷的军令,望大老爷可念旗牌生死好友,患难相扶,且饶他这条狗命。"张环说:"也罢,看三位旗牌面上,暂且饶你。左右过来,与我赶出去!"两旁一声答应,将仁贵推出辕门。仁贵仰天长叹说:"咳,罢了! 哪知道我这等命苦,伙同兄弟们两转投军,尽皆不用,难道我这般命薄,没有功名之分,故而总兵推出不用。如今想起来,到底是:命运不该朱紫贵,终归林下作闲人。不如回家去吧,将将就就苦度了日子,何苦在此受些惊恐。"

正在思想，后面李庆红与姜氏兄弟三人，一齐赶上前来说："薛哥，我们四人同来投军，偏偏不用哥哥。日后开兵打仗，没有哥哥在内，叫兄弟们也无兴趣，不如我们退回风火山，同为草寇罢。"仁贵说："兄弟们又来了。为兄穿白触怒了大老爷，所以不用。你等总爷喜得隆宠，后来功名如在反掌之中，为什么反复去做绿林响马起来？这个断断使不得。"三人说："既如此，哥哥此去改换衣服，再来投军，小弟们在此候望。"仁贵说："嗳，兄弟，我二次投军，尚不收用，此乃命贱，再来也无益了。若是兄弟思念今日结拜之情，后来功名成就，近得帝皇，在圣驾前保举一本，提拔为兄就为万幸了。"三弟兄道："这个何消说得。如此，哥哥小心回家，再图后会。"仁贵应声："晓得。"别了三弟兄，到饭店中取了行囊闷闷在路，我且不表。

单讲三弟兄回到总府衙门，送了中军盔甲银。旗牌房内周青见礼，大家细谈出身之事，并薛礼二次投军不用，叹息良久。大家说："我们都是结义兄弟了，自后同心竭力，不可欺兄灭弟就是了。"按下不表。

再讲仁贵自别李、姜三弟兄，闷闷不乐，到饭店歇了一宵早上就行。不上四五里路，但见树木森森，两边多是高山，崎岖难行，山脚下立一石碑，上写着："此处金钱山，有白额虎伤人利害，来往人等须要小心。"仁贵见了笑道："何须这样大惊小怪，恐吓行人？太欺天下无人了，我偏要在此等等，除此恶物，以解祸患。"就在两山交界路上睡到午后，只听见叫喊道："不好了，不好了！阿唷唷，这孽畜追来，我命休了，谁来救救！"豁喇喇望山上飞奔过来。仁贵梦内惊醒，站起身来一看，只见一骑飞跑，上坐着一人，头戴乌金盔，身穿大红显龙蟒袍，腰围金带，脚下皂靴踹走踏镫。一嘴白花须髯，手拿一条金披令箭，收紧丝缰绳，拼命地跑来，叫救不绝。仁贵一看，后面白额虎飞也赶来，心中暗想："这人不是皇亲，定是国戚。我不救他，必遭虎害。"即时上前，将虎一把领毛扯住，用力捺住，虎便挣扎不起，便提起拳头，将虎左右眼珠打出，说："孽畜，你在此不知伤了多少人性命，今撞我手内，眼珠打出，放你去吧。"那虎负痛而去。转身问道："将军受惊了。请问将军高姓大名，为何单身独行，受此惊吓？"那将军道："我乃鲁国公程咬金，奉旨各路催赶钱粮，打从此地经过，不期遇此孽畜。我若少年，就是一只猛虎也不怕他，如今年老力衰，无能为矣。幸遇壮士，感恩匪浅。请问壮士既有这等本事，现今龙门县内招兵，何不去投军，以期寸进。在此山路上经营，有何益处？"仁贵说："原来是程老千岁，小人不知，多多有罪。但不瞒千岁说，小人时乖运蹇两次投军，张总兵老爷总是不用，所以无兴退回，欲转家乡，闷闷不快，在此山林睡觉。忽闻喧喊，故此起来。"咬金道："你有这本事，为何他不用？"仁贵道："连小人也不知道。但我们兄弟四人都用，单单不用我。"咬金大怒道："岂有此理！张士贵奉旨招兵，挑选勇猛英雄，为何不用？孤欲带你到京，只是不便。也罢，我有金披令箭一枝，你拿去要张士贵收用便了。"仁贵应道："是。多谢千岁。"接了令箭，咬金策马前去，我且不表。

单说仁贵得了鲁国公令箭，连夜赶到龙门县，天色还早，就到衙门，大模大样。中军喝道："你这个人，好不知世务。大老爷连次不用，几乎性命不保，今日又来则甚？"仁贵道："不要管，快报与大老爷得知：有鲁国公金披令箭在此，要见大老爷。"中军闻言，不得不报。说："候着！"中军进禀说："有不用薛礼，得了程千岁令箭，要见大老爷。"士贵听言，心内吃惊道："既如此，着他进来。"中军传进仁贵跪下，呈上令箭。张环一看，果是这鲁国公老千岁的，便问："你在那里得来的？"仁贵道："小人打从金钱山过，路逢一只白额猛虎，欲伤程爷，小人将虎打瞎两眼，相救了程公爷。他说要各路催粮回京要紧，不期遇虎，幸亏解救，因问小人：'既有本事，何不到龙门投军？'小人说：'投过两次不用，要回家去。'千岁大怒道：'有此本事，为何不用？我有令箭，他若再不用，孤与他算账！'故小人只得大胆到此。"张环听言，魂不附体，心内暗想：为今之计，到要用了。眉头一皱，计上心来说："薛礼，既然如此，我只得用你。但有一句话问你：昨日程千岁可曾问你姓名？"仁贵道："这倒不曾问及。"张环说："如此还好。你两次投军，非我不用，这是一片恻隐之心，救你性命。你有大罪，朝廷正要寻你处决，你可知道吗？"薛仁贵道："小人从未为非，有何大罪？"张环道："只因前回天子扫北归师，得其一兆，见一白袍用戟的小将，拿往朝廷，通写降表，又有诗四句道：

家住遥遥一点红，飘飘四下影无踪。

三岁孩童千两价，生心必夺做金龙。

君王细详此诗，乃穿白袍小将家住遥遥一点红，是山西地方；第二句其人姓薛，第三句仍仁贵二字，末句言此薛仁贵要夺天下的意思，留此人在世，后必为患。于是降旨，要暗暗查究你，起解到京处决，以绝后患。你不知死活，钻入网来。我有好生之德，故托言犯讳犯忌，拿去开刀，使你不敢再来，绝此役军之念，岂不救了你性命？不道你又偏偏遇着鲁国公，幸喜不知姓名。若说出来，顷刻拿到京师处决。如今有了这枝令箭，我也难救你了。"吓得仁贵面如土色，连忙跪下道："阿呀，小人性命求大老爷放回，感恩不浅。"张环道："前日没有令箭，你偏不肯回家；如今有此公箭，你要回家，也难放你去了。"仁贵道："大老爷阿，小人哪里知道其细？屡屡思量干功立业，那晓有此奇冤，万望大爷救救小人蚁命。"张环道："也罢。我向有好生之心，况又梦中之事，或者未必可信，何苦害你性命？看你本事高强，精通武艺，若要保全性命，除非瞒隐仁贵二字，竟称薛礼。前锋营内月字号，尚缺一名火头军，不如权作火头，倘后立些功劳，我在驾前保举，将功赎罪，亦未可知。"仁贵大悦说："蒙大老爷恩德，愿为火头军。"四名旗牌跪下说："大老爷，我等愿与薛大哥为火头军，求大老爷容我们同居一处。"张环说："也罢，既同为火头军，断不可称为薛仁贵。"众人说："这个不消大老爷吩咐，只叫薛礼，内边弟兄称呼。"四人脱下旗牌衣服，换了火头军衣帽，五个人同进月字号。

这一日，五人睡在里头，走进四五十人，多是些有力气新投军的。见这五人睡在此，就喝道："呔！火头军，日已高了，还不起来烧饭？我等肚内饥了。"周青过来道："这们这班狗头，这么放肆！许多人在这里不烧火，要我们烧？"众人说："火头不烧火，要我等烧不成！自然火头军烧来伏事我们的。"周青道："我们叫火头将军，怎么落了一字，叫起火头军来！"众人怒道："好杀野火头军！若再多言，我们要打了。"

周青说："要打？来、来、来！"走一步上前，把手一推，许多人脚多立不定。大家番了一跤，立起身来叫声："火头将军本事高强，请问尊姓大名，我等来烧便了。"周青说："你要问姓名么，这三位李庆红、姜兴本、姜兴霸，做绿林出身，在风火山杀人放火不转眼的主顾、骁勇不过，被我薛大哥活擒的。"

只得改邪归正路，投军立做功人。

毕竟众英雄如何出息，且看下回分解。

第二十三回　金钱山老将荐贤　赠令箭三次投军

诗曰：

分明天意赐循环，故使咬金到此山。

认得英雄赠令箭，张环无奈把名删。

那周青说："我们薛大哥英雄无敌，与当初裴元庆差不多的气力。我是走江湖教师周青便是。你们有什么本事，要我们烧饭？"众人说："原来你众位多是有本事的能人，我等有眼不识泰山，多多有罪。如今愿拜为师，望乞教导我等，情愿服侍将军，心下若何？"周青说："这也罢了。你等服侍我们中意，情愿教道你等枪棒。"如今这五十人拜了五位为师，火头军倒也安乐，日日讲些武艺，到也好过。

张士贵原在龙门招兵，我且不表。再讲贞观天子驾坐朝门，文武朝参已毕，鲁国公程咬金催粮回京缴旨。又过了五日，王君可打表进京说，在山东登州府造完战船一千五百号，望陛下速速发兵征东。朝廷看本大悦说："徐先生，催粮已足，战船已完，未知张士贵招兵何日得见应梦贤臣？"茂公说："陛下，只在五六天内。"果然过了五六天，黄门官呈上山西表章。龙目一观上写：

臣张士贵奉旨招兵十万已足，单单没有应梦贤臣薛仁贵，想来缺少此人。万事有狗婿何宗宪，武艺高强，可保皇上跨海征东。望陛下选日兴兵，待臣为先锋，平复东辽便了。

朝廷看完，心下纳闷，叫声："先生，张环招兵十万已足，并没有薛仁贵，怎么处？"茂公说："陛下放心。张环招兵已足，薛仁贵已在里头了。"朝廷说："既有薛仁贵，张环本章上为何没有？岂不是慌君之罪？"茂公道："陛下，连张环也不知，故此本章上没有姓薛的,不知不罪。陛下兴兵前去,自然有应梦贤臣。"朝廷说:"果有此事? 就择日起兵征东。但秦王兄卧床半载,并无好意,缺了元帅,怎好征东?"茂公说:"平辽大事,陛下若等秦元帅征东,来不及了。且待尉迟将军为帅,领兵征东,秦元帅病好随后赶到东辽,原让他为帅,领兵征东。"朝廷说:"到也有理。但帅印还在秦王兄处,程王兄去走一遭。"咬金叫声:"陛下差臣到南野里去了?"天子道:"你往帅府望望秦王兄病恙可好些吗? 看好得来的,不必提起;看形状不能好,取了帅印来缴寡人。"咬金应道:"领旨。"退出午门,心中暗想:"这颗帅印在秦哥哥手内,若秦哥哥有甚三长两短,一定交与我掌看。若取帅印,被黑炭团做了元帅,到要伏他跨下,白白一个元帅没我分了。我偏不要去取印,只说秦哥哥不肯。"咬金诡计已定,不知到那个所块去走这么一转,原上金銮来了。

朝廷道:"程王兄来了么,秦王兄病恙可像好得来的吗?"咬金说:"陛下,秦哥此病十有八九好不来的,只有一分气息,命在旦夕,不能够了。"朝廷听说,龙目下泪,大叹一声:"咳,寡人天下,秦王兄辅唐,尽忠报国,今朝病在顷刻,可不惨心! 程王兄,帅印可曾到来?"咬金道:"陛下不要说起,帅印没有,反被他埋怨了一场。"朝廷说:"他怎样埋怨你?"咬金道:"他说:'我当年南征北讨,志略千端,拿了三朝元帅,从不有亏。今日臣病危,还有孩儿怀玉也可以掌得帅印的,就是孩儿年轻,还有程兄弟足智多谋,可以掌得帅印。尉迟恭虽是一殿功臣,与秦琼并无衣葛,怎么白白把这颗帅印送他掌管起来? 此印不打紧,日日在乱军中辛苦,夜夜在马背上耽惊,才能得此帅印,分明要逼我归阴了。'竟大哭要死到金銮殿上来。臣只得空手,前来见驾。"朝廷便说:"徐先生,为今之计便怎么样?"茂公说:"秦三弟病内,虽言降旨,决不肯听。如非能驾亲去走一遭。"朝廷道:"也使得。寡人早有此心,要去看望秦王兄病体,不如明日待寡人亲往便了。"皇上一道旨意传出,执掌官尽皆知道,准备銮驾,各自当心。其夜驾退回宫,群臣散班。

程咬金退出午门,说:"不好了,明日朝廷对证起来,我之罪也。不如今夜先去订个鬼门,按会一番,算为上着。"连夜赶至帅府。他是入内的,竟走到房内,却好合家尽在陪伴。咬金拜见了嫂嫂问候过了,叔宝睡在床上说:"兄弟趁夜到此,有何事干?"咬金道:"秦大哥,今日陛下降旨,要取你帅印。我犹恐恼你性子,假作走一遭,哄骗了朝廷。那晓陛下明日御驾亲临,犹恐对证出来,万望秦哥帮衬,肯不肯由你。"叔宝说:"哪有这等事情。承兄弟盛意,决不害你。请回府去,明日先通消息。"咬金说:"是,我去了。"出了帅府,回到自己府中过了一夜。

明日清晨,结束停当,各官多到午门候旨。朝廷降旨起驾出了午门,徐勣保驾,文武各官随定龙驾,多到帅府。咬金先到秦府,对秦怀玉通了个信,转身随了天子行下来。再讲秦怀玉进房说:"爹爹,天子顷刻驾到了。"叔宝说:"夫人回避,我儿取帅印来。"怀玉应道:"是。"便往外边取了进来说:"爹爹,帅印在此。"叔宝说:"你好好放在床上。你到外边接驾,进入三堂,要如此作弄朝廷,然后进见。"怀玉应道:"晓得。"便出房走到外边。只见圣驾已到,就俯伏说:"臣秦怀玉接驾。"天子道:"御侄平身,领寡人进去。"怀玉说:"愿我皇万岁! 万万岁!"秦怀玉在前引路,进入抱沙厅,居中摆了龙案,供了香烛。朝廷坐下,两旁文武站立,朝廷就问:"御侄,王兄病恙今日可好些吗?"怀玉说:"蒙皇龙问,臣父病体尚不能痊愈。"天子道:"病已久了,怎么还不能好? 御侄你去说一声,朕要看望他。"怀玉应道:"领旨。"走到里边,转一转身出来,叫声:"陛下,臣父睡着,叫声不应。"朝廷说:"你也不必去叫他,待朕等一等就是了。"那晓叔宝假睡,与儿子说通的。停一回只说不曾醒,又歇了一回,塘说还不曾睡醒,等了许久,纵然不醒。徐茂公明知他意,茂公道:"还不如进到三弟房内去等罢。"朝廷说:"到也使得。怀玉在前引路,程咬金、徐茂公同驾入内,各官多在外面。尉迟恭心里要这帅印,又不敢进去,叫声:"陛下,臣可进来得吗?"朝廷说:"不妨,随朕进来。""是。"尉迟恭跟了龙驾,竟到秦琼房内。

朝廷坐了龙椅,怀玉揭开帐子,叫声:"爹爹,陛下在此看望。"叔宝睡在床上,明知天子在此,假作呼呼睡醒说:"那个在此叫我?"怀玉说:"爹爹,御驾在此。"叔宝睁开眼一看,只见天子坐床前,大骂:"好小畜生! 陛下起程,就该报我,怎么全不说起? 要你畜生何用! 叫不醒,推也推我醒来,要天子贵体亲蹈贱地,在此等我。秦门不幸,生这样畜生,罪恶滔天了。陛下在上,恕臣病危,不能下床前见,臣该万死,就在腕上叩首了。"朝廷说："王兄安心保重身躯,不必如此。朕常常差使问候,并不回音,朕亲来看你,未知王兄病恙可轻些否?"秦琼说："万岁,深感洪恩,亲来宠问,使臣心欢悦无比。但臣此病,伤心而起,血脉全无,当初伤损,如今处处复发,满身疼痛,口口鲜血不止。此一会面,再不要想后会了。"朝廷说："王兄说哪里话来?朕劝王兄万事宽心为主,自然病体不妨。"尉迟恭上前说："老元帅,某家常怀挂念,屡屡要来看望,不敢大胆到府惊动,天天在程千岁面前问候下落。龙驾亲来,某家也随在此看望。"叔宝说："多蒙将军费心。陛下征东之事,可曾定备吗?"朝廷说："多完备了。但是王兄有恙未愈,无人掌管帅印,领兵前去,未定吉日。朕看起王兄来,是这样容颜憔悴,就痊愈起来,也只好在家安享,那里领得兵,受得辛苦前去征东?朕心到此担忧。"叔宝说："陛下若要等病好领兵征东,万万不能了。平辽事大,臣病事小,臣若有三长两短,不去征东了不成,少不得要掌帅印去的。"朝廷说："这个自然。但此印还在王兄处,交与朕就好率领兵先去征东。待王兄病愈,随后到东辽,帅印原归王兄掌管。王兄意下如何?"叔宝道："嗳,陛下又来了。臣这样病势,那里想什么元帅?但此印当初受尽千般痛苦,万种机谋挣下这印,今日臣病在床,还将此印架在这里,使我见见,晓得少年本事,消遣欢心。今陛下取去,叫臣睡在床上,看甚功劳?臣死黄泉,也不瞑目。"朝廷说："这便怎么处?没有元帅,官兵三军焉能肯伏?"叔宝说："臣的孩儿虽是年轻,本事高强,志略也有,难道领不得兵的?可以拿得兵权去的。"天子道："王兄此言差矣。今去征东,多是老王兄,那个肯服御侄帐下?"叔宝说："如此陛下取臣印,那个掌管?"朝廷说："不过尉迟王兄掌管兵权。"叔宝说："取臣印到也平常,孩儿年轻做不得,送与别人,臣若有长短,公位都没有孩儿之分了。"天子道："王兄说哪里话来?你如若放心不下,朕宫中银瓶公主,王兄面前许配御侄,招为驸马如何?"叔宝大悦。说："我儿过来谢恩。"怀玉上前谢过了恩。

叔宝又叫:"尉迟将军,你且过来,俺有话对你说。"敬德连忙走到床前说:"老元帅有什么话对某家说?"叔宝假意合眼,尉迟恭候进身躯,连问数声,秦琼咳嗽一声,把舌尖一抵,一口红痰望着敬德面上吐来,要闪也来不及,正吐在鼻梁上,又不敢把袍袖来揩,到不好意思,引得咬金嘴都笑到耳朵边去了。叔宝假意说:"阿呀,俺也昏了。老将军,多多有罪,帐子上揩掉了。"尉迟恭心内好不气恼,要这颗帅印,耐着性子重又问道:"老元帅什么话讲?"秦琼道:"你要为元帅?"敬德说:"正是。"叔宝道:"你要掌兵权,可晓得为帅的道理吗?"说:"某家虽不精通,略知一二。"叔宝说:"既如此,你说与我听。"敬德说:"老元帅,那执掌兵权第一要有功必赏,有罪必罚,安营坚固,更鼓严明;行兵要枪刀锐利,队伍整齐,鸣金则退,摇鼓则进;破阵要看风调将,若不能取胜,某就单骑冲杀,以报国恩;一枪要刺死骁将,一鞭要打倒能人,百万军中,杀得三回九转,此乃掌兵权的道理。"叔宝大喝道:"呔!你满口胡言,讲些什么话!这儿句乱语,想为元帅了吗?"程咬金大笑说:"老黑,你只晓得打铁,那知道为元帅的意思?倒不如我来吧。"茂公说:"你不必笑别人。你一法也不知道。"秦琼说:"不是这样的,俺教你为帅的道理。"尉迟恭说:"是,请教。"咬金笑道:"老黑,秦哥教训你,今日只当师徒相称,跪在床前听受教诲罢。"敬德无可奈何,只得双膝跪下。叔宝道:"老将军,凡为将者,这叫作莲花帐内将军令,细柳营中天子惊。安营扎寨,高防困围,低防水淹,芦苇防火攻,使智谋调雄兵,传令要齐心;逢高山莫先登,见空城不可乱行;战将回马,不可乱追。此数条,才算为将之道理,你且记着。"尉迟恭道:"是,蒙元帅指教。"秦琼说:"接了印去。"敬德双手来接,叔宝大喝一声:"呔!此颗印乃我皇恩赐与我,我虽有病,你要掌兵权,当与万岁求印。我交与万岁,与汝何干?还敢双手来接!"程咬金说:"走开些,不要恼我秦哥性子。"尉迟恭大怒,立起身来便走。秦琼道:"陛下,帅印原交还我王。一世功劳,藏于太庙了。"朝廷说:"说哪里话来?王兄病愈,帅印原在。"天子接过,交与茂公藏好。还有许多言语,且按下内房之事。

再讲尉迟恭大怒,气得怒发冲冠,跑出三堂,坐下交椅说:"反了,反了!可恼秦琼,你自道做了元帅,欺人太过了。你也是一家公位,我也是一家公位,何把你恶言羞辱?罢了,与今日吃了这场亏。你命在旦夕,喉中断了气,还耀武扬威,得君龙宠。少不得恶人自有天报,可恼之极!"他正在三堂上辱骂叔宝,那里得知程咬金看见敬德大怒出来,随后赶到三堂屏风背后,听得他回转身来,思想要搬弄是非。却遇着怀玉出来,说:"侄儿,你爹爹此病再也不得好。"怀玉道:"老伯父,为什么?"咬金说:"你去听听黑炭团咒骂着。"怀玉说："他怎么样咒骂?"程咬金道："他说死不尽的老牛精,病得瘟鬼一般,还是耀武扬威,是这样作恶,一定要生瘟病死的,死去还要落地狱,永不超生,剥皮割舌,还有许多咒骂。为叔父的方才句句听得,你去听听者。"怀玉大怒,赶出三堂,不问根由,悄悄掩到背后。敬德靠在交椅上,对外边自言自语,不防备后边秦怀玉双手一扳,连着太师椅翻了一跤,就把脚踹住胸前,提拳就打。

尉迟恭年纪老了,挤在椅子内,那里挣得起?说："住了。你乃一介小辈,谁敢动手打我?"怀玉说:"打便打了你,何妨!"一连数拳,打个不住。咬金连忙赶过来说:"侄儿,他是你伯父,怎么到打他?不许动手。"假意来劝,打的左手,不去扯住,反扯住了空的右手说:"不许打。"下面暗内趯踹了一脚。敬德说:"怎么你也敢踹着我?"咬金说:"黑灰团,你只怕昏了。我在这里劝,反道我踹你,没有好交的了。"又是一脚。那个尉迟恭气恼不过,只得大叫:"阿唷,好打,好打!陛下快些来救,来救命啊!"不觉惊动里边房内。

秦琼正与天子论着国家大事,那天子听得外边喊叫,就同茂公出来往外边。那咬金听得敬德大叫,明知朝廷出来,放了手就跑进说:"陛下,不好了!侄儿驸马被尉迟恭打坏在地下了。"天子说:"嘎,有这等事吗?待朕去看。"朝廷走出来,咬金先跑在前面,假意咳嗽一声,对秦怀玉丢一丢眼色。怀玉乖巧,明知朝廷出来,反身扑地,把尉迟恭扯在面上说:"好打!"这个敬德是一介莽夫,受了这一顿打,气恼不过,才得起身,右手一把扯住怀玉,左手提起拳头,正要打下去。朝廷走出三堂,抬头一见,龙颜大怒说:"咟!你敢打我王儿,还不住手!"敬德一见说:"万岁,冤枉阿,臣被他打得可怜,我一拳也不曾打他。"怀玉立起身来说:"父王阿,儿臣被他打坏了。"敬德道:"无此事,端端你来扳倒我,乱踢乱打,怎么反说某打你起来?"朝廷道:"你还要图赖?方才朕亲眼见你打我王儿,怎么到说王儿打你?应该按其国法才是,念你有功之臣,辱骂驸马,罚俸去吧。"尉迟恭好不气恼,打又打了,俸又罚了,立起身往外就走,竟回家内,不必再表。

单表朝廷同了诸大臣,出了帅府,秦怀玉送出龙驾,回进内房,叫声:"爹爹,父王回朝去了。"秦琼道:"你过来,我有一句说话叮嘱你。"怀玉说:"爹爹,什么说话?"叔宝说:"就是尉迟恭与为父一殿功臣,你到底是小辈,须要敬重他。如今兵权在他之手,你命在他反掌之中,不可今日这般模样。"怀玉说:"是,孩儿谨领父亲教训。"怀玉原在床前服侍不离。

且说天子回朝,已过三天,钦天监择一吉日,将银瓶公主与怀玉成亲,送回帅府,不必细表。

再表朝廷降下旨意,山西张士贵接了行军旨意,就带齐十万新收人马,正如:

南山猛虎威风烈,北海蛟龙布雨狂。

毕竟御驾征东如何,且看下回分解。

第二十四回　尉迟恭征东为帅　薛仁贵活擒董逵

诗曰:

御驾亲征起大兵,长安一路望东行。

今朝谁来东辽去,功建登州薛姓人。

那张士贵与四子一婿离了山西,正奔山东登州府。此话慢表。

再说天子当殿与众卿议黄道吉日,就与尉迟恭挂了帅印,来至教场,点起五十万大队雄兵,祭过了旗,朝廷亲奠三杯酒,发炮三声,排开队伍,一路行兵御驾亲征。天子坐在日月骕骦马上,有徐茂公、程咬金、马、段、殷、刘六将保住龙驾,前面二十七家总管随护元帅,离了大国长安。一路上盔滚滚,甲层层,旗幡五色,号带飘飘,刀枪剑戟,似海如潮,一派人马下来。我且不题。

单说总兵先锋张士贵,同四子一婿十万雄兵下来,只见前面有一座大山,名为天盖山。这人马相近山前,只听顶上炮声一起,赶出几百喽兵,多是青红布蟠头,手内棍棒刀枪闪烁。当中有一位大王,全身披挂,摆动兵器,一马当先冲下山来,大叫:"咟,来的何人,擅敢领兵前来搅拢大王爷的山路! 早早献出卖路钱,方让你们过去。"这一声大叫,惊动张士贵。抬头看见,心下暗想:"他说什么天兵经过,多要买路钱,一定活得不耐烦了。"吩咐大小三军,且扎下营盘。底下众儿郎一声答应:"是。"就把营盘扎住。张志龙叫声:"爹爹,待孩儿去擒来。"张环道:"我儿须要小心。"志龙答应。按好头盔,紧紧乌油甲,举起射苗枪,催开坐下黑毫驹冲上前来,大喝一声:"咹,我把你这绿林草寇,我们是什么兵马,你敢大胆阻我天兵去路吗?"那大王哈哈大笑说:"你还不知大王利害之处。天下闻孤董逵之名,在我山下经过多要买路钱,你个好好献过粮钞,放你过去;如有半字支吾,恼了孤家性子,一顿乱枪,走脱一卒也不算大王爷爷本事。"张志龙大怒说:"该死的强徒,天下乃朝廷出入要路,你敢霸定天兵! 好好让天兵出山,饶你性命;若再支吾,取你性命。"董逵说:"不须夸口,照大王爷枪罢。"催一步马,拿手中枪直望志龙面门上挑进来。志龙叫声:"不好!"把枪往杆子上噶嘟一抬,险些跌下马来。交锋过去,冲将转来,志龙叫声:"狗强盗,照我枪罢!"飕这一枪,望董逵前心刺来。董逵叫声:"好!"把枪噶嘟一架逼开,趁势一枪刺进来,张志龙躲闪也不及,正利中左腿,鲜血直流,大叫一声:"好厉害的狗强盗!"兜转马大败而走。

张士贵说:"好骁勇草寇,战不上二合,大孩儿受了伤败下来了。"何宗宪叫声:"岳父,待小婿出去擒来。"张环说:"贤婿出马,须要小心。"何宗宪说:"不妨。"按按头上凤翅双分亮银盔,紧紧身上柳叶银条甲,手举过杆方天戟,催开底下银鬃马,冲上前来说:"咦! 该死的强盗,休要扬威,我来取你之命哩。"董逵抬头一看,喝道:"哪怕你们有百万英雄,千员上将,也有些难过天盖山。"何宗宪听说:"你敢吃了狮子心大虫胆,说得出这样大话。照戟罢!"一戟直望董退咽喉挑进来,他喊一声:"来得好!"把滚银枪架在一边,战不上三个回合,董逵横转枪杆上,照着何宗宪背上"当"只一击,打得抱鞍吐血说:"阿唷,唷唷,好厉害!"带转马,大败望营前来了。董逵呼呼大笑道:"哪怕你们百万雄兵齐赶上来,也过不得此山。"勒马拦住山下。

单说何宗宪败到营前说:"岳父,强盗枪法利害,小婿实难敌他。还有谁有胜得他来?"父子六人无计可施。单表五个火头军在营前看打仗,见强盗连败大老爷一子一婿,十分猖獗,恼了薛仁贵性子,说:"岂有此理! 一个强盗尚被他霸住天盖山,阻住大唐兵马,无人可退,焉能到得东辽?"心内愤愤不平,走进自己营中,拿了方天画戟,来到张环面前,叫声:"大老爷,公子爷不能取胜,待薛礼去擒来。"张士贵说:"又来了,小将军尚不能胜,何在于你? 且上去吧。"薛礼走上前,把戟串一串,喝声:"咹,狗强盗! 此处乃朝廷血脉,就是客商也不该阻住,要他买路钱。我们奉旨御驾亲征,开路先锋,天邦兵马打从天盖山经过,不思回避,擅敢拦阻此山去路,既撞在我手,快快下马祭我戟尖!"董逵说:"咹! 步下来此穿白小卒,敢是铜包胆铁包颈? 方才二位小将,尚然被大王爷打得吐血而回,你这小小鼠辈想是也活得不耐烦了,照孤家的枪罢!"一枪望着仁贵拦腰刺来。薛礼说:"来得好!"把方天戟往杆子上噶嘟一枭,董逵喊声:"不好了!"手一松,枪往半天中去了,在马上乱晃。薛礼在地下走上一步,右手拿戟,左手把董逵腿上一把扯住说:"过来罢。"一拖拖得董逵头重脚轻,倒坠转来。董逵好不着忙,两手乱到挣个不住,薛礼道:"你挣到那里去?"把董逵勒下,一夹一挤,手脚不动了。左手牵了这匹马,回身便走到营前:"大老爷,小人薛礼活擒董逵在此。"张士贵满心欢喜,暗想:"薛礼好本事,我子万不如他,真算贤婿天大的造化了。薛礼这等骁勇,此去立得大功,多是我贤婿冒来的功劳了。"士贵有心冒功,叫薛礼放下董逵绑起来。

那仁贵将董逵放下,动也不动死的了。薛礼说:"大老爷,强盗被小人夹死了。"四子一婿把舌头乱伸,说:"好戟法,好力气!"士贵道:"薛礼,你本事果然高强,活擒董逵是你之功,待我大老爷记在功劳簿上,此去征东,再立得两个功劳,待我奉本朝廷,赎你之罪。"仁贵道:"是,多谢大老爷。那强盗这副披挂,小人到喜欢他,求大老爷赏赐与小人穿戴,好去开兵立功。"张环道:"马匹盔甲自然是你的,不消问我。是你擒来,自己取用便了。"仁贵把董逵盔甲除下,将尸首撇在一旁,到得了银盔银铠,一骑白毫马。回到前锋营,周青、李、姜四人大喜说:"大哥,你到立了一功,得了一副盔甲,我等兄弟们不知何日见功。"薛礼说:"莫要慌。一过海东,功劳多得紧。"

不表月字号火头军五人,单言张士贵吩咐抬营,十万人马穿过天盖山,正行下来,不过四五十里荒僻险路,只听得前面括拉拉拉拉一声响,山崩地裂,人人皆惊。张士贵唬得面如土色，马多立定了。说："我的儿，什么响？"志龙说："爹爹，好奇怪，不知什么响。"差人前去打听，不多一回，报说："启上大老爷，前边不上一箭之路，地下摊开了一个大窟，望下去乌暗，不知有多深，看不明白。"张环说："有这等事？把人马扎住，我儿同为父去看来。"众公子应道："是。"那父子六人催马上前，果见一个大窟如井一般。士贵说："好奇怪！"吩咐手下人将索子丢下去有几多深浅，手下答应。数名排军把索子系了一块大石，望底下坠落，直待放不下了，拿起来量一量说："大老爷有七十二丈深。"张环道："凭空绷开地穴，到底未知凶吉，或有什么宝物在地下也未可知，或有什么妖怪做精也未可知。差人去探探看，看有何物在底下。"志龙说："爹爹说得是。着那一个下去？"士贵看看军士们，多是摇头："这个底下去不得的，决有妖怪在内，被他吃了，走又走不起，白白送死。"士贵说："我儿，谅此地穴，没人肯下去的。"志龙道："爹爹，有了。我看薛礼倒也能干，不如差他下去探探看。有宝物，拿起来落得受用，若是妖怪吃了，也是他大数。"张环说："我儿之言有理。"过来前锋营内传薛礼。那中军奉令来到月字号说："呔！火头军薛礼，大老爷传你。"薛礼正与四个兄弟讲究武略，只听得中军说大老爷传，薛礼大家一呼风赶出营门，同了中军来到穴前说："大老爷在上，薛礼叩头。不知传小人到来，有何军令？"张环说："薛礼，方才凭空摊此地穴，其深无比，想一定朝廷洪福，必有异宝在下。你下去探一探，是什么宝物，拿起来献上朝廷，也是一件大功，免得罪了。"薛礼道："待小人下去。"周青说："动也动不得的，大哥，你要死没下去。"仁贵道："不妨。生死乃命中所判。为兄下去得。"张环传令手下人，将一只竹篮系了一条索子，摇动响铃，我们就好收你起来。"这根索子用了盘车，周青、姜、李四人执定盘车，慢慢坠将下去。彼时张环父子多在穴边，看守仁贵起来回音，我且不表。

单讲薛礼悠悠放至下面，黑洞洞，就有阴风冒起，寒毛直竖。仁贵暗想："不好啊，我不听兄弟们的话，一时高兴下来，如今性命一定要断送的了。"心内十分胆怯。摸索着走出竹篮，团团一摸，多是满的。挨到东首，旁边有些亮光，也不要管他好歹，钻进去挨出外边，好似山洞内钻出来模样，又是一个世界了。上有青天云日，下有土地树木，心中大喜说："这也奇怪，此世界不知通于何处？"回头一看，出来之所，乃是一座高山洞里钻出来的。忽然间云遮雾拥，好是阴雨天空一般，却也明亮。两旁虽无人家田地，却也花枝灼灼，松柏青青，好似仙家住所。居中一条砖砌街道，仁贵从此路曲曲弯弯行去。正去之间，听得后面大叫："呔！薛仁贵！你回转头来看！我与你有海底冤仇，三世未清，今被九天玄女娘娘锁住，难以脱身。幸喜你来，快快放我投凡，冤仇方与你消清了。"仁贵回头一看，只见西南上一根擎天大石柱，柱上蟠一条青龙，有九根链条锁着。仁贵走将过来，把九条链条裂断说："汝去吧！"这条青龙摆尾一啸，一阵大风望东北角腾空而去，回头对薛礼看看，把眼一闭，头一答，竟不见了。

仁贵回身又走，只见前面有座凉亭，走到亭内，有一座灶头，好不奇异。灶门口又不烧，又没有火，灶上三架蒸笼，笼头罩着，虽不烧却也气出冲天。薛礼从早上下来地穴，又行了数里，肚中饥了，见了热腾腾三架蒸笼，想是一定吃得的东西，待我拿开来看。仁贵团团一看，并没有什么人影，便将笼头除下；只见一个面做地捏成一条龙，盘在里边，拿起来团一团，做两口吃了下去。又掇开底下一蒸，有两只老虎，也是面做的，也拿在手中捏做一团，吞了下肚。又掇开第三架，一看有九条面做的牛，立在蒸内，也拿起来捏拢了，做四五口吃在腹中，不够一饱。将蒸原架在灶上，走出亭子，身上暴躁起来，肌肤皮肉扎扎收紧，不觉满身难过。行不上半里，见一个大地，池水澄清，仁贵暗想："且下去洗个浴罢。"将白将巾与战袄脱下来，放在池塘上，然后将身走落地中，洗了一浴起来，满身爽快，身子觉轻了一轻，连忙穿好衣服，随大路而走。

忽听后面有人叫道："薛仁贵，娘娘有法旨，命你前去，快随我来。"仁贵回头一看，见一青衣童子，面如满月，顶挽双髻，一路叫来。仁贵道："请问这里什么所在，因何晓得我名字？那个娘娘传我？"那童子道："此地乃仙界之处。我奉九天立女娘娘法旨，说大唐来一员名将，名唤薛仁贵，保驾征东，快领来见我，有旨降他，所以叫你名字。"仁贵听说，万分奇异，说："有这等事？"连忙随了童子一路行去。影影见一座大殿，只听鼓乐之声来至殿前，童子先进内禀过了，然后仁贵走到里边，只见一尊女菩萨坐在一个八角蒲墩上，薛礼倒身下拜说："玄女大圣在上，凡俗薛礼叩头，未知大圣有何法旨？"娘娘说："薛仁贵，你乃大唐一家梁栋，只因此去征东，关关有狠将，寨寨有能人，故而我冲开地穴,等你下来。有面食三架,被你吃下腹内,乃上界仙食。你如今就有一龙二虎九牛之力,本事高强,骁勇不过,不够三年就可以征服。咳,但是你千不是,万不是,不该把这条青龙放去。若这龙降了凡,就要搅乱江山,干戈不能宁静,所以我锁在石柱上。如今被你放去,他就在东辽作乱,只怕你有一龙二虎九牛之力,也难服得青龙,便怎么处?"仁贵说:"啊呀,大圣阿!弟子薛礼乃凡间俗子,怎知菩萨处大庭之事?所以放走了青龙。他在东辽作乱,搅扰社稷,今陛下御驾亲征,苦难平服,弟子之大罪了。望大圣娘娘赐弟子跨海征东,就能平定,恩德无穷。愿娘娘圣寿无疆。"那玄女娘娘说:"若要平定东辽,只是如今三年内不能够的了。除非过了十有余年,才得回中原,干戈宁静。我有五件宝物,你拿去就可以平辽。"叫童儿里进取出来。那青衣童子说:"领法旨。"连忙进内,取出递与薛礼。娘娘说:"薛仁贵,此鞭名曰白虎鞭,若遇东辽元帅青脸红须,乃是你放的青龙,正用白虎鞭打他,可以平定得来。"仁贵道:"是。"娘娘道:"哪,这一张震天弓,这五枝穿云箭,你开兵挂于身畔。这青龙善用九口柳叶飞刀,着了青光就伤性命,你将此弓宝剑射他。就能得破,射了去把手一招,原归手内。"仁贵应道:"是。"娘娘又说:"哪,此件名曰水火袍,若逢水火灾殃,即穿此袍,能全性命。"仁贵应道:"是。"回头看四桩宝物,霞光遍透。又有一本素书,并无半字在上。就问娘娘:"此书何用?"娘娘说:"此书乃是异宝,名曰'无字天书'。此四件呢,别人见得,这天书只可你一人知道,不可被人看见。凡逢患难疑难之事,即排香案拜告,天书上露字迹,就知明白。此五件异宝你拿去,东辽就能平服。不可泄露天机,去吧。"薛礼大悦,拜别玄女娘娘,将天书藏于怀内,手拿弓箭,一手拿了袍鞭,前面青衣童子领路,仁贵离了殿亭,一程走到两扇石门边,童子把门开了说:"你出去吧。"将薛礼推出门外,就把石门闭上,前去复旨。不必去表。

单讲仁贵抬头一看,眼前乌暗团团,一摸摸着了竹篮,满心欢喜,将身坐在篮内,把铜铃摇响。且表上边自从仁贵下去,已有七天不见上来。张环明知薛礼死在底下,思想要行兵,有周青、姜、李四人那里撇得下?在地穴前守七日七夜,不见动静。忽然闻得铜铃摇响,大家快乐,连忙动盘车收将起来。仁贵走将出来说:"兄弟们,倒要你们等了这一回。"众人道:"说什么一回,我们等了七日七夜了。"仁贵说:"这也奇了。真乃山中方七日,世上几千年。为兄在下面不多一会儿工夫,就是七天了。"众人道:"大哥,下面怎么样?手里这些东西那里来的?"薛礼就一细说一遍。四人满怀欢喜,回到营中。张士贵闻知,说:"薛礼,你为何去了几天?且把探地穴事情细说与大老爷得知。"仁贵答应,就把娘娘赠宝征东之事,细说一回。张环大喜说:"也算一桩功劳。"吩咐就此拔寨起行。仁贵回到前锋营,藏好了四件宝贝,卷账行兵,正望山东地界而来。在路耽搁几天,早到山东登州府。正是:

十万貔貅如狼虎,保驾征东到海边。

毕竟不知征东跨海如何,且看下回分解。

第二十五回　白袍将巧摆龙门阵　唐天子爱慕英雄士

诗曰:

统领英雄到海边,旗幡蔽日靖风烟。

君王欲见征东将,命摆龙门宝阵盘。

那张环便来参见长国公王君可,专等朝廷到来一同下海。等不上四五天,早见前面旗幡密密,号带飘飘,有长国公王君可,总先锋张士贵一路迎接下来。朝廷大喜说:"王兄平身。你奉朕旨在此督造战船,预先完修,是王兄之大功也。随寡人进城来。"君可口讲:"领旨。"尉迟恭传令五十万大小三军,屯扎外教场,三声炮起,齐齐扎下营盘。朝廷同了众公爷进城,扎住御营,武将朝参已毕,一一见礼问安。王君可说:"尉迟老元帅,长安秦千岁病体怎么样了?"敬德道:"他尚卧床不起,愈觉沉重,所以不能执掌兵权,某家代领兵来的。"王君可说:"他往日受伤,此病难痊。"尉迟恭道:"便是。"茂功说:"如今要选黄道吉日,下船过海。"天子道:"徐先生且慢。朕听先生说有应梦贤臣在军中,所以放胆起兵。今下了船到东辽,非同小可。他那里多有骁将,我这里有了贤臣,方可以平辽。若无姓薛的小将,这班老将多是衰迈,不能如前日之威风的了,怎能抵敌,如何处置呢?"茂劝说:"不妨。张士贵十万兵中,现有应梦贤臣,请陛下放心。"天子说:"先生又来了,前在陕西行兵到山东,从不听见说有姓薛的,寡人定是放心不下,怎好落船过海?既是先生说有此人,今张环兵丁现在,待朕降旨宣出,封他一官,好随寡人下船过海,何等不美?"茂公说:"陛下不知其细,那个应梦贤臣,他还时运未到,福分未通,近不得主上天子之尊贵,受不得朝廷一命之恩荣。且待他征东班师,才交时运,方可受恩。若今陛下就要他近贵,分明反害他性命难保了,岂非到底无人保驾?"朝廷说:"有这等事?既然他福分未到,受不起恩宠,就待后日也罢了。但是如今朕要见他一面,才得放心过海。若不见面,寡人不去征东了。"茂劝说:"要见他一面容易的。万岁降一道旨意,着元帅三天内要在海滩上摆一座龙门阵,见得贤臣一面了。"朝廷说:"既如此,宣元帅进营。"

尉迟恭正在吩咐枪刀要锐利,队伍要整齐,忽听朝廷叫声:"尉迟王兄,朕要你在海滩上摆一座龙门阵,使寡人看看,限三天摆了来缴旨。"敬德一听此言,吓得魂不附体,说:"陛下,臣从幼不读书,一字不识,阵图全然不晓,不要说龙门阵,就是长蛇阵也只得耳闻,不曾眼见。臣只晓得一枪一鞭,那里晓得摆阵?望陛下另着别将摆罢。"茂公把眼望朝廷一丢,天子心内明白,便假意把龙颜变转,大喝道:"咄!你做什么元帅?摆阵用兵乃元帅执掌的常事,怎么说不曾摆起来?若到东辽,他们要你讲究阵图,你也是这样讲:'我从小不读诗书,不晓得摆阵?'倘若东辽兵将摆出异样大阵,你也不点人马去破,就是这样败了不成?决要三天内摆下龙门阵就罢,如若逆旨,以按国法!"敬德勉强领了旨意,踱出御营说:"真正遭他娘的瘟!秦琼做了一世元帅,从不摆什么龙门阵,某才掌得兵权,就要难我一难。但不知这龙门阵怎么摆法?"

心内烦恼,走出营来,却遇程咬金交身走过,只听得他自言自语地说:"当初隋朝大臣曾摆龙门阵,被我学得精熟。可惜不掌兵权不关我事,不然摆一座在海滩上,也晓得老程的手段。"敬德一一听得,满怀欢喜说:"程老千岁,不必远虑。待本帅做主,点些兵马在海滩上摆起龙门阵来,显显将军手段如何?"咬金说:"这个使不得。私摆阵图,皇上要归罪的。"敬德说:"不瞒将军说,朝廷方才要本帅三天内摆阵。你自悉知本帅不曾摆阵,只要你提调我摆就是了。"程咬金道:"陛下要元帅摆阵,我又不是元帅。与我什么相干?龙门阵我是透熟的,摆也不知摆过多少。不要教你。"竟回身去了。

尉迟恭明知他说鬼话,回进营中,眉头一皱,计上心头。说:"左右过来,速传先锋张士贵进见。"左右一声答应:"嘎!""咄!元帅爷有令,传先锋张士贵进营听令。"张环闻知,连忙到中营说:"元帅爷在上,末将张士贵参见。不知元帅有何将令?"敬德道:"本帅奉旨要摆一座龙门阵。本帅未曾投唐之时,常常摆过,如今投唐之后,从不曾摆,到忘怀了。只记得些影子,故而传你进营,命汝三天内在海滩上,代本帅摆座龙门大阵前来缴令,快去!"张士贵听言大惊说:"是。元帅在上,末将阵书也曾看过,多精通的,也有一字长蛇阵,二龙出水阵,天地人三才阵,四门斗底阵,五虎攒羊阵,六子联芳阵,七星阵,八门金锁阵,九曜星官阵,十面埋伏阵,这十个算正路阵。除了这十个阵,别样异阵也有几个,从来不曾有什么龙门阵,叫小将怎生摆?"敬德道:"咄!我把你这该死的狗头,胡言乱语讲些什么?这十阵本帅岂有不知?我如今要摆龙门阵,你怎说没有?做什么总管,做什么先锋!快摆龙门阵论功升赏,若再在此逆令,左右看刀伺候!"一声吩咐,两旁答应:"嘎!""是!"吓得张环魂飞魄散说:"待本将去摆来。"只得没奈何走出中营。

来到自己营中说:"不好了,真正该死该死。"那四子一婿见说大惊道:"爹爹,为什么方才元帅传去?有何令旨?"张环说:"嗳,我的儿,不要讲起。我阵书也不知看了多多少少,从来没有什么龙门大阵。这元帅偏偏为父的三天内,要在海滩上摆一座龙门阵。我儿,你可晓得龙门阵怎样摆法?"志龙道:"孩儿阵书也只当熟透的,不曾见有什么龙门阵,爹爹就该对元帅说了。"张环道:"我岂不知回说?他就大怒起来。如若逆令不摆,他就要把为父处斩。难道我不要性命的?所以不敢不遵,奉令出来的。这龙门阵如何摆法?"四子道:"这便怎么处?"何宗宪叫声:"岳父,我想元帅也不曾摆的,故此要岳父摆。不如就将一字长蛇阵摆了,装了四足,当作龙门阵如何?"士贵大喜说:

"贤婿之言有理。左右过来,传令三军被挂整齐,出城听调。"左右一声:"得令。"就把军令传下去。十万兵马明盛明甲,整整齐齐摆开队伍,统出兵来。父子女婿六人,竟到海滩,一队队摆了一字长蛇阵,装出四足五爪,略略象龙模样。张士贵大悦,命志龙与何宗宪在内领队,自己忙进城来到中营,禀上元帅说:"末将奉令前去,龙门阵已摆完备,请元帅去看阵。"尉迟恭说:"果然摆完了吗? 带马过来。"左右答应,牵过马匹,元帅上马,张环在前。

张环走出城来在海滩上,道:"元帅,喏,这龙门阵,可是这样摆法?"敬德是黑漆皮灯笼,胸中不识一字的,假做精明在道的一般望去,一看说:"不差,正是这样的影子。算在你的功劳,待本帅去缴旨。"尉迟恭回进城来,忙到御营说:"陛下,臣奉旨前去,不到三天,已摆完了这座龙门阵,前来缴旨。"朝廷说:"既摆了龙门阵,徐先生快同寡人去看。"茂公同了天子上马,出城来到海滩。程咬金也随来一看,暗想:"这座龙门阵原来是这样一个摆法的,待我记在此,也学做做能人。"那朝廷一见说:"尉迟王兄,这阵可行得动的吗?"敬德道:"行得动的。"就吩咐张士贵行起阵来。张环一声传令,阵中炮响一声,何宗宪领了头阵,照样长蛇阵行动一般。天子叫声:"先生,这梦内贤臣在何处? 那个就是? 指与朕看。"茂公说:"陛下看看,看像是龙门阵否? 若像是龙门阵,才可见有应梦贤臣。"茂公说了这两句话,朝廷当心一看,况且向来督兵过的,这十阵书皆明白,方才一心要看应梦贤臣,所以不当心去看看阵图,如今当心一看,明晓是长蛇阵,同了徐茂公回马就走。

尉迟恭不解其意,也转身进城,来到御营下马,叫声:"陛下,臣摆此阵如何?"朝廷大怒,喝道:"呔! 朕要你摆龙门阵的,怎么摆这什么阵来哄骗寡人? 又不是一字长蛇阵,又不像龙门阵,倒像四脚蛇阵。"敬德说:"啊呀陛下,这个是龙门阵。"朝廷说:"呔! 还要讲是龙门阵吗? 这分明一字长蛇阵,将来摆了四足,弄得阵又不像阵,兵又不像兵,这样匹夫做什么元帅? 降朕旨意,绑出营门枭首!"敬德着忙:"啊呀万岁,恕臣之罪。这阵不是臣摆的,是先锋张环摆的。"茂公在旁笑道:"元帅,你分明被张环哄了。这是长蛇阵,你快去要他摆过。"尉迟恭道:"是。"连忙回身来至中营说:"左右过来,传总管张环!"左右一声答应,出营说道:"呔! 元帅爷有令,传先锋张上贵进来听令。"张环连忙答应道:"是。"行入中营,叫声:"元帅,龙门阵可摆得像吗?"敬德大怒道:"我把你这贼子砍死的。到底你摆的是什么阵?"张士贵回说:"元帅不差的,这是龙门阵。"敬德道:"呔,还要强辩! 哄那一个! 本帅方才一时眼昏,看不明白,想起来分明是一字长蛇阵。"张环道:"元帅,实在没有这个龙门阵,叫末将怎样摆法? 所以把长蛇阵添了四足,望元帅详察。"敬德说:"乱讲! 如今偏要摆龙门阵,快去重摆过来,饶你狗命,违令斩首。"张环无法,只得答应道:"是,待末将重去摆来。"

出了中营,上马飞奔海滩。抬头一看,还在那里行长蛇阵。喝道:"畜生,收了阵快来见我。"四子一婿连忙收了阵图,来至营中说:"爹爹,龙门阵是我们的功劳,为什么爹爹到生起烦恼来?"张环道:"呔,畜生! 什么功劳不功劳,难道他们不生眼珠的吗? 你把长蛇阵去哄他,如今元帅看出,十分大怒,险些送了性命。再三哀求,保得性命,如今原要摆过。有什么功劳? 这便却怎处?"何宗宪叫声:"岳父,我看薛礼倒是能人,传他来与他商议,摆得来也未可知。"张环道:"贤婿之言有理。中军过来,速传火头军薛礼进营听令。"中军答应,传来说:"薛礼,大老爷传你。"薛仁贵奉令进见说:"大老爷在上,小人薛礼叩头。"张环说:"薛礼,你如今已有二功,再立一功就可赎罪了。今陛下要摆龙门阵,故此传你进来。你可知此阵图? 速即前去摆来,其功非小。"仁贵说:"龙门阵书上也曾看过,但年远有些忘怀,待小人去翻出兵书,看明摆便了。"张士贵听言大喜说:"既如此,快去看来。"仁贵应道:"晓得。"回到前锋营内,摆了香案,供好天书,跪倒尘埃,拜了二十四拜说:"玄女天圣在上,弟子薛礼奉旨摆龙门阵,但未知龙门阵如何摆法,拜求大圣指教。"薛礼祷告已完,立起身来,拿下天书揭开一看,果然上有龙门阵图的样式,有许多细字一一标明。

薛礼看罢,藏好天书,来至大营说:"大老爷,那龙门阵奇大无比,十分难摆,更且烦难,要七十万人马方能件件完全。小人想最少也要七万人,方可摆得。"张环道:"果有此阵吗? 既如此,待我统兵七万与你,可替本总小小摆一座罢。"薛礼一声答应说:"小人还求大老爷,在海滩高搭一座将台,小人要在上边调用队伍,犹恐众兵不服,如之奈何？"士贵说："不妨。本总有斩军剑一口，你拿去，如若不服听调，就按兵法。"仁贵道："多谢大老爷。"接了军剑一口，竟到前锋营庄肃整齐。士贵下令要靠山朝海高搭一台，点齐七万人马，明盔亮甲。薛礼来到海滩说："大老爷，还要搭一座龙门。"士贵传下军令竖好龙门。仁贵道："小人多多有罪，求大老爷在此安候。"张环说："自然本总要在此听调。"仁贵走上将台，把旗摇动摇将起来。薛仁贵第一通掌兵权，谁敢不服？多来听候军令。那薛仁贵当下吩咐：这一队在东，那一队在西，大老爷怎么长，大老爷怎么短，四子一婿多来听调，上南落北不敢有违一回，张总兵反被火头军调来调去，不上半天功夫摆完了。张环心中大喜说："看这薛礼不出，果然是个能人。你看此阵图，果然原像一座龙门阵，活像龙在那龙门内要探出探进的意思。"只见仁贵下将台，把黄龙行动泛出龙门，多用黄旗，乃是一条黄龙。

张士贵忙进城，来到中营说："元帅在上，那座龙门阵今已摆好在海滩上了，特请元帅去看阵。"尉迟恭道："既然摆好在那里，你先去，待本帅同驾前来便了。"张士贵答应，先往城外等候。敬德来至御营，同了天子、军师一齐上马来到海滩。朝廷坐在龙旗底下，望去一看，但见此阵：

旗幡五彩按三才，剑戟刀枪四面排。方天画戟为龙角，拂地黄旗鳞甲开。

数对银枪作龙尾，一面金锣龙腹排，千口大刀为龙爪，两个银锤当眼开。

朝廷大喜说："果然活灵活现，这才是座龙门阵。"便叫："徐先生，龙门阵虽然摆就，这应梦贤臣是那一个？"茂公道："陛下降旨把龙门阵行动，就可见应梦贤臣了。"朝廷大悦说："既如此，降朕旨意，把阵图行动起来。""嗄！"下边一声答应。阵心内走出一起，仁贵领了队伍而出，龙门里面人马，圈出外边兜将转来；仁贵撤下黄龙，又把青旗一摇，阵里边多用青旗，又变了一条青龙了。茂公道："陛下那，那，那走转来执青旗的，那一个穿白小将，就是应梦贤臣了。"朝廷睁眼一看，说："果然是！分明与梦内一般面貌，活像！"又在阵心内去了。如今又走转来了，手内又执白旗，多换了白旗，又一条白龙了。少停，手执红旗，又变了红龙了。天子好不欢喜说："这个领阵小将，果然是个能人。降朕旨意，收了阵罢。"张环传令下去，仁贵一一调开，散了龙门阵图。朝廷同军师自回御营，称赞仁贵之能。

张环收兵进城，将人马扎住说："薛礼，你摆阵图其功非小，待本总记在功劳簿上，少不得奉达朝廷，出你之罪。我大老爷先赏你十斤肉、五罐酒，你拿去吧。"仁贵道："是，多谢大老爷厚赐。"仁贵领了酒肉回到前营来，就端正起来，摆开桌子，弟兄五人饮酒作乐，我且不表。

单讲张士贵进入中营，叫声："元帅，此阵可摆得是吗？"敬德大悦说："这个阵摆得好，才是个龙门阵。原算将军之功，待本帅记在此。"就将功簿展在桌上。要晓得尉迟乃是写不了字的，提起笔来竖了一条红杠子，算为一功。张环又说："在上，狗婿何宗宪前日行兵天盖山，活擒草寇董逵，探地穴，也是狗婿微功。"敬德："既有三功，并记在上面。"也竖了两条杠子，将功薄收藏好了。张环大悦，回到营中说："贤婿，方才元帅都上了你的功劳了。"宗宪道："多谢岳父费心。"按下不表张环冒功之事，单讲御营天子说："徐先生，朕看这应梦贤臣在内领阵，一定是：武略高强兵法好，雄威服众有才能。"

但不知他胸中学问如何，且听下回分解。

第二十六回　小将军献平辽论　瞒天计贞观过海

诗曰：

九天玄女赠兵书，巧摆龙门独逞奇。

考试文才年少将，平辽论内见威仪。

话说天子要试贤臣才学，军师徐茂劝说："容易。陛下要知贤臣腹内才学，须降旨尉迟恭，要他做一纸《平辽论》，就知他才学了。"朝廷连忙降旨一道。敬德来到御营说："万岁宣臣有何旨意？"朝廷说："王兄，朕此去征东未知胜败，要讨个信息，王兄快去做一纸《平辽论》与寡人看。"敬德听言一想说："早知做元帅这等烦难，我也不做了。才摆得龙门阵，又是什么《平辽论》。我想什么论不论，分明在此难着某家。不要管，再叫张环做便了。"说："陛下，待本帅去做来。"尉迟恭来到中营说："左右过来，快传张环进见。"左右奉令出营说："呔，张环，元帅爷有令，传你进营。"张士贵答应，连忙来到中营说："元帅在上，传本将来有何将令？"尉迟恭说："本帅奉旨，要你做一纸《平辽论》。快去做来。"张环应道："是。待末将去做来。"慌忙退回自己营中，叫中军过来，应道："有。"张环道："快传前营薛礼听令。"中军奉令，传进薛礼。说："大老爷在上，小人薛礼叩头。"张环道："起来。本总传你的时节正多，以后见了我大老爷，不必叩头了。"薛礼说："是。小人遵令。"张环道："薛礼，方才元帅要本总做《平辽论》，你可做得来？一发立了此功。"仁贵道："是。小人可做得的。"张环道："如此快去做来。"仁贵奉令进营，便叫兄弟们回避，周青、姜、李四人退出。仁贵忙摆香桌，上供天书，拜了二十四拜，祷告一番。拿来揭开一看，上面字字碧清，写得明白。就将花笺一幅，看了天书，细细写好誊下，忙到张环营中说："大老爷，小人《平辽论》做在这里了。"士贵说："待本总记在簿上。"说罢，就拿到中营，叫声："元帅，《平辽论》乃是狗婿何宗宪做在此了。"尉迟恭接了《论》，把功劳簿又竖了一条杠子，竟到御营说："陛下在上，《平辽论》在此，请我主龙目清观。"朝廷说："取上来。"侍臣接上，铺在龙案，军师同朝廷一看，上写着《平辽论》：

混沌初分盘古出，三才治世号三皇。天生五帝相继续，尧舜相传夏禹王。禹王后代昏君出，乾坤一统属商汤。商汤以后纣为虐，伐罪吊民周武王。周室东迁王迹熄，春秋战国七雄强。七雄并吞为一国，秦氏纵横号始皇。西兴汉室刘高祖，光武中兴后汉王。三国英雄尊刘备，仲达兴为司马王。杨坚篡周为隋王，国号兴称仁寿王。天生逆子隋炀帝，弑父专权大郑王。郑王邪政行无道，天下黎民尽遭殃。天公降下真明主，重整乾坤归大唐。施行仁政贞观帝，万民感戴大宗王。平除四海番王顺，无道东迁又放狂。明君御驾亲跨海，一纪班师东海洋。

朝廷看完大悦。道："徐先生，此去征东，为何要这许多年数？"茂公道："看来要得十二年才能平服。"天子道："有了这样能人，自然平服很快。"茂公算定后日黄道吉日，就要下船过海。当夜不表。

再说次日，张士贵传令十万人马，先下战船，开了二百余号，多把链条绞拢一排，扯起御驾亲征旗号，竟望海内而去。这一千三百战船，只只绞定，海内风波最险，犹恐吹翻，故把链条绞定。五十万雄兵多在两只船内。朝廷同公卿在吉日上了龙船，扯起平辽大元帅旗号。尉迟恭好不威风，三声炮响，一齐开出。

在海内行了三日，只见天连水，水连天。忽一时，大风刮起，豁喇喇就不好了。海内波浪泼起数丈，惊得天子面如土色，龙案多颠翻倒了。这些船在海内跳来跳去，人马跌倒船中，爬得起来，又跌倒了，天子也翻了数次。程咬金在船内滚来滚去，徐茂公也难起身，余者无有不跌，无有不吐。天子害怕，吓得发抖说："先生，不去征东了。情愿安享长安，由他杀过来，让他也看得见，何苦丧在海内？"程咬金说："陛下，快降旨，转去转去，性命要紧。"茂公说："不妨。只消陛下降旨，要元帅手风浪静。"敬德也跌得昏了，一听此言，心内大惊说："军师大人差矣！风浪乃玉皇御旨，天上之事，叫本帅那里平得来？"茂公道："我算定阴阳，风浪该是你平的，有本事去平就罢了。如没有本事去干其风浪，降旨将你绑缚，撩在海内，祭了海神，也平得风浪了。"尉迟恭道："遭他娘的瘟，怎么海中风浪多，要元帅去平起来？"没奈何，过了前船，传总兵张环。左右一声答应，说："呔，帅爷有令，传先锋张士贵上船听令。"那个张士贵，也在船内跌吐得昏花，好不难过。只听中军说："禀上大老爷，元帅军令，要传过去。"张环道："这样大风，又来传我去做什么？"无可奈何，挨上船头。水手挽住一只船，扒上龙船："元帅传末将有何将令？"敬德说："如此大风浪，今已危急，快去与本帅平净风浪，是你大功。"张环道："元帅又来了，海内风浪，年年惯常，叫末将怎生平法？"元帅道："你若不平风浪，叫两旁将士把你张环绑了，丢在海申祭了海神，或者平得风浪亦未可知。"张环说："元帅，这个使不得，待末将去平复水浪便了。"士贵定至前船，进入内舱，就传薛礼。哪晓得仁贵在船内翻了两交，也着了忙，就拜着天书，上边字字明白。藏好了天书，却当大老爷来传。仁贵明知此事，到张环船内说："大老爷传小人有何将令？"士贵说："你可有平浪之计吗？"薛礼笑道："大老爷,有五湖四海龙王到此朝参,故此这等大风。只要万岁御笔亲书'免朝'二字,撇在海内,极大的风浪就平了。"张环大悦道："果有此事? 应验了,你之大功。依你行事,平了风浪,你这大罪一定就赦去。"

不表仁贵退出回前营内。单讲张环来到龙船,照样薛礼这番言语,对元帅说了。尉迟恭大悦说："妙啊,妙阿,果应其言,就记你功劳。"说罢,来到御营,进入舱内,叫声："陛下,海内五湖四海龙王前来朝参,故起风浪。只消陛下亲挥'免朝'二字,撇入海内,风浪就息了。"朝廷说："果有此事? 待朕就写起来。"元帅摆好龙案,亲书"免朝"二字递与敬德接在手中,走出船头,两边有水军扶定。说："圣上有旨,今去征东,诸位龙王免朝,各回龙驾。"把"免朝"二字丢入海内,犹如有人在底下接了去的一般,顷刻不见了皇旨牌。不一刻,风浪顿息。朝廷说："徐先生降朕旨意,把战船回转山东,不去征东,情愿待他起兵杀过来再处。"茂公说："陛下又来了。如今风浪平息,正好行船,怎么反要回山东? 倘东辽起兵杀至中原,怎生抵敌?"咬金道："陛下不要听这牛鼻子道人。此去大海,风浪还大,乃是险路,性命要紧。趁此风息浪静,回到登州,安享长安。若是东辽兴兵过海侵犯疆界不是我夸口说,就是老程年纪虽老,还敌得过他,包在臣身上。杀退番人,决不惊驾,眼前避祸要紧。"敬德说："老呆子,什么说话,自古道:'食君之禄,当报君之德',趁此风平浪息,以伏陛下洪恩,此去征东,有甚险处? 你敢驾前乱道!"朝廷说："不必埋怨。寡人愿死长安,决不征东入海。"徐茂公心下一想说："既然陛下不去征东,臣也难以逆旨,且回登州。"

尉迟恭见军师说了,只得急忙传令,吩咐三军,回转登州,待风浪平息过海征东。元帅一声令下,只听齐声答应："嗄!"张士贵也奉令,这一千五百战船尽皆回转。行了三日三夜,到了登州海滩,把船泊位。朝廷与公爷下船进城,城内扎营,不必去表。

单讲天子说："先生,我们明日回长安去吧。"茂公说："陛下有了这样应梦贤臣保驾平东,此乃国家的大事,怎么万岁要回长安起来?"天子叫声："先生,但海内风浪极大,怎生行船? 不如回长安去吧。"茂公道："陛下放心。有几日风大,自然有几日风小的。就在这里等几天,待风息浪静,可以过得海,平得东辽了。"朝廷说："既如此说,就等几天便了。"

不表天子在御营内。再言徐茂公来到帅营,尉迟恭连忙接住。说："军师大人连夜到此,有何事见谕?"茂公道："元帅,海内风浪浩大,圣上不肯征东,怎么处?"敬德叫声："大人又来了。朝廷虽不肯征东,难道本帅回转长安不成? 真若待圣上驾回长安,本帅同军师领兵过海,前去征东罢。"茂公道："不是这等讲的,那东辽太马邪法多端,必要御驾亲征的。若元帅统兵前去,料难平复得来。"元帅道："如今陛下不肯去,也没法奈何他。"茂公道："我想起来也容易的,如非设一个瞒天过海之计,瞒了天子过海,到东江就可以征东了。"敬德道："大人,何为瞒天过海之计呢?"茂公说："元帅不要慌,只消去传令这张士贵,要他献这瞒天过海之计,如有就罢,若没有,就掘下三个泥潭,对他说辰时设计,就埋一尺;午时设计,就埋二尺;戌时设计,将他埋三尺。这一天总不使计,将他连头多埋在泥里。他是自然着忙,就有瞒天过海之计献出来了。"尉迟恭大喜说："军师大人当真吗? 待本帅明日就要他献计便了。"徐茂公道："是。"回转御营,其夜不表。

到了明日,敬德传令,一面掘坑,一面传张士贵进中营。士贵说："元帅传末将有何将令?"敬德说："朝廷惧怕海内风浪,不肯下船过海,故此本帅传你进营,要献个瞒天过海之计,使圣上眼不见水,稳稳地竟到海东,是你之功。如若没有此计,本帅掘下泥坑三个,你辰刻没有,埋你一尺;午时没有,埋你二尺;晚来没有,埋你三尺。如若再无妙计,将你活埋在泥里。"张环听了大惊:"元帅,待末将去与狗婿何宗宪商议此计,有了前来缴令。"敬德说:"既如此,快去!"张环答应,回营说:"中军传令薛礼进见。"中军奉令来传,薛礼忙到营中说:"大老爷传小人有何将令?"士贵道:"只因朝廷惧怕风浪,不去征东。元帅着我要献个瞒天过海之计,使朝廷不见风浪泼天,就不致圣驾惊恐,竟到东辽,是你之功。"薛礼说:"待小人去想来。"奉令出来,回到前营,忙摆香案,拜求天女,翻看天书,上边明明白白。薛礼看罢,藏好天书。来到中营说:"大老爷,瞒天过海之计有了。"张环大喜道:"快说与我知道。"仁贵说:"大老爷,此非一日之功。对元帅说传下令去,买几百排大木头来,唤些匠人造起一座木城,方方要四里,城内城外多把板造些楼房,下面铺些沙泥,种些花草,当为街道。要一万兵扮为士、农、工、商、经纪、百姓;居中造座清风阁，要三层楼一样，请几位佛供在里面。等朝廷歇驾，将木城先推下海，趁着顺风缓缓吹去，哄朝廷下船赶到城边，竟上此城，歇驾清风阁。又不见海，又不侧身倒动，岂不瞒了天子过了海了？"张士贵称谢，自回前管不表。

单讲士贵来到帅营，叫声："元帅，有计了。只需降下令去，伐倒山木，筑一木城，如此甚般做法，可以过得海去。"尉迟恭大悦，就记了何宗宪功劳，来见军师，一一将言对茂公说。茂公称善："此行甚妙。"茂公假传旨意，暗中行事，一些不难。十万人动手伐倒山林大木。正叫人多手多，不上三个月，这座木城就造完了。推入海内，果然是顺风稳稳地去了。单单瞒得朝廷。只有程咬金胆小，见了木城，心中怕去。又隔了三天，朝廷说："先生，回长安去吧，在此无益。"茂公道："陛下，臣算阴阳，这有半年风浪平静，何不下船前去？过了半载，风浪来时，已到东辽有二三个月了。"朝廷道："果有此事吗？"茂公道："臣怎敢谎言？"天子道："若下了船又起风浪，是徐先生之大罪了。"茂公道："这个自然，是臣阴阳不准之罪，该当领罪。"天子道："既如此，降朕旨意下船过海。"尉迟恭传下令来，张环行开五百号战船，先锋开路，竟自前去。

单讲这朝廷下了龙船，众国公保住。二十六家总兵官也下战船，只只开去。单有程咬金在沙滩上说道："徐哥，我看这座木城甚是可怕。倘被风浪打翻，岂不白白送了性命？你是保驾去吧。我转长安，等秦哥病好一同前来，有何不可？"茂公道："既如此，你天子驾前不可多讲。"咬金答应。上船进船说："陛下在上，臣思秦哥有病在床，乏人看望，臣心难安。恕臣之罪，臣不敢保驾征东了。欲转长安，侍奉秦哥，病愈同到东辽助驾。"朝廷说："正该如此，程王兄请便了。"咬金辞驾上岸，别了诸将，快马转陕西。也不必表。

且说朝廷降旨，开了龙船，离登州府二三日，行到大海之中，十分旷野之所，无风风也大，龙船原在这里拨动。朝廷说："先生，你说如今没有风浪，故此下船的。如今原是这等风浪，便怎么处？不如回转山东，少惊朕心。"茂公说："陛下龙心韬安，降旨前面可有歇船躲浪之处吗？"尉迟恭假意往前一看，说道："陛下，前面影影见有一所城池，不如去泊上岸，避避风浪。"朝廷说："先生，这是什么城池？还是东辽该管，还是寡人汛地？"茂公说："陛下，臣见这地图上载的，不叫什么城，名为避风寨。多用木头筑的，传为城木为寨，乃是陛下该管的汛地。陛下今到此处，且停船上岸进寨去，一则避过海内风浪，二则观玩寨中人民丰乐景致。"朝廷说："这也使得。"元帅传令下来，龙船飞赶到木城边，把绳索缆住。众大臣先在岸上接驾，天子同了茂公、敬德走上岸，骑了马，诸将保定。进得寨门，淘淘曳曳，拥上许多百姓，香花灯烛，跪伏尘埃说："万岁龙驾在上，避风寨百姓接驾。愿圣天子万寿无疆。"朝廷说："众百姓，此处可有清静所在歇驾吗？"那些百姓，就是元帅掌管的黄旗人马假扮为民，军师吩咐在此。大家应道："启上万岁爷，这里有座清风阁，十分幽雅，可以安歇龙驾。"朝廷说："既如此，就往清风阁去。"天子来到阁上，把四面纱窗推开，好比仙景一般，心中欢乐。果然并不听见风浪，瞒过天子缓缓行过海去。那些兵马原在战船内，被木城带了行动。诸大臣在清风阁上，单瞒过朝廷。他又看不出行动，认真只道歇在岸上。虽在此与军师下棋，只想回转长安，便说道："徐先生待风浪平息，一定不去征东，要回长安了。"军师道："这个自然。"到晚，军师别了朝廷，出来私自对众公爷说道：

　　海中风浪随时有，休对君王说短长。

　　毕竟不知如何过得海去，且看下回分解。

第二十七回　金沙滩鞭打独角兽　思乡岭李庆红认弟

诗曰：

仁贵功劳天使灵，张环昧己甚欺君。

虽然目下多奸险，他日忠良善恶分。

话说那军师对诸位公爷说："倘或主上问起海中风浪，你们多说不曾平息便了。"众公爷道："这个我们知道。"自此以后，今日风浪大，明日风浪又大，众臣多是这等讲，急得朝廷龙心散乱，不知几时风浪平静得来。

且不表君臣在清风阁上，木城缓缓行动。再表张士贵领了十万人马为开路先锋在战船内，先行的木城来得慢，战船去得快，不上两个月，早到狮子口黑风关了。你道狮子口怎么样的？却是两边高山为界，收合拢来的一条水路，只得一只船出进取为口子，进了口子，还有五百里水路起岸，就是东辽。狮子口上有座关，名为黑风关，是东辽边界第一座关头。里面有个大将姓戴，表字笠篷。其人善服水性，力大无穷，有三千番兵多识水性，在海水内游玩的。这一天正坐衙内，有巡哨小番报进来了说："报将军，不好了。"戴笠篷问道："怎么样？"小番道："将军，前日元帅劫了不齐国三桩宝物，又把不齐国使臣面刺番书，前往中原。今有战船几百，扯起大唐旗号，顺流而来，相近口子了。"戴笠篷闻言，哈哈大笑道："此乃天顺我主，故使唐王自投罗网，待我前去望一望看。"说罢，他就到海边往外一望，果有几百战船远远来了。他心中一想："待我下海去截住船头，一个个水中擒他，如在反掌，何等不美。"他算计已定，就取了两口苗叶刀说："把都儿们！随我下海去哩。"众小番一声答应，随了主将，催一步马，豁喇喇到海滩。下了马，望海内跳了下去。这些小番向常操演惯的，几百小划子，每一人划一只，一手拿桨，一手执一口苗叶刀，多落下海去，散在四边，其快异常。那些大波浪多在上边泼过，只等主子弄翻他船下水里，这些小番一个个都打点拿人。此言不表。单讲唐朝船上，张士贵父子在后，五个火头军在前，领五十个徒弟，共五号船，薛礼居中。他们征东有三部东辽地图带来，你道是那三部呢？朝廷船上一部，元帅船上一部，先锋船上一部，所以张士贵早把地图看明，先吩咐薛礼："前面乃是东辽狮子口黑风关，必有守将，须要小心。"仁贵立在船头上，手中仗戟望下一看，忽见水浪一涌，远远冲过一个人来，仔细一看，只有头在上面，探起来又不见了。四边浪里，隐隐有许多小划子划将拢来。仁贵便叫众兄弟："你们须要当心，水里边有人，防他过来敲翻船只。"那一首周青、姜、李等多备器械，悠悠撑近，见这人在水内双眼不闭，能服水性，明知利害，心生一计，便把方天戟插在板上，左手扯弓，右手拔箭，搭上弓弦，在此候他抬起头来，我就一箭伤之。那晓这员番将该当命绝，不料操起头来，仁贵大喝一声道："看箭！"飕的一箭射过去，不偏不倚，正中咽喉，一个鹞子翻身，沉下海底去了。那时四边的小番见主将被南朝战船上穿白小将射死，早急掉划子进了口子，飞报到东海岸去了。这里张士贵满心欢喜，上了薛礼功劳。一面穿过口子，仁贵同了周青上岸搜寻一遍，并没有一人在内。盘查关中粮草，共有三千万石，及许多金银宝物。关头上倒了高建庄王旗号，立起大唐龙旗，留下几员将官在此候接龙驾，大队人马即刻下船。过了口子，把这些金宝钱粮献与张环，好不欢喜。那钱粮端正，下候龙驾来时，要申报何宗宪功劳，金宝私自得了。此言不表。

且说在路过了狮子口，又行三日三夜，早相近东辽，不必细说。单讲到海岸守将官彭铁豹，还有两个兄弟彭铁彪、彭铁虎守在后关金沙滩。这彭铁豹，其人力大无穷，坐在衙内，忽听黑风关小番来报说："平章爷，不好了！"彭铁豹问道："怎么样？"小番道："那中原起了几百号战船，过海前来征剿！大兵还没有来，只有先锋船到来。上有一将身被白袍，厉害无比，力大箭高，把我主将射中咽喉，打死宝骑，穿过狮子口来了。"铁豹闻言，大惊说："有这等事？狮子口失了，如此过来。与你令箭一枝，快些一路报下去，去狼主庄王得知，叫元帅操演三军，各关上守将须要当心，好与中原对敌。"小番一声："得令。"接了令箭，飞马报至三江越虎城庄王、元帅知道。日日教场操演，关关守将当心，多防穿白小将利害。

单表那彭铁豹通身打扮，率领将士出关。三千番兵，一齐冲出到了海滩岸上。往前一看，果有几百号战船，扯起风帆，驶将过来，铁豹叫一声："把都儿齐心备箭。他战船相近，你们齐发乱箭，不容他到岸。"此言不表。

再讲仁贵船上，他见船近东辽，说："四位贤弟，快些结束端正，领兵杀上东辽。"那四人就端正领兵，手执器械，立在各自船头上。望去一看，只见番岸一派兵丁，纷纷扰乱。邦岸如城头模样，高有三丈。周青说："薛大哥，不好。你看他邦岸甚高，兵马甚众，倘被他发起乱箭射将过来，就不好近他的高岸了。"说言未了，只见岸上软软的箭射将过来，一人一支，那箭射个不休。四人大叫："不要上前去，我们退罢。"那些水军见箭发得厉害，不退而自退。连仁贵的战船也退下了。连忙说："怎么你们退下起来？ 快上前去！"水军道："箭发利害，上去不得。"仁贵说："不妨，你们各用遮箭牌，快些冒上岸边，待我上了岸，就不敢发箭了。"众水军只得大家遮了遮箭牌，把船梭子一般的冒到邦岸前去。周青说："大哥须要小心。"仁贵道："我晓得。"说罢，右手执牌，左手执戟，在船上舞动。叮叮当当乱箭射来，多在戟上打下了。岸上铁豹一见穿白小将，也用方天画戟冒着乱箭冲将过来。他便把阴阳手托定，戟尖朝下，戟杆冲天，说："船上穿白小将通名，好挑你下海。"仁贵道："你要问我小将军之名吗？ 洗耳恭听：我乃大元帅麾下，三十六路都总管，七十二路总先锋张大老爷前营，月字号一名火头军薛礼便是。"口未说完，船已撞住邦岸。这叫作说时迟，来时快。船一近，彭铁豹喝声："照戟罢！"上边顺插的一戟，直望仁贵当心刺将下来。那仁贵喝一声："来得好！"也把方天戟嘎啷一声响，戟对戟绞钩住了，怎禁得仁贵扯一扯，力大无穷。铁豹喊声："不好！"用尽平生猛力，要拔起这条戟来。谁知薛仁贵志量高，就起势一纵，上边吊一吊，飞身跳上岸去了。众小番见小将利害，他弃了箭，飞报金沙滩去了。铁豹看见他纵上岸来，心内着了忙，把银杆戟一起，喝声："照戟罢！"一直望仁贵面门上刺来。仁贵不慌不忙，把手中方天戟嘎啷一声响，逼在旁首，喝声："去吧！"复还一戟进来，铁豹喊声。"不好！"要把戟去架，那里架得开？ 不偏不歪刺在前心，阴阳手一反，扑通往船头上丢去了。周青连忙割了首级把尸骸撩在海内。叫众兄弟快些抢岸，一边泊船过去，一边在岸上杀得那些番兵有路无门，死的死，逃的逃，尽行弃关而走。

张士贵吩咐将船一只只泊住，布了云梯，上了东海岸。仁贵进总衙府查点粮草金宝等类，周青团团盘查奸细，李庆红往盘头上改立号旗。张环父子传令十万人马关前关后扎住了，回进总府大堂，排了公案。仁贵上前说："大老爷，小人略立微功。"张环道："待我大老爷记在此，等朝廷驾到，保奏便了。"仁贵道："多谢大老爷。"且按下候驾一事。

再讲到木城内，贞观天子在清风阁上好不耐烦，说："先生，自从上城，一月风浪还不平息，不知何时转得长安？"茂功说："陛下龙心韬安，只在明后日风浪平息，就可以下船回长安了。"正在闲讲，有军士报说："启上万岁爷，本城已泊在狮子口，请陛下下龙船进口子。"朝廷听言，到不明不白。有徐勣俯伏尘埃说："陛下，臣有谎君之罪，罪该万死，望陛下恕臣之罪。"朝廷说："先生平身，汝无罪于朕，怎么要寡人恕起罪来？ 朕心下不明，细细奏来。"茂公说："望陛下恕臣之罪，方可细奏。"天子说："朕不罪先生，可细细奏与寡人知道。"茂公道："臣该万死。只因前日怕来征东，歇驾登州，臣与元帅设一瞒天过海之计，使陛下龙心不知，竟到东辽。"就把设计之事，一是长，二是短，细细说了一遍。朝廷心下明白，龙颜大悦，说："这段大功，皆先生与尉迟王兄之大功劳也，何罪之有？ 快降朕旨意，着大队人马上岸攻关。"茂公说："先锋张环已打破黑风关进口子去了。望陛下了龙船好进狮子口。"天子说："既来到东辽，就在木城内驶去，何等不美？又要下什么船！"茂公说："陛下又来了。狮子口最狭，船尚不能并行，木城那里过得？"朝廷说："如此，进口子到东岸有多少路，可有风浪吗？"茂公说："此去东岸，不上二三天水路，就有些风浪，也不大的了。"天子说："如此，待朕下船。"朝廷降旨一道同众公卿下了龙船进口子。

离却黑风关不上二三天，到了东海岸。张士贵父子出关迎接，朝廷上岸歇驾。总衙府两旁文武站立，五十万雄兵齐扎关内大路上。张志龙吩咐安了先锋营盘，士贵领何宗宪进入大堂，俯伏尘埃说："陛下在上，狗婿何宗宪箭射番将戴笠篷，取了说黑风关狮子口，飞身跳上东海岸，戟刺番将彭铁豹，又破东海岸二桩微功。求陛下降旨，再去打后面关头。"朝廷大悦，说："尉迟元帅，记了张爱卿功劳。"敬德领旨，把功劳簿打了两条红杠子，心下暗想："这张环翁婿为人狗头狗脑，如何成得大事？莫非这些功劳，都是假冒的？"此言不表。

且说朝廷叫一声："张爱卿，你女婿何宗宪骁勇，明日兴人马去攻金沙滩便了。"不表。张环退出总府，朝廷降旨排宴，各大臣饮酒，一宵晚话。到了明日清晨，朝廷命长国公王君可看守战船，这里众公臣保驾。发炮三声，五十万大兵一齐进发。再说张士贵父子领兵先行，在路耽搁数天，远远望见金沙滩。离开数箭之地，放炮安营。单讲到了关内，早有小番飞报总府衙门说："启上二位将军，大唐起了六十万大兵，天子御驾亲征，四员开国功臣保驾，尉迟恭掌帅印，余者将官不计其数，杀过海东来了。还有一名火头军姓薛名礼，穿白袍小将，戟法甚高，他便乱箭之中飞身上岸，把平章爷挑死，已破此关。如今在关外安营，须要防备。"彭铁彪、彭铁虎弟兄二人听说，不觉大惊说："住了！可是箭射戴笠篷将军的穿白小将吗？"番兵说："正是他。"铁虎道："哥哥，闻得前日，一箭伤了戴笠篷后，又伤我哥哥。自古说：父兄之仇，不共戴天。我与你出马前去会他便了。左右带马过来！"手下答应。弟兄二人全身披挂，连忙跨上雕鞍，领了番兵，离却总衙门，来到关前。炮声一响，关门大开，旗幡搴动，冲过吊桥来。营门前军士一看，只见两员大将，一个手中执一条镀金枪，一个手中拿两根狼牙棒，在外面讨战，连忙进营报启说："大老爷，营外有两员番将讨战。"张环就传薛礼出马迎敌。仁贵此一番上马冲锋，抬头一见两员番将，果然威武。仁贵大喝一声："呔！东辽蛮子休得耀武扬威，我来取你之命了。"那彭铁彪一看见来将穿白，便说："呔，慢来。小蛮子可就是前锋营火头军吗？"仁贵说："然也。"铁彪道："呔！我把你这该死的狗蛮子，你把我大兄挑死，冤如海底。我不把你一枪刺个前心透后背，也誓不为人也。照枪罢！"插一枪，直望仁贵咽喉挑将进来。仁贵把方戟往枪上噶嘟一卷，铁彪在马上乱晃。冲锋过去，圈得转马来。仁贵把戟串动，飕这一戟，望番将面上挑进来，那铁彪把手中枪望戟杆上噶嘟嘟嘟这一架，挣得面如土色，马多退后十数步。铁虎见二哥不是薛礼的对手，也把马催上前来，叫一声："照打罢！"当一响，把狼牙棒并打下来。仁贵架在旁首，马打交肩过去。三人战在关前，杀个平交。营前周青见了，也把马催上前来说："薛大哥，小弟来助战了。"冲到番将马前，提起两根镔铁锏，望着彭氏弟兄，照天灵盖劈面门，掠掠的乱打下去。铁虎把狼牙棒杀个平交，铁彪这条枪，那里掠得住仁贵的戟法？战不上五六合，却被薛礼一戟刺中左腿，翻下尘埃死了。铁虎见哥哥刺死，手中松得一松，被周青打一锏过去，打在顶梁上，脑浆迸裂，一命而亡了。仁贵大叫："兄弟们，抢关头哩！"后面姜、李三人撇了旗鼓，催开坐骑，轮动兵刃，嗒喇喇抢进关门，把那些小番杀得片甲不存，弃了金沙滩，飞报思乡岭去了。此话慢表。

再讲张士贵父子，改立旗号，领十万人马穿进关来，安下营寨。张环赏五个火头军肉五十斤，酒五坛，大家畅饮。过了五天，大队人马早到。士贵迎接龙驾进关，安歇总府衙门。说："元帅，狗婿何宗宪铜打铁虎，戟挑彭铁彪，已取金沙滩。"敬德就提起笔来，打了两条红杠子，此言不表。

单说思乡岭上有四员大将，一人名唤李庆先，一人名唤薛贤徒。一人名唤王心鹤，一人名唤王心溪。四人结义，誓同生死，多是武艺高强，封为镇守总兵，霸住思乡岭。忽有小番报进来报："启上将军，关外大唐人马在那里安营。"四将道："他人马既到，须要小心。若有讨战，速来禀告。"小番答应，自去把守。

不表关内之事，且说关外张士贵，吩咐发炮安营。一边起炮，齐齐扎住营盘。一到明日，仁贵上马，姜氏弟兄助战，嗒喇喇冲进关前。有关头上小番见了说："哥阿，这穿白的就是火头军，利害不过的，我们大家发箭哩。"说罢，纷纷的箭射将下来。仁贵把马扣定，喝一声："呔！休得放箭。快快去报与你主将知道，说今有大唐火头军在此讨战，快快开关受死，免得将军攻关。"这一首小番，早已报进，报："启上四位将军爷，关外火头军讨战。"四将听见火头军三字，不觉大惊说："久闻穿白小将武艺高强，我们四人大家上马，出关去看他一看，怎样的骁勇。"众人道："到说得有理。"四人披挂完备，上马离了总府，带领小番来到关前。炮声一响，大开关门，四将拥出。抬头看时，你道薛仁贵怎生打扮：

头上映龙，素白飞翠扎额，大红阴阳带两边分；面如满月，两道秀眉，一双凤目；身穿一领素白跨马衣，足踏乌靴，手执一条画千方天戟，全不像火头军，好一是天神将。

毕竟不知四将看罢白袍将如何，且看下回分解。

第二十八回　薛礼三箭定天山
番将惊走凤凰城

诗曰：

　　仁贵威风谁不闻，东辽将士尽寒心。

　　张环何独将功冒，到底终须玉石分。

单讲王心鹤叫声："哥哥，待我上去会他一会看。"薛贤徒道："须要小心。"心鹤答应，催开战马上前说："嗒，穿白小将休得耀武扬威，我来会你。"仁贵抬头一看，只见一将冲过来，薛礼大喝道："咷，来的番将少催坐下之马，快通名来。"王心鹤道："你要问我姓名吗？息耳恭听。魔乃红袍大力子大元帅盖麾下总兵大将军王心鹤便是。你可知将军利害吗？照魔家的枪罢！"说罢，把手中枪直望仁贵面上刺来。薛礼把方天戟一声响架了枪，夏回一戟，直望番将前心挑将进去。王心鹤说："阿呀，不好！"把枪一抬，险些跌下马来。喊声："阿唷，名不虚传，果然利害。兄弟们快些上来，共擒薛蛮子！"一声大叫，关前薛贤徒、王心溪说："李大哥，你在这里掠阵，我们上去帮助王大哥杀这火头军薛蛮子。"李庆先说："既如此，各要小心。"二人道："不妨。"催开战马上前，直奔仁贵厮杀。这薛礼好不利害，一条戟敌住三人杀得天昏地暗。薛贤徒使动紫金枪望着咽喉刺，王心鹤舞动白缨枪望着胸前进，王心溪使动大砍刀照天灵乱砍，薛礼全不在心，抬开枪，架轲开刀，四人杀到五十余合，不分胜负。

周青、李庆红说："他们三人战我薛大哥一人，我等也上去帮帮。"众人道："说得有理。"周青在前冲上来，截住王心溪这把大刀；李庆红抵定薛贤徒这杆枪。关前李庆先看见中原上来一将："此人好像我同胞哥哥，当初我弟同学蔡阳刀，原有十二分本事，他霸住风火山为盗，我等四人出路为商，漂流至此十有余年。今看此将一些不差，不如待我上去问他，就知明白了。"李庆先带马上前大叫一声道："使大刀蛮子，可是风火山为盗的李庆红吗？"那庆红正杀之间，听得有人叫他，抬头一看，有些认得，好像我兄弟，连忙带过马来说："你可是我兄弟庆先吗？"庆先也答应道："正是你弟在此。"二人滚鞍下马，弟兄相会，叫："王兄弟休要动手，这是我哥哥好友。"庆红叫薛大哥："不要战，多是我弟结义弟兄，大家下马见礼。"四人听言，住了手中兵器，来问端的。李氏弟兄把细细情由说个明白。王心鹤大喜："如此讲起来，我们多是弟兄了。嗄，薛大哥，小弟不知，多多有罪。"仁贵道："说哪里话来？愚兄莽撞，得罪兄弟，不必见怪。"周青说："二位王大哥，我等九人既为手足，须要伏顺我邦，并胆同心才好。"心鹤说："这个自然。况今又多是手足，自然同心征剿番王。"李庆红道："如此，我们大家冲关夺到了思乡岭，报你们四位头功。"众人道："说得有理。"庆红庆先上马，提刀在前，引路九骑马，豁喇喇冲上吊桥。那些小番连忙跪下说："将军们既顺大唐，我们一同归服。"仁贵道："愿降者，决不有伤性命。"关上改换旗号，运出粮草，送与张大老爷，上了四位兄弟头功。不言王心鹤运粮投献。

先锋张环带领人马穿进关内，扎定营盘，来到总府衙门，升坐大堂。九人跪下。李庆红说："大老爷，这李庆先是小人同胞弟兄，望老爷收留。"四人也道："我等王心鹤、王心溪、薛贤徒、李庆先叩见大老爷，今献粮草宝物马匹，愿伏帐下共破东辽，以助微功。"张士贵大喜说："四位英雄归顺本总，赐汝等旗牌，辅其左右。"四人道："我闻薛大哥是火头军，庆红兄是何官职？"庆红说："我们五人多是火头军。"四人道："如此，我等九人共为火头军。"张环心下暗想，不受抬举的，也罢，你等俱往前营为火头军便了。上了四个名字，不必细表。

再讲到贞观天子闻报打破思乡岭，元帅传令起了人马，离了金沙滩，来至思乡岭。张士贵出关迎接，接进龙驾，坐于总府。张环俯伏说："我主在上，狗婿何宗宪取了思乡岭,前来报功。"天子大悦说:"爱卿其功非小,奏凯班师,金殿论功升赏。"张环道:"谢主万万岁!"尉迟恭上了功劳簿。张士贵退出总府,来到账房,不胜欢喜,犒赏火头军酒肉,前营内弟兄畅饮。仁贵开言叫声:"兄弟们,明日起兵下去,不知什么地方? 可有能将保守?"王心鹤说:"薛大哥若问思乡岭下去,乃是一座天山。山上有弟兄三人,名唤辽龙、辽虎、辽三高,凶勇不可当,除了元帅英雄,要算他弟兄三人利害。"仁贵说:"果有这样能人? 愚兄此去,必要夺取天山,方显我手段。"心鹤说:"大哥此去,无有不胜。"大家饮至三更。

一到明日,张士贵传令三军拔寨起兵,离开了思乡岭。一路下来,相近天山,把都儿报上山去了:"启上三位平章爷,不好了! 南朝穿白薛蛮子果然利害,取了思乡岭,四员总爷俱皆投顺。如今来攻打天山了。"辽氏弟兄听言大惊,叫声:"二位兄弟,我想穿白小将如此利害,难以取胜。且守天山,看他怎样前来讨战。"两弟兄道:"哥哥之言有理。"不表山上之言。

再讲火头军薛仁贵,同了八个弟兄尽皆披甲,出到营门,望天山一看,不觉骇然。但见天山高有数千余丈,枪刀如海浪,三座峰头多是滚木。扯起一面大旗,上书七个字:"天山底下丧英雄"。望去隐隐有些看不出,小番一个也不见。"不要管,待我喊叫一声。哎! 山上的快报主将得知,今有火头将军薛礼在此讨战!"这一声喝叫,山顶上并无动静,仁贵连叫数声,并不见一卒。说道:"众兄弟,想必山太高了,叫上去没有人听见,不如待我走上半山喝叫罢。"王心鹤叫声:"薛大哥,这便使不得,上边有滚木石打下来的。若到半山,被他打落滚木,不要送了性命吗?"仁贵道:"不妨。"把马一拍,走上山来。不到二三丈高,只听得上面声喊叫:"打滚木!"吓得仁贵魂飞魄散,带转马,望底下一跑一纵,纵得下山。滚木夹马屁股后打下来,要算仁贵命不该绝,所以差得一丝打不着。薛礼叫一声:"天山上的儿郎休得滚木,快报进去,叫守山主将出来会我,若个作耳聋不报,俺火头爷爷有神仙之法,腾云驾雾上你天山,杀一个干干净净,半个不留。"山顶上把都儿听得说会驾雾腾云。忙报进山来:"启爷,底下穿白的薛蛮子在那里讨战,请三位爷定夺。"辽龙说:"二位兄弟不必下去,由这蛮子在底下扬威罢。"小番道:"将军,这个使不得。他方才说若不下来会战,他有神仙之法,腾云驾雾上山来,要把我杀个干净。"那弟兄三人一听此言,不觉吃一惊道:"他是这等讲吗?"辽虎道:"大哥,久闻火头军利害,看起来尽有仙法。"辽三高说:"不如我们走下半山,看看薛礼蛮子是何等样人,这般骁勇。"辽龙、辽虎说:"兄弟言之有理。"三人披挂完备,端兵上马,出寨来至半山说:"把都儿,我们叫你打滚木,便打下来,不叫你打,不要去动手。"小番答应:"知道。"辽三高在第一个低些,辽虎在居中又高些,辽龙在后面顶上。三人立在半山,薛仁贵抬头一看,三人怎生打扮? 那辽三高:

　　头上戴一顶开口狮豸盔,面如锅底两道红眉,高颧骨、铜铃眼,海下几根长须;身穿皂罗袍,外罩乌油甲;坐下一匹乌鬃马,手执一柄开山斧。

又见辽虎他:

　　头上戴一顶狮子卷缨盔,面似朱砂涂就,两道青眉,口似血盆,海下一部短短竹根胡;身穿一件锁子红铜甲,坐下一匹昏红马,手执两柄铜锤。

后面辽龙他:

　　头上戴一顶虎头黄金盔,面方脸黄,鼻直四方,凤眼秀眉,五绺长髯;身穿一领锁子黄金甲,手端一管紫金枪,坐下一匹黄鬃马。

这三人立在山上,仁贵叫一声:"咦,上面三个番儿,可就是守天山的主儿吗?"三人应道:"然也。你等穿白小将,可就是南朝月字号内火头军薛蛮子吗?"仁贵道:"你既知火头爷爷大名,怎不下山归服,反是躬身在上?"辽龙说:"薛蛮子不必逞能。你上山来,魔与你打话。"仁贵心下暗想:"不知有甚打话? 唤我上山,打落滚木亦未可知。论起来不妨,他们三人多在半山,决不打下滚木来的。"放着胆子上去。

薛仁贵一手执戟,一手带急缰绳,望着山上来。说"番儿,你们请着火头爷上山,有何话说?"辽龙说:"薛蛮子,你说有腾云驾雾之能,世上无双,凭你有甚法术本事,献出些手段与我们三位将军看看。"仁贵闻言,心中一想,计上心来。开言说:"你们这班番儿,哪里知道腾云驾雾? 不要讲别的,只据我随身一件宝物,你国中就少了。"辽龙道:"什么宝物? 快献与我们看。"仁贵说:"我身边带一枝活箭,射到半空中叫响起来,你们道稀奇不稀奇?"辽氏三弟兄说:"我们不信。箭那有活的?"要晓得响箭只有中原有,外国没有的,不会见过所以他们不信,仁贵说:"你们不信,我当面放一箭与你看看。"辽三高说:"你不要假话,暗内伤人。"仁贵说:"岂有此理! 我身为大将,要取你等性命,如在反掌之易,何用暗箭伤你?"辽龙说:"不差。快射与我们看。"那薛礼左手拿弓,右手搭起两枝箭,一枝是响箭,一枝是鸭舌头箭。搭在弦上说:"你们看我射活箭。"辽氏弟兄听说,都把兵器护身。辽三高把开山斧遮住咽喉,在马上看薛礼往上面飕的一箭,只听倏哩倏哩响在半天中去了。那仁贵这一响箭射上去,他力又大,弓又开得重,直向往半天中。一枝真箭搭在弦上,哪知辽家弟兄不曾见过响箭,认真道是活的,仰着头只看上面,身体多不顾了,辽三高到把斧子坠下了,露出咽喉,被仁贵插这一箭,贴正射中辽三高咽喉内,跌落尘埃,一命呜呼。吓得辽虎魂飞天外,说:"嘎唷,不好!"带转马头,思量要走。谁想仁贵手快,发得一枝,又是一枝射去,中在马屁股上。那晓马四足一跳,哄咙把一个辽虎翻下马来,惊得辽龙魂不附体,自己还不会跑上山去,口中乱叫:"打滚木!"上面小番听得主将叫打滚木,不管好歹,哄哄的乱打下来。仁贵在底下听打滚木下来,跑得好快,一马直纵下山脚去了。到把辽家弟兄打得来头颅粉碎,尽丧九泉。一边打完滚木,那下边薛仁贵回转头来叫声:"众位兄弟,随我抢天山!"豁喇喇一马先冲,上山来把着那些小番乱挑乱刺,杀进山寨。有底下八员火头军,刀的刀,枪的枪,在山顶杀得那些番兵逃命而走。那九人追下山有十里之遥,大家扣住马。士贵父子穿过天山,兵马屯扎路旁,犒赏九人,上了功劳簿,早报到思乡岭。正是:

　　　　三枝神箭天山定,仁贵威名四海传。

　　天子知道大悦,大元帅起程,三军放炮起行,一路下来,过了天山安营扎寨,士贵又进营来冒功了。说:"陛下在上,狗婿何宗宪三箭定天山,伤了辽家三弟兄,以立微功。"天子大喜说:"爱卿门婿利害异常,你一路进兵奏凯,回朝论功赠职。"士贵大悦:"谢我主万万岁。"不表张环退出御营。敬德上了功劳簿,心内将信将疑,我且不表。

　　单讲士贵来到自己营中,传令人马拔寨起兵。离了天山,一路正望凤凰城来。此言慢慢说。

　　单讲凤凰城内有一守将,名唤盖贤谟。其人力大无穷,本事高强,算得着东辽一员大将。他闻得南朝火头军利害,暗想:"天山上辽家弟兄本事骁勇,决不伤于火头军之手,只怕他难过此山。"正在思想,忽小番报进来说:"启上将军,不好了! 南朝穿白小将箭法甚高,把辽家三弟兄三箭射死。天山已失,将到凤凰城了。"盖贤谟:"有这等事? 尔等须要小心保守,待唐兵一到,速来报我。"小番答应。出得衙门,只听轰天一声炮响,连忙报进:"启上将军,南朝人马已安营在城外了。""带马!"小番答应,一边带过雪花点子马。他全身披挂,上了雕鞍,手提混铁单鞭说:"把都儿,随我上城去。"小番答应。后面跟随番将数员,直上南城而来。望远一看,果见唐营扎得威武:

　　　　五色旗幡安四边,枪刀剑戟显威严。东西南北征云起,箭似狼牙弓上弦。

　　好不威风!

　　再表张士贵营中九个火头军,上马端兵出到营外。仁贵先来到吊桥,大喝一声说:"城上的儿郎听着,今有火头将爷在此讨战,快报城中守将,早早出来受死。"盖贤谟大喝道:"呔! 城下的可是火头军薛蛮子吗?"薛仁贵应道:"然也。你这城上番儿是什么人?"盖贤谟道:"你且听者。本总乃红袍大元帅盖标下,加为镇守凤凰城无敌大总管盖贤谟是也。我看你虽有一身智勇,不足为奇。久闻你箭法精通,黑风关伤了藏笠篷,又三箭定了天山,果然世上无双,魔也不信。你今日若有本事,一箭射到城上,中我这一枝鞭梢,魔就带领中兵马情愿退隐别方,把此座凤凰城献了你们。若射不中,即速退归中原,永不许犯我边界。"仁贵大喜说:"当真要一箭中你的鞭梢,即就献城吗?"盖贤谟道:"这个自然。若射中了,无有不献。"仁贵道:"若射中了,你不献城便怎么样?"盖贤谟道:"嗳,说哪里话来! 大丈夫一言既出,驷马难追。岂肯赖你? 倘若射不中,你不肯退回中原,便怎么样?"仁贵道:"我乃中国英雄,堂堂豪杰,决不虚言。若射不中,自然退回。"盖贤谟道:"还要与你讲定停当。"仁贵道:"又要讲什么停当?"盖贤谟道:"我叫你射鞭梢,不许暗计伤人性命,就算不得大邦名将。"仁贵道:"此乃小人之见,非大丈夫所为。"贤谟说:"既如此,快射我的鞭梢。"那仁贵飞鱼袋内抽起一张弓,走兽壶中扯了一支箭将来,搭定弓弦,走到护城河滩边说:"你看箭射来了。"口内说看箭,箭是不发。但只见盖贤谟靠定城垛，左手把鞭呈后，在那里摇动。心中一想："我道他拿定了鞭由我射的，岂知他把鞭梢摇动，叫我那里射得着？"便眉头一皱，计上心来。说道："盖贤谟你听者，我在此只顾射你鞭梢，没有细心防备，你后面番将众多。倘使暗计放下冷箭？伤我性命，将如之何？"贤谟道："岂有此理。君子岂行小人之事？把都儿，你们不许放冷箭。"他口内说，手中原把鞭梢只管摇动。那仁贵把弓开了说："咄，你说不许放冷箭，为何背后番将攀弓搭箭"盖贤谟听言，把头回转去看后面，把鞭梢反移在前，手不摇动了。哪知仁贵箭脱弓弦，飕的一声，贴正：

射中鞭梢进火星，贤谟吓得胆心惊。

不知盖贤谟献关不献关，且看下回分解。

第二十九回　　汗马城黑夜鏖兵
　　　　　　　凤凰山老将被获

诗曰：

贞观天子看舆图，游幸山林起祸波。

可惜功臣马三保，一朝失与盖贤谟。

话说那番将心惊胆战说："阿呀，我上了薛蛮子的当了。众把都儿们，这火头军如此骁勇，我们守在此总是无益，不如献城，退归山林隐居罢。"这些番兵番将都依言尽开了东城，一拥退归，自有去处。我且慢表。

再说仁贵见着城上顷刻间并无一卒，就呼："兄弟们！随我去看来。"八个兄弟同了仁贵就进东城，四处查看，并无东辽一卒。就把凤凰城大开了四门，士贵父子带领人马进入城中，扎定营盘，城上改了旗号。九人献了功，原往月字号营内。张环差人去报知天子，朝廷大悦，传旨兵马离了天山一路下来。先锋接驾进城，发炮安营。士贵又奏道："狗婿何宗宪，一箭射中凤凰城，又立了微功。"天子就叫元帅上了功劳簿。张环回到自己营内，传令三军拔寨进兵，离却凤凰城，一路先行。我且慢表。

单讲那汗马城中守将名唤盖贤殿，就是盖贤谟的兄弟，有千场恶战之勇，才高智广之能。那一日，正在外操演，才进总府，外边报进来了："报启上将军，不好了！凤凰城已失，大将军带领人马，自去退隐山林了。如今大唐人马纷纷的下来了。"盖贤殿惊得面如土色说："你可知凤凰城怎样失的？"小番说："那大将军闻得薛蛮子利害，不与他开兵打仗，设下一计难他；就把鞭梢与他射。哪知火头军箭法甚高，贴正中了鞭梢，大将军就献城而退了。"盖贤殿说："啊呀哥哥，你好人贫志短也。怎的一阵不战，被他中了鞭梢，就退处隐居？难道困守不得的？把都儿过来，你们须要小心，唐兵一到，速来报我。"小番答应："嗄，晓得。"不讲小番守城。

且表张士贵人马到了汗马城边，一声炮响，齐齐扎下营盘。过了一夜，到了次日，仁贵通身披挂，来到城边大喝一声："咄，城上儿郎快去报说，南朝火头军在此讨战。"早有小番报进总府："报启上将军，城外有一位火头军前来讨战。"那盖贤殿全身披挂，上了雕鞍，出了总府，来至西城。一声炮响，城门一开，吊桥坠下。有一十四对大红蜈蚣幡左右平分，豁喇喇冲过吊桥来了。仁贵一见，喝声："来将少催坐骑，快通名来。"贤殿说："洗耳恭听，我乃大元帅盖麾下，加为总兵大将军盖贤殿是也。你这无名小卒，有何本领，敢来与魔家索战？"仁贵大怒道："咄，你这番奴有多大本事，擅敢口出大言，来阻我火头爷爷的兵马？既要送死，放马过来。"盖贤殿大怒，把马一纵，把大砍刀一举说："照爷爷刀罢！"豁绰一刀，望着仁贵顶梁上剁来。那仁贵就把方天戟噶啷一声响，钩在旁首，就把戟一串，望盖贤殿分心一刺。那一边大刀噶啷一声响，这一架在马上乱晃，两脖子多震得麻木了。说："嗄唷，果然这蛮子名不虚传。"二人约战有六个回合，盖贤殿杀得气喘吁吁。仁贵缓缓在此战他，忽见落空所在，紧一紧方天戟，插的一声直刺进去。贤殿喊声："不好！"把头一仰，正中在左肩尖上，一卷一挑，去了一大片皮肉。"嗄唷唷，伤坏了，休得追赶。"带转马缰绳，飞也一般豁喇喇望吊桥一跑进了城，把城门紧闭，往总府去了。外边薛仁贵大悦，得胜回营。张士贵犒劳酒肉，到前营与众弟兄其夜决饮，不必细表。

单讲汗马城中，盖贤殿身坐大堂说："阿唷，好厉害的薛蛮子。"他就把金疮药敷好伤痕，饮杯活血酒，心下一想："好厉害！战他不过，便怎么处？嗄，我如今固守此城，永不开兵，看他如之奈何。"算计已定，吩咐把都儿上城，各宜小心把守。再加几道踏弓弩箭，他若再来攻城，速来报我。小番答应，自去吩咐众军，用心把守。此宵无话。

来日，薛仁贵又来讨战。小番连忙报入帅府："启上将军，昨日的薛蛮子又在城外讨战。"贤殿吩咐带马，跨上雕鞍，来到城上说："蛮子，你本事高强，智略甚好。故取天山与凤凰城。魔如今也不开兵，固守汗马城，怕你们插翅腾空飞了进来吗？"仁贵哈哈大笑："你没有本事守城，何不早投降过来？我主封你官职，重重受用。你若立志固守，难道我们就罢了不成？少不得有本事攻打进来，取你首级便了。"贤殿说："凭你怎么样讲，我等总不开兵。把都儿，你们须要小心，我去了。"贤殿自回衙门。仁贵无可奈何，大骂一场，骂到日已过西，总不见动静，只得回营。

过了一宵，明日同八个弟兄又去大骂讨战，总不开兵，一连骂三四日，原不见有人出敌打仗；只得到中营来见张环。张环说："为今之计便怎么处？他不肯出城对敌，他推迟时日，不能破城，奈何？"仁贵说："大老爷放心，我自有法儿取他城池便了。"张环道："如此须要竭力。"仁贵退出回营。到了次日，千思百想，想成一计。到中营见张环说："大老爷在上，小人有个计策，即取汗马城了。"张环道："什么计？"仁贵道："大老爷只消如此如此，日间清静，夜内攻城。"张环说："此计甚好，就是今夜起。"仁贵同进前营。

其夜，张士贵传令大孩儿张志龙带领三千人马，灯球亮子照耀如同白昼，去往东城攻打，炮声不绝，呐喊连天，一夜乱到天明方才回营。那东城头上三千番兵遭了瘟，一夜不能合眼。第二夜，二子张志虎带领三千人马，灯球亮了在南城攻打，齐声呐喊，战鼓如雷，直到天明方才回营。第三夜，张志彪在西城攻打。第四夜，张志豹人马在北城攻打。一到第五夜，四子各带三千人马散往四城攻打。这城内人民大小男女，无不惊慌。这些番兵真正遭瘟，日间又不敢睡，夜间又受些惊吓，哪里敢睡一睡？盖贤殿又是每日每夜在城上查点三通，若有一卒打睡，捆打四十，这些番兵们好不烦恼气着。不表城上番兵受累。

再表这一夜，又是张志龙攻城。轮到第五夜，四城一齐攻打。自此夜夜攻城，到了十九日，薛仁贵先已设计：这一夜大家不攻城，安静了一夜再说。城上番兵说："哥呵，为今之计怎么处？他日间不来攻城偏偏多是夜里前来出阵。我们日间又睡不得，夜里又睡不得，害得我们二十夜不曾合眼，其实疲倦不过的。"又一个说。"兄弟们，倘今夜又四城来吵闹，那里当得起？"说话之间，天又夜了。大家个个小心，守到初更，并不见动静；守到半夜，不见唐兵前来；守到天明，也无一卒到来攻城。大家虽只不睡，到也快活。说："唐军人马乱了这许多夜深，也辛苦了，谅今夜决定也不来了。"且按下城上众兵不言。

单讲到仁贵暗想："那番邦人马二十天不睡，多是人困马乏，疲倦不过的了。"忙与众兄弟商议一番。直守到二更天，城上番兵明知不来，大家睡了。二十天不睡，这一夜就是天崩地裂也不晓得的了。

再说城外薛仁贵引头，九个火头军多是皂黑战袄，开裆裤裤。因要下水去的，故此穿开裆的，恐其袋水。个个暗藏短兵器，拿了云梯，九人多下护城河去，上了城脚下。一边张士贵带人马，照起灯球亮子在西城，长子带三千人马在东城，次子带人马打南城，四子守北城，把灯球照耀如同白日，真正神不知鬼不觉。姜家弟兄扒东城，李家弟兄扒南城，王氏弟兄扒北城，薛、周二人在西城，各处架云梯扒城。先说仁贵架着云梯一步步将上去，周青随后，薛贤徒在底下行将上来。这薛仁贵智略甚高，先把一口挂刀伸进垛内，透透消息，并无动静，方才大胆。两手搭住城墙，一纵跨进城墙，遂曳住周青也吊了进去。薛贤徒也纵进里边，看一看好像酆都地狱内一般，那些番兵犹如恶鬼模样，也有睡的，也有靠的，也有垂落头的，尽皆睡着不知。三人把兵器端在手中，仁贵说："你两个各自去杀四城番兵，我下去斩了盖贤殿，再来领你们出路。"那个仁贵往城下去了。这周青、薛贤徒大喊一声："哒，你们不必睡，我们火头军领人马攻破城头，杀进来了！"一声喊叫，下面张环带领兵马，炮声一起，齐声呐喊，战鼓如雷，在下扬威。城中二人提刀提铜乱打乱斩，唬得番兵没头没脑，有路无门。只听南城一声炮响，下边呐喊助战，上边也在那里杀了。东西二城，尽皆喊杀，连天炮声不绝。杀得番兵夺路而走，也有坠城而死，也有坠城而跑。也有斩下脚的，也有劈去脖子的，也有打碎天灵盖的，也有打坏脊梁骨的。周青舞动双锏，一路的打往南城去，李庆红杀往西城来，李庆先使动板斧杀至东城，姜兴本反杀往南城，姜兴霸杀到北城，王心溪杀至东城，王心鹤舞动双锤打到西城，薛贤徒追到北城。八个英雄在四门杀来打去，这几千番兵遭其一劫了。

又要说到总府门内，盖贤殿靠定案桌，正在打睡，忽梦中惊醒了，只听外边沸反滔天，震声不绝，说："啊呀，不好了！上他们计了。"跨上雕鞍，提刀就走。才离总府，哪知仁贵躲在暗内，跳上前去一刀，砍于马下，取了首级就走，杀上城头，大半死在城内，一小半要逃性命，开了四城而走。不道城外伏住人马反杀进城，走的皆丧九泉。士贵领人马进了城，四面八方把这些番兵杀得干干净净。东方发白，一面安营，一面查盘奸细，城头上改了旗号，把四门紧闭，方才犒赏火头军一番。连忙修成本章，差人送往凤凰城，不必表提。

单讲凤凰城内，贞观天子驾坐御营，同徐茂公、敬德正在说起张士贵攻打关头，去有二十余天，不见报捷，未知胜败如何。说话未完，忽有守营军上呈上张先锋本章，天子展开一看，方知汗马城坚守难破，亏他门婿何宗宪用尽心机，夜驾云梯进城攻破，已取其地方，延拖时日，望王恕罪，许多言语。军师与元帅同观，尉迟恭就把功劳簿记了功。

天子心下暗想："不知东辽还有多少城池未破？待朕取出东辽地图一看就知明白。"天子降旨，茂公取上地图，天子展开细看，从黑风关、狮子口看起，一直看到凤凰城，上边载得明白。凤凰城南首不上四十里之遥，有座凤凰山，上有四时不谢之花，八节长春之草，还有凤凰石，石下凤凰窠，窠外有凤凰蛋，此乃东辽游玩地方，古今一处圣迹。不觉惹动圣心，开言叫声："徐先生，朕在中原常常看此地图，只有凤凰山古迹甚好游玩。只因远隔东海，难以得到，故不说起。如今天遂人愿，跨海征东，以取凤凰城，只离得此地四十里之路，朕意欲游玩此山，看看凤凰蛋，不知怎么样的，先生你道如何？"茂功听见此言，不觉吃惊，心中一想：此番帝心不转，老将就有灾难了。但天机不可泄露，连忙回答道："陛下既有此心去游玩，但恐凤凰山有将把守，必须要差能干大将探听过了，然后可去。"那下边这班老将们，听得天子要到凤凰山去看看凤凰蛋，大家多是高兴的。平国公马三保走上来说："陛下要游凤凰山，待老臣先去探听个虚实，前来回复我主。"天子说："既是马王兄前去，须要小心，速去速来。"

马三保答应下来，结束完备，上马提刀，带了部下军士，出营就走。一路上好不快活，心内想：此去若无守将更好，若有守将，即便开兵杀退番将，看个仔细，何等不美也？不枉了随驾过海这一番跋涉，回朝去也好对故乡亲友说说海话。一头思想，一路行去。忽抬头远远见凤凰山，加鞭赶近，果见山脚下有营帐扎在那里。你们道什么将官在内？就是凤凰城守将盖贤谟。他领兵隐在此山，暗中差人各路打听大唐天子消息，预先有报。贤谟晓得大唐老将来到，便暗中使计停当，然后上马端兵，冲出营来，大喝："呔，南朝老蛮子，既到此地，快快下马受死！"马三保听言，抬头一看，阿唷，你看来将生来黄脸紫点斑，眼似铜铃样，两道赤眉毛，獠牙，狮子口，招风大耳朵，一部火练须，顶盔贯甲，坐下金丝马，手提混铁鞭。马三保看罢，大喝道："呔，我砍死你这狗头！本藩奉天子旨意，要来游玩凤凰山，你还不早早退去，擅敢前来拦阻吗？快来祭我宝刀！"盖贤谟道："此座凤凰山，乃是我东辽一点圣迹，就是我邦狼主尚不敢常去，你们是中原蛮主，擅敢到凤凰山吗？分明自投罗网，只怕来时有路，去时无门。敢来夸口？"马三保大怒说："番狗儿，休得自强，看刀！"催马上前，把大砍刀一起瞎绰一刀，剁将过去。盖贤谟把鞭噶啷一声响架开，马打冲锋过去，带转缰绳，贤谟提鞭就打，三保急架相迎。二人战到个十六回合，马三保年纪虽老，到底有本事，杀得盖贤谟呼呼喘气，有些招架不住，把鞭虚晃一晃说："老蛮子果然好厉害，不是你的对手，我今走也，休得来追。"带转马，豁喇喇望营前就走。马三保把大刀一紧说："你要往那里走？我来取你之命了！"就拍马追上前去。才到营前，不妨番将私掘陷坑，谁知马脚踏空，哄咙一声响，连人带马翻下坑中。那些番将上前，把烧钩搭起，背缚绑了进营来。三保挺身立着，大叫一声："罢了，上了他诡计。"那晓营外八员军士见主将绑入营中，明知不好，等他营前挑出首级，好回报天子。等了一回,不见动静,只得离了凤凰山,前去报了。我且慢表。

单言营中盖贤谟摆了公案,带过马三保,背身站立。喝道:"呔,老蛮子,今被魔家擒住,见魔还不跪吗?"三保大怒说:"呔,我把你这番狗奴砍死的。我乃上邦名将,一人之下,万人之上。怎么反来跟你们草莽蝼蚁?"盖贤谟说:"此一时,彼一时。你在唐王驾前谁人不敬?那个不尊?今被擒住,早早屈膝善求,尚恐性命不保。你这等烈烈轰轰,偏要你跪!"三保呼呼大笑道:"我奉天子之命在身,岂肯轻易跪人?我老将军兵头可断,其膝不可屈。要杀就杀,决不跪你这番邦狗奴。"盖贤谟大怒道:"你不跪罢了不成?左右过来,与我砍下二足。"手下一声答应,两边把刀斩将过去,把老将二腿砍下。可怜一位大唐开国功臣,跌倒在地,喊叫不绝。盖贤谟又吩咐:"将他两只脖子割下,抬去撇于大路上。等唐朝这班老将看样,若到凤凰山来,又照样死法。"小番得令,把马三保割去二臂,抬出营门,撇在通行大路,前来回报。此言不表。单讲马老将军一去双手两足,心未肯就死。在道路上负痛有口难喊,有命难救。再表凤凰城上,天子与军师元帅讲话,忽有军士报进说:"不好了。"

犹如心向云霄去,恍然身落海涛口。

不知马三保死活如何,且听下回分解。

第三十回　尉迟恭囚解建都　薛仁贵打猎遇帅

诗曰:

凤凰山上凤凰鸣,凤去朝天番将惊。

请救扶余怀妙计,雄师百万困山林。

话说那军士报上:"万岁爷,老千岁杀败番将,追赶上去,不道中他诡计,身落陷马坑,被他活捉进营。小的们等候许久,不见消息,又不见首级挑出,一定凶多吉少。"天子听言,吓得浑身冷汗,便说:"徐先生,马王兄被他捉去,决然有死无生,快些点将去救才好。"尉迟恭道:"陛下放心,待臣去救来。"朝廷说:"尉迟王兄前去须要小心。"尉迟恭道:"不妨。"按好头上金盔,提了黑缨枪,跨上乌骓马,带了四员家将出营,竟往凤凰山去。远远望见山脚下账房密密,想来这是番将守山的营寨了。尉迟恭正想之间,抬眼看见道路上一人,并无手脚,像冬瓜一般。尉迟恭到吃一惊,忙唤家将前面去看来,这个还是人还是怪?众将奉命上前去一看,忙来报说:"元帅,这就是马老千岁,被番营断去手足,还是活的。"敬德闻言:

犹如天打与雷惊,半个时辰呆住声。

连忙把枪尖放下,枪杆向天纵一步,马上见了马三保这等模样,不觉泪如雨下,叫声:"老将军,你怎的不小心,遭这样惨祸?想你决不能活,有什么话说?趁本帅在此,可要荫封,还是怎样?负痛快快说来,等我申奏朝廷。"马三保去了手足,心疼不了,有口难言,只把口乱张,头乱摇,眼内泪如线穿。要进一步,又无手擎,又无脚挣,只把头一仰一曲拢来了些。尉迟恭说:"你心内疼痛,不必挣拢,待我走进来便了。"敬德领一步,马上枪尖躬对马三保当心。这马三保痛得紧,把不能够死,用力叠起心来,正刺当中。一位兴唐大将,今日归天去也。敬德连忙拿起枪尖,马三保已合眼身故。尉迟恭吩咐家将抬到凤凰城去。家将答应,自去料理抬回。那尉迟恭说:"我此番要不与老将军报仇,枉为一殿之臣!"

那番尉迟恭暴跳如雷,纵马摇枪来到番营,呼声大叫:"呔,小番快报你生儿番狗奴知道,说我大唐大元帅尉迟将军在此,叫他早早出营受死!"小番闻言报进账内。盖贤谟闻此大唐元帅尉迟恭,不胜欢喜,忙坐马端枪出到营外,架住兵刃,哈哈大笑说:"呔,尉迟蛮子,我只道你有三头六臂,原来你也是个平常莽夫。看你年纪老迈,怎与魔家斗战一二合?你不见那路上此人吗?不要照样而死,那时悔之晚矣。"敬德听说,心中一发火冒,大怒说:"我把你这番狗奴,有多大本事,敢把本帅标下一员大将断去手足?仇如海底,故而本帅亲来擒你,活祭我邦老将,以雪此恨!放马过来,照本帅一枪罢。"忙紧一紧乌缨枪,直望盖贤谟面门上挑将进来。这贤谟喊声:"不好!"把鞭望枪杆子上噶嗵这一架，马多退后十数步，冲锋过去，圈得转马来。这尉迟恭一心要报仇恨，捅的一枪，又望番将劈咽喉刺将过去。盖贤谟用尽平生之力，架得开枪，手将震麻了，只得勒马便走。敬德随后追赶，盖贤谟跑进营去了。尉迟恭才到得营前，也是哄咙一响，连人带马翻下陷坑中去了。这里烧钩搭起，绑进账房。晓得外边军士连忙报往凤凰城。我且慢表。

单讲盖贤谟捉了大唐元帅，心中大喜："我狼主向有旨意说：'有人生擒得南朝秦叔宝、尉迟恭活解建都候旨发落，其功非小。'我如今把他前去，岂不是我之大功也！"主意已定，说："老蛮子！你的造化。若不是我狼主要活的，我早已把你手足也断了去了。"尉迟恭到气得不开口。这就吩咐囚入囚车，五千人马护住，盖贤谟就走建都。扯起营盘，离了凤凰山，竟走三江越虎城。我且慢表。

再说那凤凰城内，天子正在忧愁，思想王兄此去，未知胜败如何。不想营外飞报进来说："启万岁爷，那马老将军被番兵砍去手足，撇在大路，负痛不过，正凑着元帅枪尖而死。因此把尸骸抬在门外，请旨定夺。"天子闻言，吓得魂飞天外，魄散九霄，龙目中纷纷下泪。段、殷、刘三位老将军身冷汗直淋，赶出御营，一见马三保如此而死，不觉放声大哭，走进御营，哭奏天子，要求荫封。天子降旨：即便荫封埋葬凤凰山脚下。段、殷、刘三老将领旨，带同军士亲往凤凰山埋葬。我且不表。单言探子又报天子说："启上万岁爷，元帅欲与马老将军报仇，追杀番将，也入陷坑，被他绑入营中，未知生死，故特飞报。"那天子又闻此报，吓得呆了一个时辰，方才叫道："徐先生，为今之计怎么处？"茂公说："陛下龙心韬安。马将军惨死，乃是大数，不能挽回。尉迟恭阳寿未绝，自有救星，少不得太平无事回来。"

不表君臣议论之话，再说到汗马城先锋张士贵，他奉旨停兵在城养马，未有旨意，不敢攻打前关，所以空闲无事，日日同了四子一婿，在城外摆下围场打猎。这九个火头军，也是每日在别处打猎。不想那一天张士贵用了早膳，打猎去了。前营火头军正在那里吃饭，仁贵道："众位兄弟，日已正中了，我们快去打猎要紧。"周青道："薛大哥，我们与他去怎么打得野兽来？又没我们分。昨日辛辛苦苦打两只顶肥壮麋鹿，多被大老爷要了去。"仁贵道："贤弟你真正小人之见。两只鹿有什么稀罕？今日闻得先锋大老爷，同众位小将军向北山脚下去了，我们往南山脚下，他们就撞不见了。"周青道："哥哥说得有理。"九人吃完了饭，各取了弓箭兵器，多上马出了汗马城，向南山下去四十里，摆下围场，各处追赶獐鹿野兽，打猎游玩。日已正午过了，只看见远远一队人马，多是大红蜈蚣旗。仁贵说："兄弟们，你看那边用大红蜈蚣旗人马，一定东辽兵将，必有宝物在内，所以有兵丁护送，解上建都去的。待我上前夺了他来，或有金银宝物，大家分分，有何不可？"周青闻言，大喜说："快上去。"仁贵就纵马将戟冲上前来，大喝一声："咄，番狗奴！俺火头将军在此，快快留下名来。"一声大叫，这一首盖贤谟听得，说道："军士你们等须要小心保住。"即便纵马提鞭呼一声进前大喝道："咄，我把你这薛蛮子一鞭打死才好。前日在凤凰城不曾取你之命，故而今日前来送死么！"这仁贵想：夺财宝要紧。也不打话，喝声："照戟罢！"绰这一戟，直望盖贤谟面门上刺来。他就把混铁鞭噶嗵一声响，枭往一边，马打交锋过去，圈得转马来。这仁贵手快，喝声："去吧！"绰这一戟，刺将进来，贤谟喊声："阿呀"来不及了，贴正前心透后背，阴阳手一番，哄咙挑往那一首去了。薛礼赶上前来，这班番兵散往四处去了。只留得一座囚车，看他探起头来，是黑脸胡须的人。仁贵认得就是尉迟元帅，到吓得面皮失色，拍马便走。尉迟敬德见这穿白袍小将，好似应梦贤人，大叫："小将快来救我本帅。"敬德叫得高兴，那边越跑得快了。敬德心下一想："如今不好了，他杀了番将，救了某，到跑去了。如今不上不下，丢我在囚车内，倘被番兵再来到，被他便便当当割了头去，便怎么处？"此话不表。

单讲仁贵急急忙忙跑过去了，八弟兄一见，连叫："大哥！"总不回头，只得大家随后赶来。却正遇张士贵父子打从东首兜转来，便见了仁贵。忙问道："薛礼，你今日打了多少飞禽走兽？"仁贵把马扣定，面色战栗。张环到吃一惊，忙问道："你为什么这样惊惶？"仁贵喘气定了，叫声："大老爷，小人真正该死。方才正在那一边打猎，不当不抵却遇一队番兵前来，我只道是解什么宝物往建都去的，故此飞马上前，却夺来献与大老爷。谁知并非有什么宝物，乃是尉迟恭元帅，不知几时被擒，囚在囚车里面，解往建都去的。所以小人杀了番将，散了番兵，飞马就跑。望大老爷救救。"张环说："原来有这等事！他可问你名字？"仁贵说："小人拍马飞走，没有这个胆量与他答话。他叫我放出囚车，小人有主意，不去听他，竟跑了来。"张环道："还好，你的命长，以后再不可道出仁贵二字，算为上着。你快些同了弟兄们，进城躲避前营内，待我大老爷去放他，送回凤凰城就了了。"仁贵道："多谢大老爷。"不表仁贵同众弟兄回营。

再讲张环满心欢喜，同了四子一婿，竟往南山脚下而来。果见一轮囚车，张环连忙下马，起步向前说："元帅，末将们多多有罪了。"连忙打开囚车，放起尉迟恭。敬德使问："方才救我这穿白小将是什么人？"张环说："这就是小婿何宗宪。"宗宪忙上前说："是小将。"敬德道："混账！方才明明见的那一个人，不是这一个模样，怎么说就是你？难道本帅不生眼珠的吗？我且问你，既你为什么方才飞跑而走？"张环道："小婿何宗宪到底年轻，不比老元帅久历沙场。他偶遇一队番兵，道有什么金珠财宝，故而一时高兴杀散番兵。看见元帅在囚车内，不敢轻易独放，所以飞跑来同末将父子一齐来放。"敬德道："无影之言由你讲，少不得后有着落，悔之无及，去吧。"张环道："请元帅到汗马城中水酒一杯，待末将送往凤凰城去。"敬德道："这也不消，有马带去骑来。"张环答应，吩咐牵过高头白马。尉迟恭跨上雕鞍，不别而行，竟往凤凰城去了。张环父子围场进入汗马城。我且不表。

单讲到凤凰城，唐王正在相望尉迟恭，忽军士报说："元帅回营了。"敬德走进御营朝参过了，天子道："王兄，你被番将擒去，犹如分剖朕心，难得今早回营，未知怎样脱离？"尉迟恭："陛下在上，臣被他擒去，困在囚车，活解建都。行至汗马城山岔路口，遇一白袍小将，杀退番兵，见了臣飞跑而去。停一回，张环父子同婿何宗宪，前来放我，臣就问他此事，他说就是宗宪。虽脱离灾难，反惹满肚疑心，想来那白袍小将，一定是应梦贤臣。"天子闻言便说："徐先生，这桩事情必然你心中明白。救王兄者，还是何宗宪，还是薛仁贵？"茂公笑道："那里有什么薛仁贵？原是何宗宪，元帅不必心疑。"尉迟恭说："这桩真假且丢在一边。那凤凰山如今没人保守，望陛下明日就去游玩一番，好进兵攻打前关。"天子曰："然。"即降旨：众臣兵士各要小心。此夜无言。

一到来日，众三军尽被挂在城外候驾，下面三十六家都总兵官上马端兵，一班老将保定龙驾，出了凤凰城，竟往凤凰山来。四下一看，果然好一派景致。但见：

　　红红绿绿四时花，白白青青正垂华。百鸟飞鸣声语巧，满山松柏翠阴遮。

　　有时洞水闻龙哨，不断高冈见虎跑。玲珑怪石天生就，足算山林景致奢。

那天子心下暗想："地图上只载得凤凰山上有凤凰窠、凤凰蛋，如今到了此山，地界广阔，知道这凤凰窠在那一个所在？"即便降旨一道："谁人寻出凤凰窠，其功非小。"旨意一下，这班老将保驾在此，只有二十四家总兵官领了旨意，分头各自去寻。再表齐国远同着尤俊达寻到东首，忽见徐茂公立在那一边，便开言说道："徐二哥，你在这里吗？"茂公道："二位兄弟，你们可有寻处吗？"国远说："那里见有什么凤凰窠，凤凰蛋？"茂公道："兄弟，你岂不知凤凰栖于梧桐？现在前面，你还要到那里去寻？"国远道："如此，这边这几株梧桐树下就有凤凰窠、凤凰蛋了吗？"茂公道："你去寻看便知分晓了。"那齐国远依了茂公之言，连忙寻到那一首梧桐树下。只见一座小小石台上，有一块碑牌，好似乌金一般，赤黑泛出亮光，犹如镜子，人多照得见的。约有一人一手高，五尺开阔。地下有一块五色石卵，长不满尺，碗大粗细，两头尖，当中大，好似橄榄一般。推一推，滚来滚去。石台底下有一个穴洞，一定是凤凰窠了。便说："尤大哥，如今凤凰窠已寻着，快报万岁知道。这个石卵到好，待我拿他玩耍。"他双手来捧，好比生根一般，动也不动。国远什么东西千斤石拿得起来，这些小东西有多少斤数！拿他不起？两个用力来拿，总拿不动，推去原像浮松一般，推来推去，单是拿不动。大家自不信，自好生疑惑。茂公走过来，见了笑道："有这两个匹夫，岂不晓此是凤凰山上的圣迹，若然拿得动，早被别人拿去了，那里还等得到你们两个来？"二人听说，也笑道："是阿，不差。"回身就走来报与天子。

天子大喜，同了元帅、段、殷、刘四员老将来到梧桐树下，跨上小小石台。天子观看，见乌金石碑甚是光亮，照得出君臣人影。天子说："徐先生，此是何碑？"茂公说："此非碑也，就叫凤凰石了。"天子说："既是凤凰石在此，凤凰为何不见呢？凤凰蛋也没见来。"茂劝说："当真凤凰生什么蛋？只不过像这些。圣迹底下这块石卵，就是凤凰蛋了。"唐王说："先生之言说得有理。如今但不知凤凰可在窠中不在窠中？若然见得凤凰。朕在万幸也。"茂公道："凤凰岂是轻易见的？但陛下乃天子至尊，就见何妨？只恐臣等诸人见了，就是天降灾祸，只恐见他不得。"齐国远道："我们不信！那有看不得的道理？偏要看看这凤凰。"他就走取一根竹梢，来到凤凰窠边；透入里面，乱捎起来。只听见里面百鸟噪声，飞出数十麻雀，望东首飞去了。又见飞出四只孔雀，后来了一对仙鹤，不消半刻，果见一只凤凰满身华丽，五彩俱全，三根尾毛长有二尺，飞起来歇在凤凰石上，对了贞观天子把头点这三点。茂公道："陛下，他在那里朝参了。"天子满心欢喜说："赐卿平身。"但见这凤凰展开两翅，望东首飞去了。朝廷说："先生，方才这凤凰，后分三尾是雄的，一定还有雌的在内，不见飞出来。"国远说："既有雌的，待臣再捎他出来。"又把竹梢望窠内乱搅，只听里边好似开毛竹一般的响，国远连忙拿出竹梢，见飞出一只怪东西来了，人头鸟身，满翅花斑，像如今啄翁公一样，登在凤凰石上，对天子哭了三声。大家见了不识此鸟，独有徐茂公吓得面如土色，大骂国远说："凤凰已去，何必又把竹梢捎出这只怪鸟来？啊呀陛下，不好了，祸难临头，灾殃非小，快些走吧。"吓得天子浑身冷汗，说："先生，祸在哪里？"茂公道："啊呀陛下，还不知此鸟名为哭鹏鸟，国家无事，再不出世；国家颠倒，就有此鸟飞出。当初汉刘秀在位，有此怪鸟歇在金銮殿屋上，只叫得三声，王莽心怀恶意。

就将飞剑斩怪鸟，谁知衔剑远飞腾。"

不知贞观天子，见了怪鸟如何，且看下回分解。

第三十一回　唐贞观被困凤凰山　盖苏文飞刀斩众将

诗曰：

炼就飞刀神鬼惊，百发百中暗伤人。

可怜保驾诸唐将，尽丧刀光一缕青。

再说徐茂公对天子说："怪鸟衔了王莽飞剑飞去，王莽就背及朝主，把汉室江山弄得七颠八倒。如今这怪鸟分明对陛下在此哭，还有什么好光？"朝廷说："此鸟这般作怪，待朕赏他一箭。"天子说罢，用弓搭箭射将上去。这鸟刮搭一声，衔了御箭，望东飞去。茂公道："如今就有祸患来了。怪鸟衔了御箭，分明前去报信，此时不去，更待何时？"众大臣一听军师之言，吓得目顿口呆，走也来不及。这叫说时迟，来时快。先讲大元帅盖苏文，早知大唐薛蛮子利害，缺少人马，奉旨到扶余国借兵五十万，猛将数百员。却值这一日回来，大路上人马走个不住。相近汗马城，只听百鸟声音，抬头一看，只见一群飞鸟领着凤凰而去。盖苏文大怒，心内暗想："此凤凰安安稳稳在山上窠内，狼主向有旨意，不许扰乱此窠。今凤凰已去，谅有人惊动灵鸟，故此飞去。我本邦将士决然不敢，一定中原有将在山上，故把凤凰都赶了去。"正想之间，忽听哭鹏禽在头顶上叫一声，落下一枝翎箭。盖苏文就抬起来一看，上刻"贞观天子"四字，明知唐王在山上，连忙吩咐传下军令，五十万人马竟望凤凰山来。一声炮响，把凤凰山团团围住，下山的大路排列加重营帐，番将数员。山前扎住帅营，盖苏文自己亲守。又传令到建都讨兵十万，前来困上加困，兵上增兵，哪怕唐王插翅飞了去。

不表盖苏文围困山下，单讲山上唐天子正欲传旨，忽听炮声一起，大家看时，山下番兵来得多了，围得密不通风。天子吓得目顿口呆，说："先生，诸位王兄，为今之计怎么样？"军师与众将说："陛下龙心韬安。盖苏文虽只围住此山，要捉我邦君臣，却也烦难。"降旨安下营盘，一面伐木作为滚木。这一天正当午刻过了，盖苏文也不开兵。山上君臣议论纷纷，当夜不表。

到了明日，番营内炮声一起，大元帅冲出营来。你道他怎生打扮？

头戴一顶嵌宝狮子青铜盔，雉尾高挑，身穿一领二龙戏水蓝青蟒，外置雁翎甲。前后护心，锁袋内悬弓，右边插一壶狼牙箭，坐下一匹混海驹，手端赤铜大砍刀。

立住山脚，高声大叫道："呔，山上唐童听者，你在中原稳坐龙廷，太平无事。想你活得不耐烦，前来侵犯我邦。今日上门买卖，不得不做。唐童要逃命，也万万不能，若降顺我邦，低首称臣，我狼主决不亏你一家。亲王封你的，待保全性命，亦且原为万人之尊。若不听本帅之言，管叫一山唐兵尽作刀下之鬼。"按下苏文之言。

单讲山上君臣望下看时，只见盖苏文头如笆斗，眼似铜铃，青面獠牙，身长一丈，果是威风。天子见了盖苏文，记着前年战书上第十二句："传与我儿李世民"，不觉恨如切齿，恨不得飞剑下去，割他首级。段志远上前说："陛下，待老臣下去会他。"天子说："须要小心。"志远道："不妨。"便按好头盔，紧紧攀胸甲，坐上马，提了枪，豁喇豁喇冲下山来，大叫一声："呔，番奴！老将军来取你之命也。"苏文抬眼一看说："来将可通名来。"段志远冲得下山说："你要问我之名吗？我老将乃实授定国公、出师平辽大元帅标下大将，姓段双名志远。你可闻老将军枪法利害吗？想你有多大本事，敢乱目兴兵，困住龙驾！分明自投罗网，挑死枪尖，岂不可惜？快快下马受死，免得老将军动恼。"盖苏文闻言大怒说："你这老蛮子，当初在着中原，任你耀武扬威，今到我邦界地，凭你有三头六臂，法术多端，只怕也难免丧在我赤铜刀下。你这老蛮到得那里是那里，快放马过来，砍你为肉泥，"段志远心中大怒，喝声："番狗，照老将军的枪罢！"就分心一枪挑将过来。这盖苏文不慌不忙，把手中青铜刀噶嘟一声架开，回转刀来喝声："去吧！"绰一刀砍过来，段志远看见刀法来得沉重，那里架得住？喊一声："我命休矣！"躲闪也来不及，贴正一个青锋过岭，头往那边去了，身子跌下马来。一员老将，可怜死于非命。盖苏文呼呼大笑说："什么叫作开国功臣，不够本帅一合，就死在刀下了。"那山上唐王一见志远身亡，心中不忍。旁首殷开山、刘洪基见了，放声大哭说："啊呀我那段老将军啊！"开山跨上马，提了大斧，带泪下山来，叫声："盖苏文，你敢把我同朝老将伤了性命，我来报仇也！"一声喊叫，后面刘洪基也下山来道："不把你这番拘一刀砍为两段，也誓不为人了。"盖苏文说："慢来，要丧在本帅刀下，必须要通个名儿。"殷、刘二老将道："你要问老将军名字吗？洗耳恭听：我乃开国公殷开山、列国公刘洪基，可闻晓大名吗？"盖苏文道："中原有你之名，本邦不似为奇，放马过来。"开山纵马上前，把双斧一起劈将过来，盖苏文把赤铜刀架在一边，刘洪基把蔡阳刀剁将过去，盖苏文也杂在一旁冲锋过去，打转马来，盖苏文量起赤铜刀，望着刘洪基劈面砍将过来，他便把蔡阳刀望赤铜刀上噶嘟噶嘟这一抬，马多退后了十数步，两臂多震麻了。苏文又是一刀，望开山顶上剁来，开山手中双斧那里招架得住？闪避也来不及，怎经得盖苏文力大刀重，把殷开山顶梁上一直劈到屁股头，分为两段，五脏肝花坍了满地，也丧黄泉去了。刘洪基一见砍劈了段开山，又要哭又要战，忽手一松，刀落在地，却被盖苏文拦腰一刀，身为两段，呜呼哀哉。正是：

> 松山四将久闻名，高祖开山开国臣。南征北讨对时战，东荡西除日日征。
> 试看唐朝非容易，血汗功劳才得平。可惜四员年老将，凤凰山下作孤魂。

这唐天子见三员老将军尽丧盖苏文刀下，不觉龙目中纷纷掉泪，心中好不万分懊悔。尉迟恭吓得目瞪口呆，下面二十七家歃血弟兄内总兵官齐国远，也有些呆地说道："陛下，三位老将遭此惨死，难道罢了不成，待小臣下去与他会战，以报冤仇。"诸将道："这个使不得。齐兄弟，你不要混账。盖苏文手段高强，段、殷、刘三员老将尚死在他刀下，何干于你？"国远道："不妨事的。"他不听众将之言，上马轮斧冲下山来，高声大叫："番狗！齐爷爷来会你了。"盖苏文说："又是一个送死的来了，快快留下名来。"国远道："呔，你要问爷爷名姓吗？洗耳恭听，我乃大元帅尉迟恭标下、加为总兵官齐，表字国远，可闻我杀人不转眼的主顾吗？"苏文道："本帅不知你这无名小卒。今日本帅开了杀戒，凭你多少名将下来，也尽斩死这口刀下。"国远大怒，纵马上前喝声："照斧罢！"绰一声，双并斧子砍将过去。盖苏文把刀架在一边，马打交肩过去，圈得转马来，苏文把刀一起，喝声："去吧！"绰的一刀砍过来，国远那里招架得住？说声："啊呀，我命死也！"把头一偏，连肩卸背着一刀，覆上一刀，斩为四块，一家总兵归天去了。

山上有二十六家总兵，见齐国远身遭惨死，大家放声大哭说："兄弟，哥哥们方才伤了三员老将，乃是一殿之臣，所以也不十分着恼。今齐弟兄是我们歃血弟兄，生死之交，岂可坐视国远身亡？我等二十六家好友，不与他报仇，更待何时？"这番王当仁兄弟，尉迟南弟兄、李如珪、尤俊达、鲁明弟兄、岳伯勋、鲁世侯、尚山智、夏山智、张公瑾、史大奈、韩世宗、金甲、童环。李公逸、唐万仁、卜光焰、卜光靛、郏远真、郏远直、贾闰甫、柳周臣、樊建成随征这二十六家总兵，齐跨上雕鞍，枪的枪，刀的刀，尽皆含泪豁喇喇冲下山来，大叫："盖苏文，我把你拿来剁为肉酱，以祭我兄弟齐国远，方消我恨。"这盖苏文往上一看，只见许多将官赶下山来，他到问不得许多名姓，说："来、来、来，祭我的刀口。"这数家总兵齐下山，把盖苏文团团围住在中间，望他乱斩乱打。也有紫金叉分挑肚腹，一字税照打肩头，银画戟乱刺左膊，乌缨枪直刺前心，月牙铲望领就铲，雁翎刀顶上风声，混铁棍低扫马足，点光锚就刺咽喉，龙泉剑忽上忽下，虎尾鞭左打右打，开山斧斧劈后脑，大银锤打碎天灵，狼牙棒腾腾杀气，枣样槊四面征云，信轮铜霞光万道，紫金枪烟雾腾霄。这盖苏文好不了当，把赤铜刀量起在手中，抬升紫金叉，架调一字锐，钩下银画戟，逼住乌缨枪，撇去月牙铲，拦开雁翎刀，闪掉混铁棍，躲过点光锚，抬定龙泉剑，架住虎尾鞭，拦去开山斧，遮过大银锤，钩开狼牙棒，闪掉枣阳槊，躲过倍轮铜，逼住紫金枪。这二十六家总兵官不在马前，就在马后，手起刀落，手起枪挑，杀得盖苏文招架也不及，那里还有空工夫还刀过去？手中刀法渐渐松放，人是呼呼喘气，要走奈杀不出。心内想一想，说声："不好，我寡不敌众，不要一时失措，被他伤了性命，不如先下手为强。"主意已定，便一手提刀在这里招架，一手掐定秘诀，背上有个葫芦，他就把葫芦盖揭开，念动真言，飞出一口柳叶飞刀，长有三寸，蒜叶阔相似，冲开来到有一丈青光，连飞出九口，山脚下布满青光。这数家总兵见了，还不知是什么东西，山上徐茂公大叫："兄弟们不好了，这是九口柳叶飞刀，要取性命，你们还不逃上山来吗！"二十六人一听徐茂公之言，大家魂不在身，如今要走也来不及了。有几家着刀的，已经砍为肉酱，有一大半只虽不曾着身，青光多透身的了，拼命地跑上山来。随马而死不计其数。贾闰甫、柳周臣才上山，也跌落马就死了。唐万仁、尤俊达到得天子驾前，也是坠马而亡。二十六家歃血好友，为了齐国远尽皆身丧。着刀的碎身粉骨，着光的全尸而亡。那盖苏文微微冷笑，收了飞刀说："山上唐童，你可见吗？本帅这九口飞刀，乃上仙所赐，有一百丧一百，有一千丧一千。方才死的这一班老少将官也不为少，谅你驾前如今也差不多，没有能将了，还要挣着凤凰山怎么？快快献表归顺。"不表盖苏文猖獗。

单言唐天子在山上，见这班臣子死得惨然，看看面前，只有得元帅尉迟恭了，心中好不痛苦。自己大叫："唐童啊唐童，你该败江山！好好在凤凰城内不好，偏偏要到这个所在来送死，却害这班老将死于非命，受这般大祸。"那尉迟恭看见天子伤悲，不觉暴跳如雷，说："罢了，罢了，陛下啊，要等臣罪不赦。当初秦老千岁做了一生一世的元帅，从不伤了麾下一卒。某尉迟恭才做得元帅，就麾下之将尽行丧与敌人之手，还有何面目立于人世？我不与众将报仇，谁人去报？带过马来！"唐王一把扯住，叫声："王兄，这个使不得的。你难道不见盖苏文飞刀利害吗？"敬德道："臣岂不知番狗飞刀？若贪生怕死，不与众将报仇，一来被人耻笑，二来阴魂岂不怨恨？臣今赶下山去，或能杀得盖苏文，与众将雪了仇恨。倘若臣死番将刀下，也说不得了。陛下放手！"天子哪里肯放？把扯住道："王兄，如今一树红花，只有你做种子。你若下去，一旦伤与盖苏文之手，叫寡人靠着何人？"茂公也劝道："驾下乏人，报仇事小，保驾事大。元帅不必下去。"尉迟恭听了军师劝言，只得耐着性子。又听见盖苏文在山下大叫："尉迟蛮子，本帅看你年高老迈，谅你一人怎保得唐王脱离灾难？何不早把唐童献下山来，待本帅申奏狼主，封你厚爵。若依然不献唐童下山，本帅就要赶上山来，把你碎尸万段，休要后悔！"盖苏文讲来虽然是这等讲，心内却是想：谅山上也绝没有十分能人在此，且由他罢，就回营去了。

再言山上徐茂公吩咐把这数家总兵尸首，葬于凤凰山后，单将唐万仁葬在山前。天子问道："为何把唐万仁尸骸葬在山前？"茂公说："陛下，后来自有用处，所以葬在山前这尸首。"依军师言语，把总兵尸首尽行埋葬。天子降旨，设酒一席，亲自奠祭一番。徐茂公也奠酒三杯。正是：

> 府州各省聚英豪，结义胜友胜漆胶。
> 生死同心助唐业，可怜一起葬番郊。

唐太宗当夜在御营，同元帅、军师商议退番兵之计。茂公开言叫声："陛下，要退番兵，这如非汗马城中先锋张环。他有婿何宗宪利害，可以退得番兵。"天子道："他们这隔许多路程，如何晓得寡人被困凤凰山上？必须着人前去讨救才好。但元帅老迈，怎能踹得出番营？"茂公道："如非驸马薛千岁，他往后山脚下可以踏得出。"天子大喜，连忙降旨一道，命驸马薛万彻到汗马城讨救。万彻就领了旨。竟过了一宵。

明日清晨，连忙结束停当上马，端了大银锤，望后山冲下来了。有营前军士扣弓搭箭说："山上下来的小蛮子，少催坐骑，看箭来也！"这个箭纷纷不住的射过来。薛万彻大叫："营下的休得放箭，孤家要往汗马城讨救，快把营盘扯去，让小千岁过了就罢。若有那关不就，孤就一顿银锤，端为平地哩。"营前小番说："哥阿，待我去报元帅得知。"一边去报盖苏文。这万彻听见此言，把马一催，银锤晃动，冒着弓矢，冲进营中来了。手起锤落，打得这些番兵番将走也来不及，端进了一座营盘。怎禁得万彻英雄，拼命地打条血路而走。到得盖苏文提刀纵马而来说："小蛮子在哪里？"小番说："那已去远了。"苏文道："活活造化了他，追不及了。"少表番营之事。再表唐王看见驸马杀出番营，心中大悦说："倒也亏他年少英雄。"不表天子山上之言。

再讲薛万彻连端岳七座番营，身上中了七条箭，腿上两条，肩上两条，他到自己打下，也不觉十分疼痛。只有背心内这一箭，伤得深了，痛得紧，手又拿不着，只得负痛而走。随着大路前去三十里，到了三岔路口，他到不认得了，不知汗马城打从那一条路上去的，故而扣定了马，缓缓立着，思想要等个人来问路。偶抬头，见那一边有一个穿旧日白绫衣的小后生，在那里砍草。万彻走上前来说："呔，砍草的！"那人抬头，看见马上小将银冠束发，手执银锤，明知大唐将官，便说："马上将军，怎么样？"正是：

英雄未遂冲天志，且作卑微贱役人。

不知驸马如何问路，这砍草何人？且看下回分解。

第三十二回　薛万彻杀出番营
　　　　　　张士贵妒贤伤害

诗曰：

驸马威名早远传，番营杀出锦雕鞍。

只因识认白袍将，却被奸臣暗害间。

那万彻道："孤问你要往汗马城从那一条路上去的。"这砍草的回言道："既然将军要往汗马城，小人也要去的，何不一同而行。"万彻又问："你叫什么名字，是张环手下什么人？"那人道："将军，小的是前营月字号内一名火头军，叫薛礼。"那万彻心下暗想："他身上穿旧白绫衣，又叫薛礼，不要是应梦贤臣薛仁贵。"便连忙问道："呔，薛礼，你既在前锋营，可认得那个薛仁贵吗？"仁贵听言，吓得魂不附体，面脸挣得通红说："将军，小的从不认得薛仁贵三字。"驸马道："嗳，又来了。你既在前锋营，岂有不认得薛仁贵之理！莫非你就叫薛仁贵吗？"薛礼浑身发抖，遍体冷汗直淋说："小的怎敢瞒着将军。"万彻心中乖巧，明知张环弄鬼，所以也不肯直通名姓。想他一定就是薛仁贵，也不必去问他，待我去与张环算账。薛万彻就从居中这一条大路先走，一路来到汗马城，进入城来，到了士贵营前说："快报张环得知，圣旨下了。"军士报入营中，张士贵忙排香案，相同四子一婿出营迎接。薛万彻下马，进到中营，开读道："圣旨到来，跪听宣读：

奉天承运皇帝诏曰：朕前日驾游凤凰山，不幸遭东辽主帅盖苏文兴兵六十万之众，密困凤凰山，伤朕驾下老少将官不计其数，因驾下乏人，又且难离灾难，故命驸马薛万彻端出番营前来讨救，卿即连同婿何宗宪，提兵救驾，杀退番兵，其功非小。钦哉。谢恩！

张环同子婿口称："愿我主万岁、万万岁。"谢恩已毕，前来叩见驸马，万彻变了怒容说："张环，你说从没有应梦贤臣，那火头军薛礼，是那一个？"张环听言，吃了一惊说："小千岁！应梦贤臣乃叫薛仁贵，是穿白用戟小将，末将营中从来没有。这薛礼是前营一名火头军，开不得兵，打不得仗，算不得应梦贤臣，故不启奏闻我主。"万彻大怒说："你这狗头，孤在驾前不知其细，被你屡屡哄骗。今日奉旨前来讨救，孤满身着箭，负痛而行，等人问路。见一人后生，他直对我讲，这薛仁贵名唤薛礼，怎么没有？亏得孤亲眼见他，亲自盘问。明明你要冒他功劳，故把他埋没前管内，还要哄骗谁人。孤今日不来与你争论，少不得奏知天子，取你首级，快把好活血酒过来，与我打落背上这支箭。"张志龙忙去取人参汤、活血酒。张环心内怀了反意，走到薛万彻背后，把这支箭用力一绰，要晓得背心皮如纸，衣薄怎禁得？二尺长箭，插在背中，差不多穿透前心了，可怜一员年少英雄，大叫一声："痛死我也！"顷刻死于张环之手。志龙慌忙说："阿呀！爹爹为何把驸马插箭身亡。"士贵道："我的儿，若不送驸马性命，被他驾前奏出此事，我与你父子性命就难保全。不如先把他弄死，只说箭打身亡，后来无人对证，岂不全我父子性命。"志龙道："爹爹妙算甚高。"后张环吩咐手下，把驸马尸骸抬出营盘烧化，将骨包好，回复天子便了。

不表军士奉令行事，单讲张环一面端正救驾，连忙去传火头军。薛仁贵正躲在前营内，恐怕薛万彻盘问根由，所以不敢出来。今奉大老爷呼唤，连忙到中营来说："大老爷在上，传小的有何吩咐？"士贵道："朝廷被番兵困住凤凰山，今有驸马到来讨救，故而与你商议兴兵救驾。"仁贵道："如今驸马在哪里？"张环说："他因蹿出番营，被乱箭着身，才打箭身亡，已今化为灰骨。只要前去救驾，但番兵有六十万之众，困凤凰山，我兵只有十万，怎生前去迎敌，相救龙驾出山？"仁贵听说，心中一想说："大老爷，只恐三军不交，薛礼若出令与他，众不遵服。如服我令，我自有个摆空营之法，十万可以装做得四五十万兵马的。"张环听见此言，心中大悦，说："薛礼，若会摆空虚人马，我大老爷一口宝剑赐予你，若有军兵不服，取首级下来，反如汝功，由你听调。"仁贵得了令，受了斩军剑，分明他做了先锋将军一般，手下军士谁敢不遵？即便发令下来，就此卷帐抬营，出了汗马城，一路上旗幡招转，号带飘摇，在路耽搁一二日，远远望见凤凰山下多是大红蜈蚣旗，番营密密，果然扎得威武。仁贵就吩咐："大小三军听者，前去安营，须要十座帐内六座虚四座实，有人马在内，空营内必须悬羊擂鼓，饿马嘶声。"三军听令，远看番营二箭路，吩咐安下营盘，炮声一起，齐齐扎营。十万人马到扎了四五十万营盘。列位，你道何为悬羊擂鼓，饿马嘶声呢？他把着羊后足系起上边，下面摆鼓，鼓上放草，这羊要吃草，把前蹄在鼓上擂起来了，那饿马吃不着草料，喧叫不绝。此为悬羊擂鼓，饿马嘶声。这番人营内听见，不知道唐朝军上有多少在里面。盖苏文传令把都儿，小心保守各营。便心中想："来的救兵决是先锋，定有火头军在内。不知营盘安扎如何，待本帅出营去看看。"那盖苏文坐马出营，望四下内唐营边一看，阿唷唷，好怕人也！但只见：

摇摇晃晃飞皂盖，飘飘荡荡转旌旗。
轰雷大炮如霹雳，锣鸣鼓响如春雷。

又见那：

熟铜盔、烂银盔、柳叶盔、亮银盔、浑铁盔、赤金盔，红闪闪威风，暗腾腾杀气。玲珑护心镜，日照紫罗袍、大红袍、素白袍、绛黄袍、银红袍、皂罗袍、小绿袍，袍袖销金砌，八方生冷雾。按按兽吞头，抖抖荡银铠、柳叶铠、乌油铠、青铜铠、黄金铠、红铜铠，铠砌五色龙。一派鸾铃响，冲出大白龙、小白龙、乌獬豸、粉麒麟、青鬃马、银鬃马、昏黄马、黄彪马、绿毛狮、粉红枣骝驹、混海驹。还见一字亮铁镜、二条狼牙棒、三尖两刃刀、四楞银装锏、五股托天叉、六楞熟铜锤、七星点钢枪、八瓣紫金瓜、九曜宣花斧、十叉斩马刀，枪似南山初山笋、刀似北海浪千层。又见一龙旗、二凤旗、三彩旗、四面旗、五六旗、六缨旗、七星旗、八卦旗、九曜旗、十面埋旗、一十二面按天大历旗、二十四面金斩定黄旗、三十六面天罡旗、七十二面地煞旗。剑起凶人怕，锤来恶鬼惊，叮当发袖箭，就地起金榜。眼前不见人赌斗，一派都是乱刀枪。

这盖苏文看了唐营，不觉惊骇，把舌乱伸，暗想唐朝将士好智略也！看完回进中营。

这日天色已晚，过了一宵，次日天明。单讲到前营内火头军薛仁贵，全身披挂，上马端兵，同了八家弟兄，出到营外。李庆先搴旗，王心鹤掠阵，姜兴本啸鼓，薛礼冲到番营前，高声大叫："咄！番营下的，快报番狗盖苏文说，今有火头爷爷在此叫战，叫他早早出营受死！"有番营前把都儿们住阵脚，小番报进帅营去了。报："启上元帅，营外有南朝火头军，身穿白袍，口称薛礼讨战。"那盖苏文闻了大唐老少英雄，倒也不放在心上，如今听见火头军三字，到吃了一惊："我在建都，常常闻报火头军取关利害，从不曾会面，再不道到在凤凰山会他起来。"带马抬刀，连忙结束停当，一声炮响，营门大开，鼓啸如雷，二十四面大红蜈蚣幡，在左右一分，冲出营来。你道他怎生打扮：

头戴一顶青铜盔，高挑雉尾两旁分。兜风大耳鹰嘴鼻，海下胡须阔嘴唇；

绿脸獠牙青赤发，倒生两道大红眉。身穿一件青铜甲，砌就尤鳞五色铠；内衬一领柳绿蟒，绣成龙凤戏珠争。前后鸳鸯护心境，镜映天下大乾坤。背插箭杆旗四方，大纛宝盖鬼神惊。左首悬弓又插箭，惯射英雄大将才。脚登窍脑虎头靴，踹定一骑混海驹。手托赤铜刀一柄，犹如天上英雄将。

这盖苏文自道自能，赶出营来，抬头一看，但见火头军怎生打扮：

头戴一顶亮银盔，朱缨倒挂大红纬。面如傅粉交满月，平生两道凤鸟眉；海下齐齐嫩长髯，口方鼻直算他魁。身穿一件白银铠，条条银叶照见辉；内衬一领白绫袍，素白无花腰系绦。吞头衔住箭杆袖，护心镜照世间妖。左边悬下震天弓，三尺神鞭立见旁。手端丈八银尖戟，白龙驹上逞英豪。

这盖苏文见穿白小将来得威风，就把马扣住，说道："那边穿白将，可就是火头军薛礼吗？"仁贵说："然也！你既晓得火头爷爷大名，何不早早自刎，献首级过来！"盖苏文呵呵冷笑，叫声："薛礼，你乃一介无名小卒，焉敢出口大言！不过本帅不在，算你造化，由汝在前关耀武扬威，今逢着本帅，难道你不闻我这口赤铜刀利害，渴饮人血，饿食人肉？有名大将，尚且死在本帅刀下，何在你无名火头军祭我刀口？也不自思想。你不如弃唐归顺，还免一死，若有牙关半句不肯，本帅就要劈你刀下了。"仁贵道："你口出大言，敢就是什么元帅盖苏文吗？"那苏文应道："然也！你既认得本帅之名，为何不下马受缚。"薛礼微微冷笑说："你这番狗，前在地穴内仙女娘娘法旨，曾有你之名，这是我千差万差，放汝魂魄。今投凡胎，在这里平地起风波，连伤我邦大将数员，恨如切齿。我也晓得你本事不丑，今不一鞭打你为齑粉，也算不得火头爷本事高强。快放马过来！"盖苏文闻得火头军利害，这叫先下手为强。把赤铜刀双手往头上一举，喝一声："薛礼照我的刀罢！"插这一刀，望薛礼顶梁上砍将下来。这一首薛仁贵说声："来得好！"把杆方天戟望刀上噶啷这一荞，刀反望自己头上跌下转来。说："唷！果然名不虚传，好厉害的薛蛮子。"豁刺冲锋过去，圈得转马来。盖苏文刀一起，插望着仁贵又砍将过来。薛礼把戟枭在一边，还转戟，望着盖苏文劈前心刺将过来。这盖苏文说声："来得好！"把赤铜刀望戟上噶啷这一抬，仁贵的两膊多震一震。说："阿唷，我在东辽连敌数将，从没有人抬得我戟住。今遇你这番狗抬住，果有些本事了。"打马交肩过去，英雄闪背回来。仁贵又刺一戟过来，盖苏文又架在一边，二人大战凤凰山，不分胜败。正是：

棋逢敌手无高下，将遇良才各显能。一来一往莺转翅，一冲一撞凤翻身。

刀来戟架叮当响，戟去刀迎放火星。八个马蹄分上下，四条脖子定输赢。

你拿我，麒麟阁上标名姓；我拿你，逍遥楼上显威名。二人杀到四十冲锋，八十照面，并无高下。盖苏文好不利害，把赤铜刀起一起，望仁贵劈面门，兜咽喉，两肋胸膛，分心就砍。薛仁贵那里放在心上，把画杆戟紧一紧，前遮后拦，左钩右掠，逼开刀，架开刀，捧开刀，拦开刀，还转戟来，左插花，右插花，苏秦背剑，月内穿梭，双龙入海，二凤穿花，飕飕飕的发个不住。这盖苏文好不当，抢动赤铜刀，上护其身，下护其马，迎开戟，挡开戟，遮开戟。这青龙与白虎，杀个不可开交。一连战到百十余合，总无胜败。杀得盖苏文呵呵喘气，马仰人翻，刀法甚乱；薛仁贵汗流浃背，两臂酸麻。"呵唷，好厉害的番狗！"苏文道："阿唷，好骁勇的薛蛮子！"二人又战起来了。这一个恨不得一戟挑倒了冲天塔，那一个恨不得一刀劈破了翠屏山，好不当的相杀！只见：

阵面上杀气腾腾，不分南北；沙场上征云霭霭，莫辨东西。狂风四起，天地锁愁云；奔马扬尘，日月蔽光华。那二人胜比天神来下降，那二马好似饿虎下天台。两边战鼓似雷声，暮动旗幡起色云。炮响连天，吓得芸馆书房才子顿笔；呐喊齐声，惊得闺房凤阁佳人停针。正是铁将军遇名将军。杀得一百四十回合，原不分输赢。

那盖苏文心中暗想："久闻火头军骁勇，果然名不虚传。本帅不能取胜，待我放起飞刀，伤了火头军，就不怕大唐兵将了。"苏文算计已定，一手把刀招架，一手掐诀，把葫芦盖拿开，口中念动真言，飞出一口柳叶飞刀，青光万道，直望薛仁贵顶上落将下来。这薛礼抬头看见，明知是飞刀，连忙把戟按在判官头上，抽起震天弓，拿出穿云箭，搭住在弓弦，飞飞飕飕的一箭射将过去。只听刮喇喇一声响，三寸飞刀化作青光，散在四面去了。那番吓得苏文魂不附体，说："啊呀，你敢破我飞刀！"飕飕飕，连发出八日柳叶飞刀，阵面上多是青光，薛礼惊得手忙脚乱。

当年九天玄女娘娘曾对他讲，有一口飞刀，发一条箭，如今盖苏文发八口起来，仁贵就有箭八条，也难齐射上来。所以仁贵浑身发抖起来，说："啊呀！"无处可躲，只得拿起四条穿云箭，望青光中一撒，只听得括拉拉拉连响数声，青光飞刀尽被玄女娘娘收去，五条箭原在半空中。此是宝物不落下来的。仁贵才得放胆，把手一招，五支箭落在手中，将来藏好，提起方天戟。那边盖苏文见破飞刀，魂不在身，：："嘎唷！罢了！罢了。本帅受木脚大仙赐刀。你敢弄起鬼魔邪术，破我飞刀，与你势不两立。我不一刀砍汝两段，也誓不为人了。"把马一催，二人又战起来。杀了八个回合，盖苏文见飞刀已破，无心恋战，刀法渐渐松下来。仁贵戟法原高，紧紧刺将过来，苏文有些招架不住，却被薛礼把钢牙一挫，喝声："去吧！"插一戟，直望苏文面门挑将进来。盖苏文喊声："不好！"把赤铜刀望戟上噶唧唧这一抬，险些跌下雕鞍，马打交肩过来。薛仁贵抽起一条白虎鞭，喝声："照打罢！"三尺长鞭，来得利害，手中量一量，到有三尺长白光，这青龙星见白虎鞭来，说："啊呀，我命死矣！"连忙闪躲，鞭虽不着，只见白光在背上晃得晃，痛彻前心，鲜红血喷，把那铜刀拖落，二膝一催，豁喇喇望营前败将下去。仁贵道："番狗，你往那里走，还不好好下马受缚！"随后追赶。苏文进了营盘，小番射住阵脚，仁贵只得回进自己营盘。张士贵大喜，其夜犒赏薛礼，不必表他。单讲到盖苏文进入帅营，跨下马鞍，拍过赤铜刀，将身坐下。嘎唷说："好厉害的火头军！本帅实不是他敌手。"就把须上血迹抹下，用活血酒在此养息。忽后营走出来：

一位闭月羞花女，却是夫人梅月英。

毕竟不知这位夫人，如何话说，且看下回分解。

第三十三回　梅月英法逞蜈蚣术　李药师仙赐金鸡旗

诗曰：

番邦女将实威风，妖法施来果是凶。

杀得南朝火头军，人人个个面掀红。

那夫人年纪不上三十岁，生得来闭月羞花之貌，沉鱼落雁之容。四名绝色丫鬟扶定，出到帅营，盖苏文见梅氏妻子出来，连忙起身说："夫人请坐。"梅月英坐下，叫声："元帅！妾身闻得你与中原火头军打仗，被他伤了一鞭，未知他有什么本事，元帅反受伤败？"盖苏文道："阿，夫人！不要说起。这大唐薛蛮子，不要讲东辽少有，就是九流列国，天下也难再有第二个的了。本帅保主数载以来，未尝有此大败，今日反伤在火头军之手，叫我那里困得住凤凰山，擒捉唐王？"月英迷迷含笑道："元帅不必忧愁。你说火头军骁勇，待妾身明日出去，偏要取他性命，以报元帅一鞭之恨。"苏文道："夫人又来了，本帅尚不能取胜，夫人你是一介女流，晓得那里是那里。"夫人说："元帅，妾于幼时，曾受仙人法术，故取得他性命。"苏文说："夫人，本帅受大仙柳叶飞刀，尚被他破掉了，夫人你有甚异法胜得他来？"夫人说："元帅，飞刀被他破得掉，妾的仙法他不能破得掉的。"苏文说："既然如此，夫人明日且去开兵临阵。"说话之间，天色已晚。

过了一宵，明日清晨，梅月英全身披挂，打扮完备，上了一骑银鬃马，手端两口绣鸾刀，炮声一起，冲出营来。在营前大喝一声："咦！唐营下的，快报说'今大元帅正夫人在此讨战'，唤这火头蛮子，早早出营受死。"讲到那唐营军士，连忙报进中营说："大老爷在上，番营中走出一员女将，在那里索战，要火头军会他。"张环说："既有女将在外讨战，快传火头军薛礼出营对敌。"军士得令，传到前营，仁贵就打扮完备，同八家弟兄一齐上马出营，抬头一看，但见那员女将梅月英，怎生模样：

头上闹龙金冠，狐狸倒罩，雉尾双挑；面如满月，傅粉妆成。两道秀眉碧翠，一双凤眼澄清；小口樱桃红唇，唇内细细银牙。身旁一领黄金砌就雁翎铠，腰系八幅护体绣白绫。征裙小小，金莲蹁定在葵花踏凳银鬃马上，手端两口绣鸾刀，胜比昭君重出世，犹如西子再还魂。

那仁贵从马上前喝声："番狗妇！火头爷看你身欠缚鸡之力，擅敢前来讨战，与我祭这戟尖么。"梅月英道："你就叫火头军吗？敢把我元帅打了一鞭，因此娘娘来取你性命,以报一鞭之恨。"薛礼呼呼冷笑道:"你邦一路守关将,不能胜将军一二合之外,何在为你一介女流贱婢,分明自投罗网,佛也难度的了。"放马过来,两边战鼓啸动,月英纵马上前,把绣鸾刀一起,喝叫:"薛蛮子! 照刀罢。"绰一声,双并鸾刀砍来,仁贵举戟急架忙还,刀来戟架,戟去刀迎,正战在一堆,杀在一起,一连六个冲锋,杀得梅月英面上通红,两手酸麻,那里是仁贵对手。只得把刀挡定方天戟,叫声:"薛蛮子,且慢动,看夫人的法宝。"说罢,往怀里一摸,摸出一面小小绿绫旗,望空中一撩,口念真言,把二指点定,这旗在虚空里立住上面。薛仁贵到不知此旗伤人性命,却扣马在此观看。

讲到营前八名火头军,见旗立空虚,大家称奇。犹如看作戏法一般,大家都赶上来看。那晓这面旗在空中一个翻身,飞下一条蜈蚣,长有二尺,阔有二寸,他把双翅一展,底下飞出头二百的小蜈蚣,霎时间变大,化了数千条飞蜈蚣,多望大后火头军面上直撞过来,扳住面门。吓得仁贵魂不附体,带转丝缰,竟望半边落荒一跑,自然咬坏的了。那些蜈蚣妖法练就,其毒利害,八员火头军,尽行咬伤面门,青红疙瘩无数,多负痛跑到营内,顷刻面涨犹如鬼怪一般,头如笆斗,两眼合缝,多跌下尘埃,呜呼哀哉,八位英雄,魂归地府去了。梅月英从幼受他母法宝,练就这面蜈蚣八角旗,惯要取人性命,他见大唐将士一个个坠马营门而死,暗想薛蛮子奔往荒落,性命也决不能保全,自然身丧荒郊野地去了。所以满心欢喜,把手一招,蜈蚣原归旗内,旗落月英手中,将来藏好,营前打得胜鼓回营。盖苏文上前相接,滚鞍下马说:"夫人今日开兵,不但辛苦,而且功劳匪浅,请问夫人,大唐火头军咬此重伤,还是晕去还魂,还是坠骑身亡?"月英道:"元帅,他不受此伤,逃其性命。若遭蜈蚣一口,断难保其性命了。"盖苏文听言,满心大悦,说:夫人,多多亏你,本帅不惧大唐老少将官,单只怕火头军利害。今日他们都被蜈蚣咬死,还有何人得胜本帅? 岂不是十大功劳,都是夫人一个的了!"吩咐摆酒,与夫人贺功。少表番营之事,再讲张士贵父子,见八名火头军多堕骑身亡,面如土色,浑身冷汗。说:"完了,完了。我想薛礼败往荒僻所在,也只不过中毒身死。为今之计,怎生迎敌番人?"大家好不着忙。

又讲仁贵他败走到旷野荒山,不上十有余里,熬痛不起,一气到心,跌下雕鞍,一命归阴。这骑马动也不动,立在主子面前。忽空中来了一个救星,乃香山老祖门人,名唤李靖。他在山中静坐,偶掐指一算,明知白虎星官有难,连忙驾云到此,空中落下尘埃,身边取出葫芦,把柳枝端出仙水,将仁贵面上搽到,方才悠悠苏醒。说:"那一位恩人在此救我?"李靖道:"我乃是香山老祖门人,名唤李靖。当初曾辅大唐,后来入山修道,因薛将军有难,特来相救。"仁贵连忙跪下,口叫:"大仙,小子年幼不知,曾闻人说兴唐社稷,皆是大仙之功,今蒙救小人性命,小子感恩匪浅。万望仙长到营,一发救了八条性命,恩德无穷。"李靖说:"此乃易事。贫道山上有事,不得到营,赐你葫芦前去,取出仙水,将八人面上搽在伤处,即就醒转。"仁贵领了葫芦,就问:"仙长,那番营梅月英的妖法,可有什么正法相破吗?"李靖道:"贫道有破敌正法。"忙向怀里取出一面尖角绿绫旗说:"薛将军,他手中用的是蚣角旗,此面鹞鹫旗,你拿去,看他撩在空中,你也撩在空中,就可以破他了。即将葫芦祭起空中,打死了梅月英。依我之言,速速前去,相救八条性命要紧。"薛仁贵接了鹞鹫旗,拜谢李清,跨上雕鞍。

一边驾云而去,一边催马回营。张士贵正在着忙,忽见薛礼到营,添了笑容。说:"薛礼,你回来。这八人怎么样?"仁贵道:"有救。"就把仙水搽在八人面上,方才悠悠苏醒,尽皆欢悦,就问道葫芦来处。仁贵将李靖言语,对众人说了一遍。张环明知李仙人有仙法,自然如意。就犒赏火头军薛礼等人,同回营中欢酒。

过了一宵,明日清晨,依先上马,端兵出到番营,呼声大叫:"呔! 番营的快报与那梅月英贱婢得知,今有火头军薛礼在此讨战,叫他快些出来受死!"不表薛仁贵大叫,单讲那营前小番飞报上帅前说:"启上元帅,营外有穿白火头军讨战,要夫人出去会他。"盖苏文听见此言,吓得魂不在身,连忙请出梅月英问道:"夫人,你说大唐火头军受了蜈蚣伤,必然要死,为什么穿白将依然不死,原在营外讨战?"那夫人梅月英闻言,吃惊道:"元帅,那穿白将莫非是什么异人出世,故而不死。我蜈蚣旗利害,凭你什么妖魔鬼怪,受死伤害,必不保全性命,为甚他能得全性命起来? 吩咐带马抬刀,待妾身再去迎敌。"这一首牵马,月英通身披挂,出了番营,抬头一看,果然不死,心中大怒说:"唷,薛蛮子,果象异人,不知得仙丹保全性命,今娘娘偏要取你首级。"仁贵呼呼冷笑说:"贱婢,你的邪法谁人作准,我不挑你前心透后背,也算不得火头爷骁勇了。"催马上前,喝声:"照戟!"插的一戟,望面门挑进来。梅月英急驾忙还,二人杀在一堆。马打冲锋,双交回合,刀来戟架叮当响,戟去刀迎进火星。

战到六个冲锋,梅月英两膊酸麻,抬住画戟,取出蜈蚣角旗,望空中一撩,念动真言。薛仁贵见了,也把黝𤲬旗撩起空中,他也不晓得念什么咒诀,自有李靖在云端保护。两面绿绫旗虚空立着,一边落下飞蜈蚣,一边落下飞金鸡,那飞蜈蚣,变化几百蜈蚣,飞过来,那飞金鸡,也化几百,把蜈蚣尽行吃去。吓得梅月英魂飞魄散,说"你敢破我法术吗?"连忙掐诀收旗,那里收得下? 只见蜈蚣角旗与黝𤲬旗悠悠高上九霄云内,一时不见了。仁贵心中大悦,便把葫芦抛起空中,要打梅月英。谁知李靖在云端内把手一招,葫芦收去,薛仁贵胆放心宽,把方天戟一起,纵马上前,照定月英咽喉中插一戟刺进来,这梅月英乃是女流,又是法宝已破,心中焦闷,说声:"不好,我命死也!"要招架也来不及了,贴正刺中咽喉,被他阴阳手一泛,哄咙响挑往营门前去了。

这盖苏文在营前看见,放声大哭说:"阿呀,我那夫人阿。"把赤铜刀一起,豁喇喇冲上前来说:"薛蛮子,你敢把我夫人伤害,我与你势不两立。我死与夫人雪恨,你死乃为国捐躯。不要走,本帅刀来了!"望仁贵劈顶梁上砍下来,这一刀二四分本事,多显出在上面。仁贵把戟架一边,马打交肩过去,英雄闪背回来,仁贵把方天戟直刺,盖苏文急架忙还。二人斗到十六个回合,薛仁贵量起白虎鞭来,盖苏文一见白光,就吓得魂不附体,说:"啊呀,我命死也。"略略着得一下,鲜血直喷,带转丝缰,望营前大败而走。薛仁贵大喜,回头对营前八位兄弟说道:"你们快同张大老爷、小将军们,扯起营盘,冲杀番兵,一阵成功了。"那边一声答应,八弟兄各将兵刃摆动,催马冲杀四面番营,张环父子领了大队人马,卷帐发炮,冲到帅营来。这番凤凰山前大乱,有薛礼随定盖苏文冲到帅营中,把小番们一戟一个,挑得番兵走的走,散的散,死的死,苏文见火头军紧紧追来,吓得魂飞魄散,只得兜急丝缰,望内营一走,砍开皮帐,竟走偏将营盘。哪知仁贵赶得甚紧,又且番营层层叠叠,前边撞着一班火头军,高声大喝:"盖苏文,你往那里走!我们围住,取他首级。"九人围住,把盖苏文棍棍只望颅头打,刀刀只向颈边砍,枪枪紧紧分心刺,斧斧只劈脊梁心,杀得盖苏文招架也来不及,被他们逼住,走也走不脱。架得开棍,那边李庆红插一刀砍将过来,苏文喊声:"不好!"把身躯一闪,肩尖上着了刀头,连皮带肉去了一大片,口中叫得一声,伤坏那边。王心鹤喝声:"照枪罢!"飕这一枪,分心挑将进来。苏文说声:"我命死矣!"闪躲也来不及,腿上又着了一枪:"唷,罢了,罢了。本帅未尝有此大败!"他如今满身伤,拼着命,见一个落空所在,把二膝一摧,豁喇喇冲出圈子,望出脚下拼命这一跑。仁贵就吩咐众弟兄,四处守定,一则冲端,二则不许盖苏文出营。八人答应,自去散在四面守住。

这盖苏文心下暗想:"你看周围营帐密密,人马大乱,喊杀连在,哭声大震,我若望营中去,恐防有阻隔,反被火头军拿住,不如在凤凰山脚下,团团跑转,等有落空所在,那时就好回建都了。"苏文算计停当,只在山前转到山后,仁贵紧紧追赶,随了盖苏文团团跑转,惊动山上贞观天子,同着元帅、军师出到营外,望山下一看,只见四面番营大乱,炮声不绝,鼓嗷如雷。又听得山脚下大叫道:"阿唷唷,火头军果然骁勇,不必来追!"豁喇喇盘转前山来了。君臣往下看时,见有盖苏文被一穿白将追得满身淋汗,喊叫连天,只在山脚下打圈子。朝廷就问徐先生:"底下追赶盖苏文那员穿白小将,却是谁人?"茂公笑道:"陛下,这就是应梦贤臣薛仁贵。"朝廷听见说是应梦贤臣,不觉龙心大悦。就对山下大叫道:"小王兄,穷寇莫追,不必赶他,快些上山来见寡人。"连叫数声,仁贵在下那里听得,只在山脚下紧走紧追,慢走慢追。忽上边尉迟恭说道:"陛下,如何眼见本帅细心查究,军师大人说没有应梦贤臣,如今这穿白小将是谁?"茂公说:"元帅休要夸能,这是我哄你,你认真起来,那里有什么应梦贤臣,你看原是何宗宪在下追他。"敬德道:"你哄那个? 明明是穿白将薛仁贵,陛下若许待本帅下去,拿他上来,还是仁贵还是宗宪?"朝廷把不能够要见应梦贤臣,说道:"元帅不差,快快下去拿来。"敬德跨上雕鞍,等盖苏文转过了前山,后面就是薛仁贵跑来。他就是一马冲将下去,却也正在仁贵后,双手一把扯住薛礼白袍后幅,说:"如今这里了。"总是尉迟恭莽撞,开口就说:"在这里了。"薛仁贵尚信张环之言,一听后面喊叫在这里了,扯住衣幅,不知要捉去怎样,不觉吓了一跳,把方天戟往衣幅上插,这一等身躯一挣,二膝一催,豁喇喇一声响,把尉迟恭翻下尘埃,衣幅扯断,薛礼拼命地逃走了。盖苏文回头不见了薛仁贵追赶,心中大悦,跑出营去,传令鸣金,退归建都去吧。那大小番兵齐声答应,见元帅走了,巴不得脱离灾难,败往建都去了,我且慢表。

单讲这尉迟恭,扒起身来,手中拿得一块白绫衣幅,有半朵映花牡丹在上,连忙上马,来到山顶。茂公道:"元帅,应梦贤臣在何处?"敬德道:"军师休哄陛下好了,应梦贤臣有着落了。"朝廷道:"拿他不住,有何着落?"敬德说:"今虽拿他不住,有一块袍幅扯在此了,如今着张环身上,要这个穿无半幅白袍之人,前来对证,况有半朵牡丹映花在上,配得着是应梦贤臣,配不着是何宗宪,岂不是张环再瞒不过,再献出薛仁贵来?"朝廷大悦,说:"元帅智见甚高,今日必见应梦贤臣了。"

如今按下山上君臣之言。单讲这番兵退去,有一二个时辰,凤凰山前一卒全无。张士贵方才吩咐按下营盘,大小三军尽皆扎营,八位火头军先来缴令,回归前营。等了半日,薛仁贵慢慢进营,身上发抖,面如土色,立在张环案旁。口中一句也说不出了。张环大吃一惊,说:"如今你又是什么意思?"薛礼道:"大老爷救命,元帅屡屡要拿我,方才被他扯去衣幅,如今必有认色,小人性命早晚不能保全的了。"张环听见,计就生成,说:"不妨,不妨。要性命,快脱下无襟白袍与何大爷调换,就无认色,可以隐埋了。"正是:

　　奸臣自有瞒天计,李代桃僵去冒功。
毕竟张环冒功瞒得过瞒不过,且看下回分解。

第三十四回　盖苏文大败归建都　何宗宪袍幅冒功劳

诗曰:
　　荷花开放满池中,映得清溪一派红。
　　只恨狂风吹得早,凤凰飞处走青龙。

那仁贵心中大悦,说:"蒙大老爷屡次施恩相救,小人将何图报?"连忙脱落白袍,与何宗宪换转。两件白袍,花色相同,宗宪穿了仁贵无襟白袍,薛仁贵反穿了宗宪新白袍。薛礼竟回前营内,不必表他。

单讲张士贵思想冒功,领了何宗宪,将薛万彻尸骨离却营盘,来到凤凰山上,进入御营,俯伏尘埃,说:"陛下龙驾在上,臣奉我主旨意,救驾来迟,臣该万死。驸马踹营讨救,前心受了箭,到汗马城中开读了诏书,就打箭身亡。臣因救兵急促,无处埋葬,烧化尸骸,今将驸马白骨,带在包中,请陛下龙目亲观。"朝廷听见此言,龙目下泪,说:"寡人不是,害我王儿性命了。"尉迟恭就开言叫声:"张环,驸马性命乃阴间判定,死活也不必说了。本帅问你,方才山脚下追盖苏文这穿白小将,是应梦贤臣薛仁贵,如今在着何处?快叫他上山来。"士贵道:"元帅又来了,若末将招得应梦贤臣,在中原就送来京定驾了,为何将他隐埋没在营内?方才追赶盖苏文,杀退番兵者,是狗婿何宗宪,那里有什么薛仁贵。"敬德大喝道:"你还要强辩么!本帅因无认色,故亲自将他白袍襟幅扯一块在此,已作凭据,你唤何宗宪进来,配得着也不必说了,配不着看刀伺候。"张环应道:"是。"朝廷降旨,宣进何宗宪,俯伏御营。张环道:"元帅喏,可就是这无襟白袍,拿出来对对看。"尉迟恭把这块袍幅与宗宪身上白袍一配,果然毫无阔狭,花朵一般。尉迟恭大惊。他哪里知道内中曲折之事,反弄得满肚疑心,自道:"嗳,岂有此理。"张环说:"元帅,如何,是狗婿何宗宪吗?"敬德大怒说:"今日纵不来查究,待日后班师,自有对证之法。"忙将功劳簿打了一条粗杠子,乃凤凰山救驾,是一大功劳。朝廷说:"卿家就此回汗马城保守要紧,寡人明日就下山了。"张士贵口称领旨,带了宗宪下凤凰山。一声传令,拔赛起程,原回汗马城,我且慢表。

单讲天子回驾,降旨把人马统下山来,凄凄惨惨回凤凰城中,安下御营。朝廷见两旁少了数家开国功臣,常常下泪,日日忧愁,军师与元帅每每劝解。忽这一天,蓝旗军士报进营来,说:"启上万岁爷,营外来了鲁国公程老千岁,已到。"朝廷听见程咬金到了,添了笑容,说:"降旨快宣进来见驾。"外边一声传旨,召进程知节,俯伏尘埃,说:"陛下龙驾在上,臣程咬金朝见,愿我王万岁、万万岁!恕不保驾之罪。"朝廷说:"王兄平身。这几时没有王兄在营,清静不过,如今王兄一到,寡人之幸。不知你从水路、旱路来的?"咬金说:"陛下,不要讲起。若行水路,前日就同来了,何必等到今日?乃行旱路,同了尉迟元帅两位令郎,蹈山过岭,沿海边关受许多猿啼虎啸之惊,冒许多风沙雨露之苦,才得到凤凰城见陛下。"朝廷说:"还有御侄在营外,快宜进来。"内侍领旨传宣。

尉迟宝林、尉迟宝庆来到御营朝见陛下,见过军师,父子相见,问安家事已毕,宝林就是前妻梅氏所生,宝庆是白赛花滴血,家中还有黑金锭亲生尉迟号怀,年纪尚幼,因此不来出阵。天子又问程王兄:"中原秦王兄病恙怎么样了,还是好歹如何?"咬金说:"陛下若讲秦哥病势,愈加沉重,昼夜昏迷不醒,臣起身时就在那里发晕,想必这两天多死少生了。"天子嗟叹连声。程咬金见礼军师大人,回身叫道:"尉迟老元帅,掌兵权,征东辽,辛苦不过了。"敬德道:"老千岁说哪里话,某家在这里安然清静,空闲无事,有何辛苦?"咬金又往两边一看,不见了数位公爷,心中吃惊。开言说:"陛下,马、段、殷、刘四老将军,一同众家兄弟那里去了?"朝廷听见,泪如雨下。说:"总是寡人万分差处,不必说了。"知节急问:"陛下,到底他们是怎么样?"天子忙把马三保探凤凰山死去,一直讲到盖苏文用飞刀连伤总兵二十余员,吓得程咬金魂不附体,放声大哭。骂道:"黑炭团,你罪在不赦!我哥秦叔宝为了一生一世元帅,未尝有伤一卒,你才做元帅,就伤了我众家兄弟,你好好把众兄弟赔我,万事全休,不然我剥你皮下来偿还他们性命。"朝廷道:"程王兄,你休要错怪了人,这多是寡人不是,与尉迟王兄什么相干。"咬金下泪道:"万岁一国之主,到处游玩,自然众臣保驾。你掌了兵权,自然将计就计,开得兵,调兵遣将;开不得兵,就不该点将下去了。怎么一日内把老少将官,多送尽了。"朝廷道:"也不必埋怨,生死乃阴间判定,休再多言。过来,降旨摆宴,与程王兄同尉迟王兄相和。"内侍领旨,光禄寺在后营设宴,摆定御营盘内,两人谢恩坐下,饮过三杯,尉迟恭开言叫声:"程老千岁,某有一件稀奇之事,再详解不出,你可有这本事详得出吗?"程咬金道:"凭你什么疑难事说来,无有详解不出。"敬德说:"老千岁,可记得前年扫北班师,陛下曾得一梦,梦见穿白将薛仁贵保驾征东,老千岁你也尽知的。到今朝殷殷应梦,偏偏这应梦贤臣还未曾见,你道是何缘故?"程咬金说:"没有应梦贤臣,如何能破关得快?倘或在张士贵营中也未可知。"敬德道:"他说从来没有应梦贤臣薛仁贵,只得女婿何宗宪,穿白用戟。"咬金说:"老黑,既是他说女婿何宗宪,也不必细问了,谅他绝不敢哄骗。"敬德道:"老千岁,你才到,不知其细,内中事有可疑。若说何宗宪,谁人不知,他本事平常,扫北尚不出阵,征东为什么一时骁勇起来?攻关破城,尽不在一两日内,势如破竹。本帅想起来薛仁贵是有的,张环奸计多端,埋没了薛仁贵,把何宗宪顶头,在驾前冒功。"咬金道:"你曾见过薛仁贵吗?"敬德道:"见是见过两遭,只是看不清楚。第一遭本帅被番兵擒去,困在囚车,见一穿白将,杀退番兵,夺落囚车,见了本帅,飞跑而去,停一回,原是何宗宪。后来在凤凰山脚下追赶盖苏文也是穿白用戟小将,本帅要去拿他,又是一跑,只扯得一块衣襟,原是何宗宪身上穿无襟白袍。我想,即是他,为何见了本帅要跑,此事你可详解得出吗?"咬金道:"徐二哥阴阳上算得出的,为何不要问他?"敬德说:"我也曾问过军师大人,想受了张环万金之贿,故不肯说明。"程咬金道:"二哥,到底你受了他多少贿?直说那一日受他的贿。"茂公道:"那里受他什么?"咬金道:"既不受贿,为何不说明白?"茂公道:"果是他女婿何宗宪,叫我也说不出薛仁贵。"咬金道:"嗳,你哄那个老黑,想来必有薛仁贵在张环营内。前年我领旨到各路催趱钱粮,回来路遇一只白额猛虎随后追来,我后生时那惧他,只因年纪有了,恐怕力不能敌,所以叫喊起来,只见山路中跑出一

个穿白小将,把虎打出双睛,救我性命。那时我就问他这样本事,何不到龙门县投军?他说二次投军,张环不用。那时我曾赐他金披令箭一支,前去投军。想他定是薛仁贵。"敬德道:"这里头你就该问他名字了。"咬金道:"只因匆忙之间,不曾问名姓,如今着张环身上,要这根御赐的金披令箭,薛仁贵就着落了。"尉迟恭道:"不是这等得的,待本帅亲自到汗马城,只说凤凰山救驾有功,因此奉旨来犒赏,不论打旗养马之人,多要亲到面前犒赏御宴,除了姓薛,一个个点将过去。若有姓薛,要看清面貌,做十来天功夫,少不得点着薛仁贵。你道此计如何?"咬金说:"好是好的,只是你最喜黄汤,被张环一顷倒鬼,灌得昏迷不醒,把薛仁贵混过,那时你怎么得知?"敬德道:"一件大事岂可混账得的,今日本帅当圣驾前戒了酒,前去犒赏。"咬金道:"口说无凭,知道你到汗马城吃酒不吃酒?"敬德道:"是呵,口是作不得证的,陛下快写一块御旨戒牌,带在臣颈内,就不敢吃了。若再饮酒,就算大逆违旨,望陛下以正国法。"天子大悦,连忙御笔亲挥"奉旨戒酒"四字,尉迟恭双手接在手中,说:"且慢,待我饮了三杯,带在颈中。"敬德连斟三杯,饮在肚中。将戒酒牌带在颈中,扯开筵席,立在旁首说:"陛下,臣此番去犒赏,不怕应梦贤臣不见。"徐茂公笑道:"老元帅,你休要称能,此去再不得见应梦贤臣的。"敬德说:"军师大人,本帅此去,自有个查究,再不见之理。"茂公说:"与你打个手掌,赌了这颗首级。"敬德说:"果然,大家不许图赖。此去查不出薛仁贵,本帅将首级自刎下来。"茂公道:"当真吗?"敬德说:"嗳,君前无戏言,那个与你作耍?"程咬金说:"我为见证,输赢是我动刀。"茂劝说道:"好,元帅去查了仁贵来,我将头颅割下与你。"二人搭了手掌,一宵晚话,不必细表。

到了明日清晨,先差家将去报个信息,朝廷降旨,整备酒肉等类,叫数十家将挑了先走。尉迟恭辞驾,带了两个儿子,离了凤凰城,一路下来。先说汗马城张士贵,同了四子一婿,在营欢乐饮酒。忽报进营说:"启上大老爷,快快端正迎接元帅要紧。今日奉旨下来犒赏三军,顷刻相近汗马城来了。"张环听见说:"我的儿,想必皇上道救驾有功,故而出旨犒赏我们,去接元帅要紧。"父子翁婿六人,连忙披挂,出了汗马城,果见三骑马下来,远远跪下叫声:"元帅,小将们不知元帅到来,有失远迎,望帅爷恕罪。"敬德道:"远近迎接,不来计较。快把十万兵丁花名脚册,献与本帅。"张环说:"请到城中,犒赏起来,自有花名,为何就要。"尉迟恭喝道:"呔!你敢违令,拿下开刀。"士贵吓得魂不附体,连忙说道:"元帅不必动恼,快取花名脚册来便了。"志龙回身到汗马城中,取来交与元帅。敬德满心欢悦,接来与大儿宝林藏好,说:"此是要紧之物,若不先取,恐被他埋没了仁贵名字。"张士贵满心踌疑,接到汗马城中,另是安下帅营一座。

元帅进到里面,张环连忙吩咐备宴,与元帅接风。敬德说:"住了,你看我颈中挂的什么牌?"张环说:"原来帅爷奉旨戒酒在此,排接风饭来。"敬德说:"张环,且慢,本帅有话对你讲。"张环应道:"是。"敬德又说:"因朝廷驾困凤凰山,幸喜你等兵将救驾回城,其功非小。故今天子御赐恩宴,着本帅到汗马城犒赏十万兵丁,一个个都要亲赏。皇上犹恐本帅好酒糊涂,埋没一兵一卒,是皆本帅之罪,故我奉旨戒酒。你休将荤酒迷惑我心,教场中还有令发。若有一句不依,看刀伺候。"张环应道:"是。"敬德吩咐道:"教场中须高搭将台,东首要扎十万兵马的营盘,好待兵丁住在营中听点;西首也要扎十万人马的营盘,不许一卒在内。依本帅之言,前去备完,前来缴令。"张环答应,同四子一婿退出帅营。说:"孩儿们,如今为父的性命难保了。"四子道:"爹爹,为什么?"张环道:"我儿,你看元帅行作,岂是前来犒赏三军的?这分明来查点应梦贤臣薛仁贵。"张志龙道:"爹爹,不妨事。只要将薛仁贵藏过,他就查不出了。"张环道:"这个断断使不得,九个火头军名姓,现在花名册上,难道只写其名,没有其人的?"志龙说:"爹爹,有了。不如将九人藏在离城三里之遥上港山神庙内。若元帅查点九八名姓,随便众人们混过,或者兵马内走转当了火头军,也使得的。"张环道:"我儿言之有理。"先到教场中传令,安扎营盘已毕,天色晚暗。

当日张士贵亲往前管中来,薛仁贵忙接道:"不知大老爷到此有何吩咐?"张环道:"薛礼,我为你九人,心挂两头,时刻当心。不想元帅奉旨下来犒赏三军,倘有出头露面,那时九条性命就难保全,故我大老爷前来求你,那离城三里之遥,有座土港山神庙,到也无人行走,你等九人作速今夜就去,躲在庙中,酒饭我暗中差人送来。待犒赏完时,即当差人唤你。"薛仁贵应道:"多谢大老爷。"说罢,连同了八名火头军,静悄悄出了前营，竟往土港山神庙中躲过，我且慢去表他。单说到尉迟恭吩咐二子，明日早早往教场。二子答应："是。"来日，张环父子全身披挂，先在教场中整备酒肉，少刻元帅父子来到教场，上了将台，排开公案，传令十万人马，安住东首营中，又吩咐尉迟宝林："你将兵器在手，站住西首营盘。为父点过来，你放他进营，若有兵卒进了营，从复回出来，即将枪挑死。"宝林应道："是。"就立在西营。尉迟恭叫声："先锋张环，你在东营须要小心，本帅点一人，走出一人，点一双走出一双，若然糊涂混杂，不遵本帅之令，点一人走一双，点二人走出一个，皆张环之罪。"张士贵一声："得令。"听元帅令严，心中急得心惊胆战，低低说道："我儿，为今之计怎样？我为父只道也没有严令发下来，所以要随便混转来，当了九个火头军。如今他这样发令严明，那个当火头军好？"四子应道说："便是。"

不表旁首张家父子心中设法，要说到台上尉迟元帅，先把中营花名册展开，叫次子宝庆看明，叫点某人。"有。"走出东营，要到将台前领赏。元帅从上身认到下身，看了一遍，才叫张环赏酒肉回西营主。宝林又点薛元，应道："有。"走到台前，元帅听得姓薛，分外仔细观看，见他穿皂黑战袄，明知不是，赏了酒肉，回西营去了。每常犒赏十万人马，不消一日，快得紧的，如今有心查点仁贵，一个个漫漫犒赏，眼活费心，虽托长子端枪在西营看守，还当元帅用心，眼光射在两旁，恐兵卒混杂，点得到不上头二百名，天色昏暗，尉迟恭父子用过夜膳，同张环父子共安下营寨，家将四面看守，不许东西兵卒来往。一到明日清晨，元帅升坐将台，重使宝林到西营，点昨日儿名，今日原是几名不差。然后再点兵卒，才想到了这三天把前营军名册展开，一个个点到月字号内来了。这番张环父子在下面如土色，分拆心肝，浑身冷汗。说："我儿，如今要点火头军了，将何人替点？为父命在顷刻，你们可有计策。"志龙叫声："爹爹，闻得元帅好酒的，如今奉旨在此，勉强戒酒，那里耐得住？今日又是个南风，不免将上好酒放在缸中，冲来冲去，台上自然酒香，看元帅怎生模样，然后见机而作。"张环道："到也使得。"就吩咐家将，缸中犒赏的酒，倒来倒去。尉迟恭在将台上，劈面的大南风，果然这个美酿香气直透，引得尉迟恭喉中酥痒，眼珠到不看了点将旁首，看他把酒倒东过西，若没有：

戒酒牌悬在颈中，定然取酒入喉咙。

毕竟尉迟恭不知如何饮酒，且看下回分解。

第三十五回　　尉迟恭犒赏查贤士
薛仁贵月夜叹功劳

诗曰：

美蓉影入在江边，黑菊如何访向前。

喜得芙蓉伶俐巧，故使张环性命全。

那元帅心中暗想："若没有皇上的戒酒牌挂在颈中，就叫张环献上来，饮他几杯何妨。"又说到张士贵父子，见尉迟恭飘眼盯住的看这里倒酒，必然想酒吃了。便说："我儿怎样设个计策，献酒上去，灌醉了他才好？"志龙说："爹爹，容易。把一碗酒放些茶叶在里边献上去，只说这个是茶。待元帅饮了下去，不说什么，只管献上去，若然元帅发怒，丢下酒来。只说茶司不小心，撮泡差了。又不归罪我们，爹爹，你道使得么。"张环道："我儿言之有理。"连忙把酒放些茶叶，走上将台说："元帅点兵辛苦，请用杯茶解渴，然后再犒赏。"敬德接过来，一闻香冲鼻，喜之不胜，犹如性命一般，拿来一饮而尽。暗想："这张士贵，人人说他奸佞，本帅看起来，倒是个好人，因见我奉旨戒酒，故暗中将酒当茶，与我解渴。本帅想再吃几杯，也无人知觉。"便说："张环，再拿茶来。"士贵见元帅不发怒容，又要吃茶，才得放心。连忙传令张志龙泡茶。敬德慢慢吃，还看不出，那晓他是一口一碗，只管叫拿茶来，一连饮了十来碗，到不去犒赏三军了。尉迟宝庆在案东横头，看见爹爹如此吃茶，疑惑起来，说："什么东西，茶多吃个不停，只怕一定是酒了，待等他拿起来看。"张环接酒放在桌上，尉迟恭正要伸手来拿，被宝庆抢在鼻边一嗅，果是酒。连碗望台下一抛，说："爹爹，你好没志气。也岂不晓酒能误事，你为着何来？况奉旨戒酒，又与军师赌下首级，谁不知张环向有奸计，倘被他灌醉糊涂，那能清清白白犒赏？正经之事不干，反好酒胡乱，若朝廷知道，爹爹你将何言陈奏，岂不性命难保？还不查点。张环有罪，以正国法。"尉迟恭差不多倒醉的了。见儿子发怒抛翻，性气顷刻面泛铁青，乌珠翻转，说："嗄呀，罢了、罢了。为父饮酒，人不知，鬼不觉，你这畜生，焉敢管着为父的响叫饮酒！我如今不戒酒了！"把戒酒牌除在旁首，传令张环备筵一席："本帅偏要吃酒，吃个爽快的，看你管得住吗？"张环只怕元帅，那里怕你这公子？连忙吩咐大排筵宴，就在将台上赐张环陪酒，你一杯，我一盏，传花行令，快活畅饮。气得旁边宝庆泥塑木雕的一般。饮到未刻，尉迟恭吃得大醉，昏迷不醒，说起酒活来了。便叫："张先锋，本帅一向不知你心，今日方知你为人忠厚，本帅奉旨犒赏，吃得醺醺大醉，天色又早，还有前营、左右二营，不曾犒赏。今委你犒赏，明日缴令。本帅要去睡了。"张环大悦，应道："是。元帅请回，末将自然尽心。"宝庆叫声："爹爹，这是断断使不得的，岂可委与先锋犒赏？爹爹你自去想一想看，主意要紧，所以说酒能误事。"敬德心中已经昏乱，那里想到查点贤臣之事。反喝道："好畜生，犒赏三军，难道法定要元帅去赏，先锋赏不得的吗？为父如今偏要委他去犒赏，你再敢阻我吗，快扶我到营中安睡。"两位公子无奈何，只得扶定尉迟恭，来到帅营，悠忽睡去，我且不表。

单讲张士贵，心满意足，连忙吩咐四子一婿，人人犒赏，如今不像敬德这样查点的，他却唤几百名来，大家分一阵。不上半日左右，二营尽行赏到，人人无不沾恩。父子回营安睡，一宵不必表他。

再讲那帅营中，尉迟敬德这一大睡，到黄昏时候，方才睡醒。二子跪下叫声："爹爹，你如今酒醒了吗？"敬德说："我儿，为父奉旨戒酒，不曾饮什么酒。"二子道："阿呀！爹爹，你如今忘记了吗？只怕朝廷得知，性命难保。那张开父子，把酒当茶，爹爹饮得大醉，这也罢了。不该把左右营的兵卒，委张环犒赏，如今兵将尽沾恩，应梦贤臣在于何处？岂不有罪了。"敬德吃惊道："嗄，有这等事，为父或者好酒糊涂，要汝等则甚，岂可由我饮酒，阻不得的吗？"二子道："阿呀，爹爹，孩儿们怎么不阻，爹爹执意不听，反排筵席，快乐畅饮，如此大醉，酒醒已迟。为今之计，怎么样处？"尉迟恭无计可施，只听得营外猜拳行令，弹唱歌吹，欢舞之声不绝。敬德便说："我儿，外边喧哗，却是为何？"宝林道："就是那些兵卒，因受朝廷犒赏，所以皆在营中欢乐畅饮。"敬德道："不知如今是什么时候了？"宝林道："还只得黄昏时候。"敬德暗想，今夜乃中秋八月，故月色辉华，分外皎洁："我儿，你们随父静悄悄出营，前去走走。"宝林答应跟随。

那元帅头上皂色巾，身穿黑战袄，腰挂宝剑，离了帅营，往东西营盘走来转去。也有四五人同一桌的，也有三四人合一桌的，也有二人对饮的，也有一人独酌的，也有猜拳的，也有行令的、也有歌舞的，也有弹唱的，也有劝酒的，好不热闹。敬德又行到靠东这座大营帐边，飘眼望去，见里面有四个人同饮，说道："哥哥，来来来，再饮一大杯。"那人说道："兄弟，你自吃罢，为兄的酒深了，吃不得了。""哥哥，如此我与你猜拳。""兄弟，你噜苏得紧，说道不吃是不吃了，猜什么拳。""哥阿，如此你来陪我饮一杯罢。""阿，兄弟，为人在世，不要不知足，我和你朝廷洪恩，大家吃得有兴，为是我们今日酒肉犒赏、大家畅饮快活，还有血汗功臣，反没福受朝廷一滴酒，一块肉哩。""阿哥阿，那个是血汗功臣吗？""他攻打关城，势如破竹，就是朝廷被困凤凰山，若没有薛仁贵，谁人救得，就是元帅性命，也是他救的，这样大功劳，尚不能食帝王酒肉，我等摇旗呐喊之辈，到吃得醺醺大醉，还要不知足，只管吃下去？""哥哥，你说得是阿，我走到外边去小解，解就进来的，要说到外边。"尉迟恭一句句听得明白，暗想："原来有这等事。"说："我儿，有人出来撒尿，快躲到月暗中去。"三人尽躲在营后墩背，那人见皓月当空，不敢撒尿，也走到营背后月暗中，撩开衣服，正要对敬德面上撒起尿来，这尉迟恭跳起身来，把那人夹背一把，扭倒在地，靴脚踹定，抽起宝剑在手，说："你认本帅是谁？"那人说："阿呀！元帅爷，小人实是不知，望帅爷饶命阿。"敬德说："别事不来追你，方才你在营内，说九个火头军有血汗功劳，反不受朝廷滴酒之恩。那九个叫作什么名字，得什么功劳，为何犒赏不着，如今却在何方，说得明白，饶你狗命，若一句沉吟，本帅一剑斩为两段。"那人叫声："元帅，若小人说了，张大老爷就要归罪小人，叫我性命也难保，所以不敢说。"敬德说："咈，张环加罪你惧怕的，难道本帅你就不惧了。我儿过来，取他首级。"那人说："阿呀，帅爷饶命，待小人说明便了。"敬德说："快些讲上来。"那人便说："元帅，这前营有结义九个火头军，利害不过，武艺精通，本事高强，内中唯有一个名唤薛仁贵，他穿白用戟，算得一员无敌大将。进东辽关寨，多是他的功劳。一路进兵，势如破竹，东辽老小将官，无有不闻火头军利害，只因大老爷与婿冒功，故将仁贵埋藏月字号为火头军。前日元帅来此，大老爷用计将九人藏在土港山神庙中，所以不能受朝廷洪恩。"敬德道："原来如此。土港山神庙在于何地？"那人说："离教场三里之遥，松柏旁就是了。"敬德说："如此饶你狗命，去了吧。"那人说："多谢元帅爷。"立起身，往营中就走。尉迟恭父子，步月来山神庙，我且慢表。

单讲庙中火头军，人员不受朝廷的恩典，张环却使人送来酒肉，他们排开二席，到吃得高兴，猜拳行令，快乐畅然。只有薛仁贵眼中流泪，闷闷不乐，酒到跟前，却无心去饮。周青叫声："大哥，不必忧愁。快来吃一杯。"仁贵说："兄弟，你自己饮，为兄尽有了。外边如此月色，我到港上步步月，散散心，停一回就来的。"周青说："如此请便，我等还要饮酒爽快哩。"那时薛仁贵离了山神庙，望松柏亭来。月影内随步行来，不想后面尉迟恭瞧呆，穿白小将走出庙来，连忙隐过一边，又见他望东首去，就叫："我儿，你们住在此，待为父随他去。"二子应道："是。"那敬德静悄悄跟在仁贵背后，望东行去数箭之遥，空野涧水边立住，对月长叹道："弟子薛仁贵，年方二十八岁，欲待一日寸进，因此离家，不惜劳苦，跨海保驾征东，哪晓得立了多少功劳，皇上全然不晓，隐埋在月字号为火头军。摇旗呐喊之辈，尚受朝廷恩典，我等有十大功劳，反食不着皇上酒肉，又像偷鸡走狗之类，身无着落，妻子柳氏，苦守巴巴，只等我回报好音，恩哥恩嫂不知何日图报，此等冤恨，惟天所晓。今见皓月当空，无所不照，何处不见，有话只得对月相诉。我远家万里，只有月照，两头剖割，心事无门可告，家中妻子只道我受享荣华，在天子驾前，却忘负了破窑之事，哪知我在此有苦万千，藏于怀内，无处申泄。今对月长叹，谁人知道？"仁贵叹息良久，眼中流泪。尉迟恭听得明白，怎奈莽撞不过，赶上前来，双手把薛仁贵拦腰抱住说："如今在这里了。"仁贵只道是周青作耍，说："兄弟，不要戏耍。混账！"谁知敬德的胡须扫在仁贵后颈中，那番回头一看，见了黑脸，直跳起来说："阿呀，不好！"把身子一挣，手一摇，元帅立脚不定，哄咙一响，仰面一跤翻倒在地。仁贵抛开双足，望山神庙乱跑，跌将进来。八人正吃得高兴，吓得魂不在身。大家立起身来说："大哥，为什么？"薛礼扒起来，忙把山门关上说："众兄弟，快些逃命。尉迟老元帅前来拿捉了。"八人听见，吓得浑身冷汗，各拥进里面，把一座夹墙三两脚踹坍，跨出墙，一齐拼命地逃走了。

讲这尉迟恭走起身，赶到山神庙，把山门打开，喝叫："我儿，随为父进去，拿应梦贤臣。"二子应道："是。"三人同到里边，只见桌子上碗碟灯火尚在，并不见有一人。连忙进内来，只见墙垣坍倒，就出墙望大路上赶来，应梦贤臣依然不见。只听得旁首树林中一声叫："奉旨拿下尉迟恭，理应处斩。"敬德听言，大吃一惊。回头看时，只见旁首林中一座营盘，帐内有军师徐茂公已到，说是："大人，本帅何罪之有？"徐茂功笑道："怎说无罪，你逆旨饮酒，此乃大罪；查不见应梦贤臣，该取下首级。"敬德："逆旨饮酒，望大人隐瞒，若讲应梦贤臣，本帅虽不查取，却方才看见明白，待天色一亮，本帅自往汗马城，将张环动刑，不怕不招出来。"茂公道："元帅，薛仁贵本来有的，只是内中有许多曲折缘故，所以查点不着，少不得后有相逢之日，你必须要见他，前去责任张环，后来反自有罪在不赦之日，如今趁不究明，好好随我回凤凰城去吧。"敬德无奈何，从了军师之命，就连夜离了汗马地方，连夜赶到凤凰城。

天色明亮，朝廷正坐御营，见军师同元帅进营说："陛下在上，老臣前去查点应梦贤臣，果然查不出，望陛下恕罪。"天子道："王兄查访不出就罢了，何罪之有？"程咬金道："老黑，陛下恕你之罪，我到饶你不来。你自说过的，还是你自己把头割下来呢，还是要我动手来割？"尉迟恭笑道："老千岁，你又在此搅浑了。军师大人尚不认真，反要你割起首级来，岂非真正是呆话了。"自从犒赏之后，不觉又是三天，陛下降旨到汗马城，命先锋张环即日开兵，再破关攻城下去。张士贵奉了圣旨，传令大小三军，放炮起兵。"是！"一声得令，离了汗马城，一路下来，约有三百余里，到了独木关安下营盘。天子随后也进兵前来，到汗马城停扎，只等张环破关报捷。

谁想这先锋张士贵进攻关塞只靠得薛仁贵，那薛仁贵自从中秋月夜在土港山神庙，黑夜中被尉迟恭吓了这一惊，路上又冒些风寒，借端起身，病在前营，十分沉重，卧床不起了，八人伏事不离。张士贵闻报，心中闷闷不乐。停营三天，并无人出马。汗马城中朝廷旨意下来,朝夕不停,催取进兵。说独木关有多少上将,为何还未能破？那番急得张环无头无脑,日日差人往前营探薛礼的病体如何,并没有一人回报好音,只得停营在此,不敢开兵。

先说到独木关中的守将名为金面安殿宝,实授副元帅之职,其人骁勇利害不过的,比着盖苏文本事更高万倍。两旁坐两位副总兵,一个名唤蓝天碧,一个名唤蓝天象,这二人也多有万夫不当之勇,生得来浓眉豹眼,蓝靛红须,正在堂中商议退敌南朝人马,忽有小番报进营来说:"启上三位平章爷,大唐人马扎营在关外,有三天了,不知为什么,并无将士索战。"安殿宝说:"有这等事?"便叫:"二位将军,孤闻南朝火头军骁勇无比,走马攻取关塞,如入无人之境,为何起兵到此三日,并不出营讨战?"天碧、天象叫声:"元帅,待小将们出关,先去索战,若火头军出来,会会他本事;若火头军不在里边,一发更好,就端他营盘,有何不可?"安殿宝说:"将军主见甚好,如此小心出马。"二将答应道:"不妨。"那蓝天碧先自连忙披挂,上马端枪,离了总府,放炮出关,来到唐营,呼声大叫:"营下的,快报说! 今有将军爷在此。我闻汝邦火头军骁勇,既来攻关,因何三日不开兵,故此魔家先来索战,有能者快出营来会我。"那营前军士一闻此言,飞报进营说:"大老爷,关中杀出一员将士,十分厉害,在那里讨战。"张环闻报,便对四子一婿道:"我的儿,为今之计,怎么样? 那薛礼卧床不起,周青等服侍不离,关中来将,在外索战,如今谁人去抵挡。"志龙叫声:"爹爹,不妨。薛礼有病在床,孩儿愿去抵敌。"士贵满怀欢喜说:"既是我儿出马,须要小心。贤婿戎装帮助些儿,掠阵当心。"应道:"晓得。"张志龙全身打扮,尽皆上马,端兵出到营外,抬头一看,但见蓝天碧:

头戴紫金凤翼盔,红缨一派如火焰。面如蓝靛,须似乌云;唇若丹朱,眼若铜铃。狮子大鼻,口似血盆,海下几根铁线红须。身穿一领绣龙大红蟒,外罩一件锁子青铜铠。左悬弓,右插箭,坐下昏红马。手端一条紫金独龙枪,果然来得威风猛。

那张志龙看罢,把枪一起,豁喇喇冲到马前,枪对枪架定。说:"番儿,番狗,留下名来,你是什么人,擅敢前来讨战?"蓝天碧道:"我乃副元帅标下大将军,姓益名天碧,你岂可不闻我东辽项儿尖儿的大将吗? 你有多大本事,敢来会我!"志龙笑道:"怎知你这无名番狗,我小将军本事骁勇,还不好好下马归顺。"正是:

　　阵前二将虽夸勇,未定谁人弱与强。

毕竟二将斗战如何,且看下回分解。

第三十六回　番将力擒张志龙
　　　　　　　周青怒锁先锋将

诗曰:

　　蓝家兄弟虎狼凶,何惧唐师百万雄。
　　小将志龙遭捉住,这番急杀老先锋。

那番将蓝天碧一闻志龙之言,呼呼冷笑道:"不必夸能,魔这支金枪,从不曾挑无名之将。既要送死,快通名来!"张志龙道:"我乃先锋大将军张大老爷长公子爷张志龙便是,谁人不知我本事利害,快快放马过来。"蓝天碧纵马上前,把枪一起,喝叫:"蛮子,魔的枪到!"插、插这一枪,望张志龙劈面门挑将进去。志龙把枪架在旁首,马打冲锋过去,英雄闪背回来,二人战有六个回合,番将本事高强,张志龙那里是他对手,杀得来气喘吁吁,把枪一紧,望蓝天碧劈胸挑进去。天碧也把枪噶啷一声,挠在旁首,才交肩过来,天碧便轻舒猿臂,不费气力,拦腰一把,将志龙提过马鞍鞒,带转丝缰,望关里边去了。何宗宪见大舅志龙被番将活捉了去,便大怒纵马摇戟,赶到关前大喝:"番狗,你敢擒我大舅,快放下马来,万事全休,若不放还,可知我白袍小将军骁勇么!"那番惊动关前蓝天象,催动战马,摇动金背大砍刀,前来敌住宗宪道:"来的穿白小蛮子,你可就是火头军薛仁贵吗?"宗宪冒名应道:"然也,你既闻火头爷大名,何不早早下马受死,反要死在戟尖之下!"天象说:"妙啊,我正要活擒火头蛮子。"放马过来,宗宪串动手中方天戟,照着蓝天象面门上挑将进去,天象把刀梟在旁首,马打冲锋过去,英雄闪背回来。

国学经典文库

中国二十大名著

说唐全传

图文珍藏版

二人战到八个回合，何宗宪用力架在旁首，却被蓝天象拦腰挽住，把宗宪活擒在手，竟是回关。打得胜鼓，来见安殿宝。把郎舅二人囚入囚车，待退了大唐人马，活解建都处决。

单讲唐营内，张士贵闻报子婿被番将擒去，急得面如土色，心惊胆战。说："我的儿，你大哥、妹夫，被番邦擒去，出兵速救还好，若迟一刻，谅他必作刀头之鬼。为今之计怎么样处置？"志彪、志豹说："爹爹，大哥、妹夫本事好些，尚且被他活捉了，我弟兄焉能是他敌手？薛礼又有大病在床，如今谁人去救。"士贵叫声："我儿，不如着周青去，自然救得回来。"中军那里应道："有，大老爷有何吩咐？"张环说："你到前营月字号，传火头军周青到来见我。"应道："是。"中军来到前营前，也不下马，他是昨日新参的内中军，不知火头军利害之处，竟是这样大模大样，望里面喝叫一声："哒！老爷有令，传火头军周青。"那晓内边这几位火头将军，也有在床前伏事仁贵，也有那里吃饭，周青听见他大呼小叫，便骂："不知那个瞎眼狗囊的，见我们在此用饭，还要呼叫我们，不要睬他。"原是忙忙碌碌，正管吃饭，不走出来。这外边中军官传唤了一声，不见有人答应，焦躁起来说："你们这班狗王八，如此大胆！大老爷传令多不睬的了。"周青听得中军叫骂，大恼起来说："不知那个该死的狗囊，如此无理，待我出去打他娘。"周青起身，往营外一看，只见这中军在马上耀武扬威，说："狗囊的，你方才骂那一个？"中军道："怎么，好杀野的火头军，大老爷有令传你，如何不睬，又要中军爷在此等候，自然骂了！你也敢骂我？是这等大胆的狗头，我去禀知大老爷，少不得处你个半死。"周青说："你还要骂人吗？"走上前来，夹中军大腿上一拢，连皮带肉，抠出了一大块。那个中军官喊声："不好！"在马上翻将下来，跌为两处。中军帽滚开了，一条令箭，把为三段。扒起身来就走。周青说："打死你这狗头，你还要看我怎么？不认得你爷老子叫周青。"那个中军吃了亏，好不气恼，撞见了那些中军，好不羞丑。说："阿唷，反了，反了，火头军到大如我们的。"那些中军说："你原不在行，我们去传他，要观风识气，他们在里边吃饭，要等他吃完；在里边闲话，又要等他说完。况且这班火头，大老爷自己怕他的，凭你营中千总、百总、把总之类，多要奉承他的。岂用得你们中军去大呼小叫的，自然被他们打起来了。"那新参的中军道："嘎！原来如此。我新任的中军，哪里知道。"只得来见张环说："大老爷，这班火头军杀野不过，全不遵老爷之令，把令箭折断，全然不理，所以中军吃亏，只得忍气回来缴令。"张士贵听言，心中大怒说："我把你这该死的狗头，重处才是。我大老爷遂日差中军去传火头军。何曾有一言得罪，今日第一遭差你去，就令箭折断，不遵号令。想是你一定得罪了他们，所以吃亏回来。左右过来，把这中军锁了，待我大老爷自去请罪。"两旁答应，就把中军锁住。张环带了中军步行往前营来。三子跟着。单有中军好不气恼，早晓大老爷是这样惧怕火头军的，我也不敢大呼小叫了。

不表中军心内懊悔，张士贵已到营前，火头军闻知，尽行出来迎接。周青道："本官来了，请到里边去。"张环进往营中，三子在外等候。八名火头军叩见过了，周青便说："未知本官到来，有什么吩咐？"张环道："未知薛礼病恙可好些吗？我特来望他。"周青说："既如此，本官随我到后营来。"张士贵同到后营，来近薛礼床前，周青叫道："薛大哥，大老爷在此望你。"薛礼梦中惊醒说："周兄弟，大老爷差人在此望我吗？"张环说："薛礼，不是差人，我大老爷亲自在此看望你。"仁贵说："阿呀，周兄弟，大老爷乃是贵人，怎么轻身踏贱地，来望小人？周青，你不辞大老爷转去，反放进此营，亲自在床间看望，是小人们之大罪也！况薛礼性命，全亏大老爷恩救在此，今又亲来望我，叫小人那里当得起，岂不要折煞我也。"张环道："薛礼，你不必如此，我大老爷念你有功之人，尊卑决不计较，你且宽心，未知这两天病势如何？"仁贵下泪说："是。大老爷阿，感蒙你屡救小人性命，今又不论尊卑，亲来看望，此恩难报。小人意欲巴得一官半职，图报大恩。看起来不能够了，只好来生相报。"张环说："又来了，你也不必纳闷，保重身躯，自然渐愈。"仁贵说："多谢大老爷费心，小人有病在床，不知外事，未知这两天可有人来开兵吗？"张环道："薛礼，不要说起。昨日番将讨战，两位小将军已被他们擒去，想来一定性命难保，今早差中军来传周青去救，不知怎样得罪了，被周青打了一场，令箭折断，故而我大老爷亲锁中军，一则来看望，二则来请罪周青。"列位要晓得，九个火头军，只有薛仁贵服着张环，如今见他亲来看望，也觉毛骨悚然。今听见大老爷说周青不服法，气得来面脸失色，登时发晕，两眼泛白，一命呜呼去了。吓得张环魂不附体，连叫薛礼，不肯苏醒。周青着了忙，也叫薛大哥，并不醒来，恼了周青，大喝本官不是："我大哥好好下床安静，要你来一头，薛礼、薛礼，叫死了。兄弟们，把本官锁在薛礼大腿上，待他叫醒了大哥始放。若叫不醒，一同埋葬。"王心鹤与李庆先拿过胡桃铁链，把张环锁在仁贵腿上。这士贵好不着恼说："怎么样，周青你本无法无天了，擅敢把我大老爷锁住！"周青说："你不要喧嚷，叫不醒大哥，连你性命也在顷刻。"那番张环魂不附体，连叫薛礼，方才悠悠苏醒："阿唷，罢了，罢了。哪有这等事？"正是：

　　堪笑投军众弟兄，全无礼法枉称雄。本官看邓如儿戏，打得中军面发红。

便叫："大老爷！"士贵应道："我被周青锁在你腿上。"仁贵听了，不觉大怒说："怎么样，周青你还不过来放了吗？"周青道："大哥醒了，我就放他。"走将过来把链子开放。那个仁贵气得来大喊："反了，反了，大老爷，小人该当万死。这周青容他不得，我有病在床，尚被周青如此无法，得罪大老爷。我若有不测，这班兄弟胡乱起来，大老爷性命就难保了。趁小人在此，你把周青领去，重打四十铜棍，要责罚他一番。"张环答应。周青说："凭你什么皇亲国戚，要锁我火头军却也甚难，本官焉敢锁我起来？"张环心下暗想："他与薛礼不同，强蛮不过的，那里锁得他住？"叫声："薛礼，我大老爷不去锁他。"仁贵说："不妨，李兄弟取链子锁了周青，待大老爷拿去重责。"周青说："大哥要锁锁便了。"李庆先就把大链锁了周青，张环拿了，走不上三两步，周青说："兄弟们，随我去。他若是罢了就罢；若不然，我们就夺先锋做。"张士贵听说此言，心中好不惊骇。说："不好。"只得重走近仁贵床前，叫声："薛礼，那周青倚强蛮，诸事不遵法度，我大老爷不去处他。只要周青出马，救了二位小将军，就将功赎罪了。"仁贵点头道："这也罢了。周兄弟，如今大老爷不来加罪你，你可好好出马，救了二位小将军，将功免罪。快去快去。"周青不敢违逆兄长，只要连忙结束，上马端兵，同了七个兄弟，跟随张环，来到中营。姜兴本、姜兴霸啸鼓掠阵，王心鹤、李庆红坐马端兵助阵。

周青一马当先，冲到关前，呼声大叫："咍！关上番儿，快报进去，今有大唐火头军周青在此索战，叫这番狗早早出马受死。"那番兵闻叫，连忙报入帅府。蓝家兄弟早已满身披挂，放炮开关，出来迎住。喝道："中原来将，留下名来，是什么人？"周青道："你要问他怎么。我说来也颇颇有名，洗耳恭听：我乃月字号内九员火头军里边，姓周名青，本事高强。你早献出二位小将军，投顺我邦，若恕你蝼蚁之命，若有半句支吾，恼了周将军性子，把你一铜打为肉酱。"蓝天碧呼呼冷笑说："我们也闻大唐火头军中，只有穿白姓薛的骁勇，从来不听见有你姓周之名，你就仙人异法，六臂三头，也不惧你。放马过来，照我枪罢。"二马交锋，蓝天碧提枪就刺，周青急架相还。二人战到十个回合，怎经得周青铁铜利害，番将有些抵挡不住，面皮失色。那周青越觉利害，冲锋过来，把左手一提："过来罢！"将蓝天碧擒在手内，捺住判官头，兜转丝缰，望营前来。

再讲关前蓝天象，见兄长被擒，心中大怒。忙纵坐骑出阵，大叫："咍！蛮子不要走，你敢擒我哥哥，快快放下来。"那周青到营前将蓝天碧丢下。张士贵吩咐绑住，周青又冲出阵，大喝："番狗！你若要送命，快通名来。"天象说："我乃副先锋麾下，名唤蓝天象。可知我的刀法精通吗？你敢把我兄长擒去，我今一刀不把你劈为两段，也不算魔家骁勇。"周青冷笑道："不要管他。"放马过来，天象上前提刀就砍，周青急架忙还，二人杀在一堆。只听刀来铜架叮当响，铜去刀迎迸火星。一来一往鹰转翅，一冲一撞凤翻身。这二人战有二十回合，蓝天象招架不住，却被周青劈头梁一铜，打得来脑浆迸裂，翻下马来，呜呼哀哉了。那时节众小番把关门闭了，报副元帅去了。周青得胜回营，张士贵满心欢喜。带过蓝天碧喝问道："番将！你今被天邦擒在此，死在顷刻，还不跪？"天碧说："咍！天无二日，民无二王。我见狼主屈膝，岂来跪你？要杀就杀，不必多言。况又父兄之仇不共戴天，你来审我怎么。"张环说："既如此，吩咐推出营外斩首。"两旁一声答应："嗄！"就把蓝天碧割去首级，号令营门，我且不表。

单讲独木关中副元帅安殿宝，正坐三堂，忽有小番飞报进来说："启上元帅爷，不好了。二位将军被大唐火头军伤了。"那金脸安殿宝听见此言，不觉魂飞天外，魄散九霄，吩咐带马抬锤。手下一声答应，安殿宝通身打扮，跨上鞍辔，手执银锤，离了帅府，带领偏正牙将，放炮开关，吊桥坠下，五色旗幡招转，豁喇喇冲到营前，高声大叫："咍！唐营下的，快报说：今有安元帅在此讨战。有能者火头军，早早叫他出营受死。"不表安殿宝讨战。

单言周青连忙出马，随了众弟兄来到营外，往前一看好个金面安殿宝，你道他怎生模样？但见他：

头戴金狮盔，霞光射斗；身穿雁翎铠，威武惊人。内衬绛黄袍，双龙取水；前后护心镜，惯照妖兵，背后四根旗，上分八卦。左边铁胎弓，倒挂金弦；右有狼牙箭，腥腥取血。坐下黄鬃马，好似天神。面如赤金相同，两道绣丁眉心竖，一双丹凤眼惊人。高梁大鼻，阔口银牙。手端两柄大银锤，足足有那两百斤一个。虽为海外副元帅，要算东夷第一能。

那周青见了心内胆怯，叫声："众兄弟，你们看这黄脸番儿，谅来决然利害。我有差迟，你们就要上来帮我。"众人应道："是，晓得。哥哥放心上去，快些擂起战鼓来。"说罢，战鼓一啸，旗幡摇动，周青冲上前来，把亮铁铜一起，那边银锤架定，大喝："来将何名，留下来好打你下马！"周青道："你要问我之名，洗耳恭听：我乃张大老爷前营内火头军薛礼手下，周青便是。可知我双铜利害吗？你这黄脸贼，有什么本事，敢来讨战与我！"安殿宝说："本帅在着关内，只闻火头军骁勇，那曾有你之名？可晓本帅银锤骁勇，穿白将只怕逢我也有些难躲，何在于你！"周青道："不必多言，若要送死，须通名姓下来。"殿宝道："本帅双名殿宝。东辽一国地方，靠着本帅之能，你有多大本事，敢来送死？"周青听言大怒，舞动双铁铜，喝声："照打！"当的一声，并铜直望番将顶上打将下来。安殿宝不慌不忙，拿起银锤望铜上噶啷一枭，周青喊声不好，在马上乱晃，险些跌下马来："阿唷！果然好本事。"一马交锋过去，圈得转马来。安殿宝量起银锤，直望周青劈面门打下来。那周青看锤来得沉重，用尽平生气力抬挡上去，马多挣退十数步，眼前火星直冒。看来不是他敌手。回头叫声："众兄弟，快快来！"七个火头军大家答应，纵马上前，刀的刀，枪的枪，把个安殿宝围在当中。三股叉分挑肚腹，一字锐照打颅头，银尖戟乱刺左膊，雁翎刀紧斩前胸，宣花斧斧劈后腮，紫金枪直望咽喉。那安殿宝好不了当，舞动大银锤，前遮后拦，左钩右掠，上护其身，下护其马；迎开枪，通开斧，抬开刀，挡开戟，那里在他心上。人人战他一个，还是他骁勇些，晃动锤头，左插花，右插花，双龙入海，二凤穿花，狮子拖球，直望八人头顶上、背心、中左太阳、右勒下，当胸前当当的乱打下来，八个火头军那里是他对手，架一架，七八晃，抬一抬，马多退下来了。战到个四十回冲锋，不分胜败。杀得来：

风去惨惨天昏暗，杀气腾腾烟雾黄。

毕竟不知如何胜败，且看下回分解。

第三十七回　薛仁贵病挑安殿宝　尉迟恭怒打张士贵

诗曰：

八将英雄虽说能，未如殿宝独称尊。

若无仁贵天星将，独木关前尽丧魂。

那两边战鼓敲得如雷霆相似，炮响连天。独木关前沸反淫天，忽惊动前营月字号内病人薛仁贵。他有大病在床，最喜清静，可以朦胧打睡。不想外面开兵，喊杀大震。一个薛仁贵那里睡得起，忙问徒弟们："外面那个开兵？如何杀了半日不定输赢，只管鼓炮喧声，害我再睡不着。"徒弟回道："营外众师父在那里开兵，不道关内出来一将，名唤金脸安殿宝，其人骁勇异常，善用两柄大银锤，因此八位师父围住战他，不分胜败，所以有此战鼓不绝。"仁贵听言大怒，说道："有这等事，我到东辽地方，从不败于番将之手，多是势如破竹，如入无人之境。今一病在床，想安殿宝有多大本事，八人多战他不过，使我火头军之名，一旦被他丧尽了，我那里听得过！带我的盔囊甲包过来，待我去杀这金脸的番狗！"那十个徒弟上道："这个使不得，你有病在床，保重尚且不妙，怎去与他开兵，不要说这没正经的话。方才周老师临去，嘱咐我们要小心服侍，怎么反要出去战阵，分明自送残生。不要说别的，就是冒了风，也有几日难过。"仁贵道："你等晓得什么来，我一生豪气，愤愤在心，念虽有病，那里容得外面这番奴如此称威耀武，八个兄弟没干，自当我去开兵。"说完，坐起身来，穿好衫裤说："快拿盔甲与我穿好，带马抬戟，我好出阵。"那些小卒们多说道："薛老师，这是断断使不得，要开兵待病势好了，然后开兵。"仁贵怒道："多讲！快去拿来。"小卒无奈，只得带马的带马，取盔甲的取盔甲。薛仁贵说要装束起来，拿一顶烂银盔戴在头上，犹如泰山的重。说："这顶盔不像我的。"徒弟道："正是老师的。"仁贵："为什么沉重的狠？"徒弟说："这个自然。老师虽是那豪杰气性犹在，然而形容意境，恍惚不过，身十分瘦怯，力气萧然，自然带这顶银盔是沉重的了。"仁贵又把银条甲披在身上，慢腾腾跨上了马，接过方天戟来，犹如千斤模样，再也拿不起来。未曾出戟，心中混乱，头圆滚滚，曲了腰，双手拿定戟杆，愣在判官头上，戟尖朝上。遂叫徒弟加鞭，手下答应："是。"把马牵出营盘，加上三鞭，这骑马不管好歹，后足一蹬，四蹄拔开，豁喇喇竟冲上前来。惊动了虚空九天玄女娘娘，见仁贵带病出马，遂传法旨，叫左首青衣小童仗剑，去帮薛礼取胜安殿宝。小童领旨，暗中保护不必表他。

再讲张士贵，见薛礼在马上腰驼背曲，带病出马，又惊又喜，说："薛礼，你是恍惚之人，须要小心，不可造次。"仁贵也不听见，望手时，但见围在一团，枪刀耀目。大叫："众兄弟快些退下来，待为兄取他性命。"阵上八个火头军，大家杀得眼目昏花，汗流浃背，把不能够有人来替。他忽闻大哥出马，心中欢喜。大家探下兵刃，多转营前来，忘记了仁贵病体，只有他独自向前。那晓安殿宝见八人退去，又说大哥上来，明知有名薛蛮子，抬头看他穿白用戟，一定无疑。就扣住了马，把两柄银锤凤翅分开，一个朝上，一柄向下，看他冲来，必须住马与我打话。

那晓仁贵病颠之中，身不由己，那里还把丝缰去扣，凭他冲到敌将马前。这叫天然凑巧，玄女保护童子，拿他戟尖刺入番将咽喉。这安殿宝不防备的，要架也来不及，喊得一声："阿呀！"人已穿在戟尖上了。他原不曾扣马，又无力挑掉此人，由他直抢吊桥。后面八个火头军喜之不胜，连马把枪刀一起，催马来夺关头。那些番兵进得关来，薛仁贵也到了关内。那时枪刀剑戟，直杀过来。仁贵着了忙，用尽膂力，把个安殿宝挑在旁首，抢戟就刺，好似无病一般。杀得番将死的死，逃的逃，后边人人冲进关来，四下一追，杀入帅府，救出张志龙、何宗宪，查明粮草，关上改换旗号。张环领进人马放炮安营，犒赏了九个火头军，已取了独木关。此回书叫薛仁贵病挑安殿宝，张士贵又要冒功了。

单讲到汗马城，朝廷闻报了独木关，命大元帅尉迟恭传令大小人马，发炮抬营，离了汗马城，一路往独木关进发。先锋张环远远相迎，进了关门，发炮三声，齐齐打下营盘。张士贵进到御营，俯伏尘埃道："陛下龙驾在上，臣狗婿何宗宪，路上辛苦得其大病，前日又病挑安殿宝，已取独木关，略立微功。"朝廷大喜说："汝婿有病，取胜番将，功劳非小，待元帅上了功劳簿。"张环道："多谢元帅爷。"尉迟恭又道："张先锋，本帅看你倒是个能人。"张环道："不敢，何蒙元帅爷谬赏。"尉迟恭又说："本帅营中有件古董，人人不识，想你必然识得。"张环道："小将只怕未必识得。"尉迟恭道："又来谦让了，你且随我到帅营来。"张士贵只得随了元帅，进往帅营去。朝廷问徐先生："尉迟元帅说有古董，未知是什么古董与张环看？"茂公笑道："有什么古董，张环中了元帅之计，他哄去要打他。"天子道："果然吗？"应道："正是。"

不表朝廷之言，单讲到尉迟恭同了张环，进入帅营，便说："张先锋，待本帅去拿出来。"士贵应道："是。"只等古董来看。再表尉迟恭到后营，拿了这条鞭，来到外面叫声："张先锋，你看此件是什么古董？"张士贵看见说："元帅，此条是鞭，元帅用的镔铁钢鞭，不算什么古董。"尉迟恭道："为甚柄上又刻几行字？本帅不识，你来念与我听听看。"张环说："元帅，这乃先王敕赐封的打王鞭，所以刻着几行字在上面。"尉迟恭道："刻的是什么字？朗诵与我听。"张环只得念道："这六句刻的'无端狄虏造反，抢掳国家廊庙，朕知虢国公忠义，三宣召请还朝。上打昏君无道，下打文武不忠，神人万不能回避，神尧高祖亲封'。"敬德大笑说："依鞭上之言，汝等不忠奸佞，正可打得的了。"飞一腿把张环蹯倒在地，提鞭就要打了，吓得张环魂不在身，大喊道："阿呀，元帅爷，末将有功于社稷，何为奸佞？望元帅饶命。"敬德道："你还说不奸吗？本帅问你，那薛仁贵现在你前营内月字号内为火头军，怎么在本帅跟前将他隐过，只说没有？自从破东辽，大小功劳多是薛仁贵的，你偏偏将他功劳全冒在自己身上，还说不奸吗？"张环道："阿呀，元帅阿，这是冤枉的阿！末将月字号内火头军，只有薛礼从来不听见仁贵二字。这乃同姓不同名，况薛礼又不晓得开兵打仗，何算应梦贤臣？望元帅休听旁人之言。"尉迟恭大怒道："你还要强辩？本帅前日在汗马犒赏三军，你把我灌醉，糊涂混过。那夜醒来，行到土港山神庙，见薛仁贵对月长叹，本帅隐在旁边，一句句听得明白，我就上前拿去，他便一走，走往山神庙内。本帅赶进庙中，他已跨墙而出，还像有七八个伙伴。当日就要问你，奈军师阻住，故我未曾与你算账。今日取独木关，病挑安殿宝，一定是薛仁贵功劳，你又来冒他的，快说出真情，薛仁贵献到本帅跟前，这还饶你狗命，你若半句支吾，今一鞭打你为肉酱。"张士贵看来不妙，心下暗想："我若不把情由说出，性命谅来难保。不如把仁贵说明，暂避眼前之害，多贪留生命几天也是好的。"那番便叫声："元帅且息雷霆之怒，待末将细说便了。"尉迟恭道："快些讲上来。"士贵道："总是末将该死，望元帅恕罪。那薛仁贵果住山西绛州龙门县人氏，那年投军在内，因见他本事高强，故把他埋没在前营为火头军，将功尽冒在狗婿身上。此是情真，求帅爷饶命，待末将就去把薛仁贵献过来。"尉迟恭道："前日救本帅小将是那一个？"士贵道："就是应梦贤臣。"又问："前日凤凰山下追盖苏文，扯落袍幅者是那一个？"答道："也是薛仁贵。"尉迟恭便哈哈大笑说："我把你这狗头砍死便好，你原来有败露日子的吗。本该一鞭打你为齑粉才是，奈功劳未曾执实明白，饶你狗命，快去把薛仁贵献出，明对功劳，那时少不得死在我手。"张士贵连声答应，叩了四个头，退出帅营，竟往自己营中去了。

且讲尉迟恭满怀欢喜，来到御营说道："陛下，薛仁贵如今有着落了。"徐茂公道："有什么着落？分明把仁贵性命害了。"敬德道："军师大人，本帅方才怒打张环，要献出应梦贤臣，他满口应承而去，谅他不敢不献，有何害他性命？"茂公道："元帅，你哪里知道，张环此去，只怕未必肯献仁贵出来。他若献了薛仁贵，是他性命难保，元帅可肯饶他？"敬德道："这个本帅恕他不过。"茂公又道："确又来，他如今此去生心，把仁贵谋害了。"敬德道："岂有此理！他若把薛仁贵谋害，明日怎样来见我？"茂劝说："元帅又欠通了。他谋死贤臣，并无对证，只说没有薛仁贵，元帅因生心伤我性命屈招的，实没有仁贵，叫张环那里赔补得出？这数句言语，就赖得干干净净，有何难处，岂不把一家朝纲梁栋，白白送与你手。"朝廷听见应梦贤臣性命难保得了，忙问："徐先生，这便怎么处怎样救他才好？"茂公又掐指一算道："还好，还好，内中有救，请陛下放心。"朝廷道："既然有救，是朕万幸。"尉迟恭大怒说："明日张环不献应梦贤臣，叫他吃我一鞭，岂有此理。"

不表元帅之言，另讲先锋张士贵，受着这一惊，回到自己营中，脸上失色，目瞪口呆。四子一婿上前问道："爹爹前去报功，为什么这般光景回来？"张环道："阿呀，我的儿，不好了。今事露机关，为父性命不能保全了。"众人道："为着何事？"张环道："就是前营薛仁贵，被元帅细细的访出真情，要为父把他献出去，我若献他出，也不为难，只得那一番隐瞒冒功之罪一彰，他岂肯饶恕我们性命的？"四子："爹爹，这薛仁贵献不出的，献去也是死，不献去也是死。"张环道："这便怎么样？"众子道："倒不如把九个火头军一齐将他谋害，后无对证，那时元帅究问其情，爹爹就在驾前哭诉说应梦贤臣果然没有，叫臣那里赔补得出？方才元帅要伤臣性命，所以随口乱道，屈认其情，真实没有，望陛下饶恕性命。这几句回奏何等不美。"张环道："孩儿之言有理。如今事不宜迟，把此九人怎生谋害？"志龙道："爹爹，不如将药酒灌倒，一齐杀死，你道如何？"志虎道："不好，他们九人何等骁勇，倘被他识破机关，造反起来，谁人服得他们？"志彪道："有了，不如将砒霜毒药赏赐九人，待他饮下，一命呜呼。"志豹说："尤其不好，九人在此，还怕未必齐饮，倘有迟晚岂非画虎不成反类其犬。大家不保。"张环道："这不是，那不是，便怎么处呢？只要想一个绝妙的妙计，把他九人陷害，使那人不知，鬼不觉，方为安稳。"何宗宪眉头一皱，计上心来说："岳父，有了。前日小婿被番将擒捉到此，听得他们说此处天仙谷口，凭你多少人进去，塞住了口子，后路不通，无处奔逃。不如将九人哄入天仙谷口，外面端整木头石块塞住了，多往山顶，将火弓、火箭、火球、火枪射打下去，多用些引火柴草撩下，岂不上天无路，入地无门，一齐活活烧死。"张环说："贤婿此计甚妙。"一面差人去周备火球火枪等项，一面端正塞住谷口之事。

张环父子进往前营，叫声："薛礼，不好了。我老爷为你时刻在心，谁想你前日在土港口山神庙中露出真情，尉迟恭十分着恼，今日把鞭打我，要我献你出去，我想把你献去，一定性命难保，枉费许多心机，十大功劳一旦休矣。所以我大老爷不忍，特差人打听离关十里之遥，名为天仙谷口。且避眼前之害。待我兵兴夺了三江越虎城，在驾前保你出来。"仁贵听见，魂飞海外，魄散九霄。说："有这等事？感蒙大老爷屡屡搭救，无恩可报。兄弟们，我们大家去。"周青说："不妨，有我在此，待元帅拿我，我自有话讲，不劳本官着忙。"李、王二人道："你们专要倔强，性命要紧。"薛仁贵胆小不过，带了法宝，上马提戟，同了张环父子，一路来到天仙谷口，九骑马竟入谷口，但见两边高山峻岭，树木森森，居中有一位石成的弥勒佛，转到佛后，弯了一曲折，转过曲折的路，四面高山斗拢，不通的绝路。

　　不表九人在内游玩，外面张环预备柴木在此，看他们多转在山凹内去了，他就在外边传令，将谷口堆满硫黄硝炭，点着了火，烧将进去。父子六人上了高山，先把引火柴枝丢下去，落在山凹，然后把火球、火枪、火箭，如雨点打将下去，满山凹多是火了。那番九个火头军吓得魂飞魄散，说："如今性命大家不保了。"周青说："多是大哥不好！张环这狗，万恶奸臣，什么好人，只管信他。方才若听我周青言语，大家活了。如今弄到火里头来死，真正是火头军了。"仁贵说："周青兄弟，不必埋怨了。哪里知道这班狗头，横心烂肚，冒认功劳，设的诡计，害我九人九骑性命。为今之计怎样？不要说是火，就是这个烟，也吞不过了。"叫天不应，入地无门，慌做一团。仁贵忽然记起九天玄女娘娘赠的水火袍。他说遇有火灾。拿来披在身上，今日亏得带在身边，待我取出来，仁贵就往囊中取出袍服，九骑马难做一堆，将袍罩住，这是玄女法宝，火就不能着身。正在放心，忽听半空中有人叫道："薛仁贵，你们九人不必着忙，要命者多把眼睛闭了，耳边有风声响动，不必睁开。听江边绝了风声，然后睁开眼来，才保全性命。"这九人听见空中如此说，谅来非神即佛，不管真假，多把眼睛闭了。果然耳边风声响动，九骑马多叫起来了，人心多是浮虚，好像腾云模样。大家暗想："不要我们掉在水里边去了。"眼睛不敢睁开来看，这个风声响有一二个时辰，方才绝了风声。大家开了眼看时，却不是天仙谷内，又换了一个所在。但见两旁高山险岭，上边松柏常青，一条石街，几个弯兜转，不见民房屋宇，又没有河水溪池，又无日月之光华，阴不阴，阳不阳，不知是什么所在。仁贵对周青道："兄弟，此处又不见人家屋宇，荒郊旷野，谅无安歇之地，不如问到独木关去，见天子龙驾。"周青说："独木关知道那条路上去？又天晚，有多少的路程，今晚料去不及的。"王心鹤道："且随马赶上前去，见有人问个明白。"众人道："说得有理。"九人随着山路，曲曲弯弯行将过去，从没有一人来往。看看天色将晚，行有四五里路，原是：

　　　　高山树木重重叠，屋宇人烟点点无。
　　毕竟这九人怎生模样，且看下回分解。

第三十八回　火头军仙救藏军洞
唐天子驾困越虎城

　　诗曰：
　　　　张贼奸谋恶毒深，时时只想害贤臣。
　　　　九天若不行方便，万乘焉能入海滨。
　　单讲仁贵等九人行到傍晚，但有山林不见人烟，正在踌躇无处安歇，好生愁闷。抬头一望，只见前面忽来了一个老婆子，看来有百十余岁光景，老不过的了，头发眉毛多是白的，手中用拐杖一条，微微咳嗽行上来了。薛仁贵叫声："兄弟们，那边有个老婆子来了，不免去动问一声看。"众弟兄道："不差。"九人齐上前问道："老妈妈，借问一声。"那婆子道："阿呀呀！列位将军那里来的，要到何处去的？"仁贵说："我们是中原人，保大唐天子龙驾跨海来征东的。因错了路头，如今要到独木关，不知从哪条路上去，有多少里路？今晚可去得及吗？"婆子道："原来如此，你们是唐天子驾前大将，老身不知，多多冒犯，望乞恕罪。若说此地，离独木关有五百里足路，今晚那里去得及？"薛仁贵说："完了，这便怎么处？兄弟们，我们今宵到那里去安歇？"众弟兄说："大哥，这便怎么好？"周青说："无可奈何，就在树脚下蹲蹲吧，过去一夜，明日前行有何不可？"婆子道："列位将军，若不嫌弃老身家寒，到我的草舍，水酒一杯，权且过了一宵，明日去吧。"仁贵道："未知老妈妈贵宅在于何处，若肯相留过夜，明日自当重谢。"婆子道："说哪里话这九个人跟随婆子奔走,一路弯弯曲曲,行到一座山前,却见一个石洞,有五尺高。婆子道:"请各位将军下了马,随我进洞来。"九人只得下马,低下头走进洞中,里面黑暗的行有半里路才见亮光,随着亮光走去,行出了山洞,又换一座世界了。两边只见苍松翠柏,廊下花砌砖街,十分精巧。眼前有四时不谢之花,八节长生之草,一见双双白鹤成对,处处麋鹿成群,耳中只听得狼嚎虎啸猿啼豹叫之声,柳梢竹响惺忪,百树风调晰晰。喜的九人连连称赞:"妙啊!好一个所在。"一路观玩景致而行,那里认得出去的原路。正走到一潭涧水边,这个水碧波清中有一条仙桥,两边紫石栏杆,婆子领过桥来,见有一所石屋,高有一丈,那婆子道:"列位将军,此处就是舍下了,请到里面来。"九人抬头看见门前有个匾额,上写"藏军洞"三字。仁贵就问:"老妈妈,何为藏军洞?"婆子说道:"将军不知其细,且到里边来,老身自有话讲。"九个弟兄进入内来,把马牢拴在树。抬头四下观看,奇怪得紧,家伙什物都是石凿成的,石台子、石交椅、石凳、石床,就是那缸、盆、瓶、勺、壶、注、碗、碟等类尽是石的。大家坐下,因见家伙什物稀奇,不像是凡人,连忙动问道:"老妈高姓?向来祖上可是官宦出身,目下有几人在家,因何独住荒野,不知作何贵业,望妈妈细说明白。"婆子道:"不瞒众位将军说,老身姓宣,从小在荒山草屋苦苦度日,父母尽行归天,又无亲戚投靠,只得采薇修炼,目下一百零八岁,从未曾食其烟火。心惟居正,不道昨宵有九天玄女娘娘托梦与我,说大唐天子驾下先锋张士贵前营月字号有火头军九个,万岁出旨要拿,亏得他们命不该绝,明日一定行到此山,你便将他藏过,救了九条性命。所以有着身领救你九位将军到藏军洞内,此地原算仙界,就是东辽国王也不晓此地的,再没有人来往,你等放心托胆隐在此间,待老身去打听唐王赦宥,自然来领你们出去干功立业。"九人听见此言,不觉大惊,说道:"原来有这等事,多谢老妈妈费心,我等感恩匪浅。但如今酒无处沽,米无处籴,便怎么样?"妈妈道:"不必沽籴去,那一只缸内是米,这一只缸内是酒,够你们吃的就是了。若要荤腥,仙桥北首名曰养军山,山上獐麂野兽最多,打不尽的,有本事竟去寻来吃。"薛仁贵道:"这倒不消妈妈叮嘱,但我等多要吃到斗米坛酒,一个半缸干什么事,不到一二天就完了。"婆子道:"这两缸酒米吃不尽的。今日吃了多少,明日又长了多少出来,凭你吃千万年也不肯完的。"众人说:"有这样好处!如此老妈妈请便吧。"那婆子出了藏军洞,她就是九天玄女变化在此,安顿了九人竟是腾云去了。

单讲九个火头军,其夜饱餐夜膳已毕,过了一宵。明日上山打猎的打猎,煮饭的煮饭,游玩的游玩,好不快乐,倒也清静安稳,犹如仙家一般。若喜欢吃酒,一日吃他五六通,只不过野兽肉put酒过饭。自此安闲自在,在藏军洞住了数日,总是人鬼不知,那里还把出仕千功挂在身上?多忘记了。

我且按下藏军洞九人之言。如今又要说到天仙谷张环父子守了一夜,天明望下一看,满山凹尽是火灰,谅九人九骑也化为灰了。如今同了四子一婿回到自己营中,在此商议要哭诉天子事情。忽军师府差人传令,着张环父子作速起兵离了独木关,前往建都攻打三江越虎城,破得城池,汝命可保,还要官上加官,不得违误。那张环父子得了此令,满心欢悦:"我的儿,这是军师好意,暗中救我父子性命,如今不怕元帅归罪了。"当日就此打扮,传令三军拔寨起兵,离了独木关,正走建都去了。这是非一日之功,要晓得一路进兵,徐茂公从不传令,今日为何传起令来?军师心中明白,犹恐元帅归罪张环,所以把张环提调建都,使他活了性命。元帅尉迟恭闻得张环不在独木关,明知军师救了他性命,所以就往三江越虎城去了,只得无奈何,原由他去。薛仁贵依然不见。

我且按下独木关朝廷之事。单讲到三江越虎城,高建庄王身登龙位,旁有军师雅里贞,底下各位文臣武将站立两旁。单有元帅盖苏文不在,他往朱皮山求木角大仙炼飞刀去了,尚未回程,虽有千军万马在越虎城,无人提调。君臣正在议论,忽有小番报进来道:"启上狼主千岁,不好了,独木关已破,安殿宝已死,不道兵临建都来了。"高建庄王听见失了独木关,挑死安殿宝,吓得魂不附体,叫声:"军师,为今之计怎生是好?元帅又不在城,倘一日兵来,谁人抵敌?"众文武大家无计可施,军师雅里贞上前奏道:"狼主龙心韬安,臣有一计,能擒中原君臣将士土。"庄王大喜,说道:"军师有何妙计?"雅里贞说:"闻得大唐名将甚广,况有火头军骁勇,元帅尚且在凤凰山大败,安殿宝有名能将,也死在他们之手,料我数员将卒那里守得住三江越虎城,不如把那城池调空,我们安顿营盘在贺鸾山上，把四门大开，专等唐兵一进城中，臣便点将暗中埋伏，统大兵把城围困，连扎数皮营帐，待他总有能人，也难端出此营。然后慢慢攻打，岂不唐王性命如在反掌之中？"庄王说："军师妙计甚高。"文臣武将无不欢心。即便降旨小儿郎官员等类，尽皆搬到贺鸾山居住，点齐数十万人马暗中埋伏，专要围困城池，我且不表。

单讲张环父子，在路耽搁四五天，这一日早到三江越虎城了。张环说："我的儿，此城乃国王身居之处，谅来能人勇士猛将强兵不知多少在内，如今又少火头军，只怕未必破得此城。"众儿道："正是，只怕难以立功。"父子正在马上言谈，那一首早有探子马报来了："启上大老爷，前面番城不知为何城门大开，吊桥放平，但且旗幡招展，并无将卒把守，因此特来报与老爷得知。"张环说："有这等事？阿，我儿，这是什么缘故？想是他们闻得我那火头军利害，所以不战而自退了，也算天赐循环，不如占了越虎城，待天子到来就要立功了。"何宗宪上前叫声："岳父，非也！可记得扫北里边空城，弄出大事来招架不住，今日他又是空城之计了，不可上他的当。"张士贵道："这等见机而作就是。他邦排的诡计，我们只要进得城，报天子那边，只说你本事高强，攻破赵虎城，待他上了功劳簿。尉迟恭赦了我们之罪就是了，管他围住不围住。"四子道："爹爹言之有理。"忙传大小三军统进三江越虎城。三声炮响，把四城紧闭，吊桥高扎，城上改换旗号，城中扎定营盘，寻查仔细已毕，即便差人速报独木关去了。

朝廷与茂公正在御营言谈，忽有当驾官启奏说："陛下在上，今有先锋张环同婿宗宪攻破越虎城，夺了建都一带地方，请陛下作速到越虎城。"贞观天子听奏开言道："徐先生，这张士贵原算得一家梁栋，不上几天就夺了建都地方，真算异人了。"尉迟恭说："万岁，既然张环取了建都，待臣兴后保驾往越虎城。"天子道："元帅言之有理。"敬德传令大小三军卷帐起程，炮响三声，天子身登龙凤辇，众大臣保住龙驾，一路上旌旗飘荡，剑戟层层，离却独木关。在路耽搁数天，早到三江越虎城。张士贵父子远远出城迎接。朝廷进往城中，身登银銮殿，众臣朝参已毕，大元帅传令五十万大队人马扎住营头，把四城紧闭。张士贵前来见驾说："陛下在上，小臣攻破越虎城，逃遁了高建庄王，还未献降表，略立微功在驾下，侍番王献了降表，然后班师。"朝廷说："此爱卿之大功。"尉迟恭记了功劳簿。忽有黑风关狮子口来了报马一骑，叫进城来，飞报银銮殿说："万岁爷在上，长国公王大老爷看守战船，冒了风寒，得其一病，前日已经身故，盛殓在黑风关了。今战船无人看守，恐番兵夺取，故来请旨定夺。"天子闻言说："阿呀！王君可得病身亡了吗？"不觉十分伤感，便说："战船是要紧之事，徐先生如今差那一个去看守？"茂公说："今建都已取，料无能将，况张先锋立功甚广，不免差张环去看守战船便去。"朝廷听了军师之言，降旨张环带领一万雄兵到黑风关看守。张环领旨辞驾回营，同四子满身打扮，带领人马出了越虎城，竟望黑风关看守战船我且不表。

单讲高建庄王暗点人马，探听唐王君臣已进入城中，就把四面旗号一起，早有百万番兵围绕四门，齐扎营盘，共有十层皮帐，旗幡五色，霞光万号，吓得城上唐兵连忙报进银銮殿去了："报！启上万岁爷，不好了，城外足有百万番兵困住四城，密不通风了。"吓得唐天子魂不在身，众文武冷汗直淋，分明上了空城之计了。敬德道："多是军师大人不好，张士贵只算得应梦贤臣，所以破关数座如入无人之境，如今既晓薛仁贵不在里头，张环有何能处，差他来攻打越虎城，自然上了他们诡计了。"朝廷道："如今张士贵在此也好冲杀番营，偏偏又差他往黑风关去了。这个城池有什么坚固，被他们攻破起来，岂不多要丧命在此吗？"茂公道："请陛下且往城上去瞧看一番，不知那番兵围困得厉害不利害。"朝廷说："军师说得有理。"便同尉迟恭、程咬金众大臣一齐上西城一看说："阿咦！扎得好营盘也！"你看杀气腾腾，枪刀密密，如潮水的一般，果然好厉害也。但只见：东按蓝青旗，西按白绫旗，南有大红旗，北有皂貂旗。黑雾层层涨，红沙漠漠生，千条杀气锁长空，一派腥臊迷宇宙。营前摆古怪枪刀，寨后插稀奇剑戟，尽都是高梁大鼻儿郎，那有个眉清目秀壮士。巡营把都儿吃生肉饮活血，好似魈羊猎犬；管队小番队戏人头玩骷髅，犹如夜叉魍魉。有一起蓬着头，如毡片，似钢针，赛铁线，黄发三裹打链坠，腥腥血染朱砂饼；有一起古怪腮，铜铃眼，睁一睁如灯盏，神目两道光毫，臭口一张过耳畔；有一起捞海胡，短秃胡，竹根胡，虾须胡，三绺须，万把钢针攒嘴上，一团茅草长唇边；有一起紫金箍，双挑雉尾；有一起狐狸尾，帽着红缨；有一起三只眼，对着鹰嘴鼻；有一起弯弓脸，生就镀金牙；有一起抱着孩儿鞍上睡；有一起接着番波马上眠；有一起双手去扯,扯的带毛鸡;有一起咬牙乱嚼,嚼的牛羊肉。红日无光霎然长,族旗戈戟透寒光;好似酆都城内无门锁,果使番邦恶鬼乱投胎。阿唷唷!好一派绝险番营。朝廷看了,把舌乱伸,诸大臣无不惊慌。

忽听见城边豁刺刺三声炮响,营头一乱,多说:"大元帅到了。"这盖苏文在朱皮山练好飞刀,又在鱼游国借雄兵十万,今又团团一围,元帅守住西城,御营扎定东城,南城北城都有能将八员。雄兵数百万按住要路,凭你三头六臂,双翅腾云也难杀出番营。

不表城上君臣害怕。单讲盖苏文全身披挂,坐马端兵,号炮一声,来至西门城下,两旁副将千员随后,旗幡招展,思量就要攻城,忽抬头一看,见龙旗底下唐天子怎生打扮,但见他:头戴赤金嵌宝九龙抢珠冠,面如银盆,两道娥眉,一双龙眼,两耳垂肩,海下五绺须髯直过肚腹。身穿暗龙戏水绛黄袍。腰围金镶碧玉带,下面有城墙遮蔽就看不明白。坐在九曲黄罗伞下,果然有些洪福。南有徐茂公,北有尉迟恭,还有一个头上乌金盔,身穿皂绫显龙蟒,一派胡须都是花白的了。盖苏文也不认得是谁,在着底下呼声大叫:"呔!城上的可就是唐王李世民吗?天网恢恢,疏而不漏。今日已上我邦暗算之计,汝等君臣一切休想再活,快把唐太宗献出来也!"这一声叫喊,惊得天子浑身冷汗,众大臣多吃一惊,望底下瞧,却原来就是盖苏文。程咬金不曾认得,但见他怎生打扮,原来:

头戴青铜凤翼盔,红缨斗大向天威,身穿青铜甲,引得绦环片片飞,内衬绿绣袍,绣龙又绣凤,夹臂左右宝雕弓,左插狼牙箭几根,坐下混海驹,四蹄跑发响如雷,手端赤铜刀,左手提刀右手推,果然好一员番将也。

那程咬金看罢便叫:"元帅,城下这一员番将倒来得威武,不知是什么人?"尉迟恭说:"老千岁,这个青铜脸的番奴就是番邦掌兵权的大元帅盖苏文。前日在凤凰山下丧的数家老将总兵官,尽被他飞刀剁死的。"程咬金听见此言,放声大哭道:"我兄弟们尽死在这青脸鬼手内的?"敬德道:"正是。"程咬金说:"阿呀!如此说是我的大仇人了,正所谓,仇人在眼分外眼红,快些发炮开城,待我下去与兄弟们报仇雪恨。"朝廷听见程咬金要出马与盖苏文斗战,连忙喝住道:"程王兄不要造次,使不得的,这盖苏文英雄无比,况有飞刀厉害,你年高者迈,若是下去,那里是他对手?"分明是:

不知懦怯才微弱,强与将军斗战亡。

毕竟不知程咬金出战如何,且看下回分解。

第三十九回　护国公魂游天府
小爵主挂白救驾

诗曰:

唐王御驾困番城,还仗忠心报国臣。

遗命亲儿跨海去,神明相护破番兵。

咬金说:"阿呀!万岁阿,自古说,父兄之仇不共戴天。况又当初在山东贾闰甫家楼上歃血为盟,三十六个好友曾说,一人有难三十六人救之,三十六人有难一人救之。如今二十余人尽丧在这青脸鬼刀下,我老臣不见仇人犹可,可仇人在眼,我不去报仇,不是那些众兄弟在阴司怨我无义了?一定要下去报仇!"徐茂公一把扯住叫声:"程兄弟,断断去不得的,这盖苏文有九把柳叶飞刀利害,青光一发伤人,谅你怎生报得仇来,岂不枉送性命?"咬金悲泪说:"杀我兄弟之人誓不两立,哪怕他飞刀利害?我若死番将刀下,为国身丧;倘有侥幸,众兄弟阴灵有感,杀得番将首级,岂不是海底冤仇一旦休了?"元帅尉迟恭一把上前扯住说:"老千岁,断然使不得!"下面文臣武将再三解劝才得阻住。程咬金大话虽说,到底也是怕死的。见众人再三解劝,方才趁势住了,便说:"造化了他,但这狗头只是气他不过。"靠定城垛,望城下喝道:"呔!青脸鬼番狗奴,你敢在凤凰山把我兄弟们伤害,此恨未报,又今前来讨战,分明活得不耐烦了,你好好把头割下万事全休,若有半声不肯,可晓程爷爷的手段吗?我赶下城来,叫你们百万番兵尽皆片甲不留。"那盖苏文在底下说:"可恼可恼!本帅看你年高老迈,安享在家只恐不妙,你还要思量与本帅斗战吗?快留一个名儿是什么,这样夸大口。"程咬金说:"我的大名中原不必说了，就是那六国三川七十二岛，口外无有不知，婴儿闺女谁人不晓？你枉为东辽元帅，大天邦老将之名多不闻的吗？我留个名儿与你，乃我主驾下实受鲁国公姓程双名称为咬金，可晓得我三十六斧利害？你有多大本事，敢在城下耀武扬威？"盖苏文喝道："老蛮子，你既夸能为何不下城来？"程咬金道："你敢走到护城河边，我有仙法厉害，你在城下，我在城上，有本事取你首级。"盖苏文听说，心中暗暗称奇，说道："不知什么东西，城上城下多取得命的，待我走前去，你倒献献你仙法看。"咬金说："还要过来些。盖苏文把马带近护城河边说："快献仙法。"朝廷见他引过盖苏文，只道程咬金果然在中原学了什么仙法来的，其中稀罕看他，那晓程咬金见盖苏文到了河口，喝叫住："着，看我仙法！"左手攀弓，右手搭箭，望城下射将下去，盖苏文不提防的，哪知这箭夹着面孔上来的，说声："啊呀，不好！"连忙把头一偏帖，正射伤左耳，鲜血直淋，带转马头回营去了。程咬金好不快活，说："略报小仇，出我之气。"朝廷便说："老王兄，你做出来的事就是稀奇的。"朝廷同了诸臣退到银銮殿商议退番兵之策。

一宵过了，明日大元帅盖苏文又在西城讨战。这一首报："启上万岁皇爷，城下盖苏文又在那里攻城讨战，请陛下降旨定夺。"朝廷说："为今之计怎么样？"程咬金："待我再去赏他一箭。"尉迟恭道："老千岁又在这里发呆了，昨日他不防备，被你射了一箭，今日他来讨战，还上你的当？待本帅出马前去。"天子道："不可出马，你难道不晓他有飞刀的吗？"敬德说："陛下，他虽有飞刀利害，如今在着城下讨战，本帅不去抵敌，谁人出马？"朝廷说："虽只如此，到底把免战牌挂出去好。"敬德领旨传令下去，城上免战牌高挑。盖苏文哈哈大笑，回营来见狼主说："臣看大唐营中，也没有什么能人在内，故而把免战牌高挑，量他们纵有雄兵也难踹出番营。不要说破城活捉，就是那粮草一绝，岂不多要饿死？"高建庄王闻说此言，满心欢喜："若能擒得住唐王，皆是军师元帅之功！"

也不表番营之言。再讲三江越虎城中，贞观天子满脸愁容说："徐先生，今日被番兵围住，看来难转中原了。又不能回京讨救，就有骁勇众将，总是飞刀利害，也难取胜盖苏文。若困住城中一年半载，粮草又要绝了，如何是好？"徐茂公叫声："陛下龙心韬安，我们闭城不出，免战高挑，不要说一年半载，只消等过头二十天，就有救兵到了。"朝廷说："果然吗？可是薛仁贵来救驾吗？"茂公说："不是薛仁贵。"朝廷说："这倒是张环不成？"茂公说："一发不是。从今日算去，有了二十天，还陛下有人救驾了。若不准，便算不得臣的阴阳定数了。"天子道："不差，徐先生阴阳有准，定算无差。且闷坐过去等这二十天看。"自此番将日日攻城讨战，老主意不去理他。正是：

光阴迅速催人老，日月如梭晓夜奔。

少表贞观闭城不战老等救兵。单讲大国长安护国公秦叔宝临终这回，相传各府小爵主到床前，一个个教训说："我当初幼年间，视死如归，枪刀内过日，不惜辛苦，才做到一家公位。汝等正在青年少壮，当干功立业，不可偷懒安享在家。我死之后，须当领兵前去保驾立功。我儿过来，为父一点忠心报国，就是尉迟恭督兵保驾，闻报一路平安，为父不能托胆放心，思量病好还要去保驾。如今看来，病势沉重，是不能的了。为父倘有三长两短，功名事大，祭丧事小，或三朝五日将来殡殓了，也不必守孝。单人独骑前往东辽，戴孝立功，为国尽忠，方为孝子，为父死在九泉，自当保护你立功扬名后世，孩儿尽孝，天下人知。若忘我今日临终之言，算为逆子了。"怀玉含泪跪领教训。秦琼又叫罗通过来说："侄儿，你虽在木阳城，朝廷也是一怂之气将你削职，你母亲乃女流之辈，不知大节，万分不快，但是古人有两句诗说得好：

人爵不如天爵贵，功名怎比孝名高。

原是劝勉人子事亲之意，你不要拿来认做了真，到底为人功名为大。况且你少年本事高强，伯父未死之言，前去立功，朝廷决不来见责的。"罗通答应叔宝。这一日各府子侄一个个都是这样吩咐，公子不敢逆命。叔宝归天，丧葬已完，众爵主不忘遗命，奏闻殿下，起兵十万，依然罗通督兵，有这一班段家兄弟、滕氏弟昆、程铁牛、尉迟号怀。秦怀玉受父训，教他戴孝立功，为前部先锋。他头戴三梁冠，身穿麻布衣，草索拴腰，脚踏蒲鞋，手执哭丧棒，随身带领三千人马，逢山开路，过海起岸，星飞赶至三江越虎城，刚刚徐茂公所算的二十天救兵已到。

怀玉远远望去，营盘密密不计其数，多是蜈蚣旗招展，围住四城，并不见本国人马旌旗，心中吃了一惊。打发探子上前打听朝廷安扎何方。去不多时，前来回报说："驸马爷，不好了，但见四营尽是番兵围绕城池，并不见我邦一个兵卒，一定万岁人马被困在城。"秦怀玉说："既如此，安营下寨，待元帅大兵一到，然后开兵。"放炮一声，安下营寨。明日罗通大兵已到，秦怀玉上前接住说："兄弟，就在此处安营了罢！"罗通说："且到城边朝见父王，然后安营。"怀玉道："你看城外营盘，尽是番邦人马，我们的兵将一个也不见，想当然，定然困在城中。幸喜我们兴兵来得凑巧，等候兄弟到来商议救驾。"罗通道："哥哥说得有理。"便传军令，大小三军安下营寨，一声炮响，十万大兵齐齐扎下营盘。众爵主聚集帅营，议论破番之策，罗通说："秦哥，番兵困困城池，必然有几百万，所以城中老伯父不能杀出，须要里应外合才能救保。"秦怀玉道："这也不难，当年扫北，兄弟独马单枪前去报号，今日理当愚兄踹进番营先去报知，就可里应外合了。"罗通道："若说报号，原是小弟去，何劳哥哥出马。"怀玉道："兄弟，你这句讲差了。当日破房平北，原是奉旨的挑选元帅救驾，故此兄弟去报号。今日出兵不是奉旨的，为兄不过受父亲临终之言，叫我戴孝立功，不惜身躯，所以愿为先锋，以抢头功，不忘我父遗训。一路上太太平平并无立功，今日理当是我单枪独马前去报号，算愚兄全了忠孝之心。"罗通道："这也说得是，让哥哥前去报号，事不宜迟，速速前去，须要小心。"怀玉道："晓得。"秦怀玉戴孝在身，又不顶盔，又不穿甲，坐下呼雷豹，手执提炉枪，摆一摆，大吼一声，冲向前来。

单讲番营内把都儿抬头看见，叫声："哥阿，不好了！大唐朝有救兵到了，有个中原蛮子来踹营了。"那个说："兄弟，他不是踹营的，他单人独骑而来，是到城报号的。哥阿，不差我们发乱箭射他便了。"秦怀玉大喝道："不要放箭！天邦有公爷救兵到了，汝等作速弃围退去，还可保全性命，若然执意不从，尽要死在我爵王枪刀之下，断不容情的！快快让我一条进城之路，通个信息。"众番兵哪里肯听，他就大怒说："你们这班该死的，不肯让路，我爵主爷要动恼了！"大呼一声，豁喇喇望着乱箭中冒出来了，冲进番营，手起枪落好挑，识时者散往四城，不识时者枪挑而亡，杀条血路进了第一座营盘，拼着性命杀进第二座营头。这番不好了，那些偏正牙将花智鲁达胡腊，提着一字锐，端把两刃刀，四楞铜，举起开山斧，抱定大银锤，拦住在怀玉马头前，一字锐裹头就打，两刃刀劈顶梁心，四楞铜护身招架，开山斧当面相迎，大银锤前心就盖，好一场厮杀。那怀玉全不在心，抢动提炉枪，前遮后拦，左钩右掠，一个落空，伤掉了几员番将。把马一催，又踹进四五座营盘，兵马一发多了，但见枪刀耀目，并无进路。怀玉乃是少年英雄，开了杀戒，碰着枪就死，重重营帐挑开，连端十座营帐，方到护城河畔。怀玉出得营来，抬头一看，但见越虎城城上绣出天邦旗号，把马带住，正欲叫城，忽听得两营中豁喇喇一声炮响，齐声呐喊，鼓声如雷，有一员番将冲出来了。

秦怀玉抬头一看，但见这员番将怎生打扮：头上盔是生铁，四方脸白如雪，两道眉弯如月，一双眼染白黑，高粱鼻三寸直，兜风耳歪裂裂，狮子口半尺阔，腮下胡根根铁，素白袍蚕丝织，银条甲挂柳叶，护心镜光皎洁，腰挂剑常见血，虎头靴新时式，双铁鞭雌雄合，坐下马飞跑出。冲到怀玉跟前，把双鞭一起；秦怀玉把枪抬定喝道："来者是谁？快留名儿！"那员番将便说："唐将听着，魔乃红袍大力子盖元帅麾下总兵大将军，姓梅名龙，奉帅主的令保守西城，你有多少本事？敢来侵犯西城！"怀玉大怒说："不必多言，照爵主枪！"便举枪便刺，梅龙把鞭相迎，西马相交，枪鞭并举，不上三四回合，马有七八个照面，梅龙有些来不得了，回头叫："众将快来！"这一班番将枪刀并举，上前把怀玉围住。数十将杀一个，怀玉自然战不过起来，还算少年豪杰，一条枪抢在手中，前遮后拦，左钩右掠，上护其身，下护其马，杀得秦怀玉呼呼喘气；心中想道："报号要紧，挑了他罢！"紧一紧提炉枪，喝声："去吧！"一枪望番将面门挑来，正中咽喉，梅龙喊声："不好！"挑在水里去了。这些将官见主将已死，大家走散回营去了。怀玉喘气定了，把马带到西城吊桥首叫一声："城上那位公爷在此？快报说本邦爵生救兵到了，秦怀玉进城要见父王，快快开城。"不表秦公子在城叫号。单讲城中唐天子算到二十天不见救兵，忙问道："徐先生，你说算到二十天有救兵到来。今日原不见有兵马来救。"茂公说："臣阴阳有难，祸福无差。此刻中原救兵已在城外了。"尉迟恭说："果有此事吗？待我上城去看来。"嘲廷道："王兄去看，有救兵速来报朕知道。"敬德答应，上马来至西城，望下一看，只听秦怀玉正在叫城。尉迟恭仔细一看，见吊桥下一员小将身穿重孝，却认得秦琼之子。敬德暗想：难道秦老千岁身故了吗？可惜，可惜！"阿，贤侄，令尊病恙，闻得危

险,你今一身重孝,莫非已归天去了吗?"秦怀玉应道:"正是家父身故了。"敬德叹道:
"哎,本帅只道征东班师,还有相见之日,哪知老千岁一旦归天而去。阿,贤侄,你怎生
得知驾困番城前来相救?可带儿家爵主,多少人马?"秦怀玉道:"老伯父有所不知,小
侄奉家父临终嘱托,命我戴孝立功,各府兄弟多受家父之命,要求干功立业,带得雄兵
十万,安营大路一侧。小侄不敢违家父之严命,今单人蹿营,望伯父速赐开城,算为报
号头功。"尉迟恭在城上听见了暗想:"这秦怀玉小狗头,前年把我打了两次,此恨未消,
今日趁此机会欲效当初银国公苏定方一样,要他杀个四门,本帅在城上看他力怯就出
去接应,也不为过。"尉迟恭算计已定,便开言叫声:"贤侄,这里西城军师向有军令,凡
一应兵将出入,单除西门,余不尽可出入,这西门开不得的,军师把风水按定此门,连我
也不解其意,如今贤侄虽来报号,本帅也不好擅开此门,待我去请军师定夺。"秦怀玉听
见便说:"有这等事?既然军师按在此风水,也不必去问,西城开不得,自有南门,请伯
父往南城去等,小侄杀到南城门便了。"敬德假意说道:"好一个将门之子。"说罢也往南
城去了。秦怀玉把马行动,沿着护城河去走将转来,到了南门,相近吊桥,只听忽拉一
声炮响,冲出两员大将,你道他怎生模样?但见马头前有二十四对大红旗左右一分,又
只见两员番将怎生打扮:

红铜盔插缨尖,头如笆斗根圆,长眉毛如铁线,生一双的大眼,两只耳兜
在面,腮与胡鬓兼连。

这一个打扮又奇异,你看他:

赤铜盔霞光现,护心镜照妖见,大红袍九龙头,铁胎弓虎头弦,右插着狼
牙箭,反尖靴虎朝天,赤兔马胭脂点。

这两将上前,一个用刀,一个用枪,挡住怀玉马前说:"来的南蛮子,用是铜包头铁
包颈,由你在西城伤了我邦大将一员,又不进城,反来侵犯我南城。"秦怀玉说:"我把你
该死的狗头,难道不闻爵主爷枪法厉害吗?你多大本事,敢拦阻马前送死?留下名来,
公子爷好挑你。"番将说:"你要问魔,听着:魔乃六国三川七十二海岛红袍大力子盖魔
下。"正是:

两员番将同骁勇,道姓通名并逞雄。

毕竟不知秦怀玉破南门如何进去,且听下回分解。

第四十回　秦怀玉冲杀四门
老将军阴灵显至

诗曰:

苏文骁勇独夸雄,全仗飞刀恶毒凶。

不是忠魂未报国,焉能小将立奇功。

单讲番将通名:"魔乃盖元帅麾下加为无敌大将军巴廉、巴刚便是。可知我弟兄本
事?你不到南城还可寿长,既到南城,性命顷刻就要送了。"秦怀玉道:"你休要夸能,放
马过来,照爵主爷枪罢!"插一枪望巴廉面门直刺过来。巴廉说声:"好枪!"也把手中柴
金枪急忙架住,噶啷一响,枭在旁首,那马冲锋过去转背回来。巴刚也起手中赤铜刀喝
声:"小蛮子,着刀!"插一刀望怀玉面门上剁来。怀玉叫声:"不好!"把提炉枪望刀上噶
啷噶啷只一抬,原有泰山沉重,在马上乱晃,豁喇一声,马才冲过去。巴廉又是一枪分
心就刺,他把枪噶啷一响,逼在旁首。怀玉本事虽是利害,被两个番将逼住,只好招架,
那里还有还枪开去,只好把钢牙咬紧,发动罗家枪,噶啷一声分开刀枪,照定巴廉、巴刚
面门,兜咽喉,左肩膀,右肩膀,两肋胸膛分心就刺。巴廉紫金枪在手中,噶啷叮当,叮
当噶啷,前遮后拦,左钩,右掠,钩开了枪,逼开了枪;巴刚手中赤铜刀,钩拦遮架,遮架
钩拦,上护其身,下护其马,挡开了枪,抬开了枪。好杀!这三人杀在一堆。正是:

棋逢敌手无高下,将遇良才各显能。一来一往鹰转翅,一冲一撞凤翻身。
十二马蹄分上下,六条脖子定输赢。麒麟阁上标名姓,逍遥楼上祭孤魂。枪
来刀架叮当响,刀去枪迎迸火星。世间豪杰人无数,果然三位猛将军。

这一场大战,杀到有二十余合,两员番将汗流浃背,怀玉马仰人翻,呼呼喘气,正有

些来不得了。那巴廉好枪法，左插花，右插花，双龙入海，二凤穿花，朝天一炷香，使了透心凉；那巴刚这四刀，上面摩云盖顶，下面枯树盘要根，量天切草，护马分鬃，插插的乱砍下来。秦怀玉把枪多已架在旁边，不觉发起怒来，把提炉枪紧一紧喝声："去吧！"嗖的一枪挑将进来，巴廉喊声："不好！"闪躲也不及，正中咽喉，挑往番营前去了。巴刚见挑了哥哥，不觉心内一慌，手中刀松得松，秦怀玉横转杆子，照着巴刚拦腰一击，轰隆翻下马来，鲜血直喷，一命身亡了。那怀玉虽伤两员番将，力乏得极了，在马上眼花缭乱，慢慢地走到吊桥，往上一看，尉迟恭早在上面。怀玉便叫声："老伯父，快快开城，放小侄进去。"敬德说："贤侄，本帅方才一时错了主意，叫你走北城到放了你进来，不想走了南城，倒又要贤侄杀一门，好放你进去。"怀玉说："老伯父，为什么缘故呢？这里南门又放不得进城？"敬德道："贤侄，你有所不知，这里朝廷龙驾正对南门一条直路，况番兵此处众多，紧闭在此，尚且屡次攻城，若把城门一开，倘被番兵一冲，虽不能伤天子，到底不妙。贤侄，杀往东城放你进来，方才不惊龙驾，有何不美？"秦怀玉听说此言，明知尉迟恭作孽，在此算计他，说："也罢，既是老伯父如此说，待小侄再杀奔东城，你还有别说吗？"敬德道："贤侄，杀到东城，本帅再无别说，在城上先行。"秦怀玉急带马缰，望着东城绕城而来，望见东门，城边未曾走近，只听番营内一声炮响，战鼓如雷，冲出一将来了，你道他怎生打扮：

头戴一顶头篷盔，高插大红纬；面孔犹如紫漆堆，两道朱砂眉，双眼如碧水，口开狮子威，腮下胡须满嘴堆，身穿一领青铜甲，亮光辉，官绿袍，九龙队。护心镜，前后开。手端着两柄锤，青鬃马上频催，喝一声好比雷。

秦怀玉见番将骁勇，忙扣住马喝声："番儿焉敢前来挡我去路！快留下名来是什么人？"番将道："你要问魔家名姓吗？我乃盖大元帅麾下随驾大将军铁亨便是。"喝声："小蛮子，照枪罢！"把手中双锤一起，望怀玉顶梁上盖下来。怀玉叫声："来得好！"举起提炉枪劈面相迎。不多几个回合，怀玉力乏之人，本事幸亏来得，这番发了狠，一条提炉枪神出鬼没，阴手接来阳手发，阳手接来阴手去，要、要、要，在这铁亨左肋下，右助下，分做八枪，八八分做六十四枪，好枪法！番将的银锤如何招架得开？战到一十余合，铁亨本事欠能，被秦怀玉一枪挑进来，正中前心，扑通一响，翻下马来，一命呜呼。怀玉满心欢喜，省一省力走到城下，望城上叫道："老伯父，念小侄人因马乏，如今再没有本事去杀这一城了，想老伯父方才说过，自然再无推却，快快开城放我进去。"尉迟恭说："贤侄，你是这等讲，分明倒像本帅在此作弄你杀四门，总总我们不是说差了一句，害你受多少心惊。好好叫你进了北城，何等不美？反叫你走起南城东城来，却倒像有心的做起旗号，学那苏定方来，倒觉有口难言。"秦怀玉道："老伯父，小侄又不来怪你，为什么开城又不开，只管啰啰唆唆有许多话讲？"敬德道："非是本帅不肯开城，奈奉殷国公军令，三江越虎城只许开西北二门，不容开东南二门。所以不敢开，若到北门竟放你进来。"怀玉道："也罢！我三门尽皆杀过，何在乎这一门了。如此，伯父请先行，待小侄杀个四门你看，也显我小将英雄不弱。"说罢，带转马慢慢沿城河而走，到了北城，差不多天色已晚了。只听得那边银顶葫芦帐内轰隆轰隆三声炮响。正是：

番营惊动豹狼将，统领貔貅杀出来。

那盖苏文亲自出来也。怀玉抬头一看，一面大旗上写着"六国山川七十二岛红袍大力子大元帅盖"，原来的凛凛威风，后面有数十番将。秦怀玉看了，不觉心内惊慌，大喝一声："来的番儿可叫盖苏文吗？"对道："然也！你这蛮子，既知我名，为何不要下马受缚？必要本帅马上生擒活捉！"怀玉道："你满口夸能，到底有多大的本事拦住我的去路？可晓得爵主爷枪法厉害吗？你敢是活得不耐烦，快来祭公子爷枪尖！"盖苏文大喝道："呔！小蛮子，本帅有好生之德，由你在三门耀武扬威，不来接应，你好好进了城何等不美？该死的畜生，佛也难度，自投罗网，前来侵犯，要死在我马下。"喝声："看刀！"这赤铜刀往头上一举，望面门砍将过去。怀玉看见说声："不好！"把提炉枪望刀上噶啷噶啷这一抬，挡得怀玉两膊酸麻，坐在马上不觉乱晃。若讲秦怀玉生力尚不能及盖苏文，况且如今力乏之人，那里是他敌手？阿唷，名不虚传，果然好厉害！黦刺冲锋过去，圈得转马，苏文便说："蛮子，你才晓得本帅手段？照刀罢！"又是一刀砍将下来，怀玉把枪枭在一旁，盖苏文连砍三刀，不觉恼了性子，把枪噶啷一声通在下边，顺手一枪，紧紧挑将进去。盖苏文那里放在心上，把赤铜刀架在一旁。两人杀在北城，只听见枪来刀架叮当响，刀去抢迎迸火星，一来一往鹰转翅，一冲一撞凤翻身，八个马蹄分上下，四条脖子定输赢。这一场好杀！那二人大战十有余合，秦怀玉呼呼喘气，被这盖苏文逼住了，望着头顶面门、两肋胸膛分心就砍。怀玉这条枪那里挡得及，前遮后拦，上下保护，抬开刀、分开刀、挑开刀，还转枪来也是厉害，上一枪禽鸟飞，下一枪山犬走，左一枪英雄死，右一枪大将亡。正是：

> 二马冲锋名分高下，两人打仗各显输赢；刀遇枪寒光杀气，来往手将士心惊；怀玉这条枪，恨不得一枪挑倒了昊天塔；盖苏文这柄刀，巴不能一刀劈破了翠屏山。提炉枪如蛟龙取水，赤铜刀如虎豹翻身。

这二员将直杀到日落西沉，黄昏月下，不分高下。秦怀玉本事欠能，盖苏文思想要活擒唐朝小将，遂叫："把都儿们，快快撑起高灯，亮子如同白日，诸你们围住小蛮子，要活擒他，不许放走！"两下一声答应，上前把一个秦怀玉马前马后围得密不通风，吓得秦怀玉魂飞魄散，走又走不出。他有三股叉、一字镋、银尖戟、画杆戟、月牙铲、雁翎刀、混铁棍、点钢矛、龙泉剑、虎尾鞭，三股叉来挑肚腹，一字镋乱打吞头，银尖戟直刺左膊，画杆戟刺落连环，月牙铲咽喉直铲，雁翎刀劈开顶梁，混铁棍齐扫马足，点钢枪矛串征云，龙泉剑忽上忽下，虎尾鞭来往交锋，不在马前，忽在马后。秦怀玉这枪那里招架得及，上护其身，下护其马，挑开一字镋，架掉银尖戟，闪开画杆戟，勾去月牙铲，抬开雁翎刀，遮去混铁棍，按落龙泉剑，逼开虎尾鞭，好杀！杀得怀玉枪法慌乱，在马上坐立不定，大叫一声："阿唷！我命休矣！"盖苏文说："小蛮子，杀到这个地位还不下马受缚，照刀罢！"一刀吹下来，秦怀玉把枪枭在一边，但觉眼前乌暗，又无逃处，如今要死了。尉迟恭在城上，见秦怀玉被盖苏文诸将围住，喊杀连天，谅秦怀玉性命不保，吓得心惊胆跳，说："不好了！若有差池，某该万死了。左右，快来把吊桥放下，城门大开，后面张高亮子，待本帅出城救护。"手下三声答应，就大开北门。敬德冲出城来，抬头看时，只见围绕一个圈子，枪刀射目。敬德年纪老迈，心中也觉胆脱，又怕盖苏文飞刀厉害，不敢上前去救，只得扣马立定吊桥，高声大叫："秦家贤侄快些杀出来，某开城在此，快些杀出来。"尉迟恭在吊桥边高叫，这时秦怀玉杀得人仰马翻，那里听得有人叫他。这些人马逼住四面，真正密不通风，围困在那里，要走也无处走，杀得来浑身是汗。底下呼雷豹力怯不过，四蹄不能踹定，要滚倒了。马也要命的，把鼻子一嗅，悉哩哩哩一声嘶叫，惊得那番将坐骑尽行滚倒，尿屁直流，一个个跌倒在地，盖苏文这匹混海驹是宝马，只惊得乱跳乱纵，不至于跌倒。秦怀玉满心欢喜，加一鞭豁喇喇往吊桥上一冲，敬德才得放心，也随后进了城，把城门紧闭，扯起吊桥。

番邦兵将不解其意，便说："元帅，秦蛮子这匹是什么宝骑？叫起来却惊得我们马匹多是尿屁直流，跌倒在地。"盖苏文说："本帅知道了，造化了这小蛮子。我闻得南朝秦家有这骑呼雷豹厉害，方才本帅意欲活擒他，故不把飞刀取他性命，谁想竟被他逃遁了。"要晓得怀玉的呼雷豹，当初被程咬金去掉了耳边痒毛，所以久不叫，今日被番兵围杀了一日，马心也觉慌张，所以叫了一声，救了怀玉性命，直到征西里边再叫。那盖苏文同诸将退进番营，我且不表。

另言讲到城中，秦怀玉在路上走，后面尉迟恭叫住说："贤侄慢走。才叫你杀四门，不可在驾前后奏，这是本帅要显贤侄的威风，果然英雄无敌。"怀玉明知他说鬼话，便随口应道："这个自然，万事全仗老伯父赞襄调度，方才之事我小侄决不奏知朝廷，老伯父请自放心。"敬德闻言大悦。双双同上银銮殿，敬德先奏道："陛下，果然救兵到了，却是秦家贤侄单骑杀进番营，到城报号，本帅已放入城。"怀玉连忙俯伏说："父王龙驾在上，臣儿奉家父严命，戴孝立功，所以单人踹进番营前来报号。"朝廷闻说秦王兄亡故，不觉龙目中滔滔泪落，徐勣也是心如刀绞，程咬金放声大哭，一殿的武臣无不长叹。天子又开言叫声："王儿，你带多少人马在外，有几位御侄们同来？"怀玉说："儿臣为开路先锋，罗兄弟领大兵十万，各府内公子多到的，单等我们冲杀出城，大踹番营，外面进来接应。"朝廷道："徐先生，我们今夜就踹番营呢，还是等几日？"茂公道："既然，连夜就踹他的营盘。"连忙传下军令，吩咐五营四哨偏正牙将，齐皆结束，通身打扮，整备亮子，尽皆马上，听发号炮，同开四门，各带人马杀出城来。

秦怀玉一马当先踹起番营，手起枪落，把那些番兵番将乱挑乱刺。后面程咬金虽只年迈，到底本事还狠，一口斧子轮在手中，不管斧口斧脑乱斩去，也有天灵劈碎，也有面门劈开，也有拦腰两段，也有砍去头颅，好杀！番营缭乱，喊声不绝，飞报御营说："狼主千岁，不好了！南蛮骁勇，领兵冲端营中来了，我们快些走吧！"高建庄王听言，吓得魂不在身，同军师跨上马，弃了御营，不管好歹，竟要逃命。只见四下里烟尘抖乱，尽是灯球亮子，喊杀连天，鼓声如雷，营头大乱，夺路而走。后面秦怀玉一条枪紧紧追赶，杀得来天地征云起，昏昏星斗暗，狂风吹飒飒，杀气焰腾腾。东城尉迟元帅带兵出番营，这一条枪举在手中，好不了当！朝天一炷香，使下透心凉，见一个挑一个，见一对挑一双，惨惨愁云起，重重杀气生。西门有小爵主尉迟宝林，手中枪好不厉害，朵朵莲花放，纷纷蜂蝶飞，左插花，右插花，双龙入海，月内穿梭，丹凤朝阳，日中扬彩，撞在枪头上就是个死，血水流山路，尸骸堆叠叠，头颅飞滚滚，马叫声嚷嚷。南门有尉迟宝庆带领人马，使动射苗枪，枪尖刺背，枪杆打人，人如弹子一般，挑死者不计其数，半死的也尽有。如今不用对敌，逃得性命是落得的，大家杀条血路而逃，口中只叫："走阿走阿！"四门营帐杀散了。放炮一声惊动，罗通听得炮响，传令人马，众爵主提枪的举刀的拿锤的端斧的，催动坐骑，领齐队伍，冲杀上来。把这些番邦人马裹在中间，里应外合，杀得他大小儿郎无处投奔，哀哀哭泣，杀得惨惨。分明：

　　血似长江流红水，头如野地乱瓜生。

　　再讲到秦怀玉串串提炉枪追杀，番兵尽皆弃下营寨曳甲而走，正在乱杀番兵，忽见那边飞奔一员大将来了："啊唷，可恼可恼！南蛮有多少将，敢带兵冲杀我邦的营盘。不要放走了穿白的小蛮子，本帅来取他的命了。"怀玉抬头一看，原来就是盖苏文。那秦怀玉便纵马摇枪直取盖苏文，他举起赤铜刀急架相迎。二人战不到二合，苏文恐怕呼雷豹嘶叫起来不当稳便，就左手提刀，右手掣开葫芦盖，口中念动真言，叫声："小蛮子，看我的法宝吧！"嗖一响，一口柳叶飞刀飞将出来，直望怀玉头顶上落下来。怀玉见了，吓得魂不附体，叫声："不好！我命休矣！"思量要把黄金铜去架，他哪晓得心中慌张，往腰间一摸拿错了：

　　抽了一根哭丧棒，上边撩出黑光来。

　　不知秦怀玉性命如何，且看下回分解。

第四十一回　孝子大破飞刀阵
　　　　　　唐王路遇旧仇星

诗曰：

　　福主登基定太平，八荒贡服尽称臣。

　　何愁东海东辽国，转世青龙用计深。

　　再讲秦怀玉看见飞刀，欲拿黄金铜抵抗，不道心急慌忙，拿错了哭丧棒，往上一撩，见一阵黑气冲起，只听耳边括腊腊腊数声爆响，飞刀就不见了。盖苏文心内惊慌，便说："什么东西，敢来破我飞刀！"便复念真言，叫声："法宝，齐起！"果然八口飞刀连着青光，冒到秦怀玉身上。怀玉又量起哭丧棒，往上面乱打，只见阵阵黑气冲天，把青气吹散，八口飞刀化作飞发，影迹无踪了。怀玉满心欢喜，挂好哭丧棒，提枪在手。盖苏文见破了飞刀，急得面如土色，叫声："小蛮子，你敢破我法宝，本帅与你势不两立，不要走，照刀罢！"把赤铜刀往头上劈将下来。怀玉就举枪噶啷叮当架往，还转枪照苏文劈面门兜咽喉就刺，苏文那里在心？把刀叮当一响枭在旁首，二人战到二十余合，秦怀玉呼呼喘气，盖苏文喝道："众将快快与我拿捉秦怀玉！"众将一声答应，共有数十员围将拢来，把怀玉围住，好杀！弄得怀玉好不着急，口口声声只叫："我命休矣！谁来救救！"忽阵外横冲一将飞马而入，杀得众将大败夺路而走，你道那将是谁？原来就是罗通，刚刚杀到，一闻怀玉唤救，他就紧紧攒竹梅花枪喝声："闪开！"催一步马冲进圈子，说："哥哥休得着忙，兄弟来助战了！"秦怀玉见了罗通，才得放心。盖苏文提刀就砍罗通，罗通急架相迎，敌住苏文。怀玉把数十员番将尽皆杀敌，也有刺中咽喉，也有挑伤面门，也有捣在心前，杀得番兵弃甲曳盔在马上拼命地逃遁了。单有盖元帅一口赤铜刀原来的厉害，抵住两家爵主见了雌雄。这一场好杀，你看：

　　阵面上杀气腾腾，不分南北；沙场上征云霭霭，莫辨东西。赤铜刀刀光闪烁，遮蔽星月；两条枪枪是蛟龙，射住风云。他是个保番邦掌兵权第一员元帅，怎惧你中原两个小南蛮；我邦乃扶唐室顶英雄算两员大将，哪怕你辽邦一个狗番儿。炮响连天，惊得书房中锦绣才人顿笔；呐喊之声，吓得闺阁内轻盈淑女停针。正是：番邦人马纷纷乱，顷刻沙场变血湖。

这三将战到四十冲锋，盖苏文刀法渐渐松下来，回头看时，四下里通是大唐旗号，自家兵将全不接应，大家各走逃命，看看唐将众多，盖苏文毫不慌张，却被怀玉一枪兜咽喉利进来，便说："啊呀！不好，我命休矣！"要招架来不及了，只得把头一偏，肩膀上早中一枪，带转马往前奔走，罗通纵一步马上叫一声："你要往那里走？"提起手夹苏文背上一把，苏文喊声："阿唷，不好！"把身子一挣；一道青光，吓得罗通魂不附体，在马上坐立不牢，那盖苏文便纵马拼命地杀条血路逃走，只因这盖苏文命不该绝，透出灵性，不能擒住。这番大小番兵见元帅一走，大家随定，也有的散开去了，也有的归到一条总路上而走。后面大唐上马旗幡招展，刀枪射目，战鼓不绝，纷纷追杀，这一班小爵主好不利害！这叫作：

年少英雄本事高，枪刀堆里立功劳。东边战鼓番兵丧，西首纷争番将逃。爵主提刀狠狠剁，番士拖枪急急跑。零零落落番人散，整整齐齐唐卒豪。蜈蚣旗号纷纷乱，中国旗幡队队摇。千层杀气遮星月，万把硫磺点火烧。条条野路长流血，处处尸骸堆积糟。鼻边生血腥腥气，耳内悲声惨惨号。碎甲破盔堆满野，剑戟枪刀遍地抛。

杀得那班番将，好似三岁孩童离了母，啼哭伤情；唐兵如千年猛虎入群羊，凶勇惊人。老将们挥大戟，使金刀，刺咽喉，砍甲袍，尽忠报国；小爵主提大斧，举银枪，刺前心，劈顶梁，出立功劳。千员番将衬马蹄，受刀枪，开膛破腹见心肠；百万唐兵擂战鼓，摇号旗，四处追征摆队齐。这场杀得天昏地暗，可怜番卒化为泥。这一杀不打紧，但见：

雄军杀气冲牛头，战士呼声彻碧霄。
城外英雄挥大戟，关中宿将夺金刀。

小爵主带领人马，远来救驾；老公爷先砍守营将士，放下吊桥。惊天动地，黑夜炮声不绝，漫山遍野，天朝旗号飘摇。唐家内外夹攻，无人敢敌；番邦腹背受伤，有足难逃。风凄凄，男啼女哭；月惨惨，鬼哭狼嚎。人头滚滚衬马足，点点鲜红染征袍。沙地孤城，顷刻变成红海；番兵番将，登时化作泥槽。正是：

天生真命诸神护，能使邪魔魂胆消。

这一追杀下去，有八十里足路，尸骸堆如山积，哭声大震，血流成河。茂公传令鸣金收兵，诸将把马扣住，大小三军多归一处，摆齐队伍，回进三江越虎城去了，我且慢表。

另言讲这高建庄王，有盖苏文保护，只是吓得魂不在身，看见唐朝人马不来追赶，才得放心。元帅传令，把聚将鼓擂动，番兵依然同聚，点一点，不见了一大半，共伤一百十五员将。高建庄王说："魔家开国以来，未尝有此大败。"盖苏文说："狼主在上，今日那一场大战，损兵折将，多害在中原秦蛮子之手，不道如此凶勇，本帅九口飞刀被他尽行破掉，有这等大败。请狼主放心，且带领人马退往贺鸾山扎住，待臣再往朱皮山见木角大仙，炼了飞刀再来保驾，与唐邦打仗，务要杀他个片甲不回！"庄王道："既如此，元帅请往。"这盖苏文前往朱皮山去，路程遥远，正有许多耽搁，我且没表。高建庄王领兵退归贺鸾山，也不必去说。

单讲那越虎城中，唐王元帅敬德把人马扎住教场点明白，然后上前缴旨。众爵主多上殿朝见天子已毕，朝廷大悦，赐座平身，钦赐御宴，老少大臣饮过数杯。撤开筵席。秦怀玉说："父王在上，那盖苏文九口柳叶飞刀要来伤害臣儿，不想把哭丧棒撩起，把飞刀打掉，黑气冲散青光，真算父王洪福，所以哭丧棒破了飞刀，可为天下之奇文也。"程咬金听见，不胜欢喜说："陛下在上，这哭丧棒看起来倒是一件宝贝了，真乃天下有，世间稀，无处寻的宝。拿来放在库中，日后遇有敌将用飞刀的，好将此物带在身边，再拿去破他。"徐茂公说："御侄，使不得的。这根哭丧棒拿来烧化了。"朝廷说："徐先生，难得这根哭丧棒破了飞刀，果然是天上有，世间稀的东西，怎么又要烧毁它起来？"茂公道："陛下有所不知，这哭丧棒焉能破得飞刀？明明乃是秦叔宝兄弟一点忠心报国，阴魂不散,辅佐阵图,故此哭丧棒上有一团黑气破了飞刀,这是他在暗中报我主公。想秦兄弟在生时节,十分辛苦,与王家出力,他如今死后,阴灵还不安享,随孝子秦怀玉到东辽保驾,望陛下速速降旨,烧化了这哭丧棒,等秦兄弟冥府安享,阴间清静些。"朝廷听说道:"既有这等事,将哭丧棒拿来烧化了。"秦怀玉领旨将哭丧棒烧化,秦琼阴魂才得放心而去。自此在城中安养三五日,外边十分清静,并无将士前来讨战,番兵影响俱无,城门大开也不妨,众将尽皆欢心。

朝廷空闲无事,这一天早上,思想出城打猎?便问徐茂公道:"徐先生,寡人今日欲往城外打猎,可肯随朕去吗?"徐茂公笑道:"臣不去。"朝廷说:"既然军师不去,也罢了。阿,诸位王兄御侄在此,那个肯保寡人出城去打猎?"茂公在旁丢个眼色,把头摇摇。众爵主深服军师,明知其故,大家不应。尉迟恭也晓军师有些古怪,便说:"臣今日身子不快,改日保驾,望我主恕罪。"程咬金说:"你们大家不去,臣愿随驾前去。"茂公喝道:"你这个呆子匹夫,今日不宜行动,我们多不去,谁要你多嘴?"咬金道:"这么,臣也不去了。"朝廷说:"徐先生,你不肯去就罢,怎么连别人都不容他随朕去起来?寡人今日一时高兴要去出猎,为何偏不保朕驾去?到底有什么缘故,请先生讲个明白。"茂公道:"陛下有所不知,今日若到城外打围,要遇见应梦贤臣薛仁贵的。"朝廷听见大悦道:"寡人只道出去要见什么灾殃,所以你们多不肯随朕,若说遇应梦贤臣,乃是一桩喜事,朕巴不能够要见他,只是难以得见,若今日打猎可以遇见此人,乃寡人万幸了。降旨备马,待朕独自前去。"茂公说:"这应梦贤臣福分未到,早见不得我主,还有三年福薄,望陛下不必去见他。过了三年,班师到京,见他未为晚也。"朝廷道:"难道他早见朕三年,还要折寿不成?"军师说:"他寿倒不折,只怕有三年牢狱之灾。"朝廷说:"嗳,先生一发混账了。这牢狱之灾,只有寡人做主,那个敢将他监在牢中?如今朕发心要见,总不把他下牢狱的。"茂公道:"既如此,陛下金口玉言说了,后来薛仁贵有什么违条犯法之事,陛下多要赦他的。"朝廷说:"这个自然赦他。"军师说:"既如此说过,陛下出山去打猎便了。"

贞观天子打扮完备,上了骓骝马,并不带文臣武将,单领三千铁甲兵八百御林兵人马出了东城,竟往高山险路荒郊野外之所而行。离了越虎城有四五里之遥,到一旷阔地方,朝廷降旨摆下围场。御林兵也有仗剑追虎,也有举刀砍鹿,放鹰捉兔,发箭射熊,正在场中跑马打猎。朝廷龙心欢悦,把坐骑带往左边树林前,忽见一只白兔在马头前跑过,天子连忙扣弓搭箭,嗖的一箭,正射中兔子左腿,那晓此兔作怪,全不滚倒,竟带了金披御箭望大路上跑了。朝廷暗想:"朕的御箭怎被这兔儿带了去,必要追它脱来。"天子不肯弃这枝金披御箭,把马加上三鞭,豁喇喇喇随定白兔追下来了。这天子单骑追下来有二三里路,总然赶不上,朝廷扣住了马,不思量追了。那晓这兔奇怪,见朝廷不赶,也就停住不跑了。那天子见兔儿蹲住,又拍马追赶,此兔又发开四蹄往前跑了,总然朝廷住马,此兔也住;朝廷追赶,此兔也就飞跑了。不想追下来有二三十里路,兔子忽然不见,倒赶得气喘吁吁,回转马来要走,只看见三条大路,心下暗想:"朕方才一心追这只白兔,却不曾认清得来路,如今三条大路在此,叫我从那条路上去的是?"正在马上踟蹰不决,只见左边有个人马下来,头上顶盔,身上贯甲,面貌不见,只因把头伏在判官头上,所以认不出是那个。天子心中暗想:"这个谅来不像番将的将官,一定是我邦的程王兄,他有些呆头呆脑的,所以伏在判官头上,待朕叫他一声看:'程王兄,休要如此戏耍,抬起头来,寡人在这里。'"便连声叫唤,惊动马上这位将军,耳边听得"寡人"二字,抬起头来。不好了!两道雉尾一竖,显出一张铜青脸,原来就是盖苏文。他只因飞刀被哭丧棒打毁,所以闷闷不快,要上朱皮山去炼飞刀,谅来此地绝没有唐将来往,故而伏在判官头上,双尾倒拖着地,唐王那里认得出?只道自家人马,叫这几声。盖苏文见唐天子单人独骑,并无人保驾,心中欢喜,大喝道:"咦!马上的可是唐童吗?上门买卖,不得不然,快割下头来便罢!"把手中的赤铜刀一起,把马拍一拍,追上来了。朝廷吓得魂飞魄散。说:"啊呀,不好了,朕命休矣!"带转马加上鞭就走。盖苏文大笑道:"你往那里走?这事明明上天该绝唐邦,欲使我主洪福齐天,所以鬼使神差你一个在此,若不然,为什么你是天邦一国之主,出来没有一个兵卒跟随的?分明唐邦该绝,还不速速献头!思量要逃性命,怕你走上焰摹天,足下腾云,须赴上那番?"朝廷拼命地跑,后面盖苏文紧追紧走,慢追慢走。赶得唐天子浑身冷汗,想:"徐茂公该死!你方才说:'出去打猎要遇见盖苏文受灾殃的',这句话一说,朕也不来了。偏偏说什么要遇应梦贤臣,引寡人出来相送性命。"谁想一路赶来,有三十里之遥,后面盖苏文全不肯放松,不住追赶。朝廷心慌意乱,叫声:"盖王兄,休得来追,朕愿把江山分一半与你邦,你可肯放朕一条生路吗?"盖苏文说:"唐童,你休想性命的了,快献首级!"这二马追出山凹,天子往前一看,只见白茫茫一派的大海,天连着水,水连着天,两旁高山隔断,后面有人追赶,如今无处奔逃,听死的了。盖苏文呼呼冷笑说:"此地乃是东海,又是高山阻隔,无路通的。如今还是刎头献与我呢?还是要本帅自来动手?"天子心如刀割,回头见盖苏文将近身边,着了忙,加一鞭,望海滩上一纵,谁想海滩通是沙泥,软不过的,怎载得一人一马纵得?在沙滩四蹄陷住,走动也动不得了。唐王无奈,只得又叫声:"盖王兄,饶朕性命,情愿领兵退回长安。"盖苏文跑到海滩边,把赤铜刀要去砍他,远了些斩不着,欲待纵下滩去,又恐怕也陷住了马足,倒不上不下,反为不美。我不如今日逼他写了降表,然后发箭射死他,岂不妙哉!"心中算计已定,叫一声:"唐童,你命在须臾,还不自刎首级下来,本帅刀柄虽短,砍你不着,狼牙箭可能射你,你命在我拿中,还想在世,万万不能了,快快割下头来!"朝廷叫声:"盖王兄,朕与你并无仇冤,不过要朕江山,如何屡逼寡人性命?盖王兄若肯放朕一条活路,情愿把江山平分与你。"盖苏文说:"那个要你一半天下,此乃天顺我邦。本帅取你之命,以立头功,要你江山,以保我主南面称尊。本帅看你如此哀求,要求性命也不难,快写一道降表与我,恕你性命。"朝廷道:"未知降表怎样个写法?"苏文说:"好个刁滑的唐童,你在中原为一国之主,难道降表多写不来?本帅也不要你写什么长短,不过要你写张劝票与我,拿到越虎城中,降你们这班老少将官爵主三军人等投在我邦,换你这条性命。"天子道:"但是纸多没有在此,叫朕写在何处?"苏文说:"要纸何用?你穿的黄绫跨马衣,割下一则衣衿,写在黄绫上,使你们大臣肯服。"天子说:"盖五兄,黄绫虽有,无笔难挥。"苏文叫声:"唐童,若用笔写,难以作证,你把小指嚼碎淋血,挥写一道血表,待我拿去!"正是:

唐王祸遇青龙将,性命如何逃得来。

毕竟唐王肯写降表不肯写降表,且看下回分解。

第四十二回　雪花鬃飞跳养军山
应梦臣得救真命主

诗曰:

万乘旌旗下海东,沙滩龙马陷金龙。

苏文呈逞违天力,难敌银袍小将雄。

"好使这班老臣信服,方肯投降,快快写上来!"朝廷无奈,把金剑割下黄绫衣衿一块,左手拿住,如今要把小指咬破,又怕疼痛。"朕若写了血表,当真把天下轻轻付与别人不成?这血表岂是轻易写的?"心中好无摆布。盖苏文说:"不必推三阻四,快快咬碎指头写血表与我!"那番,贞观天子龙目下泪,暗叫一声:"诸位王兄御侄,感你们个个赤胆忠心与朕打成这座锦绣江山,哪知今日撞见盖苏文立逼血表,非是寡人不义,也叫出于无奈,今日写了血表,永无君臣会面之日了。"这道血表原觉难写,指头咬破鲜血淋淋,实难落实,高叫一声:"有人救得唐天子,愿把江山平半分;谁人救得李世民,你做君来我做臣。"只把这二句高叫,盖苏文呼呼冷笑说:"唐童快写!这里乃我邦绝地,就有人来,也是本帅麾下之将,焉有你的人马兵将到来?凭你叫破什么,总总无人来救。"一边逼他写血表,天子不肯写,叫救在海滩,逼勒不止,谁人来救,我且慢表。正是:

唐王原是真天子,自有天神相救来。

单讲那藏军洞中火头军,这一日,八位好汉往养军山打猎去了,单留薛仁贵在内煮饭。这骑云花鬃拴在石柱上,饭也不曾煮好,这匹马四蹄乱跳,口中乱叫,要挣断丝缰一般,跳得可怕。仁贵一见,心内惊慌,说道:"啊呀!这骑马为何乱跳起来?"连喝数声,全然不住,原在此叫跳,仁贵说:"我知道了,想此马自从收来的时节,从不曾有一日安享,天天开战,日日出兵,自此隐在藏军洞有一月余外,不同你出阵,安然在此,想你也觉烦闷,故而叫跳,待我骑了你,披好盔甲,挂剑悬鞭,提了方天画戟,到松场上把戟法要练一练,犹如出战一般。"这是宝马,与凡马不同,最有灵性的,把头点点。仁贵就全身披挂,结束停当,手端画戟,跨上马,解脱丝缰,带出藏军洞中,过仙桥,鞭子也不消用,四蹄发开,望山路中拼命地跑了。仁贵说:"怎么样?"把丝缰扣定,那里扣得住?越扣越跳得快,说:"不好了!我命该绝矣!马多作起怪来,前日出阵,要住就住,要走就走,今日原何不容我做主,拼命地奔跑,要送我的命?"仁贵看来要跑得腾云飞舞一般,好似神鬼在此护送,逢山冲山,逢树过树,不管好歹的跑法,冲过十有余个山头,到一座顶高的山峰上住了。仁贵说:"阿唷唷,吓死我也!叫声马儿,你原有些力怯的时候,所以才住了吗?"到底此处不知什么所在,便抬头望下一看,只见波浪滔天,通是大海,只听见底下有人叫:"谁人救得唐天子,锦绣江山平半分;有人救得李世民,你做君来我做臣。"那薛仁贵吓得魂不在身,连忙望山脚下看时,只见一个戴冲天翅龙冠穿黄绫绣袍的,把指头咬破,只听叫这二句,住马写血字,马足陷住沙泥。仁贵虽不曾见了朝廷,谅来那人必是大唐天子,不知何因在此海滩泥土。又见岸上一人,高挑雉尾,面如青靛,手执铜刀,却也认得是盖苏文,暗想:"原来天子有难,我这骑马有些灵慧,跑到此山。马阿!你有救驾之心,难道我倒无辅唐之意?如今要下此山又无路道,高有数十丈,打从那里下去?"坐下马又乱叫乱跳纵起,好像要胯下的意思,惊得仁贵魂不在身,把马扣住说:"这个使不得,纵下去岂不要跌死了。也罢!畜生尚然如此,为人反不如它?或者洪福齐天,靠神明保佑,纵下去安然无事。若然陛下命该已绝,唐室江山被番人该应灭夺,我同你死在山脚底下跌为肉酱,在阴司也得瞑目,快纵下去!"把马一带,四蹄一蹬,望山脚下好似神鬼抬下去一般,公然无事。薛仁贵在马上晃也不晃,心中欢喜,把方天戟一举,催马下来喝声:"盖苏文你休得猖獗!不要走!"又说:"陛下不必惊慌,小臣薛仁贵来救驾也!"那唐天子抬头一看,见一穿白用戟小将,方才醒悟梦内之事,不觉龙颜大悦,叫声:"小王兄,快来救朕!小王兄,快来救朕!"盖苏文回头见了薛仁贵,吓得浑身冷汗,叫一声:"小蛮子,你破人买卖,如杀父母之仇!今唐王已入罗网,正在此逼写血表,中原花花世界十有八九到手,我邦狼主也为得天下明君,你肯降顺我主,难道缺了一家王位不成吗?"仁贵大怒道:"嗤!胡说!我乃少年英雄,出身中原,有心保驾,跨海征东,岂有顺你们这班番奴?番狗,快留下首级!"苏文说:"阿唷唷,可恼,可恼!你敢前来救着唐童,本帅与你势不两立!"把马摧上一步,起一起赤钢刀,喝声:"本帅的赤铜刀来了!"一刀直望仁贵劈面门砍将下去,仁贵把方天戟噶喇一声架开,冲锋过去,带转马来。盖苏文又是一刀剁将下来,仁贵又架在旁首。二人战到六七个回合,仁贵量起白虎鞭,喝声:"照打罢!"一鞭打下来,打在后背上,盖苏文大喊一声,口吐鲜血,伏鞍大败而走。仁贵把马扣定,不去追赶,"小王兄,寡人御马陷住沙泥,难以起来。"仁贵说:"既然如此,难以起岸,待小臣来。"便抽出腰边宝剑,把芦苇茅草割倒,将来捆了一堆,摆下沙滩,纵将下去,把朝廷扶到岸,又将方天戟杆挑在马的前蹄,此马巴不能够要起来,因前蹄着了力,后足一蹬,仁贵把戟杆一挑,纵在岸上。天子原上马,仁贵走将上来说:"万岁爷在上,小臣薛仁贵朝见,愿我王万万岁!"朝廷叫声:"小王兄平身,你在何处屯扎?因何晓得朕今有难,前来相救寡人?"仁贵说:"陛下不知其细,且到越虎城中,待臣细奏便了。但不知陛下亲自出来有何大事,这些公爷们因何一个也不来随驾?"朝廷说:"前日那些番兵围合拢来,共有数十余万,把越虎城团团围住,有二十余天难以破番解围,正在着急,幸亏中原来了一班小爵主杀退番兵,安然无事,寡人欲往郊外打围,奈众王兄不许朕出猎,故而没有一人随朕,此来不想遇着了盖苏文,险些

图文珍藏版

性命不保，全亏小王兄相救，其功非小，到城自有加封。"仁贵道："谢我王万万岁！"

　　天子在前面行，薛仁贵跨上雕鞍后面保驾一路行来。到了三岔路口，原扣住了马立住，不认得去路，那边来了四五骑马，前边徐茂公领头，尉迟元帅、程咬金、秦怀玉带下三千铁甲马八百御林军迎接龙驾。见了天子，茂公跳下马来了，俯伏道旁叫声："陛下受惊了，臣该万死万罪。"朝廷说："阿唷，好个刁滑道人，怎么哄朕出来，几乎送朕性命！"茂公说："陛下，臣怎敢送万岁性命？若不见盖苏文，焉能得遇应梦贤臣？"朝廷说："虽只如此，幸有小王兄来得凑巧，救了寡人，若迟一刻，朕献了血表，焉能君臣还得再会？"茂公说："臣阴阳有准，算定在此，若没有薛仁贵相救，我们领兵也早来了。今知我王不认得路道，所以到此相接。"天子道："既如此，快领寡人回城去吧。"茂公领旨，众臣前面引路，朝廷降宠，薛仁贵与他并马相行。

　　一路行来，到了三江越虎城，进入城中，把城门紧闭。同到银銮殿上，朝廷身登龙位，两班文武站立，薛仁贵俯伏尘埃启奏道："陛下龙驾在上，臣有冤情细奏我王得知。"朝廷说："小王兄，奏上来。"仁贵说："臣幼出生在山西绛州龙门县大王庄，破窑中穷苦，若不相遇王茂生夫妻结为手足，承他照管养膳破窑，焉能使我每日间学成武艺，习练得本事高强？思想干功立业，显宗耀祖，以报恩哥恩嫂，单单苦无盘缠役军，因此同柳氏苦度在窑。其年先锋大老爷张环奉我皇圣旨，到山西龙门县招兵买马。幸有同学朋友名唤周青赠我盘费，相同到龙门县投军，那晓张爷用了周青，道小臣有犯他讳字，将臣赶出辕门不用，也罢了。第二遭到风火山收了强盗三员同来投军，只用三人，又道小臣穿白犯他吉庆，仍旧逐出辕门不用。第三遭得了这位老千岁的金披令箭，张爷无奈，把小臣权用。他说：我张爷有好生之德，所以不用，放你生路，你偏生屡次撞入网来，叫我也实难救你。我岂为在此招军买马，单为朝廷得其一梦，梦见小臣不法，欲夺帝王之位，又赠什么四句诗。"天子说："有的，小王兄，这四句诗就该明白了。"仁贵说："陛下，他对小臣讲，'家住遥遥一点红，飘飘四下影无踪，三岁孩童千两价，生心必定做金龙。'故而军师详出一点红是绛州地方，有薛仁贵谋叛之心，因此在山西查访，拿来解京处决。所以小臣怕得紧，情愿为火头军，隐姓埋名'仁贵'二字，他说立得三大功劳，保奏我王出罪。我因立了多多少少的功，奈陛下不肯饶恕，没有出头日子。未知张爷流言冒功，又不知陛下果有此事？"朝廷听完大怒："阿！原来有此曲折，故而难以明白。寡人此梦就如方才在海滩上写血表遇王兄救朕一样的模样，就是王兄赠我四句诗，'家住遥遥一点红，飘飘四下影无踪，三岁孩童千两价，保王跨海去征东'。原为小王兄一人，故命张环到龙门县招兵，查访王兄出来领帅印督兵。那晓张环好恶多端，在朕面前只说没有姓薛的，反把第四句改了什么'生心必定做金龙'，纵何宗宪在此混账冒功！"尉迟恭上前叫声："小将军，那日本帅被番将起解建都，想来一定是你救我的了？"仁贵说："不敢，末将救的。"尉迟恭说："如何？我原道是你。本帅还要问你，前日在凤凰山脚下，把本帅扯了一跤，又在土港山神庙翻本帅一跤飞跑而去，却是为何这等害怕？"仁贵说："末将该当有罪。这多是张爷不好，他说朝廷还有几分肯赦，只有元帅爷迷惑圣心，不肯赦你，故此屡次拿捉，叫末将不可相通名姓。故此末将见帅爷逃命要紧，所以这等惧怕，只想走脱，那里相见元帅翻跌不翻跌？"尉迟恭听说此言，暴跳如雷说："可恼，可恼！孩儿们过来，令箭一枝，星飞赶往黑风关狮子口，速调张环父子女婿六人到来见我！"宝林、宝庆一声答应，接了父亲的令箭，带过马来，跨上雕鞍，按好头盔锦甲，提了兵器，出了越虎城，竟往黑风关来调取张环父子，此言慢表。

　　单讲朝廷开言问道："小王兄，你既在张环座下为火头军，缘何知道寡人有难海滩，却却来得正好，救了寡人性命？"仁贵道："陛下有所未知，那日在独木关上，病挑安殿宝，小臣得了这个功劳，那晓张环心生毒计，把我结义弟兄九人九骑哄入天仙谷口里边，后路不通前路，把柴木堆起，放火逼烧臣九条性命。幸有九天玄女娘娘摄救出了天仙谷，到一振山路中，躲往藏军洞中有两个月有余。不想今日臣八个兄弟出山打猎，小臣在洞中煮饭，这一骑马乱跳乱纵，我便上马出洞欲练戟法，谁想这马好似神舞一般，丝缰总扣它不住，跑过了几个山头，纵上这座山峰，如平地一般，复又纵下海滩，才救我主。"朝廷说："原来还有八位王兄在藏军洞中，降旨意快去宣来见朕。"军士上前道："万岁爷，不知藏军在于何处？"朝廷道："小王兄，你去宣你八个兄弟从那条路上去的？"仁贵说："小臣是玄女娘娘摄去，来是随马跑到一路上飞纵而来的，所以连臣也不认得，不知藏军洞在东在西。"茂公奏道:"陛下,那藏军洞想是乃九天娘娘仙居之所,有影无踪的所在,岂是凡人寻得到的? 少不得日后八人自有见面之日。"天子道:"既如此,传旨排宴,命众御侄陪小王兄饮酒。"不表三江越虎城中钦赐御宴,众小爵主陪薛仁贵饮宴。

单讲宝林、宝庆在马上星飞来到黑风关战船内,张环父子闻报,远远接到船中。尉迟弟兄说:"张环,元帅爷有令箭一枝,要你父子女婿六人作速同往建都见驾,有要紧军情。"张士贵说:"二位小将军,不知元帅相传是什么要紧军情?"宝林道:"说是什么机密事,迟延不得的,快快整备同去见驾,我们也不知道的。"那番,士贵父子即忙周备上马,端离了黑风关,连尉迟弟兄八人一路上竟望越虎城来。在路耽搁数天。这一日早到建都,进入城中,同上银銮。宝林、宝庆上前奏道:"陛下,张环父子宣到了。"尉迟恭说:"传到了吗? 与本帅将他父子洗剥干净,绑上殿来!"茂公叫声:"元帅不可造次,我自有对证之法。陛下,快传旨意,好好宣他上殿。"朝廷降旨:"快宣进来。"左右一声:"领旨。"军士出殿,宣进父子六人上殿,储伏尘埃说:"陛下龙驾在上,臣张士贵朝见我王,未知万岁宣臣到来有何旨意?"天子龙颜翻转说:"张环,朕宣召你来到,非为别事,只因前日寡人出去打猎,路上遇着一位小将军,口称与你交好,朕现带在外,因此宣你来,可认得他姓甚名谁?"张环道:"如今这位小将"朝廷把头一点,班中闪出薛仁贵,俯伏银阶叫声:"大老爷,可认得小人薛礼吗?"这士贵一见,吓得魂飞魄散,面上失色,索落落扑倒尘埃说:"你不像个人。"他还只道是薛仁贵阴魂不散,在朝廷驾前出现告御状,所以张环这等害怕。仁贵说:"大老爷,怎么我薛礼不像个人起来? 我自从被你那日哄在天仙谷内,亏玄女娘娘使出神通,救我九人九骑,故而不送性命,还是好端端的一个薛礼,又不是什么鬼,为何这等发抖?"张环的魂被这一吓,差不多半把已经吓出的了。四子一婿跪在驾前,浑身冷汗,暗想:"不好了! 如今是大家性命多活不成了。"朝廷喝问道:"张环,你到底可认得他吗? 在那里会过? 快些奏上来!"张士贵叫声:"陛下,臣领兵中原到东辽,不知夺了多少关头,攻取了许多城池,从来不认得这位小将军,不知他姓甚名谁,如何反认得我?"薛仁贵道:"好个刁滑的张环,前日在你月字号内为火头军,怎生把我来骗,说'立得三个功劳,在驾前保你出罪。我薛礼不知立了多少功劳,反在独木关上生心把我九人烧死,冒取功劳与何宗宪,亏你良心何在? 天理难容! 今日在驾前反说不认得我?"朝廷道:"寡人心中也明白,张环欲冒薛仁贵功劳,将他埋没前营为火头军,反在朕驾前奏说没有应梦贤臣,谎君之罪非小,快些招上来!"

从前做下违天事,于今没兴一齐来。

毕竟不知朝廷如何究罪张环,且看下回分解。

第四十三回

银銮殿张环露奸脸
白玉关薛礼得龙驹

诗曰:

　　白玉关前独逞功,获将宝马赛蛟龙。

　　张环枉有瞒天巧,难出军师妙算中。

"好待寡人定罪!"张环叫声:"陛下,这是冤枉的,臣实不知的。若讲应梦贤臣,尤其无影无踪了,薛仁贵三字从来不曾听得,就有这个人,也是东辽国出身。前日在山西招兵,从来没有姓薛的,何见谎君之罪?"朝廷说:"寡人也不来查你别件,就是东辽这几座关头谁人破的? 寡人龙驾困在凤凰山哪个救的,元帅被番兵困在囚车内走解建都,何人喝退的?"尉迟恭说:"是,嘎! 只问这几桩事就知明白了,快些说上来!"张士贵叫声:"万岁在上,若说破关攻城之力,皆是臣婿何宗宪的功劳,凤凰山救驾也是何宗宪救的,元帅起解建都也是宗宪喝退的,何为冒他功劳?"仁贵笑道:"张环,这些都是你何宗宪功劳吗? 亏你羞也不羞? 自从在中原活捉董逵起,一直到病挑安殿宝,元帅功劳簿上那一件是何宗宪功? 还要在驾前谎奏!"茂公旁边冷笑道:"你二人不必争论,总有千个功劳,无人见证,不知是何宗宪的还是薛仁贵的,我也实难判断。如今有个方法在此,便能分出真假,可以辨明了。"朝廷说:"先生,怎样个方法呢?"茂公说:"这里越虎城下去有四十里之遥,东西有两座关头,东为白玉关,西叫摩天岭。你二人各带人马前去，先打破关头先来缴令，这些功劳多是他的，本来这两个关守将一样骁勇的。张环，倘我或有偏向那一个了，如今大家拈阄阄子为定，拈着那一个阄就去打那一座关便了，你们大家意下如何？"仁贵说："军师大人言之有理，张环可有这个本事吗？"士贵道："那里惧你？我的宗宪战法高强，大小功劳不知立了多少，何在为这一座关头？就去何妨！"茂功就在案上提御笔写了两个阄子，放在金盒中倒乱一倒乱说："你们上来取。"仁贵先走上来要取，茂公喝住道："你乃是无职小臣，张环到底总管先锋，有爵禄的，自然让他先来取。"仁贵连忙住了手应道："是。"张环上前取阄子在手，拆开一看，上写"摩天岭"三字，茂公道："既是张先锋得了摩天岭，薛仁贵去破白玉关，也不必拆开阄子来看了。"张士贵听说，心中十分慌乱，不管好歹，连忙辞了驾，元帅发兵一万，父子六人巴不能够早到早破，领了人马星飞赶到摩天岭，我且慢表。

单讲徐茂劝说："薛仁贵小将军，这两座关欺心得多在里头，唯有白玉关好破，可以马到成功，手到擒来。这摩天岭好不厉害，总有神仙手段也有些难破，谅张环不知何年何月得破此关。方才这两个阄子都是摩天岭，所以叫你迟取，不必拆开来看了。"仁贵听言大喜说："蒙大人照拂，薛礼无恩可报，求元帅发兵，待小将前去破关。"尉迟恭道："待本帅点十万兵与你带去。"茂公道："元帅不必发这许多人马，只消一千个兵足矣，就他单人独骑也可以去破得此关了。"尉迟恭说："既如此，待本帅点雄兵一千与你。"仁贵说："多谢元帅爷。"连忙打扮结束，辞了天子，正欲转身，茂公说："你住着，我还有话对你讲。"仁贵说："不知大人有什么吩咐？"茂公道："小将军，我有护身龙披一角，你带在身边。这有锦囊一个，你到白玉关，然后开来细看，照上行事，不得有违。"薛仁贵将锦囊龙披藏好，应声："得令！"出了银銮殿，跨上雕鞍，手提画杆方天戟，带领一千人马离了三江越虎城，竟往东行来取白玉关，我且撇在一旁。

另讲这张士贵父子一路望西而行，下来四十里，早到摩天岭，一看吓死人也！但见：

迷迷云雾遮山腰，山顶山尖接九霄。一堆不见青天日，虎豹猿猴满处嚎。
两旁树木高影影，踏级层层生得高。望上雾云乌昏黑，那见旗幡上面飘？见
说天山高万丈，怎抵摩天半接腰。纵有神兵骁勇将，这番见了也魂消。

张士贵说："我的儿，你看这座山头如此模样，也不知有多高，上面云雾漫漫，也看不出此条山路，又有壁栈在此，怎样破法？"志龙说："爹爹，我们且攻他一阵，呐喊叫骂，待他有将下来，好与番将斗战。"士贵道："我儿言之有理。"连忙传令人马，震声呐喊连天，炮响不绝，鼓噪如雷，番奴番狗骂得沸反盈天，总然上面响也不响，又是一阵喊骂，上面原不见动静，连攻十有余阵，天色晚暗，上面听也不曾听见。张环说："我儿，此山高得紧，我们在此破喉咙，上边晓也不晓得。今日天色已晚，且到明日我们走上去看，倒也使得吗？"志龙道："爹爹主见甚好。"此夜，父子商议停当。明日清晨，坐马端兵出了营盘，张环说："我儿，待为父先上去打探消息，然后你们上来。"志龙道："是！爹爹须要小心。"张环道："不妨。"带马望山路一步步走将上来，直到了半山中，望上去见影影旗幡摇动，只听得上面喝叫："南蛮子上来，打滚木下去。"众番兵应道："晓得！"张环听见，吓得魂不附体，带转丝缰，三两纵跑得下山脚，数根滚木也不打到山脚下了，说："阿唷！我的儿，这个摩天岭看来难破的，我们在山下叫骂，他们不来理你，若然上去，就要打滚木下来，这等厉害，分明军师哄我们来送性命！"志龙说："爹爹，我们不破摩天岭，少不得也要死，如何是好？"张士贵眉头一皱，计上心来，说："我儿，今番摩天岭看来难破，破不成的了。不如带领人马竟望黑风关，下落战船过海到中原，只说万岁班师，哄住大国长安，把殿下除了，谅无能将在朝抵敌，你们保为父身登九五，不怕天下地方官不肯降顺。那时，差勇将守住潼关，不容朝廷进中原。一则全了六条性命，二来一统江山一鼓而擒，岂不两全其美？反得大唐不用丝毫之力。""孩儿们自当保父南面称孤。"张环传令兵马拔寨起程，离了摩天岭，竟走黑风关，下落战船，吩咐发炮三声，把三千几百号战船多开尽了，一只也不容留在此独木城，解开蔑缆，由它大风打掉了。先锋之令，谁敢不遵？就等朝廷差将追赶，没有战船。此为断后之计。我且按下，不表张士贵反往中原。

单讲薛仁贵带领一千人马也到白玉关前，吩咐按下营寨。一声炮响，军士安营。天色已暗，当夜在灯下取出军师所赠的锦囊拆开细看，只见上边有几行字写得明白：

"白玉关守将，名为完贤朱追都罗弥，有一骑宝马，名唤赛风驹，日行万里，夜走五千，可以大海浪中水面上奔走，不湿人衣，你快取番将性命，夺此宝马。今张士贵难破摩天岭，已经带兵往黑风关齐开战船，反倒中原去了。大国长安有千岁在那里，唯恐延捱有伤殿下性命，所以赠你锦囊护身披一角，你快上赛风驹，下东海望中原救殿下性命要紧。且把张家父子拿下监牢，速来缴旨。是有王封。"仁贵见了这一个锦囊，也觉魄散魂摇，心下暗想："谅军师之言决然有准，救兵如救火，若不破白玉关，少有赛风驹，怎到中原？也罢，不如到关前讨战便了。"仁贵算计已定，把马催到关前，呼声大喝："咄！关上番儿快报，说今有大唐朝护驾小将军薛仁贵在此讨战，闻得你们守将叫什么完贤朱追都罗弥，厉害不过，有本事叫他早早出关受死！"

不表关外讨战，单说关内把都儿飞报总府来说："启上将军，关外有大唐人马扎安营盘，早有一将名唤薛仁贵，在那里呼名讨战！"都罗弥大怒说："既有唐将在外讨战，与魔家带马过来！"旁有一将应声道："不必哥哥亲自出马，待兄弟前去取胜便了。"都罗弥说："既如此，兄弟须要小心，待为兄到关上与你掠阵。"二人全身披挂，带马过来，跨上雕鞍，离了总爷衙门，来到关前，发炮一声，关门大开，吊桥坠下，豁喇喇冲出关来。抬头一看，原来就是火头军穿白将薛蛮子。"魔家久闻你的本事高强，到了此地，你命就该绝了。"仁贵抬头一看，但见这员番将怎生打扮：

头上戴一顶黄金虎头盔，面如锅底相同，两道朱砂红眉，一双碧眼圆睁，高梁大鼻，阔口板牙，招风大耳，腮下一派连鬓竹根胡，身穿一领映花紫罗袍，外罩红铜甲，左悬弓右插箭，手端大砍刀，坐下乌骓马。

仁贵心下暗想：这一骑马不像风赛驹，未知可是完贤朱追都罗弥，待我问声看："咄！来将少催坐骑，通下名来！"番将答应道："你要问我之名吗？我乃大元帅盖麾下加为镇守白玉关副将雷青便是！"薛仁贵要救殿下到中原要紧，那里还有工夫答话，听见说不是都罗弥，便纵一步马上喝道："番狗照戟吧！"把这一戟挑将进来，雷青喊声："不好！"把手中大砍刀望戟上噶啷噶啷这一抬，险些跌下马来。马打交锋过去，圈得转来，仁贵喝一声："去吧！"插一戟刺将进来，雷青喊声："不好！我命休矣！"躲闪也来不及，正中咽喉，一命身亡了。关上有都罗弥一见雷青刺死，不觉两眼下泪，吩咐开关，一马当先冲出关来，大叫："薛蛮子，你敢伤我兄弟，不要走，魔与你势不两立了！"薛仁贵听抬头一看，你道他怎生打扮？但见：

头戴一顶镶铁凤翼盔，面如紫漆，两道扫帚眉，一双铜铃眼，口似血盆，狮子大鼻，腮下一脸五绺长髯，身穿一领柳叶黄金甲，外罩血染大红袍，手执一条银缨枪，坐下乃是一骑赛风驹。

那薛仁贵连忙喝问道："来者可就是完贤朱追都罗弥吗？"那番将应道："然也！既闻大名，何不早早下马归降？"仁贵闻他就是，心中喜之不胜，也不打话，巴不能夺了赛风驹就走，喝声："放马过来，照小将军的戟吧！""嗖"这一戟望都罗弥面门上刺将过来，十二分本事多显出来，那番将怎生抬架得住？喊声："不好！"把手中银缨枪望戟上噶啷这一翘，架得双眼昏花，马多退后数步，冲锋过去，圈转马来，仁贵提起白虎鞭，望守将背上当这一击，在马上翻下尘埃，脊梁打断，呜呼哀哉。连忙纵下马来，一把把赛风驹牵将过来，跨上马，传令将自己这匹马交军士带着，一千雄兵先报回越虎城去。身边早备干粮人参饼，在路上充饥，遂加上三鞭，这一骑赛风驹拨开四蹄，离了白玉关飞跑而去。此马原算宝骑，四足有毫毛发出，犹如腾云驾雾一般，但见树木山溪在眼前移过，不一天到了黑风关塘口，只见波浪滔天，是大海了。仁贵把赛风驹扣定，叫声："马啊马，我闻你乃是龙驹，在海面上可以行得，今我主殿下千岁在中原有难，该我薛仁贵相救，你如果有过海之力。便纵下去，倘淹死海一中，也算尽忠而死了。"说罢把马一纵下了海，只得马蹄着水，毫毛在面上，原可奔跑。仁贵好不害怕，耳边只听得呼呼风声不绝，这赛风驹用了跨海之力，真正飞风而去。仁贵用了些干粮，伏在马鞍鞯上，眼睛合着，连日连夜由在海中行走。不到三天，早见了中原登州府海滩了，但见战船密密，有汛地官在那里看守战船。仁贵纵上岸滩，有登州府王彪、总兵官徐熊二人喝住道："咄！那里来的？可是海贼？到何处去？"仁贵说："我乃应梦贤臣薛仁贵，在东辽得功势如破竹，保万岁龙驾，乃扶唐大将，怎说海寇？你等做了汛地官员，如何这等不小心？张环父子瞒了陛下，在中原来谋反，欲夺大唐世界，你们不查明白，竟放了过关去，因此我随后赶来擒他张环父子,相救殿下千岁,快容我到大国长安去。"两个官员听了魂不在身,说:"你既奉旨前来,可有凭据?"仁贵说:"有的。"身边取出护身披一角,那二人见了朝廷龙披说:"小将军,卑职们罪该万死,请将军到衙中,待我备酒接风。"仁贵说:"要救殿下千岁要紧,不劳你们费心。那张环到来有几天了?"二人说:"小将军,他是昨日到的。"仁贵大悦道:"阿,如此不妨,还可赶得上。"别过,二人说:"将军慢行。"那薛仁贵离了山东,竟走长安。不一日一夜,到了潼关。连忙扣住了马,望关口一看,只见上边大红旗上书着:"大唐镇守潼关殿。""阿,原来就是殷驸马,我不免叫关便了。咳!关上的报与驸马爷知道,说今日有圣旨下,要往长安,叫他开关。"那关上的军士问道:"既有圣旨,可拿凭据出来照验,你是什么官长,说得明待我好通报。"仁贵说:"我乃应梦贤臣薛仁贵,有功于社稷,现有护身龙披在此,你拿去看。"丢上关头,军士接住一看:"真的。"连忙报入府中说:"启上驸马爷。"驸马问道:"启什么事情?"军士禀道:"东辽国奉旨来了一员小将,自称应梦贤臣薛仁贵,现在外边,要过关到长安见殿下千岁的。"殷成听见此言,心中暗想:昨日张士贵父子说朝廷奏凯班师,停驾登州府了,今日缘何又有东辽国奉旨来的? 事有可疑,不必理他。"说:"驸马爷,现在龙披在此。"殷成接来一看,果是朝廷的龙披,见了凭据,心内踌躇了一回,便说:"军士过来,放他进关前来见我。"军士答应道:"是。"回身就走。到关上把关门开了,放进薛仁贵,领到帅府,薛礼下马,进入殿来说:"驸马爷在上,小臣薛仁贵朝见。"殷成用手搀扶说:"你乃应梦贤臣,请起看回坐。"薛仁贵说:"不消坐了。请问驸马,张士贵父子怎样过关的?"殷成道:"正是孤也要问你。张环昨日到我关上,他说陛下奏凯班师,已经停驾登州,四五日内就到长安了。为什么小将军又说在东辽奉朝廷旨意去到长安,有何急事? 到底陛下班师否?"仁贵道:"驸马爷有所不知,张环奉旨领兵攻打摩天岭,不想竟把战船一齐开了,赶到中原往进长安,有心要登龙位。我奉军师密令,赠我锦囊,叫我白玉关上取了赛风驹马,四日四夜在海中,赶来拿捉张家父子,相救殿下。谁想他哄进潼关,前往大国长安,不多路了,小臣事不宜迟,就要往长安去。"殷成听见,吓得浑身冷汗,说:"果有此事? 将军请先行,孤也随后就来。"薛仁贵答应,忙到外边,跨上马如飞就走。驸马也就通身打扮,带领二十家将,离了潼关,竟望陕西而来,我且不表。

如今单讲大国长安右丞相魏征,那夜得其一梦,甚是惊慌,忙上金銮殿,正是:

　　奸臣纵有瞒天计,难及忠良预见明。

毕竟不知魏征金銮殿见驾如何,且看下回分解。

第四十四回　长安城活擒反贼　说帅印威重贤臣

诗曰:

　　伏得龙驹过海来,张环父子定招灾。
　　也应唐主多洪福,预令高人安算排。

那魏征丞相忙上金銮,殿下临朝,便俯伏金阶说:"殿下千岁在上,臣昨夜得其一兆,甚为奇怪。"那殿下李治叫声:"老王伯,未知什么梦兆?"魏征道:"臣昨夜梦中见我三弟秦琼,来到床前谏言几句道:'你为了掌朝宰相,如何这等不小心? 况万岁到东辽,曾把殿下托你保护,权掌朝纲,料理国家正事,今目下三两日内,有朝中奸臣谋叛,欲害储君,你如何不处心查访? 四门紧闭,过了三天,绝无大事,若不小心,弄出大事,你命就该万死了。'臣看此兆,原算稀奇,朝中那个是奸,那个是佞,叫老臣也无处去查。"李治道:"秦老王伯在日,尽心报国,一片忠心,今死后有这番言语,宁可信其有,不可信其无,他说把城门紧闭三天,绝无大事,不免降旨,今日就四门紧闭,差将守城。"魏征传下令来,把城门紧闭了,君臣们在金銮殿上议论纷纷,我且慢表。

一到了次日早上,张士贵父子,领兵到了长安城。望去一看,只见大门早已紧闭,吊桥挂起。心中惊骇,叫声:"我的儿,为什么光大门闭在此,难道有人通了线索,预先防备我们前来? 所以吊桥高挂,四城紧闭。"张志龙说:"爹爹,我们在东辽国来,人不知,鬼不觉,何人知道我父子存反叛之心,先把城门紧闭起来? 必然又有别样事情。今日对他说,朝廷奏凯回朝,自然开城,放我们进去。"张环说:"这也有理。"连忙带马到护城河边,叫一声:"城上的,快报与殿下得知,今万岁爷奏凯班师,歇马登州,先差张士贵在此,要见殿下,快快开城。"那城上军士一见说:"大老爷,请候着,待我们先到报殿下。然后开城。"张环道:"快去通报。"军士来到午门禀知,黄门官上殿起奏:"殿下千岁在上,外边有三十六路都总管,七十二路总先锋张环到了。说朝廷圣驾今已班师,先差张士贵来见殿下,望千岁降旨开城。"李治殿下听报父王班师,喜之不胜,立刻降旨,去放张环进城。丞相魏征连忙止住道:"殿下千岁,且慢。秦三弟托梦,原说要把城门紧闭三天,才无大事,刚刚昨日闭城,才得二天,就有张环父子到来,就是万岁奏凯还朝,岂可预先不报,事有蹊跷。臣看张环父子短颈缩腮,将来必有反叛之心,不可乱开,且往城上去问个明白。"李治说:"老王伯言之有理。快到城上去。"君臣上马,带了文武大臣,离了午门,竟上城头一看。只见张家父子人等,满身结束,坐马端兵,后有数千雄兵,摆列队伍,满面杀气。想他一定有谋叛之心。魏征问道:"张先锋班师了吗,陛下圣驾可曾到否?"张士贵听言抬头,一见殿下同魏征在城上,心内欢悦,连忙应道:"正是。陛下奏凯班师,歇驾登州,先差小将到来,料理国家大事。未知光大门为何紧闭?望老丞相快快开城。"魏征说:"我受秦元帅梦中嘱托,他说今日有奸臣不法,欲夺天下。叫我紧闭城门,待朝廷亲到长安,然后开城。今陛下已在登州,不日就到,张先锋请外面扎营安歇,等待圣驾到了,一同放你们进来。"张士贵听见此言,吓得浑身冷汗,说:"好个秦琼,你死在阴间,还要来管国家大事。也罢!"叫一声:"老丞相,我实对你说,朝廷与众大臣,被番兵围困越虎城中,并无大将杀退,小将焉有神仙手段去救万岁,想来君臣不能回朝的了,因此我把战船齐开来到中原,想殿下年轻不能理国家大事,不如让我做几时,再让你做如何?"魏征大怒喝声:"咄!你这该死的狗头,朝廷有何亏负了你,却如何丧心。既然万岁有难在番邦,理当尽心救驾,才为忠臣,怎么私到长安,背反朝廷。幸亏秦元帅阴灵有感,叫我紧闭城门,不然被你反进城来,我与殿下性命难保。"张环道:"魏征,你不过一个丞相了,难道我张环立了帝,少了你一家宰相职分吗?快快开城,放我进去就罢;若有半句不肯,我父子攻破城门进来,拿你君臣二人,要碎尸万段才罢。"魏征气得满脸失色,把张士贵父子不住的声声恨骂。那底下六人带兵呐喊,放炮攻城。耀武扬威,了当不得。忽听见后面豁喇喇一骑马跑来,上边坐着薛仁贵,一见张环人马,大喝一声:"咄!张环,你往那里走,可认得我吗?"张志龙回头一看,唬得心跳胆碎说:"爹爹,不好了!薛礼来拿擒我们了。"士贵听见,魂魄飞散,纵马摇刀,上前叫声:"小将军,你向在我营中,虽无好处到你,却也费许多心机。今日可念昔日情面,放我一条生路。"仁贵喝道:"咄!我把你们这六个狗头,若说昔日之情,恨不得就一戟刺你个前心穿后背。乃奉军师将令,让你多活几天,叫我前来生擒,活拿你父子监在天牢,等陛下班师,降旨发落。快快你们下马受缚,免得本帅动手。"张环悉知仁贵本事高强,绝不是他对手,倒不如受罪监牢,慢慢差人求救王叔,或者赦了,也未可知。便叫:"我儿,画虎不成反类其犬,既有将军在此,我们一同受罪天牢便了。"四子一婿,皆有此心,共皆下马。仁贵喝声张环手下将士,把他父子去了盔甲,上了刑具。那将士上前,把他父子去了盔甲,上了刑具。那边殷驸马也到了。大叫:"小将军,张环父子可曾拿下?"仁贵说:"已经拿下了,专等驸马爷前来,一同叫城。"殷成大悦。便纵到吊桥边,叫声:"殿下千岁,臣在此,快快开城。"李治在上面说道:"殷驸马,这员小英雄那里来的,可放得进城吗?"驸马说:"殿下放心,这位英雄,就是应梦贤臣薛仁贵。在东辽保驾立功,扶唐好汉,奉军师密令,前来拿捉张环的。"李治听了,才得放心,降旨开了光大门。

吊桥坠下,殿驸马押了张家父子,带了一万人马,进入城中。将人马扎定内教场,竟带张士贵来到午门。殿下李治同魏征先到金銮殿,身登龙位,仁贵上殿俯伏尘埃说:"殿下在上,小臣薛仁贵,愿殿下千岁、千千岁。"李治叫声:"薛王兄平身。孤父王全亏王兄保驾,英雄无比,因此太太平平进东辽关寨,势如破竹,皆王兄之大功。未知父王龙驾,几时回朝,张环因何反倒这地?"仁贵道:"殿下有所不知,待臣细细奏闻。小臣向被张士贵埋没前营,为火头军,把大小功劳,尽被何宗宪冒去。后来在海滩救驾,遇见朝廷,吊取张环对证。"如此这般,一直说到破摩天岭,后又受军师锦囊,得赛风驹,赶来拿捉他,救千岁龙驾。李治闻言大喜,说:"王兄如此骁勇,尽心报国,其功非小。张环有十恶不赦之罪,理当枭首级前来缴旨。"仁贵叫声:"殿下且慢,陛下龙驾现在东辽建都之地,太平无事。且将他父子拿在天牢。待小臣到东辽,逼番邦降表,如在反掌。不久就要班师,回朝之日,还要取他对证,然后按其军法,未为晚也。"殿下李治说:"既如此,降旨带去收监。"不表张士贵子婿六人下监。

再讲殿下赐宴一席,仁贵饮过三杯,谢恩出朝。次日带了干粮,跨上赛风驹,离了长安,竟往登州,下海到东辽。我且慢讲。

如今先讲到东辽越虎城中,贞观天子这一日问军师道:"朕想薛仁贵与张环各去破关,有八十余天,为什么还不来缴旨?一定这两座关上强兵勇将众多,所以难破。"徐勣笑道:"这个自然。只在这两天内,就有一处缴旨了。"君臣正在言谈,外边军士报进来了:"启上万岁爷,城外来了八员将官,多有坐骑,手内还有枪刀器械,口称与薛仁贵生死弟兄,要见万岁的。"朝廷听言,叫声:"徐先生,可放得进来,不妨事吗?"茂公说:"陛下,不妨。这八人多有万夫不当之勇,利害异常。乃应梦贤臣的结义好友,东辽大小功劳,他们也有一半在内的。陛下降旨宣他们上殿,就可加封八人爵禄了。"朝廷大喜,一道旨意降出。不多一回,八人下雕鞍,放了兵器,上银銮殿来。俯伏银阶,说:"万岁龙驾在上,小臣们姜兴本、姜兴霸、李庆先、李庆红、王心鹤、王心溪、薛贤徒、周青等,朝见我王。愿陛下万岁,万万岁。"那天子龙颜大悦:"卿等们平身。寡人也闻得八位爱卿有功于社稷,朕今加封为随驾总兵。"八人欢喜,谢了恩,参见了元帅,与众爵主见礼。一番兵丁伏于胯下,向在张环侧首,今立朝纲,自觉威风。

外边军士又报进来了:"启上万岁爷,薛仁贵现在外边,要见万岁。"朝廷听言大喜,降旨快宣。军士往外宣,仁贵俯伏银阶说:"陛下龙驾在上,小臣薛仁贵,奉我王旨意,前去攻打白玉关,不上一二天,就取关头。速到中原,救了殿下千岁,才得今日到东辽来缴旨。"天子听言,心中不明,说:"小王兄,几时往中原,救那个殿下?你且细奏明白。"仁贵道:"陛下有所不知,张环父子领兵到摩天岭,无能可破,私开战船,反往中原,欲杀殿下,思想登基。臣受军师锦囊,叫我破了白玉关,得了东辽一骑赛风驹宝马,大海行走,犹如平地,星飞赶到中原,相同驸马殷千岁,追到大国长安,已经把他父子拿下天牢,等我王班师,然后按其国法。又晓夜兼行,复到东辽来,保万岁平定东辽。"朝廷说:"有这等事?小王兄真乃异人了。在东辽救了寡人,又在长安救了王儿,复又往东辽来救寡人。正所谓百日两头双救驾,其功浩大!朕意欲加封。奈急切少有掌兵空职去补,如何是好?"尉迟恭上前启奏道:"陛下在上,臣年迈无能,不堪执掌兵权,愿把帅印托小将军掌管。"朝廷说:"若得尉迟王兄肯交帅印与小王兄,朕即加封为天下九省四郡都招讨平辽大元帅之职。"尉迟恭道:"某这颗帅印,秦府中所得,不知吃了多少亏,就是自己儿子也不放心付他执掌。今看小将军一则武艺精通,本事高强,二来一定前生有缘,我心情愿交付与你,安然在小将军标下听用。"仁贵推辞道:"这个不敢。老元帅乃开国功勋,到底掌兵权,道理明白,小臣不过一介寒儒,略知些起韬略,自应在老元帅麾下执鞭垂镫,学些智谋,深感洪恩,怎执掌兵权起来?"天子道:"朕今为主,小王兄不必再奏。就此当殿披红,掌挂帅印。钦赐御酒三杯,就此谢恩。"仁贵不敢再逊,口称:"愿我王万岁、万万岁。"薛仁贵如今为了元帅,心中欢悦不过。有底下这些武职官,一个个上前参见一番。周青、李庆先、王心鹤八人,走将进来,叫声:"元帅哥哥,小将兄弟们多见。"仁贵道:"阿呀,兄弟们不消了。你们因何得知为兄在此,从那里寻来的?"众弟兄说:"哥哥,我们那日打猎回到藏军洞,不见了哥哥,害得我们满山寻遍,忽遇那婆子到来,说起哥哥保驾立功立业去了,那时兄弟们要见哥哥,相随婆子来的。"仁贵道:"嗄,原来如此,可笑张环父子,把我们埋没,冒夺功劳,不想原有出头日子,今张环父子性命尽不保了。"八人说:"便是。"说罢,众人原退两旁。如今有秦怀玉、罗通、程铁牛、尉迟宝林、宝庆,这一班小爵主,上来参见。仁贵叫:"当不起。"心下不安,连忙跪下说:"陛下在上,臣有言陈奏。"天子说:"王兄有何事奏闻?"仁贵道:"臣乃山西绛州一介贫民,蒙陛下龙宠,又承尉迟老千岁大恩,将帅印交与臣执掌,在尔虽是臣小,出兵号令最大。今尉迟老千岁也在麾下听用,臣那里当得起,意欲拜认老千岁为继父,未知陛下龙心如何?"朝廷说:"小王兄既有此心,朕今做主,将你过继尉迟王兄。"敬德心中也觉欢喜,假意推辞说:"这个某家再当不起的。"仁贵道:"说哪里话来。"就当殿了四拜,认为继父。尉迟恭从今待仁贵一条心的了,比自己亲生儿子还好得多。薛仁贵又与众爵主结拜为生死之交,朝廷准了奏,就在驾前,各府内公子爷们上前歃血为盟。大家立了千金重誓，生同一处，死同一块，一十八人患难相扶到底。信盟已毕，朝廷赐宴，金銮殿上，大摆筵席，款待这班小英雄。饮过数杯，把筵席扯开，仁贵讲究破东辽关寨用兵之法。甚般直讲到黄昏时候，元帅方才辞驾，回往帅府安歇。一宵晚话，不必细言。

一到了明日清晨，元帅进殿，朝过天子。军师茂公开言叫声："薛元帅，你既掌兵权，东辽兵将未晓汝名，快提兵马，去破了摩天岭，前来缴旨。"仁贵应道："是。"回营吩咐，把聚将鼓打动，传令五营四哨，偏正牙将。左右忙传令道："呔！元帅爷有令，传五营四哨，偏正牙将，各要披挂整齐，结束停当，在教场伺候。"又要说元帅哨动三通聚将鼓，有爵主们，总兵官无不整束，尽皆披甲上营，说："元帅在上，末将们打拱。未知帅爷有何将令？"仁贵道："诸位将军，兄弟们，本帅今日第一次得君王龙宠，叨蒙圣恩，加封平辽元帅，今又奉旨出兵，前去攻打摩天岭，奈摩天岭难破，为此本帅要往教场祭旗一番。烦诸位将军同往教场，乃本帅头阵掌兵，故而传汝等到教场助兴，祭旗一番。往摩天岭攻打，自有八员总兵在此，不劳诸位爵主将军去的。"众爵主齐回言道："元帅说哪里话来，今往住摩天岭攻打，理应末将们随去，在标下听用。"元帅说："这个不消。"众将出营，上坐骑，端了兵刃，后面元帅坐了赛龙驹，同到教军场。这一班偏正牙将、大小三军，尽行跪接。偷眼看仁贵好不威风。怎见得，但见他：

头戴白绫包巾金扎额，朝天二翅冲霞色。双龙蟠顶抓红球，额前留块无情铁。身穿一领银丝铠，精工造就柳银叶。上下肚带牢拴扣，一十八矛轰轰烈。前后鸳鸯护心镜，亮照赛得星日月。内衬暗龙白蟒袍，千丝万缕蚕吐出。五色绣成龙与凤，沿边波浪人功织。背插四杆白绫旗，金龙四朵朱缨赤。右边悬下宝雕弓，弓弦逼满如秋月。左首插逢狼牙箭，凭他法宝能射脱。腰间挂根白虎鞭，常常渴饮生人血。坐下一骑赛风驹，一身毛片如白雪。这条画杆方天戟，保得江山永无失。后张白旗书大字，招讨元帅本姓薛。

这仁贵为了总兵大元帅，面上觉得威光，杀气腾腾，凭他强兵骁将，见了无不惊慌。这班人马中，向在张环手下的也尽多有在内，知道仁贵底细，向为火头军，与我们同行同坐，威气全无，今日他做了元帅：

何等风光满面生，腾腾杀气赛天神

不知薛仁贵去打摩天岭，如何得胜，且看下回分解。

第四十五回　卖弓箭仁贵巧计　逞才能二周归唐

诗曰：

摩天高岭如何破，赖得英雄智略能。
赚上番营夸逞技，周家兄弟有归心。

不表众三军暗相称赞，单说元帅祭旗已毕，众将拜过，奠酒三杯。元帅说："诸位将军，请各自回营。本帅只带八员总兵，去破了摩天岭，回来相会罢。"众将道："元帅兴兵出战，末将们理当同去听用。"元帅说："不消，保驾要紧。城内乏人，请回罢。"众将道："元帅既如说，末将们从命便了。"众爵主各自回营，我且慢表。

单讲薛仁贵传令，发炮起兵，点齐十万大队雄兵，八员总兵护住，出了三江越虎城，竟望摩天岭大路进发。一路上旗幡招转，号带飘摇，好不威风。在路耽搁二三天，这一日早到摩天岭，离山数箭，传令安营。炮响三声，齐齐扎下营盘。元帅带马到山脚下，望摩天岭一看，只见岭上半山中云雾迷迷，高不过的，路又壁栈，要破此山，原觉烦难。周青道："元帅哥哥，看起这座摩天岭来，实难攻破。当初取这座天山，尚然费许多周折，今日此座山头，非一日之功可成，须要慢慢商量，智取此山的了。"仁贵说："众位兄弟，我们且山脚下传令，三军们震声呐喊，发炮哨鼓，叫骂一回，或者有将下山，与他开兵交战一番如何？"周青道："元帅又来了，前日天山下尚然叫骂不下，今摩天岭高有数倍，我们纵然叫破喉咙，他们也不知道的。"元帅道："兄弟们，随我上山去，探他动静。看来此山知有几能多高。"周青说："不好，有滚木打下来，大家活不成。"仁贵道："依你们之言，摩天岭怎生能破？待本帅冲先领头，你们随后上来。倘有滚木，我叫一声，你们大家往山下跑就是了。"八员总兵不敢违逆,只得听了仁贵之言,各把丝缰扣紧,随了仁贵,往山路上去。一直到了半山,才见上面隐隐旗幡飘荡,兵丁虽然不见,却听得有人喊叫打滚木。唬得仁贵浑身冷汗,说:"啊呀,不好了,有滚木了!兄弟们快些下去。"那班总兵听说,打滚木下来,尽告魂不在身,带转马头,往山下拼命地跑了。薛仁贵骑的是赛风驹宝马,走得快,不上几纵,先到山下,数根滚木来着总兵们马足上扫下来,却逃得七条性命。一个姜兴本,马迟得一步,可怜尽打为肉泥。姜兴霸放声大哭,七员总兵尽皆下泪。仁贵说:"众位兄弟,事已如此,不必悲伤,且回营去,慢慢商议。"八人回往帅营,排酒设席,饮到午夜,各自回营。

过了一宵,明日营中商议,全无计较。看看日已沉西,忽然记起无字天书:凡有疑难事,可以拜告。今摩天岭难破,也算一件大事,不如今夜拜看天书,就能得破了。薛仁贵算计已定,到了黄昏,打发七员总兵先回营帐,他就把天书香案供奉,三添净水炉香,拜了二十四拜,取天书一看,上边显出二七十四个字,乃九天玄女所赠。这两句:"卖弓可取摩天岭,反得擎天柱二根。"仁贵全然不解,暗想:这两句实难详解。"卖弓可取摩天岭",或者要找到山顶上卖这张震天弓,行刺守山将士也未可知。后句"反得擎天柱二根",怎样解说?且上山去卖弓,自有就验后文。其夜薛仁贵全不合眼,直思想到天明,有众兄弟进营来了。仁贵说道:"兄弟们,本帅昨夜拜见天书,上显出两句诗来,说'卖弓可取摩天岭,反得擎天柱二根。'不知什么意思,本帅全然详解不出。"周青开言叫声:"元帅哥哥,此事分明玄女娘娘要你扮作卖弓人,混上山去。别寻机会,或者破了此山,也未可知。"仁贵说:"本帅也是这等详解,宜可信其有,不可信其无。兄弟们,且在此等候,待本帅扮作卖弓模样,混上山去看。"周青说:"哥哥须要小心。"仁贵说:"这个不妨。"

薛仁贵扮作差官一般,带了震天弓,好似张仙打弹模样,静悄悄出了营盘,往摩天岭后面转过去,思想要寻别条路上去。走了十有余里,才见一条山路,有数丈开阔,树木深茂,乃番将出入之处。上落所在,好走不过的。薛仁贵放着胆子,一步步走将上去。东也瞧,西也观,并没有人行。走到了半山,抬头望见旗幡飘荡,两边滚木成堆,寨口有把都儿行动。心中暗想:"我若正走上去。犹恐打下滚木,反为不美,我不如从半边森林中,掩将上去,使他们不见。"仁贵正在暗想,忽听见山下有车轮推响之声,响上山来。仁贵望下一看,只见有一个人头戴一顶烟毡帽,身穿一领补旧直身,面如纸灰相同,浓眉豹眼,招风大耳,腮边长长几根须髯,年纪约有四五十岁,推了一轮车子,望山上行来。仁贵暗想,必定是番将差下来的小卒,不知推的是货物呢,是财宝?不免躲过一边,看他作为。就往左边掩在一株大槐树背后,偷眼看他。那晓这人一步步推将上来,到得半山槐树边,薛仁贵往上下一看,并没有人走动,飞身跳将出来,把推车的夹领毛一把拖倒在地,一脚踹在腰间,拔刀就要砍了。吓得这人魂不附体,叫声:"阿唷,将军阿,饶命!可怜小的是守本分经纪小民,营生度日,并不做违条犯法之事,为何将军要杀起我来。"仁贵说:"住了,你且不必慌张,我且问你,你那处人氏,姓甚名谁?既说经纪小民,该不是番邦手下之卒,从何处来,车子内是什么东西,推上去与那个番将的,你且细细讲明,饶你回去。"那人道:"将军听禀,小人姓毛,别号子贞,只得老夫妻,并无男女,住在摩天岭西首下荒郊七里之遥,开弓箭店度日。不瞒将军说,小人做的弓箭有名的,此处一邦要算我顶好手段,因此山上有两位将军,名唤周文、周武,频频要我解四十张宝雕弓上去,奈因今年天邦人马来征剿,各关缭乱,多来定弓箭,忙得紧,没有空,所以直到今朝,解这四十张弓上去。"薛仁贵道:"你不要谎言,待我来看。"就把车子上油单扯开一看,果然多是弓。点一点,也不多,也不少,准准四十张。仁贵方才醒悟,天书上这一句:卖弓可取摩天岭,原来非为我卖这张震天弓,却应在他身上。就叫毛子贞:"你一人推上去,偶被小番们拦住,或者道你奸细,打下滚木来,如之奈何?"那人道:"这个年年解惯的,摩天岭上,时常游玩。乃小人出入之所,从幼上来,如今五十岁了。番兵番将无不认得我,见了这一轮车就认得的,再不打滚木下来。若走到上边,小番还要接住替我推车,要好不过。就是二将周将军,待我如同故旧一般,那个敢拦阻我。薛仁贵道:"好,你这人老实,我也实对你说个明白。你看我是谁?"那人说:"小人不认得将军。"仁贵道:"我乃大唐朝保驾征东统兵招讨大元帅薛仁贵,白袍小将就是本帅。"那人说:"阿呀!原来是天朝帅爷,小人该死,冒犯虎威,望帅爷饶命。"仁贵道:"你休得害怕，若要性命，快把山上诸事讲与本帅听。守将有几员，姓甚名谁？番兵有多少，可有勇可有谋？说得明白，放你一条生路。"说："帅爷在上，待小的讲便了。""快些讲来。"那人道："帅爷，这里上去便有寨门，紧闭不通内的。里边有个大大的总衙门，守将周文、周武弟兄二人，有万夫不当之勇。后半边是个山顶，走上去又有二十三里足路，最高不过的。上有五位大将，一个名唤呼那大王，左右有两员副将，一名雅里托金，一名雅里托银，也是同胞兄弟，骁勇异常。这两个还算不得狠，还有猩猩胆元帅，膀生两翅，在空中飞动，一手用锤，一手用砧，好像雷公模样打人的。还有一个乃高建庄王女婿，驸马红幔幔，马上一口大刀，有神仙本事，力大无穷。小人句句真言，并不隐瞒，望帅爷放我上去。"仁贵——记清在心，取出宝剑："天下重事，杀戒已开，何在你个把性命？"说罢，擦了一剑，砍作两段。上前把他衣帽剥下，将尸首撇在树林中，自把将巾除下，戴了烟毡帽；又把白绫跨马衣脱落，将旧青布直身穿好，把自己震天弓也放在车子内，推上山来。

有上面小番在寨门看见了说："哥阿！那上来的好似毛子贞。"那一个说："阿，兄弟，不差，是他。为什么这两天才解弓上来？"看看相近寨口下了，那人说："兄弟，这毛子贞是乌黑脸有须的，他是白脸无须，不要是个奸细，我们打滚木下去。"仁贵听见打滚木，便慌张了。叫声："上边的哥，我不是奸细，是解弓之人。"番军喝道："呔！解弓乃有须老者，从来没有后生无须的。"仁贵说："我是有须老者的儿子，我家父亲名唤毛子贞，皆因有病卧床，所以今年解得迟了。奈父病不肯好，故打发我来的，若哥们不信，看这轮车子，是认得出的，可像毛家之物？"小番一看道："不差，是毛子贞的车，快快来。"那仁贵答应，走进寨门。小番接住车子说："待我们去报，你有那里等一等。"仁贵道："晓得。"小番往总衙府来，说："启上二位将军，毛家解弓到了"周文道："毛子贞解弓来了吗？为何今年来得迟，唤他进来。"小番道："启将军，那解弓的不是毛子贞。"周文道："不是他，是那一个？"小番禀道："那毛子贞是有病卧床，是他的儿子解来的。"周文说："他在此解弓，走动也长久了，从不曾说起有儿女，今日为甚有起儿子来？不要是奸细，与我盘问明白，说得对放他进来。"小番道："我们多已盘问过了，说得对的，车子也认清毛子贞的。"周文道："既如此，放他进来。"小番往外来道："将军爷传你进去，须要小心。"仁贵道："不妨事。"将身走到堂上，见了周文、周武连忙跪下："二位将军在上，小人毛二叩头。"周文道："罢了，起来。你既奉父命前来解弓，可晓得我们有多少大将，叫什么名字，你讲得不差，放你好好回去，若有半句不对，看刀伺候。"两下一声答应，吓得仁贵魂魄飞散，便说："家父对我说明，原恐盘问。小人——记在心中，但这里将爷尊讳，小人怎敢直呼乱叫？"周文道："不妨，恕你无罪讲来。"仁贵道："此地乃二位将军守管，上边有五位将军为首，是呼那大王、雅里托金、雅里托银、元帅猩猩胆、驸马红幔幔，通是有手段利害的。兵马共有多少，小人——记得明白。"周文道："果然不差。你父亲有什么病，为甚今年解得迟？"仁贵道："小人父亲犯了伤寒，卧床两月，并不肯好，况关关定下弓箭，请师十位，尚且做不及，忙得紧，所以今年解得迟了。"周文说："你今年多少年纪了？"仁贵说："小人二十岁了。"周文说："你今年解多少弓来？"仁贵道："车子中四十张在内。"周文说叫手下，外边把弓点清收藏了。小番应去了。一回前来禀道："启上将军，车子中点弓，有四十一张。"周文、周武因问道："你说四十张，如何多了一张出来？"仁贵心中一惊，当真我的这张震天宝弓也在里边，怎把宝弓撇在他手，如何是好？眉头一皱，计上心来。原算能人，随机应变，说道："二位将军在上，小人力气最大，学得一手弓箭，善开强弓箭，能百步穿杨，所以小人带来这张弓，也就在车子中，原不在内的，望将军取来与小人。"周文、周武听见此言，心中欢喜。说："果然你有这得本事，你自快去，拿你这张震天弓来与我看。"仁贵就往外走的，车子内取了震天弓进来，与周文、周武说道："二位将军来，请开一开看，可重吗？"周文立起身来接在手中，只开得一半，那能有力扯得足？说："果然重，你且开与我看。"仁贵立起身，接过弓来，全不费力，连开三通，尽得扯足。喜得周文、周武把舌伸伸说："好本事，我们为了摩天岭上骁将，也用不得这样重弓，你到有这样力气，必然箭法亦高。我且问你，那毛子贞向在此间走动的人，他从不曾说起有儿子，那晓你反有这个好本事，隐在家中，倒不如在此间学学武艺罢。"仁贵说："不瞒二位将军，但小人在家不喜习学弓箭手艺，曾好六韬三略，所以一向投师在外，操演武艺，十八般器械，虽不能精，也知一二。今承将军既然肯指点小人武艺,情愿在此执鞭垂镫,服侍将军。"周文、周武听他说武艺多知,尤其欢喜。说道:"我将军善用两口大砍刀,你既晓十八般器械,先把刀法耍与我们看看好不好?待我提调提调。"仁贵道:"既然如此,待毛二使起来。"就往架上拿了周文用的顶重大刀,说:"好轻家伙,只好摆威,上阵用不着的。"就在大堂上使将起来,神通本事显出,只见刀不见人,撒头不能近肌肤,乱箭难中肉皮身。好刀法,风声响动。周文见了,口多张开,说:"好好,兄弟,再不道毛子贞有这样一个儿子在家,可惜隐埋数年,才得今朝天赐循环,解弓到此,知道他本事高强。幸喜今日相逢,真算能人。我们刀法那里及得他来?"周武道:"便是这样刀法,世间少有的,我们要及他,万万不能。看他一刀也无破绽可以批点得的。"那仁贵使完,插好了刀说:"二位将军,请问方才小人刀法之中,可有破绽,出口不清,望将军指教。"周文、周武连声赞道:"好!果然刀法精通。我们倒不如你,全无批点。有这样刀法,何不出仕皇家,杀退大唐人马,大大前程,稳稳到手。"仁贵假意道:"将军爷,休要谬赞。若说这样刀法道好,无眼睛的了。小人要二位将军教点,故而使刀,为什么反讲你不如我,太谦起来。若说这样刀法,与大唐打仗,只好去衬刀头。"周文不觉惊骇,心下暗想:"他年纪虽轻,言语到大。"便说:"果然好,不是谬赞你,若讲这个刀法与唐将可以交战得了?"薛仁贵笑道:"二位将军这大刀,我毛二性不喜他,所以不用心去习练他的。我所最好用者是画杆方天戟,在常使他,日日当心,刻求教名师,这个还自觉道好些。"周文、周武道:"我们架上有顶方天戟在那里,一发耍与我们瞧瞧。"那仁贵就在架上取了方天戟,当堂使起来。这事不必说起,日日用戟惯的,虽然轻重不等,但觉用惯器械,分外精通,好不过的了。周文道:"兄弟,你看这样戟法,那里还像毛子贞的儿子,分明是国家栋梁,英雄大将了。"周武道:"正是,哥哥。这怕我们两口刀赶上去,不是他的对手哩。"周文说:"兄弟,这个何消讲得,看起来到要留他在上,教点我们的了。"二人称赞不绝。仁贵使完戟法,跪下来说道:"二位将军,这戟法比刀法可好些吗?"周文大喜说:"好得多。我看你本事高强,不如与你结拜生死之交,弟兄相称。一则讲究武艺,二来山下唐兵讨战甚急,帮助我们退了人马,待我陈奏一本,你就:

腰金衣紫为官职,荫子封妻作贵人。"

不知薛仁贵怎生攻破摩天岭,且看下回分解。

第四十六回　猩猩胆飞砧伤唐将
　　　　　红幔幔中戟失摩天

诗曰:

天使山河归大唐,东洋番将枉猖狂。

征东跨海薛仁贵,保驾功勋万古扬。

那周文、周武又说:"我们保奏你出仕皇家,为官作将,未知你意下如何?"仁贵听言,满心欢喜,正合我意。便说:"二位将军乃王家梁栋,小人乃一介细民,怎敢大胆与将军结拜起来?"周文、周武道:"你休要推辞过谦,这是我来仰攀你,况你本事高强,武艺精通,我弟兄素性最好的是英雄豪杰,韬略精熟,岂来嫌你经纪小民出身?快摆香案,过来。"两旁小番摆上香案,仁贵说:"既如此,从命了。"三人就在大堂拜认弟兄,愿结同胞共母一般,生同一处,死同一埋。若然有欺兄灭弟,半路异心,天雷击打,万弩穿身。发了千斤重誓;如今弟兄称呼。吩咐摆宴。小番端正酒筵,三人坐下饮酒谈心。言讲兵书、阵法、弓马、开兵,头头有路,句句是真。喜得周文、周武拍掌大笑,说:"兄弟之能,愚兄们实不如你,吃一杯起来。如今讲究日子正长,我与你今夜里且吃个快活的。"仁贵大悦道:"不差,不差。"三人猜拳行令,吃得高兴,看看三更时候,仁贵有些醺醺大醉,周文、周武送他到西书房安歇去了。于今弟兄二人在灯下言谈仁贵之能。周武不信毛家之子,一定大唐奸细,故而有这本事。周文也有些将信将疑,其夜二人不睡,坐到鼓打四更。

又要讲到书房中薛仁贵吃醉了,一时醒来,昏昏沉沉,还只道是唐营中,口内烦躁,枯竭起来喊叫道:"那一个兄弟,取杯茶来与本帅吃。这一句叫响,不觉惊动周文、周武,亲听明白。周武便说:"哥哥,如何!既是毛家儿子,为何称起本帅来,难道他就是唐朝元帅?"周文方才醒悟道:"兄弟,一些不差。我看他戟法甚好,我闻说大唐穿白用戟小将利害,近来又闻掌了兵权,敕封天下都招讨平辽大元帅,名唤薛仁贵。想他一定就是,故此口称元帅。"周武说:"哥哥,如此我们先下手为强,快去斩了他,有何不可。"周文说:"兄弟差矣,不可。我们一家总兵职分,与元帅结为兄弟,也算难得的,立了千斤重誓,怕他不来认弟兄?况且我们又不是东辽外邦之人,也是祖籍中原,在山西大隋朝百姓,有些武艺,漂洋做客,流落东辽,狼主有屈我们在摩天岭为将。况发心已久,不愿在外邦出仕,情愿回到中原,在唐朝为民。奈无机会,难以脱身。今番邦社稷十去其九,难得大唐元帅在山,正合我意,不如与他商议,投顺唐朝,反了东辽,取了摩天岭。一来立了功劳,二来随驾回中原,怕少了一家总兵爵位,岂不两全其美。兄弟意下如何?"周武道:"哥哥言之有理,不免静悄悄进去,与他商议便了。"兄弟二人移了灯火,推进书房说道:"薛元帅,小将取茶来了。"仁贵在床中听见,坐起身一看,见了周文、周武,吓得魂飞魄散。暗想事露机关,我命该死了。心内着了忙,跳下床来,一口宝剑抽在手中,说:"二位哥哥,小弟毛二,好好睡在此,未知哥哥进来有何话讲?"周文、周武连忙跪下说:"元帅不必隐瞒,小将们尽知。帅爷不是毛家之子,乃大唐平辽元帅薛仁贵,欲取摩天岭,冒认上来的。"仁贵说道:"二位哥哥休要乱道。小弟实是毛家之子,蒙二位哥哥抬举,结为手足,岂是什么大唐元帅。"周文道:"我看你武艺精通,戟法甚好,方才又听得自称元帅,怎说不是起来?若元帅果是唐邦之将,我们弟兄二人也不是东辽出身,向在中原山西太原府百姓,后因漂洋为客,流落在此。狼主屈我们为总兵,镇守摩天岭的,心向中国已久,奈无机会脱身。今元帅果然是唐朝之将,弟兄情愿投降唐邦,随在元帅标下听用,共取东辽地方,班师回家乡去,全了我二人心愿,望帅爷说明。"仁贵听他有投降之意,料想瞒不过,只得开言叫声:"二位哥哥请起,本帅与你们今已结拜生死弟兄,患难相扶到底,并无异心。难得二位心愿投降唐朝,我也不得不讲明,本帅果是大唐朝薛仁贵,叨蒙圣恩,加封招讨大元帅,食君之禄,理当报君之恩,故而领兵十万,骁将千员,奉旨来取摩天岭。现今扎营在山下,不道此山高大,实难破取,故而本帅闲步散闷,偶遇毛子贞解弓上山,只得将计就计,冒名上山。谁道二位哥哥眼法甚高,识出其情,不如同反摩天岭,帮助本帅立功。到中原出仕,岂不显宗耀祖。"周文、周武道:"元帅肯收留,末将情愿在山接应。元帅快去,领人马杀上山来,共擒五将。略立头功,好在帐下听令。"说话之间,东方发白。仁贵道:"我下去领兵上山,倘小番不知,打下滚木来,如何抵挡。"周文说:"这滚木是小将叫他打,他们才敢打下山来,若不叫他打,他们就不敢打。元帅放心,正冲杀上来,绝无大事。"薛仁贵满心欢喜,闲话到了天明,薛仁贵原扮作毛家之子,出了总府衙门,周文、周武送到后寨,竟下山去了,此言慢表。

单讲周总兵回衙,吩咐偏正牙将小番们等说:"东辽地方,十去其九,不久就要降顺大唐的了。方才下去这解弓之人,乃天邦招讨元帅薛仁贵冒名上来的,我总爷本事平常,唐将十分骁勇,谅不能保守此山,故今投顺大唐。与他商议,今日领兵杀上山来,我们接应,竟上山顶,保全汝等性命,你肯投唐,在中原做官出仕,不肯降顺,尽作刀头之鬼,未知众等心下如何?"那些偏正将官小番们等,见主子已经投顺,谁敢不遵!多有心投顺。大家结束起来,端正枪刀马匹,候大唐人马上山,共杀上山顶。周文、周武打打扮起来,头上大红飞翠扎巾,金扎额;二翅冲天阴阳带,左右双分。身穿大红绣蟒袍,外罩绦链赤铜甲,上马提刀,在总府衙门等候。

再讲薛仁贵下山,来到自己营中。周青与众兄弟接见,满心欢喜,说:"元帅哥哥回来了吗?"仁贵道:"正是。"进入中营,周青问道:"事情怎么样了,可有机会?这两句天书,应得来吗?"仁贵说:"众兄弟,玄女娘娘之言,不可不信,如今有了机会,你等快快端正,即速兴兵,杀上摩天岭,自有降将在上面救应。"周青道:"元帅,到底怎样,就应了天书上的两句说话。且讲与小将们得知,好放心杀上去。"仁贵就把顶冒毛子贞卖弓,混上后山,如此甚般,降顺了周文、周武弟兄,岂不是又得擎天柱二根。周青与众弟兄听见,心中不胜大喜。大家各自端正,通身结束,上马提兵。薛仁贵头顶将盔,身上贯甲,跨了赛风驹,端了画杆方天戟,领了十万雄兵,先上摩天岭,后面众兄弟排列队伍,随即上山。一到了寨口,有周文、周武接住道:"元帅,待末将二人诈败在你马前,跑上山峰。你带众将随后赶上山来,使他措手不及,就好成事了。"仁贵道:"不差,不差,二位兄长快走。"周文、周武带转丝缰,倒拖大砍刀,望山顶上乱跑。薛仁贵一条戟逼住,在后追上山峰。后面七员总兵，带领人马，震声呐喊，鼓哨如雷，炮声不绝，一齐拥上山去。

再讲周文、周武跑上山，相近寨口，呼声大叫："我命休矣！要求救救，休待来追。"这番惊动上面小番们听见，望下一看，连忙报进银安殿去了。这座殿中有位呼哪大王，生来面青红点，唇若丹朱，凤眼分开，鼻如狮子，兜风大耳，腮下一派连鬓胡须，身长一丈，顶平额阔。两位副将生得来面容恶相，扫帚乌眉，高颧骨，古怪腮，铜铃圆眼，腮下一派短短烧红竹根胡，身长多有九尺余外。驸马红幔幔，面如重枣，两道浓眉，一双圆眼，口似血盆，腮下无须，钢牙阔齿，长有一丈一尺，平顶阔额。其人力大无穷，本事高强。元帅猩猩胆生来面如雷公相似，四个獠牙抱出在外，膊生二翅，身长五尺，利害不过。这五人多在银安殿上讲兵法，一时说到大唐人马，势如破竹，大元帅屡次损兵折将，狼主银殿尚被唐王夺去，为今之计怎么样。呼哪大王说："便是，今又闻唐朝穿白将掌了帅印，统兵来取摩天岭，不是笑他，若还要破此山，如非日落东山。千难万难，断断不能的了。"众人说："这个何消说得，凭他起了妖兵神将，也是难破这里。"口还不曾闭，小番报进来了。报："启上大王、驸马、元帅爷，不好了。"众人连忙问道："为何大惊小怪起来，讲什么事？"小番道："如此甚般，唐将带领人马，杀上山来。二位周总兵，杀得大败，被他追上山来了。"五人听见此言，定心一听，不好了。只闻得山下喊杀连天，鼓炮如雷，说："为何不打滚木，快传令打滚木下去。"说道："滚木打不得下去，二位周总兵也在半山中，恐伤了自家人马。"那番急得五将心慌意乱，手足无措，披挂也来不及了，喝叫带马抬刀拿枪来。一位元帅猩猩胆连忙取了铜锤铁砧，飞在半空中去了。这里上马的上马，举刀的举刀，提枪的提枪，离了殿廷，来到山寨口。呼哪大王冲先，后面就是雅里托金、雅里托银，两条枪忙急，劈头撞着周文、周武假败上山来，说："大唐将骁勇，须要小心，且让他上山斗战罢。"两人说了这一句，就溜在呼哪大王背后去了，到抵住雅里弟兄不许放他到寨口接应，不由分说，两口刀照住托银托金，乱斩乱剁，这二人不防备地说："周总兵，怎么样敢是杀昏了。"连忙把枪招架，四人杀在一堆。后面驸马举起忽扇板门刀，一骑马冲上前来喝道："周文、周武，你敢是反了，为什么把自家人马乱杀？"二人应道："正是反了，我弟兄领唐兵来，生擒活拿你们。"驸马听言，心中大怒，说："把你这奸贼碎尸万段！狼主有何亏负于你，怎么一旦背主忘恩，暗保大唐，诱引人马杀上山来！"说罢，一马冲上前来，不战而自心虚。

单说呼哪大王见周文、周武反了身要取他性命，正欲回身，却被薛仁贵到寨口，说："你往那里去，照戟罢。"插一戟，直望呼哪大王面门上刺将过去。他喊声："不好！"把手中枪噶嘟一架，这一个马多退后十数步，雕鞍上坐立不牢。仁贵又用力挑一戟进来，这位大王招架也来不及，贴身刺中咽喉，阴阳手一泛，把一位呼哪大王挑到山下去了，差不多跌得酱糟一般。又要说仁贵冲上一步，直撞着驸马红幔幔，喝声："穿白将不要走，照刀罢。"量起手中板门刀，望仁贵顶梁上砍将下来。这薛仁贵说声："来得好。"把手中方天戟望刀上噶嘟一声响，架在旁首。两脖子振只一振，原来得厉害，冲过去，圈得马转，薛仁贵手中方天戟紧一紧，喝声："照锋戟罢。"插这一戟，直望驸马劈前心刺将过去。红幔幔说声："来得好。"把刀噶嘟一声响，枭在旁边，全然不放在心上。二人贴正，杀个平交。半空中元帅见驸马与仁贵杀个对手，不能取胜，飞下来助战了。周文晓得猩猩胆会飞，一头战一头照顾上面，留心的看见飞到薛仁贵那边去，遂叫："元帅！防备上面此人，要小心。"仁贵应道："不妨。"左手就扯起白虎鞭，往上面架开，遂即要打，又飞开去了。又望周文、周武顶梁打下去。周氏弟兄躲过，又往薛仁贵这里飞来。他如今只好抵住红幔幔这口刀，那里还有空工夫去架上面，到弄得胆脱心虚。

又要讲这周青、王心鹤七人，领兵到得山上，把这些番邦人马围在居中好杀。王心溪一条枪使动，杀往南山，李庆先一口刀舞起乱斩乱剁，竟望东首杀去。薛贤徒抢动射苗枪，催马杀往西山。姜兴霸在北营杀得番兵番将死者不计其数，哭声大震。周青两条铜好不利害，看见仁贵杀得气虚喘喘，连忙上前说："元帅，我来助战了。"把马催到驸马马前，提起双铜就打。红幔幔好不了当，把手中刀急架忙还，一人战一个，红幔幔原不放在心上。仁贵说："周兄弟，你与我照顾上面猩猩胆的砧锤，本帅就好取胜了。"周青答应，正仰面在此，专等猩猩胆飞来，提铜就打。如今这猩猩胆在上，见周青在那里招架，到不下来了。正往周文、周武那边去打诨。周氏弟兄与托银、托金杀了四十余合，枪法越越高强，刀法渐渐松下来，战不过起来。那一首李庆红、王心鹤见周文、周武刀法渐渐乱了，本事欠能，带马上前，帮了周文提刀就砍。托金、托银忙架相还，四口大刀逼住两条枪，不管好歹，插插插乱斩下去。这番将那里招架得及："阿唷，不好，我死矣！"噶啷叮当，叮当噶啷，前遮后拦，左钩右掠，上护其身，下护其马。又战了二十冲锋，番将汗流浃背，呼呼喘气，要败下来了。上面猩猩胆见托金、托银力怯，他就转身飞下来，正照李庆红顶梁上当这一锤砧。庆红说声："不好。"要架也来不及了。打了一个大窟窿，脑浆冲出，坠骑身亡了。王心鹤见庆红打死，眼中落泪，只好留心在此招架上面猩猩胆。周文、周武两口刀，原不能取胜雅里弟兄，那一首仁贵、周青与红幔幔杀到一百回合，总难取胜。又闻猩猩胆伤了李庆红兄弟，心中苦之百倍，眼中流泪，手中戟法渐渐松下来。又听见满山火炮惊天，真正天昏地暗，刀斩斧劈，吓得神鬼皆惊，滚滚头颅衬马足，叠叠尸骸堆积糟，四面杀将拢来。番邦人马有时的逃了性命，没时的枪挑铜打而亡，差不多摩天岭上番兵死尽的了，有些投顺大唐，反杀自家人马。姜兴霸、李庆先、薛贤徒、王心溪举起刀提着枪，四人拥上来帮助仁贵，共杀驸马。把一个红幔幔围绕当中，枪望咽喉就刺，刀往顶梁就砍，戟望分心就挑。那驸马好不利害，这一把板门刀轮在手中，前遮后拦，左钩右掠，多已架在旁首。薛仁贵叫声："众兄弟，你们小心，我去帮助周兄弟，挑了两员将，再来取这狗番儿性命。"仁贵把戟探下，往东首退去。停住了马，左手取弓，右手拿取一条穿云箭，搭在弓上，照定上面猩猩胆的咽喉嗖的射将上去。猩猩胆喊声："不好。"把头一偏，左翅一遮，伤上脖子："阿吁。是什么箭伤得本帅？凭你上好神箭，除了咽喉要道，余外箭头射不中的。今日反被大唐蛮子射伤我左膊，摩天岭上料不能成事，本帅去也。"带了这支穿云箭，望正西上拍翅就飞。此人少不得征西里边，还要出战。仁贵一见宝剑牢猩猩胆左膊，被他连箭带去，心内着忙，可惜一条神箭送掉了。遂催马上前。把戟一起，接战驸马。正是：

　　摩天岭上诸英士，一旦雄名丧海邦。

毕竟薛仁贵怎生取胜，且看下回分解。

第四十七回　宝石基采金进贡　扶余国借兵围城

诗曰：

　　苏文炼宝往山林，借取邻邦百万兵。

　　复困番城惊帝主，咬金诱贼脱逃行。

薛仁贵叫："众兄弟，去帮周文、周武，取了托金、托银性命，再来助我。"那薛贤徒、姜兴霸、王心溪探出兵刃，连忙答应道："嗄！"便向前帮助周文、周武，围住雅里弟兄，刀斩斧劈，杀得他两条枪招架也来不及，雅里托银心中慌乱，那柄枪略松得一松，却被王心溪刺中咽喉，翻下马来，一命呜呼了。托金见同胞已死，泪如雨点交流，心中慌张，被周文用力一刀，砍将过去，托金口说："嗄唷，不好！"闪躲也来不及，连肩带背，着一刀，跌下马来，呜呼身亡。众人大悦，拥上来把驸马围住，又杀了一回。薛仁贵手中戟逼住红幔幔，杀得他呼呼喘气，刀法混乱，招架也来不及。他望四下一看，并没有自家人马，四将尽皆惨死，多是大唐人马，心中慌张不过，却被仁贵一戟倒将进去，红幔幔喊声："阿呀，我命休矣！"戟正刺中前心，穿了后背，阴阳手反往半边挑去了，自然死的。那些番兵尽行投降。薛仁贵吩咐山前山后，改换了大唐旗号。大家进往银安殿，查点粮草已毕，传令摆酒数桌，众将座席饮宴。仁贵叫声："二位将军，此座摩天岭乃二位之功，待本帅班师到虎城，在驾前保举一本，自有封赠。"周文、周武道："多谢元帅。"席上言谈，饮至半夜，各回账房安歇一宵。到了明日清晨，元帅传令要回越虎城去，周文、周武上前道："元帅且慢起程，此处殿后宝石基乌金子最多，请到后面去拣择几百万，装载车子，解去献与万岁，也晓得为臣事君之心。"仁贵道："那里有这许多金子？"周文道："元帅，你道天下间富贵人家的乌金子，是那里出的？多是我们这里带去，使在中原的。这乌金子乃东辽摩天岭上所出。"仁贵道："有这等事？快到后面去。"众弟兄同往宝石基一看，只见满地通是乌金子，有上号、中号、下号三等乌金。仁贵传令："众兄弟分头去拣选上等的，准备几十车，好奉献陛下，也算我们功劳。"数家总兵奉令，十分欢悦，各去用心寻拣上号乌金，各人腰中藏得够足。从此日日拣兑乌金，也非一日之功。

我且慢表仁贵兵马耽搁摩天岭，如今要讲到番邦元帅盖苏文。他复上朱皮山求木角大仙，又炼了九口柳叶飞刀，拜别师父下山，从扶余国经过，借取雄兵十万，猛将十员，来到贺鸾山，见狼主千岁。说起摩天岭已被大唐仁贵夺取，事在累卵。"幸元帅下山，将何计可退得天兵，复转关寨，孤之万幸。"盖苏文启奏道："狼主龙心韬安，臣下朱皮山，半路上就闻报摩天岭已被大唐夺去，又闻薛仁贵同偏正将，多在山后宝石基兑择乌金子，还要耽搁两个多月，未必就班师下山。趁他不在越虎城内，因此臣就在扶余国借得雄兵十万，猛将十员，请狼主御驾亲行，带领大队，困扰越虎城，谅城中老小将官，也不能冲踹。臣就传令四门攻打，倘侥幸破了城池，捉住唐王，就不怕仁贵恃强了。岂不关寨原归我主，中原亦归我主？中原天下一统而得！"高建庄王龙颜大悦，遂即降旨，拔寨起了大队儿郎，离却贺鸾山，早到越虎城。大元帅传令与我把门围困，按下营来。手下一声号令，发炮三声，分兵四面围困住了，齐齐屯下账房，有十层营盘，扎得密不通风，蛇钻不透马蹄，鸦飞不过枪尖。按了四方五色旗号，排开八卦营盘，每一门二员猛将保守。元帅同偏正将，保住御驾，困守东城。恐唐将杀出东关，往摩天岭讨救。所以绝住此门要道。今番二困越虎城，比前番不同，更觉利害，雄兵也广，猛将也强，坚坚固固，凭他通仙手段，也有些难退番兵。

不表城下围困之事，又要讲到城内。贞观天子在银銮殿，与诸大臣闲谈仁贵本事高强，计取摩天岭，只怕即日就要回城了。正在此讲，忽听见城外三声大炮，朝廷只道仁贵回朝，喜之不胜。那一首军士飞报进殿来道："启上万岁爷，不好了！番邦元帅带领雄兵数万，困住四门，营盘坚固，兵将甚多，请万岁定夺。"朝廷一听此报，吓得冷汗直淋，诸大臣目顿口呆。茂公启奏道："既有番兵困扰四城，请陛下上城，窥探光景如何，再图良策。"朝廷道："先生言之有理。"天子带了老将，各府公子，多上东城。望下一看，只见：

　　征云霭霭冲斗牛，杀气重重漫四门。风吹旗转分五彩，日映刀枪亮似银。
　鸾铃马上叮当响，兵卒营前番语清。东门青似三春树，西按旌旗白似银。南
　首兵丁如火焰，北边盔甲暗层层。中间戊己黄金色，谁想今番又困城。

果然围得凶勇，如之奈何。急得老将搔头摸耳，小爵主吐舌摇头。天子皱眉道："徐先生，你看番兵势头凶勇，怎生是好？薛元帅又不在，未知几时回城，倘一时失利，被他攻破城池，怎么处。"茂公道："陛下龙心韬安。"遂传令罗通、秦怀玉、尉迟宝林、尉迟宝庆，各带三千人马，保守四门，务要小心。城垛内多加强弓硬弩，灰瓶石子，日夜当心守城。若遇盖苏文讨战，不许开兵，他有飞刀利害，宁可挑出免战牌。若有番将四门攻打，只宜四城紧守，绝无大事。不要造次，胡乱四面开兵，倘有一关失利，汝四人一齐斩首。四将得令，各带人马，分四门用心紧守。朝廷同老将、军师退回银銮殿，自然计议退兵。

我且分开城内之事，又要说到城外庄王御营盘。其夜，同元帅、军师摆酒畅饮，三更天各自回营。一宵过了，明日清晨，饱餐战饭已毕，大元帅全身披挂，带领偏正将，出营来到护城河边，一派绣绿蜈蚣幡，左右分开，盖元帅坐在混海驹上，摆个拖刀势，仰面呼声高叫："呔！城上的，快报与那唐童知道，说前日曾在本帅马前苦苦哀求，追往东海，陷住沙泥，逼写血表，中原世界已入我手，可恨者穿白薛蛮子，把唐童救去，破人买卖；也是本帅自己不是，留得唐童首级，不早割取，为此心中时时懊悔。所以再上仙洞，练就飞刀，借得雄兵猛将，今非昔比，眼下四门我兵甚多，谅薛仁贵在摩天岭上，决不能

就回。唐童即日可擒,越虎城必定就破,汝等蝼蚁之命,也只在目前化为乌有。"底下厉声喝叫,忽惊动上面罗通,一闻此言,心中大怒,望下大喝道:"呔!我把你这狗番怒一枪刺死才好,怎么你自恃飞刀邪术,在城下大呼小叫,耀武扬威,满口夸言,我小爵主因奉军师将令,只要紧守,故不开兵,你今日且好好回营,少不得只在几日内,还你个片甲不留就是了。"苏文说:"我认得你是大唐罗蛮子之后,原有几分本事,只是大觉夸能,你还不知我四门兵马骁勇,谅汝城中老少之将,也不能守住越虎城,不如把唐童献出,归顺我邦,重重加封。如有片言不肯,本帅就要四门架起火炮攻打,管教你满城生灵,尽作为灰,那时悔却迟了。"罗通呼呼冷笑道:"青天白日,敢是做了春梦?在此说这些鬼话!凭你火炮、水炮打上城来,今日小爵主爷不与你斗战,把免战牌挑出去。"手下兵士一声答应:"嗄。"东门把免战牌高挑,四门上尽挂了免战牌。盖苏文一见,哈哈大笑回营,将言细说与狼主得知。庄王大悦兵,称元帅之雄威。其夜话文不表。

一到了次日,大元帅传下令来,四城门一并架起十二枚火炮,各带五千雄兵,围绕护城河边,又架起连珠火炮,打得四处城楼摇动,震得天崩地裂。齐声喊杀,惊得荒山虎豹慌奔;锣鸣鼓响,半空中鸦鹊不飞。满城外杀气,冲得神仙鬼怪心惊。这番攻城不打紧,吓得那些城中百姓,男女老少,背妻扶长,抱子呼兄,寻爹觅子,哭声大震。街坊上纷纷大乱,众兵丁慌张不过。朝廷在殿,听得四处轰天大炮,觉得地上多是震动,浑身发颤,心中慌乱,并无主意。又听得城中百姓哭声不绝,惊乱异常,连及众大臣心胆俱碎。茂公十分着急,忙叫:"陛下龙心韬安,番兵攻城,虽是利害,有四位爵主在城上用心抵挡,一日决不能破,料无大事,请陛下宽心,降旨差臣招安黎民要紧。况外面有兵,里边不宜荒乱,若是先使自兵喧嚷。这外将势广,城即就破矣。"朝廷听了军师之言,遂命尉迟恭、程咬金往四路招安百姓。亏他二人领旨前去各路招安,方使这些百姓哭声略略缓低了些。二人进殿复旨已毕,尉迟恭又上四门叫诸公子抵挡,令三千攒箭手,望番兵队内,嗖嗖嗖的乱射下去;又把火炮、灰瓶、火箭打个不住,一直闹哄到黄昏时候,番兵才得退回营去,方便耳边清静。这一夜马不卸鞍,人不卸甲,只在保守四城。一到第二天,原架起火炮,四门攻打,城中每一门又加二千攒箭手抵挡,自此连攻三天,四位爵主食不甘,夜不寝,人劳马倦,越虎城危于累卵,即日可破。四位公子急得面容憔悴,又不敢亲去见君,各差人报知万岁,说番兵势大,攻城利害,若再不图良策而退,目前顷刻就有大祸。这番急得朝廷魂飞魄散,茂公奏道:"今夜且过,待臣明早图其计策。"朝廷许之。

一到明日清晨,天子升殿,武将侍立两列,朝廷开言叫声:"先生,番兵连珠炮可怕,银銮殿尚且震动,想四处城楼独造空中,倘然震塌,城门着火,冲进城来,那时谁人御敌?可叹薛王兄破摩天岭已有五六天,这几日应该回来,不知何故耽搁住了。"茂公说:"陛下要退番兵,须当外合里应,内外夹攻,可退得来。"天子说:"薛王兄这标人马现在外边,若至城来,天缘凑合,两路夹攻了。如今不知他几时回城,事在危急之处,那里等得及?"茂公道:"依臣阴阳上算起来,薛元帅未必就来,应在此月外方回。"朝廷听言,面多忧色。说:"依先生之言,我等君臣活不成的了。"茂公道:"非也,陛下只消降旨,命一大臣踹出番营,往着摩天岭讨救,薛仁贵自然前来,共退番兵,有何难哉?"朝廷说:"先生又来了,城中数万人马,老少英雄尚不敢冲杀番兵,寡人殿前那一个有这本事独踹出营?"茂公道:"这个本事的人尽有,只恐他不肯去,若肯去,番兵包可退矣。"天子道:"先生,那一位王兄去得?"茂公笑道:"陛下龙心明白,讨救者,昔日扫北的功臣也。"天子心中醒悟,说:"程王兄,徐先生保你能冲踹番营,前去讨救,未知可肯与朕效力否?"程咬金听说,心中老大吃惊,连忙跪奏道:"陛下在上,老臣应当效力,舍死以报国恩。但臣年纪老迈,疾病满身,况到摩天岭,必从东门而出。盖苏文飞刀利害,臣若去,只恐有死无生,必为肉泥矣。"朝廷想想道:"先生,当真程王兄年纪老迈,怎生敌得过盖苏文,不如尉迟王兄去走一遭罢。他这一条枪,还可去得。"茂公道:"陛下动也动不得,臣算就阴阳,万岁洪福齐天,程家兄弟乃是一员助唐福将。盖苏文虽有飞刀邪术,只好伤害无福之人,有福的不能伤他,故此臣保程兄弟前去,万无一失,大事可成。若说尉迟将军,他本事虽然比程兄弟高几分,怎能避得过番帅的飞刀之患,不但兵不能退,反损一员梁栋。程兄弟当年扫北头里,也保你讨救,公然无事,占取功劳。今日怎么反有许多推三阻四起来?"咬金道:"你这牛鼻子道人,前年扫北,番将祖车轮本事低些,用兵之法不精,营帐还扎得松泛,此乃一也;二则还亏谢映登兄弟救护出营,所以全了性命。如今我年纪增添,盖苏文好不利害,营盘又且坚固,更兼邪法伤人,我今就去,只不过死在番营,去尽其臣节,只恐误了国家大事,自然是你我之罪也。"茂公道:"你的说话做得证,为了一生,军师,我妙算无差,难道到将我说话算为乱道? 你既有心保天子我岂无心帮国家,诱你出去,送汝性命? 此刻映登在番营内等了半日,又来渡你,所以我保你去讨救立功,岂来害你性命? 你若执意不去,限迟日子,须臾打破城池,少不得多是个死。"

咬金听见茂公说谢映登又在营中救渡,喜之不胜,忙问道:"二哥,果然谢映登又在营中等我?"茂公说:"当真,那一个哄你。"程咬金说:"既有谢兄弟在番营渡我,待臣情愿往摩天岭走遭。"朝廷说:"既是王兄愿去,寡人密旨一道。你带往摩天岭开读,讨了救兵,退得番邦人马,皆王兄之大功也。"程咬金领旨一道,就在殿上装束起来,按按头上盔,紧紧攀胸甲,辞了天子,手端开山斧,出了午门,跨上铁脚枣骝驹,也不带一兵一卒,单人独骑,同徐茂公来到东城。咬金对茂公道:"二哥,我出了城,冲杀番营,营头不乱,你们把城门紧闭,吊桥高扯;若营头大乱,你们不可闭城,吊桥不可乱扯,放我逃进城来。"茂公说:"这不消兄弟吩咐,你只放胆前去,我自当心在此。"一面茂公竟上城头,一边放炮开门,吊桥坠落,咬金一马当先,冲出城来。过得吊桥,徐茂公一声吩咐,城门紧闭,吊桥扯起了。程咬金回头看见城门已闭,心中慌张叫声:"二哥,我怎样对你讲的。"茂公叫声:"程兄弟,你放大胆只顾冲营,自有仙人搭救,我这里东门更不开的,休想进城,快往摩天岭讨救罢,我自下城去了。"

不表徐茂公回转银銮殿之事,单讲程咬金坐在马上,怕进番营,只管探头探脑观看,却被营前番军瞧见,多架起弓矢喝道:"咦! 城中来将,单人独骑,敢是要来送命吗? 看箭!"话未说完,就是嗖嗖的乱发狼牙弩箭。程咬金好不着忙,那番向前又怕,退后无门,心中一想,说:"也罢,千死万死,不过一死,尽其节以报国恩罢。"把手中斧子一举,二膝盖催动,大喝道:"营下的,休得放箭,我乃鲁国公程咬金,今日单人独马,来踹你营盘,快些开路,让路者生,挡路者死!"冒箭冲到营前,手起斧落,乱砍乱杀,有几个小番遭瘟,做了无头拆足之鬼,乖巧些逃往帅营去了。咬金冲进头管,砍倒账房,欲踹第二座营盘,却听见左边一箭远的所在,起一声大炮,咬金在马上吃了一惊,抬头看时,却见一骑马跑来,中有一人,高挑双尾,青面獠牙,红须赤发,提板门样一口赤铜刀。咬金认得是盖苏文,顷刻浑身发抖,暗想:"我命休矣!"急转马头要走,也来不及了。正是:

一时遇了英雄将,意乱心慌难理论。

毕竟不知程咬金逃得出逃不出,且看下回分解。

第四十八回 程咬金诱惑盖苏文 摩天岭讨救薛仁贵

诗曰:

　　大唐福将鲁国公,满口花言逛英雄。
　　哄脱番营去讨救,回朝应得赏奇功。

那盖苏文马快,纵到面前,好似天将模样,大叫犹如霹雳交加,喝道:"咦! 老蛮子,你有多大神仙本事,敢独骑来踹本帅的营盘,思想往那里走?"这一声大喝,把个程咬金吓呆了,重复带转马头,往番营内冲进去了。早有偏正将官,一拥上前,阻住咬金去路。后面盖苏文纵一步,马上叫声:"老匹夫,你休想活命了,吃本帅一刀。"量起赤铜刀,瞄绰的望程咬金顶梁上斩将下去。这咬金也来得作怪,呼地里把马一带转,口中只叫:"我命死矣!"把手中大斧,用尽周身之力,在这口刀上噶啷噶啷这一抬,把个程咬金险些跌下雕鞍,马多退后十数步,眼前火星直冒。盖苏文又要起刀来砍,程咬金把斧钩住说:"咦! 盖元帅,休得莽撞,慢来慢来,我有话对你讲。"

盖苏文把刀停住,说:"你既来冲营,有什么话对本帅讲?"程咬金善为捣鬼,在马上欠身,打一拱道:"元帅,请住雷霆之怒,暂息虎狼之威,容孤细细告禀。"盖苏文见程知节如此谦逊,只得在马上亦对道:"老将军既有话讲,本帅洗耳恭听。说得盈耳贯耳,本帅是当送你回城,若有一句不得盈耳,休怪本帅恃强。"咬金道:"这个自然。不瞒元帅说,孤乃唐天子驾前一员开国功臣,名唤程咬金。将军若说到当初少年时,我的本事颇颇有名,也曾干过多少无天大事!曾在中原隋天子,分他一半江山,霸住瓦岗城,杀死隋朝大将数十余员;更兼断王杠、劫龙袍、反山东,老杨林尚不敢除剿,乱隋朝的头儿就是我程老将军为始。你东辽难道不闻得我的大名吗?"盖苏文哈哈大笑道:"我道你是那一个有名目的好本事,原来就是大唐朝的程老蛮子。本帅也闻说你是乱隋朝的头儿,你倚仗少年这些本事,单人独骑,来踹进营头,藐视本帅吗?中原由你横行天下,这里就算你不着,今既冲我营盘,有本事早些放出来,不然本帅就要抓你驴头下来了。"咬金也就冷笑道:"盖元帅,孤家若是少年本事还在,哪怕一个盖苏文,就是十个盖苏文,也不在我心上,何用善言见你?亏你为了东辽大将,将才也一无些,我邦若有心踹你营盘,比我很些老少英雄也尽有在城中,难道不会兴兵,四门冲杀的,单差我年迈老将,独一个来冲你帅营?你看前无开路一卒,后无跟从半人,须发苍白,年纪老迈,鞍鞴上坐立不牢,又且善言求见。盖元帅呵盖元帅,难道我程老将军是这般行径,可是来踹你营盘的吗?"

盖苏文道:"你既不来冲营,到此何干?"程咬金说:"孤奉陛下旨意,有一件紧急事情,要往黑风关去,奈因急促了些,不曾面见元帅,以借道路。今元帅既来究我,我剖心直言,以告明元帅,望元帅放我出营盘。"盖苏文暗想一回,呼呼冷笑说:"老蛮子,本帅心中也知道,那里是什么紧急事情,分明要往摩天岭讨救,勾引薛仁贵来退我兵马,你哄那一个?"咬金说:"是否你原算一个英雄,心中明白,却被你猜摸着了。我老将军实不瞒你所讲,我城中兵微将寡,今见元帅兵强马壮,枪刀锐利,攻城紧急,所以朝廷命孤往摩天岭讨救,情愿的抵死来营中走一遭,不道触怒元帅虎威,拦住去路。若肯开一线之恩,放我出营讨救,则孤深感帅爷厚恩矣。"盖苏文哈哈笑道:"老蛮子,只怕你想念差了。这叫作放虎归山终有害,你既要讨救,巴不能够截住你去路,岂肯轻易放你?本帅若开恩与你去讨了救兵来,反手缚身,反害我命,此事皆孩童所干,非大将军所为也。老匹夫阿老匹夫,管叫你来时有路,去就无门,本帅今日一刀劈于马下,也除了后患!"

程咬金哈哈大笑道:"何如?我原说不出我之所料,盖苏文你纵有精通本事,非为大将,真乃废人也!"盖苏文听见此言,就问:"老蛮子,不出你口中所料什么事来?"咬金道:"你有所不知,孤在城中与军师斗口打手掌来的。"苏文道:"打什么手掌?"咬金道:"我那军师保我摩天岭讨救,万无一失。孤惧你本事高强,此行自知必死番营,所以不肯前来讨救,屡次驾前辞脱,谁道军师说盖苏文为了一国大元帅,通天本事,名扬流国山川七十二岛,豪杰气性,吃食吃硬,欺人欺强,只要几句善言救恳,他自有宽宏大量,放你出营的。孤家就对军师说盖苏文枉为大将,在东辽绝不比我朝中老将,多有仗义疏财大将军,气性柔弱暴强,素有忠义之心,以尽为人臣大节。他是个狼心狗肺奸滑刁人,虽为国家栋梁,到底倭君蛮将,怎晓人臣关节,只仗自己牛刀本事,妖术伤人,恃强吞弱,专欺善良,最惧高强。况薛仁贵骁勇,世上无双,盖苏文屡次败在他手,阵阵鞭伤,若闻薛仁贵三字,就把他魂魄提散,肯放松我出营,勾引仁贵来,自害自身?料想乘便先杀我程咬金,除了后患。今元帅果不肯放我,提刀要杀,果不出我口中所料。"

那盖苏文听了此番言语,心中大怒,叫一声:"老匹夫,本帅为了国家大将,英雄性气,人臣大节,岂可不知?汝邦军师言语还可听,本帅就放你去讨救来,退我兵也无翻悔。但你这老蛮子,口中不逊,骂着本帅,休想活命了。"咬金说:"我在城中就砥柱死的,我死你刀下,不过为国捐躯,但你为了国家良将,坏了一生英雄之名,却被各国元帅耻笑,多说你惧怕薛仁贵利害,故把一员年老将军杀死,何不揸死了一个蝼蚁?有本事把薛仁贵首级割得下,才为东辽元帅也。"盖苏文却被咬金花言巧语,说得面上无光,厉声叫道:"罢了,罢了!我为一生大将,被你这老匹夫十分耻辱我无能,我就斩汝下马与蝼蚁无二。罢!众将闪开一条大路,让他去引了薛蛮子来,少不得一齐割他首级。"程咬金大喜说:"妙阿,才算你是个大将,我去了来,把头割与你。"营中让出大路,咬金催马就走,出了营盘,来至一箭之地,心中放落惊慌,回头一看,见盖苏文远远望我,就叫道:"你这青面鬼,不必看我,把头候长些,三日内就来取你首级。"说了这一句,把膝盖一催,往摩天岭大路上去了。我且按下不表。

单提盖苏文退进番营,闷闷不乐,忙传军令,传四门守将到帅营,有事相传。这一令传到四门,六员大将飞骑来至东城下马,进往帅营说:"元帅在上,传末将等有何军令?"苏文道:"诸位将军,你等今番各要用心保守,今早城中有一将冲出我营,讨救兵去了。这摩天岭一支人马,为首是招讨元帅薛仁贵,其人本事高强,十分厉害,他麾下偏正将官一个个能征惯战,若唐兵一到,必有翻江倒海一场混战,汝等小心紧守,不可粗心轻敌,损兵失志。"六将齐声应道:"元帅将令,怎敢有违。末将等自当小心。"苏文道:"各守汛地要紧,请回罢。"六将辞了元帅出营,跨上雕鞍,分头各守城门去了。这数员将乃扶余国张大王驾下,殿前十虎大将军,力大无穷,骁勇不过。盖苏文故而借来守城。你道十位大将姓甚名谁:

飞虎大将军张格
玉虎大将军陈应龙
雄虎大将军鄂天定
威虎大将军石臣
烈虎大将军孙祐
螭虎大将军栾光祖
龙虎大将军俞绍先
越虎大将军梅文
勇虎大将军宁元
猛虎大将军蒯德英

前四员保盖苏文守东城,故不必叮嘱,后六员分守西、南、北三门,所以传谕。

我且休表番营整备之事,单言程咬金不上一天,到了摩天岭,竟大胆往上面走上来。但见寨门口旗幡飘带上书大唐二字,心中欢悦。又见许多小军保守,将近寨口,那些军士嚷道:"啊呀,不好了!有奸细上山了,快打滚木下去。"程咬金听见大喝道:"谁是奸细,我鲁国公有旨意在身,快报元帅得知,叫他快来接旨。"军士们听见,魂不附体。一面到上面去报元帅,一边就开关放进程咬金,便说:"老千岁,帅爷屯兵在山峰上,随小的上去。"程咬金同了军士上山峰,只见薛仁贵冠带荣身,在殿背后闪出,曲躬接进。一座小小银殿,仁贵俯伏,程咬金开读圣旨道:"圣旨已到,跪听宣读。

奉天承运皇帝诏曰:今有东辽国番帅盖苏文,统雄兵数十余万,战将数百余员,四门重重围困,营盘坚固,守将高强,飞刀妖术伤人;更遭连珠火炮,四城攻打,昼夜不宁,城楼击动,土震山摇。老少将无能冲杀,闭城紧守。奈番兵攻城紧急,使城中百姓慌乱,君臣朝暮不安至极。日不能食,夜不能寝,人不卸甲,马不离鞍,人劳马乏,越虎城危于累卵,即日可破,军民旦夕不保。故而朕今命着鲁国公程知节,杀出番营,前来讨救。小王兄可速急领兵,蹋退番营,以救寡人危难,功劳非小,就此钦哉!谢恩。"

"愿我皇万岁、万岁、万万岁!"请过圣旨,香案供奉。仁贵叫道:"程老千岁,本帅见礼了。"咬金说:"不敢,元帅,孤也有一礼。"二人见礼已毕,坐下道:"本帅奉旨来取摩天岭,不上二月有余,那晓盖苏文又兴兵困住城池,四门攻打,朝廷受惊,不必言之。老千岁这两天在城中也觉辛苦了。"咬金说:"番兵火炮利害,攻城紧急,数日内原觉不安。前日闻元帅取了摩天岭,番兵还未困住,只道你不久就回城缴旨,那晓困住在城五六天,竟无信息。为此朝廷命我前来讨救,请问元帅在山上还有何事未了?所以耽搁住了。"仁贵道:"老千岁有所不知,本帅得了摩天岭,就想回城。奈殿后宝石基专生乌金子最广,所以我领众弟兄,日日在后面,拣择上好的充足十车,进献朝廷,故而耽搁住了。"咬金这人生性好色贪财,听见乌金甚广,不觉大喜,忙问:"元帅,如今宝石基在于何处?领我后边去看看。"仁贵起身,同了知节出殿,转到后山,到宝石基所在,见诸位总兵在那里忙忙碌碌的拾金子,他就欲心顿发,也去乱拾乱捡,往腰中乱藏,往怀内乱兜,现出旧时本相了。仁贵叫声:"老千岁,且慢拾金子。本帅有言告禀。"咬金道:"什么?说话请说便了。"仁贵道:"本帅欲兑完十车乌金,然后到城缴旨,谁想只选得六车,还有四车不曾装载,如今越虎城事在危急,救兵如救火,本帅就要连夜点将,兴兵速去,天明就要冲营的,望老千岁且守在此间,得空把上号乌金兑选,装满了四轮空车,凑成十车在山,待本帅退了番兵,奏知陛下,差将来取乌金,献上朝廷这本帅感戴老千岁深恩矣。"程咬金道:"元帅说哪里话来,臣之事君,人人如此,有什么感戴。"薛仁贵连忙传令殿中排宴,众人多往殿上坐席饮酒。咬金上坐,仁贵侧坐。酒饮至二更,安顿了程咬金，点一万人马，保守摩天岭前后寨门，余者多下岭去，山脚下听调。料理灯球亮子，一起蔑蜡高烧，照耀如同白昼，偏正将装束停当，齐下摩天岭，在山脚下等候。大元帅全身披挂，来至山脚下，扎住帅营。仁贵升帐，就点："周文、周武！"二将答应一声说："元帅，有何将令？"元帅说："你二人带正白旗人马二万，前往越虎城西门，离番营一箭之地，且扎营头，听东门放号炮，然后冲进营盘，遇将截住斗战，不得有违，去吧。"周文、周武一声："得令！"接了令箭，带领白旗人马二万竟往西城前进。

再讲薛仁贵又传将令，命姜兴霸、李庆先往南城冲杀，也听号炮，领兵踹营。"得令！"二人接了令箭，带正红旗兵马二万，离了帅营，往南城进兵。我且慢表。再讲仁贵又传王心鹤、王心溪，带领黑旗兵二万，往越虎城北门进扎，听号炮然后冲营。"得令！"二人接了令箭，出帅营带领黑旗兵二万，望北门前进。再讲薛仁贵点将，按了三处城门，如今传令拔寨起兵。三声炮响，元帅上马，前面周青、薛贤徒跨上雕鞍，各执兵刃，随了元帅，带领二万绣旗兵马，前后高张亮子，咬金送一里程途，方回摩天岭安顿不表。

单说大元帅人马，黑夜赶到三江越虎城了，元帅吩咐安营，埋锅造饭，三军饱餐已毕，扯起账房，往东城而来。太阳东升，高有二丈，薛仁贵坐在马上，望番营前一看，但见一派绣绿旗幡飘荡，营前小番扣定弓箭，排开阵势，长枪手密层层布住。那番薛仁贵按按头上盔，紧紧攀胸甲，吩咐开炮。只听"哄咙括喇括喇"，这一声号炮不打紧，四门多知道了，也打点冲营不表。仁贵喝声："兄弟们，随我来！大小三军冲营头哩。"把二膝一催，舞动一条方天戟，后面人马齐声呐喊，锣鸣鼓响，叫杀上来。仁贵在前领头，冒着乱箭，冲到营门首，挺戟乱刺，挑掉了几名小番，左右攒箭手长枪手，也闻白袍将利害，一见魂不在身，大家弃弓撇枪，各自要命，多逃散了。仁贵一马冲进番营，把座牛皮账房挑倒，冲进第二座营头，有偏正牙将平章胡腊，持斧端刀，挺枪执戟，拦上前来，围住仁贵，一场厮杀。但见明枪耀眼，劈斧无光，仁贵那里放在心上，手中戟好比蛟龙一般，护住马，遮住身，如执一条活龙在手，数般兵器，那里近得仁贵之身，却落得空被仁贵连捣三戟，挑翻了二员番将，纵出圈子，手起戟落，番将招架不定，损伤落马不计其数，有几员脱逃性命。薛仁贵踹到三座营盘，后面周青、薛贤徒量起兵刃，两旁各冲杀番营，乱伤番兵，死者甚多。二万多人马混杀。番营炮声不绝，喊杀连天。东门番营纷纷扰乱，苏文在御营听得外边喧闹，明知救兵到了，站起身来，叫四位将军："外面唐兵已到，料想仁贵必冲此地营盘，快些上马，随本帅前去迎敌，须当小心。他标下之将，皆本事高强，不可失利与他。"四虎将答应："不妨"。按下头盔，系紧攀胸甲，跨上雕鞍，各执器械，先出御营，奔杀过去了。盖苏文连忙提刀，抢出营去。这里高建庄王与军师雅里贞，也上坐骑，立在营前。八员随驾将军，保护两旁，张望元帅退唐兵。或有失利，就好逃命，所以也坐马在外。单言盖苏文五骑马，冲出营前，劈头就遇薛仁贵，便大叫一声："薛蛮子。你太觉眼里无人，看得本帅平常了。你救护唐童，破人买卖，使本帅恨如切齿，今领兵困扰四门，又被你领兵前来，与你势不两立。"正是：

　　排成截海擒龙计，管取唐王入掌中。
　　毕竟不知薛仁贵如何杀退盖苏文，且看下回分解。

第四十九回　薛招讨大破围城将
　　　　　　盖苏文失计飞刀阵

诗曰：
　　枉去扶余借救兵，苏文难获大唐君。
　　飞刀失去雄师丧，天意谁能谋得成。

"你领兵好好退转摩天岭，万事全休。如若执意要冲我营盘，放马过来，与你决一雌雄！管叫你带来蝼蚁片甲不留，自然反悔在后。"薛仁贵呼呼冷笑道："我把你这番狗奴，本帅屡次把你这颗颅头寄在颈上，不思受恩报恩，献表归顺，反起祸端，兴兵侵犯城池，此一阵不挑你个前心透后背，也算不得本帅利害。照戟罢！"嗖的一戟，分心就刺。盖苏文赤铜刀赴面交还。二人战到十合，不分败胜。左右飞虎将军张格，玉虎将军陈应龙，二骑马冲将过来助战。苏文见有帮助，一发胆壮。那仁贵旁边，周青飞马上来相助，把双铜往二人兵器上一分，二将觉得膊震动。明知仁贵标下将士十分厉害，也不通名答话，截住了，斧刀并举，双战周青。周青好了当，使起铁铜，护身招架，三人大战，并无高下。右手赶上雄虎将军鄂天定，威虎将军石臣。鄂天定善使一口青铜刀，石臣使两柄亮银锤，多有万夫不当之勇，来助盖苏文。只见仁贵旁边，又冲出薛贤徒，挺枪迎住。三将战在一旁，没有输赢。二位元帅战到四十个冲锋，杀个平交。苏文手下偏正将甚多，喝声快上来，就有二十余员番将，把个薛仁贵围在核心，刀斩斧劈，铜打枪挑，仁贵虽然利害，却也寡不敌众，少了接战将官，也有些难胜番兵。

我且按下东城交战之事，另言南门姜兴霸、李庆先，听得东城起了号炮，连忙吩咐扯起营盘，也放一声号炮，带二万人马，冲杀番营。庆先舞动大砍刀，冲到番营前，乱斩乱斫，杀了几名小番，踹进营盘，砍倒账房，姜兴霸手中枪胜比蛟龙相似，杀进营盘，手起枪落，小番逃散不计其数。冲到第二座营盘中，忽听一声炮起，杀出两员将官，大叫道：“唐将有多大本事，敢冲我南营汛地，前来送死么！”二人抬头一看，但见这两员番将，怎生打扮：

头上边多是大红飞翠包巾，金扎额二翅冲天，阴阳带打结飘左右。面如重枣，两道青眉，一双豹眼，狮子大鼻，口似血盆，海下一派连鬓长须。身穿一领猩猩血染大红蟒服，外罩一件龙蟒砌就红钢铠。左悬弓，右插箭，脚蹬一双翘脑虎尖靴，踹定踏凳，手端一条紫金枪，坐下胭脂马，直奔过来了。

李庆先喝道：“番将少催坐骑，俺将军刀下不斩无名之辈，快留下名来。”番将说：“蛮子听者，我乃大元帅盖麾下，加为烈虎大将军，姓孙名祐。”又一个说：“我乃螭虎大将军栾光祖便是。不必多言。放马过来。”孙祐晃动紫金枪，望庆先劈面门刺将进去，李庆先把大砍刀噶嘟一声，枭在旁首。薛贤徒挺枪上前，那一首栾光祖持生铜棍，坐下昏红马，纵一步上前，迎住贤徒，枪棍并举，二人大战番将，不分胜败。

我且按下南门交战之事，单表西城周文、周武，听南城发了号炮，也起炮一声，带领二万人马，冲杀进营。里面炮响一声，冲出两员将官，你道他怎生打扮，但见那：

头戴的多是亮银盔，身穿的尽是柳叶银条甲，内衬白绫二龙献爪蟒。左边悬下宝雕弓，右边插着狼牙箭，手端浑铁鞭两条，坐银鬃马。面如银盆，两道长眉，一双秀眼，兜风大耳，海下长须，飞身上前来。

周文喝道：“来将留名，敢来送死么。”番将喝道：“呔！蛮子听者，我乃大元帅标下龙虎大将军俞绍先。”周文道：“我也认得，你是张仲坚驾下大将，有本事，放马过来，看将军一刀！”把大砍刀直取番将，绍先舞起双鞭，敌住周文，来往交锋，各献手段。又要讲到周武冲进番营，手起刀落，把那些番邦人马杀散奔跑，劈头来了一员番将，便问道：“来的番将，快留名字，好枭你首级。”那员番将大喝道：“呔！蛮子听者，我乃越虎将军梅文便是。奉元帅将令，来拿你反贼。明正其罪，不要走，照打罢！”把坐下雪花驹催一步上，举起两根金钉狼牙棒，望周武顶上就打。周武手中刀急架忙迎，相斗一处。马分上下战住。

西城输赢未定，又要讲北门王心鹤、王心溪，闻号炮一响，带二万人马，两条枪直杀进番营，挑倒账房，番兵四路奔走，见两员番将直冲过来，你道他怎生打扮，但只见他：

头上多戴开口镳铁獬豸盔，面如锅底一般，高颧骨，古怪腮，兜风耳，狮子鼻，豹眼浓眉，连鬓胡须，身穿一领锁子乌油甲，内衬皂罗袍，左右挂弓插箭，手端一日开山大斧，催开坐下乌鬃马，赶上前来。

大叫：“唐将有多大本事，敢冲踹我这里营盘！”王心鹤喝道：“来将慢催坐骑，我枪上从不挑无名之辈，快留姓名来。”番将道：“蛮子，你要问我之名么，洗耳恭听：我乃大元帅盖麾下，加为勇虎大将军，姓宁名元。”“我乃猛虎将军蒯德英便是，快放马过来！”把坐下黑毫驹一纵，手中大砍刀一举，直望王心鹤劈面斩来。心鹤把枪架住在一边，马打冲锋过去，英雄闪背回来。王心鹤提起枪直刺面门，蒯德英大刀护身架住，两人战斗在营，全无高下。王心溪纵马摇枪来战，那边宁元使动斧子迎住。心鹤尽力厮杀，一来一往，四手相争，雌雄难定。不表东南西北四门混战，喊杀连天，番兵四散奔逃。又要讲到城上，四门公子看见城下番营内乱哄哄鼓炮不绝，声声大振，明晓元帅救兵已到，多下城来，到银銮殿奏其缘故。天子龙心大悦，众将放下惊慌。茂公当殿传令：“汝等快上结束，整齐马匹，带齐队伍，好出城救应，两路夹攻，使番兵片甲不留。”众爵主齐声得令,个个回营,忙忙结束,整备马匹,端好兵刃,传齐大队人马,在教场中等候。众公子上银銮殿,听军师调点。

当下茂公先点罗通、秦怀玉:"你二将领本部人马一万,开东城冲杀,接应元帅,共擒盖苏文。"罗通、怀玉一声:"得令!"出银銮殿上马,至教场领兵一万,往东门进发不表。茂公又点尉迟宝林、程铁牛:"你二人带兵一万,往南门冲营,须要小心。"二将口称:"不妨!"就奉令出殿,跨上雕鞍,前往教场,领本部人马一万,往南城前进。再表茂公又点尉迟宝庆、段林:"你二人带兵一万,往西门冲营,不得有违。"二将答应,上马端兵,领人马往西城进发不表。再讲茂公又点尉迟恭:"你可独带兵马五千,开兵接应北门。"敬德一声接应,上马挺枪,领兵五千望北城而来。

放炮一声,城门大开,吊桥放平,一马当先,冲到番营前,手起一枪,把番兵尽行杀散。尉迟恭一条枪踹进二座营盘,五千兵混杀开去,番兵势孤,不来对敌,弃营逃走。敬德催马,无人拦阻,直进营头,见王心鹤弟兄大战番将二员,有二十余合不分胜败。恼了尉迟恭,把乌骓马纵一步上,喝声:"去吧!"手起一枪,把个蒯德英挑在他方去了。宁元看唐将多了,心内着忙,斧子一松,却被王心鹤一枪刺中咽喉,坠骑身亡。三人大踹番营,喊声连天。番兵逃亡不计其数。北门已退,营盘多倒。

又要讲西门开处,挂下吊桥,冲出一标人马,踹踏营来。尉迟宝庆、段林各执一条枪,杀散小番,冲进营盘,只见周氏弟兄大战二将,数十合不定输赢。宝庆把枪一挺,拣个落空所在,插一声响,挑将进去,把个俞绍光穿透后背,死于非命。梅文见伤了一将,叫声:"啊呀,不好!"却被周武就拦腰一刀,砍为两段,结束了性命。两条枪在左乱伤性命,两口刀在右乱砍小卒,尸骸堆积,倒幡旗衬满地,坍皮帐践踏如泥,西城又得破了。

单表尉迟宝林、程铁牛带兵冲出南门,杀进番营,见李庆先、姜兴霸与番将战有三十冲锋,未分胜败。恼了程铁牛,纵马上前,手起开山斧,把栾光祖连头劈到屁股下,战马皆伤,身遭惨死。孙祐心中又苦又慌,被庆先一马将头砍落尘埃,一命归天去了。这番乱杀番兵,大踹辽营,番人料想不能成事,多抛盔卸甲,弃鼓丢锣,四散逃命。三门账房,踹为平地。骸骨头颅,堆拦马足。血水成河,到处涌流,尸身马踏,踏为泥酱,四下里哭声大震,多归一条总路,逃奔东行。唐朝人马鸣锣擂鼓,紧紧追杀。

又要讲到罗通、秦怀玉,领人马到东门,发炮一声,开城堕桥,卷杀番营,两条枪胜比蛟龙一般,番兵不敢拦阻,让唐将直踏进营。抬头看见盖苏文同偏正将,围住了薛仁贵厮杀,番兵喝彩。明知元帅不能取胜,正欲要接应,但见左右两旁,杀声大震,战鼓不绝。罗通一马冲到,左边见二员番将,战住周青,足有数十回合,番将渐渐刚强,恼了罗通,一马冲到,手中攒竹梅花枪,嗖的一枪刺将进去,把个陈应龙挑下马来,一命休矣。张格见了,魂不在身,手脚一乱,周青量起铁锏,照头一下,可怜一员猛将,脑浆迸裂,死于非命。右首怀玉见番人双战薛贤徒,不问根由,纵马上前,把提炉枪一紧,到将过去,石臣架在一边,怀玉手快,左手把枪捺住,右手提起金装神锏,喝声:"去吧!"当夹背上一下,石臣大叫一声:"我命休矣!"翻鞍坠马,鲜血直喷。复一枪刺死在地,马踏为泥。鄂天定见了,心中惨伤,兵器略松,贤徒紧一枪,挑中咽喉,阴阳反一反,扑通响跌在苏文圈子内。吓得偏将心慌意乱,却被怀玉、罗通上前,不是枪挑,就是锏打,可怜二十余员将官,遭其一劫,逃不多几名,死者尽为灰泥。竟把盖苏文围住居中,杀得他马仰人翻,呼呼喘气。一口刀在着手中,只有招架之功,并无还兵过去。被五位大将逼住,自思难胜,若不用法,必遭唐将所伤。苏文计定,把钢牙一挫,赤铜刀往周青短锏上一按,周青马退后一步,闪了一闪,却被苏文混海驹一催,纵出圈子,远了数步,把刀放下,念动真言,一手掐诀,揭开背上葫芦盖,一道青光,飞出一口三寸柳叶刀,直望唐将顶上落下来。罗通、周青等一见,心内惊慌,望后边乱退。仁贵纵上前来,放下戟,左手取震天弓,右手拿穿云箭,搭住弦上,望青光内一箭射去,一道金光冲散青光,空中一响,飞刀化为灰尘。把手一招,箭复飞回手中。恼了盖苏文,连起八口飞刀,阵阵青光散处,仁贵也便一把拿了神箭四条,望上一齐撩去,万道金光一冲,括喇括喇一声响,八口飞刀尽化灰尘,影迹无踪,青光并无一线,把手一招,收回穿云箭,藏好震天弓,执戟在手,四将才得放心,一齐赶上。盖苏文见飞刀已破,料想不能成事,大叫:"薛蛮子,你屡屡破我仙法,今番势不两立,与你赌个雌雄。"纵马摇刀,直杀过来。仁贵舞戟战住,四位爵主围上前来,使枪的分心就刺,用戟的劈面乱挑,混铁锏打头击项,大砍刀砍项劈颈。

杀得盖苏文遍身冷汗,眼珠泛出,青脸上重重杀气,刀法渐渐慌乱,怎抵挡得住五般兵器。却被仁贵一条戟逼住,照面门、两肋、胸膛、咽喉要道,分心就刺。苏文手中刀只顾招架方天戟,不妨罗通一枪劈面门挑将进来,苏文把头一偏,耳根上着了伤,鲜血直淋,疼痛难熬,心内着忙。周青一铜打来,闪躲不及,肩膀上着了一下。那番慌张,用尽周身气力,望贤徒顶梁上劈将下来。薛贤徒措手不及,肩上被刀尖略着一着,负了痛往半边一闪,盖苏文跳出圈子,拖了赤铜刀,把混海驹一催,分开四蹄,飞跑去了。后面仁贵串动方天戟,在前引路,后面四骑马仗兵器,追杀番兵。高建庄王同雅里贞拍马就走。众番兵一见元帅大败奔走,多弃营撤账,四下逃亡。唐朝人马拢齐,几处番兵各归总路,望东大败。天朝兵将,渐渐势广,卷杀上前,这一阵可怜番兵:

遭刀的连肩卸背,着枪的血染征衣。鞍鞒上之人战马拖缰,不管营前营后;草地上尸骸断筋折骨,怎分南北东西。人头骨碌碌乱滚,好似西瓜;胸膛的血淋漓,五脏肝花。恨自己不长腾空翘,怨爹娘少生两双脚。高岗尸叠上,底中血水昂昂。来马连鞍死,儿郎带甲亡。

追到十有余里之外,杀得番邦:

番将番兵高喊喧,番君番帅苦黄连。南蛮真厉害,咱们真不济。丢去幡旗鼓,撇下找腊酥。貂裘乱零落,黄毛撤面飞。刀砍古怪脸,枪刺不平眉。镖伤兜风耳,箭穿鹰嘴鼻。一阵成功了,片甲不能回。人亡马死乱如麻,败走胡儿归东地。从今不敢犯中华。

这一场追杀又有十多里,番兵渐渐凋零,唐兵越加骁勇,杀得来枪刀耀眼,但只见:

日月无光,马卷沙尘,认不清东西南北。连珠炮发,只落得惊天动地;喊杀齐声,急得那鬼怪魂飞。四下里多扯起大唐旗号,内分五色,轰轰烈烈,号带飘持。何曾见海国蚣幡彩色鲜,闹纷纷乱抛撒路摇。唐家将听擂鼓,诸军喝彩,领队带伍,持刀斧,仗锤铜,齐心杀上;番国兵闻锣声,众将心慌,分队散伍,拖枪棍,弃戟鞭,各自奔逃。天朝将声声喊杀,催战马犹如猛虎离山勇;番邦贼哀哀哭泣,两条腿徒然丧失望家园。刀斩的全尸堆积,马踹的顿作泥糟。削天灵脑浆迸裂,断手足打滚油熬;开膛的心肝零落,伤咽喉惨死无劳。人人血如何似水,人马头满地成沟。怪自己不生二翅,恨双亲不长脚跑。抛鸣鼓四散逃走,弃盔甲再不投朝;逢父子一路悲切,遇弟兄气得嗷号。半死的不计其数,带伤的负痛飞逃。这番踹杀唐兵勇,可笑苏文把祸招。数万生灵送空命,如今怎敢犯天朝。

这一追杀有三十里之遥,尸骸堆横如山。大元帅薛仁贵传令鸣金收兵,不必追了。当下众三军一闻锣声,大队人马,各带转丝缰,众将领回城去。我且慢表。

单讲那番邦人马,见唐军已退,方才住马。苏文传令扎住营头,高建庄王吓得魂飞魄散,在御营昏迷不醒。盖元帅吩咐把聚将鼓哨动,有几名损将投到,点一点,看雄兵报折六万余千,偏正将士,共伤八十七员。就进御营,奏说损兵折将之事。庄王大叹道:"元帅,欲擒唐将,反使损折兵将,这场大败非同小可,也算天绝我东辽,孤之命也。"苏文道:"狼主韬安,臣此番:

管叫大仙仗仙法,减去唐王君与师。"

毕竟盖苏文怎生求救大仙,且看下回分解。

第五十回　扶余国二次借兵　朱皮仙播弄神通

诗曰:

苏文几次上仙山,再炼飞刀又设坛。

怎奈唐王洪福大,机谋枉用也徒然。

庄王道:"你有何法破他?"盖苏文道:"大唐将士虽多,臣皆不惧怕,但所惧大唐者,薛蛮子利害非常。臣如今再上仙山,请我师父前来,擒了薛仁贵,哪怕大唐将士利害,城即可破矣。"庄王大喜,说:"事不宜迟,快些前去。"盖苏文辞驾出营,上雕鞍,独往仙山,我且慢表。

单讲唐朝人马,退进城中,四门紧闭,把三军屯扎内教场,点清队伍,损伤二万有余,偏将共折四十五员。遂同众爵主、总兵们等,上银銮殿俯伏尘埃,奏说退番兵大端营头之事。朝廷大喜,说:"皆王兄们之大功劳,赐卿等各回营卸甲,冠带上朝。"众将口称领旨。回营换其朝服,重上银銮殿。朝廷不见了程咬金,心内一惊,忙问:"薛王兄,可是程王兄到摩天岭讨救,兴兵来的呢?还是薛王兄已班师回城,退杀番兵的?"仁贵说:"陛下,若非程老千岁到来,臣焉能得知?还要耽搁在摩天岭。"朝廷:"既如此,为什么程王兄不见到来?"仁贵就把兑选乌金,看守摩天岭此事,细细奏明。唐王大悦,降旨一道,命尉迟王兄往摩天岭解乌金来缴旨。敬德口称:"领旨。"上马提枪,带领家将人员,出了东城,望摩天岭去了。

一到次日清晨,尉迟恭、程咬金同解十车金子,到殿缴旨。天子降旨,把乌金入库,又命光禄寺、银銮殿上大排筵宴,赐王兄、御弟、众卿们饮安乐逍遥酒贺功。诸将饮至日落西山,众大臣谢酒毕,扯开筵席,黄昏议论平复东辽之事。仁贵满口应承,说:"陛下,此一番若遇番兵交战,必然一阵成功,使他心情愿服归降。"朝廷大悦,说声:"薛王兄,你的英雄世上无双,但寡人受盖苏文屡次削辱,恨如切齿,若得王兄割他头颅,献于寡人,以雪深恨,功非小矣。"仁贵奏道:"若讲别将,臣不敢领旨,若说盖苏文,这有何难?取他首级如在反掌。包取他头颅,以泄陛下仇恨便了。"天子说:"前仇得泄,皆赖王兄之为。"君臣讲到三更时候,方各回营安歇,一宵安睡。到明日,薛仁贵升帐,调拨副将四员,带兵五千,看守摩天岭山寨已毕,逍遥无事,安享在城,半月有余。

单讲番邦盖元帅三上仙山,请了木角大仙,又往扶余国借兵二十万,有国主张大王,叫声:"盖元帅,那大唐朝薛仁贵,有多大本事,你屡屡损兵折将,把孤一国雄兵,尽皆调空。今日大仙亲自下山,扶助东辽社稷,谅仁贵必擒。待孤亲领精壮人马,同元帅前去,杀退唐兵。"苏文道:"若得如此,只我邦该复兴矣。"这番张仲坚点起雄兵,三声炮发,一路上旗幡招转,号带飘摇。

到了东辽国,相近御营,高建庄王早已闻报,远远相迎。道:"孤家狭守敝地,并无匡扶邻国之心,敢劳王兄御驾,亲临敝邑,赴我邦难。挽覆之恩,使孤心不安,何以报此大德?"张仲坚连忙下马,挽定庄王之手,笑曰:"王兄是首国之君,孤虽有小小敝地,犹是股肱之臣,今天邦有兵侵犯,孤理当左右待劳,未见一线之功,何德之有?"二人谈笑,进御营施礼,分宾坐定。当驾官献茶毕,庄王道:"王兄,大唐薛仁贵骁勇,我邦元帅盖王兄大队雄兵报折,实为惶恐之至。"仲坚答道:"王兄,胜败乃兵家常事,打仗交锋,自然有损兵折将之功。

盖元帅虽不能取胜,也未必常败;薛仁贵屡屡称威,也未必连胜。今王兄洪福,现有仙人下山,扶助社稷,薛蛮子即日可擒,王兄所失关寨,自然原端复转,有甚烦难。"说话之间,元帅同木角大仙进入御营,说:"狼主千岁在上,贫道稽首了。"庄王一见,心中欢悦:"大伯平身!孤家苦守越虎城,小小敝邑,谁道天朝起大队人马前来征剿,边关人马十去其九,事在危急,幸得大仙亲自下山救护,孤家深感厚恩不尽。"木角大仙开言道:"贫道已入仙界,不入红尘,奈我徒弟二次上山,练就飞刀,尽被薛仁贵破掉,未知他什么弓箭射落飞刀,因此见进,愤愤不平。今又算狼主天下旺气未绝,仁贵只命该如此,所以贫道动了杀戒,下入红尘,伤了薛蛮子,大事定矣。"庄王大喜,御营设宴款待大仙。

次日清晨,元帅进营问:"大仙,今日兴兵前去,还是困城,还是怎样?"大仙道:"此去不用困城,竟与他交战。贫道只擒了薛仁贵,回山去也。"那番元帅点起大队,同了师父,竟望越虎城。不及半天,早到东门下,离城数里,远扎下营头。日已过午,不及开兵,当夜在营备酒待师。席上言谈,饮到半酣,方回营安歇。次日清晨,摆队伍出营。大仙上马端剑,后随二十名钩镰枪,一派绣绿旗幡,一字排开,飘飘荡荡,攒箭手射住阵脚,鼓哨如雷。盖苏文坐马端兵,在营掠阵。木角大仙催开坐骑,相近河边,高声大叫:"城上的,快报与那薛蛮子得知,叫他速速出城与贫道打话。"城上军士见了,连忙报入帅府来道:"启上元帅,番邦又领了大队人马,扎营在东城。今有一位道人,在那里讨战,口口声声,要请元帅打话。"那薛仁贵立起身来,顶盔贯甲,通身结束,上下挂扣,底下总兵们齐皆汝束停当,侯元帅提戟,同上东城,望下一看,但见这道人怎生模样:

头上青丝挽就螺蛳髻，面如淡紫色，长脸颊腮，黑浓眉，赤豆眼，鼻直口方，两耳冲尖，海下无须。身穿一件金线弦边水绿道袍，脚蹬一双云游棕鞋。坐马仗剑，扬威耀武。

仁贵左首周青叫道："元帅，我看这道人身躯软弱，有何能处，待兄弟出城去取了他性命罢。"仁贵道："兄弟休得胡乱，不可藐视他们，从来僧道不是好惹的。这来者不善，善者不来，本帅看这道人虽然身躯软弱，谅有邪术伤人，故敢前来声声讨战与我，待本帅亲自出马，会他一会。兄弟们随我到城外，掠阵助战。"众弟兄一声答应："是。"元帅吩咐发炮开城，吊桥堕下，二十四对白绫旗左右分开，鼓声哨动。姜兴霸摹旗，李庆先摇鼓，周青坐马轮双锏，在吊桥观望。仁贵一马冲上前来，大喝："妖道，请本帅有何话打？"那大仙抬头看时，果然好威武也。但只见薛仁贵怎生模样：

头上白绫包巾金抹额，二龙抢块无情铁。身穿一件白绫蟒袍，条条丝缕蚕吐出；外罩锁子银环甲，攀胸拴口鸳鸯结。左首悬弓右插箭，三尺银鞭常见血。催开坐下赛风驹，手仗画戟惊人魄。

木角大仙笑道："来者可就是薛仁贵吗？"仁贵道："然也！既问本帅大名，你是何方妖道，今请本帅出城，待要怎样？"木角大仙怒道："呔！谁是妖道，我乃朱皮山木角大仙是也。已入仙界，不落红尘。因我徒弟盖苏文屡炼飞刀，被你将何妖术破掉，故而贫道动了杀戒，下落红尘，特来会你。可知贫道本事利害，见我还不下马归降？投顺狼主，共擒唐王，饶汝性命。若有半句支吾，贫道一剑砍为两段。"仁贵哈哈大笑道："汝不过一妖道，擅敢乱言，藐视本帅。你既说已入仙班，能知天文地理，难道不晓本帅骁勇，何苦落此红尘中，管国家闲事。我劝你好好回山，免其大患。若执意要与本帅比论，可惜你数载修炼，一旦伤我戟下，悔之晚矣。"木角大仙叫声："放马过来，吃贫道一剑。"望仁贵头上挥将下来。薛仁贵把戟钩在一边，二人相战十余合，怎杀过薛仁贵的手段。道人本事平常，剑法松了两剑，马退后数步。仁贵哪里知道，只把手中戟逼下来。那晓这道人把剑按开了戟，口中一喷吐出杯口粗细一粒红珠，望仁贵劈面门打来，光华射目。元帅眼前昏乱，看不明白，把头低得一低，正打中在额角包巾的无情铁上。此铁乃是二龙抢这一面小小镜子，不想这珠打得重了，连镜子嵌入皮肉内，有六七分深，鲜血直冒，染红银甲。喊声："痛杀我也！"马上一摇，扑通一声，翻落尘埃。大仙把口一张，红珠原收嘴内。仗剑纵马，要伤仁贵。不妨吊桥边周青见了，魂不附体。大叫："妖道！休伤我元帅。"飞马舞锏，迎住道人厮杀。薛贤徒赶上前来，救回元帅，一竟入城。

来至帅府，安寝在床，连忙把药敷好，松了包巾，那晓仁贵昏迷不醒，只有一线之气在胸中。薛贤徒着忙，急到银銮殿奏说此事。朝廷大惊，就命茂公前来看视。只见仁贵闭眼合口，面无血色，额上伤痕四围发紫。徐勣问道："此伤必受妖道口中精华打中，毒气追心，无药可救。不知阵上还有何人开兵，断断不可，若受此伤，一定多凶少吉。只可高挑免战牌，保护城池再作道理。你须服侍，三天内有救星下降。"众将应道："是。"徐勣后上银銮殿，细奏仁贵受伤，命在须臾。天子闻言，心内牵挂。单讲薛贤徒听了军师之言，忙到东城，把金锣敲动，外面周青与道人战不上八九合，只听城上鸣锣，就松下双锏，叫声："妖道，欲打你为齑粉，奈城上鸣锣收兵，造化了你，明日出来结果汝的性命。"带转马，望城中去了。吊桥高扯，闭城门，薛贤徒吩咐高挑免战牌。木角大仙见了，哈哈大笑，回进帅营。盖苏文接到里面坐定，说："师父，今日开兵辛苦了。"吩咐摆酒上来。大仙道："你屡次失利，称赞仁贵之能。起大兵数万，未闻一阵得利。今我一人下山，没有半日交战，就送了薛仁贵性命，又败唐将一员，杀得他免战高挑，闭城不出。"苏文道："薛仁贵方才被师父打落马去，明明唐将救回。未伤性命，怎说已送他残生起来？"大仙道："你有所不知，我口中这一颗红珠，打去不中就罢，若已中在他身上，凭他有什么神仙妙药，也到不得第四天。"盖元帅听言大喜说："师父，此珠这等利害，万望师父再在此，与徒弟把唐将伤几员，就好灭大唐，伐东辽，取中原天下矣。"大仙道："我一番下山，眷恋红尘，开了杀戒，也非独伤仁贵而来。原有心辅佐狼主，剿灭唐兵，夺取中原花花世界，锦绣江山，做了中华天子，然后上山的了。"盖苏文不胜欢喜，营中摆酒款待。

一到次日天明，大仙出营，在城下厉声喝叫，大骂讨战，唐将只是不理。猖獗回营，下马走进帅营，苏文开言道："师父，今唐将闭城不战，何日得破此城？延挨时日，如之奈何。"大仙道："不妨，今看城上免战高挑，一定唐将十分惧怯，待第三天后，绝了仁贵性命，然后四门架火炮攻城，怕他们君臣插翅腾空，飞回中原去了不成。"苏文道："师父主见甚高。"就依其言，日日营中饮酒，不表。

不想光阴迅速，停兵到了第三天，惊动香山老祖门人李靖，正坐蒲团，忽然心血来潮，遂掐指一算，明知白虎星官有难，即驾起风云，来到越虎城，按落仁贵帅府前。周青在外边，见空中落下一道人，到吃了一惊。大喝："妖道何来？快些拿下！"李靖道："周青，休得莽撞！我乃香山老祖门人李靖是也。今因薛仁贵有难，特来救他，快报进去。"周青听了李靖二字，倒身下拜，说："原来是恩仙，小将不知，多多有罪。元帅卧床不起，昏迷不省人事，请恩仙同进去看视。"

李靖随了周青，来至后堂，走近床前，揭开帐子，李靖看了额上伤痕，就知是朱皮山这妖道作怪。忙取葫芦中仙水，搽药伤所；又取一粒丸药，将汤灌于口中，登时落腹。肚中响了三声，仁贵悠悠醒转，说："嗳唷，好昏闷人也。"两眼睁开，身上觉得爽快，忽然坐起床上。周青、薛贤徒欢喜不过，叫声："元帅，李恩师在此救你。"仁贵见李靖坐在旁首，即下床整顿衣冠，拜伏在地，说："蒙恩师大人屡救薛礼性命，无恩可报。"吩咐摆素斋款待。李靖说："不必设斋，贫道已不食烟火，今有朱皮山妖道在此横行，阻逆天心，故此下山收服妖畜，除其大患，好待你剿平东辽，奏凯班师。"薛仁贵大喜，连忙传令，摆队出城，与这妖道开兵。各营总兵全身打扮，薛元帅披挂完备，随李靖来至东城，炮声一起，城门开处，吊桥坠下，冲出一彪人马，攒箭手射住阵脚，薛贤徒掌旗，周青掠阵，战鼓哨动。薛仁贵坐马端戟，在吊桥观望。

只见李靖手中不端寸铁，唯有拂尘一个，飘飘然步行至番营，喝道："营下的，快报与朱皮山泼道得知，叫他早早出营会我。"营前小番看见，连忙报进营来道："启元帅，唐邦也有一个道人，在外面请大仙打话。"盖苏文听报，便问道："师父，他们不知往那处也请了道人来，谅必法术高强，所以擅敢前来讨战。"师父木角大仙道："不妨，谅这班蠢俗莽夫，怎到得名山圣界，访请高人。不过荒山庙宇，请其邪法妖道，投入罗网，自送残生。快摆队伍出营，取他性命。"盖苏文传令，摆一支人马，旗门开处，大仙上马提剑，营前摇旗擂鼓，冲将上来。李靖喝住道："来者朱皮山龟灵洞道友，少催坐骑，可认得贫道吗？"那木角大仙听到"龟灵洞"三字，不觉惊得浑身冷汗，心下暗想："'龟灵'二字，原是暗名。凭他相交道友，得爱徒弟，从不知我'龟灵'暗号，那晓这个道人，竟猜破我名，谅他定是道术精高。"遂问曰："道友何处名山，那方洞府，今至红尘，乱入阵中，有何高见，敢来会我贫道？"李靖笑曰："我乃香山老祖门人李靖便是。那高建庄王不过外邦小国之主，盖苏文虽有本事，只好镇压番国海岛之君，扶兴社稷，该依理顺行，年年进贡中国，岁岁朝拜君王，保护边关才是。如今他横行无忌，倚仗道友九口飞刀，伤害上邦名将，眼底无人，藐视中国，以逆天理，反打战书，将圣天子十分羞辱。故而大唐起雄兵来征剿，理上应该。盖苏文屡伤大唐开国国老，及将官数十多员，得罪天子，在凤凰山下，上苍已判定，不久死于薛仁贵之手，顺了天心。今朝又得一位道友精华珠打伤仁贵，幸亏贫道早知，救了他性命，不然一旦归阴，谁除苏文大患？此罪却归道友，只怕难上仙山，修其正果了。为此特请你出来，有言相告：你虽是朱皮山学修截教，也有数千年功德，不入红尘，以成正果。然而上天爻象，该当知道，为何一时昏乱道心，助恶违逆天道，其罪难逃。故我贫道劝你好好去红尘，回仙山，可免灾殃。若有半声不肯，现你原形，悔之晚矣。"木角大仙听李靖一番言语，口虽不信，心中着忙。但被他羞辱不好意思，便大喝："李靖，你仗香山老祖之势，欺负贫道无能，我是截教，法力不弱于你，今既落红尘，开了杀戒，谅也无妨。但你既是正教，怎的也入红尘，管国家闹事？贫道今已下山，不擒唐王，誓不归山。你休持：

　　　　香山门下神通广，惹我朱皮道力仙。"

毕竟龟灵洞主与李靖开战如何，且看下回分解。

第五十一回　香山弟子除妖法
唐国元戎演阵图

诗曰：

龟灵妖法仗红珠，千载精华功不殊。

指望威名成海国，哪知一旦露形躯。

那木角大仙说罢，仗手中剑纵马上前，望李靖一剑挥来。李靖闪过，把手中拂尘望剑上一拂，大仙手便震痛，仗剑不牢，落于地下，李靖便大步上前。木角仙看了，把口一张，就吐出红珠一颗，精华射目，望李靖照面门打来。李靖全无惧色，把手中拂尘轻轻一拂，这颗红珠拂落于地，拾起手中，往怀内藏过。大仙一见红珠收去，料想不能复回朱皮山去，吓得面如土色，慌忙下马拜伏于地，高叫："大仙，可怜念我弟子千年修炼苦功，得受此珠。今一旦被大仙收去，难成正果。望大仙还珠复口，感戴甚深，恩重如山。从今回山去，再不敢胡为了。"李靖笑道："我方才劝言在前，你偏偏不肯听我，今哀求贫道，事已迟了。若要还珠，快快现出原形。"木角仙听言，心下十分懊悔。要此红珠，无奈何只得现了原形。乃是一个簸箕大的乌龟，受日月精华，采天地之气，修成这颗红珠，才炼人形，那晓被李靖猜破，要他献形，把符咒画在龟背，要复人像，且待五千年之后。便说："孽畜，贫道助你风云一阵，去你罢。若执迷不悟，要还此珠，便赏你一刀。"那龟精料哀求无益，便借风云而去，影迹无踪，引得吊桥边兵将，笑声大震。番营前盖苏文，气得面如土色，来取李靖。仁贵一见，催开战马，舞戟上前迎住。苏文算计已定，把赤铜刀架住画戟，说："住着，本帅有言对你讲。"薛仁贵收住坐骑，问道："有什么话对本帅讲？"苏文应道："我是番邦元帅，你为中国大臣，必然眼法甚高，能识万样阵图。今本帅刀法平常，实不如你。我有一个阵图在此，汝能识得否？"仁贵笑道："由你摆来，自当破你阵图。"苏文传令，就调数万大队儿郎，分开五色旗幡，登时列成一阵，果然摆得厉害。苏文道："薛蛮子，你在天朝为帅，可能识此阵否？"仁贵抬头一看，但见此阵，有诗为证：

一派白旗前后飘，分排五爪捉英豪。

银枪作尾伸头现，中有枪刀胜海潮。

薛元帅看罢，哈哈大笑说："盖苏文，你排此阵难我，明明藐视本帅，此乃一字长蛇阵，我邦小小孩童也会识破，难着甚人？"苏文道："你休得夸口，只怕能识不能破。"仁贵道："就是要破也不难。你还未摆完全，限你三日后摆完了，待本帅领兵从七寸中杀将进去，管教你有足难逃。"盖苏文听见此言，明知仁贵能破此阵，传令儿郎散了此阵。又说："薛蛮子，你既然识此阵图，本帅还有异阵排与你看。"仁贵道："容你摆来。"盖苏文就分开旗号，顷刻演成一阵，叫声："薛蛮子，你可识此阵否？"元帅看时，但见此阵，有诗为证：

红白大旗接后前，居中幡子接云天。

刀剑枪戟寒森森，英雄入阵丧黄泉。

仁贵道："此乃是三才阵，早消按天地人三才，用三队人马，往红白黄三门破内杀入，此阵立可破矣。"苏文见仁贵识破，不足为奇，传令儿郎散了三才阵，又复分列旗幡，摆成一阵。说："薛蛮子，你可认得此阵否？"仁贵看见，微微冷笑，便问声："盖苏文，你有幻想异奇之阵，摆一座来难我，怎么却摆这些千年古董之阵，谁人不识，那个不知，本帅既在天朝为帅，岂是依靠实力而来，就晕这兵书战册，阵法多也看得精熟的。若说这十座古阵，你也不要摆了，我念与你听，头一座乃一字长蛇阵，第二座乃二龙取水阵，第三座乃天地三才阵，第四座名曰四门斗底阵，就是你摆在此的；还有第五座五虎攒羊阵，第六座六子连芳阵，那第七座七星斩将阵，第八座八门金锁阵，第九座九曜星官阵，第十座便是十面埋伏阵。总也不足为奇，你既做东辽梁栋，要摆世上难寻，人间少有，异法幻阵，才难得人倒。今本帅为中国元戎，到学得一个名阵在此，若汝识得出此阵之名，也算你番邦真个能人了。"苏文道："既如此，容汝摆来。"那薛仁贵退往城中，调出七万雄兵，自执五色旗号，吩咐周青、薛贤徒擂鼓鸣金，按住八卦旗幡，霎时摆下一个阵图。仁贵在黄旗门下大叫："盖苏文，你摆三阵，我俱能识破。本帅只摆一阵，你可识否？是什么阵。"苏文听说，便抬头一看，但见此阵好不异奇，十分厉害。焉见得有许多利害呢？有诗为证：

一派黄旗风卷飘，金鳞万光放光毫。刀枪一似千层浪，阵图九曲象尤腰。炮声行走金声歇，不怕神仙阵里逃。五色旗下头伸探，露出长牙数口刀。一对银锤分左右，当为龙眼看英豪，双双画戟为头角，四腿束取攒箭牢。二把大刀分五爪，后面长枪摆尾摇。苏文那有神通广，不识龙门魂胆消。

盖苏文见此阵摆得奇异，半晌不动，口呆目定。暗想我在东辽数十年，战策兵书阵法，看过多多少少，也从来不见此阵。叫道："薛蛮子，凭你稀奇幻术，异名阵图，也见过多少，从来没有此阵。你分明欺我番邦之将，把这座长蛇阵装得七颠八倒，疑惑我心，前来难着，本帅不知你杜造的什么阵。"仁贵哈哈大笑，说："盖苏文，料你是个匹夫，怎识本帅这座异阵，你既道我自己杜造长蛇阵，改调乱阵，三天之后，你敢兴人马破我阵吗？"苏文道："既为国家栋梁，开兵破阵，是本帅分内之事，容汝三天摆完了，待我兴兵破你。"薛仁贵传下令来，领散了龙门阵。当日即又点大队雄兵十万，调出城来，扎住营头，一共十七万兵，安管在外，旌旗飘荡。仁贵同八员总兵，屯扎帅营左右，前后账房安得层层密密，坚坚固固。不觉日已向西，城上唐王同诸将闭了东门，竟往银銮殿升登龙位，饮了御酒，专等第三天看盖苏文破龙门阵。这话慢表。

单讲城外盖苏文退进御营，来见狼主。庄王先传令设酒，御营中掌灯点烛，大摆筵席。二位王爷坐在上边，苏文坐在旁首，底下数席文武大臣。共饮三杯之后，庄主问道："元帅，你三阵唐将尽皆识破，他摆得一阵，你就目瞪口呆，岂不被大唐兵将耻笑吗？"苏文奏道："有所不知，臣摆三阵，是阵书有的；他或者也看熟在肚中，故而被他识破。这仁贵摆的，书上不载，自己杜造这次乱长蛇阵图，分明疑难于我，所以臣回他不识，待三天后臣调遣人马，容我破阵，那时杀他们血溅成河，尸骸堆积，何必识他阵名。"张大王笑道："到也说得有理。元帅能人，待破阵之日，孤家发八员猛将，雄兵十万你带去，阵即破矣。"苏文称谢，酒散回营安歇，不必去表。

再进唐营中薛仁贵，同八员总兵，在营饮酒席上，开言叫声："八位兄弟，本帅在山西县苦楚不堪，三次投军，张环奸诈，把我隐藏前营为火头军，虽承数位兄弟不愿为旗牌，愿做火头军，同居一处，一路上立功，尽被奸臣冒去，害你们不早见君王，享荣华富贵，受苦多年，单只为我。今天幸蒙圣恩封天下招讨，才为本帅。尔等也得受总兵爵禄，我九人干功立业，征剿番邦，尽心报国，从来不烦老少众将之力。今盖苏文要破我龙门阵，是他命该休矣。我前番在中原探地穴，曾受玄女娘娘法旨，说要复青龙一十二年，可平靖矣。今算将起来，足足十二年了，况今朝仙师李大人又说欲复青龙，定摆龙门阵，正应在三日后。龙门阵中多要用心擒捉，好成功班师，我九人功非小矣。明日须听本帅调遣。"八人大喜说："这个自然。若能平复东辽，我等俱听哥哥号令，用心擒捉，立功标下。"言谈半夜，各归营帐安歇一宵。

次日清晨，元帅传令二将，对番营高搭五坐龙门，不消半日，完成整备。火炮火箭，强弓硬弩，钩镰短棍，长枪大刀，端正锐利，盔甲新鲜，又忙了半日。第二天众军兵饱食一顿，调开队伍，扯起营盘，忙忙扮扮，顶明盔，披亮甲，旌旗招转，内按五色冲天大纛旗领队分班，八总兵装束坐马，两旁站立，仁贵执旗一面，领队分排四面八方，鸣锣击鼓，调东南，按西北，顷刻摆完全了。五坐龙门，按金、木、水、火、土旗幡。一到了第三天，仁贵在阵内用了些暗计，四周长枪剑戟，火炮、火球架起，八员总兵分四门而立，中门薛仁贵，手中拿白旗，对番营叫道："快唤盖苏文出营看阵。"早有番营前小卒，飞报进御营来说道："大唐薛仁贵请元帅看阵。"盖苏文听言，同二位大王一齐上马，排开队伍出营，带同诸将，至阵前一看。呵唷，好座利害阵图也！但只见：

五座龙门高搭，对联金字惊人。左边写：踹杀番兵、血染东辽；右首书：活捉庄王、头悬太白。摆攒箭手、长枪手、火炮手、鼓旗手、摹幡手，密密层层护定；龙门首上，按着绣绿旗、大红旗、白绫旗、皂貂旗、杏黄旗，风飘飘一派五色旗。东发炮，龙头现出，专吞大将；西鸣金，摆尾身旁，进陈难逃。满阵白旗如银雪。霎时变作火龙形。其中幻术无穷尽，内按刀枪连转身。五色绣旗一刻现，神仙设此大龙门。专为东辽难剿灭，故把龙门建策勋。

盖苏文见前日不完全龙门阵，随口应承说破得此阵，如今见了这座完全阵图，到惊得呆了半个时辰。方才开言道："薛仁贵，你既摆全阵图，本帅明日兴兵来破。"仁贵道："若能破者，必遣能将进我的阵。"

不表盖苏文回进帅营，打点破阵之日。另言，讲薛仁贵按了龙门阵，带领总兵进入城中，来至银銮殿上，见朝廷奏道："陛下在上。臣欲擒盖苏文，灭东辽，奏凯班师，所以摆座龙门大阵。待明日必捉番邦元帅，大事可成矣。"朝廷大悦，降旨排筵，钦赐仁贵饮酒。言谈至三更方散，回帅府安歇一宵。次日五更，炮声一响，遂将鼓哨动，各营将官满身披挂，结束停当，饱食战饭。大元帅顶盔贯甲，整顿齐备，上马端戟，离了帅府，同诸将出城，升帐而坐，众将侍立两旁听调。薛仁贵传罗通、秦怀玉二将，领五千人马，速往西行，离阵四五里，埋伏山林深处，待盖苏文败来，发炮拦阻去路，赶他转来。罗、秦二将一声得令，接了令箭，齐出营门，上马端兵，领五千人马，前往西边埋伏，我且慢表。再讲仁贵又点周青、薛贤徒，你二人也带五千兵马，北路而行，埋伏树林深处，等候盖苏文逃到，赶他转来，不得有违。二将一声得令，接了令箭，出营上马，带领五千铁骑，竟往北路埋伏不表。那仁贵又点王心鹤、王心溪，你二将领五千兵马，往南方绿树林中埋伏，拦截盖苏文去路，不得有违。二将一声得令，接了令箭，出营上马，带领飞骑五千，前往埋伏。仁贵发遣三路精兵已毕，只见东方发白，番营无人知觉。那元帅起身，吩咐扯开账房，摆开龙门大阵，按定当阵门守将，点姜兴霸、李庆先守住左首二门；周文、周武守住右首二门；仁贵自执红旗，守住中门。走出走进，演此活阵。锣鸣鼓响，只等破阵擒将，此言慢表。

单讲盖苏文也是五更起身，众将齐集两旁，站立听令。多是英雄强壮，气宇轩昂之辈。苏文心下踌躇："我看这数员战将，几万雄兵，破阵也尽够有余了，然而此阵中，决定利害，故敢口出大言，摆与我破。未知此阵何名，书上并不置载，看看稀稀奇奇，似此阵图十分幻异，叫我怎生点兵调将，将何令发使他们进阵，怎样破法？"正是：

恨无黄石奇谋术，难破亚夫幻异功

盖苏文坐在帅营，无计可施，不敢发兵调将，前去破他异阵。那晓高建庄王同扶余国张大王，带一支御林军出营，看元帅发兵破阵。但只见自家人马明盔亮甲，排队分班，只不见元帅动静，不觉心中焦闷起来，降旨一道，传元帅出营破阵。左右得令，就传旨意前往帅营。苏文接旨，来到御营见驾，说："狼主，召臣前来，有何旨意？"庄王说："元帅，你看唐朝阵中，杀气冲天，称威耀武，为何元帅全不用心调兵遣将，前去破他，反是冰冰冷冷，坐在营内呆看，岂不长他们志气，灭自己威风吗？"苏文奏道："狼主上，唐朝摆此阵图，臣日夜不安，岂不当心？但阵书上历来所载，有名大将阵图，臣虽不才，俱已操练精明熟透，分调人马，按发施行，或东或西，自南自北，出入之路，相生相克，方能破敌，得逞奇功。如今他们所摆之阵，十分幻异，虽不知那阵中利害如何，今看他摆得活龙活见，希稀奇奇，连阵名臣多不曾识得，就点将提兵去破，竟不知从何门而入，从何路而出；又不知遇红旗而杀，还不知遇白旗而跑。"庄王叫声："元帅，他摆五个龙头，俱有门入，必然发五标人马，进他阵门的。"苏文道："进兵自然从五门而入，臣也想来如此，但愿得五路一直到尾还好破他，倘然内有变化，分成乱道，迷失中心，那时不得生擒，就是肉酱了。"张大王笑道："若是这等讲，歇了不成？"盖苏文听见张大王取笑了他，只得无奈，点起五万人马，五员战将，分调五路进兵，按了四足后尾，听号炮一齐冲入。传孙福、焦世威带兵五万冲左首二门；又调徐春、杜印元领兵五万，冲右首二门。四将答应去讫。盖苏文按着头上金盔，紧紧攀胸银甲，带五千兵马，催开坐骑，摇手中赤铜刀，望中门杀过来。后面号炮一起，左首有孙福、焦世威纵马摇枪，杀上阵门。里边姜兴霸、李庆先上前敌住，斗不数合，唐将回马望阵中而去。孙、焦二将随后追进阵中，外面锣声一响，大炮、火箭乱发，如雨点相同，打得五万番兵，不敢近前。欲出阵门无路，里面二将望绿旗兵中追杀，忽一声炮响，兵马一转，二员唐将影迹无踪，四下里尽是刀枪剑戟，裹二将在心，乱砍乱挑，回望看时，前后受敌，心下着忙，叫救不应，二将兵器架不及，刀山剑岭之危，作为肉酱而亡。料想不免那姜兴霸、李庆先有暗号在内，纵绿旗引走，转出龙门外去了。右边有徐春、杜印元纵马端兵，冲到阵前，内有周文、周武舞动大砍刀接住番将，厮杀一阵，唐将拍马诈败入阵，徐春、杜印元不知分晓，赶入阵门：

正是英雄无敌将，管取难进刀下亡。

毕竟不和二将追入阵中死活如何，且看下回分解。

第五十二回　盖苏文误入龙门阵
　　　　　薛仁贵智灭东辽帅

诗曰：

龙门阵岂凡间有，原出天神幻化工。

灭取苏文东海定，唐王方见是真龙。

那徐春、杜印元随起入阵，忽听阵中锣声一响，阵门就闭，乱打火炮，乱发火箭。五万番兵在后者逃其性命，在前者飞灰而死，不得近前。单说阵中徐、杜二将，追杀白旗人马，忽放炮一声，二员唐将不知去向，前路不通，后路拥塞，眼前多是鞭、剑、铜、棍，前后乱打。二将抵挡不住，心内一慌，措手无躲，料想性命自然不保的了，只怕难免马蹄为泥。正所谓：瓦罐不离井上破，将军难免阵中亡。周文、周武转出龙门阵，又去救应别将，我且不表。

单讲盖苏文拍马摇刀，至阵前大叫道："本帅来破阵也！"薛仁贵一手拿旗，一手提戟，出阵说道："盖苏文，你敢亲自来入我阵吗？放马过来吃我一戟！"望苏文直刺，苏文也把手中刀急架忙还。二人战不上六合，仁贵拖戟进阵，苏文赶进阵中。外边大炮一响，中门紧闭，满阵中鼓啸如雷，龙头前大红旗一摇，练成一十二个火炮，从头上打起，四足齐发，后尾接应，连珠炮起，打得山崩地裂，周围满阵烟火冲天，只打得五路番兵灰焦身丧，又不防备，只剩得数百残兵，还有跷脚折手逃回番营。高建庄王见阵图利害，有损无益，元帅入阵，又不知死活存亡，料难成事，见火炮不绝，恐防打来，反为不妙，随传令扯起营盘，退下去有十里之遥，方扎住营头。只留盖苏文一人一骑，在阵中追薛仁贵。不一时，锣响三声，裂出数条乱路，东穿西走，引盖苏文到了阵心，哄咙一声炮起，不见了薛仁贵，前后无路，乱兵围住，刀枪密密，戟棍层层。乱兵杀得苏文着忙，一口刀在手中，前遮后拦，左钩右掠，上下保护。那晓此阵是九天玄女娘娘所设，其中变化多端，幻术无穷。但见黑旗一摇，拥出一层攒箭手，照住苏文面门四下纷纷乱射。盖元帅虽有本事，刀法精通，怎禁得乱兵器加身，觉得心慌意乱，实难招架，又添攒箭手射来，却也再难躲闪，中箭共有七条，刀伤肩尖，枪中耳根，棍扫左腿，铜打后心。这番盖苏文上天无路，入地无门，有力难胜，有足难逃，叫救不应，满身着伤，气喘吁吁，汗流浃背。心下暗想："我此番性命休矣！"把钢牙坐紧，用力一送，赤铜刀量起手中，拼着性命，手起刀落，杀条血路，往西横冲直撞，逃出阵去了。薛仁贵见苏文逃走，忙传令散了龙门阵，带四员总兵，随后追杀。

那苏文逃出阵图，望西而走。有五六里之路，忽听树林中一声号炮，冲出一支人马，内有二员勇将，挺枪纵马，大叫："盖苏文，你往那里走？我将军们奉元帅将令在此，等候多时，还不下马受缚！"苏文一见，吃惊道："我命休矣。唐将少要来赶！"兜回马便走。只见南首又来了一支人马，内中有姜兴霸、李庆先，伏兵齐力大叫："不要走了盖苏文！"追上前。忽西首炮声响处，冲出王心鹤、王心溪，带领一支人马，纷纷卷杀过来，大叫："不要放走了盖苏文！我奉元帅将令，来擒捉也。"盖苏文见三路伏兵杀到，心中慌张不过，催急马望东大败。只见有二将横腰冲出，却是周青、薛贤徒，提枪舞铜，追杀前来。只杀得盖苏文离越虎城败去五里路之遥，但见自己营前有庄王站立，欲要下马说几句言语，又见唐兵四路追赶，薛仁贵一条戟紧赶后边，全不放松。遂泣泪叫曰："狼主千岁，臣一点忠心报国，奈唐势大，杀得我兵犹如破竹，追赶甚急，臣生不能保狼主复兴社稷，死后或者阴魂暗助，再整江山。今日马上一别，望千岁再不要想臣见面日期了。"哭奏之间，冲过御营，望东落荒，拼命奔跑。薛仁贵催开坐骑，紧紧追赶，喝声："盖苏文，你恶贯满盈，难逃天数了。今日命已该绝，还不早早下马受死，却往那里走！如今决不饶你，怕汝飞上焰摹天，终须还赶上。"豁喇喇一路追下来。苏文只顾上前逃遁，不觉追至五十里，却往前一看，但见波浪滔天，长江滚滚，并无一条陆路，心中大悦。暗想："如今性命保得完全的了。"得到海滩，把混海驹望水中一跳，四足踏在水面，摆尾摇头，一竟到水中去了。从又回头，对岸上仁贵哈哈笑道："薛蛮子，你枉用心机，如今只怕再不能奈何我了。岂知本帅命不该绝，得这匹坐骑——龙驹宝马，今逃命去了。谅汝中原只有勇将，绝无宝马，你若也下得海来，本帅把首级割与你；你若下不得海，多多得罪，劝你空回越虎城去吧，不必看着本帅。料想要取我的性命，决定不能了。"薛仁贵立马在海滩上，听见此言，微微冷笑道："盖苏文，你有龙驹宝马，下得海去，笑着本帅没有龙驹宝马，下不得海吗？我偏要下海来，取你之命，割你颅头，以献我主。"说罢，把赛风驹一纵，跳下海中，四蹄毫毛散开，立在水面上，把戟晃动，随后追赶。苏文坐下马，在水游的不快，仁贵的坐骑浮于水面，四蹄奔跑，好不速快，犹如平地一般而走。这苏文见了，大叫一声："呵呀！此乃天数规定，合该丧于仁贵之手了！"遂把马扣定，开言叫道："薛元帅，我与你往日无仇，今日无怨，只不过两国相争，各为其主，所以有这番杀戮，尽与主上出力夺江山，以兴社稷，立功报效，至此极矣。今我盖苏文自恨无能，屡屡损兵折将，料想难胜唐王，故败入海来，以将东辽世界与汝立功，也不为过。难道我一条性命，不肯放松，又下海来毕竟要取本帅首级？"薛仁贵说道："非本帅执意要你性命，不肯放松，只是你自己不是，不该当初打战书到中原，得罪大唐天子，大话甚多，十分不逊。天子大恨，此句牢记在心，恨之切骨，包在本帅身上，要你这颗首级，非关我事，只得要送你之命了。"盖苏文听了这些言语，心中懊悔无极，大叫一声："罢了，罢了！我虽当初自夸其能，得罪了大唐天子。薛元帅，你可救得本帅一命吗？"仁贵道："盖苏文，你岂不知道么，古语说得好：

　　阎王判定三更死，并不相留到四更。

我若容情放你逃身，岂不自己到难逃逆旨之罪也。"盖苏文道："也罢，你既不相容，且住了马，拿这头去吧。"便把赤铜刀望颈项内一刎，头落在水。仁贵把戟尖挑起，挂于腰中。但见苏文颈上呼一道风声，透起现出一条青龙，望着仁贵，把眼珠一闭，头一答，竟望西方天际腾云而去。鲜血一冒，身子落水，沉到海底。这匹坐骑游水前行，去投别主，不必去表。可怜一员东辽大将，顷刻死于非命，正是：

　　瓦罐不离井上破，将军难免阵中亡。

　　苏文一旦归天死，高建庄王霸业荒。

薛仁贵得了盖苏文首级，满心欢喜，纵在岸上，即同诸将领兵回来，把苏文首级高挂大纛旗上，齐声喝彩，打从番营前经过。有小番们抬头，早已看见元帅头颅，挂在旗杆之上，连忙如飞一般，报进御营。我且慢表。

先讲薛仁贵回上三江越虎城中，安顿了大小三军，上银銮殿奏道："陛下在上，臣摆龙门阵，杀伤番将番兵不计其数，把盖苏文追落东海，勒逼其头，他已自刎，现取首级在此缴旨。东辽灭去大将，自此平复矣。"朝廷听奏，龙颜大悦，降旨把首级号令东城，又传旨意，命薛王兄明日兴兵，一发把庄王擒来见朕。仁贵口称领旨。其夜各回，安歇一宵。到次日，仁贵欲点人马去捉庄王，有军师徐茂公急阻道："元帅，不必兴兵。庄王即刻就来降顺我邦也。"仁贵依了军师之言，果不发兵，我且慢表。

再说番邦高建庄王，在御营内闻报盖元帅已死，放声大哭，仰天长叹道："孤家自幼登基，称东辽国国之主，受三川海岛朝贡，享乐太平，未常有杀戮伤军之事。那晓近被天朝征剿，兴师到来，一阵不能取胜，被他杀得势如破竹，关寨尽行失去，损折兵将，不计其数，阵阵全输。今盖元帅归天，料不能再整东辽，复还故土，有何面目再立于人世，不如自尽了罢。"扶余国大王张仲坚，在旁即忙劝阻道："王兄，何必志浅若此。自古道胜败乃兵家之常事，况大唐天子有德有仁。四海闻名，天下共晓，因王兄殿下元帅盖苏文，自矜骁勇，复夸飞刀，惹此祸端。今已自投罗网，有害东辽，这场杀戮也是天数。如今元帅已死，王兄何不献表称降，免了死罪，再整海东，重兴社稷，有何不可？"高建庄王叹息道："王兄，又来了。大唐势广，兵马辛苦，跋涉多年，才服我邦，岂肯又容孤家重兴社稷？"张大王道："王兄，不妨。唐天子乃仁德之君，决不贪图这点世界。王兄肯献表，待孤与你行唐邦见天子，说盟便了。"庄王大喜。就写降表一道，付与仲坚。张大王连忙端正停当，辞了庄王出番营，跨上雕鞍，带领亲随将官人员，望着三江越虎城而来。到了东门，望上叫道："城上军士听者，快报与大唐天子得知。说今有扶余国王张仲坚，有事要见万岁。"城上军士听见，连忙禀与守城官，即便进朝，上银銮殿见驾。奏道："陛下，城外有扶余国王张仲坚，有事要见万岁。"朝廷道："他有何事来见寡人？"茂公道："他来见驾，不过为东辽国投降之事，陛下快宣他进来朝见。"朝廷便着宣张仲坚见驾。

守城官领旨出朝,来到东城,放琉球千岁入城。进朝上银銮殿,俯伏上奏道:"天朝圣主龙驾在上,臣扶余国张仲坚朝见,愿我王圣寿无疆。"朝廷道:"王兄平身。"张仲坚口称:"领旨。"扶笏当胸,立于底下。王爷问道:"未知王见朕,有何奏章?"仲坚低首称臣,说:"陛下在上,臣无事不敢轻蹈银銮,今有事时来,冒奏天颜,罪该万死,望圣天子赦罪。"天子道:"王兄既有事来,何罪之有。奏上来。"仲坚道:"陛下在上,今因高建庄王虽有欺君大罪,皆因误听盖苏文之言,故而有今日之事。今苏文已被我王名将杀入东海,身已灭亡,庄王追悔无及,所以臣冒犯天威,大胆前来说盟,陛下若肯容纳,现有高建庄王降表在此,请圣上龙目亲瞻。"朝廷说:"既王兄献呈他的降表,取上来待朕观看。"近侍领旨,接来铺展龙案之上。天子龙目细看,只见上写道:

　　南朝圣主驾前:小邦罪臣庄王顿首朝拜,天朝皇爷圣寿无疆。臣不才,误听盖苏文之言,浑乱天心,失其国政,十分欠礼,得罪天颜。故使我王亲临敝邑,跋涉圣心。臣又不率令文武到边接驾,早早招安,献表归顺,以免后患,窃听众臣谗言,一旦藐视圣主,屡屡纵将士作横,欺负我主,全不尽其天理,所以有这场杀戮。天网恢恢,致使臣文武官尸骸暴露,军兵将剑戟刀伤。苏文虽保护国家,由然助纣为虐,使我江山败落,文武惨亡,到如今虽被我皇名将薛元帅取其首级,臣还痛恨在心。自思滔天之罪不小,乱刀剁酱之危难免。臣闻我王向有仁政好生之德,所以邦邦感藏。臣罪虽在不赦,理当献过头颅,以赎前罪。然奈臣实无欺君之心,陛下龙心明白,可肯恕臣之罪,容其复兴社稷,重整乾坤,则臣感藏不尽,情愿年年进贡,岁岁来朝,以后再不兴兵侵犯。望主容纳,深感仁德矣。

　　贞观天子看表,十分欢悦:"既蒙王兄不避斧钺,前来讲和,寡人无有不准之理。"收下降表。张仲坚谢恩已毕,退出午门,竟回番营相见庄王,回复言语不表。

　　再说次日,唐王留兵马三十余万,偏正将八十二员,降旨一道,命使臣送到庄王帐下,掌管东辽,重开社稷,复转江山不必细表。如今打点黄道吉日,就要班师。徐茂公算定阴阳,选一吉日,大元帅薛仁贵把尽数人马统出越虎城,调点整齐,各位众大臣,请老将、爵主们,皆满身装束,打扮新鲜,在外伺候。底下这一班总兵、先锋、游击、千把总、百户、守备,一应武职,大小官员,多是顶明盔,披亮甲,骑骏马,端兵刃,分班侍立。贞观天子头上闹龙金冠,身披绛黄蟒服,腰围通金镶玉带,坐下日月骢骝马,出了越虎城。降旨宰杀牛羊,祭旗已毕,主上亲献御酒三杯,众将拜旗过了,正欲起兵班师,早有高建庄王同张大王飞骑而来,拜伏在地。说:"南朝圣上,今日班师,臣无物进献,特贡金银二十四车,略表臣心。愿陛下一路平安,竟到长安。"天子大喜道:"蒙二位王兄之德,又献金银与朕,使寡人欢悦班师,真乃寡人之幸也。不消远送,各守社稷去吧。"庄王与张大王口称:"愿我王万岁、万万岁。"二王谢驾,退回三江越虎城,坐银銮殿,聚集两班文武,传旨各路该管官员,调兵点将,镇守地方。张仲坚自回扶余国,料理国政,永才霸主。庄王子孙兴复,东辽至唐没,不敢侵犯中原。这些后话,不必细表。

　　单讲大元帅薛仁贵,带领大队人马,分列队伍起程,后有程咬金、尉迟恭、徐茂公三人,保定龙驾。罗通、秦怀玉、尉迟宝林、尉迟宝庆、程铁牛、段林,各管五营四哨。前后左右营军卒,摆齐队伍,放炮三声,离却越虎城,一路上旗幡招转号带飘,齐声喝彩,马卷沙尘,纷纷然出东辽边界。沿海关逾山过岭走荒僻,往崎岖险地行虎穴,日起东方行路,日西沉落停兵。朝行夜宿,饿食渴饮,在路耽搁数月有余,早到中原山东登州府。有地方官闻报,忙忙整备,接天子御驾扎住登州城内。连发三骑报马,往大国长安报知。有殿下千岁同首相魏征料理国事,传旨巡城都御史禁约告示,张挂京师,使百姓人等知悉。朝廷大军,这一日离了山东,穿州过府,一路上子民香花灯烛迎送回朝。不够三天,早到大国长安。元帅薛仁贵传令,大小三军屯扎外教场,遂令偏正将,同朝廷进了光大门,但见城中百姓,家家上锁,户户关门,挂灯结彩,锣鼓喧天。文武衙门,搭台唱戏,称颂朝廷。

　　再表殿下李治,同魏征出午门,迎接上金銮,身登龙位,先有殿下上前朝过,然后魏征朝拜三呼。随有这一班三阁、六部、九卿,各文武一众大臣,朝参过了。然后大元帅薛仁贵俯伏阶下道:"陛下龙驾在上,臣薛礼朝见,愿我三万岁、万万岁。"朝廷说:"王兄平身。"底下有周青、薛贤徒、王心鹤、李庆先、姜兴霸、周文、周武、王心溪八员总兵,齐跪金阶。朝贺已毕，天子传旨，宰杀牛马，令元帅带令将复往外教场，祭奠太平旗纛：

只见：祥云呈瑞色，显教兵甲洗春波。

祭献过了，备酒犒赏大小三军，且听下回分解。

第五十三回　唐天子班师回朝
　　　　　张士贵欺君正罪

诗曰：

圣驾回銮万事欢，京城祥瑞众朝观。

万年海国军威震，全仗元戎智勇兼。

那征东将士个个受朝廷恩典，多是欢心。犒赏已毕，元帅传令散队回家。于今枪刀归库，马散山林，众军各散回返家乡故土，真个夫妻再聚，子母重圆，安享快乐，太平食粮，不必细表。

再表贞观天子临朝，那日正当天气晴和，只见：

旌旗日暖龙蛇动，宫殿风微燕雀高。

两班文武上朝，山呼已毕，传旨分立两班，有大元帅薛仁贵同诸将上朝，当金銮殿卸甲，换了朝王公服，盔甲自有官员执掌。朝廷命光禄寺大排筵宴，钦赐功臣。朝廷坐一席九龙御宴，左有老公爷们等座席，右有众爵主饮酒，欢乐畅饮，直至三更，酒散抽身，谢恩已毕，散了筵席，龙袍一转，驾退回宫。珠帘高卷，群臣散班。天子回宫，有长孙娘娘接驾进入宫中，设宴献酒。朝廷将东辽之事，细说一遍。皇后也知薛仁贵功劳不小，我且慢表。

再讲众爵主回家，母子相见，也有一番言语；老公爷回府，夫妻相会，说话情长；八位总兵自有总府衙署安歇。薛仁贵元帅自有客寓公馆，家将跟随伏事。当夜将将欢心，单有马、段、殷、刘、王五姓公爷，五府夫人，苦恨不已，悲伤哭泣。但见随驾而去，不见随驾而回。这话不过交代个清楚。一到了次日清晨，朝廷登位，文武朝过，降旨下来，所有阵亡公爷、总兵们，在教场设坛追荐，拜七日七夜经忏。天子传旨，满城中军民人等，俱要戒酒除荤，料理许多国事，足足忙了十余日。

不想这日天子驾坐金銮，文东武西，朝廷降下旨意，往天牢取叛贼张环父子对证。早有侍卫武士口称领旨前去，顷刻，下天牢取出张环父子女婿六人，上殿俯伏阶前。天子望下一看，但见他父子披枷带锁，赤足蓬头，醒醒哭不过。左有军师徐茂公，吩咐去了枷锁，右有尉迟恭，即将功劳簿揭开。薛仁贵连忙俯伏金阶。朝廷喝问道："张士贵，朕封你三十六路都总管，七十二路总先锋，父子翁婿多受王封，荫子封妻，享人间富贵，也不为亏负了你。你不思以报国恩，反生恶计，欺朕逆旨，将应梦贤臣埋没营中，竟把何宗宪搪塞，迷惑朕心，冒他功劳。幸亏天意，使寡人君臣得会，今平静东辽，奏凯回朝，薛仁贵现今在此，你还有何辩？"士贵泣泪道："陛下在上，此事实情冤枉，望我王龙心详察。臣当年征鸡冠刘武周之时，不过是七品知县出身，叨蒙皇爷隆宠，得受先锋之职，臣受国恩，杀身难报，敢起欺心灭王之心？若讲前番月字号内火头军，实叫薛礼，并无手段，又不会使枪弄棍，开兵打仗，何为应梦贤臣？所以不来奏明。况且破关得寨，一应功劳，皆臣婿宗宪所立。今仁贵当面在此，却叫臣一面不会，从未有认得，怎陷臣藏匿贤臣，功劳冒称己有，反加逆旨之罪？臣死不足惜，实情冤屈，怎得在九泉瞑目。"薛仁贵闻言大怒，说："好个刁巧奸臣，我与你说为火头军之事，料然争论你不过，你既言宗宪功劳甚多，你且讲来，那几功自你们女婿得的？"张士贵心中一想说："陛下在上，第一功就是天盖山活擒董逵，第二乃山东探地穴有功，第三是四海龙神免朝，第四是献瞒天过海之计。"却忘了龙门阵，做《平辽论》二功。竟说到第五箭射番营，戴笠篷鞭打独角金睛兽，第六功飞身直上东海岸，又忘记了得金沙滩，智取思乡岭二功。竟说到三箭定天山箭中凤凰城，凤凰山救驾之事，尽行失落，不说起了。明欺尉迟恭上的功劳簿不写字迹，只打条杠子为记色的。讲到枪挑安殿宝，夺取独木关，正说得高兴，就记得不清，竟住了口。谁知仁贵心中到记得清楚明白，一事不差。便说："张环，这几功就算是你女婿何宗宪得的吗？"张环道："自然，多是我们的功劳。"仁贵笑道："亏你羞也不羞，分明替我说了这几功。你女婿虽在东辽，还是戟尖上挑着一兵一卒，还是亲手擒捉了一将一骑，从无毫末之力，却冒我如许之大功，今日肉面对肉面在此，还不直说，却在驾前强辩。我薛仁贵功劳也多，你那里一时记得清楚？你可记得在登州海滩上，你还传我摆龙门大阵，又叫我做《平辽论》，东海岸既得了金沙滩、思乡岭，难道飞过去，不得功劳的吗。还有冒救尉迟千岁，夺囚车。还有凤凰山救驾，割袍幅，可是有的么。为什么落了这几桩功劳，不说出来？"张环还未开口，尉迟恭大怒，叫道："呵唷，张环的奸贼，你欺我功劳簿上不写字，却瞒过了许多功劳，欺负天子罪之一也。"茂公亦奏道："陛下，这张士贵狼心狗肺，将驸马薛万彻打箭身亡，无辜死在他手，又烧化白骨，巧言诳奏君王，罪之二也。"朝廷听言，龙颜大怒。说："原来有这等事！我王儿无辜，惨伤奸贼之手。你又私开战船，背反寡人，欲害寡人的殿下，思想篡位长安。幸有薛仁兄能干，将你擒入天牢，如今明正大罪，再无强辩。十恶大罪，不过如是而已。"降旨锦衣武士，将士贵父子绑出午门，端为肉酱，前来缴旨。锦衣武士口称："领旨。"就来捆绑张环父子女婿。

单说尉迟恭，原来的细心，仔细睁眼看绑，却见张环对东班文武班内一位顶龙冠，穿黄蟒的眼色斜丢。侍卫扎绑不紧，明知成清王王叔李道宗与张环有瓜葛之亲，在朝堂卖法，暗救张环。连忙俯伏金阶奏道："陛下，张环父子罪在不赦，若发侍卫绑出，恐有奸臣卖法，放去张环，移调首级，前来缴旨，哪里知道？不如待臣亲手将先王封赠的鞭，押出张家父子到午门外打死，谁敢放走张环。"朝廷依了敬德之奏，只吓得张环面如土色，浑身发抖。急得王叔李道宗并无主意，只得大胆出班俯伏金阶，奏道："陛下龙驾在上，老臣有事恳奏天颜，罪该万死。"天子道："王叔有何事奏闻？"李道宗奏："张环父子屡有欺君之罪，理当斩草除根，但他父子也有一番功劳在前，开唐社稷，辅助江山，数年跋涉，今一旦尽除，使为人臣者见此心灰意冷，故而老臣大胆冒奏，求陛下宽洪，放他一子投生，好接张门后代，未知我王龙心如何？"天子见王叔保奏，只得依准。说："既然王叔行德，保他一脉接宗。"降下旨意，将张环四子放绑，发配边外为民，余者尽依诛戮。侍臣领旨，传出午门外，放了张志豹，哭别父兄，配发边外。后来子孙在武则天朝中为首相，与薛氏子孙作对，此言不及细表。先讲尉迟恭将张环父子女婿五人打死，割落首级，按了君法，成清王李道宗将他父子五人尸骸埋葬。王叔宠妃张氏，容貌超群，已经纳为正室，闻父兄因与薛仁贵作对，打死午门，痛哭不已，怨恨仁贵在心，必要摆布，好与父兄报仇。王叔十分解劝，方得逍遥在宫，不表。

单言尉迟恭缴过旨意，仁贵侍立在旁，有黄门接了湖广汉阳荒本一道，奏达天子。朝廷看本，顿发慈悲。说："湖广如此大荒，不去救济，民不能生，恐有变乱之患。"便对茂公说："徐先生，你往湖广定遭罢。寡人开销钱粮，周济子民，招安百姓，要紧之事，非先生不可。"徐勣领旨。当日辞驾，离了长安，竟往湖广救荒而去，此非一日之功。

当夜驾退回宫，群臣散班。其夜朝廷睡至三更，梦见一尊金身罗汉，到来说："唐王，你曾许下一愿，今日太平安乐，为何不来了偿此愿？"天子梦中惊醒，心中记得，专等五更三点，驾登龙位，文武朝见，三呼已毕，侍立两旁。天子开言说："寡人当初即位时，天下通财，铸国宝不出，曾借湖广真定府宝庆寺中一尊铜佛，铸了国宝，通行天下。曾许复得辽邦，班师回朝，重修庙宇，再塑金身，不想今日安享班师，国事忙忙，朕心忘怀此愿。幸菩萨有灵，昨宵托梦于朕。今开销钱粮，铸此铜佛，其功洪大。尉迟王兄，你与朕往湖广真定府，一则了愿，二则督工监铸铜佛，完工回朝缴旨。"敬德领了旨意，辞驾出午门，带家将上马，趁早离了大国长安，竟往湖广铸铜佛去了。此言不表。

如今单言那薛仁贵，俯伏尘埃奏道："陛下在上，臣有妻柳氏，苦守破窑，候臣衣锦荣归，夫妻相会。不想自别家乡，已有一十二年，到今日臣在朝中受享，未知妻在破窑如何度日。望陛下容臣到山西私行察访，好接来京，同享荣华。"天子听奏，心中欢悦。说道："薛王兄功劳浩大，朕当加封为平辽王之爵，掌管山西，安享自在，不必在长安随驾，命卿衣锦还乡，先回山西。程王兄，你到绛州龙门县督工，开销钱粮，起造平辽王府，完工之日，回朝缴旨。"程咬金当殿领了旨意，打点往山西督工造王府。薛仁贵受了王位，心中不胜之喜。三呼万岁，谢恩已毕，退出午门。其夜安歇公馆，一到了次日清晨，端正船只，百官相送出京。下落舟船，放炮三声，掌号开船。离了大国长安，一路上威风凛凛，号带飘飘，耽搁数天，已到山西，炮响三声，泊住号船。合省府州县大小文武官员，献脚册手本，纷纷乱乱，兵马层层，明盔亮甲，戎装结束，多在马头迎接。仁贵见了，暗想当初三次投军的时节，神不知鬼不觉，何等苦楚，到今日身为王爵，文武俱迎，何等风光。我欲乘轿上岸，未知妻在破窑度日如何？不免此地改妆，扮作差官模样，上岸到绛州龙门县大王庄，私行探听妻房消息，然后说明，未为晚也。薛仁贵算计已定，传令大小文武官员尽回衙署理事。只听一声答应。纷纷然各自散去，我且不表。

单言薛仁贵扮了差官，独自上岸，只带一名帖身家将，拿了弓箭，静悄悄往龙门县来。天色已晚，主仆歇宿招商，过了一宵。明日清晨早起，离了龙门县，下来数里，前面相近大王庄，抬眼看时，但见：

丁山高隐隐，树木旧森森。那破窑，依然凄凄惨惨；这世态，原是碌碌庸庸。满天紫燕，飞飞舞舞；路上行人，联联续续。别离十余载，景况未相更，当年世界虽然在，未晓窑中可是妻。

仁贵看罢，一路行来，心中疑惑。我多年不在家，必定我夫人被岳父家接去，这窑中不是我家，也未可知，且访个明白。只听得前面一群雁鹅飞将起来，忙走上前，抬头一看，只见丁山脚下，满地芦荻，进在那边，有一个金莲池。仁贵见了凄然泪下，我十二年前出去，这里世界依然还在。只见一个小厮，年纪只好十多岁，头满面白，鼻直口方，身上穿一件青布短袄，白布裤子，足下穿双小黑布靴，身长五尺，手中拿条竹箭，在芦苇中赶起一群雁鹏，在空中飞舞。他向左边取弓，右手取了竹箭，犹如蜡烛竿子模样，搭上弓对着飞雁一箭，只听得呀的一声，跌将下来，口是闭不拢的。一连数只，一般如此，名为开口雁。仁贵想："此子本事高强，与本帅少年一样，但不知谁家之子。待我收了他，教习武艺，后来必有大用。"正要去问，只听得一声响，芦林中一个怪物跳出来，生得可怕：独角牛头，口似血盆，牙如利剑，浑身青色，伸出丁耙大的手来拿小厮。仁贵一见大惊，可惜这小厮，不要被怪物吞了去，待我救了。他忙向袋中取箭搭弓，弓开如满月，箭去似流星，嗖的一声，那怪物却不见了，那箭不左不右，正中小厮咽喉，只听得呵呀一声，仰面一跤，跌倒尘埃。唬得仁贵一身冷汗，说道："不好了，无故伤人性命，倘若有人来问，怎生回答他来。自古说：'王子犯法，庶民同罪。'管什么平辽王。"欲待要走，又想夫人不知下落，等待有人来寻我，多把几百金子，他自然也就罢了。不言仁贵胸内之事，原来这个怪物，有个来历的，他却是盖苏文的魂灵青龙星，他与仁贵有不世之仇，见他回来，要索他命，因见仁贵官星盛现，动他不得，使他伤其儿子，欲绝他的后代，也报了一半冤仇。故此竟自避去，此话不讲。

再说云梦山水帘洞王敖老祖，驾坐蒲团，忽有心血来潮，便掐指一算，知其金童星有难，被白虎星所伤。但他阳寿正长，还要与唐朝干功立业，还有父子相逢之日。忙唤洞口黑虎速去，将金童星驮来。黑虎领了老祖法旨，驾起仙风，飞到丁山脚下，将小厮驮在背上，一阵大风，就不见了。仁贵看见一只吊睛白面黑虎，驮去小厮，到大惊失色，茫然无措。再讲黑虎不片时工夫，就到洞口缴令。老祖一看，将咽喉箭杆拔出，取出丹药敷好箭伤，用仙药灌入口中，转入丹田，须臾苏醒。拜老祖为师，教习枪法，后来征西，父子相会白虎山，误伤仁贵之命，此是后话慢表。

再讲仁贵叹气一声说："可怜，骨骸又被虎衔去，命该如此。"慢腾腾原到窑前，没门的，是一个竹帘挂的。叫一声："有人吗？"只见走出一个女子来，年纪不多，只好十二三岁的光景。生得眉清目秀，瓜子脸儿，前发齐眉，后发披肩，青布衫，蓝布裙，三寸金莲，到也清清楚楚，斯斯文文，好一个端严女子。口中说道："我道是哥哥回，原来是一个军官。"问道："这里荒野所在，尊官到此怎么？"仁贵说道："在下自京中下来的，要问姓薛的这里可是吗？"金莲说："这里正是。"仁贵就胆大了，连忙要走上来。金莲说："尊官且住，待我禀知母亲。"金莲说："母亲，外面有一人，说是京中下来的，要寻姓薛的，还是见不见，好回复他？"柳金花听得此言，想丈夫出去投军，已久没有信息。想必他京中下来，晓得丈夫消息，也未可知，待我去问他。说："长官到此，想必我丈夫薛仁贵，有音信回来吗？"为何问这一声？仁贵去后那小姐无日不想，无刻不思，转身时，亏周青赠的盘费，自己也有些银子，又有乳母相帮，王茂生时常照管，生下一双男女，不致十分劳力。今见了仁贵，难道不认得？投军一别，仁贵才年二十五岁，白面无须，堂堂仪表。今日回家，隔了十三年，海风吹得面孔甚黑，三绺长髯，所以认不得。仁贵见娘子花容月貌，打扮虽然布衣布裙，十分清洁，今见他问，待我试他一试。说道："大娘，薛仁贵几时出去的，几年不曾回来？"金花道："长官有所未知，自从贞观五年，同周青出去投军，至今并无下落。"仁贵道:"你丈夫姓甚名谁？为何出去许多年,没有信吗?"金花道:"我丈夫姓薛名礼,字仁贵。极有勇力,战法精通,箭无虚发。"仁贵欲要相认,未识他心洁否,正是:

> 欲知别后松筠操,可与梅花一样坚。

毕竟不知怎生相认夫人,且看下回分解。

第五十四回　平辽王建造王府
射怪兽误伤婴儿

诗曰:

> 紫蟒金冠爵禄尊,夫人节操等松筠。
> 甘将冰雪尝清苦,天赐恩荣晚景声。

那仁贵开言道:"原来就是薛礼。他与我同辈中好友,一同投军。他在海外征东,在张大老爷帐下,充当一名火头军。今圣上班师回朝少不得就要回家。我闻大娘十多年在窑中凄凉,怎生过得日子? 我有黄金十锭,送与大娘请收好了。"金花一听此言,大怒说:"狗匹夫,你好大胆,将金调戏。我男人十分厉害,打死你这狗匹夫才好,休得胡言,快走出去。"仁贵看见小姐发怒,只是嘻嘻地笑道:"大娘不必发怒。"金莲也便喝一声:"叫你去不肯去,哥哥回来,怎肯甘休!"顾氏乳娘看见仁贵举止端庄,出言吐语,依稀声音,像当年薛礼无二,便上前叫声:"小姐,不要动气,待我问他。"说:"尊官,你悉知薛官人怎么样了,不要糊糊涂涂,说个明白。"仁贵听了乳母问他之言,欲待说明,这一双男女从何而来? 莫不是窑中与人苟合生出来,也要问个明白;若不说明,夫人十多年苦楚,叫我那里放心得下。我今特地来访,难道不说明不成,待我将平辽王三字隐藏,明白一双男女,果然不妙,我一剑分为两段。算计已定,开言说:"娘子,卑人就是薛礼,与你同床共枕,就不认得了?"金花闻言,气得满面通红说:"狗匹夫,尤其可恶,一发了不得。女儿,等哥哥回来,打这匹夫。"乳母说:"小姐且住发怒,待我再问个明白。尊官,你把往年之事细细讲明,不要小官回来斗气。"仁贵说:"我自从到府做小工,蒙小姐见我寒冷,相赠红衣,不道被岳父知道,累及小姐,亏岳母救了,在古庙殿中相遇,蒙乳母撺掇,驮回在破窑中成亲,亏了恩兄王茂生夫妻照管,天天在丁山脚下射雁度日,蒙周青贤弟相邀,同去投军,在总兵张大老爷帐下月字号内,做了一名火头军。今班师回来,与娘子相会。"说了一遍,金花说:"我官人左膊上有朱砂记的,有了方信是薛礼。"薛礼脱下衣服,果然朱砂记。金花方信是实,一些也不差,抱头大哭,叫女儿过来,也拜了父亲。金花叫声:"官人,你今日才晓得你妻子之苦,指望你出去寻得一官半职回来,也与父母争气,也表你妻子安享。如今做了火头军回来,不如前年不去投军,在家射雁,也过得日子。也罢,如今靠了孩儿射雁,你原到外边做些事业做做,帮助孩儿过了日子罢。"仁贵听了叫声:"娘我出门之后,并无儿女,今日回来,又有什么男女,还一个明白。"金花说:"官人,你去投军之后,我身怀六甲,不上半年,生下一双男女,孩儿取名丁山,女儿取名金莲,都有十分本事,与你少年一般。孩儿出去射雁,不久就回。见了他十分欢喜。"仁贵说:"不好了,不要方才射死的小厮,就是孩儿。"待我再问一声:"娘子,孩儿身上怎样,长短如何,说与我知道。"金花道:"孩儿身长五尺,面如满月,鼻直四方,身穿青布袄,青布裤儿。"仁贵说:"坏了,坏了!"双足乱蹡说:"娘子,不好了,方才来访娘子,丁山脚下果见一个小厮射开口雁,不想芦林之中,跳出一个怪物,正要把孩儿擒吞,我见了要救他,被我一箭射死,倏然不见,却误射死了孩儿,如今悔也迟也。"金花一听此言,大哭道:"冤家,你不回来也罢,今日回来,到把孩儿射死,我与你拼了命罢。"一头大哭,一面乱撞。金莲叫声:"爹爹,哥哥射死,尸骸也要埋葬。"仁贵说:"那尸首被虎衔去了,叫我那里去寻。"金花母女尤其大哭。仁贵见了,也落了几点眼泪。上前叫一声:"夫人、女儿,不必啼哭,孩儿无福,现现成成一个爵主爷送脱了。"金花听了说:"呸!在此做梦,人贫志短,一名火头军妻子,做了夫人,正军妻子做王后?"仁贵道:"夫人不信,如今绛州起造王府,是那个?"金花道:"这是朝廷有功之臣。"仁贵叫道:"夫人,你道王爷姓什么?""闻得王家伯伯说姓薛,名字不晓得。"仁贵道:"却又来,我同尉迟老将军,跨海征东,海滩救驾,早走东辽,班师回来,皇上恩封平辽王,在山面驻扎不定,管五府六州一百零三县地方,都是下官执掌,一应文武官员,先斩后奏。如今访过了夫人,接到王府中,受享荣华富贵,不想孩儿死了,岂不是他无福,消受不起?目下府州官公子也要有福承受,况有一介藩王的世子,不是他无福吗?夫人哭也无益。"金花一听此言,心中一悲一喜,悲的是孩子死了,喜的是丈夫做了王位。便回嗔作喜,开口问道:"你做了平辽王,可有什么凭据,莫非射死孩儿,巧将此言哄骗我们?"仁贵道:"夫人,你果然不信,还你一个凭据。"便向身边取出五十两重一颗黄金印,放在桌上,说声:"夫人,还是骗你不骗你?"金花看见黄金宝印,方信是真,叫声:"相公,你果然做了藩王,不差的吗?"仁贵说:"金印在此,决不哄夫人。"金花嘻嘻笑道:"谢天地,我这样一个身上,怎好进王府做夫人?"仁贵说:"夫人不必心焦,到明日自到鲁国公程老千岁,同着文武官员来接。但不知我出门之后,岳父家中有信息吗?"夫人说:"呀,相公。家中只有我父亲,道我真死,母亲、兄嫂放走我的,不晓得住在窑中,十余年没有音信,如今不知我爹爹、母亲怎样了。"仁贵点点头说:"夫人,你这一十三年怎生过了日子?"金花说:"相公不问犹可,若问你妻子,苦不可言。亏了乳母相依,千亏万亏,亏了王家伯伯夫妻,不时照管,所以抚长了儿女一十三年。"仁贵说:"进衙门少不得要接恩哥、恩嫂过去,报他救命之恩,一同受享荣华,还要封他官职。夫人,如今原到岳父家中去,他有百万家财,高堂大厦,鲁国公来,也有些体面。若住在破窑里面,怎好来接夫人,岂非有玷王府,笑杀绛州百姓。下官先回绛州,夫人作速到岳丈家中,去等程老千岁来接,就是恩哥恩嫂,不日差官相迎,我要去到任要紧,就此别去。"夫人说:"相公,我与你远隔十多年,相会不多时,怎么就要去了?"仁贵道:"夫人,进了王府,少不得还要细谈衷曲。"依依不舍,出了窑门,到了山冈,上了马,看了山脚下,想起儿子,好不伤心。几次回头,不忍别去,说也罢,长叹一声,竟望绿洲而去,此话不表。

单讲金花小姐看见丈夫去后,母女双双晓得仁贵做了王位,不胜之喜。便对乳母说:"方才相公叫我到父母家中去,好待程千岁来接,这窑中果然不便,但回到家中,父母不肯收留,将如之何?"乳母说:"小姐放心,这都在我身上。同了王家伯伯前去,对员外说小姐不死,说了薛官人如今他征东有功,做了平辽王位,哪怕员外不认?况且院君、大爷、大娘,都知道叫我同小姐逃走的,只不晓得住在窑中,只要院君、大爷对员外讲明白,定然相留。"金花说:"乳母言之有理。就去请王家伯伯到来,一同去说。"乳母依言,报与王茂生。那王茂生闻言薛仁贵做了王位,满心大悦,对毛氏大娘说知:"不枉我结义一番,救了他性命,如今这桩买卖做着了。"毛氏大娘说知:"看薛官人面上官星现发,后来必定大发。"茂生说:"不必多言,快快同去。"夫妻二人茫茫然来到破窑中,说:"弟媳恭喜,兄弟做了大大的官,带累我王茂生也有光彩。"金花将仁贵来访之事,说了一遍:"还要报答大恩,不日差官来请,相烦伯伯同乳母到我家中报知消息,好待来接。"王茂生满口应承,口称当得,便同了乳母,来到柳员外家中报喜,此言慢表。

再讲那柳员外那年逼死了女儿,院君日日吵闹,柳大洪与田氏相劝不休,那员外到有悔过之心。这一日乳母同王茂生到来报喜,员外难寻头路,茫然不晓。那番柳大洪说起:"妹子不死。当初做成圈套,瞒过爹爹,放走妹子逃生的。今日乳母、王茂生所说,薛仁贵做了大官,要接妹子回家,好待明日鲁国公来接妹子到任。爹爹,如今事不宜迟,做速整备,差人去接妹子到来,等候程千岁相迎。"柳员外说:"到底怎么,讲得不明不白,叫我满腹疑心。"柳大洪说:"爹爹不知,向年薛礼在我家做小工,妹子见他身寒冷,要将衣服赏他,不想暗中错拿了红衣,被爹爹得知,要处死妹子。孩儿同母亲放走,至今十有余年,不知下落。今乳母回来报喜,果有其事。"员外听言说:"此事何不早讲,直到今日,我到受了你母亲几年吵闹。既是你们放走,后来我气平之时,早该差人寻取,到家安享,却使他在窑中受这多年的苦。"叫声:"乳母,你同我进去见了院君,羞他一羞。"说罢,同乳母进内,叫声:"院君,你做得好事,把老汉瞒得犹如铁桶一般。"哈哈大笑。院君见了,又好笑又好气,哕声:"老杀才,还我女儿来。"员外说:"乳娘,你去对院君细细讲明,我有心事,要去外边料理。没有工夫与他讲。"就把十个指头轮算,这件缺不得,那件少不得。不表员外之事,再言院君对乳娘说:"这老杀才在那里说什么鬼话?"乳娘说:"有个缘故,待老身对院君说。"院君道:"我正要问你,你自从那日同小姐出门之后,十有余年,到底怎么样了,快说与我知道。"乳娘说:"自从出门,走到古庙,遇着了薛礼,同到破窑中成亲,不一年薛礼出去投军,救驾有功,封本省平辽王。昨日来访,说明此事,窑中不便迎接,明日要到员外家中。护国一品太夫人,为此员外在此喜欢。"院君听了满心喜欢。对员外说:"如今打点先去接女儿回家,明日好待程千岁到来迎请。"员外说:"我多晓得。"吩咐庄客挂红结彩,端正轿子二乘,差了丫鬟、妇女、家人们先去,接了小姐回来。筵席要丰盛,合族都请到,嫁妆要端正。女儿一到,明日等老程千岁,忙得不得了。乳娘同茂生先去报知小姐,然后接迎家人妇女数十名,两乘大轿,来到窑前。小姐晓得乳娘先来报知,与女儿打扮,忽听一班妇女来到,取出许多新鲜衣服送与金花,说:"奉员外、院君之命来接小姐。"金花大喜,打扮停当,然后上轿,回转家中。见了父母,谈说十余年之苦。院君听了,心中不忍,反是大哭。员外在旁相劝。当夜设酒款待女儿,自有一番细说,不必细表。

再讲仁贵离了窑中,一路下来,来到绛州,进了城门,不知王府造在那里,待我问一声。上前见一钱庄,问一声道:"店官,借问一声,如今平辽王府造在哪里?"那店官抬头一看,见马上军官十分轩昂,相貌不凡,忙拱手说:"不敢,那里直过东下北就是。"仁贵说:"多谢。"果然不多路,来到辕门,好不威势:上马牌、下马牌、马台、将台、鼓亭、东辕门、西辕门、巡风把路、朝房、节度司房、府县房、奏事房、简房。仁贵把马扣住,下了马,将马拴在辕门上,那巡风一见,兜头一喝:"把你这瞎眼的,这里什么所在,擅敢将你祖宗拴在这里。好一个大胆的狗才,还不拴在别处去,不要着老爹嗔怪!"仁贵道:"不要噜苏,我是长安下来,要见程老千岁的。快些通报,前来接我。"巡风听了,对旗牌说:"我们不要给他说。听得平辽王不日来到,莫不是私行走马上任,也未可知。"旗牌说:"说得不错。"对巡风说:"不要被他走了,连累我们。程千岁性子不好,不是好惹的。"巡风道:"晓得的,不必费心。"那旗牌来到里面对着中军说知,中军忙到银銮殿报与程千岁。那道那程咬金正坐在殿上,低头在那算鬼账,造了王府开销之后,只好落银一万,安衙家伙等项,只落得五千两头,仪门内外中军、旗牌军、传宣官、千把总、巡风把路、各房书吏上了名字,送来礼仪不上三千头,共二万之数。我想这个差事可以摸得三万,如今共只有一万八千,还少一万二千,再无别人凑数。正在乱郁郁,听得中军跪下报说:"启老千岁,外面有一人,说长安来的,要老千岁出去迎接。"程咬金不提防的倒弄得心里一跳,这一边说:"呔!死狗才,长安下来的与 我什么相干,要本藩出去迎接,倘长安下来的官,难道我去跪迎,放屁! 叫他进来见我,待我问他。倘有假冒,不要难为你们。"那中军不敢回言,诺诺连声而退。对巡风说:"放他进去。"巡风见了仁贵说:"程老千岁唤你进去,须要小心。"仁贵想:"这怪他不得,他是前辈老先生,怎么要他出来接我,自然待我进去见他。"便说:"你们这班人看好了我的马,斯见过了程老千岁就出来的。"巡风听了他言语好个大模样,看他进去见了程千岁怎生发落,此话不表。

再讲薛仁贵走到银銮殿,见了程咬金,叫声:"程老先生辛苦了。"程咬金抬头一看,见了仁贵,立起身来说:"平辽公,老夫失迎了。"仁贵道:"不敢。"上前见礼,宾主坐下,说:"老千岁督工监造,晚侄儿未曾相谢,今日走马到任,望恕不告之罪。"咬金说:"老夫奉旨督造,倘有不到之处,还要平辽公照顾。今日到任,应该差人报知,好待周备衙役迎接才是。今日不知驾临,有罪,有罪。"仁贵说:"老千岁说哪里话来,晚侄有件心事要烦老千岁说明。"咬金听了"心事"两字,便立起身来,同仁贵往后殿书房中去讲话了。吓得外面这些各官等都说:"我等该死,今日王爷走马到任,方才言语之中得罪了他,便怎么处?"旗牌道:"想起来也不妨事的。自古道不知不罪,若王爷不问便罢了,若有风声,求程千岁,只要多用几两银子,这老头儿最要钱的。"众人都道:"说得是。"少表众位官员说话。再言文武各官都知道了,行台、节度司、提督、总兵以下文武官员差人在那里打听。听得此言,飞报去了。次日清晨,都在辕门外侍候。听得三吹三打,三声炮响,大开辕门,薛爷吩咐文武官回衙理事,各守汛地。下边一声答应退出。少时传出一令来,着军士们候程千岁到柳家庄接护国夫人。传令已出,外面都知道,文武官员不敢散去。只听炮响,里面鲁国公程千岁果然入抬大轿,前呼后护出来。外面备齐了全副执事,半朝銮驾,五百军士,护送薛爷家眷亲至辕门。府县官不得不随在后面,好不威势。百姓观者如堵,三三两两说:"王爷就是本地人,做本地官,古今罕见。"少表百姓评论,再讲程千岁来到柳家庄,把兵马扎住,三声大炮,惊动了柳员外,鼓乐喧天,同儿子大洪出来迎接。那些文武各官俱在墙门外跪候。正是:

寒梅历尽雪霜苦，一到春来满树香。

毕竟不知柳家父子出迎如何，且听下回分解。

第五十五回　王敖祖救活世子　平辽王双美团圆

诗曰：

　　金绣观花福分高，赤绳缘巧配英豪。

　　一朝得受藩王爵，鸾凤和鸣瑞圣朝。

　　再说那程咬金下了轿见了柳刚父子，呵呵笑道："亲翁不必拘礼，今日来迎侄媳，快快请令媛上轿。"那员外父子连声答应，迎进大厅，父子下拜，咬金扶起。叙及寒温，三盏香茗，柳刚父子在旁相陪，柳刚说："承老千岁下降，只恐小女消受不起，请回銮驾，老夫亲送小女到王府，还有薄仪相送。"咬金大悦，说："这也不必费心。本藩先回，致意令媛，舍侄候令媛到王府团圆。"说罢，起身别了员外，大门上轿，吩咐各官同护国夫人送归王府。各官跪下说："是。"咬金先自回去。然后各官同柳刚到大厅见过礼，一面小姐转身，本宅家人妇女，半副銮驾，前呼后拥，兵丁护从，放炮起身。然后那各官同员外起身，离了柳家庄，来绛州城，一路风光，不必细说。来到辕门，三通奏乐，一声炮响，两旁各官，跪接夫人。进了王府，直到后殿下轿，仁贵接见，然后出轿拜见父亲，夫妻相见。柳员外过来赔罪，仁贵说："岳父，何出此言，少不得一同受享荣华，小婿命内所招。"员外辞别出府，回家去了。平辽王与夫人后堂设宴共酌，叙其久阔之情，不必细讲。少刻传令出来，令文武官各回衙署，不必伺候。外面一声答应，回衙不表。

　　再讲员外回去，与院君商议，整备银子三千两与程千岁，各官送银三百两，兵丁各役，俱有赏赐。嫁妆备不及，折银一万两。程咬金见了礼单，对仁贵说："令岳送我三千银子，再不敢受。"仁贵说："有劳贵步，自然请收，不必过谦。"咬金说："又要令岳费心，老夫只得收了。"再讲王茂生见金花出门之后，窑中剩下这些破家伙，收拾好了，顾氏乳娘跟随小姐也进王府去了，弄得冷冷清清，回到自己家中，对毛氏说："薛礼无恩无义，做了王位，忘记了我王茂生。他说着人前来接我，怎么今日还不见人来？"走门出户，东一望，西一望。毛氏大娘见了他倒也好笑，说："官人，他不来，我们到要去贺他。"王茂生道："这也说得有理。拿甚东西去贺他？也罢，将两个空酒坛放下两坛水，只说送酒与他，他眼睛最高，决不来看，就好进去见他，自然有好处的。"夫妻二人商议已定，次日果然挑了两坛水，同了毛氏，竟望绛州来。

　　到辕门，只见送贺礼纷纷不绝，都到号房挂号，然后禀知中军，中军送进里面，收不收，里面传出来。王茂生夫妻立在辕门外，众人睬也不去睬他，理也不去理他，却被巡官大喝一声，说："这什么所在，把这牢担放在这里，快些挑开去。"王茂生道："将爷，我与千岁爷是结义弟兄，烦通报一声，说我王茂生夫妻要见。"巡风听见说："瞎眼的奴才，难道我千岁爷与你这花子结义，不要在这里讨打，快快挑开去。"王茂生无可奈何，今日才晓得做官这样尊重。只得将担子挑在旁首，叫妻子看守，自己来到签房，看见投帖子甚多，不来细查，茂生就将帖子混在当中。签房送与中军，中军递与里面去了。

　　仁贵正与咬金言谈，相谢接夫人之事。传宣官禀上说："外面各府行台、节度，族中具有手本帖子礼单，送上千岁爷观看。"仁贵看了，对传宣说："各府等官三日后相见，族中送礼，原帖打还。你去对他说，千岁不是这里人，是东辽国人，没有什么族分，回复他们这班人去。"咬金说："住着，平辽公，这些都是盛族，礼也不受，说什么东辽国人，不明不白，说与我知道。"仁贵说："老千岁不知，晚侄未遇之时，到伯父家中借五斗米，都不肯的，反叫庄客打我转身。亏了王茂生夫妻，救了性命，与他结义在破窑中。"受苦之事，说了一遍。咬金道："这也怪你不得，老夫少年时，也曾打死了人，监在牢中，没有亲人看顾。后来遇赦出来，结义哥哥尤俊达，做成事业。这势力的人，我就不理睬，如今贵族中也有势利人，礼物不要收他，传他进来，每人罚他三碗粪清水，打发他回去。"仁贵道："礼物不收就够了，粪清水罚他，使不得的。"传令一概不收。咬金说："你拿帖子再看一看，内中也有好的，也有歹的，难道一概回绝不成。"仁贵见说："老千岁高见。"就将帖子看过，内中的一帖，上写着："眷弟王茂生，拜送清香美酒二坛。"仁贵见了帕子大喜，对咬金说："方才晚侄说恩哥恩嫂，正要去接他，不想今日到来拜我。"咬金说："如何。我说好歹不同。"仁贵一面传令，回绝合族众人；一面吩咐开正门，迎接王老爷。这一声传话，外面都知道了。巡风把总听得千岁出来接王老爷，大家都是胆战心惊，走上前见了王茂生，跪下说："小人们不知，多多得罪。求王老爷，千岁面前不要提起。"竟乱磕头，一连磕了几个头。王茂生说："请起，我说结义弟兄，你不信呀，磕头无益。"巡风看来不答对，连忙袖子里拿出一封银子，送与茂生。茂生接了，放在身边。说："发利市了。"只听里边击鼓三通，报说："千岁出来，接王老爷。"王茂生摸不着头路，黑漆皮灯笼，冬瓜撞木钟，迎将进去。仁贵一见，叫声："恩哥，兄弟正要差官来接，不想哥哥先到，恕兄弟失接之罪。"茂生说："不敢。"同进银銮殿，到后堂见过了礼。茂生说："你嫂嫂毛氏，也在外面。"吩咐打轿，有数名妇女随轿来，在外面上轿，来到后堂。这两坛酒也挑进来。仁贵夫妻拜谢哥嫂，请嫂嫂里面去。金花同毛氏来到里面不表。

再讲仁贵吩咐，将王老爷酒取上来。王茂生看见，满面通红，想道："这不是酒，是两坛清水，不打开便好。"好似天打一般。仁贵吩咐家将，将王老爷酒打开。家将答应，将泥坛打开一看，没有酒气，是水。禀道："不是酒，是水。"仁贵呵呵大笑，说："取大碗来，待本藩立饮三碗。叫作'人生情义重，吃水也清凉'。"仁贵忙将水喝了，王茂生置身无地，看仁贵吃完水，封王茂生辕门都总管，一应大小事情，以下文武官员，俱要手本禀明王茂生，然后行事。如今王茂生一脚踏在青云里，好不快活。请程千岁相见，王茂生见了咬金，跪将下去。咬金说："如今平辽王恩哥，就是我子侄一样，以后不必行此礼。"吩咐设酒，与哥哥贺喜。此话不表。

另回言说那传宣官到外面，对送礼人说千岁不是这里人，是东辽国人，礼物一概不收。请回，不必在此伺候。薛氏族中一闻此言，大家没兴，商议送银三千与程千岁，不知此事允否。又听得传宣官言是东辽国人，礼单一概不收，将信将疑，听得击鼓开门，接王茂生，薛雄员外说："他是卖小菜背篓子，妻子做卖婆，到开正门了接，无疑是我侄儿。我是他嫡亲叔父，怕他不认？"内中有一人姓薛名定，开言说："王小二夫妻尚然接见，叔父头顶一字，无有不见之理。"员外想起前事，懊悔不已，只得要央王茂生了。忙打点三千银子，到次日用衙门使费，央传宣官先送银子给王茂生，然后送礼单进去。传宣官说："这个使不得，王爷出令如山，不敢再禀。"巡风道："昨日王老爷得罪了他，几乎弄出事来。他是千岁的叔父，就是通报也无妨。现今王老爷得了银子，怕他则甚。"

却说王茂生是个穷人，不曾见过银子面的，今见了许多银子，心中想道："我没有这宗胆量得这注财喜，必要与程千岁商议；况且他是前辈老先生，与仁贵合得来的。"算计已定，来到咬金面前，说："程老千岁，我有句话说上达。"咬金道："茂生，你有什么话，说便了。"茂生道：那薛雄员外要认侄儿，送礼来庆贺不收；如今特地请我，送银子三千两，要我在千岁面前帮衬。我一人得不得许多银子，特来与老千岁计议。"咬金说："老王不要哄我。这银子要对分，不要私下藏过，有对会的。"茂生道："若要独吞，我不来对者千岁说了。"那番一同来见仁贵。那仁贵正在大怒，说："狗官，昨日已经发还，今日又拿礼单来。混账，要斩，要打！"传宣官在地磕头。咬金说："平辽王为何大气？"仁贵说："老柱国不知，昨日寒族来送礼，要认本藩。已经将礼单发出，不认他们这班势利小人。今日又来混禀，你道可恼不可恼。"咬金说："世态炎凉，乃是常事。如今做了王位，族中不相认，觉得量小了些。"仁贵说："这是无情无义之物，那恩哥送来水，吾也吃三碗，这官儿一定要正法。"茂生跪下说："这个使不得，要说兄弟不近人情，做了藩王，欺灭亲族，这是一定要受的。"仁贵连忙扶起，说："既承老千岁、哥哥二位指教，吩咐将礼物全收了，与我多拜上各位老爷，千岁爷改日奉谢。""是，得令！"传宣官传出外面去，那薛氏合族见收了礼，大家欢喜回家。这是仁贵明晓咬金、茂生二人在内做鬼，落得做人情，此话不表。那王茂生做了辕门都总管，冠带荣身，这些大小文武官员，那一个不奉承，个个称他王老爷，千岁言听计从，文武各官要见，必先要打关节与茂生，然后进见，足足摸了几万余金。咬金完工复命，仁贵送程仪三千两，设酒送行。次日清晨，送出十里长亭，文武百官都送出境外，满载而归。一路风光，竟望长安而去，不必细表。

再讲风火山樊家庄樊洪海员外，对院君潘氏说："你我年纪都老了，膝下无儿，只生女儿绣花，十三年前被风火山强盗强娶，被薛仁贵擒了三盗，救了女儿。我就将绣花许配他，说投军要紧，将五色鸾带为定，一去许久，并无音信。我欲将女儿另对，后来有靠。女儿誓不重婚，终身守着薛礼，这也强他不得。若没有薛礼相救，失身于盗，终无结局，所以忍耐到今。但是老来无靠，这两天闻得三三两两说薛仁贵跨海征东，在海滩救驾有功，平了东辽，班师回朝，封为山西全省平辽王之职，上管军，下管民，文武官员，先斩后奏。手下雄兵十万，镇守绛州。前日程千岁到家中，接取护国夫人，难道忘记了我女儿不成？"院君听了大喜说："此言真的吗？"员外说："我不信，差人打绛州打听，句句是真。指望他来接到任，半月有余，不来迎接，却是为何？"院君说："员外不要想痴了，前年薛礼原说有妻子的，你对他说愿做偏房，故将鸾带为定。只有女儿嫡亲一脉，你我两副老骨头，要他埋葬，做了王府偏房，绝非辱没了你。不要执之一见，要他来接到绛州，路又不远，备些妆奁，亲送到王府，难道他见了鸾带，不收留不成？"员外点头说："此言到有理。"吩咐应客备齐嫁妆，叫了大船，一面报与小姐。绣花闻知大喜，连忙打扮，果然天姿国色，犹如月里嫦娥。打扮停当，员外取了五色鸾带，同了院君、小姐下船，一路前来竟到绛州，泊船码头。在馆驿安顿，扯起了旗："王府家眷"四字。府县闻知，忙来迎接。员外说起因由，府县官好不奉承。一同员外来到辕门，只见弓上弦，刀出鞘，扯起二面大黄旗，上书"平辽王"三字，有许多官员来往。员外心中到觉害怕，不敢向前。府县官说："你到奏事房中坐坐，待我禀知都总管王老爷，然后来见，你将写带待吾拿去。"员外将鸾带付与府县官。府县官见了，连忙来到总管房内禀明，说："樊家庄樊洪海，向年有女绣花，曾与千岁爷有婚姻之约，现有五色鸾带为定，如今亲送到此，未知是否有因。卑职们不敢擅专，求总管老爷转达千岁。"王茂生听了，说："二位请回，待本总见千岁便了。"府县官打一拱辞出，回复员外，此话不表。

单讲王茂生拿了鸾带，竟到里面见了仁贵。叫声："千岁恭喜，今有樊家庄樊洪海员外夫妻，亲送小姐到此，与兄弟成亲。"仁贵竟忘怀了，听了此言，便叫："恩哥，那一个樊员外送小姐到此，此话从何而来？"王茂生："向年在樊家在降了大盗三人，员外将女绣花许配，现有五色鸾带为定，方才府县官说，果有此事吗？"仁贵低头一想："嗄，果有其事。出去十多年，此事竟忘了。如今员外在那里？"茂生说："大船泊在码头，员外在奏事厅相候，兄弟差人去接。"仁贵说："我道他年远另行改嫁，到任之后，自有原配夫人，所以不在心上。今日他亲送小姐到此，难道不去接他吗？需要与夫人商议，夫人若肯收留，差官前去相接，若不收留，只好打发他们回去。"叫声："哥哥，待我见过夫人，然后对你讲。"仁贵来到后堂，叫声："夫人，下官有一件事，要夫人商议。"夫人说："相公有甚言语，要与妾身商议？"仁贵说："夫人不知，那年出门投军不遇，回来打从樊家庄经过，员外相留待饭，问起因由说是风火山强盗三人，内有一个姜兴霸，要逼他女儿成亲。我因路见不平，降了三寇。那三人见我本事高强，结为兄弟，员外竟将女儿许配与我，我彼时原说家中已有妻房，不好相允。他说救了我女儿，愿为偏房，我将鸾带为定，只道年远，自然改嫁，不料樊员外夫妻，亲送女儿到来。夫人，你道好笑不好笑，我今欲要打发他回去，夫人意下如何？"夫人说："相公，你说哪里话来。既然定下樊小姐，员外夫妻亲送到此，岂有不接之理。就是妻子，一当姊妹相称，相公不差官去接待，妾身自去相接。"吩咐侍女们打轿，同我去接樊小姐。左右答应一声，仁贵说："不劳夫人贵步，烦恩哥同府县官前去接便了。"王茂生带了千百户把总执事，先到奏事厅叫道："府县官在吗？"那绛州府龙门县立起身来说："卑职在。""千岁有令，着你二位同我去接樊小姐。"府县答应道："是。"员外抬头一看，这人是王小二，肩篓子的阿好阔绰，圆翅乌纱，圆领红袍，随了数十名家丁，昂昂然。员外叫声："王茂生，你认得我吗？"茂生回转头一看，说："是员外，小官不知，多多得罪。"茂生做生意时，常到樊家庄去买卖，所以认得。

闲话休讲，再言王府差出许多衙役，两乘大轿，丫鬟妇女，不计其数。王茂生带了兵丁千百户府县官，多有执事，员外也乘了轿子，好不闹热。一路行来，已到码头，府县官侍立两旁，然后院君上轿，随后小姐上轿，放炮三声，一路迎来。前呼后拥，百姓看者如市。来到辕门，放炮一声，开了正门，三吹三打，抬到银銮殿下轿。姊妹相见，又过来见了院君。樊小姐再三不肯，上前说："夫人在上，贱妾樊氏拜见。"夫人见小姐一貌如花，满心大悦。说："贤妹，何出此言。"正是姊妹相称，同拜了。选定吉日，看历本说，今日正当黄道天喜，忙唤宾相，就在后殿成亲。仁贵大悦，好一个贤德夫人，成就好事。分为东西两房，修表进京，旨下封为定国夫人，拜谢圣恩，此言不表。

289

次日清晨，拜见恩哥、恩嫂，请员外、院君相见。仁贵称为岳父、岳母，留在王府养老终身，受享荣华。又接柳员外夫妻到来，仁贵夫妻同了樊氏一同拜见，吩咐设宴庆贺。外面文武官都来贺喜，此话不表。再讲柳员外夫妻，在王府三日，告拜回家。仁贵夫妻再三留不住，只得送出辕门。你道柳员外夫妻为何不肯住在王府？他有万贯家财，又有儿媳侍奉，在家安享，可以过得，所以必欲回去。这樊老夫妻单生小姐，无有子媳，故靠女婿、女儿养老。薛雄员外同了合族也来贺喜，薛爷此番留进私衙，款待筵席，尽醉而散别去。来日千岁出了关防告示，不许亲族往来，恐有嫌疑人情。禁约已出，谁人敢进来困扰，就是钦差察院衙门，有了关防禁约，尚不容情出入，何况这是王府，非当小可。管下有五百多员文武，难道到不要谨密的吗。

不表仁贵山西安享之事，再说程咬金进京复旨，君臣相会，朝见已毕，朝廷自有一番言语，也不必细表。单言咬金退朝回府，有裴氏夫人接见，夫妻叙礼已毕，分宾坐定。夫人说："相公，皇事多忙，辛苦了。"咬金笑道："夫人有所说的，若无辛苦事，难赚世间财。方才这桩差使做着了，果然好钦差，赚了三万余金的银子，这样差使再有个把便好。"夫人亦笑道："相公，有所说有利不可再往。你如今年纪高大，将就些罢了。"吩咐备酒接风。程铁牛过来拜见父亲，孙儿程立本也来拜见祖父，他年纪止得十三岁，到也勇力非凡。今日老夫妻同了儿孙家宴，也算十分之乐。此话不表。次日有各位公爷来相望，就是秦怀玉、罗通、段林等这一班，那徐茂公往河南赈饥去了，不在京中；尉迟恭真定府铸铜佛，也不在京。唯有魏丞相在朝，他是文官，不相往来。唯有程咬金是长辈，坐满一殿，上前相见。咬金一一答礼，程铁牛出来相陪，把平辽王事细说一遍，众小公爷相辞起身，各归府中，又有周青辈八个总兵官，一同到来问安。问起薛大哥消息，咬金道："那平辽公好不兴头，他有两个老婆，两个丈人都有万贯家财，发迹异常，不须你们挂念。"周青对姜兴霸、李庆红、薛贤徒、王心溪、王心鹤、周文、周武说："如今我们在长安伴驾，不大十分有兴，薛大哥在山西镇守，要老柱国到驾前奏知，保举我们往山西，一同把守，岂不是弟兄不时相叙手足之情，好不快活么。"咬金说："好弟兄聚首，最是有兴的事。我老千岁也是过来的人，当初秦大哥在日，与三十六家弟兄猜拳吃酒，好不闹热，如今他们都成仙去了，单留我一个老不死在此，甚觉孤孤冷冷，不十分畅快，这是成人之美，老夫当得与你们方便方便。"各人大悦起身，叩谢辞去。

次日五更三点上朝，天子驾坐金銮，文武朝见已毕，传旨有事启奏，无事退班。咬金上殿俯伏，天子一见，龙颜大悦。说："程王兄，有何奏闻？"咬金说："老臣并无别奏，单奏周青等八总兵，愿与薛仁贵同守山西等处；就是薛仁贵欲请封柳、樊二夫人，贞静、幽娴、淑德，王茂生夫妻之义侠。"天子说："悉依程王兄所奏。"卷帘退班，龙袖一转，驾退还宫，文武散班。咬金出朝，周青等闻知，大家不胜之喜，到衙门，收拾领凭，八个总兵官，辞王发程，文武送行，离了长安，竟到绛州王府，与薛大哥相会。王茂生奉旨实授辕门都总管，妻毛氏夫人封总管夫人；柳、樊二氏，原封护定一品贞静夫人。仁贵领众谢恩，王府备酒，弟兄畅饮，自有一番叙阔之情，不必细表。次日传令八总兵各分衙门地方镇守，自有副总、参将都司、千把等官，迎接上任，好不威武。平辽王到任之后，果然盗贼宁息，全省太平，年丰岁稔，百姓感德。正是：

圣天子百灵相助，大将军八面威风。

此回书单讲罗通定北奇功，薛仁贵跨海征东，平定大唐天下，四海升平，满门荣贵团圆，还有《薛丁山征西传》唐书再讲。诗曰：

凤舞麟生庆太平，唐王福泽最为深。每邦岁岁奇珍献，宇内时时祥瑞生。
治国魏征贤宰相，靖边薛礼小将军。英豪屡见功勋业，天赐忠良辅圣君。

说唐三传

第一回　李道宗设计害仁贵
传假旨星夜召回京

　　前言说到薛仁贵大小团圆，今不细述。且说程咬金进京复旨，君臣相会，朝见已毕，退出朝门，回到府中。裴氏夫人接着说："老相公辛苦了。"程咬金道："如今这个生意做着了，果然好钦差！落了有三万余金，再有个把做做便好。"老夫人道："有利不可再往。如今你年纪已高，将就些罢了。"吩咐备酒接风。程铁牛过来，拜见父亲。孙儿程千忠也来拜见祖父，他年纪止得十三岁。今日夫妻儿孙吃酒，是不必说。次日自有各公爷来相望，就是秦怀玉、罗通、段林等。徐茂公往河南赈济去了，尉迟恭在真定府铸铜佛，也不在。唯有魏丞相在朝，他是文官，不大往来，唯以程咬金是长辈，也来相见。坐满一殿，上前相见，程咬金一一答礼。程铁牛出来相见，把平辽王之事说知。众公爷辞别起身，各归府中。又有周青等八个总兵官，一同到来问安。问起薛大哥消息，程咬金道："他有两个老婆，又有女儿，兴头不过，不必挂念。"周青对姜兴霸、李庆红、薛贤徒、王心鹤、王心溪、周文、周武说："如今在长安伴驾，不大十分高兴。薛大哥在山西镇守，要老柱国到驾前奏知，保我等往山西一同把守，岂不是弟兄时常相会，操演武艺，好不快活，胜似在京拘束。"程咬金道："都在老夫身上。"周青等叩谢而出。

　　次日五更上朝，天子驾坐金銮，文武朝见已毕，传旨："有事启奏，无事退班。"程咬金上殿俯伏，天子一见龙颜大悦，说："程王兄有何奏闻？"程咬金奏道："老臣并无别奏，单奏周青等总兵，愿与薛仁贵同守山西全省，还要封赠樊氏夫人、王茂生等。"传旨："依王兄所奏，卷帘退班。"龙袖一转，驾退回宫。文武散班，程咬金退出朝门。周青等闻知，不胜之喜，到衙门收拾领凭。八个总兵官辞行起程，文武送行，离了长安，径到绛州，至王府与薛大哥相会。王茂生实授辕门都总管，柳氏原是护国夫人，樊氏封定国夫人。王府备酒，弟兄畅饮，自有一番言语，不必细表。

　　次日薛仁贵传令，八位总兵官各处镇守，以下副总、参将、都司等官，都是总兵掌管。果然仁贵到任以来，四方盗贼平息，境内太平，年岁丰稔，安乐做官，不必细述。

　　再说长安城中，有皇叔李道宗成清王在朝，晓得薛仁贵在山西镇守，朝廷时常赐东西、袍带、盔甲、名马等项，自不必细说。这日回到银銮殿中，想起那薛仁贵，朝廷如此隆重，执掌兵权，镇守山西，手下又有八个总兵。我只生一女，名唤鸾凤，年方十七，是元妃所生，才貌双全。意欲把他为婿，使他退了前妻，难道他不从？但是张美人与他有仇，因他将张士贵子婿五人斩首，每每对我哭哭啼啼，要报冤仇。想那薛仁贵没过失算计他，不如且回宫中，将此事劝他。算计已定，退回宫中。来到安乐宫，张妃朝见，宫娥备办筵席，李道宗朝南坐着，下首张美人相伴，彩女敬酒。酒过数巡之后，已到二更，退回内宫，与张妃安寝。成清王与朝廷只差一等，也有内监、宫娥彩女，东西两宫，殿前有指挥，一人之下，万人之尊，此话不表。

　　次日王爷起身梳洗，用过了早膳。张妃流泪说："父兄惨死，请千岁与贱妾复仇，杀得薛仁贵，方泄胸中之恨。"成清王道："孤家岂不知之，但仁贵朝廷十分隆重，朝廷大小爵王俱是他心腹。左丞相魏征、鲁国公程咬金在朝，圣上最听信。他无过失，难以寻他短处。倘然有反叛之心，孤家就好在圣上面前上本。如今一些响动无有，难以动手。今孤家倒有心事，我家郡主鸾凤未招佳婿，意欲招仁贵为婿，使他休了前妻。若然允了便罢，若然不允，说他欺骗亲王，强通郡主，私进长安。此节事就好摆布他了。"张妃听得呆了，心想："这岂不让他因祸得福了？只得含糊答应，待我与张仁商议，他足智多谋,又是我赠嫁,他屡屡要报老爷之仇,愤愤不平。"于是勉强对王爷道:"千岁之言不差,也要从长计议。"王爷说:"美人之言不差。"传旨令带了兵丁出长安打猎去了。

张妃忙宣张仁。那张仁黑磣磣一张糟脸,短颈束腮,犬眼鹰鼻,颔下六撮胡须,其人刁恶多端,奸巧不过。随了张妃来到王府,成清王看他能事,凡事与他商议,言听计从。听得娘娘传宣,他头戴圆顶大帽,身穿紫绢摆开直身袍,粉底乌靴,来到宫中,口称:"娘娘,奴才叩见,不知呼唤奴才有何事干?"张妃道:"张仁,你悉知老爷、公子、姑爷都被薛贼陷害,夺了功劳。昏君听信,不念有功之臣,竟将我家满门屈杀,倒封薛贼做了王位,十分隆重。我想起来,此仇何日得报? 今日千岁要把郡主招他为婚,如今想起来,此事怎样处理? 故此特地唤你到来,与我定下一计,须要摆布他才好。"张仁低头一想,说:"有了。郡主又不是娘娘所生,须要……"如此如此,这般这般。张妃听了大喜,命张仁出去,候大王回来听宣伺候。

再说王爷回归府中,张妃接着王爷,又说此事,说:"千岁需要与张仁商议,他极有高见。"王爷听了,忙唤张仁。张仁听唤,来到宫中,叩头已毕,立起身来,说:"大王呼唤奴才,有何吩咐?"王爷道:"孤家有一事与你商议,但不知你主见如何?"张仁道:"千岁有什么事,说与奴才知道。"王爷道:"孤家想将郡主招薛仁贵为婿,事在万难。"如此如此……张仁道:"这不难,千岁要招仁贵,他已有二位夫人,定然不顺。莫若假传一道旨意,骗他进长安。待奴才邀到王府,他顺从便罢,若不顺从,王爷将酒灌醉,五更上本,说他私进长安,闯入王府,有谋反之心,今已擒拿,候万岁发落。凭他认了什么罪,难道万岁叔父倒弄不到仁贵不成? 此计如何?"王爷听了大喜道:"张仁此计倒也绝了,公私两尽。若不成,王府宫中之事,外边也不晓得。倘不允,也报了张美人杀父之仇,摆宴饮酒。"张妃在旁极口称扬。这老头儿就该死,难道将女儿做成这勾当? 当晚就在张妃宫中歇息,来朝与张仁做成旨意,差官往山西,此话不表。

再说薛仁贵在山西,太平无事,与二位夫人朝朝寒食,夜夜清明,已经一载,四方宁静。这一日正坐银銮,忽探子报进,说:"圣旨下。"仁贵吩咐快开中门,忙摆香案,接进天使。天使当殿开读:"奉天承运皇帝诏曰:朕念卿救驾之功,思念之深。朕忽有小恙,召卿来京,君臣相见一面,作速来京。钦此。"仁贵谢恩道:"我皇万岁,万岁,万万岁。"一面香案供着圣旨,一面相待天使,问:"圣恙如何?"天使道:"前回龙驾危险,如今天子幸好了,故此召平辽王进京,朝廷还有圣谕。"仁贵听了,吩咐总管王茂生:"武官各守汛地,文官不必相送。本藩连夜进京,二位夫人不必相念。君命召不俟驾而行。"即同天使上了赛风驹,离了绛州,一路星日星夜竟望长安而来。不知吉凶祸福,且听下回分解。

第二回 郡主撞死翠云宫 程咬金保救薛礼

却再讲天使,原是张仁扮的,假传圣旨。仁贵见旨上说圣上有恙,故不敢耽搁,此乃仁贵一点忠心。不多数日,来到长安,进了光大门,走近成清王府前,有一班指挥相迎,邀进了府中。仁贵不知是计,竟到银銮殿,同这假天使,朝见王爷,口称千岁。王爷见了大悦,吩咐内监办酒,邀入宫中。说:"薛平辽在山西辛苦,朝廷想念,孤家无日不思。今日来京,特备水酒与平辽王接风。"仁贵道:"承老千岁美意,但是臣未见天子,不敢从命。待见过万岁,然后领情。"王爷苦苦相留。仁贵只是不允。天使道:"大王相留,平辽王不必推却。少不得下官原要与你同去复旨,今日天色已晚,明日五更朝驾,大王也要进朝。暂且相留,却是老大王美意。"仁贵听了他劝,信其实意,上前谢了大王,然后安席。大王主位,天使同仁贵坐了侧席,仁贵告礼坐下。席中笙箫盈耳,灯烛辉煌,珍羞百味。太监上前敬酒,天使又在旁相劝,杯杯满,盏盏干。仁贵吃的是药烧酒,不好落肚的;大王与假天使吃的是平常酒,酒壶有记认的,仁贵落了他们圈套。直到三更时,仁贵吃得大醉,不省人事,睡在地下。王爷传旨:"一面撤去筵席,闲人赶出外面,然后将仁贵绑出。明日见驾就说仁贵私进长安,闯入王府,行刺亲王,此节事就可处死他了。"张妃道:"这节事不稳,倘然朝廷问起,说怎么私进长安? 他说奉旨钦召来京。天使是假的，圣旨又是假的，说闯入王府行刺亲王这节事，一发无影无踪。况且朝中鲁国公程咬金，圣上最亲密的。秦怀玉、罗通、尉迟宝林、宝庆又是他心腹。倘反坐起来，就当不起了。"王爷听了这话，目瞪口呆，忙说："坏了！坏了！如今怎么处？"张妃道："如今木已成舟，悔已迟了，想出一个妙计才好，还是张仁你去想来。"张仁原要王爷上当，说："虽然娘娘虑得到。朝廷追究根由，奴才这狗命，虽万剐千刀情愿的，但是大王金枝玉叶，遭其一难，甚为可惜。"李道宗听了发抖说："依你便怎样？"张仁道："如今事不由己，只得如此如此。"大王无可奈何，将仁贵抬进翠云宫，放在郡主娘娘床上。郡主一看大怒，说："父王听信妖精，将丑事做在我身上。"大哭一场，一头撞死在房中，血流满地。家人忙报知千岁。张妃好不喜欢。李道宗凄然泪下，说："害了女儿，可恨薛礼这厮，我与他不共戴天！"忙乱了半夜，传殿前指挥，将仁贵发到廷尉司勘问。那廷尉司奉承王府，将仁贵百般拷打，昏迷不醒。乃用大刑，将锡罐盘在身上，用滚水浇进，其身犹火烧，他只是不醒。正在那里审问，郡王们多晓得了。秦怀玉听报大惊说："反了！反了！从来没有这般刑法。若见了朝廷，自有国法，怎么私下用刑？"吩咐殿前传卫，速到廷尉司将薛爷放了，不必用刑。侍卫奉了驸马爷之命，来到廷尉司讲了。他惧怕驸马，只得放了仁贵，所以没有得到仁贵口供。

次日，太宗圣驾坐朝，文武百官朝参毕，班中闪出一位亲王。皇叔头戴闹龙冠，身穿黄袍，足下乌靴，执笏当胸，上前哭奏道："陛下龙驾在上，老臣有事，冒奏天颜，罪该万死。"天子道："皇叔有何事启奏？"李道宗道："老臣只生一女，名唤鸾凤。不想薛仁贵昨自私进长安，闯入王府。老臣将酒待他，他强逼郡主为配，老臣回绝了他。不想他竟闯入翠云宫，将小女强逼。小女立志不从，他竟拿起台上端砚，当头就将小女打死。现今血流满地，尸首尚存。"说完亲手将本送上。天子听奏，龙颜大怒，又将本在龙案看过，暴跳如雷，说道："这逆贼，行此不法之事！擅敢私离禁地，私进长安，闯入王府，竟将御妹打死。寡人不斩这贼子，埋没了萧何律律！"天子怒发冲冠，喝叫指挥："将逆贼绑出法场枭首，前来缴旨。"指挥领旨，竟到廷尉司，将仁贵绑缚牢拴拥进朝门。仁贵还是昏迷不醒。那些众臣子一见，哪里知道曲折之事，不知仁贵犯了何罪，皇上如此大怒，立刻要他斩首。内中又有尉迟宝林兄弟等，好似天打一般，乱箭钻心。把皇上一看，又不敢保奏。程咬金见陛下大发雷霆，又不敢救他。只见仁贵推出午门，竟望法场去了，只得闪出班来，大喊"刀下留人"。午门前指挥回头一看，是鲁国公保救，只得站住了脚。程咬金连忙跪下，说道："陛下在上，仁贵犯了何事，龙颜如此大怒，要把他处斩？"皇上说："程王兄不知细故。"就将此事说明，"王兄你道该斩不该斩？"咬金道："万岁还要细问，不可斩有功之臣。"众公爷又上前俯伏保救。皇上道："诸位王卿、御侄在此，都去问他，为何打死御妹。"秦怀玉等谢了恩，离了金阶，来到午门，见了仁贵问道："大哥，此事因何而起？"仁贵原是不知人事、满身打坏，低了头，被两旁指挥扯定，一句话也没有。众公爷也没法，只得复旨道："人是打坏的了。"皇上哈哈冷笑说："这个十恶不赦之罪，斩首有余，王兄还要保什么？"咬金看见皇上赦是一定不肯的，且保他下落天牢，另用计相救。又奏道："他跨海征东，有十大功劳，万岁可赦其一死。"万岁道："虽有功劳，封平辽王已报之矣，今日因奸打死御妹，朕切齿之恨，王兄且退班。"咬金没法，只得说："陛下，他在三江越虎城滩上救驾，又在长安救了殿下，百日内两人双救驾，功盖天下。念此功劳，将他暂监天牢，百日之后处斩。"皇上听了："准奏，以后不可再奏，恼着寡人。若有人后来保奏，一同斩首。"传旨放绑、下落天牢。文武谢恩退班。驾退回宫。

成清王回府与张妃说知："圣上大怒，立刻处斩。因有程老头儿苦苦保救，如今下落天牢，百日之后枭首。"张妃听了流泪道："倘有百日之后，圣上回心，又有一番赦免，怎么处？只是不能报父兄之仇。"王爷说："美人不必悲伤，他害了我女儿，此恨难消。慢慢在圣上面前奏明，定将他处斩。"遂吩咐开丧，收拾女儿尸首。不知后事如何，且看下回分解。

第三回 薛仁贵受屈落天牢
众小儿痛打李道宗

再说仁贵下落天牢，才得苏醒，满身疼痛，对禁子道："这是那里？"禁子说："千岁你还不知。"就将如此长短一一说明。仁贵听了说："昨晚我在王府饮酒，怎么困奸打死御妹？此事没有因头，分明中了奸王之计。若无程老千岁相救，我必有杀身之祸。我府中二位夫人怎得知道？恩哥恩嫂未得报知。李道宗如此害我，不知有何冤仇。罢！罢！唯命而已。"

不表仁贵在牢中受苦，再说那一班公爷都到程千岁府商议。咬金道："侄儿们且回去，一面差人先到牢中探望，倘圣上回心就好相救了。"众公爷称是，多回府中。只有秦怀玉同了尉迟宝林进牢相望。禁子见了驸马即忙叩头，开了车门，放进二位。外面跟随之人，不容进去。秦怀玉、尉迟宝林，见里面俱是披枷带锁的因犯。又到了一处，原是干净一个房子。狱官出来跪接。二人吩咐："你且回避，不要伺候。薛爷在那儿？"回禀在那里面。二人走进，一看仁贵身上刑具，实是伤心，叫声："哥哥，为何受了这般苦楚？"仁贵抬头一看，见了二位，便大哭说道："兄弟，愚兄有不白之冤，要与兄弟讲明。"立起身来见礼，拜谢救命之恩。二人说："哥哥不必如此，你且讲来。"仁贵把天使钦召进京，王夜相留饮酒，以后之事，并不晓得。秦怀玉道："你中了奸王之计。张士贵之女与李道宗为妃，恨你杀了他父兄，他在奸王面前做成圈套。圣上有甚小恶，那里有天使相召？他是将女儿逼死，陷害你强奸郡主，将砚打死。圣上龙颜大怒，竟无宽赦。程叔父保救一百天，倘圣上回心，我等保救出狱。"仁贵道："二位哥哥，不消费心，君要臣死，不得不死。奸王将女儿污吾，圣上岂不大怒。吾若一死，赴到阴司，决不饶他。烦致谢程老柱国，我薛礼生不能补报，来生犬马相报。"秦怀玉说："哥哥何出此言！"

再说那张仁，打听得驸马公爷在监相望，报知千岁。道宗听了大怒，忙差人到监中禁约，一面抱本上殿奏说。天子传旨："差指挥到天牢，说薛仁贵是钦犯。若有人到监，统统与本犯一起治罪。"狱官接旨开读，秦尉二位无奈，只得出监回府。从此监牢紧闭，牢不通风。就是罗通等到来相望，也不能够了，只得差人暗暗送饭。王爷又晓得了，对张仁说："如今怎么摆布他？"张仁说："千岁，他同党甚多，那里绝得米粮！若要绝的，只要大王亲驾守住牢门，不容人送饭。十天之外，绝了他的食，就饿死了。况且他斗米一餐，那里挨得三天。愿王爷明日就去。"道宗听了大喜，张妃又在旁撺掇。果然次日道宗带了家将，竟到监门守住，十分严密。禁子那里用得情来，如此守了一天，次日又到临门把守严密，差人守住牢中，禁子不许进内送饭，候王爷查明，十分紧急。

秦怀玉闻知了十分着急，无计相救。怀玉正在着急，报说罗千岁等到来相望。怀玉接进殿前，有罗通、尉迟宝林、宝庆、段林、程铁牛等，坐满一殿。罗通开言说："薛大哥此事，如今怎样相救？"宝林道："如今绝食要饿死的，我们无计可施，特来与大哥商议。"程铁牛道："我家老头儿也无主意。"怀玉说："圣上十分不悦，皇叔做了对头，如今绝了食，要饿死了。待进了食，然后另寻别计，就好做了。如今奸王守卫监门，那里容得进去！这便如此是好？"大家在殿上议论纷纷，不能一决。只见殿后走出一个小厮，年八九岁，满身丽华，面如满月，鼻若悬胆，还是光着头儿。来到殿前，对着众人说："伯父叔叔，要救薛伯父，待侄儿救他，使他不能绝食。"怀玉听了大喝道："小畜生还不进去，满殿伯叔，俱不能有计，要你出来胡说！"小厮他却不走，对着怀玉说："爹爹不依，看你众人怎么救法。"笑了一声，走进去了。那罗通说："此子何人？"怀玉说："不瞒诸位兄弟说，小弟有两个孩子，一个名唤秦汉，年纪三岁时，在花园玩耍，被大风刮去，至今并无下落，公主十分苦楚。方是二小儿，名唤秦梦，才年八岁，公主爱惜如珍。小弟只有此子，方才出来无礼，兄弟们莫怪。"众人道："原来是侄儿，年少如此高见，后来必成大器。"怀玉道："不敢。"

再说秦梦出了后门，吩咐家将，请各府小将军，罗章、尉迟青山、程千忠、段仁等，都是八九岁，平日嬉游惯的，有十多个，闻得秦梦相请，都到秦府后门，见了秦梦说："二哥，今日呼唤吾等到来，向那儿玩耍？"秦梦道："兄弟们，吾有一事，要与你们同去。"将薛伯父如此长短，要去打那皇叔之事一说。小英雄听了高兴说："快快吩咐家将，不必随从。"兴兴头来到监门，果然道宗见了这般小厮说："此是什么所在，擅敢来探！"吩咐手下打开。这班小英雄听见来捉，倒也乖巧，忙动手，见一个打一个，打得那些王府家将，头青脸肿，没命地跑了。剩得李道宗，被秦梦当胸一把扭住，面上巴掌乱打，胡须扯去一半，小拳头将皇叔满身打坏，跌倒在地，只叫饶命。秦梦道："今日才认得秦小爷。"恐防打死了，弄出事来，说："饶了你老狗头罢。"这道宗好像落汤鸡。又见罗章等将车轮轿伞都打得粉碎，说："兄弟们去吧。"打得这模样回去，各自回府。

再说那李道宗爬起身来，满身疼痛，胡须不见了一大半，黄冠蟒袍扯得粉碎，乌鞭劈断，忙唤家将。只见那些家丁一个个犹如杀败了的公鸡，强了头颈，俱喊疼痛。道法骂道："狗才！为何都躲过了？看见孤家被人打得这个模样，回去处死了你们！"家将道："大王不看见么，小人们被他都打坏了，性命都不保。这般人年纪虽小，力大无穷，小人才动得手，被他一举一脚，那里当得起。"李道宗道："如今不必讲了。为首的是秦怀玉之子，我明日上本奏他，如今轿伞都打碎了，就扶我回府去吧。"家将忙扶了王爷回府，与张仁商议，连夜修成本章，待五更上朝，奏明圣上。不知后事如何，且看下回分解。

<h2>第四回　薛仁贵天牢受苦　王茂生义重如山</h2>

再说秦梦回至后门，心生一计，将鼻子一拍，又将三角石头将头磕破，满面流血，大哭进房，见了公主哭倒在地。公主看见忙问："孩儿被何人打得这般？说与母知。"秦梦道："孩儿被李道宗打坏。"公主听了，柳眉倒立，信以为真，便吩咐摆驾。内侍、宫娥依旨。公主上了金銮，带着宫娥、宫监出了后门。进了后宰门，来到保身殿。见了长孙娘娘，朝拜已毕，皇后传旨平身。公主谢了恩，立起身来，金墩坐下。长孙娘娘说："公主女儿，又不宜召来到，必有缘故。"公主禀说："那皇叔十分无礼。外孙年少，偶然走到车门，只见皇叔在那儿把守，竟唤家将把外孙打坏。特来奏明父王。女儿况且只生一子，念他祖父、父亲，要与孩儿出气。倘若死了，要李道宗偿命的。"唤秦梦过来，拜见娘娘。秦梦见了皇后大哭。娘娘看见外孙儿被打得头破血流，十分爱惜，说："孙儿不必如此悲泪，外祖母都晓得了。"正在那儿讲，忽报驾到，长孙娘娘与公主俯伏接驾。天子问道："御妻，为何皇儿也在这儿？"公主奏道："父王，孩儿被人打伤，特来奏知。"万岁道："皇儿乃朕的外孙，那个敢打？"公主说："我儿过来，朝皇外祖。"秦梦年小伶俐，见了万岁，啼啼哭哭上前来奏说："孙儿出外游玩。偶然在监门经过，闻得薛伯父在监，看一看，只见成清王守住监门，要绝他的食。这也罢了，竟将孙儿毒打，要将吾拿去处死。亏了孙儿逃得回来，奏明皇外祖。"圣上看了，果然有伤。公主又奏道："他祖父秦叔宝东荡西除，打成唐朝世界，就是驸马也有一番功劳，望父皇做主。"万岁道："甥儿你总会生事，所以有这番缘故。"公主又奏道："父皇，看孙儿年纪才八岁，皇叔居尊上。难道小童打了老的不成？"长孙皇后又在旁边帮说："果然不差。八岁的小孩，难道倒打了皇叔？"圣上说："知道了。"一声传旨："退宫与皇儿解愁。"命左右置酒在宫宴饮。

再说贞观天子五更三点，景阳钟撞，龙凤鼓敲，珠帘高卷。底下文武朝见已毕，谢恩退班。只见班中闪出一位大臣，当殿跪下，奏道："臣成清王李道宗有本奏明。"万岁道："奏来。"成清王奏道："秦怀玉纵子秦梦将老臣毒打，胡须扯去大半，蟒袍扯碎，遍身打坏。还有行凶多人，要万岁究出处治。"圣上一看，果然皇叔胡子稀稀朗朗，面上俱是伤痕，蟒袍东挂一片，西挂一片。朝廷因昨日公主先已奏明，是晓得的，开言叫声："皇叔，你在那儿被秦梦打的？秦梦年方八岁，倒来打你，毕竟在外多事。"李道宗道："老臣不过在天牢门首经过，被他殴打，万望圣上详夺。"朝廷道："姑念你皇叔，不来罪你。你守着监门，要绝仁贵的食，而朝廷自有国法，百日之内少不得偿御妹之命。本也不必看了，拿去！"竟丢了下来，天子龙袖一卷，驾退回宫，文武散班。只有李道宗满面羞惭，被秦梦打了，还被圣上道他不是，只得闷闷回去。

再说怀玉这一班在朝看见李道宗抱本上殿，只见他唇上胡须都不见了，满脸青仲，一双眼睛合了缝,奏出许多事来。众人都捏把汗,听得圣上不准,才放下心。一齐来到秦府,差人到监门打听,果然不差。就密密与禁子商议,暗暗送饭。这仁贵如今有命了,差人回复驸马,秦怀玉等欢喜,秦梦走出外面,来到殿上,见了这诸位,叫声:"伯父叔父,倘没我,薛伯父真要饿死。"秦怀玉道:"畜生!几乎弄来事来,皇叔是打得的吗?倘打死了,为父的性命活不成了。"秦梦道:"孩儿打他不是致命处!要打死他有什么难处。"罗通道:"果然侄儿主意不差。"秦梦道:"罗叔父说的极是,我去也。"就往里头去了。秦梦伤是外伤,头是自己砍伤的,停了一天就好了。再说银銮殿上,这班公卿称扬秦梦,商议要救仁贵,无计可施,只得各自回府,慢慢地与程伯父计较。

且讲仁贵进京时,家将跟随,见王府邀进。家将在外闻了这个消息,耽搁了数天,有程千岁保救,下落天牢中,连夜回到山西,报知王茂生,如此长短,一一说了。王茂生大惊,忙进后堂报与二位夫人听了,昏倒在地。樊员外忙来相劝,扶起柳氏夫人。王茂生说:"二位夫人不必悲伤,如今我要赶到京中与奸王拼一拼。"换了青衣小帽,带了盘缠,吩咐妻子:"好生伺候二位夫人,防奸王又生别计,来拿家小。"员外道:"此刻不必费心,朝中大臣自有公论,绝无有累家属。王官人放心。"茂生含泪别了二位夫人,竟上长安,端正告御状不表。

再言八位总兵,晓得这个消息,也无可奈何,只俱暗差人来京打听。王茂生一路风惨雨凄,到了长安,进了这光大门。又走了数里,只见前面喝道之声,乃是程老千岁朝罢回来,乘了八人大轿,一路下来。看见王茂生乃认得的。命左右唤他到府中来。左右领命,上前唤王茂生先到府中。咬金回府,到后堂唤王茂生进来问道:"你来京做什么?"王茂生见了咬金叩头说道:"老千岁,我是一个小人,明日朝中告御状,就死也罢。况且我兄弟正人君子,不做这样污行。奸王听信张妃,将女儿陷害。圣上不明,反将有功之臣处斩,此理不明。明日与奸王拼命。"咬金说:"我都知道,朝中多少公侯,尚不能救他,御状切不可告。倘动了圣怒,你的性命难保,平辽王反要加罪了。且到监中望兄弟,待吾寻计相救就是了。"茂生听了,谢了千岁。如今是午饭时候,同了众将竟往天牢。禁子不肯放进茂生,茂生多将银子相送,然后进监,与仁贵相会,抱头大哭,言讲了半日。禁子催促起行,无奈回到程府。明日又到牢中送饭。天天如此,程咬金想:这一百日能有几天,倘然到了日期,焉能保救?吾一面修书二封,差人往汉阳府报知徐大哥,真定府报知老黑,待他二人到来,就好相救了。

不表差人望二处投递,却说英国公徐茂公在那儿救饥,一见来书,要去保救薛仁贵的事,他晓得阴阳,算定薛仁贵有三年牢狱之灾,早了救不得,忙回书付原人带回。差人接了回书,竟到长安。来到府中,咬金接了忙取回来打开一看,书上说:"朝中现有魏大哥同众兄弟还可相救,要我无用。"竟回绝了。咬金说:"坏了!坏了!"怀玉道:"老叔不必着急,还有尉迟老叔到来,就可有救了。"又等了数天,尉迟恭不到,好生着急。为何尉迟恭不到?如今一百日相近,故此着急。汉阳府是旱路多,水路少,来得快。真定府是水路多,旱路少,来得慢。尉迟恭何日来到?救得成救不成,且看下回分解。

第五回　薛仁贵绑赴法场
尉迟恭鞭断归天

再讲尉迟恭奉旨在真定府铸铜佛,还未完工。看了咬金来书,十分震怒。忙将公事交与督工官,带了从人,不分星夜,竟往长安。来到府中,二位公子,同了黑白二位夫人接着。尉迟恭问起情由,宝林、宝庆就将事长事短说明。老千岁一闻此言大怒,说:"哪有此事!圣上昏迷,忘了有功之臣。罢了!我明日进朝,先要扳倒奸王,必要救出仁贵。如不然有打王鞭在此。"等不到五更,三更就上朝了。二位爵主相随来到朝房,百官还未到。黄门官听报虢国公尉迟老千岁上朝来,吩咐开了午门。老千岁来到朝房坐定。不多一刻,百官都到了,上前参见。鲁国公程咬金、驸马秦怀玉并那殿下罗通一班小公爷都到了,上前参见。程千岁叫声:"尉迟千岁,来得正好。仁贵受了奸王屈陷,吾保救监牢中一百天。如今期限将满,要你相救。"尉迟恭说:"老千岁,某家特为此事,星夜赶回。吾今日上朝,少不得与圣上奏明,无有不赦之理。"那倒运的奸王也在朝房,听得此言,忙出来到尉迟恭面前,叫声:"黑匹夫,薛贼犯了大罪,你在此胡言乱语。"尉迟恭一见李道宗,怒从心头起,恶向胆边生,喝声:"奸王,唐朝哪有你这不争气的!自己亲生女儿,将奸情污他,羞也不羞?还有何颜立在朝房,还不回去。"李道宗听了这番羞辱,心中大怒,说:"黑贼!你擅敢得罪亲王,罪该万死!少不得要凌剐你。"尉迟恭听了说:"你剐我,我先挖你这双眼睛看看。"李道宗看见,就把袍袖一遮,把头一仰。尉迟恭两个指头要挖他眼睛,他袍袖长大,竟将他两个门牙捺落了,满口鲜血,疼痛不过,说:"反了!反了!黑厮擅打亲王。打落门牙,与你一齐面君再说。"尉迟恭原是莽夫,见道宗满口流血,倒着了急。程咬金说:"果然打亲王,老臣见的。大王快将牙齿给我做贼证,少不得上朝要见驾,老臣是个见证。"李道宗只道他好意,就忙将两个门牙交与咬金。咬金拿来,竟往朝门外抛了去,无影无踪。皇叔见了说:"你们这班都是一党,将吾门牙抛那儿去了?拿来还我!少不得面君。"咬金哈哈大笑道:"大王你进朝门,年纪高大,性急了,跌落了门牙,与老黑什么相干?"尉迟恭看见程咬金丢了门牙,他就胆大了,说:"你自己性急跌落门牙,不要来欺诈。"李道宗听了一发大怒说:"打脱了我门牙,倒来说反话。"咬金对文武百官道:"那大王方才进朝,自己跌落了这个门牙,你们都看见了吗?"百官听了也不好说跌,也不好说不跌,只把头点点。咬金道:"自己跌了下来,倒来诈人!"

只听净鞭三声,驾坐早朝。文武朝见,山呼已毕,退班就位。只见鄂国公当殿见驾。圣上一见,龙颜大悦,说:"朕久不见卿,想是完了工,前来缴旨吗?"尉迟恭上前奏道:"完工尚未。久不见龙颜,老臣前来,有表上奏朝廷。"下面成清王李道宗,见他要保救仁贵,倘圣上准了怎么处?只得也上金阶奏道:"尉迟恭不奉圣旨,私进长安,在朝房擅打亲王,将老臣打落两个门牙,望万岁处治。"尉迟恭奏道:"皇叔进朝房时跌下马来,撞落门牙,现有文武百官、鲁国公程咬金等都见的。"圣上听了半信半疑,宣鲁国公上殿。咬金走上金阶,跪下俯伏。圣上说:"王兄,此事如何?"咬金奏道:"皇叔进朝性急,年纪高大,在马上跌下来,偶然跌落门牙是真的。"万岁听了此言,低头一想,说:"皇叔退班。"李道宗又吃了一番大亏,只得退在班中。朝廷细看了尉迟恭本章,说:"尉迟王兄,薛仁贵因奸不从,打死御妹,朕甚可恨。曾降旨,若有保救者,与本犯同罪。王兄与朕患难相从,焉肯舍卿。"传旨:"殿前指挥,速取牢中薛仁贵,午时三刻处斩,前来缴旨。"指挥奉旨,往牢中将仁贵绑缚停当,送往法场去了。王茂生一见大哭,到法场活祭。

再言尉迟恭听见本章不准,反将仁贵绑赴法场,吩咐左右抬鞭来。左右忙将鞭取过,尉迟恭接了忙上金阶说:"圣上既不准老臣之言,为何又将仁贵立刻斩首?这鞭乃先皇所赐,有几行字在上,求万岁龙目亲看。"天子只做不听得,传旨驾退回宫。尉迟恭好不着急,难道为臣子的,拿起鞭来打君王不成?没有此理。尉迟恭没法可施,在万岁后面,一路随了,口中大叫说:"万岁要赦薛仁贵的罪。"朝廷进了止禁门,将门闭上,要进里头不得。尉迟恭没法可施,只得对着门上高叫:"薛仁贵有十大功劳,征东血战十二载,海滩上又有救驾之功,万望万岁准老臣之言,放了薛仁贵,不然有功之臣心中不服。老臣冒奏天颜,伏乞圣恩赦宥。"忽内监传圣上有旨:"薛仁贵犯了十恶,罪在不赦。老千岁不必苦奏,少不得明日早朝讲明此事。"尉迟恭听得此言,心中大怒,说:"此鞭是先君所赐,上打昏君,下打奸臣。善求不如恶求,只得用强了。"叫道:"昏君,听了奸臣,当真不赦?"内使说:"圣旨已出,不能挽回。老千岁回府去吧。"尉迟恭见难以保救,"且待吾打进宫门,与昏君性命相拼,必要救仁贵性命。如不然,难在朝中见人。"拿起竹节钢鞭,对着止禁门一鞭,听得一声响,那鞭分为十八段。尉迟恭大惊说:"不好了,当日师父有言说:鞭在人在,鞭亡人亡。"再看门上,写着"止禁门",说道:"宫中止禁门,任你什么大臣,不奉宣召,不准到这儿。倘无宣召到此,就要斩首。我倚仗着这条鞭。如今断了鞭,焉能得出去?也罢,性命难保了!"对着止禁门说:"老臣苦苦来奏,万岁只是不准。念臣相随多年,效忠报国,如今就此拜别了。"向止禁门拜了二十四拜,立起身来,将头向着止禁门一撞,血流满地,竟死在门下。内宫圣上闻知,将止禁门开了。圣上一见说:"王兄何苦如此?"心中十分苦楚,龙目滔滔下泪。传旨鲁国公程咬金、尉迟宝林兄弟。他三人原在外面打听,闻听传旨,急忙进宫,看见尉迟恭撞死,俱大哭。圣上说:"御侄不必悲伤,就在止禁门首开丧,文武挂孝,以报王兄尉迟开国之功。"宝林兄弟谢恩。程咬金奏道：“尉迟恭保薛仁贵，将性命来换。念他征东救驾之功，独马单鞭救王之功，望万岁将仁贵还禁监中，至来年秋后处斩。”朝廷听了，龙首一点，传旨：将薛仁贵仍下天牢。"圣旨一下，刽子手就放了绑。王茂生扶了薛仁贵，复进天牢。仁贵到监牢中，晓得尉迟恭身死，放声大哭，说：“尉老呵，你今为了区区，将身惨死，吾好痛心。”茂生再三劝慰。不知后来如何，且看下回分解。

第六回　徐茂公回朝救仁贵
苏宝同遣使下番书

再说那宫中，朝廷亲自祭奠，文武百官、皇亲国戚都来祭奠。三日之后出殡，在朝文武俱来相送，一路素车白马。安葬已毕，兄弟谢了圣旨，复谢百官。朝廷降旨：封宝林荫袭父爵虢国公，宝庆封陈国公，尉迟号怀封平阳总兵。黑白二夫人见老相公身死大哭，蒙圣恩御祭御葬，又封了三位儿子，感念圣恩，在家守孝。

朝中无事，太平天下，不知不觉，又是一年了。到了秋后，万岁驾坐早朝，文武朝见已毕，圣上对程咬金说：“如今没得说了。”咬金无可奈何，不能保救，下边秦、罗、尉迟等，好似雷打相同，都不敢出来保救，面面相觑。圣上即降旨：“将仁贵绑出法场斩首，报来缴旨。”旨意已出，竟将仁贵绑缚去了。合当有救，却好徐茂公汉阳府救饥完工，前来缴旨。正见法场处决仁贵，茂公说：“刀下留人！”指挥见了英国公徐千岁，怎敢动手。徐茂公来到殿上，俯伏金阶复旨。圣上看见徐茂公，龙心不胜之喜，说：“先生在湖庆救饥，想是完毕了，百姓如何？”徐茂公奏说：“湖庆汉阳府前年大荒，蒙万岁洪恩，救活了数百万百姓。今年麦熟，百姓就好活了。如今来复旨。老臣来朝，见法场处决薛平辽，已请刀下留人，欲求保薛仁贵。”万岁道：“他犯了十恶不赦之罪，朕旨意今日一定要斩，先生你不必再管他。”徐茂公奏说：“老臣亦奉旨要救薛仁贵。”万岁道：“徐先生痴了，只有寡人的旨意，那个做得朕的旨意？”徐茂公说：“万岁三年前已降过旨意，老臣是奉旨的。”圣上说：“先生一发荒唐了。三年之前，那儿有什么旨意？”徐茂公说：“万岁前年在东辽三江越虎城外打猎，老臣奏明要遇见应梦贤臣，但这人福浅，早见不得君主，还要得三年之后。望陛下不见他。过了三年，班师到京，见他尚未为晚。就是圣上金口玉言说，‘早见朕三年，难道他还要折寿？’臣说：‘寿倒也不折，只怕有三年牢狱之灾。’万岁说：‘卿益发糊涂了，这牢狱之苦只有寡人做主，那个监得他在牢！如今朕发心要见，虽然应梦贤臣，将来犯了十恶大罪，寡人只将功折罪，并不把他下在天牢。’老臣又奏道：‘万岁金口玉言说在此的，后来薛仁贵有什么违条犯法之罪，求陛下要赦的。’蒙吾主金口说：‘自然放他。’故此，老臣今日是奉三年前万岁的旨意。”贞观天子听了，龙首点头说：“先生主意怎么样？”徐茂公说：“如今仍将薛仁贵发下天牢，明年秋后处决。”天子说：“依先生所奏。”传旨放绑，仍落牢中矣。万岁龙袖一卷，驾进入宫。

程咬金这一班公爷，今朝见要斩仁贵，恨不能保救。今见徐茂公上朝，欢喜不过，料是一定放的，不道又下天牢。众人不解，程咬金上前叫声：“二哥久违了。方才圣上倒有心赦宥，二哥为何又发天牢？”徐茂公说：“兄弟你不知，天数已定，他命中注定有三年牢狱之灾，就早出来也没路的。圣上终久疑心，另寻别事斩他。明年欢欢喜喜出来，岂不妙哉！”程咬金等大不悦，各自回府。

光阴似箭，日月如梭，不觉一年相近了。再讲西番哈迷国，有一元帅，是苏定方之

孙、苏凤之子苏宝同，国王封他为扫唐灭寇大元帅，坐镇锁阳城，与陕西交界。他差使臣来到长安。此日万岁驾登早朝，有黄门官启奏说："有西凉国差官朝见。"天子说："宣进来。"使臣来到金阶，俯伏奏道："番邦使臣杨魁叩见。愿天朝圣主万寿无疆。今有番表一道，献与龙目观看。"朝廷说："什么表章？取上来。"杨魁把本一呈，接本官呈上龙案开拆，龙目一看，有数行字在上面写着：

扫唐灭寇苏元帅，三世冤冤要报仇。手下雄兵千百万，要灭唐朝尽九州。

战书到日休害怕，不夺长安誓不休。若要我邦不兴兵，唐主称臣自低头。

唐太宗一见番表，不觉龙颜大怒，说道："罢了！罢了！那些蝼蚁之禽，如此无礼。苏宝同无知小人，也来欺负寡人。过来，把使臣斩首午门，前来缴旨。"两旁一声答应，将使臣绑赴午门，一声炮响，斩了首级，上朝去缴旨。两班文武官不解其意，徐茂公出班说："陛下龙驾在上，西番国王表章上说了些什么，万岁龙颜如此大怒？为何把使臣斩首？"太宗道：徐先生，你拿表去看便知明白。"徐茂公上前，取过表章。一看，果然无礼。天朝反惧番邦？今斩了来使，恐妨有争战，不比扫北征东容易。"太宗说："苏宝同何等样人，这般利害？先生讲个明白。"徐茂公说："苏宝同乃是苏定方子孙，苏凤逃入番邦，生下一男一女，男名宝同，国王招为驸马，女唤锦莲，纳为后妃。今宝同父已死，宝同有飞刀二十四把，一纵长虹三千里。手下有妖僧妖道，都是吹毛变虎之人，撒豆成兵之将。他镇守锁阳城，和陕西交界。他晓得杀了使臣，必然乘势出兵前来，怎生拒敌？不如先起兵征讨。"太宗说："朕主意已定，谁人挂印征西？"连问数声，无人答应。太宗问徐茂公，道："先生，如今那个为帅？"徐茂公说："征西还是征东将。"圣上说："先生又来了，征东是薛仁贵，难道又是他不成？"徐茂公说："还是应梦贤臣。"圣上龙首一点，"如今用兵之际，待他立功赎罪。"传旨意一道，速往天牢赦出薛仁贵，封为天下都招讨、九州四郡兵马大将军，挂印征西大元帅。天使来到天牢开读，仁贵也不谢恩，也不受旨。天使回殿复旨。天子问道："薛仁贵不肯受旨，情愿受死。怎么处？"徐茂公说："他受三年苦处，心不甘服。要万岁赐他尚方宝剑，倘若有文武不从，先斩后奏，必然肯受招的。"圣上依议，就将尚方宝剑交付与天使到了天牢开读。仁贵说："只要成清王到牢中，同我到万岁驾前奏明冤情，三年受苦，三赴法场。如皇叔不到，臣愿受死。"天使只得又将此言奏明，呈上听了，宣皇叔成清王到。皇叔忙跪伏金阶奏道："老臣不往牢中去了，他今拿了兵权生杀之柄，倘有羞辱，老臣性命难保了。望圣上恩宥。"天子想想也是。程咬金见圣上不决，只得上前说："老臣前去宣仁贵，不怕他不受旨。"天子闻言说："程王兄此去，必然薛仁贵前来。"程咬金接了圣旨，竟往天牢。开读已毕，仁贵谢了恩，对咬金说："老柱国，你晓得晚生受奸王哄骗，三年受牢狱之苦，必要杀他祭旗，以泄此恨。"咬金说：平辽公只都在老夫身上，包你祭旗。"仁贵说："老柱国担当定吗？"程咬金说："担当得的。"二人出了监门，有左右请换了袍甲，上马竟入朝来。不比前番三次上法场，如今大不相同，兵将跟随，文武簇拥，昂昂然来到金阶俯伏，口称：罪臣薛仁贵，蒙吾主不斩之恩，又封为元帅，愿吾主万岁、万岁、万万岁。"圣上道："赐薛王兄平身。"当殿披挂征西大元帅，钦赐御酒三杯，仁贵谢恩。如今重做元帅，心中欢悦不过。底下武职官一个个上前恭见，仁贵说："明日相见。"圣主赐黄金銮殿，众小公爷、驸马秦怀玉、罗通等陪。仁贵及各兄弟饮酒，庆贺今日相逢，欢喜不尽。饮至三更，各自回府。次日五更坐朝，天子命大元帅薛仁贵在教场之内，自团营总兵官及大小三军武职们等操演半个月，演好武艺，然后就此发兵。仁贵领陛下旨意，出了午门，来到元帅府，此话不表，未知后事究竟如何，且听下回分解。

第七回 唐天子御驾征西 薛仁贵重新拜帅

话说徐茂公在朝奏说："万岁，西番不比东辽，那些鞑囚一个个都是能人，利害不过，必须要御驾亲征总好。"圣上说：先生，苏宝同这厮朕甚痛恨，必要活擒拿来碎剐，方称朕心，以泄此忿。不然朕不放心。"茂公说道："这个自然。"一面降旨意着户部催促各路粮米，户部领旨。圣上把龙袖一转，驾退回宫。明日清晨，薛仁贵打发哥哥王茂生往山西绛州安慰二位夫人，并告知几位总兵，周青等叫他操演三军，不日调用。此话不表。

再言仁贵打发王茂生回去，自家在教场中操演三军。圣上忙乱纷纷降许多旨意，专等薛仁贵演熟三军，就要选定吉日，兴兵前去征西。不想过了半月，仁贵上金殿奏："臣三军已操演得精熟的了，万岁几时发兵？"圣上说："徐先生已选定在明日起兵，请王兄回府筹备周密，明日就要发兵了。"仁贵领了旨意，退回帅府，另有一番忙碌。这如今各府公爷，都是当心办事。到了明日五更三点，驾登龙位，只有文官在一班了，武将都在教场内。有大元帅薛仁贵戎装上殿，当驾官堂前棒过帅印交与元帅。皇上御手亲赐三杯酒，仁贵饮了，谢恩退出午门，上了赛风驹，竟往教场来了。先有众公爷在那儿候接，都是戎装披挂，挂剑悬鞭。这一班公爷上前说："元帅在上，末将们在此候接。"薛仁贵说："诸位兄弟、将军，何劳远迎。随本帅上教场内来。"诸位国公、驸马秦怀玉等，同元帅来到教场中，只见团营总兵官，同游击、千把总、参将、百户、都司、守备等这一班武职们，都是金盔银铠，跪接元帅。仁贵吩咐站定教场两旁。教场中三军齐齐跪下，迎帅爷登了帐，点明队伍，共起兵三十万。大队人马，秦怀玉为先锋，带一万人马，须过关斩将，遇水成桥。此去西番，不比东辽，这些鞑因甚是骁勇，一到边关，停兵候本帅大兵到了，然后开兵打仗。若然私自开兵，本帅一到，就要问罪。秦怀玉得令，好不威风，头戴白银盔，身穿白银甲，内衬皂罗袍，腰挂昆仑剑，左悬弓，右插箭，手执提罗枪，跨上呼雷豹。尉迟兄弟为左右接应；段林护送粮草；程铁牛、段滕贤为保驾。

鲁国公程咬金、英国公徐茂公同了天子在金銮殿降旨：命左丞相魏征料理国家之事；命殿下李治权掌朝纲。天子降旨已毕，然后同了鲁国公、英国公出了午门，上了日月骦骦，一竟来到教场。有元帅薛仁贵接到御营，即刻杀牛羊祭了旗。元帅对程咬金说："老柱国，晚生前日有言，要将李道宗祭旗，老柱国一力担当。如今皇叔不来，晚生承老千岁屡屡相救，不曾报得。今日论国法，要借重老先生一替了。"咬金听了大惊说："借不得的，待我去拿来罢。"走出帅营，心中想道："王爷怎么拿得？"拿了令箭一枝，传先锋秦怀玉。驸马说："老叔父有何使命？"咬金说："贤侄，如今不好了。李道宗不到，要将吾祭旗。你到王府，且不可拿他，若先拿他，定不出来，只说奉旨点了先锋，特来辞行。骗他来到银銮殿，叫人拿住。捉了他来，交与元帅，吾就没事了。"驸马依言，来到王府。叫人通报说："驸马爷做了先锋，要去西征，特来辞行。"家将报进，对王爷说了，李道宗想道："秦驸马乃朝廷爱婿，倒来辞行，难道不去见他？"命左右请驸马进来。果然秦怀玉下马，来到银銮，李道宗出来相迎。秦怀玉一见李道宗大喜，命左右："与我拿下！"王爷说："为何前来拿我？"驸马说："圣上在教场，命吾来请你去商议。"竟带了李道宗，出了王府，直往教场而来。那个倒运的张仁，看见王爷被带去，也跟到教场内来了。程咬金一见大喜说："贤侄之功不小，救了老夫性命。"天子同元帅在演武厅，仁贵一见李道宗身边的张仁，就是假传圣旨的，命左右："速拿李王爷身边长大汉子、大顶凉帽的人，给我拿来。"左右一声答应，忙将张仁拿上将台。薛元帅奏道："假传圣旨，哄进长安，骗入王府，都是这人，望圣上必须究问。"天子道："你叫什么名字，为何把元帅骗入长安？此节事情你从头讲来。说得不明，快取刀伺候。"张仁吓得魂不在身，口中说道："没有此事，小人从来不认识元帅，冤枉的。"元帅奏道："不用刑法，焉能得招？"天子传旨："取箍头带上！"张仁一上脑箍，口中大叫说："小人愿招。小人是张娘娘赠嫁，来到王府，蒙王爷另眼相待。后来太爷父子都被元帅斩首，娘娘十分怨恨，用计假传圣旨，将元帅召进，用酒灌醉，抬入郡主宫中。郡主畏羞，撞阶而死。求圣恩饶小人狗命。"天子听了，龙颜大怒，说："有这等事！倒害了元帅三年受苦，朕悔无及。"命指挥斩首报来。一声答应，将张仁绑到法场斩首。又传旨将张妃白绫绞死。圣上再对薛仁贵说："元帅如今屈事已清，张仁处斩，张妃绞死。但皇叔年纪老了，作事糊涂，倒害了御妹，如今又无世子，看朕之面，免其一死。"薛仁贵说："只要万岁心下明白，晓得臣冤屈，也就罢了。"程咬金听得说："不好，不好。仁贵做了王位，尚且被他算计，死中得活；想起来我乃是国公，也被他算计，就当不起了，必须斩草除根为妙。"忙上奏道："皇叔不死，元帅征西恐不肯尽命去拿苏宝同。"皇上听得此言心想："朕深恨番邦，要活拿苏贼。如元帅不肯用心，如之奈何？"只得说："王兄所言不差，但天子无有杀皇叔之理。"程咬金说："这不难，如今诈将皇叔放入瓮中闷死。待今日起了兵，明日差人暗暗放他出来，岂不公私两全。"圣上说:"如今那里得有一个大瓮来?"咬金说:"长安城中有一古寺叫玄明寺,大殿上有一口大钟,倒也宽大,将皇叔放在当中。"圣上就依议。程咬金谢了恩,带了李道宗,竟到玄明寺。看了那大殿上是汉铸的一口钟,倒在地下,钟架子是烂掉了。叫许多军士将钟抬起,请皇叔坐在当中。李道宗懊悔,不该听了张妃。如今是奉旨的,倘皇天有眼,等他去了,还有一条生路。只听天而已。军士看见皇叔坐定,将钟罩皇叔在内。咬金吩咐取干柴过来,放在钟边,四面烧起。军士果然拿火来烧,李道宗在内大叫:"程老头儿,这个使不得的!"凭你喊破喉咙,外面只做不听见。顿时烧死,竟来到教场覆旨说:"皇叔恶贯满盈,忽天降一块火来,将殿宇烧坏,皇叔竟烧死在殿内。"天子听见了,也无可奈何,命户部将玄明寺大殿修好。

再讲元帅祭了大旗,皇上奠三杯。元帅祭旗已毕,吩咐放炮拔营,是弓上弦、刀出鞘。有文官同殿下李治,送父皇起程。传旨:"皇儿不必远送,文武各回衙署理事。"殿下谢了父皇,回转长安。那些人马,离了长安,竟望西京进发,好不威声震耳。家家下闼,户户闭门。正是:

> 太宗在位二十年,风调雨顺太平安。迷王麾下苏元帅,差来番使到中原。
> 辱骂贞观天子帝,今日出兵往西行。剑戟刀枪寒森森,旗幡五色鬼神钦。金
> 盔银铠霞光见,洁白龙驹是端飞。年老功臣多杀害,此番杀尽西番兵。
> 若要看征西如何,且看下回分解。

第八回
一路上旗开得胜
秦怀玉枪挑连度

再讲大唐人马,旌旗烈烈,号带飘扬,正往陕西大路而行。前去征西平番,不比扫北征东,所以御驾亲征。大队人马行过了宁夏甘肃一带地方,出了玉门关,过了瀚海,一路多是沙漠之地,来到界牌关。界牌关外五百里是西凉国地方,人烟稀少。此处划有江界,若是大唐人马到来,必须要穿过宁夏,过了玉门关,然后到西鞑靼地方。前日贞观天子将杨魁斩了,随来的使命飞奔锁阳城,报与苏宝同,早已防备的了。各关守将日夜当心,差小番儿探马远远打听。

界牌关有一位镇守总兵,此人姓黑名连度,其人身长一丈,头大如斗,膀阔腰圆,一张朱砂脸,面短腮阔,眼如铜铃,腮下一连鬈红须,两臂有千斤之力。他上阵用一柄九连环大刀,重一百二十斤,其人利害不过。他正在私衙与偏将们讲:"国舅批战书到中原,被大唐天子将使臣斩了。国舅知道大怒,要起人马取唐天下,要报父母之仇,早晚必有厮杀一番。"忽有小番见报进来了,说:"不好了,启平章爷,小番打听得南朝圣主,御驾亲征,带了大兵三十万,有平辽王薛仁贵为元帅,前部先锋驸马秦怀玉,左右先行有战将数员,底下合营总兵官,前来攻打界牌关。"黑连度听了大笑说:"方才在这里讲,国舅出兵欲取中原,谁知他们来送死。可打听明白了?"小番道:"在玉门关打听明白的。"问:"离关有多少路?"答:"头站先锋出玉门关,快到了。""速去打听!""是。"诸将连忙问道:"大老爷,南朝兵马到来,何以这等大笑呀?""诸位将军,国舅欲取中原花花世界,所以前日打战书与大唐君主。他反将使臣杀了。国舅大怒,奏知狼主。狼主怒甚,命国舅起兵,不料他倒出兵前来。亦算狼主洪福齐天,大唐天下该绝的了。仁贵为帅,他是火头军,有什么本事? 盖苏文堕其术中,他征东容易,看来如今征西颇难。我邦元帅利害,乾坤一定是我狼主的了。"众将道:"何以见得?"连度道:"今唐朝所靠仁贵本事,只道西番没有能人,所以御驾亲征,领兵前来征战。他远不晓得西番狼主驾前,都是英雄豪杰,何惧仁贵、秦怀玉? 待唐兵到来,必然攻打界牌关。本镇出去活擒唐将,以献国舅,岂不是本镇之功!"诸将大喜,叫声:"平章爷,这个关头全靠你。"小将们回衙,操演人马,早晚必有一番厮杀。"不说这个花智、鲁逵、不花等告别回衙,各自小心去料理。那黑连度吩咐把都总:"关上多加火炮、灰瓶、石子、强弓、弩箭,若唐兵一到,即来报我,紧守关头为要紧。"

再说大唐先锋秦怀玉领了一万人马,从陕西、宁夏、甘肃一带地方出了玉门关。有军士报说:"启上驸马爷,前面是界牌关了。"问:"还有多少路?"说:"离关十里。"吩咐

放炮安营，说："军士们过来，打听大兵一到，速来报我。"领命前去。如今要说大唐天子统带大队人马，过了玉门关，一路西来，早有驸马秦怀玉相接，说："小将在此接候龙驾、帅爷。前面就是界牌关，不敢抗违帅爷将命，扎营在此。"薛仁贵说：驸马辛苦了，听了本帅之命，马到成功，西辽可定。"吩咐大小三军扎了营寨，忙进御营。天子说："薛爱卿，前日宣召八位总兵曾到否？"薛仁贵奏道："前蒙圣恩，闻报离了山西，早晚必到。"话未了，外面报进说："周青等八位总兵见驾。"天子大悦，吩咐宣进来。周青等跪下，奏说："周青同兄弟七人朝见。"天子说道："八位总兵在此保驾。"即谢了恩，立在旁边。传命拔营，进兵攻关。放炮三声，安下营齐进。

又说关里小番报进："启平章爷，唐兵已到关下了。"黑连度说："方才关外放炮之声，想必唐兵到了安营。若然有唐将讨战，前来报我。"番儿得命，在关上观望。再说唐营元帅问："那一位将军出去讨战？"闪出先锋秦怀玉说："小将出去讨战。"元帅大喜说："西番鞑子，甚是利害。第一关开头，须要取他之胜，才算得后将英勇。"又令："驸马出去，必定成功。命尉迟宝林、宝庆兄弟二人为左右翼。若驸马胜了番将，你二人乘势抢关。""得令。"秦怀玉骑上呼雷豹，手执提罗枪，挂铜悬鞭，顶盔贯甲。一声炮响，大开营门。尉迟弟兄也结束停当，随了秦怀玉，金鼓声响喇喇豁喇喇一直冲到关下。小番兵看见，好一个唐将，乱箭纷纷的射下来。秦怀玉扣住马说："关上的，快报与主将得知，唐朝天兵到了，天子御驾亲征，叫他早出关投降。"秦怀玉关下大叫，早有小番报进：启平章爷，南朝蛮子在关外讨战。"黑连度听报，传令："诸将大小三军，同本镇出关，杀那唐兵片甲不回。"得令！"黑连度脱了袍服，顶好盔，穿了甲，拿了刀，上马出了总府衙门，来到关上。往下一瞧，唔呀！好一个蛮子！但见他头顶闹龙银盔，身穿索子黄金甲，面如银盆，三绺长须飘扬脑后，左悬弓，右插箭。坐下呼雷豹，好不威风。远有二员恶相的唐将在后面。黑连度吩咐把都儿，发炮开关。一个鞑子，望吊桥直冲下来。见他头顶双凤翅金盔，斗大红缨，面如红砂，狮子口，大鼻子，朱砂脸，一双怪眼，短短一面连鬓胡子；身上穿一领猩猩血染大红袍，外罩龙鳞红铜铠，左悬弓，右插箭，手执一柄九连环大刀，坐下一匹乌昏点子马，直奔阵前，把刀一起。秦怀玉提罗枪噶唧一声架定，说道："那守关将留下名来。"连度道："唔，你要问本镇之名么？俺乃西凉国驾下红袍大力、国舅大元帅苏龙下，加封镇守界牌关总兵大将军黑连度。你可晓得本镇的刀法利害吗？"秦怀玉说："不晓得你无名之辈。今天兵已到，把你们一国蚂蚁要杀个尽绝绝绝，何在乎你这胡儿霸住界牌关，阻大兵去路。顺吾者生，挡路者死，快快献关，方免一死。若有一声不肯，那时死在秦爷枪头之上，悔之晚矣。"黑连度大怒，喝道："你这狗蛮子，有多大本事，如此夸强么！俺不斩无名之将，通下名来，俺家斩你。"秦先锋说："你要问爷之名么？洗耳恭听！吾乃大唐驸马，大元帅薛麾下，加封护国公保驾大将军、前部先锋，姓秦名怀玉。难道不闻得秦驸马之名么？"黑连度哈哈大笑说："原来就是秦琼之子，我也晓得中原有你之名，到西凉就不足奇。唐主尚要活捉，何况你这狗蛮子。"秦怀玉说："休得多言，招秦爷枪罢。"枪一起，直往黑连度面门刺来。不知后事如何，且看下回分解。

第九回　界牌关驸马立功　金霞关尉迟逞能

黑连度把手中大刀噶喇叮当运转几刀，战到二十几个回合。怀玉这条提罗枪，神出鬼没，阴手接来阳手发，阳手接来阴手发，迎开些，挡开去，抬开去，返转刀来，左插花，右插花，苏秦背剑，月里穿梭，双龙入海，二凤穿花，左上右落，却砍个不住。他二人战到四十个回合并无高下，黑连度大喊一声："诸将，快与我上前擒捉秦怀玉。"众将齐声赶到，花智、鲁逵、不花数十员将官，一齐上前，围住秦怀玉。唐将尉迟兄弟，二马冲到阵前，叫声："驸马，休得着忙，弟兄来助战。"秦怀玉见二人来到，方得放心。黑连度提刀就砍宝林，宝林急架相迎，敌住黑连度。宝庆把数员番将尽管杀散，番兵死了大半。单有黑连度一口大刀利害，战住秦怀玉、尉迟宝林二人，见个雌雄，一场好杀，三将战到又四十冲锋。黑连度刀法渐渐松下来，回头看那自家兵将多被宝庆杀死，好不慌

国学经典文库

中国二十大名著

说唐全传

图文珍藏版

张,却被秦怀玉一枪兜咽喉刺来,叫声:"呵呀!我命休矣!"要招架来不及了,只得把头偏一偏,肩膀上中了一枪,大叫一声带马就走。宝林纵一步,马上叫声:"那里走!"提起竹节钢鞭,夹背心儿一击。黑连度大喊一声,口吐鲜血,马上坐立不稳,被秦怀玉兜心一枪,跌下马来,复一枪结果了性命。吩咐:"军士取了首级,快抢关哩!"喝叫得一声:"抢关!"秦怀玉一马先冲上了吊桥,宝林、宝庆兄弟二人,把枪一招说:"诸位将军,快抢吊桥!"有周青、薛贤徒、姜兴霸、李庆红、周文、周武、王心溪、王心鹤八位总兵官,上马提刀,抢过了吊桥。那些小番儿闭关不及,却被秦怀玉一枪一个,宝林兄弟同众将挥刀乱砍,斧劈的、枪挑的,杀死不计其数。杀进帅府,查盘钱粮国库。粮食丰盈,仓厫充足。遂请关外大元帅同贞观天子、大小三军陆续进关。百姓香花灯烛,挂灯结彩,迎接天子。又将银钱粮草开清在薄,送上元帅。怀玉、宝林兄弟上前奏道:"小将们杀退了番奴,已得关了,钱粮开写明白,献上元帅。奏请缴令。"薛仁贵说:"三位贤弟取了界牌关,西辽丧胆,其功不小,果称英雄!"太宗大悦:"王儿、御侄,真乃将门之子,比秦王兄、尉迟王兄更狠。"传旨:"整办御筵,庆贺功劳。"一宵过了。明日清晨在关上打起大唐旗号,养马三日。如今发炮抬营,三军如猛虎,众将似天神,离了界牌关,一路往前。人马向金霞关进发,探马打听失了界牌关,飞报进关去了。行兵三日,地广人稀,青草不生。又行三日,来到关外,将人马扎住。后队大元帅人马已到,吩咐安营。放炮三声,安下营寨。

再说金霞关守将名唤忽尔迷,身长一丈,头如笆斗,面如蓝靛,发如朱砂,额下黄须,力大无穷,镇守金霞关。这一日升堂,有小番报进:"界牌关被大唐打破,夺取关头,黑平章阵亡。现有败将把都儿在外。"忽尔迷闻说界牌关失了,大惊说:"快宣进来。"把都儿走进跪下说:"大老爷,不好了!大唐兵将实为骁勇,界牌关打破,不日兵到金霞关了。"忽尔迷一听此言,吓的胆战心惊,说:"本镇知道,速去锁阳城报与苏元帅知道,早早救援。"吩咐:"关头上多加石子、灰瓶、炮石、弓弩、旗箭,小心保守。大唐兵将到来讨战,报与本镇。"

再说关外元帅升帐,聚齐众将两旁听令。尉迟宝林披挂上帐,说:"启元帅,界牌关驸马立了头功。如今金霞关,待小将出马取此关头,以立微功。"仁贵说:"好贤弟,此言真乃英雄,但要小心。"怀玉听了,说:"启知元帅,界牌多亏了二位贤弟助战,取这关头,今日还是我去,枪挑番将。"元帅说:"将令已出,驸马可去押阵接应。""得令!"尉迟宝林顶盔贯甲,挂剑悬鞭,提枪上马,带领军士冲出营门,来到关前大喝一声:"呔!关上的,快报与关主知道,今南朝圣驾亲征,前来破番,要杀尽你这班胡儿。界牌关已破,早早出来受死。"一声大叫,关上小番听了,进来报道:"启爷,关外大唐人马已到,有将讨战。"忽尔迷闻报,忙取盔甲,上马提刀,披挂结束,打扮停当。带过马跨上雕鞍,提刀出府,来到关前,吩咐开关。哄咙一声炮响,大开关门,放下吊桥,一字摆开,豁喇喇一马冲出。宝林抬头一看,此将甚是凶恶。你看他怎生打扮?头戴红缨亮铁盔,身披龙麒铁甲,面如蓝靛,发如朱砂,眼如铜铃,两耳招风,一脸黄须;坐下一骑红鬃马,大刀一挥光闪烁,枪刀双起响叮当,喝声似霹雳。宝林大叫道:"带来的胡儿羯狗通下名来。"忽尔迷只说:"你要问魔家的名吗?俺乃红毛大力子苏元帅麾下,加封镇守金霞关大将军,忽尔迷便是。"宝林说:"看你这尽是西辽羯狗,今日天兵已到,不思迎接献关,反阻抗天兵去路,分明活得不耐烦了!"忽尔迷大怒,也不问姓名,提起刀来,向宝林头上劈将下来。宝林叫声:"来得好!"把枪噶嘟一声,便一条。忽尔迷即喊声"不好了",在马上一仰。宝林把手中枪紧一紧,一枪当心刺进来。忽尔迷避闪不及,枪中前心,将身一仰,跌下马去,复一枪刺死。吩咐诸将抢关,叫得一声:"抢关",一骑马先冲上去了。秦怀玉在那儿押阵,见宝林刺了番将,急把枪一招,说声:"诸将军快去抢关!"麾下尉迟宝庆、周青、王心溪、王心鹤、李庆红、姜兴霸,这六骑人马带三军将士从后赶来。宝林赶上吊桥,小番扯也来不及了。忙发狼牙箭如雨点,被宝林用枪拨开,从箭中赶近刺了几个小番,一拥赶上。诸将也过了吊桥,六骑人马杀进关中,鼓声如雷,叫杀喧天。这关内偏将、正将、牙将们顶盔贯甲,上马提刀,前来抵敌。宝林兄弟两条枪好不得,来一个,刺一个;来一对,挑一双。这番兵都被杀伤。周青使动铁剑,说:"胡狗儿,快来受死!"番兵逃走不得,尽被杀死。秦怀玉使动提罗枪,见番将好枪法,尉迟宝庆、王心溪等,提大刀杀人如切菜。进入帅府,盘查钱粮,迎接唐朝大元帅同天子及御军进关。宝林上前启奏,说:"小将缴令。"元帅说:"贤弟,取此关头,其功不小。"天子说:"御侄,少年扫北本领远与秦驸马一样。"立即传旨在帅府设宴驾功,称赏恩犒。

次日清晨,把西辽旗号去了,换了大唐旗号。养马三日,放炮起行。三军司令,浩浩荡荡,行兵三日,望接天关进发。来到关外,人马扎住。后队六元帅人马已到,吩咐离关十里安营。有尉迟宝庆上前说道:"驸马与哥哥取了二关,今接天关,元帅且慢安营,待小将走马去取关,先开一阵。倘挑了番将,就此冲进关门,马到成功,岂不为美?若不能取胜,安营未迟。"秦怀玉说:"此处番将利害,我自去吧。"尉迟宝庆说:"驸马何轻视我。我枪法利害,未曾与朝廷出力,此关定要让小将去破。"元帅说:"将军若果然要去,必须小心,待本帅与你押阵。靠着陛下洪福,将军胜了番将,本帅领人马冲进关中,也是你之功劳!""得令!"头盔贯甲,挂铜悬鞭,上了乌骓马。把马一催,来到关前,大喝一声:"守关的快报进去,说天兵到了,速速献关。若有半言阻抗,本将军要攻关了。"不知宝庆如何胜得番将,且看下回分解。

中国二十大名著
说唐全传
图文珍藏版

第十回　空城计君臣受困　宝同一困锁阳城

不讲外面宝庆攻关,且说小番报进来了:"启总爷,大唐人马已到,有蛮子讨战。"总爷大惊道:"中原人马几时到的?可曾安营吗?""启上平章爷,才到。不曾扎营,走马端枪讨战。"总爷说道:"连取二关,又要取接天关。"吩咐带马过来。结束停当,挂剑悬鞭,手执狼牙棒,带领众把都儿,一声炮响,大开关门,一马当先,冲过吊桥。宝庆抬头一看,原来一员恶将,十分凶脸。怎生打扮?头戴一顶四风双龙高铁盔,身穿锁子黄金甲,手执惯使狼牙棒,坐下一匹千里银驹马。好一位鞑子番将!直到阵前。宝庆大喝一声:"呔!来的胡儿住马,可通下名来。"总爷把捧一起,噶喇架定说:"你要问魔家名么?对你说:我乃镇守接天关总兵段九成便是。可晓得本将军利害吗?还不速退,休来纳命。"宝庆便把枪直刺过来;段九成把棒一架,回手就是一棒,喝声"招打!"当头向顶梁上盖打将下来,好厉害!果然泰山一般。宝庆把枪往上一挡,噶喇一声响,架开在旁,回手一枪,正中咽喉,跌下马来,亦死非命。小番儿见主将已死,晓得金霞关内杀得厉害,大喊一声,各自逃生,往锁阳城去了。元帅好不快意,领人马随宝庆杀进关去了,一卒皆无,一齐到总府驻扎不定。宝庆进账缴令。勇力取关,朝廷大悦,说:"其功非小,御侄英雄更胜父兄,果然是将门之子。"宝庆见朝廷赞他,好不快乐。即传令改换大唐旗号,盘查国库钱粮,养马三日。元帅与军师商议取锁阳城,此话不表。

再言锁阳城,乃西辽大地方,人烟稠密之处,周围百里,三关十门。元帅苏宝同镇守,帐下有雄兵十万,战将千员。他是苏定方之孙,苏凤之子,都是罗通扫北,将他父亲杀死,逃走了苏凤,投在西凉国招为驸马,其姊纳为皇后。苏宝同幼年投师在金凤山李道符仙长门下学法,练就九口飞刀,飞镖三柄,一纵长虹三千里,时时切齿要报祖父之仇。差官打战书到中原,不料唐主斩了差使,苏宝同闻报大怒,正欲兴兵夺取长安,不料唐主拜仁贵为帅,御驾亲征,又失了三关,告急文书飞报锁阳城。苏宝同大慌,忙请二位军师商议,你道这两个军师是那一个?是扫北野马川李道人,名唤铁板道人。用一尺长,半寸阔铁打成的铁板,共有十二块,块块有符。要与他交战,念动真言,擎在空中,打将下来,要打为灰泥。身长一丈,头如笆斗,眼似铜铃,尖嘴大鼻,颔下红胡根如铁线,惯用孤定剑。当年被尉迟恭杀败,在西凉投在苏宝同帐下,拜为军师。另一僧乃敖来国出身,名唤飞钹禅师,用两副金钹,与人交战,擎在空中,打将下来,头儿打得粉碎。自称西天活佛,身长不满四尺,阔倒有三尺,相貌不扬,似石敢当。这二位合得投机,都在元帅帐下。闻得元帅相请,二位来到帅府,见了宝同,主客坐定。铁板道人说:"不知帅爷唤吾二人到来何干?"宝同说:"二位军师有所不知,本帅欲取中原,报祖父之仇。不料唐主拜薛蛮子为帅,兴兵前来,征伐西凉。前日小番来报,已夺了三关,不日来攻锁阳城。吾与军师商议,今唐兵到来,必要一网而擒,拿住唐王,活捉薛蛮子。然后反兵杀上长安,夺了中原国位,狼主为君,将罗家满门抄灭,方称吾心。不知二位军师有何妙计与本帅雪恨否?"飞钹禅师与铁板道人道:"只要我二人略施小计,管教唐兵百万一网打尽,钱粮兵马尽归我邦,唐朝君臣尽将诛戮,直上长安,狼主身登龙位,帅爷十大功劳,可以报仇雪恨。"苏宝同一听此言,欢喜大悦,开言说:二位军师有何妙计,早说与本帅知道。"铁板道人说:"一些也不难。那薛仁贵遣将讨战,不必与他交战打仗,现在元帅统领三军出城,退至寒江关,留此空城,这薛仁贵必赶进城来。只要一进城中,我们将百万雄兵把锁阳城团团围住,此时十门攻打,管教他外无救兵,内无粮草,插翅也难飞去,不出三月尽皆饥死。他若出城交战,帅爷弄起飞刀,吾二人相助,杀他片甲不留。能人亦难出营。然后慢慢攻打,岂不是拿唐皇如反掌矣。"元帅说:"军师计算甚高。"众将无不欢欣。传令大小儿郎官员等,尽搬到寒江关安营,把座城池调空。宝同同了二位军师、诸将,离却锁阳城,竟往寒江关居住。点齐数十万人马,暗中埋伏,专听合围城池,不许漏泄。

再说薛仁贵在接天关,传令发炮起行,夺取锁阳城。进兵几月,乃陆续都到了锁阳城。有探马报进,禀道:"启知元帅,前面就是锁阳城,但见城头上旌旗展荡,又无兵卒,大开城门,吊桥并不扯起,不知什么计策,故禀上元帅。"仁贵呼呼大笑道:"诸位将军。你们莫轻视此关。料此苏宝同无能,大开关门,兵卒全无,内中有计。今日圣驾征讨,谅无大事。你们大家须要小心进关,看他使何诡计?"那徐茂公开言道:"元帅,那苏宝同不出关门交战,竟带三军去了,留此空城,吾军兵马休要乱动,不可进关。不然又是征东三江越虎城故事了。"程咬金叫声:"军师非也,我们的秦驸马并尉迟二位将军,英雄无敌,连夺三关,不用吹灰之力,锁阳城之将难道不晓得?决然是闻此威风,谅来不敢迎敌,所以弃城逃遁。就闻我老程之名,他亦胆战心惊,那儿有什么计?分明怕我们,逃走去了。"薛仁贵说道:"老千岁之言不差,他这班都是犬羊之辈,何足惧哉?闻我大唐天兵一到,他便望风而走。此关又非建都之地,怕什么!且入锁阳,然后进兵取西辽,吾皇洪福齐天,西辽必定该灭。"吩咐大小三军开进城去。元帅一令,多往关内而走。军师徐茂公屈指一算,圣上该有几年灾难,将官有此一劫,天机不可预泄。元帅命尉迟宝林四处查点明白,恐防暗算奸计。盘查钱粮,原是充足,竟有数年之粮,百姓安顿如故。军师传令,军士先运粮草进关,然后请圣上进城。元帅诸将远远出城迎接天子进入关中,身登银銮宝殿。众臣朝参已毕。

大元帅传令,把三十万人马,扎住营头。把十门紧闭,商议取寒江关。再言苏宝同暗点人马探听,今见唐王君臣已进城中,四面号炮一起,有百万番兵围绕十门,齐扎营盘,共有十层皮帐。旗幡五色,霞光浩荡。唬得城上唐军急忙报入帅府,奏上万岁道:"不好了,城外有百万番兵,围住十门,密不透风。"唬得天子魂不在身,众大臣冷汗淋漓,分明上了空城之计。天子道:"薛王兄,这便如何是好?中了他们诡计了。这个城池有什么坚固,若他们攻打进来,岂不是要丧命。快快拨佣人马出关,杀退辽兵,以见英雄。"仁贵说:"陛下,且往城上去看虚实。若果然利害,再出主意。"圣上说:"有理。"同了军师、元帅、程咬金及众将上西城一看,围得重重,又杀气腾腾,枪刀威烈森森。唐主见了,心惊胆战,诸大臣无不惊慌。忽听得三声炮响,营头一乱,都说大帅到了。这苏宝同又来围住西门,九门有能将九员,数百万雄兵,截住要路,凭你三头六臂,双翅能上腾云也难杀出辽营。如何是好,且看下回分解。

第十一回　苏宝同大战唐将　秦怀玉还锏身亡

不表城上君臣害怕,单表苏宝同全身披挂,坐马持刀,号炮一声,来到西城,两旁骁将千员,随后旗幡招展,思量就要攻打城地。忽抬头一看,见龙凤旗底下坐着唐天子。怎么打扮?头戴嵌宝九龙珍珠冠,面如银盆,两道长眉,一双龙目,两耳垂肩,颔下五绺花须长拖肚腹;身穿二龙戏水绛黄袍,腰围金镶碧玉带,下面城墙遮蔽看不明白,坐在九曲黄罗伞下,果然好福相。南有徐茂公,北有程咬金。还有一个头戴白银盔,身穿白绫显龙袍,三绺长须。苏宝同在城下高声大呼道:"城上的可就是朝廷李世民吗?可晓得在木阳城听信罗通,将我祖父杀死。吾祖有功于朝。吾伯苏林又被罗通斩了,吾父苏凤被打四十,奔入西辽,生我兄妹二人。正欲兴兵到长安,不料天网恢恢,疏而不漏,今日已中我邦暗计,汝等君臣休想活命。快把罗蛮子送下来,万事全休,放你君臣回去。若不放出,休想回去。"这声喝叫,唬得天子毛骨悚然。薛仁贵、秦怀玉奏道:"万岁休要慌忙,待臣发兵出去,擒此苏贼。"圣上依言回帅府。元帅来教场,聚集诸将,说:"如今苏宝同在城下猖狂,本帅起兵到此,未曾亲战。他口口声声要拿罗通,此情可恨。待本帅开关与他交战,立斩番将,方消此很。"闪过先锋秦怀玉说:"元帅不可,待小将出去开兵。"元帅说:"驸马出城,待尉迟兄弟与你压阵。"得令!"怀玉顶盔贯甲,准备停当,吩咐放炮开城。金鼓一声,大开城门,一马冲先,来至阵前。抬头一看,见一员番将,十分厉害。他头凤翼盔,斗大红缨满天成,身穿青铜甲,内衬绿绫袍,绣金龙凤腰,左有宝雕弓,右插琅琊箭,坐下乌龙驹,四蹄蹬跑声如雷;左手提刀,右手抚三绺长须,果然是中原人物。苏宝同提刀一起,喝声:"蛮子,少催坐马,通下名来。"秦怀玉说:"我乃唐天子驸马,世袭护国公,大元帅薛仁贵帐下前部先锋秦怀玉便是。可知驸马爷枪法利害吗?还不速退,休来纳命。"苏宝同哈哈大笑说:"原来就是秦琼之子,大唐有你的名,本帅只道三头六臂,原来是一个狗蛮子。不要走,看本帅的刀法罢!"把刀一刺。秦怀玉拈起提罗枪串一串,噶喇一声响挡住,说:"且慢了,我这条枪不刺无名之将,通名下来!"苏宝同说:"本帅乃西辽国王驾下之舅,加封天冠大元帅苏宝同便是。你君臣快投降吧。"秦怀玉说:"原来就是你这逆子,你的祖父、伯父受唐朝厚恩,你却不忠反叛了。休要走!"一个月内穿梭,一枪刺来。苏宝同手持大砍刀,喝喇一声挡过去。一连几枪,都被苏宝同架在一旁,哪里肯让一毫。连转几刀,前后扒架,好刀法,秦怀玉亦架上手。彼此一场大战,鼓声如雷,炮声惊天,二人战了五十回合,马交十个照面,杀个平手。宝同暗想:待我诈败下去,暗放飞刀伤他。虚晃一刀,带转马就走。秦怀玉哪肯放松,把提罗枪押往,不容他放出飞刀,大叫一声:"苏宝同,你乃堂堂汉子,不要暗器伤人,与你战几百合,分个胜负。"宝同兜起缰,又把手中刀一架,喝声:"秦蛮子,难道本帅怕你不成?暗器伤人,非为英雄。你是中原驸马;我是西辽国舅。你晓得你刀法;我尽知你的枪势。英雄遇好汉!你后面所背的是何兵器?且看得毫光直透,耀日争辉。"秦怀玉叫一声:"胡儿,你还不知道吗?此乃露骨昆仑铜。我父双铜,打成唐朝天下。灭十八路诸侯,归北征东,多是这两口宝铜。重百二十四斤,外裹赤金六斤,共百三十斤。你闻知也要丧胆,可晓得此利害吗?还不投降,休来送死。"宝同道:"原来如此,我道是邪法,原来金枚铜放光。借我一观,未知肯否?"怀玉说:"苏宝同,你要看吗?也罢,吾付你去看。"怀玉十分好心,忙向腰间解下,把双铜拿在手中,叫一声:"苏宝同你拿去看。"宝同接在手中,仔细一看,连声称赞说:"好铜!果然名不虚传。吾父也曾说起此铜曾挡李元霸双锤。"越看越好,说声:"秦蛮子,此铜送与我吧。"兜转就走。驸马看见,大叫:"无信义的胡儿!不过借你去看,你倒骗了去,难道不还我不成?"把呼雷豹一拍,追上来了。那苏宝同听见"无信义"三字,呼呼冷笑说:"秦怀玉,你好小气,本帅不过取笑,难道果然要你的不成,双铜在此还了你。"便把双铜抛在半空,叫声"秦怀玉收铜"!那时天数已定,怀玉合该丧命。那秦驸马抬头一看,双铜跌将下来,光光打在面门,大叫一声:"嗳哟!"一跤跌下马来。苏宝同回马,正要取首级。尉迟弟兄正在那里掠阵,看见驸马落马,双马齐出,抢了尸首回来。可惜一双宝铜,失落沙场,被苏宝同得了。尉迟弟兄回城,吩咐军士紧闭城门,来见元帅。

　　元帅听知驸马还铜身亡,惊得魂不在身,大哭一声:"我那驸马呵!"众将劝住,忙报知天子说:"驸马与苏宝同大战,骗去宝铜,还铜身亡。"天子一听此言,哭倒龙床之上,叫声:"王儿,你为国身亡,十大功劳,麒麟阁上画影,五凤楼前标名,必要活擒苏贼,以祭王儿。"龙目滔滔下泪。徐茂公开言说:"也是驸马命该绝数,望吾皇不必悲伤,有损龙体。"天子依言,传旨:将驸马尸首御葬,文武戴孝三日,开丧祭奠。秦梦闻知父亲阵亡,也大哭来见元帅,说:"吾父亲战死沙场,害在苏贼之手。侄儿愿做先锋,亲提人马,杀此苏贼。若不把冤仇相报,枉为人在世,望叔父早发兵马,让侄儿出城。若不杀此叛贼,侄儿情愿战死沙场,不回城来了。"仁贵听了说:"贤侄虽然猛勇,武艺精通,但年轻力小,不是苏贼对手。待吾另点别将,与你父报仇。"元帅传令:"点尉迟弟兄出城,杀那苏贼。"得令!"二将顶盔贯甲,提枪上马,一声炮响,开了城门,放下吊桥,来至阵前。宝同抬头一看,见来了二将,打扮甚奇,多是凶恶之相。面如锅底,扫帚眉,一部胡须,头戴乌金盔,双龙戏珠;身穿乌金甲,内衬玄色暗龙袍;左插弓,右插箭,腰间是竹节钢鞭，手执乌缨枪，坐下乌龙驹。这尉迟弟兄冲将过来，宝同喝声："哒！你这两个蛮子留下名来！"宝林说："你要问某家之名么，吾乃大唐天子驾前虢国公，薛元帅麾下左右先行，尉迟宝林、宝庆弟兄便是。你前日将我邦秦驸马打死，今日奉元帅将令，特来取汝首级，与驸马报仇。好好下马受死，免我爷爷动手。"苏宝同说："前日秦蛮子何等利害，尚然被本帅打死。何在乎你这两个蛮子？你在中原有你的本事，今到西凉，没有你的名字，不要走，看刀罢！"把大砍刀往头上砍下来。宝林把手中乌龙枪一架，只听得噶啷叮当。宝庆把手中蛇矛抢来助。苏宝同这口刀挡住两条枪，全不在心上。这两条枪也是利害，上一枪禽鸟飞奔，下一枪山犬惊走；左一枪英雄死，右一枪大将亡。宝同这四刀也利害，逼住了两条枪，望着头顶面、两肋、胸膛、心窝就砍。正是：三马冲锋各分高下，三人打仗各显输赢。大砍刀，刀光闪耀；两条枪，枪似蛟龙。他是个保西凉掌兵权第一元帅，怎惧你中原两个小蛮子？我乃扶唐室定社稷的二位大将，哪怕你番邦一个胡儿？炮响连天，惊得锦绣房中才子搁笔。响杀之声，唬得阁楼上佳人停针。宝林兄弟两条枪要挑倒灵天塔，苏宝同恨不能一刀劈破翠屏山。大砍刀如猛虎，乌龙枪似恶龙。这三将不知胜败如何，且听下回分解。

第十二回　尉迟弟兄遇飞刀　宝同大战薛仁贵

前言不表，再言苏宝同这把刀，那里挡得住两员大将的枪？战了四十回合，实在来不得了。心想倘一时失错，被他伤了性命，不如先下手为强。他一手提刀在那里招架，一手掐定秘诀，背上有一个葫芦，他把葫芦盖揭开，口内念动真言，飞出两口柳叶飞刀，长有三寸，有蒜叶阔，伴有一丈青光耀眼。尉迟弟兄见了，还不知是什么东酉，只听得一声响亮，犹如霹雳，豁喇喇一响。那弟兄二人抬头一看，吓得魂不附体。只见两口飞刀，好似两条火龙一样。宝林、宝庆大叫一声："我命休矣！"忙把手中枪来挡，那里挡得住。但听到喀嚓一声，望顶门上斩将下来！二人只把头偏得一偏，左膀子斩掉了，又一刀右膀子也斩掉了，又一刀斩掉了首级。三军大战，来抢尸首，被他挠勾搭去，将头号令。

苏宝同大胜，来到关前大骂说："快快献出罗通，万事全休。若然不放出来，本帅杀进城中，踏为平地。"探子报进城中："启元帅不好！尉迟二将被他飞刀斩死，又来讨战。请元帅爷定夺。"元帅一听此言，勃然大怒，说："可惜二位将军死于飞刀之下。"吩咐："抬载备马，待本帅亲自出去，除此番贼。"闪出尉迟号怀放声大哭说："二位哥哥死得惨也呵！"哄咙一响，跌在地下，晕死去了。吓得诸将魂儿不在，连忙扶起，大家流泪。仁贵泪如雨下，说："贤弟，不必悲伤。待本帅与你二兄报仇。"号怀悠悠醒转，立起身来说："我尉迟号怀今日不与二兄报仇，不要在阳间做人了。"吩咐备马。元帅等俱挡不住他。跨上雕鞍，把鞭一抽，豁喇喇，一马冲出城去。元帅点起三千铁骑，一同出城。哄咙三声大炮，号怀来到阵前大骂："狗胡儿，杀我二兄，今来报仇。"不问因由，劈面就是一枪，说："你把我二兄乱刀斩死，我与你誓不两立。三爷挑你前心后透，方解我胸中之恨。招枪罢！"飕的一枪，劈面门挑进来。苏宝同呼呼冷笑，说道："乳臭小儿，也来送死。可怜佛也糊涂。也罢！"把手中大刀，噶啷一声响，架在旁首，马上交锋，逞起英雄。闪背回来，宝同把刀一起，往着号怀头上砍将下来。号怀闪在一旁。二人在沙场上，战到三十回合，难胜号怀。苏宝同暗想："唐朝来的将官，多是能人。这人年轻，本事倒高。不免诈败下去，用飞刀伤了他。"算计已定，兜转马，把刀虚晃一晃，叫声："小蛮子，果然凶勇，本帅不是你对手。我去休得来追。"带转丝缰，往营前就走。号怀叫声："胡儿那里走！"正待要追，只听得城外鸣金。号怀听得，"元帅要我回军。也罢！不与二兄报仇，要这性命何用？如今违令了。"把马一拍，随后追上来。宝同又将柳叶飞刀来伤号怀。号怀一见，魂飞魄散，大叫："二位哥哥，兄弟不能与你报仇了。"说罢，放声大哭。合当有救，韦驮天尊在云端，看见苏宝同飞刀要斩号怀，知他后来要与唐天子代主出家，佛门弟子不该死于飞刀之下。使佛力把降魔棒一指，即时飞刀不见了，依旧云开见日，苏宝同大惊说："这飞刀那里去了？"叫声："狗蛮子，本帅的飞刀，被你一阵哭不知哭到哪里去了,还我的宝刀来!"尉迟号怀抬头一看,果然不见了飞刀,心中暗暗称奇,连自己也不信,开言叫一声:"胡儿,本将军自有神通,哪怕你飞刀,快快下马受死。"苏宝同说:"休得胡言,看宝贝!"只听得一声响亮,又是一口飞刀下来了。天尊又把降魔棒一指,飞刀又不见了。一连三起飞刀,弄得无影无踪。那苏宝同慌张,心中一想:"我九口飞刀,连失三口。如若再放,依然杳去,便怎么处?没有了飞刀,怎报得杀父之仇?倘有疏忽,前功尽弃。也罢!如今且自回营,另寻妙计,杀退唐兵。"主意已定,传令鸣金收军,兜转丝缰,回马就走。尉迟号怀飞马追赶。只听得空中大叫一声说:"尉迟将军,你快快收兵,莫可恋战。若追赶苏宝同,性命难保。"尉迟号怀抬头一看,见空中有金甲尊神,手中提着降魔棒,立在云端。"嗄!我晓得了,方才救我的是这尊神仙。"不免望空拜谢。只见天尊冉冉往西而去。尉迟号怀收兵进城,来见元帅缴令。贞观天子传旨:"将二位将军衣冠埋葬,必要剿灭西凉,方雪朕恨。"又说:"连失三员大将,叫寡人寸心不忍。"仁贵道:"龙心暂安,臣明日发兵出城,擒此番将。"天子说:"元帅出去,须得小心。征西辽全靠你,不要失着与他。""这个自然。"

不表君臣商议,再言次日探子报进说:"帅爷,苏宝同又在城外讨战。"薛元帅闻报大怒,连忙打扮,结束停当。八位总兵官及程铁牛、秦梦、段仁、王宗一、尉迟号怀等进账说:"元帅出城破贼,小将们愿同往。"仁贵说:"诸位将军兄弟们,今日本师第一遭出阵,有八位总兵在此,不劳诸位将军去得。"众将说:"说哪里话来,元帅出阵,末将随去听用。"说:"这个不消,在城中保驾。""是。"元帅上了赛风驹,发炮三声,城门大开,鼓噪如雷,二十四面大红蜈蚣旗左右一分,冲出城来。你道他怎生打扮?但见头戴一顶亮银盔,二翅冲霞双龙蟷顶;身穿一件银丝铠,鸳鸯护心镜,内衬暗龙袍;背插四杆白绫旗,左边悬下宝雕弓,右首揭几支狼牙箭,腰挂打将白虎鞭,坐下一匹赛风驹,手执画杆方天戟,后面白旗大字"招讨元帅本姓薛"。那薛仁贵来到阵前,抬头一看,但见苏宝同怎生模样?他头戴一顶青铜盔,高挑雉鸡尾两边分,白面额下微须;身穿一件青铜甲,砌就龙鳞五色,甲内衬一领柳绿蟒,绣成龙凤,二龙戏珠前后护心;背挂葫芦,暗藏飞刀,插箭杆棋四面,左边挂弓,右边挂箭,足踏虎头靴,端上一骑白龙驹,手托大砍刀,后面扯一面大旗,上写"灭寇大元帅苏",果然来得威风。仁贵把马住说:"呔!你这番将可就是苏宝同吗?"说:"然也。既晓得本帅大名,何不早早自刎,献首级过来。"仁贵呼呼冷笑,叫:"苏贼!你乃一个无名小卒,擅敢伤我邦三员大将。本帅不来追你,你又在关前耀武扬威。今日逢着本帅,要与三将报仇,难道不闻我这画杆方天戟利害?好在用你祭我戟,也不为奇。不如卸甲投唐,等我主将你慢慢斩首挖心,以祭驸马、二位尉迟爵主。若有半句不肯,本帅就要动手。"苏宝同大怒说:"你口出大言,敢就是什么薛元帅薛仁贵吗?""既晓得本帅之名,何不下马受缚。"苏宝同说:"薛蛮子,你不晓得我与大唐不共戴天,杀父之仇,恨得切齿。我也晓得你的本事不丑,今日将你一刀斩为几段,快放马来。"把大砍刀双手往上一举,喝一声:"薛仁贵,招我的刀罢!"把这一刀往仁贵顶梁上砍将下来。仁贵说声"来得好!"把画杆方天戟往刀上噶啷这一枭,刀反往自己头上绷转来了,说"嘎唷,果然名不虚传,好厉害的薛蛮子。"豁喇冲锋过去,又转过战马来。苏宝同刀起,咔一声,往着仁贵又砍将下来。仁贵把戟枭在一旁,还转戟往着苏宝同前心刺将过来。这宝同说声"来得好!"把大砍刀往戟上噶啷这一抬,仁贵两臂震一震说:"嘎唷!今遇这苏贼抬得住我戟,果然有些本事。"马打交锋过去,英雄闪背回来。仁贵又搪一戟过去,宝同又架在一边,二人大战沙场,不分胜负。正是棋逢敌手,将遇良才。二人大战有四十回合。正是石将军遇了铁将军,不见输赢,又战了十合,杀得宝同呼呼喘气,马仰人慌,刀法甚乱,汗流浃背,两臂酸麻。"嘎唷!利害的薛蛮子。"招架不住,带战马就走。仁贵不舍,随后追来。天子同了军师、程咬金在城上看见元帅得胜,天子大悦,对徐茂公说:"军师,你看元帅得胜了。果然杀得苏贼大败。"吩咐三军擂鼓。听得战鼓擂动,仁贵不得不追。但不知性命如何,且听下回分解。

第十三回 苏宝同九口飞刀 薛仁贵沙场受苦

话说苏宝同回头看见薛仁贵追上来,心中大喜,把葫芦盖拿开,口中念动真言,飞出柳叶飞刀,青光万道,直往薛仁贵顶上落将下来。这仁贵抬头一看,知是飞刀,连忙把戟按在判官头上,抽起震天弓,拿起穿云箭,搭在弦上,往飞刀上"飕"的一箭,射将过去。只听得豁喇一声响,三寸飞刀化作青光,散在四面去了。唬得苏宝同魂不附体,"呵呀!你敢破我的法宝。"飕飕飕,一连发出五口飞刀,阵面上俱是紫青光。仁贵手忙脚乱。当年九天玄女娘娘曾对他说:"有一口飞刀射一支箭。"前年在魔天岭失了一支,现只存得四支。如今他连发五口飞刀,就有五支箭,也难齐射上。所以暗自着急说:"呵呀!我命休矣!"无处可躲,只得一把拿起三支穿云箭,往青光中一撒,只听得括拉拉连响数声,青光飞刀尽皆不见。四条箭原在半空中不落下来,仁贵把手一招,四条箭落在手中,将来藏好。那边苏宝同见破了飞刀,魂不在身,"嘎唝,罢了,罢了。本帅受李道符大仙练就之刀,你敢弄些邪术来破,与你势不两立!"只得把腰间飞镖祭起,雷鸣电闪,日色无光,不辨东西南北。仁贵抬头一看,见影影绰绰好似那怪蟒一般,飞奔前来,张牙舞爪,要来吃人。仁贵十分慌张,忙将手中画戟招定飞镖,招架十分沉重,犹如泰山一般打将下来,招架不住,兜转丝缰往城下逃来了。那飞镖好不利害,紧追紧赶,插翅腾云,也难躲避。追至吊桥边,打下来了。仁贵把头一偏,正打在左膀上。仁贵大叫一声,仰面一跤,跌下马来。周青等八员总兵看见元帅落马,一齐上前抢了主将,进入城中。苏宝同后面追来,这里发起狼牙,扯起吊桥。宝同看见箭发如雨,带了三军,只得回营。此话不表。

再言天子在城上看见仁贵落马,传旨鸣金收军,城上多加灰瓶、炮石、强弓、弩箭,紧守城门。军士将仁贵抬进帅府,安寝在床,连忙把衣甲卸下。那晓仁贵昏迷不醒,只有一线气在胸中。周青、薛贤徒、周文、周武、姜兴霸、王心溪、王心鹤、李庆红等,急忙到殿前奏说此事。

天子大惊,同了徐茂公、程咬金前来看视。只见仁贵闭眼合口,面无血色,膀上伤痕,四周发紫。徐茂公说道:"吾主有福,若是中了飞刀,尸首不能完全。此镖乃仙家之物,毒药炼成。凡人若遇此镖,性命不能保全。今天元帅受此毒镖,还算上天有靠,不至伤命。"天子说:"先生又来了,见元帅这般疼痛,多凶少吉的了,还说什么'有靠',岂非是荒唐之言。"龙目滔滔下泪。徐茂公说:"陛下不必悲伤,臣昨夜观天象,主帅该当有血光之难,命是不绝的,少不得后来自有救星到临。目下凶星照耀,不能顷刻根除,只怕要三番死去,七次还魂,要等一年灾满,救星到了,自然病体脱险。此乃毒气追心,必须要割去皮肉,去此毒药,流出鲜血,方保无虞。"天子点头说:"先生所见不差。"来对仁贵道:"元帅,今日徐先生与你医治,你需要熬其痛苦,莫要高声大叫,有伤元神。"仁贵说:"承万岁厚恩,虽死不辞。"又叫:"先生,多谢你费心。"徐茂公说:"不敢,元帅且自宽心。"吩咐军士把战衣脱落,面孔朝床里。八人扶住,一人动手,拿一把小刀,连忙将紫肉细细割去,有二寸深,不见鲜血,多是黑炭的肉。天子问道:"为何不见血迹?"徐茂公说:"此镖乃七般毒药炼成,一进皮肤,吃尽人血,变成紫黑。必须再割一层,叫痛而止,见血而住,方能有命。"天子道:"先生,这叫元帅如何熬当得起?"军师道:"万岁,不妨事,绝无妨害。"天子听言,把头一点,吩咐军士用心服侍。回说:"是。"细细割去三层皮肉,方才见鲜血流出来了。元帅大叫:"好疼痛呀!"擂床擂席,好不伤心。八个军士扶不住了。徐茂公说:"元帅且定了性儿,忍痛要紧。"那血不住放出来,仁贵悠悠晕去,又醒转来,对徐茂公说:"先生,如今再熬不起了,负了万岁洪恩,杀身难报,如今要去了。"大喊一声,两足一蹬,呜呼哀哉。天子看见身死,大哭,对徐茂公说:"啊呀!军师不好了,元帅气绝了呀!"徐茂公叫一声:"万岁,不妨。他疼痛难熬,故而死去,少不得醒转来的。"吩咐军校快将丹药敷好伤痕,不可惊动元帅。请万岁回宫,待他静养几日,少不得自能"还阳活命"。吩咐八位总兵小心看守。那周青等异姓骨肉,床前轮流服侍。天子无奈,同了军师回进宫中,心中忧闷。暂且不表。

另言薛仁贵阴魂渺渺出了锁阳城,身上却是轻快,跨上了赛风驹,手内执了方天戟,把马一拍,"待吾去杀此苏贼,报一镖之仇。"大叫:"苏贼,快出来纳命!"高声大骂,横冲直撞。杀到前边,抬头一看,见一座高城池,上写着"阴阳界"。只见牛头马面侍立两旁;往城中仔细一看,城内阴气惨惨,怨雾腾腾,心内一想:"此是阴间地府世界,我要杀苏贼,如何到这里来?心中好不着急,回转去吧!"带转丝缰忙回旧路。只听得城中鼓声大震,冲出一彪人马,为首一将大叫:"薛仁贵,你要往那里去?还我命来。你当初征东,我在海中求你,你不肯放松,至我一命身亡。我在此等久,各处寻你再遇不着,不道今日狭路相逢,你休想回去,定要报仇了。"仁贵抬头一看,见此人青皮脸,却原来是东辽国盖苏文,说:"我道是谁,原来是你。不要走!本帅要取你之命。"回转马来,开言叫声:"盖苏文,你本事低微,自来送死,今日如何怨我?可晓得本帅利害吗?"盖苏文听了大怒,把赤铜刀一起,说声"招刀罢!"劈面门砍来。那仁贵不慌不忙,把手中画戟噶嘟一声架在旁首,圈得马来,把手中方天戟向前心刺将进来。盖苏文赤把铜刀一招,招架过去。两下交锋,有二十回合。正是青龙与白虎战在一处,杀在一堆,并不见输赢。一连战到百余回合,盖苏文有些招挡不住,刀渐渐松下来。仁贵戟法原高,紧紧地刺将过来。盖苏文说声:"不好!"把赤铜刀往戟上噶嘟嘟嘟一抬,这一抬险些跌下马来。仁贵抽出一条白虎鞭,喝声:"招打罢!"三尺长鞭手中亮一亮,倒有三尺长白光。这青龙星见白虎鞭来得利害,说:"不好了!"连忙躲闪。只见白光在背上晃了一晃,痛入前心,口喷鲜血,把赤铜刀拖落,二膝一催,豁喇喇,豁喇喇,往城中好走哩。仁贵喝道:"往那里走!"随后追赶,盖苏文进了城门,牛头马面将门紧闭,军士一个也不见了。仁贵十分恼怒,开言说:"城上的听着,将盖苏文放出来。若不放出,本帅要攻城哩。"一声大叫,牛头马面忙下城来,开了城门说:"将军,我这里并不见什么盖苏文,不要在这里撒野。"仁贵大怒。一戟刺死了牛头马面,进了阴阳界内,必要寻盖苏文。那里又寻得着?迫下去有数里,远远听得吆喝之声,只得走向前边。抬头一看,见一所巍巍大殿,上边匾额上写三个大字"森罗殿"。仁贵心中一想:森罗殿是阎君所居,不要管它,只寻盖苏文便了。来到殿上,只见阎君正坐宝殿,判断人间善恶。那崔判官立在东首,下面多是夜叉,小鬼,牛头,马面。丹墀之下,跪着许多人犯,披枷戴锁,着实惨伤。多是生前造孽,忤逆不孝,瞒天昧地,使用假银,奸盗邪淫,不公不法之徒,正在那里发落。这些人犯也有打的,夹的,只听得叫苦连天。仁贵在下面看见,暗想说:"生前原要做好人,死后免受地狱之苦"。见他发落已完,正要上前去要盖苏文。不知有盖苏文否,且看下回分解。

第十四回　薛仁贵魂游地府
　　　　　孽镜台照出真形

诗曰:

　　梦魂追杀姓苏人,渺渺茫茫一路寻;
　　意马心猿忽见面,青龙白虎斗输赢。

闲话少讲,再言阎君天子发落已毕,抬头见了仁贵,说声:"将军那里人?因何到此?乞道其详。"仁贵开言说:"阎君有所不知。本帅住在山西绛州龙门县,姓薛名礼,号仁贵。蒙贞观天子洪恩,跨海征东,救驾有功,封平辽王之职。今奉旨来征西凉,来到锁阳城,被逆贼苏宝同,二将飞刀伤我邦三员大将。圣上大怒,命本帅擒拿苏贼。不料又中飞镖,故此追杀苏贼。不想错走了路途,谁知遇盖苏文,方才与他大战。他力不能敌,败进阴阳界。我随后追来,无形无影无踪迹。故而来到宝殿,相烦将仇人盖苏文还与本帅,也好复旨。"阎君听了开言说:"薛大人,你还不知。盖苏文乃青龙星,上天降下来的,该有这番杀戮。本大王这里阴阳簿上,没有他的名姓,不在阴司。虽然光降,多多得罪。"仁贵大怒说:"阎君,你好欺人。他亡故多年,转世投胎,岂也不知吗?说什么'簿上无名'、'不是阴司该管'这些胡言。快快放出,万事全休。若再藏头露尾,本帅就要动手了。"阎君说:"将军息怒。"吩咐判官:"取阴阳簿过来,付与薛大人看。"那崔判官领命,忙将簿子送与仁贵。

　　仁贵接了一看，从前到后，果然没有姓盖的名字。仁贵说："方才与他大战，追了阴司，难道就不在这里？此话哄谁？"阎君说："将军但知其一，不知其二。本大王这里铁面无情，判断人间善恶，岂能徇私将人藏过来骗大人？委实不是我管，不在阴司地面。大人请回。"仁贵说："他既然簿上无名，要这簿子何用？将火烧掉了罢。"阎君听了，遍身冷汗直透，上前夺住道："这使不得。本大王奉玉帝敕旨，掌管阴阳薄子。一日一夜，万死万生，生前行善造恶，多在这簿子上。大人若是毁了它，人间善恶不能明白，上不能复旨天庭，下不能发放酆都地狱罪犯。此事断然使不得。逆犯天条，罪该不赦。大人还要三思。"仁贵说："既然不容我毁阴阳簿子，只要还我盖苏文，我就不毁了。"大王听了呼呼笑道："大人你既然要看，这不难，随我到孽镜台前，一看就明白了。但是还有一说，只许远观，不宜近看。大人阳寿未终，还该与朝廷建功立业。倘复还阳世，此事不可泄漏天机。本大王其罪不小了。"仁贵说："这个自然。"

　　大王出殿上马，同仁贵来到孽镜台前。转轮大王吩咐鬼卒："把关门开了，请大人观看。"鬼卒领法旨，忙把关开了。二位同上楼中。开了南窗一看，又是一个天朝了。分明是中原世界，桃红柳绿，锦绣江山，好看不过。大王说："大人，你看西边尊府可见吗？"仁贵仔细一看，果然一些也不差。但见平辽王府里面，二位夫人愁容满面坐在那里。旁边薛金莲手内拿着一本兵书，在那里看视。仁贵看了这般情景，放声大哭："我那二位夫人啊，你终日望我得胜班师，不想受许多折磨，如今死在阴司，你如何晓得？如今再无团圆之日，也顾不得许多。也罢！"开言叫声："老大王，但不知我圣上在哪里？"轮转王叫一声："薛大人，难得你忠心耿耿，思念朝廷，不恋家乡，实为可敬。随我到这里来。"吩咐开了西窗，便叫："大人望西一带沙漠之地，就是当今天子了。"仁贵抬头一看，果然就是锁阳城。但只天子愁容满面，军师徐茂公、鲁国公程咬金不开口立在旁边。主帅营中寂静无声，只见牙床上睡着一人。仁贵大惊说："阎君大人，本帅营中床上睡一死尸，这是什么人？"大王说："难道你忘了本来面目，睡的死尸就是将军。""嗄！原来就是我。这般说起来，我身已脱凡尘，再不能回阳世了。我那圣上啊！今生休想见面了。"泪流不止。阎君说："大人且免愁烦，方才本大王说过阳寿未终，少不得送大人还归旧路。"那仁贵忽然醒悟，开言说："适才冒犯无颜，多多得罪，受我薛礼一拜。"大王连忙扶起说："何出此言？大人不见责就好了，何必言谢。"仁贵满面惭愧，开言相求："望老大王放吾还阳，还要保主征西，灭那苏贼。但不知秦驸马、尉迟二位将军，如今在哪里？待吾会他一会，可使得吗？"大王说："这不能。他天数已定，寿算已绝，如今已上天庭去了。本大王开东窗你看。"仁贵抬头一看，见楼台有数丈高，中间悬一面大镜子，上写着"孽镜台"三字，望着镜子里面看去，别有一番世界。龙楼凤阁，仙鹤仙鹿成群，内中也有牛头、马面、判官、小鬼许多在那里。看到半边好作怪，囚笼车内坐着一位将军，饿得来犹如骷髅，脚掩手扭，链条锁住。仁贵问道："老大人，此人犯的何罪，受此锁禁？"大王说："大人，你今朝到本大王这里要寻仇人，这就是他。今日仇人当面，还问我是何人？"仁贵道："这般说起来，这就是盖苏文了。他为何这般光景？我明明与他交战，何等威势，如今弄得这样形容。"大王说："大人，这交战的原非盖苏文。也是大人被苏宝同飞镖所伤，疼痛难熬，其魂出壳，梦游地府，转念那人，那人就来了，并非盖苏文真来索命。这是大人的记心。"仁贵道："呀！原来如此。"又叫一声："老大人，那盖苏文死后何罪，罚在囚笼里面受苦？"大王说："大人但知其一，不知其二。当初大人未遇之时，奉奸臣张士贵命探取地穴，金龙柱上用九根火链锁住，就是他了。蒙大人恻隐之心将他释放，来投阳世，他若改过自新，其罪也无了。不想他来到东辽国，逆天行事，好杀生灵，伤害百姓，致死数十万性命。虽蒙大人除掉了他，他的罪孽更重。虽是青龙下降，合当受此磨难。只要等他罪完孽满，方可上天复位。"仁贵点头想：生前作恶阴司记得明白，断断躲不过的，如今为人必要正直无私。开言又问说："老大人，但不知我后来结局如何，伏乞老大人指示。"大王说："你平生正直，三年天牢，不忘恩主，并无怨心。扶助紫薇圣主，打成唐朝天下，并无罪孽。你何必心慌？"仁贵说："虽是如此，究竟后来如何？"大王说："既然如此，北窗一发开给你看，就明白了。"吩咐鬼卒开了北窗。

　　北窗鬼卒得令，连忙开了北窗。对仁贵说："一生结局多在里面。"仁贵抬头一看，全然不解。只见一座关头，写着"白虎关"。只见关中冲出一彪人马，为首一将，生得凶恶,身长丈二,青面獠牙,赤发红须,眼如铜铃;坐下一匹金狮吼,手端铁方量,冲到阵前。前边来了一员大将,白盔白甲,手执方天画戟,与他交战。那时将军杀败,只见顶上现出一只吊睛白额虎,张牙舞爪,随着那将军一路追上来。旁边又赶出一员年少将军,浑身洁束,年纪只有十六七岁光景,坐下一匹腾云马,手执狼牙宝剑,搭上弦,只听得"嗖"的一声,弓弦响处,一箭正中猛虎。片刻不见猛虎,前面将军跌下马来。霎时飞沙走石,关前昏暗。少停一刻时候,天光明亮。只见仙童玉女,长幡宝盖,扶起那中箭的穿白的将军上了马,送上天庭,冉冉而去。定睛一看,只是影影绰绰,看不明白。又只见射箭的年少将军号啕大哭,前来追杀那恶将,却被这恶将杀得大败。只见一员女将,十分美貌,手舞双刀,接住恶将大战。不上十合,被双刀女将砍下马来。霎时又不见了。那仁贵看了全然不晓得是何缘故,忙问阎君说:"内中景界怆然不解,乞道其详。"大王说:"大人,此将名叫杨藩,有万夫不当之勇,乃是上界披头五鬼星临凡。大人若遇此人,须要小心。"仁贵道:"老大人,关中赶出那一员青面獠牙、使铁方量的,想来就是杨藩了。"大王说:"然也。"不知后面还有何景象? 再将下回看。

第十五回　薛仁贵死去还魂　宝同二困锁阳城

　　闲话不提。仁贵又看到后边,忙问:"这一员将官那是那一个?"大王道:"后面将军,就是大人了。"仁贵道:"嗄! 就是本帅。为什么泥丸宫放出一只白虎来? 主何吉凶?"大王道:"大人,这是你自己本命真魂出现。"仁贵说:"呵呀! 这般说起来,本帅乃白虎星临凡了。""然也。"仁贵又问道:"老大人,那旁边那一员小将,我与他前世无仇,今生无冤,为何将本星一箭射死? 但不知他姓甚名谁? 为何前来伤害本帅?"阎罗天子微微冷笑说:"大人,这小将就是你的令郎,名唤丁山。"仁贵道:"老大人,本帅没有儿子的,他是龙门射雁的小厮。嗄! 原来是我的丁山儿,他为何伤我?"大王说:"你当初无故将他射死,今日他来还报。你无心害子,他有心救父。白虎现形,故而射死白虎,怪他不得。这叫一报须还一报。"仁贵道:"我儿已被我射死,尸首又被猛虎衔去,本帅亲眼见的,如何又得重生? 又来助战?"大王说:"你令郎有神相救还阳,目下应该父子相逢,夫妻完聚。""嗄! 原来如此。有这个缘故。我后死于亲人之手。"二位说毕,同下楼来。大王吩咐鬼卒:"送薛爷回阳间去,不可久留在此,恐忘归路。"仁贵拜谢。鬼卒同了仁贵离了森罗殿,来到前面。只见一个年老婆婆,手捧香茶,叫声:"吃了茶去。"仁贵听得,叫声:"婆婆,我不要吃。"大王叫一声:"大人,这个使不得。倘然复还阳世,泄漏天机,其罪不小了。请大人吃了这盏茶。"仁贵吃了,作别大王,还回旧路。看看相近锁阳城,鬼卒叫声:"薛爷,小鬼送到此间,阴阳阻隔,要去了。"仁贵叫声:"慢去,还有话讲。"只听得大叫:"元帅苏醒转来了。"那周青等八位昼夜服侍,在此守候。听得元帅大叫,周青说:"好了,元帅醒过来了,快快报与万岁知道。"薛贤徒急忙来到银銮,奏说此事。朝廷大悦,同了茂公前来看视,叫声:"元帅,你七日归阴,朕七日不曾安睡。今日元帅醒转,朕不胜之喜。要耐心将养为主。"传旨煎茶汤。仁贵只得翻转身来,说:"臣该万死,蒙圣主如此隆重,杀身难报,只得在席上叩首了。"朝廷说:"这倒不必,保养第一。"仁贵说:"军师大人,这几天苏贼来攻城否?"茂公说:"他失了九口飞刀,不来十分攻打。"仁贵对周青说:"你等不要在这里服侍,自有军校承值。你带领人马十门紧守,多备灰瓶、炮石、强弓、弩箭,防他攻打以惊圣驾。"那八员总兵一声:"得令!"多往城上紧守去了。又对徐茂公说:"待本帅好些,然后开兵,不要点将出城,再送性命。"茂公说:"这个自然,元帅且宽心。"仁贵说:"请万岁回銮。"朝廷再三叮嘱,同了茂公自回宫不表。

　　另回言苏宝同为何不十分攻打? 因前日与尉迟号怀交战,失去三把飞刀,又与薛仁贵开兵,又失去六把飞刀,如今一齐失了。剩得飞镖三柄,那里敌得唐兵过? 复要上仙山练就飞刀,再来复仇,未为迟也。忙吩咐三军:"把城门围住,不许放走一人,否则本帅回来军法处置。""得令!"那苏宝同又往仙山炼飞刀去了,我且慢表。

　　再言锁阳城中,徐茂公善知阴阳,晓得苏宝同上山炼飞刀去了,应该点将出战。为何不发兵？明晓得他营中飞钹和尚、铁板道人二个厉害不过，出去枉送性命，故而不发兵。"也是灾难未满，所以耽搁。他日日到帅府看视。仁贵用药敷好，只是日夜叫疼叫痛，也无法可治。不料耽搁有三个月，君臣议论纷纷，我且慢表。

如今要讲到西辽元帅苏宝同，他上仙山求李道符大仙，又炼了九口飞刀。别师下山，到狼主那里，又起雄兵十万，猛将千员，带领大队人马来到锁阳城。量城中薛仁贵不能就好，老少将官也无能冲踹，竟胆大心宽，传令："与我把十门周围扎下营盘。""嗄！"一声号令，发炮三声，分兵四面围住，齐齐扎下帐房。前后有十层营盘，扎得密不通风，蛇钻不过马蹄，乌鸦飞不过枪尖。按下四方五色旗号，排开八封营盘，每一门二员猛将把守。元帅同军师困守东城，恐唐将杀出东关，到中原讨救，所以绝住此门。今番二困锁阳城，比前番不同，更是利害。雄兵也强，猛将也勇，坚坚固固，凭你神仙手段，八臂哪吒也难迎敌。此一回要杀尽唐朝君臣，复夺三关，杀到长安，报仇泄恨。暂且不表。

城中贞观天子在银銮殿与大臣闲谈，着急仁贵病体不能全好。正在此刻，忽听城外三声炮响，朝廷大惊。一时飞报进来，上殿启奏："万岁爷，不好了。番兵元帅又带领雄兵数万，困住十门，营盘坚固，兵将甚众。请万岁爷定夺。"朝廷听得此报，唬得冷汗直淋。诸大臣目瞪口呆。徐茂公启奏道："既有番兵围绕十门，请万岁上城窥探光景如何，再图良策。""先生之言有理。"天子带了老将、各府公子，多上东城。往下一看，但见：

征云惨惨冲牛斗，杀气重重漫十门；风吹旗转分五色，日照刀枪亮似银；
銮铃马上叮当响，兵辛营前番语情；东门青似三春柳，西接旗幡白似银；
南首兵丁如火焰，北边盔甲暗层层；中间戊己黄金色，谁想今番又围城。

果然围得凶勇！老将搔头摸耳，小英雄吐舌摇头。天子皱眉道："徐先生，你看番兵势头利害，如之奈何？薛元帅之病不知几时好，倘一时失利，被他攻破城池，便怎么处？"茂公说："陛下龙心且安。"遂令秦梦、尉迟号怀、段仁、段滕贤，各带两千人马，同周青等八员总兵保守十门，"务要小心。城垛内多加强弓硬弩，灰瓶石子，日夜当心守城。若遇苏宝同讨战，不许开兵，他有飞刀利害。若来十门攻打，只宜十城坚守。况城地坚固，绝无大事。不要造次，胡乱四面开兵。一门失利，汝四人一齐斩首。""得令！"四人领命，各带人马，分十门用心紧守。朝廷同老将、军师退回银銮殿，叫声："先生，此事如何是好？"茂公道："陛下降一道旨意，到长安讨救兵来才好。"朝廷说："先生又来了。城中多少英雄，尚不能冲杀番兵。寡人殿前，那一个有本事的独踹番营？"茂公道："有一员将官，他若肯去，番兵自退矣。"天子道："先生，那一位王兄去得？"茂公笑道："陛下龙心明白，讨救者扫北征东之人也。臣算定阴阳，此去万无一失。他是一员福将，疾病都没有的。陛下只说没用，老臣自有办法，遣将不如激将。"天子点头，心中才晓得是程咬金。就叫："程王兄，军师保你能冲杀番营，前去讨救。未知可肯与朕效力否？"程咬金跪奏道："陛下，为臣子者正当效力，舍死以报国恩。但臣年迈八旬，不比壮年扫北征东，疾病多端。况且到长安，必从东门而出。苏宝同飞刀利害，臣若出去，有死无生，必为肉泥矣。徐二哥借刀杀人，臣不去的。"朝廷说："先生，当真程王兄年高老迈，怎能敌得过苏宝同？不如尉迟御侄去走一遭罢，他那条枪还可去得。况程王兄风中之烛，只好伴驾朝堂，安享富贵。若叫他出去，分明送他残生性命，反被番邦耻笑。军师，此事还要商议。"不知程咬金肯去不肯去，再看下回分解。

第十六回　徐茂公激将求救　程咬金骗出番营

适才话言不表。再言徐茂公说："陛下，动也动不得他。臣算就阴阳，万岁洪福齐天，程兄弟乃一员福将。苏宝同虽有飞刀，邪法多端，只伤无福之人，有福的不能受伤。故而保我程兄弟出去，万无一失。若说尉迟小将军，他本事虽高，怎避得番帅飞刀之患？况他二兄已丧，此去兵不能退，又折一员栋梁。程兄弟，当年扫北时也保你出去讨救，平安无事，得其功劳。向年在三江越虎城，也保你往摩天岭讨救，也太平无事，今日倒要推三阻四起来。"咬金道："这牛鼻子道人！前年扫北，左车轮本事，系用兵之法不精,营帐还扎得松,可以去得;向年征东,盖苏文认得我的,不放飞刀,还敌得过,所以去得。如今我年纪增添,苏宝同好不利害,营盘又坚固,更兼邪法伤人,我今就去,只不过死在番营,尽其臣节。只恐误了国家大事,我之罪也。"天子说:"程王兄之言不差。他若出去,被苏宝同见笑,说城中没有能人大将,遣一个年老废物出城,岂不笑也笑死了。"程咬金一听此言,心中不悦,开言叫声:"陛下,何视臣如草芥!当初黄忠老将年纪七十五岁,尚食斗米,能退曹兵百万。况臣未满八旬,尚有廉颇之勇,何谓无能?待臣出去。"天子道:"既然王兄愿去,寡人有密旨一道,你带往长安开读。讨了救兵前来,退得番兵,皆王兄之大功也。"程咬金领旨一道,就在殿上装束起来。按按头盔,紧紧攀胸甲,辞了天子,手端大斧,开言说:"徐二哥,你们上城来看。若然吾杀进番营,营头大乱,踹得出番营,营头不乱,吾就死在番营了。另点别将去讨救。"茂公说:"诸位将军,今日一别,不能再会了。"众公爷说:"说到哪里话来,靠陛下洪福,神明保佑,老千岁此去,决不妨事。"程铁牛上前叫道:"爹爹,你是风中之烛,不该领了旨意到长安去。"咬金说:"我的儿,自古道:'食君之禄,与君分忧。'国家有难,情愿舍身而报国,生死皆由天命,就死不为寿夭。况为父的受朝廷大恩,岂有不去之理?"程铁牛流泪说:"待孩儿保着爹爹前去,一同杀出番营,同到长安。"咬金摇摇手道:"这使不得,你伴驾要紧。倘一同出去,有甚三长两短,就不妙了。"父子二人大哭。诸臣见了,好不伤心。咬金辞王别驾,上了铁脚枣骝驹,也不带一兵一卒,出了午门,独骑同茂公来到东城。天子同公卿上马,都到城上观看。咬金又叫一声:"徐二哥,你念当初结拜之盟,要照管我儿的。"茂公说:"这个自然,不消吩咐。但愿你马到成功,回到长安,早讨救兵到来。愚兄在这里悬望。"咬金说:"二哥,我出了城门,冲杀番营,营不乱,你们把城门紧闭,吊桥高扯;若营中大乱,你们不可闭城,吊桥不可乱扯,防我逃进城来。"茂公说:"这不消兄弟吩咐。你且放胆前去,我自当心的。"铁牛看了不忍,君命所差,无可奈何,同茂公竟上城头观看。一边放炮开门,吊桥坠落。咬金一马当先,冲出城来,过了吊桥,茂公一声吩咐,城门紧闭,吊桥扯起了。

这程咬金回头一看,见城门已闭,吊桥扯起,心中慌张,叫声:"二哥,我怎样对你讲的?"茂公叫声:"程兄弟,放胆前去。我这里城门再不开的,休想进来,快回长安。我自下城去了。"咬金心中大恼,说:"罢了!罢了!这牛鼻子道人,我与你前世无冤,今世无仇,何苦要害我!"在吊桥边探头探脑,却被营前小番瞧见,多架弓矢喝道:"呔!城中来的将官,单人独骑,敢自来送命。看箭哩!"飕飕的乱发狼牙。程咬金好不着忙,向前又怕,退后无门,叫一声:"番儿,慢动手。借你口中言语,去报与番将得知。说我吾唐鲁公程老千岁,有话要面讲。"小番听了忙报营中说:"启上帅爷得知,今有城中走出一名奸细,口称鲁国公程咬金,要与元帅搭话。"苏宝同道:"那人带多少人马?用何兵器?""启上帅爷,那人并无兵马,单人独骑,手内端着一柄斧子,余外并无什么。"苏宝同吩咐带马来。军士带过马,宝同上了龙驹,来到营前,大喝一声道:"老蛮子,你姓甚名谁?请本帅出来有何话说?"程咬金开言叫声:"胡儿!只为飞刀利害,主帅命我程老千岁到长安催取粮草,来杀你们。"苏宝同说:"原来就是程老蛮子,本帅也悉知。我也不杀你,你回去吧。"咬金叫一声:"胡儿,我中原还有上天入地英雄好汉,倘然一到西凉,你们一个个性命就难保了。我老人家还有孙子,名叫程千忠,用十六个军士扛抬一柄板斧。若一到西辽,你们就难逃生路了。"叫一声:"苏宝同!你若怕杀,宜快把我程爷爷这就杀了;你若是英雄好汉不怕杀,放我过去搬兵取运粮食。"苏宝同听了此言,心中一想:那里有什么上天入地英雄好汉?那里有十六个人扛抬的斧子?一概胡言。他分明粮草全无,运粮是真情了。我想这看头儿杀他也无益,不如放他去吧吧。倘有粮草到来,我就一鼓而擒,乘机攻破城池,将仇人杀尽,拿住唐王,搜寻御玺,呈与狼主,功劳无限。主意已定,叫一声:"老南蛮,本帅也不怕你钻天好汉,也不怕你入地英雄,放你过去。"程咬金道:"胡儿,你果然不怕死?"苏宝同说:"老匹夫,你不要骂,俺不怕。放你过去。"程咬金叫一声:"胡儿,你好好诈呵!这会儿假意放我程爷爷过去,前边关口都被你番兵占去,你差兵到关津嘱咐,教他拿住我,将程爷爷一刀两断,岂不是上了你的当了?要杀,就在这里杀。"苏宝同道:"嗄!你说哪里话来?本帅乃堂堂汉子,岂肯巧言令色。我若不容你过去,一刀就砍你驴头下来。难道见钟不打,反去炼铜?绝无他意。你不要介怀,放心过去罢。"程咬金道:"胡儿,你程爷爷此去搬兵到来,杀你这班番兵。你也请吾一请,好叫我吩咐孙子程千忠,斧子磨快些,把你这班乨儿一刀一个,杀快些,少受些苦痛。"苏宝同说:"军校们,那老蛮子噜噜口苏口苏讲些什么?"小番禀说:"启爷,那蛮子要酒饭吃。"苏宝同道:"老匹夫不知饿了几天了,本帅做个好事。"吩咐小番赏他些酒食。""得令!"军校连忙取出鱼肉好酒,送与咬金。咬金大悦,将来吃了,有些酒意,开言说:"胡儿,快将令箭批文与吾,好到关前做个执照。"苏宝同听了,吩咐小番,将批文令箭与他前去。咬金接了令箭批文,出了营门,上了马,叫声"多扰",打马加鞭往前,至一里之地放起流星,此话不表。

再讲唐王君臣在城头观看,稍停,只见远远流星放起。天子大悦,叫声:"先生,你看营后流星放起,程王兄想来无害了。"茂公道:"臣算定不妨碍的。"程铁牛听了不胜之喜。传旨回宫。此话也不表。

再言程咬金一路上倒也太平,到了关隘,有了执照令箭,俱皆放行。不一日,到了玉门关,是中原地方。闻知钦差多来远接。咬金不敢耽搁,救兵如救火,日夜兼行,不分昼夜,过了宁夏一带地方。一路上风惨惨,雨凄凄,行过了陕西,早来到长安。进了城门,不到自己府中,当日就到午门,驾已退殿回宫去了。有黄门官抬头一看,说:"啊呀! 老千岁,随侍圣上龙驾前去征西平番,可是得胜班师了吗?"咬金说:"非也。快些与我传驾临殿,今有陛下急旨到了。"黄门官听见有万岁急旨降来,不知什么事情,连忙传与执殿官。不知圣驾如何,且看后回,便知分解。

第十七回 薛丁山受宝下山
柳夫人母子重逢

话说执殿官急忙鸣钟击鼓,内监报进宫中。殿下李治整好龙冠龙服,出宫升殿。宣进程咬金,俯伏尘埃:"启殿下千岁,老臣鲁国公程咬金见驾,愿殿下千岁,千千岁。"李治叫声:"王伯平身。取龙椅过来。"程咬金谢恩坐在旁首。殿下开言叫声:"王伯,我父王领兵前去平西,未知胜败如何? 今差王伯到来,未知降甚旨意?"程咬金说:"殿下千岁,万岁龙驾亲领人马,一路势如破竹,连夺三关,如入无人之境。不想入了他圈套,设过空城之计,进得锁阳城,被苏宝同调百万兵马将锁阳城团团围住,水泄不通,日日攻打。开兵驷马出阵,被他骗去昆仑铜,还铜身亡,死于马下。次日尉迟宝林、宝庆弟兄二人,被他飞刀所害,尸首不能完全。元帅亲领六师自出,又被飞镖所伤,众将救回,死过七日,然后还阳,至今未好。事在危急,有惊天子龙驾。所以单人独马,杀出番营,到此讨救。现有旨意一道,请千岁亲观。"李治殿下出龙位,跪接父王旨意,展开在龙案上,看了一遍说:"原来我父王围困锁阳城内,命我不要点朝中大将为帅,要出榜文,是有能人到来,领兵前来破番,方能得胜。"殿下对咬金:"父王旨意上要出榜文,不知何意?"咬金说:"这是牛鼻子道人善晓阴阳,所以得知。"殿下说:"事不宜缓,救兵如救火。老王伯与我调齐三军,操演各将,一面张挂榜文。"咬金说:"老臣得知。"就此辞驾,出了午门,回到自己府中。裴氏太太早已亡故,孙儿千忠接见,他也是青面獠牙,使一柄大斧,倒有八百余斤,两膀有千斤之力。咬金无暇细谈,自去料理。单有秦、尉迟二家公主闻此消息,苦恨不已,悲伤哭泣。但见随驾而去,不得随驾而回。设立灵座,殿下亲临吊唁,文武百官皆来祭奠。暂且不表。另回言云梦山水帘洞王敖老祖,当年救了薛丁山,留在洞中,拜为师父,教习兵法,却已过了七年。晓得紫微星被困锁阳城,白虎星有难,目下应该父子团圆。不免唤徒弟下山,叫他前往西凉救驾,使他父子相逢,又能建功立业,有何不美。叫声:"徒弟过来,有话要对你说。"丁山听得师父呼唤,忙到蒲团前跪下,说:"师父有何吩咐?"王敖老祖叫声:"徒弟,你今灾难已满,应该离我仙山。今有西凉苏宝同作乱,唐天子有难锁阳城,汝父被飞镖所伤,我命你下山,前往锁阳城救驾,致使父子相会,平定西番回朝,其功不小。"丁山听言,叫声:"师父,弟子蒙师父相救,情愿在山中修道,学长生之法,不愿红尘中去走走。"说罢,泪流不止。老祖说:"徒弟,你命该享人间福禄,修道之中你无缘,根行浅薄。你此去巧遇良缘,有大功于国,以救汝父。你若不听我言,不忠不孝之罪人也,焉能修道得成?"丁山说:"师父,弟子本事低微,才疏学浅,武艺手段平常,如何到得西凉,杀退番邦人马? 倘一失手,岂非败坏师父仙名？不能救驾，父子又不能会面，这便如之奈何？"老祖点头说："是，果然不差。此去到西凉，关关有大将，寨寨有能人，焉到能得西凉？苏宝同又利害不过。嘎，有了。"吩咐仙童："去取我十件宝贝出来，付与师兄。"仙童领法旨，取出递与丁山。老祖说："此十桩宝贝，可能破得番邦，你要好好收藏，后有用处。"那十件？太岁盔一件；索子天王甲，刀枪不进；一双利水云鞋，穿上会腾云驾雾；一把方天画戟；一柄昆仑剑；玄武鞭；朱雀袍；宝雕弓；三支穿云箭；牵出一匹驾雾腾云龙驹马。丁山受了十件宝贝，全身披挂。老祖说："这十桩宝物，你拿到西边，就能平复西凉。天机不可泄漏，去罢！"丁山叫声："师父，徒弟此去不知何日再见师父？"老祖说："吾赠你偈言四句，日后富贵荣枯结局多在里头，你须要牢牢记着。偈曰：'一见杨藩冤孽根，红丝系足是前生。两世投胎重出见，自家人害自家人。'"丁山说："师父，不知吉凶，乞师父指引。"老祖说："不须问我，后有应验。""是，谨依师父严训。"拜辞师父，离了仙洞，上了龙驹。老祖又叫："徒弟转来，吾还有话讲。"丁山道："不知师父还有何法旨？""汝父有难西凉，被苏宝同飞镖所伤。我赠你丹药，前去救父一命。""是，谨依师父法旨。"那时便把葫芦收好，叫一声："师父，弟子此去往于何地？"老祖说："汝往西南而行，往龙门县。汝父职受平辽王，镇守山西。你回去母子相逢，速往长安，收取榜文，西凉退贼。你功名富贵，在此一举了。"丁山一听此言，心中明白。将弓箭鞭挂在腰间，别了师父下山。

这匹龙驹好不快便，但听得风声，不消片时来到山西。看看相近龙门县，按落云头一看，早到平辽王府门首。说道："吾七个周年不在世间，但不知母亲妹子如何？"只见走出一个人名薛青，抬头一看，问起因由。丁山细说一遍。薛青叫一声："小主人，你自经龙门射雁身亡，夫人终朝痛苦。难得今日生还，使小人喜出望外，待小人进去通报夫人。"薛青来到中堂，双膝跪下说："主母，当年小主人未死，今日回来，特来禀知夫人，现在辕门外面。"夫人听得此言，心中大喜，吩咐薛青："快快出去请大爷进来。""是，晓得。"来到外面，同了世子来到中堂。见柳氏夫人坐在中堂，丁山叫一声："母亲，孩儿丁山拜见。"夫人抬头一看，"果然是我丁山孩儿。"抱头大哭："七年不见，今日相逢，孩儿细细说来。"丁山道："母亲，那日孩儿射雁，误被父亲射死。王敖师父差虎将孩儿衔去，救活性命，在山学道。今日师父命孩儿下山，付十桩宝贝。说圣驾被困锁阳城，父亲被飞镖所伤，无人往救。目下长安挂榜求贤，孩儿要往长安揭榜，领兵前往西凉救父要紧。故此先来拜见母亲，就要起程。"夫人听了大喜，说："难得仙师相救，七年恩养，又叫前去救父亲，这也难得。"金莲小姐在内闻知哥哥回来大喜，忙走到中堂，见了哥哥，满心喜悦。兄妹二人也有言语。回身拜见樊氏二娘。设团圆酒与孩儿接风。

酒席之间，夫人下泪，说道："儿嗄，闻得西凉兵将凶狠，但不知你父亲死活存亡，教做娘的那里放心得下。"丁山听了，跪下说："母亲不必愁烦，待孩儿明日到长安揭榜，前去救父。母亲放心！"夫人说："孩儿，你要往长安，西凉去救父。也罢么，生死愿同一处，做娘的同你前去，免得牵肠挂肚。"金莲小姐上前说："哥哥，做妹子的有仙母教习仙法，练就六丁六甲，金甲神将，武艺精通。凭他番兵百万，那里在妹子心上。与哥哥一同前去救父。"丁山说："妹子果有本事，一同前去更妙。但不知家室田园王府托与何人？"夫人想一想说："王茂生伯伯夫妻今已去世，如今怎么处？嘎，有了，不免尽行托与樊氏二夫人便了。"母子兄妹三人讲了半夜，说起王茂生身故，丁山下泪，酒筵席散，各自归房。未到天明，各自抽身，将家事托与樊氏夫人。收拾完备，兄妹结束停当，同母亲离了山西。有官员相送，吩咐不必相送。放炮三声，竟往长安大路而行。不一日到了长安，进城果见教场演兵马。来到午门，看见榜文大张。圣谕："有将领兵到西凉，救回圣驾，封万户侯，妻封一品夫人。"丁山大悦，忙上前揭榜文。有守榜官看见，忙来见鲁国公程咬金。咬金听说，忙上马来到榜前，见一年少将军揭了榜文，程咬金大喜，说："昨日张挂，今就有人揭榜。待我问他姓名，不知可有怎样本事迟得番兵。"不知此人是谁，且看下回分解。

第十八回 薛丁山领兵救父 窦仙童擒捉丁山

适才话言不表。再言程咬金带年少将军来到自家府中,说:"小将军姓甚名谁?有何本事来揭此榜文?"丁山说:"老千岁,我乃薛平辽王之子丁山,向年被师父救去练习兵法。师父命小将下山,往西凉救君父,同母亲妹子一同到此。望老千岁奏明殿下,领兵前去征番。"咬金听了大喜:"你原来是平辽公之子,可喜。待吾二人一同去朝见殿下。"二人上马,来至午门。当驾官奏知,李治殿下升殿。程咬金同薛丁山来到金銮,朝见已毕。殿下问道:"卿家,何人揭此榜文?"程咬金说:"殿下洪福齐天。这小将军乃元帅之子薛丁山,前来揭榜领兵。"殿下说:"原来是薛卿,平身。卿家有何本领领此重任?"丁山奏说:"千岁在上,臣父蒙圣上供恩,拜将征西,随驾番邦,不料被困锁阳城。闻千岁招贤纳士,臣遇仙师传授仙法,哪怕番兵百万、苏宝同利害?臣此去必要杀却苏贼,平定西凉。得胜班师,犹如反掌。"殿下抬头一看,果然相貌不凡,人才出众,必是大将之才,心中大悦。封丁山为二路元帅,就当殿挂印。殿下李治亲递三杯御酒,说:"薛卿领兵前去,一路旗开得胜,马到成功,救了父王龙驾,得胜回来,其功非小。"丁山谢了恩。这一首程咬金说:"殿下千岁,救兵如救火,殿下速降旨意,命各府爵主,明日教场点起大队人马,连日连夜往西凉救万岁龙驾要紧。"殿下说:"老王伯,这个自然要紧的。"就降旨意。如今各府公爷,回家整备盔甲,殿下回到宫中不表。

单讲薛丁山威威武武回到程府中,咬金设酒饯行,当夜之事不表。到了五更天,有各府公爷都是营妆披挂,结束齐整,到教场中听令。丁山头上戴顶闹龙束发太岁盔;身披一领索子天王甲;外罩暗龙白花朱雀袍;背插四面描金星龙旗;足穿利水云鞋,上节装成乌缎描凤象战靴;手端画杆方天戟;腰间挂下玄武鞭;左边是下宝雕弓;右边袋衣插下三支穿云箭;坐下一匹驾雾腾云龙驹马。后面扯一面大纛旗,书着"征西二路大元帅薛"。丁山好不威风!来到教场,请将上前打躬已毕,点清了三十万人马,薛丁山命尉迟青山先解粮前行;点罗通为前部先锋;后队程程千忠,逢山开路,遇水成桥。后面丁山祭过了旗,放炮三声,摆开队伍,众将保住了元帅。程咬金也是戎装甲胄,竟往西番大路而行。薛夫人、小姐也结束打扮,一同征进。尽戴乌金盔,都穿亮银甲。果然马不停蹄,出了陕西,过了宁夏,人马出了玉门关。

前面有座棋盘山,山势高峻。只听得山上一声锣响,罗通在马上说:"前面高山必有草寇下来,尔等须要小心。"话声未绝,山上数千喽啰下山来了。冲出一个大王,年纪还少,仪貌堂堂,身长三尺,头戴高银盔,身穿熟铁甲,手执黄金棍。他是王禅老祖的徒弟,武艺高强。他在山上望去,见唐军中一员女将,生得齐整不过。好色之徒见了金莲,不觉神魂飘荡,妄想争来成亲。便拿了黄金棍,飞奔前来,挡住去路,大叫一声说:"到我山前过,十个头,留九个。若是没有买路钱,走你娘的清秋路,快快留下买路钱来。若是不肯拿出来,你军中留下这少年女子,与我做压寨夫人。"罗通听了大怒:"好大胆的狗强盗!天兵到此,你出此胡言乱语,"把枪一起,"招枪!"一枪往面门上挑将进来。窦一虎是步战的,把黄金棍往枪上噶啷这一桌,来得利害!罗通这条枪绷转来了,圈得战马来又是一枪,如今一虎棍抬不起了。纵跳如飞,枪来棍架,棍去枪迎,二将交锋三十余合。罗通本事高强,杀得窦一虎浑身是汗,险些被他刺着,把身子一伸,一扭不见了。罗通抬头一看,"呵呀!这也奇了,方才这子正要拿他,为何就不见了?"军卒看见说:"强徒做戏法的,忽然不见。"罗通心中想到:"未如追上山去捣其巢穴,除此草寇,好让客商往来。"算计已定,带领三千铁甲,杀上来。

小姐正坐忠义堂,喽啰报上山来:"启小姐,不好了。大王在山前打探,不远来了唐朝大队人马。大王要截住讨买路钱,那军中闪出一员先锋,十分凶勇,与大王交战有三十余合,大王大败,上遁走了。那唐兵追上山来了。"小姐大怒:"嘎,有这等事。待吾自去拿他便了。"上了白花龙驹,带领三百女兵冲下山来,刚刚正迎着罗通。罗遍看见一员女将冲下来,抬头一看:"嘎唷,好绝色的女子!"你看她怎生打扮?但见她头上挽就螺蛳髻,狐尾倒照,雄鸡尾高挑,眉似柳叶两弯清,面如敷粉红杏色,一口银牙,两耳金环,十指尖尖如春笋,身穿索子黄金甲,八幅护腿龙裙,足下小小金莲,果然倾城倾国,好似月里嫦娥来下降。罗通见了,不禁呼呼大笑说:"你这女有何本领,口出狂言。快快随我到营中,送与元帅做个夫人。""喳!狗南蛮,你不知俺窦小姐的利害吗?擅敢讨我便宜。不要走,招刀罢!"把刀一起,往罗通头上砍将过来。罗通把枪逼在一旁,还转枪来,一枪劈面门挑将进去。小姐把刀嗙啷啷一声响架在旁首,马打交锋过去,英雄闪背回来。二人在山前战到二十回合,小姐那番虚晃一刀,带转马就走,叫一声:"狗南蛮,俺不杀你了,好走哩。"罗通不知她使计,拍马也追上来了。仙童回头一看,正中机谋,忙向怀中取出捆仙绳,抛在空中。罗通抬起头,只见一道亮光一烁,被他捆住,昏迷不醒,翻身一交,跌下马来,被喽啰拿上山去了。那窦仙童收了仙绳,又到阵前讨战。

有败残兵卒报进营中,说:"元帅不好了,山中有一女将,能使妖法,把先锋罗千岁用红绳生擒活捉上山去了。"丁山听报大怒,吩咐:"军校备马抬戟,待本帅亲自擒泼贼。"打扮完备,结束停当,跨上龙驹,手执画戟,带领三军,冲出来。来到阵前,大叫一声:"贱婢,你好好放我先锋出来,若不然,本帅要将巢穴端为平地了。"窦小姐见营中出来一将,甚是齐整,面如敷粉,唇如涂朱,两道秀眉,一双凤眼,好似潘安转世,犹如宋玉还魂。窦小姐心中一想:"我生一十六年,从不见南朝有这等美貌郎君。我枉有这副花容,要配这样才郎不能够了。"他有心拿这丁山,喝道:"嗬!来的唐将少催坐骑,留下名来。"丁山道:"你要问本帅之名,我乃唐王驾下二路元帅薛丁山便是。快快放罗千岁出来,好往锁阳城救君父。"小姐说:"郎君,奴家有言相告。""有话快说来。""奴家已非俗人,乃九龙山连环洞黄花圣母徒弟。蒙师传授仙法,武艺精通,虚度青春十六岁。父母双亡,只有哥哥窦一虎。他有地行之术。奴家窦仙童欲与将军成就匹配,同往西凉认救圣驾。不知将军意下如何?"丁山一听此言,心中大怒,说:"你这不识羞的贱人!我乃堂堂世子,岂肯与你草寇为婚!你这无廉无耻不顾羞惭的贱人!你不必多言,招本帅的戟罢。"一戟往小姐面门上刺将来。那小姐不慌不忙把双刀一起架在一边,马打交锋过去,走转来,那仙童忙举双刀砍将下来,丁山急架忙还。刀来戟架,戟去刀迎,杀在一堆,战在一处。一连二十个冲锋,战得小姐满面通红,两手酸麻,那里是丁山敌手?只得把双刀抬定方天戟,叫声:"郎君,且慢动手,看我的法宝。"往怀中取出捆仙绳,往空中一抛,照前一样,将丁山捆住,得胜回山。将丁山绑起,解进忠义堂。丁山方苏醒,见了仙童立而不跪,骂道:"泼溅妖娆,你用妖法拿我天朝元帅。"仙童说:"奴家怜你人才出众,饶你一死。今日依我山上成亲,我就劝我哥哥归顺大唐,同到西凉。你若执迷不悟,如今就要斩了。"丁山听说,大怒道:"妖娆,你出言无礼,强逼成婚,要杀就杀,何必多言。"仙童听了吩咐喽啰啰:"推出斩首报来。"喽啰得令,将丁山推出斩首。不知性命如何,且听下回分解。

第十九回　薛丁山山寨成亲　窦一虎归唐平西

再言窦小姐令喽啰将丁山推出斩首,正要开刀,只听得叫一声:"刀下留人!"你道是那一个?就是程咬金。他在大营听得军士报进说:"帅爷与女将交战,不上三十回合,被他红绳线索把帅爷活捉上山去了。"咬金听了,唬得魂飞魄散,开口又问道:"怎么说?""他阵上女将要与帅爷成婚,帅爷不肯,被他拿去。"问道:"此姓得如何?"回道:"好一个绝色女将。"咬金忙对柳氏夫人说:"侄媳,令郎捉去,多凶少吉。不如待老夫为媒,对了亲,成了婚姻,好去西凉救驾。"金莲听见哥哥被捉,柳叶眉边生杀气,说:"老千岁,待我前去与兄报仇。"夫人说:"女孩儿不可。你哥哥尚然如此,何在于你。听老柱国之言,前去就亲,救驾要紧。"咬金听了,连忙上马,来到山林,大叫:"刀下留人!"喽啰抬头见一员年老将军,喝声:"呔!你这老头儿何等之人,擅呼刀下留人?"咬金说:"你去报与女将知道,说我大唐天子驾前,吾唐鲁国公程老千岁,有话要对女将军面讲的。"喽啰听了,来到堂上说:"大王,有位大唐程千岁来见小姐。"仙童听了,心中暗喜,莫非此人来与我做媒,不可怠慢他。吩咐喽罗:"且慢开刀,请程千岁进来相见。""得令!"喽啰来到外面说:"唐将且慢开刀。请程千岁进去相见,见过之后定夺是非。"程咬金下了马来到殿上，窦仙童忙来迎接。接上银安殿，分宾主坐下，就开言道："老将军到山寨来，有何话讲，乞道其详。"程咬金说："小姐，老夫到此，非为别事，特来与小姐作伐。就是平辽王世子，官封二路元帅，今日被捉的人，与小姐年纪仿佛，郎才女貌，休要错过这段良缘。"那小姐听了满面通红，开不得口，倒害羞起来了。那窦仙童今日阵上私自对亲，拿到殿上强逼成婚，为何见了媒人倒怕羞起来？必有缘故。咬金看见小姐不言，开口说道："小姐，此乃终身大事，不必害羞。老夫所说都是金玉之言，劝小姐允了罢。"那仙童听了，只得硬了头皮，叫声："老千岁，多蒙光降到来做伐。然婚姻大事，虽然父母去世，还有兄长。自古说长兄为父，烦请老将军问我哥哥允不允就是了。"咬金想道："这个丫头，倒会做作。方才阵上明明白白招亲，今推与哥哥做主，做得干干净净。"想了一会，开言说："小姐既要令兄做主，请来相见。"那窦一虎在地中听得明白，想道："吾有心要与他妹子成亲，不想自己妹子倒与他做亲。正是我要算计他人，不想被他人倒算计了去。也是天赐良缘。"在地中钻上来了。咬金一见稀奇，想道："好似周朝土行孙，会地行之术，投了唐朝，也是我主洪福。"对一虎道："将军真是天神了，世上并无有二。"上前见礼，说起因由："与令妹作伐，对世子薛丁山。"窦一虎早知妹子心事，一口应承，将丁山放绑，请到银安殿，一同见礼。咬金说："元帅恭喜，老夫与你作伐，成其佳偶。"丁山说："老柱国，这个使不得。况且父亲在西凉，被伤锁阳城。更兼国难未安，如何私自对亲？不忠不孝之罪了，实难从命。"程咬金说："贤侄孙，万事有我老人家在，这倒不妨。虽令尊不在，有你令堂做主，是一样的。就是老夫做主为媒，令尊决不来罪你，允了罢。"丁山心中一想，前日下山时，师父曾言，前途有良缘。况此女有法宝，前往西凉救驾有帮手。开言叫一声："承老柱国美意，晚生从命了。"咬金听了大喜道："今日正是黄道吉日，好与令妹完婚。"窦一虎道："领教。"吩咐喽啰下山，接取夫人到来，同观花烛；放了罗通，当夜成亲。银安殿上摆了筵席，款待唐朝众将。此话不表。再言窦一虎分散金银，放火烧山，喽啰都归伏。放炮三声，离了棋盘山。一路下来，行了三天，到了界牌关，吩咐放炮安营。三声大炮定下营器，我也不表。

那界牌关守将姓王名不超，官封一等侯。年九十八岁，身长一丈，面如银盆，五绺长须一根根好似银丝，斗米一餐，食肉一杆，使一根丈八蛇矛，重百二十斤，有万夫不当之勇，四海闻名。那日正在关上操演兵马，说："前回，此关南蛮所破。如今魔家镇守，须要小心把握。"忽有小番来报："启平章节，南朝差二路元帅薛丁山，领兵三十万，勇将千员，已到关前了。请爷定夺。"王不超一听此言，大怒道："可恶南蛮，这等无礼。都是我国元帅，放那老蛮子程咬金过去，被他勾兵取救。如今既有大队人马到来，我若放他一个过去，也不为盖世英雄了。"吩咐备马抬枪，取披挂过来。结束停当，挂剑悬鞭，上马提枪，来到关前，吩咐放炮开关。一声大炮，开了关门，放下吊桥，带领三千人马，冲出关来。来到唐营，高声大叫说："程老蛮子，俺元帅放你出关，取讨救兵来了。俺若今朝不杀你这程咬金，也不为好汉。哪怕你二路元帅薛丁子，必要一网而擒。快快将程老蛮子放出会我。"营前大骂。有探子报入营中："启上元帅爷，今有番将王不超提兵讨战，大骂程老千岁，坐名要元帅出战。"丁山闻报大怒说："何物胡儿，敢如此无礼。左右取本帅披挂过来，待我亲手去拿他。"罗通上前说："待小将出去擒来。"旁首走出一将，生来青面，四个獠牙露出，膀阔三尺，腰大十围，抢步上前说："罗家叔叔，这功待小侄去取罢。"元帅抬头一看，原来是后队先锋程千忠。巴不得要在咬金面前讨好，说声："贤弟出去，须要小心。""得令！"那程千忠上马，提了大斧，带领三军，一声炮响，开了营门，冲出营来。来到阵前，王不超一看说："来将少催坐骑，通下名来，本将军好挑你下马。"程千忠一听此言，气得三尸神直冒，七孔内生烟，大喝道："休得夸口，只怕你闻我之名，就要惊死你。我乃吾唐鲁国公长孙，小将军官拜猛虎大将军，二路元帅帐下后队先锋程千忠便是。"王不超道："嗄，原来你就是老蛮子程咬金的毛孙子，你来得正好。汝祖骗出关去，勾兵到此，将你万剐千刀，方消我恨。看枪罢！"推开马，兜面一枪。程千忠把大斧当头劈下，王不超把手中银枪这一枭，千忠在马上一晃，斧子倒绷转来了，叫声"不好！"斧子又起，王不超又架在一边。战到六七个回合，程千忠那是番将对手，把斧虚晃一晃，带转马，豁喇喇，豁喇喇，往营前走了。进入营中说："元帅，西凉番将甚是利害，小将不能胜他，望元帅恕罪。"丁山说："胜败兵家常事。谁将出去会他？"罗通上前说："小将愿往。""须要小心。"带马抬枪，挂剑悬鞭上马，开了营门，冲出阵前。王不超抬头一看，来将不善，把手中枪架住，说："方才那一员蛮子，不够老将几个回合，杀得他大败。你今来送死，快通名来。"罗通呼呼笑道："你要问我么，我乃太宗天子御驾前越国公罗千岁的爵主乾殿下、前部先锋罗通是也。"王不超听了道："嗄，原来你就是什么扫北的罗通。本将军向闻你名，原有些手段，但是今日要与俺西凉老将王不超老子比武，只怕不是俺对手。劝你免来讨死吧。"罗通大怒道："休得夸口，在我马前战二十回合之上，不斩你头下来，不为稀罕。"王不超呵呵笑道："我的儿，口说无凭，看本事分高低。"不知胜败如何，且看下回分解。

第二十回　勇罗通盘肠大战
　　　　锁阳城天子惊慌

　　适才话言不表。再讲罗通听得此言，开言说："不必多言，招枪罢！"劈面一枪。王不超哪里肯惧你，把手中枪一架，二人交锋，各显本事，一来一往，一冲一撞，你拿我麒麟阁上标名胜，我拿你逍遥楼上显威名。两边战鼓如雷，马叫惊天。二人战到三十个回合，并不分胜败，杀得罗通汗流浃背，王不超的马呼呼喘气，把手中枪抬住说："利害的罗蛮子。"罗通说："老狗，你敢是怯战了吗？""呔！谁怯战？今日本将军不取你命，誓不进关。"罗通说："本爵主不挑你下马，也不回营。"吩咐两边擂鼓，鼓发如雷，两骑马又战起来。正是：八个马蹄分上下，四条膀子定输赢；枪来枪架叮当响，枪去枪迎嘣火星。二马相交，又战到五十回合，未定输赢。那王不超越老越有精神，这一条丈八蛇矛真个好枪，阴诈阳诈，虚诈实诈，点点梅花枪，纷纷乱刺。罗通这条枪也利害，使动八八六十四枪抵住。又战了二十回合，看看枪法要乱了。薛元帅在营前观见，"呵呀！不好了。罗将军枪法多乱了。"传令鸣金。只听到锣声一响，罗通抬起头听，被王不超一枪直刺过来，罗通大惊，"呵呀不好了！"把那身子一闪，可怜那枪尖往左肋一刺，好不厉害，登时透进铁甲，直入皮肤五寸深，肋骨伤断三根，五脏肝肠都带出来了，血流不止。主帅营前看见，吩咐大小三军快上前去相救。只见罗通飞马来到营前，叫一声："主帅，不必惊慌，吩咐众将助鼓。罗通若不擒此老狗，死也不能瞑目。"说罢拔出腰刀，将旗角一幅割下，就将流出五脏肝肠包好，将来盘在腰间。扎来停当，带战马冲出阵前，开言大叫："老狗，俺罗将军再来与你决一死战。"那王不超睁眼一看，唬得魂不附体，说道："呵呀，好蛮子，你看肋中金枪把肚肠都带了出来，他盘在腰间，还敢前来厮杀，真乃非凡人也。"例看得浑呆。不想罗通来很恶，把手中长枪向前心一刺。那王不超大叫一声"不好了！"仰面一跤，跌下马来。罗通跳下马来，割了首级，上马加鞭来到营中，献其首级。一跤跌下马来，众将扶起。罗通大叫一声："好痛呀！"一命归阴去了。元帅大哭，备棺成殓。其子罗章大哭拜谢。元帅差官护送长安去了。一面整兵抢关。罗章愿为前部先锋，当先杀入界牌关。众小番见主将已死，闭门不及，被这秦梦、罗章带领众将杀进关内，如入无人之境，得了界牌关。盘查钱粮，养马三日，放炮起程。

　　一路上来到金霞关，吩咐安营。三声大炮，扎下营寨。次日清晨，元帅升帐，聚齐众将，两旁听令。罗章披挂上前，叫声："元帅，小将新在元帅麾下，不曾立功。今日这座金霞关，将小将走马取关，以立微功，方可久得帐下听命。"丁山说："有其父必有其子。贤弟乃年少英雄，但要小心在意。""得令！"罗章接了令箭，上了马，提梅花枪，带领大小三军，杀到关前，大叫一声："呔！关上的，报与你生将知道，小爵生乃大唐越国公罗先锋是也。今界牌关已破，奉元帅将令来此打关。你若晓事，快快献关，饶汝一死。"小番报进来："启爷，关外大唐二路人马已到，有将讨战。"巴兜赤闻报大怒，说："呵呀呀！可恼，可恼。都是苏元帅不是，放程咬金出关，今勾兵到了。想这乳臭小儿，敢出大言，欺我太甚。不斩此夫，不算为西凉大将。小番取我披挂过来。"传令放炮开关。哄咙一声炮响，大开关门。罗章抬关一看，见此将甚是凶恶。你看他怎生打扮？他头戴红缨亮铁盔，一匹黑鬃马，手执大刀，冲出关来。来到阵前，罗章大叫："出来的胡儿通下名来。"巴兜赤说："你要问魔家之名么，魔乃红袍大力子苏大元帅加为镇守金霞关大将军，巴兜赤便是。"罗章说："什么巴兜赤！今日二路元帅已到，要往锁阳城杀那苏宝同。不思让路献关，反阻我去路，分明活得不耐烦了。"巴兜赤大怒，也不问名姓，提起刀来，"招魔家的刀！"往罗章领梁上劈下来。罗章叫声"来得好！"把枪噶豁这一枭。巴兜赤喊声："不好！"在马上乱摇，这把刀倒绷转来了。豁喇一声冲锋过去，兜转马来。罗章把手中枪紧一紧，喝声"去吧！"一枪当心挑进来。巴兜赤叫得一声"我命休矣！"躲闪不及，正中前心，仰面一跤，翻身滚下马来。罗章下马，取了首级，复上马吩咐诸将抢关。叫得一声"抢关"，一骑马先冲在吊桥上了。营前程千忠见罗章挑了番将，把大斧一起说："诸位将军，快抢吊桥。"有窦一虎等二十余将，上马提枪，端刀执戟，豁喇喇，豁喇喇，正抢过吊桥来了。那些番兵把都儿望关中一走，闭关也来不及了，却被罗章一枪一个好挑哩。众将也有把刀斩的，斧砍的，有时运逃了性命，没时运杀得精光，关中落得干干净净。查盘钱粮，关外请太夫人、元帅夫妻、小姐都到帅府。罗章上前缴令。丁山道："贤弟走马取关，其功不小。将西凉旗号去了，立起大唐旗号。"养马一日，放炮拔营，前往接天关进发。行兵三日，来到关外，放炮安营。一声炮响，扎下营盘。我且不表。另回言接天关总兵黑成星闻报失了界牌关、金霞关，王不超、巴兜赤二员总兵阵亡，大兵已到接天关，忙与胡猎花、智不花等商议说："今两关已失，兵到接天关。想此关兵微将寡，不能抵敌。倘被他打破，兵民遭害，不如投降，免一城生灵之难。诸将以为何如？"两旁众将说："平章之言有理。况前年薛蛮子到来，番兵遭其大害。不如献关为上。"黑成星大喜，吩咐小番扯起投降旗，开了关门，百姓香花灯烛接二路元帅。探子报进营中，丁山大喜，传令不许惊动百姓，秋毫无犯，摆队伍进关。重赏黑成星，扯起大唐旗号。养马三日，招安番兵。次日发炮起行，竟往锁阳城进发。此话不表。

再讲大元帅苏宝同想："程老蛮子骗出番营，必定勾兵到来，粮草尽有。不如先打破城池，拿住唐王，然后杀那后面人马，岂非一举两得。"主意已定，传下令来，十座城门一共架起二十座火炮，各带兵五千，围绕护城河边，连珠火炮打得四处城楼摇动，震得天崩地裂。齐声喊杀，惊得荒山虎豹忙奔；锣鸣鼓响，半空中鸟鹊乱飞。城外杀气冲天，神仙鬼怪心惊。这个攻城不打紧，城中百姓，男女老少挈妻扶母，觅子寻爷，呼兄唤弟，哭声大振。街坊上纷纷大乱，众将慌张不过。朝廷在殿听得四处轰乱，毫无主张，诸大臣也心惊。茂公奏说："龙心暂安，虽然十座城门，六座俱在山上，量不妨事，只有四处要紧。纵然利害，有八员总兵，秦、尉迟、程、段等四将，在城上抵改，料不能破，绝无大事，请陛下宽心。望降旨差官。"唐天子依言，遂差使臣往四处招安百姓，使臣领管，各处招安，略略哭声少些。天子说："先生，程王兄回国许久，应该救兵到了。"茂公说："依臣阴阳算起来，救兵不日将到。臣原说过的。"天子半信半疑，心惊肉跳。不知如何，下回分解。

第二十一回　薛丁山大破番营　苏宝同化虹逃走

前言不表。再讲薛丁山行兵相近锁阳城，远远望去，不见城池，多是旗号，炮声不绝，周围都是番兵番将，剑戟如林，营头扎得坚固，想是被困死在里面。此一番大战不比往常！元帅全身披挂，扎住帅营。丁山升帐，点窦一虎、副将王奎："领人马二万，挂白旗为号，前往锁阳城城西，离营一箭之地扎住营盘，听号炮一起，杀进番营。不得有违！""得令！"窦、王二将接了令箭，带领白旗兵二万，竟往西城去了。又点程千忠、副将陆成："往南城冲杀，也听号炮，领兵踹入番营。""得令！"二人接了令箭，带领红旗兵马二万，离了帅营，往南城不表。又点尉迟青山、副将王云："你二人领兵二万，往城北停扎，听号炮冲杀番营。""得令！"二人接了令箭，带领黑旗人马二万，往北前进，不必表他。

再讲薛丁山点将，接了三处城门，传令拔寨起程。三声炮响，元帅上了马。程咬金、薛金莲、窦仙童执了兵器同了元帅，带领大队绣绿旗人马，往东城而来。丁山坐在马上往营前一看，但见一派绣绿旗飘荡。营前小番扣定弓箭，摆开阵势，长枪手密层层钳住。里面宝同闻小番报知，大唐救兵已到，复夺三关。心中大惊，点将出来。三声大炮，冲出营前，正迎着薛丁山人马。大喝道："程咬金，老匹夫！你果然引兵到此，救应唐主。本帅恨不能把你万剐千刀，也还嫌轻。快快出来，吃我一刀。"程咬金大怒，一马冲出,叫道:"苏宝同,你这胡儿,我程爷爷又不哄你,原说道勾兵取救前来杀你这班胡儿。你自装好汉,放我过去,与程爷爷什么相干?你如今反怨着我。今日天兵到来,你该下马受死,还要胡言乱语。"苏宝同听了大怒,把手中大砍刀劈面砍来。薛丁山把方天戟迎住说:"苏贼,休得无礼,招本帅的戟罢!""飕"的一戟,分心就刺。苏宝同大刀扑面交还。二人战到十合,不分胜败。左右飞龙将军赵良生,猛虎将军金宇臣二骑马冲将出来,相助苏宝同,丁山左右薛金莲、窦仙童上前敌住交战。

按下东城交锋,另言南门。程千忠、陆成听得东城炮响,也起号炮,带领人马,杀入番营。程千忠舞动大斧,乱斩乱砍,杀了几名番将,踹进营盘,砍倒账房。陆成手中枪胜比蛟龙,杀进营盘,手起枪落,小番逃散不计其数。冲到第二座营盘,忽一声炮响,来了两员将官,大叫道:"唐将有多大本事,敢冲我南门,前来送死。"二人抬头一看,见二员番将,生得凶恶,开口说:"本爵主不斩无名之将,通下名来。"说:"我乃苏大元帅麾下,大将军孙德、徐仁便是。不必多言,放马过来。"孙德晃动乌银枪,往程千忠劈面便刺。程千忠把大斧噶啷一声,枭在旁首。陆成挺枪上前。那边徐仁持棍,坐下马一步纵上迎住。枪棍并举,大战番营,不分胜负。

按下南门之事,再言西门。窦一虎、王奎听得南门发了号炮,也起一声炮,带领二万人马冲进番营。里面炮响一声,闪出两员大将,乃是雄虎大将军葛天定,威武大将军杨方,喝声:"有何本事,擅敢破我西营。放马过来,待本将军一刀砍两个。"把大刀直取窦一虎。一虎把手中黄金棍敌住葛天定,来往交锋。一虎本来利害,忽在马前,忽在马后,将黄金棍乱打。葛天定将大刀砍下来,一扭不见了;又在马后钻将出来,打马屁股一棍,那马乱跑乱跳,几乎把葛天定跌下马来。杨方前来要救,只见王奎使动金背刀,手起刀落。

再言北门尉迟青山抡动竹节钢鞭,听得号炮一响,同了王云带领人马鞭枪,直杀进番营,挑倒账房,番兵四路逃走。见二员番将冲出来,大叫:"唐将少来冲我北营。"尉迟青山说:"胡儿,本将军这条鞭不打无名之将,留下名来。"说:"要问我之名,洗耳恭听。我乃苏大元帅标下加封为雄虎大将军,姓赵名之。""我乃猛虎大将军李先便是。放马过来!"把坐下黑毛马一纵,大砍刀一举,直往尉迟青山劈面砍来。尉迟青山把手中钢鞭一迎,架在一边。冲锋过去,勒转马来,尉迟青山提起鞭来,照头打去。赵之大刀护身架住。二人大战,并无高下。王云摇枪来战,那边李先使动斧子迎住,尽力厮杀。一往一来,四手相争,雌雄未分。

不表四门混战,喊杀震耳,锣鸣鼓响,炮震连天,四散兵逃。又要说城中将官在城上见番营大乱,鼓炮不绝,杀声大震。茂公晓得救兵已到,奏知天子。天子龙颜大悦,众将放下惊慌。茂公当殿传令:"汝等快结束,整备马匹,带领队伍,好出城救应。两路夹攻,使番邦片甲不留。""得令!"点尉迟号怀、秦梦:"你二人领一万人马,开东门冲杀救应,共擒苏宝同。""得令!"二员将出了银銮殿,上马到教场,领兵一万往东门不表。又点周青、薛贤徒:"你二人带兵一万,往南门冲出,须要小心。""得令!"二员将出外上马,到教场领人马往南城讲发不表。又点姜兴霸、李庆红:"你二人带兵一万,往西门冲出,不得有违。""是!"二人上马提兵,领人马往西城进发不表。又点周文、周武,"你二人带领人马一万,开北门接应。""得令!"领兵往北城而行。放炮一声,城门大开,吊桥放落,二马当先,冲到番营。手起一枪,番兵尽皆杀散。踹进第二座营盘,一万军混杀,番兵势孤,不能抵敌,弃营逃走。二人直入,无人拦阻。见尉迟青山、王云大战二员番将,有二十回合,不分胜负。恼了周文、周武,纵马上前,喝声"去吧!"手起一枪,把赵之挑在地下,李先见唐将多了,心内一慌,兵器一松,被尉迟青山一鞭打下马来。四人大踹番营,喊杀连天,番兵逃亡不计其数。北门已退,营盘多倒。

又要讲到西门开处,放下吊桥,冲出一标人马,踹踏番营。那姜兴霸、李庆红各执一条枪,杀散小番,冲进营盘。只见窦一虎、王奎与敌大战数十台,不定输赢。姜兴霸把枪刺个落空所在,一枪将葛天定挑下马来。杨方被窦一虎一棍打死。四将杀得小番尸骸堆积,旗幡满地,皮帐践踏如泥。西城又得破了。又表周青、薛贤徒带兵冲出南门,杀进番营。见程千忠、陆成与番将战有三十个冲锋,未分胜负。恼了周青,纵马上前,手起一铜,把徐仁打死。孙德措手不及,被程千忠一斧砍死。这回乱杀番兵,大踹番营,多抛盔弃甲四散逃。各处尸首,马踏为泥。四下里哭声大震,寻路逃奔。唐朝人马,紧迫厮杀。

又再讲到东门薛丁山与苏宝同大战。薛金莲将六个纸团一抛,都变做二丈四尺长的金甲神人。苏宝同兵将多被金甲神人将人乱砍。窦仙童祭起捆仙绳乱来拿人。苏宝同见势头不好,将葫芦盖揭开,放出柳叶飞刀,直奔丁山头上落将下来。那薛丁山头上戴的太岁盔,毫光一冲,飞刀散在四方不见了。苏宝一连放了八把飞刀,只听拼玲拍珰,尽化为灰飞。又放起飞镖,丁山放下戟,左手取弓,右手拿穿云箭,搭在弦上,一箭往飞镖上射去,无影无形;将手一招,其箭落下,用手接住,放在袋内。苏宝同大惊,回马要走。丁山抽出玄武鞭,长有三尺,青光也有三尺,将鞭一起,苏宝同回头一看,见一道青光在背上一晃,叫声:"啊呀,不好了!"后心着鞭,口吐鲜血,大败而走。窦仙童叫声"那里走?"祭起捆仙绳,将苏宝同捆住。苏宝同见仙绳来得利害。化道长虹而去。丁山见了,倒却心惊。程咬金说:"此乃非凡人也,焉能擒得他着。"只见后面秦梦、尉迟号怀带了人马,杀上前来帮助。吩咐追杀番兵,追下去有三十里,杀得尸横遍野,血流成河,遗下刀枪戟剑旗幡粮草不计其数。程咬金传令鸣金收军。丁山说:"老千岁为何就收兵?"咬金说:"陛下久困在城,望之已久。待见过圣上,然后发兵竞取西凉,擒拿苏宝同,未为晚矣。"丁山说:"老千岁之言有理。"聚齐三处人马,一同到锁阳城见驾。不知见了圣上有甚言语,下回分解。

第二十二回 唐天子君臣朝贺 薛仁贵父子重逢

前话不表。再言天子同徐茂公、程铁牛在城上观看,只见程咬金带了人马,飞奔来到城边。天子看见,知己杀退番兵,下落城头,回到银銮殿上,命程铁牛接进父亲。领旨上马,来到城外。后面大队人马,在城外扎营。城门大开,咬金同了二路元帅诸将来到殿上,朝见万岁。山呼已毕,天子开言说:"王兄到长安勾兵,二路元帅是谁?"咬金奏道:"殿下出榜招贤,不想挂榜一日,来了薛元帅之子名唤丁山,王敖老祖的徒弟,有十桩宝贝,武艺精通。殿下拜为二路元帅,领兵三十万,来救圣驾。"朝廷大悦,开言叫声:"王兄,阵上有二员女将,朕远观看,只见遣出一长大金甲神将,将番兵乱砍。又见一女将抛起红绳,有万道金光,将番兵捆住。又只见一矮子,在地中钻进钻出,手提黄金棍子,打死番将无数。此四人那里降下来的,扶助寡人破番,克期平服,不知是谁,奏与朕知道。"程咬金奏道:"使戟的乃薛世子;遣金甲神将的乃仁贵之女;用捆仙绳者,臣有罪不敢奏明。""卿有何罪?但奏无妨。"咬金奏道:"薛丁山同护国夫人、妹子金莲一同来征西,路过棋盘山。山上有兄妹二人拦路。世子出战,被捆仙绳拿去要处斩。老臣看他兄妹手段高强,又有仙术,可救圣驾。又且女将才貌双全,与护国夫人商议,老臣为媒,成就婚姻。臣该万死,使双刀用仙绳者,二路元帅之妻窦仙童也。用黄金棍地行者,窦一虎也。"天子闻奏,龙心大悦,开言说:"王兄无罪有功,成其美事,又来扶助寡人,乃天赐良缘。不知还有何将一同前来?"咬金奏道:"有罗通为先锋,程千忠、尉迟青山某人等,一同征剿。但是越国公来到界牌关,遇守将王不超。他年九十八岁,勇猛难当。与他战了百合,误被刺其助也,肝肠都带出来。罗通盘肠腰间,一枪刺死老将,他忍痛而回,死于营中,已送柩归乡。其子罗章愿代其父,领挂先锋,连破二关,来到这里。"天子闻言罗通已死,龙目滔滔下泪。茂公道:"龙心万安。罗通乃是大数。""罗通有何大数?"茂公奏说:"万岁不记得那年扫北,罗通曾与屠炉公主立终身之誓,若忘了,死在八九十岁老番之手。今果应其言。"天子点头,传旨命程王兄速带丁山,往帅府父子团圆。请将谢恩,领旨出朝。咬金同了丁山母子来到帅府。有军士报进。仁贵卧病在床,一载有余,不能全好。军士说:"启元帅爷,程千岁要见。"仁贵听言,咕噜翻身,朝向外面,说:"程千岁取救兵到了吗?""到了。""你说帅爷有病,不能远接,多多有罪。请千岁进来面谢。"军士听了,到外面说:"小将奉元帅之命,禀上老千岁,因元帅伤痕疼痛,卧床不起,不能远接,多多有罪。请老千岁面会相谢。"咬金听了,同着丁山,进到里面,见了仁贵说:"我去了一载有余,你背上伤痕如何还不能好,起身不得?幸好我骗出番营,逃回长安,请得救兵,破了界牌关、金霞关、接天关,复夺三关,来到锁阳城,杀退番兵番将及苏宝同,方解此围,才得会你。"仁贵听了说:"多谢老千岁。不知朝中点谁为帅,本事高强,胜过于我。杀退苏宝同,进城救驾?"咬金呼呼大笑说:"平辽公,幸皇上洪福齐天,二路元帅不是别人,就是平辽公之子名唤丁山,领兵前来救驾。"仁贵听了说:"老千岁不要骗我。我的儿子丁山,被我神箭误伤性命,亡过多年了,那里有什么儿子?"咬金道:"元帅你是不晓得的。幸亏王敖老祖救去,收为徒弟,在山学法,现奉旨宣来会你。你看此位是何人?"丁山走到床前,跪在地下说:"爹爹,孩儿未死,师父救活的。"仁贵却见稀罕,人死那有复生之理?不免问他说:"你果是我丁山儿子?王敖老祖救活的吗?"丁山纷纷下泪说:"爹爹,孩儿命中不该死,幸遇师父救活还魂,在山中学习七年。师父吩咐,速往西凉救君父。殿下封孩儿为二路元帅,杀退番邦人马,前来见父亲。"仁贵欢喜道:"这也难得。父子相逢,真真谢天谢地。儿呵,为父的膀中飞镖,伤痕深透,一载有余,疼痛异常。你既是王敖老祖徒弟,可有什么灵丹救为父的一命吗?"丁山道:"我师曾言父有灾难,付我丹药一丸,敷在伤处,立刻就好。"仁贵听了说道:"儿呵,快将丹药来敷。"丁山连忙立起身子,身边取出小葫芦,倒出一粒仙丹,含在口中嚼碎,敷在伤痕之处。倏然膀上发痒,流出毒水,方消一刻,伤痕痊愈,绝无疼痛。仁贵好不欢喜,咕噜翻身立起,走下床来,说:"果然仙丹妙药。难得!难得!"身子伸一伸,腰背俱全好。丁山又说:"爹爹,母亲妹子都在辕门外,同孩儿起兵来的。望父亲接见,骨肉团圆,相逢见面。"仁贵听了,叫声:"孩儿,你母亲同来了?你可出去致意母亲,待为父的大开辕门谢恩之后,然后进见便了。"丁山依言,忙到外面见了母亲说:"爹爹伤痕已好,开门谢了圣恩,然后接见。"夫人听了欢喜不已。程咬金也就辞别回去。仁贵相谢送出,此话不表。

再讲元帅传令,吩咐开门。"得令!"忙到外面说:"元帅爷有令,大开辕门。"只听得三吹三打,三声炮响,元帅升帐,供好香案,二十四拜,叩谢圣恩。诸将打躬立在两旁。夫人,小姐,媳妇三乘大轿,抬进辕门,来到帐下出轿。仁贵出迎接夫人,吩咐掩门。来到后厅,夫妻见礼,金莲上前见父。叩拜已毕,仁贵不悦说:"夫人,下官奉旨征西,沙漠重地,乃承王命,不敢违逆,所以大战沙场,身中飞镖,几乎一命难逃。若非圣上洪福,焉能得活?你与女儿深闺弱质,不该同孩儿一齐到此,有伤千金之体,出乖露丑,甚为不便。"夫人道:"相公不知,妾与孩儿深知闺门女训,岂肯轻举妄动?只因在家闻报,说相公困在锁阳城,身中飞镖,伤人绝命。那时唬杀我母女二人。幸得孩儿仙师相救,学成仙法,先回到家中,说有灵丹妙药,能救父亲。奏明殿下,点兵起行。妾不舍孩儿远行,愿欲相随,况闻相公凶变,不知死活,故此来的。女儿也放心不下,随我一同起程。女儿虽是千金之体,兵书战策无所不晓,乃桃花圣母传授兵法,武艺精通,也来助战。杀散番兵,女儿也有功劳在内。"仁贵道:"夫人如今既来,也不必说了。但不知此位何人?"夫人说:"媳妇过来,拜见公公。"仙童听见忙来见礼。仁贵道:"何等之人,称为媳妇?请道其详。"

夫人道:"相公,此女乃棋盘山复明王窦建德之孙女也。当初七十二路烟尘反乱,未经归伏。与兄窦一虎屯兵数载,抢棋盘山招兵买马,十分骁勇。我孩儿奉命征西,到山下经过。那窦家兄妹下山讨战。我孩儿大怒,与他大战。谁知两下都有仙法,竟把我儿拿去,强逼成亲。我儿大骂,登时绑赴山前斩首。有军士报知,唬坏了我母女二人。程咬金千岁慌张,情愿为媒,两边说合成亲。他兄妹二人改邪归正,拔寨烧山,同归唐朝,扶助圣主。杀退番兵,也有一番大功。今日帐前听令,理当拜见。"仁贵听了大怒,说:"罢了!罢了!生这样逆子。我治家不整,焉能治国?做主将,管领三军就难了。"夫人看见仁贵大怒,说:"相公,今日骨肉团圆,为何发怒?"仁贵说:"夫人有所不知,我恨丁山这小畜生,既为二路元帅,领兵救应,虽被不服王化的草寇窦家兄妹捉去,理当杀身报国,如何逼令成亲?身为主帅非同小可,三军全在于你,应该请旨定夺。擅敢私自成亲,那畜生十恶不赦之罪难免。"吩咐军校:"绑这畜生辕门斩首。"那军校们一声答应,将丁山绑起。不知性命如何,且听下回分解。

第二十三回

唐太宗驾回长安府
苏宝同三困锁阳城

前言不表。再讲柳氏夫人大哭说："呵呀！相公呵！身为大将，不晓得父子至亲。前年征东回来，把孩儿射死。若非王敖老祖相救转，定做绝嗣之鬼。今日得见亲人，犹如枯木逢春。我不舍得孩儿，万里相随；况且教君救父之功劳极大。因此小过即要斩孩儿。劝相公不必如此，放了绑罢。"仁贵道："夫人，那畜生日下年少，尚不把君父看在眼内，自行做主成婚。倘外夷知道他好色之徒，将美人计诱之，岂非我君父性命尽要被他断送了。军令已出，决不轻饶。夫人，不必啰唆，请退后厅将息。刀斧手过来，推出斩首报来！"

夫人大哭，叫声："住手，相公呵，妾身做主的，央程老千岁为媒，三军皆知。非是孩儿贪其美色，自行做主，悖逆君父。伏望相公看妾之面，饶了孩儿一死。"仁贵听了，全然不睬，喝令："快斩讫报来！"军校正要将丁山推出，只见程咬金大怒，抢步上前，连叫："刀下留人！"赶上帐来，开口叫道："元帅，自古道虎狼尚且不食儿，为人反不如禽兽。小将军英雄无敌，勇冠三军。令媳窦小姐仙传兵法，才貌不凡。目下朝廷用武之际，虽小将军不遵教令成亲，此乃是老程之罪，不合请尊夫人做主，早成花烛。想将起来，与令郎毫无干涉。你若固执一己之见，必欲斩，老程愿代一死。"将头颈伸出，叫道："快斩老程！"仁贵听言说："老柱国说哪里话来？只因我家小畜生，既蒙东宫之命，拜为二路元帅，如何不知利害？倘遇敌人对阵，知他好色，便将美色诱而斩之，岂非我百万三军多被其害呵。老柱国，别样事情领教，此事断然不遵。明日到府负荆请罪。"咬金听说，真正急煞。忽报圣驾到了。仁贵出帐，俯伏奏道："陛下何事降临？"天子开言说："元帅军令甚严，闻得小将军犯过，幸有破贼救驾之功，可偿其前罪。况用武之时，请元帅定罪。""谢恩。愿我皇上万岁，万万岁。""赐卿平身。"驾退回宫。仁贵吩咐："带畜生过来。方才恩旨赦其一死，死罪赦了，活罪难免。军校们把这畜生捆打四十铜棍。"两旁一声答应，正要将丁山捆打，只见咬金走过，将身扑上，大叫："平辽公，休要打小将军，望乞饶恕。老程要叩头了。"仁贵连忙扶起说："既是老千岁再三用情，免打。追还帅印，监禁三月，以赎前罪。窦仙童野合之女，焉能算得我家媳妇？打发兄妹自行归山。"窦家兄妹无奈何，只得收拾要行。仙童小姐纷纷下泪，上前拜别婆婆柳氏、姑娘金莲，婆媳姑嫂难舍难分。看见仁贵认真得紧，面铁青青，不好上前相劝，只得放手。兄妹二人正要到营门上马，咬金上前留住，再见元帅说："呵呀！那窦小姐与令郎成亲，怎么说不是你家媳妇？叫他回去于理不通。况且他兄妹英雄无敌，令郎尚且被擒，如今打发他回去，难道他心中不恨，逼其反也。他霸踞棋盘山，兴兵杀入长安，其祸不小。纵然灭得西凉，岂不是反失中原。不该放虎归山，还该留他随阵调用。"仁贵一听，便醒悟说："老千岁苦劝，只好权且相留，叫他兄妹二人军前效用便了。"咬金听了，来到营门说："窦将军，窦小姐，我再三劝留，元帅如今依允了，快进营相见。"窦氏兄妹一听此言，来到帐前参见元帅。仁贵认了媳妇，一虎称为大舅。窦仙童随了婆婆进入后厅。一虎退出外边，安心效力，此话不表。

再讲贞观天子对茂公说："寡人自离长安出兵以来，历有六载，幸喜杀退番将。寡人意欲起驾回朝，命元帅督令进兵，早灭叛贼，以雪朕恨。"茂公领旨，同文武退出朝门。传旨起收拾行囊，候驾起行。又有旨下：一应文官同军师徐茂公保驾还朝，武将随元帅进兵伐叛。文武官领旨。唐王起驾，出了宫门，武臣送出锁阳城。天子又传旨：将阵亡诸将骸骨收殓，带回长安安葬。众将谢恩。不表天子回京，再表仁贵送出圣驾，回到帅府，传令诸将："本帅奉旨重任，即日征西，尔等各要尽忠。灭得西凉，得胜班师，论功升赏，不得有违。""是，得令！"此言不表。

再讲苏宝同杀得大败，回转头来，不见追兵，忙鸣金收军。百万人马，点一点不见七十万，所剩者多是伤胸折臂之人，好兵不满二十万。大将二百员，只剩二十员。九口飞刀，三口飞镖，尽化灰飞。不如且回西凉，再整兵复仇。主意已定，往前而行。只见前面一支人马下来。苏宝同唬得魂不在身，说："前有兵马，后有追兵，我命休矣。"相近不远，睁眼一看，原来是飞钹和尚与铁板道人领兵前来。一见苏宝同忙问道："元帅，俺闻南蛮大破锁阳城，特来与元帅共议报仇之计。请问元帅为何带了兵马回转西凉，莫非惧怯大唐，让他了吗？"

宝同双目流泪说："军师你不知。只恨自家不是，放出程咬金这老蛮子，欺他老迈没用。谁知他回朝勾兵前来，就是薛仁贵之子薛丁山为二路元帅。兵多将广，手下又有二员女将，十分凶勇。把我飞刀飞镖尽行灭去，被他里应外合，杀得我大败，夺去锁阳城。我欲回转西凉，奏过狼主，再整兵马，前来雪恨。"飞钹和尚、铁板道人两个听了呼呼大笑道："元帅，你枉为主将管领三军。自古说得好，兵来将挡，水来土掩。长他人之志气，灭自己的威风。胜败兵家常事，如何今日就要收兵？"若还回往西凉，却不是笑煞唐朝兵将，道我西凉没有人物？幸我等二人提兵到来，正好遇着元帅。如今再把军威重整，兴兵复打锁阳城，拿住薛蛮子父子碎尸万段，方出元帅之气。"苏宝同听了大喜，传令大小三军，共有精兵三十万，连夜星飞赶到锁阳城。三声号炮，又将锁阳城团团围住，水泄不通。营盘扎得坚固，鸟雀飞不过枪尖，蛇虫钻不过马蹄。好厉害！此番三围锁阳城，果然凶勇。

有蓝旗报进营中，忙到辕门上击鼓。元帅升帐，叫中军道："半夜三更，谁人击鼓？"中军道："启帅爷，辕门外有探子飞报军情紧急，故此击鼓。""既如此，唤他进来。"中军领命，到外面说："探子，帅爷唤你。""是"。探子随到账下，禀道："帅爷在上，探子叩头。"元帅说："你有何紧急军情，半夜三更前来击鼓？快快讲来。"探子道："启帅爷，探子打听西凉苏宝同，前被二路元帅小将军杀得大败而逃，如今合了飞钹和尚、铁板道人两个军师，复领了三十万人马，方才二更时分，又把锁阳城团团围住。喝号摇铃，锣鸣鼓响，马嘶炮震，好不惊人。故此前来击鼓。"元帅听了大怒道："杀不尽的番儿。我原想苏贼败去，必然再来猖獗。如今幸喜圣驾前日出城，已回朝去了。番儿呵，你如今休说三十万雄兵再围锁阳城，你就是三百万围住，俺薛元帅何足惧哉！左右的！赏探子银牌，一面再去打听。""是。"探子谢赏，出府而去。

再讲元帅侧耳而听，果然炮响连天，鼓声震耳，人喊马嘶，有攻城之势。忙传令军士，紧守城门，城上多加灰瓶炮石，弓弩簇箭，小心保守，候明日开兵。军中得令。不表城中之事。再言苏宝同同二位军师次日抵关讨战。那飞钹和尚全身披挂，结束停当，带了三千罗汉兵，一声炮响，冲出营门，来到西城，大叫："城上的，快报与薛蛮子知道，今有苏元帅标下，左军师飞钹和尚在此讨战。有本事的早早来会俺，不然攻打进城、你这一班蝼蚁，多要丧命哩。"一声大叫，惊动了守城军士，飞报入帅府去了。不知交战胜败如何。且听下回分解。

第二十四回　飞钹僧连伤二将　窦一虎揭榜求婚

不表番营讨战，再言军士报入帅府："启元帅爷，城外番将讨战。"元帅说："那位将军出去会他？""小将愿往。"元帅抬头一看，原来是龙镶将军王奎。元帅说："将军出去，须要小心。"王奎得令，出了帅府，上马来到教场，点了三千铁骑人马，来到城边，吩咐放炮开城。三声炮响，开了城门，放下吊桥，冲到阵前。

抬头一看，见一员凶恶和尚，头戴一顶毗卢帽，身披一件烈火袈裟，内穿熟铜甲，骑一匹金狮马，手执混铁禅杖，纸灰脸。两边摆齐三千罗汉兵。王奎大叫一声："狗秃驴，休来纳命。快叫苏贼出来会我。"飞钹和尚听了大怒说："狗蛮子，休得多言，放马过来！"王奎说："少催坐骑。你敢是飞钹和尚吗？"应道："然也。既知我名，焉敢与俺对敌？俺不斩无名之将，通下名来。"王奎说："你要问本将军之名，洗耳恭听。我乃大唐天子驾前龙镶将军，薛大元帅麾下王奎便是。"飞钹和尚听了，把马一拍，抢起铁禅杖，"招打罢！"劈头打将下来。王奎把手中大刀往上只一枭，架在旁首；冲锋过去，回转马来，把手中大刀还转一刀。和尚也架在一边。一来一往鹰转翅，一冲一撞凤翻身。刀来杖去叮当响，杖去刀来迸火星。二人战了有三十回合，和尚料不能胜，兜转马来就走。王奎哪里肯舍，把马一拍，追上来了。和尚回头一看，正中机谋。忙将禅杖放在判官头上，怀中取出飞钹祭起。王奎抬头一看，见一道光亮劈面打来，嗄，叫一声"不好，我命休矣！"躲闪不及，打得脑浆迸出，死于马下。三千铁骑上前来救，被罗汉兵杀得大败，回进城中，折了一千五百人马。紧闭城门，忙报进帅府："启元帅爷，不好了。王将军出阵被和尚打死了。"仁贵听了大怒，说："这妖僧伤我一员大将。"传令点陆成、王云过来。你们带领三千人马出城，与我将妖僧斩首。"点马标带领人马去掠阵，"若二将得胜，即前去砍杀番妖人马；倘有差错，鸣金收军。"马标得令。那二将出了帅府，全身披挂，结束停当，上马端兵器来到教场，点了人马。来到城旁，吩咐放炮开城。三声炮响，大开城门，放下吊桥，二将冲出。听得战鼓如雷，和尚抬头看见来了二员大将，金盔金甲，各使长枪，向和尚便刺。那飞钹和尚也不问姓名，把铁禅杖挡住，二人大战，怎挡得两条长枪如长蛇一般，嗖嗖不住，不在前心，就在两旁，和尚那里挡得住，又将飞钹打将过来，可怜两员英雄，都丧在两扇飞钹之下。马标看见魂飞魄散，鸣金收军，紧闭城门，前来报与元帅知道。

仁贵听报大怒道："这妖僧如此骁勇，一刻之间连伤我三员大将，不知用何兵器，这等利害？"马标禀道："启元帅，他用飞钹祭起空中，有万道毫光，蔽人眼目。故此三将不曾提防，被他打死。"元帅又怒道："马标你既为掠阵官，见有飞钹妖术，何不早说？报事不明，何为掠阵？左右将马标绑出枭首。""得令。"将马标推出辕门，一刀斩首，进营回禀："元帅，献上首级。""将头号令。"元帅看看两旁诸将，多惧怕飞钹，不敢出战，单有窦一虎上前说："小将愿往。"元帅说："窦将军，闻你仙传地行之法，定能破得妖僧。与你令旗一面，步兵三千，作速出阵。"一虎得令，出了帅府。他不戴盔，不穿甲，头上扎就太保红巾，身穿绣龙黑战袍，脚踏粉底乌靴，大红裤子，拿了黄金棍，带了三千步兵，开了城门，行至阵前。飞钹和尚抬头一看，见城中走出一队步兵，不见主将，心中倒也稀罕，就被窦一虎在腿上打了两棍，好不疼痛。往下一看，见一个矮子跳来跳去。和尚便将禅杖打下，他用棍子相迎。杀了几合，和尚在马上终是不便，倒被一虎往马屁股上一棍，打得那马乱跳，几乎将和尚跌下马来，忙打下飞钹。一虎看见，想来利害，身子一扭不见了。和尚四下一看不见一虎，一虎在地下叫道："妖僧不必看，我在地中了。"和尚想道："唐朝有此异人，怪不得元帅大败，怎能夺转锁阳城。"忙将两手拿了两扇飞钹，对地下说："你这个矮子怕我，躲在地下，岂不要闷死了？少不得气闷不过，还要钻将出来。我把你活活打死，方雪此恨。"那一虎在地中听了和尚这般言语，他在地中呼呼大笑："呵呵呵，你要将飞钹打我，只怕还早哩。我会地中行走，不怕闷死。我今回营去也。"说罢，呼呼大笑，只听得笑声渐远。和尚气得满面通红。一虎行到城门首，钻将出来，鸣金收军，紧闭城门。

一虎回进帅府。元帅一见说道："窦将军你回来了。方才出兵胜败如何？"一虎禀道："元帅，那和尚用的是两扇飞钹，果然利害。若无仙传地行之术，也要被他打死，作为肉酱了。"元帅听了，心中暗想："那妖僧用飞钹如此利害，挡住在此，怎好进兵？"便开口说道："窦将军且退，待本帅思一妙计，必要擒他。"传令城外高悬免战牌。"得令。"

不表窦一虎退出，再言和尚看见城上挂了免战牌，呼呼大笑回营。明日又来讨战，又见免战牌还挂了。那和尚百般大骂，至晚而回。一连三日，俱是如此。那薛元帅聚齐诸将说："和尚如此利害，诸将有何计可退番兵？"尉迟青山上前说："要破妖僧，必须释放世子丁山。他有仙传十件宝贝，王敖老祖弟子出阵可擒妖僧。"众将齐声说："尉迟将军之言不差，必须小将军方可退得。"元帅说："军令已出，不可挽回，诸位将军不必言他。"众将无可奈何，各自回营。看看又过了三日，元帅无计可施，传令挂榜营门，有人退得和尚，破得飞钹，奏闻圣上，官封万户侯，锦袍一领，玉带一围，黄金千两，决不食言。榜文一挂，那窦一虎晓得挂榜，心中得意："此番小姐稳稳到手了。"来到帐前说："元帅，小将有计能破飞钹，要求元帅恩赏。"元帅大喜说："窦将军你果有妙计，破得飞钹，本帅赏你锦袍一领，玉带一围，还要请旨封官。"一虎笑道："小将也不要请旨封官，也不想锦袍玉带，只是有句话儿不好说。若元帅见允，小将便能破得飞钹。"元帅道："将军，你俱不要，要本帅赏赐什么？快快说来。"一虎带笑说："小将也是明王之孙，当今天子之表侄。曾见令爱小姐尚未许婚，元帅将小姐许配我，我有妙计能破飞钹，然后进兵西征。未知元帅肯允否？"仁贵未听此言犹可，一听此言，心中大怒，想道："夫人好没见识，不该带金莲女儿一同到此。被矮子看见，倒来求亲。开言说："啐！你这蠢物。

本帅虎女,焉肯配你犬子? 也罢,你若破得飞钹,本帅另眼相看。若说起亲事,断断不能。"一虎道:"元帅既不肯将小姐许我,我焉能肯与元帅破飞钹?"元帅大怒说:"蠢物如此无礼,军校们绑出去,斩讫报来。"一虎道:"元帅不必发怒,小将自回棋盘山去了。"

军校正要来拿,见一虎身子一扭不见了。元帅见了,无可奈何,心中暗想:目下正在用人之际,他若回去了,飞钹又不能破,兵又不好进。也罢,不如骗他破了飞钹,允不允由我。元帅开言对地下说道:"窦将军,我不杀你,你且出来。只要你破得飞钹,回朝之日,将小女与你成亲便了。"一虎在地中听得元帅相许,从地下钻了出来说:"既蒙允诺,如今便称岳父了。"

仁贵心中敢怒不敢言,只得说:"但不知你有何妙计能破妖僧飞钹?"一虎说:"元帅,待小将今晚三更时分,往番营盗收飞钹,杀了妖僧。明日元帅就好进兵了。""既是如此,命你今晚前去,依计而行便了。""是,得令!"不知一虎如何盗得飞钹,且听下回分解。

第二十五回　窦一虎盗钹受苦
秦汉奉命救师兄

前言不表。单讲窦一虎回归自己营中,结束停当,等至三更,钻入地中,竟往番营,此言不表。再讲苏宝同见飞钹和尚连日得胜,斩了唐朝三员大将,杀得他闭城不出,高悬免战牌。便安排筵宴,请飞钹和尚、铁板道人。大开营门,用长竿挂起飞钹庆贺,名为祭宝会。

那窦一虎来到营门,将头探出,往上一望,却被和尚看见,对苏宝同说:"元帅,方才说唐朝有一地行之将,今番来也。"宝同说:"在那里?"和尚说:"在地中钻出来了。""怎么拿他? 倘被他又去了,反为不美。"和尚说:"不难"。忙用指地金刚法,使那地皮坚硬。一虎钻出头来了,和尚忙将飞钹抛去。一虎一见大惊,欲要钻下地,地皮坚硬不能去了,被钹一合,放在飞钹内面了,好不气闷。在钹内心中一想说:"师父有言,日后有难,付我一粒丹药吃了,可免灾难。"如今在衣缝内面,忙取出来,吃在肚内,果然不气闷,又不饥渴,安心住在钹内,不表。再言苏宝同说:"军师拿住矮子,何不将他斩首,放在钹内做甚?"和尚说:"他是王禅老祖弟子,有仙法道术,斩他不得。放在钹内,凭他神仙道术,不消七日,化为浓血,不久自死。"苏宝同听了大喜,称赞军师之功,此话不表。

再讲仁贵见一虎往番营盗钹,候到天明不见回报,心中狐疑不定,"若盗不动也该回来了。他满口应承,欣然而去,想是被妖僧拿住也未可知。嗄,有了,不免点程千忠出去,到城上观看,若被斩首,决有号令。"主意已定,命程千忠:"前往城上,看番营可有首级号令,速来回报。""是,得令!"那千忠出了帅府,上马来到城上,望番营观看,静悄悄不见什么首级号令出来。等了一回,不见动静,只得下城回到帅府缴令。元帅听了,心中好不烦闷。欲要差探子出城打听,忽城上军士报进:"启元帅爷,城外有铁板道人讨战。"元帅对诸将说:"前日有个和尚,今日又有个道士,想是多有左道旁门之人,今日不可与他交战。待等三日之后,商议开兵。"众将说:"元帅之言有理。"传令城上高悬免战牌。那铁板道人看见了免战牌,大笑回营。此话不表。

再言双龙山莲花洞王禅老祖驾坐蒲团,忽心血来潮,屈指一算;说:"不好了! 大徒弟窦一虎有飞钹之难,幸有灵丹相救,七日灾难已满。不免唤二徒弟出来去救师兄。童儿唤秦汉出来。"那童儿领法旨,来到里面:"师兄,师父唤你"那秦汉正在里面学习,听得师父呼唤,忙来到蒲团前,倒身下拜说:"师父,唤弟子出来有何事干?"老祖说:"徒弟,你师兄有飞钹之难,命你前去相救。况你业缘已满,我今与你两件宝贝,名曰钻天帽,入地鞋。你快往锁阳城,用灵符一道救取师兄窦一虎,就在薛元帅麾下,助他征伐西凉,夫妇团圆便了。"秦汉听了,叫声:"师父,弟子本来面目,望乞师父训示。"老祖说:"你原是大唐秦怀玉之子,金枝玉叶。你三岁时,在后园玩耍。我从云端经过,被你冲开足下红云,收留到此二十余载。今已缘满,下山去吧。"那秦汉也是矮子,头上挽起个空心丫髻,大红绒须两边披下,身穿绣绿袄子,手上带个黄金镯,赤了一双脚,好似红孩儿一样。听到师父如此言语,心中大悦,便叫声:"师父,请问两般宝物有何用处?"老祖呼呼笑道："秦汉。你要问这两宝物有何用处？我对你讲，那钻天帽乃王母娘娘瑶池中真宝贝，戴在头上，便会腾云随风，可入天门，朝拜诸天日月星宿；那入地鞋，乃是南极仙翁宝贝，穿在足下能入地中，可到森罗宝殿，十殿阎君前来迎你。这两般宝物付与你去，可助大唐。还有一对狼牙棒，随身器械，灵符一道，一齐拿去。"秦汉欢喜不过，拿了狼牙棒，拜辞了师父，即便下山。心中起了凡心，戴了钻天帽，那宝物说也作怪，刚刚戴在头上，忽听得耳边豁喇喇一阵风，便将秦汉提在空中。秦汉哈哈大笑，按下云头，抬头一看，别有一番世界。见一座仙庄极其华丽，内面走出一个女子，生得十分美貌，天姿国色，见了秦汉，叫声："郎君，因何到此？"秦汉见了遍体酥麻，说："小娘子下问，我乃王禅老祖徒弟秦汉，奉师命往锁阳城去救大师兄窦一虎，在此经过，得遇小娘子，莫非我三生有幸了。愿求片刻之欢。"那女子半推半就，满面通红。秦汉欲火难禁，便问："小娘子尊姓？"女子说："我姓松，爹爹出外去了，并无人在家。"问道："小娘子青春多少？"回言："虚度一十八载，尚未曾适人。"秦汉又说："我乃秦驸马之子，公主所生。娘子不弃，愿为秦晋。不如娘子意下如何？"女子道："既有美意，恐辱尊躯。"秦汉色胆如天，将女子抱进房，解带宽衣。那秦汉赤了身子，抱着女子，正要求欢，只见一阵狂风。抬头一看，房子不见了，连那女子也不知去向，两手抱着一棵大松树。忽见师父来到，置身无地，两手又拿不开，口叫："师父救我。"老祖说："孽障！孽障！你做的好事。还要怎么？"秦汉说："师父，弟子以后再不敢了。望乞饶恕。"老祖说："看天子之面，以后再不可起凡心。""是，再不敢了。"老祖将拂尘一拂，秦汉两手松了，"拜谢师父救弟子之恩。"老祖说："去罢。"原来老祖试他之心，点化他的。

那秦汉辞了师父，戴上钻天帽，不消一个时辰，倏然落下锁阳城。薛元帅正与众将商议，忽见一个矮子从天而降。大家都认作窦一虎，非但地行，如今七日不见，竟在天上也会走的？元帅也觉骇然。只见那矮子上账，见了元帅，长揖不跪。众将仔细一看，方知不是窦一虎，另有一个矮子，身材一样，身子阔些。元帅问道："你是何处来的怪物？却从天上下来。快将情由细细说来。"那个矮子嘻嘻笑道："我乃秦叔宝嫡孙，秦怀玉之子，秦汉是也。三岁时被风刮去，王禅祖师收为徒弟，学道二十余年。今奉师父之命下山，一则救师兄窦一虎飞钹之难，二则相助元帅一臂之力，共征哈迷国。"元帅听了大笑："原来他也是王禅老祖徒弟，秦驸马之子，好笑祖师收的徒弟多是矮子。这倒稀罕。"说道："秦将军，既蒙来助本帅，你师兄窦一虎去盗飞钹，今已六日，不见回营。既能相救，快去走一遭吧。"秦汉应道："小将就去。"正要走出去，只见左班中走出秦梦，闻知哥哥到此，忙出来，"待我认认长兄。"

兄弟两下一见，彼此相拜，各诉衷情。秦汉说："兄弟，我往番营救出师兄，再来会你。"还戴上钻天帽，轻轻飞出锁阳城，下落番营，有黄昏时分。只见旌旗不动，枪刀如林，杀气腾腾，好不惊人。正在营前观看，只见前面一个巡军走来，被秦汉上前，将手中狼牙棒照头一下，把巡军打死。脱了衣服，除了帽子，解了腰牌，看看上面有名字，那巡军名唤哈哈强。"我就冒了他的名字，打听师兄消息。"正行之间，只见又来了一个小番，手里拿了一支令箭。秦汉问道："哥儿，你往那里去？"番儿说："我奉活佛军师之命，因南蛮地矮子前来偷盗飞钹，被元帅捉住，封合飞钹之内，今已七日，必成浓血。故此佛爷特将令箭一支，叫我到元帅营中，取飞钹内中矮子浓血，烧干祭钹。"秦汉听了，唬得大惊，"师兄性命休矣！如今有此机会，打死番儿，将他令箭到苏宝同处，骗了飞钹，救出师兄，再作理会。"走上前去，狼牙棒一起，把番儿打死，盗了令箭，来到营中。见了苏宝同,叫声元帅:"小番奉佛爷之命,要取飞钹前去祭钹。"宝同看了令箭,不知真假,将飞钹付与秦汉。秦汉背上飞钹,戴上钻天帽,片刻飞到锁阳城。他在云中一想,不知师兄死活如何,待我叫他一声看:"窦师兄。"一虎在钹中听得声音似秦汉师弟,一虎应到:"师弟,你为何也在此,做什么?"秦汉说:"不瞒师兄,师父在山上说你有飞钹之难,命我前来相救。我今连飞钹骗到城中,见元帅请功。"一虎听说,好不着急。前日在元帅面前夸口,要他小姐金莲成亲,倒被妖僧将我合在钹内,七日已到,众将面前开看,有甚意思,反被元帅见笑。叫声:"师弟,就在此地开了钹,我好出来。"秦汉说:"你七日也过了,如今一刻也就等不得。我奉师父之命必须要到元帅面前开的。"说罢,依然飞上。早到营前,按下云头,连忙传报。元帅闻报升帐,问道:"秦将军可曾救得师兄吗?"秦汉放下飞钹说:"师兄现在钹内,请元帅开看。"元帅大喜,唤军校快快开钹。"得令!"忙将铁索解下,重有千斤,用尽力气,那里开得。众将一看,这钹合笼犹如生成,没有缝的,果然难开。凭你刀砍斧劈,只是不动。元帅说:"秦将军,这样如之奈何?"秦汉道:"不难。师父说,金丹久炼、炼成至宝。有灵符一道帖上,其钹即开。"秦汉取符帖上,钹分两扇。一虎一个跟头跳出地下,双手遮脸,自觉羞煞。元帅同众将一见,大笑道:"果然仙家妙用,窦将军暂且将息。"吩咐收免战牌,众将回府。再讲番营和尚差小番取钹,不见回报。早有小番报说:"启佛爷,不好了!方才差去的番儿被南蛮打死,骗了令箭。元帅不知真假,竟将飞钹与他。一霎时人都不见了。"和尚听了,唬得魂不附体,说:"完了,我一生功夫,如今休矣!救去矮子,倒也罢了。我的飞钹,我全靠他,如今失去,怎么与唐兵交战?"铁板道人说:"道兄失去飞钹,还有我铁板十二面,利害不过。师兄放心。"不知后事如何,且看下回分解。

<h2>第二十六回　监中放出小英雄
丁山大破铁板道</h2>

却说次日道人出阵,见去了免战牌。有兵士报进:"启上元帅,城外道人讨战。"元帅道:"今有道人讨战,谁去出阵?"秦汉走将出来说道:"小将愿往。"元帅道:"既然如此,与他步兵三千,出城破敌。"

秦汉接令出了帅府,来到校场,点起步兵三千,手持两条狼牙棒,来到城边放炮开城,炮声一响,开了城门,冲出城外,来到阵前。那道人抬头一看,原来又是一个矮子,哈哈大笑道:"唐朝不用大将,俱用矮子……"

话言未了,只见秦汉走至面前,将双棒照道人腿上便打。道人在马上不便架迎,忙下了马,手执古定剑劈面砍来。一来一往,战了二十回合,道人不能取胜,忙抽出铁板来。秦汉抬头一看,见铁板打下,把入地鞋一登,不见了。道人看见心中大惊:原来唐营中多是异人,前日矮子有地行之术,今这矮子也会地行。必定仙传妙法,不如收兵再处。再言秦汉到了城边,也收兵进城,回到帅府交令。

次日,道人又来讨战。元帅问道:"今日谁去?"秦汉应到:"今日必要活捉妖道回营。"元帅道:"既然如此,将军须小心的。"

秦汉得令,原带了三千步兵,出城来到阵前。道人见了笑道:"小矮奴昨日被你逃去,今日又来,必要活捉,方见俺的手段。"秦汉道:"休要夸口,吃我一棒!"举起狼牙棒,当头就是一下。道人持剑向上一迎"嘎咯"一声响,架在一边。回转马来一剑,望面上砍来。秦汉将棒一晃,亦跳在一边,杀得道人浑身是汗。念动真言,忽然天昏地暗,无数青面獠牙鬼怪杀来。秦汉见了,幸有钻天帽戴在头上,如飞纵上云端。只听得霹雳一声,霎时鬼怪化作无影无形,依然云开见日。道人看了心内慌张:昨日钻到地下,今日又会上天,定是异人。正在心内想,秦汉亦料道人邪法多端,不能降服,向道人哈哈笑道:"你不要想,我收兵去了。"一声鸣金,收兵进城。道人亦收兵而回,千思万想,一夜未睡。

次日又领兵讨战,探子入报。元帅说:"今道人又来讨战,谁去出阵?"两边走出八员总兵:周青、周文、周武、姜兴霸、王心溪、王心鹤、李庆红、李庆先,进营启禀元帅:"末将愿去阵前,杀此妖道。"元帅说:"众人出去,须要小心。就令窦一虎、秦汉为左右军压阵,接令。"众人各领命出了帅府,持了兵器,出了城门,来至阵前。道人抬头一看,只见城中走出许多将官来,只八员将官,把道人团团围住,将他刀砍棍打。道人把古定剑执在手中,竭力接架,只八员将,忽在马前,忽在马后,杀得道人招架不定,那能还剑过去,心中一想,说:"不好!寡不敌众,不可一时失错,有丧性命,不如先下手为强。"忙祭起铁板,众将见了魂飞魄散,叫声:"不好了!"俱打中后心,跌下马来。冲出窦一虎、秦汉上前抵敌,底下步兵救了八将。

窦、秦二将无心恋战,鸣金收兵。回进城中,报入账内,元帅听了大惊,说:"铁板如此利害,伤我八个兄弟,如何是好?"程咬金说:"前年元帅中了飞镖一年之灾,幸而小将军到来救活。如今只八员总兵,命在旦夕。乞元帅监中放出小将军,要用他仙丹,救了八员总兵方好。"元帅听了此言有理,传令即到监中放出小将军,来到帅府,拜见父王。薛仁贵道:"我儿前日灵丹有吗?"丁山道:"现还有。"薛仁贵道:"既有,你将仙丹到后营去救八位将军。"丁山领命,到后营取出葫芦,倒出仙丹,口中嚼碎,敷在八将背上。只听一声"唔呀",俱立起身,道谢丁山。元帅闻知心中大悦,果然仙丹妙用。即唤丁山进后堂叩见母亲、再见妻、妹。吩咐后堂设宴,合家团圆。

再言铁板道人杀败了二将得胜,连伤八员大将。苏宝同说:"军师今日阵上全胜,那南蛮必定惧怕。明日须要打破他城池,杀他个片甲不留,方称俺心。"道人说:"这个自然。"当夜营中庆贺。

再言次日苏宝同领了大队人马,分作三路攻打:铁板道人领了二万人马,攻打东门;飞钹和尚领了人马,攻打南门;苏元帅领了大队人马,攻打北门,单留西门不攻。摇旗呐喊,鼓炮连天,架上云梯,三门攻打。

探子忙报元帅。元帅升帐,点窦一虎、秦汉二将,领了三千人马,出南门,听号炮一响,各自进兵。忙接令出了帅府,往教场点兵,出南门;又点丁山窦仙童夫妇,领了人马三千,出东门,忙接令,往教场领兵;元帅自领兵三千,同了女儿金莲出北门,其余众将守城。

飞钹和尚正攻打南门,只见一声炮响,三千步兵冲出阵来,一对矮将冲到城外。和尚一见大怒,把手中铁禅杖打来,窦一虎将黄金棍架住,喝道:"妖僧!你的本事平常,如今飞钹没了,如何杀得我过!不如快快受死,免得出丑。"和尚大怒道:"杀不了的小南蛮,前日被你诡计,骗去宝贝,今次决不饶你!招杖罢!"一禅杖当头打来,窦秦二将,奋勇争先,忙起棍棒相迎。杀了几个回合,和尚那里战得过二将,带转马大败而走。二将在后追赶。

再言薛丁山夫妇,领兵至东门。只听号炮一声,东门大开,冲出阵来,正迎着铁板道人。道人一见窦仙童;好一个美貌佳人,不免先打死了少年将军,抢这女子过来,还俗成亲。算计已定,回马过来就走,薛丁山拍马追上去。铁板道人回头一见追了来,满心欢喜。忙将铁板祭起,当头打下,只见丁山头上一道红光射出,铁板见了红光,化为飞灰。道人一看,见打他不中,又祭一块起来,照前一样。连祭了十块铁板,一齐烧了无影无形。吓得道人魂不附体,无心恋战,带回马就走。薛丁山夫妻在后追赶。

再言元帅同了金莲小姐,杀出北门,正迎着苏宝同,两下大战,杀得大败。倒拖大砍刀回马,金莲小姐在后追赶。苏宝同忙取腰中飞剑打来,谁想薛金莲有六丁六甲护身神,见宝剑飞来,被六甲神收去。此时苏宝同急得汗流浃背,心中慌张,又见女将追上来了,只得回来又战。不到三十个回合,后面元帅杀上来了,苏宝同那里杀得出重围。只听元帅高声传令:"休要放走了!"金甲人上前来拿,苏宝同一看大惊,只得化道长虹而逃。三军追至三十里,杀得血流盈河,尸横遍野,喊叫之声连天。遗下刀枪剑戟旌旗,不计其数。元帅传令收兵。妖僧妖道,大败而走,三路同归一处,点一点人马,三十万只剩了不足一万。都是折手坏脚之人,三人抱头大哭。一同商议,只得再往仙山去炼宝贝,若是此仇不报,枉做西邦元帅。和尚说:"元帅之言有理。"三人领了败兵,一路下来,相近寒江关,只见冲出一彪人马,回头一看,只见龙凤旗升起,上写着:"征东皇后"。苏宝同一见大喜,原来是我姐姐苏锦莲。即行下马,进营中朝见千岁娘娘。朝见已毕。赐平身,说:"贤弟你奉旨出师,因何还在这里?"苏宝同大哭道:"前日兄弟即欲报祖父大仇,奏知狼主,起兵伐唐朝。不想第一阵被我设计,将唐朝君臣困住锁阳城,要把他粮绝饿死。谁想他雄兵似虎,猛将如龙,与他大战几阵,用飞刀杀他大将几十余员。那大唐元帅,幸得被我飞镖打伤他左臂,败回城中,闭城不出。怎晓得他粮草带得充足,困住城池一年有余,不想被程咬金骗出营中,竟回中原,取了救兵。这第二路元帅,就是薛蛮子之子,名唤丁山。他法术高强,本事利害,我的九口飞刀,三只飞镖,俱被他破化了。内应外合,杀得大败,我即化道长虹而走。撞着两位军师,飞钹和尚、铁板道人提兵到来,说起此事一同兴兵,三困锁阳城,交锋三个月,阵阵俱胜,城中出了两个矮子,法术精通,又被薛丁山出阵交兵,将飞钹铁板化作飞灰,又是大败而散。如今各人再往仙山去练就法宝,再来复仇,不想会着姐姐千岁。"

苏锦莲听说前情,十分大怒说:"贤弟,你既要再上仙山,却炼宝贝,以复大仇。我奉狼主之命,领精兵四十万,战将数千员,前来助你。不想你杀得大败,损兵折将,有何面目回见国王。你将帅印交付与我,我要杀尽南蛮,与祖父报仇便了。"苏宝同听了,心中大悦,知道姐姐仙传妙法,英雄无敌,有打将神鞭,利害不过。忙把帅印兵符上前交割,付给皇后,同那和尚道人拜别娘娘,各自上山炼宝去了。此话不表,未知苏锦莲可有本事破唐否,且看下回分解。

第二十七回　番后火鹊烧八将　薛元帅子媳团圆

却说苏锦莲皇后,传令放炮起行。炮响三声,大队人马,竟向锁阳城进发。不一日早到锁阳城,吩咐按下营盘,将锁阳城四面困得水泄不通,鸟飞不过枪尖,蛇钻不进人马,好不利害。

再言薛元帅大获全胜,三支人马,一同进城,所得粮草器械旌旗,不计其数。与众将商议起兵西征。这一日升帐,只听得炮声连天,探子报入营中,启上元帅:"西凉国苏皇后,领兵四十万,要来报仇,又将城池围住了。请元帅定夺。"元帅听了大怒道:"可恨苏宝同,将帅印交他姐姐番后,复领兵到来,又将城地围住,你这小小番后,有何本领,前来与本帅为敌?也罢,趁他安营未定,点兵出城,杀他片甲不回。"点周青等八员总兵出城,必要活捉番后。

周青等忙接令出帅府上马,各人结束停当,手执兵器往教场点了一万人马,来到城边,放炮开城。三声炮响,城门大开,那八家兄弟,都出城来到阵前。两边射住阵脚,营中鼓响如雷,抬头一看,只见苏锦莲带领了三千番婆,一声炮响,冲出营来,但见他头戴闹龙金冠,狐狸尾倒挂,雉尾高挑,面如满月敷粉,妆成两道秀眉,一双凤目,小口樱桃,红唇内细细银牙。身穿一件黄金砌就鱼鳞甲,腰系八幅护腿绣龙白绫裙。小小金莲,踹定葵花镫,腾云马,手持打将神鞭。胜比昭君再世,犹如西子还魂。

那周青纵马上前喝道:"胡妃狗后,本总兵看你无缚鸡之力,敢领兵到此与我祭剑吗?"苏锦莲喝道:"你这般狗蛮子,将我兄弟杀得大败,因此娘娘来取你这蛮子性命。"周青冷笑道:"你的狗弟,尚且不胜,何况你一女流?贱婢放过马来!"两边战鼓擂动,苏锦莲把鞭一指,喝道:"照打罢。"这里八员将官一齐上前,将番后围住。苏锦莲看见将多,虚晃一鞭,勒回马败阵而走。八家兄弟,随后追来。苏锦莲把鞭一指,急忙取出身边葫芦,念动真言,放出无数火鹊,望着八员总兵烧将来了,十分厉害。

周青等一见,魂飞魄散。都烧得焦头烂额,败进城中。一万兵被番后杀得大败,折了八千人马,上前哭诉。元帅看见,心内慌张,不想兄弟们遭番后火鹊烧伤,谁去出阵?丁山上前说道:"孩儿出阵,擒此番后。"元帅道:"我儿出去,须要小心。"传命秦、窦二将同去掠阵。"得令!"

三人同出了帅府,领了人马,来至阵前。那苏锦莲抬头一看,只见薛丁山面如白玉,唇若涂朱;胜比宋玉,貌若潘安。不觉欲火难禁,浑身发痒。丁山喝声:"番婆!不要呆呆看我,照戟罢。"一戟直望面门上剌将过来,那番后吃了一惊,忙一催坐马上来,放出火鹊。薛丁山说:"来得好!"左手挽弓,右手拔出穿云箭,照火鹊一射,只听得一声响,那些火鹊,无影无踪。

番后看见破了他的火鹊,十分大怒。忙祭起神鞭,薛丁山叫声不好,正中后心,口吐鲜血,大败而走。幸得身上穿天王甲,不致伤命,若是别将,便成肉饼矣。那番后叫声"那里走!"把二膝一夹,紧紧追来,追过荒山有百里,看着追上。

薛丁山正然着急,只听山头上有虎啸之声,抬头一看,见一个打柴女子,生得奇形怪状,手持铁锤,在那里打虎。薛丁山叫一声:"姐姐,救我一救!"那女子往下一看,说道:"小将军你是那一个,为何一人一骑,奔到此间,求救于我?"薛丁山说:"女将军,我是平辽王薛元帅之子。因奉圣旨征西,方才阵上被番后打中后心,我负痛而逃,他在后面追上来了。我中伤甚痛,不能抵敌,万望姐姐救我一救,没齿不忘大恩。"那女子嘻嘻笑道:"这个容易。请世子暂避树林之下,待他追来,我当敌住,杀他个有死无生。"

说罢,只见苏锦莲追上山来。薛丁山心慌,躲在林内。后面番后见了女子,问道:"方才有一少年将军,可曾到此?"女子说:"他在林内。"番后听了,连忙追入林中,不提防女子将死虎照番后头上打将下来,那番后措手不及,叫声"哎呀"!跌下马来。被薛丁山上前,取了首级。忙来叩谢救命之恩:"请问姐姐,姓甚名谁? 回营告知父亲,前来相谢。"

那女子道:"奴家姓陈,名金定,祖籍中原人氏。父亲陈云,昔为隋朝总兵,奉旨借兵,流落西番乌龙山居住。樵柴为生,母亲毛氏,乃番邦之女。上无兄,下无弟,我今年一十七岁。只为生长西番,而又黑丑,浑号母夜蓬。舍下不远,还有言语相问。"薛丁山道:"多蒙姐姐盛情,但我有军令在身,不及细谈,我交令之后,再来叩谢。"陈金定见他执意要走。忙将丹药与他装好说:"我明日望你到来,不可失信。"薛丁山说:"晓得"。上马出了山林,走了半路,撞见秦、窦二将三人大喜。同到城中,入账交令。

元帅问道:"方才秦、窦二将说,你被番后金鞭打伤,吐血而走。番后拍马追赶,如何反得他首级,前来交令?"薛丁山道:"爹爹呵,孩儿被他打伤,落荒而走。被他追到山林,正在危急,幸有那打柴女子,暗起死虎将番后打死,救了孩儿。他父隋朝总兵,名唤陈云,流落西番。望父王送金帛,谢他救命之恩。"元帅道:"既是我儿的大恩人,理当相谢。"问程咬金道:"老千岁,他父前朝总兵,必然认得,就烦一行。"咬金应允。

次日同了山带了金银缎匹,望乌龙山而来。陈云闻知,远远相迎,接入草堂,分宾主坐下,各通姓名。咬金说:"昨蒙令爱相救世子,今日元帅备礼,差老夫同世子前来叩谢救命之恩。"陈云说:"老千岁,下官流落西番,数十余年,久闻中原已归大唐。每欲思归,恨无机遇。我家小女,乃武当圣母徒儿,前日有言,与世子有姻缘之分,不嫌小女丑陋,我就明日送到营中,与世子成亲。我老夫妇,情愿执鞭随镫,报效微劳,相助征西。承蒙礼物,作为聘仪,望乞周旋。"程咬金说:"极是,老夫作保。"就此告别,回到营中,说明因由,元帅依允。薛丁山说:"爹爹,只使不得的。"元帅说:"陈云既要将女儿送你成亲,理当应允,方不负救命之恩。况陈金定小姐,虽然貌丑,他乃武当圣母门下,法力无边,将他带在军中,定助一臂之力。我儿你明日须备下礼物车马,前往迎接他父母,来到帅府。为父的做主,与你成亲。"薛丁山不敢有违,即忙端正。再说后营夫人小姐知道,心中喜悦。龚仙童闻知陈金定本事高强,亦是心中愿意,催促丁山:"早些端正,想陈家父女,即要送来了。"话言未了,只听炮声连响,陈云夫妇亲领女儿到了。薛元帅连忙接入帅府,安排筵宴,当夜成亲。陈金定敬重大娘,窦小姐感他救夫之恩,不分大小,姐妹相称。一夫二妻团圆,合营庆贺。

再言那番兵四十万人马,见主将已丧,又都被他杀得七零八落,四散而逃。不知后事如何,且看下回分解。

第二十八回　寒江关樊洪水战　樊梨花仙丹救兄

却说薛元帅杀死苏锦莲,薛丁山与陈金定成亲,此话不表。再说苏宝同逃去锁阳城,太平无事。左近依附州县,俱皆纳款投降,一面打本进朝,差薛贤徒镇守界牌关,点兵一万,文武数员,一同保守。周文镇守金霞关,周武镇守接天关,俱有兵马、文官同守。一路直到玉门关,俱归中原所管,百姓安居如故。

这一日元帅升帐,商议西进。有陈云老将上账账说:"此去四百里,有寒江隔阻。对江有一座寒江关,关上老将姓樊,名洪。足智多谋,官封定国王,有两个儿子,长子樊龙,次子樊虎,皆有万夫不当之勇,一同保守。他知我兵西进,必然防备。此去非船不能征进,必须造下大船,方好过江。"

元帅听了,叫声陈亲翁之言有理。就令程铁牛、尉迟号怀、王君一、姜兴霸四将,带领军士四千,上山伐木督造战部。耽搁一月,船已造完。停留江口,侯元帅起兵。薛仁贵在教场点起大兵三十万,命罗章为前部先锋,秦梦押后队。尉迟青山解运粮草,程千忠督运解粮官,周青催赶各路粮草,命王心溪、王心鹤二将留兵五万,镇守锁阳城,老将陈云为向导官。点齐众将,放炮三声,往教场祭旗。然后起行,一路三军司令浩浩荡荡,离了锁阳城。望西而进,不一日来到寒江渡口,放炮停行,驻扎营盘,候下船过江。

元帅到江口一看,果然白浪滔滔,又见大小战船无数。程铁牛等四将上前交令。薛元帅传令,向罗章、秦梦、窦一虎三将说:"本帅昔年跨海征东,进狮子口,箭射戴笠蓬,鞭打独角兽,飞走金沙滩,也曾过河,何在这个小小江面!你们三位将军,须要并力同心,过了寒江,取了关头,就好西进,本帅自在后督阵。"三将听了,说声:"得令!"各执器械,下船去了。大小俱皆下船,一声炮响,开了战船,俱望江中而行。你看那船头上,旌旗布满,炮声连天,此话不表。

再言寒江关主将樊洪,正与二子及左右偏将在衙中言及关内苏宝同,要报祖父之仇,兴师东征,反失数座关头。苏娘娘阵亡,元帅不知去向,寒江以东,均属中原。今又造大小战船,要来取寒江关。别处还可,料想寒江难过。

有番儿报进:"启爷,不好了!中原薛蛮子领兵过江来了!"樊洪一听此言,吓得魂不附体,说:"有这等事,再去打听。"令二子,"带领水军十万下江,等待唐兵半渡之时,听号炮一发,当腰冲出,使他首尾不能相救,杀他片甲不回,我大兵在后接应。"二人得令,领兵下江。随后樊老将军,带领大小众将,纷纷下江。

再言唐朝大兵,行至半江中,忽听炮声连珠响,只见各港中驶出无数番船,船上番将俱是红扎巾,身上穿的水纳袄,手持长枪,摇旗呐喊,冲了出来,勇不可当。竟把大小战船,冲做两处。后面元帅看见,急忙下令:"水战不比岸战,须要向前,不可退后。"众将得令。秦梦迎着樊龙,罗章接着樊虎,两下大战。后面老将樊洪,看见二子大战,划动兵船,冲上前来,被窦一虎接住厮杀。

秦梦与樊龙,战到三十余合,秦梦放下提罗枪,抽出银装铜,照樊龙肩膀上一下。樊龙负痛,拿不起大刀。番兵见主将受伤,急忙划转番船,大败而行。樊虎被罗章腿上一枪,那番船樊老将军看见二子大败,弃了窦一虎,也把战船划回。这里元帅见胜了番将大喜,传令擂鼓追赶。樊家父子连忙弃船登陆,竟望关中去了。剩下番船,逃走得快的,俱逃走了,逃不走的俱被杀死。传令收兵,一齐登岸,杀到关前,两边高山,中间一条关路。此关在半山之中,山上檑木炮石,打将下来,众将只得退回。元帅见此山难破,就令按下营盘,商议攻打。

再言樊洪老将,同二子败进关中,吩咐番儿,关头上多加灰瓶石子。强弓硬弩,檑木炮石。夫人接说道:"妾身久闻跨海征东薛仁贵,十分厉害。水战被他取胜,二子又被他打伤,幸喜女儿前日回家,或有仙丹妙药,可以医治。"樊洪道:"我却忘了,昔年黎山老母,收去八年,传授法术,有移山倒海之法,撒豆成兵之术。又赠他诛仙剑、打神鞭、混天棋盘、分身灵符、乾坤圈,五遁俱全,谅来必有妙药的。"吩咐丫鬟:"请小姐出来。"丫鬟领命,到房内道:"小姐,老爷相请。"

那樊梨花听了,来到中堂,见了父母,说道:"呼唤孩儿,有何吩咐?"夫人道:"女儿呵,唐朝差薛仁贵领兵西征,直杀到寒江,倘此关有失,西番不能保全。故此你父同二位哥哥截住寒江,俱被他打伤,败阵而回。今你父闷闷不乐,特地唤你出来商议,不知你可有仙丹,相救了二位哥哥,然后杀退唐兵,可解得你父烦闷?"

小姐听了,心中暗想:"记得师父吩咐说,我与大唐小将薛丁山有姻缘之分,故此命我下山完聚姻缘,一同征西。如今果然他兵来到寒江关,伤我兄长,也罢。"只得开言说:"父亲,既是二位哥哥受伤,女儿自有妙药医治,不必父亲多虑。"樊洪听了大喜,连忙唤进二子说:"你妹有仙丹救你。"小姐把丹药敷在他伤处,不消一刻,其伤即愈。弟兄二人大喜:"难得妹子来救我,其中必有奇谋,杀退唐兵。复回番邦,狼主必加封赠,我一门功劳不小。"小姐说:"这个何难!不是妹子夸口,且待妹子明日出阵,必要活捉唐将,以泄二兄之忿。"二兄听了,说:"既是妹子出阵,做哥哥的与你掠阵。"老将哈哈大笑道:"难得女儿志量高大,虽然你多仙法,出阵之时,须要小心。"樊梨花道:"这个自然,女儿有主意的,不用父亲叮嘱。"当晚不表,各归房内。

小姐回到房中,想姻缘该配薛世子,但不知他相貌才能如何。又闻得父母有言,将我许配白虎关总兵杨藩!打听得他生得丑陋不堪,面如青靛,目似铜铃,岂可配我!想我师父黎山老母,能知过去未来,许我薛丁山是夫主,谅来杨藩绝不是我夫君。待我明日出阵,看看薛丁山,就晓得了!主意已定。

再言次日樊老将军升帐,樊梨花被挂上前领兵,樊龙、樊虎结束停当,各执兵器,同妹子出阵,点齐本部人马,来到关前。放炮三声关门大开,冲下山来,来到平阳之地,排齐队伍。樊梨花一马冲出,高声大叫,坐名要薛丁山出阵。探子报进营中说:"启上元帅,今有樊老将军之女樊梨花,带领了女兵,出关讨战。"元帅说:"昨日他父子兄弟这般骁勇,尚且大败,何况他的女儿,值得什么!"探子说:"元帅不要看轻樊梨花,他英雄无敌,仙法多端。他指名要小千岁出阵,不然要杀进营中来。"元帅听了,大怒说:"这番女好夸口!我偏不点孩儿出阵去,另点别将出阵,谁将出去,擒此番女?"

那窦一虎好色之徒,听说樊梨花美貌超群:"待我出阵活捉进营,元帅自然将来配我。"想罢,上账说:"小将窦一虎愿出去会他。"一边又走出先锋罗章上前喊道:"元帅!待小将出阵,必要活捉番女。"

元帅道:"既然你二人愿去,一同出阵便了。"二人接令出阵,不知后事如何,且看下回分解。

第二十九回　神鞭打走陈金定　梨花用法捉丁山

却说罗、窦二将领兵到阵前。樊梨花一看,不是薛丁山。小姐骂道:"南蛮果来与我对敌,免污我刀。快唤薛丁山出来,与我决一胜负!"

二将听了,说:"好一个娇滴滴声音。"二人各执兵器,笑吟吟指定樊梨花说道:"难道我们不是男子,你指名要小千岁出来?你若胜我二人手中兵器,便请小千岁会你;你若被捉,伴我二位一宿,方得称心快意。"小姐听了大怒骂道:"匹夫,少要胡言!放马过来,斩为肉泥,方泄我恨。"遂举起双刀,望罗章面上砍来。罗章把枪架住,窦一虎将黄金棍向马头上打来。樊梨花不慌不忙,将刀一指,只见四面喊声大起。

二人抬头一看,俱是青面獠牙,长大汉子,金盔金甲,大刀阔斧砍来,吓得唐兵都逃散了。二将看来抵敌不住,鸣金收兵。报知元帅说:"末将被番女用撒豆成兵之法,杀得大败而回。如今又在营前讨战,指名要小千岁出阵。"

元帅听了大怒道:"这小贱人如此无礼,他有妖术,况且男不可与女敌。"便点窦仙童出阵迎敌,窦仙童全身披挂,手执双刀,跨上了马,带领了兵将,出营来到阵前。看见樊梨花果然美貌,我不及他。

樊小姐见一员女将出阵,身边藏许多宝贝,又生得俊俏,暗想道:善者不来,莫要失手。便开口喝道:"来的女将少催坐骑,通下名来。"仙童说:"我乃薛元帅之媳,小千岁之妻,窦仙童是也。你这无耻贱人,坐名要我夫君,可不羞死人么!"樊梨花大怒,便把双刀砍来,窦仙童把双刀迎佳。两下大战,正是棋逢敌手,将遇良才。战到四十回合,樊小姐料难取胜,忙祭起打神鞭,窦仙童一见,说"不好了!"闪避不及,一鞭正打中肩膀,负痛伏鞍逃入营中。

金定见了大怒,便上前讨令:"待小将出去会他。"元帅说:"须要小心。"陈金定领令,结束停当。上马提锤,冲出营门,来到阵前。樊梨花抬头一看,到也稀奇:方才女将甚为齐整。今来此女,好似灶君夫人,面如黑漆,丑陋不堪。好笑唐朝元帅帐下,都用怪异之人。便喝道:"黑蛮休来送死了,快唤薛丁山出来,方是我的对手。"陈金定大怒道:"你这贱人,又非娼妇,如何指定要我丈夫出战?"樊梨花听了倒也好笑:难道这般丑陋,亦收为妻,正是瞎猫偷鸡死不放。便说:"你这黑脸,只好配挑柴运水火头军,怎可配小千岁?"金定听了大怒,便把五百斤的铁锤,当头打来。梨花将双刀迎住,一来一往,战了三十回合,不分胜负。樊梨花忙祭起斩仙剑,金定躲闪不及,正中左肩。大喊一声,败回营中。

元帅一见大怒道:"可恶番女,连伤我二将!"又令:"女儿金莲出阵,需要与二位嫂嫂出气。"金莲接令,上马来到阵前。只见樊梨花千娇百媚,耀武扬威,不若说他投唐以便西进。主意已定,便道:"樊梨花,你既有如此本领,何不投降我国,择配才郎,夫荣妻贵,岂不美哉!"梨花看见薛金莲貌美,听他婉言,便问:"女将何名?方才所说,奴岂不知。但奉师命下山,要会薛丁山。若然胜我兵法,与他成为夫妇,故此指名要会他一面。谁知连战数将,仅不合我之意。"薛金莲微微笑道:"女将听了:我乃唐朝大元帅之女,薛丁山之妹,名唤金莲,随父西征到此。既然要会我哥哥,待我告知父亲。今天色已晚,明日出营会你。"说罢二人各自收兵。那薛金莲回营上账,对父亲细说番女之事。

却说薛丁山回见二妻,说及此事。窦、陈同说:"今日这无耻番女,阵上将我二人打坏,幸有仙丹治好。口口声声要会你,定要和你成亲,明日阵上切不可从他,若然与他成了亲事,我二人决不肯干休。"薛丁山暗想到:未分黑白,先要吃醋。便说道:"二位夫人请自放心,卑人不是这样人。"

再说次日,薛金莲说:"樊梨花又来讨战。"元帅传令:"丁山出兵!""得令!"结束停当,挂剑悬鞭,跨上腾云马,手执方天戟,带领了兵将,放炮三声,出了营门,冲到阵前,樊梨花抬头一看,见一位少年将军出阵。但见他头戴太岁盔,身穿天王甲,坐下腾云马,手执方天戟,背插四枝小角旗,写了"二路元帅薛"。果然美如宋玉,貌若潘安,心中十分之喜:师父之言不谬。

再说薛丁山,看见樊梨花姿容,赞道:我夫人窦仙童虽然美貌,不及他一二。妹子金莲亦不能比他,虽然心中得意,家有二妻,此心休生。叫声:"番婆看戟!"刺将过来。梨花把手中刀架住说道:"你就是薛丁山吗?奴奉师父之命下山,说与你有凤世良缘,应当配合。我父兄虽番将,你若肯从议婚姻,我当告知父母,一同归降西征,你意下如何?"

薛丁山听了骂道:"无耻贱人,只有男子求婚,何曾见女子自己说亲者。你羞也不羞?我薛丁山正大光明,唐朝大将,岂肯配你番邦淫乱之人,不必妄想。放马过来,与你决一死战。"樊梨花被他羞辱,心中大怒,手持双刀,劈面砍来。薛丁山把方天戟架住,两下大战三十回合。樊梨花念动真言,顷刻之间,将高山遮住。薛丁山见前面昏暗,被樊小姐活捉过去,吩咐捆起,问道:"薛丁山,你今被擒,若肯联姻,饶你一死。"

薛丁山睁眼一看,身上被绑,料难脱身。待我骗他一骗,遂道:"既蒙见爱,回去告知父母,然后央媒说合。"樊梨花微微笑道:"世子这句话,果然真心许我?当赌个誓来,我才相信。"

薛丁山心中一想:那个女子倒也老成,不若权且赌一个无着落的咒,有何不可。便说:"若放我回营,背负了你,我就半天吊挂,没有存身之处。"樊梨花见他赌了咒,便解其缚,吩咐带过马来,放了薛丁山。薛丁山回马不及一箭之地,重又勒回马头,回过头来大骂樊梨花道:"你这不知羞耻的贱人,我方才中你诡计,被你擒住,岂肯与你联姻,不要想错了念头。快快放马过来,与你决一胜负。"梨花大骂薛丁山:"无信义之人,看我刀罢!"又战不数合,樊梨花念动真言,便见前面一座山。樊梨花诈败上山,薛丁山在后追赶。赶到半山,忽听霹雳一声,回头不见了樊梨花。周围并无去路,见四面都是高山遮住,心中好不着急。只听山顶松林之中,有一樵夫在那里砍柴。薛丁山大叫:"樵哥,救我一救!出得此山,重重相谢。"那樵夫听得山坑内有人叫唤,忙向下一望。见了薛丁山,笑嘻嘻说道:"小将军何放在此山凹内?薛丁山道:"不瞒你说,我因追赶番邦之女,迷路到此。"樵夫听说便道:"小将军既要我救,待我丢下担绳,你系在腰间,扯你上来,就有路了。"薛丁山道:"樵哥既如此,快些丢下绳来,扯我上去。"那樵夫回身,便把担绳丢将下山,薛丁山将绳系在腰间,说道:"樵哥,我系好了,快快扯我上去。"那樵夫答应道:"晓得。"不知可能救得上来,且看下回分解。

第三十回 樊梨花移山倒海
三擒三放薛丁山

却说樵夫用力将绳扯动,扯到半山之间,将绳扣在松枝上,把薛丁山倒挂在虚空。薛丁山叫道:"樵哥快扯我上去,因何将我吊在空中?"樵夫大笑道:"小将军,你罚了无着落之咒,善于骗人,我也骗你一骗。只就是半天倒挂,没有存身之处了,我去了。"丁山想道:方才赌的咒如今应了,叫我怎处?

正慌急间,只见两个松鼠,走在松枝,将蝇乱咬,咬断两股,将要落下来,吓得丁山魂不附体,叫道:"松鼠你也欺我,此绳断了,跌了下来,碎骨粉身,万无生理。"竟大哭起来。

只见山上有一女子,打扮犹如仙子一般。八个丫鬟跟随,说说笑笑,说道:"底下有一个人,吊在那里,将来要饿死。"薛丁山在下听见,大声喊道:"山头上姐姐们救我一救!"小姐便叫丫鬟,"你去问他姓甚名谁,家住何处?"丫鬟奉命望下问道:"我家小姐问你名姓住居,说明因何吊此,好好救你上山来!"薛丁山说:"几位姐姐,我姓薛名丁山,乃唐朝二路元帅,征西到此,因被女将樊梨花诱我上山,迷失归路。樵夫作弄,把我绳系腰间,扯至半空,吊在松枝,如今绳将断了,万望姐姐们向小姐帮衬一声!开恩救我上山,万代鸿恩了!"丫鬟问明,回报小姐。小姐说:"你们再去问他,他要相救,须要依我言语,方肯救他。他若不允,便不相救了。"薛丁山只得满口答应。小姐说:"即是他肯依我言,扯他上来相见。"小姐回进园中百花厅上坐下。

再言丫鬟向下说道:"小将军好了,如今你有命了,待我们扯你上来。"便把按绳扯上,丁山来到山上,说"好了"。忙向腰中解下担绳,说:"姐姐们,方才你家姐姐哪里去了?待我谢一声,不知有何言语吩咐?好待本帅回营去。"丫鬟说:"前面这座花园,就是我家住宅。"薛丁山道:"请问姐姐们,你家小姐姓甚名谁,何等人家之女?"丫鬟道:"我家主人姓崔,官拜兵部尚书,单生这位小姐。"薛丁山道:"原来如此,望姐姐们领我进去。"

果然园中景致非常。过了石桥,来到百花厅上,只见小姐坐在湘妃椅上,薛丁山上前叩谢,小姐连忙还礼,宾主坐下,丫鬟进了香茗。薛丁山道:"承蒙小姐救我上来,不知有何见教?乞道其详。"小姐笑道:"樊梨花是奴中表,他是黎山老母徒弟,与将军有宿世姻缘,若不见弃,奴家为媒,结成秦晋,归顺唐朝。若还不从,休想回去。"薛丁山叫道:"恩人,本帅已娶过拙荆二人,此事断难从命的了。"那小姐听了大怒道:"你这忘恩负义之人,我好意救你上来,这事又不肯依我吩咐。丫鬟把他绑了,关锁在此。"不由分说,竟上前来拿。忽听得一声霹雳,抬头一看,花园不见,花厅变作囚车,原在战场上。樊梨花仗剑立在面前说:"今次肯依允否?再不依允,我便斩你了。"薛丁山说:"今放我回去说合。"小姐说:"方才赌了咒,如今也立个誓来!"薛丁山道:"若再为反悔,身投大海而死。"樊梨花见他赌咒,又不着落的,便卖弄手段,叫兵士打开囚车,放他回去。

薛丁山出了囚车上了马,便骂道:"我被你这贱人两次羞辱,岂肯与你成亲,放马过来!"樊梨花原晓得他反悔,复又相战。不到十个回合,樊梨花念动真言,薛丁山面前昏暗,被那些军士将丁山活捉下马来绑住。薛丁山抬头一看,茫茫大海,口叫"救命"!只见海中来了一支大船,船上坐的一位太子,听见岸上喊救,叫船家救上船来。船家将薛丁山救上船来,太子说:"你是何人?丢在大海滩上?"薛丁山就说同樊梨花如何交战,将自己姓名。细说一番。

太子说:"今便怎么处?"薛丁山说:"难得太子相救,伏望送我回国。"太子劝道:"你原是唐朝大将,樊梨花既然招你成婚,应许了才是。不然将你一门杀尽,西辽又不能平,前功尽弃,不如从了他。"薛丁山说:"太子你不知道吗,我乃王禅老祖徒弟,说有大难,必来相救,岂怕他神通广大,定然不从。"太子听了大怒道:"你既不从,寡人亦不救了。"吩咐:"取大石过来,把这个无义畜生,绑与石上,置之海中,自然必死。看师父救你不救。"后梢走出四个金刚大气力的人,就把薛丁山捆倒,放在大石之上,望海中扑通一声。薛丁山自道必死,忽见太子没有了,大海全无,船亦没了,原在山旁边。坐马依然立着,单单身上捆住大石,不能够起来。

正在没法,只见樊梨花飞马过来,大叫一声:"薛丁山!你今次被擒,有何理说?"薛丁山道:"如今再不敢了,望乞小姐放我回去,立刻央媒说合便了。"樊梨花道:"你这薄情人,奴家一心待你,你反来背我,你两番的立誓,俱已报应,若要放你再赌咒来。"薛丁山道:"我此去负心,合死于刀剑之下!"樊梨花见他赌了重咒,谅来没有更变。亲解其缚,千言叮嘱说:"你回去即速央媒到来,我先去告知父母,劝令归唐,方能并力同心,平定西番。"

薛丁山应诺,拜别上马,回到营中。元帅说:"我儿,那樊梨花十分厉害,你今日见阵,如何对付他?直到日落西山,方才回来见我?"薛丁山道:"爹爹呀,那樊梨花是黎山老母弟子,法术精通。要与孩儿结婚,孩儿已有二妻,抵死不从,他百般大骂,将孩儿三擒三放。"作弄之言细说一遍。"只得又许了亲事,立了千金重誓,才放孩儿回见爹爹之面。"复对元帅道:"若要与此女成婚,孩儿情愿与他决一死战,定必不从。"

再言窦仙童遂向陈定金道:"可喜冤家还有情义。"说罢,只见程咬金哈哈大笑道:"吾主洪福齐天,西番可平矣。"薛元帅道:"老柱国为何说此二句?"程咬金说:"元帅你不听见么,此女有移山倒海之术,撒豆成兵之能。而唐营诸将,非他敌手,他既然要与世子成亲,父子一齐投降,杀到西番,擒了番王。功劳岂不是元帅所得,吾皇洪福齐天吗?"元帅听了大喜道:"就烦老柱国前往做媒。"程咬金道:"这个都在老夫身上,别样做不来,媒人做过两回,如今老在行了。"元帅道:"既然如此,烦驾明日就行。"程咬金说:"这个自然。"不知后事如何,且看下回分解。

第三十一回　樊梨花无心弑父　小妹子有意诛兄

话说樊梨花见薛丁山收兵进关,却自鸣金收兵进到关中,来到内衙,樊洪说:"女儿今日出兵,胜败如何?"樊梨花说:"爹爹,孩儿今日开兵,会着薛丁山,被女儿连败他数阵,得胜而回。"老将听了大喜,说:"幸得女儿法术精通,以泄吾忿,明日必要把薛丁山擒了。"小姐道:"爹爹呀,孩儿奉师父之命,说我与薛丁山有宿世姻缘。女儿犹恐薛丁山亦如杨藩之丑,今阵上见薛丁山才貌出众,武艺超群,是以孩儿不忍加害。恐负师父所嘱,故此把终身相许,放他回营,明日必来说合。万望爹爹垂允,归顺唐朝,不知爹爹意下如何?"

樊洪不听此言犹可,一听此言,圆睁怪眼,怒发冲冠,骂声:"无耻贱人,哪有此理!婚姻自有父母做主,岂有女儿阵上招亲,不顾廉耻。你这贱人留你何用?"遂拔出腰间宝剑,望女儿头上砍来。樊梨花见父亲发怒,连忙躲避,不敢走近身前。小姐看来,势头不好,没法遮护,只得也拔出剑来招架。那老将一发大怒,连声大骂:"小贱人,你敢来弑父吗?吃我一剑!"正要砍将过去,谁想脚上穿的皮靴一滑,将身一闪,一交跌去,刚撞着小姐剑尖上,正中咽喉,"扑通"一声,跌倒在地,呜呼身亡。小姐见了,吓得魂不附体,忙抱住大哭道:"非是女儿有心弑父,事出无心,不想弄假成真。"早有人报知樊龙、樊虎。兄弟闻知俱大怒,一同提了宝剑,赶进内衙,大骂道:"你这小贱人,为何弑了父亲,忤逆不孝?饶你不得。吃我一刀!"小姐看见来得凶猛,也把宝剑架住,哭诉道:"二位哥哥,且休动手,容我一言。天理昭彰,岂敢乱伦弑逆。因父亲要杀小妹,妹子把剑架住逃走,刚是父亲一跤跌倒,撞着小妹剑尖而亡。两旁有家人共见,望乞哥哥饶恕错误之罪。"樊龙、樊虎道:"父亲虽则错误,死在你手,饶你不得。"于是举刀乱砍。小姐无奈,把剑相迎。兄妹三人,在内衙混战。战到三十回合,樊龙措手不及,被樊梨花斩了。樊虎大嚷道:"反了!反了!"叫声未绝,也被一剑砍死,这叫作有意诛兄,无心弑父。樊梨花暗想:杀死二兄,出于家门不幸;骨肉相残,迫于势不两立,如何是好?放声大哭。老夫人闻知,吓得魂飞天外,连忙走到,见了三个尸骸,好不痛心,遂大哭道:"樊门不幸,生出这个不孝女儿,弑父杀兄,叫我如何了得?今日子死夫亡,靠着谁来!"叫一声:"老将军与两个孩儿,枉是官高爵显,今日死在无名之地。"大哭一番,晕倒在地。小姐见了,上前来救,半响方醒,遂劝慰道:"母亲,父亲与哥哥既死,不能复生。有女儿在此，决不教母亲受苦。须要收殓父兄，免得薛丁山知道。不然，姻事就不成了。"吩咐家人备办三副棺木，顷刻收殓，停在西厅，吩咐男女家人不许声扬。夫人无可奈何，只得依允不表。

再言次日，小姐披挂，升坐帐中，传令三军说："只为父兄遭其不测，我今立意降唐，关头扯起降唐旗号，扯起降旗。"却好程咬金来到城外，见了投降旗号，心中大喜，吩咐报进。樊梨花母女闻知，出关迎接。接入府中，分宾主坐下。程咬金道："本藩奉元帅之令，将来与小姐作伐，配对世子丁山。为何令尊令兄……不见出来相会，却令老夫人、小姐来会我，甚不可解。"樊梨花犹恐母亲说出前情，遂接口道："不瞒老将军说，只为家父与二兄有病，不及接待，多多得罪，况且投唐一言既出，绝无更改。只消元帅择一吉日完了姻，一同西进。"程咬金听了，叫声："夫人，既然投顺了，我回去相请元帅兵马进关。"夫人说："领教。"程咬金辞别而出，来到营中，对元帅说了，元帅大喜。只有薛丁山不乐，因父亲做主，万不得已。传令大小三军进兵寒江关。"得令！"三军炮响，进了关门。夫人小姐接入，元帅、柳氏夫人看见樊梨花十分美貌，夫妻二人大喜。程咬金说："今日黄道吉日，正好与世子成亲。"元帅说："老千岁之言有理。"当晚就与世子成亲，乐人送入洞房。

洞房花烛前，夫妻坐下，薛丁山问道："请问娘子，今日花烛之期，诸人俱在，为何你父兄不出来相见？"小姐回说："有病。"薛丁山道："我不信。必要讲个明白，方好做夫妻。不说得明白，就要去了。"小姐见他盘问，满面通红，心中想道："此事终是要明，况今既成花烛，不怕他再变更，何不明言？"遂将劝降反杀，误跌剑锋，二哥已骨肉相残，简单说了一遍。丁山听了此言大怒，骂声："贱人！你不忠不孝，岂有父兄杀得的吗？留你必为后患，少不得我的性命也遭汝手。"遂拔出腰间宝剑说："要与你父兄报仇。"小姐道："我与你既成花烛，须并胆同心。奴家纵有差池之处，伏望君子宽恕。"丁山叱曰："要我饶恕，不能勾了。"便一剑砍来。小姐也把宝剑迎住，说："官人呵，奴家因念夫妻之情，不忍动手，为何这般气恼？我劝你须忍耐些吧。"丁山不听，又复一剑砍来。小姐说："冤家呵，我让你砍了两剑，千求万求，你必要杀我吗？"丁山道："这样不忠不孝的贱人，不杀你，留来何用？吃我一剑。"小姐大怒，连忙举起宝剑敌住。丫鬟见了，飞来报知元帅。元帅大惊，传令两位媳妇快去劝解。

仙童同金定奉命一齐来到房中，金定一把扯住丁山，往外就走。仙童拦住梨花，说道："妹妹，你与官人第一夜夫妻，为何就着起恼来？将来日后怎好过日子？做丈夫的也要忍耐，做妻子的也该小心。岂可磨刀相杀？我劝妹子忍耐，饶恕了他。"梨花道："姐姐呀，我正在此让他，谁想他越舞越真了。他道我弑父杀兄，必要杀我，把我连砍三剑。姐姐你气也不气？"仙童道："冤家原为这件事情发怒起来，真真可笑。与妹妹什么相干？怪不得你动气，待我去埋怨他，怕他不来赔罪？"梨花说："多谢姐姐。"仙童出了房去。

再言金定扯了丁山来见元帅，元帅骂道："畜生！你世务不知。樊小姐神通广大，营中谁是他对手？他奉师命与你联姻，归顺我邦，算我主洪福齐天。第一夜与她大恼，倘若急变，叫我如何是好？快快进房赔罪。若不依父言，军法处治。"丁山道："爹爹，不是孩儿不见机，只为这贱人弑父杀兄，有逆天大罪，容他不得。若恕了她，将来杀夫杀公，无所不为，都会做出来的。宁可急变，孩儿断然难容这贱人。"元帅听了，喝声："小畜生！你果然不进房去吗？"丁山说："孩儿今番就逆了父命，断然不要这贱人。"元帅吩咐军士，将他捆打三十荆条，将他监禁南牢中不表。

再言元帅对程咬金说："烦老柱国相劝梨花，开导畜生。他若回心，自然完了百年大事。"咬金奉了元帅之命，来见梨花，说："小姐，你公公命我来劝你，万事看公婆之面。方才已将丁山打了三十，监禁牢中，少不得磨难不起，自然回心。劝小姐忍耐片时罢。"梨花听见，满眼流泪道："多谢老千岁劝我，焉敢不从？拜上公婆，我已立志守着薛门，再不三心二意，另抱琵琶。我也晓三从四德，岂学俗女，请放心。"咬金听了说："难得，难得。"别了梨花，回复了元帅，此话不表。再言小姐哭见母亲，说起此事，今日暂别，要往黎山去问明师父："为甚姻缘如此阻隔？问个明白，方好回家。"夫人两泪不止，叫声："女孩儿，你当初八岁时节去了，有二位长兄在此；如今去了，叫作娘的举目无亲，如何是好？"小姐说："母亲放心：女儿此去不过几天，就回来的。"不知后日来与不来，且看下

第三十二回　薛仁贵兵打青龙关
烈焰阵火烧薛丁山

话说樊梨花道姑打扮，骑了匹骡，来到黎山。见了师父，说："蒙师父吩咐，与薛丁山有宿世姻缘。谁想他薄幸，屡屡休婚，不知有甚因由，望乞指明。"黎山老母道："徒弟，我一向不曾对你说，你夫妻二人原来有个缘故。当日蟠桃会上，有诸天诸宿群仙来赴会，玉帝驾前则有金童，因与玉女戏耍，打碎琼瑶，玉女也失手打碎了菱花镜。玉帝大怒，欲将金童玉女问罪。有南极老人出班启奏说：'他二人戏耍，有思凡之心。望吾皇赦罪。降他二人下凡，结为夫妇，了此凤缘。'玉帝准奏：立刻降下凡尘。玉女走出灵霄宝殿，撞着披头五鬼星，见他生得貌丑，不免一笑。五鬼星只道玉女有意，妄起痴心，也走下凡来了，目下就是白虎关总兵杨藩，央媒错对了你。那金童看见玉女逢人便笑，那时大怒，说你下贱，开言便骂："贱人！"玉女回头向金童一连三哗，一同下凡。金童乃是薛丁山，玉女就是你。故此有几番休弃，少不得日后夫妻自有完聚，不必忧心。将来仁贵兵到青龙关，有妖仙摆下烈焰阵，若还难破，赠你金钱，好请仙人。快快回去，倘有急难，前来见我。"梨花问明，拜别师父，就上马而回。母女相见，此话不表。

再言薛仁贵已得寒江关，养马五日，命李庆红镇守。起大兵离了寒江关，一路下来，兵到青龙关，传个十里安营。"得令！"放炮一声，扎下营盘，明日发兵不表。

再言青龙关总兵赵大鹏，一日升堂，小番报进："启爷，不好了！大唐薛蛮子起兵前来，一路势如破竹，夺了许多关寨，寒江关以东尽属唐朝。我邦苏元帅大败，不知逃去那里。今寒江关樊老将军，被女儿梨花弑了父兄，投降中国。不日兵到青龙关了。"赵大鹏听报，说："有这等事，再去打听来！""得令！"大鹏想到：有我镇守此关，看薛蛮子过得否？传令众将："趁他未到关门，今夜领兵劫寨，杀他趁手不及，灭他锐气。"吩咐饱餐战饭，三更时分，杀到唐营。果然唐营不及防备，听得炮响连天，番兵拔开鹿角，杀进营中。元帅营中惊醒，连忙披挂上马，传令众将："整备交战。"幸有众将尚未卸甲，各执兵器。你看满营火亮通红，各人上马厮杀，赵大鹏杀进营中，早有数员唐将迎了。大鹏看来难胜，祭起化血金钟，可怜数员偏将，遭其大难。那番恼了窦一虎，提起黄金棍，照马上打去。大鹏不能招架，又祭起金钟，罩将下来。一虎见金钟利害，将身一扭，往地下去了。秦汉见罩了一虎，则来相救，又被金钟罩来。秦汉看见不妙，借土遁而逃。一场大战，黑夜交兵，十分厉害。杀到天明，大鹏得胜收兵。元帅点齐众将，折了兵马数千，偏将十员，幸得众将无事。秦汉、窦一虎逃回，共说金钟利害，元帅好不烦恼。

正言未了，探子报说："赵大鹏又来讨战，望元帅定夺。"仁贵心中大怒，传令窦仙童、陈金定二将出阵。"得令！"两员女将结束停当，手执兵器，上马出营，冲出阵前。大鹏抬头一看，见来了两员女将，想是唐营男子被我昨夜杀尽，故点女将出来交战。不要管他，待我再把宝贝祭起，见一个，罩一个；见一双，杀一双。将他杀得尽绝便了。便说："你两个女子，也来送死吗？"窦、陈二女将看见大鹏面貌生得凶恶，亦非良善之辈，说道："不必多言，看刀吧！"四柄刀如雪片砍来。那大鹏哪里招架得住，忙祭起化血金钟，当头罩来。二人看见，说："不好了！"幸宝驹一纵如飞，败回营中。元帅见了，心中气闷。

大鹏又在营外讨战。众将都怕金钟利害，俱不敢出战。程咬金说："元帅，世子丁山神通广大，老夫可保他破灭金钟。"元帅说："老柱国力保，本帅从命。"传令箭一支，差旗军四人，速往寒江关牢中，放出小将军来。旗军得令，到寒江关去不表。再言元帅吩咐高挑免战牌。大鹏见了，呼呼大笑回关。次日丁山到了，大鹏又在营前讨战，就传丁山出阵。丁山领命，全身披挂，带了宝贝，跨了宝驹，放炮出营，冲出阵前。大鹏抬头一看，见来了一员年少将军，喝声："少催坐马，通下名来。"丁山道："你问我爵主之名吗？洗耳恭听：我乃薛元帅世子，薛丁山便是。你可是赵大鹏吗？快快投降，免汝一死。"大鹏大怒："这乳臭小子，休得夸口，吃我一刀。"一刀向丁山面上砍来。丁山把方天戟望刀一架，大鹏叫声："小蛮子，好气力！"在马上乱晃，把这大刀直往自己头上反打转来,看来不是敌手,忙祭起金钟,谁想薛丁山身上穿着天王甲,头上戴的太岁盔。有万丈毫光罩住,那金钟跌在地下,打得粉碎。赵大鹏见了,魂飞魄散。被薛丁山把画戟紧一紧,喝声"去吧!"一戟当心刺来。赵大鹏躲闪不及,正中了前心,仰面一跤,跌下马来。薛丁山下马,取了首级,吩咐诸将抢关。元帅大队人马正要抢关,忽关上有一道人降下,乃蓬莱山朱顶仙。看见徒弟赵大鹏,被薛丁山所杀,欲来报仇,传令把灰瓶石子滚木火炮打下,元帅见有防备,鸣金收军,关外按下营盘,明日开兵取关,此话不表。

且说那朱顶仙连夜出关,摆下阵图,名曰"烈焰阵",极其利害,四面杀气腾空。次日出阵,手中仗剑,指名要:"薛丁山来会我,我要与徒弟报仇。"探子报入营中,薛丁山听了大怒,说:"孩儿情愿出去,除此妖道。"元帅道:"我儿出去,须要小心。"薛丁山领令,来到阵前,看见道人,红头绿眼,阔脸尖嘴,长颈短脚,看其人定是左道旁门之士,不如先下手为强。叫声:"看戟!"道人把剑架住说:"你不过王敖门下,焉敢伤我徒弟? 你不要走,看剑!"薛丁山把戟架开,交战了三十回合,道人哪里敌得住,回马跑入阵中。薛丁山不舍,随后追来,元帅见了,即点窦一虎、秦汉并十员副将,兵马三千,一齐冲入阵中。那道士将背上一个红葫芦打开了盖,放出无数烈火,顷刻之间,满阵大火。兵马三千,偏将十员,俱皆烧死。窦一虎看来不好,把身子一扭,地行去了。秦汉满面烧坏,也借土循而回。只有薛丁山陷在阵中,幸得身上穿着朱雀袍,纵有烈火,不能上身。这是丁山灾星到了,此话不表。

再说秦、窦二将逃回,说明此事,元帅大惊。柳夫人、金莲小姐听了,俱皆大哭。窦、陈二人,听得丈夫陷在烈焰阵中,皆上前讨令往救。元帅道:"这使不得。你们此去,性命难保。不如请程千岁,往寒江关请三媳妇到来,他有移山倒海之术,可能破灭烈火,方救得孩儿;那时不怕他不肯成亲。"夫人道:"相公之言有理,待妾身修书去请便了。"书中极写情切,元帅接来一看,说:"夫人真好才学。"连忙封好,送与程千岁。程咬金奉命上马,飞奔到寒江关,将书付与樊小姐。樊小姐一看,知薛丁山陷在阵中。婆婆书中致意许多不安,我若不去救,便违公婆之命了,只得出来相见。程咬金见小姐道妆打扮,手拿拂尘,俨然修仙学道的人,便上前施礼,宾主坐下。程咬金道:"书中之意,想已尽知,相请去破烈焰阵要紧,快请上马。"小姐说:"老千岁你还不知,只恨奴家听从师命,立心要嫁此人,谁想花烛之夜,便即弃我。我自怨薄命,情愿出家学道,俗家之事,再不管了。烦老千岁回去,多多拜上元帅夫人,说我如今不染红尘,是方外的人了,方外之事也可也不知。"不知樊梨花肯去否,且听下回分解。

第三十三回　樊梨花登坛点将　谢应登破烈焰阵

前言不表。再言程咬金说道:"小姐,虽是薛丁山无情无义,须念公婆面上,休得记恨,要做宽宏大量之人。破了阵图,好待元帅进兵。小姐十大功劳,我都晓得,快些去吧。"那小姐十分做作。程咬金在旁苦苦相劝。

小姐只得允往。遂别了母亲,上了马,夜宿晓行,相近青龙关。程咬金报进,柳氏夫人同两个夫人,并金莲小姐,迎接樊梨花入营中。樊梨花对元帅、夫人禀道:"元帅、夫人,自从被令郎休弃之后,我已出家修道。今蒙夫人书召,并劳老千岁远行,我只得勉强前来面辞,伏望元帅、夫人不见怪,我出家人不管俗事了。"元帅夫人流泪道:"媳妇呀,这畜生虽则薄幸,当以国家为重。但是这畜生,今陷在妖道阵中不知死活,若能救得出来,自然夫妻团圆。"程咬金道:"长话不如短说。请小姐出兵打阵要紧。"小姐道:"既然如此,待奴同二位姐姐去救世子,看一看,然后开兵打阵。"元帅说:"小姐见识甚高,赛过张良,胜如诸葛。"使女儿金莲,同了三位姐姐一同去看。

四人领命,全身披挂。樊梨花仍是道妆打扮,各跨上马,带了数千精兵,向番营东西南一看,对窦仙童、陈金定道:"那个妖道,果然仙机奥妙。今观此阵,非同小可,不识仙机,难破此阵。"金莲小姐问道:"此阵何名? 怎生破得,如何救得哥哥?"樊梨花道:"此乃周朝十绝阵中第九座,名'烈焰阵'。凡人若到阵中,立刻化为灰尘。幸得世子乃王敖老祖门下,身上有许多宝贝,不为大害。若要破此阵图,贫道权掌帅印,好号令众将，召请仙人，破此恶阵。"薛金莲道："既能破此阵，待我禀知父亲，权交兵符将印，嫂嫂掌管，救出哥哥，自然赔罪，重谐花烛。"樊梨花见说，好不欢然，说道："姑娘安慰我心极好，但不知你兄心中如何。我们且回营中，打点破阵便了。"于是姑嫂带马回营。

且说番儿报知道人，说："有四员女将到来看阵。"朱顶仙听了，仗剑上马，赶出关来，大叫道："好大胆的蛮婆，偷看我阵。不要走，看剑！"飞马赶来。四人住了马，樊梨花喝声："妖道！慢来，看我法宝。"背上拔出诛仙剑，祭在空中。道人抬头一看，说声："不好！"逃回阵中。樊梨花笑道："你也晓得宝贝利害，逃回去了。明日破阵，取你狗命未迟。"遂收了宝剑，四人回到营中，见到元帅夫人，问起阵中如何，金莲禀道："爹娘，樊梨花深识仙机，熟谙阵图。他说是十绝阵中之第九阵，名曰'烈焰阵'。凡人必死，幸兄有法宝护身，烈火不能侵害。要破此阵，必须全付帅印，嫂嫂代管，发兵请仙破阵，救兄出阵。爹爹意下如何？"元帅喜道："请媳来破阵，自然悉听主张。"于是传令大小三军，明日三媳点将开兵便了。樊梨花说："多谢元帅。"同了姑嫂三人，一齐回营去了。

次日，众将披挂完备，都在帐前候令。樊梨花顶盔贯甲，升坐帐中。只见元帅手捧兵符将印，在帐前等候。樊梨花连忙下阶赔罪，说："元帅在上，我贫道今日代为发兵破阵，妄僭威仪，先容告罪。"说罢，即便下礼。夫人连忙扶起，说："今日全仗你出兵破阵，何消多礼。"樊梨花只得升帐，元帅送上兵符将印，樊梨花接下，放在案前。诸将上前打拱，说："甲胄在身，不能全礼，望乞恕罪。"樊梨花道："不敢。列位将军，请立两旁。贫道权掌帅印，各宜肃静，听候发令，不遵者立行枭首。"众将齐声答应："是。"樊梨花道："秦将军过来，听令。"秦汉听了，连忙上账，说："有何将令？"樊梨花说："你有钻天帽，把手过来，待贫道书五雷符一道，飞上当空，上管天门，不得有违。""得令！"秦汉戴了钻天帽，飞在云端等候。又说："窦将军过来，听令。"窦一虎听了，走上帐前，说："帅爷有何将令？"樊梨花道："窦将军伸手过来，待贫道书符一道，你有地行之术，下管地府，倘朱顶仙到来，不可放走。""得令！"窦一虎走下账来，把身子一扭，往地下去了。又点窦仙童说："与你青龙旗一面，守住东方，不得有违。""得令！"窦仙童即镇守东方去了。又点："薛金莲过来，听命。"薛金莲走上帐中说："有何将令？"樊梨花说："姑娘，与你红旗一面，守住南方。""得令！"薛金莲上马提兵往南方不表。又点："陈金定过来，听令。"陈金定连忙走上说："主帅有何将令？"樊梨花说："姐姐，与你白虎旗一面，镇守西方，不得有违。""得令！"陈金定上马提兵，往西方不表。又点："先锋罗章过来听令。"罗章连忙走上前，说："元帅有何将令？"樊梨花说："罗将军，与你黑旗一面，带领本部人马，守住北方，不得有违。""得令！"罗章带兵上马，往北方去守，这也不表。

且说樊梨花自己即叫麾下人马小校，拿了黄龙旗，向中道而进。只见阵中烈火腾空，四面通红。樊梨花难进阵中，想起师父赠我金钱，何不祝告？请了上仙，好进此阵。口中念道："金钱一个，祖仙传下，特请仙人，消灭烈火，焚香报告，虔诚感求。"念毕，摆下金钱，忽见一朵红云，落下来一位仙人，手执宝剑，头戴一顶逍遥巾，白面，五绺长须，布衣道服。樊梨花见了，连忙稽首道："大仙留名。"答道："小仙乃蓬莱山散仙谢应登，前来助你，破此阵图。"樊梨花道："既蒙大仙下降，快请入阵，消灭烈火，速擒妖道。"大仙听了，解下背上葫芦，揭开水晶盖，放出雪白一道亮光，变成四条白龙，张牙舞爪。顿见满天乌云，落了倾盆大雨，立刻将烈火泼灭。朱顶仙见破他法，大怒冲天。出来抬头一看，见谢应登在云端里，吓得魂不附体。大仙喝道："孽畜，那里走？吃我一剑！朱顶仙臂生两翼，往东方逃遁。只见东方撞着青龙旗罩住，上有灵符，不能逃出。又见窦仙童手舞双刀，忙来敌住。朱顶仙无心恋战，向西方走，又被白虎旗守住，陈金定提起铁锤来打。只得逃往北方，又见黑星旗下，罗先锋飞马杀来。又往南方而逃，却撞着红云旗守住，薛金莲小姐手舞双刀杀出。朱顶仙无法可逃，难以脱身，说："不好了，我乃逍遥自在神仙，为了徒弟，走入是非门。你看四面八方守住，叫我往哪里走？也罢，不如借土遁而去吧。"那窦一虎却在地下看见，开手放出一声霹雳，把黄金棍打来。朱顶仙见了大惊，只得飞身往天上而去。秦汉见了，把手一放，虚空一个霹雳，打将下来。朱顶仙半空跌下，秦汉也落尘埃，手提琅琊棒，正要打去，只见一个道人喝道："秦汉小侄孙，且慢动手。他是南极老人坐骑，逃身下凡，不可伤他性命。"秦汉大怒道："我与你素不相识，讨人便宜，叫我侄孙？"举起琅琊棒打来。这个大仙把剑架住，只见樊梨花，带同三员女将，一齐到来，说道："秦将军，休得无礼。此乃上界大仙谢应登便是。"秦汉回说道："他讨我便宜，叫我侄孙，故此气恼。"大仙笑道："你祖父秦琼，与我是八拜之交，故叫你侄孙。"秦汉道："原来如此，多多有罪。"便倒身下拜。"请问叔祖，此道何物变成？现了真形看看。"大仙便念动真言，喝声："孽畜，还不快现原形。"朱顶仙无奈，就地一滚，变成仙鹤，大仙道："樊梨花，你夫身陷阵中，我收回四海龙神，你进去救出丈夫。我将这坐骑送还南极老人。"只见道人跨上鹤背，腾空而去。众将骇然，只得望空拜谢。然后一同入阵，只见火光尽灭。又见薛丁山如醉如痴，醒将转来，一见妻子妹子，放声大哭道："莫不是梦中相会吗？"不知后事如何，且看下回分解。

第三十四回　穿云箭射伤灵塔
薛丁山休弃梨花

话说薛金莲，见兄长如梦初醒，便道："吾兄性命，幸亏樊氏嫂嫂救了，胜如重生再造。今且回营，再备花烛，夫妻和谐，休得异心了。"薛丁山见了樊梨花，拍马入阵，并无言语。樊梨花见他仍如此，不觉眼中泪落。遂收兵回营，缴回元帅印。乘便进了青龙关，杀得番兵无影无踪，遂扯起大唐旗号，查点仓库钱粮，一面差人回朝报捷。

再说薛丁山回见父亲，元帅道："今亏樊小姐破阵相救，趁此良辰吉日，整备花烛，与你成亲。以后夫妻和合，不得再逆父命。"薛丁山连说："不可。樊梨花既为唐将，应与朝廷出力，何恩于我？况他是不忠不孝之人，孩儿断不与那人为婚，望爹爹恕罪。"元帅大怒道："畜生！樊小姐真心为你，你偏偏不从。若不依从，重责不饶。"薛丁山道："孩儿情愿受责，亲事断不敢从。"元帅见他执意不肯，十分大怒。吩咐："将畜生吊起，捆打三十。"军士只得将薛丁山吊起。众将上前讨饶，遂劝世子道："小将军不须执意。一则是违逆父命，难逃不孝之名，枉受痛楚；二则樊小姐有救命之恩，遵了元帅之命，岂不是恩孝两全，小将军如何不三思？"薛丁山只是不依。元帅见众将劝他不听，吩咐重打三十皮鞭，上了刑具，下落监牢。樊梨花忍不住泪落，上账禀道："元帅、夫人，不必着恼，贫道就此告别了。万望元帅、夫人保重。"夫人流泪道："这畜生无情无义，还看我公婆之面，耐心等候。就是破阵守关的功劳，待奏过圣上，自然封赠。且慢慢降服畜生回心，定然团圆有日，决不使你独守。须听我言，随着公公西进为是。"窦仙童、陈金定也流泪劝道："妹妹你是有志气的人，心上明白的。虽是冤家情义大薄，还有我公婆爱惜之心。但得早灭西番，奏凯回朝，圣上做主，他敢不从么！"薛金莲劝道："嫂嫂且自宽心。虽今未成花烛，亦是薛门媳妇，况我们三人，还求嫂嫂教习兵法，一路谈心西进，不可回去。"樊梨花说："婆婆、姊姊、姑娘留我，我岂不知，也不怨冤家薄幸，只怨自己命苦。母亲年老，无人侍奉，故要辞别，日后自有会期。"元帅看来留他不住，只得准备香车送行。于是姑嫂三人送出关前，挥泪而别。且说元帅养马三日，留姜兴霸邻兵镇守青龙关，放炮起行，罗先锋开路。过了多少风沙之地，方到朱雀关。吩咐放炮安营，大兵一到，然后开兵。不数日，后队大兵到了，罗章接进营中。

次日元帅升帐，众将站立，元帅问陈云道："老将军久住西番，此关主将利害如何？"陈云答道："那朱雀关守将姓邹，名来泰，生得红面青须，蛾眉凤眼，犹如我邦镇守铜旗关东方王一般，用宣花月斧，有万夫不当之勇。更有异人传授一件宝贝，名曰伤灵塔，每层内有火龙两条，七层共有火龙十四条。张牙舞爪，口吐烈火，上阵时十分厉害，须要防备。"罗章听了笑道："老将军休长他人志气，灭自己的威风。"前日烈焰阵尚且破了，何况这个宝塔？待小将先取此关。"元帅说：先锋出去，须要小心。""得令！"带了本部人马出了营门。

来到关前，一声大叫。只见关门大开，冲出一队人马，一字排开。罗章看见一个红面番将，头扎红巾，身穿龙鳞甲，手执宣花月斧，骑下一匹骦马，把蜈蚣旗分开，来到阵前。看见罗章年少英雄，全不在意，喝道："看爷爷的斧！"把斧望面上砍过来，罗章把枪一桊，宣花斧几乎拿不住，在马上乱摇，叫声："小蛮子，好气力！"回转马来，又把斧一起，罗章又架在一旁。不几合，邹来泰实受不得了，带转马便走。罗章喝声："红脸贼，那里走？"把马一拍，随后赶来。邹来泰回头一看，见他追来，忙祭起宝贝，喝声："唐将慢逞威风，看我宝贝下来了。"罗章看见宝贝来得厉害，十四条火龙喷出火来，唐兵尽皆烧破了。罗章烧得心慌，被番兵团团围住，不能脱身。元帅在帐中正与诸将商议，忽探子报道："罗先锋出阵，被番将祭起宝塔围住，十分危急。望元帅快发兵往救。"元帅大惊，即令："窦一虎、秦汉，领兵马前去救应！"得令！"一声炮声，杀到关前。只见番兵围住罗章，二人奋勇，提起棒棍，杀散番兵，冲入阵中。邹来泰忙来抵敌，罗章见救兵已到，拍马来杀，邹来泰看见不对，又祭起火龙塔。二将见势头不好，各借地行而走。罗章吓怕过的，预先逃走。元帅在旗门下看见大惊道："前日遇了烈焰阵，如今又有火龙伤兵，传令鸣金收军，再议破火龙塔。"邹来泰打得胜鼓回关，此话不表。

再言元帅传令，营中多加强弓弩箭，提防番人劫寨。对程咬金说："征西多难，关关多有异人。怎能破得火龙宝塔？"程咬金道："待我再保世子出来，好破此塔。"元帅依言。程咬金上了马，不日来到青龙关，监中放出世子。咬金说出此事，"故此召你前去破火龙塔。"薛丁山听了道："救兵如救火。"遂同了老将军，马不停蹄，来到朱雀关。忙入帐中，拜见父亲。元帅道："有劳老千岁鞍马奔驰。"程咬金道："皆为朝廷出力，何言多劳。"元帅道："你这逆子，三番五次逆父之命，一见了你，心中不喜。但是将宝塔利害，若能破得，将功折罪，好进关门。"薛丁山说："爹爹放心，多在孩儿身上。"带了人马，冲出关前，大叫道："杀不尽的狗鞑靼！今世子在此，快出来受死。"关外大骂，关内小番报进。邹来泰一闻此言，心中大怒。"结束停当，上马提斧，一声炮响，大开关门，冲出阵前，正迎着薛丁山。不上数合，又祭起伤灵宝塔。薛丁山抬头一看，说："这些小技，何足为害。"向袋中取箭，壶中取弓，搭上穿云箭，望塔上一箭，火龙塔被箭射中了，跌在地下，打得粉碎。邹来泰见了，吓得魂不附体。被薛丁山一戟刺于马上，枭了首级。正要抢关，忽听得云端里面高声大叫说："薛丁山！你这畜生，休要进关，吃我一鞭！"即腾空降下。薛丁山一看，见是一个凶恶道人，生得奇形怪状，像老龙精一般。头上挽起空心髻，面如喷血，两道板刷眉毛，眼如铜铃，两个獠牙，一部胡须；穿着仙鹤道服，手执双鞭，背上系着两个葫芦，来到面前，叫道："薛蛮子，我扭头祖师与你同道教之门。如何伤我徒弟？特来与他报仇，吃我一鞭举起双鞭。"照薛丁山打来。薛丁山忙将画戟迎住，大战三十回合。道人祭起双鞭，好似一对蛟龙舞下来了。薛丁山看见不好，带转马大败回营。见了元帅，说知此事。元帅说："到了一关，就有妖人阻兵，皆是左道旁门之士，神通广大。"遂传令三军，暂且安营，扎好营寨，明日交战不表。

且说扭头祖师，见薛丁山败阵逃去，也不追赶，连夜摆成阵图，四面布列旗幡，摆得停当，回进关中。番兵送上酒肴，道人吃不合意，就道："小番，向日我祖师在龙渊山，吃惯活猪活羊。你们快去取来我吃。"番儿连忙抬过猪羊来摆好，道人大喜。把刀向猪羊心中割开，将口吸了热血，然后割肉来吃，不多一回，吃得干干净净。说道："饱了。取一大缸水来我用。"小番听了想道：不知要水何用？只得依他。登时取了一缸清水，放在面前。只见道人和衣睡在缸内，呼呼睡熟。番儿见了好笑起来，从来不见有这么睡法，且自由他，只要退得唐兵，就好了。不知明日事体如何，且看下回分解。

第三十五回　薛丁山身陷洪水阵 程咬金三请樊梨花

适才话言不表。再言次日天明，大唐元帅同了诸将，走出营门上马，来到阵前。只见旗幡插满，杀气冲天，不知此阵何名。正在观看，阵中一个道人，手舞双鞭杀出，高声叫道："薛仁贵！我闻你起初跨海征东，名闻天下。若能破得此阵，我教国王归顺唐朝。若是不能破我此阵，杀你片甲不回。"薛仁贵听了此言，气得三尸神直冒，七窍内生烟，心中大怒，问道："谁将出去，杀此妖道？"闪过世子说道："孩儿愿去见阵。"元帅道："须要小心。"薛丁山应声："得令！"冲出旗门，迎住道人厮杀。不上十个回合，道人便走入阵，薛丁山也追入阵。元帅看见，恐防薛丁山有失，命秦、窦二将出去助战。二将："得令！"连忙也杀入阵中。三人围住道人厮杀，杀得道人手忙脚乱，即忙解出葫芦，倒出洪水。顷刻平地水深几丈，大小三军，一齐淹在水中。

秦、窦二将看来不好，借土遁而回，报知元帅。夫人、小姐、窦仙童、陈金定大哭说："此番性命休矣。"薛金莲道："皆因哥哥不合，若得樊氏嫂嫂在此，绝无今日之祸。"元帅听了,踌躇一番,遂向咬金道:"今日敌人如此猖獗,纵淹死这畜生,不足为惜,但三军不能西进,莫若烦老柱国再到寒江关一走。"程咬金道:"昔者破烈焰阵时,老夫去请他,他已不肯来。我许了他夫妻和合,今却依旧不从,看他恨恨之声而去,此番恐决不来。"元帅道:"事在危急,全在老柱国鼎力善言,前去请他到来方好。"程咬金说:"非是老夫惮劳,特恐劳而无功耳。今元帅吩咐,只得老了面皮,再走一遭。"

遂别了元帅,跨上了马,加鞭上马而行,过了青龙关,不一日到了寒江关。心中想道:"今番去请樊小姐,谅不肯来。只便怎么处?不免哄他一哄,说今薛世子回心转意,特请小姐,前去做亲。他听得此言,或者肯来,也未可知。算计停当,进了关门,来到辕门,说道:"门军,你去通报一声,说程老千岁要见。"哪管门的认得程咬金,不敢怠慢,便笑嘻嘻问道:"老千岁,薛元帅进兵到那里了?"程咬金道:"大军已到朱雀关,今世子回心,情愿与你家小姐完婚。我特来相请,烦你快快通报。"门军听了欢喜,连忙报知夫人小姐。夫人说:"女儿昨夜灯光报喜,今朝喜鹊临门,果然你丈夫回心转意了,故遣千岁前来相请。"小姐道:"无情无义的人,岂肯回心。今日老将军复来,决然大兵阻住,不能进兵,又遣老将军到来,必然请我去破阵。"夫人道:"不要管他做亲不做亲,承他远来,岂有不见之理。且请他进来相会,听他说话,就知明白了。"小姐道:"谨依母命。"出来接进程咬金,分宾主坐定。夫人道:"承蒙老千岁到舍,有何见教?"

程咬金听了,叫声:"夫人,老夫前来道喜。如今薛世子愿与令爱再成花烛,奉元帅之命,央我媒人到此,速请小姐前去完姻。"夫人听了,回头看看小姐,说道:"做娘的说得不错了,如今难得贤婿回心转意,快快准备,同了老千岁前往。愿你夫妻和顺,做娘的有靠了。"小姐叫声:"母亲,你不知这薛丁山冤家,要他回心,万不能够。今老千岁到来,决为番兵阻住关门,前来求救。"程咬金听来,心内钦服,赞道:"见识胜于男子,我那里及得他来。"只得开言大笑道:"小姐你不信吗?难道老夫是个骗子?请收拾前去,自然夫妻百年和谐,方信我老夫是个好人。我从来不会说谎,若然此番不成花烛,我也再不上你门了。"程咬金再三用情,小姐只是不依。程咬金道:"若小姐不肯前往,叫我如何回复,见你公公?"夫人看见老程这般言语,叫声:"女儿,须看老千岁之面才好,今番走一遭,若然依旧无情无义,以后再请你不动了。快些端正,万事吉利为主。"小姐见母亲这般说,顺水推舟,说道:"老千岁,奴家本不欲去,因是再三央求,只得前去。若还依旧,后来休想见我。老千岁请先回去,我领兵随后就来。"程咬金想到:"今番被骗肯了,应许我提兵前来。"便道:"既蒙小姐见允,老夫奉命先行,望乞速领人马,快些来吧。"小姐道:这个自然。"程咬金拜别,母女送出厅堂。程咬金上马去不表。

却说樊梨花脱去了道服,戎装打扮,结束停当,带了女兵,拜别母亲,硬着头皮,跨上金鞍,出了关门。一路行来,忽见天边一群鸿雁飞来,小姐对天暗祝道:"此去果然夫妻完聚,便射中第一只雁。"左手扳弓,右手搭箭,搭上弦,刚射中第一只鸿雁。两边女将看见,连声喝彩,搭了鸿雁送上。小姐心中暗喜,遂道:"苍天,苍天,既是天从人愿,巴不得早到军前,好与良人配合,不负当初一片痴心。若从大路去,要行二十天。闻得人说,另有一条小路,只消十余日,就到朱雀关。拣近些走的好。"吩咐军士,由小路进去。

军士说:"若从小路,必从玉翠山八角殿经过。但是那座山中有一彪人马,不服王化的占住。若在他山前经过,必然要来寻事,反要耽搁,不如还从大路上去了。"小姐说:"不必多言,竟从小路走吧。"军士不敢违令,打从小路而行。正行之间,只见山上一声炮响,冲出一队强人,为首一个少年将军,喝声:"留下买路钱。"樊梨花一见大怒,出马大喝一声:"我的乖儿子,你若杀我不过,须要认我为母。"小将应声道:娇娇,你果有手段,我拜你为母。若输了我,你要做我的妻子。"

小姐也不回话,将手中刀乱砍。小将将手中枪相迎,怎当得她有仙传,杀得大败而走。小姐伸手活擒过马来,吩咐绑了。传令上山,八角殿上坐定,登时推过,小姐说道:"我的儿子,方才有言。如今被擒,应该拜我为母。"小将说:"既蒙不杀之恩,愿拜为母亲。"命放了绑,小将忙跪下,拜了四拜,叫声:"母亲,孩儿有言,请问母亲,家住何方?姓甚名谁?爹爹还是何人,因何独自行兵到此?要往何方?请道其详。"樊梨花说道:"孩儿你要问我姓名吗?我父亲樊洪封王,镇守寒江关。我两个哥哥俱封作总兵。只为唐朝薛仁贵,奉旨征西,从寒江关经过,世子求亲,我父兄不允,在厅前要杀,你娘故

国学经典文库

中国二十大名著

说唐全传

图文珍藏版

此无心弑父，有意诛兄，相召世子成亲，归顺唐朝。你父薄幸，将姻退了，大闹销金帐。因此夫妻反目，回转寒江。前番请我去破烈焰阵，今者请我去成亲，故此打从小路而来，得你拜认为母。但不知你姓甚名谁？因何流落到此，说与为娘知道。"

小将说："母亲，孩儿乃大唐薛举四代玄孙，名唤应龙。当初祖父领兵伐西戎，与番将刘必大之女雨花娘子成亲，后来归宁母亲，就在玉翠山居住，地名刘家庄。传流到我，我因父母双亡，自恃骁勇，占住八角殿，打劫为生，今年一十四岁。积草屯粮，招兵买马，处处闻名。久慕娘亲武艺高强，孩儿要习学，今日相逢，正是三生之幸也。今娘亲既要往军中，与父完婚，孩儿情愿同行。"

樊梨花道："原来我儿姓薛，又是大唐人氏，既肯同去，甚妙。着你做个先锋，就此起程先往。应龙道："母亲在此半日，后殿已备酒筵，请用三杯，然后起程。"樊梨花听了，说声："有理。"应龙接进到后殿，樊梨花坐下，应龙下面相陪。传令三军，多加犒赏。酒至数巡，吩咐拔寨起程。离了玉翠山，一路前往，非止一日，来到唐营。探子报知，元帅夫妻喜之不胜，说："程千岁尚未回来，三媳因何先到？"忙令金莲姑嫂三人，出营迎接。樊梨花一见，下马就叫："姑娘、姐姐，何劳远迎？"金莲说："嫂嫂说哪里话来。"四人挽手同进，命："应龙小将同我进去，拜见祖父、婆婆。"应龙领命，一齐进去。不知进来，说出甚话。且看下回分解。

第三十六回　薛金莲劝兄认嫂
　　　　　　闹花烛丁山大怒

适才话言不表。再言元帅、夫人一见了梨花大喜，开口叫，三媳，你一向都好？"梨花上前拜见。元帅说："不消多礼。"梨花道："我儿过来，拜见了祖父、祖母。"应龙听了，上前拜见，回身又拜见了仙童、金定、金莲，金莲满心疑惑，叫声：嫂嫂，那里寻来这位侄儿？"梨花说："姑娘，你不知。程老千岁到来请你，说冤家回心，到营中完姻。母亲听了，叫我还俗，不要出家。换了盔甲，奉母之命，领兵前来。大路又远，小路近些，故此先从小路行来。到玉翠山，遇着了他，两个交战，被我擒了，拜认为母。他是唐朝薛举玄孙，名叫应龙，今年一十四岁，随我到此，一同征西，要拜见父亲，但不知冤家今在何处？准于何日成亲？我待见他一面，还要问他是真回心，假回心，还要问个明白？"金莲道："嫂嫂，我哥身陷在阵中，程老千岁请你来破阵的。"就将此事细细说明。梨花听了，痴呆不言不语。元帅夫人看见梨花不开口，就叫："媳妇，你是宽宏大量之人，看我夫妻面上，救了畜生，公婆做主，不怕他不依。"

正在里面说话，只见探子报进："启元帅爷，妖道又在阵前叫骂。"元帅听了大怒，说："可恶这妖道欺人不过。"又对梨花道："媳妇儿，你不听见探子报说，妖道十分无礼，明日仍望媳妇，救了畜生，破了番阵，自然成姻，做公婆的决不哄你。"梨花见了，开口说道："公公大人，媳妇既与令郎定为终身，我不负他，宁可他负我。况且公婆待我如此，令郎既然有难，自然媳妇相救。且待看了阵图，再行计较。"即忙同了三位女将，探看番阵。来到阵前，往里一看，只见白水滔天。梨花叫声："姑娘、姐姐，此阵名曰'洪水阵'，并无兵马在内，借来北海之水，凡人进去，性命莫保。幸亏冤家身上穿了天王甲，不妨事的，容易可破，请自放心。"姑嫂三人听了，称赞梨花法力高强。看完番阵，回转营中。妖道有勇无谋，不出阵追赶。金莲对父亲说明。

次日众将披挂，候梨花发令，元帅亲自捧帅印交与梨花。梨花升帐，先点窦仙童、陈金定、薛金莲："你三个人各带铁骑三千，分为三路打阵，休要放走妖道。如违军法处置。"三人："得令！"各人上马出营。又点窦一虎、秦汉二将听令，二将走上帐前说："主帅有何将令？"梨花说："与你个人五雷符一道，打东西二门，不许放走妖道，不得有违将令。"二将带了精兵出营而去。又点小将薛应龙："与你水晶图一轴，冲入阵中，若洪水冲到，就把此图张挂，自然立刻消灭，须要小心。"应龙："得令！"收拾上马，提枪出营，直往番阵。梨花点将已完，走下将台，骑上宝驹，手执双刀，带领女兵，竟上番营。

再言仙童、金定、金莲三员女将，分兵三路，杀进阵中。只见一道寒光冲出，白浪滔天，滚到面前。三人先有避水诀，立住旗下，不能进阵。又见道人从空中飞下，见了三员女将，心中欢喜："待我擒他回去作乐，有何不可？"忙提起双鞭来战，那里抵得过三员女将？就把葫芦盖揭开，飞出一队火鸦，竟奔前来。三员女将见了，带转马头就走。妖道随后追赶，应龙小将提枪迎来，大喝道："妖道！休得追赶，我来也。"挺枪接住。道人回身走入阵中，应龙赶进，只见白水滔天，就把水晶画儿挂起。忽见万丈水势，顷刻俱平。道人见了，说："敢来破我洪水吗？"又把火鸦放出，迎面飞来。应龙吓得魂不附体，带转马正要走，却值梨花手舞双刀杀进来。看见火鸦利害，祭起乾坤圈，火鸦立刻跌在地下。那扭头祖师，这两个葫芦，一个藏北海之水，一个藏南山之火，名为水火葫芦，不想今日俱为梨花所破。道人大怒，来战梨花，应龙接住。又被窦一虎、秦汉东西未来。道人杀得有路无门，正要土遁，被樊梨花举起打仙鞭，打中肩骨，叫一声："呵呀！"跌倒在地，现出原形，乃是一条孽龙，摆尾摇头，钻入地中。一虎见了，一扭也入地中，提起黄金棍打来，孽龙即疼痛难当，俯伏于地，被樊梨花斩为两段。

那些番兵见道人已死，逃入关中。梨花把五雷符焚化，霹雳一声，丁山阵中惊醒。抬头一看，不见了大水，只见妻妹俱在面前。元帅大兵已到，闻得妖道乃孽龙变化，亏了三媳斩死，除却一害。传令三军抢关，那番兵百姓，开了关门，香花灯烛，接入关中。

元帅来到总兵府，梨花交还帅印。诸将都说樊小姐英雄，法力高强。元帅谢了樊梨花，丁山上前见父。元帅说："你被妖人水困阵中，若非贤媳救你，只怕你性命不保。这样大恩，杀身难报，快过去跪下请罪恩人。"丁山听了不开口，走过三位女将，金莲小姐为头，仙童、金定在后。那时不由丁山做主，竟扯到梨花面前，说道："三嫂嫂，如今哥哥来赔罪，要你宽恕他，不要记他薄幸。快些下礼！"仙童、金定一齐说道："冤家，快快跪下去请罪。"那丁山被姑嫂三人捉住，又见爹娘有不悦之色，勉强跪下，梨花见了，不记前恨，也慌忙跪下，一同拜见。然后丁山又拜了诸位。元帅见了大喜，只等大媒一到，完其花烛，此话不表。再言丁山此夜先到仙童房内安歇，喜见仙童已有重身。仙童说："若非樊妹妹二次破阵，谁人救你，你须完其花烛，顺礼方好。"丁山领命，次日又到金定房内，说起身怀六甲，丁山大喜道："难得二妻有孕，须要保重。"也有一番吩咐，此话不表。第三日，程老千岁到了，见了元帅。元帅细说梨花之事，已经破阵进关："虽然三媳法力高强，还是老柱国智量高超，骗他到此，不然谁人破阵斩妖。小姐不记前恨，畜生也心愿情服。只等老千岁到，择日成亲。"程咬金听了，满心大悦说："非老夫之力也，此乃万岁洪福。今樊小姐夫妻和合，哪怕番兵百万，西番指日可平。趁今日乃黄道吉日，就此完姻。"元帅听了老将之言，吩咐准备，今夜完姻。丁山不敢违父之命，换了吉服，金花双插紫金冠，穿大红袍。小姐带了凤冠霞帔，大红吉服。鼓乐喧天，待诏谒礼，请出新人一对，同完花烛，参拜天地，夫妻交拜，然后见了公婆，又与姑嫂见礼，谢了大媒。欢天喜地，自不必说。

再言应龙上前叫声："爹爹，孩儿拜见。"丁山一看，只见应龙面如满月，眉清目秀，相貌堂堂，身材雄壮，心中疑惑，说："住了！我薛丁山与你年纪相仿，哪有这样大儿子，你是那里来的野种，擅敢冒认我为父？快快说来，若有支吾，立刻斩首。"应龙说："爹爹息怒，容孩儿说明。前日母亲在玉翠山经过，我要讨他买路钱，不料被他擒住，拜认为母，学习兵法。今宵父亲团圆，孩儿应该见礼。"丁山听了一想，他前番见我俊秀，就把父兄杀死，招我为夫，是一个爱风流的贱婢。目下见我几次将他休弃，他又另结私情，与应龙假称母子，前来骗我。今宵虽成花烛，且幸尚未同床，不如休了这贱人，杀了应龙搭识私情。想罢，开言说："你这小畜生，我薛丁山官居极品，拜将封侯，焉可认你无名野种，坏我名目？左右，绑这小畜生，辕门斩首！"两边军校一齐答应，竟将应龙捆绑。梨花见了，说道："官人，今日吉期，如何好端端把孩儿斩起来？他无过犯，杀之无名，还要三思。"丁山道："贱人！还说没过犯？我问你，他年纪与你差不多，假称母子，我这样臭名，那里当得起？还要在我面前讨饶，这样无耻贱人，快快回去罢了，休被人谈论。"梨花听他抢白一场，怨气冲天，晕倒在地。姑嫂三人，连忙扶起，丁山吩咐将应龙斩讫回报。不知后事如何，且看下回分解。

第三十七回

樊梨花怨命修行
玄武关刁爷出战

再说丁山将薛应龙，令军校正要推出，元帅喝道："畜生，今日才与樊小姐和好，怎么又起了风波？真正禽兽不如，要你何用？吩咐："放了应龙，快把这畜生绑出枭首。"众将得令，放了小将，将丁山绑出帐前。许多官将，面面相觑，不敢相劝；姑嫂急得无法；老夫人看见仁贵大怒之下，暗暗垂泪；程咬金看见，说："刀下留人！待我去见元帅。"气吼吼走上，见了元帅，说道："世子与樊小姐，前世有甚冤仇，今生夫妇不得团圆？还望元帅念父子之情，天伦为重，再饶一死。"元帅道：老柱国，这小畜生几次三番休妻，本帅心尚不安。如今又把他休弃，反羞辱他，教我也无颜见三媳。还不斩此畜生、更待何时？左右与我速斩报来。"吓得咬金无法，只得跪下道："令郎乃皇家柱石，望乞刀下留人。看老夫之面，饶恕了他。若是元帅不依，我撞死在阶下。"元帅看见，忙扶起道："老千岁，这样畜生，待他死了罢，何苦救他，看老千岁面上，死罪饶了，活罪难免。"吩咐放了捆绑，重打四十，下落监牢。

再言应龙连夜带了本部人马，仍上玉翠山去了。再言梨花小姐，气得昏沉，亏了姑嫂三人，扶进内营，悠悠复醒，放声大哭说："姑嫂呵，薄情无义犹可，反把污秽之言陷害于我，那里当得起，怎好做人？不如撞死朱雀关下，表我清白之心。"仙童、金定劝说："公公将冤家捆打四十棍子，仍发下监，也为贤妹出气了。况且令堂老夫人，独守寒江，后来单靠贤妹，你若有差池，令堂所靠何人？须自做主要紧。"梨花只是痛哭，金莲小姐叫声："嫂嫂，哥哥虽是无情无义，还要看我们面上。我哥哥乱道之言，只当放屁，不要睬他。"老夫人过来，叫了声："媳妇，你是大贤大德之人，有志气的，宽心为主。"梨花见众人苦苦劝住，哭说道："婆婆、姐姐、姑娘呵！多承你们再三劝我，我想前生孽大，今生夫星不透，命中所招。三番花烛，三次休弃；反被众将谈论，留为话柄。从今以后，再不愿与冤家成亲。如今回家，剃了青丝，身入空门，无挂无碍，了却终身。落得个僧衣僧帽，修来身之事。"说罢大哭，拜别就要登程。柳夫人听了，咽住喉咙，不能出声，姑嫂三人哭个不了。金莲带哭说道："嫂嫂，谅你不肯同住。既决意要去，惟万不可落发。"梨花大哭道："姑娘，我恩怨俱绝，必要落发，独守孤灯，以了终身。凭你们怎样劝我，我心如铁石，绝难从命。"姑嫂三人，见他执意，一齐跪下道："求贤嫂再发慈悲，留了青丝。丁山虽有不是，还要看我姑嫂三人情面，定然要奏过君王，封赠忠义有功之人，少不得奉旨成亲。"梨花见三人义重，也大哭跪下，说："姐姐、姑娘请起，不要折杀奴家。"仙童、金定说："要求妹妹应许，回去不落发，我们才起来。"金莲说："嫂嫂要答应一声，头发万落不得。只要应允，我们才放心起来；若是不从，即跪倒在此，不放你登程，愿听嫂嫂发放了我三人。"梨花说："姐姐、姑娘，我今立意落发为尼。既蒙你们情义，怜我苦命之人，只得权且忍耐，带发修行，从你三位之情便了，快快请起。"金莲说："嫂嫂只是口头之言，不过宽我们的意思，不是真心实意依从的。"又叫一声："嫂嫂，非是不信，只是难舍你有恩有义，必要爹爹奏明圣上，表你功劳第一。倘你回去落了发，后来皇封诰赠，怎能当得？岂不是欺君之罪难当？必要立下誓来，方好信你。不然，不起来了。"梨花无可奈何。又见老夫人悲伤，叫声："我的媳妇儿，你若不立下誓，做婆婆的也要跪下来了。"梨花听了，带泪说道："婆婆，这个媳妇受当不起，待我对天立誓，安了婆婆之心。"说道："我樊梨花回家带发修行。若负了诸亲，世守孤灯。"姑嫂见他立誓，一同拜毕。梨花又拜别公公，元帅说："畜生无礼，望贤媳回家，休记恨于他，宽心忍耐。"梨花说："多谢公公。"即忙传小将军。女兵说："小将军昨夜就去了。"梨花听了大怒："这小畜生，不服王化。虽然继父不仁，被祖父放还，理当静候，怎么就去了？倒也安静。"领了女兵，打从大路上回去。此话不表。再言元帅传令，命周青带领兵马镇守朱雀关，起兵上路，往西而进。山路崎岖，难以行兵，亏了先锋罗章，逢山开路，遇水搭桥。在路行了十余日，早到了玄武关，传令放炮停行。一声炮响，扎下营盘，候大兵一到，即便开兵。不一日，元帅大兵人马到了，罗章接进营中，商议打关，此话不表。

再讲玄武关总兵，姓刁名应祥，妻亡过，只生一女，名唤月娥，年方十八，尚未成亲，文武双全。幼时拜金刀圣母为师，传授兵法。用双刀一对，又有摄魂铃一个。上阵之时，将此铃一摇，其人魂魄摄落，不杀自死。后来金刀圣母去了，金铃付与女徒，镇守关门。这日刁爷与女儿说："大唐起兵前来，一路势如破竹，夺了多少关塞，如何是好？"正谈论间，忽有小番报道："启爷，不好了。唐兵破了朱雀关，已到关前了。请爷早为定夺。"刁爷听了大怒，说："有这等事，再去打听。"小番得令出去。刁爷立刻传令，吩咐大小三军，"明日与唐兵交战，须要三更造饭，五更披甲，天明出战，违令者立刻斩首。"众将："得令。"当夜不表。

再言次日天明，总兵升帐，点齐队伍，一声炮响，开了关门，冲出阵前。抬头一看，唐营扎得坚固，旗分五色，号带飘扬。传令："先锋番将红里逵，出马讨战！"红将军："得令！"手执大刀，飞奔营前，一声大叫："快叫唐将有本事的出营会吾。"有探子报入营中，那元帅正要打关，忽尉迟青山解粮来到，参见元帅，听探子报，说："启帅爷，玄武关总兵令先锋红里逵来讨战。"元帅说："谁将出去会他？"闪出尉迟青山说："小将初到，未曾立功，愿去见阵。"元帅见他骁勇，又是将门之子，心中得意，说："将军出去，须要小心。""得令！"出营上马，提鞭冲到阵前。红里逵抬头一看：见营中出来一位将军，但见他头戴乌金盔，身穿黑铁甲，骑下乌龙马，黑脸无须，手执钢鞭，冲到面前。红里逵喝声："来将少催坐马，通下名来。"尉迟青山一见番将红里逵，红面青须，身穿红铜甲，座下红昏马，手执大钢刀。说道："你要问我之名吗？我乃镇国公尉迟宝林长子爵主，大元帅薛解粮官，尉迟青山便是。我不斩无名之将，快通名来。"红里逵说："我乃玄武关总兵官刁帐下前部先锋红里逵是也。你原来是尉迟蛮子之孙，中原有你之名，今到西番，轮你不着。"放马过来，拍马一催，提起大刀，劈面砍来。那青山把手中鞭往刀上只一挥，刀往自己头上打将来了。里逵叫声"不好！"回马就走，却被青山喝声："那里走！"抢起竹节钢鞭，望红里逵背后上一鞭，里逵叫声："我命休矣！"躲闪不及，正中后背，口吐鲜血，伏鞍而走。刁应祥在旗门下看见，大怒，抢动手中降魔棍，拍马飞奔，来到阵前，喝道："休得无礼！我今来也。"只一声大叫，犹如半天中起个巨雷。不知交战胜负如何，且看下回分解。

第三十八回　刁月娥铃拿唐将　师兄弟偷入香房

再言尉迟青山看见刁总兵出阵，抬头一看，但见他头戴凤翅金盔，上有大红缨，穿着龙鳞金甲，手执降魔棍，骑下一匹花骢马，面如银盆，三绺长须，威风凛凛。一马冲到，护过了红里逵，尉迟青山把棍一起，照面打来。青山把钢鞭按住，两下大战，战到五十回合。

元帅在旗门下同众将观见总兵本事高强，添起精神，尉迟青山鞭法散乱，只有招架之功，没有还手之力，命罗章出去助战。先锋听了，把马一拍，冲将出来，叫声："兄弟，为兄的来取番将之首。"尉迟青山见了罗章，才得放心。刁应祥提棍就打罗章，罗章急架相迎，双战应祥。应祥原来得厉害，抵住两家爵主，见个雌雄，好杀。但见那阵面上杀气腾腾，不分南北；沙场上征云滚滚，莫辨东西。他是玄武关总兵一员大将，怎惧你中原两个小南蛮；我邦乃扶唐定鼎爵主两个英雄，哪怕你番邦一个狗才子。番邦人马纷纷乱，顷刻沙场变血湖。虽见三将杀到四十回合后，刁应祥不能取胜，被罗章一枪刺过来，正中左臂，带转马就走。月娥见父被伤，忙出阵接住。

罗、尉二将，看见月娥好齐整：但见他头戴金凤冠，双翅尾高挑，分为左右，穿一件龙鳞软甲，胸前挂一个金铃，足下穿着小蛮靴，坐下一匹玉狮驹，手舞双刀。果然生得倾城倾国、闭月羞花之貌，看得呆了。刁月娥叫道："蛮子，不得无礼。看刀！"罗章听了，道："好一个娇滴滴声音，待我活擒他过营。"把手中枪向前抵住，战不到十合，月娥胸前解下金铃，对罗章一摇。罗章马上就坐不住了，倒撞下马。刁月娥正要上前取首级，被窦一虎抢上抵住，罗章得尉迟青山救回。一虎看见月娥花容，遍体酥麻，虚将棍子来打。月娥定睛往地下一看，原来是个矮子，心中倒也好笑。这样人儿也来交战？忙将金铃摇动。只见一虎滚倒在地，被番兵捆往，拿进关中。小姐也不来讨战，打得胜鼓回关。总兵见了一虎，说："此贼拿来做甚？斩讫报来。"此铃有一时三刻动，一虎醒转来，见满身捆着了，倒也好笑。见军士解绑，要斩他。他说："不劳用心，我去也。"身子一扭，不见了。报知总兵，总兵父女听报，大惊说：唐朝有此样异人，所以夺了许多地方。如今怎么了得？且待明日开兵，拿了矮将，不要放下地斩他，他有地行之术，提在空中斩他，怕他又去了不成？"

不表关内之事，再言元帅见青山救回罗章，众将一看，见他面如死灰，四肢不动。元帅大惊说："尉迟将军，方才怎么战法？罗先锋昏迷不省人事，窦将军又被拿去，不知死活存亡，如此奈何？"青山说："小将方才见西番女将与先锋交战，胸前取下了金铃，连摇几摇，罗哥哥就跌下马，窦将军接住，小将即回。"秦汉听了，说："小将昔日在山中学法之时，听得师父说：金刀圣母有个金铃，名曰'摄魂铃'，对人几摇，魂灵摄去，要一时三刻方还魂，莫非女将这个金铃就是摄魂铃，也未可知。"元帅听了，心中不悦，传令收军。罗章才得醒转，一虎也得回营，细言其事，此话不表。

再言次日，女将又在阵前讨战。秦汉好色之徒，听了一虎之言，上帐请令，愿去会他。元帅依言。秦汉提了狼牙棒出营，赶到阵前，见了女将，笑嘻嘻说道："小姐，你生得齐整，我秦将军爱你不过，随了我去做个夫人罢。"月娥听了大怒，仔细一看，不是昨日矮子，今日又有一个，不要与他开口。就把铃儿对他几摇，秦汉翻身栽倒，被番兵捉住。小姐得胜进关，刁总兵左臂未好，见小姐捉了矮将，抬头一看，不是昨日的，说："拿去砍了！"秦汉才得还魂，只见刀来斩他，他有钻天帽，腾空而去。刁家父女一见，吓得胆战心惊："如何唐营二个矮子，一个钻天，一个入地？大唐有此异人辅助，所以势如破竹，来到这里。我主误听苏宝同，起兵惹出祸来。幸亏我家有金铃宝贝，若无此宝，玄武关焉能保守？"一面打发番兵往朝中求救，一面准备迎敌，此话不表。

再言元帅在营，对众将说道："连日出阵不利，秦将军又被拿去，此关如何得进？"秦汉回营，说起铃儿利害，我没有钻天帽，性命休矣。"程咬金说："这个不难了，只消你二人今夜盗了金铃，就不怕他了。"元帅听了有理。命窦、秦二将：你们二人三更时分，盗金铃来，其功不小。"二将听了，满心欢喜。候到三更，一个上天，一个入地潜进关中。秦汉飞在云端之内，心中想到，我想这番女，花容月貌，师父前日说道：姻缘该配此女。今宵不如先到房中，做个偷香窃玉，眠他一夜，就死也甘心。算计已定，轻轻落下地来，躲在黑暗之中，专等夜深，闯进卧房。不表秦汉呆心妄想，再言刁家父女，连日得胜，商议军情。只见庭前一阵大风，吹落残灯，月娥屈指一算，对父说："今夜不要安睡，恐有刺客进营盗铃。"总兵说："女儿之言有理，交战全赖此铃，倘被盗去，有些不妙。"小姐说："父亲放心，女儿自有奇谋。吾父防他行刺，须要甲兵护身材好。"刁总兵传令，点了五百番兵，弓上弦，刀出鞘，明盔亮甲，灯球火把，照得如同白日，齐齐排列内堂之下，此话不表。

再言一虎到黄昏时候，在地下听得父女之言，说金铃挂在床上，竟往房中探出头来一看，见香房清雅，桌上红烛光明，果见天花板下挂着金铃，连忙取下，挂着衣内。小姐恐怕行刺，同在内营，卧房无人。一虎想到：这样好床，不如睡在床上，天明回去。

不表一虎睡在床上，再言秦汉，挨到三更时分，摸到小姐房中，为何孤灯一盏，静悄悄并无使女。走到床前，只听得鼻息之声，说："妙呵，原来小姐日间交战辛苦，早已睡了。且与他快活一番。"揭开绣帐，叫声"小姐，我来陪伴你。"一虎梦中惊醒，见说小姐，连忙抢住道："小姐你来了吗？"秦汉见不是小姐，原来是师兄，一虎一见是秦汉，二人满面羞惭。一虎道："金铃我盗在此了，回去罢。"秦汉说："师弟不要哄我。"一虎说："谁来哄你？"取金铃一看，秦汉欢喜。一个钻天，一个入地，出了关门，来至营中，天色明了。二将上前交令，此话不表。

再言刁家父女，一夜未睡，守到天明。忽侍女来报：床上不见金铃。总兵听了大惊，连忙问道："女儿金铃失去，如何是好？"小姐笑道："父亲，昨夜大风一起，孩儿就晓得这两个矮子，要盗金铃，将真的藏好，假的就放在床上。父亲昨夜问我真铃，不敢说出，恐怕他听见，却把假铃盗去。"刁爷听了，说："女儿，你志气胜过男儿，为父的不及你了。"

再言秦窦二将，缴令已毕，细说其事。元帅大喜道："令你二人功劳第一，昨夜辛苦了，回营安歇。"二将正要回身，有探子报说："女将又来讨战，指明要盗金铃之人。"元帅即传令,命秦汉、窦一虎二人忙出营会他。二将得令,一同出营,来到阵前,笑嘻嘻把住棍棒。月娥大骂道:"昨夜偷盗金铃,就是你二人? 看你贼头贼脑,不是好人。今日捉你回去,碎尸万段,以泄我恨。"秦汉、一虎笑道:"我的活宝,你如今没有出手货,只怕难捉我,倒不如随了我吧。"月娥听了大怒,舞动双刀,杀将过来,二将连忙接住,一场大战。战了数合,月娥又把金铃一摇,二将见了金铃,钻天入地去了,月娥又来讨战,众将惧怕金铃,不敢出战,元帅传令,高挂免战牌。月娥见了,大笑回关。不知后来如何,且看下回分解。

第三十九回　仙翁查看姻缘簿　迷魂沙乱刁月娥

适才话言不表,再言二将地中逃回,来到营前见了元帅,说:"小将弟兄二人,昨夜用尽心机,盗得铃儿,原来是假的,倒被他算计了。今日见阵交兵,几乎落了圈套,亏得地行,不致伤命。被他阻住兵马,焉得征西。"元帅道:"这便如何处置?"秦汉道:"小将下山之时,师父说:'我该与番女有姻缘之分。'今见刁月娥容貌如花,不觉动了眷恋之心。他金铃利害,小将若回山中,去见师父,问个明白,再来军前效用。"元帅道:"秦将军既要前去,限你三日就回。"秦汉大喜退去,戴上钻天帽,腾空而去。一虎在旁听见,想道:"我在棋盘山,遇见薛小姐也有了心,后来要盗钹,元帅曾把小姐许我,反被飞钹合住。亏师父救了,我自觉无颜,不好说起,我想师弟此去不远,待我向前,叫他替我问问师父,不知姻缘到底如何。"算计已定,出营地行而去,却被一山挡路。将头伸了出来一看,原来是一座大山,你看松柏成径,翠竹成林,飞崖峭壁,瀑布泉声,好一派山景。一虎心中一想:"我方才性急,望地下行来,不知到了什么地方,竟有这样去处,不是神仙所居,就是得道洞府。"一虎正在自言自语,只听得空中叫一声:"师兄,你为何也在这里?"一虎见了大喜,说:"师弟我对你说。"秦汉落地,一虎叫声:"师弟,你为婚姻要往山中问明师父。愚兄也为婚姻,特地追寻你,幸得此间相遇。要拜烦你,千祈代问师父,不知我与薛小姐姻缘若何? 代我问一声看。"秦汉说:"晓得了。"

正要回身,只见一个白发老翁,打从山曲内走出,手抱竹杖上前,问道:"你二人在此做什么?"二人一看老翁,童颜鹤发,仙风道骨,知他不是凡人。即忙叉手向前,深深一礼,说道:"我二人乃王禅老祖门下弟子,因奉师父之命,相助大唐薛元帅麾下征西,只为姻缘大事,要去求见师父问明,所以走此经过。还要请问老翁尊姓大名?"老翁笑道:"我乃月下老人,在此乾坤山修炼长生,已得神仙不老之丹。蒙上帝命我掌管人间男女婚姻。你二人既为姻事访师,今日有缘,待我与你取姻缘簿子查查看。"二人听了大喜,便道:"仙翁,既有姻缘簿在此处,快快与我二人查一查看。"仙翁道:"你们随我进洞,到三生石上查看便了。"

二人听了,同了仙翁来到洞前,上面写着"乾坤洞"三字。进了洞中,面前有一石板,写着"三生石"三字。仙翁说:"你们在此等候,我取簿子来看。"二人应诺,仙翁取出簿子,放在三生石上,揭开一看:上写着"窦一虎该配薛金莲,秦汉该配刁月娥,乃宿世姻缘。"看完,仙翁向二人说道:"你二个矮子,倒有这等大造化。如今不必耽搁,快去求师父作主为妙。"二人听了,拜谢老人,出了洞门分手。

一虎大悦回营。秦汉即向前行,不觉来到山中,进洞见师父。王禅老祖心早明白,说道:"徒弟,你此来莫非为玄武关刁月娥摄魂铃之事吗?"秦汉说:"正为如此,故来见师父。"又将遇着老人之言说明,弟子念念不忘,请师父与弟子做主,成就婚姻。老祖说:"那刁月娥虽是与你有缘,应该配合。他是竹隐山金刀圣母徒弟,我与你同到竹隐山,求他做主,完就夫妻,好请元帅西下。"秦汉听了大喜,同了师父出门,驾起祥云,片时来到。仙童报进,圣母闻知,出洞接人。问说:"承蒙光降,有何见教? 望道友说个明白。"老祖说道:"贫道无事不敢亲造。只为令徒刁月娥,他把金铃挡住玄武关,元帅不能征西,要道友将金铃收回,并来作伐。"就叫秦汉过来,拜见师父。秦汉拜完,圣母说:"此位何人?"老祖说:"就是顽徒秦汉,他与月娥有姻缘之分,过来相求。"圣母听了,抬头一看,见他身短体小,面貌不扬,怎好配我徒弟? 开言说道:"收取金铃容易,若说亲事难成。"王禅老祖言道:"道友,贫道也只为小徒容貌丑陋,难配月娥,故来相恳,周全成人之美,我小徒感恩不尽。"圣母暗想:"若不允,道友面上不好意思;若允了,刁家父女不肯。"

正在踌躇,有仙女报道说:"外面有一个三只眼金面孔道人求见。"圣母听了,连忙出来,迎接进洞,认得是氤氲使者。老母见了大喜,上前相见,分宾主坐下,圣母说:"使者此来为何?"使者说:"蒙月下老人指引,说唐将窦一虎,与薛金莲有宿世姻缘,秦汉与刁月娥为夫妻。恐他二位美人不嫁丑汉,违逆天命,故此特往乾元山,借了迷魂沙,变俏符,两件宝贝,特来见道友。撮合成亲,完一宗公案。"王禅老祖听了暗喜。圣母听了暗想:他奉了玉帝旨意,配合人间夫妇,逆不得天命。开言叫声:"道友,既蒙借得迷魂沙,此时可付与秦汉拿去。待他迷了他,自然允从亲事,贫道再来撮合便了。"秦汉接了迷魂沙,依计而行。又与变俏符一道,道:"先对师兄说明,唐营成亲。"氤氲使者见他允从,辞别回复老人,王禅老祖也作别回山。

再说秦汉先到唐营,一虎在那里等。见了秦汉,问事体若何,秦汉细细说明,交付变俏符。飞到月娥营中,其时正打初更,将身钻在纱窗之外,只见月娥卸下妆来,内衬桃红紧身,外罩淡黑背心,下着湘江水浪裙。看她格外齐整,坐定身躯,手托香腮,昏沉睡着,秦汉就胆大了。喜得房中侍女尽皆安睡。就将迷魂沙身边取出,轻轻弹在月娥身上,只见月娥着了迷魂沙,乱了心,似梦非梦,说道:"好笑,我家爹爹误我青春,我一向过了,今夜好不耐烦,欲火禁不住。"只见来了一位郎君,面如傅粉,唇若涂朱,却好十六七岁,走近前来,含情带笑,说:"小姐,我乃王禅老祖徒弟秦汉,与你有宿世姻缘。今夜前来会你,望小姐不要推却,成就好事。"小姐被迷魂沙乱了心,并无主意,半推半就,被秦汉抱入床中,解带宽衣,落了许多好处。那迷魂沙一时三刻要醒的,睡到天明,吓得月娥魂不在身。身边一摸,睡着一个男子,被他双手搂住,说:"不好了,被他放肆了!"只得起身,立刻穿好衣服,大呼小叫,又羞又愧。惊动了刁爷,赶进房中,说:"女儿,奸细在哪里?"小姐含羞带泪,并不开口。

秦汉在床上大笑道:"老丈人,你家女婿在床上。昨夜已经成亲,伏望岳父不要发怒,待我穿了衣服,好来拜见。"那习总兵大怒,揭开纱帐一看,说:"不好了!你是唐营矮将,赤条条睡在床上,分明女儿被你污了,教我怎好为人?"气冲斗牛,七窍生烟,将他一拧,传令:"捉得奸细在此,绑起来,推出辕门,碎剐凌迟示众。"诸将得令,如狼似虎,将秦汉绑着,正要开刀,只见云端内来一仙女,身骑仙鹤,飞下月台说:"刀下留人!"总兵认得是金刀圣母,忙出位迎接,见过了礼,立刻命小姐出来。小姐闻知,出外拜见师父。圣母说:"刁将军,令爱与唐将秦汉,乃宿世姻缘,应当配合。恐月娥嫌其貌丑,有违天命,连师父也不便,故烦氤氲使者,借取乾元山迷魂沙一撮,前来迷乱月娥,实非秦汉之罪,伏乞将军放他。他是王禅弟子,祖父秦琼,封护国公;父亲秦怀玉,当今驸马,三世公侯,不为辱了令爱。看我面上,何不投唐,不失封侯之位。"小姐听了,身子已被所污,钝口无言。刁总兵见女儿从顺,又有金刀圣母来劝,无可奈何,只得允了。命放下秦汉。穿了衣裳上账,拜见圣母,又拜见刁家父女。众将暗笑,好块天鹅肉,倒被这矮子先占食了。不知后事如何,且看下回分解。

第四十回　刁月娥失身秦汉　窦一虎变俏完姻

再言刁总兵对秦汉说道:"你这小畜生,如此无礼。不看金刀圣母之面,立斩汝首。如今归唐,你去说与薛元帅知道,快整点花烛,今晚亲送小女过来完姻。"

秦汉领命出关,回营见了元帅,说明此事,仁贵大悦。吩咐备花烛,等他投降唐营。正在忙碌,忽报桃花圣母来到。金莲小姐连忙出来,迎进圣母。父女营中相见,分宾主坐下,细说前来作伐:"令爱该配窦一虎,元帅当初应允,谁人不知,谁人不晓,今日是团圆之夜,与令爱完姻。"元帅听了,心中不悦;金莲小姐闷闷不乐。圣母见他父女不开口,明知嫌一虎身矮,便说:"这一虎回去,吃了仙丹,能会变化。如不信,唤他出来一看,就明白了。"元帅爷只得传令,唤一虎上前参见。

一虎明知圣母说亲,把变俏符贴在胸前,将身一摇,变了七尺以上,身材美貌郎君。元帅父女看见说:"果然仙家妙术,真能变化。"况是建德之后,又有地行仙术,年前已经许过,只得允了。小姐见父亲允了,含笑应从。元帅说:"既蒙仙母作伐,下官就备花烛成亲便了。"一虎遂上前拜谢。桃花圣母辞别。是夜刁总兵送女来到营门归顺,元帅十分优待。两员矮将,当晚成亲,一虎仍变小了。金莲自知前生之事,况且月娥十分美貌,相配了秦汉,与我命一般的。月娥心内也这般想:金莲也肯配着矮子,同病相怜。此夜洞房花烛,万种风光,真说不尽。

再言元帅次日升帐,传命拔寨进关,养马三日,商议征西。刁总兵说:"元帅西进,左近下官手下有一十七路营寨。不消一月,先平了十七营寨,然后西进。不然,唯恐他在后面,挡住粮道,为害不小。"元帅道:"刁将军之言有理。"命一虎、秦汉、尉迟号怀、尉迟青山、程铁牛、程千忠、罗章等分兵十七路,同了刁总兵一路招安,不从者打破营寨。不消一月,杀得西番营寨,番将番兵逃的逃,降的降,杀的杀。秦汉、刁总兵等得胜回营,此话不表。

再言西番败残兵将,逃入西番,朝见哈迷赤国王,奏明此事,说:"西番被大唐人马杀进,夺去了万里地方,许多关寨。今刁应祥献了玄武关,将女许配敌国,又夺了十七寨。大兵已进西番来了,请旨定夺。"番王听奏,大惊失色,跌倒龙床之下,班中闪出一员大将,头戴金貂,身穿貂裘服,足下乌靴,出班奏道:"臣西云王黑里达,启奏狼主:自古道,兵来将挡,水来土掩。大唐薛仁贵虽然英雄,只怕难敌我邦杨藩。他十分骁勇,镇守白虎关,决能恢复。请狼主再发雄兵,前往白虎关相助。"哈迷王回嗔作喜,说:"王叔之言有理!孤家传旨,即日发兵,往白虎关助战。"众臣朝散。

不表番王之事,再言大唐元帅,平了十七寨,命新降总兵刁应祥:"领兵谨守十七寨,莫被番兵侵夺。"应祥得令,督令精兵,各守关寨,自仍镇守玄武关。元帅领大队人马,离了关头,滔滔一路前行。到了琅琊寨,传令扎营。次日正要打寨,只见寨门大开,番兵献策投降。元帅兵马进琅琊寨,停留寨中。是夜窦仙童生下一子,元帅、夫人大悦,取名薛勇。过三朝出寨,又往前行。行了三月,来到豹尾寨,寨中番兵早已逃去。大兵进了豹尾寨,安下营盘。军中陈金定也产下一子,元帅喜之不胜,对夫人说:"前日孙儿,下官留下名字,今日夫人取名。"夫人笑道:"大孙取名薛勇,二孙取名薛猛。"元帅大喜。传令三朝之后,拔寨前行。命秦汉、窦一虎带领本部精兵,攻打白虎关。

二将领令出寨,在关前叫骂,说:"快报与关主知道,早出来会我!若不献关,我爷打进关中,叫你一关蝼蚁一个不留。"早有番儿报进关中去了。那守关主将姓杨名藩,生得眉浓眼大,面如铁锅,有万夫不挡之勇。这日正在私衙,与左右偏将议论薛仁贵之事,忽有小番报进,说:"平章爷不好了!大唐兵将实为凶勇,一路势如破竹,兵马已到关前了。有将来讨战,请平章爷定夺。"杨藩听了大怒,吩咐备马,取甲抬刀。左右听了,取过盔甲。那杨藩头戴虎头盔,身穿锁子黄金甲,坐下一匹乌驹马,手执金背大砍刀,领了兵将,来到关门。传令放炮一声,关门大开,落下吊桥,冲出阵来。秦、窦二将敌住交锋五十余合,你看二将是步战的,跳来跳去。杨藩在马上愈觉用力,不能胜他,忙向袋中取出棋子,喝了一声:"照打!"二将抬头一看,正中面旁,负痛而逃,败进营中。元帅见了大怒,点偏将十二员出阵,又被金棋子打破,头青鼻肿,大败而回。

元帅说:"不知何物,那杨藩敢败我十四将?"带领秦汉、罗章,亲自出阵。三人冲到阵前,敌住杨藩。杨藩大怒说:"来者何人?通下名来,好取汝之首级。"元帅听了大怒道:杀不尽的番奴,敢出大言,只怕闻我之名,吓破你的胆,我乃征西大元帅薛便是。"杨藩说:"这老匹夫就是仁贵吗?"元帅说:"既知我名,何不早早献城!"杨藩说:"你家儿子夺我妻杀我岳父、二舅,今日相见,正好报仇。放马过来!"元帅大怒。把手中画戟迎面刺来,秦汉、罗章见主将动手,两条枪蛟龙一般挑来。这里杨藩焉能抵得住,倒拖大刀,败下阵来。元帅后面追赶,杨藩取出金棋子打来。元帅大惊,泥丸宫现出原形,是一只吊睛白额虎,抓住棋子,落下尘埃,才放下胆,举手中戟,喝声:"那里走!"拍马追赶。杨藩带转马,把手中刀迎住方天戟,说道:"薛蛮子,你头上白虎那里来的?"元帅答道:"大唐名将,故有神虎相助。你金棋子都打完了,不能伤我。快快下马投降,免汝一死。"杨藩看来战他不过,把身子一摇,现出三头六臂,青面獠牙,举手中大刀,劈面砍来。元帅看见说:"原来是一个怪物,不要与他战。"即忙左手拈弓,右手拨出穿云箭,搭上弦,"飕"的一声,一箭射去。只听杨藩叫声:"不好了!"射中左边头上,几乎落马,负痛而逃。元帅也不追赶,鸣金收军。

杨藩败进关门,扯起吊桥,进了帅府。心中想到:果然薛仁贵骁勇,又有神虎来助。不如今晚往观星台一看,就明白了。候到天晚,走上星台,四面观看星象,只见唐营白虎星高照。原来薛仁贵白虎星临凡,故此今日阵上现出白虎,把我金棋子抓落。此处有一座白虎山,正犯他性命。不免明日出兵诈败,诱上山中。把撒豆成兵之术,伤他性命便了。算计已定,下观星台。再言次日杨藩全身披挂,出关讨战,探子报知元帅。元帅大怒,立刻传令,分兵四路出营,排下一个阵图,名为"一字长蛇阵"。元帅喝道:"昨日逃去,今日决个雌雄。"说罢,把手中方天画戟一竖,刺将过来。杨藩把大刀往戟上架住,冲锋过去,回转马头,把大刀往面上砍来,仁贵把戟架住旁首。两下交锋,战有三十余合。元帅把戟梢一指,四支兵马围将过来,把杨藩困在垓心。传令:"不许放走,必要活擒。"杨藩看来没法,望西而逃。正逢着罗章,喝声:"那里走?"把枪劈面刺来,杨藩叫声"不好!"将金棋子打来,正中罗章面旁。手中枪一松,被杨藩杀出重围,落荒而走。元帅传令众将,快追番将。追上二十里,程咬金说:"元帅,穷寇莫追,放他去吧。"元帅道:"老千岁,那番奴被本帅用长蛇阵围住,要活捉他。他仗金棋子利害,打中先锋,冲阵而逃。不进关中,绝无逃处。此时不擒,更待何时。大小三军,与我追上前去。"众将:"得令。"一齐追杀上去。不知如何,且看下回分解。

第四十一回　白虎关杨藩妖法　薛仁贵中箭归天

方才话言不表,且说仁贵看看追到山林地面,探子报道:"杨藩逃上高山去了。"元帅道:"既然如此,一同追上山去。"元帅当先追上山。程咬金心中疑惑,喊道:"啊呀,不好了!众将且慢进去,不要中了番奴之计。"命秦梦快追,请元帅回兵。秦梦答应,飞马追赶。再言元帅追上高山,抬头不见了杨藩,前有山石挡路,传令回兵。元帅正要退兵,忽听得四野鬼叫之声。抬头一看,只见杨藩立于高阜之上,手执葫芦,放出红豆无数,望空一撒,变成千百万的鬼兵,多生的青面獠牙,其形可怕,手执钢刀,把山头围住,只听得鬼哭狼嚎之声。元帅大怒,喝道:"番奴!你把妖术惑我军心,你不要走,吃我一戟。"追到山阜上面。这杨藩一见,哈哈笑道:"薛蛮子,今番中俺之计,性命难保。"元帅听了,一戟刺去,只见杨藩身子一摇,就不见了,原来杨藩借土遁而回。元帅不觉心惊胆怯,吩咐亲随军兵,且退回去。哪知四下阴兵布满,并无出路,只得再往前山。远看一座庙堂,走到庙前,元帅下马,抬头一看,上写着"白虎山神之庙"。不免进去,来到神前,撮土焚香,祝告一番,立起身来,上马前去。只见鬼卒比前番更多,元帅毫无主意,仰天长叹曰:"老天,老天!我薛仁贵英雄无敌,再不想今日中了番奴之计,被困在此,且待天明再处。"

再言窦一虎,天晚不见元帅回营,只得领兵前来,到山下程老将军扎营之处。程老将看见窦一虎来到,说:"你家岳父不听我言,追赶杨藩,被他诱上高山,用阴兵围住。我军欲要相救,杀不上去。秦梦杀上几次空回,如何是好?"一虎听了大怒,说:"老千岁,独有我窦一虎不怕阴兵,待我上山相救岳父。"说罢领兵杀上。鬼兵挡住,只见磨盘大的石头打下来,吓得三军不敢前进,只好回来。见了程咬金说:"老千岁,阴兵果然利害。待小将去见岳母,再来相救。"就领三军回转,禀知岳母。夫人听了,吓得魂飞魄散。金莲小姐胆战心惊,叫声:"母亲,爹爹兵困白虎山,此祸不小,女儿夜梦不祥。不如差秦汉释放哥哥前来,必能相救,不然爹爹性命难保。"

夫人听了,传令秦汉,往朱雀关放出丁山救父。秦汉领命,即戴上钻天帽,不消片时,来到关中监牢,放出薛丁山,细说一番。丁山听了大怒,说:"番奴如此无礼,困住爹爹,我不去救,谁人去救?"即同秦汉登程。秦汉钻天而回,丁山借了土遁,来到营中,拜见母亲,相见妻房妹子,方知生下两个孩儿。夫人说:"你父被困山林,快去相救。"丁山说:"谨依母命。"连夜造饭,天明披甲,出营上马,一支兵马飞出,杀到白虎山。见秦梦力战一员番将,丁山大喝一声:"我来也!"把马一拍,冲入阵中。秦梦一看,原来是世子，满心欢喜。番将一见来将大怒，提刀挡住，大喝道："来将通下名来。"丁山道："我乃征西二路元帅薛世子是也。番奴，本帅不斩无名之将，快通名来，我好记账。"杨藩听说丁山二字，心中大怒："我白虎关杨藩便是。你这畜生，强夺人妻，罪不容诛。把你碎尸万段，才泄我恨。"举起大刀砍来了。丁山忙把画戟接住，山前大战。战鼓齐鸣，喊杀连天。战到三十余合，杨藩不能取胜，又把金棋子打将过来。丁山身上穿的乃是天王甲，金棋子不能近身，一道金光冲出，杨藩双眼散乱，被丁山提起神鞭，亮一亮正中后背。杨藩叫声："不好了！"口吐鲜血，伏鞍而逃，飞奔进帐。

丁山一心救父，不来追赶。同了程老将军、窦一虎、秦梦、秦汉领兵杀上。五将只见飞沙走石，鬼兵来挡住去路，磨盘大石打将下来，众将魂不附体。丁山心中一想，我闻妖法有撒豆成兵之术，用猪羊狗肉，将喷筒冲去，必然消灭。立刻传令三军："速取羊狗血来，军前听用。"军士："得令！"军士取到狗血喷筒等物，将狗血灌满，望山上喷去，鬼兵鬼将，影踪全无。乱了一日，天色晚了。再言元帅困在山头一日一夜，腹中饥饿，不能行走。立望救兵，心中昏闷，看见天色已晚，坐在拜台上，朦胧睡去。泥丸宫透出原形，是一只白虎，望山林奔出，正逢丁山领兵前来。五将杀上山来，只见林中奔出一只吊睛白虎，众人一惊。丁山一见，忙左手取弓，右手搭箭，一声响，正中虎头。那白虎大吼一声，回进庙中。众人赶到庙前，下马一看，说："啊呀！不好了！白虎不见，倒射死元帅了。"

丁山抱住父尸大哭。咬金说："你父是白虎星转世，现了原形，被你射死。朝廷知道，其罪不小。"一虎流泪，连忙回报进营，禀岳母细述此事。夫人与小姐一听此言，魂飞魄散，哭倒在地。仙童、金定闻之，吓得魂不附体，连忙走到，叫醒婆婆、姑娘说："此事如何是好？"婆媳四人，骑马哭上高山。来到庙中，见丁山抱着父尸，在拜台上大哭。夫人、小姐也来抱住，放声大哭，叫声："老将军，你盖世英雄，死在西番地面，我和你今日分别，叫我好不伤心。被畜生箭射误伤，真不孝之子，弑父之罪难免。"老夫人哭丈夫，骂丁山。小姐叫一声："父亲，望你早平西番，回家享荣华。再不料番国未平，父亲先丧。恨哥哥不孝，救父反来杀父。"仙童、金定，也是痛哭道："冤家你不孝，误射死公公，难免凌迟之罪。"丁山哭道："母亲、妹子，二位妻房，不是我薛丁山忤逆不孝，有心杀父，只为父亲梦见真形，变成白虎，我哪里知道，以致一箭射去，误伤其命，罪不容诛。且请母亲备棺，收回父亲尸首，然后奏明圣上，把孩儿以正国法便了。"夫人哭住，传命衣衾棺椁，取到山头，收殓元帅。停在白虎庙中，设其灵位，供在正殿。众将齐来祭奠，人人挂白，个个举哀，按下不表。

再说王敖老祖，晓得是前世冤孽。借了土遁，来到山林，丁山接见，拜见师父。老祖说："当初薛元帅射死丁山，亏贫道救活。今日元帅也被其射死，无人可救，一报还一报。元帅是白虎星下降，故现白虎。此关名白虎关，又有白虎山，合该命绝。今日丁山弑父，罪犯逆天，宝贝合当取来还我。你自将功赎罪，命或有救。"丁山听了师父之言，不敢不遵，只得将宝贝拿出，交还师父。王敖老祖收了宝贝，驾云而去。咬金看见元帅收殓完毕，于是辞别夫人、众将，备马径往长安，此话不表。再言杨藩败入关中，紧守一月，想道："为何不来打关？"有番儿报进，说："平章爷，唐营不知为何皆穿白，莫非主将身亡，不来攻打。"杨藩听了大喜。晚上星台一观，果然白虎将星移位，想道莫非被鬼杀了，也未可知，待我唤鬼兵来问便了。口中念动真言，不料鬼兵被狗血冲杀，其法不应。欲要出兵交战，又怕神鞭利害，前日鞭伤，还未曾好，只得回到衙中。次日，忽报有青脸道人要见。杨藩接了进来，原来是师父，上前拜见。道人说："葫芦内鬼兵，被薛丁山狗血喷坏，无用的了。我如今有一件宝贝在此，但是未曾炼好。教你方法：闭关一年可用仙丹活火神炉烧炼，名曰'飞龙镖'，上阵能伤大将。汝当依法修炼，丹成之后，用之不穷。我因国舅苏宝同相求，众道友演说金光阵，不得功夫，即要回去。"将飞龙镖丹药付与杨藩，立刻驾云而去。杨藩往北拜谢，传令紧守关门，多加灰瓶、炮石、弩箭，以防攻打，却自修炼飞龙镖。不知后事如何，且看下回分解。

第四十二回

唐太宗世民归天
唐高宗御驾征西

方才话言不表,再言长安城中,贞观天子在宫中,想起元帅薛仁贵父子征西,屡有捷报,夺了许多关寨,惟处处有异人挡住,不能一旦平复,望他得胜班师,君臣相会,朕才放心。天子思想,身倚龙床,朦胧睡去。

梦中出了王宫,只见文武上前接驾,天子一看原来是秦叔宝、尉迟恭、罗成、马三保等,多说道:"陛下乃紫薇星君降世,今将复位。臣等文武西班,合当随侍。况左相星、右相星、白虎星,俱已复归原位。请陛下登殿设朝。"天子听了文武之言,随了秦叔宝等,来到云霞之内,只见一座宝殿。秦叔宝、尉迟恭奏道:"此乃陛下北极紫薇殿。"言之未了,只见左相星、右相星、白虎星俯伏朝门接驾。太宗天子传旨:"平身。"三人谢恩。天子龙目一看,原来是左相魏征,右相军师徐茂公,白虎星是征西元帅薛仁贵接驾。太宗进了宝殿,诸臣朝贺,分立两班,天子叫声:"薛王兄,朕命你征伐西番,未曾班师,为何也在这里?"仁贵上前俯伏奏道:"求主恕罪,臣兵到白虎关前,乃大数难逃。另差别将领兵,去平哈迷国。谢恩万岁万万岁!"太宗听说"大数难逃"四字,不觉大惊。忽听景阳钟声,惊醒了天子。睁开龙目一看,不见了两班文武,原来睡在龙床之上,想起梦中之言,难道寡人天命要绝了?梦中之事,不可深信。只听得五更三点,驾临早朝。

文武朝见已毕,天子说:"众卿有事启奏,无事退班。"降旨未了,班中闪出一位大臣,红袍金带,足蹬乌靴,头戴乌纱帽,执笏当中奏道:"臣钦天监监正李云开,有事启奏陛下:臣昨夜司天台夜视星象,见西方一星,其大如斗,坠于番地,应在白虎位下。随后见北极垣中,二小一大,三颗明星落地,主朝中大臣归位。"太宗听奏,一发心惊。又有黄门官捧本进朝,俯伏金阶呈上。天官接了,放在龙案之上。天子龙目观看,原来是左相魏征、军师徐茂公,均已亡故,其子上本。天子见了两本,龙目中滔滔泪下,说道:"他二臣有许多功劳,正好享福,为何一齐归天?朕心好不伤感。"传旨内监,钦赐御祭御葬,王太监领旨前去。黄门官奏道:"臣启陛下,今有鲁国公程咬金,由西番回国,入朝见驾。现在午门,未蒙宣召,不敢擅入。"天子想起三更之梦,魏征、徐勣已应了,老将回朝,薛元帅肯定性命难保。传旨上殿。

咬金俯伏金阶二十四拜,天子说:"程王兄平身。""谢万岁!"宣上金殿,赐座问道:"程王兄,西番归国,可知薛元帅何日班师?"咬金听了,眼中泪下,奏道:"征西薛仁贵,兵打白虎关,被番将杨藩使妖法;用阴兵围住白虎山。其子丁山兴兵救父,同老臣一齐上山,谁想山前见一白虎,丁山放箭射死。呀呀!万岁,原来白虎就是元帅真形。箭伤白虎,庙中元帅身亡。望主速定丁山之罪;虽是无心,其罪不小。"

天子听说仁贵射死,哭倒在龙床之上,道:"寡人亏你征东十大功劳,西番未平,良将先丧,叫寡人好不痛心也。如何是好?"哭得心伤,口吐鲜血。吓得两班文武内侍,飞报太子李治。李治惊得魂不在身,来到龙庭,扶住父王。传旨退班回宫,交三更之后,太宗驾崩。

传旨:先将哀诏颁行。各官穿白开丧三日,二十七日行孝,然后新君登位,是为高宗皇帝。文武尽穿大红吉服,分立两旁。只听得东边打起龙凤鼓,西边打起景阳钟,奏乐之声。前面三十二位太监,一声吆喝,新君临殿;后拥二十四名宫娥彩女,随侍龙驾。两把龙凤宫扇分开,来到龙案,身登宝位,珠帘放下。只见底下文武朝见,山呼已毕。李治大喜,说:"诸卿平身。"众臣谢恩起身,分立两班。传旨改元年号,唐高宗皇帝,国号永徽。天子先颁喜诏,通行天下,立王氏娘娘为正宫,立李显太子为东宫。这忙非止一日,天子就把龙袍一转,驾退回宫,珠帘高卷,群臣各散。

次日天子临朝,传旨百官,俱加一级;天下罪犯人等,已结与未结的,尽皆恩赦,内有十恶不赦;钦赐功臣,筵宴已毕。就召魏旭见驾,山呼万岁。天子开言道:"魏征乃先王辅弼,朕不负功臣之子,封卿大夫左丞相之职,恩赐蟒袍纱帽。"魏旭封了左丞相,驾前谢恩。宣徐梁见驾,徐梁上殿前见。天子道:"卿之父与国运筹,以致一统江山,其功不小。封卿袭父军师之职,恩赐锦袍玉带。""谢恩。"徐梁领旨谢恩。文武恩封已毕,对咬金说："老王伯，元帅身丧西番，进退两难。朕今同王伯御驾征西，征讨叛逆。"传旨命东宫同魏旭监国，咬金为前队，兵马出了长安。一路滔滔，晓行夜宿，非止一日，出了玉门关，来到金霞关。一路上俱有文武迎送，百姓香花灯烛，好不热闹。不觉来到寒江关，不表。

再言樊梨花母女，孤孤凄凄，苦度衙中。梨花早已晓得仁贵身死，程老将军出关经过，想明日御驾亲来征讨，丁山难逃弑父之罪。待我做成御状告他，我善晓阴阳，丁山不该命绝，惩治他一番，叫他情愿心服。将弑父休妻两大罪写明，扮作村庄妇人，告他一状便了。

次日辰牌时候，只见旌旗曜日，前队藤牌兵，后队短刀兵，步兵多带弓箭，马兵手执长枪。四队雄兵过去，全副銮驾。两班文武，都骑高马。队队分开：文官紫袍金带，武官金甲金盔。羽林军拥护着天子，朝廷身骑龙驹，马前许多太监。程千岁随了天子，看看相近关前，樊夫人同梨花抢出叫屈。天子听得，便问两边军士："关前何人叫屈，即速捉来。"军士领旨，将二人捉住，来到驾前。手执御状，俯伏在地，口称冤屈。天子想："此是西番外国之女，有甚冤枉，前来叫屈？如今要把西番化服，理当准状。"传旨："取状纸过来。"太监领旨，就把状纸送上。天子龙目一看，说："西番有村女告状。"阅过一遍，便将状纸交咬金说道："老王伯必知其情。"咬金接来一看，奏道："樊梨花不但有才，而且有智，真是国家柱石。他献关招亲，果然丁山不是。老臣为媒，他三次休弃，目睹其情，望吾主准状究明。"天子听了，龙颜大怒，传旨："宣樊家母女见驾。"夫人、小姐领旨，驾前朝见。天子说："赐卿平身。"龙目一看，果然樊梨花容貌超群，忙开金口道："你母女情节，程王伯一一奏明，朕已深悉其情，准你状纸，泄恨便了。"樊梨花同母谢恩已毕。朝廷进关，一直西行。

樊家母女回转衙门，夫人说："儿啊，难得大唐天子，准了状纸，又亏程老千岁在旁，代我母女说明冤屈。此番圣驾到了白虎关，定把丁山问罪，令他请罪。你可放心，夫妻得以完聚。"小姐听了，叫声："母亲，冤家把我三次休弃，要报他三次仇，磨难他一番，方泄昔日仇恨。"老夫人说："女儿，你们后生家，偏有许多委屈。据我做娘的看起来，还要三思。"小姐说："母亲，若不将他磨难一番，焉肯服我？"夫人说："女儿之言有理。"此话不表。

再言天子行到白虎关前，薛夫人率领众将来接驾，自陈一本，本上不过说射死因由，求主判断。天子看了，吩咐将丁山绑了来见驾。军士领旨，将丁山绑住，俯伏阶前，天子见丁山，心中大怒，传旨："午时三刻，碎剐凌迟。"军士领旨，专等午时三刻开刀，此时把丁山魂灵吓散。不知生死如何，且看下回分解。

第四十三回　樊梨花诰封极品　薛丁山拜上寒江

适才所言，将薛丁山绑上法场，专等午时三刻开刀。这边有仙童、金定各抱一子，营前活祭，抱头大哭，各诉前情。丁山哭道："二位妻呵，我薛丁山前世做了昧心事，罚我今生颠颠倒倒。事出无心弑父，凌迟之罪难逃。我死之后，须要孝顺婆婆，抚养孩儿，长大成人，与祖父争气。"二妻哭道："樊家妹妹二次救你，你倒三次休弃，所以有这样大祸。"丁山说："二位妻呵！我今悔之已晚，不要埋怨我了。"二妻将一杯酒送上，说："你吃一杯，以尽夫妻之情。"丁山含泪饮了。金莲也来祭兄，同了窦一虎营前活祭，也有一番言语。众将文武，见龙颜大怒，不敢驾前保奏，呆呆相视。内中闪出程咬金，俯伏驾前奏道："老臣想西番未平，逆谋未除，倘斩丁山，苏宝同复起兵来，谁能敌之？丁山虽是不孝，罪不容诛。目下用人之际，臣保他将功折罪。若破番兵，非寒江关樊梨花不可，此人足智多谋，更有仙术。伏望吾王权赦丁山死罪，贬为庶人。令他步行，青衣小帽，到寒江关请樊梨花出兵到来，万事皆休。若不能请到，再行治罪。望乞圣裁。"天子听奏，说："老王伯所见不差。""是，领旨。"正当午时，合家老幼啼哭活祭，只见老将走出来，恐是催斩，吓得众人魂消胆震。刀斧手正要动手，老将连叫："刀下留人。奉朝廷旨意，权赦丁山，贬为庶人。青衣小帽，不许骑马，步到寒江关，请到樊小姐出兵，赦汝的死罪。刀斧手放绑。"丁山山呼万岁，谢了皇恩，合家老小欢喜，都来拜谢，说："若无老千岁保奏，丁山性则命不保。"

丁山死中得活，更换了青衣小帽，别了众人。一路步行，直往寒江关。

再言程咬金复旨，将情细奏："梨花二次功绩，愿王封赠他，重起威风。"天子准奏，御笔封赠，旨下：樊梨花有功于国，封威宁侯大将军之职，钦赐凤冠一顶，蟒袍一领，玉带一条。打发天使飞马前去，天使领旨而去。

再言寒江关樊梨花，善知阴阳，早已知道，等候诏至。这日有探子报进，说："圣旨到，快设香案。"天使开读已毕，樊梨花在香案前谢恩。方知官封侯爵，满心大说。送出天使回转，众将俱来恭贺。重起威风，日日教场操演，以备西征。

不表樊梨花之事，再言丁山在路，渴饮饥餐，凄风冷雨，艰苦异常。走得脚酸腿疼，叫声："天呵！我薛丁山命好苦。樊梨花这贱人，犯了许多恶迹，誓不与他成亲，把他三次休弃。他怀恨在心，此去请他，谅必不从。虽然怪我，已经奉旨请他，不敢违旨。"算计已定，不一日早到关前。身上穿着青衣小帽，无颜问人，伸伸缩缩。看天色要晚，说不得丑媳妇，总要见公婆之面。只得含着羞耻，把头上罗帕一整，身上布衫一理："我官职虽然削去，官体犹存。"摇摇摆摆，进了关门，大模大样，叫道："门官，与我通报夫人、小姐，说薛世子要见。"那门官听得，走过去一看，说："你是什么人，在此大呼小叫。"丁山说："我是薛世子，要见夫人、小姐。"门官说："你云薛世子，如今在哪里？吾好去报。"丁山说："在下便是。"门官说："啐！放你娘的屁！薛世子同元帅前来征西，好不威风。看你这人狗头狗脑，假冒来的。禀了中军，打你半死才好，与我走你娘的路。"丁山听了，满面羞惭。也怪不得门官，世情看冷暖，人面逐高低。只得忙赔笑脸上前说道："门官，我真是薛世子，假不来的。因犯罪，朝廷削去官职，除了兵权，贬为庶人，前来求见。"门官说："你原就是薛世子，犯法削职，令人快活。你可为忘恩负义之人，小姐救你两次性命，你三次休他。今来求见，有何话说？"丁山叫声："大哥，不瞒你说，只为我犯了剐罪，亏得程千岁保奏，奉旨前来，请樊小姐破番邦，将功折罪。相烦与我通报一声。"

门官听了"奉旨"二字，不敢耽搁，禀知外中军。中军连忙传令，里面走出女中军，问道："何人传声？"外中军说："薛世子奉旨前来，请千岁爷出兵。故此传报。"女中军道："且站着，待我通报。"进内衙禀知樊梨花。梨花听了，恨声不绝道："你传话对他说，千岁亲奉圣旨，官封侯爵，永镇寒江，要操演人马，不得功夫接见。既然圣旨要我出兵，拿凭据来看。"女中军领命，出了私衙，叫一声："外中军过来，千岁说：'既然如此，可有凭据？'"外中军、门官说了，丁山听见呆了，前日性急，不曾奏过。凭据全无，如何请得动他？今番空回，性命难保。只得硬了头皮，又要开言。只听三声炮响，就封了门。门军说："薛世子，封门了，外面去，有话明日再禀。"丁山听了，只得回饭店安宿一宵，夜中想起樊梨花，当日十分爱我，故此弑父杀兄，献关招亲。待我明日细告前情，他必然怜念，决是去的。思想一夜不表。

次日天未明，丁山早早抽身，梳洗已毕，穿好衣服，来到辕门。只见大小三军，明盔亮甲，排齐队伍，伺候辕门。只听得三吹三打，三声炮响，大开辕门。内中传令：大小三军起马，往教场操演。那外面答应如雷，人人上马，一队一队，向前而行。后面许多执事，半朝銮驾，前呼后拥，樊梨花坐了花鬃马，头戴御赐凤冠，身穿蟒袍，腰束玉带，足登小乌靴，威风凛凛。丁山不敢上前去禀，掩掩缩缩，满面无颜。却被小姐看见，说："中军官过来，问那青衣小帽是什么人，闯我道子，莫非奸细？与我绑入教场究问。"八人牌官，一齐答应，将丁山捆绑，带往教场。

梨花来到教场，三声炮响，大小三军分立两旁，一齐跪下。小姐下了马，升了演武厅，坐在金交骑。众将打躬，分立两旁。樊梨花传令带奸细过来。牌官答应，即将丁山放在案前。丁山吓得魂不附体，爬起身来，立而不跪。梨花大怒，喝道："你这奸细，见本侯倔强不跪！"丁山说："男儿膝下有黄金，怎肯低头拜妇人？我奉旨前来，你反面无情，不认得我吗？"梨花说："原来你就是忘恩负义的畜生！既说奉旨前来，圣旨在那里？好设香案开读。"丁山无言可答。梨花说："一派胡言。女兵们把这畜生打皮鞭一百。"两旁女兵一齐动手，将丁山吊在旗杆之上，皮鞭抽打，打得丁山叫苦连天，说道："小姐饶命，虽是我忘恩负义，须看我父母之面，饶了我薄情之人。从今以后，再不敢了。"小姐铁面不睬。丁山打了五十,死去魂还,吩咐住手,旗杆放落丁山。小姐说:"旗牌官来,你将薛世子背负回家,调养好了,着他回去见圣上,说千岁爷不奉诏书,断不出兵。"旗牌领命,背世子回到家中。丁山疼痛难当,恨恨之声不绝:"今日把我毒打,全没夫妻之情。嗄!我不仁,他不义,冤冤相报。我寻死罢了,又丢不下我母亲。"哭个不了。旗牌说:"世子,我劝你且免愁烦,不要悲痛。方才千岁爷叫我打发你回去,讨了圣旨,方许起兵。看你遍身打破,如何行走?且在舍下,调养好了,回去。"每日吃了些红花酒,大鱼大肉将养。

丁山身子好了,拜谢旗牌,作别起程。一路思想,心中好不苦楚。怎生见得圣上。也罢,少不得一死,硬了头皮,一路回来,晓行夜宿,不日到了白虎关,营前俯伏。值殿军官启奏,天子宣召进营。丁山俯伏驾前奏道:"臣薛丁山,前往寒江关说相请樊梨花出兵。他道我假称圣旨,并无凭据,将臣毒打五十皮鞭,不肯出兵。前来复旨,望王赦罪。"天子听奏,龙颜大怒,道:"朕前吩咐,若请不到樊氏,以正国法。"传旨:"推出营前斩首。"御林侍卫遂将丁山绑了,推出营前。吓坏两旁文武,闪出军师徐梁,奏道:"世子薛丁山,英雄无敌。国法该斩,臣保他七步一拜,拜到寒江,求得樊梨花回心,前来见驾出兵,以赎前罪。伏乞圣裁。"天子准奏,传旨放了丁山,丁山遂进营谢恩,出营又谢了徐梁。徐梁道:"贤弟,我和你同是功臣之后,为国求贤,何谢之有?我在驾前保奏你七步一拜,拜上寒江关,恳求樊小姐出兵,圣上方赦你死罪。若请不到,其罪难免。"丁山流泪道:"徐恩兄啊,可恨樊梨花,必要圣旨为凭。若无诏书,只怕求恳不动。"徐梁说:"贤弟这件情由,怪你自己不是,不该三次休弃,怪不得他作难。圣上旨意,无非要你拜樊小姐回心,岂有圣旨与你?依我的主见,照七步一拜拜去,樊梨花起了怜念之心,前来见驾,也未可知。"徐梁说罢,别了回去。丁山好不沉闷,不敢回去见母,备了一炷香几案,七步一拜。一路想起,好不伤心,拜得腰酸足痛,饥餐渴饮,吃了多少辛苦。

不表薛丁山路上之事,再言梨花打了丁山,旗牌调养好了,放了他,心中早已算定,差人打听。这一日,探子禀到小姐。小姐说:"你到白虎关打听世子消息如何?"探子立起身,将此事细说明白。小姐说:"如此,再去打听。"探子领命,小姐打发探子出去,心中不胜欢喜:"想你前次休弃我,我今日三次难你。"遂即来到后堂。夫人说:"我问你,丁山打了皮鞭回去,差人回来,说唐王把他什么样了?"梨花将差人之言说了一遍。夫人大喜:"难得唐王与你出气。他七步一拜,前来请你,你须念公婆之情,依他恳求出兵便了。"小姐听了,把手一摇,叫声:"母亲,冤家做得薄情,使我怀恨在心,还要弄他颠颠倒倒,才好心服。"不知弄出什么事来,且看下回分解。

第四十四回　难丁山梨花佯死　薛丁山拜活梨花

适才话言不表,再言梨花叫声:"母亲,孩儿有起死回生之术,戏弄他一番。"夫人说:"人死焉有回生之理?"梨花道:"母亲,孩儿学庄子仙术,待孩儿诈死,传令三军,俱穿白衣,备俱棺木,将儿成殓。正堂可设具灵座,人人大哭,个个悲伤,候冤家到来,母亲还要假哭,痛骂他一番,埋怨他忘恩负义,好叫他心服情愿。"夫人听了,深信女儿变化,满口允承。小姐登时诈病,三日之后死了。三军闻知,均皆痛哭,挂白开丧,件件端正。此话不表。

再言薛丁山吃尽千辛万苦,登山涉水,七步一拜,拜得脚跟肿痛。若还不拜,其罪非轻。打起精神,一路拜来。看看将到辕门,只见辕门挂白,心中大惊:"不知死了谁人?不免闯进去,问个明白。"手执香凳,那军士认得的,开言叫声:"大哥,那千岁衙门死了那一个?挂白在此?"军门听了,双眼流泪,叫声:"世子,不幸千岁得了急病,三朝亡故了。"丁山听了,吃惊非小,跌倒在地,半晌方醒,叫声:"天啊,我薛丁山何等命苦。吃辛受苦,拜到这里,只求小姐回心出兵,不料小姐急病而亡,怎好回复圣上?也罢,小姐虽然身死了,待我拜到灵前,诉明心迹,回去死也甘心。"军门听说,报知夫人,夫人吩咐开门。丁山哭拜进堂,见了小姐灵座,放声大哭,叫声:"妻啊,我原自己不是,二次救我,三番休你,所以有此大祸。虽然小姐身死,怎好回旨,不知可有遗言吗?"夫人在内听见，走出厅来，带泪骂道："无义畜生！害她身亡，还要在此假哭。与我打出去罢！"一班女将手执皮鞭，打将来了。丁山一见他们打来，转身就走，女将闭上内堂门了。丁山即啼啼哭哭，又被夫人数落一番，不敢讨遗表，只得再回白虎关。一路上许多苦楚，不表。

再言小姐重又开棺，对夫人道："孩儿诈死，难这冤家。只恐朝廷知道，有欺君之罪。不如先上表章，陈情说明，差人先去奏闻，朝廷决不加罪"。夫人道："我儿之言有理，赛过男子，神机妙算。快修表章。"小姐将表章写得情词恳切，甚是分明。内衙拜本，差人连夜起程，不分日夜，赶到白虎关下马，走入内衙，按本天官奏上。皇上见了樊氏奏表，龙心大悦，想西番有这等才女，要三难丁山。朕今用人之际，焉有不准，对程咬金称赞梨花能干。此话不表。

再言丁山一路辛苦，回到御营，哭诉天子。天子假意大怒："朕差你去请樊梨花，说没有凭据，不肯出兵。今次又着你拜上寒江关，为何说梨花身死？明明一派胡言。既然病死，没有遗表？只是怪你三番休他，难你忘恩负义。前日徐军师保奏，若请不到梨花，立行斩首，你还有何说？"传旨："将欺君杀父之罪，乱箭射死。"御林军一声领旨，将丁山绑在旗杆之上，专等行刑旨下。丁山吓得魂飞天外，魄散九霄。惊动了薛老夫人，同了两个媳妇、金莲小姐，看见丁山吊在旗杆之上，四十名弓箭手，扣弓搭箭，等候时辰到。夫人叫声："亲儿，你犯上逆天大罪。两次有人保奏，今番性命难保，叫为娘好不痛心。你不该三弃梨花，冤仇不解。他今权在手，自然要报仇。指望养儿防老，谁知反送你终。"说罢大哭，姑嫂三人见了，犹如乱箭穿心，营前大哭。程咬金在旁暗笑，连忙御前保奏道："愿吾王准老臣之奏，再赦丁山，三步一拜，拜到寒江关，拜活樊小姐，方免其罪。此番若再请不到，老臣与他同罪。"天子闻言说："老王伯保奏当准。"程咬金谢王万岁，传旨立刻放绑。军上领旨，放了丁山。丁山又死中得活，进营面谢君恩，奏道："臣谢不斩之罪，望王付恩诏，使臣好拜上寒江，拜得他还魂，好领兵西进。"天子难奏，传旨：程老将军赍诏前行。丁山谢恩退出，辞别众将，如今三步一拜，一发难过。程咬金道："世子，老夫马上行得快。你步行，况且又要拜，是慢的了。你先动身，待老夫稍停一二日赶来正好。"丁山道："多谢老千岁。"依然营前拜起。

再言樊梨花正在府中，差官回来说明此事。梨花大悦道："三难冤家也不怕他不死心塌地，自然惧怕我，要他叩头拜回灵魂。"不表私衙之事。再言丁山三步一拜，正是六月炎天，拜得汗流如雨，看看又到寒江。只见后面来了一支人马，相近前来，抬头一看，原来恰是程老千岁奉诏到此。薛丁山上前拜见，咬金道："亏你后生家有此精神，三步一拜，拜得到此。若是我老人家，一拜也不能的。待老夫开读诏书，你慢慢前来，哭活樊小姐便好。"说了这二句，飞马即去。丁山听了，满腹疑心，想道："方才老千岁之言有因，难道小姐不曾死？我丁山仍有性命。"一路疑疑惑惑拜去。再言咬金到了关前，探子报进，说圣旨到了。老夫人冠带出来迎接，说明此事。且待负义丁山拜活，然后开读，咬金听说，言之有理，就在公馆住下。再言丁山三步一拜，来到辕门，开言叫声："门军，快与我通报夫人。"夫人吩咐开门。丁山拜进内衙，对了灵座，双膝跪下，哀哀啼哭，诉说情由，均已皆认自己不是："望小姐前仇莫记，与你夫妻和好，以后再不敢得罪你。你阴魂必然晓得，早早还魂，同去朝见天子，救我一命。倘若再有差池，灵前立刻丧命。"说罢大哭，叩头不止。小姐棺中听得，只是不睬，丫鬟使女，见世子这般悲伤，尽皆下泪，看小姐怎样还魂。听得鼓打一更，丁山依然哭拜，但见灵幡肃静，并无人声。俄说而二更，丁山哭叫不止。鼓打三更，已交半夜，丫鬟侍女，俱皆睡去，独留世子在此，起来拜倒，哭得疲倦，就在拜垫之上，朦胧睡去。只见一阵明风，鬼哭狼嚎，丁山惊醒，立起身来道："小姐，你阴魂出现了吗？待我到灵帏里面相会。"只见众侍女沉沉睡去，见了棺木，将身抱住，叫声："小姐，你阴魂来会我，我在此等你还魂。"忽见棺材盖悠悠揪起来了。丁山本来胆大，把棺盖揭开，只见樊梨花坐起来了，大叫一声："我好恨！"开眼一看，见了丁山，恨恨之声不绝。丁山大哭，忙扶起小姐，跨出棺材。那侍女丫鬟惊醒，看见了小姐，大家欢喜。忙请夫人，夫人假作啼哭，叫声："女儿，难得你还魂，叫娘好不欢喜。"丁山大悦，轻轻跪落，说："恭喜小姐还魂了。"小姐全然不理。夫人说："女儿，丁山虽然忘恩负义，幸亏朝廷伸你仇恨。如今消却前仇了吧！"小姐听了夫人之言，说道："既是母亲吩咐，孩儿从命便了。"只见丁山跪在地下，小姐大喝道："负心人！若不念圣上求贤之心，把你这个冤家，万剐千刀，方泄我恨。快起来，通报公馆，明日宣读圣旨，就此起兵。"丁山大悦，叩谢立起身来，却好天明。

夫人吩咐，去了灵位，以便迎接圣旨。丁山走出，报与老将军知道："那樊小姐被我拜活了，请前去开诏。"咬金听了哈哈大笑，说道："贤侄，你信服我吗？你要真心诚意，自然拜活。"丁山道："多谢老千岁。"同老将军来到官厅，梨花接旨，开读诏书谢恩，然后与咬金相见，说："老千岁，前日玉翠山薛应龙，不服王化的草寇，被我用计擒他，认为世子，后因急变，又反上山中去了。今起兵西征，正在用人之计，我同老将起兵复旨，着丁山领兵一千，前去收服薛应龙，同来见驾。"程咬金说："小姐之言有理。"丁山不敢违令，领兵往玉翠山而行。不知后事如何，且看下回分解。

第四十五回　樊梨花登台拜帅　薛丁山奉旨完姻

闲话不表，再说梨花来别夫人。夫人流泪道："儿呀，你要记着白虎关守将杨藩，他父杨虎，与你父亲相好，将你自幼来配他。后闻他貌丑，虽央求媒妁，而为娘做主，终不允承。今日匹配薛世子，杨藩必不甘休，他若有左道旁门之术，此去大要小心。"梨花道："谨依母命。"遂叩别了夫人，同老将军点齐大兵，出了寒江关，往白虎关进发。

再言丁山到了玉翠山，放炮鸣金，惊动了山中哨巡逻，报进寨中，启道："大王，不好了！有官兵杀进来了。"应龙听了大怒。结束披挂上马，带领喽啰，杀下山来。大喝道："那里来的官军，敢来送死吗？"丁山听了，把马一拍，提枪喝道："应龙！为父在此，招你入军，同往征西。"应龙猛听此言，满心猜疑。遂道："休讨便宜，我家继父薛世子，官封二路元帅，正是堂堂将帅，领百万雄兵，好不威风凛凛。你是何等人，敢来假冒，讨我便宜，吃我一枪，放马过来。"将长矛挺起来了。丁山把戟架住，喝道："休得无礼！为父便是薛丁山。因在白虎关射虎，误伤你祖，朝廷遂将为父官职削去，重用你樊氏母亲，封侯挂帅，统兵征西，罚我在帐前效用，今令我前来招你，一同征西，快随为父回营交令。"应龙听了，即忙倒戈下马，跪在地下，叫声："父亲，孩儿见父打扮不同，望爹爹恕罪。"丁山喜道："快随为父前去。"应龙禀说：

"孩儿前被爹爹绑出了辕门，惧怕而回。今后不敢去了。"丁山说："前事休提，今日不必惧怕。快随我去交令。"应龙听了大悦。立刻传令，带了喽啰，同了丁山，离了玉翠山，一路下来。再言程咬金同樊梨花，入营朝见天子。谢了恩，山呼已毕，加封梨花，谢恩退出。进营拜见了夫人，夫人遂将前情细述，梨花也诉明因由。仙童等姑嫂三人，前来礼拜，叙了阔别之情。薛勇、薛猛兄弟也来拜见，梨花大喜。各赠黄金手镯，二人拜领。遂备酒筵欢叙。

再言丁山同了应龙，不一日来到营中，朝见天子，复旨谢恩。然后回到营内，见过母亲，一门尽皆欢喜。次日程咬金奉旨到营，合家见旨，皆跪下恭听宣读。诏曰："梨花英雄无敌，智勇兼全，恩封征西大元帅、威宁侯。薛丁山暂赦前罪，封帅府参将，帐前听用，就此完姻。"圣旨读罢，"谢恩。"请过圣旨，排香案供奉。咬金说："今奉旨完姻，大媒为主，趁今黄道吉日，当晚成亲。"梨花欢容满面。丁山暗想：薛应龙与他年纪仿佛，又且相貌齐整。想这贱人隔了二年，不要与他苟合。待我今晚成亲之后，看他完全不完全，就明白了。此夜成了亲，归到营房，解衣宽带上了床上，将梨花两腿扳开，举起王英枪直闯辕门而入。梨花说："冤家，你惯战沙场的好汉，奴家未经破身的英雄，要缓缓而战。"丁山不应答，一枪直入。梨花大叫一声："痛杀我也！"丁山拔出枪来，将白绫绢拭好，拿来一看，多见元红，始悔前番我不是错怪他了吗？丁山回嗔作喜道："小姐怕痛，免了罢。"梨花说："冤家今来试我，我岂不知。但得无疑我是败柳残花的，就罢了，快些睡罢！"丁山仍然上床，骑在身上大弄起来。梨花咬定牙根，痛死也不作声。此事已毕，丁山转言奉承梨花，稍释前恨，一夜欢娱不表。

次日，咬金对丁山道："此后小心，听候元帅呼喊，切勿倔强。"丁山道："这个自然。"再言梨花戎装上殿，当驾前挂了帅印，驭手亲赐三杯御酒。梨花谢了恩，退出御营，来到将台。只见总兵官、游击、千把总、参将、参谋、都司、守备，济济一堂。这般武职，都是顶盔贯甲，一齐跪下，请帅爷登账，梨花吩咐站立两旁。秦梦、罗章、尉迟号怀一班公爷俱到账前，说："元帅在上，末将甲胄在身，不能全礼，就此打躬。"梨花说："列位王侯请了。本帅蒙圣恩拜为征西元帅，请众将各宜凛遵，听我号令。一不许奸淫放火，二不许纵兵掳掠，三不许畏刀避箭，违令者军法治罪。"当即点罗章为前部先锋，领兵一万夫到白虎关；命秦汉、窦一虎领兵为左右翼，一同前去；后军点了丁山，又点小将应龙，为军前护卫；点尉迟号怀为头运解粮，二运点秦梦，三运点尉迟青山。诸将一声得令，出营上马，多是金盔金甲，领兵而行。梨花下了将台，令月娥、金莲、仙童、金定四员女将，领了大队人马，放炮起程。朝廷旨下，遂命程铁牛、程千忠父子二人，将薛元帅灵柩，同夫人护送至界牌关巡顿，候平定西番，班师回朝归葬。二将领旨，到营中告知薛老夫人。夫人流泪谢恩。一同到白虎山山神庙内，将仁贵棺柩，移往界牌关。

再言罗章先锋，同秦、窦二将来到关前，一声大叫，说："快报与关主知道，早早出来会我。"小番报进，那关主杨藩，炼宝已成，伤痕平复，正要出关破敌。番儿报道："启上平章爷，不好了！唐王拜樊梨花为帅，有将在关外讨战。"杨藩听了大怒道："可恨这贱人，弑父弑兄，献关降敌，弃旧迎新，另嫁敌国，倒来攻关。"传令抬刀备马，杨藩披甲停当，上马提刀，带领三军，来到关前，吩咐放炮开关。一声炮响，关门大开，放下吊桥，冲到阵前。看见罗章头戴紫金冠，身穿白银甲，外罩白罗袍，坐下小白龙驹，手执梅花枪，面如冠玉，双尾高挑。见了杨藩，喝声："丑鬼！快下马受死，免得小爷爷动手。"杨藩听了大怒道："你乃无名小卒，快叫梨花贱人前来会我。"罗章听了，说："休要多言，看枪！"一枪直刺过来。杨藩把手中刀往枪上一架，冲锋过去，回转一刀，望罗章头上砍来。罗章把枪往刀上一抬，二人战了二十余合。杨藩见不能取胜，忙祭起飞镖，罗章抬头一看，见红光一道，直往面门上冲来，躲避不及，一镖正中肩膀上，坐不住马，仰面一跤，跌下马来。杨藩正待来取首级，被秦、窦二将抵住，有军上救回。梨花看见，忙取灵丹敷好，不一日痊愈。那杨藩见了二将，喝声："杀不尽的矮子，你今又来交战。"秦汉道："今番来取你性命。"棍棒交加，杀得杨藩招架不住，又祭起飞镖，二将看来不好，一个钻天，一个入地，逃走了。

杨藩收了飞镖，匹马杀到营前，大叫道："背夫另嫁的樊梨花，快快出来，与原配丈夫答话。"探子报进，恼了丁山，应龙父子，二人上账，禀说："元帅，末将愿出去活擒杨藩。"梨花说："番将杨藩，指名要我出去，你父子二人与我掠阵，我当亲自出去会他。"随急披甲上马，手执双刀，冲出营来。杨藩抬头一看，见冲出一员女将。但见头戴金凤冠，雉尾高挑，面如西子，貌若昭君，有闭月羞花之貌，胜如月殿嫦娥，身穿锁子黄金甲，外罩绣龙袍，足穿小缎靴，坐下腾云马，手执双刀。两旁四员女将，后面大旗上，写着"大元帅樊"。杨藩见了大怒，恨不得一刀两断。及见了梨花容貌，倒觉满口流涎，说："好一块羊肉，却被薛蛮子夺去，今日必要活擒他回关，成就姻缘，方雪我恨。"

不知擒得来擒不来，且看下回分解。

第四十六回　梨花大破白虎关　应龙飞马斩杨藩

杨藩看见樊梨花，便道："我乃白虎关总兵杨藩。吾父杨虎，与你父同朝之臣，将你许配与我，十有余载，因两地远隔，未曾花烛。你我今已长成，正要央媒完娶，因国舅苏宝同，惹得唐兵西进，两下相争，蹉跎至今。你怎么弃了前夫，另嫁敌国？西番虽是夷虏之地，你也晓得读孔孟之书，会达周公之礼，一女何能匹二夫？纲常廉耻，休得乖乱，莫若随我回关，狼主决不治你弑父杀兄之罪，你去想一想。"樊梨花满面通红，喝道："丑鬼，对亲有何凭据？休得胡言！放马过来。"杨藩耐了性子道："梨花你与我交战，旁观不雅。我是男子汉，倒惧内不成？见你花容月貌，不忍加害，劝你复还原配，免后懊悔迟了。"梨花说："不要多言，放马过来，吃我一刀。"举起双刀，劈面砍来，杨藩将大刀架住，骂道："贱人，不识抬举！我好意劝你，你反生恶心，既不罪你弑父杀兄，又来背夫乱性，真是红颜薄幸，妇人最毒。今日不斩你这贱人，誓不收兵。"忙隔开双刀，将大刀当头就砍来。梨花架在旁首，回转马来，将双刀如雪片舞来。杨藩急架相迎，两人大战，一来一往，战到三十余合，杨藩抵敌不住，带转马就走。梨花拍马追来，杨藩回头一看，见梨花追赶，忙祭起飞龙镖。梨花一看，见一道红光，直射下来，忙取出乾坤帕，往上一迎，只见万道毫光，把飞镖收去。大喝："丑鬼，还有尽数放来。"杨藩又祭起十二支飞镖，在空中飞舞，烈火腾腾，直奔梨花。梨花又将乾坤帕抛起，顷刻万道毫光，把十二支金飞镖，化为乌有。杨藩叫声："不好！"可惜练就一年工夫，一日尽灭了。忙将身子一摇，现出三头六臂，身高数丈，手端六件兵器，复使阴兵杀上，只见鬼哭狼嚎，都是蓬头赤脚，青面獠牙怪鬼，杀奔前来。梨花笑道："这些小技，可骗别人，我不惧你。"把手一指，数万鬼兵，反杀回本阵。杨藩一惊不小，番兵如飞而逃。杨藩见破了他法，带转马头就走，梨花祭起斩妖剑，将杨藩左手指头，斩了下来。杨藩大叫一声，负痛而走，收了法术，退入关中，将关门紧闭。敷好伤痕，打点明日出战，此话不表。再言梨花手下，月娥、金莲、仙童、金定四员女将，杀得番兵七零八落，得胜回营。众将上账称贺不表。

次日天明，探子报进："杨藩又在营前讨战，大骂元帅。"元帅闻报大怒，率领众将出营，来到阵前，喝道："昨日饶你一死，今日又来讨战，只怕性命难逃。放马过来。"杨藩也不答话，抢动大刀砍来。梨花拍马相迎。战至三十合，又不能取胜，回马大败，梨花在后追赶。杨藩祭起金棋子，亮光万道打来。梨花向身边取出金棋盘祭起，也有万道金光，棋子落在盘内，犹如铸就一般。杨藩那里晓得，又把金棋子打来，仍然收去。一连发了三十六个金棋子，都在盘上帖定。拿移不动。梨花收完了棋子，重又杀出，说道："你的棋子都被收了，还有什么宝贝？再放出来。"杨藩听了，魂飞天外，叹道："把我两件宝贝，俱皆收去，今如何是好？"又把身子一摇，现出三头六臂，阴兵依旧杀来。梨花将一个葫芦揭开盖子，放出无数火鸦，把阴兵杀得无影无形。杨藩叫苦连天，正要逃走，梨花祭起飞刀，将杨藩右手指头砍下来，一连几刀，连臂膀也砍下来。杨藩跌下马来，痛倒在地，梨花双刀正要斩他，忽听后面鼓声如雷，回头看见丁山督阵，摇鼓助战，暗思：杨藩虽未成亲，幼时却被爹爹误许姻事。见了丁山，心中倒觉不忍，意欲释放。早被薛应龙赶上，手起刀落，将杨藩杀死。头上一道黑气冲出，直奔梨花，梨花一阵头晕，跌下马来。四员女将，直冲出去，救回营中。只见元帅面上失色，众将上前问安。你道为何？这是杨藩阴魂在樊梨花腹中投胎，后来生下薛刚，薛刚闯祸，害薛世满门三百余口在武则天手内。此是后话不表。梨花传令抢关，众将得令，一齐向前，杀奔关来。番兵见无主将，闭关不出，俱往沙江关去了。番民香花灯烛，出迎元帅，元帅人马进了关，接了圣驾，在帅府驻扎，百官朝贺，出榜安民。遂传令招抚，所管地方官，尽皆投降。停留半月，辞王别驾，起了大队兵马，离了白虎关，望西进发。

有一个多月，尽是黄沙扑面，好不辛苦，不觉来到沙江渡口。有探子报说："沙江有百里之遥，并无船只，请元帅定夺。"梨花闻报，遂传令扎下营盘，不许乱动。便令秦汉："飞过沙江，劝番民放船过来，渡我兵过江，好打头关。"秦汉领令，戴了钻天帽，片刻飞过沙江，落下地来。只见那番民凑集，买卖生意，与中国一样。那些船上插了红旗，十只一队，共有四百余号，停泊江口。秦汉一想：我奉将令前来诱骗，看他怎样办法，如何说得他们过去？正在踌躇，忽见一队番官，手拿令箭，说与众船道："大老爷吩咐，大唐兵马已到江边，船只不许私开。违令者斩。"众船得令，秦汉心生一计：扮作番军。见番兵皆喂马料，三个成群，四个一队，或斗牌，或闹酒，营房内不见一人。遂将一副衣帽穿好，到一酒店门首，问道："店家，将爷可在这里吃酒吗？"店家说："拿令箭的官儿，在楼上吃酒，寻他请进去。"

秦汉听了，来到里面。走上楼中，只见番官吃得半醉，衣帽脱在旁边，那番官见了秦汉说："你是那个帐下来的？"秦汉哄说："我是大老爷手下的长随，奉将令份作小军，探听军情。爷是那一处的？"巴都儿官番官说："我是大老爷的亲随，不认得你呀？"秦汉说："小可是新充的，不曾拜会。我和你同饮三杯，叙个相识，小可做东。"番官道："说哪里话，自然俺家做东。"二人畅饮。秦汉说："巴都哥，这支令箭，做何公干的？"番官道："你还不知？"秦汉道："小可新到，所以不知。"番官说："我关主将是白虎关杨藩的父亲。因樊梨花降唐，打破了白虎关，将小将杨藩杀死，主将要与儿子报仇，差人往白狼山请红毛道人，并黑脸仙长。因二位仙友，神通广大，早晚必到。犹恐唐兵渡江，差我往各船去吩咐，不许开渡。"秦汉说："原来如此。巴都爷请用酒。"番官竟吃得大醉，伏在桌上睡了。

秦汉即换了他的衣服，拿了令箭，走下楼来，对店家说："有一锭银子在此，你收着。我有伙伴醉在楼上，我有公干去了。"酒家见了银子，说："请便。"秦汉出了店门，来到江边，对众船军说："大老爷有意降唐，吩咐四百号江船，连夜渡载唐兵过江，违令者斩。"众船军都说："稀奇！一日之间，两样吩咐。早上说不许开船，如今又要连夜过江。"秦汉说："你们休管闲事，快些开船。"众船军依令，立刻开船，扯起风帆，滔滔去了。秦汉大喜，脱了衣帽，撇下令箭，飞过江来。此话不表。

再言番官醒来，立起身来，不见了衣帽、令箭，忙下楼问了酒家。酒家说："方才那一位爷，留下一锭银子在此。穿了衣服，到江边去了。"番官听说，魂不附体。说："不好了，中了唐人奸计了！"说罢急忙赶到江边一看，大惊失色，说道："该死了，船只一只都没有了。为何衣帽令箭在江滩上？幸喜无人拿去。"忙穿好衣帽，手执令箭进关，蒙混交令。不知后事如何，且看下回分解。

第四十七回　梨花破关除二怪
秦汉借旗收双徒

却说沙江关主将杨虎，深恨樊梨花不忠不孝，杀子之仇尤深。又闻兵临江边，恨不得活擒梨花，取出心肝，以祭吾儿，方消此恨。忽报红毛道人，黑脸仙长请到了。杨虎大悦，出关迎接，接进官厅见礼，分宾主坐下。二位仙师说："今蒙见召，有何话讲？"杨虎长叹道："奈因小弟单生一子，被恶媳梨花所杀。特请道友来此，共擒此贼人，与此报仇，方泄我恨。"二人听了，恨道："不消道友烦心，要报此仇，有何难处，都在我二人身上。"杨虎大喜，设筵相待。

秦汉见各船俱已渡江，飞向营中缴令，细说此事。梨花大喜，即令三军连夜准备，候江船一到，即要开船。众将得令，各预备停当。将及半夜，船只已到江边，一字排开。元帅传令，趁此明日，即速下船。众将得令，一齐下船，来到西岸。令先锋罗章打关，金鼓连天，炮声不绝。番儿报进，杨虎大惊，说："这事奇怪，我已传令江船，不许过江，唐兵从何而来？"传令番官处斩，即出关迎敌。二位道人说："且免出兵，待贫道先上关去，略施小计，杀他片甲不回。"杨虎说："既然道友有计，相烦立刻开兵。"那道人来到关前，披发仗剑，扬尘舞蹈不表。

且说罗章杀到关下，只见一阵狂风，飞沙走石，天昏地暗。吓得罗章胆丧魂消，三军自相践踏。见两个道人，骑了白鹤，落将下来，大喝道："唐将休走，吃我一剑！"罗章招架不住，拍马而逃。两个道人，在后追赶。后军飞报元帅，元帅大怒，率领四员女将，向前放过罗章。上前迎住，念动真言，喝散飞沙走石。道人大怒，喝道："你是何人，敢破我术？吃我一剑。"梨花看见两道人：一个面如茄子，红须红发；一个面如黑漆，青发青须，眼睛也是青的，仗剑杀来。月娥飞马过来迎住，仙童忙来助战，杀得二道汗流浃背。金莲、金定也上前围住，两个道人那里招架得住，大败而走。四人在后追赶。那红毛道，现出一条火龙，用烈火烧来，烧得四人败阵逃回。梨花看见，把手一指，有万丈水冲出，将烈火浇灭，火龙大败要逃。梨花喝道："往那里走！"拍马追来，黑脸仙长抢出，说："休伤我道友。"仗剑拦住。梨花手舞双刀来战，杀得他尿屎直流，摇身一变，现出四手八脚，一只螃蟹，口中喷出涎沫，顷刻大雾连天。梨花倒吃一惊，拍马如飞，回转营中。

黑脸道人收了法术，与红毛道人一同进关。杨虎迎住，说："有劳二位道友，今日出阵，胜负如何？"红毛道人说："樊梨花果然神通广大，我将烈火烧他，他将倒海之术浇灭。幸道友用雾迷他，不然，怎得收兵。"老将听了，叹口气道："久闻樊氏利害，不能报仇，誓不两立。"即令家中护送夫人回国。家将领命，遂与夫人流泪而别，杨虎全身披挂，同了二位道人，放炮出关，赶到唐营大骂，梨花倒觉羞惭。应龙上前说："母亲，老匹夫如此无礼！辱骂母亲，孩儿出去，斩此匹夫。"梨花说："我儿出去，须要小心。"

应龙得令，上马提枪，冲出阵前，喝道："老匹夫，你骂那一个？吃我一枪。"杨虎把大刀迎住，一场大战。秦汉、窦一虎二将，见应龙枪法散乱，拍马来迎。两个道人敌住，祭起火球，打中秦汉面门，仰身跌倒。道人仗剑要砍，被一虎救回。复出阵来，道人又

祭起火球，一虎地行走了。梨花出阵，对杨虎说道："老将军，天命归唐。征西一路，各处关头，降者降，死者死，劝你归顺天朝，免得生灵涂炭。"杨虎骂道："小贱人，恨不得把你千刀万剐！反来说我投降，吃我一刀。"把大刀往面门砍来。梨花双刀来迎，战了三十余合。旁边恼了金定，提起五百斤大锤，照杨虎头上一锤，打得脑浆迸出，死于马下。两个道人赶出，怒道："伤我道友。"仗剑砍来。二员女将迎住，红毛道人祭起火球，被梨花乾坤帕收去。道人现出原形，乃是一条火龙，大火烧来，那金定回身逃走。梨花念动真言，顷刻大水冲到，四海龙王将火龙围住，不能脱逃，被梨花飞刀斩为两段。半段飞入中原，半段飞入西番，后为混世魔王。那黑脸道人见了，骂道："贱人，连伤我两道友，与你势不两立！"仗剑砍来。梨花又放飞刀，道人慌了，口吐雾沫，将天遮瞒，伸手不见五指。梨花无法，退兵十里，渐见天日。众将逃回缴令。梨花道："大雾迷天，怎得抢关？"月娥道："我师父有五灵旗，能破雾沫，差将前去借得旗来，可除妖道。"梨花大喜，即令秦汉往金刀圣母，求取五灵旗。

秦汉得令，戴上钻天帽，如飞而去。经过一高山，见有两员小将，各带兵马，旗分红白，在山上大战。秦汉飞下说："二位将军不必相斗，有话问你。这相年少英雄，不去干功立业，野战何益？"二将住手问道："你从空飞下，是神，还是鬼怪？说个明白。"秦汉道："我不是神仙，不是鬼怪，乃是王禅老祖弟子，姓秦名汉。随驾征西，路阻沙江关，有妖道喷雾迷人。奉大唐元帅将令，往金刀圣母借旗，走此经过。今见二位英雄，何不随我同去征西，建功立业。岂不为美！"二人听了，下马便拜，说："我姓刘名仁，他姓刘名瑞，均是大汉之后，伐匈奴到此。此间有东西二山，各人把守。他要占我东山，故此相斗。天幸相遇，愿拜为师。"秦汉大喜，收为徒弟，说："待我借了旗回来，同你去见唐王便了。"二将依言，各自回山，收拾人马等候。

秦汉仍飞上云头，片时来到竹隐山仙人洞，只见洞中走出两位仙姑，手提花篮。秦汉上前说："烦二位仙姑通报圣母，说王禅老祖弟子秦汉，要见圣母。"仙姑听了，说："原来是刁家妹子之夫秦汉，请说明来意，方可通报。"秦汉说："因奉樊元帅将令，为蟹雾迷阻沙江关，不能进关。我家月娥，说圣母有五灵旗，能灭雾沫，特来求取。除了妖道，即当奉还。"仙姑听了，说道："稍等，待我前去禀知师父。"入洞中来蒲团前说："师父，外面有王禅老祖徒弟，奉樊元帅令，来借五灵旗，去破雾沫。现在洞外伺候。"圣母道："命他进来。"仙姑出来，遂引秦汉来到蒲团之下，见了圣母，跪下说："弟子秦汉拜见。愿师父圣寿无疆。"圣母道："你之来意，我已深知。"取出五灵旗付与秦汉，说："要破雾沫，将旗一展，他性命难逃。"

秦汉拜谢出洞，飞上云端，望着高山飞下。刘仁刘瑞接着，秦汉说："我先去缴令，你们随后就来。"秦汉飞向营中，说知前事。元帅大喜，传令抢关。黑脸道人仍喷出雾来，元帅将旗一展，只听得霹雳一声，雾散云开。众将一看，忽有簸箕大一只死蟹。元帅大喜，吩咐抢关，那番兵倒戈投降。元帅进了关，一面上本报捷，一面出榜安民，又望空拜谢圣母，招降安抚番兵，停留半月。

有探子报道："关外有二员小将，领部卒一千，说是秦将军新收的徒弟，要来投见。未奉军令，不敢放入。"元帅道："命他进来。"刘仁、刘瑞进了帅府，参见元帅。元帅见二人一表人物，心中大喜，遂对秦汉说："他二人是你新收的徒弟，带领本部人马，到你营中学习，立功之日，奏王加封。"秦汉得令，同二人一起拜谢。众将称赞不表。

次日二人拜见了刁月娥，于是二人尽心学习兵法，刘仁后来与天竺国公主银杏成亲；刘瑞与真童国公主金桃完婚，此是后话。这一本是秦汉收徒弟团圆，欲知樊梨花征西后事如何，且看下回分解。

第四十八回　凤凰山番将挡路
薛应龙神女成亲

话说樊元帅得了沙江关，秦汉收了刘仁、刘瑞为徒，养马三日，查明国库钱粮，起兵西进。仍点罗章为先锋，秦、窦二将为左右翼，大兵五十万，放炮三声，离了沙江关，望西进发。一路上旌旗浩荡，兵将威风，行来尽是沙漠之地。走了半个多月，来到凤凰山。山上有一关寨挡住，传令扎下营盘。一声炮响，营盘扎得坚固。令罗章明日到关讨战，众将得令，放炮停当。此话不表。

且说凤凰山守将，乃是国王御弟，姓乌名利黑。身高一丈，红脸黄发，眼如铜铃，两臂有千斤之力，用两支竹节钢鞭。得异人传授，随身有一件宝贝，名曰"追魂伞"。闻知西番失了许多地方，番儿报说："唐朝人马已到山下。"忙同众将至山下，将唐营一看，果然扎得坚固，号令严明。对众将说："果然樊梨花名不虚传，深通兵法。趁他兵马初到，兵将劳顿，攻其无备，今夜劫他营寨，挫其锐气。"诸将说："千岁神机妙算，我等候令。"乌利黑大喜，回身升帐，点左右先锋蛮子海、蛮子牙："你二人带领兵马一万，下山埋伏山林，听号炮一响，率兵杀入唐营。我有兵接应。"二人得令，领兵下山去了。自己全身披挂，骑上红鬃马，率领铁骑，下了凤凰山，偃旗息鼓而来。再言梨花在营中，同众将赏月，忽听一阵风来，将灯吹灭，元帅大惊。丁山道："这阵大风，须防今夜番兵劫寨。"元帅点头说是，传令众将，休得卸甲离鞍，调遣众将，营外埋伏，留下空营。众将得令，各自去了。且说乌利黑率领众兵，三更时候，炮声一响，杀入唐营，不见一人，只有空营，大叫："中计！"传令将前军作后军急退，唐兵听得炮响，各路杀来。应龙正迎着蛮子牙，罗章正迎着蛮子海。二人心急慌忙，枪法散乱，被应龙、罗章刺死，一万人马杀死大半。丁山冲入中营，正遇着乌利黑，枪鞭并举，两人大战。又来了应龙、罗章二人敌住，乌利黑全然不惧，又见四面八方齐杀来，看来难敌，虚晃双鞭，杀开血路而走。应龙喝道："番奴往那里走？"随后追来，追到凤凰山谷中，却不见了乌利黑。回头又见乱石塞断路口，心中大惊，东奔西走，无路可通。守到天明，再回营去。

再言乌利黑入了山谷之内，却自收拾残兵回凤凰山去。唐兵杀上山来，矢石如雨打下，梨花鸣金收军，计点军士，不见了应龙，即令明早去寻。次日探子报进："乌利黑在营前讨战！"元帅问道："那位将军出去，擒此番奴。"早有罗章应道："小将愿往。"元帅道："先锋出去，须要小心。"罗章上马提枪，冲出阵前。见了乌利黑，大喝道："番狗昨日败去，今日又来送死，快快下马受缚，免吾动手。"乌利黑大怒说："唐蛮子休得夸口，放马过来。"一鞭直向罗章打来。罗章把枪架住，两下大战一场，战到一百余合，不分胜负。

元帅令秦、窦二将出阵助战，要活捉番将。二将得令出战，喊道："罗先锋，我二人来活捉这厮，回营请令。"乌利黑听说大怒，奋舞双鞭，敌住三般兵器，又战了数合，不能取胜。虚晃一鞭，冲开阵脚，大败而走。秦窦二人不舍，飞赶说道："红脸番贼慢逃，吃我一棍朝。"那乌利黑回头一看，见二将追来，心中大喜。背上取出一柄宝伞，撑将起来，一摇，二将都跌倒在地，番将抢出绑好，乌利黑打得胜鼓回山。罗章欲要来救，见宝伞利害，不敢向前，只得收兵回营，禀知元帅，元帅惊道："吾知此伞利害，不敢向前，但他怎样拿入？"罗章道："小将三人大战，番将诈败而走。窦、秦二将追去，他将一柄宝伞，撑开一摇，只见花花绿绿，二将顷刻跌倒，被他捉去。小将想来，必是'追魂伞'，不敢去救，特来报知。"元帅道："尚未夺得此山，反失二员大将。想秦、窦二将，俱有法术，必致无害。但本元帅不知应龙下落，如之奈何？"吩咐紧闭营门，众将得令，坚闭营门。

且说秦、窦二将，被追魂伞摄去魂魄，一时三刻，才醒转来。见番将高坐将台，小番报道："启上大王，昨夜唐营小将，因于东山，他骁勇无比，几次扳藤上树，幸是山高岭峻，不得上来。请千岁爷定夺，如何处置？"乌利黑道："不妨，待过了五七日，他自然饿死，何消处置。但将捉来二将，推来见我。"小番将二将推来台前，立而不跪。乌利黑喝道："你两个矮子，既被擒来，为何不跪？还是愿降，还是愿死？快快说来。"二将厉声道："我二人乃唐朝大将，岂肯降你这番奴？要杀就杀，不必多言。"乌利黑大怒，喝令：

"推出砍了!!"小番将二人推出,正要开刀。只见窦一虎往地中去,秦汉往上一纵上天去了。小番看见,尽皆呆了,忙来报知大王,大王大惊道:"怪不得唐兵利害,军中有此异将,所以西番失了许多地方。今日逃去,明日又来,立即斩了,方除此害。"

再言二将一个钻天,一个入地,逃回营中交令。元帅正在纳闷,忽听二将回营。心中大喜,说:"已知二位将军神术,不知怎样逃回。"秦、窦二将,遂一一说明。"小将军也有消息,昨日已饿了一天,快定计救他性命。"元帅说:"既有消息,烦窦将军准备干粮,前去救他。烦秦将军去盗'追魂伞',好破他的兵。进了凤凰山,其功不小。"秦汉道:"这个何难,也曾盗过飞铙,盗过摄魂铃,料这柄伞,有何难哉?管教手到擒来。"元帅说:"须要小心。"二将领命,分头而去。

再言凤凰山谷中,有一仙女,与薛应龙有七宿姻缘之分,见应龙被困凤凰山谷中,想他前生乃芦花河水神,在王母面前调戏于我,贬下凡尘。遂化在园林一所,等候应龙。应龙在山谷中,困饿一日,听得山头笑话之声。抬头一看,见一班仙女,在山上玩耍,叫道:"姐姐们,救我一救。"梅香道:"你是何人?何故在此?"应龙道:"我乃大唐小将薛应龙,被乌利黑困住在此。如今乞救一命。"使女回禀与仙女。仙女道:"你去对他说,我家公主乃乌利黑之妹,立愿要嫁唐将,你若肯从,救你上来。若不允从,饿死在谷内。"梅香领命转达,应龙即满口应承。遂即放下红绫索,救起应龙。来到亭前,见小姐有倾城之色,又许他招亲,称心满意了,忙上前见礼,说:"小将薛应龙征西到此,困入谷中,承小姐救拔。又蒙许以婚姻,小将不才,敢不从命。"小姐微笑道:"我自愿要招中国人物,今日天喜相逢,三生之幸,伏祈勿却。"应龙道:"即蒙美意,何敢不从,趁此良辰,共应花烛。"于是二人就此成亲。真是郎才女貌,春宵一刻,千金难买,此话不表。

再言一虎,奉了将令,地行到谷中,伸头一望,并无音信。找到晚来,一轮明月当空,四处呼唤,不见人声。心中想到:莫非不在此间,抑或有变?睡他一觉,等待明日再寻便了。

再言秦汉飞到番营,听得乌利黑吩咐众将,严守关寨,遂把宝伞系在背上,不脱衣甲,和衣睡了,鼻息如雷。秦汉见帐中灯烛辉煌,幸无人声,遂飞身下来,悄悄潜入帐中,见防护军皆在地下打息,乌利黑隐几而卧,心中大悦。见伞在背上,要动手,谁想伞上铃响起来,乌利黑惊醒了,叫声:"不好了,有贼盗伞了!"喊声未绝,防护众军围上。秦汉措手不及,被乌利黑擒住。要知秦汉性命如何,且看下回分解。

第四十九回　月娥摇动摄魂铃　梨花灵符破宝伞

却说秦汉盗伞,摇动铃响,被乌利黑捉住,众将将他绑了。乌利黑道:"这矮子有钻天之术,将他锁在旗杆上,不怕他连旗杆一齐拔出。"众将得令,将秦汉吊在旗杆上,等到天明。次日到营前骂道:"不中用的蛮子,怎么使矮子来盗我宝伞,被我拿住,吊在旗杆上,待拿齐众蛮,然后开刀。若有能人会我,快些出来。"刁月娥听见丈夫被捉,忙上账讨命,愿出营会他。元帅说:"须要小心。"月娥得令,全身披挂,手舞双刀,骑上青鬃马,冲出阵前。抬头一看,见乌利黑面貌凶恶,遂大喝道:"番奴休得无礼,快快还我丈夫,万事全休。若有半字不肯,将你凤凰山踏为平地。"乌利黑见刁月娥十分美貌,笑道:"好一位佳人,为何配了矮子?"叫声:"娇娇! 你丈夫吊在旗杆之上,不若嫁了我吧。"月娥大怒,手舞双刀,劈面砍来,乌利黑道:"好一个不中抬举的妇人。夫人不要做,倒要跟这丑汉。"将双鞭迎住双刀,一场大战。元帅放心不下,令仙童、金莲二人掠阵。那秦汉在旗杆上,口中念动真言,铁锁即开,遂拍手哈哈大笑道:"番奴我去也。"看守番卒,吓得魂不附体。乌利黑看见,鞭法大乱,虚晃一鞭,败下阵来。月娥心中想道:先下手为强,遂取金铃在手。乌利黑也撑开宝伞在手,说:"休得追来,宝贝来也。"月娥说:"我也有宝贝在此。"两人各自摇动,各人俱跌下马来。仙童飞马直冲,救了月娥,那边番将也救了乌利黑,各自回营。元帅听了十分烦恼,说:"这伞如此利害,摄去月娥灵魂,怎生是好?"

正在此言,一虎回营,说:"昨宵备带干粮,到谷中寻觅小将军,遍处不见,特来回令。"元帅不悦道:"窦将军,此事如何是好?"秦汉回营上账:"元帅不必忧愁,月娥娘子不久就醒转来的。待末将再去盗他宝伞,破之甚易。小将军自有下落。"元帅听了喜道:"秦将军若盗得伞来,破了凤凰山,寻到孩儿,其功不小。"说毕,月娥醒将过来,遂摆筵压掠。当夜三更时分,秦汉仍到番营,乌利黑伏几而卧,伞依旧背在身上。心中想到:"若要解伞,铃又要响起来,怎能盗得到手?不如将衣襟扯下一幅撕碎,塞了铃口。"轻轻解下伞来,取在手中,喜之不胜。心中想道:"若盗了就去,非为好汉。来的明,去的白,叫醒他好去。"把手向桌一拍,喊道:"番奴,有刺客来了。"说罢腾空去了。乌利黑忽惊醒,叫道:"有贼!"众将俱来防护。乌利黑把双眼拭开,说道:"你们可曾见有刺客吗?"众将道:"小将等环立在此,未见有刺客。"乌利黑道:"方才梦中听桌子一响,叫道:'刺客来了!'如何你们不见?"众将听说,忙往帐外一看,听得云端里笑道:"我是秦将军,要刺番奴,今晚且取此伞,明日来取你首级。"说完去了。吓得众将魂不在身,将言回复乌利黑,说:"不是刺客,就是昨夜那盗伞的矮子。他说明日来取大王首级,岂不是祸事吗?"乌利黑听了,果不见了背上宝伞,笑道:"幸我有先见之明,真伞调换。若盗了真伞去,凤凰山就难保了,须要防他明日再来行刺。"众将乱到天明。次日饱餐战饭,率领众三军下山,杀至唐营,指名要:"矮将出来会我。"秦汉忙上账讨令道:"他伞已没了,今还要送死,待小将擒来。"元帅应允,秦汉杀至阵前,喝道:"番奴,你宝伞已失,敢来送死吗?"乌利黑道:"盗伞贼不必多言,吃我一鞭。"秦汉将狼牙棒迎住,两下大战。月娥见丈夫出阵,讨令助战,秦汉夫妻与乌利黑大战三十回合。月娥知他宝伞已失,放开胆量忙取金铃在手,正欲摇动,只见乌利黑又有宝伞撑开,各人摇动,三人俱跌下马来。众将抢上,救回月娥夫妻。番兵救了主帅回山。梨花听了大惊道:"原来昨夜盗来的伞,乃是假的。他有此妖术,大兵焉能西进。"说毕,秦汉夫妻醒转,上账禀说:"要破此伞,待小将去见师父。"元帅依允。

秦汉戴上钻天帽,飞上云端,不一时,早到了仙山洞。王禅老祖驾坐蒲团,早知此事,命童子出洞,唤师兄进来见我。道童奉命出来,果见秦汉,说道:"师兄,师父昨已晓得,唤你进去。"秦汉听了大喜。同进洞府,来至蒲团前,倒身下拜。拜毕,王禅老祖说:"徒弟,你此来何为?"秦汉将"追魂伞"利害,乌利黑兵阻凤凰山,不能西进之事说了,"弟子奉元帅将令,特来叩求师父破伞之计。"老祖道:"此伞易破。我有灵符十二道,你拿去,上阵之时,放在盔内,此伞立破矣。"秦汉大喜,接了灵符,别了师父,出了洞口,飞上云端。不多一会,来到唐营帐下,禀知元帅,说明此事,元帅大悦,传令三军:"准备叫战,秦汉、一虎二人速去讨战,我自有兵接应。"二将得令带领兵马出营去了。又点先锋罗章、秦梦、丁山、刘仁、刘瑞、点女将金莲、月娥、仙童、金定,头上皆带灵符,梨花亲率大兵直杀至山下。乌利黑正与秦、窦二人交战,看见四面八方,团团围住。元帅传令,休放他走了。乌利黑杀得走投无路。又将宝伞摇动,见唐将全然不觉,越添精神,乌利黑大惊,杀开血路而逃,被梨花祭起飞刀,红光一闪,斩为两段。"番兵见主将已死,皆下马投降。元帅遂上山,出榜安民,盘查各库,又令秦、窦二将:"再往谷中去,寻觅小将军。"二人得令。

再言薛应龙与小姐在花园成亲,不觉七日,已了夙愿。遂备饯行酒席,叫道:"郎君,奴非番邦之女,我乃此山仙女。只因与你有七宿仙缘,但天机不可泄露。愿郎君莫负奴心,你母亲已将乌利黑杀了,占了凤凰山,命秦、窦二将前来寻你,须保重向前西进。"应龙听了,双眼流泪,叫声:"贤妻,我和你恩爱夫妻,不想今日就要离别。望妻渡我成仙,一同去吧。"小姐道:"郎君,天命难违。"不能同去,二人执手依依,叫声:"郎君,非是奴心肠硬,你不必留恋,快快去吧。"应龙只得带泪拜别,那小姐送出园门,忽然一阵狂风,飞沙走石,少停风息,不见了花园并神女,却在荒山之中。应龙想到,这也稀奇,难道我学了刘晨、阮肇,误入天台,得遇仙姑,结了姻缘?他说我母亲已斩了乌利黑,差人寻找我。待我拭干眼泪,好去会他。恰好秦汉来了,叫声:"小将军,你一向躲在哪里?再寻不着。"应龙说明此事,二人大喜。秦汉笑道:"师兄,想为人在世,相貌要生得齐整。我和你前世未修,做了矮子,要对亲,就吃了许多辛苦,央亲眷,托朋友,方能成亲。你看这小将军,生得一表非凡,神女也动起火来。不费半点功夫,就做了亲。"一虎叫声:"师弟,闲话不必说了。快去同小将军去见元帅,好起兵西进。"应龙道:"此言不差。"三人一路上飞步而行,来到山上,进营拜见母亲。梨花大喜,叫声:"我儿,你在谷中，为娘差人寻你，因何今日才回？"应龙就将前事细说一遍，梨花说："仙缘巧遇，甚为奇事，不必挂怀。待征西平定之日，另觅一个美貌媳妇配你。"应龙说："多谢母亲。"元帅差官修捷书申报天子，一面传令拔营西进。放炮起程，离了凤凰山，一路上望西前进。不知后事如何，且看下回分解。

第五十回　捆仙绳阵前收服
救龟蛇二将腾空

却说樊元帅离了凤凰山，率领大兵望西而来，来到麒麟山，遂传令扎下营盘，明日开兵。放炮一声，齐齐扎下。且说麒麟山守将苏文通，乃苏宝同族弟。闻小番报道，凤凰山已失，唐兵到此，忙令："山上多加灰瓶、石子，小心保守。若有人来讨战，速即报我。"众将得令不表。

次日樊元帅升帐，点齐兵将，说："今日哪一位将军去讨战？"早有一虎应道："小将愿去取关。"元帅说："将军此去，须要小心。"一虎得令。遂率同部兵出营，上山讨战，喊道："山上番狗，快报与主将知道，说大唐兵马来至，快快献关。若言不肯，打进关来，鸡犬不留。"骂声不绝，早有番奴报入帅府禀道："国舅爷，不好了！关外唐将讨战，骂不绝口。"文通听了大怒。吩咐备马抬斧，立刻披甲上马，放炮开关，带领兵卒，亲下山来，冲到阵前。一虎见来的番将，生得尖嘴鬼脸，青面黑须，眼如铜铃，声如破锣，头戴虎头盔，身穿黑金甲，手执宣花斧，坐下花斑豹。拍马前来，竟不答话，将斧望一虎面上砍来，一虎将棍抵住，战有三十余合，忙取出一柄扇子，名曰："羽翎扇"，照一虎头上一扇，一虎叫声："热杀我也！"往下一钻去了。一连几扇，连地皮都扇热红起来了。一虎地中走了数十步，始无热气。回到营中，上账禀知元帅，说："此扇利害，幸亏小将去探阵，被他一扇，我就逃回地中，尚且几乎热死。若别人去，恐化为飞灰，元帅能除此扇才好。"梨花听说："谅众将不能除此火扇，待我亲出以水破之。"传令众将，一同出阵。文通看见，连声喝彩："好一个美貌佳人！"叫一声："女将军，留下名来。"梨花喝道："本帅乃大唐征西大元帅威宁侯樊。"文通喝道："反贼！你果然名不虚传。你枉有这般美貌，何不送进国王做个妃子，岂不富贵。反降敌人，今日须听我言，早早改邪归正。"梨花听了大怒，喝声："匹夫，休得胡言，放马过来。"将双刀砍去，文通气力不加，架不住了，忙向身边取出羽翎扇扇起，顷刻烈火焚来。梨花念动真言，忽然北海水护了唐营，文通看见面前多是大水，吓得魂不在身，拍马便走。被梨花祭起飞刀，斩为两段。

梨花收了羽翎扇，退了北海水，点齐人马，正要上山破寨，只见山头上飞下一个道人，身穿八卦衣，绿豆眼，尖嘴青脸，手执一把宝剑，大怒道："梨花小贱人，我和你皆是道家弟子，怎敢连伤我两个徒弟，今日替他报仇。"梨花笑道："我何曾认得你两个徒弟？你是何方妖物？敢出此言。"道人道："我乃八卦道人，当初在武当上，你师父黎山老母也曾见过。我家徒弟，就是凤凰山马师黑及苏文通，俱被你斩了，全不念道中情面。快偿他命来。"梨花道："他二人自取灭亡，与本帅无干。况天命归唐，仍执迷不悟，连你狗命难逃。"道人大怒。仗剑砍来，梨花用刀架住，两下交锋，剑去刀迎，刀来剑架。战到数十合，道人虚晃一剑，把口一张，飞出无数火鸦，迎面飞来，梨花将北海水浇灭。道人见破火鸦，就在水里杀来，滔滔大水，全然不惧，仍仗到奔来。梨花道："这妖物却有本事。"忙祭起飞刀，道人慌了，借水遁而走。梨花收了法术，鸣金收军。众将接进，俱皆赞服。梨花道："正要上山破寨，被妖道阻住。他虽借水遁逃去，决然要来。明日姐姐用捆仙绳捉他。"仙童："得令。"次日道人又来讨战。仙童匹马出迎，并不答话，一场交战，到数合，道人口喷出火鸦。仙童取出金瓶，倒出金龙无数，破了火鸦，诈败而走。

道人不知是计，在后追来。仙童祭起捆仙绳，将道人捆了。军士不敢怠慢，上前拿住，解回营中。元帅大喜道："不要被他遁去。"遂把仙符镇压。吊在旗杆之上，道人现了原形，却是武当山龟将，逃在此间，阻住西进。元帅说："待破了关寨，送还武当山，候教主发落。"正言间，探子报进说："又有一道人，口称长寿大仙，与八卦仙好友。闻知吊在旗杆上，特来报仇，在营前大骂。"元帅说："既如此，应龙孩儿出去擒他。"应龙得令，上马提戟，冲出阵前，大叫："妖道，快来会我。"那道人仗剑来迎，二人战有十个回合，道人把口一张，吐出数条火龙，直奔应龙。应龙吓得魂不附体，大败而走。小军报知元帅，元帅令仙童去救应龙。仙童得令，上马出营，正遇应龙，应龙叫："母亲救我！"仙童说："不妨事。"放过了应龙，仙童笑道："些许小技，在我面前弄巧。"随把小金瓶倒出数条水龙，浇灭火龙；祭起捆仙绳，又将道人捆住，解回营中。元帅吩咐：也吊在旗杆上。长寿大仙现了原形，乃系一条大蛇，盘在龟背之上。梨花见了好笑，说："西番多用这般人。"捷书飞报唐王，一面传令抢关。

军士忽然报说，外面有一黑脸道人，要见元帅。梨花吩咐请进，道人走进营中，梨花起身相迎，问道："仙友何处洞府？那座名山？乞道其详。"道人道："贫道乃北极其君座下张大帝便是。"梨花听了，倒身下拜，迎入帐中上坐，说："大帝此来为何？"道人说："因龟蛇二将私逃下山，今被元帅擒住，特来讨个人情，放了他。"元帅听了，顷刻令军士放下，解去捆仙绳，二物复变人形，上前拜见大帝。大帝说："你两个孽障。私逃下山，吊在这里吃苦。吾不来救你，不知吊到几时，快过来拜谢元帅。"梨花也来赔礼毕，便向大帝说："本帅到西番，不知还有险处吗？乞明指示。"大帝说："有两句诗赠你，你谨记着，后有应验：诗曰：

此去芦花有险惊，金光阵上产麒麟。

梨花听了，拜谢大帝。大帝出了营门，带了龟蛇二将，驾云而去，竟往北方不表。却说元帅吩咐三军抢关，番军投顺。得了麒麟山，养马三日，查明府库钱粮，传令起兵面进。出了关门，望西进发。行了数月，来到芦花河，有关挡路，传令扎营不表。

再言苏宝同，向日被二路元帅薛丁山杀得大败，同了铁板道人、飞钹禅师，一齐逃走。飞钹禅师炼了十六面金飞钹，铁板道人炼了二十四面铁板。三人怀恨，想要报仇，到各处名山，请了许多道友，禀知国王：差人往鞑靼国，借兵十万；金萱王叔领兵，波斯国差大将宝竖起兵十万；乌孙国差驸马洛阳起兵十万；鬼空国差山桃起兵十万；彭虚国差红榴起兵十万；天竺国公主银杏起兵十万；真童国公主金桃起兵十万；苏碌国太子名扶桑，起兵十万，前来助战。八国共来兵八十万，连本国兵五十万，共一百三十万，皆在关外驻扎。宝同迎八将进关，设筵接风。次日升帐，传齐八位将军听令道："深恨唐将夺了我国许多地方，十去其八。今欲摆下一个金光阵，复回西番，杀他片甲不回，方消此恨。闻唐兵已到芦花河，烦将军等各带本部兵马，按乾、坎、艮、震、巽、离、坤、兑八方镇守。闻鼓者进，闻金者退，不得有违。"八将齐声："得令！"各带本部兵，按八门镇守去了。有诗为证。诗曰：

一百卅万雄兵到，哪怕唐朝会用兵。

未知破阵如何，且看下回自有分解。

<h2>第五十一回　苏宝同布金光阵
樊元帅连抢关寨</h2>

却说苏宝同，又请得五位大仙到账，说："烦李大仙师领青旗一面，镇守东方甲乙木，必要活擒唐将，不可放走。"李若虚仙师接了令，向东方镇守去了。宝同又请仙师赵通明，付红旗一面，镇守南方丙丁火，摆阵活捉唐将，休得放走。赵仙师领命，接旗往南方去了。又请周去命仙师，付白旗一面，镇守西方庚辛金，挡住唐兵，周他师领兵向西方去了。又请钱龙宾仙师，付黑旗一面，镇守北方壬癸水。休要放走唐将。钱仙师接了黑旗，往北方而去。又请仙师文光斗，付黄旗一面，往镇中央戊己土。唐将到此，一鼓而擒。文仙师接令去了。

苏宝同分派毕，对二位军师说："想梨花虽英雄无敌，只怕难破此金光阵也。"铁板道人、飞钹仙师二人笑道："国舅演此八门金光阵，更有我们一十六面飞钹，二十四面铁板，安挂在阵门上，梨花纵有本事，若进我阵，顷刻将他打为肉泥，定叫唐兵片甲不回。西番一带，仍归原主。趁势杀到中原，夺他花花世界，何难之有？"宝同听了此言大喜。差人打战书到唐营，明日开兵。关内设筵款待二位军师，此言不表。

再言梨花扎营在芦花关外二十里，商议打关。正与诸将计议，忽见番儿打进战书，说："金光阵摆完，明日交兵。"元帅见了批允，打发小番回去。与仙童说："我昔日在师父门下时,听得诸仙讲论阵法,说金光阵灵妙莫测,任凭天仙也解破不来。今宝同请了诸仙,摆了此阵。又借各国雄兵,若要破阵交战,须要计议为主。"仙童笑道:"主帅放心,我主洪福齐天。征西以来,势如破竹,何况什么金光阵。先打破关头,然后破阵,更兼许多法术之将,何惧番兵百万?况苏宝同败兵之将,何足道哉!"

次日点秦、窦二将打关,二将领命,带了人马出营,来到关前大骂。早有小番报进:"启上元帅,有矮子前来攻关,口中大骂。"宝同听了大怒。对二位军师说:"昨已约来破金光阵,今反先来攻关。"铁板道人说:"他既先来攻关,我们出去对一阵如何?"宝同大喜。遂同二位军师,一齐上马。放炮开关,到了阵前,见秦、窦二人耀武扬威,铁板道人遂对飞钹禅师道:"我们曾受他气,如今须要着实防备。"飞钹禅师说:"师兄所见甚是,我们先下手为强,不要上他的当。"

说罢冲将过来,秦窦二将看见,叫道:"师兄,这和尚道士,不正是在锁阳城,用飞钹铁板,败阵逃去的吗?"一虎道:"一些也不差。今日仇人相见,分外眼明,我和你先下手为强。"秦汉道:"是极。"将棍棒抵住僧道,喝道:"屡败之将,今日又来送死。"僧道听了大怒,将刀砍来。四人关前大战,战有数十合,道人祭起铁板打下,一虎身子一扭,往地中去了。和尚祭起飞钹,秦汉往天上去了。僧道各收回宝贝,杀至唐营。早有探子报知元帅,梨花忙点了金定、仙童、金莲、月娥四员女将,说:"你们出战,须防铁板飞钹,小心为主。"四员女将领令出营,正撞着僧道,两边接住,六人大战。杀得僧道满身冷汗,抵敌不住,兜转丝缰,大败而走。金莲、金定不敢追赶,勒马督阵。仙童、月娥二人拍马追来,叫声:"妖僧妖道,往那里走!快快下马受缚。"僧道闻言大怒,回头见他二人追来,放下胆量,转马接住交战,战有数合。仙童想:他飞钹利害,我哥哥尚被他擒住,不如先下手捉住此僧。遂虚晃双刀,回马诈败而走,和尚叫声:"往那里走?"随后追来,仙童祭起捆仙绳,和尚见了,叫声:"不好!"化道红光去了,仙童吃了一惊,收了捆仙绳。再言月娥与道人大战,道人看见和尚逃去,无心恋战。正欲逃走,被月娥摇摄魂铃,那道人跌下马来,被唐兵捆住。鸣金收军,进营禀见。元帅大喜,吩咐:"将妖道推过来。"喝道:"你为何出家之人,又不守清规,修炼妖法,前来助战?今日被擒,有何话说?"道人被摄去魂魄,似死一般。元帅大怒,令刀斧手:"推出辕门,斩讫报来。"左右将道人推出,正要开刀,谁知妖道还魂,定睛一看,始知被人拿住,又见刀斧手将刀砍下,他就借了土遁逃走。刀斧手正要砍下,不见了道人,大惊,禀知元帅。元帅听了惊道:"他也知遁法。有此左道旁门之术,焉能夺过此关,破得金光阵?"秦、窦二将回营禀道:"元帅不必心焦。我二人今夜进关,里应外合,得了此关,就好破金光阵了。"元帅回嗔作喜,说::"二位将军仙术高强,今夜前去,须要小心,"见机行事。事成回来报我,我起兵接应。"

二将得令出营,守到晚来,饱餐夜饭,全身结束,一个上天,一个入地,不到片刻,进了关门。一虎地中钻将出来,秦汉云端走下,说道:"师兄,我们探听军情,怎得两件番衣、腰牌,方可出入。"一虎道:"不难,待我黑夜时分,只可钻入营中,先盗了衣服腰牌,然后行事。"一虎地行进营,只见四个番军,提了灯火,敲锣击柝,走近前来。一虎地中听见四人说道:"哥哥,我想国舅爷,今夜往芦花河演阵去了。只有两位军师在内,今日战败回来,已安息了。叫我们小心巡察关门,莫使唐人窥探。中军等皆不敢睡,须要把锣敲得响亮,闹他一夜便了。"一虎听得明白,心中暗想:等巡军去远了,钻出来。寻秦汉不见,又入地中去了。那秦汉飞到关前,想要盗取番衣,奈他防备甚严,遂提脚缓步,见有两个军士睡倒,心中甚喜。待我剥他衣服,解下腰牌;寻着师兄行事。遂轻轻动手剥下番衣,解下腰牌,上写道"金龙""金虎"两个名字。心中大喜。拿了衣服腰牌,营前不见一虎。又往营后来寻,遇见一虎。也将四个巡军之言,对秦汉说明了。秦汉道:"说的是,虽然妖僧妖道睡熟,守关军士甚严,我们焉能成事。"秦汉道:"待我回去报知元帅,连夜起兵打关。那时我穿了番衣,开了关门,接他进来,反手而得。"一虎说:"好计,快些去报。我在此打听候你。"

秦汉飞回营中,报知前项之事。"元帅可作速起兵打关。"梨花一听大喜。遂令秦汉仍到番营,会了一虎。此时正打三更,看守番军,多已睡熟。秦、窦二将欢喜,遂杂在守关兵队内安睡,番军无数,哪里来查究?

再言梨花点了丁山、应龙,带领人马,偃旗息鼓,悄地而进,前去打关。二人得令,领兵前行。元帅同了四员女将及刘仁、刘瑞，随后而来。却到四更时分，前军已到关前。一虎遂对秦汉说，关外大兵谅皆已到，可趁番人睡熟，先烧他粮草，然后开关，便能成功。于是将引火之物，置诸粮草里面，烧将起来。关外唐兵见了，喊杀连天。攻打关门，番将梦中惊醒，昏头奔脑，不辨东南西北。喊声："不好了"！但见火光四起，多去救火。却被秦、窦二将，斩关落锁，放进丁山父子，一拥而进。二将乱砍乱杀，番军弃了芦花关，僧道梦中惊醒，但见四下火光冲天，好不慌张，带了宝贝，前后皆火，只得土遁而走。烧死番军无数。

元帅兵马进关，救灭了火。只道僧道烧死，满心欢喜。次日安民。再言宝同在金光阵中，听报关内火起，大惊，走到阵外一看，叫声："不好"！即刻领兵来救，正值二位军师逃来。不知去救火否，且看下回分解。

第五十二回　薛应龙劫阵丧命　二刘将公主招亲

却说苏宝同见二位军师，狼狈而至，惊问："何故如此？"僧道说："因昨日我们出战，被唐营女将杀败逃回，多吃了几杯酒，正在睡熟。不想被他放火烧营，打进关中，望乞恕罪。"宝同道："何干二位军师之事，多是本帅不曾预先算定，故有此变。反累二位军师受惊，今关寨已失，谅难破此金光阵及过得芦花河哩！仍烦二位军师，严守阵门，务必杀尽唐兵，方消此恨。"那些败残番兵逃走，分拨添守。

再言樊元帅在关中，打捷书报与唐王。一面同众将出城，往番阵一看，见他摆得十分厉害。旌旗招展，剑戟重重，焰焰红光冲天，必有宝贝在内。主帅说："日间不好去看，待晚上去看便了。"仙童说："言之有理。"进入城内，直到帅府。等到黄昏，带了四员女将，悄悄出了城门，来到番阵前。其夜月暗星稀，五人偷看，只见灯球照耀，四面八方，杀气腾腾。八个阵门，俱有红光万道，令人可畏。正在此看阵，只听得阵内喊声道："阵外有马铃声，莫非有奸细？快出去捉来。"五员女将听得分明，遂道："我五人在此，倘他阵内杀出，如何抵敌？不如回关去吧。"遂勒转马头，回关去了。阵内番将杀出，五人早已回关，元帅回到关中，众将俱来问看阵如何？元帅说："不知宝同何处学来，摆得这金光阵，十分厉害。内分八门，按乾、坎、艮、震、巽、离、坤、兑，五方分青、黄、黑、白、红，分为五营。各有番兵把守。阵中红光现出，必有宝贝在内，若探此阵，须要前去请我师父，方可破得。但我掌帅印，不能亲去，谁去走一遭？"丁山上账说："这金光阵，我师父王敖老祖也晓得。夫人身为元帅，不必擅离军伍。差别将去，黎山老母决不肯来。不如小将前往师父处，问个明白。"梨花道："相公能去更好，须要取十件宝贝来。哪怕苏宝同三十二把飞刀、和尚飞钹、道士铁板。"丁山"得令"，带了梨花手书，星夜前往云梦山不表。

再言应龙见母亲这般说，心中不服。管他什么金光阵？不如瞒了母亲，私去打阵，乘其无备，杀入阵内，破了他阵，是我大功。待至黄昏时候，与刘仁、刘瑞说知同去。二刘将说："这个使不得，想元帅神机莫测，尚未敢去破。况我等凡胎肉质，且未奉将令，倘有不测，如何是好？"应龙变色道："你二人果是小子之见，有我在此怕甚将令？你们胆小，我为前驱，你为后应。"二人不敢违拗，只得答应。是夜天色昏暗，悄悄来到阵前。应龙抬头一看，见阵内扯起三十二盏红灯，照得旌旗闪烁，剑煌戟辉，毫光万道，直透天门。心中欲待退兵，又恐刘家兄弟耻笑，只得硬了头皮，传令手下军士发喊，打入"离"门，那辨东西南北。

只听得一声炮响，一员番将杀出来，生得红脸獠牙，手执狼牙棒，大喝道："乳臭小儿，敢来打阵。"应龙竟不答话，将手中画戟刺来，战未数回，四面番将围来。喊杀连天，应龙手下兵士，杀得七零八落。四面番将，似铁桶一般。后面刘家兄弟，杀入"坎"门。冲出二员女将；金桃、银杏二位公主。四马交兵，杀无数合。后面杀出五位大仙，身穿绯农，坐骑白鹤，飞扑前来，好不利害。刘家兄弟心慌，回马要逃。被绊马索绊住，跌下马来。二员女将抢将过来，活捉回营。五位仙人乘胜杀来，应龙无心恋战，要走无路。被道人铁板打下马来，可怜身为肉酱。那应龙阴魂不散，飘飘荡荡，到凤凰山与神女成亲,复归神位。此是后话不表。再言刘仁、刘瑞被两个公主活捉回营。银杏私谓金桃曰:"我们生长番邦,未曾婚配才郎。今擒来二员小将,这般才貌,且兼有勇,何不劝他归降,许以婚姻如何?"金桃笑应曰:"妹也有此意,难得姊妹同心。"吩咐将捉来二将,解至中营发落。小番得令,将二人推来,二人立而不跪。两公主假意喝道:"你两个蛮子,死在我手,还有何言?还不下跪么!"二将怒道:"我堂堂男子,焉肯跪你,要杀就杀,何必多言。"两公主又道:"你两个孩子,倒有烈性胆量,我有话对你说,我二人意欲归附唐朝,奈无人引入,今幸二位将军到此,愿订终身之好。如若不肯,难逃性命,请二位将军三思而行。"二人听了,抬头一看,见两位公主都是绝色,开口说道:"若肯归唐,有话说来,无有不允。"两位公主说:"二位将军,我姐妹二人因生在番邦,难逢佳遇。见你大唐人物,今不顾羞耻,亲自将言对你说,欲要今宵完其花烛,一起降唐,拜见圣上。郎君意下如何?"刘氏兄弟听了,满心欢喜,说道:"既承二位公主不杀之恩,焉得不从?但成了亲,就要归唐。"二人说:"这个自然。"于是银杏向刘仁,金桃向刘瑞,亲释其缚。刘仁见番女声姣貌美,遂对刘瑞说道:"他既肯降唐,亦不妨许配。"刘瑞曰:"今正用人之际,从之以图后举。"遂对两公主曰:"你等真心降唐,万事俱允,若图赚婚,万死不从。"两公主皆满口应承道:"决不荒唐,以图配合。郎君且请放心。"于是四人玉手相携,一同坐下。吩咐小番:"准备花烛成亲。"刘仁配了银杏,刘瑞配了金桃。四人拜过天地,当夜各自成亲。再说樊元帅心中烦闷,一夜未睡。忽听番营喊杀连天,金鼓齐鸣。连忙披挂上账,众将齐立。独不见应龙并刘仁、刘瑞,梨花心内大惊,料此三人私自出兵,凶多吉少。正要起兵去救。忽见探子来营报道:"方才三更时分,小将军同刘家二位将军分为前后,打进番阵。小将军被铁板打成肉酱,全军皆没。刘家二位将军,被二员女将用绊马索活捉回营,未知生死。特来告知元帅。"梨花听了流泪道:"孩儿未受皇恩,身丧黄泉,反累刘家兄弟,叫娘能不痛心?"大哭起来,众将劝道:"小将军既死,不能复生。但刘家兄弟死活未定,元帅不必伤怀。况敌军当前,保重为主。"一虎又对秦汉说:"你两个徒弟,虽被擒住,决不丧命,少不得打听个着落。何必烦躁?"元帅听了说:"承众将相劝,秦将军也不必忧愁,但候世子取宝贝回来破阵,刘家兄弟就有消息了。"众将俱言说得是。

再言丁山离了关门,上了腾云马,不多日到了云梦山水帘洞,正值王敖老祖驾坐蒲团,有童子报进说:"师父,丁山师兄在外,有事来求见。"老祖已知其意,说:"令他进来。"童子领命,唤进丁山。"丁山叩见师尊。"老祖说:"你与樊梨花夫妇和谐,领兵西进。来此何为?"丁山跪下说:"师父,弟子同梨花西进,得了多少关头。来到芦花关,苏宝同摆下金光阵,十分厉害。我妻难破,有求救书呈上。"老祖看了,大笑道:"那飞刀、铁板飞铗,虽然利害,但天意归唐。何用假宝,金光阵内,按五方三才八门,要遇青龙黄道吉日,东南从生门杀入,你妻怀中自有宝贝,此阵自破。又有贤人来助,大事不妨。你去吧,少不得后会有期。"

丁山不敢再言,拜谢而去。仍回旧路,来到关前。进营上账参见,将师父之言,说了一遍。梨花听了道:"我的宝贝虽有,难破阵门。但老祖指点,焉能不从,来朝既是青龙黄道吉日。"即点众将,命秦汉、一虎为前队,去打东方第一门。点金莲、月娥、金定、仙童,同本帅前去打南门。丁山为后队,两边接应。来了解粮官尉迟兄弟上账参见。元帅大悦,就点他兄弟二人,领人马为游骑,各路接应。分拨已定,明日五鼓,众将饱餐战饭,披挂上阵。各将领兵分头而进,不知用何宝破阵,且看下回分解。

第五十三回　梨花大破金光阵
产麒麟冲散飞刀

前言不表,再讲秦、窦二将来到东门,摇旗呐喊,早惊动了宝同,便对两位军师说:"樊梨花无谋之人,焉能为帅?前日差小将打阵,全军陷没。数日无人来探。今日呐喊而来,须要绝计把他一网打尽,方算我们手段。"两位军师说:"我想他连日不敢出战,必定请得救兵来了。我们三件宝贝利害,就是黎山老母亲来也无益,难破我阵。"宝同听了,连忙传令,点齐众将,必要杀尽唐兵,不得有违。众将得令,提枪上马,等唐兵来到。

只有金桃、银杏与刘家弟兄成亲之后,心中各有投唐之意,对夫君说:"明日全身披挂,等唐兵杀来,并胆同心,破他阵门。"刘仁、刘瑞大喜,准备交战不表。

再言秦、窦二将打入东方阵内,惊动大将宝树,提起双锤杀出迎住。又有仙师李若虚跨鹤而来,将双剑抵住。四人大战,杀得天昏地暗,金鼓齐鸣,喊杀连天。来了铁板道人,祭起铁板打来。秦、窦二将一钻天,一入地。宝树、若虚二人见了大惊,满口称赞说:"唐将果然有法术,名不虚传。"道人收了铁板,地中矮将又钻将出来,喝道:"你铁板只好打别人,我秦、窦二爷不怕的。"接住又战。铁板道人大怒,又祭起铁板,双双又钻去了。东方阵中大乱。

再讲南方仙师赵通明,同了王叔金萱守住阵图。只见杀到二员女将,乃月娥、金莲各舞双刀杀入阵来。道人、王叔接住大战。又来了苏宝同,祭起飞刀来斩二员女将。樊梨花即来将手接住飞刀。宝同见了大怒,抢动钢刀,迎住梨花。这场大战,好不惊人。金莲祭起锦索,月娥摇动摄魂铃,梨花祭起诛妖剑。宝同看见,喊声:"不好了!"先已逃阵。赵通明仙师中了摄魂铃,翻身跌下。仙鹤借其土遁而走。只有金萱王叔没有法术,被红锦索提住,唐兵捆绑而去。三员女将破了南方阵。奋力杀入中阵。只见一道红光冲出,四员番将杀到。扶桑太子手执画戟抵住月娥,洛阳挥马舞刀迎住金莲。番将红韬冲到,又有山桃丑将,手执开山斧,二将迎住樊元帅。七骑大战。又有一仙师文光斗跨鹤来到,直奔助战。

梨花大怒,祭起打仙鞭,将红韬打死。左道人看来不好了,借土遁而逃。山桃吓得魂不附体,倒拖大斧而逃。飞钹和尚大怒,说道:"休要逞能。"喝声漫漫,祭起飞钹打来。梨花说声:"不好",就将混元棋盘祭起,架住飞钹不能下来。复又交锋,一场大战。宝同、铁板道人、五鹤仙人一齐杀到。山桃看见复又杀转。九人围住梨花。梨花杀得浑身香汗,冲动胎气,叫声:"不好了! 腹中疼痛不止,想是要生产了。"左撞右冲,杀不出来,腹又痛,力又软,量身必死。

再表仙童、金定同了丁山三人冲到,闻知元帅被围,杀开血路冲进。梨花见了,心中乃安。外面番兵围得铁桶一般,四人再杀不出。不觉黄昏。梨花腹中疼痛,两泪交流,说:"窦、陈二姐,我今打阵,与番将大战一日,冲动胎气。若非你们杀到,性命难保。"说罢捧定肚皮,大叫:"痛杀我也。"唬得丁山三人没法,说声:"贤妻,天近黄昏,救兵未至,倘或元帅生产,如何是好? 你二人两旁拥护元帅上马,待吾冲杀出去,回到营中生产,方可无害了。"仙童说:"元帅生产在此刻了。怎得上马回营? 趁此时番将未来交战,且守住阵中。待分娩之后,再计较出阵。"

正在此言,只听得四下炮声大振,金鼓连天,苏宝同南边杀来,铁板道人东方杀来,飞钹和尚西边杀来,五个仙师骑鹤北方杀来,还有各国番将四面八方杀到。唬得夫妻四人魂不附体,只得上马执器械招架,保护梨花。丁山敌住各国番将,仙童迎住铁板道人、金定迎住和尚。梨花一手捧腹,一手提刀,正逢苏宝同,熬其腹痛迎战。那里敌得住? 一个筋斗跌下马来,宝同祭起飞刀来斩梨花。只见一道红光冲上,将飞刀化作灰尘。宝同大怒,一连祭起二十四把飞刀,照前一样尽作灰飞,心中倒吃一惊。难道梨花跌下马来,暗使神通坏我飞刀? 正要将飞镖打下,只见阵中一声喊,冲出四员将来,是金桃、银杏同刘仁、刘瑞带领人马杀到。因见梨花下马,夫妻四人拼命杀来,敌住宝同交战。

宝同大怒,对金桃、银杏说:"你两个贱婢反助大唐,此是何说?"两公主说:"我因招了大唐两个小将,做了夫妻,如今一起归唐,正要捉你去献功。"宝同一听此言,急得暴跳如雷,大喝道:"贱婢,好不识羞,吃我一刀!"刘仁、刘瑞敌住。梨花跌下马来,产下一子,故有血光冲出,将铁板、飞钹冲作为灰。三人大惊,有法难行。窦仙童祭起捆仙绳,将道人捉住,转身来助陈金定。又祭起捆仙绳,将和尚捉住。同来助公主。苏宝同看见人多都来围住,也被捆仙绳拿住。五鹤仙人看见捉去了三人,思量驾鹤飞腾,谁知五只仙鹤被血光冲坏,有翅难逃,跌倒尘埃。月娥、金莲、秦、窦四将都来拿住。五仙看不好,各借土遁而逃。此番大破金光阵,杀得各国番将番兵实也伤心,逃的逃,走的走,百万番兵十去其八。姑嫂四人连忙救起元帅,只听得"呱呱"之声,有一小儿。金莲、金定扶起元帅,仙童抱起小儿,割战袍一幅,将来包好。

丁山看见大喜,方信师父之言,怀中至宝就是此子,所以冲破金光阵。梨花定了性,开言说:"列位将军,方才唬杀我也。一个筋斗跌下马来,昏晕了,生下孩儿也不知。若没有刘仁、刘瑞同两个番女来救了,不然性命难保,要算四人之功。"对二刘说:"你前番同小将军来劫阵,怎样逃脱?又会了二员女将?"刘弟弟兄叫声:"元帅,小将被应龙世子邀同打阵,小将军被铁板打死。小将被两位公主所擒。这位是天竺国公主。这位是真童国公主。有意归唐,招我们成亲。同在阵中,等元帅到来,里应外合,前来救元帅。望乞恕罪。"元帅大喜,见了两位公主花容月貌,正是两对夫妻。说道:"你二人虽是不遵号令,私自出兵。今日救了本帅,将功折罪。"传令招降番军,带其兵马回营,捷书飞报唐王。又说:"本帅十分狼狈,快将苏宝同、僧道一齐推来。"左右将三人推过。元帅见了大怒,指定骂道:"你这孽畜,唐主有甚亏你,必要起兵造反,伤害西番数百万生灵。今日把你碎尸万段,难泄此恨。"宝同亦怒道:"你这贱婢,生长西番,不思报国,反弑父杀兄,投唐叛逆,种种罪恶,不可胜诛。不自反省,反来罪我,恨不能剥尔皮,抽尔筋,与杨藩父子出气,才雪我胸中之恨。不幸天绝于我,被汝所擒,要杀就杀,何必多言。"

樊梨花被宝同羞辱,不觉大怒,喝令:"斩讫报来!"左右将三人推出,解下捆仙绳,换了粗麻绳捆好。正要开刀,只见他三人哈哈大笑说:"我去也!"说罢,吹口仙气,化作三道长虹,腾空而去。梨花账上看见,倒却心惊。众将一齐说:"奇了,西番有此异人。"元帅说:"今被逃去,只怕又起风浪;前来阻我西进。"嗟叹一番。计点将士,单单死了应龙。因兵马连日劳苦,将息半月,再行西进。众将一声答应,关内扎营,卸甲安顿,此话不表。

再言应龙神魂在凤凰山与神女相逢,要归芦花河为神。来到河中,有一孽龙占住,与他大战,反将神女摄去。斗了数月,不分胜败,我也不表。

再言先锋罗章大兵行到芦花河边,只见水波泛滥,兴风作浪,昼夜不息,把行桥冲断,难以过河。军情事重,进营禀知元帅。元帅听了说:"奇了,河水阻我西行进,莫非冲犯了河神,故此作祟?"吩咐左右备下三牲礼物拜谢。元帅到河边奠酒,三杯拜毕,焚化金钱,往河中一看,只见风波不息。收拾回营,独宿帐中,交三更之后,朦胧睡去。只见薛应龙来到,戎妆打扮,上前叫声"母亲"。不知说甚事情,且听下回分解。

第五十四回

丁山神箭射妖龙
应龙芦花为水神

再表梨花看见应龙到来大喜,叫声:"孩儿,你一向叫娘无日不想,无时不思。直到今日见我。"应龙听言流泪,叫声:"母亲,孩儿凭血气之勇,私自打阵,身丧铁板,一灵不散,来到凤凰山,会着我妻。神女对我说:'你前世芦花河水神,合当归位。'发文书前去。谁知有一孽龙先占据水府,将文书扯碎。我妻大怒,同我点起神兵与他交战。神女被他捉去,未知生死。孩儿逃阵,风飘到一山,遇轩辕老祖,说孩儿前世北海小金龙,蒙上帝敕旨,封芦花河内龙神。只因蟠桃会上调戏了神女,谪降下凡二十年。与神女七宿姻缘,今当配合。不想孽龙勇猛。孩儿蒙老祖赐夜明珠一颗,降龙杖一根。拜别老祖,到河内与他大战,三日三夜,不分输赢。望母亲助儿一臂之力,使儿复归本位。"梨花:"孩儿已死,今既为神,被妖龙作祟,不肯让位,为娘与你仙凡远隔,怎能下水助你?"应龙道:"这不难。母亲明日领兵到河边,孩儿引他出水。母亲安排神箭射他。"梨花道:"你们都是龙形,认辨不清。"应龙道:"孩儿是条小金龙,胸前挂一颗夜明珠,爪钩竹杖,这便是孩儿真身。那妖龙生的独角牛头,满身赤黑,两脚铜铃,爪捧蛇矛枪。母亲要细心,方辨妖龙。"说罢,变作龙形而去。

梨花惊醒,大叫一声说:"应龙孩儿,怎么就去了?"开眼一看,原来是梦。不觉天明,元帅升帐,点齐众将,将梦中之言说明,诸将须记在心中。众将一声答应,立刻起马,来到河边。果然河中兴风作浪。众将看见,搭弓在手观望。只见水中一声响亮,现出一条小小金龙,胸有明珠,在水面翻舞。又听得一声响,现出一条乌鳞独角牛头,眼似铜铃,爪抓金枪,腾空来追小金龙。众将一声发喊,万弩齐发。却被丁山神箭,照定妖龙咽喉,"嗖"的一箭,射落波心,几个盘旋翻身,竟直死于水面。那小金龙复下水去了。顷刻风消浪静。元帅大喜，传令抓取妖龙上岸，颈下带着神箭，满身腥臭，吩咐把妖龙头斩下，悬挂牛前，身体化为灰尘。令先锋罗章速搭浮桥，成功之日，起兵西进。罗章得令，搭桥不表。

再言小龙来到水府，又巡海夜叉报知黑鱼丞相、鳜鱼右相、虾兵蟹将说："孽龙被斩，快迎新主复位。"左右丞相撞钟击鼓，传齐众将，笙箫音乐，开了龙门，接入应龙。应龙仍变为人，登了龙位。众将朝参拜毕，新龙君说："快请神女相见。"黑鱼丞相禀道："那神女被妖龙擒来，监在牢里。"传法旨：立刻放出。吩咐掩门，然后与神女相见，说："斩了妖龙，与妻相会。"摆团圆酒庆贺。此话不表。

再言元帅梨花，自斩妖龙之后，停留三日，传令起兵西进。原来那芦花河周回有万里之遥，东渡到西有百里，所以有万丈竹桥可渡。大兵过了芦花河，到了西岸，一路前去，有一关头，高山霸位。传令扎下营盘，明日开兵打关。众将答应，扎下营盘，且亦不表。

再言这高山名曰"金牛山"。山上有一关，关中守将姓朱名崖号太保，国王封为总兵，镇守此关。生得头如笆斗，眼如铜铃，青面獠牙，身长丈二。手下有番兵十万，十分骁勇，且有异术。正在总府与副将青狮、马虎说："前日国舅同两位军师到来说，叫我紧守，休放唐兵过关。他往莲花洞求师父李道符仙长前来，要报此仇，杀尽唐兵。"二将说："主将有这等本事，何惧唐将？"正在此讲究，有番儿报进说："启上帅爷，唐兵已到关下了。"说："有这等事，传令关上多加灰瓶、石子，若唐兵讨战，速来报我。"番儿得令，各加料理。此言不表。再言大唐元帅升帐，令先锋罗章带领人马前去取关。""是，得令！"罗章顶盔贯甲，上马提枪，带了人马，出了营门，炮响一声，杀到关前。抬头一看，只见金牛山两山并立，高接青云，中关有一座门，在半山之中，大书"金牛关"三字。只见旌旗插满，号带分明，无数番兵守住。罗章赶到半山，令军士大骂。有番儿报进关去了。说："启帅爷知，关外有将讨战，口中大骂。"朱崖听了大怒，吩咐备马抬斧，结束停当。带了番兵，放炮开关，冲出关外。罗章抬头见关内冲出一员番将，生得十分凶恶，忙挺枪直刺过去。朱崖把手中宣花斧迎住。两下交锋，战有百合，不分胜败，回马就走。罗章不知是计，把马一拍，随后追来。朱崖把身一摇，现出三头六臂。罗章一见大惊，说声："不好了！杨藩出现了！"回马要走，被朱崖伸出一只神手，轻轻将罗章提去，收了法相，带了兵士，杀下关来，直奔唐营。唐兵见先锋捉去。先逃回营，报知元帅。

元帅听了大怒道："朱崖将何妖物敢捉我罗章？"令刘仁、刘瑞出兵迎敌，"快捉番将见我。"二将得令，带了双骑人马，出营杀至关下，正撞着朱崖。朱崖看见刘仁、刘瑞飞马走来，正要迎敌。背后冲出二员副将说："不必主将动手，待末将活擒这厮。"青狮提起狼牙棒迎刘仁，马虎将降龙杵接住刘瑞，两边大战，四骑交锋，好似龙争虎斗，十六马蹄盘旋回转，并无高下。马虎叫声："吾儿慢来。"摇身一变，是一只黑虎，扑面抓来，将刘瑞抓去。刘仁大惊，正欲回马，青狮大叫："我儿那里走！"变成狮子，直奔前来，又将刘仁拿去。二将复了原形，朱崖大喜，拿得胜鼓回关。探子报入营中："二将又被他捉去了。"元帅大惊："他用何术捉去三将？"掠阵官禀道："第一阵罗先锋被朱崖太保现三头六臂，伸手拿去。第二阵二员小将出战，遇他副将青狮、马虎，现出狮子、黑虎拿去。"元帅听了，好不烦闷。秦汉听说徒弟被拿，愿出去讨战。又有金桃、银杏两公主哭上账，也要报仇。元帅屈指一算说："三将拿去，大事不妨，汝等三位不必多虑。今天色已晚，明日开兵。"三人不敢违令，只回本营，当夜不表。

再言次日元帅升帐，点齐众将，亲自出兵。点秦汉、一虎掠阵；仙童、金定为左；金莲、月娥为右；丁山在后监军。自冲中央，直奔关前，喝声："快放唐将出来，万事全休。若有不肯，打破关头，鸡犬不留。"说犹未了，只听得关内炮响，朱崖带兵杀出。来到平阳之地，两边射住阵脚，摆开阵势。朱崖出马，梨花同四员女将也到阵前，说道："谁将出去擒番儿？"后面秦汉、一虎、丁山三将冲出阵来。马虎敌住一虎，青狮迎着秦汉，朱崖接着丁山，分头而战。马虎、青狮被矮将杀得浑身汗流，遍体生津，不能取胜，各现原形，要来擒住矮将。那秦汉见了，飞入云霄，一虎将身入地。青狮、马虎倒吃一惊，摇身收法，来战丁山。元帅看见，令仙童、金定出去助战。二将领令出来，攀助夫主。丁山一发逞威。朱崖又现出三头六臂，伸手来拿丁山。丁山唬得魂不在身，一跤跌下马来。元帅见了，同着金莲、月娥三骑并出赶来。朱崖正要拿人，却被金莲救去。梨花舞刀敌住,不怕三头六臂,祭起诛妖剑,斩落朱崖神手。朱崖大喊一声,神手中又冲出一道红光,复又钻出手来,要捉梨花。梨花倒吃一惊,又祭起诛妖剑砍去,反被神手接去。梨花看来不好,同月娥回马而走,朱崖随后赶来。月娥慌张,取出摄魂铃一摇,朱崖马上翻身跌下,复了原形,借土遁而逃。

再言仙童、金定大战青狮、马虎,不分胜败。青狮、马虎变了原形,来拿仙童。仙童见了,祭起捆仙绳,将二人捆住,唐兵便来拿住。二人复变原人。元帅收兵回营,解进二人,青狮、马虎跪下求道:"我们万年修成,望元帅饶恕。"元帅怒道:"你两个何人?敢来助恶,阻我天兵。"马虎道:"我是财神面前黑虎将军。"青狮道:"我是文殊菩萨佛弟子青狮童子。私自下凡,去难唐三藏取经之路,乘兴归投朱崖,焉敢扰阻天兵?望元帅放我,再不敢到来阻住。"元帅道:"若不看财神菩萨之面,定斩汝首。"吩咐解放仙绳,"去罢!"二人拜谢而去。此话休表。不知后事如何,且听下回分解。

第五十五回　窦一虎盗仙剑被拿
　　　　　　樊梨花擒番将释放

前言不表,再说元帅失去了诛妖剑,闷闷不乐。秦、窦二将说:"我们去盗来,元帅不要心焦。"梨花说:"你二人去,须要小心。"二将得令,不觉红日西沉,渐渐黄昏,吃饱夜饭,一个钻天,一个入地,进了关门,钻入帐中。不表。

再言朱崖败进关中,十分焦恼。刘氏夫人接着,问其因由。朱崖说:"夫人不要说起,唐将都是神通广大,几乎被摄魂铃摄去魂魄。若非我有九转元功,性命难保。如今西番全恃五山已被夺去凤凰、麒麟二山,只有金牛、铜马、玉龙三山了。若再夺去三山,我主国王世界都无,性命难保。这便如何是好?"夫人道:"将军,你休要长他人之志气,灭自己之威风。虽然副将失了,尚有千军万马,又何足惧哉?目下紧守关门,待国中救兵一到,开兵便了。"吩咐丫鬟摆宴,与将军解闷。"多谢夫人。"正在此宴饮,只听一阵狂风吹下瓦片,朱崖屈指一算,说:"夫人,今晚唐营有刺客到,须要防备。"夫人听了,也觉心疑,说:"唐将有此技能,今晚将虎笼悬挂营前,若有刺客到来,将他擒住,锁在里面,使他上不着天,下不着地,无法可逃了。"那番附耳低言说:"如此,如此,管教两个钻天、入地矮将必擒。"朱崖听了大喜。传令三军,戎装披挂,前后守护,齐心提贼,待等刺客。此话不表。

再言一虎潜入番营地下,抬头一看,见防备甚严,心想:"灯烛煌煌,难以下手,叫我如何盗得宝剑?怎好回去缴令?"等到三更之后,越发严备,敲梆鸣锣,摇铃喝号。性急之际,等不耐烦了,在地下钻将出来。见诛妖剑挂在帐前,一虎认得的,满心大喜,只是不能下手。番将喊一声:"快拿奸细!"一虎吃了一惊,复又钻入地下。只听众将慌乱,原来是秦汉飞落账檐前,解诛妖到,摇动铃儿,番将看见来拿,秦汉跌落尘埃,被众将拿住。一虎地下看见,心中慌张,将身钻出,提棍来救。夫人看见,一个金丸劈面打来,正中面门,一交翻倒,正欲入地,被朱崖抢过,伸手拿住,说道:"这个矮子,放不着地。"把一虎提在手中,开了铁笼,将一虎装在里面,高高挂起。复来拿秦汉着地拖来,秦汉脚下有入地鞋,用力一蹬,说:"我去也。"被秦汉钻入地下去了。朱崖见了倒也一惊,防了他钻天,不想又会入地,闷闷昏昏,心中不乐。夫人叫声:"将军,方才地下钻起来的矮子,被我金丸打坏面门,所以拿住。这个天上落的,也会地行,真是异人了。"朱崖说:"今晚逃去,只怕明晚又来。营中焉得太平?必须再想一个妙计,拿住他们才得安宁?"一夜乱到天明。秦汉回营送上诛妖剑缴令。元帅见了剑大喜,说道:"窦将军为何不回。"秦汉将盗剑被拿,锁了铁笼里面说明。元帅听了大惊说:"窦将军性命难保。"金莲闻知上账,叫声:"元帅,我夫被番将捉住,奴家提兵打关,相救夫主。望嫂嫂发令。"元帅听了说道:"朱崖利害,姑娘未可出战。待本帅算计救窦将军。"金莲苦苦相求,秦汉上账说:"昨日因盗宝剑,不曾访得先锋、徒弟。今日我夫妻愿随窦夫人同行。"元帅应许。金莲得令,同了秦汉、月娥、带了兵丁出营,杀到关下讨战。元帅放心不下,带了仙童、金定随后掠阵。

再言番儿报入关,朱崖大怒,带兵亲出。金丸夫人叫声:"将军,且慢。待妾出去擒来。"朱崖依允。夫人手舞双刀，带了兵马，炮响一声，开了关门，杀到阵前。抬头一看，见了金莲、月娥二员女将，后面大旗书着金莲、月娥名姓。夫人正看之间，不妨秦汉步行赶来，提起狼牙棒喝道："还我两个徒弟。"照马头打来。金丸夫人倒吃一惊，开眼一看，认得是行刺的矮将，说："昨宵被你逃去，今日拿住，断不轻饶。吃我一刀！"步马交战。金丸夫人原是将门之女，十分骁勇，杀得秦汉招架不住。金莲、月娥看见说："你看，这番女倒生得千娇百媚，万种风流。秦将军是好色之徒，不要中了他计。"双骑并出，叫声："番女看刀！"金丸夫人看见又来了二员女将，全然不惧，将手中刀敌住三般军器，灯影儿厮杀。又战到数十合，不分胜败。夫人连发三个金丸打来，中了秦汉额角，翻身跌倒，唐兵救回。金莲打了护镜，伏鞍而逃。月娥打中肩膀上，十分疼痛，回马就走。夫人不舍，随后赶来。

元帅在旗门之下看见大怒，手舞双刀，杀到阵前，挡住喝道："休赶！"夫人抬头一看，见梨花挡住，后面又来了二位女将，背后绣旗书名元帅樊、他童、金定。夫人也不惧，敌住三人。仙童想道：倘金丸来不能招架，先下手为强。忙祭起捆仙绳，将夫人捆住，唐兵拿捉。番军飞报朱崖。朱崖大惊，即刻杀出关来，杀到阵前，抢着宣花大斧，大喝道："还我夫人，万事全休。若不送出，杀一个你死我活。"三员女将大怒，手执双刀，大战朱崖。朱崖摇身又现出三头六臂，伸手拿人。梨花使隐身法躲过；仙童、金定被朱崖活擒而去。

正走之间，只见前面一座高山挡路，不见了金牛关。走入山林，见一楼台，画栋雕梁，好像寺院。想道："今朝走错了路，虽然马大，又拖两个女将，好不竭力。且下了马，把女将绑在树上，进去看了一看，不知什么所在。"走到里面，殿宇高大，只听得一声响亮，走出十多个青面獠牙的鬼将，手提钢叉，捉拿朱崖。朱崖大怒，手舞大斧来战鬼将，被鬼将叉伤朱崖左臂，大喊一声说："好疼痛啊！"欲借土遁而逃。谁知梨花使个移山之术，焉能逃脱？被鬼将拿住，捆进琼楼宝殿。梨花打扮如仙，坐蒲团上，喝声："朱崖，抬起头来，认得本帅吗？"朱崖方醒，才晓得移山之计。只见外面走进两名女将，一个执刀，一个拿锤，说道："元帅不必问他，待我打死这个番儿。"朱崖仔细一看，就是被擒的两个女将。有口难言，想性命不保。梨花说："二位姐姐，暂且饶他一死。"说："番儿！今日可肯放还唐将，献关投唐吗？"朱崖心中想道："我要脱身之计，且哄他一哄。"说着："承蒙女将不杀之恩，如今回关愿送还唐将，献关投唐，求元帅连我夫人一并发送，感恩不尽。"梨花说："放你夫妻回去，若有改变，赌下誓来。"朱崖道："若背了元帅释放之恩，倘有负心，死在乱刀之下。"梨花说："放他回去罢。"顷刻收了移山之法，原在战场。朱崖夫妻得放，带了兵将回关。元帅鸣金收军回营。丁山说道："既擒朱崖夫妇，正好破关，救取唐将。何故放回？"元帅说："世子，我岂不知。但是气数未尽，命不该绝。我学诸葛武侯七擒七纵，收服他心，归伏大唐。他立誓而去，焉肯失信？不要虑他。"丁山听了，也不多言，只等献关。

等了二日，朱崖全然不理。元帅大怒，传令众将，齐起兵打关，擒拿失信番儿。秦汉说："元帅且慢，待本将先进关中，探听二刘、先锋、师兄消息再处。"元帅点头道："是。"秦汉候晚出营，飞进关中，来到番营打探。且说那朱崖释放回关，夫人十分感念，对朱崖说："将军，我夫妻二人被樊元帅擒去，蒙他不杀之恩，快放这擒来之将，开关献唐。"朱崖听了大怒，说："夫人，我恨樊梨花用移山之法捉我，营中羞辱，此恨未消。况我世代受国王隆重，杀身难报，岂肯降唐作叛逆之臣？不要提起。"夫人听了点头说："将军忠心报国，理所当然。且守住关门，待苏国舅兵到，出战便了。"不知后事如何，且听下回分解。

第五十六回　铁笼火烧窦一虎　野熊摄去二多娇

适才前言不表，再讲到朱崖夫妇正在此言，有番儿报进说："营外有一红面孔三只眼道人，口称孔介山连环洞野熊仙要见。"朱崖听了说："我师父到了。快开中门。"朱崖接进营中，拜见说道："弟子亡命在外，久违师尊，到此何干？"仙师道："徒弟，我山中练就两把钢鞭，能打仙凡。前日逢着苏国舅同僧道各处仙山借宝，要杀唐朝人马，请我到来助你。"朱崖大喜说："难得师父到此，明日开兵。"野熊仙抬头一看说："营前挂着何人?"朱崖说："就是唐营矮将。他有地行之术，行刺被拿，要饿死他。"熊仙笑道："他颇有法术，焉能饿得他死? 将他连笼烧为灰烬。"秦汉听了，二刘也不打听，唬得大惊失色，连忙飞到营中说："番将失信，来了师父，要将师兄烧死。"金莲大哭，上账请救;仙童也哭兄长，要救哥哥。元帅说："事不宜迟，将倒海符贴在笼上，救师兄要紧。"秦汉接了符，飞身进关。笼在平阳之地，四面堆起干柴，正要举火，听得一虎在笼内啼哭。秦汉轻轻说道："师兄不要慌，有符在此，将来帖好。"飞身立在云端。只见远远有金光一道到来，彩云里面一位道人。秦汉一看，说："原来是师父。"上前叩见，细说因由。王禅老祖叫声："徒弟，我在山中打坐，心血来潮，屈指一算，晓得大徒弟有火难，故亲自赶来。倒海符只救一时三刻，长久就不灵了。我借了北海水，又有珊瑚瓶，我和你立在云里面见机行事。"秦汉才放了心。只见下面野熊仙、朱崖令军士将笼烧得正猛，只听得人声说："好大火啊! 番儿只用此火，窦将军也不怕。"又拍手大笑。朱崖叫声："师父，大火烧他，他里面大笑，如何怎了?"熊仙说："这不难。他有倒海符，不过一时三刻，再加柴火烧，怕他不死?"果然烧了一日一夜，火光直透云霄。熊仙说："是不见动静，必然烧死了。"朱崖说："非但烧死，铁笼也作灰飞。"正说之间，又听得里面一虎喊道："番儿，就烧我一月也无害于我，枉费这些柴草。"朱崖听了大惊说："师父，烧了他一日一夜还不死，倒在里面骂人，真正妖怪了。"熊仙说："我不信，再取干柴去烧。"朱崖吩咐再取柴来，军士禀道："积下数年柴草，都烧完了。"朱崖听说数年积草都烧完，倒吃一惊，即差能事小番，往铜马、玉龙两关借积柴。小番领令而去。烧到天明，烟火尽灭，铁笼不动，懊悔无及，枉将积柴烧完，便与师父商议说："此事如何?"熊仙说："既烧他不死，也罢了。明日开兵。"

不表番营之事，再说王禅老祖用北海水救了一虎，对秦汉说："大徒弟有百日灾难，自有高人破关。我去也!"驾云而去。秦汉拜别师父，回转营中。仙童、金莲看见关内火光直透，心中大惊，两眼下泪。想秦将军此去，灵符不灵。元帅说："大事无妨。二位姐姐，不必伤心。"忽见秦汉来到，众将俱来请问。秦汉上账，将遇师父救了师兄，说灾星未满，大命不妨，说了一遍。众将才得放心。金莲、仙童听了欢喜，望空拜谢老祖。元帅传令，朱崖背信，起兵取关。只见帐下走出两员女将，金桃、银杏上账说："丈夫刘仁、刘瑞被他捉去，未知生死。今日愿去见阵。"元帅叫声："两位公主，那朱崖妖法多端，去不得的。"二将说："丈夫被他捉去，今朝必要报仇，哪怕番儿妖法。"元帅见他二人执意要去，令秦汉夫妇："你二人帮助二徒媳出阵。"四将奉令出营，来到关前叫驾。

小番报进，朱崖大怒披挂。熊仙说："徒弟，我同你出阵，杀尽唐将，与苏国舅报仇。"一同出关，来到阵前，抬头一看，两位公主十分美貌，起了凡心。口中念动真言，飞沙走石，一阵狂风，众将开眼不得，将二公主摄去，藏入山中。秦汉夫妇回营说："元帅，小将夫妻相助二位公主打关，不想关中冲出野熊仙，手舞双鞭，十分利害，与公主交战。小将正欲冲锋相助，他口中念咒，顷刻飞沙定石，把二位公主擒去。特来报知。"梨花听了大怒："可恨妖道，擒我二公主。今日必要除他。"立刻传令，亲自出阵。同了仙童、金定、丁山、金莲掠阵，五位将军出营，杀到阵前。再表野熊仙把两位公主摄入山中，藏于野洞，复又驾云来到战场。抬头一看，又见四员女将，又起贪心，开口说道："四位佳人，同我回山洞中轮流作乐。"四将听了大怒，一齐出阵。丁山也向前，将野熊仙围在中间。杀得野熊仙浑身是汗，忙祭起打仙鞭来打，正中丁山肩膀之上，叫声："不好了。"伏鞍败阵。又祭起一鞭打中陈金定背心，吐血而逃。野熊仙好不喜欢，雌雄鞭祭起，一上一下，来打唐将。又使神通，飞沙走石，杀出无数披头散发鬼将。仙童、金莲慌张。梨花大怒，把手一指，沙石鬼将无影。熊仙大惊，复舞动双鞭来战。仙童祭起捆仙绳，熊仙晓得仙家至宝，化道长虹而去，直往西山。

梨花心中不乐，传令收军。回入营中，秦汉说道："世子丁山、金定夫人被鞭打伤，发昏营中，不得醒转。乞元帅处治。"梨花、仙童、金莲三将听了，魂不在身，连忙观看。三人两泪交流，梨花说："这仙鞭如此利害，定是八卦炉中之物。"忙将救药敷好，二人才得醒转，疼痛不止。梨花说："必须黎山求得师父丹药，方可止痛。谁与我走一遭?"仙童说："我师黄花圣母也有。待我前往。"梨花说："事不宜迟，就此起行。"仙童打扮，扮作道姑,骑了腾云驹,日行千里,别了元帅、众将,起程而去。此话不表。

再言元帅说:"我看妖道一道黑气在头上出现,决是妖魔鬼怪,化作长虹而去,直往西方,必定有个巢穴,所以不进关门。想两位公主决然也在那里。谁将前去打听下落便好。"秦汉说:"二位徒媳已被拿去,小将愿往。"元帅说"秦汉肯去,我放心了。"秦汉奉命出营,飞上云端,直往西方,约行数千里,只见一道黑气冲天。秦汉想道:"是了"。按下云头一看,是一座高山。走进山去,见一石洞,两扇门半开,走出数个小妖。秦汉见了避开。听得小妖两个说:"我家大王有兴,前日往金牛关去,捉得两个美貌佳人。叫我买办,今夜成亲。连我们也有酒吃。"秦汉听了,方知公主有着落。让过了小妖,闪入洞中,果见酒席完备。秦汉见了大怒,提起狼牙棒乱打。众妖一起上前敌住,被秦汉打得落花流水,将台凳尽皆打碎。小妖报到里面说:"大仙,不好了!外面有一矮将十分凶勇,口口声声要还公主。洞府打得雪片相似,众妖打死一半,如今要打进来了。"

野熊听了大怒,手舞双鞭杀将出来,说:"你这矮子好生无礼。我正要做亲,坏我好事,将我酒席打碎。尔来得,去不得了。吃我一鞭!"秦汉举棒相迎,洞中大战。熊仙张口,吐出毒气,直奔秦汉。秦汉见了,倒拖棒且战且走,被熊仙追出石洞。秦汉飞身而去。熊仙进洞,看见众妖,都是头破脑裂,心中不快,无心到里面,也不成亲,守把洞门,恐防再来。秦汉在云中一看,不见野熊追赶,不如见师父求救两位公主。算计已定,不消片刻,早到仙山。只见洞门开着,有两个童儿出来,见了秦汉说:"师兄不去征西,到此何干?"秦汉将遇野熊仙之事说了,"特来叩见师父。"童儿说道:"师父请客,不便通报。"秦汉听了,心中烦恼:"我师父家法甚严,不好进洞,如何是好?"又问声:"师父今日请什么客?"童儿说:"师父请二郎神杨戬老爷。"秦汉听了大喜,"我师也曾说道,二郎神有七十二变化,孙行者大闹天宫,被他降过。若是求得他去,野熊就好除了。只是不能见他一面。"正在此想,只听得师父笑声,手挽杨戬双双出洞来了。不知后话如何,且听下回分解。

第五十七回　二郎神大战野熊　圣母收服二牛精

前言不表,再说秦汉连忙跪下,伏在路旁,口叫:"师父救命!"王禅老祖一看,认得徒弟,说道:"我前番在金牛关,借北海水救了一虎。今日又来求救于我。你且起来,说与我知。"秦汉听得,立起身来说:"金牛关交兵,来了野熊仙,将金桃、银杏两位公主摄去。元帅命我前往追寻。寻到一山,有一石洞,乃野熊巢穴。强逼成亲,被弟子打破筵席,洞中大战。野熊妖法多端,被他杀败,特来求师父救公主要紧。"王禅老祖说道:"徒弟,那野熊仙千年修道,变化多端,神通广大,在八卦炉中炼成双鞭,曾偷王母仙桃,我也降他不来。莫要惹他,快快回营去吧。"秦汉听了,叫声:"师父不救,两位公主性命休矣。"流泪不止。二郎神听了老祖之言,当中神目睁起,大怒道:"道友说哪里话来?我和你同是道门弟子,岂可长妖精之志气,灭自己的威风。那野熊虽偷仙气,终究畜类。令徒有难,我当代汝去救。"老祖听了大喜,叫声:"道友发慈悲之心,同我玩徒去收熊精。"二郎神别了老祖,变一喜鹊,往西去了。秦汉飞身要去,老祖叫声:"徒弟,那熊仙利害,知你必来求我。我备酒请杨戬老爷到此,我将言语激他,他大怒而去,必然收服,梨花好进金牛关。去罢!"

秦汉拜别,飞身也往西来,到了孔介山野熊洞口,喜鹊先在树上,叫声:"秦汉你来了吗?"回说:"弟子驾云来迟。望神君恕罪。但是妖精紧闭洞门,怎好进去?"杨戬说:"不难。"飞下树来原变二郎神,手执金枪,立看洞门,关得密不通风。秦汉将狼牙棒来打,洞门里面惊动了野熊。那小妖报知说:"唐朝矮将又来打门。"野熊说:"不要理他,今晚要做亲。"秦汉打得手酸,洞门不动。杨戬看见,叫声:"不要打了,待我看看。"一看,只见洞门旁边有条碎缝。杨戬变作一苍蝇钻将进去,说:"妖精逃出,你就打死他",秦汉应诺。

杨戬钻进里面,洞内宽大,只见这些小妖安排筵席,野熊当中坐着,吩咐小妖说:"你去请两位美人出来成亲。他若倔强,剥了衣服,绑来见我,取他心肝下酒。"小妖听了，便往里去了。二郎神听了，仍变为人，提手中枪，照野熊劈面刺去，喝声："妖怪，不得无礼。我杨老爷来了！"野熊吃了一惊，抬头一看，在天宫会过，认得是二郎神，唬得魂不在身，连忙走到里面，取出双鞭迎住，说："二郎神君，我今夜成其好事，你来破亲。既到我洞，吃我一鞭。"二人大战，野熊吩咐小妖一齐上前围住，那杨神君吹口气，变有数百神君来打野熊。野熊看来难敌，拖了双鞭，逃出外面。神君直面赶出，小妖开了洞门，野熊逃出洞外。秦汉看见，将手中狼牙棒照头打下，他就化一道红光而去，秦汉吃了一惊。

杨戬走将出来说："妖精呢？"秦汉说："弟子见妖精败出洞来，被弟子一棒打去，他化红光逃了，竟往西南。"杨戬说："他气数未尽，造化了他。你进洞救出两位公主，放火烧洞，尽行烧死小妖，破其巢穴，他无处栖身，再不敢来阻你西进。"秦汉奉命，回身打进洞中，将小妖尽皆打死，里面救出两位公主，回身一把火，烧得洞中乱烟直喷。那二位公主外面拜谢二郎神说："回去有万里之遥，焉能得见元帅？"神君说："这倒容易，借阵风送你回去。"那杨戬念动真言，忽起一阵神风，将两位公主送去。又叫："秦汉，我去见你师父，说妖精驱逐。你速往军中，叫元帅快进兵取关。"秦汉叩谢。杨戬化一阵风而去。秦汉飞身回转，此言不表。

再言元帅梨花同众将营中昏闷。丁山、金定俱遭鞭打，不时发昏。仙童此去可求得仙丹？两位公主被风摄去，秦汉追寻未有回音。正在此言，听得帐外狂风从空吹落二人。元帅同众将来看，原来是金桃、银杏。令女兵扶入帐中，众将大喜。元帅问起因由，两公主将秦师父能干，求得二郎神逐去妖精之事说了一遍。秦汉也回营缴令。元帅称赞说："多亏将军莫大之功。但窦姐姐上仙山求药一去不回，烦秦将军走一遭，催促他早回，好救丁山、金定，然后开兵。"秦汉奉令，飞身竟往黄花山而来，此话不表。

再说窦仙童为何不回，有个缘故。那一日行到一高山，忽听得山中喊杀连天，金鼓之声。仙童心中想道："深山旷野，那有人厮杀？走下山头一看，只见山凹内有两支人马，东边一员将，红脸乌须，手执宣花斧；西边一员将，黑脸红须，手执大刀。各带人马，两下交战。仙童山上喝彩说："好武艺！可惜埋没山中。"二将听了，各住了手，抬头一看，见了仙童，红脸将叫声："贤弟不要比武了，你看山上有一位仙姑，单身独马看我们。和你赶去，夺得到手，做个压寨夫人。"黑脸听了大喜，二人拍马赶来，大叫道："那里来女将？擅敢观我山寨，快随我去，做个压寨夫人。"仙童听了大怒，手舞双刀敌住。一女两男，杀得天昏地暗。红脸将看来难胜，摇身一变，变一火牛，衔了仙童飞走上山。进了独角殿，现了原形，放下仙童，令送房中，明日成亲。殿中摆酒，黑红二将饮酒。黑脸说："大哥，此女决此凡人，不要逼他。待慢慢地弟与为媒，劝他顺从。"红脸将说："多谢贤弟。"

不表二人饮酒，仙童被捉。再言秦汉奉了将令飞到九龙山，来到洞口，只见两个仙姑出来，见了秦汉，叫声："师兄何处来的？"秦汉道："我乃王禅老祖门下弟子秦汉，要求见圣母，望乞通报。"二姑听了，连忙进洞，禀知圣母说："外面有王禅老祖徒弟秦汉，有事求见。"圣母说："唤他进来。"仙姑奉命，唤进秦汉。秦汉见圣母倒身下拜。圣母说："闻你下山相助丁山征西，今有何事见我？"秦汉听了，倒吃一惊：难道仙童还未到此？只得上前禀道："弟子因薛世子、金定被鞭打伤，二人发昏，前日令窦仙童到来求丹药，不知何故尚未回去。元帅放心不下，令弟子再来相求，望师父速赐丹药相救，打发仙童速归。"圣母听了秦汉之言，说道："仙童徒弟不曾到此，决定路上阻隔。你去寻了仙童同来，付你丹药，相救世子二人。"秦汉想道："地阔天涯那里去寻，这题目难了。"只得回身出洞，打从旧路飞腾。来到一高山，只听喊声。却是为何？谁知那黑脸将劝仙童与红脸成亲，仙童大骂，杀将起来。黑脸变一水牛，把仙童捉去，后山捆住。秦汉看见，认得是仙童，提起狼牙棒，喝声："不得无礼。"劈头打来。黑脸将抬头一看，见了秦汉，不解其意，喝声："那里来的矮子，吃我一刀！"大战一场，杀得黑脸招架不住。

小妖报入寨中说："大王，不好了！二大王被一矮子杀得不能招架。大王快去相救。"红脸听了，备马出寨杀来，迎着秦汉，张开大口，放出火来，直奔面门。秦汉心慌而走，红脸变了火牛赶来，要捉秦汉。秦汉飞上云端。红脸大王见矮将飞去，倒觉心惊。正要进寨，秦汉又飞下来，举棒又打，打伤左臂，跌倒在地。秦汉又要来打，黑脸大王大叫："休伤我大哥。"将大刀架住。一场交战，黑脸又杀不过，口喷大水。顷刻波浪滔天，摇身一变，变一水牛，来拿秦汉。秦汉还飞云端。水牛收了法，用药敷好火牛，紧守寨门。秦汉寻到后山，只见仙童捆着，几个小妖看守。秦汉说道："窦夫人不必烦恼，我来救你。"小妖报知大王，那两个妖精大怒。赶到后面，一个吐火，一个喷水，来拿秦汉。

秦汉正要飞腾，云端来了黄花圣母，大喝道："两个孽畜，休得无礼！"红黑二精抬头一看，见一道婆。弃了秦汉，来战圣母。圣母念动真言，云端落下一位天神，头戴金盔，凤翅分开，身穿金甲，手执降龙杵，口称："圣母有何法旨？"圣母说："今有火水二牛作怪，与我收去。""领法旨！"那神将大喝一声，将杵打下，变现火牛。骑在背上，将红绳贯穿在鼻孔说："孽畜，快随我去。"只见那只火牛扁扁服服，驾火随了那位神将飞空而去。那黑脸将见了大怒，喝声："妖道，如何拿我哥哥去了？"手舞大刀杀来，圣母将金如意迎住。黑脸张开口喷出大水来了。圣母笑道："孽畜，孽畜，留你在世，仍旧害人。收服你回山去吧。"口中念咒，又见云端来了一位天神，头戴金箍，红发披耳，身穿绣龙短袄，面如锅底，脚下乌靴，双手打拱，口称："圣母有何法旨。"圣母说："银河水将，速将水牛收归回去。""领法旨！"那水将跳入水中，将牛连打三下，骑在牛背上，穿了鼻孔，随水而去。

山中大小众妖见主将拿去，各自逃散。秦汉大喜，解放仙童。仙童叩见师父救命之恩。圣母说："徒弟，你来意我尽知，该有二牛之难，亏秦汉寻得到此，救了你。我有金丹一粒，速回去救丁山、金定。后诸仙阵再会。"说罢腾云而去。仙童、秦汉望空拜谢。仙童骑上腾云驹，秦汉戴着钻天帽回营。元帅正在营中等候，秦汉先到，说起此事。元帅听了说："亏了秦将军寻到圣母收牛，不然我姐性命难保。"望空拜谢圣母。不多时仙童到了，元帅迎接。接送营中，诉说一番，取出金丹，毫光万道，"师父命我将金丹救世子、陈妹妹。"便将金丹调好，来到后营。一看见二人只有一息之气，把药敷在伤处，不消片刻，二人醒转，床上坐起。元帅说明，二人走下床来，拜谢秦汉。营中排筵，与秦汉贺功。金桃、银杏两位公主也来拜谢秦汉。秦汉吃得大醉说："明日我还要进关，访两个徒弟、罗章、窦师兄他们的下落。"知后事如何，下回便见。此一回乃秦汉救金桃、银杏、仙童小团圆。

<h2>第五十八回　芙蓉设计杀朱崖
梨花兵打铜马关</h2>

话说秦汉等到三更，飞入关中，往番营一看，见铁笼悬挂着。想道：不要饿坏了。叫一声："窦师兄。"笼内应道："师弟，你来了么。事体如何？快来救我。"秦汉说："师兄你安心守着，待我刺死了朱崖，便来救你。"

说罢，飞入后营。见番兵防备甚严，难以下手。又到后边伏在檐上。听得下面有人言语，乃刘仁、刘瑞对罗章说："……我想元帅因而不打关。又听到二公主被野熊摄去，性命决然不保。"罗章说："二位兄弟，我和你亏了监军款待，不致饿死，真感他恩。没有他夫妻照管，决然此命难保，想他无益。昨日闻得监军沃利说：'朱崖好色之徒，抢了民间有夫之女，名唤赵芙蓉，十分美貌，强要为妾。此女不从，夫人苦劝，只是不听。只要在他身上刺死了朱崖，此关好破了。'"正在此言，忽听落下一人说："你三人做事，要行刺朱崖，我要出首了。"三人大惊。

罗章抬头一看，原来是秦汉，放下了心，说道："将军到此，二公主消息如何？"秦汉将二郎神救公主之事细说一遍。二刘大喜，望空拜谢二郎神，又拜秦汉。秦汉说："我方才屋上听得此计甚妙，须要通知赵芙蓉。我外面打关，双路夹攻，金牛关立破。"三人听了大喜。秦汉飞出关外，报知元帅，说明此事。梨花听了大喜，令秦汉先进关中帮他行事。传令整备打关，此言不表。

再讲监军沃利，待三将甚好，不甚吃苦，每日倒有好酒肉。那夜沃利送了晚膳进来，见三将流泪。沃利开言说："我看你往常虽然愁烦还好，今夜为何悲苦？说与我知。"三将叫声："恩人，我们被擒到此，难以脱身。若得恩人相救，事当图报。"沃利说："我久有心放你归唐，但本官厉害。若能除了他，就好解救献关。"三人听了，双膝跪下说："恩人，果然救我，我已有计了。只要通知赵芙蓉，他若依允，除朱崖不难。"沃利说：

"容易,待我对妻子讲明,来报你们。"三人吃完夜膳,沃利收拾进内,与连氏说知。那连氏妻子笑道:"我又不是貂蝉,如何做得美人计?"沃利说:"娘子又不要行计,要你引他进去,见了赵芙蓉,此计必成。"连氏说:"这容易。"沃利大喜,来到监中,通知三将,如此这般。

罗章与二刘打扮成番女模样,同了沃利来到家中,见了连氏。那连氏也是爱风流之女,见了二刘,十分得意,只少一杯清水,恨不得将二人吞在肚中。有丈夫碍眼,忙挽了二刘手,张灯引进后营。只听得连氏对芙蓉说:"你明日只说依允,将酒灌醉朱崖,刺死了他,才得夫妻团圆,免至失节。"芙蓉说:"我胆小,只怕做不来。"连氏说:"我三个小妹十分有力。你大胆行去,决不妨事。过来见了大娘。"那三个假番女上前拜见芙蓉,算计停当。次日沃利报与朱崖说道:"芙蓉被我劝他心转,今晚完其花烛,成就美事。"朱崖说:"难得你劝他心转,其功不小。"命左右快备筵席,今晚与芙蓉成亲。

金丸夫人晓得,走出外面,见了朱崖,夫妻坐下。朱崖说:"夫人,今日出堂何干?"夫人道:"将军,妾思唐兵驻扎关外,野熊一去杳无音信,须备退兵之计为妙。如何不思忠心报国,今日反做贪花好色?快快放去芙蓉,商议破敌方好。"朱崖说:"不劳夫人费心。若说敌兵临境,已杀他胆散魂消,料他不敢再来攻关。况且芙蓉生得美貌,下官见了他十分得意。夫人休要吃醋,进去吧。"夫人看来劝不转,流泪归房。

果然其夜朱崖中计,芙蓉假作欢笑,陪朱崖酒,击鼓催花。朱崖大喜,饮得大醉,说:"夫人扶我房中去睡吧。"扶入房中,朱崖和衣而睡,鼻息如雷。芙蓉想道:此时不下手,等待何时?将采衣脱落,床头取出青风宝剑,正要动手,倒却心惊。满身发抖说:"不得不如此了!"放下胆,拉开锦帐,将宝剑砍去,中在左臂。朱崖大叫一声:"不好了!疼死我也。"走下床,将芙蓉推倒外面。罗、刘三人铜锤打开门,各拔出腰刀,将朱崖乱斩乱砍,杀死了朱崖,急忙扶起芙蓉。正要杀出,只听得关外喊声震天,元帅大兵攻关。秦汉铁笼内放出一虎,二人在内杀出,斩关落锁,放进大兵。番兵遭此一劫,也有砍破脑的,也有杀死的,也有枪伤的,也有刀刺的。番兵见无主帅,杀死大半,不死的俱逃往铜马关去了。金丸夫人闻报,唬得魂飞天外,披挂赶出洞房,里面杀出三个小将,大喝道:"蛮婆那里走!"夫人见了,喝道:"你三个什么人?擅敢无礼!外面唐兵破关,快请将军拒敌。"三人喝道:"你丈夫被我们砍为数段,你若不信,进去快看来,应了背信赌咒之罪。"夫人大惊,忙走进房,见了朱崖尸首,大哭一场。番女报进府中:"大唐人马已杀进府中来了。"三将正要动手,夫人说:"你们不必如此,我夫已死,难道我独生?"望空遥拜,拜毕拔出宝剑自刎而亡。

三将迎接元帅入内升坐,请出芙蓉,说:"小妹子一计斩了朱崖,待奏闻圣上,赏赐大功。"送芙蓉回家,芙蓉拜谢而去。又称金丸夫人尽节,命棺椁埋葬。屯兵关中。那一虎、秦汉、刘仁、刘瑞进营拜谢元帅。元帅命薛金莲、金桃、银杏会了窦一虎、刘仁、刘瑞。三对夫妻悲喜交集,俱亏了秦将军救命之恩。元帅令三对夫妻拜谢秦汉。秦汉谦逊说:"是你自己福分,与我何干?"六人都上前拜谢。

元帅一面捷报唐王。其时正是寒冬天气,唐天子大悦,差钦差赐锦袍赏赐将士。不一日送到金牛关,元帅接旨谢恩。再停半月,商议西进,放炮起行。先锋罗章上账说:"小将同刘家兄弟若无监军沃利照管,此命难保。望元帅谢他救命之恩。"元帅说:"罗将军之言有理;命他镇守金牛关。"沃利上前叩谢。离了金牛关,往西而进,大雪纷纷,朔风凛凛。传令扎住平阳之地安营,待天晴起程。众将得令,一声炮响,扎下营盘。营中排宴赏雪,顷刻雪高三尺。同三个孩儿一同饮酒,薛勇、薛猛,年六岁。元帅所生薛刚,年方三岁,生得赤黑,像烟熏太岁,水磨金刚。丁山说:"我奉旨西征,只望早平西番。不想在路破关夺寨,耽搁年久。父亲骸骨不曾安葬。母亲又不能侍奉。心中好不烦恼。"梨花说。"今西番十去其八,只有铜马、玉龙两关,有何难处?待擒了番主,回朝有日,不必介怀,暂且饮酒。"仙童、金定皆劝丁山,此话不表。不觉住了一月,天气晴和,传令起兵。又行了半月,到了铜马关。传令安营,候明日打关。众将一声答应,放炮安营,此话不表。

再讲那铜马关守将,乃弟兄二人,把守东西两座关头,俱封王位。长名花伯赖,次名花叔赖,皆有万夫不当之勇。花伯赖闻报金牛关已失,不日兵到铜马,忙请兄弟到衙,说:"兄弟,我闻樊梨花用兵如神,有许多法术,勇将甚多,与你商议怎生拒敌?"叔赖说:"哥哥不要着忙,关内有雄兵十万,何足惧哉?弟前年通好诸番,偶到五龙山经过,那山中有五位仙女,分青、黄、赤、白、黑,乃龙王之女,俱有神术,神通广大。正在演阵,见了弟兄收为徒弟,赠我神鞭,又有火眼金莺,十分利害,上阵交战,啄人眼睛。有了这两件宝贝,何惧唐兵百万?"花伯赖听了大喜,说:"兄弟,你既有神鞭、金莺,还要写书到五龙山,请他姊妹到来,破唐兵甚易。"叔赖说:"哥哥之言有理。"一面修书往五龙山,一面整顿交战。此话不表。不知后事如何,且听下回分解。

第五十九回　盗金莺秦窦逞能
摄魂铃擒花伯赖

适才话言不表,再说唐营。次日天明,元帅升帐,令先锋罗章领兵一万打关。罗章领令,结束停当,顶盔贯甲,上马提枪,领兵出营。来到关前,抬头一看,两山环绕,中间关城。令军士大骂。

小番报入关中。花家兄弟闻报,全身披挂,带领番兵,放炮开关,冲出两支人马,来到阵前。罗章抬头一看,见为首二将,俱是红扎巾,狐尾当头,雉尾高挑,身穿金甲,一人提枪,一人拿鞭,脸分白黄;都骑高马,一样打扮。罗章明知花氏兄弟,挺枪出马,直刺花伯赖。伯赖大怒,举枪相迎,战有二十回合。叔赖见兄不胜,提鞭出阵助战。罗章全不在心,一条枪敌住两般军器,一场大战,又战到五十余合。罗章全不惧怯,越战越有力。叔赖放出金莺,飞空扑面冲来。罗章大惊,回马就走,被叔赖一鞭打来,正中肩上,伏鞍大败而走。花氏兄弟在后赶来。

探子报入营中说:"罗先锋被番将鞭打肩上,大败而走,请元帅发兵接应。"梨花听了大怒,令丁山出阵接战。刘仁、刘瑞为左右救应。三将得令,领兵冲出。让过罗章,接住花家兄弟交战。刘仁、刘瑞也向前,杀得花家兄弟汗流浃背。伯赖拖枪回马就走。丁山在后赶杀。叔赖独战二将,又放出神莺扑面飞来。刘仁、刘瑞看见,回马就走。叔赖又祭起鞭来,正中二将背上,几乎落马。众将救回。丁山正追伯赖,听得二将被打,正欲回身来救,叔赖神鞭已到面前,打中肩上,伏鞍大败而逃。花氏兄弟大喜,驱兵掩杀,杀得唐兵一大半。探子报入营中,元帅大惊,令秦汉、月娥、一虎、金莲四将速挡花家人马,快救回三将。"得令!"四将领兵出营。那花氏兄弟大杀唐兵,见红日沉西,又见大唐人马冲出,鸣金收军,进关排宴庆贺,此话不表。

再言元帅梨花。众将救回三将,四员大将俱皆打伤,忙将丹药敷好,一时痊愈。元帅说:"罗将军,番将用何法术将诸将打伤,连输二阵,损兵大半。"罗章说:"小将今日出去打关,见关上扯起绣旗,书着花伯赖、花叔赖。关旁两座高山,东西两将镇守。那叔赖身边有一只火眼金莺放出,要吃人眼目。小将招架不住,被神鞭打中。"元帅说:"他有金莺利害,伤损我兵。明日出阵,众将须要小心防备。"众将依令不表。

再言秦汉对一虎说:"元帅也防着金莺。待我与你今晚盗取金莺,明日出战,自然得胜。"一虎依言,当夜瞒了元帅,一个钻天,一个入地,私进关中。来到番营,想道:"金莺乃叔赖之物,必在西营。"叔赖身边有两个爱妾,一个名爱娘,一个名欢娘。欢娘乃贪淫之女,俱皆绝色。这欢娘因叔赖不进他房,在灯下长叹,怨言仇恨。

秦汉在屋上听得明白,想道:"原来此女怨恨,待我看一看。"飞落阶前,往房中一看,果见此女手托香腮,眼中流泪。秦汉看见,进房抱住番女。那欢娘一看,大惊说道:"你这矮子,是人是鬼,快快说来。"秦汉笑道:"你不要看轻了我,我虽身矮,乃大唐名将秦汉,有钻天之术,来探军情,见美人弹琵琶声声怨言,惊得我在云端内跌入你房。今夜与你成其好事,胜自空房独宿,休错过良辰美景。"那欢娘听了说:"看你不出,倒是唐朝上将。既蒙见爱,今晚从了你,待破了关,要娶我的。"秦汉说:"这个自然。"正要上床,那一虎在地下听得明白,钻将出来,喝道:"你两个做得好事。"唬得二人大惊。欢娘一看,又是一个矮子。秦汉说:"师兄为何也在此?"一虎说:"师弟不要贪色,和你既进关来,盗金莺要紧。"秦汉对欢娘说:"夫人,我和你后会有期。不知金莺放在何处?"欢娘说:"那金莺乃夫主防身之宝,东房去寻。"秦汉说:"承指引了。待破了关,娶你成亲。"秦汉飞入东房;一虎地行入内。欢娘想道:怪不得唐朝女元帅杀得西凉势如破竹,关门指日可破。二大王呵,我不负你,你偏待我。我今日打点归唐,只候破关。

不表水性杨花之女,再言两员矮将飞到东房,见房中灯烛辉煌,照得如同白日。房中也有一个女娘,坐在床前,也生得绝色,也口出怨言。对于锦帐,叫声:"冤家,为何像死人一样睡了?不念奴家青春,正好云情雨意,鸾凤颠倒,醉得如此!快快醒来,脱了衣服好睡。"叫了几声,鼻息如雷,只是不应。那爱娘无奈,脱了衣裳,露出了嫩粉肌肤,斜露酥胸,钻入帐内,唉声叹气。秦汉在帐外见了他明眉,好不动火,想道:"这番儿,好受用。"正当三更时分,好下手了,但不知金莺放在何处?立在栏杆边团团寻觅。只见一虎钻出对秦汉说:"师弟,你不见床头前挂着的不是金莺吗?"秦汉一看果然。忙走到床前,取下笼来。谁想金莺大叫起来,床上叔赖惊醒,翻身坐起一看,秦汉接了一虎的莺笼,飞在云端。叔赖下床,见一矮子大怒,取过神鞭打下。一虎身手一扭不见了。叔赖大惊说:"这人倒有地行之术。"抬头一看,不见了莺笼,唬得魂不附体,说:"矮子不曾拿去,为何不见了?又是奇事。"只听得半空中金莺叫声,连忙出外,抬头见云端又有一个矮子,提了笼儿,道:"花叔赖,你靠着这只金莺儿,昨日阵上伤我四员上将。我秦将军盗取了。"说罢飞去。叔赖说:"可惜金莺,蒙师父五龙公主赠我,上阵至宝。不料唐营有钻天入地之人,要来行刺也不难。"传令兵士营中守护,乱到天明。此话不表。

再言秦、窦二将回入营中。秦汉说:"师兄盗莺,未奉军令,倘元帅知道治罪不便。"一虎说:"师弟,将莺踏死,埋其形迹。"秦汉点头,果然将莺连踏数踏,登时而死。二人不睡,候到天明。

元帅升帐,众将分立两旁。元帅说:"昨日伤了四员将。今日谁去打关。"闪出天蓬黑脸陈金定,上帐说:"末将愿去打关。"元帅说:"姊姊虽然勇猛,不可独往。"令月娥同去,两员女将得令。金定提锤,月娥使双刀,全身披挂,上马出营。带了人马,杀到关下叫骂。那花叔赖不见了金莺,正与伯赖商议,听得番儿报说:有二员女将攻关。二人一听大怒,开关出阵。叔赖接住金定;伯赖迎住月娥。二女两男,一场大战。伯赖与月娥战到数十合,伯赖实难取胜,回马诈败而走。月娥喝声:"那里走!"随后赶来,取出摄魂铃一摇,伯赖马上坐不住,迎面一交,跌下马来。番兵正要来取,被月娥轻舒猿臂,捉过马来,回马飞奔进营献功。那叔赖实战不过金定,见兄被捉,回马大败而逃。金定在后追赶,叔赖不进关中,落荒而走。一路追去,追到山凹里面,叔赖说:"好厉害的蛮婆,叫我前去无路,后有追兵,我命休矣!"

只见骑鹤一仙女落下说:"陈金定休得无礼!俺公主在此。"手执雌雄宝剑,敌住金定。金定昔日在武当圣母处认得的,喝声:"赤龙公主,你是出家修仙学道之人,也来管闲事,待我擒番将献功。"公主大怒说:"陈金定,那花叔赖是我姊妹的徒弟,焉能不救。你若赢得我手中宝剑,我便还你。"金定性子急猛,听此言大怒说:"休得夸口!"举起铁锤打去。公主将双剑交迎,两下大战。叔赖见了大喜说:"救兵到了!飞马逃入关中。二人正在厮杀,听得虚空鹤叫,又来了四位仙女。金定看来不对,回马而去。五龙公主也不追赶,驾鹤进关。叔赖接入营中,说道:"金莺被矮子盗去,哥哥又被捉拿,方才若无师父相救,弟子性命难保。"五位公主说:"徒弟不须烦恼。梨花依黎山门下,伤我同道之人甚多。今我姊妹承你书来相请,今下山来,我们摆下一阵,与他分个高下,比一比手段。若破得我五龙阵,方算梨花有本事。若不能破,管叫唐兵百万尽为飞灰,归复西番地方,中原可得。只少上将雄兵,有了这两件,就容易了。"叔赖说:"这不难。待弟子修本进朝求救,自然有雄兵猛将。"五龙公主说:"徒弟,事不宜迟,快些修本,奏知朝廷。"不知修本进朝如何,且看下回分解。

第六十回

哈迷王坐朝议敌
梨花观看五龙阵

适才适言不表。再言那哈迷国王驾坐早期,文武朝见已毕,分立两班。便开金口说:"寡人因国舅苏宝同起兵伐唐,反被薛仁贵父子领兵西进,夺去我国许多地方,杀死无数兵将。可恨樊梨花贱婢,弑父诛兄,投降唐王。前年闻报白虎关杨藩父子身丧,薛仁贵身亡。彼时唐王反把樊梨花为帅,夺我地方。他法术利害,金牛关朱崖夫妻尽节。目下兵犯铜马关,花家兄弟未知胜负,诸卿有何主见?"

班中闪出一位大臣,头戴乌纱,狐尾当头,身穿蟒袍,脚踏乌靴,俯伏奏道:"臣雅里丞相有事启奏。""奏来。""臣因国舅苏宝同被樊梨花大破金光阵,血光冲散而逃,已有表章奏闻,他往名山各处洞府求神仙法术,要剿灭大唐,复夺中原,以报大仇。一去之后,并无信息,使唐兵打到铜马关。今有花叔赖表章进上,狼主龙目观看。"奏毕,将本章呈上。

接本官接了,放在龙案之上。国王一看,方知五龙公主摆五龙阵,缺少上将,故来请命。狼主问:"两班文武,谁将去铜马关搭救?"王言未了,武班中闪出驸马苏定国,执笏当胸,奏道。臣愿领兵,保举四将同往。"国王说:"卿保举何人?""臣保举殿前云必显、指挥方万春、平章忽突大、黄毛洞主郝麒麟,臣同四将前往,立破大唐兵将,自然奏凯回朝。望我主免忧。"国王听了龙心大悦,传旨宣召。四将一齐朝见,三呼谢恩,当殿插花赐酒,封五将为神武大将军,到铜马关听五龙公主调用。五将谢恩出朝,国王驾退回宫,文武朝散。次日驸马苏定国到教场,点齐人马大兵十万,带同四将,离了都城。到十里长亭,各官设酒钱行。定国等下马立饮三杯,辞了百官,竟往东而进。你看旌旗浩荡,号带分明,三军司令,一路而行,此话不表。

再言陈金定进营,参见元帅,将追花叔赖遇着五龙公主救去之事,说了一遍。元帅说:"月娥活擒花伯赖,已入囚车,奏主发落。姊姊遇着五龙公主,如今倒有一番厮杀,传令把兵马退下十里,且慢打关。"众将一声得令。只有秦汉、一虎二将不服要去,上帐说:"元帅休长他人志气,灭自己威风,且慢退兵。虽然五龙公主利害,小将明日再去打关,探其法术,再计议未迟。"元帅听了说:"二位将军言之有理。"传令紧守营盘,放炮一声,营盘扎得坚固,不表。

再言次日元帅升帐,点秦、窦二将出营打关。二将得令,领兵杀到关下。番兵报入关中,叔赖听报,忙来参见师父,说:"前日盗莺的上天入地二人又来打关,如何退得?"白龙公主说:"徒弟,不必慌,待我们前去拿他进关,斩首号令,出你的气。"叔赖大喜,点兵开关。白龙公主骑鹤来到阵前。秦汉抬头一看,是一位仙姑,头戴鱼尾金冠,身穿鹤氅白衫,手舞双刀,骑下仙鹤。见了秦汉、一虎喝道:"你两个无名小卒,快叫梨花出来见我。"二将大怒,喝道:"妖妇,我元帅岂可见你的吗?吃我弟兄棍棒!"照白龙公主打来。公主大怒,将双刀敌住两人,大战数十余合不见输赢。公主想道:"果然二将勇猛,话不虚传。"即忙取下乾坤小伞道:"矮将看伞!"把宝伞撑开,放出五色祥云,把二人眼目罩住,一个筋斗,跳进伞中去了。白龙公主收兵进关,唬得唐兵胆销魂落。回营报知元帅说:"秦、窦二将被番兵一员骑鹤道姑撑开伞,二将就不见了。那道姑收兵进去了,特来报知元帅。"元帅大惊说:"我晓得五龙公主法术多端,昨日退兵十里,计议与他厮杀。那二将倚勇不服,打关,至被擒去。如何是好?"月娥、金莲二将上账说:"元帅,那妖妇拿我丈夫,我们明日打关要救回来。"元帅依言,当夜不表。

再言公主进关,叔赖接入帐中,叫声:"师父,两个矮将怎么样了?"公主说:"我已拿在伞中,此时化为血水。"叔赖大喜,吩咐摆酒贺功。五位公主朝南坐着,叔赖下面相陪。酒至三杯,听得伞内开声说:"我王禅门下,有九转元功。你虽然吃酒,不免要斩你五条妖龙。"叔赖听了大惊。黄龙公主叫声:"五妹,你的宝伞有灵,拿人就死,今日为何不灵?"白龙公主说:"这也奇了。"忙取宝伞撑开,只见两个矮子一个筋斗跳将出来。公主大怒,吩咐拿捉。番兵正要动手,只见二人拍手大笑说:"不劳你们拿捉,我去也。"秦汉飞上天去,一虎钻入地去。五位公主看得呆了,倒觉心惊。叔赖说:"先前说过的,他有钻天入地之术,谁想又被他逃了。"黄龙公主说:"方才不听他说么,他说王禅门下,九转元功,练就真身,不得化为血水。待我明日出关,祭火珠烧死唐兵百万,才见五龙山手段。"叔赖甚喜不表。

再言秦、窦二将回营,参见元帅。元帅大喜,说:"二位将军被乾坤伞拿去,我心甚忧,我王洪福,恭喜回营。说与我知。"二将说道:"元帅,那宝伞果然利害,见他撑开,有万道毫光,把我二人眼目遮瞒,跌入伞中。若是凡人化为血水,幸我们师父传授金丹,防身之宝,遇有急难,吞在肚中,不能坏身。放开伞来,逃走回营,得见元帅。"元帅大喜,说:"今日金莲、月娥二员女将要去打关,你二将去助阵,须要小心。"秦窦二将说:"愿去帮助。"夫妻俩对喜欢,整备打关。

有番营差官下战书说:"唐将停留数日,待摆五龙阵完了,见个雌雄。"元帅批允。差官回入关中,报下叔赖说:"唐元帅批允。"叔赖与五位公主摆阵,缺少兵将。正在此言,番儿报进说:"朝廷差驸马苏定国领兵十万、大将四员到了,请二大王出关迎接。"叔赖大喜,出西关接进营中见礼,设酒接风。

次日五位公主操演人马,演熟出关,摆下五阵,东西南北中央。第一阵名曰黑龙阵,黑龙公主守将台督阵,点大将郝麒麟守住阵门,内中黑气冲天,变化多端,凭你神仙入阵,性命难保。第二阵名曰白龙阵,白龙公主督阵,大将忽突大守住阵门,内中白雾漫天,变化无穷。第三阵名曰赤龙阵,赤龙公主座中军,点大将云必显把守阵门,内中红光焰焰,好不怕人。第四阵名曰青龙阵,青龙公主督阵,点大将方万春守住阵门,内中青云惨惨。第五阵名曰黄龙阵,黄龙公主守将台督阵,驸马苏定国守住阵门。十万雄兵,按分五行,金、木、水、火、土,分五阵操演,操了五日,精熟。

五龙公主见阵图已完,到六日各驾仙鹤到唐营讨战。梨花闻报,摆队伍出营,旗分五色,一队一队而出。梨花头戴金冠,身穿锦袍,内穿金甲。男左女右一字摆开,众将戎装,兵士精神抖擞。五位公主见了说:"名不虚传,果然行军有法,纪律分明。"叫声:"樊梨花出来会我。"梨花听了出阵说:"五龙公主,我与你风马牛不相及,为何摆下阵图阻我西进?若不回兵,不要怪我无情。"五位公主说:"樊梨花,你仗了梨山门下欺我教门,故此我姊妹们不服,摆下一阵。你若破得,我姊妹们让你。若不能破,休怪我等。"梨花说:"我一路征西,破了多少阵图,何在这小阵,你且闪开,待本帅看看,好破你阵。"公主说:"你既看看,这也随你,不要害怕。我且回阵。"梨花同了月娥、金莲三骑马来到阵前,喝道:"五龙公主,本帅既来看阵,休放冷箭。"公主说:"放冷箭,非为好汉。"说罢进阵去了。梨花一看,果然阵图利害,前呼后应,变化无穷,左冲右击,阵中宝光腾腾焰焰,顶上五云结盖,看到了也惊骇。正在踌躇,不好进阵。五龙公主在阵中冲出说:"樊梨花,如何可晓得阵中利害吗?"梨花说:"这些小技,有何难破?"说罢三人回营,不知怎样破阵,且听下回分解。

第六十一回　樊梨花一打五龙阵　窦一虎求借芭蕉扇

前话不表。再言梨花在马上想道:方才一时许他破阵,若惧不去,被他们笑我无能。想五龙阵,无非按五行生克,但阵中毫光万道,宝贝不少。凡人不能进去,须有术之士、仙教弟子,方可去得。就传令月娥、金莲二将,付灵符一道,保护其身:"去打青龙阵,须要小心。"二将领令而去。点秦汉、窦一虎:"你有金丹保命,去打赤龙阵。"二将领令而去。又点仙童、金定二员女将:"各带灵符护身,防他宝贝伤人,去打白龙阵。"二将领令而去。梨花想道:"军中能知仙法只有八人,已差去六人。我与丁山去打黄龙阵。只一黑龙阵谁去打?"正在此想,只见尉迟青山解粮到来,参见元帅。元帅大喜说:"你竹节钢鞭乃仙传之宝,可以去得。"他黑脸黑甲,正应黑龙。命他同先锋罗章付灵符一道,去打黑龙阵。二将高兴,领兵而去。令刘仁、刘瑞、金桃、银杏同众将守住营盘,不可轻动。众将领令。

梨花、丁山去打中央黄龙阵,见阵中杀气冲天。再表月娥、金莲打入青龙阵内,只见阵中冲出一员番将,好不利害。见他青盔青甲青脸,坐下青鬃马,手执开山大爷,大旗一面，书名大将方万春。出马拦住阵门，大喝道："二位佳人休来送命，倒不如阵前投服，收留成亲。"二将听了大怒，说："不必多言。"将双刀劈面砍去。方万春使斧相迎，战有数十合，月娥将摄魂铃摇动，方万春倒撞下马。金莲正欲去斩，只见青龙公主骑鹤而出，喝声："休伤我将！"执剑砍来。月娥、金莲双刀架住，三人大战。公主摇动百灵旗，忽听得阵中一声响亮，赶出无数怪兽，张开血盆大口，飞奔前来吃人。二人唬得魂不在身，回马出阵，败归大营。

那秦汉、一虎打入赤龙阵，见阵中红光中冲出一员番将，脸如红枣，红盔红甲，骑下胭脂马，手执大刀，旗上书名云必显，舞刀拦住说："你两个矮东西也来打阵，吃我一刀。"二将棍棒相迎，杀得番将招架不住，回马就走。二将正要追赶，赤龙公主飞鹤而出敌住，祭起雌雄剑，当头砍来。秦汉、一虎看来不好，俱入地走了。

再说仙童、金定二将，杀入白龙阵，见白雾漫天，冲出番将忽突大，白盔白甲，坐下银鹤马，手执银枪，挡住厮杀。战未数合，番将大败而走。白龙公主冲出，撑开宝伞，二将见了，叫声："不好！"各人大败逃回。白龙公主收了宝伞回阵。那尉迟青山、罗章杀入黑龙阵，阵中黑气冲天、冲出番将郝麒麟，接住厮杀。郝麒麟岂是尉迟青山对手，战不数合，回马就走。里面冲出黑龙公主，把百叶幡摇动。二将幸得灵符在身，不能化为血水，跌下马来，陷在阵内。

再言梨花同丁山杀入黄龙阵，只见黄沙漠漠，冲出番将苏定国，金盔金甲金脸，坐下黄骠马，像秦琼转世，手执黄金铜，冲出拦住说："通下名来。"丁山说："我乃平辽王世子薛丁山，同妻元帅樊梨花到你阵，快快下马受死，免污手中戟。"苏定国听了，大怒说："国王正要拿你二人，要碎尸万段，方雪此恨。"丁山、梨花大怒，戟刀向前，要斩定国。定国把双铜相迎，一场大战。黄龙公主冲出助战，祭起火珠，满阵大火。梨花借火遁而逃。丁山陷在阵中，幸得灵符护身，不致损命。梨花回营，众将都说阵中宝贝利害，不能破阵，回来缴令。惟世子丁山、尉迟青山、先锋罗章三将陷在阵中，未知性命如何。元帅听了，闷闷不乐说："三人大命不妨。"传令紧守营盘，三日之后，计议救他。

忽报朝廷差军师徐梁赐锦袍到，元帅出营指旨。开读已毕，山呼谢恩，香案供着。然后与军师见礼。徐梁说："为何世子丁山、尉迟青山、罗章不见请来，好领锦袍？"元帅将破五龙阵陷在阵内说了一遍。徐梁军师说："既是如此，不必烦闷。你师广有神通，差人去请来，好破此阵，以救三将。"梨花听了，如梦初醒，说："承教。"军师辞别，元帅同众将送出营门，回身修下书信，差秦汉、一虎速往黎山老母处投上。

二将领书，钻天入地而去。不一日，早到黎山。秦汉落下云头，来寻洞府。一虎也在地中钻将出来，说道："师兄，那边苍松成径，翠柏成林，却不是洞府么！"二人来到洞口，叩门三下，洞门开了，走出二位女道童，见了二人说："莫非王禅老祖门下秦汉、窦一虎吗？"二人大惊说："女师兄怎么晓得？"女仙童说："我师父，命你进去。"秦、窦共同进洞，但见仙鹤成群，仙鹿成对，仙花仙草满洞。二人行至中殿，见老母坐在禅床。二人跪下叩拜，送上书信。老母说："你来意我尽知，薛丁山三将该有五十日灾难。你二人可往南海落珈山观音菩萨座下，求善才去，好破此阵。一往西方火焰山牛魔王夫人铁扇公主借芭蕉扇，好破火珠。去罢。"二人拜谢出洞。一虎说："师兄，你往南海可以飞过去。我地行往火焰山牛魔王夫人处借扇。"说完，二人分头而去。

那一虎地行日行千里，夜行八百。在地中行了半月，钻出头来一看，只见一个村坊，鸡犬相闻，田地肥美。见一老翁在溪边抬头看云，说："不要下雨便好。"一虎叫声："老丈。"上前作揖。老翁听得，回转身来，连忙还礼，笑道："你这人短小，想是矮人国来的吗？"一虎说："我是大唐国来的。"老翁说："小哥，你来骗我了。大唐国到这里九万余里，要过许多险路，除非是齐天大圣孙行者方到这里。你又非孙行者，焉能到得这里？"一虎叫声："老丈，齐天大圣是那一个？"老翁说："小哥，你不知道吗？那齐天大圣也是大唐人，和尚唐三藏的大徒弟，法名孙悟空。唐僧奉旨往西天取经，在此经过。西北上有一座火焰山，一向这里热不过，亏他往铁扇公主借芭蕉扇，将火焰山扇灭了。如今这里也温和了。"一虎闻言，喜之不胜，说："孙行者是佛教，我是仙教，所以同生大唐，不认得的。"老翁说："小哥，想你大唐到这里，是有意思的人。到此何干？"一虎说："老丈，你不知道，那西凉国造反，大兵西进到铜马关。有五龙公主摆阵，阻住唐兵。奉元帅将令，要往火焰山借扇去，经过此地。请问这里往火焰山还有多少路？"老翁说："你原来也要借扇的。如今这火焰山被孙行者扇灭了火，连山都不见了，若要借扇，须往翠云山仙洞铁扇公主处。他如今也皈依佛教，不管闲事。此去西方一百里就是翠云山了。"一虎问明，拜谢作别，起身往地中去了。老翁一见骇然，说："唐朝多是异人，这人身虽短小，倒会通法。"

不表老翁之言，再言一虎约行百里，钻出一看，原来一座土山，但见苍松成径，翠柏成林，好一个所在。只听得半山之上石磬声传，白云缭绕。一虎前行，寻见一个洞府，上写着："翠云洞"三字，好不欢喜。将洞门连敲三下，里面走出女子说道："这里修行之地，那个叩门？"开门出来，一虎见两个丫鬟，连忙叫声："姐姐，见礼了。我是大唐国樊元帅差来，要见公主娘娘，借芭蕉扇去破阵的。烦通报一声。"丫鬟说："你这矮子也是大唐来的？前番我家公主受了大唐和尚之气，如今发愿修行，不管闲事，不敢去报。"一虎说："二位姐姐，我是王禅老祖门下弟子，不辞千山万水跋涉，特地到此，请姐姐方便，对公主说一声。"丫鬟说："王禅老祖，我娘娘常常说起。你就是他徒弟？我与你说一声看。""多谢姐姐。"

丫鬟进内，来到殿上。公主正在那里打坐，丫鬟禀道："娘娘，今日外面又来了一个大唐人，说是王禅门下弟子，来借宝扇，去破五龙阵。现在洞外，不敢放入。"娘娘听了说："既是老祖徒弟，必有神通，前番受了猴子的气，今番此人不同，与我唤他进来。"丫鬟奉命出洞说："娘娘唤你过去。"一虎连忙进洞，好个仙界，来到殿上，见公主坐在蒲团之上。一虎跪下叩拜，说起因由，借扇破五龙阵。不知肯借否，且听下回分解。

第六十二回　善才途中战秦汉　五公主阵上收宝

适才话言不表，再言公主娘娘说："你既是老祖门下，姓甚名谁，有何本事，敢来借扇。"说："弟子窦一虎，有地行之术，日行千里。"公主说："这宝扇，当时有火焰山，断断不借的。被孙行者将火扇灭，留在洞中也无用处，借便借，你破了阵就要还的。"一虎说："这个自然。"丫鬟付与一虎。一虎接在手中一看，是一柄蒲扇，能大能小，叩谢出洞，还从地行而回。

再说那秦汉上天，飞了数日，早到南海，按落下来，立在海边，见天连水，水连天。秦汉想道："这项钻天帽在平地上腾云，跌下来不过在地上。这海如何过去？硬了头皮飞上云端，两眼紧闭，听得耳边风声，片时落在山上。秦汉开眼一看，原来已是南海。来到大士山门，上写着："慈航禅院"。少停，见两个和尚笑声走出说："你就是王禅徒弟秦汉吗？"秦汉惊，想道："菩萨早已晓得。忙施礼说："法弟就是。"两个和尚回礼说："我两个是菩萨座前弟子，法名都罗、吉缔便是。今菩萨朝天去了。曾有法旨，说今日有个大唐差来王禅弟子秦汉到此，求善才去破五龙阵。教他先去。菩萨朝回，就遣善才来。命我回复你回去吧。"

秦汉不敢久停，拜别二位，飞上云端，两耳风声，不消一时，来到东土。下落云头，心中大喜。仍旧飞上云端，一路而行，离了东土，来到西凉国。落下山头一看，见一村坊，有山有池，树木成林，中有茅房草舍，桑麻遍野，鸡犬成群，好一个村居之所。秦汉正在观看，见房中走出一个婆婆，说道："这位客人也是东土来的吗？"秦汉大惊：这婆子倒有仙气！说："你因何晓得东土来的？"婆婆说："昨夜有一矮子，与你一样身材，在此借宿，肩上一柄芭蕉扇，是翠云山借来的。今日早上出门，来了一个孩童，头上梳着丫髻，两手带镯，脚踏火轮，手拿齐眉短枪，身穿绣龙锦袄，大红裤子，一双赤足。为甚的见了扇子大怒起来，与矮子交战。那矮子杀得大败而走，孩童赶去，不知死活。"

秦汉听了，"这分明是我师兄一虎。"说："婆婆，承教了。"飞上云头，向西望去，前面喊杀连天。秦汉下落云头，见一虎战孩童不过，且战且走，好不吃力。秦汉叫声："小童，不得无礼！我来也。"童子回头一看，又见一个矮子，并不回言，举起火尖枪就刺。秦汉把棒相迎，战未数合，那里战得孩子过？棒法乱了。一虎见师弟来了，回身双战孩子，二人也战不过。

秦汉架住枪说："童子，通上名来。"孩童说："我坐不改名，行不改姓。我乃牛魔王之子,铁扇公主所生,吃人无数,火云洞红孩儿便是。只为要吃唐僧肉,遇了齐天大圣孙行者,求灵山观世音菩萨收服。归正五十三年,参拜佛爷,方成正果。在南海紫竹林中菩萨座下,同去朝天。蒙法旨往西方助唐破阵,驾轮来到村坊,遇着这矮子偷我母亲芭蕉扇。快快还我,饶你两人性命。若恃强不还,将你二人活吃。"秦汉听了笑道:"我道是谁?原来善财童子。你是菩萨弟子,我两人王禅老祖门下,释道一般,不必动怒。出家须发慈悲之心,不比当初在枯骨山吃人。我奉黎山老母法旨,教师兄往令堂娘娘前借芭蕉扇,要去破阵。我往落珈山相求令师菩萨,请坐下善才相助破五龙阵收宝。遇着都罗、吉缔,说菩萨朝天,同善才、龙女去了。叫我先回,就打发善才来西方破阵。我驾云而来,见你们杀得高兴,下山看看。这柄扇是借来的,不是偷的。"善才听了,心下明白,说道:"既如此,何不早说?若秦师兄不来,窦师兄将被我刺死。"一虎笑道:"你虽是吃人肉的人,若要打死我尚早。若再杀不过,就钻下地中,那里来寻我?你二人慢慢驾云而来,我往地中先回唐营。"说罢,身子一扭,往地中去了。红孩儿说:"窦师兄有地行之术,秦师兄有何仙术?"秦汉说:"我有钻天之术,一日能行千里。请问善才师兄有什么仙术?善才说:"我有风火二轮,日行万里,比你两个更好。"秦汉说:"事不宜迟,快快起程。"二人双双驾云而来。此话慢表。再言五龙公主说:"打阵之后,一月有余,不来破阵,紧闭营门。请花弟子到来,明日出兵蹢营,剿灭樊氏,好夺唐朝世界。"齐声说:"有理。"令军士传请。花叔赖忙到阵中见礼,"请问师父有何吩咐?"黄龙公主说:"徒弟,那唐营紧闭,计穷力竭。明日亲领人马,杀到唐营,蹢为平地。"叔赖听了大喜,传令三军,来日破唐。众将齐声答应,整备交战,此话不表。

再言樊梨花对众将说:"秦、窦二将往黎山一去许久,有四十余日,还不回来。三将陷在阵中,性命难保。"众将齐言说:"那二人不来,我们明日去破阵。"正在此言,有番儿打进战书,约明日交锋。梨花批允,对仙童、金定说:"我夫与二将陷阵,秦、窦二人一去不回。花叔赖打战书,我批允明日出战,听天由命便了。"仙童、金定说:"既为上将,何惧番兵?明日各要努力,为国亡身,也无怨心。"众将齐愤愤愤不平,待等明日交战,此言慢表。

次日元帅升帐,点月娥为头阵,金莲为二阵,金定第三阵,仙童第四阵,元帅领大兵为五阵,刘仁、刘瑞为左右翼。正要出兵,有秦梦解粮到,交卸明白,参见元帅说:"今日出兵,不点男将,却点女将。不知为何?"元帅说明此事。秦梦大怒说:"可恶番兵猖獗,我今出阵,必要活擒番将献功。"元帅说:"将军解粮而来,一路辛苦,鞍马劳顿,不敢相烦,后营将息。"秦梦必欲请战。元帅依允说:"五龙阵厉害,上阵须要小心。""得令!"秦梦见众不上阵,昂昂得意,全身披挂,手持金装铜,骑下呼雷豹,带领本部人马出营。

那番将花叔赖领兵出阵。五龙公主守住阵脚。冲出唐营,见唐营炮响,冲出一员大将飞到阵前,喝道:"俺大将军秦叔宝孙秦梦在此,快出来,决一死战。"一声大叫,花叔赖大怒,飞马冲出,提鞭就打。秦梦双铜相迎,大战五十余合,杀得叔赖汗流浃背,回马大败而走。秦梦喝声:"番将那里走!"拍马随后追来。五龙公主大怒,即驾鹤出阵。五员女将也齐冲出喝道:"休得逞能!"各执军器杀去。五龙公主各舞双剑相迎。仙童祭起捆仙绳,被白龙撑起伞来收去仙绳。月娥摇动摄魂铃,也被宝伞收去。梨花大怒,传祭乾坤圈、混元棋盘,来打五龙公主,都被宝伞收去,各样宝贝尽皆收去,五员女将大惊,各带转马头大败而走。五龙公主在后面追赶。

黑龙公主祭起雌雄剑来斩梨花,忽见云端落下一童子,大喝道:"黑龙公主休得无礼,我来也。"梨花抬头一看,见云端飞下孩童,脚踏双轮,十分勇猛,手执火尖枪来刺黑龙公主。那公主认得,叫声:"红孩儿,你也来管闲事?"收了双剑。五龙公主一齐围住,一场大战。五员女将也来助战。

秦汉正在云端赶路,听得下面杀声,按住云头一看,认得哥哥秦梦追赶花叔赖,看着追近,叔赖祭起神鞭,秦梦不曾防备,打落马下。叔赖正要取首级,秦汉飞下说:"休伤我兄,俺来也。"举棒就打。叔赖一看,认得是盗莺的,大怒,提鞭相迎。唐兵抢上救回秦梦。叔赖又祭鞭打来,秦汉飞纵云端。叔赖收鞭回转。五龙公主不能取胜,说:"红孩儿、樊梨花,今日天色已晚,明日再战。"两边各自收兵。

元帅回营,见伤了秦梦,将药敷好。请红孩儿相见。正欲拜谢,秦汉前来缴令,细说老母之事,请得这位小英雄破阵。梨花听了大悦,上前拜见善才,说:"方才若无师兄相救，几乎一命难逃，礼当拜谢。"善才说："俺也有一拜。"各人拜毕。一虎回营缴令，将借扇之事细说一遍。元帅大喜，设酒庆贺。善财童子乃佛教的，戒酒除荤，命备素筵。众将席中议论说："宝伞利害，收去许多宝贝。宝贝焉能回来！"善财童子笑道："他伞虽妙，不及我灵仙太极圈。待我明日出阵，收回宝贝送还。"众将听说大喜。梨花说："全仗师兄大法力。"酒至半酣罢席，各归营寨安歇不表。未知后事如何，且听下回分解。

第六十三回　元帅营中产薛强
　　　　　善才大破五龙阵

适才话言不表，再言次日天明，元帅升帐。善才请令破阵。元帅道："今日破阵，全仗师兄，须要小心。"点秦汉、一虎为左右翼，相助打阵。善才同了秦、窦点兵出营。元帅又点仙童、金定为救应，点月娥、金莲在后接应两支人马。元帅同刘仁、刘瑞、金桃、银杏四将五人中路而行，听得阵破，一齐向前杀出。

不表元帅分派已定，再言黄龙公主收兵回营，闷闷不乐，对四位公主说："我和你心厌龙宫，在山修道有数千余年，方得长生不老。今因小忿下山，扶助花叔赖阻住唐兵，指望得胜。谁知画虎不成，他请红孩儿到此。我一向闻他在枯骨山火云洞吃人，积骨如山，乃万恶魔君，今皈佛教，广大神通，焉能敌得过他？不如回山去吧。"白龙公主叫声："姊姊说哪里话来？我五龙公主声名也不小，岂惧红孩儿，就要回山！明日不要与他野战，叫他打阵，自然一网而擒。"三位公主都说道："五妹之言有理，只要引他进阵，红孩儿必定遭擒。也显五龙山公主手段。"黄龙公主依言。

次日五位驾鹤而出，只见唐营大开，冲出三员步将，四员女将，奔到阵前，喝道："五龙公主，快快投降，免汝一死。"五龙公主大喝道："红孩儿，今日不与你野战，敢来打阵吗？红孩儿说："这个何难？俺来也。"五龙公主听言，一齐飞入阵中等候。那善才乖巧，对秦、窦二位说："师兄，他五龙阵按金、木、水、火、土，相生相克，生门青龙，和你们打进青龙阵。"二将说："师兄之言有理。"杀进阵中，只见一道青烟冲出。一员番将喝道："三个孩子慢来，俺大将方万春在此。"三将并不搭话，举棒就打。青龙公主将灵旗摇动，见一群怪兽，张开血盆大口，奔来吃人。两名矮将心慌。善才笑道："些许小技，敢来逞能！"颈上除下项圈，这是灵山太极圈，祭在空中，将灵旗打折，百兽化为乌有。青龙公主大怒，"呵唷，这孩子敢伤我宝。"飞鹤冲出，将宝剑交迎，那里杀得善才过？大败回身。番将被秦汉一棒打死。四员女将见阵已破，也进阵中。青龙公主无处逃生，把口一张，冲出万道清泉，在水中一滚，变一条青龙随水而去。

红孩儿说："他既逃去，不必追他，再打赤龙阵。"阵内冲出一道红光，声如雷鸣，来了一员番将，喝道："大将云必显在此。"举大刀直劈三将，三将执器相迎。不一合被红孩儿挑于马下。赤龙公主大怒，仗雌雄剑跨鹤而来，祭起双剑。被红孩儿用太极圈打下。公主把口一张，放出万道红光，把身一摇，现了原形，乃一条赤蟒，一滚直去。

赤龙阵已破，来破黑龙阵。见阵中一道黑气冲出，番将郝麒麟手执金瓜锤敌住。被一虎打中。黑龙公主跨鹤而出，手持百叶幡祭起，好不怕人。两员矮将跌倒。红孩儿笑道："这妖幡骗凡人，俺红孩儿久炼成钢，真身不坏，奈我不得。"将太极圈打去，分为两段。两员矮将登时苏醒。公主把口一张，冲出黑水，腥臭难闻，变一条黑龙，在黑水中一个筋斗就不见了。黑水消灭，破了黑龙阵。四女将杀入阵中，救起尉迟青山、罗章。可怜他二人陷在阵中四十余日，饿得七死八活。一虎令小校背负回营。一齐杀到白龙阵。

见白雾茫茫，冲出番将忽突大，手执银枪，直刺善才。善才一枪挑下马来，被四员女将活擒而去。白龙公主驾鹤而出，把伞撑开，冲出万道毫光，矮将、四员女将立脚不住，都跌倒在地。唯有红孩儿端然不动，大笑道："白龙，白龙，你这柄伞今日也要出脱了。"说罢，祭起宝圈，将宝伞打碎。众将死而复醒，大怒向前。梨花取了乾坤圈、混元棋盘，仙童收了捆仙绳。白龙见打碎伞，破了阵，把口一张，喷出白雾，万道寒泉，水中一滚，化白龙遁去。

又来打黄龙阵。只见黄沙漠漠，阵中一声炮响，冲出驸马苏定国，用黄金锏来打善才。善才这火尖枪好不厉害,定国那里敌得住? 杀开血路逃生。众将正要追去。黄龙公主舞剑出来,喝道:"休追我将。"举剑来战,祭起火珠,听得霹雳一声,迸出万团烈火冲来。众将唬得魂不附体,撞着烧得焦头烂额而逃。红孩儿呵呵笑道:"黄龙、黄龙,你不晓我生在火焰山,住在火云洞,那里怕你火?"飞身入火内,与黄龙公主大战。元帅说:"火珠利害,快取芭蕉扇入阵救火。"一虎听了。将芭蕉扇连扇几扇,顷刻火熄。将火珠跌下。黄龙公主大怒说:"呵唷,可恼,可恼!你们借了铁扇公主芭蕉扇,坏我宝贝,与你杀个你死我活。"抖擞神威,现出三头六臂,象哪吒三太子一般。众将见了大惊,独有红孩儿不怕,说:"黄龙,你的法术不足为奇。"把手一放,吹口仙气,阵中杀出无数小红孩儿,手中多执火尖枪,围住黄龙。众将见了大家称异,果然神通广大。杀得黄龙招架不住。红孩儿祭起定圈打来,那番害怕,现了原形,是一条黄龙,涌起万丈波涛,顶戴火珠,水中遁去。顷刻大水不见。

红孩儿破了黄龙阵,众将救起丁山,见他面色蜡黄,不省人事。妻、妹看了伤心,安排暖车送回营中。今日大破五龙阵,多亏善才之功。看看日落西山,元帅收兵回营。灵丹救醒三将,摆宴犒赏,令明日打关。当夜元帅打阵辛苦,生下一子取名薛强,军中停留三日,此话不表。

再言苏定国阵中逃回,叔赖接进关中,问道:"唐兵打阵,胜负若何?"定国将红孩儿破阵,五龙公主逃去,捉了大将忽突大,伤了三人,我亏坐骑逃回。细说一遍。叔赖大惊,令兵将紧守关头,多加灰瓶、石子、强弓、弩箭,与驸马各守东西,告急表章进朝,专等救兵到关。

再言元帅静养三日升帐。一虎说:"小将借扇破阵已毕,理当送还。"元帅说:"是。"走上善才说:"俺奉菩萨法旨,破阵就回。久不见母亲,这柄扇待我拿去。"此扇能大能小,大放在肩上,小安在口中。《西游记》内载的,闲言不表。

元帅传令打关。有秦梦要报一鞭之恨,请令打关。元帅许之。带了人马,来到关前大骂,番兵只当不知。恼了秦梦,令军士扳城而上。只见上面箭如飞蝗射下,兵不能上,倒伤了无数兵士。元帅大兵已到,把人马扎在关下。秦梦禀说:"关门雄固,兵不能上。请令定夺。"秦汉上前说:"前番小将同一虎进关盗莺、会番女之时,说明日原要我去通知欢娘,里应外合,才好破关。"元帅说:"你前番私进关中,该当有罪。今晚破得此关,将功折罪。"秦汉得令,当晚飞进关中,来到后房,下落云头。窗外一看,见欢娘手托香腮流泪,好似西施一样。秦汉大喜,想道:他终身许我。跨窗走进,欢娘一见说:"冤家,一向因何不来? 害我望得眼穿。"秦汉道:"美人,自从那夜别去,哪有工夫脱身。"将此事细说一遍。"今番房内无人,与你成其好事。"欢娘笑道:"啐,废物东西,青天白日,羞答答说这样话来。倘丫头进房看见,丑也丑杀了。"秦汉说:"有了,只要刺死了花叔赖,与你做长久夫妻,你不快活。"欢娘大喜说:"有了,待奴整备酒筵,差丫鬟去请他来到赏端阳。将他灌醉,刺死了他,那时同去降唐。"秦汉说:"倘苏定国提兵来时,如何处置?"欢娘一想说:"有了,只消如此如此。事又成了,全仗将军帮助。"不知刺得成刺不成,且听下回分解。

第六十四回　欢娘刺死花叔赖　梨花兵打玉龙关

再言秦汉听了此言说:"此计甚高,我回营禀知元帅,同师兄进关助你。"说罢,飞上云端,回营对梨花说,遇欢娘如此设计,好破关门。元帅听了想道:"矮子个个多贪色的,但愿成功。"开言令秦、窦二将进关帮助,我准备雄兵打关,里应外合。二将大喜,接令出营,上天入地,进关不表。再言花叔赖闻欢娘相请,来到东房。欢娘接进,二人见礼坐定。欢娘说:"今日端阳佳节,妾备一杯水酒请大王。但是大王贪恋西房,太觉显然。"叔赖笑道:"美人,咱欢喜二人,无分厚薄。一向间阔,今日补请,与美人畅饮一杯。"叔赖上坐,欢娘下陪,丫鬟斟酒。将叔赖热一杯,冷一杯,灌得大醉,立起身来,一手搭在欢娘肩上,一手举杯,一连几杯,醉得糊涂,立脚不住,丫鬟扶到床上,人事不知睡倒。欢娘说:"众丫鬟过来,筵席收去,你们吃个尽醉。"说:"多谢夫人。"收了酒席,都往外房吃酒。

正当二更，欢娘拿了剑，欲要砍下，自己身子战栗起来。秦汉飞下进房，接剑在手，将叔赖砍死，说："事不宜迟，传令出去，请驸马来议事。说大王意欲降唐。令刀斧手三百，埋伏帐下，若他不允，将他斩首，开关降唐。"欢娘打扮军装，拿了令箭。只见地下钻出一虎说："秦师弟，这女子传令，我和你开关迎接大兵。"秦汉答应，又对欢娘说："你不要慌，我暗中助你行事。"说罢，上天入地行事去了。欢娘喜甚，提灯走出营门传令，旗牌分立两旁。欢娘说："大王有令箭，请驸马前来商议军情，不得有违。"旗牌接了令箭，往西营不表。

再言爱娘正在房中，丫鬟报进说："东房欢娘手执令箭传驸马，有刀斧手埋伏帐下，不知何事。"爱娘听了说："这贱人传驸马必要杀我。不如赶进东房，求大王做主救我。"算计已定，提灯来到东房。见众丫坏都醉倒，走进房内，冷冷清清，床中一看，见大王杀死，叫声："不好了！"大哭一场。"待我与他报仇。"结束停当，手执双刀杀出。

再言驸马闻叔赖相请，心中疑惑，带了亲随兵三百，明火执杖来到东营。不见叔赖出迎，便上账说："花将军夜深请下官何事？"忽听云板一声，走出一个女将说："俺家大王计穷力竭，大王爷被捉去，不知死活，意欲开关降唐。请驸马爷来相议。"定国听了此言大怒道："罢了！罢了！花叔赖逆贼，待我进去杀他。"欢娘正要传刀斧手，听得里面杀出，爱娘手执双刀。驸马说："奸贼使残人杀我吗？"拔出宝剑将二人杀死。惊动帐下刀斧手出来救护，被三百余随兵尽行杀死，回身杀到衙中，不分老少，尽行杀完。见叔赖先被杀死床上，倒觉稀奇，猜疑不出，回身杀出营门。探子飞报进说："大唐二员矮将潜入关内，把门军杀死，大开关门。大唐兵马如潮涌进来了。"驸马听了，唬得魂不附体，带了亲随，逃出西门，往玉龙关去了。

元帅进了关，传令休伤百姓。进内衙中，见杀死军人无数，方知欢娘、爱娘俱被定国杀死，定国逃去。秦汉说声："可惜佳人。"吩咐将叔赖、欢娘、爱娘埋葬，番兵尽皆收殓，出榜安民。放出花伯赖、忽突大，二人上前叩见。元帅说："你二人无名小将，杀之无益。放你回去，教玉龙关守将早早献关，捉哈迷番王，解上京都定罪。我主若有好生之德，你君臣的造化。去罢。"二将拜谢，诺诺连声而去。元帅吩咐摆宴犒赏三军，奏本进朝。养息三日，传令起兵，取玉龙关。点罗章为前部先锋，丁山为护卫，军分三路而进。

那罗章早到关前，一马当先讨战。番儿报进。那守关将乃国王长子罕尔粘镇守。前日间苏定国回来说起，心中一惊；又见花伯赖、忽突大二将放回报说；今又闻番儿报说，大唐兵关外讨战。唬得魂不在身，忙集众将商议："谁人出关开兵？"连问数声，并无人答应。太子无法，正在烦恼，报苏国舅到。吩咐请进，宝同朝拜太子。太子道："国舅少礼。前闻金光阵内走去，今日回来必有神通退得唐兵。"宝同奏道："臣自从金光阵大败，欲起兵复仇，前往各处仙山，请仙借宝。蒙教主金壁凤祖师借我一匹神兽，名曰'黑狮子'，驾云而来。闻说唐兵杀到关口，可来讨战吗？"太子说："国舅，目下兵临关下，将士寒心，无人出战。难得国舅到来，计将安出？"宝同说："付臣一万人马，杀他片甲不回。"

太子听说大喜，点起雄兵一万，战将十员，放炮开关，冲杀阵前。罗章抬头一看是苏宝同，大怒，挺枪直刺宝同。宝同将刀接住，战有三十余合，宝同不能取胜，把马一拍，那黑狮驹双蹄起在空中，鼻内喷出烟火。罗章两眼难开，回马就走。三军烟得无处投奔，自相践踏。伸手不见五指。那火一发厉害，大者车轮，小者炭火，飞来粘在身上，烧得焦头烂额，一万人马，去其大半。宝同大喜，收兵回关，摆宴贺功。

不表君臣得意，再言罗章大败，收拾败残人马回营。元帅大兵已到山下扎营，罗章回营告罪。元帅说："罗章既为先锋，见机而进，如何被他杀得大败。"罗章禀道："元帅，小将正在打关，冲出番儿苏宝同，骑下神兽，鼻内生烟，口中喷火，四足生风。小将挡不住，三军烧死战场，亏得坐骑跑得快，不然也被烧死。望元帅恕罪。"元帅说："苏贼又来，决有神通。你暂退外，计议出兵打关。"罗章退出。元帅封门，退到内营。金定、仙童接着说："元帅为何不乐？"梨花说："今日罗先锋打关，被苏宝同借得黑狮驹，将先锋烧得大败。想他逃去日久，又纠合左道旁门到来，阻我西进。不知几时可得太平班师，好不烦闷。"仙童说："他败兵之将，有甚本领。明日出兵，除其恶兽，就好西进。"梨花点头,各自安睡,当夜不表。

次日与仙童计议已定,捉苏宝同取黑狮驹。忙升帐,点秦汉、窦一虎二将领本部人马前去打关,二将得令而去。冲出关前,只听得关内炮响,大开关门,冲出人马,乃苏宝同。二将见了喝道:"屡败之将,敢来送死!"棍棒交迎。宝同说:"你两个又会着了,吃我一刀!"三人大战,宝同把黑狮驹一拍,鼻口喷出烟火冲来。秦、窦二将,张眼不开。一个上天,一个入地,逃出有二里远近。唐兵大败。元帅远望我兵败来,心中大怒,同仙童、金定杀出敌住。宝同见了梨花,怒气冲天,把驹一拍,四足生风,鼻中出烟,烟降满天;口中喷火,大如车轮,直奔三人。仙童、金定见了回马就走。梨花念动真言,顷刻大水冲来,烟消火熄。宝同吓得魂不附体,驾兽而逃,往前竟走。见一座高山挡路,说:"好了,方才几乎淹死,亏坐骑腾云而逃,可怜番兵淹死。怎好进关?"日已沉西,下落青山,远远听得钟声,走进一看,是一座庵院,写着"比邱禅院"。想道:"天色已晚,就在此庵借宿,明日去求师兄帮助。"想罢,下了驹,拴在树上,走进山门。殿上琉璃隐隐,钟声沉沉,有几众女尼在那里做夜课,诵完了出来关门。

见了宝同,问道:"将军黄夜到此,有何事干?"宝同说明阵上之事。女尼笑道:"原来败兵之将,来此投宿。但是我们女庵不便留你,别处去宿罢。"宝同说:"如今天色昏暗,教我那里去?乞师父行个方便,就在廊下权宿一宵,明日早行。"再三求告;有一少年尼姑说:"师兄们,他苦苦哀求,里面有一个囚老虎的铁笼,锁在里面,大家安心。"众女尼齐声说:"有理。"对苏宝同说:"我们出家人,慈悲为本,方便为门,都是女众,不便留男客,将军必要借宿,有一囚笼在此,倒也宽大,尽可容身。你在笼内权宿一夜,明日放你出来便了。"宝同该倒运了,上了这当,连声答应说:"使得,使得。"不知如何,且听下回分解。

第六十五回　梨花仙法捉宝同
神光扇软窦仙童

前言不表,那女尼里面扛出铁笼,放在殿上,宝同身不由己钻入笼内,将来锁上。一众女尼都不见了,只听外面吆喝一声,进来一位官府绅士,随坐在殿上,喝道:"苏贼,认得本帅吗?"宝同抬头一看,说:"不好了! 这是梨花仙法捉住,我性命休矣。"哀求道:"女元帅,你是正大光明英雄,饶了我命,以后再不敢来犯了。"梨花大怒说:"反贼,你无事生非,惹动干戈,以害生灵,几次逃脱,罪不容诛。你有八九元功炼成虹影,刀剑不能斩你。"令左右将灵符贴上,抛在海内。宝同再三哀求,梨花不听,军士扛了,连笼抛入海中,沉于海底。巡海夜叉飞报龙王。金钟三响,龙王升殿。鳜鱼丞相,鲤鱼大夫,虾兵蟹将朝见,齐集两班。赤鱼门官启奏说:"巡海夜叉探得有铁笼囚一将军,沉于海中。特来奏知。"龙王传旨:"令龟鳖二将去扛来,待寡人一看。"二将领旨。同了夜叉将笼扛进。龙王说:"笼内是人是怪? 被何仙擒住? 说与寡人听。"宝同一看,方知龙宫,开言说:"大王,我乃西番国舅苏宝同,被樊梨花用倒海移山之术擒住,将我沉于海底。望乞放我。"龙王说:"久慕大名,怎样放你?"宝同说:"只要将笼上灵符揭落,我就去也。"龙王依奏,将符揭下。宝同大喜,化道长虹而去。龙王大怒说:"此人无礼,谢也不谢一声,径直去了。点将拿他。"鲤鱼大夫上前奏道:"既去罢了,拿他成仇。"龙王准奏不表。

再言宝同进去见师父,路遇铁板道人、飞钹和尚驾云而来。见了宝同大喜,三人见礼。宝同说起此事,僧道恨极说:"国舅,你失了黑狮驹,怎好去见教主? 不如寻李道符师尊到来,擒樊梨花报仇。"宝同说:"既如此,二位军师先到关中帮助太子,我不日就来。"三人作别,分头而去。那樊梨花收了法术进营。次日令刘仁、刘瑞打关,架起云梯,攻打甚急。太子吓杀说:"国舅昨日出战,一去不回。今日打进关来。如何是好!"

忽报二位军师到了,太子大喜,令进来。僧道进营参见,太子说:"少礼,赐座。请问师尊,唐兵临关有何妙计?"僧道说:"千岁放心,我二人驾云而来,路逢国舅,命我二人先来守关。既唐兵打关,我二人出战,立擒唐将。"太子令点兵二千,开关迎战。刘仁、刘瑞正在打关,听得关中炮响,知有兵出战,退到平阳之地,摆开阵势,准备厮杀。僧道二人带兵出关,来到阵前,并不搭话,四人大战。二刘虽然勇猛,难敌僧道,回马而走。

元帅在将台看见认得僧道，叫声："不好了！他逃去已久，今番又来，必有异宝。二将乃无术之士，枉送性命。"令"秦汉、一虎快去救两个徒弟回营。"二将得令，飞身出营。远望二将飞跑，大叫："休慌，我二人来救你。"二将听得有救兵，复回马去，叫道："妖僧休赶，与你决个雌雄。"提枪直刺。僧道说："走的非为好汉。"举起剑棒相迎，战未数合，妖僧祭起蟠龙宝塔打将下来，刘仁躲闪不及，打死马下。刘瑞心慌，正要逃走，又被宝塔打落马下。僧道回身，正要枭首，秦、窦冲出敌住。唐兵救两人尸骸而回。僧道认得秦汉、一虎，知他手段高强，忙将宝塔打下。一个上天，一个入地。僧道大怒，冲锋杀过阵来，丁山敌住。元帅令仙童、金定、月娥、金莲四员女将飞马而出，围住僧道。僧道焉能杀得过，又祭起塔来，打中丁山、金定。仙童大怒，祭起捆仙绳，妖僧见了，化道长虹而去。妖道扇起神光宝剑，仙童手足动弹不得，遍身麻软，如醉如痴。月娥、金莲见了，双骑杀出，救了仙童。月娥取摄魂铃，妖道晓得宝贝利害，也化长虹而去。番兵败进关中，紧闭关门。

唐兵回营，计点将士，打死四将：金定及夫君、二刘。梨花大哭说："妖僧、妖道两个仇人，打死亲夫、姊妹、刘仁、刘瑞，此恨怎消？"金桃、银杏也哭二位亲夫。营中六神无主。听得云端落下两位仙翁。一虎见了说："师父、师伯到了。"进营通报。元帅住哭，同仙传弟子出营，接进王禅老祖、王敖老祖。二位仙翁下落仙鹤，步进帐中。众弟子参见已毕，问道："丁山、金定、仙童为何不见？"梨花哭禀说："被塔打死，被扇扇坏。"二祖一看，说："不妨，他四人被蟠龙塔打死。"取出四粒金丹，放入口中，四人悠悠醒转，见了师尊，连忙叩拜。二祖："仙童如醉如痴，被神光扇扇坏。"把手中拂尘连拂三拂，口念真言，仙童手脚活动，叫声："妖道，好妖法。"叩拜师父。二祖："樊梨花，我有灵幡一面，可破神光扇。明珠一粒，可破蟠龙塔。他二桩宝，乃从教主金壁风那里借来的。他教下都是一班妖魔，神通不小。我二祖虽有仙术，力不能破他。到时须要谨慎。待众仙聚会，共破诸仙阵。"梨花拜谢，接了两件宝贝。二祖驾云冉冉而去。众弟子望空拜谢。专等明日打关。

再言太子清晨升帐，僧道二人参见。赐座两旁，说："千岁，昨日大胜，打死唐将。今日出关，立斩梨花，必建奇功。"太子大喜。点兵出关，到唐营讨战。探子报入营中说："妖僧、妖道讨战。"元帅大怒，说："不斩二妖，如何破关？谁将出去除此二贼。"仙童、金定深恨二妖，上帐请令。元帅说："须要小心。"又令世子丁山说："你师父付你两件宝贝，同去出阵，擒此妖僧、妖道。"丁山接了宝贝，要报昨日之仇，带领飞龙将出营。

那仙童、金定来到阵前，僧道大惊说："那两个女将，丑的被塔打死，齐整的被扇扇呆。如今又出阵，唐营有起死回生之术。今日必要捉进关中献功。"算计已定，举剑轮鞭来战，不能取胜。祭起塔来，二女拍马回身。丁山赶到，祭起明珠，金光闪闪。塔上蟠龙见了珠来抢，丁山把手一招，塔随珠而落，收了宝贝。女将回马交战，唬得僧道大惊，宝塔被他收去，取出神光扇来扇两员女将。丁山摇动灵幡，仙童祭起捆仙绳，僧道见了，双双化虹进关。唐兵追来，番兵紧闭关门，灰瓶、石子打下，只得回兵。元帅大悦，传令明日打关。

那僧、道进关见太子。太子说："两位师尊，小校报道两桩宝贝被他所破，孤家正在慌张。复来见孤，有何计迎敌？"僧道说："殿下休惊，国舅借兵去了，决有神仙来降。目下紧守关门，我二人去会了国勇，请下诸仙，破那樊梨花。"说罢拜别，化虹而去。太子惊说："果然法术高强。"传令关上多加灰瓶、石子，日夜严守。我且不表。

再言苏宝同到蓬莱岛紫金山莲花洞，拜见李道符师尊，两泪交流，双膝跪说："蒙师父传我法术，要报父仇。被薛仁贵杀得大败，后被樊梨花大破阵图，化虹而逃。西凉国地方俱被夺去，只有玉龙关，此关若破，国家休矣。望师父发慈悲下山，收服樊梨花，复转地方，与弟子报仇。"仙师听了大怒说："樊梨花，你仗了黎山门下欺毁我教。既神仙犯了杀戒，同去见教主，请齐群仙，好退梨花。"宝同说："弟子前日往教主借黑狮驹，被他用计劫去，不好再去见教主。"仙师说："就将此事激怒师尊，诸仙聚会，一网打尽梨花等众，出你的气。"宝同大喜。同了师父出洞，驾云来到金山逍遥宫。看不尽许多山景，异草奇花，青松翠柏，来到洞外。里面走出两个散仙，见了师徒说："李师长同令徒到此何干？"道符说："有事见师尊。"二仙进洞禀说："李仙师要见教主。"金壁风说："李道符仙翁与我不同教,请进来。"二仙领了法旨出洞,令二人进见。师徒进洞,见琼楼玉殿,彤庭瑶阶,教主坐在蒲团,八名仙童手内捧宝立在西傍。道符上前参拜,命赐座。宝同朝拜,愿师尊圣寿无疆。拜毕起立。金壁风教主说:"李仙翁今日同令徒到来,还黑狮驹吗?"李道符说:"师尊不要说起,今日小徒到我山中说……"不知说出什么来,且听下回分解。

第六十六回　仙翁触动金教主
妖仙大战樊梨花

再言李仙师说:"蒙师借驹击破大唐,被樊梨花用倒海移山之术夺去宝驹,将徒弟擒捉笼中。说教主借来的,乞见他还。他非但不还,口中不逊,说教主自来也要擒住。连笼沉于海底。亏他化长虹来见我。"金壁风教主问:"宝同,果有此事吗?"宝同说:"真的说出教主之名,他辱骂不堪,说我教非人类,都是畜生。"阶下恼了许多弟子。野熊仙、金鲤仙、黑鱼仙、老牛仙、花马仙、神犬仙、野狐仙、鸡冠仙、花凤仙大怒,上殿朝拜说:"樊梨花欺我教太甚,我等一同去到玉龙关见个雌雄。"教主说:"众弟子不可造次,樊梨花助中原国君,黎山老母门下神通广大,不要管闲事。"野熊仙说:"弟子在金牛关,被他请二郎神烧我洞府,伤我教门弟子甚多。老师不管,金山再无修行学道之人了。"

那教主耳软的,听了此言说:"你们先到玉龙关摆诸仙群会阵。还了黑狮驹便罢;他若不还,我当亲临,显二教高下。"令道符师徒先到关下搭起芦蓬,迎接诸仙。道符大喜,同宝同化虹先到玉龙关。

众仙辞别师尊,各驾妖云而来。路上逢着僧道二位,说失了两件宝贝。花马仙大怒说:"二师,那教主命我十代弟子来助西蕃,管教大唐百万尽为飞灰。事不宜迟,径往玉龙关去。"僧道听了大喜回关。苏宝同先进关中,请太子焚香迎接诸仙。不消片时,下落云头,太子一一接进,见礼坐下,说:"孤家有何德,敢劳众仙下降,相助破唐?"神犬仙、花马仙笑说:"要破唐兵何难,待我二人出关,捉唐将如反掌。"众仙道:"我们一同出去看,怎样一个樊梨花?说他如此利害。"大家说得有理,一同上马,出了辕门,带领妖兵,探头点脑,要想吃人。唬得番民家家下闩,户户关门。道符仙师见了如此,扎营关外,免害生灵。宝同领兵,炮响开关。那丁山同秦汉,一虎正要打关,只见关中冲出一队,人人尽是奇形怪状,如畜兽一般好笑。"番邦用了这班人,国家该灭。"正在观看,旗门下杀出二人,挡住说:"来将回去,唤樊梨花出来纳命。"丁山大喝道:"呔!你两个狗头马面的妖道,不必多言,看枪罢!"挺枪刺去。妖道双双来迎,一场大战,二妖看来难胜,口中喷出妖雾腥气,罩住天光。丁山伸手不见五指,被他拖下马来。秦汉敌住,一虎救回。又冲出四个妖仙围住秦汉。顷刻天光明亮,一虎放了丁山,复冲出助战。那金鲤仙顶上放出毫光,黑鱼仙口中喷青烟,神龟仙眼中放出红火,鸡冠仙冠中放出五彩,飞在空中,结成一块磨盘大的东西,照定二人头上打来。那秦汉亏得入地鞋,见势不好:"师兄,我们去吧。"两个上天入地去了。四妖大惊,收了妖术。

唐兵报与元帅。元帅见丁山毒气所伤,吃丹醒转。听得二将败回,说明此事。梨花闷闷不乐。为何关关都有异人?如今来了许多妖仙,如何能破?仙童说:"前日两位师尊说:'玉龙关群仙斗法,'想是这班妖仙。待明日出战,见机行事。"梨花依言,传令紧守营门,恐防妖仙劫营。众将得令,紧守不表。

再言道符犹恐众妖扰民,就关外安营。次日唐营冲出三员女将。野熊仙性不能忍,听见女将出阵,舞剑冲出。见梨花骑黑狮驹,两旁金定、仙童各骑宝马。梨花一见野熊大怒说:"妖道,前日在金牛关逃去,今日饶你不过。"轮刀杀去,围住野熊。野熊难敌三将,众妖正要向前,梨花拍马吐出烟火。野熊唬得魂不在身。宝同见物伤心,不敢出战,紧闭营门,对众仙说:"黑狮驹利害,被他所得,若盗得它来,送还教主便好。"花凤仙说:"这个何难?今夜包管盗来。"宝同说:"全仗师兄大力。"当夜驾云往唐营。

正当元帅得胜,令秦汉巡营,见云中来了一位女仙,来盗黑狮驹。飞上云端与他厮杀,惊动众将,照定仙女乱射。花凤仙心慌,弃驹而逃。秦汉牵了黑狮驹回来禀元帅不表。那花凤仙巡回番营,将遇矮将驾云夺回,说了一遍。国舅好不烦闷,无计可施。

次日唐兵杀到，番营一班妖道各显神通，只见乌云猛雨，现出无数怪物，尽是豺狼虎豹。仙童见了大惊。梨花笑道："这些小术，三岁孩儿也晓。"念动真言，用红绿豆撒在空中，霎时雨散云收。神龟仙大怒，冲出阵来，喝道："樊梨花，你用撒豆成兵之术，我有法擒你。"梨花一看，见此妖尖头，绿眼、黑脸，嘴上微须，身穿八卦道袍，手执鹅翎扇，背上一柄红光刻冲来。将扇子一扇，扇出万丈波涛，水内钻出，拔出红光剑，来斩梨花。梨花念动真言，波涛尽退，将手接住宝剑，祭起诛妖剑，神龟仙躲闪不及，砍在背上，现了原形，乃一个大乌龟。将绳索穿了琵琶骨，贴上灵符，吊在旗杆之上，出其大丑。众妖见了，不战而逃。梨花见天色晚，收兵进营，明日交兵。此话不表。再言众妖同了僧道、国舅来见师父，说起："龟仙被捉，我教扫尽面皮，望师父救回。"李道符仙师说："龟仙被符镇住，待教主亲临方可解救。但是神仙犯了杀戒，我当亲出斩那梨花。"宝同等拜谢，各归营安歇。

再言梨花对众将说："今日出战，须要大破番兵，活擒众妖，好夺关门。"众将说："是。"点秦汉、一虎冲头阵，刘家兄弟第二阵，月娥、金莲第三阵，第四阵点金桃、银杏，第五阵点仙童、金定。自领后阵。丁山、罗章为救应。分派已定，大开营门出阵。秦、窦二将冲到阵，喝道："这班妖道，快快出来纳命。"众妖大怒，犬、马二仙敌住秦、窦二将。

又冲出刘仁、刘瑞，番营花凤仙、野狐仙出阵。见了二刘说："大唐好人物，果然生得标致，待我捉他回营成亲。"算计已定，各骑仙鹤出阵，娇滴滴声音说："二位郎君，快通名来，我好拿你。"兄弟抬头一看，见二女仙道姑打扮，好似仙子下凡，都是绝色。开言说："我刘仁、刘瑞就是，自出阵以来，无有不胜。你二人不如投降，我与你配一个风流佳婿，夜夜快活。若不然，我这枪杆厉害。"二仙姑笑道："你枪无情，我双刀也不善。"举刀砍来，二刘把枪相迎。

第三队月娥、金莲杀到旗门。野熊仙、老牛仙接住，思量要活捉二员女将。老牛抵住月娥，杀得天昏地暗。金莲迎住野熊。老牛口吐青烟，霞光喷出。月娥摇动摄魂铃，老牛跌下马来。现了原形，是一只白牛。吩咐军校，穿了鼻孔，牵回本阵。又来助金莲。野熊见老牛捉去，一发心慌，摇身变了飞熊，眼如铜铃，口似血盆，来捕捉金莲。那月娥冲到说："郡主不要慌，我来也。"取铃摇动，野熊跌倒，被手下捆捉回营。

二员女将正要回营，抬头见两公主敌住金鲤仙、黑鱼仙。二妖口中吐出海市蜃楼。金桃、银杏眼前花花绿绿，如醉如痴。二妖正待擒拿，金莲、月娥大喝道："休伤我将！"手舞双刀架住。两个鱼妖大怒，思量一网而擒。哪知月娥铃子利害，对了妖道一摇，二妖跌落马前，现出双鱼，涌出清泉，借水遁而逃。那四员女将杀到对阵，冲出飞钹和尚、铁板道人、苏宝同、鸡冠道人，敌住四员女将。元帅冲锋上前。李道符大怒敌住，喝声："咄！樊梨花安自尊大，不看仙翁眼内，今日相逢，断不饶你。"梨花抬头一看，见道符仙风道骨，相貌不凡，五绺长须，飘洒胸前，头戴纶巾，身披鹤氅，手执仙剑，不像妖道之辈。说道："仙长，我与你素不相识，风马牛不相及，说什么断不饶的话来？"道符说："樊梨花，你不认得我吗？我与师同列仙班，弟兄相称。道友宝同，是我弟子，虽兴兵抱怨大唐，也各为其主。你不看师叔之面，处他无情。今日我不与你甘休。"说罢，举剑向梨花面上砍来。不知后事如何，且听下回分解。

第六十七回　教主摆列诸仙阵　二教斗法有高低

前言不表，再讲樊梨花双刀架住说："原来是道符师叔，既是上古神仙，该识天命，也不该来助恶为虐。该命你弟子改邪归正，教番主降唐纳款，自然唐主收兵，各分疆界。何劳师叔到关前与我为难。"李仙师听了大怒说："樊梨花，你说哪里话来！天下者非一人之天下，唐王坐了中原，贪心不足，夺取西番世界。好好把番国地方退还，收兵回去，叫唐王年年进贡，岁岁来朝，我便饶你。"梨花听了，叫声："师叔，这句话讲错了。中原大国到反进贡小邦，你如何做得大罗神仙？快快归山，可全体面。若再无知，休怪弟子无情。"道符听了怒容满面，说："贱人，休得多言！"用剑劈面砍来。梨花又架住说：

"师叔,我看黎山师父之面,让你两剑。若是再来,决不让你。"道符又举剑砍来。梨花将刀相迎,战有数十合,不分胜负。梨花想道,他法术高强,先下手为妙。祭起打仙鞭来打仙翁。仙翁大笑,把袖一拂,鞭落在袖中。把身一摇。背后五道金光飞来罩住,梨花眼花缭乱。忽仙翁提剑赶到,唬得魂不附体,说:"性命休矣!五遁不能逃脱。"只听得霹雳一声,五道金光不见。李仙翁正欲砍梨花,听霹雳打散神光,大怒。抬头一看,见黎山老母跨了一匹金鳌飞下,说:"李道友,休伤我徒弟。不该请教主炼宝摆阵,害我座下众弟子。如今也不与你计较,你看那边云彩冉冉,教主法驾来也,我且暂退。"仙翁见了老母,欲要相杀,听教主驾到,回头一看,远望西方祥云五色到来,忙传令收兵接驾。那花凤仙、野狐仙正与二刘交战,听得收兵,俱皆罢战,退回本阵,接教主。

那樊梨花在金光中,五遁不能逃脱,忽师父降临,说退道符。收兵回营迎接师父进账,领众参见,拜谢救命之恩。拜毕起立两旁。老母说:"如今金壁风教主炼四口宝剑,要摆诸仙群会阵,见二教高下。与我等斗法。你去营外搭起芦蓬,迎接诸仙下降。"梨花奉命,传令罗章营前台上挂红结彩,请老母坐在当中,香烟不断。又设交椅公座,笙箫细乐。

不表营营齐整,再言金壁风带了数代弟子,捧了宝剑,那剑红光闪闪,五色毫光。谁知弥勒佛座下黄眉童子,他在西天小雷音寺骗捉唐僧,有徒弟孙行者求得佛主收去。不料弥勒往西天如来佛那里去了,黄眉童子私下山来。见了五色毫光,决有宝物,忙驾云而来,撞着教主宝剑放光,说:"老道士,这剑送与我吧。"教主一看,原来是个童子,说:"这宝剑要到玉龙关摆阵斗法,你要来何用?"童子说:"我爱他五色毫光,心中所喜。"教主说:"快快回去,我要行路。"那童子将布袋抛起收了宝剑,起身要走。教主晓得此袋是佛藏天袋,乃法门至宝。故将好话与童子说:"童子过来,我有话对你讲。你在弥勒佛座下,不见干戈。今日同我往玉龙关摆阵,你把剑还我,斩了樊梨花,与你剑罢。"童子笑道:"既如此,同去看看。这剑原要送我的。"教主说:"这个自然。"驾云来到玉龙关。那仙师命宝同搭起高台,香花灯烛迎接教主仙驾。只听得半空音乐,道符同了三弟子,九仙妖,一齐迎接教主。教主下云,坐在高台,众仙参见。李仙师傍坐,众弟子侍立两列。道符:"起初捉去神龟仙,高吊旗杆,又捉去老牛仙、野熊仙。今日亲出,将金光罩住,欲捉梨花,被黎山老母救去。专等教主法旨,大显神通,除此樊梨花。"教主听了说:"黑狮驹盗不回,反失三仙。我全仗这匹神兽,好建奇功。"便命弟子飞云、飞翠二位女仙,"与你两道灵符,前去盗骑。"

二仙女领法旨,接了灵符,驾云来到唐营。往下一看,见黑狮驹拴在莲花帐前,三仙高吊旗杆,奈有人守不能偷盗。等到晚来,直至三更,将士带甲安睡,二仙大喜,飞云对飞翠说:"师兄,你去盗骑,我去旗杆上放三仙。"飞翠说:"师弟,须要小心。""晓得。"那飞翠来到帐前,取出灵符一照,那神兽认得灵符,挣断丝缰,四足腾空。飞翠大悦,骑了驾云而回。那飞云上高杆,将灵符一照,老牛、野熊大喜,脱其绳索而逃。独有神龟仙逃不脱,一汪眼泪。仙女说:"他两个见了灵符,脱身而逃。你这乌龟还不快走。"神龟说:"仙女,你不知道。他铁链容易脱身,我是捆仙绳,要窦仙童亲念咒语,方能解得。"飞云听说,无可如何,只得同了二仙回营,来见教主,说:"弟子奉法旨,老牛、野熊回来,神龟被捆仙绳捆住,不能脱身。回来交旨。"教主驾坐薄团,也知神龟灾难未除。老牛、野熊也来叩谢。飞翠盗了黑狮驹,也来交旨。教主见了黑狮驹,心中大悦,吩咐迁往后营,待天明乘坐,阵前好会唐兵。此言不表。

再言唐营元帅升账,守狮小校禀说:"昨夜三更,只见半天毫光一闪,那匹黑狮驹叫一声,驾云而去。"梨花大惊,决是金山法力摄去黑狮驹,又是一番周折,闷闷不乐。又小军报进:旗杆逃去二妖,单剩乌龟。梨花一发心惊,忙上芦蓬,叩见师父,说此因由。老母:"徒弟,昨夜音乐嘹亮,想教主已到。待他布了阵图,候诸仙一道破阵。"梨花听师父之言,抬头观看,见番营顶上,五花祥云如同华盖。忙下芦蓬传令出营,后面老母驾鳌而出。那番营教主,带了众弟子,骑上黑狮驹出阵,说:"唐朝将士,请黎山老母出来会贫道。"那老母乘鳌而出,见了教主,说:"道友请了,我和你上古神仙,万劫修身,上朝金阙,何故来降红尘?"金壁风叫声:"道友,你徒弟樊梨花背后恶言毁骂我教。今我下山,只叫樊梨花出来,待我拿上宫中,问明还你。"老母说:"你的门下多有搬嘴,道友不可听他。"教主说:"我既下红尘。摆一阵图,今且暂回,明日分二教高下。"老母说:

"且摆完了再处。"说罢，两下一拱，各自收兵回营。梨花听得教主之言，闷闷不乐。

教主回营，吩咐国舅，进关祭祷山神海岳天地天祇。国舅领命。请出太子拜祷。然后教主摆起诸仙群会阵，按四方悬宝剑四口，凭你神仙杀到，削去三花，梨花性命难逃。宝同奉命依法整备。次日教主登台，点金鲤、黑鱼二仙，"你守南方丙丁火，暗藏三百甲士，若有神仙进阵，祭起宝剑，绝他性命。"二妖领旨，镇南方。点白牛、野熊二妖，"带甲士三百，镇东方甲乙木。若有神仙进阵，祭起宝剑斩他。"二妖领法旨而去。点犬、马二妖，镇守西方庚辛金，付剑一口，二娇领旨而去。点花凤、野狐，将剑一口，镇守北方壬癸水。分派已定，对黄眉童子说："你随贫道到来，烦你一烦。"童子说："我佛门慈悲为念，不晓武艺，叫我如何上阵？"教主说："只要你将布袋抛起，一概收在袋中，其功不小。非但宝剑送你，国王还有许多宝贝赏你。"童子贪财，说："就去。"同道符守中央戊己土，二人领旨而去。又令苏宝同、飞钹和尚、铁板道人、鸡冠仙四队，分为左右救应。自骑黑狮驹，手执令旗指麾。摆阵已完，众将严守。

那唐朝元帅见番营毫光直透云端，明知摆阵已完，忙见师父说："看此阵十分厉害，师父一人焉能成事？若众弟子进阵，枉送性命。"老母叫声："徒弟，你看那边彩云几朵，诸仙来也。快些迎接。"梨花听了下篷，众弟子跪迎。只见骑龙、骑凤、骑鹤、骑象、骑狮、骑牛、骑虎，都下云端，接入篷上与老母相见，列班而坐。蒲团第一位轩辕老祖、王敖老祖、王禅老祖、张果老、李靖、谢应登、孙膑、张仙共八位仙师，坐在东首。西首坐着五元仙母、金刀圣母、武当圣母、桃花圣母、黎山老母，随来仙女手捧宝瓶，奏动仙乐。梨花同众弟子叩见。薛丁山是王敖弟子，秦汉、窦一虎是王禅弟子。金莲，桃花圣母徒弟。金定，武当圣母徒弟。月娥，金刀圣母徒弟。今日师徒相逢，甚是欢喜，吩咐摆列素筵，款待仙众，说及破阵之事，不知后来，可能破得诸仙阵否，若知后事，且看下回分解。

第六十八回　老祖大破诸仙阵
教主群妖俱已逃

且表黎山圣母说："金壁风听一面之言，妄动干戈，摆了恶阵，与我教斗法。奉轩辕老祖执掌帅印，发兵破阵。"众仙俱说是。

梨花捧上兵符帅印，老祖接了。往下一看，众弟子不得进阵，有伤性命，便说："今日承众位道友推贫道执掌帅印，也犯杀戒，以应劫数，黎山老母、五元仙母二位道友，带弟子梨花领兵杀入南阵，取宝剑砍倒朱雀旗，其阵立破，可到中央会兵。""是。领法旨。"又命："王敖、王禅二位道友，带弟子丁山、一虎、秦汉去打东阵，收取宝剑，砍倒青龙旗，杀到中央会兵。""领法旨。"四仙带领弟子去了。命："张果老、李靖、谢应登、孙膑、张仙五位道友，带刘仁、刘瑞领兵杀到西阵，取剑砍倒白虎旗，中央会兵。""领法旨。"五仙驾鹤乘虎而去。命："武当圣母、金刀圣母、桃花圣母三位道友，带金定、月娥、仙童去打北阵，取剑砍倒元武旗，中央会兵。"三仙领法旨而去。自执黄旗，坐下青狮，到中央会合。

再言二位老母，杀入南阵。只见红光冲出，那宝剑盘旋滚滚下来。二仙恐防有失，顶上现出两朵金莲，托住宝剑。五元圣母，用手一指，摘取宝剑。黎山老母砍倒朱雀旗，红光尽灭。阵中鼓响，杀出金鲤、黑鱼二妖，敌住二仙。梨花祭起金棋子，将二妖打死，现了原形，是两鱼精。老母提刀斩了两个鱼头，杀入中央。

那王敖、王禅老祖，杀入东阵。只见一道青烟，随着宝剑如龙舞而来。二位老祖一见，即时顶上现出彩云托住宝剑。王禅收了宝剑，王敖将青龙旗砍倒，同弟子杀入阵中。只听连珠炮响，冲出白牛、野熊提剑来迎。被秦汉一棒打死白牛。野熊正要逃脱，被二祖一指捉住。杀入中央。

再言五位仙翁杀入西阵，见白光万道，夹住宝剑杀将出来，好不厉害，如光芒飞舞，杀气腾空。五仙一见，即时顶上现出金光托住。孙膑收了宝剑，张仙砍倒白旗，冲出犬、马二妖迎敌，被刘家兄弟双戟刺死，现了原形，乃一犬一马。杀入中央不表。再言三位老母来到北阵，见一道黑气漫天遍地，对面不见人，忽然宝剑如虹而来。三位圣母知得宝剑利害,每位的头上放出金莲托住宝剑。桃花圣母砍倒黑旗,收取宝剑。忽听锣鸣,冲出花凤仙、野狐仙。仙童祭起捆仙绳,将二妖捉住回篷。便往中央大会诸仙。轩辕正与道符斗法。道符祭神光珠来罩轩辕,轩辕笑道:"顽仙,你有明珠我有钵盂。"托在手中,一道金光现出一条金龙,擒住明珠。道符看到诸仙杀到,明珠阵破了,打点逃身。金壁风叫声:"不好了!"吩咐童子祭宝。童子笑道:"诸位善男信女,大家看看我的宝贝来了。"将布袋抛起,把诸仙弟子一齐收入袋内。单走了轩辕、李靖、孙膑、谢应登、黎山老母五位祖师,余者都被收去。

谁知来了救星,是唐僧奉旨取经,收了三个徒弟,孙行者、猪八戒、沙和尚。遭了八十一磨难,才到西天,取得三藏真经,脱了凡胎,竟回东土。师徒四个在云端经过,听得下面争斗之声。唐僧叫声:"徒弟,自离西天,早归东土。这里什么地方,有毫光冲天,杀气腾空,是何意思?"行者道:"师父,你忘记吗? 前日在西天,见佛取经的时节,那如来佛前殿弥勒佛笑对你说:'唐三藏你归东土,到西凉国地方,有群仙斗法,擒妖捉怪,千万不要管闲事,恐有祸到。'想此正是西凉国地方,由他们罢,问他做甚?"话犹未完,只见面前黑暗,伸手不见五指。师父与八戒、沙僧霎不见了。孙行者大惊,叫声:"师父"。那边答应说:"徒弟,我和你方才讲话,日色当中,一时天色黑暗,想是夜了。"八戒笑说:"就是夜了,也有星光月色。想是西边沙漠之地,是落沙天了。为何眼珠都张不开?"急得行者无法,想是师父又有灾难了。想一想说:"是了,这里定有妖魔,又将我师父缠住,弥勒佛早晓得,待我往西天向明,便知道了。"算计已定,东钻西钻,没有缝路。呵呀! 好奇怪! 为何还在暗中? 且住,我孙行者天宫地府龙宫都走过的,到了东土,寸步难行。我一个筋斗行十万八千里,这些世界有限。团团看去,有一线亮光,好似菜籽大。行者喜说:"如今有出路了。"变一蜜蜂钻出。看见天光,一个筋斗早到西天。走进山门,有四天王、八菩萨拱手说:"大圣,你同唐僧归东土,为何又来?"行者说:"不要说起,在西凉国经过,被妖魔把我师徒四周罩住,昏天暗地! 无处逃身。我变化钻出,特来求见世尊,问个明白,好除妖怪。"金刚菩萨不敢拦阻,引见世尊。行者上前唱喏说:"如来佛,老孙唱喏。"世尊笑道:"这猴精! 同师父回归,为何不来?"行者说起此事,要如来查明是何妖魔。世尊说:"诸天菩萨查看,何处妖怪在西凉作难三藏?"有弥勒佛越班而出:"启世尊,我座下黄眉童子私自下界有三刻,失去如意乾坤袋,又在那里戏侮唐僧。"世尊说:"烦弥勒佛前去收回,放唐僧回东土,完了功业,早来佛地以成正果。""谨领佛旨。"

同了行者驾云来到西凉,立在云端之上,望下一看,只见黄眉童子祭袋欲害诸仙。弥勒佛去下念珠,收了布袋,放出诸仙、唐僧师徒三人。黄眉童子见了主人,叩头礼拜。宝同僧道见收了袋大惊。那金壁风、李道符大怒,仗剑驾云,见了弥勒喝道:"你这胖和尚! 出家人也管闲事,吃我一剑。"恼了孙行者,手举金箍棒,喝声:"齐天大圣在此,吃我一棒!"教主、道符听说齐天大圣,唬得魂不附体。晓得闹天宫,玉帝也降他不得。回身化二道金光而去。行者笑道:"我老孙棒不曾打下,这两个野道就不见了。"弥勒佛叫声:"悟空,你同师父速往东土,我回西去也。"带了童子驾云往西。

那师徒下落云头,诸仙接见说:"四位师父是甚菩萨,收了宝袋,前来救贫道等众?"三藏回礼说:"贫道乃唐玄奘,奉旨往西天取经回来,被如意袋收去。大徒弟孙行者逃往西天见佛,求得弥勒佛前来,收了袋,放出诸位仙长仙母。"众仙说:"原来师父就是西天取经圣僧,如今唐王扎住白虎关,速去复旨。"师徒大喜,作别回东不表。

那诸仙对谢应登仙翁说:"如今阵已破,金壁风、李道符逃去。只有苏宝同、铁板道人、飞钹和尚未曾剿除,恐有后患。道友在此剪除,我等辞别先行。"应登领命。诸仙各驾祥云去了。众弟子跪送师尊。元帅传令,杀到玉龙关。唬得太子两泪交流,说:"如今怎样处?"宝同、僧道逃回见太子。太子说:"国舅,今唐兵大破诸仙阵,教主与李仙翁杀得大败而走。如今计将安出?"宝同叫声:"殿下,吩咐严守关门,设计破之。"正在此言,番儿报进说:"大唐兵马架云梯攻打甚急。"太子大惊说:"如何是好?"宝同说:"太子不必着忙,我们二人同去守护。"太子说:"孤也同去。"四人来到关上,往下一看,见唐兵如潮涌,围得水泄不通。令军士多备灰瓶、石子、劲弓、弩箭坚守。不知后事如何,且听下回分解。

第六十九回 番王纳款朝金阙
圣主班师得胜回

闲话休提，再言唐营元帅请师叔发落诸妖。那白牛精被秦汉打死；犬、马精被刘仁、刘瑞刺死；金鲤、黑鱼被金棋子打死；鸡冠仙被乱刀砍杀。剩下野熊、神龟、花凤、野狐四个妖魔，被捆仙绳捆住，跪落尘埃，苦苦哀求说："我虽是妖精，修炼千年方得人身，叨天地之灵气，受日月之精华，同归截教。误被苏宝同诱来抗阻天兵，望大仙释放，从今改邪归正，再不敢妄为。"谢仙师笑道："你们虽归仙数，人面兽心，欲待放你，后来又要害人。"秦汉禀道："师叔，那野熊精兽在金牛关助朱崖，捉去金桃、银杏。亏二郎神逐此妖精，救回二女。断断放他不得。"仙翁点头，取出葫芦，放在桌上一拱道："请宝贝转身。"只见一毫是光，变成剪刀，双翅扑来。野熊深恨宝同，追悔莫及，顷刻头落。又斩了野狐，恐后害人。神龟无能，放他去罢。解了捆仙绳，乌龟拜谢而去。花凤仙原是仙禽，度他成仙，放在仙山。花凤得放，一声响亮，飞向岐山，安逸以待圣人不表。

且说谢仙翁发落众妖已完，元帅即令："秦汉、一虎今夜进关，擒太子破关。"二将得令，来到关中。等到三更，太子在城上，身子困倦。那些番军东倒西困。二人大喜，取出绳索，将太子绑了，将长绳坠下，唐营军士接住。太子梦中惊醒说："不好了，身子已被捆住。"泪如雨下。解进营中，令："囚禁后营，待本帅破了关发落。提兵打关。"二位矮将斩关落锁，放进唐兵。宝同、僧道闻知，提刀上马，杀下城来，迎着三员女将。铁板道人敌住金定；宝同迎着仙童；飞钹和尚撞着金莲。一场大战。

三人虽是骁勇，见城池已破，无心恋战，恐防祭起宝贝，各化长虹而逃。谢应登见三人逃去，打下定光珠。三虹跌落尘埃，被捆仙绳捆住。正当天明，元帅传令安民。秦、窦二将缴令；女将绑进三人。梨花请谢仙翁到营，说道："苏宝同、铁板道人、飞钹和尚俱已拿到。他三人有化虹之术，弟子不能除他。请师叔除此逆贼。"谢仙翁吩咐摆香案，请出葫芦供着。朝上一拱："请宝贝诛凶。"只听一声响，飞出剪刀，扑开二翅，三人恶贯满盈，飞宝立时斩首。仙翁说："我已除三害，可将太子绑在军前，杀入西番。他君臣归伏，就可班师。我去也！"收了葫芦，驾鹤而去。一众弟子拜送。元帅见仙翁已去，传令将太子捆在军前，杀入西凉。

那哈迷王正坐早朝，一连三报进朝。番王召进探子，奏道："启上狼主，不好了。大唐兵马打破玉龙关，杀了苏国舅、二位军师，捉去太子，大兵直杀到西凉了。"番王听了，唬得魂飞天外，惊倒龙床之上，有一个时辰方醒。大哭说："多是国舅惹祸，大唐起兵杀到边城，太子捉去。目下有谁出去退敌？为孤分忧？"连问数声，两班文武无人答应。雅里丞相道："臣启主公，不必惊慌，备下降书降表，到唐营纳款，将造反之罪推在国舅身上。大唐仁德之君，必然允从，自然还回太子。再备金珠玉帛女子，唐师必退。"

番王依了丞相之言，修了降书，宫中取出宝贝，装载数车，同了文武，离了王城，迎接先差。通事番官往唐营说："我邦狼主误听苏宝同之言，触犯天朝。今日天兵到来，追悔无及。今带领文武众臣，出郊迎接元帅，情愿纳款投降，年年进贡，岁岁来朝。望将军转达元帅，番邦幸甚。"先锋罗章听说，叫军士收下降书，"待我转报元帅。"番官送上降书。先锋扎住营，飞报元帅。

元帅大喜，此事苏宝同打战书到中原，引起一番征战。今见君臣拜伏马前；令丁山传言说："番国君臣请起，我元帅奉旨征西，欲灭你国。既然君臣悔罪，苏宝同已斩，暂准投降。我主扎住白虎关，班师带汝君臣去复旨。"番王叩谢起身，请元帅入马进朝。同众将进了番城，那番民香花灯烛，挂红结彩，迎接元帅。进了朝门，到银銮殿，番王君臣拜见，摆宴殿廷，又送出许多

奇珍异宝,元帅收下。传令起兵出城,带领番国君臣,将太子释放,立刻班师。不比来时,归心如箭,过了玉龙、铜马、金牛三关;芦花河祭过应龙,起兵到沙江关,过了寒江,回到白虎关。

先有捷书报与唐王,龙颜大喜:"难得平西太平。"差程千岁前往迎接元帅,自同文武出关十里候迎。程咬金飞马来到,元帅大喜,细说一遍。咬金称赞,并马前行。见唐主龙驾,樊梨花看见,同众将下马,拜伏道旁。天子将手一起道:"诸卿平身。"起驾进关朝贺。

天子说:"卿家夫妇征服西番,其功不小。"樊梨花奏说:"番国君臣纳款投降,带在军中,请旨定夺。"将降书送上。天子一看,喜动颜色,传旨:"宣哈迷王见驾。"那番王奉召,忙到驾前,口称:"大唐圣主,番邦小臣哈迷赤朝见。"山呼拜毕,奏说:"臣误听奸臣苏宝同,触犯天朝,罪该万死。愿献西番地方数万里,苟全性命。望王准奏。"天子说:"朕念你系小邦之君,误听邪言,兵犯上国。今既悔过,放汝归国。西番地界自沙江关之东,尽归唐朝,以西汝仍管辖。退班。"番王谢恩出朝。同了太子、文武割地求和,回转本国。

西天来了唐僧师徒,下落云端,送上真经。天子大悦,传旨回朝封赏。三藏奏道:"贫僧出家人,发愿西天取经,今喜回东回驾,已不愿留在红尘,望我主恩放归山。"天子不忍苦留,御赐袈裟宝杖,准奏谢恩。三藏山呼万岁,师徒四众辞圣驾云往西不表。

那丁山想父亲白虎山归天,夫妇往山祭奠哭拜,重修白虎庙。来日天子封一虎镇守白虎关镇西侯,带兵十万;金莲封一品夫人。夫妻谢恩就职。秦汉封青龙关定西侯,月娥封一品夫人。夫妻谢恩。丁山夫妇俱来作贺说:"此一别不知何日再会。"秦、窦二将说:"后会有期。来日起驾,过了玄武关,不日又到青龙关。秦汉驻守。

行到寒江关,梨花来见母亲。丁山设祭岳父、二舅,请僧超度。丁山说:"贤妻不必悲伤,请岳母同去享受荣华。"老夫人说:"我本不忍离故国,单有女儿随去便了。"备车起程。又行到界牌关。天子召丁山说:"朕当先行。卿同妻搬父棺到京,往山西安葬。"丁山谢恩。

御驾还朝,太子同文武迎接。驾进长安,升了金銮,百官朝贺。有张士贵之孙,志豹之子,君左、君右俱为丞相。朝罢进宫,王后妃嫔朝见,细说征西十有八年,朝中又见一番景况。次日天子入寺观行香见武氏,收纳宫内,荒淫无度。不久废了王皇后,立武氏为正宫,名唤则天。为尼之时,丑声闻外。今为皇后,一发无忌。天子十日不坐朝,文武撞钟击鼓,天子正与皇后欢乐。听得升殿,丞相魏旭上朝奏道:"万岁征西回宫,耽于酒色。倘外夷晓得,为祸不小。"天子听奏,封秦梦为护国公,袭父职,罗章为越国公。陈云、刁应祥已经阵亡,立庙祭祀。刘仁、刘瑞封都督,出守河南,二人谢恩赴任。随征将士俱加恩赏;阵亡将士子孙受职。文武谢恩。天子驾退还宫不表。

再言丁山夫妻见柳氏老夫人叩头。夫人问道:"妹子为何不来?"丁山说:"妹夫封守白虎关,妹子受封同享。"夫人流泪。丁山说:"少不得差人问候。"丁山与老夫人、妻小到灵柩前哭拜,奉旨扶棺还乡。军士挂白如同霜雪。到玉门关地方,官府俱来迎接。早到长安,将棺停在寺中,入朝见驾。程咬金也复旨。不知天子有何言语,且听下回分解。

第七十回　丁山奉旨葬仁贵　应举投亲遇不良

话说大唐高宗皇帝征西回京,西番进贡者七十二国,俱来朝见。龙颜大喜,当日坐朝。程咬金启奏薛氏功劳,天子准奏加封,封薛丁山为两辽王,命工部在长安督造王府。工部领旨。封长子薛勇红罗总兵,次于薛猛云南总兵,三子薛刚登州总兵,四子薛强雁门总兵,大夫人仙童封定国夫人,二夫人金定保国夫人,三夫人梨花功劳最大,封威宁侯。仁贵身丧西凉,谥文定,立庙祭祀。柳氏、樊氏俱封一品太夫人。丁山父子谢恩,回府又拜谢程咬金。文武俱来贺喜,不表。

且表那工部督造王府三月完工,请薛爷进府享受。长子薛勇、次子薛猛辞父上任,各府小爵主俱来送行,不必细表。再言丁山在府对四子薛强说:"吾儿,你二兄上任去了,我有一件事,因你年幼,不好差你。"薛强跪下说:"爹爹有甚事,说与孩儿知道。"丁山说:"我在西番曾许下太房州还愿,欲差三子薛刚前去,他性暴好饮,恐生事故,留在京中。你往雁门是顺路，所以唤你前去。"薛强应诺，拜别父亲、三位母亲。大夫人再三嘱咐：前去小心。二夫人、三夫人也一番嘱咐。薛强领命，带了家将，望四川而去。

另再回言丁山想起父亲骸骨未葬，便与三位夫人商量。大夫人说："这是大事，必须辞王别驾，速扶棺往山西安葬公公是好。"丁山说："夫人有所不知。目前朝廷隆重，就上辞表，未免唐突。"夫人说："这不难。烦徐先生保奏，自必无妨。"

丁山忙写表章，次日上朝。一面向鲁国公程咬金说："要在山西葬父，烦老柱国保奏。"咬金听言呵呵大笑，说："这是你孝心，老夫自然保奏。"丁山拜谢回府，端整明日上朝，不表。再言次日高宗驾坐早朝，文武朝毕，只见班中闪出一位大臣，象简紫袍，俯伏金阶奏道："臣两辽王薛丁山启奏。""奏来。""臣父仁贵，没于王事，丧白虎山，蒙恩命臣扶棺归葬。今臣扶棺往山西安葬，愿王赐恩。"高宗将表一看说："朕欲留卿在朝，以报卿之功劳。今既要葬王叔，依卿所奏。待朕差官御祭御葬，留威宁侯在朝辅政。钦此。"丁山谢恩。驾退回宫，各官朝散。

丁山回府，与三位夫人及二位太夫人说知。次日同柳氏太夫人、二位夫人送父骨往山西祭葬。三夫人梨花同三爵主薛刚在府。朝廷差行人司同到山西御祭御葬。丁山又上朝谢恩。有左丞相徐敬业、右丞相魏旭，又秦梦、尉迟弟兄、文武百官等，俱送到十里长亭，都助丧费银两。朝廷又赐黄金千里，白银万两，金瓜月斧，"倘山西有不称职官员，任卿先斩后奏，三年之后来京就职。"丁山望阙谢恩。各官送别。丁山对鲁国公说："老柱国，晚生有一言相告。今三子薛刚在京，倘或生事闹祸，求老柱国处治。"咬金说："不消嘱咐，老夫自当照管，你放心前去。"丁山又与梨花嘱托一番，唤过薛刚，一番吩咐，不必细表，丁山竟往山西，一路不消尽说。咬金、梨花各回府中，我也不表。

再讲薛刚在京无事，结交一班小英雄。秦梦之子秦红，混名阔面虎，尉迟景混名白面虎，罗昌混名笑面虎，王宗立混名金毛虎，太岁程月虎，长安城中人人害怕他，皆云五虎一太岁。一日，众小英雄都来探望，与薛刚意气相投，结拜为兄弟。日在酒店中饮酒，到教场中走马射箭，玩耍回来又生事，凭你文武都要让他几分。就是鲁国公程咬金也管他不住，无可奈何。这日合当有事。有一人姓薛名应举，夫妻二人，也是山西人，到长安投亲。不想张君左之子张保，带领许多家将在街上走，张保在马上看见王氏生得美貌，满心欢喜，呼家丁唤他到府中，有话问他。家将领命来到薛应举面前说："大爷唤你夫妇到府，有话问你。"应举摸不着头路，问道："我与你家大爷又不相识，唤我怎么？"家丁说："你见了我家大爷，自有好处。"扯了就走。王氏再三哀告，只是不听，竟扯了应举夫妻走。王氏大喊说："清平世界，又不犯法，拿吾则甚？"街上这些百姓晓得张府势耀，哪里敢来相劝，凭他拿去府中。家丁禀道："唤到了。"张保一见，满面笑容说："尊姓大名？贵处那里？说与我知道"。

应举初然间家丁拿来，倒有几分害怕。今见张保如此相问，便放心说："大爷，小人家住山西，姓薛名应举，偕妻王氏，到京投亲不着，流落在此。求大爷发放回去，感恩不浅。"张保说："你既投亲不着，在京无益，留你妻子在此，多打发盘缠回去。"应举一闻此言，大怒说："我堂堂男子，满腹经纶，要来求取功名难道我卖老婆不成？快放了我回去。"张保说："你来得去不得了，休想回去。"吩咐："把王氏拿进后堂，交婢女们看守，把这奴才赶出府门。"王氏见了扯住丈夫，口中百般大骂说："清平世界，强逼人妻，若奏闻圣上，依律处死。"张保大怒，吩咐家丁："将应举送往长安府，当作强盗，要他处斩，以除后患。"家丁应诺，将薛应举锁住，拿往长安府去了。应举喊破喉咙，那个来管你。竟到衙门，那知府听了张府家人之言，认其为盗，将应举屈屈打成招，问成死罪，明日立斩。那王氏被张保拿进后堂，便抱住亲嘴。王氏把脸侧开，大喊，两泪如雨，大哭起来。叫道："丈夫快来救吾。"张保笑嘻嘻说："不要叫了，若肯从我，少不得做个小夫人；若不愿从，你也休想回去。你丈夫做了强盗，料不能活的。"王氏听了，两脚乱蹬，将头向张保乱撞。张保正欲势强，忽家人报说："老爷回朝，唤公子。"张保无法，就交付老婢："看守在后园，晚上来与他成亲。"竟往外面去了。老婢同王氏来到后园，王氏哭诉冤情，老婢哀怜，说："大娘，你如今好了。你既有冤情，我也晓我。我晚上放你。那公子怕老爷，不敢乱为。"王氏跪下说："妈妈救了我，我没世不忘。"啼哭不住。老婢："也罢，我开园放你去。"王氏叩谢救命之恩。老婢扶起而别。不表王氏逃走，再言老婢做成圈套，公子问起，只说王氏投池身死，谅来不究。那张保留在书房，不许进内。这是老婢造化。再言王氏逃走，一路啼哭，天色又晚，就投庵过夜。明日仍上街打听。听得人说，明日午时要斩大盗。王氏闻言，问道；"要斩何人？"旁人说："昨日张府失盗，拿位正盗，

国学经典文库

中国二十大名著

说唐全传

图文珍藏版

叫薛应举。"王氏听了,这是我丈夫呀,叫一声:"张保,天杀的、我与你无冤无仇,为甚将我丈夫处斩?好不疼杀我也!"大叫一声,晕倒在地。

这回薛刚同一班小英雄在酒店饮酒回来,在状元街游到金字牌坊玩耍,见一妇人跌倒在地,啼啼哭哭。众小英雄问道:"你何故在此啼哭?"王氏细说名姓:"山西人氏,丈夫薛应举,小妇王氏,来到长安投亲不着,被张君左家人哄骗进府。张君左之子张保要强奸小妇,因我不从,将我夫当强盗送到知府,苦打成招,明日将我夫斩首。今求仁人君子化一口棺木,收殓丈夫,我也尽一点孝心。"薛刚大怒说:"难得此女贞节,明日我等救你丈夫,回去罢。若被张贼晓得,你性命就活不成了。"王氏拜谢回庵。小英雄回府,众人说:"造化了,遇着薛三爷,谅必得救了。"不知如何去救,且看下回分解。

第七十一回　劫法场御赐金锤　鞭张保深结冤仇

前言不表。单言次日薛刚同秦红等结束停当,暗藏器械,都到状桥,只见长安府监斩,薛应举绳索绑捆,身上斩条插了,一声锣,一声鼓,迎将来了。薛刚一看,拔出身边短刀,大喊一声,将知府一刀,众人一齐动手,杀了刽子手,劫了法场,救了应举。众百姓纷纷逃命。薛刚叫声:"众兄弟,你们各自回去,不要连累。自古好汉做事,一身承当。"小英雄听了,各自分散。

薛刚单身同应举夫妻一路,只说是哥嫂被张保陷害。圣上问起,要说明白的。商量已定,来到午门,请天子坐殿。上前奏说:"臣有堂兄嫂来投王府,不想被张保陷害,绑赴法场。今臣救了,奏闻圣上,除却奸臣。"天子龙颜大怒,问君左。君左回奏:"臣实不知。被人冒了姓名,也未可知。"天子也不究,罚俸一年,修金字牌坊。封薛刚为通城虎,赐金锤两柄,朝中打奸臣,民间打土豪。

薛刚谢恩出朝,同应举夫妻回家,见母樊梨花假言兄嫂。樊夫人以礼相待。薛刚对母亲说:"孩儿不喜做官,登州总兵哥哥去做。孩儿在京扶持母亲。"夫人大喜。次日设酒送行,应举夫妻感恩不尽,拜别往登州上任而去。薛刚有御赐金锤,朝中大臣那个不惧?日日同了小英雄五虎一太岁往教场比武玩耍。

薛刚用的铁棍乃异人传授,有三十六棍,天下英雄闻名,称为黑三爷,犹如水墨金刚,烟熏太岁,好力气。秦红便金铜。罗昌用梅花枪。尉迟景用水磨铁鞭。王宗立用长枪。程月虎用抱月金斧。又有某人某人等,在教场中走马射箭,不止一日。

那日正在玩耍,不想张保带了家丁也来观看地,被巡捕官看见,报与薛刚。薛刚听了,叫拿上来。众人竟将张保拿进教场。薛刚明晓得是张保,只做不认得说:"你是歹人,擅敢偷看。"吩咐左右拿下去捆打四十。张保大叫:"我是丞相之子张保。我父现在朝中为相,不要认错了。"众小英雄说:"张君左那有此子?分明是偷贼,打他二十。"不由分说,竟将张保打了二十大棍。打得皮开肉绽,鲜血迸流,一跌一拐回去。众人大笑而回。

张保见父说明此事,薛刚如此长短。君左大怒,父子进后宰门,哭奏天子。天子说:"该打。你父子生事教场,先帝封典二十四家国公。你是文官,不教尔子攻书,如何去射箭,此事朕也不究。"君左父子愤恨回家。父子商议,薛刚朝廷宠用,另寻别事算计他不表。

再言一日君左父子进朝,宫中武后看见张保生得美貌,奏知圣上,将张保承继为子。天子耽于酒色,听武后言,将张保为了殿下。自此丑声外闻,是不必说。

再讲丁山到山西葬父骨,安享三年,奉旨钦召进京。文武相送,离了山西,竟上长安,到自己府中。三夫人梨花、薛刚迎接安宴,是有一番言语,欢会一宵已过。次日上朝,有左相徐敬业、魏相等相见,各叙久阔寒温。金鞭三响,驾坐早朝。丁山上前朝见。天子大悦:"久不见王兄,朕相念之甚。"丁山谢恩。天子赐宴。次日又去拜望各公爷。至鲁国公府,咬金请酒,说起薛刚之事,"闯祸劫法场,亏天子洪恩,也不深究。贤侄回府必须教训一番。"丁山允诺回府,埋怨夫人,唤薛刚要痛责。梨花是护短的,丁山又不好在夫人面上难为,吩咐将薛刚关进书房,不许外出生事。

再表高宗李治天子宠幸武后,朝中大臣进谏,天子不准。武后知帝昏懦,易于煽惑,且垂帘于政,言听计从。遂肆意荒淫。与僧怀义、张保、张昌宗等污浊后宫,丑声闻外。魏相、徐敬业觉见不雅,将张保等禁止于外,不许妄入宫禁。武后情思不得遂欲,阴使心腹奏帝,调徐敬业外任;魏相告老,朝廷大政尽归武氏,中外称为二圣。此话不表。

再言丁山见朝廷颠倒,思念母亲柳氏,次日上本回家养亲,天子准奏回府。各公爷都来辞别。吩咐家丁五百看守王府,同夫人梨花、薛刚出了长安,行至长亭,各官送行。鲁国公程咬金说:"两辽王,你回山西安享。想吾等,唐朝天下亏我们打成,世界不久要归武氏,深为可惜。"丁山说:"老柱国,身为臣子尽忠而已,不必虑他,须要在朝立谏,自然太平。谅圣上明白。"各公爷也有一番言语,我也不表。

丁山辞别,竟往山西。到王府一家完聚,拜见柳氏、樊氏二位母亲,设家宴。次日拜客,茫茫然非只一日。再言柳氏太太思想女儿下泪,丁山上前,双膝跪下说:"孩儿叨祖父母亲福庇,做了一介藩王,不能报答。母亲今日正当受享荣华,为何不悦?莫非孩儿不孝之罪?"太太说:"非为别事,你妹妹金莲同你大舅窦一虎镇守西凉白虎关,久无音信,意欲差人问候,但未有其人。"薛刚上前说:"孩儿前往问候姑夫、姑娘。"太太大喜说:"孩儿肯去,吾愿足矣。"

丁山说:"母亲,三孩儿不可去,他吃酒生事闯祸,其实不好的。"梨花说:"孩儿勇猛,路上虽有毛贼,谅他不在心上,万无一失。"夫人窦仙童也想兄弟一虎,也来撺掇。丁山说:"要去,须要戒酒。"薛刚说:"这个何难,今日就戒起。"丁山说:"要立个誓来。"薛刚说:"从今后开了酒,杀吾全家。"丁山大怒说:"畜生,胡言乱语。"薛刚说:"不要慌,杀尽了,还有吾报仇。"丁山气得目睁口呆。

梨花说:"相公不要听他,他是呆子,颠倒说的。"陈金定也来相劝。丁山见母亲要他去,三位夫人又来说,只得允从。端正礼物,带了家人数名。

次日薛刚拜别,离了山西,竟往西凉而去。一路上果然并不饮酒,又不生事。一日打从天雄山经过,只听得一棒锣声,跳出数百喽啰,拦住要讨买路钱。薛刚大怒,打死头目喽啰。喽啰报上山中说:"大王,不好了!方才小人们出去巡山,路逢数人,内中一人黑面的使棍,十分勇猛,将头目打死,特来报知大王。"

大王大怒,带马得枪冲下山来,见了薛刚,大叫一声,说:"不要逞强,俺来也。"薛刚见了大王,白面银牙,相貌堂堂,来者不善,不如先下手。照头就是一棍打来。大王说声:"来得好!"把手中银枪往棍上噶啷一声响,架在旁边,冲锋过去,圈得马转来。薛刚又是一棍打来,大王又架在一旁。一连数棍,杀得大王浑身是汗,两臂苏麻,大叫一声:"好棍!"杀到后来,棍也轻了一半,被大王一连数枪,薛刚只是招架,没有还棍之力。拼命将棍招住枪说:"狗大王,认得你黑三爷吗?"大王道:"哪个黑三爷?"薛刚说:"我乃两辽王薛丁山世子薛刚。"

大王听了,就下马说:"得罪,莫怪俺不晓得,三爷为何在此经过?乞道其详。"薛刚也下了马说道:"壮士下问,吾家父亲差往西凉探亲,在此经过,不想遇着壮士,三生有幸。"大王邀薛刚同到山中。薛刚问起姓名说:"吾乃姓伍名雄,祖父伍云召,隋朝南阳侯,战死在沙场。父亲伍登已经去世。故弟在此落草。"薛刚说:"原来是南阳侯之子,久慕大名,恨相见之晚也。"吩咐家人:"先往西凉,我就来。"家人领命而去。伍雄拜薛刚为兄,留在山中。当日饮酒办席,薛刚辞谢说:"我在家中家父面前立誓戒酒。"伍雄说:"伯父恐兄道路之中生事,所以戒酒。今日在山中只有吾兄弟二人,饮酒何妨?"薛刚说:"兄弟只是要少吃些。"当夜饮酒。次日前后山玩耍,此话不表。

再言长安高宗天子,在长安宫中酒色太过,终日昏花,不理朝事。武后奏主:"圣上二目不明,明春上元佳节,大放花灯,主上看灯,二目就明亮了。"天子大喜,旨下:"明春大放花灯,与民同乐。"正月十三日上灯,十八日下灯,朝中大小衙门俱端正花灯,外省行台节度俱送名灯进京。不表。

再言薛刚在山中同伍雄情投意合,走马射箭,比较武艺。正南上离数十里有一山,名曰双雄山。山中有一大王,姓雄名霸,雄阔海之孙,在山落草,与伍雄相好往来的。有喽啰报说:"伍大王那边有什么黑三爷在山比武,客人不敢过往。"雄霸听了备马,带了喽啰来到天雄山。伍雄闻知下山迎住,接进独角殿,说起薛刚一事,雄霸大喜。三人结拜弟兄。薛刚见雄霸仪表非俗,豹头环眼,燕额虎须,声如铜钟,身长一丈,两臂有斤之力。想道:"不枉西凉走一道,若在家中,怎能会二位兄弟。"心中大喜,当夜兄弟饮酒,吃得大醉,各去安歇。次日又在山中玩耍。雄霸接薛刚、伍雄到双雄山饮酒。不觉年尽。有儿郎来报:"拿得灯匠十余名,求大王发落。"伍雄说:"拿进来。"喽啰将一班灯匠拿到独角殿。问:"你这班是什么人?"朱健上前说:"小人奉南唐萧大王之命,明春圣上大放花灯,解灯进京的,并无财物。乞大王发放。"薛刚看见朱健身材长大,也是一个好汉,说:"兄弟,他说解灯,拿灯上来看。"十余盏名灯拿上来。朱健说:"大熬山灯进于天子,小熬山灯送中山王武三思,凤凰灯送张太师。"伍雄、雄霸叫喽啰灯俱留下,打发他回去。薛刚说:"不可,不可。"不知说出什么话来,下回分解。

第七十二回　众英雄大闹花灯　通城虎打死内监

再表薛刚说:"二位兄弟,不可将灯一齐留下。大熬山灯送天子的,教他拿去。小熬山、凤凰灯他送与奸臣,我们留下。大熬山灯拿去。"朱健说:"大王留下二灯尤可,小人回去难见萧大王。望大人留下凤凰灯,还了小人熬山灯。"伍雄:"若再啰唆,一齐留下。"朱健无奈,拜谢而去。当下便将二灯挂上,弟兄三人赏灯。薛刚对伍、雄说:"我要到长安走走,看看灯。"雄霸说:"既然哥哥要去看灯,吾弟兄二人相陪。"薛刚说:"不可。山寨乃是根本,离不得的。况且长安城中去,许多做公人看见兄弟相貌不凡,恐妨惹祸。待弟单身前往,枪马留在此山。"

过了年正月二十日,薛刚别了伍雄、雄霸,单身而走。来至临潼山,见一伙人推一辆囚车,认得是朱健。薛刚身无尺铁,怎生相救?见路旁有一枣树,将来拔起,打死众人,救了朱健。问其何事装入囚车,解往那里去?朱健说:"解灯进京,张太师道我大王不送与他,因此大怒,要将我斩首。我说明此事,将我解到南唐萧大王那里发落,不想壮士救了小人,如今又冤杀了众人,教小人有家难奔,望壮士救我。"薛刚说:"不难,你到天雄山落草。"朱健说:"他那里不肯收留怎处?"薛刚道:"我有鸾带,叫你拿去,伍雄自然收用。"朱健拜谢,接了鸾带,竟上天雄山。伍雄问明,叫他搬家小上山来,此话不表。

那薛刚来到长安,到秦红府。家人报知,秦红接进,叙别久阔。吩咐家人去请这班小英雄前来相见,大家欢喜,准备看灯。到十五日夜,众人多去看灯。只见那六街三市、勋戚衙门、黎民百姓奉天子之命,与民同乐。家家户户结彩悬灯,今晚要点通宵长烛,如有灯火昏暗不明者,俱已军法究治。就是宰府门首,也扎个过街楼灯。小英雄看到那些走马撮戏,舞枪弄棍,做鬼装神,闹嚷嚷填满街市。

不多时已到中山王门首。那楼与兵部衙门的一样,灯却不是一样的。挂的是一种凤凰灯,上面牌匾四个金字:"天朝仪凤",旁边一对金字对联:"凤翅展丹山,天下咸欣兆"。薛刚等看了回来,又在天汉桥酒店中吃了酒,多有些酒醉了,下楼又往皇城内来。五凤楼前闲人挨塞得紧,楼前有两个内监,带五百净军,都穿着团花袄,每人拿一根朱红齐眉短棍,守着这座灯楼。薛刚看见好灯,大呼小叫。内监见了大怒,喝叫:"拿下!"净军听了,拿了齐眉棍上前来打。这班小英雄大怒,抢反短棍,反将净军打得东跑西蹿。薛刚赶上,将内监打死。内宫有人认得是通城虎,报知天子。丞相张君左下五凤楼观看,认得果然是薛刚,奏知圣上说:"通城虎闹花灯,打死内监。"天子大惊,二目不明,下五凤楼,失足跌下楼。文武俱散,天子进宫。张君左叫拿薛刚,天子说:"非关他事,只怕不是薛刚。他回家已久,面貌相同,也未可知。明日细查。"张君左见圣上不准,只得回家。

这班小英雄都到秦红家中,程月虎言:"我回去走走。"众人说:"你去去就来饮酒。"月虎回家,咬金说:"你们这班出去闯祸,大闹花灯,打死内监。张君左要拿薛刚,亏圣上念有功之臣。明日还要细查,倘或查,你们这班畜生性命都不保,教薛刚快走。"月虎听了,忙来至秦红家说:"祖太爷叫三哥快走,明日祸至。"宗立说:"私进长安,打死内监,连累薛叔父也不好了。"薛刚听了大惊,拜别弟兄,出了长安。至天雄山相见伍雄,说起闹花灯一事。伍雄说:"不如在此住下,老伯父要晓得,自然打本进京,谅来也无事。"朱健过来拜谢救命之恩,此话不表。

再言天子闷在宫中,张君左奏说:"果是薛刚。圣上差官往山西拿丁山到来究问,就明白了。"天子不言。武后奏说:"丞相所奏不错,速召丁山来京。"天子言道:"今日各处查到,并无薛刚,反要劳动功臣,面上不好看了。"张君左又奏。天子无奈,命钦差王令到山西问两辽王,可是薛刚否?王令领旨来到山西开读。丁山接了天使,来到王府,开读已毕,吩咐摆香茶供着。旨上不过说:"薛王兄,尔子在家否?"这句话。丁山谢过恩说:"天使大人,小儿上年往西凉望姑夫窦一虎、姑母金莲,奉母命的。不晓得有这一事,望天使说明。"王令说:"今年正月十五元宵,大闹花灯,打死内监。丞相张君左奏主拿问,圣上原不信的。旨上问有无,两辽王表本上写明白回旨。下官告别了。"

丁山送去天使,连夜修成表章,差薛贵抱本星夜进京。天子将本一看大喜,宣张君左道。"薛丁山上年奏母命,差薛刚往西凉去探亲,不在家里。若是依你,反害好人,以后不必多奏。退班。"张君左无颜,谢恩退朝。天子赐黄金千两,彩缎千端,差官出京,钦赐丁山,此言不表。

另回言武昭皇后请旨盖造御花园,天子准奏,传旨晓谕各处,有好花都要送上。命张保监工,人夫数千,开池,造御书楼,堆假山。百姓劳苦,万民嗟怨。命张大郎号昌宗同太监把守后宰门,不许闲杂人等进去。那御花园与后宫相近,张保、昌宗不时进宫与武后淫乐,不必说。

再言薛刚在天雄山同伍雄、雄霸在山饮酒。报说:"拿得一班解花木的十余人,救大王发落。"伍雄问众人:"你们解这花木那里去的?"众人跪下说:"小的奉南唐萧大王送花木上长安,圣上要修造御花园,进上的,望大王发放。"伍雄叫喽啰拿上花来观看,说:"余花发还,牡丹花叫留下。"薛刚说:"不可,前番留下二灯,教朱健吃苦,如今还他去吧。"众人闻言拜谢,下山而去。又过了几日,薛刚说:"我今别了二弟,要上长安走走。"伍雄说:"不可。前番去闹了花灯,连累父母。如今且不可去。"薛刚说:"不妨。我今去会弟兄,打听朝中之事。现今救赐金锤,怕他则甚?"雄霸也劝。薛刚只是要去。伍雄阻挡不住,内中选数名喽啰扮作家丁,跟了三爷,扶持前去,叫他不要生事,早早就回。

薛刚依言下山,带了喽啰,竟往长安。吩咐:"喽啰城外住着,我进城去就来。"喽啰说:"三爷去就回,小人们在此等候。"薛刚进城,来到秦红家。小英雄都到,说起花灯一事,"打得爽快。三哥不在,吾等无兴,目下天子昏懦,多用了一班奸党张君左弟兄、父子。内有武后盖造御花园,劳民伤财。太老程千岁也不进朝。"薛刚听得大恼:"今日同兄弟御园走走。"众人说:"不可去,去不得。前后有人把守,进去不得的。"薛刚说:"有我在此不妨。"众小英雄都无主意的,内中有高兴地说去得。若有个老年人在内决然阻挡。一班俱是后生不知利害,所以有一番大是非。当晚就在秦府饮酒。

次日五虎一太岁高高兴兴一路来至园首,见一班人扛抬一块假山石,好用力,口口声声说:"工钱克减,我们吃苦。"薛刚看见问道:"你们讲甚话?"众工人说:"张爷要百姓做工,工钱又少,又受鞭打,累死人无数。这一块大石,叫我们哪里抬得动,又有限期,迟了些受责。"薛刚说:"不妨。待吾等与你扛了进去。"工人:"你们进不得的,我们都有字号识认,所以进去。"秦红说:"既有记号就好了,快拿记号来。"工人身边都有腰牌写姓名,张三、李四、某人、某人。众人巴不得替他,忙解下付与薛刚。薛刚付与五虎一太岁,带在腰边。六人忙将大石轻轻地扛起,不甚费力,竟抬进御园。守门的看见有腰牌挂着,不来查究。众人来到里面,将石放落,果然好一个大花园。但见许多人在那里挑泥种花,不计其数。只见上面坐着一人,又有许多绿衣人侍立两旁。又见送酒饭鱼肉拿上去给张保吃的,薛刚叫留下,"待吾来吃。"有人见了报与张保。薛刚不知利害,吃得大醉。众英雄劝他不要进去,他不肯信,倒走进去。秦红等只得出去,恐其连累,都到秦红家计议救他。且听下回分解。

第七十三回　御花园打死张保　劫法场惊死高宗

再言薛刚乘酒兴走到牡丹台,将牡丹花插在发边,张保大怒,叫手下人拿薛刚。薛刚大怒,两手一拉,跌倒数人,夺一条棍子,赶上前将张保一棍打死。众人大喊说:"不好了,千岁被薛刚打死。"忙报与张君左。薛刚到御书楼大醉,睡在龙床,不表。

再言张君左闻报儿子被薛刚打死,大哭,一面差人到御书楼将薛刚绑住,一面进宫奏闻天子。旨下:到御书楼捉拿薛刚。张君左奏主:"今夜即刻开刀。"天子说:"君王避醉汉。"传旨将薛刚监在天牢,明日处斩。四虎一太虎打听详细,忙来到咬金府中说明此事。咬金说:"你们这班小畜生做的好事!如今身家不保。我如今一百多岁的人了,我也救不得薛刚。况朝中徐、魏二人又去位,张氏弟兄当朝。天子虽然明白,武后因他打死心上人,决不干休。吾不能挽回。老公爷死的死了,去的去了,孤掌难鸣。一身做事一身当。你们有计较去做来,吾是做不来的。"罗昌说:"要救得三哥便好。况吾等结

国学经典文库

中国二十大名著

说唐全传

图文珍藏版

同生死之交，若明日斩了三哥，侄孙们都有不便。"那程月虎上前说："要祖太爷出个主意。"咬金说："不得不如此。尔等把家小搬去长安，明日打点劫法场，都到西凉去，京中有吾在不妨。"众人别去，齐齐打点劫法场。

次日天子想道：江山亏了薛家父子平东西二路，今日要斩他，心中不忍。但是法律上去不得。朕今只斩薛刚，免其余犯之罪。传旨王独：午时处斩薛刚，五凤楼前开刀，余犯不究。监斩官领旨，将薛刚绑出午门外去了。咬金在南门下等候，这班小英雄结束停当，身藏暗器，带了家将，来到午门，假做活祭，杀死监斩官王独。尉迟景杀死刽子手。薛刚看见这班小弟兄，挣断绳索，夺过腰刀，杀散众人。军士看见杀了监斩官，报与张君左。

君左听报，一惊非小。传令五城兵马司，带领兵马活擒这班强盗，不许放走一人，违令者斩。小英雄那里放在心上，杀散兵马，出了长安南门。咬金说："你们快走。有吾在此不妨。"内官来报天子，奏说："有一班劫了法场，杀死监斩官、刽子手，杀伤军士不计其数。"天子一闻此言一惊，大叫一声而死。在位二十四年。

张君左与武后商议，命武三思带兵三千追赶，一路而来。至南门见咬金坐着，三思问："老千岁为何在此？"咬金说："吾要南海去烧香。"三思下马说："老千岁可见薛刚否？"咬金说："不见，想是他不出南门，往西门去了。"三思不敢出南门，上马往西门而去。咬金大笑出南门，会见众人。薛刚说："祖太爷先去。我要到天雄山去取枪马。"两下分别。薛刚到天雄山住下。咬金同众人往西凉，此言不表。

再言三思追不着薛刚，回见昭仪武后。立太子李显为君，为中宗，葬先帝于皇陵，大赦天下。中宗在位五月，武后贬天子湖广房州，为庐陵王。张君左请武后登位，国号大周，则天皇帝。张君左、张君右封为左右丞相。武三思为中山王。怀义和尚封御禅师。张昌宗为驸马。文武各加升级。则天皇帝思念张保被薛刚杀了，深恨于骨。与张君左计议，必要杀尽薛家，方雪此恨。须差铁骑拿捉。君左奏道："臣想已久，此仇必报，但是薛丁山勇冠三军，三妻多有法术。万岁即差官往山西钦召进京，说新君初位，赏有功之臣。若拿捉，逼其反也。"武则天依奏，传旨一道，差官往山西召两辽王进京复命，到京就职。钦差领旨，竟往山西。

再言丁山，柳氏母亲、樊氏母亲身故，祭葬已毕，在府守孝。这一日有家将报说："三爷大闹御花园，打死了殿下，众小英雄劫了法场，惊死天子。程千岁已反了。武娘娘自立为帝，称为大周。差官钦召千岁进京就职。"丁山听了，大叫一声："畜生做得好事！"仰面一跌，跌倒在地。左右救醒，扶进后堂。三位夫人问起："为甚事相公这般着恼？"丁山如此长短说了一遍。梨花说："钦召一事是假，将相召进京中，性命难保。"陈金定说："我们反了罢。"丁山说："胡说。我薛氏父子忠良，这祸是畜生闯出来的，粉身碎骨也应得的。今朝廷不来拿捉，是为幸也。今来钦召。国恩难报。君要臣死，不死则不忠。"梨花把指来阴阳一算，应该金童星归位。三儿白虎关杨藩转世，死于丁山之手，冤冤相报。张保乃张士贵之孙。仁贵杀了士贵，薛刚又打死孙子，前数已定，今该如此。此话不表。再说钦差来到王府，开读已毕。丁山谢过恩，同了三位夫人，离了山西来到长安。则天命三思将丁山夫妻拿下，发落天牢。又差铁骑五百，到山西山府，一门三百余口，尽行拿下，解上京都，监在天牢。张君左奏道："薛丁山虽落天牢，还有长子薛勇，次子薛猛，四子薛强，都有万夫之勇。倘闻父被拿捉，兴兵杀上长安，无人抵敌，速差兵分头捉拿。命邻近州府，须要拼力擒拿。如纵放者，与本犯同罪。"武则天依奏。旨下："命大刀王殿，带兵三千，走云南捉薛猛。又命阔斧陈先，带兵三千，走红罗关拿薛勇。命姜通带兵三千，走雁门关，捉拿薛强。若是要放走漏一人，本官处斩。"众将领兵分头而去。

再言阔斧陈先带兵到红罗关，将薛勇一家尽捉拿，起解进京。再言朝中徐贤，是大臣徐茂公之侄孙，原任户部尚书，见朝廷不正，告老在家。闻得拿薛勇进京，对夫人王氏说："薛氏一门受害。薛勇有子名唤蛟儿，才年三岁。我也有子徐青，也是三岁，小夫人莫氏所出。吾欲将徐青抱去，调换蛟儿，存了薛氏一脉。"王氏夫人埋怨相公："我虽有子徐青，也是相公一点骨血，于心何忍教他也受一刀？"徐贤说："夫人有所不知。蛟儿受害，绝了薛氏宗嗣。"

夫人一想：吾与薛勇之妻，有姑舅姊妹至亲，应承了。只说烧香，上轿，一路下来来临潼上，见薛勇夫妻解来。徐夫人在大路上，报与薛勇之妻相见。薛夫人命从人退后，表姊妹相见。徐夫人说："将来与你换子，留你一脉。"二人调换。徐夫人只说烧香而去。

陈先起程上长安。旨下：把薛勇夫妻下在天牢。丁山见子伤心。薛勇把徐夫人换子说一遍，一家大哭。狱官俞元看见薛氏一家受枉，来对妻子说："薛丁山父子有大功于朝，不幸一门俱要遭害，我想薛氏后代绝矣。吾欲将俞荣也是三岁，此子算命养不大的，又且多病，换了薛蛟，后来有靠。"杜氏夫人听了，想道："此子乃前妻所出，非关他事。况自己年轻，看薛蛟相貌端严，换了此子，后来必有好处。说："相公见识不差。"忙对众人说明。

丁山想：此子乃徐贤子之调换来的，既然狱官好意，只得允了。开言说："既承美意，无门可报。"杜氏抱了假薛蛟到后园玩耍。有阴风山莲花洞欧兜祖师在云端经过，看见薛蛟，一阵风带回山去。杜氏夫人说："此子命该如此。"夫妻嗟叹一声，此言不表。另回言云南总兵薛猛对夫人王氏说："下官夜梦不祥，心惊肉跳，莫非吾家有甚祸事吗？"夫人说："相公，日有所思，夜有所梦。思念公婆，所以如此，不必多愁，放心为主。"有家将报进说："老爷，不好了！长安朝中三爷闯祸，害了千岁，如今差大刀王殿来拿老爷，相近云南。请老爷作速筹备。"薛猛不听犹可，一听此言，大叫一声："我那爹娘吓！"跌倒在地。夫人闻知忙来扶起。只见老爷面如白纸，不知性命如何，且听下回分解。

第七十四回　武后下旨捉丁山　三百余口尽遭灾

再言薛猛惊倒，半晌方醒。夫人说："相公为何如此？"薛猛说："方才家将报说：三爷闯祸，连累父兄。如今差铁骑拿我，我去也不去？"夫人说："公公一家俱下天牢，只有相公。若到京都，性命难保。依妻之言，尽起云南兵马，杀上长安，救了公婆叔叔，除了昏后，更立新君。此计如何？"薛猛说："夫人之言差矣。吾上不能报故主之恩，下不能答父母之恩。吾薛氏二世忠良，有功于国。况朝中首相张君左当朝，各国公俱已退位。倘一举动，反情有露，落其圈套，遗臭万年，断乎不可。"夫人哭道："我家只有孩儿，才交三岁，名唤薛蚪，也叫他受害？"薛猛说："吾看家将中只有薛兴忠义，我与他结为兄弟，将蚪儿过继与他为子，教他逃往他方，存薛氏一脉。"薛兴说："老爷在上，小人不敢当。"薛猛说："如今托孤与你，休要推辞。蚪儿过来，拜叔叔为父。"

薛兴拜别，抱了公子，离了云南，竟往别方而去。息报钦差到了。薛猛自刎而亡。夫人大哭一场，撞阶而死。大刀王殿听报进见。果然死了，心中想道："做什么冤家？"吩咐埋了。带兵回长安，奏知武后说："薛猛自刎，夫人撞阶而死。"旨下，既死不究。

再讲姜通到雁门关，入报说："两月前不见薛强。薛强原到太行山进香，在路闻知，不回雁门关，落荒而去。"姜通只得回朝复旨。

张君左奏知天子："前年故君斩薛刚，劫了法场逃去，并无下落。今晚四更，将薛丁山满门斩首，以除大害。倘露消息，为害不小。"旨下："命刑部何先，速斩薛氏一家，无违。"何先奉旨，打扫法场，传齐刽子手，到牢中将薛氏一家绑赴法场。法场上四面兵马围住，四更开刀。旨又下："命武三思、张君左监斩。"其夜灯球火把，照耀如同白日。

那刽子手到牢中，见了禁子商议说："薛家父子万夫之勇，那里绑得他住。不如用个苦肉计。"众人说："好计。"来到里面见了丁山，齐齐跪下，说道："小人们求千岁看顾，小人家中都有父母妻子。"有数百叩头不起。丁山听了哈哈大笑说："是今夜朝廷要杀吾吗？"众人道："然也"。薛勇听得此言，叫声："爹爹不好了！今晚要杀吾一家，孩儿有话告禀。"丁山说："孩儿有话讲来。"薛勇说："爹爹在此，三位母亲也在此，依孩儿之言，反出牢门，杀上皇宫，除了妖后，更立新君，不可守死而已。"

丁山一听此言大怒，说："畜生，讲这些乱话！今日父死为忠，子死为孝，母死为节，家丁死为义。忠孝节义出我一门。"吩咐刽子手："将我先绑将起来。"薛勇无奈，也叫绑了。共三百余人，一齐绑了。家人们大哭，出了监门来到法场。你看阴风惨惨，怨雾腾腾。今晚屈斩忠良，天愁人怨。

樊梨花抬头一看，"吾不救他，更待何时？"口中念起咒语，但见豁拉拉一阵狂风，飞沙走石，千年老树连根拔起，法场人都立脚不住。唬得武三思、张君左魂不在身，灯火都吹灭了。梨花将身一抖，绳索都落下，起在空中，驾在云端，往下一看："待吾救出薛家。"

不表梨花救薛家,且言黎山老母驾坐蒲团,心血来潮,轮指一算说:"不好了,徒弟梨花要救薛家,违犯天条。"忙驾云到长安,按落云头,见樊梨花作法,叫一声:"徒弟,今日金童星合当归位,犹恐你救他抗违御旨,斩仙亭有凌迟之罪。"

梨花见了师父,听得此言,不敢违天命,同了师父回山。此言不表。今有八宝山连环洞彭头老祖在云端经过,见一道杀气冲天。往下一看,原来周天子斩薛氏一家,数该如此。"内有孤儿不该绝命,待吾救他。"将手一指,带回山去。少停风息,张君左查点人犯,单单不见樊梨花、薛蛟,恐防又有变局,传令开刀,将薛丁山一家斩首,复旨天子就罢了。张君左又奏说:"薛强不知去向,薛刚逃避,恐有后患,画影图形,到处张挂,捉拿那薛刚、薛强。将威宁侯王府拆去,开为铁丘坟。"旨意下了:"依卿所奏。"君左领旨,将王府拆得干干净净,把丁山一门尸首,颠倒埋在下面。将生铁铸成馒头一样,叫永世不得翻身。内有家人王六,充作工匠,暗暗把尸排好,其余家丁都是乱放的。

张君左传念:"各处天下文武官员,有人拿住薛强、薛刚出首者,封万户侯;匿藏不报者,与本犯一体治罪。"旨意下了,好不厉害。各处关津渡口盘诘,画影图形到处张挂。铁丘坟四面,武三思命大刀王殿带三千人马守左道;又命阔斧陈先带三千人马把守右首。又命儿郎日夜巡察。想:薛刚这厮必来上坟,若来必定要捉住,碎尸万段。武三思与张君左算计已定,自不必表。

再言薛强不回雁门关,欲往西凉。这一日来到八叉山,一声锣响,跳出无数喽啰拦住去路,要讨买路钱,被薛强杀败。报上山说:"山下一人经过,小人去讨买路钱,此人十分英雄,头目被他杀得大败。特来报知。"那大王姓朱名林,有女儿金镖公主,守住八叉山,官军不敢迎敌。一闻此言大怒,吩咐带马抬枪,带了儿郎冲下山来。一看薛强耀扬威,大怒说:"小子不得逞强,俺来也。"薛强看见此人红面长须,手执大刀,身骑高马。薛强看此人来者不善,善者不来。将手中银枪劈面一枪,朱林把枪一架,刀枪并举,二人连战三十回合。朱林招架不住,欲待回马,只听得后面金镖公主大叫说:"爹爹,孩儿来也。"薛强看见一员女将十分美貌,弃了朱林,来战女将。不上数合,公主将红锦索抛起,薛强措手不及,被他拿住,带往山中。吩咐绑了,问起姓名。薛强说:"吾乃两辽王四子,原任雁门关总兵官薛强便是。"朱林听得大惊,下阶亲解绳索,扶上聚义亭,纳头下拜:"不知爵主,误犯有罪。"薛强答礼,也有一番言语不表。再说金镖公主乃圣母娘娘徒弟,师父吩咐后与薛强姻缘之分,当夜与薛强成亲,在山招兵买马,积草屯粮,报父母之仇。

不言薛强在山,再表薛刚在天雄山,报说:"雄霸到。"二人上前迎进。雄霸见了薛刚,大骂说:"一身做事一身当,你犯了弥天大罪,害了父母、兄嫂满门斩首。如今各处拿你,你还不知,天下之不孝就是你。"薛刚一听此言,晕倒在地,半日方醒,大哭不止。伍雄说:"破釜沉舟,哭也无用。商议一个计较报仇要紧。"薛刚说:"那里等得。吾先要到长安祭扫父母。"伍、雄阻挡不住。薛刚拜二人,在路上果见关津村坊张挂榜文。薛刚日间不敢行走,夜间而行,来到潼关。潼关尚未开启,到相国寺下马,进方丈来见当家和尚。和尚法名梁乘,认得是薛刚,说:"三爷好大胆,你看处处张挂,要拿你。上长安,怎进去?且在寺中住下,有机会就进去。"薛刚心焦惹起病来。

这日小和尚来报,魏相到寺行香。当家和尚前来迎接。和尚摆斋,说起丁山受屈而死,魏相下泪。和尚又说:"三爷为此,只是不能进长安。"薛刚说:"孙儿唯恐不能进长安,进了长安就不怕了。"魏相低头一想果然。进长安倒没有什么,说:"侄孙,你既要进长安,躲在我轿中可进。"薛刚拜谢太祖。魏相回到府中下轿。唤出薛刚,收拾三牲祭礼,一条铁棍当作扁担挑好,天晚出门。魏相吩咐说:"你祭过父母,不许到我府中。速出城去,恐妨有人知觉,性命就难逃了。"薛刚拜谢,挑了物件,来至坟前,十分苦楚。打死更夫,大步上前,将锁扭断,走进栅门,用石板顶好,到里边祭奠,名为"一祭铁丘坟"。外面惊动守坟的兵将,不知此处捉拿否,且听下回分解。

第七十五回　薛刚一扫铁丘坟　武则天借春天顺

再表那薛刚坟前大哭,正在悲伤,又有更夫上前来,看见前面更夫尸首,又见坟内有灯,前来报与王殿、陈先,飞马报知张君左、武三思。二人闻报,传令各处添兵围住坟前,城门多加关锁,吩咐不许放走,点起灯球火把,不计其数。

薛刚在内听见外边有人守住，收起祭礼，打开石板，一条铁棍无人抵挡，杀将出来。只是寡不敌众，越杀越多，三军四面围住，喊声大震，口口声声"快拿薛刚！"薛刚说："今晚我命休矣。"当有饭店夫妻二人，乃是秦汉、刁月娥奉香山李靖之命，在此相救。二人一路杀来，放出宝贝，无人阻挡。杀至城门池边，斩关落锁，救出城来。秦汉夫妻借土遁回西凉去了。

薛刚出城门，天大明了，撒开大步而行。只听得后面喊杀连天，尘头起处有无数人马赶来。为首一将，声如巨雷，金五大将军武安国，手执铁锤，大叫："薛刚那里去！"薛刚回头一看，"不好了，我是战了一夜，困乏得很，那里战得过他。也罢，只得拼命而战。"只见三军将箭往前乱射，薛刚身上中了三箭，正在危急。薛刚乃上界披头五鬼星转世，所以忽然头上透出原形，变了五头，身长数丈，倒杀转来。武安国被薛刚一棍打死。三军见了这般形象竟大败，三停去了两停，将城门紧闭。

薛刚按定元神，开目一看，只见尸横遍野，自己不知不觉，不晓什么意思，慢腾腾回至相国寺，别过了和尚，取了枪马，要走天雄山，走错了路，来到季龙山。一声锣响，走下一将，上前大战一场。问出名姓，原来是黑三爷，请上山饮酒，季龙有女名鸾英，与薛刚成亲，招兵买马，要报父母之仇。

不表薛刚在季龙山安身，再讲天子在朝，国家无事，天下太平。与怀义和尚、张昌宗在宫淫乱，百官谏阻不听。一日宣百官在万花楼说："朕贵为天子，万民之尊，今十月小冬万花凋零，朕今借春三月，百花尽放。未知天意顺否？"百官闻言奏说："万岁金口玉言，花神怎敢违旨？"天子甚喜。百官皆散。次日果然天气温和，御花园百花开放。檬树花不开，天子大怒，贬在岭外。武则天果然真命帝王，天下各处万花尽放，应十月小阳春。

天子召男妇赴鸳鸯大会，赐百官宴万花楼，赐各命妇宴于后宫。众夫人谢恩就席，天子逐名问起："爱卿你去成亲怎样行房？"怎么长？怎么短？众夫人都是害羞害怕，亦只得实奏头一夜怎样，第二夜怎样，如此问到第三夜。十二席中有一夫人，面黄不堪、喘息不定。天子说道："你丈夫本事如何？"夫人奏说："臣妾夫乃卷帘大使薛敖曹，他本事甚好，妾亦不堪受。"如此长短说了一遍，天子大悦，宣入宫中，与薛敖曹交好，果然称心满意，通宵不倦，封为如意君，百般快活。后一年生一子，面如驴头，命宫娥丢在后园金水河中，有西番莲花洞魔张祖师带往山中修仙学道，此言不表。

再言薛刚在季龙山招兵，杀进长安，要报父母之仇。探子报上长安，张君左奏知则天："薛刚造反，速请征讨，恐养成贼势，为害不小。"武则天依奏，命中山王武三思为元帅。姜通前部先锋，武状元郭青为后应，张君右总行粮草，起兵十万，择日兴师，兵走河南。正走之间，报说："启上元帅，季龙山在山西近界，有三条大路，东河南，西山东，中山西。"传令兵过河南，走山西一路。三军司令浩浩荡荡。这一日报说："启爷，兵至季龙山前了。"吩咐："前军哨探，后军慢行，放炮停行安营。""得令！"按下不表。

再言季龙同薛刚夫妻在山言谈，忽喽啰报上山来说："大王爷，不好了！朝廷差武三思带兵十万，大将千员，将山前山后团团围住，水泄不通，要杀上山来，擒拿大王。"季龙一听此言，大怒，带领喽啰走马下山相杀。果然好利害，季龙一条枪刺死三军无数。武三思催动大兵当先。有姜通使开枪，正撞着季龙，二人搭上手，两马相交，双枪并举，不上三四个回合，马打六七个照面，姜通枭开季龙的枪，"招爷爷的家伙罢！"一枪刺进来，季龙叫声不好，招架不及，被姜通照咽喉一枪刺死。

喽啰见大王已死，大喊一声，四散逃命。薛刚夫妻闻知季龙身死，大哭，走马下山，大战数合，姜通败走。三思传令："休教放走反贼！""嗄！"一声答应，那些三军团团围住，姜通、郭青同了众将，又杀上山来。好厉害！夫妻在内大战，足有三日三夜。武三思命副将冲上山中，杀散喽啰，放火烧山，连山寨都烧了。薛刚抬头一看，见满山俱红，自思不能取胜，虚晃一枪，跳出圈子，落荒而走。

鸾英见丈夫走了，也杀出重围，见山上四处火光，大败而逃，心中苦楚，到茂林自尽。有香山李靖，叫声："鸾英，你不必寻短见，后来自有夫妻相会，母子团圆。我与你随身短袄，前途自有安身之处。"鸾英听了，拜谢救命之恩。抬头一看，一道红光不见了。鸾英望空拜谢，收拾打扮，往前而行。

走了数日，见一庄院借宿。老夫妻二人并无男女，家当充足。见了鸾英，问起姓名，"家住何方，说与我知。"鸾英说："公公，妾住河南归德府人氏，姓陈名鸾英，因武三思征讨季龙山，逃难到此。望公公收留奴家借宿一宵，明日早行。"员外说："原来是逃难的。老汉夫妇年近六十,并无儿女。我家也姓陈,过继与我,拜我二人为父母,在我住下。日后会见亲戚,然后回去。"鸾英大喜,上前拜陈老夫妻为父母。只因大战吃苦,腹中疼痛,生下一子,雷公嘴,黄毛头发,后取名薛葵。按下不表。

再言武三思大获全胜,班师回京,上表奏知天子说:"季龙山征平,复旨。"朝廷大悦,敕赐三思红袍玉带,以下将官俱各升赏,赐宴金銮殿。

话分两头。再说薛刚走到天雄山借兵复仇,不料伍雄有病,雄霸又不在。想妻子不知存亡,度日如年。在山想起当初救过薛应举,今在登州,离此不远,不如走走去。别过伍雄,来到登州,进了城门,来至总兵府前。有人报知应举,应举听知大惊,只得出来迎接。进了私衙,夫妻见礼,谢救命之恩,设酒款待。薛刚说:"吾一家受害,今见兄嫂借兵,如我报仇,不忘大德。"薛应举开言说:"恩兄,你不知我登州地方又小,兵马又少,待吾差官往莱州、青州两处借兵,共我处兵马有三处,与恩兄前去报仇。"薛刚拜谢。

夫妻进房商议说:"我又在武三思门下投拜为师,武后目下势大,天下全盛。薛刚一人,干得甚事?现今奉旨拿得薛刚者,官封万户侯,妻封一品夫人。收留者全家处斩。我今将薛刚出首,朝廷自有加封。"夫人道:"言虽如此,只是太负人心也。他前年在长安救你性命,今该恩将恩报才是。反要把恩兄出首,天理何在?"再三苦劝,应举不听,出外去了。夫人自思,忘恩之贼!身家难保,不如先自尽,竟自缢而死。家人报与应举,应举叹道:"他没福做一品夫人。"

次日买棺成殓。当晚将薛刚灌醉酒,命家将绑捆,下在监中。应举有一家人薛安,原是丁山旧时家人,只因举主母之命,同到登州扶持应举。见此不仁,夫人又死,心中大怒。送饭到监,见了薛刚,说此因由,"应举害主之心,小人无由得救。"薛刚说:"薛安,不要走漏消息。你快去往天雄山,请伍雄前来救吾。"薛安说:"这喽啰不肯放我上山。"薛刚说:"不妨,我有鸾带一条,拿出他认得的,见了鸾带,自然放你上山。"薛安应声而去。按下不表。

再说薛应举命差官赍本进京,叫先见武三思。若要活的,点兵来护送;若要死的,本处斩首。差官对三思说明,三思听说大喜,说:"这贼也有今日,恶贯满盈。"明日五更上朝奏知武后说:"登州总兵捉拿薛刚,下在牢中"。将表呈上。武后一看,龙颜大悦,旨意下:命薛须领兵五千,将薛刚护送来京,朕亲自发落。三思谢恩退朝。不知薛刚性命如何,且听下回分解。

第七十六回　骆宾王移檄起义　薛刚二扫铁丘坟

前言不表,再说应举送礼到青州,知会拿住薛刚。薛安上前讨差,要往青州。应举吩咐路上小心,薛安领命,带了家丁,拿了礼物,离了登州,不往青州,竟往天雄山大道而行。

再说程咬金同这班小英雄在路旁,有香山李靖指点说:"薛刚有难,教他往天雄山驻扎不定。"咬金领命。在路行了多日,来到三岔路口,撞着薛安,被家将拿住来见。程咬金问明薛安,说起此事。咬金同薛安来到天雄山,伍雄下山迎接进寨,取义厅拜见程千岁并众英雄,摆庆贺筵席。席上说:"薛刚监在牢中,差薛安前来讨救。"伍雄说:"三哥有难,合当相救。日下多少英雄在此,齐点兵马杀进登州,救出三哥,何等不美?"咬金说:"不可,登州城池坚固,又有青州、莱州为助。若一举动不打紧,倒害了薛刚性命。须要里应外合,劫牢为上。"众英雄说:"祖太爷言之有理。"

咬金传令伍雄扮作和尚,雄霸扮作道人,尉迟景扮作卖膏药,罗昌扮作书生测字算命。在城中府前左右打听。城外炮响一齐动手,打入牢中,救出薛刚要紧。薛安路熟在城中知会。点秦红带喽啰三百名,十一日晚上打东南二门。王宗立金毛太岁、程月虎带喽啰三百名,打西北二门。咬金自守山寨。众将得令,分头下山。

伍雄来到登州府门首左右,坐下念佛:雄霸念三官经。城外放炮,有探子报进说:"响马攻城。"应举闻说,点兵出府,被伍雄、雄霸二人双棍齐起,将应举捆住带往天雄山发落不表。尉迟景入监中乱打,放出薛刚。薛刚打入府中,将应举一家老少尽行打死,同伍雄、雄霸杀得三军大败,往北门而逃。尉迟景杀至城下,大开城下,请进英雄,打开府库,抢劫钱粮,装载车上,运往山上,将登州府劫掠一空。众英雄然后放炮出城。回天雄山而去。来到山中,薛刚拜谢众位弟兄救命之恩。然后咬金出来,薛刚跪下说:

"孙儿非祖公相救，焉得在世。"咬金说："你父兄之事都是你闯出来的。你众兄弟一个公位都不做，特来帮护你，要报父兄之仇，连老夫一家国公都送掉了。"秦红说："祖太爷不要说了，今日与三哥贺喜。将应举交与三哥自己发落。"即将应举绑出。薛刚一见大怒说："你这负义的贼！当时那样，只有我薛刚有眼无珠，当你做个好人，认汝为兄弟，将一个总兵与你做。今日不想你恩将仇报，汝有何言？"命喽啰："今他捆绑，待我取出心肝看看。"一刀刺入，五脏齐出，血流满地，哀哉畅哉！众英雄俱说："造化了他。"当晚尽饮而散不表。

再讲登州城有佐贰官查点，杀死百姓不计其数，总兵薛应举一门受害，升报进朝。差官背本上长安，至中途遇一队人马乃是薛须。上前说起，一同回到京中，参见武三思，说起响马劫牢，杀死总兵薛应举，薛刚越狱逃遁，杀死官军，伤残百姓不计其数。武三思听了大惊，抱本上殿，奏知天子。武则天大怒，旨下："命青州、莱州先行起兵征讨天雄山、擒捉薛刚。"然后"命武三思操演三军，征伐天雄山"。三思领旨出朝，对张君左说："薛刚一人尚不能擒捉，今有助恶多雄，必须起大兵征讨。"三思操演兵马不表。

再言程咬金在天雄山，喽啰报上来说："青州、莱州兵马围住山前，声声要拿大王。"咬金一听此言说："兵来将挡，水来土掩。今有兵有将，何足惧哉！"吩咐伍雄、雄霸带喽啰下山，杀莱州兵马；秦红、尉迟景带人马下山，杀退青州兵；自领薛刚、罗昌、程月虎、王宗立冲中路，帮杀二处人马。莱州总兵郭大忠同众将在山下讨战，见山上冲下一队人马，内有二将，勇不可当。郭大忠那里挡得住？杀得大败。青州总兵又战不过秦红、尉迟景，在那里抵死相杀，听得莱州兵马大败，无心恋战，虚晃一鞭，败下阵来。怎挡得山上冲下三将，杀得二处人马四分五裂。莱州总兵郭大忠、青州总兵雷明败下去有三十里路，见后面不来追，收拾败残兵马，三停去了二停。回到本州上表进朝，贼寇势力不能抵敌，请兵添将，保护城池。差官星夜进京不表。

再言咬金对薛刚说："今虽退去二处人马，朝廷必然大怒，起大兵前来，如何抵敌？必须你去房州奏明小主，我等扶助庐陵王兴兵伐周，名正言顺。若在此久，终非善事。你去走一遭。"薛刚领命，拜别下山，竟往房州，不止一日。在登云山经过，那山上大王一名吴琦，一名马瓒，都有万夫之勇，守住山寨，喽啰数百。有儿郎报上山来说："小的们拿得牛子，求大王发落。"吴琦说："拿去砍了。"薛刚被绊马索跌倒，拿往山中，听得喝声"砍了！"叹道："可惜吾薛刚死在这里，不能见到小主，负了众弟之情。"马瓒听得，喝声："住着！"亲自下阶问："谁是薛刚？薛刚说："吾乃通城虎薛刚。"马瓒听得，亲解其缚，扶入厅上，纳头便拜。

薛刚扶起二人，问起姓名。吴琦说："小人姓吴名琦，此位结盟兄弟名马瓒。今日误犯三爷，是有罪了。如今要往那里去？"薛刚说明此事，要往房州见小主。吴、马二人说："三爷要到房州，吾兄弟同去。"薛刚大喜。当晚三人结拜生死之交，在山饮酒。次日兄弟二人吩咐头目："看守山寨，同三哥到房州，不数日就回。"头目领命。吴、马二人同了薛刚竟到房州。这一日元帅王荆周在教场演武，看试射箭。有人射进红心者赏，不中者罚；有大刀一把，重一百二十斤，有人舞动者赏，舞不动者罚；有铁香炉一个，约重千斤，有人拿得起者赏，拿不起者罚。薛刚等看见这些将军有中一箭的，有一箭不中的。这大刀也有将官拿得起的，就气喘呼呼，香炉越发无人拿得起。马瓒高兴，走进教场，一连三箭俱中红心。众军喝彩。吴琦见了，也入场中，将大刀抢起如飞。薛刚左手撩衣，右手拿炉，走出圈外，又走进来，放在原处，面色如常，气也不喘。元帅一见大惊，开言说："要壮士周全本帅体面。"薛刚等下拜。元帅扶起，传令散操，一同至彩山殿见驾。元帅奏道："臣往教场操演，遇着三位英雄，十分武艺，都有万人之敌。千岁有此三员将，江山可复也。"庐陵王闻言大喜，传旨："宣上来。"薛刚等闻言，进彩山殿，三呼跪下。小主问起姓名，吴、马二人上前俯伏奏道："臣吴琦、马瓒。"又问薛刚，薛刚不肯说名姓："臣有大罪，望小主救赐免死牌，方说姓名。"小主说："赦卿无罪。"薛刚谢恩，奏道："臣祖薛仁贵，父薛丁山，平定东西，有功于朝。臣薛刚罪该当死，打死张保，武后将臣父母一门杀害，颠倒埋入铁丘坟。有程咬金千岁在天雄山，请主登位，杀进长安，以接大位。"

小主闻奏下泪说："卿无罪。尔父尔祖有大功于国，孤家尽知。方才所奏到长安接大位，焉有子伐母之理？此言休说。今封卿为忠孝王，马、吴二卿为左右都督，在房州造王府住下。秦、程二卿不日钦召。母后天年之日定夺。"薛刚谢恩，住在王府，日日同元帅操军不表。

再言朝中武三思看见青、莱二州表章上本,起大兵征讨天雄山。有探子报到朝中说:"扬州都督英国公徐敬业,与南唐萧大王,同骆宾王谋以匡复庐陵王为辞,移檄州县,起大兵三十万,打破城池,甚是利害,声声要去武后,更立新君庐陵王,不得不报。"武三思大惊,奏明天子,武后看檄文:"一抔之土未干,六尺之孤何托?"后问:"谁人?"对曰:"骆宾王。"后曰:"此人不用,宰相之过也。天雄山小事且慢,江南徐敬业等乃心腹之患。"遂将大将李孝逸封为元帅,魏元忠为参谋,武顺为后应,起大兵五十万,良将数百员,择日兴师,兵发江南。此话不表。

再言天雄山合当造化,亏徐敬业起兵,天下响动。朝中只顾江南,哪管天雄山。不要说别的,就是断其水道,山上不战而自乱矣。

再言薛刚在房州,到秋后小主同文武在教场望空祭祖。薛刚想起父母,见了伤心,上前奏道:"臣父母在长安铁丘坟内,今奏过主公,要去上坟。"小主说:"卿家要去,须要小心。"薛刚谢恩,同了吴、马二人一路下来,逢州过府,无人盘问。薛家之事有三年之外,官府也不在心。三人来到长安城外,饭店中吃酒,收拾祭礼进城上坟。至坟前天色将晚,薛刚上前打掉锁,往里而行。将石块顶住栅门,到里面青草茂盛,没有道路。三人将草拔去,摆下三牲祭礼,薛刚哭拜。有巡捕官见了,说声:"不好,想必薛刚又来偷祭了。"忙报知武三思说:"薛刚偷祭上坟。"武三思传令:"架起襄阳大炮打死他。命大刀王殿、阔斧陈先领兵四面围住,开放大炮,城门紧闭,多加闩锁。点十万大兵,桥头巷口处处摆卡把守。"巡城官打锣,口叫:"小心捉拿薛刚!"百姓家家闭户。武三思在铁丘坟前把守,喊声大震。薛刚同吴、马二人在里面祭过父母,三人饮酒,名曰"二扫铁丘坟。"不知外面如何,且听下回分解。

第七十七回　薛刚三扫铁丘坟　西唐借兵招驸马

再说这铁丘坟,三思为何不杀进来?有道是虎怕人,人怕虎。吴琦说:哥哥,外面有兵马守住,我等慢慢地吃了饭,夜深出去。"薛刚说:"不可,外面有大炮,恐防打进来。我等早早出去。"二人闻言,结束停当,手执军器,带马开了栅门。外面大刀王殿叫人开放大炮,有丁山灵魂保护,炮倒转来,把王殿打为灰土,死伤军人数千。薛刚、吴、马三人一冲上前大战,那里杀得出?街道不比战场,百姓家家在楼上,将砖瓦、摇车、台机塞满街道。只听四下叫声:"不要放走薛刚。"

三人正在危急,有饭店夫妻二人,乃窦一虎、薛金莲奉李靖之命,说:"你侄儿有难,快去相救。"窦一虎同金莲扮作乡村夫妻,地行至长安,果见三人不得出城。金莲将纸团六个,口中念咒,喝声"起!"都变了六丁六甲神人,有一丈五尺长,将街上这些东西搬去,上前开路。三人乘势杀到城边。城门紧闭,窦一虎一口气吹开城门,三人一涌而出。薛刚拜谢姑父、姑母说起丁山,金莲流泪,话不叙烦,恐人知觉,窦一虎夫妻地行回西凉去了。

薛刚、吴、马回登云山。儿郎报说:"自大王去后,有九炼山两个贼人杀来,把山寨粮草尽行抢去,山寨罄空。"薛刚、吴、马三人大怒说:"这两个毛贼,吃了豹子心,老虎胆,这般放肆。待俺去拿来,连九炼山踏为平地。"行至九炼山大骂,有二人下山,问名姓,下马即说:"我姓南名见,弟柏青,奉香山李靖令,来请三哥。闻说不在,故我先把粮草金银收拾在此了。三哥必来寻找,故此我二人等候。请上山去。"薛刚大喜,一同上山饮酒。对薛刚说:"此山宽大,方圆四十里,左接正定,右接幽州,好招兵买马,积草屯粮,好报父母之仇。"五人说得投机,结拜弟兄。次日薛对吴琦、马瓒说:"烦二位贤弟到天雄山接程老千岁、众弟兄到九炼山驻扎不定。"

二人奉命来到天雄山,见了咬金,倒身下拜,说起"三哥到房州,遇着晚生,同到房州比武,封忠孝王。我二人左右都督。祭铁丘坟,至九炼山。"如此长短说了一遍。"命吾二人来请老千岁往九炼山驻扎不定,好招兵买马,兴兵杀上长安,除了伪周,立小主为君。"咬金闻言大喜,同众英雄下山。伍雄、雄霸守了山寨,送别下山。来至九炼山,薛刚接上,唤南见、柏青过来拜见。咬金欢喜。见九炼山果然雄伟,底下有三关,四面高山围定,上有忠义堂,聚义厅,群房数百余间,有河有水,又有战场,比天雄山好数倍,立起招军旗,来投军的不计其数,聚兵数万。命吴、马二人到房州见小主说:"兵已招足,缺少粮米,请立为帝。"

吴、马二将领命竟往房州，先见元帅王荆周，次日上朝见驾。小主问道："薛刚为何不来见孤？"吴、马二将奏说："臣薛刚在九炼山招兵，奉程老千岁之令，来请殿下，到长安为君，复兴唐室。要借粮米五万石，救众军之食。"小主说："兴唐且慢。先发粮米五万石，付与二卿前去。"吴、马二人谢恩。领粮米回至九炼山。咬金说："兵少成不得事，如何是好？"想到西唐国先前与唐天子交好，他听元帅丁天钦之言攻打雁门关，被吾家元帅薛仁贵擒拿，以礼相待。国王投降。送还元帅归国，有恩于他。命薛刚到那里借得兵十万，就好动手。

薛刚领命，带了吴、马二将至雁门关。守关总兵朱魁，原是丁山手下副将，闻报有三爷来见，朱魁一见认得是薛刚，只做不认得。问起名姓，薛刚更姓换名说："关外走走。"朱魁放过，对薛刚说："三爷，我是认得你的，因耳目众多，只做不认得。须要早早回来。明年我不在此做官，要升任去。"

薛刚拜谢，出了雁门关来到西唐国。府前冷冰冰，问守门人为何静悄悄？那人说："国王同了公主在教场招驸马，所以兵将不在这里。"薛刚说："原来公主招亲，有这一事，明日也去看看。"三人在饭店中住下。次日来到教场，有多少英雄在此。张天宝坐在彩山殿，有女披麻公主比武，一连三日并无对手。吴琦上去也败，马瓒上去又败。薛刚上前与公主战了数十合，薛刚虚晃一枪，假败下来。公主不料是计，追上来，被薛刚活捉过马。彩山殿鸣锣，请驸马下骑。薛刚拜见张天宝，问起名姓，原来是通城虎，与公主成亲。请吴、马二将至王府。是夜二人成亲。次日薛刚说起借兵一事，张天宝说："粮足发兵。"过了三日，薛刚先打发吴、马二将先回九炼山，"见老千岁说我粮草一足，即刻起兵。"二将奉命上马，进了雁门关，来到九炼山，见程千岁说："三哥一到，招了驸马，粮草一足，即时起兵。"咬金大喜，一面就差官打本到房州，见千岁报喜说："薛刚到西唐国借兵，明天准到。一到就开兵。"小主甚喜，留二将住在房州，此话不表。

再讲长安魏相先打发家眷去房州，自己来别徐贤，二人谈论。魏相说："我要到房州去见见小主，特地前来别你。"徐贤说："小弟也要就来。"魏相见一少年立在旁边，问起说："是何人？"徐贤说："小弟之子徐青。"魏相见竟像薛勇，流泪而去。徐贤画了画图，乃征东故事，叫蛟儿前来观看。蛟儿不知，说："爹爹，孩儿不知，望乞讲明。"徐贤说："这白袍是你曾祖父薛仁贵，穿红袍是祖父丁山，这一位是你父亲薛勇，红罗总兵。"将此事说明。蛟儿听了大哭，要去祭奠坟墓。徐贤把阴阳一算说："不妨，你出去祭过，作速就回。"

蛟儿收拾祭礼，挂一口宝剑，晚上出门，到铁丘坟来。自古道："官无三日紧。"此事有十二年了，无人把守。蛟儿打掉了锁，来到里面，摆下三牲礼物，大哭："祖父、父母有灵，孙儿来祭奠，望阴灵保佑孙儿，报复此仇。"有巡城兵看见，报知张君左、张君右、武三思说："薛刚又来偷祭，在铁丘坟。"武三思带十万人马，四门大炮，围住铁丘坟。吩咐：城门多加闩锁，到处排围，把守城池，喊声大震。不料又被窦一虎救去。蛟儿在里面看见，欲要自尽。有丁山灵魂，头戴三山帽，身穿百月袍，叫声："孙儿，闭了眼，救你出去。"将蛟儿提出铁丘坟，三岔路口放下。

蛟儿入梦中，眼睁一看，认得是秦驸马府中后园。蛟儿跳入园中，在白花亭上住下。有待女看见，报知公主，公主宣入问道："你是谁人？为何到我园中？"蛟儿跪说："我乃两辽王薛丁山之孙。"将冤情说明，今日来上坟，虚空有人提出来到园中，望娘娘救命。"公主说："不妨。将蛟儿去了男衣，扮作女子。明日少不得奸臣来搜，处治他去。丫头小翠有病将死，改换他的衣服，睡在卧房。"算计已定。

再言武三思同张君左弟兄，看里面不见动静，一定是窦一虎土遁去了。忽见半空中有人出来，在三岔路口，往秦府花园内去了。有人报知武三思、张氏弟兄说："这是先皇的公主，秦怀玉之妻，惊动不得。"张君左说："千岁，他是朝廷钦犯，怕什么银瓶公主？"

次日上朝，奏明天子，旨下："命张氏弟兄到秦府捉拿薛刚。"张君左弟兄带领五百家将，将秦府围住。有人报进说："娘娘，外面张氏弟兄围住府门，不知为何？"公主一听此言大怒，吩咐："开了府门，放他们进来。"家人领命，把府门开了。张氏弟兄看见开了府门，公然进来。不知后事如何，且听下回分解。

第七十八回　张君左秦府出丑
　　　　　九炼山薛刚团圆

　　前言不表,再盲君左弟兄来到银銮殿,公主接旨。开读已毕,公主谢恩。张君左弟兄朝见公主,立在两旁,禀道:"臣奉天子之命,今有薛刚逃在娘娘后园,娘娘必知,望乞放出。"公主说:"二位先生且听。自驸马去世之后,朝中大政哀家不管。你谎奏朝廷,说什么薛刚在此,你去回复圣上。"张君左说:"难复旨意,容臣搜明。"公主道:"两位先生不信,但凭搜来。"

　　张君左吩咐去仔细检搜。那些军士一声喊,到处搜寻,前房耳房,高楼后围,地板天花板,俱已掘开看过,回复不见薛刚。张君左好不着急,吩咐再搜。军士说:"只有娘娘卧房,小人们不敢搜。"君左说:"管什么卧房,快去搜来。"军士闻言,赶到卧房。卧房门关了的,军士打将进去,只听叫声:"不好了!"郡主惊死床上,侍女出来,报知公主。

　　公主大怒,吩咐左右:"将这两奸臣锁着,待哀家见圣上发落。"张君左弟兄大惊,唬得魂不在身,只得哀求。公主哪里肯听,被这班侍女将二人剥下衣衿,纱帽红袍除去,将大链锁住。公主乘辇出来,将二人带在辇前,出其大丑。

　　到金銮见了武后,朝拜已毕。公主奏说:"哀家公公秦叔宝打成唐朝天下,驸马秦怀玉征东平西战死沙场,有大功于国。今日张君左谎奏圣上,来搜薛刚。哀家怎敢藏匿?驸马亡过之后,不理朝中之事。今明明来抢臣家,先王钦赐金银,被他唤狠奴抢得罄空,惊死郡主,前后楼房尽行打坏。望圣速拿二奸贼,以正国法。"天子听奏说:"皇姑息怒,朕当处治。"宣张氏弟兄上殿。武后一看,见二人好笑,不像官体,好似囚犯。旨下:"罚张君左弟兄修驸马府,赔还金银。御妹惊死,尔弟当做孝子,奉旨开丧,百官祭奠,送上丘坟。命中山王武三思代朕往皇姑府请罪。""谢恩。"银瓶公主谢恩出朝。张氏吃了一场大亏。小翠倒有福气,受百官祭奠,开丧忙忙碌碌,自有一番打点。我也不表。

　　再言诈了张氏许多金银,将小翠送上丘坟已毕,满心大悦。想留蛟儿终久无益,恐有人知道,欺君之罪不小。假说烧香,好将蛟儿带出城外,换了男衣,叫他逃往房州。蛟儿拜谢,竟往大路而行。公主往秦安州烧香回府不表。

　　再言蛟儿不曾经过风霜,一路上凄凄惨惨,前面猿啼虎啸,好不怕煞,欲投涧而死。旁有香山李靖,叫声:"蛟儿不要慌张,闭了眼睛立在乌帕上,我救你去。"李大仙同了蛟儿驾起祥云飞在空中,不消一个时辰来到香山,下落云头。蛟儿拜谢。大仙说:"蛟儿你拜我为师,传你枪法。"吩咐童儿取枣子与他吃。蛟儿吃了枣子,长力千斤。蛟儿拜了大仙为师,教习枪法,此话不表。

　　再言徐贤叫蛟儿出去祭坟,先打发家小往房州。自己在府中,闻得张君左弟兄被银瓶公主算计得颠颠倒倒,心中大悦。唯恐泄漏,连夜往房州而去。

　　再言江南扬州徐敬业以匡复庐陵王为名,起兵讨武氏。朝廷差李孝逸,相杀数年,被孝逸因风送火,敬业大败,逃海而去。报捷到长安,天子大悦。百官上表奏驾。旨下,命李孝逸镇守江南,以防边患。自敬业在江南兴兵十余年,不把薛刚放在心上,故存此患,不必细表。

　　再说蛟儿在香山枪法已熟,气力充足,欲要下山寻叔父,来见师父。李大仙说:"徒弟既要下山寻叔父,我日后送枪马来与你。"

　　蛟儿拜别下山,一路行来,见一庄坊,腹中饥饿,上前去唱道请化斋。有一妇人出来,见蛟儿相貌堂堂,留吃饭,送他白米五升,钱三十文。庄客报说:"少爷回来。"薛葵回家一见,便大骂蛟儿,喝声:"野道童!"将拳就打。妇人喝住,问起名姓,就是薛蛟。妇人说:"原来是侄儿。"蛟儿问起,说是薛葵。鸾英上前相见,说起缘由。蛟儿说:"婶娘放心,我同兄弟去房州访问叔父。"庄客说:"有人送兵器马匹在外。"原来是李靖差仙童送来的。二人一看,好马好枪。薛葵说:"这枪马那个送你的?"薛蛟说:"是师父李大仙送的。"说起传授枪法,一一说明。"问薛葵说:"兄弟,你兵器马匹也有吗?"

　　薛葵说:"兄弟那年在山玩耍,遇见二虎相斗。兄弟去拿它。二虎见了跑入洞中,被弟拿住虎尾拖将出来,不见了虎,竟变了两柄铁锤,重有四百多斤,有笆斗大。山中有一老道教习我法,也精熟了。有一匹马也稀奇,牛马相交养出来的,牛头马身。待弟牵出来与哥哥看。"果然后槽牵了马,里面拿出锤。薛蛟大喜说:"兄弟本事高强,好与祖父报仇。"二人拜别鸾英。鸾英说："你弟兄路上小心。"薛葵说："母亲放心。"

二人并马而行，来至房州，访问薛刚，并无下落。在城外饭店中楼上吃酒，兄弟说得投机，大笑起来。楼板是稀的，把那些灰尘落将下来，楼下面也有人喝酒，灰尘落在酒碗内。吃酒的柏青大怒，大喝道："楼上的×娘贼，蹬你娘的×怎么？"薛葵上面听见，心头火发，纵起身来，飞奔下楼。柏青、南见弟兄早已立起身来等打。薛葵性急走得快，不料脚下一块青石一滑，仰面一跤，跌倒在地。二人上前拿住，将拳打下。吴琦喝住："不可，他失足跌倒，你要打他，不像好汉。放手！"薛蛟也下楼来帮打。听见说得有理，不再动手，薛葵立起身来要打。薛蛟说："不可，恐伤了人。"吴琦说："二位爷不像这里人的口气。"薛蛟说："我乃山西绛州龙门县人氏，姓薛名蛟。我兄弟薛葵。来房州寻叔父薛刚。"吴、马二人听了，原来是忠孝王之子侄："得罪了，我四人与你叔结拜兄弟，我乃吴琦，此是马瓒、柏青、南见。"薛蛟大喜说："原来是四位叔叔。"同薛葵上前拜见，重新吃酒，当夜不表。

次日同薛蛟弟兄至王府门首，问黄门官要见驾。黄门说："千岁在御花园搭彩楼招驸马。"薛氏兄弟行到御花园，彩球打中薛蛟。庐陵王传旨宣驸马进朝。问起姓名，薛蛟奏明。小主大悦："原来是忠孝王之子侄。"招薛蛟为驸马，与公主成亲。薛葵封为大都督。说起："尔父上年往西唐借兵，至今未见回来。闻他招为驸马，耽搁在那里。命你二人回家，接你母亲同到房州安享。薛蛟弟兄谢恩，二人回府。

次日薛蛟弟兄转至陈家庄，接了鸾英一同下来。这日天晚投庙中夜宿。道士接见。说是薛蛟驸马，道士大悦，留上房歇宿。有八叉山朱林差人到庙查问。道士说是薛驸马及薛刚之子薛葵，接太夫人一同在此庙内。儿郎报知朱林、薛强、薛孝叔侄二人听了大喜，一同到庙上前相会，当有一番话说不表。次日差官先送母亲到九炼山，同叔叔相见。薛葵兄弟二人要出雁门关寻父，此话不表。

再言薛刚与披麻公主点兵十万，将少不能动身。又到西凉请十弟兄，乃征东仁贵结拜的周青、姜兴霸、李庆红、薛贤徒等，有功于国，封守西凉为总兵，世袭镇守。闻薛三爷相请，各助兵一万。李大元、姜兴、姜霸、薛飞、周龙等共有十人，与薛刚拜为弟兄，一同来到雁门关。总兵吴忠不肯开关，分兵把守。薛葵大怒，催开坐骑抢进关上，一锤打死吴忠。众军见主将已死，四散奔过。薛蛟斩关落锁，大开关门。

薛刚同公主进关，到九炼山。咬金大喜，当日相会鸾英，一番言语不表。次日吴琦、马瓒拜本上房州，见小主说明此事。小主大悦，敕封薛刚为兵马大元帅，咬金为军师，诏下九炼山，程咬金等谢恩。命薛蛟、薛葵弟兄二人解粮。邻近州府都来归附，声势浩大。山东，山西、湖广之文武官员都归顺马州，要立小主为帝，灭伪周武氏。探子报入长安，武三思闻报大惊，忙上本见驾。旨下：命武三思为大元帅，姜通为先锋，马立为后应，带兵五十万，出了长安，旌旗浩荡，杀奔九炼山。不知后来如何，且听下回分解。

第七十九回　武三思四打九炼山　程咬金夜劫周营寨

前言不表，再言周兵相近九炼山，有探子报上山来说："朝廷点武三思为帅，良将千员，起大兵五十万。前部先锋姜通好不利害。报与元帅知道。"薛刚说："知道了。"赏探子银牌一面，羊酒十樽。探子谢赏。

咬金差人往天雄山，请伍雄、雄霸都到九炼山。元帅在山，令四虎把守栅门，摆下擂木，以备厮杀。

再言武三思来到山前，摆开阵势，先锋姜通在山下差军士大骂。薛刚带领众将下山迎敌，两边射住阵脚。姜通说："薛刚且住着，听我一言。你三次偷祭铁丘坟，也算英雄。何不依我归顺大周，散去诸寇，保汝为将。"薛刚大怒说："你这贼我乃大唐臣子，奉小主之命，收回旧业。汝食君禄，不报君恩，实为无耻之徒。且待我杀这无名之将。"一马冲出阵来，姜通大怒，奋勇举手中大刀砍进。薛刚将棍挡住。一往一来，战有三十余合，薛刚棍法散乱，众将看见助战。姜通手下大将许琦等，也各纷纷出战。两边混杀。秦红使双铜来助薛刚，杀退姜通，天色已晚，各自收军。薛刚回山。

次日武三思摆一个五虎把山阵。旗分五色，有五员虎将守住阵门，五门有兵五万。姜通计战，薛刚同众将下山。伍雄出马，大战姜通，有数十余合。雄霸见伍雄战不过姜通,出马双战。被五虎将围将找来,二人抵敌不住,大败而走。众英雄纷纷出马接战,那里挡得住?薛刚迎住姜通,那里战得过?竟大败落荒而逃。姜通在后追赶,正在危急,只见薛葵解粮来到,见姜通追赶薛刚,薛葵大喝道:"不得无礼!休伤我父。"只一声不打紧,就似春雷响震一般。

姜通大惊,抬头一看,不认得薛葵,抛了薛刚来战薛葵,把手中大刀一举,照顶门砍将来。那薛葵不慌不忙,把锤往上一举,当的一声响,把大刀打断了。姜通叫声:"不好了!"震开双手虎口,带转马没命地跑了。薛葵催开牛头马赶来,喝声:"那里走!"锤打来,姜通要走来不及,打得脑浆迸出,连马打成肉酱而死。三军见主将已死,阵图已破。秦红双铜打死许琦。尉迟景鞭打士超下马而死。五虎将俱被罗昌、王宗立二人杀得大败。程月虎使动大斧,一斧一个好杀。外面薛刚同薛葵杀将进来,五万兵马去了四万,只一万逃奔大营。

武三思见前军已失,先锋诸将尽亡,传令安营。那里扎得住?被薛葵双锤打进,那里挡得住?人撞锤就死,杀进一条血路,众军士遭其一劫。武三思看见大势已去,抛了众军,逃往临阳关,计点军士,折其大半。折手伤足者不计其数。吩咐把关门紧紧闭好,城垛上多加炮石擂木,与总兵程飞虎修本进朝讨救。朝廷见表大惊说:"中山王丧师辱国,败奔临阳。那位爱卿出征与朕分忧?"班中闪出张君左道:"今有武状元郭青,金吾大将俞荣,此二人有文武全才,去往临阳,同中山王一同征讨。"天子大喜,宣二人上殿,钦赐金花御酒,封为左右副元帅,带兵二十万,副将二百员。二将下教场祭旗,离了长安,来到临阳。参见元帅,然后发兵,共有四十万,来打九炼山,此乃二打九炼山。离山十里,放炮安营。一声炮响,三军扎下营盘。吾也不表。

儿郎报上山去说:"朝廷命武状元郭青、金吾大将俞荣同武三思起兵四十万,又来打九炼山,请大王定夺。"薛刚说:"知道了。"咬金说:"郭青、俞荣乃是名将,元帅不可轻敌,须当小心。"大将李大元、姜兴、周龙、薛飞等数人上前说:"元帅,小弟在此,未曾破敌。今我等兄弟出阵。"薛刚说:"既然兄弟们出去,须要小心。""得令!"

再言武三思来到九炼山,摆左右二营,中间立一个大营。摆一个四牛斗底阵。两边密密伏下弓弩手,以防薛葵冲营。武三思说:"他以力为强,追来即放炮为号,两下一齐射出。他如回马,我兵乘乱奋杀,他绝奔逃上山。我这里分兵断截各处水道。山上无水,不战而自乱矣。"传令已毕,令郭青讨战。忽山上冲下一队人马,喊杀连天。郭青来到山前,大叫一声:"那个纳命的,出来会吾?"姜兴、周龙冲出。大将郭青说:"无名小卒看枪!"照姜兴面上一枪刺进来。姜兴不慌不忙,把手中大刀抵住。刀枪并举,战有二十合。郭青虚晃一枪,往左营而走。姜兴不舍,把马一鞭追上前来。郭青见来将将近,即按住钢枪,取弓在手,搭箭当弦,照定来将尽力一箭。姜兴听得弓弦响,急待要躲,来不及,正中咽喉,倒撞马下而死。

姜霸见兄被射,使动双鞭杀出救兄。被俞荣挡住,大战三十回合,被俞荣一刀砍下马来。李大元见二姜阵亡,大哭。同周龙一齐杀出,两下混战。薛飞步战出阵,使五百斤大锤,身长二丈四尺,貌若金刚,杀入中营,听得号炮一声,万弩齐发。薛飞身中七箭,大败而回。李、周又抵敌不住,三军围将拢来。正在危急,忽山上冲出无数人马,伍雄、雄霸、秦红等杀入周阵,救出李、周二将,分头迎敌。一场好战!天色已晚,两下收兵。薛刚见姜氏兄弟阵亡,伤悼不已,计点军士,折兵大半。咬金说:"胜败兵家常事,今晚去劫寨,必然全胜。"薛刚说:"此计甚妙。"吩咐秦红、尉迟景带领一支人马,往左边下山打入左营。罗昌、王宗立带领一支人马往右边下山,打入右营。薛飞、李大元、周龙、伍雄、雄霸带大队人下山,直冲中营,杀武三思要紧。果然周营不防备,被秦红、尉迟景扳开鹿角,杀入右营。郭青正在睡梦中,听得有人劫营大惊,披衣起来,满寨通红,忙上马,遇着尉迟景黑脸钢鞭打将进来;郭青却待迎敌,昏头耷脑,被尉迟景一鞭打死。秦红用双铜打得三军乱逃,儿郎一个个动手杀死。杀得尸横遍野,号哭之声不绝。

左边一样如此。薛飞打入中营,军士昏睡,要射箭也来不及,弓箭也不知放在那里。半夜之中,一场大杀。武三思往后营而逃,薛飞等追赶有三十里。鸣金收军,大获全胜,所得军器粮草无数。天色大明,收兵上山庆贺不表。再言武三思见不来追,计点军士折了七、八万,损了郭青、俞荣上将数十员,走入临阳关住扎,意图报复,连夜差人赍本进朝求救。

使命到京,奏上表章,天子看了大惊,亲问使者曰:"中山王大兵四十万,何故又至大败?"使者将初阵斩了贼将两员,不料中贼计,当夜冲营劫寨,丧了二位副元帅,折兵八万，走入临阳，细说了一遍。

武后问丞相张君左："薛刚反乱山东，十分猖獗，何以制之？"张君左奏道："中山王被贼偷营，非战之过。再差御营总兵赵仁为先锋，成国公上官仪为将，广信侯姚元为副将，成魁、钱通为左右使，武探花屈松彭为后应，齐国公冯贞护送粮草，起大兵十万，去到临阳关，与中山王一同征讨，薛刚可擒矣。"天子大喜："依卿所奏。"旨下。上官仪奉旨教场点兵，出长安来到临阳关，与中山王合兵，商议九炼山之事。教场操演人马，习练阵图，以备征进，此话不表。

再讲薛刚得报，朝廷又点上官仪、姚元、成魁、钱通、屈松彭、赵仁等兵扎临阳，操演三军，不日出兵。薛刚大惊，忙与程咬金商议说："老千岁，如今伪周又点兵马到来，怎么迎敌？"咬金说："上官仪文武全才，尚不足虑。唯有太阳枪赵仁，十分厉害，使开枪能在花光中他见你，你见不着他，取上将之首如探囊取物。屈松彭青面獠牙，用金顶铜，重百六十斤，甚是凶勇。余不足介怀。"薛刚闻言，准备迎敌。不知后事如何，且听下回分解。

第八十回　尉迟景鞭打太阳枪
　　　　净道人圈打众英雄

适才话言不表，再讲武三思到了山前，三声大炮扎住阵脚。先锋赵仁同左右使成魁、钱通顶盔贯甲，挂剑悬鞭，令军士在山下大骂。

儿郎报上山说："启元帅，今周营先锋讨战，实是了不得。"薛刚闻报问："那位哥哥出去会他？"旁边闪出四员大将，吴琦、马瓒、南见、柏青上前说："待吾兄弟们出去会他。"薛刚说："周将利害，兄弟们须要小心。"四将得令，冲下山来。咬金说："周将骁勇，四将不能胜他，传令尉迟景。秦红带领三万人马下山掠阵。"二将得令，领兵下山。

吴琦四将来到山前，摆开阵势，射住阵脚。只见周阵拥出三员大将。南见抬头一看，赵仁面容恶相，黑脸铜铃豹眼，腮下短短桃红竹根须，身长九尺，使一把太阳枪。成魁、钱通又重得凶恶，喝声："狗强盗，快下马受死。"柏青见了大怒说："不得猖獗。"放马过去，劈面一刀砍住。南见看柏青战不过赵仁，一马冲出，双战赵仁。吴琦、马瓒纷纷出马。那边成魁、钱通两下敌住，一场大战。那赵仁果然厉害，使开枪左插花，右插花，枪花中只见日光闪闪，罩定柏青、南见开眼不得，被赵仁一枪挑死柏青，回手一枪又结果了南见。尉迟景大怒，一马冲出，照日光一鞭，赵仁叫声："不好了！肩上着了一鞭散了日光，大败而回。吴琦战住钱通，听见柏青、南见落马，回头一看，被钱通砍死。马瓒被成魁枪挑而亡。秦红见二将已死，大叫一声："不要走，我来也。"用双铜敌住成魁。尉迟景战住钱通，两下大战。

薛刚闻报失了四将，恐防二将有失，鸣金收军。秦红、尉迟景听得鸣金，弃了成魁、钱通，走马上山。成、钱二将也不追赶，各自收兵。薛刚点军折了一万人马，死了四将，伤感不已。传令紧闭寨门，安排擂木炮石以防攻打。

再说赵仁虽然全胜，也伤了肩膀。钱通、成魁来问安。赵仁说："不妨。"葫芦取出丹药敷好，片时痊愈。来到中营，参见武三思说："杀了贼将四员，大败归山。"三思大喜，重赏三军，上表进京报捷。次日赵仁等又在山前讨战。山上众将说："太阳枪利害，不敢出阵。"

再讲薛蛟弟兄解粮到中路，遇着师父李靖。薛蛟下拜。李大仙说："徒弟，赵仁太阳枪厉害，众将不能抵敌。赠你定阳针插在头上，好捉赵仁。"薛蛟拜谢。一阵轻风不见了。薛蛟来到山前，见赵仁耀武扬威，薛葵把粮草推过。薛蛟上前，大叫一声："赵仁，不得无礼！少爷来也。"赵仁看见薛蛟，也不放在心上，说："那里狗头？休来纳命。"劈面一枪。薛蛟还转一枪，战有二十回合。赵仁用这太阳枪法罩住自身，薛蛟头上插了定阳针，不见什么太阳。法被薛蛟破了，赵仁心慌，成魁、钱通看见上前，双马齐出夹攻。薛葵大怒，展开双锤，一马冲出敌住成魁、钱通。

山上薛刚得报，点诸将分头下山。薛飞用大锤打入周阵，众将纷纷落马。薛葵与成魁、钱通战不到三个回合，都被薛葵打死。赵仁与薛蛟大战，未及防备，被薛葵冲上来，大叫一声说："哥哥，待兄弟打死这贼。"赵仁大惊，被薛蛟一枪挑于马下。诸将见薛氏兄弟成功，勇加百倍。各皆突入中营。连斩副将四员。上官仪横刀而出，正遇秦红，约战数合，尉迟景也来攻打，上官仪虽然勇猛，那里挡得二员大将。又被罗昌从后面杀进来，看见秦、尉迟二将战住，上官仪被罗昌从后面一枪刺死马下。薛葵用大锤追杀官军，薛蛟兄弟大端周营。武三思往后营便走。于是三军尽皆奔逃。众英雄拼力奋进，杀得周兵尸横遍野，血流成河，哭声震天，弃下衣甲刀枪无数，被薛军收回。咬金传令收军。诸将把马勒转，大小三军都次第回山，所得粮单衣甲不可胜计。摆筵席庆贺薛氏弟兄。此话不表。

再言武三思败下去有一百里，看见兵将不来追赶，才得放心。传令收拾败残人马，点一点不见了大半。赵仁、上官仪、成魁、钱通阵亡，杀死副将数十员，后队屈松彭又到，心中稍安。屈松彭参见，武三思说："我自起兵以来，遭薛刚三次大败，俱损兵折将，无颜再请救兵。"副将姚元说："千岁在上，今日这场大败，多害在使双锤的小蛮子之手，不料他如此凶勇，先锋太阳枪尚被他破掉杀死。目下屈将军到此，再整兵马，调各路总兵与他大战，除剿了他，余者不足介意。"三思听了，安下营盘调兵。

有军士报进说："辕门外有一道人要见。"三思说："令进来。"道士来到营帐前说："千岁在上，贫道稽首。"武三思看见道人仙风道骨，行步不凡，说："仙长少礼。那座名山？何处洞府？到此有何见教？"道人说："贫道乃清虚山无心洞净山道人。我已入仙界，不染红尘。奈徒弟赵仁被薛葵所害，因此贫道愤愤不平。今又算千岁洪福，薛刚命该如此，所以动了杀戒，方入红尘。除了薛葵大事完矣。"三思大喜，大营设筵款待道人。次日武三思离了大营，整顿人马，不及半天，来到九炼山。日已过午，不及开兵。当夜在营备酒，席上言谈，饮至半酣，方才营中安歇。

次日清晨，摆开队伍出营。道人上马端剑，屈松彭上马举斧在营前掠阵。道人催开坐骑，相近山前，高声叫道："山上的快报与薛贼子知道，叫他速整下山与贫道答话。"那薛刚立起身来说："诸位兄弟，前日他被我等杀得大败，今日为何又有野道人讨战？待我亲自出去，杀这野道，除了武三思，杀进长安，灭了伪周，立小主为帝。"咬金说："元帅不可轻出，三军司令全在于你。令薛蛟兄弟下山擒此妖道。"薛刚应诺。

薛蛟、薛葵换了盔甲、结束停当。底下众英雄齐声要去杀武三思。薛刚说："须要小心。"俱已结束上马，带了军士，冲下山来。秦红说："看这道人身体软弱，有何能处？前日阵上长大英雄，被俺这里杀得大败。待吾出去取他性命。"大喝一声："妖道！俺来也。"一马冲出。道人呼呼大笑说："你可知贫道本事利害！薛葵伤我徒弟，故来取他的命。你不是薛葵，你去吧。"秦红听了，说："好自在的话儿，看得这样容易。"把铜一摆，喝声："招铜！"一铜当头打下。净山道人将铜敌住，不止教会，道人祭起连环圈打来。秦红叫声："不好！"却待要走，被照头一圈，打落马下。急待向前来取首级，得尉迟景抵住，众军救回秦红。尉迟景又被打伤。一连打伤伍雄、雄霸、罗昌，俱带伤大败而回。

薛葵飞马舞锤迎住道人，当头就是一锤。道人把剑往上一迎，那里迎得住，两臂酸麻，看来敌不住，回马就走，祭起圈来，将薛葵打落牛头马下。道人仗剑纵马要伤薛葵。薛蛟大叫："妖道休伤我弟！"飞马舞枪抵住。薛蛟上前救回薛葵，道人与薛蛟战不数合，薛蛟看来不搭对，恐防他又放这圈，搭转马就走。道人赶来，两边众将吩咐军士放箭，军士得令一齐放箭，道人回马，各自回营。

众将扶着带伤英雄，俱上山寨安息在床，秦红等昏迷不醒，尚有一线气在口中。薛蛟等着急，往忠义堂说明此事。薛刚大惊，同咬金前来看视。只见众人闭目合口，面无血色，伤处四周发紫。咬金说："此必受妖道圈所伤，毒气追心。无药可救。不知阵上还有何人与他交战？一定也要受伤，多凶少吉，只可高挑免战牌，保守山寨，寻了医家，救了众人性命，然后开关。"若知后事，下回分解。

第八十一回

俞荣丹药救诸将
武三思月下遇妖

适才话言不表。众英雄俱被毒圈打伤。次日，道人又来讨战。见山前高挑免战牌，道人呼呼大笑，回进帅营。

武三思、屈松彭接他里面坐定，说："师父今日开兵辛苦了。吩咐摆酒上来。道人说："千岁屡次失利，起兵三次，未闻一阵成功。今贫道下山与徒弟报仇，没有半日交战，伤他数十员将，杀得他高挑免战牌，紧闭寨门。贫道这连环圈乃毒药炼成，受日月之精华，打在身上，不消七日必死。"武三思大喜道："望大仙早擒薛刚，班师回朝，朝廷自有升赏。"道人说："不消费心，这都在贫道身上，待伤了薛葵，贫道仍回山修道，不染红尘。"当夜饮酒不表。

再言八宝山连环洞彭头老祖正坐蒲团，有徒弟俞荣，前年在长安救来的假薛蛟，老祖教习枪法，两臂有千斤之力，年长十六岁，身长八尺，貌若灵官。这日立在师父身边，老祖叫声："徒弟，现有薛刚被净山道人阻住九炼山，逆天行事，打伤数员大将。我今有丹药一葫芦在此，你拿去救众将性命。"俞荣跪在地下说："弟子从师父到此年久，从不曾说起。今日师父说要去救薛刚，望师父指示明白。"老祖就将从前之事说了一遍。

俞荣带泪拜别师父，骑上草龙，不消片时，来到九炼山，按落云头。有程月虎在山前，见空中落下一道童来，吃了一惊，大喝："妖道何来，快拿去见三哥。"俞荣说："休要鲁莽，我乃八宝山连环洞彭祖之徒弟。今见你诸将有难，奉师父之命，特为相救。快报进去。"程月虎听了，叫声："得罪，三哥在堂上正与我祖太爷商议，无计可救诸将。快请进去看视。"俞荣随了月虎来至堂上，见了咬金拜见。问起俞荣，俞荣将往昔调换薛蛟，被师父救去，今奉师父之命来救诸将如此一说，薛刚大喜说："原来是我家大恩人。"当殿拜为弟兄，就看视诸将。

俞荣看了伤痕，忙向葫芦中取出丹药，敷在伤处。又取丸药，将汤灌入口中。登时入肚腹中，响了三声，诸将悠悠醒转，说："嗳唷，好昏闷人也。"两眼睁开，身上觉得爽快，倏然都坐在床上。薛刚、咬金二人大喜，薛刚道："今有俞贤弟在此相救，快快拜谢。"众人见俞荣立在旁边，即下床叩拜谢恩。薛刚吩咐摆酒款待。席上说起妖道连环圈厉害，诸将难敌。俞荣说："不妨，师父曾吩咐说：净山道人若祭连环圈打来，与你一件宝物，名曰'紫金尺'，可破连环圈。"薛刚大喜，席上言谈，自不必表。

次日，道人闻报山前去了免战牌，武三思传令，屈松彭摆大队人马来至山前。道人上马提剑，摇旗播鼓，冲将出来，令军士大骂说："这些死不尽的下山纳命。"报知山上。薛刚同众将上马，放炮一声，带了三军，冲下山来，攒箭手射住阵脚。俞荣顶盔贯甲，上马提枪，冲入战场。薛强麾旗，薛蛟掠阵，还有王宗立、程月虎在两旁护阵，战鼓频催。

那边道人正撞着俞荣，便不搭话，两下交锋，战有数合，道人回马便走。俞荣不舍赶来，道人祭起连环圈打来。俞荣不慌不忙，袋中取紫金尺祭起，往上一迎，只见那连环圈套在紫金尺上，一阵红光，竟不见了。道人看见破了法宝，大怒，回转马来与俞荣交战。

那些众将见道人个个恨之切齿，只害怕这圈儿。今见俞荣破了他圈，众将胆更大了。尉迟景执鞭当头就打；秦红双铜照肩膀乱打；薛葵用双锤打下去，件件惊人。大将齐出，叫声："要活擒妖道。"那净山道人虽附着邪法，十分本事，经不起众将，恐防有失，借土遁走了，薛葵一锤打去，金光散乱，不见了道人，众将惊骇。

屈松彭在后掠阵，见薛军战住道人，大喝一声，把马一冲，跑出阵来，举起金顶束，好不骁勇，照定俞荣，喝声："小孩子看束！"豁喇一响，望顶门便砍来，那俞荣用枪架开。本事厉害！如今两下杀在一堆，战在一处，有数十合，俞荣不能取胜。那些诸将因不见了道人，又见俞荣与屈松彭大战，都围将上来。尉迟景把钢鞭来战，秦红也上前，三员将战住屈松彭。屈松彭那里放在心上，用金顶束敌住三般军器。又战了数合，又不能胜。薛飞用五百斤大锤大步出阵，喝声："三位兄弟少住，待吾来活擒这厮。"屈松彭正与三将大战。抬头见一大汉来到，心中防备。薛飞举起大锤，照屈松彭打击。屈松彭叫声："不好！"把金顶束一抬。原来好厉害，三将也挡不起。那里战得四将？屈松彭虽有本事，束法精通，怎挡得四般兵器？却也心慌意乱，实难招架。被俞荣一枪刺中咽喉，跌下马来，尉迟景下马取了首级，得胜回山。

武三思在后面帅营闻报说："道人不知去向，屈松彭阵亡。"听了大惊，传令拔寨退后而走，离山百里安营下寨，安摆鹿角、灰瓶、炮石，攒箭手把守敌楼，恐防薛兵追赶。三思闷坐帐中。

其夜月明如昼，三思出外步月，往后营上马，不带军士，悄悄地行了数里。见一所庄房，倒也幽雅，见一年少女子立在月下。三思一看："嗄唷！好绝色女子。"面如傅粉红杏，泛出桃花春色，两道秀眉，一双凤眼，十指尖尖，果然倾城倾国，好像月里嫦娥，犹如出塞昭君。三思不看犹可，见了之时，神魂不定，心中按落不下。月下看去，果然又齐整，开言道："小娘子，黄昏夜静独自出来何干？"

那女子听得回转头来，看三思戎装打扮，绝非下贱之人，开言说："将军不知，妾因独坐无聊，出来看月，不想遇着将军，三生有幸。不弃贱妾，同入草庄，奉待香茗。"三思大喜,同了那女子走进庄房。房屋虽小,倒也精致。走出几个丫鬟,也生得清秀。吃过香著,三思问起姓名。女子说:"妾姓白名玉,父亲唐朝人白太玄阵亡,母亲陈氏死过三年。上无兄,下无弟,只生妾一人。年近二九,婚姻未配,颇有庄田,尽可度日。不知将军为何到此?"武三思就将失机之事说了一遍。女子说:"原来是中山王,贱妾不知,多有得罪。妾生长将门,晓得武艺,又遇异人传授兵法,与将军前去复仇。"三思欢喜,同女子出了草庄,来至帅营。大小三军因当夜不见三思,俱各处寻打,忽闻千岁回营,众将大喜。

问安已毕,其夜女子同三思苟合,次日封为白玉夫人。调河南北人马前来征剿。河南总兵方天定,带领勇将数十员,人马两万。前日旨下调兵,整兵正要启程,今闻中山王令箭来催,同了河北总兵桑十朋,一齐来到帅营。军士报知,方天定同了桑十朋进营,参见三思。三思命白玉夫人操演三军,然后征剿九炼山,此话不表。

再讲阴风山莲花洞殴兜祖师救了徐青,带回山中,教练枪法,传授兵法,力有千斤。这一日在山中无事,同了仙童玩耍。忽一阵大风吹来,徐青看见一个斑毛豹跳出,被徐青拿住,打了几下。"那豹偏偏伏伏立着。徐青骑在豹上,竟走入洞中。老祖说:"徒弟,你如今有脚力了,你快往九炼山去见薛刚,好帮助小主杀进长安,灭却伪周,复立大唐。你功行完满,依原上山,修成正果。你到半路,遇着穿鼠色衣、尖嘴微须的黑面道人,枭了首级,前去请功。"说毕将斑毛豹一吹,念了咒语。

徐青拜别,骑上豹。只见那豹四足腾云而起,不一时来到中路,下落豹来,果见一道人喘息方定,在那里坐着。徐青便问:"仙长是那座名山?何处洞府?从哪里来?"道人抬头一看,原来是个道童,身不满四尺,面貌不雅。开言说:"道童你不知。我乃清虚山无心洞净山道人,因薛葵伤吾徒弟,吾下落红尘,与薛家开兵。不想他收我法宝,我意欲回山再炼宝贝,会同各洞仙长,再来算仇。"徐青一听此言,说:"踏破铁鞋无觅处,得来全不费功夫。"把手中枪夹背心一下,透心而过。道人不防备的,大叫一声,跌倒在地。徐青取了首级,将尸埋了,上了豹,竟往九炼山而来。且听下回分解。

第八十二回 莲花洞徐青下山 三思五打九炼山

话分两途。再讲徐青来到山前,儿郎报知上山,来见薛刚。薛刚问起说:"仙童那里来的?"徐青说:"小侄乃阴风山莲花洞殴兜祖师徒弟。向年斩两辽王之时,被师父救去,十有六年。今奉师命下山来见叔父。路上遇着净山道人,被我斩了,为进见之功。"

薛刚大喜拜谢,逊上坐,满腹疑心想道:"吾侄现在营里,怎么又有薛蛟救出?待吾问程老千岁,便知端的。开言叫声:"老柱国,这些事情谅必晓得。"咬金呼呼笑道:"我久在长安,怎么不得知?前日破圈的,是狱官之子。这个小将军是徐贤之子,临潼关调换的。不知以后怎么样。"徐青说:"果然师父有言,与这位老千岁说来一点不差。"薛刚欢悦不过,摆酒庆贺,同了这班小弟兄在堂饮酒,我也不表。

再言武三思看见白玉夫人操演兵马已熟,点起大队人马,放炮一声,兵至九炼山。离山半里,扎下营盘,摆队出营。身骑高马,手提白刃绣凤鸾刀。后面跟了二十四名女将,是狐狸精。两旁方天定、桑十朋带同众将,后随五百名钩镰枪,准备拿人,恐防前日一样,又被救出。安排停当,令军士叫骂。

山上得知,薛刚众将下山,摆开阵势。薛葵出阵一看,原来是一员绝色女将,不觉大喜,说:"公子爷会你了。"白玉夫人一见说:"这病鬼,也要与娘娘打阵吗?叫薛刚出来。"薛葵说:"俺家王爷那里来会你这贱婢!你还不晓得公子爷双锤利害,也罢,我看你千妖百媚,这般绝色,走遍天涯,千金难买。我还没有妻子,待吾活擒你过来,与我结为夫妻罢。"白玉夫人闻言,满面通红,大怒道:"我把你这蠢汉乱道胡言,招刀罢!"这一刀望薛葵面上砍下来。薛葵叫声:"好!"把手中双锤往下一声响,架在一边,冲锋过去。薛葵把双锤望马头上一击,打将过去。白玉夫人看来不好,把双刀用力一架,一声响火星迸发,几乎跌下马来,花容上泛出红来了。想这蠢汉虽小,力气倒大,不如放出宝珠伤了他罢。口中一喷,吐出圆果大一粒红珠,往薛葵劈面打来,光华射目。薛葵眼前昏乱,看不明白,把头低了一低,正打在额角包巾上,叫声"痛杀我也!"在马上一晃,扑通翻落尘埃。白玉夫人把口一张,那红珠还收在口内。这里雄霸、伍雄上前去救,被那边钩镰枪搭位拿了去。伍雄、雄霸、薛强、薛孝、王宗立等四虎一太岁都被拿去。方、桑二将大喜,得胜回营,吩咐乱箭射住。

薛蛟等大哭回山。薛刚闻知,含泪对咬金说:"老千岁,向年为吾父兄受害,今要兴兵报仇。不料又将吾薛氏弟兄连累,诸姓兄弟都被拿去。复仇之事休矣,要这性命何用?"拔剑欲自刎。咬金夺住剑说:"元帅不必如此,吉人天相。"徐青说:"师父有言,诸将合当有些小灾,不致丧命,自有人相救。叔父不必忧虑。"俞荣也来相劝。薛刚无奈,半信半疑,此话不表。

再讲武三思见白玉夫人本事高强,满心大悦:令拿下诸将,打入囚车,差副将孔大振带兵五百,护送到长安,朝廷发落。吩咐摆酒庆贺夫人,此话不表。

再言薛兴奉主命与薛猛拜为弟兄,将子薛蚪拜薛兴为父,逃奔定军山。闻薛猛已死,就在定军山落草,十有六年。薛蚪长十九岁,力大无穷,身长一丈,使一把开山大斧,重百六十斤。就近草寇,尽皆归伏,喽啰数千。这日闻知薛刚在九炼山复仇,来见薛兴说:"叔父在九炼山招兵,孩儿意欲前去。但不知爹爹心下如何?"薛兴听了说:"我儿,一向道你年小,不好对你说。如今已长成人,我就对你说明。"将往事一一说来。薛蚪听了大哭,执意要去报仇。

薛兴就分散喽啰,放火烧山,带了数十名心腹小校,离了汉中府,一路下来。来到临阳关相近,只见一队人马,有十数轮囚车上来。薛兴上前打死孔大振,薛蚪杀敌众军,救出薛葵诸将军,一一上前拜谢救命之恩。说起原来是弟兄,俱各大喜。薛强说:"侄儿如此英雄,不如先取临阳关,然后到九炼山,杀那武三思。接小主起兵取长安,除去张氏弟兄,父母之仇报矣。"诸将一齐欢喜。伍雄说:"四哥之言有理。"薛葵一马当先,诸将随后,打入临阳关,程飞虎措手不及,薛葵一锤将程飞虎打死,占了临阳关,差人去报九炼山不表。

再讲武三思在营,有人报说:"中路有草寇杀死孔大振,救去诸将。"三思大惊,向白玉夫人出马,拿捉薛刚。山上薛蛟闻知,薛蛟要出。咬金说:"薛氏一门,只有你不可出阵,恐伤性命。"薛蛟说:"叔父、弟兄俱被贱人捉去,难道我薛蛟不与报仇,不要在阳间为人了?"二膝把马一夹,冲下山来。薛刚阻挡不住,吩咐众将下去掠阵。薛蛟来到阵前。白玉夫人抬头一看,但见营前来了一人,甚是齐整,面如满月,傅粉妆成,两道香眉,一双凤眼,鼻直口言,好似潘安转世,宋玉还魂。薛蛟见白玉夫人看他,开言说:"你这淫妇,把我叔父弟兄们捉去,快快放出来。若不放出,吾与你誓不两立,不挑前心透后背,怎能出我胸中之气。招枪罢!"一枪劈面挑进去,白玉夫人把刀架开,冲锋过去,回转马来。白玉夫人把刀一起,往着薛蛟头上砍将下来。薛蛟把枪逼在一边。二人在战场上杀到十余合,白玉夫人心中暗想:这人相貌又美,枪法又精,不要当面错过。不若引他到荒僻所在,与他成其好事。算计已定,把刀虚晃一晃,叫声:"我的儿,娘娘不是你对手,我去也。休得来追。"带转马往野地走了。薛蛟说:"贱妇,不要走!"把枪一串,二膝一催马,追上来了。有十余里,白玉夫人躲在庙中,蛟儿下马,被白玉夫人戏弄。薛蛟色胆升天,阳精被白玉夫人收去而回。蛟儿四肢无力,不能起身,洋洋死去。

有李靖在云头经过,看见徒弟被狐狸精弄死,按落云头,来到庙中,用金丹救醒薛蛟,传他法术,教他明日如此如此。蛟儿吃了丹药,精神倍常,拜谢师父回山。再讲薛飞、徐青、俞荣、李大元见薛蛟与白玉夫人相杀,夫人败去,薛蛟赶去,不知去向。众将上前,杀进周营。方天定、桑十朋挡住大战。俞荣杀死方天定,徐青枪挑桑十朋,周军大乱。忽见白玉夫人飞马来到,众将大惊。薛刚鸣金收军。白玉夫人看见伤了二将,料不能胜,吩咐收军。武三思见伤了二将不悦,白玉夫人说:"今日虽伤了二将,薛蛟被吾杀死荒郊,除其大害。"当夜不表。

次日白玉夫人出阵。再讲薛蛟当夜回山,对薛刚说明此事,"师父说狐狸精明日必死。"薛刚听了大喜。次日白玉夫人讨战,薛蛟仍又下山,与白玉夫人交战。两下相与过的,旧情复发,又追到庙中,双双又重新做,弄得夫人神魂颠倒。薛蛟吃过丹药,精神倍增。夫人快活不过,口中吐出珠来,呐在薛蛟口中,被薛蛟一口咽下肚中去了。

白玉夫人大惊,满身是汗,大叫道:"罢了!罢了!可惜千年德行,一旦被你收去。若要此珠,再不能够了。"只得起身含泪而回。回到营中,武三思一见大惊说:"为何夫人神采俱失,想必沙场辛苦,后营歇息罢。"夫人无心无意来到后营,身体困倦,伏几而卧。当夜三思看完兵书,来到后营;见几上卧着一个狐狸,心中大怒,拔出宝剑,一剑斩了。众女兵见斩了老狐,吱哩哩一声叫出后营,俱逃去了。这话不表。

再讲薛蛟吃了红珠,满心大悦,出庙门回山,说明此事。闻报薛强等在临阳关已夺

国学经典文库 中国二十大名著 说唐全传 图文珍藏版

了关寨，请哥哥攻前，兄弟攻后，杀却武三思，好进长安。薛刚闻说大喜，明日点兵下山。次日点了众将一齐冲下山来。不知后事如何，且听下回分解。

第八十三回　武三思大败回京　薛蛟走马取红泥

前言不表，再言武三思见斩了白玉夫人，心头不快，又闻报道临潼已失，后面杀来。又报山上薛刚起大队人马杀下山来。武三思大惊说："两头夹攻，吾命休矣！"同了诸将齐上马快些逃命，留大将断后。弃了大营，不管好歹，竟自走了。外边烟尘兜乱，喊杀连天，叫声不绝，营头大乱，夺路而走。后面薛刚等领了三军冲杀上来。这条铁棍好不厉害，撞在马前就是一棍，打人如打弹，呐喊雷。又有薛飞、李大元、周龙、周虎、徐青、俞荣领三千人马冲端周营。徐青使动银枪，见一个挑一个，见两个挑一双。俞荣使动宝剑，见人乱砍乱杀。薛飞举起大锤见人便打。李大元、周龙、周虎使动金背刀见人乱斩乱剁。人头滚滚，血水滔滔，伤人性命无数。周兵大乱只要逃命。那里厮杀。四面营帐都杀散了，归到一条路上逃命。后面薛强、四虎一太岁听得那杀声震耳，炮响连天，提了兵器，领了人马从后面杀来。杀得周兵人马无处投奔，可怜尸弃荒郊，血流沟壑。这一杀不打紧，杀下去有百里路，逃命者无数，伤残者尽有。武三思有众将保护，只是唬得魂不附体，伏在马上半死的了。同着诸将不敢走临阳关，向大路，竟往青州

有青州总兵来接，接进城中。诸将上前叫声："千岁苏醒，已到青州了。"三思那时才醒，"嘎唷！唬死俺也。"吩咐传令诸将出去收军，三通鼓完，周兵四十万不见了十万，只剩得三十万，还是伤手折脚，倒有二真正万。大将共伤了十六员。三思说："俺自起兵五次，未尝如此大败。今杀得如此模样，何颜立于朝廷？也罢么！"吩咐紧守青州，"俺回朝再添兵复仇。"诸将得令，武三思连夜回长安不表。

再言薛刚发令，吩咐鸣金收军。一声锣响，各将扣定了马，大小三军兵将都归一处，退回九炼山。薛强说起薛兴相救，一一说明。薛刚大喜，见了薛兴拜谢，还称为弟兄。薛蛟过来拜见叔父。今日父子叔侄团圆，举家拜谢天地，作庆贺筵席，不表。

薛刚对薛强说："张君左弟兄之仇未

报，吾今有兵有将，杀入长安，报复此临仇。"咬金说："这个使不得，擅自兴兵，难逃背反之罪。不如弃下九炼山，扎兵在阳。差官到房州请小主登位，然后杀入长安。名正言顺，复立大唐。吾等恪守臣节，张氏弟兄之仇何报矣。"薛强说："老千岁之言不错。"薛刚依言，命伍雄、雄霸守山，五千人把守各路山口，以备退归。自带领众将大小三军来到临阳关住扎，查盘府库钱粮，各处该管地方命将镇守。然后差薛蛟往房州报捷，接驾登位。

薛蛟奉命来到房州，先见了大元帅王荆周，同上银銮殿，奏知小主。小主大悦，命忠教王兴兵取长安。旨下，薛刚谢恩。立起忠孝王旗号，然后下教场操演有半个月，演好了就此发兵，点明队伍，共兵马二十万。点薛兴带一万人马为先锋，要逢关斩将，遇水搭桥，侯元帅到了，然后开兵打阵。薛兴得令，好不威风。鲁国公程咬金护国军师，点解粮小将薛葵双锤利害，护送粮草。薛飞第二路催攒粮草。薛强第三路护粮。点齐已毕，然后薛刚同了诸将，离了临阳关。留大将李大元、周龙、周虎等诸将守关。因前丧了姜氏弟兄，故此留他守住关。

再说薛刚往西而进，不一日到了红泥关，传令放炮安营。一声炮响，安营已毕。因武三思战败，命各守将日夜当心。红泥关有一位镇守总兵，你道什么人？姓莫名天佑，其人身长八尺，面黑短腮，两臂有千斤之力，善用一条丈八蛇矛，其人骁勇不过。莫天

佑正在私衙与偏将们论中山王失机,临阳关已失,少不得要来打红泥关。正说未了,探子报进说:"启上将军,不好了。小人打听得薛军二十万,薛刚立起忠孝王旗号,护国军师程咬金,带了数十员战将,底下的合营总兵官,前来攻打红泥关了。"莫天佑听报不觉骇然:"离关多少路?"探子说:"前部先锋到了关前。"莫天佑吩咐大小三军:"关上多加灰瓶、炮石、强弓弩箭。若薛兵一到,速来报知本镇。"得令去了。

再言先锋薛兴领了一万人马,先侯元帅。只听炮响,薛兴远相接说:"元帅,末将在此候接元帅。"薛刚吩咐围住关前,说:"那位兄弟去讨战?"闪过薛蚪上前说:"叔父,侄儿同父亲愿去取关。"薛刚说:"侄儿须要小心。""得令!"来到关前。咳!报知主将得知,大兵到了。早早出关受死。"探子报进:"启将军,薛将在外讨战。"莫天佑听了,吩咐备马抬枪,顶盔贯甲,上马提枪,来到关上。吩咐发炮开关。一声炮响,关门大开,放下吊桥,直奔上前。把枪一起,照薛蚪面上刺来,叫声:"反贼看枪!"薛蚪叫声:"来得好!"把枪一架。莫天佑在马上二三晃:"嘎唷!好厉害。"勉强战了七、八合,招架不住,却待要走,被薛蚪一枪,劈前心挑进来了,要招架也不及,一枪正中前心,跌下马来。薛兴上前取了首级,令军士抢关。那边军士闭关不及,杀进关中。那时候各府官员都闻报了,有偏正牙将们,顶盔贯甲,上马提刀,杀上前来。薛兴、薛蚪父子二人,两条枪好不厉害,来一个刺一个,来两个刺一双。识时务的口叫:"走呀!走吓!"都往宁阳关去了。有一大半下马投降。

元帅同众将进了关,咬金说:"果然贤侄孙骁勇,取了红泥关。薛氏该兴旺,枪法利害。"薛刚大喜说:"承老柱国妙赞,还是枪法不能完美。"咬金说:"说那里话来?有其父必有其子,得了头功。"薛蚪拜谢元帅。查点钱粮,盘查府库,当夜设筵,与薛兴、薛蚪贺功。养马三日,放炮起兵,进兵宁阳关。离城十里,传令前军哨探,后军慢行。放炮三声,扎下营盘,明日开兵。有探子报入关中,此言不表。

再说镇守宁阳关总兵姓孙名国贞。这一日升堂,有探子报进:"启爷,薛刚已夺临阳关、红泥关,莫将军阵亡,关寨已失。薛家兵将实力骁勇,大兵已到关外。"孙国贞听得失了红泥关,吓得胆战心惊,说:"本镇知道,再去打听。"一面差官保本上长安取救兵。失了二关,宁阳旦夕不保。差官领令竟往长安。一面吩咐小心把守关头。此话不表。

再讲次日请元帅升帐,聚齐众将,两旁听令。薛兴父子披挂上前,薛蚪叫声:"叔父,侄儿愿取此关。"薛刚说:"侄儿,你想前日红泥关被你取了,其功不小。此关利害,点别将去吧。"薛蚪说:"叔父,此关利害不利害,待侄儿走马成功,取此关头以立微功,乞帅老爷发令。"咬金说:"好,贤侄孙之言有理,实乃少年英雄,但要小心在意。"

"得令!"顶盔贯甲,悬剑挂鞭,提枪上马,同了薛兴,带领军士,冲出营门。走到关前,大叫一声:"咳!关上的快报占你孙国贞知道,今大唐元帅要杀尽你们这班妖党。红泥关已破,早早出关受死。"一声大叫,关上探子报进来:"启爷,关外薛兵人马已到,有将讨战。"孙总兵所了大怒说:"无名小将也来讨死。"吩咐:"取盔甲过来。"备马抬刀,打扮结束停当。带过马,跨大雕鞍,提刀出府,来到关前,吩咐开关。一声炮响,大开关门,放落吊桥,带领兵将冲出。薛蚪抬头一看,见来将生得凶恶,面如蓝靛,发如朱砂,一脸黄须,头戴铁盔,身披龙鳞铁甲,坐下一骑青鬃马,手持大刀,喝声如霹雳,叫一声:"看刀!"往薛蚪头上劈将下来。薛蚪叫声:"来得好!"把枪往上只一枭,国贞叫声:"不好!"刀直往自己头上绷转来了。一马冲锋过去,薛蚪把手中枪紧一紧,喝:"去吧!"一枪当心挑进来,未知孙国贞性命如何,且听下回分解。

第八十四回

薛蚪兵打临阳关
薛孝争夺打潼关

再讲孙国贞叫得一声:"呵呀!不好了。"躲闪不及,正中前心,咕咚一响,刺下马来,复一枪结束了性命。吩咐诸将快抢关,叫得一声:"抢关!"一骑先冲上吊桥。营前先锋在那里掠阵,见继子抢挑了孙国贞,已上吊桥,把枪一串说:"诸位将军快抢吊桥。"有秦红、尉迟景、罗昌、王宗立、程月虎等上马提枪、使剑、用鞭、报批,抢过吊桥来了。

那些周兵往关中一走,闭关也不及,被薛兴一枪一个好挑哩。众将把剑砍的,鞭打的,斧砍的,枪挑的,好杀。这些兵马也有半死的,也有折臂的,也有破膛的,见来不搭对,皆下马投降。关外请元帅同军师咬金,大小三军陆续进关,来到府衙,盘查钱粮,开清在簿。薛蚪上前缴令。薛刚对薛兴说:"亏哥哥教侄儿武艺有功,真是走马取关,哥哥其功不小。"薛兴大悦。咬金说:"真乃将门之子,算得个年少英雄。"

那薛孝在旁听得称赞薛蚪,忍耐不住,走上前对薛刚说:"哥哥已取了两关,前面潼关待侄儿去取,以立功劳。"薛刚说:"潼关守将利害不过,姓盛名元杰,年有六十开外,骁勇无比。有三个孩子武艺精通。雄兵十万。周朝算为第一。"咬金说:"盛元杰吾晓得他的本事。幼年在我标下为将,果然凶勇。还是你弟兄同去的好,不要伤了和气。"薛蚪说:"兄弟,你年轻力小,还是做哥哥的去取。"薛孝说:"哥哥不是小视我,就在叔父面前比势,赢得的便去。"薛蚪说:"兄弟先来。"各皆上马。薛刚喝住说:"今日起兵,与祖报仇。你兄弟争论,倘比起武艺来,若有一失,吾今休矣。照常起兵。"薛孝说:"一样侄儿,功劳大家得上的,休要偏向。"咬金说:"二位小将军本事高强,老夫晓得的。且下潼关非比前二关,须立左右先锋。薛兴为正先锋,薛蚪为副先锋,薛孝右先锋。"二人拜谢。薛刚大喜说:"老柱国之言有理。"

一面差官到房州报本,接驾镇守临阳,催赶粮草。差官领令,来到房州,见了驸马薛蛟,说起此事。薛蛟大喜。次日上朝见过小主,将表章呈上。庐陵王看完大喜,向众人同到临阳。御酒赏诸将士。为何薛蛟在房州不来?有个缘故,徐贤在房州,魏相也在那里,小主封为左右丞相。薛蛟见了徐贤,拜谢救命之恩,又是继父,故此耽搁。这些言语不必细表。

再讲薛刚在临阳关扯起忠孝王旗号,养马三月,放炮起程。离了临阳关,三军如猛虎,众将如天神。一路上前往潼关进发,好不威风!探子预先在那里打听,闻得失了临阳关,飞报进潼关去了。这里在路行兵三日,来到关外,把人马扎住。后队大元帅人马已到,吩咐离一里安营。放炮一声,安营已毕,传令明日开兵。

再说潼关守将盛元杰,同于盛龙、盛虎、盛彪,都有万夫不当之勇。有一女儿年方二八,美貌超群,英雄得了不得,用两口双刀,乃金刀圣母徒弟。有两件宝贝,小小圈儿带在手上,名为四肢酥。这日盛老爷正坐私衙,有探子报进说:"薛刚已得三关,如今大兵已到关外了。"盛元杰听报大惊说:"再上打听。"盛总兵一面修本到长安,一面吩咐三军:"关上多加灰瓶、石子、小心保守。兵马一到,报与本镇知道。""得令!"此话不表。再讲差官到长安上表求救,武后荒淫无极,耽于酒色,不理朝政。武三思丧师辱国,损兵折将,朝廷不行查究。告急表张都被张君左兄弟纳住不奏,圣上并不知道。此言不表。

再讲薛刚次日令薛兴、薛蚪、薛孝攻打潼关。三将得令,带了三军,来到关前讨战。有军士报进关中:"启爷,今有薛将在外讨战。"元杰闻报问:"那个孩儿出去会他?"盛龙上前说:"孩儿愿去杀此反贼。""你出去,须要小心。"

"得令!"上马提枪来到关前,吩咐开关。炮声一响,开了关门,放下吊桥。盛龙冲出关前,后拥三百多攒箭手射住阵脚。薛兴抬头一看,见一个年少后生,往吊桥上冲来。见他头戴束发紫金冠,身穿索子黄金甲,坐下一匹黄花马;左悬弓、右插箭,手执一条蛇矛枪,直奔上前,把枪一起,薛兴把银枪架定说:"呔!来将留下名来!"盛龙说:"你要问少爷之名么!我乃镇守潼关盛元帅大公子盛龙便是。你可要晓得少爷枪法利害之处吗?你这老匹夫想是活得不耐烦,前来少爷马前受死?这枪不挑无名之将,通下名来,少爷好挑你。"

薛兴说:"你要问某家之名么,洗耳恭听。吾乃忠孝王大元帅麾下前部先锋薛兴便是。难道不闻久占定军山薛大王的本事利害吗?快快献了潼关,还封你家一个总兵。若有半声不肯,打进潼关,杀鸡犬不留。"盛龙呼呼笑道:"原来就是定军山草寇。薛刚尚要活擒,何在你这狗强盗。"薛兴大怒说:"休得胡言,招某家的枪罢。"把枪一起,插一个月内穿梭,直往盛龙面上挑将过去。盛龙不慌不忙,把枪架住。一来一往,二人正是对手。战到有四十个回合,盛龙越有精神,枪法如雨点,左插花,右插花,好枪法。薛兴是五旬之外的人了,本事那里及得少年人。只有招架,没有还兵之力。薛蚪、薛孝在那里掠阵,见薛兴不能胜,大叫一声,拍马向前,冲出夹攻。盛龙只好战一人,那里又来了薛蚪,就当不起了,勉强战了几合,看看敌不住,面上失色。薛蚪扯出折将鞭在手中,才得交肩过,喝声:"招打罢!"盛龙一闪,打中肩膀上。盛龙大喊一声,口吐鲜血,伏在马上,大败而走。

薛兴父子说:"你要往那里去。我来取你命也。"催开双骑,追上来了。盛龙败过吊桥,那边军士把吊桥扯起,乱箭就射。薛兴、薛蚪扣住马说:"关上的,快快报与老匹夫知道,叫他早早献关就罢了,如若闭关不出,打入关中,踏为平地。某家且自回营。"勒马回到帅营,说:"元帅,末将打败关中守将盛龙,前来交令。"薛刚说:"哥哥、侄儿果然英雄,明日再到关前讨战。"此话不表。

再讲盛龙败进关中,来见父亲说:"爹爹,薛将果然厉害,第一次遇着一员老将,本事却也平常,与孩儿战有四十余合。正要枪挑他,不料又来了一员年少将军,本事高强。孩儿肩膀上被他打一鞭,甚是厉害,吐血而回,来见爹爹。"盛元杰听了说:"孩儿受伤辛苦,且回私衙将息。"盛龙应诺,回衙不表。

再言盛虎、盛彪来见父亲说:"今日开兵,胜负若何?"盛元杰说:"我儿不要说起。今回薛刚大队人马已夺三关。今日你哥哥出去交战,被他打了一鞭,好不疼痛。"盛虎、盛彪不听犹可,听了此言大怒说:"孩子儿们出去与哥哥报一鞭之恨。"盛元杰说:"两个孩儿动不得。薛家父厉害不过。哥哥本事尚且不胜,何况你们。"盛虎说:"爹爹,不妨。将门之子,未及十岁,就要与皇家出力,况且孩儿年纪算不得小,正在壮年,不去报仇,谁人肯与爹爹出力。"盛元杰说:"我儿虽英雄,还是年轻力小,骨肤还嫩,枪法不精,只怕你弟兄二人不是他的对手。"那盛老爷有意归唐,故此这般说,不道他两个儿子这股倔强!只得说道:"我儿不可出去,待等到救兵到了,为父的与你一同开兵。"盛虎说:"爹爹,孩儿们在后花园中,日日操演枪法,什么皆精。今日定要出去报一鞭之恨。"盛老爷说:"今日晚了,明日开兵。"盛虎、盛彪兄弟二人,顶盔贯甲,上马出关,与薛兵交战。不到三个时辰,兄弟二人大败进关。盛老爷说:"如何?你两个不听吾言,被他杀得大败。"盛虎、盛彪说:"爹爹,他们兵将甚多,孩儿杀他不过。待等救兵一到,管叫杀得他片甲不留。"不知后事如何,且听下回分解。

第八十五回　盛兰英仙圈打将　美薛孝帅府成亲

前话不表。再讲闺房小姐名唤兰英,闻知哥哥打伤,二兄又杀败,来到堂上,只见二兄与爹爹言谈,走上前说:"爹爹为何愁闷?"盛老爷说:"女儿不知,你哥哥被他打了一鞭,肩膀打伤。二兄又皆杀败。故此在这里与二兄商议。"小姐说:"爹爹不必忧闷,待女儿出去,必要杀却薛将,以洗二兄之恨。"盛老爷说:"不可。你三兄尚且如此,何况于你。不要去吧。"兰英说:"爹爹不知,女儿有师父传授,双刀精通,法术高强,哪怕三头六臂。定要出去!"盛虎、盛彪听言大喜,说:"贤妹既有法宝,待二兄与你掠阵。"盛爷无奈,想道:这女孩儿不听父言,命也难保,凭他罢。

再讲薛营诸将正要打关。报:"头运督粮官薛葵到了。"来到营中,见了父亲,拜见已毕。薛刚说:"兵多将广,正缺粮草,上了功劳簿。"有二运催粮官薛飞到,薛刚说:"解粮有功,升赏。"问:"那位将军前去打关?"旁边薛飞说:"小弟至此,未见功劳,待我前去打关。"薛刚大喜说:"兄弟前去取关必破。同薛葵一同前去,须要今日攻破潼关,好进长安。""得令!"二将来到关前,会齐薛氏弟兄,吩咐军士叫关。关内得报,兰英听了说:"该死的到了。"

小姐跨上了马,手执两口绣花鸾刀,来到关前。后随二兄带领兵将,吩咐开关。一声炮响,关门大开,放下吊桥,冲出阵前。抬头一看,只见金刚大的一人步战,手提大锤,喝声:"婆娘看锤!"一锤往小姐面上打下来,犹如泰山一般,好利害!小姐叫声:"不好!"把双刀用力一架,不觉火星直冒,两臂酥麻,花容上泛出红来。想这大汉力大,不如放起宝贝伤了他。把手中圈起在空中,念动真言,青光冲起,指头点定,直取薛飞。薛飞抬头一看,好玩耍,原来是圈儿在空中旋下来,倒有井栏圈大,薛飞叫声:"不好!"拳头打开,往项梁上打下来了。薛飞把头偏一偏,那里来得及,打中脑盖,身子打为肉酱。此圈收去。

薛葵看见薛飞身死大怒,把牛头马一拍,双锤一起,大叫一声:"鸟婆休得无礼,我来也。"冲出阵前,把双锤一起,"招打罢!"那小姐当不起锤,又将圈起在空中,打将下来。薛葵见势头不好,下马往本阵而走,竟打死了牛头马。兰英马上呼呼大笑说:"来将许多夸口,竟不上两合,死的死,走的走,有本事的出阵会我。"

这里薛孝对薛蚪说:"此功劳让了兄弟罢,今日不与哥哥报仇,不要在阳间为人了。"把双膝一催,哗啦啦追上来了。那小姐抬头一看,嗄,原来是齐整的后生,貌若潘安,美如宋玉,我若嫁了此人,三生有幸,也不枉在世间。开言说:"小将军,你是何人?

姓甚名谁？乞道其详。"薛孝说："你要问少爷之名姓么，吾乃雁门关总兵薛强之子，忠孝王之侄，薛孝便是。"小姐说："原来功臣之后嗣。俺家今年十六岁，我父潼关总兵。奴家还未适应，意欲与将军结成丝罗之好。况你是总兵之子，我又是总兵之女，正是天赐良缘。未知允否？"薛孝听了大怒说："好一个不知羞的贱婢！你把我薛飞叔父打死，少爷不稀罕你这贱人成亲。休得胡思乱想。看枪罢！"着实一枪，直往咽喉刺进去。小姐把刀架住说："小将军休要烦恼，你的性命现在奴家手中。你若允，奴家与父兄商议投降，献此潼关；若不允，我把指头取出宝圈，就要取你性命了。"于是放起圈来，小姐哪里舍得打他，把指头点定。薛孝大惊说："既承小姐美意，待吾回去与叔父商量，就来议亲。圈儿不可打下来。"小姐说："不妨，吾指头点定不下来的。"心中好不欢喜，说："小将军一言为定，驷马难追。你且回去，明日来议亲。"

薛孝惧怕圈儿，只得回军。薛蚪说："兄弟，你好造化，在阵上对了一个绝色佳人。"薛孝说："哥哥休如此说，那圈儿利害，勉强应承的，与叔父算计，除了这圈，潼关好破了。"二人同诸将来到帅营，见了薛刚，说起此事。薛刚一闻此言大怒，说："畜生，他打死薛飞，应该报仇，反与敌人对亲，要你这畜生何用？"吩咐："斩乞报来。"左右将薛孝绑定，正要推出辕门。薛孝唬得魂不附体，众将在旁，见元帅怒气不息，不敢上前去劝。

只见程咬金说："刀下留人！"对薛刚说："元帅不必发怒，老夫有一言相告。"薛刚说："老千岁有何话说？薛刚领教。"咬金说："潼关盛元杰乃是忠厚君子，况且他女儿美貌，又有宝圈阻住潼关，长安何日得进？父兄之仇难报。况且名门旧族，正好匹配。待进了潼关，长安指日可破，父母之仇可报，尔弟只生一子，若斩了他，去其手足，依老夫之言，待吾唤孩儿程千忠为媒，成就秦晋，并讨伪周，此乃全美。"薛刚听了甚喜，开言说道："果然我失于其计。"吩咐放了绑，令薛孝拜了咬金，此话不表。

再言盛兰英见薛孝回军，收了圈儿，回进关中，来见父亲。盛虎、盛彪弟兄二人在关外掠阵，见妹子打死薛飞，打走薛葵，心中大喜。又见妹子在阵上与薛孝当面议亲，心中大怒。一见妹子进关来到堂上，二人各拖出宝剑来斩兰英。兰英也拔出剑来挡住，元杰大喝住。盛虎说："这贱人如此无耻，在阵上私自对亲。"一一说了。元杰说："我儿你不知，为父的本是大唐臣子，今武后灭唐改周，武三思丧师辱国，又失三关。目下小主在房州，不久为帝，难道我助周不成？况薛氏弟兄世代忠良，赤心为国，武后将他满门斩首，难道他子孙不要报仇吗？你妹子的师父金刀圣母对我言过，后来与薛孝有姻缘之分。前生已定，孩儿不必如此。"盛虎听了，默默无言。盛龙说："明媒正娶的好，阵上对亲，岂非苟合？还要三思。"正在此言谈，在军士报进说："启总爷，关外有鲁国公子孙程千忠将军要见。"元杰问道："他带多少人来？"军士说："他一人一骑，四名家丁跟随。"说："既如此，大孩儿出去请进来。"盛龙领命，接进千忠，来到堂上，宾主相见。

这程千忠也有七旬之外年纪，头发斑白，与元杰年纪差不多。元杰见了程千忠说："将军到贱地，有何见教？"千忠说起求亲一事，"与薛孝为媒，与令爱求婚。"元杰满口应承，将庚帖送过。千忠接了回去。次日薛刚亲送薛孝同诸将进关。正是黄道吉日，作乐挂彩，当日就在盛府成亲。此话不表。

如今潼关上扯起大唐忠孝王旗号，停留半月起兵，竟往临潼关。三军司命，浩浩荡荡，大队人马，杀奔临潼关，离城十里，放炮停行，一声炮响，安营已毕，明日开兵。

再讲临潼关离长安二百余里，若临潼关一破，长安就不能保，这镇守总兵官名陈元泰。这一日升堂，有探子报进说："老爷，不好了！薛刚打破潼关，已到临潼关了。请爷定夺。"陈元泰不听犹可，听了此言，唬得魂飞魄散，手足无措。想临潼关乃小小关津，怎能挡住大兵？况且兵微将寡，不如上表进京求救。关上多加灰瓶、石子，紧闭关门，不与你交战，待朝廷救兵到了，然后开兵。

差官星夜到京，见了武三思："薛刚打破潼关，事在危急，乞千岁奏明圣上，请救兵保守临潼关，以退薛兵。"武三思听了大惊，如今耽搁不住，抱本上殿，奏知天子。武后见表大惊失色，忙问差官："薛刚叛贼怎能得到临潼？"差官奏道："薛刚先居临阳，兴兵三十万，其兵不可挡。打破三关，潼关总兵盛元杰献了潼关，与敌人对亲。今兵以到临潼前了。请旨定夺。"武后传旨，如有人退得薛兵者，官封万户侯。两班文武闭口不言，连问数次，并无人答应。武后大怒。班中闪出武三思奏道："臣闻大厦将倾，一人难扶。且今库藏空虚，都城虽有兵十万，没有良将。愿陛下张挂榜文，有人退得薛刚，重爵加封，彼此出死力以解此危。"武后说："此言甚是有理。"

一面将圣谕张挂，一面整顿兵马，前去救援保护。不知后事如何，且听下回分解。

适才话言不表，再讲西番莲花洞魔张祖师，这一日在洞中，驾坐蒲团，屈指一算，晓得武则天有覆国之祸，忙唤徒弟薛驴头到来，说："你在我山一十八年，力长千斤，枪法精通。向你下山到长安见你母后，领兵前去活捉薛刚，不可伤他性命。牢牢记着。"薛驴头跪在地下说："弟子不知，望师父说明，好去认父母，以退薛兵。"师父说："你不知么？你父薛敖曹，与武后交好，生下你来，将你抛在金水河中。我救你回山，传授枪法。你母后被薛刚打破潼关，事在危急。作速前往。"

驴头醒悟，带了火尖枪，骑上狮子马，师父又与他一件宝贝，名曰飞锉，祭起拿人。驴头拜别师父，跨了狮子马，把马一拉，四足腾空而去。不片时已到长安，按落云头，来到前门，果见榜文。命军士通报武三思。武三思得报，正在用人之际，急忙请进，说起情由一同来到朝中。驴头朝见说："母后在上，臣儿朝见。"武后一看，见其人诧异，驴马头，人身子，道童打扮，问道："缘何称朕母后！"驴头奏说："臣父薛敖曹，向年与母后交合，生下臣儿，抛在金水河中，被师父救去，今已年长。师父命臣儿下山，立擒薛刚，扫灭薛兵，天下太平。"武后听了，心中觉得大悦，封驴头太子兵马大元帅，张昌宗为军师，起兵十万，出了长安，来到临潼关。总兵官陈元泰出城迎接。接过千岁，军师，到了帅府，下拜已毕，摆酒接风。他们三人俱是一样格式。你道为何？原来都是酒色之徒。二人一到，就接几个粉头前来陪酒。一个叫作就地滚，一个叫作软如锦。筵散就在帅府房中行乐。二女客极其奉承，弄得太子快活不过。

次日问陈元泰道："薛兵到关几日了？"陈元泰道："前日到的，打关二日，没将出去应战，紧闭关门。千岁到了，传令开关迎敌。"太子说："且慢，明日出兵。行兵打阵之事，再不必提起，只是饮酒，夜间多唤几个粉头陪吾。"陈元泰应诺，奉承得驴头太子不亦乐乎。

军师张昌宗对高力士说："朝廷用酒色之徒为将，国家休矣。武兵春秋甚高，其情不忘。不如弃了周朝去投南唐，此事如何？"高力士说："老爷言之有理。"当夜主仆二人逃出临潼，竟往南唐。后来高力士成了阉人，唐朝皇宫内为太监，此后话不表。

再言薛刚领了三军在关外，对诸将说："本帅起兵以来，未尝亲自交锋。今已得四关，这临潼关待本帅亲自讨战。"诸将皆曰："元帅对阵，弟等愿去掠阵"，薛刚大喜，带领徐青、俞荣来到关前，诸将在后跟随。吩咐军士叫骂："那关上的，报与主将知道，大兵到了三日，尔等闭关不出。今若再不出战，要踹进关来，踏为平地。"

关上军士听得，报入帅府："启上将军，不好了。薛军骂了三天，今若不出，要踹进关了。"驴头太子正在吃酒，听得此言大怒，吩咐备狮子马，抬枪。顶盔贯甲，打扮已毕，来到关前，吩咐放炮开关。一声炮响，大开关门，放下吊桥，一马冲出，来到阵前。陈元泰同三军分立两旁。薛刚抬头一看，见来将生得怪异，莲蓬嘴，尖耳长鼻，铜铃眼；头带紫金盔，身穿索子乌金甲，坐下一匹千里狮子马，声如雷鸣。叫一声："谁敢前来纳命？"

薛刚大怒，拍马向前，把手中棍一起说："留下名来。"太子说："孤家乃当今武后所生驴头太子是也。可知孤家枪法利害吗？"劈面一枪，照前心刺进来了。薛刚说："来得好！"将手中铁棍往上一迎，冲锋过去，带转马来，回手一棍。太子把枪一架，一来一往，战到二十回合，马有十个照面。驴头念动真言，祭起飞锉，一道红光，黄金力士凭空将薛刚拿住，只剩得一匹马。

薛葵见父亲被拿，大惊，拍马出阵，不二合又被红光拿去了。徐青、俞荣叫声："不好了！"双马齐出来战。与驴头战到十余合，又见红光飞出，大惊，借土遁而回。驴头太子打得胜鼓回关。这里诸将面面相觑，出声不得。咬金见了流泪说："此番拿去，性命不保。报仇之事休矣！"薛强护粮来到，听得兄被拿，大哭，欲同薛蚪、薛孝上去救护。

徐青晓得阴阳，屈指一算说："四将军，元帅拿去不妨，自有仙人相救，明日必到。临潼不日可得。"薛强说："果有此事吗？"徐青说："阴阳算定，一些也不错。"薛强无奈，半信半疑，收军回营不表。

再言驴头太子拿了薛刚父子，打入囚车，解往长安，朝廷发落。陈元泰设酒贺喜说："千岁拿了巨魁，功劳非小。"太子说："待孤家明日拿尽了薛氏，班师回京。"当晚在帅府行乐不表。

再言囚车解薛刚父子在路上，薛刚怨气冲天，惊动了樊梨花。他在云端走过，被五鬼星怨气冲开云头，往下一观，方知薛刚父子有难。"待我救了他了。"一阵风将薛刚父子提出囚车，往临潼关外，按落云头。薛刚见是母亲，侧身下拜说："母亲久别多年，今日来救孩儿。"樊梨花说："孩儿，你不知驴头邪法多端，待为母的除了他，好进长安。"正在此说，军士报入营中说："元帅回了。"薛强大喜，同众将出营迎接。接进营中，薛强拜见母亲，薛蚪兄弟拜见祖母，众将又过来见礼，自有一番细说不表。

再讲解囚车军士见大风一阵，开眼不看，风息一看，不见了薛刚父子。大惊，忙回报与太子，太子一听此言大怒说："念番拿住，当地斩首。"传令开关，一声炮响，关门大开，冲出阵来，厉声大叫："快叫叛贼早早出来会我。"这里探子报进营中。薛刚大惊。樊梨花说："孩儿不必心焦，待为母的出去斩也。"薛刚甚喜，点起大队人马，来到阵前。驴头太子抬头一看，原来是员女将，说："可教薛刚出来，你是妇人，有甚本事，枉送性命。"梨花大怒，把手人剑劈面砍来。太子把枪一架，战有数合，太子祭起飞锉，红光一道冲起，被梨花把手一指，红光倒往后去了，梨花把袖一张，将锉收了。驴头见收他飞锉大怒，把手中枪照前心刺来，梨花把剑一指，那枪跌落地下，两手动弹不得，被梨花赶上前，一剑砍死。薛刚母亲砍死驴头，吩咐诸将抢关。陈元泰闭关不及，被众将杀入关中，将陈元泰杀死。取了临潼关，立起大唐忠孝王旗号。樊梨花对诸将说："吾不染红尘，今救了吾儿，我去也。"一阵轻风归山。若知后事，且听下回分解。

第八十七回　狄仁杰一语兴唐　唐中宗大坐天下

适才话言不表，樊梨花化一阵清风而去，薛刚等望空下拜。养马三日，盘查国库。次日起大兵六十万，三声炮响，望长安而来，离城十里，放炮停行，一声炮响，扎营已毕。传令明日开兵攻城。此话不表。守城军士报入午门，当驾官奏道："驴头太子阵亡，临潼关已失。今薛军六十万，战将千员，其锋不可当。请陛下定夺。"武则天听奏，吓得魂飞魄散，跌下龙床，半时方醒。问道："那位爱卿与朕分忧。"闪出一位大臣娄师德上前奏道："不若遣一能言善辩之士，陈说君臣之义，令其罢兵，庶其可解此危。"武后道："卿举何人前去？"娄师德奏道："臣保举谏议大夫前往，可解国难。""依卿所奏。"宣狄仁杰上殿，狄仁杰上殿俯伏。武后开言说："今日兵部尚书娄师德保奏说，卿往薛营，将大义说他讲和退军，回朝朕当封士"狄仁杰奏道："陛下春秋鼎盛，宾天之后，并无后嗣。今庐陵王乃先帝之子，去周复唐，天下太平。武三思丧师辱国，张君左弟兄纳表不奏，一并拿下，送入刑部天牢，候新主发落。若不依臣，臣不敢往。"

武则天想："所言不差。我八十多岁的人了，朝不保暮，久后必归庐陵王。若不依奏，恐薛刚打入长安，自立为帝，唐家朝代绝矣。"开言道："依卿所奏，传旨将武三思、张君左兄弟二人发下天牢。钦此谢恩。"

狄仁杰退朝，出了长安，来到薛营。只见行营方正，遍处刀枪，千军万马。命军士通报，说朝廷遣谏议大夫狄仁杰要见。军士报进："启元帅，营外有一员朝臣狄仁杰要见。"薛刚说："令进来。"狄仁杰随了军士而入，好齐整，两旁刀斧手直摆到辕门，两边列坐着大小众将，中间坐着薛刚，咬金旁坐。狄仁杰上账说："薛将军，下官皇命在身，不能全礼。"薛刚忙起身迎说："狄大人此来有何见谕？"狄老爷说："今特来参谒，有一言相告。但不知将军肯容纳否？"薛刚说："大人有话见教，但有可捉者，无不从命，如不可行者，不必多言，大人谅之。"咬金见狄仁杰气概不凡，连忙出位逊坐。

狄仁杰公然坐着，开言说："将军起兵，为何旗上扯起忠孝王，倒要请教？"薛刚说："大人不知。我父母遭奸臣所害，今起兵与父母报仇，尽忠于国，小主封为忠孝王。今到都城长安已破在目，拿住佞臣碎尸万段，方泄此恨。不必在此饶舌，去罢。"狄仁杰说："将军不必发怒，待下官说明。将军祖父受朝廷大恩，封为王位，封将军登州总兵，圣恩极矣。尔不去为官，劫法场打死长安府。张君左所奏，先帝不准，赐尔金锤一柄，上打奸臣，下打恶人。君待臣不过如此矣。后归山西，尔私进长安，大闹花灯，打死张保，惊死天子，尔之罪不小。周主将尔父拿捉，尔该挺身而出，却公然远避他方。尔父母兄嫂尽忠而死，你不忠不孝，勾连草寇，劫夺关梁。后世叛逆之名难免，请将军三思。"薛刚一听此言立起身，逊狄大人上坐说："末将不明，愿大人教之。"

狄老爷说:"将军,你不知目下小主在房州,应迎接到长安为帝。张君左弟兄与武三思,圣上今已拿下天牢,候新主一到,奉旨施行。奸臣可除,冤仇可泄,岂不是忠孝两全。上匡以报先帝,下救民以安社稷。不知将军心内如何?"薛刚听了大喜,传令去了忠孝王旗号,扯起大唐元帅旗来,差官到房州接驾。狄老爷说:"将军前去接小王,待下官回朝同文武大臣打扫金銮,候接小主。"薛刚领命,送出辕门。狄仁杰回本城不表。再将薛刚传令:"军士不可乱离队伍,侯小主一到。一同进城。取民间一物者,军法枭首。""得令。"

再讲庐陵王闻报薛刚得胜,大悦。分差官来接,同了徐贤、魏相、驸马薛蛟一路下来,来到长安。薛刚闻知,同程咬金、四虎一太岁诸将出寨,跪迎俯伏,接进小主,安慰一番,一同进长安。百姓香花灯烛,挂红结彩,满朝文武俱出远迎。

咬金传令昭告天地社稷,然后请小主上金銮殿登位,受百官三呼万岁,复国号为唐,是为中宗。圣天子传旨:"赐宴百官,君臣共乐。"众官酒过数巡,俱皆谢恩而散。朝廷退朝,忽报武后宾天。朝廷大哭。次日哀诏颁行天下文武各官,二十七日国丧。非一日之功,足足忙了一月。立韦氏娘娘为正宫,在朝文武各皆升赏。狄仁杰加少保,娄师德为吏部尚书,徐贤封英国公,魏相封太保,封薛刚忠孝王大元帅。薛强袭父职封西辽王。薛孝封红罗都督。薛蛟驸马都尉。薛蚪封为青州总兵。薛葵封无敌大将军。秦红、尉迟景、王宗立、罗昌、程月虎世袭国公。程咬金年高爵重,无可加封,命家居安享,赐黄金万两,彩缎千端、荣归山东。子铁牛,孙千忠俱封侯爵。伍雄封南阳侯。雄霸为西平侯。大将阵亡者,子孙世袭,在生者各加爵禄,还乡。余外各路总兵,俱皆加级。旨意一下,众皆谢恩,此话不表。

再讲次日又出赦书颁行天下,犯十恶大罪不赦,其余流徙斩绞,不论已结未结,已发觉未发觉,俱一概赦免。中宗以前,周朝钱粮尽行赦除。颁行天下,百姓欢呼载道,万民乐业。薛刚上殿哭奏说:"臣祖仁贵平定东辽,臣父丁山扫清西番。被奸臣张君左、张君右屈陷,将臣父三百余口尽行杀害,颠倒葬铁丘坟。臣兄子薛蛟,亏徐贤、俞元将亲儿调换。他子被仙人救去,俱皆下山帮扶。徐青、俞荣大恩未报。武三思助恶不忠。伏望圣上恩仇报明。特此奏闻。武三思、张氏弟兄应该何罪?"天子听言大怒说:"朕晓得三人罪恶。吓,王兄你将三人拿来,任凭怎样处治,与父报仇。待朕请罪薛王兄便了。"薛刚谢恩,出朝归府不表。

再讲又有旨意下来,命徐青、俞荣认父,封节义侯。命开掘铁丘坟,将两辽王夫妇及薛勇夫妇骸骨归葬山西金项御葬,地方官春秋二祭。命先禄寺备筵,程王伯代朕御祭。将三将斩首,坟前活祭。两辽王府重新起造。不知后回还有何言,且听下回分解。

第八十八回

笑杀程咬金哭杀铁牛
打开铁丘坟报仇雪耻

前话不表。再讲程咬金领旨,同薛刚往监中提出三人,来到铁丘坟。摆下祭礼,鸿胪寺读过祭文。程咬金代圣行礼。薛氏弟兄拜毕,然后望北谢恩。薛刚、薛强大哭,行了八跪八拜;然后薛蛟、薛孝、薛蚪、薛葵俱皆叩首。薛刚立起身来,同了薛强各扯出一口宝剑,叫声:"父母兄嫂有灵,今日陛下命程老千岁亲在此赐祭。大仇人在此,孩儿与父母报仇了。"就把宝剑往张君左弟兄心内"豁绰"一刺,鲜血直冒,把手一捞,两指扭出心肝。张氏弟兄跌倒尘埃,两个奸臣往阴司里去了。下面那武三思唬得魂飞天外,束落落乱抖。薛刚、薛强把这两颗心肝放在坟前桌上说:"仇人心肝在此活祭,父兄慢慢饮三杯安乐酒,前去超生仙界。"程咬金说:"薛千岁,你儿子在此祭奠,放心去吧。"

薛刚命将武三思斩首。咬金说:"张氏弟兄是尔之仇人,三思他无大恶,乞宽免之。"薛刚依言,将武三思当坟前打了四十大棍,岭南充军。传令将张君左弟兄子孙满门家丁三百余口斩首东市。

吩咐军士匠人掘开铁丘坟。那里掘得开?是生铁铸成馒头一样,年深月久,不能动弹。薛刚无计可施,只得命薛强打开,越打越亮,薛刚等拜谢天地。只见樊梨花按落云头,叫道:"若要开铁丘坟,且待今宵半夜间。待做娘的今夜前来摄去铁盖,好等你安葬。"薛刚听得此言,望空拜谢。当夜弟兄子孙在坟守到半夜,只听得一阵大风,梨花命黄巾力士揭去。一声响,众人一看,不见了铁盖,众皆大喜。大家上前,看见一堆白骨,不分皂白,那里认得出父母兄嫂骨殖?茫茫然乱到天明。吩咐军士将榜文张挂,若有人晓得薛千岁骸骨者，官封总兵。不行出首者，将造坟匠人不分男女，一齐斩首。

榜文一挂，来了一位老军，名唤王六，来见薛刚说："千岁骨殖我晓得。"薛刚大喜，一同来看。王六说："这一堆老千岁，这一堆大夫人，这一堆二夫人，这两堆大老爷，大夫人。余下这些乱骨，都是家人妇女。"薛刚听了说："你怎么晓是？"王六说："小人向在千岁府中服侍。晓是千岁遇害，小人冲了匠人安排好的。"薛刚称谢，提他官职以报大恩。王六说："小人不敢受封。"薛刚看他不愿做官，赏银千两。王六叩谢而去。薛刚将父母兄嫂骨殖安放杉坊，停在坟中。余骨安放城外埋葬。在坟旁开丧七日，文武大臣俱来吊丧不表。

再讲徐青认明了父亲徐贤，抱头大哭，说起衷肠。王氏夫人已生二子，徐青见有了兄弟，拜别父母上山修道。徐贤夫妻不忍儿子离去，再三苦留。徐青说："爹爹、母亲，不必悉烦。师父有言，不可久在红尘，早早回头。"徐贤苦留不住，次日上表辞官，飘然而去。俞荣访问父亲死过多年，窦氏母亲生了一子，也回家去。也上本辞官，往山中去了。

再讲程咬金祭过丁山，回家想起我贾柳店结拜三十六人，都已人亡物去。吾一百二十岁多的了，看薛仁贵投军征东平辽，今他孙子开铁丘坟，如今五代见面，好不快活杀人也。呼呼大笑，一口气接不下来，竟笑杀也。

程铁牛也有九十八岁的人了，看见父亲死了，大哭一场，竟哭死了。

其子千忠打本进朝说："臣祖臣父身死。"天子闻言，亲自祭奠。有百官俱来上祭，茫茫然过了七日。旨下：命千忠送丧归山东安葬。文武百官、薛氏弟兄送出城外，回山东不表。笑杀程咬金，哭杀程铁牛。此回书已说过了。

再讲薛刚在京半月，次日弟兄辞皇别驾，往山西安葬。满朝大臣送出都城百里。天子差官到山西御葬。一路下来，逢州过府，俱皆祭奠，扶灵到两辽王府开表。一省文武俱来吊奠。薛刚等守制三年，回朝复命。自不必说。直到唐明皇，薛家子孙还在朝中。唐中宗即位以来，风调雨顺，国泰民安，四方朝贺，安享太平。在位五年而崩。传位玄宗，明皇登基。唐朝共有二十二主，相传三百余年而终。有歌为证：

唐太高武中睿玄，肃代德宗宪穆传。
敬宗文武宣宗续，懿僖昭帝与昭宣。
高宗以后多女乱，肃宗以后多强藩。
相传二十有二主，几及唐朝三百年。

第八十九回　山后薛强通旧友　汉阳李旦暗兴师

今日不表武三思弄权之事，且说先朝有一个开国功臣，姓李名靖号药师，晚年学道，云游四方。一日屈指一算，笑说："今皇上气数将终，是有一个新君即位。该是薛强夫妻子女等三人辅佐，我当往山后指点他。"遂驾起云头，来到山后，把云头落下，在演武场前。时薛强在演武场中，教子习学武艺。李靖上前一揖道："驸马别来无恙？"薛强抬头一看，认得是李靖，即忙下堂还礼道："前日在小神庙蒙老师指点，得成佳偶，生男育女，时时纪念老师，不敢忘情。未知老师今日要往何处？"李靖道："我今日特来指点汝，但此处不是说话之处，请到府中告明。"

薛强遂引李靖来到府中，重新施礼。薛强又唤八子二女亦上前施礼，礼毕坐下。薛强问道："老师此来有何教训？"李靖道："方今大唐皇帝，八月中秋有杀身之害。大位该是高宗王娘娘所生太子讳旦，如今住在汉阳。汝当去辅佐他，方能重整李氏江山，复兴唐朝社稷。"薛强道："气数如此，愚弟子即日兴师前去。"李靖道："依我愚见，你今子俱皆英雄，二女亦精韬略。况又有九环公主之才，如此威风，何患不克。汝今率公主并八子二女，军士不可太多，只带五百，暗过雁门关，悄悄至汉阳，告知李旦。吩咐李旦发兵之时，亦只要好用五百人，合一千军；分作了一百队，只许一将统领，皆要扮作商贾模样，或先或后，接踵而进。到长安时，只要分五十队，进城伏在皇宫左右，俟中秋半夜之时，宫内喧哗，喊杀起来，即时放号炮，会集军士，一齐杀入宫中，锁拿奸人。其余五十队，分伏在四门，缉获叛党，自然成功。汝当毋忘我言。"李靖遂起身告别。薛强又再三留之不住，无奈送出府门。一道紫云，只见李靖跳在云中，作揖而去。

薛强即时进入府中，把李靖之言一一对九环公主说了。孟九环道："李老师往往有先见之明，不可不从。"明早薛强同九环公主一齐到大宛城，将情由奏知国王。国工准奏。薛强遂同九环公主领八子二女，点起五百军陆续起程，暗往雁门关而进。

再言李旦自兴唐宗，请和之后，遂偏安汉阳，每以天下为念，终日训练兵卒，积聚粮草，以待无时。一日升殿，与徐孝德共议大事。徐孝德道："臣昨日观天象，帝心不明，后来必有大患。立公一星朗耀，天下不久必属主公。又兼列宿扶向主公一星，将来必有勇将来助。"忽见黄门官来报说："山后虎头寨武三王薛强举家来此，现今在府门候旨。"唐王命宣进来。黄门官传出钧旨。薛强遂同了九环公主及八子二女相率上殿，行了君臣之礼。唐王离座回礼道："王兄今日到寒国有何见教？"薛强道："臣因前朝李靖颇识天运，下界指点下臣。臣欲举家来助主公，共兴大唐江山。"遂将李靖所教一一说明。旁边徐孝德道："真神人也，主公不可不依。"

李旦大喜，大设筵席款待薛强父子，令后宫胡后亦排筵席，款待九环公主母女、次日乃是八月初一日，李旦点五百多军士，令李贵、袁成守城，自同徐孝德、马周众将人等，偕薛强夫妇、八子二女，共一千军，皆仍作商贾模样，分作一百队，陆续进长安而来。

又言黎山老母在黎山岛掘指一算，知中宗气数已终，派薛强辅佐李旦即位。其中奸党未能尽获，又该薛刚在长安城外缉获，方无漏网，但薛刚乃是凡胎，安能先知其事？必须无魔女下山去指点，方能有济。遂唤樊梨花出来问道："汝知大唐天子之事乎？"梨花道："弟子已知皇上气数已终，应该薛强辅佐李旦为君，但虑薛刚不知共成其事耳。"老母道："然也，你今当下山去指点薛刚成事，待事成之日，速速回山，不可久恋红尘，以加罪恶。"

梨花道："弟子知道。"遂驾起云头来到会稽，在薛刚门首按落云头。当时薛刚已削去兵权，安顿在会稽，门庭下寥落，只有一个老家人看守大门，忽见樊太君来到，忙入内报知薛刚。薛刚忙出外迎接樊太君到府内，就唤妻子与侄儿并媳妇出来叩见。大家参拜毕，梨花道："吾儿，我算皇上气数，该有害身之祸。应尔弟薛强辅佐李旦为君。你当引十八家丁，悄悄到长安城外，共拿奸贼，帮助成功。速速前去，不可迟误。我当指引你成事。"

薛刚领命，即便领了家丁，扮作卖药算命模样，同樊梨花向长安而来。到八月十五日，离长安城只有十里，樊梨花吩咐扎住等候。不知后事如何，且看下回分解。

第九十回　仇怨报新君御极　功名就薛府团圆

再说李旦同薛强并将士人等，分作一百队，行到八月十五日已到长安。各队将士陆续进城，四处埋伏停当，准备夜间号炮一响，即出来行事。那武三思这回安排杀君之法，既已停当，走入宫来，适遇中宗在御花园游玩未回，遂悄悄告知韦后："今夜行杀之事，可保无虞，我已决矣。"韦后忙问："如何作弑？"三思道："夜宿卫壮士皆我心腹，无敢违逆我，今已安排妥当。况今夕又是中秋佳节，正好与陛下畅饮赏月，候陛下微醉，暗将药酒毒死。只说是醉后中风而崩，众臣自然无话。明日便可登位，必得行所欲。纵有不测，现有宿卫壮士抵御，不足畏也。"韦后道："此计甚善，宜速行也。"

及至日暮，中宗回宫。韦后道："今夕是中秋佳节，当与陛下登楼赏月消遣。"中宗道："正合朕意。"遂唤宫娥及武三思随驾上青桥楼。果见天色无尘，明月皎洁，遂排宴楼中，饮酒作乐。饮至半酣，中宗微醉。暗地里武三思将毒药放在酒里，进上劝饮。中宗吃了一杯，不多时药性发作，跳起身来，大叫一声，呜呼哀哉！妃嫔宫女见君惨死，不觉大惊，喧嚷起来。

平时太子重后知武三思有不良之意，是日闻父王与三思在楼上饮酒，心甚不安，暗点几个御林军在楼前楼后听其动静。忽闻楼上喧嚷，又见天星落下如雨，知其有变，遂唤军士杀人。谁知三思亦暗伏军士在楼下，忽见太子杀人，两军交战，喊声大震。外面李旦、薛强等闻得喊声震地，遂放起号炮，四面伏军齐出午门，一齐杀人。

武三思一闻外面杀入，大惊失色，欲从御苑后门逃出。手执宝剑才欲下楼，适太子方到楼门，不提防三思出来。竟被三思一剑砍死。武三思忙忙逃出御苑后门，走到城门，天色微明，城门已开，只见军士相争。三思杂在军中，亦大呼拿人，暗暗逃出南门，走了十里，竟被樊梨花、薛刚一班人拿住，解入城来。城内薛强、马周众将人等杀入午门，逢人便捉。当时武后年七十余，睡觉起来，忽听得呐喊之声动天震地，吃了一惊，不觉跌倒,呜呼哀哉!

韦后正欲逃脱,被薛强拿住。不多时,天已日出,军马稍定,各拿奸人献功。李旦逐一查问,不见了武三思,心甚抑郁。忽见南门走进薛刚,手拿奸犯武三思。李旦并不深究,即令众将千刀砍碎,只要留一个首级,悬在午门外示众。

徐孝德同众将,皆请唐王早即大位,以安人心。李旦再三谦逊,众将固请,然后登金銮殿,即皇帝位,是为睿宗。受君臣山呼万岁毕,令御林军将韦后绑到法场,碎剐其身,又将武后尸首扛出斩首,以报母后王娘娘之仇。韦后一家不论老少,尽行剿灭。凡为武三思同党者,亦皆斩首。其余百官,概不查问,各居原职。追赠王后为皇太后,立胡后为正宫皇后,申妃为偏宫贵妃,立子隆基为皇太子。封徐孝德为太尉、护国军师兼武宁王。封薛强为上将军兼中书令。王钦、贾彪、殷国泰、贾清、柳德、李奇,俱为兴国公。薛霸、薛琼、薛瑶、薛璜、薛瑛、薛璟、薛僖、薛魁、张籍、常建高、郭马赐皆为中兴侯。袁成、李贵皆为中兴伯。李相君为镇国夫人。孟九环为秦国夫人。薛金花、薛银花为中兴贤女。大赦天下,免一年赋税。凡前日阵亡功臣,及前朝被杀功臣,俱各加封赐谥,子孙复职。又前朝所表功臣,及削去兵权在家闲住功臣俱各加封职,入京调用。群臣受封,皆叩首谢恩。睿宗就令以王礼收殓中宗,择日安葬。朝罢,诸臣退出。薛刚、薛强及九环公主、八子二女,俱回至薛府。樊梨花先在府中,众人来见毕,樊梨花起身要回山去,薛刚再三苦留。樊梨花道:"我灾难将满,岂可又恋红尘,更加罪过。今日来此,是要指点你们立了此功,使你们一门团圆。今你功成名遂,我有何求?"遂驾云而去。

再过几日,薛刚子侄及家眷俱到。大家相见行礼毕,薛刚、薛强就命大排筵席,一家欢喜畅叙,又杀牛宰马,重赏随征军士。文武百官皆来庆贺,足足闹了一月,方安排安定。正是:骨肉团圆,一门欢悦,富贵之盛,一言难尽。有诗为证:

　　　大闹花灯不可当,全家连累走他乡。
　　　多少英雄怀国恨,诸人义气为君王。
　　　阳州保驾扶王室,灭韦除奸姓氏香,
　　　报仇可雪先人恨,复正河山兴李唐。